D1718752

Eberhard Feess

Mikroökonomie

Grundlagen der Wirtschaftswissenschaft

Band 6

Eberhard Feess

Mikroökonomie

Eine spieltheoretisch- und
anwendungsorientierte Einführung

Metropolis Verlag
Marburg 2004

Bibliografische Information Der Deutschen Bibliothek
Die Deutsche Bibliothek verzeichnet diese Publikation in der Deutschen Natio-
nalbibliografie; detaillierte bibliografische Daten sind im Internet über
<http://dnb.ddb.de> abrufbar.

Metropolis-Verlag für Ökonomie, Gesellschaft und Politik GmbH
Bahnhofstr. 16a, D-35037 Marburg
http://www.metropolis-verlag.de
Copyright: Metropolis-Verlag, Marburg 1997
Dritte Auflage 2004
Alle Rechte vorbehalten
Druck: Ebner & Spiegel, Ulm

ISBN 3-89518-491-8

Vorwort zur dritten Auflage

Für die dritte Auflage wurden lediglich einige Aktualisierungen, beispielsweise bzgl. der Agrarmarktpolitik der EU, der Wettbewerbspolitik und hinsichtlich des Anwendungsbeispiels für marktorientierte Instrumente der Umweltpolitik durchgeführt. Meinen Mitarbeitern Sonja Ossig, Michael Paust, Michael Thomas und Markus Walzl sowie meinen Hilfskräften Brigitte Cleef, Melanie Dierich, Tim Freistühler und Gabriel Stüwe danke ich herzlich für Ihre inhaltliche bzw. technische Unterstützung.

Vorwort zur zweiten Auflage

Die erfreulicherweise schon nach drei Jahren notwendige Neuauflage habe ich an einigen Stellen zu erheblichen Erweiterungen und Veränderungen genutzt. Vor allem gilt dies für die Kapitel zur asymmetrischen Informationsverteilung und Spieltheorie, in denen nun in Kapitel 22 zunächst Situationen mit unvollkommener, und anschließend in Kapitel 23 Situationen mit unvollständiger Information behandelt werden. Diese Gliederungsänderung ging einher mit einer Neufassung des Kapitels zur unvollständigen Information. Daneben habe ich empirische und praxisorientierte Abschnitte aktualisiert sowie einige Ungenauigkeiten (vermutlich nicht alle) beseitigt.

Bedanken möchte ich mich zunächst bei meinen Mitarbeitern Sandro Gleave, Eva Heesen, Nicole Hoffmann, Christina Müller, Michael Paust und Achim Seitz für viele wichtige Hinweise. Von den zahlreichen Kollegen, die die zweite Auflage durch ihre Kommentare (hoffentlich) vorangebracht haben, schulde ich Georg Nöldeke besonderen Dank, der viele Kapitel einer ausführlichen und scharfen Kritik unterzogen hat. Einiges davon habe ich gerne berücksichtigt, aber sicher zu wenig, um ihn gegenüber der zweiten Auflage milde zu stimmen. Schließlich danke ich allen Studenten, die durch ihre Fragen meinen Blick für das Notwendige, aber auch das Machbare geschärft haben.

Vorwort zur ersten Auflage

Das vorliegende Buch entstand im Rahmen meiner Vorlesungen zur Mikroökonomie und Spieltheorie an der Johann Wolfgang Goethe-Universität in Frankfurt und der European Business School in Oestrich-Winkel. Es soll den Stoff abdecken, der in mikroökonomischen Veranstaltungen im Grund- und Hauptstudium gelehrt wird. Teile (vor allem die Kapitel 17f.) dürften ebenso als Grundlage in Graduiertenstudiengängen brauchbar sein.

Auch geneigte Leser/innen mögen sich fragen, wodurch eigentlich angesichts der Vielzahl hervorragender mikroökonomischer Lehrbücher ein weiteres Buch gerechtfertigt sei. Nach meinem subjektiven Geschmack und meiner Erfahrung besteht das Problem darin, daß Bücher, die wie etwa Kreps (1994) und Mas-Colell/Whinston/Green (1995) den modernen Stoff behandeln, für die überwiegende Mehrzahl von Studenten kaum zugänglich sind. Gerade für „normal interessierte" Studenten ist der moderne Stoff aber viel wichtiger als der traditionelle, weil beispielsweise die Praxisrelevanz der Principal-Agenten-Theorie erheblich höher ist als die der Theorie vollständiger Konkurrenz. Die primäre Zielsetzung des Lehrbuchs besteht daher darin, die neueren Entwicklungen der Mikro- und Industrieökonomie in einer verständlichen Form so zu vermitteln, daß sie für den Lehrbetrieb geeignet sind. Dabei wird über den selbstverständlichen Stoff hinausgegangen, indem neben preis- und wettbewerbstheoretischen Fragestellungen auch neuere Anwendungsgebiete wie Informationsasymmetrien, die ökonomische Theorie des Rechts oder die Verhandlungs- und Auktionstheorie systematisch und ausführlich behandelt werden.

Daneben ist das Buch vor allem durch eine Vielzahl praktischer Anwendungsbezüge charakterisiert. Nahezu jedes Kapitel enthält ausführliche Auswertungen empirischer Studien oder beispielhafte Darstellungen praktischer Bezüge. Lediglich exemplarisch seien hier etwa die Europäische Agrarmarktpolitik, die Beurteilung der Tarifpolitik durch den Sachverständigenrat, die Bestimmung von Nachfrageelastizitäten im Transportbereich, die Abgrenzung von Märkten durch das Kartellamt, die Regulierung des Telekommunikationssektors, das Urteil der Europäischen Union zum Mißbrauch wirtschaftlicher Machtstellungen durch Tetra Pak oder die europäische Luftreinhaltepolitik genannt. Angesichts der bei Studenten (nicht ganz unverständlicherweise) weit verbreiteten Auffassung, die Mikroökonomie sei eine weltfremde Spielerei von Exoten, schien mir der Praxisbezug ausgesprochen wichtig zu sein. Besonders in dieser Kombination aus möglichst einfacher Darstellung der modernen theoretischen Mikroökonomie und hohen Praxisbezügen sieht der Verfasser die Existenzberechtigung des vorliegenden Buches.

Die Lesbarkeit des Buches wird erstens durch ein umfassendes Glossar erhöht, das alle relevanten Begriffe definiert und unnötiges Blättern ersetzt. Zweitens enthält jedes Kapitel zu Beginn einen Überblick und am Ende eine (meist tabellarische) Zusammenfassung, die eine schnelle Wiederholung der Kernpunkte erlaubt. Abschnitte, die etwas schwieriger sind und beim ersten Lesen möglicherweise überschlagen werden können, wurden mit Sternchen (*) gekennzeichnet. Praxisorientierte Abschnitte erhielten ein „E", weil sie zwar wichtig, für die pure Klausurvorbereitung aber möglicherweise nicht immer relevant sind.

Für viele wichtige Hinweise danke ich vor allem Frank Tibitanzl sehr herzlich; ferner Gerd Mühlheußer, Nicole Hoffmann, Thorsten Posselt und Stephan Gneuß. Für die Korrektur und Umsetzung des Buches danke ich meinen unermüdlichen Hilfskräften Katja Bickelhaupt, Nestor Couyoumtzoglou, Dimitri Dosis, Jörg Egerter, Burkhard Eisele, Robert Kraska, Alexandra Matthes, Achim Seitz, Holger Stratmann und Julia von Rümker.

Inhalt

Ausführliches Inhaltsverzeichnis

Kapitel 1

Einleitung

1.1 Fragestellung und Zielsetzung

Primärer Gegenstand der mikroökonomischen Theorie ist die Erklärung der Preisbildungsprozesse in Marktwirtschaften aus dem dezentralen Handeln der „Wirtschaftssubjekte". Gefragt wird, welche Güter in welchen Mengen produziert werden, welche Kosten dabei entstehen und wie sich die Preise für die Güter auf unterschiedlich strukturierten Märkten (beispielsweise vollständige Konkurrenz und Angebotsmonopol) bilden. Damit zusammenhängend wird untersucht, welche Produktionsfaktoren in den verschiedenen Produktionsprozessen verwendet und wie die Güter auf die Marktteilnehmer verteilt werden.

Da die Mikroökonomie Preisbildungsprozesse aus dem (rationalen) Handeln der Marktteilnehmer erklären möchte, bildet die Entscheidungstheorie die methodische Grundlage aller mikroökonomischen Überlegungen. Daher wird im *ersten Schritt* stets untersucht, wie sich Marktteilnehmer verhalten müssen, wenn sie bei gegebenen Nebenbedingungen ihren „Nutzen" maximieren möchten. Im einfachsten Fall wird beispielsweise gefragt, wie ein Haushalt sein gegebenes Einkommen auf Güter aufteilen soll, über deren Preise und qualitativen Eigenschaften er vollkommen informiert ist. Die Perspektive ist also zuerst ganz auf einzelne Wirtschaftseinheiten gerichtet.

Während sich die klassische (betriebswirtschaftliche) Entscheidungstheorie jedoch auf diese Perspektive beschränkt, bildet sie innerhalb der Mikroökonomie lediglich den Ausgangspunkt. Darüber hinaus wird im *zweiten Schritt* untersucht, welche Marktergebnisse sich prognostizieren lassen, wenn alle Wirtschaftssubjekte die zuvor hergeleiteten (nutzenmaximalen) Verhaltenspläne einhalten. Die hierzu verwendete Methode ist die Suche nach *Gleichgewichten*. Von einem Gleichgewicht spricht man in der Mikroökonomie, wenn kein Wirtschaftssubjekt durch ein abweichendes Verhalten seinen Nutzen erhöhen kann, sofern alle anderen Wirtschaftssubjekte bei ihrem Verhalten bleiben. Die Suche nach so definierten Gleichgewichten setzt also methodisch die Analyse nutzenmaximaler Verhaltenspläne immer schon voraus.

Aufbauend auf diesen beiden Schritten lautet die Fragestellung der Mikroökonomie im *dritten Schritt*, wie sich die abgeleiteten Gleichgewichte *beurteilen* lassen. Dabei wird beispielsweise gefragt, ob das Gleichgewicht nach exogenen Störungen wieder erreicht wird (Stabilitätsanalyse) und ob möglicherweise noch andere Gleichgewichte existieren (Eindeutigkeitsanalyse). Im Zentrum der Bewertung der Ergebnisse steht aber die Frage, ob das Gleichgewicht bestimmte Effizienzeigenschaften aufweist, so daß man als Ökonom mit dem prognostizierten Gleichgewicht „zufrieden sein kann". Diese Beurteilung von Gleichgewichten unter Effizienzgesichtspunkten ist deshalb so wichtig, weil sie die mikroökonomische Grundlage wirtschaftspolitischer Eingriffe bildet. Beispielsweise wird die Existenz des Kartellamtes hauptsächlich damit begründet, daß die mikroökonomische Untersuchung der Preisbildung zu dem Ergebnis führt, daß die Effizienz von Märkten unter bestimmten, theoretisch und empirisch recht plausiblen Bedingungen abnimmt, wenn der Konzentrationsgrad einer Industrie zunimmt.

Diese Überlegung führt uns fast zwangsläufig zum *vierten Schritt* mikroökonomischer Überlegungen – zu der Frage nämlich, welche wirtschaftspolitischen oder sonstigen Maßnahmen zur Verbesserung der Situation geeignet scheinen, wenn das Gleichgewicht ohne Eingriffe die gewünschten Eigenschaften *nicht* aufweist. Dieser vierte Schritt spielt innerhalb der mikroökonomischen Marktanalyse eine herausragende Rolle und erklärt die wirtschaftspolitische, praktische Bedeutung der Mikroökonomie. Beispielsweise beruhen wirtschaftspolitische Vorschläge wie die Regulierung und Deregulierung von Märkten, die Änderung der europäischen Agrarmarktpolitik, die Einführung einer „Öko-Steuer" auf umweltschädigende Produkte oder andere Ansatzpunkte zur Reform des Steuersystems entscheidend auf mikroökonomischen Überlegungen.

Zusammenfassend können wir festhalten, daß die mikroökonomische Methode stets aus vier Schritten besteht, die die Strukturierung komplexer Probleme erheblich erleichtert:

– erstens der Analyse rationaler Entscheidungen unter verschiedenen Nebenbedingungen;
– zweitens der Ableitung von Gleichgewichten, die sich daraus ergeben;
– drittens der Beurteilung dieser Gleichgewichte;
– und schließlich viertens der Begründung von Handlungsempfehlungen zur Überwindung ineffizienter Gleichgewichte.

Aufbauend auf dieser Methode hat die Mikroökonomie in den letzten Jahrzehnten enorme Fortschritte sowohl hinsichtlich der untersuchten Bereiche, als auch hinsichtlich der praktischen Bedeutung der unterstellten Nebenbedingungen (vor allem der Informationsstrukturen) gemacht, die den Aufbau des vorliegenden Lehrbuches stark prägen. Der *erste Fortschritt* – die Ausdehnung des Anwendungsbereiches – erklärt sich fast selbstverständlich daraus, daß die verwendete Methode grundsätzlich auf die meisten sozialen Phänomene, die traditionell beispielsweise in den Rechtswissenschaften oder innerhalb der Politologie untersucht werden, angewendet werden kann. Es ist daher mittlerweile anerkannt, daß die mikroökonomische Methode keineswegs nur für Ökonomen interessant ist, sondern eine umfassende Theorie individueller Entscheidungen und deren Konsequenzen liefert, die für die Sozialwissenschaften von höchster Bedeutung ist. Die Ausdehnung der Anwendungsgebiete findet im vorliegenden Buch folgerichtig breiten Niederschlag, indem beispielsweise der Regulierungstheorie, der Umweltökonomie, der ökonomischen Theorie des Rechts, der Verhandlungstheorie und der Auktionstheorie beträchtlicher Raum gewidmet wird.

Allerdings sollte stets deutlich gemacht werden, daß die Mikroökonomie nur *eine*, wenn auch sehr fruchtbare Sichtweise sozialer Phänomene ermöglicht, weil sie wie erwähnt auf der Theorie rationaler Wahlhandlungen aufbaut. Der Vorteil dieser methodischen Exaktheit kann ohne weiteres genauso in einen Nachteil umschlagen, falls die Überlegungen allzu umstandslos auf Bereiche (wie beispielsweise das Strafrecht oder die Ehe) ausgedehnt werden, in denen einfache Formen des Rationalverhaltens nur eine sehr schlechte Annäherung an die Realität darstellen.

Ein *zweiter Fortschritt* der Mikroökonomie bezieht sich auf die untersuchten Marktformen. Vor wenigen Jahrzehnten wurde die Mikroökonomie insgesamt noch stark von der Analyse der beiden polaren Marktformen vollständiger Konkurrenz (zahlreiche, unwichtige Anbieter konkurrieren am Markt) und des Angebotsmonopols (ein einziger Anbieter dominiert den Markt eindeutig) bestimmt. Die Mehrzahl der empirisch relevanten Märkte ist aber *oligopolistisch strukturiert*, worunter verstanden wird, daß eine beschränkte Anzahl wichtiger Unternehmen um den Markt konkurriert. Das hat zur Folge, daß sich das Schwergewicht mikroökonomischer Analysen mittlerweile von den Marktformen vollständiger Konkurrenz und des Angebotsmonopols ganz eindeutig hin zum Oligopol verschoben hat. Oligopolistische Situationen implizieren, daß die Analyse rationaler Entscheidungen (Schritt 1 der mikroökonomischen Methode) und die Untersuchung von Gleichgewichten (Schritt 2 der mikroökonomischen Methode) *nicht mehr eindeutig voneinander getrennt werden können*, weil die Marktteilnehmer bei ihren eigenen Entscheidungen stets auch das Verhalten der anderen Marktteilnehmer berücksichtigen müssen. So hängt beispielsweise der Erfolg einer Marketingstrategie von BMW ebenfalls von der Reaktion des Mitanbieters Mercedes auf diese Marketingstrategie ab, so daß die Reaktion von Mercedes von BMW stets mitgedacht und möglichst antizipiert werden muß. Da das gleiche für Mercedes gilt, ergibt sich eine *strategische Interdependenz* (d.h. eine wechselseitige Abhängigkeit der Entscheidungen), die wesentlich schwieriger zu analysieren ist als das Verhalten bei vollständiger Konkurrenz oder im Monopol. Die Methode zur Analyse solcher interdependenter Entscheidungen ist die *Spieltheorie*, die genau dafür konzipiert wurde. Es ist daher die Bedeutung oligopolistischer Märkte, die dazu geführt hat, daß die Spieltheorie mittlerweile das unumstrittene Herzstück der mikroökonomischen Theorie ist. Diesem Sachverhalt wird durch eine konsequent entscheidungs- und spieltheoretische Perspektive Rechnung getragen.

Der *dritte Fortschritt* schließlich bezieht sich auf die unterstellten Informationsstrukturen. Früher wurde vorwiegend auf der Grundlage *vollständiger Information* argumentiert, d.h. es wurde angenommen, daß alle Marktteilnehmer vollständig über alle relevanten Nebenbedingungen ihrer Angebots- und Nachfrageentscheidungen informiert sind. Zur Vermeidung von Mißverständnissen sei schon hier betont, daß daran auch die Betonung der Unsicherheit innerhalb der klassischen Entscheidungstheorie nichts änderte. Dort wird von einer Unsicherheit ausgegangen, die sich erstens *symmetrisch* (also gleichmäßig) zwischen den Wirtschaftssubjekten verteilt und zweitens nicht auf *strategischem* Verhalten der einzelnen Entscheidungsträger beruht. Zwar wußte man schon immer, daß es sich dabei um durchaus unrealistische Annahmen handelt, doch ermöglichen erst die Fortschritte der Spieltheorie, auch Situationen mit *asymme-*

trischer Information analytisch konsequent zu untersuchen. Unter asymmetrischer Information wird verstanden, daß es relevante Sachverhalte gibt, über die die Marktteilnehmer unterschiedlich gut informiert sind. Einige Beispiele verdeutlichen sofort, daß dies der empirische Normalfall ist, so daß die Einführung asymmetrischer Information in die Mikroökonomie deren Erklärungskraft erheblich erhöht hat: so kann beispielsweise der Oligopolist A seine Kostenfunktion besser einschätzen, als dies dem Oligopolisten B möglich ist (von allzu effektiver Industriespionage einmal abgesehen). Ebenso können Fahrerinnen weißer Golfs ihren Fahrstil selbst besser einschätzen als die Versicherungsgesellschaft; und der Arbeitnehmer kennt seine eigene Leistungsbereitschaft besser als der Arbeitgeber. Diesen Entwicklungen trägt das vorliegende Lehrbuch Rechnung, indem die wichtigsten Formen asymmetrischer Information in den Kapiteln 21 bis 23 zusammenhängend erläutert und an vielen weiteren Stellen anwendungsorientiert diskutiert werden.

Der *vierte* Fortschritt, der ebenso wie der dritte vor allem der sog. Industrieökonomie[1] zu verdanken ist, besteht in der zunehmenden Verbindung von Theorie und Empirie. Obwohl gerade die empirische Bedeutung der komplizierten und interessanten spieltheoretischen Modelle, beispielsweise zum Marktein- und -austritt, bisher nur sehr ansatzweise überprüft werden konnte, gibt es mittlerweile viele Studien, die die Relevanz vieler Modelle zumindest nahelegen. Allerdings bleibt natürlich das Grundproblem bestehen, daß die vorhandenen (spieltheoretischen) Marktmodelle gleichzeitig zu einfach und zu schwierig sind – zu einfach, weil reale Marktprozesse wesentlich komplizierter sind; zu schwierig, weil die anspruchsvollen Modelle schon jetzt nur einer kleinen Schar von Spezialisten zugänglich sind und sehr sensitiv auf Prämissenänderungen reagieren. Insgesamt bemüht sich das vorliegende Buch um eine weitgehende Verbindung theoretischer, institutioneller und empirischer Aspekte, indem in fast allen Kapiteln (aktuelle) Anwendungsfälle besprochen werden.

Die allgemeinen Überlegungen sind nun so weit gediehen, daß wir einen Überblick über den Aufbau des Buches geben können.

1.2 Überblick

In Abschnitt 1.1 wurde erläutert, daß die Mikroökonomie wesentlich auf der Entscheidungstheorie und ihrer modernen Weiterentwicklung in der Spieltheorie aufbaut. Dies macht es erforderlich, in einem einführenden zweiten Kapitel zunächst einige *entscheidungstheoretische Grundlagen* zu erörtern. Dabei kommt es vor allem darauf an, präzise zwischen drei Arten von Entscheidungssituationen zu unterscheiden: Entscheidungssituationen unter Sicherheit, Entscheidungssituationen unter exogener Unsicherheit, die in der Betriebswirtschaftslehre innerhalb der „klassischen" Entscheidungstheorie untersucht werden, und Entscheidungen unter strategischer Unsicherheit (spieltheoretische Entscheidungssituationen). Dabei erklären wir allerdings nur elementare Grundlagen der Spieltheorie, da wir im Unterschied zu den anderen, spiel-

---

1   Treffender ist eigentlich der angloamerikanische Begriff „Theory of Industrial Organization".

theoretisch orientierten mikroökonomischen Lehrbüchern[2] kein eigenständiges spiel-theoretisches Kapitel „vorschalten" wollen, sondern die jeweiligen Konzepte anwen-dungsorientiert dort erläutern, wo wir sie benötigen.

Die Kapitel 3-10 könnte man mit „Haushalts- und Unternehmensentschei-dungen" unter vollständiger Information überschreiben. Im Kern geht es dabei um die Herleitung der Angebots- und Nachfragepläne von Haushalten und Unternehmen, die ihre Entscheidungen unter vollständiger Kenntnis aller relevanten Nebenbedingungen (also unter vollständiger Information) und unter der Marktform vollständiger Kon-kurrenz treffen. Es handelt sich demnach um die Untersuchung der denkbar ein-fachsten (und durchaus unrealistischen) Situation, die für das Verständnis komplizier-terer Situationen aber unerläßlich ist.

Entscheidend für das konzeptionelle Verständnis des Aufbaus ist, sich jeweils klar zu machen, aus welchen Gründen die behandelte Fragestellung für das gesamte mikro-ökonomische Konzept notwendig ist, und welche Informationen über den Marktprozeß jeweils zusammengetragen werden. Lassen Sie uns diesen Sachverhalt am Beispiel der Kapitel 3-5 erläutern und dabei „von hinten nach vorne denken". Im fünften Kapitel wird das *Angebotsverhalten* von Unternehmen bei vollständiger Kon-kurrenz hergeleitet. Dabei ist zu bedenken, daß die Frage, welche Menge zu welchem Marktpreis von einzelnen Unternehmen angeboten wird, neben dem Marktpreis auch von der Kostensituation des Unternehmens bestimmt wird. Wenn die Stückkosten zum Beispiel sinken, wird das Unternehmen bei einem *konstanten* Marktpreis soviel wie möglich (also bis zur Kapazitätsgrenze) anbieten wollen, weil jede verkaufte Einheit den Gewinn erhöht. Die Abhängigkeit der Angebotsmenge von der Kostensituation erklärt, warum wir *vor* dem fünften Kapitel im vierten Kapitel *Kostenfunktionen* darstel-len müssen, wobei wir gleichermaßen auf empirische Resultate eingehen. Solche Kostenfunktionen fallen aber nicht vom Himmel, sondern hängen ihrerseits von den produktionstechnischen Voraussetzungen ab, die in den Unternehmen gegeben sind. Dies erklärt, warum wir uns vor der Kostentheorie im dritten Kapitel mit *Produkti-onstheorie* beschäftigen müssen. Denn das Entscheidungsverhalten von Unternehmen können wir nur auf der Grundlage der relevanten Nebenbedingungen erklären – und dazu gehört die Produktions- und Kostensituation. Es ist daher teilweise etwas mühsam, bis wir zu den wirklich interessanten Problemen der Markttheorie vor-dringen können, deren Lektüre Ihnen mit Sicherheit mehr Freude bereiten wird, als die von Produktions- und Kostenfunktionen, die einen eher trockenen Stoff dar-stellen. Die ersten fünf, sechs Sitzungen des ersten Semesters sind für Studenten und Dozenten gleichermaßen „nervig" und sollten kooperativ und so gut gelaunt wie möglich überstanden werden. Wir haben versucht, auch die Produktions- und Kosten-theorie dadurch etwas interessanter zu gestalten, daß wir beispielsweise die praktische Schätzung des Produktionspotentials der Bundesrepublik Deutschland durch die Bundesbank auf Basis von Produktionsfunktionen sowie empirische Untersuchungen zu Kostenfunktionen bzw. optimalen Betriebsgrößen integrieren.

In den Kapiteln 6 und 7 beschäftigen wir uns weiterhin mit Unternehmens-entscheidungen bei vollständiger Information, verändern allerdings die Fragestel-

---

2   Z.B. Kreps 1990; Mas-Colell/Whinston/Green 1995.

lungen etwas. Während wir in Kapitel 5 Angebotsentscheidungen betrachtet haben, geht es in Kapitel 6 um die *Faktornachfrage* von Unternehmen. Spätestens in diesem Kapitel wird Ihnen zweifellos klar werden, warum wir uns zuvor mit Produktionsfunktionen beschäftigen mußten, denn die Antwort auf die Frage, welche Mengen welcher Produktionsfaktoren ein Unternehmen bei welchen Preisen dieser Produktionsfaktoren einsetzen wird, hängt ganz maßgeblich von deren Produktivität ab. Kapitel 6 enthält dabei auch verteilungstheoretische Fragen, da die Entlohnung beispielsweise des Produktionsfaktors Arbeit letztendlich darüber bestimmt, welchen Anteil dieser Produktionsfaktor am Sozialprodukt erhält. Aktuelle und praktische Aspekte berücksichtigen wir dadurch, daß wir die sehr stark von der mikroökonomischen Faktornachfragetheorie geprägten Stellungnahmen des Sachverständigenrats zur Arbeitsmarktsituation in der Bundesrepublik Deutschland darstellen. Mit dem siebten Kapitel beenden wir die Unternehmenstheorie bei vollständiger Information, indem wir Unternehmen betrachten, die nicht nur eines, sondern verschiedene Produkte erzeugen. Dadurch entsteht einige formale Mühe, die sich jedoch lohnt, weil das *Mehrproduktunternehmen* zentral für das Verständnis der Ressourcenallokation ist und damit implizit bereits die Totalanalyse vollständiger Konkurrenz (Kapitel 14) vorbereitet.

Nach der Unternehmenstheorie bei vollständiger Konkurrenz führen wir ganz ähnliche Überlegungen für Haushaltsentscheidungen durch. Das achte Kapitel über *Präferenzordnungen* entspricht bezüglich der ökonomischen Logik den Kapiteln zur Produktions- und Kostentheorie aus der Unternehmenstheorie. Denn so wie das Güterangebot von Unternehmen bei gegebenen Preisen auf den Kosten der Güterproduktion beruht, so hängt die Güternachfrage der Haushalte bei gegebenen Preisen wesentlich von den Wünschen bzw. Präferenzen ab. Es zeigt sich, daß diese Präferenzen bestimmten Konsistenzkriterien genügen müssen, damit überhaupt fundierte Aussagen über den Zusammenhang zwischen Preisen und Nachfrage getroffen werden können. Genau wie wir in den Kapiteln 5 und 6 das Güterangebot und die Faktornachfrage von Unternehmen erklären, widmen wir uns in den Kapiteln 9 und 10 der *Güternachfrage* und dem *Faktorangebot* der Haushalte. Innerhalb der Güternachfrage spielen Elastizitäten theoretisch und empirisch eine zentrale Rolle, so daß wir diese nicht nur allgemein erläutern, sondern auch die praktische Bedeutung bezugnehmend auf ein Beispiel zur Bestimmung des Nachfrageverhaltens beim Gütertransport transparent machen. Anschließend beginnen wir mit der Markttheorie, wobei das Kapitel 11 über die sog. *Edgeworth-Box* zunächst von der Güterproduktion absieht und sich dem reinen Tausch zuwendet. Im Kern geht es in diesem Abschnitt um die möglichst einfache Darstellung bestimmter Effizienzeigenschaften, die beim freien Tausch der Wirtschaftssubjekte erfüllt sein können.

Im 12. Kapitel werden die anschließend behandelten Marktformen definiert, wobei unterschiedliche Methoden der *Marktabgrenzung* vorgestellt werden. Da sich einerseits gegen alle Abgrenzungskriterien Einwände erheben lassen, eine Abgrenzung andererseits aber erforderlich ist, können verschiedene Ansätze ergänzend herangezogen werden. Dabei greifen wir mit dem Gruner+Jahr-Urteil erneut auf ein aktuelles Beispiel zurück, um praktische Lösungsansätze zu verdeutlichen. Die zentrale

Bedeutung der Marktabgrenzung liegt in der Tatsache, daß die Frage, ob ein bestimmtes Unternehmen eine marktbeherrschende Stellung hat (und daher beispielsweise der Mißbrauchsaufsicht unterliegt), sehr stark von der Bestimmung des „relevanten" Marktes abhängt – z. B. ist der Marktanteil von Tetra Pak an Getränkekartonverpackungen enorm, während der an allen Getränkeverpackungen (also inklusive Dosen, Flaschen etc.) viel kleiner ist.

Das 13. Kapitel untersucht, wie sich die Güter- und Faktorpreise unter der Annahme *vollständiger Konkurrenz* bilden. Von besonderer Bedeutung ist hierbei die wohlfahrtstheoretische Interpretation, weil es wie erwähnt eine der wesentlichen Aufgaben der Mikroökonomie ist, verschiedene Marktergebnisse hinsichtlich ihrer Auswirkungen auf die Marktteilnehmer zu überprüfen und daraus möglicherweise einen wirtschaftspolitischen Handlungsbedarf abzuleiten. Es zeigt sich, daß die Marktform vollständiger Konkurrenz die Wohlfahrt maximiert, sofern bestimmte Prämissen erfüllt sind. Als Beispiel für die Vor- und Nachteile verschiedener Markt*eingriffe* untersuchen wir die Agrarmarktpolitik der Europäischen Union. Schließlich berücksichtigen wir zusätzlich die intertemporale Allokation bei vollständiger Konkurrenz, indem wir die Preisbildung bei nicht-reproduzierbaren, natürlichen Ressourcen darstellen.

Auch das 14. Kapitel widmet sich der vollständigen Konkurrenz, wobei der Unterschied zum 13. Kapitel darin besteht, daß nun die Interdependenzen zwischen verschiedenen Teilmärkten explizit berücksichtigt werden. Im Unterschied zur *Partial*spricht man dann von der *Total*analyse. Neben einer – gemessen an dem komplexen Gegenstand und dem formalen Stand der modernen Mikroökonomie – relativ einfachen formalen Darstellung steht erneut die wohlfahrtstheoretische Deutung im Mittelpunkt. Die Zielsetzung besteht erstens darin, die einzelnen Bedingungen für die Wohlfahrtsmaximierung zusammenfassend klar zu machen. Dabei soll zweitens aber auch deutlich werden, daß die Prämissen äußerst restriktiv sind, so daß Schlußfolgerungen mit Vorsicht zu genießen sind. Und schließlich wird drittens eine mikroökonomische Erklärung der keineswegs selbstverständlichen Tatsache präsentiert, daß Zinsen in Markwirtschaften in aller Regel positiv sind. Insgesamt sind wir allerdings der (subjektiven) Meinung, daß der Erkenntnisgewinn aus der Totalanalyse vollständiger Konkurrenz beschränkt ist – sollten Sie diese für ihr Examen nicht benötigen, so zaudern Sie nicht, sich auf andere Kapitel zu konzentrieren.

Anschließend verlassen wir (durchaus erfreut) die Idealwelt vollständiger Konkurrenz und beginnen die Untersuchung unvollständiger Konkurrenz mit dem *Angebotsmonopol*. Nach der Erläuterung der Preisbildung steht zunächst wieder die wohlfahrtstheoretische Analyse im Mittelpunkt, um wirtschaftspolitische Eingriffe in Monopolmärkte zu begründen. Mit der Wahl der Produktqualität durch das Monopol und der Behandlung der intertemporalen Monopolpreisbildung (sog. Coase-Vermutung) gehen wir dabei in zwei Punkten über das traditionelle (und entsprechend alte) Monopolmodell hinaus. Auf Anwendungsbeispiele verzichten wir im 15. Kapitel, weil wir den praktischen Umgang mit monopolistischer Marktmacht innerhalb der Diskussion der Arbeit des Kartellamtes im 18. Kapitel ohnehin ausführlich behandeln.

Besonders wichtig ist im Rahmen der Monopoltheorie die Beurteilung sog. *natürlicher Monopole*, in denen die produktivste Technologie nur bei einer großen Produktionsmenge eingesetzt werden kann und daher das größte Unternehmen am billigsten produzieren kann. Da die Untersuchung natürlicher Monopole unmittelbar in die aktuelle Deregulierungsdiskussion führt, widmen wir diesem Spezialfall der Monopoltheorie das eigenständige 16. Kapitel. Neben der theoretischen Analyse unterschiedlicher Regulierungsstrategien stellen wir aktuelle Entwicklungen am Beispiel der Telekommunikation in der Bundesrepublik Deutschland dar.

Letztlich bilden die Marktformen der vollständigen Konkurrenz und des Monopols lediglich die Eckpunkte, zwischen denen sich die Realität abspielt. Aus diesem Grund ist die *Oligopoltheorie* heute das Herzstück der mikroökonomischen Markttheorie, so daß das 17. Kapitel einen Schwerpunkt der Darstellungen bildet. Da die moderne Oligopoltheorie spieltheoretisch vorgeht, müssen wir anknüpfend an die Vorüberlegungen aus Kapitel 2 zunächst spieltheoretische Entscheidungssituationen systematisieren, weil sich diese mit jeweils spezifischen Gleichgewichtskonzepten verbinden. Daran anschließend werden unterschiedliche Annahmen über den oligopolistischen Wettbewerb getroffen (beispielsweise Mengen- oder Preisstrategie). Es zeigt sich, daß die Resultate sehr sensitiv auf die Prämissen reagieren. In gleicher Weise hängt die wohlfahrtstheoretische Beurteilung oligopolistischer Situationen entscheidend von der genaueren Ausgestaltung des Wettbewerbs ab, so daß Verallgemeinerungen kaum möglich sind. Dabei gehen wir auch auf Anwendungsbeispiele wie die Bedeutung der Oligopoltheorie für die traditionelle Außenhandelstheorie ein. Obwohl wir eine breite Palette von Modellen präsentieren, unterstellen wir im gesamten 17. Kapitel vereinfachend, daß die einzelnen Oligopolisten die Kostenfunktionen ihrer Konkurrenten kennen. Diese Vorgehensweise ist erforderlich, weil wir andernfalls das spieltheoretische Konzept verfeinern müßten und dazu zunächst einige Vorbereitungen treffen müssen. Oligopole mit unbekannten Kostenfunktionen der Konkurrenten werden deshalb nicht im 17. Kapitel, sondern erst im 22. Kapitel behandelt, wenn die erforderlichen Vorarbeiten im Rahmen der Theorie asymmetrischer Information geleistet sind. Entsprechend diskutieren wir Situationen, in denen die Oligopolisten die Produktionsmengen ihrer Konkurrenten nicht (vollständig) beobachten können, erst in Kapitel 23.

Während wir im 17. Kapitel von einer gegebenen Anzahl von Unternehmen und ebenfalls gegebenen Kostenfunktionen ausgehen, betrachten wir im 18. Kapitel über „*Markteintritt, Innovation und Wettbewerbspolitik*" dynamische Aspekte der Markt- und Preistheorie. Unter dynamischen Aspekten versteht man die Auswirkungen von Marktformen auf die genannten Aspekte (folglich die Anreize zum Eintritt neuer Unternehmen und den Innovationsanreiz sowie den sich daraus ergebenden Schlußfolgerungen für die Wettbewerbspolitik). Angesichts der wirtschaftspolitischen Brisanz des Themas gehen wir neben der Darstellung wichtiger Modelle genauso ausführlich auf die praktischen Aufgaben des Bundeskartellamtes sowie das Kartellverbot, die Fusionskontrolle und die Kontrolle wirtschaftlicher Machtstellungen ein. Diese verdeutlichen wir durch aktuelle Beispiele z.B. die genehmigte Fusion von Hertie und Karstadt. Das 18. Kapitel dürfte somit den wichtigsten Lehrstoff von Veranstaltungen zur Wettbewerbstheorie und -politik abdecken.

In allen bisher skizzierten Kapiteln wird davon ausgegangen, daß die am Markt gehandelten Güter *private Güter* in dem Sinne sind, daß Produktion und Konsum der Ware direkt nur Käufer und Verkäufer betreffen. Diese Annahme entspricht aber oft nicht der Realität, weil in zahlreichen Produktionsprozessen sog. *externe Effekte*, beispielsweise in Form von Umweltbelastungen entstehen, die das Wohlbefinden Dritter beeinträchtigen, die mit dem Produktions- oder Konsumtionsprozeß nichts zu tun haben. Die Analyse bezog sich daher nur auf einen Ausschnitt des Güterkosmos, und die Resultate ändern sich unter Wohlfahrtsgesichtspunkten ganz entscheidend, sofern externe Effekte einbezogen werden. Das Problem externer Effekte wird im 19. Kapitel ausführlich an Hand des Umweltproblems dargestellt, was zum einen auf die Aktualität der Problematik und zum anderen auf die Interessens- und Arbeitsschwerpunkte des Verfassers zurückzuführen ist. Die Zielsetzung besteht in erster Linie darin, die Diskussion über die verschiedenen Instrumente der Umweltpolitik verständlich zu machen sowie die Möglichkeiten und Grenzen von Marktlösungen aufzuzeigen. Auch in diesem Kapitel wird auf zahlreiche aktuelle Beispiele (wie beispielsweise die Zertifikatelösung im amerikanischen Clean Air Act) und Diskussionsstränge (wie etwa eine ökologische Steuerreform) eingegangen.

Das 20. Kapitel diskutiert mit der ökonomischen Theorie des Haftungsrechts einen Ansatz, der das Zivilrecht unter ökonomischen Gesichtspunkten interpretiert. Es zeigt sich, daß rechtliche Regelungen – ganz analog zu Marktprozessen – primär die Aufgabe haben, durch eine Internalisierung externer Effekte für eine effiziente Ressourcenallokation zu sorgen und sekundär Verteilungsgesichtspunkte berücksichtigen müssen. Das 20. Kapitel schließt nahtlos an das neunzehnte an. Über das Verständnis der wichtigsten Haftungsregeln des Zivilrechts (Gefährdungshaftung und Verschuldenshaftung) hinaus soll somit der Blick dafür geschärft werden, wie fruchtbar die mikroökonomische Methode beispielsweise für das Verständnis und die Weiterentwicklung rechtlicher Regelungen ist.

Mit Kapitel 21 beginnen wir unsere Einführung in die Theorie asymmetrischer Information, die in fast allen ökonomischen Entscheidungssituationen gegenwärtig ist. Dabei lassen sich grob zwei Arten von asymmetrischer Information unterscheiden, die wir im 21. Kapitel zunächst konzeptionell trennen und erläutern: Der erste Fall wird als unvoll*kommene* Information bezeichnet und ist dadurch charakterisiert, daß bestimmte *Aktivitäten* der Wirtschaftssubjekte nicht beobachtbar sind. Das klassische Beispiel dazu stammt aus der Versicherungstheorie und besteht darin, daß die Versicherungsgesellschaft nicht genau nachvollziehen kann, wie vorsichtig der versicherte Autofahrer fährt. Der auch verwendete Begriff *moral hazard* erklärt sich daraus, daß der Autofahrer ohne Versicherungsschutz vorsichtiger fahren würde, so daß die riskante Tätigkeit gerade durch den Versicherungsschutz hervorgerufen wird. Derartigen Fragestellungen widmet sich das 22. Kapitel, wobei zunächst ausführlich unterschiedliche Gründe für moral hazard systematisiert werden.

Im zweiten Fall, der als unvoll*ständige* Information (verbreitet ist auch der Begriff *adverse selection*, was eine Unterform davon ist) bezeichnet wird, sind die Wirtschaftssubjekte über bestimmte *Eigenschaften* ihrer „Mitspieler" nicht vollständig informiert. Ein typisches und bereits angesprochenes Beispiel ist, daß der Oligopolist A die

Kostenfunktion des Oligopolisten B nicht kennt, so daß er auf Schätzungen angewiesen ist. Das Problem, mit dem er rechnen muß, ist, ein anderes Verhalten der Gegenspieler bei jeder Kostenfunktion, was gleichzeitig die Berücksichtigung der Einschätzungen des anderen (also des A selbst) mit einschließt. Es ergibt sich daraus eine konzeptionell recht anspruchsvolle Situation. Analog muß beispielsweise angenommen werden, daß nur der (potentielle) Käufer seinen wirklichen Nutzen aus dem Konsum eines Produkts beurteilen kann, während der Verkäufer im Dunkeln tappt. Dies führt zu interessanten Problemen, in die wir im 23. Kapitel einführen.

Im 24. Kapitel widmen wir uns der spieltheoretischen Behandlung von *Verhandlungen*, die innerhalb mikroökonomischer Entscheidungssituationen offensichtlich eine herausragende Rolle spielen – es sei nur an die Verhandlungen zwischen Arbeitgeberverbänden und Gewerkschaften oder die Verhandlungen zwischen einem Käufer und Verkäufer erinnert. Die Spieltheorie als Teilgebiet der Mikroökonomie hat das Verständnis rationaler Entscheidungen in Verhandlungssituationen erheblich geschärft, wobei allerdings eingeräumt werden muß, daß praktische Verhandlungssituationen derart komplex sind, daß eine wirklich befriedigende theoretische Erfassung (derzeit) kaum möglich ist. Dennoch liefert die spieltheoretische Behandlung von Verhandlungen interessante Einsichten. Die Einführung asymmetrischer Information in den vorhergehenden Kapiteln bietet uns die Möglichkeit, ein recht komplexes Modell zu präsentieren, in dem der Verkäufer nur unvollständig über die Zahlungsbereitschaft des potentiellen Käufers informiert ist.

Während wir bei Verhandlungen (meist) vereinfachend von lediglich einem Verkäufer und einem Käufer ausgehen, gibt es bei *Auktionen* zahlreiche Käufer, die über ihre Zahlungsbereitschaften wechselseitig nur schlecht unterrichtet sind. Wie bei Verhandlungen ist auch die praktische Bedeutung der im 25. Kapitel behandelten *Auktionstheorie* offensichtlich – denken Sie an Ausschreibungen im Baugewerbe oder die Wertpapierpensionsgeschäfte der Bundesbank. Die Analyse unterschiedlicher Auktionsformen (beispielsweise der offenen oder verdeckten Versteigerung) ist daher ein wichtiges Forschungsgebiet der Mikroökonomie.

1.3 Einige Literaturempfehlungen

Mittlerweile gibt es eine Fülle hervorragender mikroökonomischer Lehrbücher, so daß eine Auswahl stets Bücher vernachlässigen muß, die man nicht vernachlässigen dürfte. Dennoch möchten wir einige nennen, denen wir uns besonders verpflichtet fühlen und die wir deshalb zur Ergänzung empfehlen möchten:

Herausragende, allerdings formal teilweise recht anspruchsvolle Lehrbücher der Mikroökonomie stammen unter anderem von Kreps 1990 und Mas-Colell/ Whinston/Green 1995. Beide sind vor allem hervorragend dazu geeignet, um einigen hier eher kurz und unformal behandelten Fragen tiefer nachzugehen. Als deutsches Lehrbuch ist hierbei insbesondere Güth 1994 hervorzuheben, dem das vorliegende Buch beispielsweise wichtige Anregungen für die Darstellung der Coase-Conjecture verdankt.

Mit der Dominanz der Spieltheorie in der Industrieökonomie und der größeren Bedeutung des empirischen Zweigs der Industrieökonomie für die Mikroökonomie hat sich die Trennung beider Arbeitsgebiete verwischt. Ein herausragendes Lehrbuch zur Industrieökonomie, auf das das vorliegende Buch öfter zurückgreift, ist Tirole 1994.

Leser/innen, die sich wirklich intensiv mit der Spieltheorie auseinandersetzen möchten (aber auch nur denen!), kann guten Gewissens das sehr umfassende Lehrbuch von Fudenberg/Tirole 1991 empfohlen werden. Eine ausgesprochen gelungene Mischung aus Verständlichkeit und Anspruch im deutschen Sprachraum stammt von Holler/Illing.

Für viele Zwecke sind auch Badewannenbücher, also Bücher, die man am besten in der Badewanne liest, sehr hilfreich. Empfehlenswert sind etwa Dixit/Nalebuff 1995 und Mc Millan 1992, die beide völlig unformal, witzig und ausgesprochen geistreich die Grundgedanken und die praktische Bedeutung der Spieltheorie vermitteln.

Moritz 1993 gelingt es schließlich, den trockenen Stoff der Haushaltstheorie in gleichzeitig formaler und amüsanter Weise abzuhandeln.

Kapitel 2

Einige entscheidungstheoretische Grundlagen der Mikroökonomie

2.1 Der Grundgedanke

Wie in Abschnitt 1.1 bereits erläutert, ist die Entscheidungstheorie die Grundlage der Mikroökonomie, so daß wir mit einer Einführung in die Entscheidungstheorie starten müssen. Dabei beginnen wir mit einigen eher grundsätzlichen Überlegungen, bevor wir die drei Arten von Entscheidungssituationen systematisieren, die wir in den Abschnitten 2.2 bis 2.4 erläutern.

Der ökonomischen Entscheidungstheorie liegt die eigentlich selbstverständliche Überzeugung zugrunde, daß alle sozialen Prozesse – beispielsweise die Bildung von Marktpreisen oder die Verhandlungen von Gewerkschaften und Arbeitgebern – aus dem Verhalten der Menschen selbst erklärt werden müssen. Aussagen über „Systeme" sind zwar manchmal nützlich, weil es oft schwierig ist, Entwicklungen in der Organisationsstruktur einer Unternehmung konsequent auf das Handeln der Beteiligten zurückzuführen, und man deshalb direkt über „Systeme" (beispielsweise über Abteilungen von Unternehmen) redet. Da letztlich aber nur Menschen (und niemals Systeme) handeln, muß man im Hinterkopf behalten, wie sich das Verhalten von Systemen aus dem Verhalten von Menschen erklären läßt. Wissenschaftstheoretisch formuliert liegt der ökonomischen Entscheidungstheorie (und somit der Mikroökonomie) demnach der methodologische Individualismus zugrunde.

Deshalb setzt die ökonomische Entscheidungstheorie bei ihrer Analyse von Systemen (beispielsweise bei der Analyse von Marktprozessen) zunächst am *Entscheidungsverhalten einzelner Menschen* an. Die zentrale Frage dabei ist, welche Annahmen über das Verhalten von Wirtschaftssubjekten getroffen werden, um dieses theoretisch behandeln zu können. Diese Annahmen müssen einerseits einfach genug sein, um theoretisch handhabbar zu bleiben. Auf der anderen Seite müssen sie so realitätsgerecht sein, daß sie beim Verständnis empirischer Sachverhalte wirklich nützlich sind. Die grundlegende Prämisse der Entscheidungstheorie ist, daß die Marktteilnehmer versuchen werden, ihre eigenen Präferenzen möglichst gut durchzusetzen. So mag ein Arbeitnehmer vermutlich den Arbeitsplatz wechseln, wenn er für eine vergleichbare Tätigkeit das doppelte Gehalt erzielen kann – verblüffenderweise gilt dies selbst dann, wenn die Gehälter – wie bei steuerhinterziehenden Spitzensportlern – ohnehin schon astronomische Höhen erreicht haben. Ebenso wird ein Konsument versuchen, sein beschränktes Budget so auf die verschiedenen Konsumgüter aufzuteilen, daß er seine Konsumwünsche möglichst gut befriedigen kann.

Das gerade beschriebene Menschenbild ist recht schlicht und beruht auf der Vorstellung einer *Zweck-Mittel-Rationalität*: Die Marktteilnehmer verfolgen bestimmte Zwecke (bzw. haben bestimmte Präferenzen) und suchen nach Mitteln, um diese zu realisieren. Innerhalb der ökonomischen Theorie bezeichnet man die Verfolgung einer Zweck-Mittel-Rationalität auch als *Nutzenmaximierung*: Unter Nutzenmaximierung versteht man, daß bestimmte Wünsche, die nicht weiter hinterfragt werden, möglichst gut befriedigt werden. Dies bedeutet nicht, daß die Frage nach der Entstehung, Weiterentwicklung und radikalen Veränderung von Präferenzen als uninteressant erachtet wird, sondern lediglich, daß Antworten darauf nicht der Forschungsgegenstand der Entscheidungstheorie sind.

Ausgehend von dieser Unterstellung der Nutzenmaximierung fragt die Entscheidungstheorie, welche Auswirkungen Änderungen von Marktdaten oder wirtschaftspolitische Maßnahmen auf das Verhalten der Wirtschaftssubjekte – und infolgedessen auf das Marktgeschehen – haben. Eine typische Frage ist beispielsweise, wie rationale Konsumenten auf Änderungen der Güterpreise reagieren, wenn sich ihre Vorlieben für bestimmte Güter nicht geändert haben. Nun ist diese Frage extrem einfach, und unter plausiblen Annahmen über die Präferenzen der Konsumenten kommt man zu dem wenig überraschenden Ergebnis, daß bei einem steigenden Preis der einen Ware weniger von dieser und mehr von anderen Waren nachgefragt wird. Wir werden in Abschnitt 2.4.2 sehen, daß auf der Grundlage sehr einfacher, rationaler Entscheidungen nicht selten Ergebnisse zustande kommen, die keineswegs so plausibel sind wie eine sinkende Nachfrage bei steigendem Preis.

Lassen Sie uns die Möglichkeiten und Grenzen der Entscheidungstheorie etwas genauer anschauen. Oft wird gegen die Nutzenmaximierung eingewendet, daß diese streng egoistische Menschen unterstelle und deshalb mit der wirklichen Welt nicht viel zu tun habe. Abgesehen davon, daß Egoismus vor allem in ökonomischen Situationen wirklichkeitsgetreu zu sein scheint, ist es keineswegs richtig, daß das Konzept der Nutzenmaximierung egoistische Menschen im alltagssprachlichen Sinne unterstellt. Es wird lediglich angenommen, daß die Menschen auf der Grundlage *gegebener* Wünsche diese bestmöglich befriedigen wollen. Zu diesen Wünschen kann ohne weiteres der Friede im ehemaligen Jugoslawien oder die Gleichverteilung der Einkommen gehören, was man kaum als egoistisch bezeichnen würde. Da keinerlei Wertung der Zwecke vorgenommen wird, ist die Entscheidungstheorie durchaus mit moralischem Verhalten vereinbar.[1] Unterstellt wird lediglich *Rationalverhalten*, was methodisch sicherlich vernünftig ist: denn wenn sich jemand irrational verhält, so ist sein Verhalten definitionsgemäß einer wissenschaftlichen Betrachtung nicht zugänglich und deshalb nicht prognostizierbar. Obwohl die Unterstellung einer Zweck-Mittel-Rationalität einen guten Ausgangspunkt zur Untersuchung des *ökonomischen* Verhaltens von Menschen bildet, gibt es durchaus wichtige Einwände, die den Stellenwert der Entscheidungs-

---

1   Im 19. Kapitel werden wir die Möglichkeit zur Integration von „Moral" (ein schillernder und durchaus konkretisierungsbedürftiger Begriff) in die Theorie rationaler Wahlhandlungen im Rahmen der Theorie externer Effekte noch etwas genauer beleuchten.

theorie einschränken. Der wichtigste Punkt ist, daß die einfache Vorstellung einer Zweck-Mittel-Rationalität zwar keine *inhaltlichen*, jedoch bestimmte *formale* Anforderungen an Präferenzordnungen erfordert, die in der Realität in dieser Form niemals erfüllt sind. Somit handelt es sich um eine Abstraktion, deren Wert nicht allgemein, sondern nur von Fall zu Fall – und in Konfrontation der hergeleiteten Ergebnisse mit der Empirie – entschieden werden kann. Da diese Problematik aber erst nach Erläuterung der Anforderungen an Präferenzordnungen in Kapitel 8 vollständig nachvollzogen werden kann, werden wir weitere Einwände gegen die Entscheidungstheorie auch erst dort diskutieren. Im Moment halten wir lediglich fest, daß die Mikroökonomie auf dem Konzept einer Zweck-Mittel-Rationalität beruht, das keinerlei inhaltliche Beurteilung von Präferenzen erfordert und deshalb auch kein „egoistisches" Menschenbild zugrundelegt.

Im folgenden unterscheiden wir zwischen drei grundsätzlichen Arten von Entscheidungssituationen, die – aufbauend auf dem Grundgedanken der Zweck-Mittel-Rationalität – jeweils unterschiedliche Konzepte bei der Ableitung rationaler Verhaltensweisen erfordern: Entscheidungssituationen unter Sicherheit (Abschnitt 2.2), Entscheidungssituationen unter Unsicherheit (Abschnitt 2.3) und strategische bzw. spieltheoretische Entscheidungssituationen (Abschnitt 2.4). Anschließend (Abschnitt 2.5) stellen wir mit dem Kriterium der Pareto-Effizienz eine zumindest theoretisch sehr überzeugende Möglichkeit vor, Ergebnisse aufbauend auf individuellen Bewertungen wohlfahrtstheoretisch zu beurteilen, ohne auf den wertenden Vergleich der Wünsche unterschiedlicher Individuen eingehen zu müssen.

2.2 Entscheidungen unter vollständiger Information

Unter Entscheidungssituationen bei vollständiger Information versteht man, daß die Beteiligten vollständig über alle Sachverhalte informiert sind, die ihre Entscheidung beeinflussen. Dies heißt zum Beispiel für einen Haushalt, daß er die Preise und Qualitätsmerkmale aller Produkte kennt, die er möglicherweise kaufen möchte. Bezogen auf ein Unternehmen würde dies bedeuten, daß alle Produktionsalternativen, die damit verbundenen Kosten sowie das Nachfrageverhalten aller potentiellen Konsumenten bekannt sind. Diese Annahme ist zweifellos unrealistisch, weil es in praktisch allen Lebenssituationen Sachverhalte gibt, über die man eben nicht vollständig informiert ist. Dennoch ist es zum Verständnis von schwierigeren Entscheidungssituationen unerläßlich, das Haushalts- und Unternehmensverhalten bei vollständiger Information zu durchdringen. Hinzu kommt, daß die Vorstellung vollständiger Information lange die mikroökonomische Theorie geprägt hat, weil sie die Möglichkeit bietet, bestimmte Effizienzeigenschaften von Marktallokationen formal nachzuweisen. Im Rahmen des zweiten Kapitels müssen wir auf Entscheidungssituationen unter vollständiger Information nicht weiter eingehen, weil wir sie in den nachfolgenden Kapiteln (vor allem ab Kapitel 5) sehr intensiv behandeln werden.

2.3 Entscheidungen unter Unsicherheit (klassische Entscheidungstheorie)

Bei vollständiger Information wird definitionsgemäß davon ausgegangen, daß die Haushalte und Unternehmen alle für sie relevanten Nebenbedingungen perfekt einschätzen können. Diese Annahme ist zwar zur Strukturierung der elementaren Marktanalyse didaktisch gut geeignet, häufig aber nicht besonders realistisch. Im allgemeinen müssen wir berücksichtigen, daß das Ergebnis einer Entscheidung auch von Sachverhalten abhängt, über die man zum Zeitpunkt der Entscheidung nicht vollständig informiert ist. Die Analyse rationaler Verhaltensweisen unter Unsicherheit, die die Wirtschaftssubjekte mit ihren eigenen Aktionen nicht beeinflussen können, ist die Aufgabe der klassischen (betriebswirtschaftlichen) Entscheidungstheorie.

Wir wollen dieses Problem mit Hilfe eines einfachen Beispiels erläutern, in dem ein Unternehmen über eine Kapazitätsausweitung berät. Die Schwierigkeit für das Unternehmen besteht annahmegemäß darin, daß es nicht vollständig über die Entwicklung der Nachfrage informiert ist. Zur Vereinfachung unterscheiden wir nur zwischen zwei möglichen Nachfragezuständen, nämlich „hohe Nachfrage" und „niedrige Nachfrage". Bei hoher Nachfrage führt die Ausweitung der Kapazitäten zu einem höheren Gewinn und bei niedriger Nachfrage die Beibehaltung der Kapazitäten. Wir überlegen nun, welche Empfehlungen die Entscheidungstheorie in solchen Fällen geben kann.

Wir nehmen an, daß unser Beispielunternehmen aufgrund der ihm vorliegenden Informationen die Wahrscheinlichkeit für eine hohe Nachfrage auf 0,7 und die Wahrscheinlichkeit für eine niedrige Nachfrage auf 0,3 schätzt. Dabei interessieren wir uns im Moment nicht dafür, wie diese Wahrscheinlichkeiten zustande kommen, sondern nehmen einfach an, daß diese der subjektiven Einschätzung der Entscheidungsträger im Unternehmen entsprechen. Ferner unterstellen wir, daß die Durchführung der Kapazitätserweiterung im Falle der hohen Nachfrage zu einem Gewinn von 10 (z.B. Millionen) und bei niedriger Nachfrage zu einem Gewinn von 0 führt. Ohne Kapazitätserweiterung sei der Gewinn bei hoher Nachfrage 6 und bei niedriger Nachfrage 5. Die Entscheidungssituation des Unternehmens wird in Abb. 2.1 systematisiert.

Die möglichen Nebenbedingungen, die in unserem Fall aus „hoher" und „niedriger" Nachfrage bestehen, bezeichnet man auch als *Umweltzustände*. Die Handlungsalternativen, die in unserem Beispiel aus der Kapazitätserweiterung bzw. dem Verzicht darauf bestehen, nennt man *Strategien*. Abb. 2.1 ist also nichts anderes als eine einfache Darstellung der Entscheidungssituation.

Abb. 2.1: *Entscheidungssituation mit zwei möglichen Umweltzuständen*

	Hohe Nachfrage (0,7)	Niedrige Nachfrage (0,3)
Kapazitätserweiterung	10	0
Keine Kapazitätserweiterung	6	5

Was soll man unserem Unternehmen nun raten? Eine erste Möglichkeit besteht in der Maximierung des *Erwartungswertes*. Unter dem Erwartungswert versteht man den *durchschnittlichen* Gewinn, den das Unternehmen bei Durchführung einer Handlungsalternative erzielt. Man erhält den Erwartungswert, indem man die Wahrscheinlichkeiten für die einzelnen Umweltzustände mit den jeweiligen Gewinnen multipliziert und dann über alle möglichen Umweltzustände addiert. In unserem Beispiel erhalten wir als Erwartungswerte

$$EW_1 = 0,7 \cdot 10 + 0,3 \cdot 0 = 7 \tag{2.1}$$

$$EW_2 = 0,7 \cdot 6 + 0,3 \cdot 5 = 5,7 \tag{2.2}$$

Dabei steht EW_1 für den Erwartungswert der Strategie 1 („Durchführung der Kapazitätserweiterung") und EW_2 für den Erwartungswert der Strategie 2 („Verzicht auf die Kapazitätserweiterung"). Bei einer Orientierung am Erwartungswert muß sich das Unternehmen für die Durchführung der Kapazitätserweiterung entscheiden, weil der erwartete Gewinn größer ist.

Nun ist die Maximierung des Erwartungswerts zwar eine plausible, keineswegs aber eine zwingende Handlungsempfehlung. Denn offensichtlich ist die Strategie 1 in unserem Beispiel auch die riskantere Strategie: bei Strategie 2 ist der Gewinn weitgehend unabhängig von der Nachfragesituation, d.h. er beträgt einmal 5 und einmal 6 Geldeinheiten. Es kann jedoch durchaus gute Gründe dafür geben, neben dem Erwartungswert genauso das Risiko zu berücksichtigen und sich für eine weniger riskante Strategie mit einem niedrigeren Erwartungswert zu entscheiden. Dies sieht man beispielsweise bei der Anlage in festverzinsliche Wertpapiere, die eine garantierte (und daher risikolose) Rendite einbringen, die erheblich unter der Rendite liegt, die durchschnittlich auf dem Aktienmarkt erzielbar ist.

Wie können wir das Risiko nun auf eine einfache und dennoch überzeugende Art und Weise in unserem Entscheidungsmodell berücksichtigen? Die Kernfrage lautet, was in einem Unternehmen implizit (d.h. unausgesprochen) eigentlich vorgeht, wenn es sich trotz des höheren Erwartungswerts für den Verzicht auf die Kapazitätserweiterung entscheidet. Stellen Sie sich einfach vor, man bietet Ihnen persönlich 20 Millionen mit einer Wahrscheinlichkeit von 80 Prozent oder 10 Millionen mit Sicherheit an. Vermutlich würden Sie sich für die sicheren 10 Millionen entscheiden, obwohl der Erwartungswert der ersten Alternative bei $0,8 \cdot 20 = 16$ liegt. Während man Orientierungen am Erwartungswert als *risikoneutral* bezeichnet, nennt man Wirtschaftssubjekte, die einen niedrigeren Erwartungswert bei entsprechend geringerem Risiko vorziehen, *risikoavers*. Dieser Begriff hat sich aus theoriegeschichtlichen Gründen eingebürgert, ist jedoch etwas mißverständlich: denn auch „Spielernaturen", die eigentlich Unsicherheiten über die Ergebnisse wegen des damit verbundenen Nervenkitzels mögen, werden möglicherweise die 10 Millionen vorziehen – nicht, weil sie das Risiko scheuen, sondern vielleicht einfach deshalb, weil der Grenznutzen des Einkommens zurückgeht – der Unterschied zwischen Null Millionen und 10 Millionen ist viel größer als der Unterschied zwischen 10 Millionen und 20 Millionen.[2] Das Problem ist also, daß der

---

2   Vgl. für eine sehr klare Darstellung dieses Sachverhalts schon Debreu 1976, 123.

Begriff Risiko-Aversion zwar exakt definiert ist, daß er aber keine Informationen darüber liefert, *warum* ein Wirtschaftssubjekt ein sicheres Einkommen mit niedrigerem Erwartungswert gegenüber einem unsicheren Einkommen mit höherem Erwartungswert vorzieht. Dies kann an seiner Angst vor Risiko, an seiner fehlenden Spielfreude oder am sinkenden Grenznutzen des Einkommens liegen, ohne daß sich dies aus seiner Entscheidung ablesen lassen würde.

Wenn Wirtschaftssubjekte risiko-avers in diesem Sinne sind, so führt eine ausschließliche Orientierung am Erwartungswert in die Irre. Um eine tragfähige, rationale Entscheidung treffen zu können, muß unser Unternehmen daher jedem möglichen Ergebnis einen (subjektiven) *Nutzenindex* zuordnen, der angibt, wie hoch es die einzelnen Ergebnisse für sich selbst bewertet. Solche Bewertungen mit Nutzenindizes führen wir implizit immer wieder durch, wenn wir beispielsweise überlegen, ob es sich lohnt, rennend zu versuchen, einen Zug noch zu erreichen, obwohl wir uns nur 1 Prozent Hoffnung darauf machen, daß es glückt. Abb. 2.2 zeigt beispielhaft, wie die Nutzenbewertung unseres Unternehmens aussehen könnte.

Abb. 2.2: *Nutzenbewertung der Alternativen*

	Hohe Nachfrage (0,7)	Niedrige Nachfrage (0,3)
Kapazitätserweiterung	16	0
Keine Kapazitätserweiterung	13	12

Da es nur auf die Abstände zwischen den Nutzenzuschreibungen ankommt, haben wir einen Gewinn von Null willkürlich mit einem Nutzen von 0 bewertet. Die möglichen Gewinne von 5, 6 und 10 bewertet unser Unternehmen mit Nutzenindizes von 12, 13 und 16. Analog zur Bestimmung des Erwartungswerts können wir nun ausrechnen, wie groß der *Erwartungsnutzen* unseres Unternehmens für die beiden möglichen Strategien ist, wobei der Erwartungsnutzen den durchschnittlichen Nutzen angibt.

$$EN_1 = 0,7 \cdot 16 + 0,3 \cdot 0 = 11,2 \tag{2.3}$$

$$EN_2 = 0,7 \cdot 13 + 0,3 \cdot 12 = 12,7 \tag{2.4}$$

Bedenken Sie, daß die Festlegung von Nutzenwerten nichts anderes ist als eine besonders einfache und elegante Methode zur Berücksichtigung der Risikoeinstellung (bzw. inhaltlich: zur Berücksichtigung des sinkenden Grenznutzens des Einkommens), denn die Vermeidung von Risiken trotz höherer Erwartungswerte hat keinen anderen Grund als die Zielsetzung, Ergebnisse mit besonders niedrigen Nutzenzuschreibungen zu vermeiden. In unserem Fall könnte dies z.B. daran liegen, daß die Manager des Unternehmens bei einem Gewinn von Null in die Schußlinie geraten, während auch schon die Gewinne 5 und 6 von der Unternehmensleitung, den Aktionären oder der Öffentlichkeit als positiv eingestuft werden. Die Empfehlung der Entscheidungstheorie lautet daher zu Recht, neben der Zuschreibung von Wahrscheinlichkeiten ebenso die eigene Risikobeurteilung zu berücksichtigen, indem den möglichen Resultaten Nutzenindizes zugeordnet werden, die über die Wahl der Strategie mitentscheiden. Solche *Risikonutzenfunktionen*, in denen neben dem Erwartungswert auch das Risiko eine Rolle bei der Entscheidung spielt, bezeichnet man zu Ehren der entsprechenden Personen als *v.Neumann-Morgenstern-Nutzenfunktionen* und die Orientierung am Erwartungsnutzen als *Bernoulli-Kriterium*. Um zu konsistenten Entscheidungen zu kommen, müssen die Risikonutzenfunktionen – ähnlich wie bei der „gewöhnlichen" Nutzentheorie unter Sicherheit[3] – bestimmte Eigenschaften aufweisen, auf die wir an dieser Stelle aber nicht näher eingehen müssen.[4] Praktisch spielt die Risikoaversion (bzw. der sinkende Grenznutzen des Einkommens), abgesehen von Kapitalmärkten, vor allem bei *Versicherungen* eine zentrale Rolle. Denn die vom Versicherungsnehmer zu zahlende Prämie liegt stets *über* dem Schadenserwartungswert, weil die Versicherungen andernfalls nicht einmal ihre Verwaltungskosten tragen könnten. Dennoch schließen die Kunden Versicherungen ab, weil dies angesichts ihres im Vergleich zu den Versicherungen geringen Budgets und der daraus folgenden extrem negativen Bewertung von hohen Schäden rational ist.[5]

Lassen Sie uns abschließend zu diesem Punkt noch zwei naheliegende Einwände entkräften, die immer wieder auftauchen und somit eine kurze Stellungnahme verdienen. Der erste lautet, daß es für viele Fälle gar nicht möglich sei, den möglichen Ergebnissen Wahrscheinlichkeiten zuzuordnen, weil sich die Frage das erste Mal stellt und man möglicherweise über kein hinreichendes Wissen verfügt. Dieser Einwand ist aus einem einfachen Grund nicht richtig: wenn Sie sich nämlich in der mißlichen Situation befinden, irgendeine Entscheidung treffen zu müssen, so bedeutet der Verzicht auf eine Zuschreibung von Wahrscheinlichkeiten implizit, daß Sie von einer 50-50-Verteilung ausgehen. Dann können Sie aber auch gleich 50-prozentige Wahrscheinlichkeiten in die Entscheidungsmatrix eintragen, ohne irgendetwas zu verändern. Wenn Sie dabei ein mulmiges Gefühl haben, liegt dies daran, daß Ihre subjektive Wahrscheinlichkeitseinschätzung eben doch nicht bei 50-50 liegt, und Sie die Zahlen entsprechend korrigieren sollten. Dies gilt ebenfalls, wenn Ihr Informationsstand gering ist und Sie deshalb kein Vertrauen zu Ihrer Einschätzung haben, denn der Verzicht auf die Festlegung von Wahrscheinlichkeiten nimmt Ihnen die Entscheidung genauso wenig ab. Der richtige Kern des Einwands ist allerdings, daß Information nicht wertlos ist, da je besser die Zuschreibung von Wahrscheinlichkeiten die Realität trifft, die Gefahr um so geringer ist, Entscheidungen zu treffen, die sich später als

---

3   Vgl. dazu ausführlich Kapitel 9 des vorliegenden Buches.

4   Die traditionelle Entscheidungstheorie ist durchaus einfach und besteht im Kern in den hier geschilderten Sachverhalten. Alle wichtigen Formalien werden sehr klar und angemessen knapp z.B. bei Kreps 1990, Kapitel 3, erläutert.

5   Wenn die Versicherungen (wie in der Realität regelmäßig der Fall) die Handlungen der Versicherungsnehmer nicht vollständig beobachten können, ergeben sich interessante Probleme, die wir im 22. Kapitel ausführlich untersuchen werden: auf der einen Seite würde die Versicherung gerne den ganzen Schaden übernehmen, weil der risikoaverse Kunde dafür eine sehr hohe Prämie zahlen würde. Auf der anderen Seite hat der Kunde dann aber keinen Anreiz mehr, sein Risiko durch Vorsichtsmaßnahmen zu reduzieren, weil er ja weiß, daß die Versicherung bezahlt (dies bezeichnet man als moral hazard). Diese Überlegung erklärt teilweise, warum Vollkaskoversicherungen mit niedrigen Selbstbeteiligungen so teuer sind.

fehlerhaft erweisen.[6] Dies ändert aber nichts an dem Prinzip, daß die Zuordnung von Wahrscheinlichkeiten bei jedem Informationsstand eine rationale, zielführende Vorgehensweise ist.

Der zweite mögliche Einwand richtet sich gegen die Zuschreibung von Nutzenindizes und besteht konkret in dem Vorwurf, daß diese rein willkürlich seien und man dadurch jede Strategie als rational begründen könne. Dies ist zwar richtig, jedoch nicht die Schwäche, sondern vielmehr die Stärke des Modells. Wenn jemand der Meinung ist, daß 20 Millionen für ihn den doppelten Nutzen stiften wie 10, so ist es *für ihn* rational, sich für die 20 Millionen mit 80-prozentiger Wahrscheinlichkeit zu entscheiden. Denn unsere Zielsetzung ist es nicht, bestimmte Präferenzen als irrational abzuqualifizieren, sondern zu untersuchen, wie sich jemand auf Grundlage seiner subjektiven Präferenzen rational verhält. Es ist daher selbstverständlich, daß die Festlegung von Nutzenindizes ebenso subjektiv ist wie die Präferenz für Bier oder Wein. Sie dient lediglich dazu, die Entscheidungssituation und die einzelnen Präferenzen transparent zu machen und dadurch rationales Verhalten zu erleichtern.

2.4 Strategische bzw. spieltheoretische Entscheidungssituationen

2.4.1 Das Grundproblem

Im vorhergehenden Abschnitt haben wir uns der Realität dadurch angenähert, daß wir Unsicherheiten über relevante Nebenbedingungen berücksichtigt haben. Eine wesentliche Vereinfachung bestand darin, daß diese Unsicherheit als exogen, d.h. von den Akteuren selbst nicht beeinflußbar, angenommen wurde. Das klassische Beispiel ist das Wetter, das erfahrungsgemäß nur selten und darüber hinaus meist wenig zufriedenstellend auf das eigene Verhalten reagiert. In diesem Abschnitt wenden wir uns nun Entscheidungssituationen zu, in denen die Erwartungswerte der eigenen Strategien auch von den Strategien anderer Akteure abhängen *und umgekehrt*. Der entscheidende Punkt ist der Zusatz „und umgekehrt", der zum Ausdruck bringt, daß ein Wirtschaftssubjekt A seine optimale Strategie nicht festlegen kann, ohne das Verhalten von B zu kennen, während gleichzeitig auch B seine optimale Strategie nicht bestimmen kann, ohne das Verhalten von A zu kennen. Man bezeichnet solche Entscheidungssituationen daher als *strategisch* oder *interdependent*.

Solche strategischen Entscheidungssituationen gibt es in praktisch allen Bereichen des Wirtschaftslebens. Denken Sie beispielsweise an jede Art von Verhandlungen (Gehalts- und Tarifverhandlungen, Verhandlungen über die Verminderung von CO_2 wie beim Klimagipfel in Berlin oder Verhandlungen über den Kaufpreis eines Gebrauchtwagens) sowie an Oligopole, in denen etwa der gewinnmaximale Preis des einen Zigarettenherstellers auch von den Preisen der Konkurrenten abhängt. Selbstverständlich stellen sich derartig interdependente Entscheidungsprobleme nicht nur in der Ökonomie, sondern ebenso in anderen Lebensbereichen wie in der Politik oder im

---

6   Dies ist der Kern der Informationswertmethode, die in jedem Lehrbuch der Entscheidungstheorie nachgelesen werden kann (vgl. z.B. Laux 1993, 86.).

Sport, wo z.B. die Trainer von Fußballteams ihre Aufstellungen oftmals erst spät bekannt geben, um dem Gegner die Wahl der optimalen Strategie zu erschweren.[7] Die ökonomische Theorie zur Behandlung derartiger Entscheidungssituationen wird als Spieltheorie bezeichnet, weil diese Situationen für Spiele wie Schach oder Skat typisch sind: eine gut ausgeklügelte „Falle" im Schach erweist sich oft als Stellungsnachteil, wenn der Gegner diese rechtzeitig durchschaut. Die Spieltheorie hat in den letzten Jahrzehnten rasante Fortschritte gemacht und auch in Deutschland einen hohen Popularitätsgrad erreicht, seitdem dem Bonner Ökonom Reinhard Selten für seinen Beitrag zur Spieltheorie 1994 der Nobelpreis verliehen wurde. Wir möchten in diesem Kapitel bereits einige elementare Sachverhalte der Spieltheorie darstellen, an die wir später im Rahmen der Oligopoltheorie und den daran anschließenden Kapiteln (Kapitel 17ff.) anknüpfen werden.[8]

2.4.2 Gleichgewichte in dominanten Strategien

Wir beginnen unsere Skizze der spieltheoretischen Behandlung strategischer Entscheidungssituationen mit dem bekanntesten und einfachsten Spiel, das als *Gefangenendilemma* bezeichnet wird. Sehr allgemein (und zunächst noch etwas unscharf formuliert) versteht man unter einem Gefangenendilemma eine Situation, in der gerade das rationale Verhalten der Beteiligten dazu führt, daß sich ein Ergebnis einstellt, das für die Beteiligten selbst ausgesprochen schlecht ist. Der Begriff erklärt sich daraus, daß beim Gefangenendilemma in seiner ursprünglichen Version zwei Verbrecher des Bankraubs verdächtigt, festgenommen und getrennt voneinander verhört werden. Dabei haben sie das Problem, daß ihre Haftstrafe nicht nur von ihrer eigenen Aussage (Leugnen oder Gestehen), sondern auch von der Aussage des Komplizen abhängt. Wir möchten das Gefangenendilemma allerdings mit einem Beispiel aus der Oligopoltheorie erläutern, um direkt den ökonomischen Bezug deutlich zu machen.

Wir betrachten ein Duopol (d.h. einen Markt mit nur zwei Anbietern) und nehmen zur Vereinfachung an, daß jeder Duopolist nur zwei Preisstrategien zur Verfügung hat – einen hohen und einen niedrigen Preis. Die Produkte der beiden Duopolisten seien recht ähnlich, wie dies beispielsweise für unterschiedliche Zigarettenmarken der Fall sein mag. Wenn beide Duopolisten den hohen Preis nehmen, machen beide Unternehmen annahmegemäß einen Gewinn von 10. Entscheiden sich beide für den niedrigen Preis, so beträgt der Gewinn 5. Wählt Unternehmen A den hohen und Unternehmen B den niedrigen Preis, so beträgt der Gewinn für Unternehmen A Null und der für Unternehmen B 15, weil viele Nachfrager von Unternehmen A zu Unternehmen B abwandern. Analog macht B einen Gewinn von Null und A einen Gewinn von 15, wenn B den hohen und A den niedrigen Preis wählt. Abb. 2.3 faßt die vier Möglichkeiten in einer Matrix zusammen.

---

7 Dixit/Nalebuff 1995 verwenden schöne Beispiele aus allen hier angesprochenen Bereichen für ihre Einführung in die Spieltheorie.

8 Das (anspruchsvolle) Standardlehrbuch zur Spieltheorie stammt von Fudenberg/Tirole 1991. Eine gelungene Kombination aus Verständlichkeit und formaler Darstellung ist Holler/Illing 1996.

Abb. 2.3: *Spieltheoretische Entscheidungssituation mit dominanten Strategien*

A \ B	Hoher Preis	Niedriger Preis
Hoher Preis	10/10	0/15
Niedriger Preis	15/0	5/5

In Abb. 2.3 steht jeweils die erste Ziffer für den Gewinn von A und die zweite für den Gewinn von B. Wählt beispielsweise A die Strategie „hoher Preis" und B die Strategie „niedriger Preis", so befinden wir uns in der ersten Zeile und der zweiten Spalte. Die Gewinne sind dann Null für A und 15 für B.

Wenn wir uns in die Situation des A versetzen, so bemerken wir Gemeinsamkeiten, gleichzeitig jedoch erhebliche Unterschiede im Vergleich zu der Entscheidungssituation unter exogener Unsicherheit aus dem vorhergehenden Abschnitt 2.3. Die Gemeinsamkeit besteht darin, daß das Ergebnis für A auch von „anderen Umständen", in diesem Fall von dem Verhalten von B, abhängt. Der entscheidende Unterschied ist aber, daß die Zuordnung von Wahrscheinlichkeiten für die beiden Strategien von B in diesem Fall *nicht* die richtige Methode wäre, weil das Verhalten von B auch von den Erwartungen abhängt, die B über das Verhalten von A bildet. Genau dies unterscheidet spieltheoretische (bzw. interdependente oder strategische) Entscheidungssituationen von Situationen unter exogener Unsicherheit.

Obwohl die Sache auf den ersten Blick kompliziert scheint, läßt sich das vorliegende Spiel ausgesprochen einfach lösen. Dies liegt daran, daß es sich um einen extremen Spezialfall handelt, der eine eindeutige Verhaltensprognose erlaubt, sofern sich beide Beteiligten rational verhalten. Um dies zu verdeutlichen, versetzen wir uns in die Situation des Unternehmens A. A weiß nicht, ob B sich für den hohen oder den niedrigen Preis entscheidet. Der erste Ansatzpunkt bei der Auswahl der eigenen Strategie muß daher darin bestehen, zu schauen, welche Alternative bei den verschiedenen Strategien des B für A die jeweils beste wäre. Dazu nehmen wir zunächst willkürlich an, daß B sich für den hohen Preis entscheidet. Wählt A dann den hohen Preis, so macht er einen Gewinn von 10, beim niedrigen Preis dagegen einen Gewinn von 15 (und B einen Gewinn von Null). Dies bedeutet, daß der niedrige Preis für A gewinnmaximal ist, sofern B sich für den hohen Preis entscheidet. Allerdings weiß A nicht, welchen Preis B wählt, so daß wir noch überprüfen müssen, welcher Preis für A gewinnmaximal ist, sofern B den niedrigen Preis setzt. Wenn A dann den hohen Preis nimmt, so wandern die Konsumenten zu B ab, und A macht nur einen Gewinn von Null. Wählt A dagegen den niedrigen Preis, so ist sein Gewinn 5, was zwar nicht zufriedenstellend, aber immer noch besser als Null ist.

Unsere Überlegungen haben gezeigt, daß für A der niedrige Preis *in jedem Fall –* d.h. bei jedem möglichen Preis des B – zu einem höheren Gewinn führt als der hohe Preis. Wählt B den hohen Preis, so ist für A der niedrige Preis günstiger, und wenn B den niedrigen Preis wählt, so ist für A ebenfalls der niedrige Preis besser. Zwar weiß A nicht, welchen Preis B wählt – genau dies macht die strategische Entscheidungssituation aus –, aber in unserem Fall muß A dies auch gar nicht wissen, weil für ihn der niedrige Preis in jedem Fall besser ist. Dies führt uns zu dem Begriff einer *dominanten*

Strategie: Unter einer *strikt* dominanten Strategie versteht man eine Entscheidungsalternative, die unter allen Umständen (d.h. bei allen Strategien der Gegenspieler) zu einem besseren Ergebnis für einen selbst führt als jede andere Strategie. Analog versteht man unter einer *schwach* dominanten Strategie eine Strategie, die unter allen Umständen zu einem besseren oder gleich guten Ergebnis und mindestens in einer Situation zu einem strikt besseren Ergebnis führt als jede andere Strategie. Es ist offensichtlich, daß rationale Wirtschaftssubjekte ihre dominanten Strategien einsetzen werden, weil sie sich durch Wahl einer anderen Strategie unter keinen Umständen besser stellen können. Erinnern Sie sich an unser Beispiel mit der Kapazitätserweiterung aus Abschnitt 2.3: wenn die Durchführung der Kapazitätserweiterung bei hoher *und* bei niedriger Nachfrage besser wäre als der Verzicht darauf, so hätte das Unternehmen kein besonders spannendes Entscheidungsproblem zu lösen. Das gleiche gilt, wenn die Kapazitätserweiterung einmal besser und einmal gleich gut ist, wenn also eine schwach dominante Strategie vorliegt. Genau eine solche dominante Strategie ist aber die Wahl des niedrigen Preises in unserem Beispiel, so daß sich beide Unternehmen dafür entscheiden werden.

Obwohl dieses Modell sehr einfach ist, hat es eine ausgesprochen interessante und verblüffende Implikation: wenn sich beide Beteiligten (oder „Spieler" in der Fachterminologie) rational verhalten, so machen sie beide einen Gewinn von 5 Geldeinheiten. Würden sie dagegen beide den hohen Preis verlangen, so könnten beide ihre Situation verbessern, weil sie Gewinne von jeweils 10 Geldeinheiten realisieren könnten. Gerade das Rationalverhalten beider führt also zu einem Ergebnis, das für beide schlecht ist. Dies ermöglicht uns nun auch, den Begriff des Gefangenendilemmas präziser zu fassen: unter einem Gefangenendilemma versteht man eine Situation, in der die Wahl dominanter Strategien zu Ergebnissen führt, die vom Standpunkt *aller* Beteiligten nicht zufriedenstellend sind (d.h. in unserem Fall, daß *beide* Unternehmen einen höheren Gewinn machen könnten, wenn sie sich auf den hohen Preis verständigen und davon ausgehen könnten, daß sich das jeweils andere Unternehmen wirklich an den hohen Preis hält).

Bedenken Sie bitte, daß es falsch wäre, das Resultat 5/5 als „irrational" zu bezeichnen, weil auch das Resultat 10/10 möglich wäre. Dies wäre deshalb falsch, da wir bei der Überprüfung von Rationalverhalten nicht vom Ergebnis her, sondern von der Entscheidungssituation der einzelnen Menschen ausgehen müssen – und es gibt keinen Zweifel daran, daß die Wahl einer dominanten Strategie rational ist. Wer sich kooperativ im Sinne der Setzung des hohen Preises verhalten würde, müßte die Erfahrung machen, daß er einen Gewinn von Null macht. Solche Dilemmasituationen finden sich in der Wirklichkeit nicht selten. Denken Sie dazu beispielsweise an das Umweltproblem: würden alle Beteiligten weniger Auto fahren, so wäre dies aufgrund der Umweltentlastung eine Verbesserung für jeden einzelnen, aber da durch den eigenen Verzicht auf das Autofahren praktisch keine Verbesserung der Umweltsituation eintritt, ist Autofahren oft eine dominante Strategie. Wir kommen auf diesen Aspekt im 19. Kapitel des vorliegenden Lehrbuchs noch ausführlich zurück.

Obwohl unser Modell einen ersten und interessanten Einblick in die Problematik sozialer Konfliktsituationen liefert, greift es in einer wichtigen Hinsicht zu kurz. Ein erstes Problem besteht darin, daß die Duopolisten vermutlich nach Kooperations-möglichkeiten suchen werden, sofern sie öfter in die gleiche Situation kommen. Ein Blick auf die Zigaretten- und Benzinpreise bestätigt diese Vermutung. Wir wollen die-ses Problem im Moment jedoch ausklammern und uns statt dessen fragen, ob die Unterstellung dominanter Strategien die Realität nicht oftmals verfehlt. Denn die Existenz einer dominanten Strategie setzt für unser Duopolbeispiel voraus, daß ein und dieselbe Strategie immer die beste ist, egal wofür sich der andere Duopolist ent-scheidet. In unserem Fall ist die Wahl des niedrigen Preises für beide denkbaren Stra-tegien des Gegenspielers besser als die Wahl des hohen Preises. Dadurch wird die strategische Interdependenz letztlich aus dem Entscheidungsproblem eliminiert – denn obwohl der eigene Gewinn vom Verhalten des anderen abhängt, muß man das Verhalten des anderen wegen des Vorliegens dominanter Strategien nicht kennen, um die richtige Entscheidung treffen zu können. Es ist offenkundig, daß die Existenz dominanter Strategien extrem unwahrscheinlich wird, wenn wir in unserem Oligopol-beispiel davon ausgehen, daß beide Unternehmen ihre Preise stetig variieren können oder noch andere Entscheidungsvariablen außer dem Preis besitzen (beispielsweise Produktveränderungen oder Serviceleistungen). Wenn Marlboro einen Preis von € 4,– nimmt, so ist für West vielleicht ein Preis von € 3,90 gewinnmaximal; wählt Marlboro als annahmegemäß einziger Konkurrent dagegen einen Preis von € 20,–, so mag ein Preis von € 7,50 für West den Gewinn maximieren. Es gibt somit keine dominante Strategie mehr, weil zu unterschiedlichen Preisen des Konkurrenten auch ein anderer eigener, gewinnmaximaler Preis gehört. Im nächsten Kapitel beschäftigen wir uns folglich mit solchen spieltheoretischen Entscheidungssituationen *ohne* dominante Strategien.

2.4.3 Nash-Gleichgewichte

Im vorhergehenden Abschnitt haben wir darauf hingewiesen, daß die Existenz domi-nanter Strategien besonders unplausibel ist, wenn wir eine stetige Strategienwahl zulas-sen (wenn also beliebig viele Strategien zur Verfügung stehen). Um nicht zu weit vor-zugreifen, möchten wir auf stetige Strategienwahlen erst im Rahmen der Oligopol-theorie im 17. Kapitel eingehen und spieltheoretische Entscheidungssituationen ohne dominante Strategien hier im Rahmen *diskreter* Strategien darstellen. Dabei be-schränken wir uns in den Abschnitten 2.4.3.1 und 2.4.3.2 auf Nash-Gleichgewichte in sog. *reinen* Strategien. Unter reinen Strategien versteht man, daß mit der Wahrschein-lichkeit von Eins eine ganz bestimmte Strategie gewählt wird, d.h. daß der Entschei-dungsträger *nicht* verschiedenen Strategien positive Wahrscheinlichkeiten zuordnet. Dies muß keineswegs immer vernünftig sein: denken Sie etwa an einen Elfmeter-schützen, der mit der Wahrscheinlichkeit von Eins in die rechte Ecke schießt – da-durch wäre er leicht ausrechenbar und der Torhüter könnte den Strafstoß abwehren.

2.4.3.1 Eindeutige Nash-Gleichgewichte in reinen Strategien

Zu diesem Zweck betrachten wir Abb. 2.4.

Abb. 2.4: *Spiel mit einem eindeutigen Nash-Gleichgewicht*

	B_1	B_2	B_3
A_1	10/10	0/6	2/2
A_2	15/0	5/5	4/4
A_3	3/5	7/8	6/6

In Abb. 2.4 haben wir im Unterschied zu Abb. 2.3 angenommen, daß jeder Spieler über drei Strategien verfügt, wobei wir uns über die ökonomische Logik der eingetragenen Ergebnisse im Moment keine Gedanken machen wollen (wir können annehmen, daß jede Strategie eigentlich ein Bündel zahlreicher Einzelmaßnahmen bezüglich Preissetzung, Marketing und Ähnlichem ist, so daß wir alle Resultate plausibel machen können). Überlegen wir nun zunächst, ob ein Spieler in Abb. 2.4 über eine dominante Strategie verfügt. Dazu prüfen wir als ersten Punkt, ob für Spieler A eine dominante Strategie vorliegt. Dies ist nicht der Fall, wie folgende Überlegung zeigt:

– wählt Spieler B die Strategie B_1, so ist für Spieler A die Strategie A_2 gewinnmaximal, weil er dann den höchstmöglichen Gewinn (gegeben B_1) von 15 erzielt;

– wählt Spieler B B_2, so ist für Spieler A dagegen A_3 am besten, da er somit den höchstmöglichen Gewinn (gegeben B_2) von 7 erreicht;

– und wenn Spieler B B_3 spielt, so ist wieder A_3 am günstigsten, weil 6 besser ist als 2 oder 4.

Analoge Überlegungen führen uns zu dem Resultat, daß Spieler B genauso wenig über eine dominante Strategie verfügt, so daß wir die strategische Interdependenz der Entscheidungssituation diesmal nicht auf so einfache Weise eliminieren können. Die Frage lautet demnach, ob wir in solchen Situationen überhaupt prognostizieren können, wie sich rationale Wirtschaftssubjekte verhalten. Dabei ist zunächst vorauszuschicken, daß sich ein hundertprozentig überzeugendes Resultat – wie beim Vorliegen dominanter Strategien – nun nicht mehr ableiten läßt. Dies liegt daran, daß jede rationale Entscheidung von A eine bestimmte Prognose darüber erfordert, wie sich Spieler B entscheiden wird und umgekehrt. Wenn nämlich A annimmt, daß B B_1 wählt, dann sollte A A_2 wählen, vermutet er dagegen B_3, so sollte er A_3 wählen. Eine vollständig zufriedenstellende und unkritisierbare Aussage können wir also nicht treffen.

Das überzeugendste und von der Spieltheorie prognostizierte Ergebnis für spieltheoretische Entscheidungssituationen ohne dominante Strategien ist das sog. *Nash-Gleichgewicht*. Unter einem Nash-Gleichgewicht versteht man eine Situation, in der kein Spieler seinen Nutzen durch abweichendes Verhalten erhöhen kann, sofern die anderen Spieler bei ihrem Verhalten bleiben. Wenn A das Verhalten von B korrekt antizipiert und umgekehrt, so hat kein Spieler einen Anreiz, sein geplantes Verhalten zu revidieren – deshalb spricht man von einem *Gleichgewicht*. Da hier jeder Spieler einer

Strategie die Wahrscheinlichkeit Eins zuordnet, handelt es sich um ein Nash-Gleich-gewicht in *reinen* Strategien.

Prüfen wir anhand von Abb. 2.4 zunächst, ob in unserem Fall ein Nash-Gleichge-wicht existiert und überlegen wir dann genauer, worin die konzeptionelle Überlegen-heit des Nash-Gleichgewichts gegenüber allen anderen möglichen Prognosen besteht. Wenn wir die einzelnen Zellen in Abb. 2.4 überprüfen, so stellen wir fest, daß unser Spiel genau ein Nash-Gleichgewicht enthält – A_3/B_2. Bei der Strategienkombination A_3/B_2 macht A einen Gewinn von 7 und B einen Gewinn von 8. Jede Abweichung *ei-nes* der beiden Spieler führt zu einem niedrigeren Gewinn für den divergierenden Oli-gopolisten, sofern der andere Spieler bei seiner Strategie bleibt. Wenn also A das Ver-halten von B antizipiert und umgekehrt B das Verhalten von A, so ist das Ergebnis A_3/B_2 insofern plausibel, als keiner der Beteiligten eine Möglichkeit hat, gewinnbrin-gend aus dieser Situation auszuscheren.

Gegen diese Überlegung könntcn Sie nun einwenden, daß es ein anderes Ergebnis gibt – nämlich A_1/B_1, bei dem *beide* Unternehmen einen höheren Gewinn machen, nämlich 10. Die Situation A_1/B_1 ist aber *kein* Nash-Gleichgewicht, weil A einen Grund zum Abweichen hätte: vermutet A nämlich, daß B tatsächlich B_1 spielt, so kann er sich besser stellen, indem er auf A_2 abweicht – er macht hierbei einen Gewinn von 15 statt 10. Machen Sie sich bitte klar, daß das Resultat A_1/B_1 gänzlich irrational wäre, weil kein Spieler einen wirklichen Grund hat, sich für seine erste Strategie zu entscheiden. Versetzen wir uns in die Situation des A. Für A gibt es drei mögliche Nebenbedingungen, und zwar B_1, B_2 und B_3. Bei *keiner* dieser Nebenbedingungen ist es aber für A optimal, A_1 zu wählen, da es zu *jeder* möglichen Nebenbedingung eine andere Strategie gibt, die zu einem höheren Gewinn führt. Auch wenn A annimmt, daß B versucht, die für beide günstigere Situation A_1/B_1 anzusteuern, hat er keinen Grund zur Wahl seiner Strategie 1 – er wählt dann vielmehr Strategie 2 und freut sich über den fetten Gewinn von 15, den er auf Kosten des B macht. Diese Überlegung zeigt die Bedeutung des Nash-Gleichgewichts gegenüber allen anderen Prognosen: nur im Nash-Gleichgewicht sind die Erwartungen aller Beteiligten in dem Sinne *konsi-stent*, daß die wechselseitigen Einschätzungen des Verhaltens miteinander überein-stimmen. Vollständig zufriedenstellend ist das Nash-Gleichgewicht allerdings nicht – denn trotz unserer durchaus überzeugenden Überlegungen bleibt das Problem, daß sich das Nash-Gleichgewicht selbstverständlich nur dann einstellen wird, wenn alle Beteiligten zumindest implizit in dieser Weise denken.

2.4.3.2 Mehrere Nash-Gleichgewichte in reinen Strategien

Häufig wird die Sache dadurch komplizierter, daß spieltheoretische Entscheidungssi-tuationen gar kein oder mehrere Nash-Gleichgewichte aufweisen, was die Prognose-möglichkeit gewaltig einschränkt. Das klassische Spiel mit mehreren Nash-Gleichge-wichten wird als „Kampf der Geschlechter" bezeichnet. Stellen wir uns ein Liebespaar vor, das den Abend gemeinsam verbringen möchte. Folgendes Problem tritt auf: die Frau will lieber ins Fußballstadion und der Mann ins Ballett. Dies führt zur Ergebnis-matrix, die in Abb. 2.5 angegeben ist.

Abb. 2.5: *Kampf der Geschlechter*

	M_1	M_2
F_1	5/2	0/0
F_2	0/0	1/3

In Abb. 2.5 steht die Strategie 1 jeweils für den Besuch des Fußballspiels und die Strategie 2 für den Besuch des Balletts. Treffen sich die beiden beim Fußballspiel, so erreicht die Frau F den Nutzen von 5 und der Mann M den Nutzen von 2, im Ballett hat der Mann den höheren Nutzen. Verpassen sich die beiden, verbringen sie den Abend beide griesgrämig und erreichen lediglich ein Nutzenniveau von Null.

Wir stellen nun sofort fest, daß das Spiel zwei Nash-Gleichgewichte in reinen Strategien hat, weil jeder den Abend gerne mit dem anderen verbringen möchte und daher F_1/M_1 ebenso ein Gleichgewicht ist wie F_2/M_2. Das Problem ist nun, daß sich unser Paar nachmittags zwar enthusiastisch, aber ohne konkrete Verabredung für einen der beiden Plätze voneinander verabschiedet. In einem solchen Fall kann die Spieltheorie – ebenso wie jede andere Sozialwissenschaft – keine wirklich überzeugende Prognose abliefern, da beide Nash-Gleichgewichte gleich plausibel sind. Wenn beide egoistisch sind, kann sich daher ebenso ein unbefriedigendes Ergebnis einstellen, wie wenn beide altruistisch sind – im ersten Fall geht der Mann zum Ballett und die Frau ins Fußballstadion, im zweiten Fall ist es umgekehrt. Dieses Problem kennt man beispielsweise aus der Situation, in der beim Telefonieren die Leitung zusammenbricht. Dort gibt es ebenfalls zwei Nash-Gleichgewichte – der Anrufer ruft erneut an und der Angerufene wartet oder umgekehrt. In der Praxis sieht das meistens so aus, daß beide zunächst 20 Sekunden warten und dann anrufen, so daß die Leitungen blockiert sind. Hilfreich sind in solchen Fällen offensichtlich soziale Standards wie beispielsweise die Konvention, daß man die Präferenzen von Frauen besonders hoch gewichten sollte (vor allem, wenn sie Interesse am Fußball zeigen). Falls diese Konvention allgemein bekannt ist, so würden sich beide im Fußballstadion treffen, ohne damit rechnen zu müssen, daß der Partner gerade im Ballett frustriert das Foyer durchsucht.

2.4.3.3 Kein Nash-Gleichgewicht in reinen Strategien und das Konzept gemischter Strategien

Unangenehm wird die Prognoseaufgabe auch dann, wenn in spieltheoretischen Entscheidungssituationen überhaupt kein Nash-Gleichgewicht in reinen Strategien vorliegt. Ein Blick auf Abb. 2.6 zeigt, daß in diesem Spiel überhaupt kein Nash-Gleichgewicht in reinen Strategien existiert.

Abb. 2.6: *Spiel ohne Nash-Gleichgewicht in reinen Strategien*

	B_1	B_2
A_1	5/1	3/8
A_2	1/6	4/2

Für den Spieler A ist die Strategie A_1 günstiger, wenn der Spieler B B_1 spielt, andernfalls ist für A A_2 besser. Für Spieler B ist es genau umgekehrt: wählt A A_1, so ist für B B_2 am besten, wählt A A_2, so ist für B B_1 besser. Es gibt also kein Nash-Gleichgewicht in reinen Strategien. Offensichtlich sind solche Situationen in der Realität keinesfalls selten: schießt der Elfmeterschütze nach links, so ist es für den Tormann selbstverständlich vorteilhafter, sich auch in diese Ecke zu werfen. Wirft sich der Tormann jedoch in die linke Ecke, so ist es für den Schützen besser, in die andere zu schießen. Es gibt also deshalb kein Gleichgewicht, weil der Tormann die gleiche und der Schütze die andere Ecke wählen möchte. Antizipiert jeder das Verhalten des anderen korrekt – und genau dies ist die Prämisse des Nash-Gleichgewichts –, so hat jeder einen Anreiz, von der Strategie, die der andere antizipiert, abzuweichen.

Eine Lösungsmöglichkeit besteht darin, keine der Strategien mit Sicherheit einzusetzen, sondern zwischen den Strategien zu *randomisieren*, d.h. jede Strategie nur mit einer bestimmten Wahrscheinlichkeit zu verwenden. Der Grundgedanke in unserem Elfmeterbeispiel ist, für den Gegner nicht berechenbar zu sein. Würde sich ein Torhüter stets in die linke Ecke werfen, so wäre die Aufgabe für einen Schützen, der dies weiß, durchaus lösbar.[9] Die Zuordnung von Wahrscheinlichkeiten zu den einzelnen Strategien bezeichnet man als eine *gemischte Strategie*, wobei eine gemischte Strategie eine reine Strategie als Spezialfall enthält, sofern allen Strategien außer einer die Wahrscheinlichkeiten Null zugeordnet werden.

Formal läßt sich zeigen, daß es in jedem Spiel mindestens ein Gleichgewicht in gemischten Strategien gibt:[10] Unter einem Gleichgewicht in gemischten Strategien versteht man analog zum Nash-Gleichgewicht in reinen Strategien, daß kein Spieler seinen Nutzen durch eine andere Zuordnung von Wahrscheinlichkeiten erhöhen kann, solange die anderen Spieler bei ihren gemischten Strategien bleiben.

Machen wir uns nun also auf die Suche nach dem Gleichgewicht in gemischten Strategien in dem Spiel aus Abb. 2.6 (natürlich und verallgemeinern wir die Überlegungen) und versetzen wir uns zunächst in den Spieler A. Der entscheidende Punkt ist, daß Spieler A seine Strategien nur dann mischen wird, wenn er zwischen diesen beiden Strategien *indifferent* ist, d.h. wenn beide Strategien den gleichen *Erwartungsnutzen* stiften. Denn wenn für einen Torhüter der Sprung in die linke Ecke auch nur einen geringfügig höheren Erwartungsnutzen stiftet als der Sprung in die rechte Ecke (wenn also beispielsweise die Haltewahrscheinlichkeit einmal 35 % und einmal 30 % beträgt), so setzt Rationalverhalten voraus, daß sich der Torhüter mit Sicherheit (also mit der Wahrscheinlichkeit Eins) in die linke Ecke wirft. Damit Spieler *A* seine beiden

---

9   Dieses „Antizipieren" der Strategien anderer Spieler ist ja eine Voraussetzung für ein Nash-Gleichgewicht.

10 Vgl. für einen Beweis z.B. Fudenberg/Tirole 1991, 29f.

Strategien mischt (folglich beiden Strategien strikt positive Wahrscheinlichkeiten zuordnet), müssen diese demnach den gleichen Erwartungsnutzen stiften.

Der Erwartungsnutzen der beiden Strategien A_1 und A_2 für den Spieler A hängt aber offensichtlich davon ab, welche Wahrscheinlichkeiten der *Spieler B* seinen Strategien B_1 und B_2 zuordnet. Angenommen Spieler B wählt die Strategie B_1, so ist für A A_1 günstiger, für B_2 ist A_2 besser. Bezeichnen wir die Wahrscheinlichkeiten, mit denen der Spieler B seine Strategien spielt, mit p_{B1} bzw. p_{B2}, so können wir die Indifferenzbedingung für den Spieler A also gemäß Gleichung (2.5) formulieren:

$$5p_{B1} + 3p_{B2} = p_{B1} + 4p_{B2}, \tag{2.5}$$

weil – gegeben die Wahrscheinlichkeiten p_{B1} und p_{B2} des B – auf der linken Seite der Erwartungsnutzen der Strategie A_1 und auf der rechten Seite der Erwartungsnutzen der Strategie A_2 steht. Da sich die beiden Wahrscheinlichkeiten zu Eins addieren müssen, gilt

$$p_{B2} = 1 - p_{B1}, \tag{2.6}$$

so daß sich (2.5) zu (2.7) formulieren läßt

$$5p_{B1} + 3(1 - p_{B1}) = p_{B1} + 4(1 - p_{B1}), \tag{2.7}$$

woraus wir

$$p_{B1} = 0,2 \quad \text{und} \quad p_{B2} = 0,8 \tag{2.8}$$

ermitteln. Setzen wir diese Wahrscheinlichkeiten für die Strategien des Spielers B in (2.5) ein, so stellen wir fest, daß der Erwartungsnutzen für beide Strategien des Spielers A 3,4 beträgt. Die in Gleichung (2.8) angegebenen Wahrscheinlichkeiten für die Strategien des Spielers B sind somit die einzigen Wahrscheinlichkeiten, die dafür sorgen, daß der Spieler A indifferent zwischen seinen beiden reinen Strategien A_1 und A_2 ist. Der konzeptionell entscheidende Punkt ist also, daß wir die Wahrscheinlichkeiten für die *Strategien des B aus der Indifferenzbedingung des A berechnen!* Gegeben diese Wahrscheinlichkeiten des B, ist es dem Spieler A dann vollkommen gleichgültig, welche Wahrscheinlichkeiten er seinen eigenen Strategien A_1 und A_2 zuordnet – denn beide stiften ohnehin den gleichen Erwartungsnutzen. Sobald der Spieler B jedoch geringfügig von den Wahrscheinlichkeiten aus Gleichung (2.8) abweichen würde und Spieler A dies antizipiert, wäre er nicht mehr indifferent zwischen seinen Strategien und würde mit Sicherheit A_1 *oder* A_2 spielen. Dies könnte aber kein Gleichgewicht sein, weil ein Nash-Gleichgewicht in reinen Strategien nicht existiert. Anders formuliert: wenn A eine Strategie mit Sicherheit spielen würde, würde auch B eine Strategie mit Sicherheit spielen, die wiederum für A ein Grund wäre, von seiner Strategie abzuweichen usw. Dies ist gerade der Grund für die Nichtexistenz eines Nash-Gleichgewichts in reinen Strategien.

Analog bestimmen wir die Wahrscheinlichkeiten für die beiden Strategien des Spielers A aus der Indifferenzbedingung des B und somit aus

$$p_{A1} + 6p_{A2} = 8p_{A1} + 2p_{A2} \tag{2.9}$$

und erhalten aus der Tatsache, daß sich beide Wahrscheinlichkeiten zu Eins addieren müssen

$$p_{A1} = 4/11 \quad \text{und} \quad p_{A2} = 7/11 \,. \tag{2.10}$$

Lassen Sie uns nochmals die Bedeutung der ermittelten Wahrscheinlichkeiten zusammenfassen: diese sind die einzigen Wahrscheinlichkeiten, die dafür sorgen, daß die beiden Spieler indifferent zwischen ihren Strategien sind, was wiederum eine Voraussetzung dafür ist, daß überhaupt gemischte Strategien eingesetzt werden. So hat beispielsweise $p_{A1} = 4/11$ für den Spieler A eigentlich gar keine direkte Bedeutung, weil es dem Spieler A vollkommen gleichgültig ist, ob er die Strategie A_1 mit 4/11 oder vielleicht nur mit 1/11 spielt – beide Strategien haben ohnehin den gleichen Erwartungsnutzen. Er ordnet der Strategie A_1 aber deshalb die Wahrscheinlichkeit 4/11 zu, weil nur dann, wenn A der Strategie A_1 die Wahrscheinlichkeit 4/11 zuordnet, B überhaupt einen Grund hat, seine Strategien selbst zu mischen. Für ein Gleichgewicht in gemischten Strategien gelten also genau die gleichen Überlegungen wie für ein Nash-Gleichgewicht in reinen Strategien: die ermittelten Wahrscheinlichkeiten sind die einzigen, bei denen die Erwartungen beider Spieler miteinander vereinbar sind und kein Spieler eine Möglichkeit hat, durch abweichendes Verhalten seinen Nutzen zu erhöhen. Lassen Sie uns nochmals hervorheben, daß die Wahrscheinlichkeiten des A nicht aus seinem Verhalten (oder seiner Indifferenzbedingung), sondern aus der Indifferenzbedingung des B (und umgekehrt) bestimmt werden.

Abb. 2.7 zeigt eine etwas allgemeinere Situation, die nochmals verdeutlicht, wie man ein Gleichgewicht in gemischten Strategien bestimmt.

Abb. 2.7: *Allgemeinere Schreibweise für Gleichgewichte in gemischten Strategien*

	B_1	B_2	...	B_n
A_1	a_{11}/b_{11}	a_{12}/b_{12}	...	a_{1n}/b_{1n}
A_2	a_{21}/b_{21}	a_{22}/b_{22}	...	a_{2n}/b_{2n}
$\vdots$	$\vdots$	$\vdots$	$\vdots$	$\vdots$
A_m	a_{m1}/b_{m1}	a_{m2}/b_{m2}	...	a_{mn}/b_{mn}

In Abb. 2.7 nehmen wir an, daß jeder Spieler über n reine Strategien verfügt; die Nutzen für den Spieler A sind mit dem Kleinbuchstaben a und die für Spieler B mit dem Kleinbuchstaben b gekennzeichnet. Die erste Ziffer nach den Kleinbuchstaben steht für die Strategie des Spielers A und die zweite Ziffer für die Strategie des Spielers B. So ist beispielsweise b_{12} in der ersten Zeile und zweiten Spalte der Nutzen des B für den Fall, daß A seine Strategie A_1 und B seine Strategie B_2 wählt. Ganz analog zu unserem Beispiel kann man nun versuchen, die Wahrscheinlichkeiten für die Strategien des Spielers B aus den Indifferenzbedingungen für Spieler A und die Wahrscheinlichkeiten für die Strategien des Spielers A aus den Indifferenzbedingungen für Spieler B zu ermitteln:

Für A gilt bei Indifferenz:

$$\sum_{i=1}^{n} p_{B_i} a_{1i} = \sum_{i=1}^{n} p_{B_i} a_{2i} = \ldots = \sum_{i=1}^{n} p_{B_i} a_{mi} \qquad (2.11)$$

Für B gilt bei Indifferenz:

$$\sum_{j=1}^{m} p_{A_j} b_{j1} = \sum_{j=1}^{m} p_{A_j} b_{j2} = \ldots = \sum_{j=1}^{m} p_{A_j} b_{jn} \qquad (2.12)$$

Allerdings ist keineswegs gewährleistet, daß das durch (2.11) und (2.12) gegebene Gleichungssystem eine positive Lösung hat, d.h. daß die Spieler tatsächlich allen ihren Strategien positive Wahrscheinlichkeiten zuordnen. Es ist ohne weiteres denkbar, daß kein solches sog. *vollständig* gemischtes Gleichgewicht existiert, sondern die Spieler im Gleichgewicht nur bestimmten Strategien positive Wahrscheinlichkeiten zuordnen. Hinzu kommt, daß häufig mehrere Gleichgewichte in gemischten Strategien existieren, so daß sich über die Charakterisierung von Gleichgewichten in gemischten Strategien allgemein nur recht wenig aussagen läßt.[11]

Gestatten Sie uns abschließend an dieser Stelle eine weiterführende Bemerkung: Der kritische Punkt an der Bestimmung von Gleichgewichten in gemischten Strategien ist, ob beispielsweise Abb. 2.6 die Situation beim Elfmeterschießen tatsächlich zufriedenstellend widerspiegelt. In Wirklichkeit handelt es sich um ein höchst komplexes Spiel mit mehreren Spielstufen: die beiden Akteure schauen sich in die Augen, der Tormann macht einen kleinen (und eigentlich unerlaubten) sidestep usw. Man kann daher diskutieren, ob sich Spiele ohne Nash-Gleichgewichte nicht nur deshalb einstellen, weil der Komplexität des Spiels nicht Rechnung getragen wird. Im Grunde handelt es sich um ein dynamisches Spiel (d.h. ein Spiel mit mehreren Spielstufen) unter unvollständiger Information, das allerdings so schwierig zu modellieren ist, daß es der spieltheoretischen Analyse kaum noch zugänglich ist.[12] Die Verwendung des Lösungskonzepts gemischter Strategien kann man folglich als pragmatische Annäherung an kompliziertere Spielsituationen interpretieren.[13]

2.5 Beurteilung von Gleichgewichten: Pareto-Effizienz und das Kaldor-Hicks-Kriterium

In Abschnitt 2.4 haben wir gezeigt, welche Ergebnisse die Spieltheorie für relativ einfache Entscheidungssituationen prognostiziert, in denen die Nutzenwerte nicht nur vom eigenen Verhalten, sondern auch vom Verhalten anderer Wirtschaftssubjekte abhängig sind. Eine wesentliche, bereits in Abschnitt 1.1 erläuterte Aufgabe der Mikro-

---

11 Zu den Existenzbedingungen von Gleichgewichten in gemischten Strategien siehe z.B. Fudenberg/Tirole 1991, 29f.

12 Grundsätzlich verwendet man für dynamische Spiele mit unvollständiger Information das Lösungskonzept des Perfekten Bayesianischen Gleichgewichts (BPE), das wir in Kapitel 21 erläutern.

13 Gemischte Strategien lassen sich auch mit (geringfügigen) Unsicherheiten über die Nutzenwerte des Gegenspielers begründen; vgl. z.B. Holler/Illing 1996, 85ff.

ökonomie besteht nun selbstverständlich darin, diese Ergebnisse zu *beurteilen*. Denn nur eine Beurteilung der Ergebnisse bietet die Möglichkeit, gegebenenfalls wirtschaftspolitische oder sonstige Empfehlungen auszusprechen, um wenig zufriedenstellende Resultate zu verbessern.

Das zentrale mikroökonomische Konzept zur wohlfahrtstheoretischen Beurteilung von Gleichgewichten ist das der *Pareto-Effizienz*. Eine Situation wird als *paretoeffizient* bezeichnet, sofern bei gegebenen Ausgangsbedingungen kein Wirtschaftssubjekt besser gestellt werden könnte, ohne daß mindestens ein anderes Individuum dadurch eine Nutzeneinbuße erleidet. Daß dieses Kriterium auf der Grundlage der Theorie rationaler Wahlhandlungen von jedem Ökonomen als Effizienzbedingung akzeptiert werden muß, leuchtet sofort ein, wenn man sich einen Zustand vergegenwärtigt, der *nicht* pareto-effizient ist. Dies würde bedeuten, daß beispielsweise Marktteilnehmer A eine bessere Befriedigung seiner Wünsche realisieren könnte, ohne daß sonst irgend etwas geändert werden müßte. Durch eine entsprechende Umverteilung könnten *alle* Marktteilnehmer besser gestellt werden, indem *A* minimale Bruchteile seines Nutzenzuwachses an alle anderen Wirtschaftssubjekte abgibt. Das Kriterium der Pareto-Effizienz spielt daher bei der Beurteilung von Marktergebnissen in den Kapiteln 13ff. eine herausragende Rolle.

Bedenken Sie, daß der Begriff der Pareto-Effizienz *keinen* interpersonellen Nutzenvergleich erfordert, weil beispielsweise zwei Zustände, in denen es einmal dem Wirtschaftssubjekt A und einmal dem Wirtschaftssubjekt B besser geht, *beide* als pareto-effizient bezeichnet werden und das Kriterium damit keine Rangordnung der beiden Zustände erlaubt. Dies folgt zwangsläufig aus dem Verzicht auf interpersonelle Nutzenvergleiche, deren Durchführung das Konzept allzu angreifbar machen würde. Dies impliziert allerdings eine bewußte Beschränkung: so kann keine Aussage darüber getroffen werden, ob eine Situation, in der Haushalt A über 100 und Haushalt B über 3 Einheiten eines bestimmten Konsumgutes verfügen, einer anderen Situation, in der beide 98 Einheiten besitzen, vorzuziehen ist oder nicht. Denn im zweiten Zustand ist Haushalt A eindeutig schlechter gestellt als im ersten, so daß es keine Möglichkeit gibt, eine der beiden Situationen nach dem Pareto-Kriterium zu favorisieren. Untersucht werden kann dann allerdings, ob ein *Übergang* von der ersten zur zweiten Situation dadurch erreicht werden kann, daß A von B kompensiert wird. In diesem Fall lassen sich Zustände konstruieren, die dem ersten auch unter dem Pareto-Kriterium überlegen sind.

Lassen Sie uns nun beispielhaft erneut auf die Abb. 2.4 zurückgreifen, die bereits bei der Bestimmung von Nash-Gleichgewichten verwendet wurde, um nun zu überprüfen, welche der dort möglichen Zustände pareto-effizient sind und welche nicht.

Abb. 2.8: *Pareto-effiziente und -ineffiziente Zustände*

	B_1	B_2	B_3
A_1	10/10	0/6	2/2
A_2	15/0	5/5	4/4
A_3	3/5	7/8	6/6

In Abb. 2.8 gibt es zwei pareto-effiziente Zustände, nämlich die Ergebnisse 10/10 und 15/0 mit den zugehörigen Strategien A_1/B_1 und A_2/B_1. Um nachzuweisen, daß diese beiden Zustände tatsächlich pareto-effizient sind, müssen Sie nur überprüfen, ob es – ausgehend von dem Zustand, dessen Effizienz Sie überprüfen wollen – einen anderen Zustand gibt, in dem beide mindestens gleich gut und mindestens einer besser gestellt wird. Dies ist ausgehend von dem Zustand 10/10 nicht möglich, weil der Spieler B dort sein Maximum erreicht – jede Änderung stellt Spieler B schlechter, so daß es keinen anderen Zustand gibt, der die Pareto-Effizienz des Zustands 10/10 widerlegt. Das gleiche gilt aber auch für den Zustand 15/0: denn obwohl dies für den Spieler B die absolut schlechteste Lösung ist, muß sie als pareto-effizient bezeichnet werden, weil es für Spieler B nicht möglich ist, sich zu verbessern, ohne Spieler A gleichzeitig schlechter zu stellen:[14] jede Abweichung von 15/0 ist eine Verschlechterung für A, weil A bei der Strategienkombination A_2/B_1 sein Maximum erreicht. Auf die gleiche Weise können Sie überprüfen, daß alle anderen Zustände *nicht* pareto-effizient sind, weil es möglich ist, den Nutzen eines Beteiligten (oder beider) zu erhöhen, ohne den Nutzen des anderen reduzieren zu müssen.

Die zentrale Bedeutung des Konzepts der Pareto-Effizienz erkennt man am besten, wenn man sich auf pareto-*in*effiziente Zustände konzentriert. Ein solcher Zustand bedeutet definitionsgemäß, daß es einigen Menschen besser gehen könnte, ohne daß sich für andere etwas ändert – ein pareto-ineffizienter Zustand kann daher flapsig eindeutig als „Mist" bezeichnet werden. Der interessante Punkt ist demnach, daß das individuelle Rationalverhalten aller Beteiligten häufig zu Situationen führt, die „Mist" bzw. pareto-ineffizient sind. So liegt in Abb. 2.8 das einzige Nash-Gleichgewicht bei 7/8, obwohl es mit 10/10 einen Zustand gibt, der für beide besser ist. 7/8 ist also nicht pareto-effizient, wird sich aber einstellen, sofern man das Nash-Gleichgewicht als überzeugendste Prognose für spieltheoretische Entscheidungssituationen ohne dominante Strategien akzeptiert.

Noch deutlicher wird der Sachverhalt, daß rationale Entscheidungen zu pareto-ineffizienten Zuständen führen können, wenn wir nochmals das Gefangenendilemma aus Abb. 2.3 betrachten.

Abb. 2.9: *Gefangenendilemma und Pareto-Effizienz*

A \ B	Hoher Preis	Niedriger Preis
Hoher Preis	10/10	0/15
Niedriger Preis	15/0	5/5

In Abb. 2.9 hatten wir bereits festgestellt, daß beide Duopolisten mit der Wahl des niedrigen Preises über eine dominante Strategie verfügen, so daß das einzige Gleichge-

---

14 Kompensationszahlungen von Spieler B an Spieler A schließen wir für den Moment aus, weil wir die Zahlen in Abb. 2.8 nicht als Geldgrößen interpretieren und somit nicht angeben können, ob der Abstand von 15 zu 10 wirklich kleiner ist als der Abstand von 10 zu 0.

wicht bei 5/5 liegt.[15] 5/5 ist offensichtlich nicht pareto-effizient, weil beide einen höheren Nutzen erhalten, falls sie gemeinsam den hohen Preis wählen.[16] Interessanterweise ist aber nicht nur die Lösung 10/10, sondern auch die Lösung 15/0 bzw. 0/15 pareto-effizient. Denn bei 15/0 hat zwar der Spieler B sein Nutzenminimum, der Spieler A aber sein Nutzenmaximum. Jede Veränderung ausgehend von 15/0 bedeutet daher eine Verschlechterung für A, so daß 15/0 pareto-effizient ist. 5/5 ist also der einzige ineffiziente Zustand – und gleichzeitig der Zustand, der sich einstellt, wenn beide Beteiligten rational im Sinne der Zweck-Mittel-Rationalität handeln! Bedenkt man gleichzeitig, daß die Wahl dominanter Strategien (im Unterschied zum elaborierteren Nash-Gleichgewicht) keine besonders hochgegriffenen Anforderungen an die Rationalität der Beteiligten stellt, so dürfte klar sein, daß das Gefangenendilemma nicht nur ökonomisch, sondern insgesamt von höchster sozialwissenschaftlicher Bedeutung ist.

Eine Schwäche des Pareto-Kriteriums kann darin gesehen werden, daß es keinen Vergleich zwischen mehreren pareto-effizienten Zuständen ermöglicht. Dies ist deshalb ein Problem, weil fast alle wirtschaftspolitischen Maßnahmen (mögen diese auch noch so sinnvoll erscheinen) mit Nachteilen für irgendwelche Beteiligten verbunden sind. Nach dem *Kaldor-Hicks-Kriterium* wird daher ein Zustand A gegenüber einem Zustand B auch dann als überlegen gekennzeichnet, wenn es ausgehend von A eine *Umverteilung* gibt, bei der sich alle Beteiligten besser oder mindestens gleich gut stellen wie in B. Wenn also beispielsweise das Einkommen von einer Person PI in Zustand A um 100,– höher ist als in Zustand B und das einer anderen Person PII um 10,– niedriger, dann führt jede Kompensationszahlung von PI an PII zwischen 10,– und 100,– ausgehend von Zustand A dazu, daß dieser eindeutig besser ist als B. Im Unterschied zum Pareto-Kriterium müssen diese Zahlungen nach dem Kaldor-Hicks-Kriterium nicht wirklich erfolgen, damit ein Zustand als überlegen bezeichnet wird; es genügt, wenn solche Zahlungen existieren.

2.6 Zusammenfassung und Ausblick

In diesem Kapitel haben wir zur Vorbereitung unserer Analyse mikroökonomischer Sachfragen zwischen drei Arten von Entscheidungssituationen unterschieden:

---

15   Bedenken Sie, daß jedes Gleichgewicht in dominanten Strategien automatisch auch ein Nash-Gleichgewicht ist. Dies liegt daran, daß ein Nash-Gleichgewicht nur voraussetzt, daß kein Spieler einen Grund hat, von seiner Strategie abzuweichen, sofern die anderen Spieler bei ihren Strategien bleiben. Da man von einer dominanten Strategie niemals abweicht, ist eine dominante Strategie zugleich eine Nash-Strategie. Der Umkehrschluß gilt selbstverständlich nicht, d.h. die wenigsten Nash-Gleichgewichte sind auch Gleichgewichte in dominanten Strategien.

16   Beim Begriff der Pareto-Effizienz muß immer beachtet werden, wie das zugrundeliegende System abgegrenzt wird. In unserem Fall beziehen wir den Begriff Pareto-Effizienz lediglich auf die beiden Oligopolisten. Wenn wir zusätzlich die Konsumenten in unsere Überlegungen einbeziehen, verändern sich die Ergebnisse, weil für die Konsumenten niedrigere Preise verständlicherweise zu einem Nutzenzuwachs führen.

– Entscheidungssituationen unter vollständiger Information, die wir in den folgenden Kapiteln bei der Untersuchung von Unternehmens- und Haushaltsentscheidungen zunächst zugrunde legen;

– Entscheidungssituationen bei unvollständiger Information, in denen der Nutzen der Wirtschaftssubjekte auch von Faktoren beeinflußt wird, die sie nicht vollständig kennen;

– und strategische bzw. spieltheoretische Entscheidungssituationen, in denen die Ergebnisse vom wechselseitigen Verhalten aller Beteiligten („Spieler") abhängen.

Während sich die ersten beiden Entscheidungssituationen relativ einfach untersuchen und rationale Entscheidungen ausgehend von dem Kriterium der Maximierung des Erwartungsnutzens leicht herleiten lassen, sind spieltheoretische Entscheidungssituationen konzeptionell anspruchsvoller. Jenseits des extremen Spezialfalles dominanter Strategien ist das zentrale Lösungskonzept dabei das Nash-Gleichgewicht – ein Zustand, in dem kein Spieler seinen eigenen Nutzen erhöhen kann, sofern alle anderen Spieler bei ihren Strategien bleiben. Schwierigkeiten ergeben sich, wenn entweder mehrere oder gar keine Nash-Gleichgewichte existieren. Dabei ist ausblickend auf die Kapitel 17ff. schon jetzt hervorzuheben, daß wir uns nur auf einen minimalen Ausschnitt spieltheoretischer Entscheidungssituationen beschränkt haben: erstens gingen wir davon aus, daß alle Beteiligten sich *nur einmal* entscheiden, und zweitens haben wir unterstellt, daß jeder die Nutzenwerte des anderen für alle möglichen Ergebnisse einschätzen kann. In der Sprache der Spieltheorie heißt dies, daß wir uns auf „statische Spiele mit symmetrischer Informationsverteilung" beschränkt haben, was der Realität offenbar nicht gerecht wird. Wir werden später (d.h. in den Kapiteln 17ff.) feststellen, daß für komplexere Entscheidungssituationen auch andere spieltheoretische Lösungskonzepte herangezogen werden müssen, weil das Nash-Gleichgewicht nicht mehr hinreichend ist.

Schließlich wurde mit dem Begriff der Pareto-Effizienz das wesentliche Kriterium zur Beurteilung von Ergebnissen eingeführt: zwar gibt es oft mehrere pareto-effiziente Zustände, zwischen denen dieses Kriterium keine Entscheidung gestattet, es ermöglicht aber den Ausschluß aller ineffizienten Zustände. Denn wenn ein Zustand paretoineffizient ist, so können einige Beteiligte besser gestellt werden, ohne anderen zu schaden. Dies ist zwar im Grunde selbstverständlich, jedoch angesichts der Ergebnisse des Gefangenendilemmas und anderer dargestellter Spiele interessant, weil gezeigt werden konnte, daß Rationalverhalten häufig zu ineffizienten Ergebnissen führt. Eine zentrale Frage bei der Marktanalyse wird daher stets sein, ob wir ohne wirtschaftspolitische Eingriffe zumindest theoretisch pareto-effiziente Zustände erwarten können oder nicht.

Kapitel 3

Produktionstheorie

3.1 Überblick

3.1.1 Zielsetzung

Aufbauend auf den grundlegenden entscheidungstheoretischen Überlegungen im zweiten Kapitel beschäftigen wir uns in den folgenden Kapiteln 3-6[1] mit *optimalen Produktionsplänen* von Unternehmen. Wir fragen beispielsweise, wieviel ein gewinnmaximierendes Unternehmen von einem bestimmten Produkt *anbieten* muß, sofern der Verkaufspreis mit jeder Einheit konstant bleibt und die Stückkosten (also die Kosten pro produzierte Einheit) bestimmte Eigenschaften aufweisen. Diese Überlegungen sind unerläßlich, wenn wir in späteren Kapiteln den Preisbildungsprozeß aus dem rationalen Verhalten der am Markt tätigen Anbieter und Nachfrager erklären wollen. Analog zum Angebotsverhalten eines Unternehmens fragen wir auch nach deren *Nachfrageverhalten*, wobei sich das Angebot auf produzierte Güter (also beispielsweise Hubschrauber und Bankdienstleistungen) und das Nachfrageverhalten auf Produktionsfaktoren (also beispielsweise Schmieröl, Maschinen und Arbeitskräfte) bezieht. Zielsetzung der Kapitel 3-6 ist somit ein abstraktes Verständnis des Angebots- und Nachfrageverhaltens von Unternehmen unter verschiedenen Nebenbedingungen.

Nun hängt das Angebots- und Nachfrageverhalten eines Unternehmens offenbar von verschiedenen Einflußfaktoren ab, von denen drei zentral sind:

- erstens die verfolgte *Zielsetzung*: dabei gehen wir stets von *Gewinnmaximierung* als Unterform der Nutzenmaximierung aus. Zwar gibt es in der Realität auch andere Unternehmensziele wie die langfristige Sicherung der Wettbewerbsfähigkeit, den sozialen Frieden und die Umsatzmaximierung als Motiv erfolgshungriger Manager, doch lassen sich diese letztlich recht gut als Mittel zur langfristigen Maximierung des erwarteten Gewinns interpretieren;[2]
- zweitens die *Marktform*: erhöht ein Unternehmen beispielsweise unter der Marktform vollständiger Konkurrenz seine Angebotsmenge, so muß es mit anderen Konsequenzen für den Verkaufspreis rechnen als in der Marktform des Monopols. Entsprechend ist bei gegebenen Produktionskosten die gewinnmaximale Produktionsmenge in jeder Marktform eine andere. Da wir uns mit der ausführlichen

---

1 Kapitel 7 dehnt die gleichen Überlegungen auf etwas komplexere Situationen aus und wird daher in diesem Überblick nicht gesondert erläutert.

2 Zur Bedeutung unterschiedlicher Zielsetzungen in Unternehmen vgl. z.B. die empirische Untersuchung von Meffert 1990.

Analyse verschiedener Marktformen erst in den Kapiteln 13-17 beschäftigen, gehen wir bei der Herleitung der Angebots- und Nachfragepläne von Unternehmen in den Kapiteln 3-6 von der analytisch einfachsten Marktform, nämlich der Marktform vollständiger Konkurrenz, aus;

– drittens die *Produktionskosten*: Steigt beispielsweise der vom Markt ermöglichte Verkaufspreis, so wird die optimale Erhöhung der Angebotsmenge um so größer sein, je langsamer die Kosten bei einer Ausdehnung der Produktionsmenge ansteigen. Daraus folgt, daß Hypothesen über die Produktionskosten unerläßlich sind, wenn wir das Angebots- und Nachfrageverhalten von Unternehmen diskutieren wollen.

Besonders der zuletzt genannte Punkt ist für ein konzeptionelles Verständnis der Kapitel 3-6 zentral. Er erklärt nämlich, warum wir uns vor der Beschäftigung mit Angebotsplänen (Kapitel 5) und Nachfrageplänen (Kapitel 6) von Unternehmen mit der *Kostentheorie* beschäftigen müssen. Aufgabe der Kostentheorie (Kapitel 4) ist es, unterschiedliche Arten von Kostenfunktionen zu typisieren, die das Angebots- und Nachfrageverhalten von Unternehmen bestimmen. Wenn somit die Notwendigkeit der Kostentheorie klar ist, können wir auch erklären, warum wir im dritten Kapitel als Einstieg in die Unternehmenstheorie zunächst mit der Produktionstheorie beginnen müssen: Die Kostenfunktionen von Unternehmen fallen nicht wie Manna vom Himmel, sondern hängen von den *technischen Produktionsmöglichkeiten* ab, die ihnen zur Verfügung stehen. Genau diese technischen Produktionsmöglichkeiten stellen wir im dritten Kapitel dar.[3] Zusammenfassend erklärt sich der Aufbau der Kapitel 3-6 also wie folgt:

– zur im Zentrum der Mikroökonomie stehenden Analyse von Märkten (Kapitel 13ff) benötigen wir zunächst ein Verständnis der Angebots- und Nachfrageentscheidungen von Unternehmen;

– diese Angebots- und Nachfrageentscheidungen von Unternehmen erläutern wir in den Kapiteln 5 und 6;

– da die Angebots- und Nachfrageentscheidungen von der Kostensituation abhängen, müssen wir uns in Kapitel 4 mit Kostentheorie beschäftigen;

– da die Kostensituation von den Produktionsmöglichkeiten bestimmt wird, müssen wir uns zuvor in Kapitel 3 mit Produktionstheorie auseinandersetzen.

3.1.2 Aufbau von Kapitel 3

Aus den in Abschnitt 3.1.1 genannten Gründen beschäftigen wir uns im folgenden also recht ausführlich mit der Produktionstheorie. Dazu beginnen wir in Abschnitt 3.2 mit einigen grundlegenden Definitionen und Vereinfachungen, die wir in den folgenden Kapiteln benötigen. Betrachten Sie diese etwas mühselige Trockenübung bitte als notwendig, und nutzen Sie die folgenden Seiten auch als Nachschlagewerk. In Abschnitt 3.3 unterscheiden wir zwei grundlegende Typen von Produktionsfunktionen,

---

3 Dabei müssen wir an einer Stelle (der Herleitung der Minimalkostenkombination) allerdings auch entscheidungstheoretische Überlegungen durchführen, weil wir diese für das Verständnis einer wichtigen produktionstechnischen Maßzahl (der sogenannten Substitutionselastizität) benötigen.

die man als substitutional und limitational bezeichnet. Limitationale Produktionsfunktionen sind einfacher zu handhaben, so daß wir damit in Abschnitt 3.4 beginnen. In Abschnitt 3.5 fragen wir zunächst, welche Mengen der Produktionsfaktoren ein Unternehmen einsetzen muß, falls das Faktoreinsatzverhältnis immer konstant bleibt, d.h. wenn beispielsweise unabhängig von der Anzahl produzierter Autos das Verhältnis aus Blech und Arbeitsstunden pro Auto immer gleich groß ist. Dies scheint auf den ersten Blick eine recht einfache Aufgabe zu sein, doch ergeben sich in komplexen Situationen konzeptionelle Komplikationen, die uns in Unterabschnitt 3.5.4 zur berühmten und praktisch außerordentlich wichtigen *Input-Output-Analyse* führen.

Bis einschließlich Abschnitt 3.5 gehen wir folglich davon aus, daß das Einsatzverhältnis der Produktionsfaktoren konstant bleibt. Dies ermöglicht zwar auch schon interessante und wichtige Berechnungen, ist für eine tiefergehende ökonomische Analyse aber letztlich nicht hinreichend. Denn eine für Ökonomen besonders wichtige Frage lautet beispielsweise, wie sich das Verhältnis von Arbeits- und Kapitaleinsatz ändert, wenn der Preis für Arbeit (also der Lohnsatz) steigt. Solche Fragen können selbstverständlich nur dann diskutiert werden, sofern man die Möglichkeit geänderter Faktoreinsatzverhältnisse berücksichtigt. Die dazu erforderlichen Produktionsfunktionen heißen substitutional und werden in den Abschnitten 3.6 bis 3.8 vorgestellt. Die für weite Teile der Mikroökonomie wichtigste Produktionsfunktion ist die sog. *Cobb-Douglas-Funktion*, auf die wir in Abschnitt 3.6 daher einen Schwerpunkt legen. Dabei werden wir mit der *Minimalkostenkombination* auch schon wichtige Aussagen über das gewinnmaximale Faktornachfrageverhalten von Unternehmen ableiten. In vielen Modellen wird statt der Cobb-Douglas-Funktion das sog. *Ertragsgesetz* verwendet, das wir in Abschnitt 3.7 erläutern. Schließlich widmen wir uns der etwas komplizierteren (dafür aber auch allgemeiner verwendbaren) *CES-Produktionsfunktion* (Abschnitt 3.8), die beispielsweise von der Bundesbank verwendet wird, um das Produktionspotential der Bundesrepublik Deutschland zu schätzen.

Einige Abschnitte sind formal nicht ganz einfach und können beim ersten Durchgang im Grundstudium von durchschnittlich interessierten Leser/innen ausgelassen werden, weil sie für den Gesamtzusammenhang nicht unbedingt erforderlich sind. Wie üblich haben wir diese Abschnitte mit einem „*" gekennzeichnet.

3.2 Einige grundlegende Definitionen und Vereinfachungen

3.2.1 Definitionen

Die folgenden Definitionen werden in praktisch allen Einführungen zur Produktionstheorie und Mikroökonomie verwendet und daher zunächst zusammenhängend präsentiert. Da dies außerordentlich langweilig ist, können Sie die Definition auch dann nachschlagen, wenn Sie diese brauchen.

Definition 1:

Produzierte Güter werden als *Produkte*; im Produktionsprozeß verwendete Güter als *(Produktions)Faktoren* bezeichnet. Synonym verwenden wir die Begriffe Input für Faktor und Output für Produkt. Sofern wir Produktionsprozesse mit mehreren Produkten und/oder Faktoren betrachten, bezeichnen wir Produkte mit dem Laufindex j = 1 bis m und Faktoren mit dem Laufindex i = 1 bis n.

Definition 2:

Fixe Faktoren sind unabhängig von der Produktionsmenge, die Mengen *variabler* Faktoren können mit der Produktionsmenge verändert werden. Analog sind Fixkosten die Kosten fixer und variable Kosten die Kosten variabler Faktoren.

Achten Sie bitte darauf, daß die Definition fixer und variabler Faktoren nicht nur von den Gütereigenschaften, sondern vor allem vom *Zeithorizont* und somit von der Zielsetzung der Untersuchung abhängt. Mit zunehmender Länge der Produktionsperiode werden fixe Faktoren variabel. So sind z.B. bei einer Periode von einem Jahr die Maschinen ein fixer Faktor, bei einer zweijährigen Betrachtung stellen sie häufig schon einen variablen Faktor dar. Sehr langfristig sind grundsätzlich alle Faktoren variabel, da kein Produktionsfaktor eine unendliche Lebensdauer hat. Demnach hängt es von der Periodendefinition und der Fragestellung ab, welche Produktionsfaktoren wir in einem Modell als fix oder variabel betrachten.

Definition 3:

Ein Produktionsprozeß heißt *technisch effizient*, wenn keine Mengeneinheit eines Faktors eingesetzt wird, ohne daß dadurch eine Produktionserhöhung hervorgerufen wird. Sobald der gleiche Output statt mit 10 Stunden Arbeit und 20 Maschinen auch mit 8 Stunden Arbeit und 20 gleichen Maschinen erzeugt werden kann, ist der Einsatz von 10 Stunden Arbeit technisch ineffizent. Die Gewährleistung technischer Effizienz ist offenbar eine Minimalanforderung an „sinnvolle" Produktionsprozesse, da es nicht nützlich sein kann, Produktionsfaktoren einzusetzen, die den Output nicht erhöhen.[4]

Definition 4:

Wir nennen einen Produktionsprozeß *ökonomisch effizient*, wenn er den Gewinn des Unternehmens maximiert.

Bedenken Sie, daß technische Effizienz eine Voraussetzung ökonomischer Effizienz ist, sofern alle Produktionsfaktoren positive Preise haben. Wird nämlich ein Produktionsfaktor verwendet, der einen positiven Preis hat, den Output aber nicht erhöht, so muß dies den Gewinn reduzieren. Wir verwenden hier bewußt einen engen Begriff ökonomischer Effizienz, der *nichts* mit dem sehr viel weitergehenden Begriff

---

4   Eine Ausnahme liegt dann vor, wenn es sich nicht um Produktionsfaktoren im eigentlichen Sinne, sondern um *Abfälle* handelt, die andernfalls entsorgt werden müßten. Selbst wenn Chlor nichts zur Seifenproduktion beitragen würde, könnte sein Einsatz sinnvoll sein, weil es sonst entsorgt werden müßte.

der Pareto-Effizienz zu tun hat, den wir in Abschnitt 2.5 ausführlich erläutert haben. Da Ökonomen sehr gerne mit dem Begriff der Effizienz hantieren, um Nicht-Ökonomen von der Überlegenheit ihrer Position zu überzeugen, ist die Trennung verschiedener Effizienzbegriffe (also die präzise Unterscheidung technischer Effizienz, ökonomischer Effizienz und Pareto-Effizienz) zur Vermeidung von Mißverständnissen ausgesprochen wichtig.

Definition 5:

Produktionsfunktionen stellen sämtliche technisch effiziente Beziehungen zwischen Input und Output dar. Wir unterscheiden zwischen mikro- und makroökonomischen Produktionsfunktionen, die den Zusammenhang zwischen Input und Output auf der einzel- bzw. der gesamtwirtschaftlichen Ebene beschreiben. Auch im Rahmen dieses mikroökonomischen Lehrbuchs werden wir an einigen Stellen auf makroökonomische Produktionsfunktionen eingehen, wenn wir beispielsweise in Abschnitt 3.8.2 die Schätzung des Produktionspotentials der Bundesrepublik Deutschland durch die Bundesbank erläutern.

Die Definition von Produktionsfunktionen über technische Effizienz bedeutet, daß in unserem Beispiel die Produktion mit 10 Stunden Arbeit und 20 Maschinen aus der Produktionsfunktion ausgeschlossen ist. Die Produktion mit 20.000 Stunden Arbeit und 19 Maschinen kann dagegen in der Produktionsfunktion enthalten sein, auch wenn sie vermutlich ökonomisch ineffizient (d.h. nicht gewinnmaximal) ist.

Definition 6:

Von *partieller Faktorvariation* spricht man, sofern die Mengen einiger Produktionsfaktoren konstant gehalten werden. Der Output wird also durch die Veränderung der Menge nur einiger Faktoren variiert. Unter *totaler Faktorvariation* versteht man die Outputvariation durch die gleichmäßige Erhöhung der Mengen aller Produktionsfaktoren. Die totale Faktorvariation heißt auch *Skalen-* oder *Niveauvariation*. Ferner betrachtet man die sog. *isoquante Faktorvariation*, bei der bei konstantem Output die Faktorkombination verändert wird.

Beachten Sie, daß Fälle, in denen mehrere, aber nicht alle Faktormengen verändert werden, der partiellen Faktorvariation zugerechnet werden. (Beispiel: Wenn von 7 eingesetzten Faktoren die Mengen von 4 erhöht werden, so zählt dies zur partiellen, *nicht* zur totalen Faktorvariation). Wir unterscheiden also drei Arten von Faktorvariationen, die sich dadurch unterscheiden, daß jeweils verschiedene Größen *konstant* gehalten werden:

– bei der partiellen Faktorvariation werden die Mengen bestimmter Produktionsfaktoren konstant gehalten;
– bei der totalen Faktorvariation wird das Faktoreinsatzverhältnis konstant gehalten;
– und bei der isoquanten Faktorvariation wird der Output konstant gehalten.

Definition 7:

Das Verhältnis der Produktionsmenge y_j eines Produkts j und der Menge x_i eines variablen Faktors i (also y_j / x_i) bei partieller Faktorvariation heißt (partielles) Durchschnittsprodukt. Multipliziert man das partielle Durchschnittsprodukt mit dem Preis p_j des Outputs, so spricht man vom (partiellen) Durchschnittsertrag. Bei totaler Faktorvariation spricht man analog vom (totalen) Durchschnittsprodukt und dem (totalen) Durchschnittsertrag. Wenn kein Zweifel über das Vorliegen partieller oder totaler *Faktorvariation* besteht, werden die Begriffe partiell und total weggelassen. Das Durchschnittsprodukt (den Durchschnittsertrag) nennt man auch schlicht physische (monetäre) *Produktivität*. So würde beispielsweise eine Arbeitsproduktivität von 3 in der Automobilproduktion bedeuten, daß mit einer Arbeitseinheit (gegeben den Einsatz der anderen Produktionsfaktoren) durchschnittlich 3 Autos hergestellt werden können.

Definition 8:

Die Änderung des Outputs bei einer *marginalen* Änderung der Menge eines Produktionsfaktors (also die erste partielle Ableitung der Produktionsfunktion $\partial y_j / \partial x_i$) wird als (partielle) Grenzproduktivität von x_i bezeichnet. Die partielle Grenzproduktivität eines Faktors gibt ökonomisch also an, wie stark sich der Output erhöht, wenn die Menge *eines* Produktionsfaktors unter Konstanz aller anderen Faktoren minimal erhöht wird. Multipliziert man die partielle Grenzproduktivität mit dem Preis p_j des Outputs, so spricht man vom (partiellen) Grenzertrag. Bei totaler Faktorvariation spricht man analog von (totaler) Grenzproduktivität und dem (totalen) Grenzertrag. Die totale Grenzproduktivität heißt auch Niveaugrenzproduktivität. Wenn kein Zweifel über das Vorliegen partieller oder totaler *Faktorvariation* besteht, werden die Begriffe partiell und total weggelassen.

3.2.2 Vereinfachungen

Die aufgeführten Definitionen sind grundsätzlich gültig und schränken die analysierten Fragestellungen in keiner Weise ein. Daneben werden wir im Rahmen der Produktionstheorie mit einigen charakteristischen Annahmen arbeiten, die uns die Arbeit erleichtern und die wir bei der Analyse komplexerer Fragestellungen später zum großen Teil aufgeben müssen. Die wichtigsten dieser Vereinfachungen führen wir im folgenden auf.

Vereinfachung 1:

In den Kapiteln 3-6 betrachten wir ausschließlich Unternehmen, die nur ein Produkt herstellen (sog. *Einprodukt-Unternehmen*). Diese Vereinfachung treffen wir, um unser Interesse zunächst ganz auf die Produktionsfaktoren (nicht auf verschiedene Outputs) und deren Kombination richten zu können. Im 7. Kapitel dehnen wir die Analyse dann allerdings auf das sog. *Mehrproduktunternehmen* aus, bei dem die zur Verfügung stehenden Faktoren zur Produktion verschiedener Produkte in voneinander *unab-*

hängigen Produktionsprozessen verwendet werden können.[5] Dementgegen entstehen bei der *Kuppelproduktion* in *einem* Produktionsprozeß mehrere Produkte. Der Fall der Kuppelproduktion ist auch deshalb relevant, weil in praktisch allen Produktionsprozessen neben dem gewünschten Produkt auch eine Reihe unerwünschter Abfallprodukte entstehen, die man als Kuppelprodukte darstellen kann.

Vereinfachung 2:

Die Unternehmen haben *vollkommene Information* über die Produktionsfunktionen.

Selbstverständlich gibt es auch Modelle mit unvollkommener Information hinsichtlich der Produktionsfunktion, die im Rahmen der traditionellen Entscheidungstheorie[6] untersucht werden. Dies führt aber zu Komplikationen, die in unserem Zusammenhang von keinem grundlegenden Interesse sind.

Vereinfachung 3:

Die Marktpreise für Faktoren und Produkte sind für das einzelne Unternehmen *gegeben*. Zum bestehenden Marktpreis kann das Unternehmen beliebig viele Faktoren nachfragen und beliebig viele Produkte verkaufen. Dies entspricht der Annahme *vollständiger Konkurrenz* auf Faktor- und Gütermärkten.

Da Vereinfachung 3 für unsere Ergebnisse ausgesprochen wichtig ist, wollen wir deren Bedeutung noch etwas genauer erläutern. Wenn der Verkaufspreis gemäß der Annahme vollständiger Konkurrenz für jedes Unternehmen ein Datum ist, so hat dies den Vorteil, daß man ganz umstandslos von der Produktionsfunktion (also einer rein technischen Beziehung) zur Erlösfunktion (also einer monetären Größe) übergehen kann. Denn wenn der Preis p_j der Ware j bei unterschiedlichen Produktionsmengen konstant bleibt, so kann leicht von der Produktions*menge* zum Produktions*erlös* ($p_j \cdot y_j$) übergegangen werden, indem die Menge mit dem Preis multipliziert wird. Beträgt der Preis einer produzierten Einheit beispielsweise 2 GE, so muß beim graphischen Übergang von der Produktions- zur Erlösfunktion lediglich die Steigung verdoppelt werden. Die einfachste Methode besteht darin, den Output so zu normieren, daß der Preis einer Einheit genau einer Geldeinheit entspricht, so daß die Produktions- und die Erlösfunktion identisch sind. Normalerweise (d.h. außerhalb der Marktform vollständiger Konkurrenz) wird man dagegen davon ausgehen müssen, daß die Unternehmen eine höhere Menge nur dann absetzen können, wenn sie diese Menge zu einem niedrigeren Preis anbieten. Es besteht also eine Wechselwirkung zwischen Preis und Menge, die beim Übergang von der Produktions- zur Erlösfunktion berücksichtigt werden muß. Um dies zu vermeiden, unterstellen wir innerhalb der Produktions- und Kostentheorie vollständige Konkurrenz. Innerhalb der Markttheorie behandeln wir sehr ausführlich auch Modelle mit unvollständiger Konkurrenz auf Gütermärkten. Machen Sie sich zu gegebener Zeit aber bitte unbedingt klar, daß die einfa-

---

5   Auch in den Abschnitten 3.5.2 bis 3.5.4 behandeln wir bereits ein Mehrproduktunternehmen, betrachten das Faktoreinsatzverhältnis aber als konstant. Die weiterführenden Fragen aus Kapitel 7 stellen sich dort daher noch nicht.

6   Vgl. hierzu oben, Abschnitt 2.3.

chen Ergebnisse der Produktions- und Kosten- sowie der Angebots- und Nachfragetheorie in den Kapiteln 3-6 auf die Annahme vollständiger Konkurrenz angewiesen
sind.

Vereinfachung 4:

Die Unternehmen werden als homogene Einheiten betrachtet, so daß Koordinations-
probleme innerhalb der Unternehmen nicht thematisiert werden. Einziges Unterneh-
mensziel ist die Gewinnmaximierung.

Selbstverständlich gibt es zahlreiche wichtige Modelle, in denen die Abstim-
mungsprobleme in Unternehmen detailliert untersucht werden, wodurch die Organi-
sationstheorie zu einem interessanten Spezialgebiet der Mikroökonomie wird. Interessant ist dabei vor allem die Verbindung dieser Frage mit den verschiedenen Problemen asymmetrischer Information, wenn beispielsweise die Unternehmensleitung die
Leistungen der Mitarbeiter nicht direkt beobachten kann. Dies führt in die gerade für
die Betriebswirtschaftslehre wichtigen Principal-Agent-Modelle, die wir in den Kapiteln 20-22 ausführlich diskutieren. Für eine fundamentale Darstellung der Produkti-
ons- und Kostentheorie ist es aber nach wie vor vernünftig, vom Unternehmen als
homogenem Ganzen mit der Zielsetzung der Gewinnmaximierung auszugehen.

Wir hoffen, daß Sie nach dieser Quälerei durch Definitionen und Vereinfachungen noch nicht eingeschlafen sind, und kommen nun zu den verschiedenen Typen
von Produktionsfunktionen.

3.3 Zur Unterscheidung substitutionaler und limitationaler Produktionsfunktionen

Grundsätzlich werden Produktionsfunktionen danach unterschieden, ob sie limitational (Abschnitt 3.4) oder substitutional (Abschnitte 3.6-3.8) sind.[7] *Limitationale* Produktionsfunktionen sind darüber definiert, daß es lediglich eine technisch effiziente
Faktorkombination gibt. Da technische Effizienz eine notwendige Voraussetzung
ökonomischer Effizienz ist, gibt es auch nur eine ökonomisch effiziente Faktorkombination. Limitationale Produktionsfunktionen sind demnach dadurch gekennzeichnet, daß die selektive Erhöhung einzelner Faktormengen zu keiner Erhöhung des
Outputs führt. Diese produktionstechnische Annahme hat zumindest auf den ersten
Blick einiges für sich, weil beispielsweise die Hinzunahme eines weiteren Reifens bei
der Herstellung von Autos zwar zu einem zweiten Ersatzreifen, aber zu keinem zweiten Auto führen kann.

Bei *substitutionalen* Produktionsfunktionen kann jeder Faktor wenigstens teilweise
durch andere ersetzt werden, so daß es nicht nur eine, sondern mehrere technisch
effiziente Faktorkombinationen gibt. Somit gelangen wir zur folgenden Definition
limitationaler und substitutionaler Produktionsfunktionen: In einer Technologie ste-

---

7   Die Darstellung in Abschnitt 3.5 läßt sich sowohl auf der Grundlage limitationaler als auch sub-
    stitutionaler Produktionsfunktionen durchführen.

hen die Produktionsfaktoren in substitutionalem Verhältnis, wenn es zwei Produktionsprozesse mit gleichen Produkt-, aber unterschiedlichen Faktorquantitäten gibt. Sonst heißt das Verhältnis limitational.

Beachten Sie, daß die Entscheidung für limitationale oder substitutionale Produktionsfunktionen weniger von technischen Grundlagen als von pragmatischen Gesichtspunkten wie der Definition der Faktoren und dem Zeithorizont abhängt. So könnten wir in der Autoproduktion alle Kunststoffe zu einem Produktionsfaktor zusammenfassen, dessen Ersetzung durch andere Faktoren wie Blech dann schwierig ist. Wählen wir dagegen eine tiefere Aggregationsstufe und unterscheiden n verschiedene Kunststoffe, so ist es eher möglich, den einen Kunststoff durch den anderen zu substituieren. Der Zeithorizont ist wichtig, weil im Zuge des technischen Fortschritts die Substitutionsmöglichkeiten zunehmen. Letztlich ist der Unterschied zwischen limitationalen und substitutionalen Produktionsfunktionen nur graduell: Wenn wir n limitationale Produktionsfunktionen zur Erzeugung eines bestimmten Outputs betrachten – beispielsweise eine Autoproduktion mit und ohne einen bestimmten Robotertypus, der die ganze Technik ändert – und n gegen unendlich gehen lassen, so erhalten wir substitutionale Produktionsfunktionen.

Für die Analyse der wichtigsten ökonomischen Fragen sind, wie bereits in Abschnitt 3.1 erwähnt, substitutionale Produktionsfunktionen geeigneter, weil bei limitationalen Produktionsfunktionen das ökonomisch effiziente Faktorverhältnis technisch bestimmt ist, so daß beispielsweise eine Lohnerhöhung zu keiner Ersetzung von Arbeit durch Kapital führen kann. Wir beginnen mit limitationalen Produktionsfunktionen (Abschnitt 3.4) und werden auch in Abschnitt 3.5 davon ausgehen, daß das Faktorverhältnis konstant bleibt.

3.4 Limitationale Produktionsfunktionen

Zur graphischen Darstellung substitutionaler *und* limitationaler Produktionsfunktionen benötigen wir zunächst den Begriff der Isoquanten: Eine *Isoquante* ist der geometrische Ort aller technisch effizienten Mengenkombinationen zweier Produktionsfaktoren, mit denen der gleiche technisch effiziente Output produziert werden kann. Demnach stellen alle Punkte auf einer Isoquante den gleichen Output dar, während eine Bewegung in der Isoquantenschar nach außen eine Erhöhung der Produktionsmenge bedeutet.

Abb. 3.1: *Isoquanten limitationaler Produktionsfunktionen*

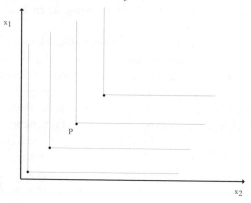

Bei limitationalen Produktionsfunktionen wird durch die gestrichelte Darstellung ge-kennzeichnet, daß die Menge jedes Faktors die Produktion *limitiert*. Isoquanten im eigentlichen Sinne existieren nicht, weil es keine verschiedenen *technisch effizienten* Fak-torkombinationen gibt, mit denen der gleiche Output erzeugt werden kann. Wenn wir uns ausgehend von einem beliebigen (technisch effizienten) Punkt P nach rechts oder nach oben bewegen, so erhöht sich der Output nicht. Dies folgt aus der Definition limitationaler Produktionsfunktionen: Nur eine *gemeinsame* Erhöhung beider Produkti-onsfaktoren würde zu einer Produktionssteigerung führen. Die gestrichelte Darstel-lung drückt also aus, daß sich der Output bei einer alleinigen Faktormengenerhöhung nicht verändert.

Der wichtigste Spezialfall limitationaler Produktionsfunktionen ist die *linear-limita-tionale Produktionsfunktion*, die auch als *Leontief*-Funktion bezeichnet wird. Linear-limitationale Produktionsfunktionen sind dadurch gekennzeichnet, daß eine Verdop-pelung der Mengen aller Faktoren auch zu einer Verdoppelung des Ertrags führt; all-gemein gesprochen führt eine Multiplikation aller Faktormengen um n auch zu einer n-fachen Erhöhung des Outputs um n.

Formal stellt man linear-limitationale Produktionsfunktionen durch die Gleichung

$$y_j = \min_{i=1}^{n}\left(\frac{x_{ij}}{a_{ij}}\right)$$ (3.1)

dar, wobei a_{ij} angibt, wieviel Einheiten eines Faktors i zur Produktion einer Einheit des Outputs j erforderlich sind. Wurden beispielsweise 100 Einheiten des Faktors i ($x_{ij} = 100$) zur Produktion von 20 Einheiten Output ($y_j = 20$) benötigt, so ist der Faktoreinsatz pro Outputeinheit 5 ($a_{ij} = 100/20 = 5$). Die Gesamtproduktion wird dann durch den Faktor limitiert, der gemessen an seinem Bedarf (x_{ij} / a_{ij}) am knapp-sten ist. Dies wird durch die Schreibweise „min (x_{ij} / a_{ij})"[8] ausgedrückt.

---

8   In vielen mikroökonomischen Vorlesungen werden ausschließlich substitutionale Produktions-funktionen behandelt. In diesem Fall können Sie Abschnitt 3.5 möglicherweise zunächst auslassen.

3.5 Der Faktorbedarf bei gegebenen Faktoreinsatzverhältnissen

Im gesamten Abschnitt 3.5 werden wir nun davon ausgehen, daß ein Unternehmen seinen Output unter Konstanz des Faktoreinsatzverhältnisses verändern möchte. Die einfachste Rechtfertigung für diese Annahme besteht offensichtlich in der Unterstellung limitationaler Produktionsfunktionen, da es dort nur eine technisch effiziente Faktorkombination gibt. Allerdings kann das Unternehmen seine Faktorkombination auch auf der Grundlage substitutionaler Produktionsfunktionen beibehalten, weil beispielsweise die Faktorpreise konstant bleiben oder die Änderung der Faktorkombination große Umstellungskosten verursachen würde. Die in Abschnitt 3.5 untersuchten Fälle sind also mit limitationalen *und* substitutionalen Produktionsfunktionen vereinbar. Die recht einfachen Abschnitte 3.5.1 bis 3.5.3 dienen lediglich zur Einführung der Vektorschreibweise, die wir für den Kern von Abschnitt 3.5 – die Input-Output-Analyse in Abschnitt 3.5.4 – benötigen. Leser/innen, die aus anderen Fächern bereits mit der Input-Output-Analyse vertraut sind, mögen bitte direkt mit substitutionalen Produktionsfunktionen (Abschnitte 3.6ff) fortfahren.

3.5.1 Ein Produkt und n Faktoren

Sofern ein Unternehmen nur ein Produkt j unter Verwendung von n Produktionsfaktoren i = 1 bis n herstellt, können wir seine Produktionsfunktion allgemein offenbar als

$$y_j = y_j (x_1, \dots , x_n) = y_j (\mathbf{x}), \tag{3.2}$$

schreiben. Dabei ist y_j die Menge der Ware j, x_i die Menge eines Produktionsfaktors i und $\mathbf{x}$ der *Vektor*[9], der für jeden Produktionsfaktor i = 1 bis n genau einen Eintrag enthält. Die Schreibweise $y_j = y_j (\mathbf{x})$ entspricht von der Logik her genau der für viele Leser/innen vielleicht gewohnteren Schreibweise $y_j = f(\mathbf{x})$, wobei der Output gleichzeitig auch als Funktionszeichen (dem „f" in der Schreibweise $y_j = f(x)$) verwendet wird. Dies ist in ökonomischen Texten üblich, um die Anzahl der Variablen zu reduzieren.

Beispielhaft nehmen wir an, daß es sich bei der Ware j um Hubschrauber handelt und das Unternehmen 300 kg Blech (Faktor 1), 40 Arbeitsstunden (Faktor 2), 3 Mikroprozessoren (Faktor 3) und einen Schaltknüppel (Faktor 4) zur Herstellung eines Hubschraubers benötigt. Die Menge des Faktors i, die man zur Produktion einer Einheit des Outputs j benötigt, nennt man allgemein a_{ij}. Somit ist beispielsweise $a_{2j} = 40$.

Den *Vektor*, der für alle Faktoren angibt, wieviel zur Produktion einer Einheit Output benötigt wird, nennt man den *Inputvektor* $\mathbf{a}_j$, da er sich auf die Outputart j bezieht. Wir schreiben ihn als Spaltenvektor, so daß sich in unserem Beispiel

---

9   Vektoren werden hier und im folgenden immer fett dargestellt.

$$\mathbf{a}_j = \begin{pmatrix} a_{1j} \\ a_{2j} \\ a_{3j} \\ a_{4j} \end{pmatrix} = \begin{pmatrix} 300 \\ 40 \\ 3 \\ 1 \end{pmatrix} \tag{3.3}$$

ergibt. Der erste Index im Inputvektor steht also für den Faktor und der zweite Index für das Produkt. Wenn wir nun annehmen, daß unser Unternehmen bei der durch $\mathbf{a}_j$ ausgedrückten Faktorkombination $y_j = 4$ Hubschrauber produzieren möchte, so müssen wir offenbar den Vektor $\mathbf{a}_j$ mit dem Skalar y_j multiplizieren, um den sog. *Gesamtbedarfsvektor* $\mathbf{x}_j$ zu erhalten:[10]

$$\mathbf{x}_j = \mathbf{a}_j \cdot y_j = \begin{pmatrix} 300 \\ 40 \\ 3 \\ 1 \end{pmatrix} \cdot 4 = \begin{pmatrix} 1200 \\ 160 \\ 120 \\ 4 \end{pmatrix} \tag{3.4}$$

Der Gesamtbedarfsvektor $\mathbf{x}_j$ gibt an, welche Mengen der Faktoren 1-4 wir bei gegebenem Inputvektor $\mathbf{a}_j$ insgesamt benötigen, um die gewünschte Menge y_j zu produzieren.[11]

3.5.2 n Produkte, m Faktoren

Wir dehnen unsere Überlegungen jetzt auf den Fall aus, in dem das Unternehmen nicht nur eine, sondern mehrere verschiedene Hubschrauberarten produziert, für die jeweils die Faktoren 1-4 benötigt werden. Den Bedarf der verschiedenen Faktoren zur Produktion jeweils eines Hubschraubers der verschiedenen Typen 1-3 haben wir in Abb. 3.2 zunächst in Tabellenform dargestellt.

Abb. 3.2: *Inputbedarf für verschiedene Hubschraubertypen*

	Y_1	Y_2	Y_3
F_1	3	0	1
F_2	4	2	4
F_3	7	3	0
F_4	2	1	0

Abb. 3.2 stellt für alle Faktortypen F_1-F_4 und alle Hubschraubertypen Y_1-Y_3 die für einen Hubschrauber erforderliche Faktormenge dar, so daß beispielsweise die 3 in der dritten Zeile und zweiten Spalte angibt, daß zur Produktion eines Hubschraubers vom Typ Y_2 3 Einheiten vom Faktor F_3 benötigt werden. So wie wir diesen Zusammenhang im Abschnitt zuvor in Form eines Input*vektors* dargestellt haben, können wir nun offensichtlich ausgehend von Abb. 3.2 eine Input*matrix* aufstellen, die uns angibt, wie-

---

10 Leser/innen, die mit den Grundlagen der Vektorrechnung noch gar nicht vertraut sind, empfehlen wir Ohse 1995.

11 Diese Rechnungen werden Ihnen zu Recht trivial erscheinen, aber wir müssen die Input-Output-Analyse systematisch vorbereiten.

viel Einheiten von jedem Faktor wir für eine Einheit jedes Hubschraubertyps benötigen:

$$A = \begin{pmatrix} a_{11} & a_{12} & a_{13} \\ a_{21} & a_{22} & a_{23} \\ a_{31} & a_{32} & a_{33} \\ a_{41} & a_{42} & a_{43} \end{pmatrix} = \begin{pmatrix} 3 & 0 & 1 \\ 4 & 2 & 4 \\ 7 & 3 & 0 \\ 2 & 1 & 0 \end{pmatrix} \qquad (3.5)$$

Im Unterschied zu Vektoren bezeichnen wir Matrizen mit Großbuchstaben, wobei der Index j jetzt entfällt, da es sich um mehrere Gütertypen handelt. Weil weiterhin der erste Index für die Faktor- und der zweite Index für die Produktart steht, bezeichnet beispielsweise a_{23} die Menge des Produktionsfaktors 2, die zur Produktion einer Einheit der Güterart 3 (bei einem gegebenen Produktionsverfahren) benötigt wird.

Analog zum vorhergehenden Abschnitt überlegen wir nun, wieviele Einheiten der verschiedenen Produktionsfaktoren unser Unternehmen *insgesamt* benötigt, um einen bestimmten Output zu erzeugen. Da es nun unterschiedliche Güterarten gibt, müssen wir auch den gewünschten Output in Form eines (Spalten)Vektors darstellen, den wir y nennen:

$$y = \begin{pmatrix} y_1 \\ y_2 \\ y_3 \end{pmatrix} = \begin{pmatrix} 7 \\ 4 \\ 2 \end{pmatrix} \qquad (3.6)$$

Der y-Vektor drückt also aus, daß wir von den verschiedenen Hubschraubertypen 7, 4 und 2 Einheiten produzieren wollen. Der von den verschiedenen Faktoren erforderliche Gesamtbedarf muß sich weiterhin durch einen Vektor ausdrücken lassen, weil es sich nur um die vier Faktoren handelt. Zur Ermittlung dieses Gesamtbedarfsvektors x müssen wir nun die Inputmatrix A mit dem Outputvektor y multiplizieren:

$$A \cdot y = x \qquad (3.7)$$

bzw.

$$\begin{pmatrix} 3 & 0 & 1 \\ 4 & 2 & 4 \\ 7 & 3 & 0 \\ 2 & 1 & 0 \end{pmatrix} \begin{pmatrix} 7 \\ 4 \\ 2 \end{pmatrix} = \begin{pmatrix} 23 \\ 44 \\ 61 \\ 18 \end{pmatrix} \qquad (3.8)$$

Für nicht gut mit der Matrizenrechnung vertraute Leser/innen (andere haben wir ohnehin gebeten, Abschnitt 3.5 auszulassen) möchten wir die Berechnungsmethode in (3.8) explizit erläutern: Die Zahl 44 im Gesamtbedarfsvektor x bedeutet, daß wir insgesamt 44 Einheiten des Faktors F_2 (die 44 steht an zweiter Stelle) benötigen, um die gewünschten Mengen der Hubschraubertypen Y_1-Y_3 herzustellen. Wie kommt dies zustande? Die Inputmatrix A zeigt uns in der zweiten Zeile die Mengen von Faktor F_2, die wir für jeweils eine Einheit der verschiedenen Hubschraubertypen benötigen. Somit bedeutet die 4 in der ersten Spalte der zweiten Zeile, daß zur Produktion einer Einheit vom Hubschraubertyp Y_1 4 Einheiten von F_2 benötigt werden. Da wir aber 7

Stück von Hubschraubertyp Y_1 erzeugen wollen, benötigen wir $4 \cdot 7 = 28$ Einheiten von F_2, um die gewünschte Menge vom Typ Y_1 herzustellen. Dies bedeutet allgemeiner formuliert, daß wir $a_{21} = 4$ mit $Y_1 = 7$ multipliziert haben. Ferner benötigen wir F_2 aber auch für die Hubschraubertypen Y_2 und Y_3, so daß wir analog $a_{22} = 2$ mit $Y_2 = 4$ und $a_{23} = 4$ mit $Y_3 = 2$ multiplizieren müssen, um die Menge von F_2 zu erhalten, die für die gewünschte Menge der einzelnen Hubschraubertypen erforderlich ist. Den Gesamtbedarf an F_2 (wir nennen ihn x_2) erhalten wir dann offensichtlich, indem wir die einzelnen Ergebnisse addieren, d.h. aus

$$x_2 = a_{21} \cdot y_1 + a_{22} \cdot y_2 + a_{23} \cdot y_3 \qquad (3.9)$$

$$= \sum_{j=1}^{3} a_{2j} y_j = 4 \cdot 7 + 2 \cdot 4 + 4 \cdot 2 = 44$$

Bezogen auf unsere Matrixdarstellung in (3.8) bedeutet dies, daß wir die zweite Zeile der Inputmatrix **A** mit dem Outputvektor **y** multiplizieren. Allgemein formuliert erhalten wir also den Bedarf eines Faktors i zur Produktion der gewünschten Gesamtmengen aus der Multiplikation der i-ten Zeile der Inputmatrix mit dem Outputvektor bzw. aus

$$x_i = \sum_{j=1}^{m} a_{ij} \cdot y_j \qquad (3.10)$$

3.5.3 Produktion mit Zwischenprodukten

Wir dehnen die gleiche Betrachtungsweise nun auf eine Situation aus, in der unser Unternehmen auf verschiedenen Produktionsstufen produziert. Damit meinen wir, daß das Unternehmen zunächst mit *Vorprodukten* bestimmte *Zwischenprodukte* herstellt, die anschließend zur Fertigung der Endprodukte verwendet werden. Wir definieren zunächst eine Vorproduktmatrix **V**, die uns für jedes Vorprodukt V_i angibt, wieviele Einheiten zur Produktion einer Einheit eines Zwischenproduktes Z_k benötigt werden:

$$\mathbf{V} = \begin{pmatrix} v_{11} & v_{12} \\ v_{21} & v_{22} \\ v_{31} & v_{32} \\ v_{41} & v_{42} \end{pmatrix} = \begin{pmatrix} 2 & 4 \\ 1 & 0 \\ 3 & 4 \\ 2 & 1 \end{pmatrix} \qquad (3.11)$$

Somit bedeutet beispielsweise $v_{32} = 4$, daß 4 Einheiten vom Vorprodukt V_3 zur Produktion einer Einheit vom Zwischenprodukt Z_2 benötigt werden. In unserem Beispiel gibt es also 4 Vor- und 2 Zwischenprodukte, deren Inputkoeffizienten allgemein durch v_{ik} angegeben werden. Dabei bezeichnen wir die Vorprodukte mit dem Index i = 1 bis n und die Zwischenprodukte mit dem Index k = 1 bis q.

Ferner definieren wir eine Zwischenproduktmatrix **Z**, die analog angibt, wieviele Einheiten eines Zwischenprodukts Z_k für jeweils eine Einheit eines Endprodukts Y_j benötigt werden (die Endprodukte bezeichnen wir erneut mit dem Index j = 1 bis m):

$$\mathbf{Z} = \begin{pmatrix} z_{11} & z_{12} & z_{13} \\ z_{21} & z_{22} & z_{23} \end{pmatrix} = \begin{pmatrix} 1 & 0 & 3 \\ 4 & 1 & 2 \end{pmatrix} \tag{3.12}$$

Somit bedeutet beispielsweise $z_{13} = 3$, daß zur Herstellung einer Einheit von Endprodukt Y_3 3 Einheiten von Zwischenprodukt Z_1 benötigt werden.

Als Outputvektor $\mathbf{y}$ geben wir

$$\mathbf{y} = \begin{pmatrix} y_1 \\ y_2 \\ y_3 \end{pmatrix} = \begin{pmatrix} 2 \\ 3 \\ 4 \end{pmatrix} \tag{3.13}$$

vor. Nun wollen wir wissen, wieviel von den Vorprodukten V_i wir unter Berücksichtigung der Produktion der Zwischenprodukte benötigen, um den durch (3.13) gegebenen Outputvektor zu erzeugen. Dazu vernachlässigen wir zunächst, daß wir von jedem Hubschraubertyp mehrere Einheiten erzeugen wollen und bestimmen, wieviele Einheiten eines Vorprodukts wir für jeweils *eine* Einheit eines bestimmten Hubschraubertyps benötigen. Dies ist die Inputmatrix $\mathbf{A}$, die wir im vorhergehenden Abschnitt noch als gegeben betrachtet hatten. Wir erhalten die Inputmatrix $\mathbf{A}$, indem wir die Vorproduktmatrix $\mathbf{V}$ mit der Zwischenproduktmatrix $\mathbf{Z}$ multiplizieren:

$$\mathbf{V} \cdot \mathbf{Z} = \mathbf{A} \tag{3.14}$$

bzw. – in unserem Beispiel –

$$\begin{pmatrix} 2 & 4 \\ 1 & 0 \\ 3 & 4 \\ 2 & 1 \end{pmatrix} \begin{pmatrix} 1 & 0 & 3 \\ 4 & 1 & 2 \end{pmatrix} = \begin{pmatrix} 18 & 4 & 14 \\ 1 & 0 & 3 \\ 19 & 4 & 17 \\ 6 & 1 & 8 \end{pmatrix} \tag{3.15}$$

Somit gibt beispielsweise $a_{33} = 17$ in der dritten Zeile und dritten Spalte der Matrix $\mathbf{A}$ (also der rechten Matrix in Gleichungssystem (3.15)) an, daß unter Berücksichtigung der Zwischenproduktproduktion 17 Einheiten des Vorprodukts V_3 zur Produktion einer Einheit des Endprodukts Y_3 benötigt werden. Diese 17 berechnet sich aus

$$a_{33} = v_{31}z_{13} + v_{32}z_{23} = \sum_{k=1}^{2} v_{3k}z_{k3} = 3 \cdot 3 + 4 \cdot 2 = 17 \tag{3.16}$$

$v_{31} \cdot z_{13} = 3 \cdot 3 = 9$ bedeutet, daß 9 Einheiten vom Vorprodukt V_3 benötigt werden, um die Menge des Zwischenprodukts Z_1 herzustellen, die zur Produktion einer Einheit vom Endprodukt Y_3 benötigt wird – denn 3 Einheiten von V_3 werden für eine Einheit von Z_1 und 3 Einheiten von Z_1 für eine Einheit von Y_3 benötigt. Außerdem wird für Y_3 aber auch Zwischenprodukt Z_2 gebraucht, so daß wir auch noch die Menge vom Vorprodukt V_3 bestimmen müssen, die wir wegen Zwischenprodukt Z_2 für Endprodukt Y_3 benötigen (also $v_{32} \cdot z_{23} = 4 \cdot 2 = 8$). Allgemein errechnen wir die zur Produktion einer Einheit des Endprodukts erforderliche Menge eines Vorprodukts demnach aus

$$a_{ij} = \sum_{k=1}^{q} v_{ik} z_{kj} \tag{3.17}$$

was genau durch die Multiplikation der Matrizen **V** und **Z** ausgedrückt wird.

Da wir damit wieder die Matrix **A** kennen, vollzieht sich die Bestimmung des Gesamtbedarfsvektors an Vorprodukten analog zum vorhergehenden Abschnitt wieder aus der Multiplikation der Inputmatrix **A** mit dem Outputvektor **y**, so daß wir als Gesamtbedarfsvektor

$$\begin{pmatrix} 18 & 4 & 14 \\ 1 & 0 & 3 \\ 19 & 4 & 17 \\ 6 & 1 & 8 \end{pmatrix} \begin{pmatrix} 2 \\ 3 \\ 4 \end{pmatrix} = \begin{pmatrix} 104 \\ 14 \\ 118 \\ 47 \end{pmatrix} \tag{3.18}$$

erhalten.

3.5.4   Input-Output-Analyse

3.5.4.1   Überblick

In den bisherigen Unterabschnitten von Abschnitt 3.5 gingen wir davon aus, daß es eine eindeutige Trennung von Vor-, Zwischen- und Endprodukten gibt, so daß man die Produktion auch als „Einbahnstraßenproduktion" bezeichnen könnte. In der Realität muß aber häufig davon ausgegangen werden, daß die gleichen Produkte einmal als Input und einmal als Output fungieren. Dies gilt besonders, wenn wir uns auf eine recht hohe Aggregationsstufe begeben: so fungieren beispielsweise landwirtschaftliche Produkte in Form von Lebensmitteln für die angestellten Arbeiter als Vorprodukte im Maschinenbau, während umgekehrt auch Maschinen in der Landwirtschaft eingesetzt werden. Auch auf Unternehmensebene ist es der Normalfall, daß sowohl die Abteilung A Vorprodukte an die Abteilung B als auch umgekehrt liefert.

Wir wollen zunächst erklären, wie die Interdependenz zwischen einzelnen Sektoren in Form sog. Input-Output-*Tabellen* dargestellt wird. Anschließend wenden wir uns der eigentlichen Input-Output-*Analyse* zu, die ein außerordentlich effizientes Rechenverfahren zur Beantwortung ökonomischer Fragen ist, die sich auf Grundlage von Input-Output-Tabellen ergeben.

3.5.4.2   Input-Output-Tabellen

Die folgende Abbildung zeigt eine Input-Output-Tabelle für die Bundesrepublik Deutschland (alte Bundesländer) mit 12 Produktionsbereichen. Diese sind sowohl in den ersten 12 Zeilen als auch in den ersten 12 Spalten der Tabelle abgetragen. Sie stellt eine aggregierte Fassung einer größeren, 58 Produktionsbereiche umfassenden Input-Output-Tabelle dar, die in regelmäßigen Abständen vom Statistischen Bundesamt veröffentlicht wird. In den Zeilen wird hierbei das Aufkommen (nach liefernden Sektoren) und in den Spalten die Verwendung (nach empfangenden Sektoren) abgetragen.

Die gesamte Input-Output-Tabelle läßt sich prinzipiell in drei Bereiche teilen, die man als Vorleistungsmatrix, Endnachfragematrix und Primäraufwandsmatrix bezeichnet und die im folgenden erläutert werden.

Vorleistungsmatrix

Die Werte in den Zeilen 1-12 und Spalten 1-12 bilden die *Vorleistungsmatrix*, die die *direkten* Lieferungen zwischen den Sektoren darstellt. So gibt der grau markierte Wert in der Vorleistungsmatrix (Zeile 1, Spalte 8) an, daß der Sektor 1 (Land- und Forstwirtschaft/Fischerei) 1990 Waren im Wert von 56,4 Mrd. DM an den Sektor 8 zur Erzeugung von Nahrungsmitteln, Getränken oder Tabakwaren geliefert hat. Auffällig ist, daß viele Sektoren (z.b. die chemische Industrie, die Metallerzeugung und -bearbeitung sowie der Stahl-/Maschinen-/Fahrzeugbau) einen Großteil der erzeugten Produkte an sich selbst liefern. In Spalte 13 kann nun der Teil des Outputs eines Sektors abgelesen werden, der in *irgendeinem* der 12 Sektoren als Vorleistung eingegangen ist. Die in einem Sektor insgesamt eingesetzten Vorleistungen können in Zeile 13 abgelesen werden. So wurden 1990 beispielsweise im Baugewerbe (Sektor 9) Vorleistungen aller Sektoren in Höhe von ca. 132 Mrd. DM (Zeile 13/Spalte 9) verwendet. Der Unterschied zwischen der Vorleistungsmatrix und der Inputmatrix **A** aus den bisherigen Abschnitten ist, daß in der Vorleistungsmatrix nicht die Lieferungen *pro* Einheit, sondern absolute Größen enthalten sind.

Endnachfragematrix

Die Endnachfragematrix wird durch die Zeilen 1-12 und die Spalten 14-18 gebildet. Sie gibt den Output der Sektoren an, der im entsprechenden Jahr *nicht* als Vorleistungen verwendet wurde. Die Endnachfrage bzw. letzte Verwendung umfaßt den privaten Verbrauch, den Staatsverbrauch, die Anlageinvestitionen, die Vorratsveränderung und die Ausfuhr. 1990 war der Teil des Outputs aller 12 Sektoren, der als Vorleistungen fungierte, mit ca. 2,4 Bill. DM (Zeile 13/Spalte 13) deutlich kleiner als der Teil, der der letzten Verwendung von Gütern zugerechnet wurde (3,0 Bill. DM) (Zeile 13/Spalte 19).

Primäraufwandsmatrix

Die Primäraufwandsmatrix wird durch die Zeilen 14-18 und die Spalten 1-12 gebildet und gibt die nach den 12 Sektoren differenzierten Komponenten der Bruttowertschöpfung (Abschreibungen, Produktionssteuern abzüglich Subventionen sowie die durch die primären Produktionsfaktoren erbrachte Leistung) wieder. Die Summe aus gesamten Vorleistungen und Bruttowertschöpfung wird als Produktionswert bezeichnet, (Zeile 19).

Abb. 3.3: *Input-Output-Tabelle nach zusammengefaßten Gütergruppen (in Mill. DM, früheres Bundesgebiet, 1990)*

Verwendung (Input) → / Aufkommen (Output) ↓	Land- und Forstwirtschaft, Fischerei	Energie, Wasser, Bergbauerzeugnisse	Chemische u. Mineralölerzeugnisse, Steine, Erden usw.	Metallerzeugnisse u. -bearbeitung	Stahl-, Maschinen- u. Fahrzeugb., ADV-Einrichtungen	Elektrotechnik u. Feinmechanik, EBM-Waren usw.	Holz-, Papier-, Lederwaren, Textil, Bekleidung	Nahrungsmittel, Getr., Tabakwaren	Baugewerbe	Handel und Verkehr	Dienstleistungsunternehmen	Staat, priv. Haush. u. priv. Org. o. Erwerbszweck	Zusammen	Privater Verbrauch im Inland	Staatsverbrauch	Anlageinvestitionen	Vorratsveränd.	Ausfuhr von Waren und Dienstleistung	Zusammen	Gesamte Verwendung von Gütern
	1	2	3	4	5	6	7	8	9	10	11	12	13	14	15	16	17	18	19	20
1 Land- und Forstwirtschaft, Fischerei	9.448	92	1.181	42	155	152	5.378	56.384	91	1.579	8.443	2.356	85.301	31.130	-	421	3.215	7.386	42.152	127.453
2 Energie, Wasser, Bergbauerzeugnisse	2.033	37.137	38.682	17.729	5.768	3.822	5.991	4.235	532	10.593	11.106	8.986	146.614	40.030	-	1.163	-835	4.599	43.794	190.408
3 Chemische und Mineralölerzeugnisse, Steine, Erden usw.	8.889	5.062	135.443	7.694	31.863	22.786	21.871	10.045	51.516	21.752	20.968	30.339	368.228	116.170	-		-2.251	129.063	244.145	612.373
4 Metallerzeugnisse und -bearbeitung	1.373	2.216	5.900	87.635	59.027	31.321	1.795	227	8.108	3.852	1.067	461	202.988	234	-	8.955	2.877	45.672	57.738	260.726
5 Stahl, Maschinen- und Fahrzeugbau, ADV-Einrichtungen	1.862	6.697	7.385	3.458	112.179	13.769	2.228	2.066	9.115	15.119	6.340	18.906	199.124	108.926	-	181.746	6.267	252.638	549.577	748.701
6 Elektrotechnik und Feinmechanik, EBM-Waren usw.	746	5.247	6.510	2.745	47.904	39.840	6.043	4.328	15.372	6.933	18.661	18.029	172.358	88.370	-	73.967	1.307	115.045	278.689	451.047
7 Holz-, Papier-, Lederwaren, Textilien, Bekleidung	1.079	971	10.684	946	8.011	7.015	69.157	7.080	12.826	12.684	36.069	9.051	175.573	176.150	-	11.084	4.368	58.838	250.440	426.013
8 Nahrungsmittel, Getränke, Tabakwaren	8.509	165	3.512	124	844	449	590	49.588	275	3.248	25.384	7.219	99.907	223.690	-	-	-3.018	36.708	257.380	357.287
9 Baugewerbe	740	3.762	2.062	806	2.316	916	1.056	992	3.964	3.246	21.321	10.908	52.089	3.917	-	223.977	-	2.429	230.323	282.412
10 Handel und Verkehr	1.799	2.089	8.311	6.962	8.851	5.809	6.665	6.324	3.029	42.657	13.937	8.808	115.241	61.605	-	-10.910	-	39.717	90.412	205.653
11 Dienstleistungsunternehmen	3.626	12.693	37.562	12.413	56.813	29.847	22.391	20.800	26.198	84.739	284.500	105.400	696.982	410.148	-	16.325	-	19.035	445.508	1.142.490
12 Staat, priv. Haushalte und priv. Organisationen ohne Erwerbszweck	500	1.068	2.467	931	2.856	985	674	1.514	1.215	2.555	12.893	69.697	97.355	59.940	444.070	1.052	-	780	505.842	603.197
13 Vorleistungen der Wirtschaftsbereiche (Sp. 1 bis Sp. 13) bzw. letzte Verwendung von Gütern (Sp. 14 bis Sp. 19)	40.604	77.199	259.705	141.485	336.587	156.711	143.839	163.583	132.241	208.957	460.689	290.160	2.411.760	1.320.310	444.070	507.780	11.930	711.910	2.996.000	5.407.760
14 Abschreibungen	11.870	19.690	18.070	6.860	22.300	11.790	9.100	7.950	5.470	48.020	120.940	20.950	303.010	x	x	x	x	x	x	x
15 Produktionssteuern abzüglich Subventionen	-4.580	-2.560	28.080	1.150	3.080	2.110	1.810	18.520	2.380	-3.420	26.590	280	73.440	x	x	x	x	x	x	x
16 Einkommen aus unselbständiger Arbeit	7.430	35.360	92.240	38.590	169.130	108.920	58.870	31.980	84.050	213.230	185.450	290.270	1.315.520	x	x	x	x	x	x	x
17 Einkommen aus Unternehmertätigkeit und Vermögen	22.460	17.680	21.900	7.860	22.940	22.930	15.090	19.760	35.640	88.730	278.290		553.280	x	x	x	x	x	x	x
18 Bruttowertschöpfung zu Marktpreisen	37.180	70.170	160.290	54.460	217.450	145.750	84.870	78.210	127.540	346.560	611.270	311.500	2.245.250	x	x	x	x	x	x	x
19 Produktionswert[1]	77.784	147.369	419.995	195.945	554.037	302.461	228.709	241.793	259.781	555.517	1.071.959	601.660	4.657.010							

1) Zu Ab-Werk-Preisen (ohne Umsatzsteuer).

Quelle: Statistisches Bundesamt

Die durch die Zeilen 14-18 und Spalten 14-18 gebildete Matrix bleibt leer, weil die in den Zeilen angegebenen Bestandteile der Bruttowertschöpfung definitionsgemäß nicht in die Endnachfrage eingehen.

Während die Input-Output-*Tabelle* einfach die Zusammenhänge zwischen den verschiedenen Sektoren beschribt, geht es bei der vom Nobelpreisträger W. Leontief 1936 in ihren Grundzügen entwickelten sog. Input-Output-*Analyse* um die Durchführung bestimmter Rechnungen auf der Grundlage von Input-Output-Tabellen. Die einfachsten, mit Hilfe der Input-Output-Analyse durchführbaren Rechnungen wollen wir zunächst beispielhaft und dann in verallgemeinerter Form darstellen.[12]

3.5.4.3 Beispielhafte Darstellung

Ausgangspunkt unserer beispielhaften Darstellung sei Abb. 3.3 mit den drei Sektoren S_1, S_2 und S_3 sowie dem Endnachfragevektor **y** und dem Gesamtbedarfsvektor **x**.

Abb. 3.3: *Interdependente Produktionsstruktur*

	S_1	S_2	S_3	y	x
S_1	1.833	6.534	–	800	9.167
S_2	2.750	3.267	950	1.200	8.167
S_3	1.833	3.267	1.960	600	7.660

Der entscheidende Unterschied zur Abb. 3.2 oben, die den Inputbedarf für unsere verschiedenen Hubschraubertypen darstellte, ist, daß in den Zeilen und den Spalten die *gleichen* Sektoren bzw. Gütertypen stehen – genau dies ist das Charakteristische der mit Input-Output-Analysen erfaßten Interdependenzen. In den Zeilen stehen die liefernden und in den Spalten die empfangenden Sektoren, so daß beispielsweise die 950 in der zweiten Zeile und der dritten Spalte bedeutet, daß der Sektor 2 950 Einheiten an den Sektor 3 liefert bzw. in Sektor 3 950 Einheiten aus Sektor 2 verbraucht wurden. Lassen Sie sich nicht davon irritieren, daß die Sektoren auch an sich selbst liefern, wie beispielsweise die 1.833 in der ersten Zeile und ersten Spalte zum Ausdruck bringt. Dies ist durchaus realistisch, weil etwa in der Landwirtschaft auch landwirtschaftliche Produkte benötigt werden.[13]

Neben den Lieferströmen zwischen den Sektoren enthält Abbildung 3.3 wie erwähnt den Endnachfragevektor **y** und den Gesamtbedarfsvektor **x**. Der Endnachfragevektor drückt aus, wieviele Einheiten der in den Sektoren S_1-S_3 produzierten Güter für Zwecke der Endnachfrage verwendet wurden. Der Gesamtbedarfsvektor gibt die Gesamtmengen an, die von den verschiedenen Sektoren produziert wurden. So ist beispielsweise die 8.167 in der zweiten Zeile die Summe aus den von Sektor 2 an die anderen Sektoren gelieferten Waren und der Endnachfrage (also die Zeilensumme). Der Aufbau von Abb. 3.3 entspricht dem der Input-Output-Tabelle inAbb. 3.3: Die

---

12 Für eine ausführliche Einführung in die Input-Output-Analyse vgl. z.B. Fleissner u. a. 1993.
13 Vergleichen Sie hierzu die Input-Output-Tabelle in Abb. 3.3, die zeigt, daß beispielsweise im Sektor Landwirtschaft 1990 insgesamt Waren im Wert von ca. 127,5 Mrd. DM produziert wurden, von denen 9,5 Mrd. DM im gleichen Sektor als Inputfaktoren eingesetzt wurden.

Sektoren S_1-S_3 entsprechen den Sektoren 1-12 in Abb. 3.3, so daß die 3 Zeilen mit den ersten drei Spalten in Abb. 3.3 die Vorleistungsmatrix bilden. In **y** ist die Endnachfrage zusammengefaßt, die in der Input-Output-Tabelle in Abb. 3.3 in der Spalte 19 steht. Der Gesamtbedarfsvektor **x** entspricht Spalte 20.

Wir nehmen nun willkürlich an, daß ausgehend von Abbildung 3.3 in der nächsten Periode beispielsweise von der in Sektor S_2 produzierten Ware nicht 1200, sondern 1400 Einheiten als Endnachfrage verbraucht werden sollen. Alle anderen Endnachfragen betrachten wir als konstant. Die von der Input-Output-Analyse zu beantwortende Frage lautet nun, wieviele Einheiten von S_1-S_3 *insgesamt* mehr produziert werden müssen, damit der neue Endnachfragevektor **y** = (800, 1.400, 600) erzeugt werden kann. Dies ist eine Frage, deren Beantwortung vor allem in den ehemaligen Planwirtschaften Osteuropas eine herausragende Rolle spielte: denn wenn die Produktion auf verschiedenen Aggregationsstufen zentral geplant werden soll, muß genau ermittelt werden, wieviel von den einzelnen Waren produziert werden muß, um einen bestimmten Endnachfragevektor zu erzeugen.[14]

Ein Blick auf Abb. 3.3 verdeutlicht die Schwierigkeiten bei der Abschätzung des neuen Gesamtbedarfs, der durch die Steigerung um 200 Einheiten in Sektor S_2 entsteht. Die zweite Zeile zeigt uns, daß *bisher* 8.167 Einheiten S_2 produziert wurden. Ferner zeigt uns beispielsweise die erste Zeile und zweite Spalte, daß 6.534 Einheiten von S_1 an S_2 geliefert wurden. Dies bedeutet, daß pro produzierter Einheit S_2 6.534/8.167 = 0.8 Einheiten S_1 benötigt wurden. Eine erste (vielleicht naheliegende) Idee ist nun, diese 0.8 mit den zusätzlichen 200 Einheiten zu multiplizieren, um zu erfahren, wieviel S_1 zusätzlich benötigt wird. Diese Überlegung greift aber schon deshalb zu kurz, weil wir insgesamt viel mehr als 200 zusätzliche Einheiten S_2 produzieren müssen, wenn wir 200 Einheiten mehr an Endnachfrage zur Verfügung haben wollen. Dies liegt daran, daß wir S_2 auch benötigen, um die Mengen von S_1 und S_3 herzustellen, die wir wiederum brauchen, um S_2 herzustellen! Das Problem ist also, daß wir S_1 für S_2 und S_2 für S_1 benötigen, so daß wir eine interdependente Produktionsstruktur haben, deren erforderliche Mengen wir *gerade nicht* – wie in den Abschnitten zuvor – in Form einer „Einbahnstraßenrechnung" lösen können.

Obwohl unsere erste Idee damit noch nicht zum Ziel führt, besteht der erste Schritt in der Tat darin, zu berechnen, wieviele Einheiten eines Inputs i zur Produktion einer Einheit einer Ware j jeweils erforderlich wären. Mit anderen Worten bestimmen wir also zunächst die Inputmatrix **A**, die die gleiche ökonomische Bedeutung hat wie in den Abschnitten zuvor. Dazu müssen wir, ausgehend von Abbildung 3.3, jeweils die gelieferten Mengen durch die Gesamtproduktion des jeweils empfangenden Sektors dividieren und erhalten

$$A = \begin{pmatrix} a_{11} & a_{12} & a_{13} \\ a_{21} & a_{22} & a_{23} \\ a_{31} & a_{32} & a_{33} \end{pmatrix} = \begin{pmatrix} 0{,}2 & 0{,}8 & - \\ 0{,}3 & 0{,}4 & 0{,}124 \\ 0{,}2 & 0{,}4 & 0{,}256 \end{pmatrix} \qquad (3.19)$$

---

14 Die Input-Output-Analyse hatte daher in Planwirtschaften zentrale Bedeutung, liegt aber auch einer Fülle empirischer Studien für Marktwirtschaften zugrunde.

Beispielsweise bedeutet $a_{31} = 1{,}833/9{,}167 = 0{,}2$, daß auf Grundlage der durch Abb. 3.3 gegebenen Technik 0,2 Einheiten der Ware 3 zur Produktion einer Einheit der Ware 1 erforderlich sind. Wie können wir nun ausgehend von der Matrix **A** den Gesamtbedarfsvektor **x** bestimmen, der die zur Produktion des Endnachfragevektors **y** erforderlichen Mengen angibt? Betrachten wir dazu beispielhaft den noch unbekannten Gesamtbedarf der Ware S_2, also die Menge x_2. Zwar kennen wir auch x_1 und x_3 noch nicht, die Inputmatrix **A** sagt uns aber, daß wir für jede Einheit S_1 0,3 ($a_{21} = 0{,}3$) und für jede Einheit S_3 0,124 ($a_{23} = 0{,}124$) Einheiten von S_2 benötigen. Ferner benötigen wir für jede Einheit von S_2 0,4 Einheiten der gleichen Ware ($a_{22} = 0{,}4$) als Vorleistung. Da wir außerdem noch 1.400 Einheiten S_2 als Endnachfrage möchten, entspricht der Gesamtbedarf an x_2 offensichtlich

$$x_2 = 0{,}3x_1 + 0{,}4x_2 + 0{,}124x_3 + 1.400 \tag{3.20}$$

Gleichung (3.20) verdeutlicht einmal mehr das Grundproblem, daß wir x_2 nicht ohne Kenntnis von x_1 bzw. x_3 und umgekehrt ermitteln können. Die gleichen Überlegungen wie für x_1 können wir aber auch für die beiden anderen Warentypen anstellen, so daß wir ein Gleichungssystem mit drei Gleichungen und drei Unbekannten erhalten:

$$\begin{aligned}
x_1 &= 0{,}2x_1 + 0{,}8x_2 + 800 \\
x_2 &= 0{,}3x_1 + 0{,}4x_2 + 0{,}124x_3 + 1.400 \\
x_3 &= 0{,}2x_1 + 0{,}4x_2 + 0{,}256x_3 + 600
\end{aligned} \tag{3.21}$$

Der Kern der Input-Output-Analyse besteht demnach darin, die Interdependenz der Wirtschaftsstruktur durch ein simultanes Gleichungssystem zu modellieren, so daß alle Elemente des Gesamtbedarfsvektors **x** *gemeinsam* (und damit korrekt) bestimmt werden können. In unserem Beispiel erhalten wir als Gesamtbedarfsvektor

$$\mathbf{x} = (10.167,\ 9.167,\ 8.400) \tag{3.22}$$

Der neue Gesamtbedarfsvektor **x** verdeutlicht, daß wir beispielsweise von der Ware S_2 insgesamt 1.000 Einheiten mehr benötigen als vorher, wenn wir die Endnachfrage (also Konsum und Nettoinvestition) um 200 Einheiten steigern wollen. Die Einschätzung dieses zusätzlichen Gesamtbedarfs ist *ohne* Verwendung der Input-Output-Analyse praktisch unmöglich, weil die direkten und indirekten Verflechtungen[15] ohne Verwendung eines simultanen Gleichungssystems nicht mehr berücksichtigt werden können. Wenn wir analog zu den vorhergehenden Abschnitten für unser Gleichungssystem (3.21) die Matrixschreibweise verwenden, so lautet diese

$$\mathbf{x} = \mathbf{A} \cdot \mathbf{x} + \mathbf{y} \tag{3.23}$$

bzw.

$$\begin{pmatrix} x_1 \\ x_2 \\ x_3 \end{pmatrix} = \begin{pmatrix} a_{11} & a_{12} & a_{13} \\ a_{21} & a_{22} & a_{23} \\ a_{31} & a_{32} & a_{33} \end{pmatrix} \cdot \begin{pmatrix} x_1 \\ x_2 \\ x_3 \end{pmatrix} + \begin{pmatrix} y_1 \\ y_2 \\ y_3 \end{pmatrix} \tag{3.24}$$

---

15   Mit indirekten Verflechtungen ist gemeint, daß die Ware 1 in den Produktionsprozeß der Ware 2 eingeht, die wiederum in Ware 3 eingeht usw. – wird dann die Menge der Ware 3 erhöht, so erhöht sich plötzlich die Nachfrage nach Ware 1 als Input, obwohl diese Ware 1 gar nicht direkt in die Produktion der Ware 3 eingeht.

woraus sich die Gleichungen

$$x_1 = a_{11}x_1 + a_{12}x_2 + a_{13}x_3 + y_1$$
$$x_2 = a_{21}x_1 + a_{22}x_2 + a_{23}x_3 + y_2$$
$$x_3 = a_{31}x_1 + a_{32}x_2 + a_{33}x_3 + y_3 \qquad (3.25)$$

ergeben, die für unser Beispiel genau die in (3.22) dargestellten Zahlen liefern.

Lassen Sie uns die Stärken und Probleme der Input-Output-Analyse zusammenfassen: Die Stärke ist, daß diese ein leistungsfähiges Verfahren ist, um den Interdependenzen der Sektoren Rechnung zu tragen und in korrekter Weise zum Beispiel die Gesamtmengen zu bestimmen, die zur Erhöhung der effektiven Nachfrage in einem Sektor erforderlich sind. Sie wird daher beispielsweise dazu verwendet, um den *insgesamt* (d.h. über alle Sektoren hinweg) anfallenden Arbeitskräftebedarf abzuschätzen, der durch die Durchführung einer Investition in *einem* Sektor entsteht.[16] Sie ist daher als Element der empirischen Wirtschaftsforschung unerläßlich. Problematisch ist allerdings, daß innerhalb der Input-Output-Analyse (zumindest in ihrer einfachsten Form)[17] von gegebenen Faktorkombinationen ausgegangen wird, was ihre Nähe zu linear-limitationalen Produktionsfunktionen ausmacht. Dies ist insbesondere dann problematisch, wenn Prognosen über einen längeren Zeitraum (beispielsweise über 5 Jahre hinweg) gemacht werden sollen. Denn die Input-Output-Analyse verdeutlicht, daß jede Änderung der Technik (d.h. die Änderung der Inputmatrix **A**) zu großen Änderungen im Gesamtbedarfsvektor führt, so daß die Planungen revidiert werden müssen. Ändern sich die Input-Output-Koeffizienten a_{ij} im Zeitablauf, so werden die Resultate unpräzise, weil jede Faktorsubstitution „eigentlich" eine neue Rechnung erfordert. Die Input-Output-Analyse verdeutlicht daher auch die große Rigidität von Planwirtschaften, weil jede Form des technischen Fortschritts eine Planrevision erfordert. Festhalten können wir aber, daß die Input-Output-Analyse wegen ihrer Berücksichtigung sektoraler Interdependenzen eine herausragende und unersetzliche Errungenschaft der Wirtschaftswissenschaften ist.

3.5.4.4   Verallgemeinerung der Input-Output-Analyse *[18]

Nachdem wir die Intuition der Input-Output-Analyse verdeutlicht und die Rechenmethode beispielhaft dargestellt haben, wollen wir sie nun für interessierte Leser/ -innen etwas allgemeiner erläutern. Da die Input-Output-Analyse aber nicht zum selbstverständlichen Stoff der Mikroökonomie gehört, können Sie diese Ausführung beim ersten „Durchgang" auch überlesen.

In der Input-Output-Analyse wird der *Gesamt*output nach einzelnen Sektoren differenziert betrachtet, um die Verflechtungen der Lieferstruktur zwischen den Sektoren abzubilden. Der Gesamtoutput des 1. Sektors (x_1) setzt sich beispielsweise zusammen

---

16   Zur Verwendung der Input-Output-Analyse bei der Ermittlung von Beschäftigungseffekten vgl. beispielsweise Blazejczak/Edler 1993.

17   Zur Problematik von Input-Output-Modellen mit variablen Inputkoeffizienten vgl. Fleissner u.a. 1993, 143 f.

18   Wie in der Einleitung erwähnt, kennzeichnen wir komplizierte Abschnitte mit Sternchen.

aus der Summe aller Vorleistungen der n Sektoren j=1 bis n (x_{1j}) zuzüglich der End-nachfrage (y_1)

$$x_{11} + x_{12} + \ldots + x_{1n} + y_1 = x_1 \tag{3.26}$$

Schreibt man diese Gleichung für die restlichen n-1 Sektoren ebenfalls auf, so ergibt sich folgendes Gleichungssystem:

$$\begin{matrix}
x_{11} & + & x_{12} & + \cdots + & x_{1n} & + & y_1 & = & x_1 \\
x_{21} & + & x_{22} & + \cdots + & x_{2n} & + & y_2 & = & x_2 \\
\vdots & & \vdots & & \vdots & & \vdots & & \vdots \\
x_{n1} & + & x_{n2} & + \cdots + & x_{nn} & + & y_n & = & x_n
\end{matrix} \tag{3.27}$$

bzw. in Summenform:[19]

$$\sum_{j=1}^{n} x_{ij} + y_i = x_i \; ; \; \forall i = 1, \ldots, n \tag{3.28}$$

Hierbei wird unterstellt, daß die Endnachfrage für alle i nicht-negativ ist ($y_i \geq 0 \; \forall i$). Dies bedeutet, daß auftretende Lagerbestandsabgänge durch andere Komponenten der Endnachfrage wie Konsum, Investitionen und Export mindestens ausgeglichen werden. Dividiert man die Vorleistungsinputs (x_{ij}) durch die zugehörigen Gesamtmengen (x_j) so erhält man die Inputkoeffizienten a_{ij}. Ersetzt man nun alle Vorleistungen x_{ij} in (3.27) durch die mit x_j multiplizierten Inputkoeffizienten a_{ij}, so erhält man folgendes Gleichungssystem:

$$\begin{matrix}
a_{11}x_1 & + & a_{12}x_2 & + \cdots + & a_{1n}x_n & + & y_1 & = & x_1 \\
a_{21}x_1 & + & a_{22}x_2 & + \cdots + & a_{2n}x_n & + & y_2 & = & x_2 \\
\vdots & & \vdots & & \vdots & & \vdots & & \vdots \\
a_{n1}x_1 & + & a_{n2}x_2 & + \cdots + & a_{nn}x_n & + & y_n & = & x_n
\end{matrix} \tag{3.29}$$

Analog erhält man aus (3.28)

$$\sum_{j=1}^{n} a_{ij} \cdot x_j + y_i = x_i; \quad \forall \, i = 1,\ldots,n \tag{3.30}$$

In ausführlicher Matrixschreibweise sieht das Gleichungssystem (3.29) wie folgt aus:

$$\begin{pmatrix} a_{11} & a_{12} & \cdots & a_{1n} \\ a_{21} & a_{22} & \cdots & a_{2n} \\ \vdots & \vdots & & \vdots \\ a_{n1} & a_{n2} & \cdots & a_{nn} \end{pmatrix} \begin{pmatrix} x_1 \\ x_2 \\ \vdots \\ x_n \end{pmatrix} + \begin{pmatrix} y_1 \\ y_2 \\ \vdots \\ y_n \end{pmatrix} = \begin{pmatrix} x_1 \\ x_2 \\ \vdots \\ x_n \end{pmatrix} \tag{3.31}$$

Wenn man die quadratische Matrix, die aus den Koeffizienten a_{ij} gebildet wird, wie gewohnt mit **A** und die Spaltenvektoren, die aus der Endnachfrage y_i bzw. dem Gesamtoutput x_i gebildet werden, mit **y** bzw. **x** bezeichnet, läßt sich (3.31) auch vereinfacht schreiben als:

$$\mathbf{Ax} + \mathbf{y} = \mathbf{x} \tag{3.32}$$

---

19 Das „umgedrehte" A ($\forall$) heißt „für alle" und ist die übliche Kurzschreibweise.

Um die Gleichung aufzulösen, muß man in (3.32) den Spaltenvektor **x** ausklammern. Es ergibt sich:

$$(\mathbf{I-A})\mathbf{x} = \mathbf{y} \qquad\qquad (3.33)$$

Die Matrix **I** bezeichnet hierbei eine n x n Einheitsmatrix, deren Komponenten e_{ij} wie folgt definiert sind:

$$e_{ij} = \begin{cases} 1\ \text{für}\ i = j \\ 0\ \text{für}\ i \neq j \end{cases}\ [20] \qquad\qquad (3.34)$$

In Summenform läßt sich (3.33) daher auch schreiben als:

$$\sum_{j=1}^{n} \left(e_{ij} - a_{ij}\right) x_j = y_i, \quad \forall i = 1, \ldots, n \qquad\qquad (3.35)$$

Ausgeschrieben in Koeffizientenschreibweise ergibt sich:

$$\begin{pmatrix} 1-a_{11} & -a_{12} & \cdots & -a_{1n} \\ -a_{12} & 1-a_{22} & \cdots & -a_{2n} \\ \vdots & \vdots & & \vdots \\ -a_{1n} & -a_{2n} & \cdots & 1-a_{nn} \end{pmatrix} \begin{pmatrix} x_1 \\ x_2 \\ \vdots \\ x_n \end{pmatrix} = \begin{pmatrix} y_1 \\ y_2 \\ \vdots \\ y_n \end{pmatrix} \qquad (3.36)$$

Durch Linksmultiplikation von (3.33) mit der Inversen $(\mathbf{I-A})^{-1}$, läßt sich der Outputvektor nun isolieren:

$$\mathbf{x} = (\mathbf{I-A})^{-1} \cdot \mathbf{y} \qquad\qquad (3.37)$$

Der Gesamtoutput ergibt sich somit aus der Rechtsmultiplikation[21] des Endnachfrage-Vektors **y** mit der Leontief-Inversen $(\mathbf{I-A})^{-1}$. Das Gleichungssystem (3.37) ist jedoch nur definiert, sofern $(\mathbf{I-A})$ invertierbar ist, d.h. ihre Leontief-Inverse $(\mathbf{I-A})^{-1}$ existiert.[22] Unter Umständen tritt aber auch das Problem auf, daß die ermittelte Lösung ökonomisch nicht interpretierbar ist. Dies tritt dann ein, wenn die Leontief-Inverse auch negative Elemente enthält.[23]

In Koeffizientenschreibweise sieht die Leontief-Inverse folgendermaßen aus:

$$(\mathbf{I-A})^{-1} = \begin{pmatrix} 1-a_{11} & -a_{12} & \cdots & -a_{1n} \\ -a_{21} & 1-a_{22} & \cdots & -a_{2n} \\ \vdots & \vdots & \ddots & \vdots \\ -a_{n1} & -a_{n2} & \cdots & 1-a_{nn} \end{pmatrix}^{-1} = \begin{pmatrix} c_{11} & c_{12} & \cdots & c_{1n} \\ c_{21} & c_{22} & \cdots & c_{2n} \\ \vdots & \vdots & & \vdots \\ c_{n1} & c_{n2} & \cdots & c_{nn} \end{pmatrix} \ (3.38)$$

---

20 Ein Beispiel für eine Einheitsmatrix ist also $\begin{pmatrix} 1 & 0 & 0 \\ 0 & 1 & 0 \\ 0 & 0 & 1 \end{pmatrix}$.

21 Beachten Sie bitte, daß die Linksmultiplikation eines Vektors mit einer Matrix (hier $y \cdot (I{-}A)^{-1}$) ein anderes Ergebnis liefert als die Rechtsmultiplikation $((I{-}A)^{-1} \cdot y)$.

22 Dies ist dann der Fall, wenn alle führenden Hauptminoren der Matrix **(I–A)** positiv sind. Vgl. Fleissner u.a. 1993, 68f.

23 Auf die formal-mathematische Beweisführung zur Existenz der Leontief-Inversen bzw. der ökonomischen Interpretierbarkeit der erhaltenen Lösungen wird im folgenden nicht näher eingegangen.

Die Koeffizienten der Leontief-Inversen (c_{ij}) geben die gesamte Ausweitung des Outputs des Sektors i an, die erforderlich ist, um eine Erhöhung der Endnachfrage nach Produkten des Sektors j um eine Einheit befriedigen zu können.

Die Spaltensumme $\Sigma_i c_{ij}$ der Spalte j beschreibt daher, um welchen Betrag alle Sektoren (einschließlich Sektor j) ihren Gesamtoutput steigern müssen, damit in Sektor j eine zusätzliche Einheit für die Befriedigung der Endnachfrage erstellt werden kann. Analog gibt die Zeilensumme $\Sigma_j c_{ij}$ der Zeile i an, wie stark die Produktion in Sektor i ausgeweitet werden muß, um in jedem Sektor eine zusätzliche Einheit für die Endnachfrage herzustellen.

Die Leontief-Inverse kann aber auch durch folgende Potenzreihe (Eulersche Reihe) ermittelt werden:

$$\lim_{n \to \infty} \sum_{t=0}^{n} \mathbf{A}^t = \lim_{n \to \infty} \left(\mathbf{I} + \mathbf{A} + \mathbf{A}^2 + \mathbf{A}^3 + \ldots + \mathbf{A}^n \right) = \left(\mathbf{I} - \mathbf{A} \right)^{-1} \tag{3.39}$$

Diese Schreibweise macht deutlich, daß gerade die Leontief-Inverse dazu geeignet ist, sämtliche direkten und indirekten Produktionswirkungen von gegebenen Endnachfrageänderungen abzubilden. Die Leontief-Inverse gibt den zusätzlichen Gesamtoutput in allen Sektoren an, der notwendig ist, um die Endnachfrage in allen Sektoren um eine Einheit zu steigern. Um den Gesamtoutput zu ermitteln, reicht es aber nicht aus, nur die Endnachfrage ($\mathbf{I}$) und die Vorleistungen, die zur Produktion der Endnachfrage notwendig sind ($\mathbf{A}$), zu berücksichtigen, denn die Vorleistungen müssen ihrerseits erst erstellt werden. Zum Gesamtoutput müssen also zusätzlich auch die Vorleistungen der unmittelbar vorgelagerten Produktionsstufe gerechnet werden, die zur Produktion der Vorleistungen der letzten Produktionsstufe notwendig sind ($\mathbf{A}^2$). Aber auch für die Vorleistungen der vorgelagerten Stufe sind wieder Vorleistungen notwendig ($\mathbf{A}^3$) usw. Um die gesamten (direkten und indirekten) Vorleistungen zu ermitteln, die zur Produktion der Endnachfrage notwendig sind, wird der gesamte Produktionsprozeß in der Euler-Reihe gedanklich in unendlich viele Produktionsstufen zerlegt. Diese Zerlegung des Produktionsprozesses ist aber lediglich eine formal-logische Aufteilung der Leontief-Inversen auf die verschiedenen Produktionsstufen, die allerdings nicht als zeitliche Abfolge des Produktionsprozesses interpretiert werden darf. Die Bestimmung des Gesamtoutputs mit Hilfe der Leontief-Inversen ist also nichts anderes als ein besonders effizientes Rechenverfahren zur Ermittlung des Grenzwertes der Eulerschen Reihe.

3.6 Die Cobb-Douglas-Funktion

3.6.1 Grundlagen

In den folgenden drei Abschnitten 3.6-3.8 stellen wir mit der Cobb-Douglas-Funktion, dem Ertragsgesetz und der CES-Produktionsfunktion die wichtigsten substitutionalen Produktionsfunktionen dar. Substitutionale Produktionsfunktionen sind wie erwähnt zur Beantwortung zahlreicher ökonomischer Fragen besser geeignet als limitationale Produktionsfunktionen, weil bei diesen die ökonomisch effiziente Faktorkombination rein technisch determiniert ist; für ein an Preisen orientiertes ökonomisches Kalkül bleibt bei der Bestimmung der Faktormengenverhältnisse deshalb kein Platz. Das Unternehmen hat dann nur die Entscheidung zu treffen, ob es die Ware j überhaupt und, wenn ja, in welcher Menge produziert. Für zahlreiche Fragestellungen wird in der Mikroökonomie ein Spezialfall der substitutionalen Produktionsfunktion verwendet, der ursprünglich auf Wicksell zurückgeht (1916) und *Cobb-Douglas-Funktion* genannt wird.[24] Allgemein wird eine Cobb-Douglas-Funktion folgendermaßen geschrieben:

$$y_j = x_1^{\alpha_1} \cdot ... \cdot x_n^{\alpha_n} = \prod_{i=1}^{n} x_i^{\alpha_i} \quad \text{mit } 0 < \alpha_i < 1 \; \forall \; \alpha_i \tag{3.40}$$

Dabei steht das große Π analog zum großen Σ für ein Produktzeichen, das Zeichen $\forall$ bedeutet, wie in Abschnitt 3.5 schon erwähnt, „für alle". Alle Hochzahlen müssen strikt zwischen Null und Eins liegen; ferner müssen wegen der technischen Effizienz-bedingung alle Faktormengen strikt positiv sein.

Die multiplikative Verknüpfung bedeutet, daß die Faktoren substituierbar sind. Wird ein Faktor reduziert und dafür ein anderer erhöht, so kann bei entsprechender Erhöhung immer noch der gleiche Output produziert werden, was im Falle limitatio-naler Produktionsfunktionen nicht möglich wäre. Während dies auch für additive Ver-knüpfungen gilt, kann bei der Cobb-Douglas-Funktion kein Faktor *vollständig* ersetzt werden: Wird ein Faktor auf Null gesenkt, so ist auf Grund der multiplikativen Ver-knüpfung auch der Output Null. Aus diesem Grund wird die Cobb-Douglas-Funktion als *peripher* substitutional bezeichnet. Eine wesentliche Voraussetzung der Analyse auf Grundlage substitutionaler Produktionsfunktionen ist die unendliche Teilbarkeit der Produktionsfaktoren, da Gleichung (3.40) ohne Einschränkung gilt und somit jede beliebige Menge der einzelnen Faktoren eingesetzt werden kann.

Ein exaktes Verständnis der auf den ersten Blick ökonomisch nicht eindeutig in-terpretierbaren Hochzahlen sowie der Nebenbedingung über die zulässigen Grenzen der Hochzahlen erfordert nun eine genauere Untersuchung der Cobb-Douglas-Funk-tion. Um diese zu vereinfachen, nehmen wir an, daß zur Produktion des Outputs y_j eines Unternehmens nur zwei Faktoren x_1 und x_2 eingesetzt werden. Die abgeleiteten Ergebnisse können wir dann aber ohne Schwierigkeiten auf den n-Faktoren-Fall übertragen, so daß die Allgemeinheit der Ergebnisse nicht unter der Beschränkung auf zwei Faktoren leidet. Die Cobb-Douglas-Funktion im 2-Faktoren-Fall lautet

$$y_j = x_1^{\alpha_1} \cdot x_2^{\alpha_2} \quad \text{mit } 0 < \alpha_1, \alpha_2 < 1 \tag{3.41}$$

Da wir stets von nur einem (homogenen) Output y_j ausgehen, verzichten wir zur Ver-einfachung der Schreibweise auf eine Indizierung und bezeichnen die Menge der Ware j im folgenden einfach als y.[25]

---

24 Charles Cobb und Paul Douglas verwendeten die makroökonomische Version dieser Produktions-funktion, in der die n Faktoren zu Kapital und Arbeit aggregiert werden, in empirischen Studien. Vgl. Cobb/Douglas 1928.
25 Die Indizierung wird später wieder benötigt, wenn mehrere Waren berücksichtigt werden.

In den Definitionen in Abschnitt 3.2 haben wir bereits darauf hingewiesen, daß sich grundsätzlich drei Arten von Faktorvariationen unterscheiden lassen, mit denen wir Produktionsfunktionen beschreiben können:

- die partielle Faktorvariation, bei der nur die Mengen einiger Produktionsfaktoren variieren, andere aber konstant gehalten werden;
- die isoquante Faktorvariation, bei der der Output konstant gesetzt wird;
- und die totale Faktorvariation, bei der die Faktorkombination konstant gesetzt wird (d.h. es werden alle Faktormengen prozentual gleichmäßig erhöht).

Diese drei Arten von Faktorvariation werden wir im folgenden zur genaueren Beschreibung der Cobb-Douglas-Funktion heranziehen.

3.6.2 Die Cobb-Douglas-Funktion bei partieller Faktorvariation

3.6.2.1 Gesamtertrag und Grenzertrag

Die für den 2-Faktoren- und 1-Güter-Fall vereinfachte Cobb-Douglas-Funktion $y = x_1^{\alpha_1} \cdot x_2^{\alpha_2}$ beschreibt den Zusammenhang zwischen den Mengen x_1 und x_2 der beiden Faktoren und dem Output y. Entsprechend den Bedingungen der partiellen Faktorvariation wird nun die Menge eines Faktors konstant gesetzt. Dabei wählen wir willkürlich Faktor 2 und definieren $x_2 = \bar{x}_2$; der Strich über der Faktormenge drückt deren Konstanz aus. $\bar{x}_2$ ist eine beliebige positive Faktormenge, die bei der Variation von x_1 unverändert bleibt. Wird nun die Menge von Faktor F_1 erhöht, so steigt der Output entsprechend Abb. 3.4 mit degressiven Zuwächsen.

Abb. 3.4: *Die Cobb-Douglas-Funktion bei partieller Faktorvariation*

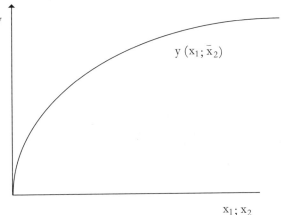

Der degressive Zuwachs erklärt sich daraus, daß der Funktionsverlauf angesichts der Konstanz von $\bar{x}_2$ (und damit auch von $\bar{x}_2^{\alpha_2}$) ausschließlich von $x_1^{\alpha_1}$ bestimmt wird und $\alpha_1 < 1$ ist. Exponentialfunktionen mit Hochzahlen unter Eins weisen aber eine degressive Steigung auf. Eine Eigenschaft der Cobb-Douglas-Funktion ist demnach, daß der Output bei partieller Faktorvariation entsprechend Abb. 3.4 degressiv zunimmt. Dabei handelt es sich um keine ökonomische, sondern um eine rein technische Annahme, die für den Fall partieller Faktorvariation getroffen wird und daher durchaus plausibel ist. Wird beispielsweise der Faktor Arbeit unter Konstanz anderer Faktoren erhöht, so werden die zusätzlich eingesetzten Arbeitsstunden zwar eine Steigerung der Produktion bewirken, doch können zwei Arbeiter mit einer Schaufel normalerweise nicht doppelt so viel Erde ausheben wie ein Arbeiter mit einer Schaufel. Diese degressive Ertragszunahme gilt für die Cobb-Douglas-Funktion im n-Faktoren-Fall (normalerweise) auch dann, wenn nur ein Faktor konstant bleibt und die Menge aller anderen Faktoren erhöht wird. Sie gilt allerdings nicht notwendigerweise bei einer simultanen Veränderung der Mengen aller Faktoren (totale Faktorvariation), wie wir in Abschnitt 3.6.4 sehen werden.

Um die Veränderung der Produktion zu bestimmen, die von einer marginalen Änderung des variablen Faktors hervorgerufen wird, muß die erste Ableitung der Produktionsfunktion nach dem variablen Faktor gebildet werden. Denn die erste Ableitung – die Steigung der Produktionsfunktion – gibt gerade an, wie y zunimmt, sofern x_1 bei Konstanz des zweiten Faktors marginal erhöht wird. Diese von der marginalen Änderung einer Faktormenge x_i ausgelöste Produktionssteigerung wird als physische *Grenzproduktivität* oder *Grenzertrag*[26] von x_i bezeichnet und bestimmt sich im Falle der Cobb-Douglas-Funktion mit nur zwei Faktoren aus

$$y = x_1^{\alpha_1} \cdot \overline{x}_2^{\alpha_2} \Rightarrow \tag{3.42}$$

$$\frac{\partial y}{\partial x_1} = \alpha_1 x_1^{\alpha_1 - 1} \cdot \overline{x}_2^{\alpha_2} \tag{3.43}$$

Da α_1-1 negativ und $\overline{x}_2^{\alpha_2}$ konstant ist, sinkt die Grenzproduktivität gemäß Gleichung (3.43) mit steigendem x_1, bleibt aber immer positiv. Dies sieht man auch an der zweiten Ableitung:

$$\frac{\partial^2 y}{\partial x_1^2} = (\alpha_1 - 1)\alpha_1 x_1^{\alpha_1 - 2} \cdot \overline{x}_2^{\alpha_2} \quad , \tag{3.44}$$

die wegen $(\alpha_1$-1)<0 negativ ist.[27]

Eine für viele Gebiete wichtige Frage lautet, wie sich die Grenzproduktivität eines Faktors F_i verändert, wenn die Menge eines *anderen* Faktors F_j zunimmt. Damit ist beispielsweise gemeint, wie sich die Grenzproduktivität von Sekretärinnen (also die Produktivität einer *zusätzlichen* Sekretärin) verändert, wenn sich die Computerausstattung verbessert. Formal bezeichnet man diese Größe als *Kreuzableitung* und erhält sie, indem man die Produktionsfunktion zunächst nach x_i und anschließend nach x_j ableitet. Denn die Ableitung nach x_i gibt die Grenzproduktivität des Faktors i an; und

---

26 In Definition 8 in Abschnitt 3.2.1 haben wir die Grenzproduktivität als physische und den Grenzertrag als monetäre Outputsteigerung bei einer infinitesimal kleinen Inputsteigerung definiert. Da wir den Outputpreis wegen der Annahme vollständiger Konkurrenz jedoch als konstant betrachten, können wir diesen ohne Beschränkung der Allgemeinheit auch gleich Eins setzen, so daß die (physische) Grenzproduktivität und der (monetäre) Grenzertrag in diesem Fall identisch sind. Wir verwenden die Begriffe daher synonym, sofern keine Mißverständnisse möglich sind.

27 $\partial^2 y/\partial x^2$ bezeichnet die zweite partielle Ableitung nach x.

wenn man dann nach x_j ableitet, erhält man die *Veränderung* der Grenzproduktivität des Faktors i bei einer Veränderung von j. In unserem Beispiel mit nur zwei Produktionsfaktoren ist die Grenzproduktivität des Faktors 1 durch

$$\frac{\partial y}{\partial x_1} = \alpha_1 x_1^{\alpha_1 - 1} \cdot x_2^{\alpha_2} \qquad (3.43)$$

gegeben. Leiten wir diesen Ausdruck nun nach x_2 ab, so erhalten wir

$$\frac{\partial^2 y}{\partial x_1 \partial x_2} = \alpha_1 x_1^{\alpha_1 - 1} \cdot \alpha_2 x_2^{\alpha_2 - 1} > 0 \qquad (3.45)$$

Da alle Größen in (3.45) positiv sind, ist auch der gesamte Ausdruck größer als Null, so daß die Grenzproduktivität des Faktors 1 zunimmt, wenn die Menge von Faktor 2 zunimmt. Dies ist eine ausgesprochen plausible Annahme, da eine zusätzliche Sekretärin um so effektiver arbeiten kann, je besser die Computerausstattung des Unternehmens ist.

3.6.2.2 Durchschnittsertrag

Die nächste wichtige Maßzahl zur Beschreibung von Produktionsfunktionen ist der Durchschnittsertrag des Faktors x_1, der angibt, wie hoch der Output y ist, der von x_1 unter Konstanz von x_2 *durchschnittlich* hervorgerufen wird (y/x_1). Wenn jede zusätzliche Einheit eines Faktors bei partieller Faktorvariation einen geringeren Ertragszuwachs bewirkt (sinkende Grenzproduktivitäten), so muß auch der Durchschnittsertrag y/x_1 gemäß Gleichung (3.46) stetig abnehmen:

$$\frac{y}{x_1} = \frac{x_1^{\alpha_1} \cdot \overline{x}_2^{\alpha_2}}{x_1} = x_1^{\alpha_1 - 1} \cdot \overline{x}_2^{\alpha_2} \qquad (3.46)$$

Da $\overline{x}_2$ und somit auch $\overline{x}_2^{\alpha_2}$ konstant und $\alpha_1 - 1$ negativ ist, muß der Durchschnittsertrag mit zunehmendem x_1 stetig sinken.

Allerdings wird der Durchschnittsertrag immer über dem Grenzertrag liegen, weil nicht nur die relativ unproduktiven zuletzt eingesetzten Mengeneinheiten, sondern *alle* Einheiten eingehen. Formal unterscheiden sich Durchschnitts- und Grenzertrag nur durch den Faktor $\alpha_1 < 1$, so daß der Durchschnittsertrag im Falle stetig sinkender Grenzerträge immer über dem Grenzertrag liegt.

Um die Grenz- und Durchschnittserträge beispielhaft zu berechnen, setzen wir willkürlich $\alpha_1 = \alpha_2 = 0.5$ sowie $\overline{x}_2 = 1$. Diese Setzungen führen zu rechentechnischen Erleichterungen, da wir im Falle anderer Hochzahlen mit komplizierteren Potenzen zu kämpfen hätten. Mit $\alpha_1 = \alpha_2 = 0.5$ sowie $\overline{x}_2 = 1$ entwickeln sich die Erträge entsprechend Abb. 3.6.

Abb. 3.5: *Grenz- und Durchschnittsprodukt der Cobb-Douglas-Funktion*
bei partieller Faktorvariation

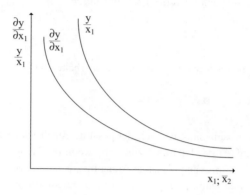

Abb. 3.6: *Gesamt-, Grenz- und Durchschnittsertrag der Cobb-Douglas-Funktion für* $\alpha_1 = \alpha_2 =$
0,5 und $\bar{x}_2 = 1$

x_1	y	Δy	y/x_1
1	1	1	1
2	1,412	0,412	0,706
3	1,732	0,3178	0,5733
4	2	0,268	0,5
$\lim_{n\to\infty}$ $\vdots$	$\vdots$	$\vdots$	$\vdots$
n	∞	0	0

3.6.2.3 Produktionselastizität

Neben dem Durchschnitts- und dem Grenzertrag ist noch eine dritte Maßzahl zur Beschreibung des Input-Output-Zusammenhanges bei partieller Faktorvariation bedeutsam: die *Produktionselastizität.* Allgemein mißt eine Elastizität die prozentuale Veränderung einer als abhängig unterstellten Variablen im Verhältnis zur ebenfalls prozentualen Veränderung einer als unabhängig unterstellten Variablen. Das Elastizitäten-Konzept hat in der gesamten Ökonomie – nicht nur in der Mikroökonomie – eine enorme Bedeutung, weil sich Elastizitäten aufgrund der Prozentuierung in Zähler *und* Nenner als dimensionslose Werte ergeben. Wir werden innerhalb der Nachfrage- und Markttheorie an zahlreichen Stellen noch präziser erläutern, warum gerade Elastizitäten besonders geeignete Maßzahlen sind und dabei auch häufig auf empirische Ergebnisse zurückgreifen. Eine Elastizität größer (kleiner) als Eins bedeutet, daß die abhängige Variable über(unter)proportional auf eine Veränderung der unabhängigen Variablen reagiert.

Analog zur allgemeinen Definition einer Elastizität mißt die Produktionselastizität das Verhältnis der prozentualen Steigerung des Outputs zur prozentualen Steigerung eines Faktors und ist somit definiert als

$$\varepsilon_{x_i} = \frac{\frac{\Delta y}{y}}{\frac{\Delta x_i}{x_i}} = \frac{\Delta y}{\Delta x_i} \cdot \frac{y}{x_i} = \frac{\Delta y}{\Delta x_i} \frac{x_i}{y} \tag{3.47}$$

Betrachten wir zur Veranschaulichung der Produktionselastizität zunächst wieder das einfache Beispiel mit $\alpha_1 = \alpha_2 = 0{,}5$ und $\overline{x}_2 = 1$ und nehmen ferner willkürlich an, daß im Ausgangspunkt $x_1^0 = 4$ sei.[28] Im Ausgangspunkt beträgt der Output somit

$$y^0(x_1^0 = 4) = 4^{0,5} \cdot 1^{0,5} = 2 \tag{3.48}$$

Steigt nun der Einsatz des Faktors 1 von 4 auf 4,1 Einheiten, so erhöht sich der Output auf

$$y^1 (x_1^1 = 4{,}1) = 4{,}1^{0,5} \cdot 1^{0,5} = 2{,}0248 \tag{3.49}$$

Der Produktions*zuwachs* beträgt

$$\Delta y^1 = y^1 (x_1^1 = 4{,}1) - y^0 (x_1^0 = 4) = 2{,}0248 - 2 = 0{,}0248 \tag{3.50}$$

Die prozentuale Steigerung des Outputs ist die auf den Ausgangswert bezogene Produktionszunahme und beträgt für unser Beispiel

$$\frac{\Delta y}{y^0} = \frac{0{,}0248}{2} = 0{,}0124 \tag{3.51}$$

Die prozentuale Zunahme des Inputs – die auf den Ausgangswert bezogene Inputsteigerung – ist

$$\frac{\Delta x_1}{x_1^0} = \frac{0{,}1}{4} = 0{,}025 \tag{3.52}$$

Die gesamte Elastizität nimmt somit den Wert

$$\varepsilon_{x_1} = \frac{\frac{\Delta y}{y^0}}{\frac{\Delta x_1}{x_1^0}} = \frac{0{,}0124}{0{,}025} = 0{,}496 \approx 0{,}5 \tag{3.53}$$

an. Die zur Berechnung relevanten Größen sind in Abb. 3.7 zusammengestellt.

---

28   Die hochgestellten Indizes stehen für verschiedene Faktormengen.

Abb. 3.7: *Beispielhafte Berechnung der Produktionselastizität für die Cobb-Douglas-Funktion mit* $\alpha_1 = \alpha_2 = 0{,}5$ *und* $\overline{x}_2 = 1$ *bei einer Inputsteigerung von* $x_1^0 = 4$ *auf* $x_1^1 = 4{,}1$

x_1^0	y^0	x_1^1	y^1	Δx_1	Δy	$\Delta x_1 / x_1^0$	$\Delta y / y^0$	ε_{x1}
4	2	4,1	2,0248	0,1	0,0248	0,025	0,0124	0,496

Dieses Ergebnis bedeutet, daß jede 1-prozentige Inputsteigerung bei einer Erhöhung von 4 auf 4,1 Einheiten zu einem durchschnittlichen Ertragszuwachs von 0,496 % führt – der Ertrag steigt bei Konstanz von $\overline{x}_2$ ($\overline{x}_2 = 1$) und einem Ausgangswert von $x_1^0 = 4$ also prozentual langsamer als die Faktormenge. Beachtenswert ist, daß die Ergebnisse in Abb. 3.6 und Abb. 3.7 nicht exakt mit den Resultaten übereinstimmen, die man aus der ersten Ableitung der Produktionsfunktion erhält. Dies liegt daran, daß die erste Ableitung den Differentialquotienten – also die Zunahme bei infinitesimal kleinen Änderungen – mißt, während eine Erhöhung von 4 auf 4,1 Einheiten vom Differenzenquotienten angegeben wird. Die Produktionsfunktion hat in jedem Punkt eine andere Steigung, und die Verwendung des Differentialquotienten des Ausgangswertes (x_1^0) bei der Berechnung der Elastizität unterstellt, daß die Steigung der Produktionsfunktion im ganzen betrachteten Bereich gleich bleibt. Die Verwendung des Differentialquotienten ist daher nur in der Grenzwertbetrachtung korrekt.

Betrachten wir nun allgemein die Entwicklung der Produktionselastizität für die Cobb-Douglas-Funktion und wählen zur Vereinfachung erneut den 2-Faktoren-Fall. Für infinitesimal kleine Änderungen können wir wie erwähnt anstatt des Differenzenquotienten den Differentialquotienten verwenden, so daß Gleichung (3.47) in

$$\varepsilon_{x_1} = \frac{\dfrac{\partial y}{y}}{\dfrac{\partial x_1}{x_1}} \tag{3.54}$$

übergeht. Da die Grenzproduktivität $\partial y / \partial x_1$ aus Gleichung (3.43) bekannt ist, kann die Produktionselastizität für infinitesimal kleine Änderungen berechnet werden aus

$$\varepsilon_{x_1} = \frac{\partial y}{\partial x_1} \cdot \frac{x_1}{y} = \alpha_1 x_1^{\alpha_1 - 1} \overline{x}_2^{\alpha_2} \cdot \frac{x_1}{y} = \frac{\alpha_1 x_1^{\alpha_1 - 1} \overline{x}_2^{\alpha_2} x_1}{x_1^{\alpha_1} \overline{x}_2^{\alpha_2}} = \alpha_1 \tag{3.55}$$

Dies bedeutet verallgemeinert, daß die Produktionselastizitäten der Faktoren i in der Cobb-Douglas-Funktion konstant sind und den Hochzahlen in der Produktionsfunktion entsprechen. Die Hochzahlen geben somit an, um wieviel Prozent sich der Output im Verhältnis zur prozentualen Steigerung eines Faktors i erhöht – gleichzeitig entsprechen sie genau dem Verhältnis von Grenz- und Durchschnittsertrag. Somit ist die Produktionselastizität als das Verhältnis von Grenz- und Durchschnittsertrag definiert. Dies gilt nicht nur für Produktionsfunktionen oder ökonomische Zusammenhänge, sondern ganz allgemein: Jede Elastizität ist als Verhältnis der marginalen zur durchschnittlichen Zunahme der abhängigen Variablen (in unserem Fall der Produktionsmenge) definiert, da dieses Verhältnis mit dem Verhältnis der prozentualen Änderungen der abhängigen und der unabhängigen Variablen identisch ist. Dies kann durch die Elastizitätenformel gemäß Gleichung (3.54) leicht überprüft werden.

3.6.2.4 Zusammenfassung

Für n Produktionsfaktoren können wir die hergeleiteten Ergebnisse über die Grenzproduktivität, Durchschnittsproduktivität und Produktionselastizität eines Faktors x_i bei partieller Faktorvariation folgendermaßen zusammenfassen:

$$\frac{\partial y}{\partial x_i} = \alpha_i x_i^{\alpha_i - 1} \prod_{j \neq i}^{n} \bar{x}_j^{\alpha_i} \tag{3.56}$$

$$\frac{y}{x_i} = x_i^{\alpha_i - 1} \prod_{j \neq i}^{n} \bar{x}_j^{\alpha_i} \tag{3.57}$$

und

$$\frac{\frac{\partial y}{y}}{\frac{\partial x_i}{x_i}} = \frac{\frac{\partial y}{\partial x_i}}{\frac{y}{x_i}} = \frac{\alpha_i x_i^{\alpha_i - 1} \prod_{j \neq i}^{n} \bar{x}_j^{\alpha_i}}{x_i^{\alpha_i - 1} \prod_{j \neq i}^{n} \bar{x}_j^{\alpha_i}} = \alpha_i \tag{3.58}$$

Der einzige Unterschied zur Darstellung mit nur zwei Produktionsfaktoren besteht also darin, daß bei den Grenz- und Durchschnittsproduktivitäten nun die mit ihren Hochzahlen gewichteten Faktormengen *aller* anderen Produktionsfaktoren eingehen, was an der ökonomischen Logik aber nichts ändert (die Formulierung j ≠ i drückt dabei aus, daß das Produkt über alle Faktoren außer dem Faktor i selbst genommen wird). Zur Beschreibung der Cobb-Douglas-Funktion bei partieller Faktorvariation können wir demnach ein paar Punkte festhalten:

1. Die Funktion weist stets positive, stetig sinkende Grenzerträge ($\partial y / \partial x_i$) auf.
2. Der Durchschnittsertrag (y / x_i) sinkt ebenfalls stetig, liegt aber immer um das $1/\alpha_i$-fache über dem Grenzertrag.
3. Die Produktionselastizität ε_{x_i} – die prozentuale Steigerung des Outputs im Verhältnis zur ebenfalls prozentualen Steigerung eines Faktors – ist konstant und entspricht der Hochzahl des Faktors i in der Produktionsfunktion.

3.6.3 Die Grenzrate der Substitution und die optimale Faktorkombination

3.6.3.1 Isoquanten und die Grenzrate der Substitution

Wir kommen nun zur zweiten in Abschnitt 3.6.1 erwähnten möglichen Faktorvariation, indem wir den Output y konstant halten. Man spricht dann wie erwähnt von isoquanter Faktorvariation. Wenn wir in unserem schon verwendeten Rechenbeispiel $y = x_1^{0,5} \cdot x_2^{0,5}$ annehmen, es solle ein Output von 10 Einheiten erzeugt werden, so gibt es dafür rein technisch gesehen beliebig viele Möglichkeiten: Beispielsweise führen sowohl die Faktorkombination $x_1 = 10$ und $x_2 = 10$ als auch die Faktorkombination

$x_1 = 100$ und $x_2 = 1$ zu $y = 10$. Im Gegensatz zu limitationalen Produktionsfunktionen ist es gerade die Eigenschaft substitutionaler Produktionsfunktionen, daß ein bestimmter Output mit verschiedenen technisch effizienten Mengenkombinationen der Faktoren erzeugt werden kann.

Die verschiedenen Möglichkeiten zur Produktion eines bestimmten Outputs werden graphisch durch *Produktionsisoquanten* dargestellt: Eine Produktionsisoquante – kurz Isoquante – ist der geometrische Ort aller Faktorkombinationen, mit denen ein bestimmter Output erzeugt werden kann. Da die Cobb-Douglas-Funktion entsprechend Gleichung (3.43) sinkende Grenzerträge hat, weisen die Isoquanten den in Abb. 3.8 dargestellten Verlauf auf. „Links oben" auf einer Isoquante (beispielsweise im Punkt A in Abb. 3.8) ist die Menge von Faktor 2 hoch und die Grenzproduktivität entsprechend niedrig, die Menge von Faktor 1 ist niedrig und die Grenzproduktivität entsprechend hoch. Der konvexe Verlauf der Isoquanten drückt aus, daß die Produktion der gleichen Menge bei Verzicht auf eine Einheit von Faktor 1 „links oben" eine größere zusätzliche Menge von Faktor 2 erfordert als „rechts unten". Dies ist darauf zurückzuführen, daß das Verhältnis der Grenzproduktivitäten der Faktoren 1 und 2 von „links oben" (Punkt A in Abb. 3.8) nach „rechts unten" (Punkt B in Abb. 3.8) sinkt, weil das Mengenverhältnis steigt.

Abb. 3.8: *Die Cobb-Douglas-Funktion in Isoquantendarstellung*

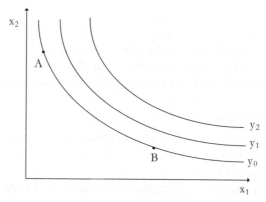

Lineare Isoquanten würden den sinkenden partiellen Grenzerträgen der Cobb-Douglas-Funktion widersprechen, weil unabhängig vom Faktoreinsatzverhältnis immer gleich viel x_2 benötigt werden würde, um eine Mengeneinheit des ersten Faktors zu ersetzen. Jede einzelne Isoquante stellt alle Faktorkombinationen dar, mit denen ein bestimmter Output erzeugt werden kann. Beim Übergang von einer Isoquante zur nächst höheren steigt der Output, analog dazu sinkt der Ertrag, wenn man sich auf der Isoquantenschar nach innen bewegt. Formal erhält man eine Isoquantengleichung, indem der Output y gemäß der Definition der Isoquanten konstant gesetzt und die Produktionsfunktion wahlweise nach x_1 oder x_2 aufgelöst wird. Wählen wir wieder das einfache Beispiel mit $\alpha_1 = \alpha_2 = 0{,}5$, so folgt aus der Produktionsfunktion $y = x_1^{0,5} \cdot x_2^{0,5}$ mit konstantem $\overline{y}$

$$x_2^{0,5} = \frac{\overline{y}}{x_1^{0,5}} \Rightarrow x_2 = \frac{\overline{y}^2}{x_1} \qquad (3.59)$$

Allgemein gilt entsprechend

$$x_2^{\alpha_2} = \frac{\overline{y}}{x_1^{\alpha_1}} \Rightarrow x_2 = \frac{\overline{y}^{\frac{1}{\alpha_2}}}{x_1^{\frac{\alpha_1}{\alpha_2}}} \qquad (3.60)$$

Da $\overline{y}$ konstant ist, stellen die Gleichungen (3.59) und (3.60) gemäß Abb. 3.8 Hyperbeln dar. Bestimmen wir nun genauer, wieviele Einheiten des einen Faktors an den verschiedenen Punkten einer Isoquante zusätzlich benötigt werden, um eine Einheit des anderen Faktors zu ersetzen. Befindet sich ein Unternehmen in Punkt C von Abb. 3.9, so sind Δx_2 Einheiten erforderlich, um bei Verzicht auf Δx_1 den gleichen Ertrag zu produzieren.

Abb. 3.9: *Die Grenzrate der Substitution bei der Cobb-Douglas-Funktion*

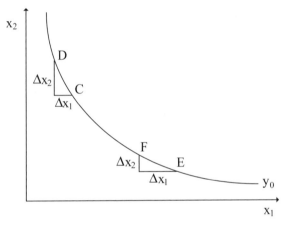

Verändern wir die Menge von Faktor 1 um eine infinitesimal kleine Einheit, so wird die von Faktor 2 zusätzlich erforderliche Menge gemäß Abb. 3.9 von *der Steigung der Isoquanten* (dx_2/dx_1) angegeben, da die Steigung gerade mißt, wie stark sich x_2 bei Veränderung von x_1 um eine Einheit ändert. Die Steigung der Isoquanten ist negativ, was ökonomisch leicht nachvollziehbar ist: Soll der gleiche Output produziert werden, so muß von einem Faktor mehr und vom anderen Faktor weniger eingesetzt werden. Da es für viele Fragestellungen einfacher ist, mit positiven Größen zu arbeiten, wird der absolute Wert genommen, indem der Betrag $|dx_2/dx_1|$ verwendet wird. Das für viele Fragestellungen wichtige marginale Ersetzungsverhältnis zweier Faktoren zur Produktion des gleichen Outputs wird als *Grenzrate der Substitution* bezeichnet und mit MRS abgekürzt.[29]

---

29   Von „marginal rate of substitution". Da auch in der Haushaltstheorie eine Grenzrate der Substitution bestimmt wird, bezeichnet man die Grenzrate der Substitution in der Produktionstheorie auch als *technische* Grenzrate der Substitution. Sofern die Bedeutung aus dem Zusammenhang eindeutig hervorgeht, wird hier einfach der Begriff „Grenzrate der Substitution" verwendet.

Im Punkt E von Abb. 3.9 sind im Vergleich zu Punkt C weniger Einheiten von Faktor 2 erforderlich, um bei Verzicht auf eine Einheit des Faktors 1 den gleichen Ertrag zu produzieren. Dies liegt daran, daß im Punkt E eine große Menge des Faktors 1 eingesetzt wird und die Grenzproduktivität $\partial y / \partial x_1$ daher relativ gering ist. Die Grenzproduktivität des zweiten Faktors ist im Punkt E hoch und deswegen reicht eine relativ kleine Menge des Faktors 2 aus, um den Verzicht auf eine Einheit von Faktor 1 zu kompensieren. Je höher die Grenzproduktivität des Faktors 2 im Verhältnis zur Grenzproduktivität des Faktors 1 ist, desto weniger Einheiten von Faktor 2 werden benötigt, um eine Einheit von Faktor 1 zu ersetzen, und desto niedriger ist die Grenzrate der Substitution von Faktor 2 durch Faktor 1 ($|dx_2/dx_1|$).

Beträgt beispielsweise die Grenzproduktivität von Faktor 1 fünfzehn und die Grenzproduktivität von Faktor 2 nur drei, so kann eine Einheit von Faktor 1 fünf Einheiten von Faktor 2 ersetzen, so daß bei der gewählten Faktorkombination $|dx_2/dx_1| = 15/3 = 5$ gilt: *Die Grenzrate der Substitution entspricht demnach dem umgekehrten Verhältnis der Grenzproduktivitäten.* Je größer die Grenzproduktivität des Faktors 1 im Vergleich zu Faktor 2 ist, desto größer ist die Grenzrate der Substitution von Faktor 2 durch Faktor 1 und desto kleiner die Grenzrate der Substitution von Faktor 1 durch Faktor 2. Man muß also immer darauf achten, ob die Grenzrate der Substitution von Faktor 1 durch Faktor 2 oder das reziproke Verhältnis betrachtet wird. Allgemein gelten somit

$$\left| \frac{dx_2}{dx_1} \right| = \frac{\dfrac{\partial y}{\partial x_1}}{\dfrac{\partial y}{\partial x_2}} \quad (3.61a) \quad \text{bzw.} \quad \left| \frac{dx_1}{dx_2} \right| = \frac{\dfrac{\partial y}{\partial x_2}}{\dfrac{\partial y}{\partial x_1}} \ . \tag{3.61b}$$

Dabei handelt es sich um keine ökonomische Gleichgewichtsbedingung, sondern um eine mathematische Gesetzmäßigkeit, denn die Grenzrate der Substitution als marginales Ersetzungsverhältnis zur Produktion eines bestimmten Outputs ist *definitionsgemäß* das umgekehrte Verhältnis der Grenzproduktivitäten.

Da dieser Zusammenhang auch für Cobb-Douglas-Funktionen mit n Faktoren gilt, können wir festhalten:

– die Grenzrate der Substitution zweier beliebiger Produktionsfaktoren i und j entspricht dem Verhältnis der Grenzproduktivitäten der Faktoren j und i;
– und die Grenzrate der Substitution zwischen i und j sinkt (steigt), sofern das Mengenverhältnis von i und j sinkt (steigt).

3.6.3.2 Formale Herleitung des Zusammenhangs zwischen den Grenzproduktivitäten und der Grenzrate der Substitution *

Wir wollen den intuitiv erläuterten Zusammenhang zwischen den Grenzproduktivitäten und der Grenzrate der Substitution nun etwas formaler herleiten. Für das Verständnis der weiteren Überlegungen ist dies allerdings nicht erforderlich, so daß formal weniger interessierte Leser/innen den Abschnitt beim ersten Durchgang überschlagen können. Zur Herleitung können wir entweder die Steigung der Produktionsisoquanten oder das totale Differential verwenden. Wir beginnen mit der Steigung der Isoquanten, wobei wir uns auf die Cobb-Douglas-Produktionsfunktion beschränken.

3.6.3.2.1 Die Steigung der Produktionsisoquanten

Gezeigt werden soll

$$\left|\frac{dx_2}{dx_1}\right| = \frac{\frac{\partial y}{\partial x_1}}{\frac{\partial y}{\partial x_2}} \tag{3.62}$$

Aus der Produktionsfunktion mit konstantem Output $\overline{y}$

$$\overline{y} = x_1^{\alpha_1} \cdot x_2^{\alpha_2} \tag{3.63}$$

folgt als Isoquantengleichung

$$x_2^{\alpha_2} = \frac{\overline{y}}{x_1^{\alpha_1}} \tag{3.64}$$

Daraus folgt

$$x_2 = \frac{\overline{y}^{\frac{1}{\alpha_2}}}{x_1^{\frac{\alpha_1}{\alpha_2}}} \tag{3.65}$$

Als Isoquantensteigung folgt

$$\frac{dx_2}{dx_1} = \frac{-\overline{y}^{\frac{1}{\alpha_2}} \cdot \frac{\alpha_1}{\alpha_2} \cdot x_1^{\frac{\alpha_1}{\alpha_2}-1}}{\left(x_1^{\frac{\alpha_1}{\alpha_2}}\right)^2} \tag{3.66}$$

Einsetzen der Produktionsfunktion für y ergibt

$$\frac{dx_2}{dx_1} = -\frac{\alpha_1 (x_1^{\alpha_1} \cdot x_2^{\alpha_2})^{\frac{1}{\alpha_2}} \cdot x_1^{\frac{\alpha_1}{\alpha_2}} \cdot x_1^{-1}}{\alpha_2 \left(x_1^{\frac{\alpha_1}{\alpha_2}}\right)^2} \tag{3.67}$$

bzw.

$$\frac{dx_2}{dx_1} = -\frac{\alpha_1 \cdot x_1^{\frac{\alpha_1}{\alpha_2}} \cdot x_2 \cdot x_1^{\frac{\alpha_1}{\alpha_2}} \cdot x_1^{-1}}{\alpha_2 \cdot x_1^{\frac{\alpha_1}{\alpha_2}} \cdot x_1^{\frac{\alpha_1}{\alpha_2}}} \tag{3.68}$$

$$\Rightarrow \quad \frac{dx_2}{dx_1} = -\frac{\alpha_1 \cdot x_2}{\alpha_2 \cdot x_1} \tag{3.69}$$

$$\Rightarrow \quad \left|\frac{dx_2}{dx_2}\right| = \frac{\alpha_1 \cdot x_2}{\alpha_2 \cdot x_1} \tag{3.70}$$

Der rechte Ausdruck von der Gleichung (3.70) entspricht dem umgekehrten Verhältnis der Grenzproduktivitäten, da

$$\frac{\partial y}{\partial x_1} = \alpha_1 \cdot x_1^{\alpha_1 - 1} \cdot x_2^{\alpha_2} \tag{3.71}$$

und

$$\frac{\partial y}{\partial x_2} = \alpha_2 \cdot x_2^{\alpha_2 - 1} \cdot x_1^{\alpha_1} \tag{3.72}$$

und somit

$$\frac{\dfrac{\partial y}{\partial x_1}}{\dfrac{\partial y}{\partial x_2}} = \frac{\alpha_1 \cdot x_1^{\alpha_1 - 1} \cdot x_2^{\alpha_2}}{\alpha_2 \cdot x_2^{\alpha_2 - 1} \cdot x_1^{\alpha_1}} = \frac{\alpha_1 \cdot x_2}{\alpha_2 \cdot x_1} \tag{3.73}$$

Aus (3.70) und (3.73) folgt (3.62).

3.6.3.2.2 Das totale Differential

Das totale Differential einer Funktion

$$y = y(x_1, x_2, ..., x_n) \tag{3.74}$$

lautet

$$dy = \frac{\partial y}{\partial x_1} dx_1 + \frac{\partial y}{\partial x_2} dx_2 + ... + \frac{\partial y}{\partial x_n} dx_n = \sum_{i=1}^{n} \frac{\partial y}{\partial x_i} dx_i \tag{3.75}$$

Für eine Produktionsfunktion mit nur zwei Faktoren folgt daraus

$$dy = \frac{\partial y}{\partial x_1} dx_1 + \frac{\partial y}{\partial x_2} dx_2 \tag{3.76}$$

Da der Ertrag auf einer Produktionsisoquanten definitionsmäßig konstant und die Ertragsänderung dy demnach Null ist, gilt auf einer Isoquanten

$$dy = \frac{\partial y}{\partial x_1} dx_1 + \frac{\partial y}{\partial x_2} dx_2 = 0 \tag{3.77}$$

Daraus folgt

$$\frac{\partial y}{\partial x_1} dx_1 = -\frac{\partial y}{\partial x_2} dx_2 \tag{3.78}$$

bzw.

$$-\frac{dx_2}{dx_1} = \frac{\dfrac{\partial y}{\partial x_1}}{\dfrac{\partial y}{\partial x_2}} \tag{3.79}$$

bzw.

$$\left|\frac{dx_2}{dx_1}\right| = \frac{\dfrac{\partial y}{\partial x_1}}{\dfrac{\partial y}{\partial x_2}} \tag{3.80}$$

Es ist daher eine rein technische Eigenschaft von Produktionsfunktionen, daß die Grenzrate der (technischen) Substitution dem umgekehrten Verhältnis der Grenzproduktivitäten entspricht.

3.6.3.3 Die optimale Faktorkombination (allgemeine Darstellung)

Bisher haben wir rein technische Zusammenhänge betrachtet und dabei festgestellt, daß die Grenzrate der Substitution definitionsgemäß dem umgekehrten Verhältnis der Grenzproduktivitäten entspricht. Ferner haben wir dargestellt, daß ein bestimmter Output y mit verschiedenen Kombinationen von x_1 und x_2 erzeugt werden kann. Ausgehend von diesen rein *technischen* Gegebenheiten wenden wir uns nun erstmals einer ökonomischen Frage, nämlich der der *optimalen Faktorkombination* zu. Darunter verstehen wir, daß ein Unternehmen die Produktionsfaktoren so kombinieren möchte, daß die Kosten minimiert werden. Man spricht daher auch von der *Minimalkostenkombination*. Eine analoge Fragestellung besteht darin, mit einem gegebenen Budget (also mit gegebenen Kosten) einen maximalen Ertrag zu erzeugen. Analog zur Minimalkostenkombination spricht man dann von der *Maximalertragskombination*.

Zur Lösung derartiger Maximierungs- und Minimierungsaufgaben wird in der Ökonomie meist die Lagrange-Methode verwendet.[30] Im Falle der Minimalkostenkombination sollen die Kosten minimiert werden; als Nebenbedingung müssen die gegebenen Preise und die technischen Möglichkeiten berücksichtigt werden, die von der Produktionsfunktion beschrieben werden. Die zu minimierenden Gesamtkosten ergeben sich aus der Kostengleichung und sind mit zwei Faktoren

$$K = p_1 \cdot x_1 + p_2 \cdot x_2. \tag{3.81}$$

---

30 Zur Darstellung und Interpretation der Lagrange-Methode vgl. Ohse 1993, 304-314. Wer zu Beginn des Studiums mit der Lagrange-Methode noch Schwierigkeiten hat, kann sich zunächst der im Anschluß folgenden Erläuterung zuwenden, sollte sich diese ausgesprochen nützliche Methode aber unbedingt aneignen.

Die zu beachtende Restriktion in Form der Produktionsfunktion lautet

$$\overline{y} = \overline{y}(x_1, x_2) \quad (3.82\,a) \quad \text{bzw.} \quad \overline{y} - \overline{y}(x_1, x_2) = 0, \tag{3.82b}$$

wobei $\overline{y}$ ausdrückt, daß – aus welchen Gründen auch immer – ein bestimmter Output erzeugt werden soll.

Als Lagrange-Funktion L folgt

$$L = p_1 \cdot x_1 + p_2 \cdot x_2 + \lambda(\overline{y} - \overline{y}(x_1, x_2)) \tag{3.83}$$

Die Vorgehensweise bei der Lagrange-Optimierung besteht darin, die partielle Ableitung der Variablen (in diesem Fall x_1, x_2 und λ) zu bilden und gleich Null zu setzen. Wir erhalten

$$\frac{\partial L}{\partial x_1} = p_1 - \lambda \frac{\partial y}{\partial x_1} \overset{!}{=} 0 \quad \Rightarrow \quad p_1 = \lambda \frac{\partial y}{\partial x_1} \tag{3.84}$$

$$\frac{\partial L}{\partial x_2} = p_2 - \lambda \frac{\partial y}{\partial x_2} \overset{!}{=} 0 \quad \Rightarrow \quad p_2 = \lambda \frac{\partial y}{\partial x_2} \tag{3.85}$$

$$\frac{\partial L}{\partial \lambda} = \overline{y} - \overline{y}(x_1, x_2) \overset{!}{=} 0 \tag{3.86}$$

Die Division von (3.84) durch (3.85) ergibt die Gleichung

$$\frac{p_1}{p_2} = \frac{\dfrac{\partial y}{\partial x_1}}{\dfrac{\partial y}{\partial x_2}} \tag{3.87}$$

Gleichung (3.87) ist eine grundlegende Effizienzbedingung und verdient daher eine ausführliche Erläuterung. Verbal bedeutet (3.87), daß die optimale Faktorkombination eines Unternehmens bei substitutionalen Produktionsfunktionen mit sinkenden Grenzproduktivitäten erreicht ist, wenn das Verhältnis der Grenzproduktivitäten der Faktoren ihrem Preisverhältnis entspricht. Da das Verhältnis der Grenzproduktivitäten, wie im vorhergehenden Abschnitt hergeleitet, definitionsgemäß der umgekehrten Grenzrate der Substitution entspricht, gilt Gleichung (3.88):

$$\frac{p_1}{p_2} = \frac{\dfrac{\partial y}{\partial x_1}}{\dfrac{\partial y}{\partial x_2}} = \left| \frac{dx_2}{dx_1} \right| \tag{3.88}$$

Betrachten wir zur Veranschaulichung ein einfaches Beispiel und gehen davon aus, daß die Preise $p_1 = 10$ und $p_2 = 2$ seien. Das Preisverhältnis p_1/p_2 beträgt demnach 5. Nehmen wir nun rein hypothetisch an, das Unternehmen habe sich für eine Faktorkombination entschieden, bei der die Grenzproduktivität des ersten Faktors 20 ($\partial y/\partial x_1 = 20$) und die Grenzproduktivität des zweiten Faktors 1 ($\partial y/\partial x_2 = 1$) sei. Dies würde bedeuten, daß beim gewählten Mengenverhältnis die marginale Einheit des ersten Faktors 20mal so produktiv, aber nur 5mal so teuer wäre: Offensichtlich ist es für das Unternehmen dann günstiger, x_1 im Vergleich zu x_2 zu erhöhen. Die Ausdehnung von x_1 führt bei Cobb-Douglas-Funktionen dazu, daß die Grenzproduktivität von x_1 sinkt. Gleichzeitig steigt $\partial y / \partial x_2$, weil sinkende Grenzproduktivitäten bei steigendem Faktoreinsatz umgekehrt steigende Grenzproduktivitäten bei sinkendem Faktoreinsatz implizieren. Das gewinnmaximierende Unternehmen wird die Faktorsubstitution so lange fortführen, bis das Verhältnis der Grenzproduktivitäten genau den Preisverhältnissen entspricht, d.h. in unserem Beispiel vielleicht, bis die Erhöhung von x_1 zu einer Reduktion von $\partial y / \partial x_1$ auf 15 und die Verringerung des Einsatzes von Faktor 2 zu einer Steigerung von $\partial y / \partial x_2$ auf 3 geführt hat.[31] Gesucht wird immer das Mengenverhältnis, bei dem von den Mengen abhängigen Verhältnis der Grenzproduktivitäten den exogen gegebenen Preisverhältnissen entspricht.

Wenn bei der optimalen (gewinnmaximalen) Faktorkombination wie in unserem Beispiel die Grenzproduktivität von Faktor 1 relativ hoch und die Grenzproduktivität von Faktor 2 entsprechend relativ niedrig ist, so bedeutet dies, daß mit einer Mengeneinheit des ersten Faktors mehr Mengeneinheiten des zweiten Faktors ersetzt (substituiert) werden können. Denn die letzte Einheit des ersten Faktors ist bei der gewählten Faktorkombination produktiver als die letzte Einheit des zweiten und deshalb kann mit einer Mengeneinheit des ersten Faktors mehr als eine Mengeneinheit des zweiten Faktors ersetzt werden. Soll der gleiche Ertrag unter Verzicht auf eine bestimmte Mengeneinheit von 1 produziert werden, so ist dazu eine größere Steigerung von x_2 erforderlich ($|dx_2| > |dx_1|$). Dies verdeutlicht erneut, warum das Verhältnis der Grenzproduktivitäten und die Grenzrate der Substitution umgekehrt proportional sind.

Im Optimum unseres Beispiels gilt demnach

$$\frac{\dfrac{\partial y}{\partial x_1}}{\dfrac{\partial y}{\partial x_2}} = \left|\frac{dx_2}{dx_1}\right| = \frac{p_1}{p_2} = \frac{15}{3} = 5 \qquad (3.87b)$$

Aus Gleichung (3.87b) folgt ferner unmittelbar Gleichung (3.89), die zeigt, daß ein gewinnmaximierendes Unternehmen die Faktoren so kombinieren wird, daß jeder Faktor im Verhältnis zu seinem Preis den gleichen Ertrag produziert:

$$\frac{\dfrac{\partial y}{\partial x_1}}{p_1} = \frac{\dfrac{\partial y}{\partial x_2}}{p_2} \qquad (3.89)$$

Graphisch kann der im Unternehmensgleichgewicht gültige Zusammenhang zwischen der Grenzrate der Substitution und dem Preisverhältnis der Faktoren am einfachsten verdeutlicht werden, indem die Produktionsfunktion erneut in Isoquantenform dargestellt wird.

---

31 Die genaue Entwicklung der Grenzproduktivitäten hängt von der exakten Spezifikation der Produktionsfunktion ab.

Abb. 3.10: *Die Produktionsfunktion in Isoquantenform*

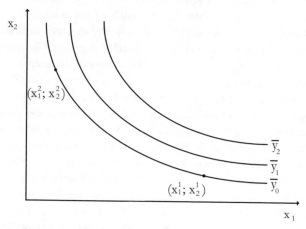

Nehmen wir in Abb. 3.10 wieder an, daß das Unternehmen einen bestimmten Ertrag $\overline{y}_0$ produzieren möchte. $(x_1^1; x_2^1)$ und $(x_1^2; x_2^2)$ sind unterschiedliche Mengenkombinationen der Faktoren, mit denen $\overline{y}_0$ rein technisch gesehen erzeugt werden kann. Gesucht wird die kostenminimale bzw. gewinnmaximale Faktorkombination zur Produktion von $\overline{y}_0$. Graphisch erhält man die in Gleichung (3.88) formulierte Lösung, indem neben der Produktionsfunktion auch die Kostengleichung

$$K = p_1 \cdot x_1 + p_2 \cdot x_2 \tag{3.90}$$

im x_1/x_2 - Koordinatensystem dargestellt wird. Dazu wird diese nach einem der beiden Faktoren aufgelöst und wir erhalten aus (3.90) beispielsweise

$$x_2 = \frac{K}{p_2} - x_1 \frac{p_1}{p_2} \tag{3.91}$$

Die von Faktor 2 erforderliche Menge (x_2) wird ausgedrückt als Funktion der Preise $(p_1$ und $p_2)$, der Kosten (K) und der Menge von Faktor 1 (x_1).

In dieser Auflösung nach x_2 (oder x_1) wird die Kostengleichung üblicherweise als Kostengerade bezeichnet. K/p_2 ist der Abschnitt auf der x_2-Achse und $-p_1/p_2$ die Steigung der Kostengerade. Mit zunehmenden Kosten (K) verschiebt sich die Kostengerade nach oben, so daß in Abbildung 3.11 beliebig viele Kostengeraden eingezeichnet werden können. Ändert sich der Preis eines Faktors, so ändert sich die Steigung der Kostengeraden. Diese Zusammenhänge zeigt Abbildung 3.11.

Abb. 3.11: *Die optimale Faktorkombination als Tangentialpunkt von Kostengleichung und Isoquante*

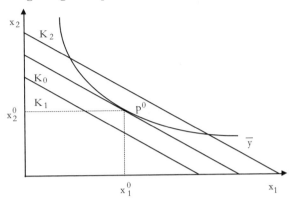

Die kostenminimale Faktorkombination zur Produktion von $\overline{y}$ ist erreicht, wenn sich eine Kostengerade und die Isoquante tangieren – denn für jede Kostengerade, die die Produktionsisoquante $\overline{y}$ schneidet, läßt sich eine andere Kostengerade finden, die tiefer liegt als die vorhergehende und die es ermöglicht, den gleichen Output mit geringeren Kosten zu erzeugen. Die optimale Faktorkombination zur Produktion von $\overline{y}$ liegt somit bei (x_1^0; x_2^0).

Selbstverständlich entspricht dieses aus der graphischen Darstellung intuitiv einsichtige Ergebnis genau der formalen Ableitung gemäß Gleichung (3.88), was leicht gezeigt werden kann: Im Tangentialpunkt von Kostengerade und Isoquante (P^0) sind die Steigungen der beiden Funktionen identisch. Dies ist eine mathematische Eigenschaft von Tangentialpunkten. Bilden wir nun die ersten Ableitungen der Kostengerade und der Isoquante, so erhalten wir das in (3.88) formulierte Ergebnis. Die Kostengerade als Auflösung der Kostengleichung nach einem der beiden Faktoren lautet gemäß der schon bekannten Gleichung (3.91)

$$x_2 = \frac{K}{p_2} - x_1 \frac{p_1}{p_2} \qquad (3.91)$$

Daraus folgt als Steigung

$$\frac{dx_2}{dx_1} = -\frac{p_1}{p_2}. \qquad (3.92)$$

Die Steigung der Isoquanten $(dx_2/dx_1)^I$ ist die Grenzrate der Substitution, da die Isoquante angibt, wieviel Einheiten des einen Faktors durch den anderen Faktor ersetzt werden können, um auf dem gleichen Ertragsniveau zu bleiben.[32] Da die Steigungen von Kostengerade $(-p_1/p_2)$ und Isoquante (dx_2/dx_1) im Unternehmensgleichgewicht (Tangentialpunkt) identisch sind, gilt dort (und nur dort) $dx_2/dx_1 = -p_1/p_2$, oder, in Betragsschreibweise, $|dx_2/dx_1| = p_1/p_2$.

---

32 Die Steigung der Isoquanten wird hier mit I indiziert, um sie von der Steigung der Kostengeraden abzugrenzen. Im Gleichgewicht erübrigt sich die Indizierung, da beide Steigungen identisch sind.

Zusammenfassend können wir festhalten:

- das Unternehmensgleichgewicht (die *Minimalkostenkombination*) ist erreicht, sofern das Verhältnis der Grenzproduktivitäten der Faktoren ihren Preisverhältnissen (und damit per Definition der umgekehrten Grenzrate der Substitution) entspricht;
- graphisch ergibt sich das Gleichgewicht im Tangentialpunkt von Kostengerade und Isoquante.

3.6.3.4 Die optimale Faktorkombination für die Cobb-Douglas-Funktion

Wir wollen diese allgemeinen, für alle substitutionalen Produktionsfunktionen[33] gültigen Überlegungen zur optimalen Faktorkombination nun für die Cobb-Douglas-Funktion konkretisieren. Da wir hergeleitet haben, daß in der Minimalkostenkombination das Preisverhältnis dem Verhältnis der Grenzproduktivitäten entspricht, müssen wir lediglich die Grenzproduktivitäten auf Grundlage der Cobb-Douglas-Funktion bestimmen, um zur Minimalkostenkombination zu gelangen. Somit ergibt sich

$$
\frac{p_1}{p_2} = \frac{\dfrac{\partial y}{\partial x_1}}{\dfrac{\partial y}{\partial x_2}} = \frac{\alpha_1 \cdot x_1^{\alpha_1 - 1} \cdot x_2^{\alpha_2}}{\alpha_2 \cdot x_2^{\alpha_2 - 1} \cdot x_1^{\alpha_1}} = \frac{\alpha_1 \cdot x_2^{\alpha_2} \cdot x_2^{1-\alpha_2}}{\alpha_2 \cdot x_1^{1-\alpha_1} \cdot x_1^{\alpha_1}} = \frac{\alpha_1 \cdot x_2}{\alpha_2 \cdot x_1} \tag{3.93}
$$

Wenn wir Gleichung (3.93) nach dem gewinnmaximalen Faktoreinsatzverhältnis x_1/x_2 auflösen, so erhalten wir

$$
\frac{x_1}{x_2} = \frac{\alpha_1 \cdot p_2}{\alpha_2 \cdot p_1} \tag{3.94}
$$

Gleichung (3.94) verdeutlicht den intuitiv einsichtigen Sachverhalt, daß die von Faktor 1 eingesetzte Menge um so höher ist, je niedriger sein Preis p_1 und je höher seine Produktionselastizität α_1 im Vergleich zu Faktor 2 ist. Darüber hinaus ergibt sich ein interessantes Ergebnis, wenn man das Verhältnis der gesamten Faktor*entlohnungen* bestimmt. Das gesamte „Faktoreinkommen" von Produktionsfaktor i setzt sich definitionsgemäß aus dem Produkt aus Faktorpreis und Faktormenge zusammen. Nennen wir die Entlohnung eines Faktors i L_i, so gilt demnach definitionsgemäß

$$
L_i = p_i \cdot x_i \tag{3.95}
$$

Demnach ist das *Verhältnis* der Entlohnungen zweier Produktionsfaktoren i und j

$$
\frac{L_i}{L_j} = \frac{p_i \cdot x_i}{p_j \cdot x_j} \tag{3.96}
$$

Setzen wir für das Mengenverhältnis der beiden Produktionsfaktoren nun Gleichung (3.94) ein, so erhalten wir

---

33   Bei limitationalen Produktionsfunktionen ergeben sich keine derartigen Kostenminimierungsmöglichkeiten, da die Faktorkombination ja rein technisch determiniert ist.

$$\frac{L_i}{L_j} = \frac{p_i \cdot x_i}{p_j \cdot x_j} = \frac{p_i \cdot \alpha_i \cdot p_j}{p_j \cdot \alpha_j \cdot p_i} = \frac{\alpha_i}{\alpha_j} \qquad (3.97)$$

Gleichung (3.97) bringt zum Ausdruck, daß das Verhältnis der Faktorentlohnungen zweier Produktionsfaktoren auf Grundlage der Cobb-Douglas-Funktion (und unter der Annahme vollständiger Konkurrenz) völlig unabhängig von den Faktorpreisen ist und einfach dem Verhältnis der Produktionselastizitäten (also den Hochzahlen der Produktionsfunktion) entspricht. Dies ist natürlich wirtschaftspolitisch von außerordentlicher Brisanz: treffen die Annahmen der Cobb-Douglas-Funktion und die Unterstellung vollständiger Konkurrenz nämlich zu, so bedeutet dies, daß beispielsweise die Aufteilung des Sozialprodukts auf die Produktionsfaktoren Arbeit und Kapital völlig unabhängig vom Verhältnis der Faktorpreise (also unabhängig vom Verhältnis aus Lohn- und Zinssatz) ist: eine Steigerung des Lohnsatzes im Verhältnis zum Zinssatz reduziert auf Grundlage der Cobb-Douglas-Funktion das Verhältnis aus Arbeit und Kapital genau im gleichen Ausmaß, so daß das Verhältnis der Entlohnungen (als Produkt aus Preis und Menge) genau gleich bleibt.

3.6.3.5   Die Substitutionselastizität *

Das zuletzt hergeleitete Ergebnis führt uns unmittelbar zu einer weiteren sehr wichtigen Eigenschaft von Produktionsfunktionen, die als *Substitutionselastizität* bezeichnet wird. Unter der Substitutionselastizität versteht man die prozentuale Änderung des Faktormengenverhältnisses im Verhältnis zur ebenfalls prozentualen Änderung des Faktorpreisverhältnisses. Beispielhaft und dadurch einfacher ausgedrückt mißt die Substitutionselastizität also, um wieviel Prozent ein gewinnmaximierendes Unternehmen sein Einsatzverhältnis aus Arbeit und Kapital ändert, wenn Arbeit im Vergleich zu Kapital um 1 % billiger wird.

Ausgehend von der im vorhergehenden Unterabschnitt hergeleiteten optimalen Faktorkombination können wir die Substitutionselastizität für die Cobb-Douglas-Funktion bestimmen.

Formal ist die Substitutionselastizität als

$$\varepsilon_{\frac{x_1}{x_2}} = \left| \frac{\dfrac{d\left(\dfrac{x_1}{x_2}\right)}{\dfrac{x_1}{x_2}}}{\dfrac{d\left(\dfrac{p_1}{p_2}\right)}{\dfrac{p_1}{p_2}}} \right| = \left| \frac{d\left(\dfrac{x_1}{x_2}\right)}{d\left(\dfrac{p_1}{p_2}\right)} \cdot \frac{\dfrac{p_1}{p_2}}{\dfrac{x_1}{x_2}} \right| \qquad (3.98)$$

definiert. Dieser komplizierte Ausdruck erklärt sich dadurch, daß wir eine Elastizität zwischen *Verhältnissen* berechnen, so daß insgesamt jede Menge Brüche auftauchen. Im Zähler steht die Veränderung des Faktormengenverhältnisses im Verhältnis zum Ausgangsverhältnis; im Nenner steht das gleiche für die Faktorpreisverhältnisse.

Zur Bestimmung der Substitutionselastizität müssen wir nun vor allem die Ableitung des Faktorpreisverhältnisses nach dem Faktormengenverhältnis bestimmen. Dazu machen wir uns den bereits hergeleiteten Sachverhalt zu nutzen, so daß im Gewinnmaximum

$$\frac{x_1}{x_2} = \frac{\alpha_1 p_2}{\alpha_2 p_1} \tag{3.99}$$

gilt. Zur Erleichterung der Ableitung von (x_1/x_2) nach (p_1/p_2) schreiben wir dies als

$$\frac{x_1}{x_2} = \frac{\alpha_1 \cdot p_2}{\alpha_2 \cdot p_1} = \frac{\alpha_1}{\alpha_2} \cdot \left(\frac{p_1}{p_2}\right)^{-1} \tag{3.100}$$

Als Ableitung ergibt sich

$$\frac{d\left(\frac{x_1}{x_2}\right)}{d\left(\frac{p_1}{p_2}\right)} = -\frac{\alpha_1}{\alpha_2} \cdot \left(\frac{p_1}{p_2}\right)^{-2} \tag{3.101}$$

Wenn wir nun für (x_1/x_2) Gleichung (3.100) und für die Ableitung von (x_1/x_2) nach
(p_1/p_2) Gleichung (3.101) einsetzen, so erhalten wir nach Kürzen

$$\varepsilon_{\frac{x_1}{x_2}} = \left| \frac{d\left(\frac{x_1}{x_2}\right)}{d\left(\frac{p_1}{p_2}\right)} \cdot \frac{\frac{p_1}{p_2}}{\frac{x_1}{x_2}} \right| = \left| -\frac{\alpha_1}{\alpha_2} \cdot \left(\frac{p_1}{p_2}\right)^{-2} \cdot \frac{\frac{p_1}{p_2}}{\frac{\alpha_1}{\alpha_2} \cdot \left(\frac{p_1}{p_2}\right)^{-1}} \right| = 1 \tag{3.102}$$

Die Substitutionselastizität von Eins für die Cobb-Douglas-Funktion bedeutet ökonomisch, daß eine x-prozentige Erhöhung des Faktorpreisverhältnisses genau zu einer
ebenfalls x-prozentigen (also gleich großen) Verringerung des Faktormengenverhältnisses führt. Es ist also genau die Substitutionselastizität von Eins, die zu dem im vorhergehenden Abschnitt hergeleiteten Ergebnis führt, daß das Verhältnis der Faktorentlohnungen unabhängig vom Faktorpreisverhältnis ist und einfach dem Verhältnis
der Produktionselastizitäten entspricht.

3.6.4   Die Cobb-Douglas-Funktion bei totaler Faktorvariation

3.6.4.1   Die Bedeutung partieller und totaler Faktorvariation

Nachdem wir uns nun recht ausführlich mit Maßzahlen zur Beschreibung der partiellen Faktorvariation beschäftigt haben, gehen wir nun zur totalen Faktorvariation über.
Wie in Definition 6 in Abschnitt 3.2.1 dargestellt, versteht man unter totaler Faktorvariation, daß die Produktionsfaktoren alle gleichmäßig erhöht werden.

Stellen wir uns zunächst die Frage, in welchen Zeiträumen ein Unternehmen eine
Outputveränderung eher durch partielle oder eher durch totale Faktorvariation herbeiführen wird. Offenbar ist es plausibel, partielle Faktorvariation mit der *kurzen* und
totalen Faktorvariation mit der *langen* Periode in Verbindung zu bringen. Bei einem

kurzen Zeithorizont wird die simultane Erhöhung der Faktormengen (totale Faktorvariation) oft nicht möglich sein. Stellen wir uns ein mittelständisches Produktionsunternehmen vor, das mit einer bestimmten Maschinenausstattung und 200 Arbeitern den Output y produziert. Wenn kurzfristig lukrative Aufträge übernommen werden, so kann es sein, daß entweder die Lieferzeiten für die Maschinen zu lang sind oder aber geeignetes Personal nicht sofort gefunden werden kann. Das Unternehmen ist dann gezwungen, von der bisherigen Faktorkombination abzuweichen und die Produktionserhöhung durch Ausweitung nur eines Faktors in Angriff zu nehmen. Häufig wird dies durch eine Ausweitung des Faktors Arbeit in Form von Überstunden zustande kommen.

Allerdings wird die Variation des gesamten Faktorbestandes in unterschiedlichen Branchen und Unternehmen verschieden viel Zeit in Anspruch nehmen, so daß die Dauer der kurzen und der langen Periode ebenfalls verschieden sein wird und die Periodenabgrenzung deshalb nicht allgemein in Monaten oder Jahren angegeben werden kann. Aus diesem Grund ist es sinnvoll, die Definition der kurzen und langen Periode direkt über die Unterscheidung zwischen partieller und totaler Faktorvariation vorzunehmen: Wenn im folgenden von der kurzen und der langen Periode gesprochen wird, so bezieht sich dies dementsprechend auf die Untersuchung partieller bzw. totaler Faktorvariation, ohne daß damit eine präzise Aussage über die jeweilige Zeitdauer getroffen wäre.

3.6.4.2 Totale Faktorvariation und die Skalenelastizität

Die Darstellung der Produktionsfunktion in Isoquantenform kann nun dazu verwendet werden, um den Unterschied zwischen partieller und totaler Faktorvariation graphisch zu veranschaulichen. Angenommen, ein Unternehmen befinde sich im Punkt P_0 in Abb. 3.12 und produziere somit den Output y_0 mit der Faktorkombination $(x_1^0; x_2^0)$. Partielle Faktorvariation bezüglich x_1 bedeutet dann eine Bewegung nach rechts, partielle Faktorvariation bezüglich x_2 eine Bewegung nach oben und totale Faktorvariation eine Bewegung auf einer Geraden durch P_0, weil das Faktoreinsatzverhältnis auf einer Geraden konstant bleibt. Verändert wird lediglich das Produktionsniveau, weshalb die totale Faktorvariation auch als Skalen- oder *Niveauvariation* bezeichnet wird.

Analog zur Produktionselastizität bei partieller Faktorvariation kann man sich dafür interessieren, um wieviel Prozent der Output steigt, sofern alle Faktoren um 1 % erhöht werden. Da somit nicht nur einzelne Faktormengen gesteigert werden, sondern die gesamte Skala der Produktion verändert wird, spricht man in diesem Fall nicht von der Produktions-, sondern von der *Skalenelastizität*. Dieser Begriff ist intuitiv einsichtig und auch zur Abgrenzung von der partiellen Produktionselastizität geeignet; würde man beide Elastizitäten als Produktionselastizitäten bezeichnen, so müßte man immer dazu sagen, ob partielle oder totale Faktorvariation gemeint ist.

Abb. 3.12: *Partielle und totale Faktorvariation*

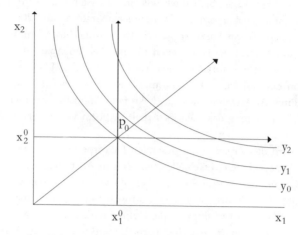

Bezeichnet man den Faktor der gleichmäßigen Erhöhung aller Faktoren als λ, so ist die Skalenelastizität bei infinitesimal kleinen Änderungen des Aktivitätsniveaus definiert als

$$\varepsilon_\lambda = \frac{\dfrac{dy}{y}}{\dfrac{d\lambda}{\lambda}} = \frac{dy}{d\lambda} \cdot \frac{\lambda}{y} \tag{3.103}$$

Zur Erläuterung der Skalenelastizität ist es einfacher, zunächst den allgemeinen Fall zu betrachten und anschließend zur Untersuchung der Cobb-Douglas-Funktion zurückzukehren. In der allgemeinen Darstellung lautet eine Produktionsfunktion mit nur einem produzierten Gut $y = y(\mathbf{x})$, d.h. die Produktionsmenge y ist eine noch nicht näher spezifizierte Funktion des Faktorvektors **x**.

Im Punkt P_0 von Abb. 3.12 wird der Output y^0 mit der Faktorkombination $(x_1^0; x_2^0)$ produziert. Nun werden die Faktormengen simultan um λ erhöht, so daß der *neue* Ertrag gemäß Gleichung (3.104) eine Funktion der mit λ multiplizierten Faktormengen $(x_1^0; x_2^0)$ ist:

$$y = y\,(\lambda x_1^0; \lambda x_2^0) \tag{3.104}$$

Die neue Produktion ist demnach eine Funktion des alten Produktionsniveaus $y^0(x_1^0; x_2^0)$, der Erhöhung des Aktivitätsniveaus (λ) und der Reaktion des Outputs auf die Erhöhung der Inputmengen, die von der Produktionsfunktion abhängig ist. Nun läßt sich formal zeigen, daß immer eine Zahl h derart existiert[34], daß sich die neue Produktion gemäß Gleichung (3.105) als Funktion des Ausgangsniveaus und der Zahl h darstellen läßt:

$$y = y\,(x_1^0; x_2^0)\lambda^h = y^0 \cdot \lambda^h \tag{3.105}$$

---

34 Auf diesen Nachweis wird hier verzichtet; vgl. z.B. Krelle 1976, 90ff.

Dabei ist *nicht* vorausgesetzt, daß h konstant bleibt: Nimmt man beispielsweise an, daß im Ausgangspunkt 10 Einheiten von Faktor 1 und 5 Einheiten von Faktor 2 eingesetzt werden, so mag eine Verdoppelung des Aktivitätsniveaus auf $x_1 = 20$ und $x_2 = 10$ zu einer Verdreifachung des Outputs führen, während eine weitere Verdoppelung des Aktivitätsniveaus auf $x_1 = 40$ und $x_2 = 20$ vielleicht eine Versiebenfachung oder nur eine Verdoppelung der Produktion zur Folge hat. Produktionsfunktionen, die bei verschiedenen Aktivitätsniveaus unsystematisch auf eine Variation der Inputmengen reagieren – d.h. Produktionsfunktionen, bei denen der Exponent h bei unterschiedlichen Werten von λ unterschiedlich ist – werden als *inhomogen* bezeichnet; Produktionsfunktionen mit konstantem h analog als *homogen*.

Aus Gleichung (3.105) läßt sich die Skalenelastizität bestimmen, die gemäß Gleichung (3.103) als prozentuale Steigerung der Produktion im Verhältnis zur gleichmäßigen, prozentualen Steigerung der Faktoren definiert wurde. Die *Niveaugrenzproduktivität* $dy/d\lambda$ mißt analog zur Grenzproduktivität bei partieller Faktorvariation die Reaktion der Produktion auf eine infinitesimale Veränderung des Aktivitätsniveaus und ergibt sich aus

$$y = y(x_1^0; x_2^0)\lambda^h \tag{3.106}$$

$$\Rightarrow \frac{dy}{d\lambda} = h\lambda^{h-1}y(x_1^0; x_2^0) \tag{3.107}$$

Daraus folgt als Skalenelastizität

$$\varepsilon_\lambda = \frac{dy}{d\lambda} \cdot \frac{\lambda}{y} = h\lambda^{h-1}y(x_1^0; x_2^0)\frac{\lambda}{y(x_1^0; x_2^0)}$$

$$= \frac{h\lambda^{h-1}y(x_1^0; x_2^0)\lambda}{y(x_1^0; x_2^0)\lambda^h} = h \tag{3.108}$$

Dies bedeutet, daß die Skalenelastizität ε_λ genau der als Homogenitätsgrad bezeichneten Hochzahl h aus

$$y = y(x_1^0; x_2^0)\lambda^h = y^0 \cdot \lambda^h \tag{3.105}$$

entspricht. Über die Höhe von h ist damit noch nichts ausgesagt, weil h für eine homogene Produktionsfunktion zwar unabhängig von λ konstant bleibt, aber für verschiedene Produktionsfunktionen unterschiedlich hoch sein kann. Der Homogenitätsgrad h muß demnach für jede Produktionsfunktion neu bestimmt werden, während er für jedes Aktivitätsniveau λ bei homogenen Produktionsfunktionen konstant bleibt. Bevor diese Bestimmung für die Cobb-Douglas-Funktion durchgeführt wird, sei auch hier eine beispielhafte Erläuterung des Homogenitätsgrades vorgenommen. Dazu betrachten wir erneut Gleichung (3.105) und nehmen an, die Ausgangsproduktion sei $y^0 = 5$ und der Homogenitätsgrad $h = 1$. Bei steigendem Aktivitätsniveau λ ergeben sich die Werte für die neuen Produktionsmengen dann entsprechend Abb. 3.13.

Abb. 3.13: *Beispielhafte Entwicklung der Produktionsmenge bei einer*
Skalenelastizität von Eins (h = 1)

$\varepsilon_\lambda = h$	λ	λ^h	$y^0 = y(x_1^0; x_2^0)$	$y = y^0 \lambda^h$	$dy/d\lambda$
1	1	1	5	5	5
1	2	2	5	10	5
1	3	3	5	15	5
$\vdots$	$\vdots$	$\vdots$	$\vdots$	$\vdots$	$\vdots$
$\lim_{n \to \infty}$ 1	n	n	5	5n	5

Jede Erhöhung des Aktivitätsniveaus um eine Einheit bewirkt eine Erhöhung der
Produktion um fünf Einheiten – genau entsprechend dem Ausgangspunkt, wo das
angenommene Aktivitätsniveau zu einem Ertrag von fünf Einheiten führt. Für h > 1
führt jede Erhöhung des Aktivitätsniveaus dagegen zu einer überproportionalen Er-
tragssteigerung. Die Entwicklung für eine Produktionsfunktion mit h = 2 wird in Abbildung 3.14 dargestellt, wobei beispielhaft wieder davon ausgegangen wird, daß im
Ausgangspunkt die Produktion fünf Einheiten beträgt.

Abb. 3.14: *Beispielhafte Entwicklung der Produktionsmenge bei einer*
Skalenelastizität von Zwei (h = 2)

$\varepsilon_\lambda = h$	λ	λ^h	$y^0 = y(x_1^0; x_2^0)$	$y = y^0 \lambda^h$	$dy/d\lambda$
2	1	1	5	5	10
2	2	4	5	20	20
2	3	9	5	45	30
$\vdots$	$\vdots$	$\vdots$	$\vdots$	$\vdots$	$\vdots$
$\lim_{n \to \infty}$ 2	n	n^2	5	$5n^2$	10n

Für h = 1 spricht man von *konstanten Skalenerträgen*, weil die prozentuale Zunahme des
Outputs genau der prozentualen Erhöhung des Aktivitätsniveaus entspricht, d.h. die
Skalenelastizität ist Eins. Steigt die Niveaugrenzproduktivität mit zunehmendem
λ (h > 1), so spricht man von *steigenden*, im entgegengesetzten Fall (h < 1) von *sinken-*
den Skalenerträgen.

Wir kommen nun zur Cobb-Douglas-Funktion und gehen mit zwei Faktoren wieder von Gleichung (3.41) aus:

$$y = x_1^{\alpha_1} x_2^{\alpha_2} \quad \text{mit} \quad 0 < \alpha_i < 1 \ \forall \alpha_i \tag{3.41}$$

Im Ausgangspunkt P^0 werde wieder die Produktionsmenge y^0 mit den Inputmengen
x_1^0 und x_2^0 produziert. Für die Cobb-Douglas-Funktion ergibt sich demnach

$$y^0 = y(x_1^0; x_2^0) = (x_1^0)^{\alpha_1} (x_2^0)^{\alpha_2} \tag{3.109}$$

Wird das Aktivitätsniveau wieder um λ erhöht, so folgt

$$y = (\lambda x_1^0)^{\alpha_1} (\lambda x_2^0)^{\alpha_2} \tag{3.110}$$

Einfache Umformungen führen zu

$$y = \lambda^{\alpha_1} (x_1^0)^{\alpha_1} \lambda^{\alpha_2} (x_2^0)^{\alpha_2}$$

bzw.

$$y = \lambda^{\alpha_1 + \alpha_2} (x_1^0)^{\alpha_1} (x_2^0)^{\alpha_2} = \lambda^{\alpha_1 + \alpha_2} y^0 \qquad (3.111)$$

Setzt man die rechten Seiten der Gleichungen (3.105) und (3.111) gleich, so folgt unmittelbar

$$y^0 \lambda^h = y^0 \lambda^{\alpha_1 + \alpha_2} \Rightarrow h = \alpha_1 + \alpha_2 \qquad (3.112)$$

aus

$$\lambda^{\alpha_1 + \alpha_2} = \lambda^h \qquad (3.113)$$

folgt gleichzeitig, daß sich der Homogenitätsgrad einer Cobb-Douglas-Funktion gemäß Gleichung (3.114) aus der Summe der Hochzahlen ergibt:

$$h = \sum_{i=1}^{n} \alpha_i \qquad (3.114)$$

Dieses Ergebnis wird transparent, wenn man bedenkt, daß die einzelnen Hochzahlen in der Produktionsfunktion die Produktionselastizitäten darstellen; d.h. α_i gibt die prozentuale Steigerung der Produktion im Verhältnis zur prozentualen Erhöhung *eines* Faktors an. Der Homogenitätsgrad h (die Skalenelastizität ε_λ) mißt die prozentuale Steigerung der Produktion im Verhältnis zur prozentualen Erhöhung *aller* Faktoren und ist entsprechend die Summe aller Produktionselastizitäten. Somit gilt für die Cobb-Douglas-Funktion:

$$\varepsilon_\lambda = \frac{dy}{d\lambda} \cdot \frac{\lambda}{y} = \frac{\partial y}{\partial x_1} \cdot \frac{x_1}{y} + \frac{\partial y}{\partial x_2} \cdot \frac{x_2}{y} + \cdots + \frac{\partial y}{\partial x_n} \cdot \frac{x_n}{y}$$

$$= \alpha_1 + \alpha_2 + \cdots + \alpha_n = \sum_{i=1}^{n} \alpha_i \qquad (3.115)$$

Dies bedeutet, daß die Cobb-Douglas-Funktion genau dann konstante Skalenerträge hat, wenn die Summe ihrer Produktionselastizitäten Eins ist.

Graphisch lassen sich konstante, steigende und sinkende Skalenerträge darstellen, indem auf der Abszisse die Variation des Aktivitätsniveaus λ und auf der Ordinate der Output y abgetragen werden. Ein Homogenitätsgrad von Eins (konstante Skalenerträge) bedeutet, daß sich der Output y als lineare Funktion des Aktivitätsniveaus λ entwickelt. Zur Vermeidung von Mißverständnissen sei darauf hingewiesen, daß die Funktion *nicht* mit der 45^0-Linie zusammenfallen muß, da ein Homogenitätsgrad von Eins (h = 1) nicht bedeutet, daß die Steigung der Funktion (d.h. die Niveaugrenzproduktivität), sondern die prozentuale Steigerung des Outputs im Verhältnis zur ebenfalls prozentualen Erhöhung aller Inputfaktoren konstant Eins ist. Diese Bedingung ist nicht nur auf der 45^0-Linie, sondern bei allen Funktionen mit konstanter Steigung, die durch den Ursprung gehen, erfüllt. Diesen Zusammenhang verdeutlicht Abb. 3.15.

Abb. 3.15: *y(λ) und der Homogenitätsgrad der Cobb-Douglas-Funktion*

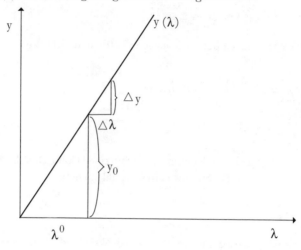

Allgemein wurde der Homogenitätsgrad bzw. die Skalenelastizität als

$$\varepsilon_\lambda = \frac{\dfrac{dy}{y}}{\dfrac{d\lambda}{\lambda}} = \frac{dy}{d\lambda} \cdot \frac{\lambda}{y} \qquad (3.116)$$

definiert. Aus dem Strahlensatz folgt unabhängig von der Steigung der Funktion y(λ)

$$\frac{dy}{d\lambda} = \frac{y}{\lambda} \; , \qquad (3.117)$$

so daß die Skalenelastizität linearer und im Ursprung beginnender Funktionen bei jeder beliebigen Steigung Eins ist. Entsprechend weisen progressiv steigende Funktionen steigende (ε_λ = h > 1) und degressiv steigende Funktionen (ε_λ = h < 1) sinkende Skalenerträge auf. Den Zusammenhang zwischen dem Verlauf der Produktionsfunktion y(λ) bei totaler Faktorvariation und den entsprechenden Homogenitätsgraden h zeigt Abbildung 3.16.

Abb. 3.16: *Konstante, steigende und sinkende Skalenerträge homogener Produktionsfunktionen*[35]

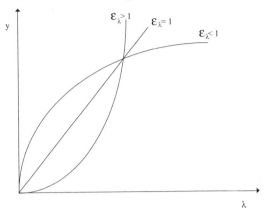

Die Cobb-Douglas-Funktion ist wegen der Unbestimmtheit der Summe ihrer Hochzahlen grundsätzlich mit konstanten, sinkenden oder steigenden Skalenerträgen vereinbar. Häufig geht man davon aus, daß die Summe der Hochzahlen Eins beträgt, d.h., daß die Skalenerträge konstant sind. Dies ist eine ausgesprochen plausible Annahme: Wenn ein Arbeiter und drei Maschinen einen Output von 10 erzeugen, dann bedeuten konstante Skalenerträge, daß zwei (identische) Arbeiter mit sechs (identischen) Maschinen einen Output von 20 erzeugen. Dagegen werden steigende Skalenerträge beispielsweise mit Synergieeffekten (möglicherweise können zur Dokumentation ähnlicher Arbeitsvorgänge die gleichen Formulare verwendet werden) und sinkende Skalenerträge mit einem überproportionalen Organisationsaufwand begründet. Skalenerträge sind ein wesentlicher Aspekt bei der Bestimmung der optimalen Unternehmensgröße, so daß wir hierauf noch öfter zurückkommen werden.

3.6.5 Zusammenfassung

Die Cobb-Douglas-Funktion als eine besonders wichtige substitutionale Produktionsfunktion ist durch folgende Eigenschaften charakterisiert:

– bei partieller Faktorvariation weist sie sinkende Grenz- und Durchschnittsproduktivitäten auf, wobei die Durchschnittsproduktivität stets um den Faktor $1/\alpha_i$ über der Grenzproduktivität liegt. Die abnehmenden Grenz- und Durchschnittsproduktivitäten sind darauf zurückzuführen, daß bei partieller Faktorvariation nicht alle Faktormengen erhöht werden und die konstant gehaltenen Mengen daher „knapp" werden;

---

35   Der Schnittpunkt der Funktionen mit steigenden und sinkenden Skalenerträgen verdeutlicht, daß die Steigung einer Funktion mit sinkenden Skalenerträgen für kleine Aktivitätsniveaus durchaus größer sein kann, als dies für Funktionen mit steigenden Skalenerträgen der Fall ist – lediglich das *Verhältnis* der prozentualen Zunahmen ist immer kleiner.

- die Kreuzableitungen (d.h. die Veränderungen der Grenzproduktivitäten eines Faktors bei einer Erhöhung der eingesetzten Mengen anderer Faktoren) sind alle positiv. Dies ist darauf zurückzuführen, daß beispielsweise eine zusätzliche Sekretärin um so effektiver arbeiten kann, je besser die Computerausstattung des Unternehmens ist;

- bei isoquanter Faktorvariation ist die zur Ersetzung einer Einheit von Faktor x_1 erforderliche Menge von x_2 (die Grenzrate der Substitution) um so größer, je größer das Verhältnis von x_2/x_1 ist, was auf die sinkenden Grenzproduktivitäten zurückzuführen ist;

- die isoquante Faktorvariation haben wir zur Herleitung der optimalen Faktorkombination (Minimalkostenkombination) verwendet, die die gewinnmaximalen Faktoreinsatzverhältnisse darstellt. Die optimale Faktorkombination ist erreicht, wenn das Preisverhältnis der Produktionsfaktoren dem Verhältnis ihrer Grenzproduktivitäten bzw. der umgekehrten Grenzrate der Substitution entspricht. Dies ist intuitiv einsichtig, weil andernfalls die Gesamtkosten reduziert werden könnten, indem mehr von dem Faktor eingesetzt wird, der im Vergleich zu seinem Preis die höhere Grenzproduktivität stiftet;

- die Herleitung der optimalen Faktorkombination gab uns die Möglichkeit zur Bestimmung der Substitutionselastizität, worunter die prozentuale Änderung des Faktormengenverhältnisses im Verhältnis zur ebenfalls prozentualen Änderung des Faktorpreisverhältnisses verstanden wird. Die Substitutionselastizität ist bei der Cobb-Douglas-Funktion genau Eins, was ökonomisch ausgesprochen wichtig ist: eine Substitutionselastizität von Eins bedeutet nämlich, daß eine x-prozentige Erhöhung des Faktorpreisverhältnisses genau zu einer x-prozentigen Verminderung des Faktormengenverhältnisses führt, so daß das Verhältnis der Entlohnungen der Produktionsfaktoren bei einer Faktorpreisänderung konstant bleibt;

- und bei totaler Faktorvariation ist die Cobb-Douglas-Funktion grundsätzlich mit konstanten, sinkenden oder steigenden Skalenerträgen vereinbar, wobei konstante Skalenerträge eine plausible, häufig getroffene und – wie wir später sehen werden – für bestimmte wichtige Aussagen sogar unerläßliche Annahme sind.

3.7 Das Ertragsgesetz

Neben der Cobb-Douglas-Funktion und der allgemeineren (aber auch schwierigeren) CES-Produktionsfunktion spielt die ertragsgesetzliche Produktionsfunktion (kurz: das Ertragsgesetz) in der mikroökonomischen Literatur eine herausragende Rolle. Ursprünglich geht das Ertragsgesetz auf den französischen Physiokraten Turgot (1768) zurück und besagt, daß bei partieller Faktorvariation der Ertrag zunächst progressiv und ab einem bestimmten Punkt nur noch degressiv steigt. Turgot bezog seine Überlegungen auf die Landwirtschaft, wobei er den Boden als konstanten sowie Dünger und Arbeit als variable Faktoren betrachtete. Der progressive Verlauf am Anfang wird damit begründet, daß eine geringe Menge variabler Faktoren (Arbeit und/oder Dünger) nicht ausreicht, um eine gegebene Menge Land effizient zu bearbeiten.

Graphisch kann das Ertragsgesetz mit y als Ertrag, $\overline{x}_2$ als konstantem und x_1 als variablem Faktor entsprechend Abb. 3.17 skizziert werden.[36]

Abb. 3.17: *Das Ertragsgesetz*

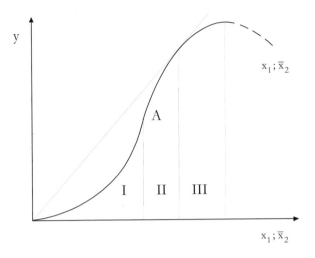

Abb. 3.18: *Grenz- und Durchschnittsertrag beim Ertragsgesetz*

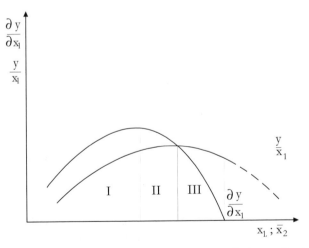

Bis zum Wendepunkt der ertragsgesetzlichen Produktionsfunktion (Punkt A in Abb. 3.17) steigt der Grenzertrag $\partial y/\partial x_1$; anschließend wächst der Gesamtertrag $y(x_1; x_2)$ nur noch degressiv und der Grenzertrag sinkt. Der auf den Einsatz des variablen Faktors bezogene Durchschnittsertrag y/x_1 verläuft zunächst unterhalb und nach dem

---

36   x_1 kann dabei auch als ein aus Dünger und Arbeit bestehendes Faktorbündel aufgefaßt werden, dessen Menge bei einer Produktionserhöhung ansteigt. Das Verhältnis von Dünger und Arbeit bleibt dabei gleich.

Schnittpunkt beider Funktionen oberhalb des Grenzertrages. Dieser Schnittpunkt liegt im Maximum des Durchschnittsertrages.

Tabellarisch kann das Ertragsgesetz in einem Dreiphasenschema gemäß Abb. 3.19 zusammengefaßt werden, die durch die Bereiche I-III in Abb. 3.18 gekennzeichnet sind. In einem Teil der Literatur wird rechts von Phase III im Bereich fallender Gesamterträge noch eine Phase IV eingezeichnet. Da eine Produktionsfunktion aber nur die Darstellung der effizienten Faktorkombinationen ist, endet das Ertragsgesetz mit dem Maximum. Eine Phase IV existiert also nicht.

Abb. 3.19: *Dreiphasenschema des Ertragsgesetzes*

	Gesamtertrag y	Grenzertrag $\partial y/\partial x_i$	Durchschnittsertrag y/x_i
Phase I	progressiv steigend	degressiv steigend $(\partial y/\partial x_i > y/x_i)$	degressiv steigend $(y/x_i < \partial y/\partial x_i)$
Phase II	degressiv steigend	progressiv fallend $(\partial y/\partial x_i > y/x_i)$	degressiv steigend $(y/x_i < \partial y/\partial x_i)$
Phase III	degressiv steigend	progressiv fallend $(\partial y/\partial x_i < y/x_i)$	progressiv fallend $(y/x_i > \partial y/\partial x_i)$

Wir wollen auf das Ertragsgesetz an dieser Stelle nicht weiter eingehen, da sich seine ökonomischen Implikationen am besten aus den zugehörigen Kostenfunktionen erschließen. Wir kommen daher in Abschnitt 4.3 ausführlich auf das Ertragsgesetz zurück.

3.8   Die CES-Produktionsfunktion[37] *

3.8.1   Eigenschaften

Die CES-Produktionsfunktion ist eine stark verallgemeinerte Produktionsfunktion. Während die Cobb-Douglas-Produktionsfunktion eine Substitutionselastizität von Eins aufweist, ist das charakteristische Merkmal einer CES-Funktion die Konstanz der Substitutionselastizität (daher auch der Name: Constant Elasticity of Substitution). Nicht nur die Cobb-Douglas Produktionsfunktion, sondern auch die Leontief-Produktionsfunktion können als Spezialfälle aus einer allgemeinen CES-Funktion approximiert werden. Die allgemeine Form der CES-Produktionsfunktion mit zwei Produktionsfaktoren x_1 und x_2 lautet:

$$y = a\,(\alpha_1 x_1^{\rho} + \alpha_2 x_2^{\rho})^{\frac{1}{\rho}} \quad \text{mit } a > 0;\; 0 \le \alpha_1, \alpha_2 \le 1;\; \rho > 0 \qquad (3.118)$$

---

37   Die CES-Produktionsfunktion ist wichtig, aber nicht besonders einfach. Wir empfehlen daher nicht stark interessierten Lesern/innen, den Abschnitt beim ersten Lesen im Grundstudium auszulassen.

Hierbei ist a ein technischer Effizienzparameter, der das Qualitätsniveau der Technologie angibt, α_1 und α_2 sind Verteilungsparameter und der Betrag des Kehrwerts von $(\rho-1)$ entspricht – wie unten noch gezeigt wird – der Substitutionselastizität. Wie man in Gleichung (3.118) leicht sieht, hat die CES-Funktion für $\rho \neq 0$ auch dann einen positiven Output, wenn nur ein Produktionsfaktor im Produktionsprozeß verwendet wird.

Die Grenzproduktivitäten der CES-Produktionsfunktion sind

$$\frac{\partial y}{\partial x_1} = a \cdot \frac{1}{\rho} \cdot (\alpha_1 x_1^{\rho} + \alpha_2 x_2^{\rho})^{\frac{1}{\rho}-1} \cdot \alpha_1 \rho x_1^{\rho-1}$$

$$= a\alpha_1 (\alpha_1 x_1^{\rho} + \alpha_2 x_2^{\rho})^{\frac{1}{\rho}-1} \cdot x_1^{\rho-1} \tag{3.119}$$

bzw.

$$\frac{\partial y}{\partial x_2} = a \cdot \frac{1}{\rho} \cdot (\alpha_1 x_1^{\rho} + \alpha_2 x_2^{\rho})^{\frac{1}{\rho}-1} \cdot \alpha_2 \rho x_2^{\rho-1}$$

$$= a\alpha_2 (\alpha_1 x_1^{\rho} + \alpha_2 x_2^{\rho})^{\frac{1}{\rho}-1} \cdot x_2^{\rho-1} \tag{3.120}$$

Wie man beispielsweise an Gleichung (3.119) sehen kann, ist die Grenzproduktivität für den ersten Produktionsfaktor für $\rho<1$[38] ceteris paribus um so höher,

– je kleiner die Faktoreinsatzmenge x_1 ist.
– je größer die Faktoreinsatzmenge x_2 ist.
– je größer der technische Effizienzparameter a, der Parameter ρ und der Verteilungsparameter α_1 sind.

Aus den Grenzproduktivitäten und den Durchschnittsproduktivitäten

$$\frac{y}{x_1} = \frac{a \cdot (\alpha_1 x_1^{\rho} + \alpha_2 x_2^{\rho})^{\frac{1}{\rho}}}{x_1} \tag{3.121}$$

$$\frac{y}{x_2} = \frac{a \cdot (\alpha_1 x_1^{\rho} + \alpha_2 x_2^{\rho})^{\frac{1}{\rho}}}{x_2} \tag{3.122}$$

lassen sich die Produktionselastizitäten herleiten

$$\frac{\partial y}{\partial x_1} \cdot \frac{x_1}{y} = a\alpha_1 \cdot (\alpha_1 x_1^{\rho} + \alpha_2 x_2^{\rho})^{\frac{1}{\rho}-1} \cdot x_1^{\rho-1} \cdot \frac{x_1}{a \cdot (\alpha_1 x_1^{\rho} + \alpha_2 x_2^{\rho})^{\frac{1}{\rho}}}$$

$$= \frac{\alpha_1 x_1^{\rho}}{\alpha_1 x_1^{\rho} + \alpha_2 x_2^{\rho}} \tag{3.123}$$

$$\frac{\partial y}{\partial x_2} \cdot \frac{x_2}{y} = a\alpha_2 \cdot (\alpha_1 x_1^{\rho} + \alpha_2 x_2^{\rho})^{\frac{1}{\rho}-1} \cdot x_2^{\rho-1} \cdot \frac{x_2}{a \cdot (\alpha_1 x_1^{\rho} + \alpha_2 x_2^{\rho})^{\frac{1}{\rho}}}$$

---

38   Wie wir noch sehen werden, ist nur dies der ökonomisch sinnvolle Bereich.

$$= \frac{\alpha_2 x_2{}^\rho}{\alpha_1 x_1{}^\rho + \alpha_2 x_2{}^\rho} . \tag{3.124}$$

Im Gegensatz zur Cobb-Douglas-Funktion sind die Produktionselastizitäten hier nicht konstant, sondern steigen mit dem variablen Produktionsfaktor (x_1 in (3.123) bzw. x_2 in (3.124)).

Die Substitutionselastizität der CES-Funktion läßt sich am besten mit Hilfe der Minimalkostenkombination herleiten (zur Erinnerung: die Minimalkostenkombination ist dadurch gekennzeichnet, daß das Verhältnis der Grenzproduktivitäten den Faktorpreisen entspricht).

$$\frac{\dfrac{\partial y}{\partial x_1}}{\dfrac{\partial y}{\partial x_2}} = \frac{\alpha_1}{\alpha_2} \left(\frac{x_1}{x_2} \right)^{\rho-1} = \frac{p_1}{p_2} \tag{3.125}$$

Aufgelöst nach x_1/x_2 ergibt sich

$$\frac{x_1}{x_2} = \left(\frac{\alpha_2}{\alpha_1} \frac{p_1}{p_2} \right)^{\frac{1}{\rho-1}} \tag{3.126}$$

Eingesetzt in die Formel für die Substitutionselastizität folgt

$$\left| \frac{d\left(\dfrac{x_1}{x_2} \right)}{d\left(\dfrac{p_1}{p_2} \right)} \cdot \frac{p_1}{p_2} \cdot \frac{x_1}{x_2} \right| = \left| \frac{d\left(\dfrac{x_1}{x_2} \right)}{d\left(\dfrac{p_1}{p_2} \right)} \cdot \frac{\dfrac{p_1}{p_2}}{\left(\dfrac{\alpha_2}{\alpha_1} \dfrac{p_1}{p_2} \right)^{\frac{1}{\rho-1}}} \right|$$

$$= \left| \frac{\dfrac{1}{\rho-1} \left(\dfrac{\alpha_2}{\alpha_1} \right)^{\frac{1}{\rho-1}} \cdot \left(\dfrac{p_1}{p_2} \right)^{\frac{1}{\rho-1}-1}}{\left(\dfrac{\alpha_2}{\alpha_1} \right)^{\frac{1}{\rho-1}} \cdot \left(\dfrac{p_1}{p_2} \right)^{\frac{1}{\rho-1}-1}} \right| = \left| \frac{1}{\rho-1} \right| \tag{3.127}$$

Wie eingangs erwähnt, ist die Substitutionselastizität für die CES-Funktion konstant und entspricht dem Betrag des Kehrwerts des um Eins verminderten Parameters ρ. Eine Substitutionselastizität von Eins, wie sie für die Cobb-Douglas-Funktion charakteristisch ist, resultiert daher nur für $\rho \to 0$.

Da die Approximation der Cobb-Douglas – bzw. der Leontief-Funktion aus der CES-Funktion nicht ganz einfach ist, wollen wir auf die exakte Herleitung dieser Approximationen hier verzichten[39] und zeigen dies lieber indirekt anhand des Verlaufs der Isoquanten.

Die Grenzrate der Substitution $|dx_2/dx_1|$ für die CES-Funktion ist gemäß (3.125)

---

39   Vgl. hierfür Varian 1992, 19f.

$$\left|\frac{dx_2}{dx_1}\right| = \frac{\dfrac{\partial y}{x_1}}{\dfrac{\partial y}{x_2}} = \frac{\alpha_1}{\alpha_2}\left(\frac{x_1}{x_2}\right)^{\rho-1} \quad \text{bzw.} \tag{3.128}$$

$$\frac{dx_2}{dx_1} = -\frac{\dfrac{\partial y}{x_1}}{\dfrac{\partial y}{x_2}} = -\frac{\alpha_1}{\alpha_2}\left(\frac{x_1}{x_2}\right)^{\rho-1} \tag{3.129}$$

Die Grenzrate der Substitution entspricht dem Betrag der Steigung der Isoquante. Wie man sieht, hängt der Verlauf der Isoquanten entscheidend von ρ ab:

- Für $\rho = 1$ ist $\left| dx_2/dx_1 \right| = \alpha_1/\alpha_2$, d.h. die Isoquanten verlaufen linear. Die Faktoren sind vollständig substituierbar;
- für $\rho = 0$ ergibt sich die gleiche Grenzrate der Substitution wie bei der Cobb-Douglas-Produktionsfunktion. Die Isoquanten verlaufen konvex;
- für $\rho \rightarrow -\infty$ geht die Steigung der Isoquanten gegen minus unendlich (für $x_2 > x_1$) bzw. gegen Null (für $x_2 < x_1$). Die Krümmung der Isoquanten nähert sich daher einem rechten Winkel, wie es bei der Leontief-Funktion der Fall ist;
- für $\rho > 1$ nimmt die Grenzrate der Substitution mit steigendem x_1 zu, d.h. die Isoquanten verlaufen konkav, was ökonomisch nicht plausibel ist.

Abb. 3.20: *Isoquanten bei der CES-Produktionsfunktion*

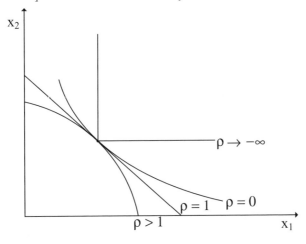

3.8.2 Ein Anwendungsbeispiel: Die Schätzung des Produktionspotentials durch die Bundesbank[E]

Bei der Schätzung des gesamtwirtschaftlichen Produktionspotentials durch die Bundesbank werden die Sektoren Wohnungsvermietung und Staat zunächst ausgeklammert, und es wird angenommen, daß das Produktionspotential für diese beiden Sektoren ihrer jeweiligen tatsächlichen (realen) Bruttowertschöpfung entspricht.

Zur Schätzung des gesamtwirtschaftlichen Produktionspotentials des *übrigen* Unternehmenssektors (ohne Wohnungsvermietung) verwendet die Bundesbank eine CES-Produktionsfunktion mit den Produktionsfaktoren Arbeit und Kapital. Früher hat die Bundesbank ihre Schätzung auf eine Cobb-Douglas-Produktionsfunktion gestützt. Sie ist aber zur CES-Funktion übergegangen, weil diese weniger restriktive Annahmen erfordert als die Cobb-Douglas-Funktion. Wie man in Gleichung (3.130) sieht, ergibt sich auch dann ein positiver Output, wenn ein Faktor gleich Null ist. Die unterstellte Produktionsfunktion für die Periode t lautet

$$Y_t = c \cdot e^{\lambda \cdot t} \cdot [\alpha \cdot A^\rho + (1 - \alpha) \cdot K^\rho]^{\frac{r}{\rho}} \qquad (3.130)$$

Y = Bruttowertschöpfung (in Mrd. DM in Preisen von 1991)
c = Niveaukonstante
A = Arbeitsvolumen (in Mrd. Stunden)
K = genutzter Kapitalbestand (in Mrd. DM in Preisen von 1991
t = Zeitfaktor
λ = Fortschrittsrate
α = Verteilungsparameter
r = Skalenelastizität[40]
ρ = Substitutionsparameter

Die in der Produktionsfunktion enthaltenen exogenen Variablen sind der in Mrd. Arbeitsstunden gemessene Arbeitseinsatz A und der genutzte Sachkapitalbestand K des Unternehmenssektors (ohne Wohnungsvermietung) (in Mrd. DM in Preisen von 1991).

Zur Ermittlung des Produktionspotentials geht die Bundesbank in drei Schritten vor.

1. Zunächst werden die Parameter dieser Produktionsfunktion (der Skalenparameter c, der Verteilungsparameter α, die Rate des technischen Fortschritts λ, die Skalenelastizität r und der Substitutionsparameter ρ) mit den tatsächlichen Daten für die beiden endogenen (A und K) sowie der exogenen Variablen (Y) geschätzt. Als Datengrundlage hierfür dienen:

   – die Bruttowertschöpfung aus der VGR (Y).
   – das *genutzte* Sachanlagevermögen (K). Ausgehend vom Bestand im Jahre 1970 wird das Sachanlagevermögen der folgenden Jahre durch Fortschreibung mit den Bruttoanlageinvestitionen (abzüglich der Abgänge) gewonnen. Die Bestimmung des Nutzungsgrades orientiert sich an Ergebnissen der Unternehmensbefragung des ifo-Instituts für das Verarbeitende Gewerbe und das Bauhauptgewerbe.

---

40   Im Gegensatz zu der in Abschnitt 3.8.1 dargestellten CES-Funktion, die aus Vereinfachungsgründen eine Skalenelastizität von Eins aufweist, verwendet die Bundesbank den hier dargestellten allgemeineren Typ mit r als Skalenelastizität.

– das Arbeitsvolumen (A), wobei die Rohdaten vom Institut für Arbeitsmarkt und Berufsforschung stammen.

Für den Zeitraum von Anfang 1970 bis Ende 1994 hat die Schätzung der Parameter folgende Produktionsfunktion ergeben:

$$Y_t = 1.392,4 \cdot e^{0,47 \cdot t} \cdot \left[0,36 \cdot A^{0,24} + 0,64 \cdot K^{0,24} \right]^{\frac{1,11}{0,24}} \qquad (3.131)$$

Diese Produktionsfunktion kann nun produktionstechnisch wie folgt interpretiert werden:

– Die Skalenelastizität (r = 1,11) ist etwas größer als Eins, d.h. die Produktionsfunktion signalisiert eine leicht überproportionale Zunahme des Outputs bei der gleichzeitigen Erhöhung beider Inputfaktoren um einen konstanten Faktor (steigende Skalenerträge).

– Dadurch weichen die Produktionselastizitäten für beide Produktionsfaktoren von der über den Verteilungsparameter α geschätzten Einkommensverteilung geringfügig ab ($\partial Y / \partial A \cdot A / Y = 0,4$ bzw. $\partial Y / \partial K \cdot K / Y = 0,71$ gegenüber $\alpha = 0,36$ bzw. $(1 - \alpha) = 0,64$).

– Aus dieser Produktionsfunktion kann eine Substitutionselastizität von rund 0,8 errechnet werden, d. h. bei einer Erhöhung des Faktorpreisverhältnisses (w/i) um 1 % sinkt das Faktoreinsatzverhältnis (A/K) um 0,8 %. Zur Erinnerung: Die Substitutionselastizität bei der Cobb-Douglas Produktionsfunktion beträgt immer 1, d. h. die Einkommensverteilung ändert sich bei einer Veränderung des Faktorpreisverhältnisses nicht. Bei der CES-Produktionsfunktion kommt es bei einer Erhöhung des Faktorpreisverhältnisses w/i auch zu einer – allerdings leichten – Zunahme der Lohnsumme.

2. In einem zweiten Schritt werden die *potentiellen* Einsatzmengen für Kapital und Arbeit in die CES-Produktionsfunktion eingesetzt. Es ergibt sich das Produktionspotential des entsprechenden Jahres. Während die potentielle Leistungsabgabe des Kapitalstocks einfach aus dem Sachkapitalbestand gewonnen werden kann, gestaltet sich die Ermittlung des potentiellen Arbeitsvolumens deswegen schwierig, weil dieses nur den zusätzlichen Arbeitseinsatz erfassen soll, der bei gegebenen institutionellen Bedingungen und Marktunvollkommenheiten wirklich realisiert werden kann. Somit kann nicht die ganze existierende Arbeitslosigkeit eingerechnet werden, sondern es muß eine natürliche Rate der Unterbeschäftigung bzw. eine Sockelarbeitslosigkeit unterstellt werden.

3. Das gesamtwirtschaftliche Produktionspotential ergibt sich schließlich dadurch, daß zum auf diese Weise geschätzten Produktionspotential für den Unternehmenssektor (ohne Wohnungsvermietung) die reale Bruttowertschöpfung für den Wohnungssektor und den Staat hinzugerechnet werden (für beide Sektoren wird – wie eingangs erwähnt – ein Auslastungsgrad von 100 % unterstellt). Der Vorteil des Bundesbankverfahrens zur Schätzung des Produktionspotentials liegt darin, daß die Substitutionalität der Produktionsfaktoren Arbeit und Kapital explizit berücksichtigt wird. Allerdings wird kritisiert, daß:

– die Bestimmung des potentiellen Arbeitsvolumens ziemlich willkürlich ist und
– die Konstanz der Parameter über einen Stützbereich angenommen wird, was bei
   exogene Störungen (z.b. die beiden Ölkrisen oder die Wiedervereinigung) sehr
   problematisch ist.

In Abb. 3.21 ist das mit Hilfe der CES-Funktion ermittelte Produktionspotential der
letzten Jahre dem tatsächlichen Bruttoinlandsprodukt gegenübergestellt worden. Die
Auslastung des Produktionspotentials ist nun das durch das Produktionspotential di-
vidierte Bruttoinlandsprodukt. Sie ist ein guter Indikator für die Konjunkturdiagnose.

Abb. 3.21: *Produktionspotential in Preisen von 1991 (nur alte Bundesländer)*

| | Produktionspotential | | Bruttoinlandsprodukt | | Auslastung des |
	Mrd. DM	Veränd. in % gegenüber Vorjahr	Mrd. DM	Veränd. in % gegenüber Vorjahr	Produktions- potentials in %
1982	2093,4	+2,6	2001,0	−0,9	95,6
1983	2135,8	+2,0	2036,2	+1,8	95,3
1984	2178,5	+2,0	2093,5	+2,8	96,1
1985	2221,3	+2,0	2136,0	+2,0	96,2
1986	2273,0	+2,3	2186,1	+2,3	96,2
1987	2318,8	+2,0	2218,4	+1,5	95,7
1988	2376,7	+2,5	2301,0	+3,7	96,8
1989	2427,3	+2,1	2384,4	+3,6	98,2
1990	2495,1	+2,8	2520,4	+5,7	101,0
1991	2579,1	+3,4	2647,6	+5,0	102,7
1992	2664,2	+3,3	2694,3	+1,8	101,1
1993	2715,7	+1,9	2648,6	−1,7	97,5
1994	2752,8	+1,4	2709,6	+2,3	98,4

3.9 Zusammenfassung

In diesem Kapitel haben wir ausführlich die produktionstechnischen Zusammenhänge
diskutiert, auf deren Grundlage wir in den folgenden Kapiteln das Entscheidungsverhalten von Unternehmen analysieren werden. Während Abschnitt 3.2 Ihnen vor allem
Gelegenheit geben sollte, sich relevante Definitionen zusammenhängend in Erinnerung zu rufen und auch die Abschnitte 3.3 und 3.4 noch einführenden Charakter hatten, beschäftigten wir uns in Abschnitt 3.5 mit der Bestimmung der erforderlichen
Faktormengen auf Basis *gegebener* Faktoreinsatzverhältnisse. Dies ist vor allem, aber
nicht nur für limitationale Produktionsfunktionen relevant. Der Kern war dabei die
Darstellung der Input-Output-Analyse, mit der auch komplexe und interdependente
Produktionsstrukturen präzise erfaßt werden können.

Den Kern des Kapitels bildete aber die Darstellung von substitutionalen Produktionsfunktionen. Besonders wichtig ist dabei die Cobb-Douglas-Funktion (Abschnitt
3.6), die zahlreichen mikroökonomischen Arbeiten zugrunde liegt. Die wichtigsten
Eigenschaften der Cobb-Douglas-Funktion finden sich zusammengefaßt in Abschnitt
3.6.2.4. Denken Sie dabei vor allem an die Unterscheidung partieller und totaler Faktorvariation und an die bei partieller Faktorvariation sinkenden Grenzproduktivitäten,

da diese für das Verhalten von Unternehmen in den folgenden Kapiteln eine zentrale Rolle spielen werden. Später (Abschnitt 4.3) wird sich zeigen, daß auch das in Abschnitt 3.7 behandelte Ertragsgesetz im ökonomisch *relevanten* Bereich sinkende Grenzproduktivitäten aufweist, obwohl diese zunächst ansteigen. Schließlich haben wir die beispielsweise von der Bundesbank zur Schätzung des Produktionspotentials in der Bundesrepublik Deutschland verwendete CES-Produktionsfunktion erläutert, die sowohl die Cobb-Douglas-Funktion als auch limitationale Produktionsfunktionen als Spezialfälle enthält und daher eine sehr allgemeine Produktionsfunktion ist.

Kapitel 4

Kostentheorie

4.1 Grundlagen

4.1.1 Überblick

Der Unterschied zwischen der Produktions- und der Kostentheorie besteht im wesentlichen darin, daß in der Produktionstheorie der Output und in der Kostentheorie der Input als abhängige Variable betrachtet werden: Die Produktionstheorie untersucht die Veränderung des Outputs als Funktion des Inputs, und die Kostentheorie untersucht die Veränderung des (mit Preisen bewerteten) Inputs als Funktion des Outputs. Sofern wir eine Produktionsfunktion mit nur einem Input und einem Output betrachten, und alle Preise exogen gegeben sind, läßt sich die Kostenfunktion einfach als Umkehrfunktion der Produktionsfunktion ermitteln. Analog zur Produktionstheorie beginnen wir in Abschnitt 4.1.2 mit einigen nützlichen Definitionen. Daran anschließend (Abschnitt 4.2) beschäftigen wir uns mit Kostenfunktionen auf Grundlage der Cobb-Douglas-Funktion. Danach kommen wir auf das Ertragsgesetz zurück (Abschnitt 4.3) und widmen uns einer auf Gutenberg zurückgehenden Kostenfunktion (Abschnitt 4.4), bei der zwischen zeitlicher und intensitätsmäßiger Anpassung unterschieden wird. Es folgen eine besonders einfache, aber durchaus praktisch relevante Kostenfunktion (Abschnitt 4.5) sowie empirische Hinweise (Abschnitt 4.6) und eine zusammenfassende Darstellung (Abschnitt 4.7).

4.1.2 Definitionen

Anknüpfend an die einleitend zur Produktionstheorie gegebenen Definitionen (Abschnitt 3.2.1) werden nun zunächst einige wichtige Begriffe der Kostentheorie zusammengestellt, auf die wir im Verlauf der weiteren Abschnitte zurückkommen werden. Die meisten Definitionen werden Ihnen mehr oder weniger vertraut sein, doch kann eine systematische Auflistung nicht schaden.

Definition 1:

Fixe Kosten (K_f) sind unabhängig von der Produktionshöhe in der betrachteten Periode und demnach unveränderbar (invariabel).

Produktionstheoretisch handelt es sich demnach um die Kosten der fixen Faktoren in der Produktionsfunktion. Mit $\overline{x}_2$ bis $\overline{x}_n$ als fixe Faktoren und p_i als zugehörigen Preisen gilt

$$K_f = \sum_{i=2}^{n} p_i \cdot \overline{x}_i \qquad (4.1)$$

Definition 2:

Variable Kosten (K_v) sind abhängig von der Produktionshöhe in der betrachteten Periode.

Produktionstheoretisch handelt es sich demnach um die Kosten der variablen Faktoren in der Produktionsfunktion. Mit x_1 als variablen Faktor und p_1 als zugehörigen Preis gilt

$$K_v = p_1 \cdot x_1 \qquad (4.2)$$

Bei totaler Faktorvariation, wenn definitionsgemäß alle Faktoren variabel sind, erübrigt sich die Unterscheidung zwischen fixen und variablen Kosten. Beachten Sie, daß die Unterteilung in fixe und variable Kosten von der Periodenlänge abhängt: Kurzfristig kann die Miete für eine Lagerhalle zu den Fixkosten gerechnet werden, langfristig kann der Vertrag gelöst werden.

Definition 3:

Die Gesamtkosten (K_g) sind die Summe aus fixen und variablen Kosten.

$$K_g = K_f + K_v \qquad (4.3)$$

Definition 4:

Durchschnittliche Kosten sind der Quotient aus Kosten und Produktionsmenge (K/y). Entsprechend den Definitionen 1-3 unterscheidet man nach durchschnittlichen fixen, durchschnittlichen variablen und durchschnittlichen Gesamtkosten.

Definition 5:

Die bei einer infinitesimal kleinen (marginalen) Produktionssteigerung entstehenden Kosten heißen Grenzkosten (dK/dy).

Definition 6:

Eine Kostenfunktion heißt kurzfristige Kostenfunktion, wenn nicht alle Produktionsfaktoren variabel sind. Produktionstheoretisch entspricht dies dem Fall partieller Faktorvariation.

Definition 7:

Eine Kostenfunktion heißt langfristige Kostenfunktion, wenn alle Produktionsfaktoren variabel sind. Produktionstheoretisch entspricht dies dem Fall totaler Faktorvariation.

Definition 8:

Fixkosten heißen *sunk costs* (versunkene Kosten), wenn sie auch durch eine Unternehmensaufgabe nicht beeinflußt werden können.

Beispielsweise sind die Kosten für die Kfz-Steuer eines Lkw in einer Spedition Fixkosten, weil sie unabhängig von der km-Leistung sind. Sie sind aber *keine* sunk costs, weil die Kosten bei einer Unternehmensaufgabe wegfallen. Dagegen sind beispielsweise *spezifische* Investitionen in Humankapital sunk costs, weil sie nur dann Erträge stiften, wenn sie in dem betreffenden Produktionsprozeß genutzt werden. Häufig versteht man unter „gewöhnlichen" Fixkosten (also Fixkosten ohne sunk cost-Charakter) auch Kosten, die zwar bei jeder positiven Produktionsmenge konstant sind, bei einer Produktionsmenge von Null aber ebenfalls Null sind (weil beispielsweise ein LKW für diese Zeit abgemeldet werden kann). Die Unterscheidung bezieht sich dann nicht auf die Aufgabe des ganzen Unternehmens, sondern lediglich auf eine Produktionsmenge von Null in dem betrachteten Zeitraum. Der Unterschied zwischen Fixkosten und sunk costs ist ausgesprochen wichtig, weil sunk costs im Unterschied zu Fixkosten eine Markteintrittsbarriere konstituieren. Denn wer seinen Lkw verkaufen kann, wird Preise verlangen, die langfristig auch die Fixkosten decken; andernfalls wird er lieber aus dem Markt ausscheiden. Wer dagegen bestimmte Ausgaben auch bei Aufgabe der Tätigkeit nicht rückgängig machen kann, wird sich im Extremfall auch langfristig mit der Deckung der variablen Kosten zufrieden geben. Der entscheidende Punkt an sunk costs ist also ihre Irreversibilität.

4.2 Kostenfunktionen auf Grundlage der Cobb-Douglas-Funktion

Analog zur Produktionstheorie müssen wir auch innerhalb der Kostentheorie zwischen partieller und totaler Faktorvariation unterscheiden. Denn wenn die Kostenfunktion aus den in Abschnitt 4.1.1 erläuterten Gründen bei vollständiger Konkurrenz als (bewertete) Umkehrfunktion der Produktionsfunktion interpretiert werden kann und die Produktionsfunktion bei partieller und totaler Faktorvariation unterschiedlich verläuft, dann muß auch die Kostenfunktion für partielle und totale Faktorvariation unterschiedlich verlaufen. Analog zur Produktionstheorie beginnen wir mit partieller Faktorvariation.

4.2.1 Partielle Faktorvariation

Da die Kostenfunktion die Umkehrfunktion der Produktionsfunktion ist, bildet diese den Ausgangspunkt unserer Rechnungen. Dazu betrachten wir die allgemeine Cobb-Douglas-Funktion

$$y = x_1^{\alpha_1} \cdot x_2^{\alpha_2} \cdot \ldots \cdot x_n^{\alpha_n} = x_1^{\alpha_1} \cdot \prod_{i=2}^{n} x_i^{\alpha_i} \tag{4.4}$$

Der rechte Teil drückt dabei aus, daß wir alle Produktionsfaktoren außer Faktor 1 zu einem Produkt zusammenfassen, was lediglich eine Kurzschreibweise ist. Dies machen wir, weil wir gemäß der Annahme partieller Faktorvariation alle Faktoren außer 1 als konstant betrachten, was wir wieder durch einen Querstrich über den Faktormengen symbolisieren:

$$y = x_1^{\alpha_1} \cdot \prod_{i=2}^{n} \overline{x}_i^{\alpha_i} \tag{4.5}$$

Bedenken Sie nun erneut, daß in der Produktionsfunktion x_1 die unabhängige und y die abhängige Variable ist, deren Reaktion auf die Veränderung der Inputmenge x_1 untersucht wird. Umgekehrt kann danach gefragt werden, wieviel x_1 erforderlich ist, um einen beliebigen Output y zu produzieren, sofern die Menge der Faktoren 2 bis n konstant bleibt. Die sich ergebende Funktion ist entsprechend der Umkehr der Fragestellung auch formal die *Umkehrfunktion* der Produktionsfunktion und ergibt sich aus der Auflösung der Produktionsfunktion nach x_1: In der Produktionsfunktion wurde die Produktion als Funktion der Faktormenge dargestellt; nun wird die Faktormenge als Funktion der Produktion ausgedrückt. Die Produktionsmenge wird zur unabhängigen und die Faktormenge gemäß Gleichung (4.6) zur abhängigen Variablen:

$$x_1^{\alpha_1} = \frac{y}{\prod\limits_{i=2}^{n} \overline{x}_i^{\alpha_i}} \tag{4.6}$$

Um x_1 alleinstehend zu erhalten, potenzieren wir auf beiden Seiten mit $1/\alpha_1$ und erhalten

$$x_1(y) = \frac{y^{\frac{1}{\alpha_1}}}{\left(\prod\limits_{i=2}^{n} \overline{x}_i^{\alpha_i}\right)^{\frac{1}{\alpha_1}}} \tag{4.7}$$

Da Gleichung (4.7) den physischen Input als Funktion des Outputs darstellt, wird sie *Faktoreinsatzfunktion* genannt. Bedenken Sie nun, daß der ganze Nenner in Gleichung (4.7) wegen der Konstanz aller Faktormengen außer x_1 ebenfalls konstant ist. Somit wird der Verlauf der Funktion nur vom Zähler bestimmt. Da α_1 kleiner als Eins ist, ist der Exponent $1/\alpha_1$ im Zähler größer als Eins, so daß $x_1(y)$ gemäß Abb. 4.1 progressiv steigt. Dies ist auch nicht überraschend, weil die Faktoreinsatzfunktion die Umkehrfunktion der Produktionsfunktion ist und die Produktionsfunktion degressiv steigt; die Faktoreinsatzfunktion muß also progressiv steigen.

Abb. 4.1: *Die Faktoreinsatzfunktion für die Cobb-Douglas-Funktion bei partieller Faktorvariation*

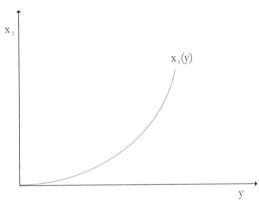

Ökonomisch drückt der progressive Verlauf der Faktoreinsatzfunktion aus, daß eine immer größere Menge von x_1 zur Herstellung einer Outputeinheit y benötigt wird, wenn y gesteigert werden soll. Dies liegt an der Konstanz anderer Faktoren, so daß beispielsweise die zum Ausheben von Erde zur Verfügung stehenden Schaufeln immer knapper werden und man immer mehr Arbeit benötigt, um einen zusätzlichen m^3 Erde auszuheben.

Um nun von der Faktoreinsatzfunktion in Gleichung (4.7) zur Kostenfunktion überzugehen, wird die Beziehung verwendet, daß sich die gesamten Kosten gemäß Gleichung (4.8) aus der Summe der mit ihren Preisen bewerteten Faktormengen zusammensetzen:

$$K(p,x) = p_1 \cdot x_1 + p_2 \cdot x_2 + ... + p_n \cdot x_n = \sum_{i=1}^{n} p_i \cdot x_i \qquad (4.8)$$

Werden die Kosten in dieser Form – also als Summe der mit ihren Preisen bewerteten Inputs – geschrieben, so bezeichnet man dies in Abgrenzung zur Kostenfunktion gewöhnlich als Kosten*gleichung*. Die Kostengleichung ist eine reine Definitionsgleichung, mit der sich die Kosten bei gegebenem Faktoreinsatz und ebenfalls gegebenen Faktorpreisen berechnen lassen, während die Kostenfunktion die Kosten als abhängige Variable der Produktionsmenge (und somit als Funktion) darstellt.

Da alle Faktormengen außer x_1 als konstant betrachtet werden, können wir alle Kosten außer $p_1 \cdot x_1$ als Fixkosten bezeichnen, so daß die Kostengleichung in

$$K(p,x) = p_1 \cdot x_1 + \sum_{i=2}^{n} p_i \cdot x_i = p_1 \cdot x_1 + K_f \qquad (4.9)$$

übergeht. Um nun von der durch (4.9) gegebenen Kosten*gleichung* zur gesuchten Kosten*funktion* zu kommen, müssen wir lediglich x_1 durch die in Gleichung (4.7) gegebene Faktoreinsatzfunktion ersetzen, da diese genau angibt, wieviel x_1 wir für jede gewünschte Menge y benötigen. Einsetzen von (4.7) in (4.9) ergibt

$$K(p, y) = p_1 \frac{y^{\frac{1}{\alpha_1}}}{\left(\prod_{i=2}^{n} x_i^{\alpha_i}\right)^{\frac{1}{\alpha_1}}} + K_f \tag{4.10}$$

und somit die Kostenfunktion. Diese Kostenfunktion ist wesentlich einfacher, als sie auf den ersten Blick aussieht. Da p_1 bei *vollständiger Konkurrenz* exogen gegeben ist und der Nenner des Bruchs wegen der Konstanz aller Faktormengen außer x_1 ebenfalls konstant ist, können wir die konstanten Ausdrücke zu dem Parameter „a" zusammenfassen und die Kostenfunktion als

$$K(y) = a \cdot y^{1/\alpha_1} + K_f \tag{4.11}$$

schreiben, wobei $a \cdot y^{1/\alpha_1}$ die variablen Kosten sind. Analog zur Faktoreinsatzfunktion (die ja abgesehen vom unwichtigen Parameter a mit der Kostenfunktion identisch ist) weist die Kostenfunktion für die Cobb-Douglas-Funktion bei partieller Faktorvariation also einen progressiven Verlauf auf, weil $\alpha_1 < 1$ ist. Abb. 4.2 zeigt die variablen Kosten, die Fixkosten und die Gesamtkosten.

Entsprechend der Bestimmung verschiedener Maßzahlen bei der Beschreibung produktionstechnischer Zusammenhänge kann nun untersucht werden, wie sich die Grenzkosten, die variablen Durchschnittskosten, die durchschnittlichen Fixkosten und die durchschnittlichen Gesamtkosten bei steigender Produktion entwickeln. Die *Grenzkosten* geben an, wie stark die Kosten steigen, sofern die Produktion infinitesimal erhöht wird. Formal ergeben sich die Grenzkosten demnach als erste Ableitung der Kostenfunktion nach der Produktionsmenge y.

Wenn wir wieder die vereinfachte (aber allgemeine) Schreibweise aus Gleichung (4.11) verwenden, so folgt

$$\frac{dK}{dy} = a \cdot \frac{1}{\alpha_1} \cdot y^{\frac{1}{\alpha_1} - 1} \tag{4.12}$$

Entscheidend für den Verlauf der Grenzkosten ist der Exponent $(1/\alpha_1) - 1$. Da $1/\alpha_1$ wegen $\alpha_1 < 1$ größer als Eins ist, ist der Exponent insgesamt positiv, so daß die Grenzkosten ansteigen – was bei einer progressiven Stammfunktion ja auch selbstverständlich ist. Die zusätzlichen Kosten zur Produktion einer weiteren Einheit werden also immer größer, was wieder an der Knappheit der fixen Faktoren bzw. der Annahme partieller Faktorvariation liegt. Ob die Grenzkosten progressiv oder degressiv steigen, hängt von der Höhe von α_1 ab. Sofern die Produktionselastizität α_1 des betreffenden Faktors kleiner als 0,5 ist, steigen die Grenzkosten progressiv und andernfalls degressiv; für $\alpha_1 = 0,5$ ergibt sich ein linearer Verlauf, weil der gesamte Exponent in Gleichung (4.12) dann gerade Eins ist. Ökonomisch erklärt sich der progressive Verlauf für $\alpha_1 < 0,5$ – vereinfacht formuliert – daraus, daß die Produktionselastizität ja ein Maß für die Produktivität des betreffenden Faktors ist. Je geringer diese Produktivität, desto mehr wird vom Faktor zusätzlich gebraucht, um unter Konstanz der Mengen aller anderen Produktionsfaktoren den Output zu steigern. Die *Zunahme* der Grenzkosten ist somit ein allgemeines Charakteristikum der Cobb-Douglas-Funktion bei partieller Faktorvariation, während der genaue Verlauf von der Produktionselastizität des variablen Faktors abhängt.

Abb. 4.2: *Die Kostenfunktion bei partieller Faktorvariation für die Cobb-Douglas-Funktion*

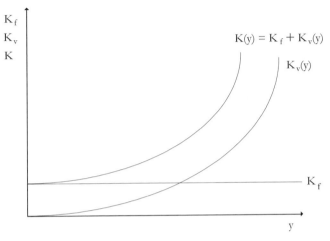

Wenden wir uns nun den durchschnittlichen variablen Kosten (k_v) zu. Diese ergeben sich definitionsgemäß aus der Division der variablen Kosten durch die Produktionsmenge y und betragen somit

$$k_v = \frac{K_v}{y} = \frac{a \cdot y^{\frac{1}{\alpha_1}}}{y} = a \cdot y^{\frac{1}{\alpha_1}-1} \tag{4.13}$$

Der einzige Unterschied zu den Grenzkosten besteht demnach darin, daß die variablen Durchschnittskosten *nicht* mit dem Ausdruck $1/\alpha_1$ multipliziert werden. Da $1/\alpha_1$ wegen $\alpha_1 < 1$ größer als Eins ist, haben die variablen Durchschnittskosten den gleichen Verlauf wie die Grenzkosten, verlaufen aber stets unter diesen. Analog zur Grenzkostenfunktion gilt auch für die durchschnittlichen variablen Kosten, daß sie bei einer Produktionselastizität über (unter) 0,5 degressiv (progressiv) steigen. Die durchschnittlichen Fixkosten (k_f) und die durchschnittlichen Gesamtkosten (k) sind schließlich

$$k_f = \frac{K_f}{y} \tag{4.14}$$

bzw.

$$k = k_v + k_f = a \cdot y^{\frac{1}{\alpha_1}-1} + \frac{K_f}{y} \tag{4.15}$$

In Abb. 4.3 haben wir die in den Gleichungen (4.12) bis (4.15) bestimmten Kostenfunktionen für den Spezialfall $\alpha_1 = 0{,}5$ gezeichnet, für den sich lineare Grenz- und ebenfalls lineare variable Durchschnittskosten ergeben.

Abb. 4.3: *Grenzkosten, durchschnittliche variable Kosten, durchschnittliche Fixkosten und durchschnittliche Gesamtkosten bei der Cobb-Douglas-Funktion und partieller Faktorvariation mit* $\alpha_1 = 0{,}5$

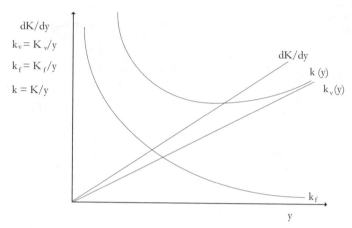

Während der lineare Verlauf der Grenz- und Durchschnittskosten wie erläutert nur für den Spezialfall $\alpha_1 = 0{,}5$ gilt, können folgende Eigenschaften einer auf der Cobb-Douglas-Funktion basierenden Kostenfunktion bei partieller Faktorvariation als allgemein gültig festgehalten werden:

1. Die Grenzkosten und die variablen Durchschnittskosten steigen, wobei die Grenzkosten stets über den variablen Durchschnittskosten liegen ($dK/dy > k_V$). $dK/dy > k_V$ gilt bei steigenden Grenzkosten, weil die Grenzkosten nur die Kosten der (teuren) letzten Einheit messen, während in die durchschnittlichen variablen Kosten (k_V) auch die Kosten der (relativ billigen) vorhergehenden Einheiten eingehen. Die Grenz- und variablen Durchschnittskosten steigen bei partieller Variation des Faktors i für $\alpha_i < 0{,}5$ ($\alpha_i > 0{,}5$) progressiv (degressiv) und für $\alpha_i = 0{,}5$ wie in Abb. 4.3 linear. Formal folgt die Zunahme der Grenzkosten bzw. die progressive Zunahme der Gesamtkosten aus der zugrunde gelegten Cobb-Douglas-Funktion, da sinkende Grenzproduktivitäten steigende Grenzkosten implizieren. Die Zunahme der Grenzkosten wird also technisch begründet, indem – plausiblerweise – angenommen wird, daß bei *partieller* Faktorvariation der Ertrag nur degressiv steigt.

2. Die gesamten Durchschnittskosten k sinken zunächst und steigen dann an. Der Grund dafür ist, daß die Steigerung der variablen Durchschnittskosten (k_V) zunächst von der Reduktion der durchschnittlichen Fixkosten (k_f) überkompensiert wird, so daß k als Summe aus k_V und k_f sinkt. Dies gilt, solange die durchschnittlichen Fixkosten schneller sinken als die durchschnittlichen variablen Kosten steigen. Das Minimum der durchschnittlichen Gesamtkosten ist erreicht, wenn die

Zunahme der durchschnittlichen variablen Kosten genau der Abnahme der durchschnittlichen Fixkosten entspricht, d.h. formal: wenn die Steigungen von k_v und k_f betragsmäßig identisch sind. Diese Bedingung muß keineswegs (wie leicht angenommen werden könnte) im Schnittpunkt von k_v und k_f erfüllt sein, da kein Grund zu der Annahme besteht, daß Funktionen in ihrem Schnittpunkt betragsmäßig identische Steigungen aufweisen.

3. Die durchschnittlichen Gesamtkosten und die Grenzkosten schneiden sich immer im *Minimum der durchschnittlichen Gesamtkosten*. Dies hat folgende Ursache: Solange die Grenzkosten geringer sind als die durchschnittlichen Gesamtkosten, wird jede Erhöhung der Produktion auch zu einer Verringerung von k führen. Liegt k beispielsweise bei 10 Geldeinheiten und betragen die Kosten für die nächste produzierte Einheit weniger als 10 GE, so führt die Produktionssteigerung zu sinkenden Durchschnittskosten. Denn die zusätzliche Einheit mit Kosten von 10 GE reduziert ja den Schnitt. Sobald die Grenzkosten höher sind als die durchschnittlichen Gesamtkosten, führt die Produktionssteigerung auch zu einer Zunahme von k. Der einzige Punkt, an dem die durchschnittlichen Gesamtkosten weder zu- noch abnehmen (d.h. das Minimum von k), muß also dort liegen, wo Grenzkosten und durchschnittliche Gesamtkosten identisch sind.

4.2.2 Totale Faktorvariation

Bei der Behandlung der Kostenfunktion bei totaler Faktorvariation fassen wir uns nun kurz, weil wir im vorhergehenden Abschnitt ja ausführlich gezeigt haben, wie man die Kostenfunktion als (bewertete) Umkehrfunktion der zugrundeliegenden Produktionsfunktion bestimmt. Ferner ist die Interpretation der Kostenfunktion bei totaler Faktorvariation dadurch einfacher, daß sich die Unterscheidung in fixe oder variable Faktoren erübrigt (es sind ja definitionsgemäß alle Faktoren variabel). In Abschnitt 3.6.4 haben wir gezeigt, daß die Cobb-Douglas-Funktion je nach Summe der Hochzahlen mit konstanten, steigenden oder sinkenden Skalenerträgen vereinbar ist. Entsprechend ergeben sich auch die zugehörigen Kostenfunktionen: Für steigende Skalenerträge erhalten wir degressiv steigende, für sinkende Skalenerträge progressiv steigende und für konstante Skalenerträge linear steigende Kostenfunktionen. Dies zeigt Abb. 4.4, wobei die Ertragsentwicklung y als Funktion der Summe der Hochzahlen dargestellt ist. Diese Abhängigkeit symbolisieren die Querstriche in den Klammern in Abb. 4.4.

Entsprechend unseren Überlegungen zur partiellen Faktorvariation führen progressiv (degressiv) steigende Kostenfunktionen zu steigenden (sinkenden) Grenz- und Durchschnittskostenfunktionen, während die Grenz- und Durchschnittskosten bei linear steigenden Kostenfunktionen konstant sind. Wenn wir von einer gegebenen Produktionsfunktion und einer ebenfalls gegebenen Faktorkombination (dies ist bei totaler Faktorvariation zwingend) ausgehen, so ist die Annahme konstanter Skalenerträge bzw. konstanter Durchschnittskosten offensichtlich am plausibelsten, weil nicht recht einzusehen ist, wodurch die Veränderung der Durchschnittskosten bei gegebener Technik zustandekommen sollte. Entsprechend wird in der überwiegenden Zahl von Arbeiten, in denen die Cobb-Douglas-Funktion verwendet wird, davon ausgegangen, daß die Summe der Hochzahlen (also die Summe der Produktionselastizitäten) Eins beträgt. Allerdings ist die effizienteste Technik oft auch erst ab einer bestimmten Produktionsmenge verfügbar, so daß die Summe der Hochzahlen dann größer als Eins ist (steigende Skalenerträge).[1]

Abb. 4.4:   *Kostenfunktionen bei der CD-Funktion und totale Faktorvariation*

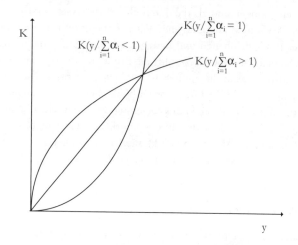

4.2.3 Die optimale Betriebsgröße

In der Realität wird ein Unternehmen bei einer Outputsteigerung nicht einen (Extremfall der partiellen Faktorvariation) oder alle Faktoren variieren (totale Faktorvariation), sondern einige Faktoren (gleichmäßig) erhöhen und andere konstant halten. Beispielsweise werden Rohstoffe, Maschinenlaufzeiten und Arbeitsstunden (ungefähr) gleichmäßig verändert, während vielleicht die Ausstattung mit Gebäuden über einen längeren Zeitraum bestehen bleibt. Die *totale* Faktorvariation ist also eine extreme Abstraktion, die in dieser Form in der Praxis nicht anzutreffen ist – es gibt keinen Moment, in dem ein Unternehmen tatsächlich alle Faktormengen gleichmäßig erhöht.

In diesem Abschnitt wollen wir daher der Frage nachgehen, welche analytische Bedeutung die totale Faktorvariation angesichts dieser Tatsache eigentlich beanspruchen kann.

Dazu zeigen wir, daß die totale Faktorvariation wesentlich für das Verständnis der *optimalen Betriebsgröße* in der langen Periode ist. Zu diesem Zweck unterscheiden wir in der Cobb-Douglas-Funktion zunächst die (kurzfristig) variablen Produktionsfaktoren $i = 1$ bis q und die (kurzfristig) fixen Produktionsfaktoren $j = q+1$ bis n und schreiben die Cobb-Douglas-Funktion als

---

1   Vgl. hierzu die Skizze empirischer Resultate in Abschnitt 4.6.

$$y = \prod_{i=1}^{q} x_i^{\alpha_i} \cdot \prod_{j=q+1}^{n} x_j^{\alpha_j} \tag{4.16}$$

Wir nehmen an, daß sich das Unternehmen für eine bestimmte Ausstattung mit den fixen Faktoren $j = q + 1$ bis n entscheidet und anschließend Outputerhöhungen durch eine gleichmäßige Erhöhung der variablen Faktoren $i = 1$ bis q realisiert. Wir können dann alle Faktoren $j = q + 1$ bis n zu einem Faktor X_j und alle Faktormengen $i = 1$ bis q zu einem Faktor X_i zusammenfassen:[2]

$$y = X_i^{\sum \alpha_i} \cdot X_j^{\sum \alpha_j} \tag{4.17}$$

Weil die Ausstattung mit X_j im betrachteten Zeitraum konstant bleibt, bezeichnen wir diese als *Betriebsgröße*: also als Ausstattung mit fixen Faktoren, auf deren Grundlage das Unternehmen in einem bestimmten Zeitraum produziert. Je höher die Betriebsgröße, desto höher sind die Fixkosten und desto geringer die Grenzkosten und die variablen Kosten. Dies ist intuitiv einsichtig und folgt im Falle der Cobb-Douglas-Funktion direkt aus der Bestimmung der Grenzproduktivitäten. Um unsere Überlegungen zur optimalen Betriebsgröße möglichst einfach zu halten, unterstellen wir, daß die Produktionselastizitäten für die zusammengesetzten Faktoren X_i und X_j jeweils 0,5 seien. Dann lautet unsere Cobb-Douglas-Funktion einfach

$$y = X_i^{0,5} \cdot X_j^{0,5} \tag{4.18}$$

Da wir von der Konstanz von X_j (also von der Konstanz der Betriebsgröße) im betrachteten Zeitraum ausgehen, erhalten wir für $X_j = 1$ und $X_j = 9$ also beispielsweise die Produktionsfunktionen

$$y(\overline{X}_j = 1) = 1^{0,5} \cdot X_i^{0,5} = X_i^{0,5} \tag{4.19}$$

und

$$y(\overline{X}_j = 9) = 9^{0,5} \cdot X_i^{0,5} = 3 X_i^{0,5} \tag{4.20}$$

mit den zugehörigen Grenzproduktivitäten

$$\frac{dy}{dX_i}(\overline{X}_j = 1) = 0,5 X_i^{-0,5} \tag{4.21}$$

und

$$\frac{dy}{dX_i}(\overline{X}_j = 9) = 1,5 X_i^{-0,5} \tag{4.22}$$

Die Grenzproduktivität des (zusammengesetzten) variablen Faktors wird demnach positiv von der Menge des konstanten Faktors ($\overline{X}_j$) beeinflußt; je besser beispielsweise die Ausstattung mit Maschinen, Gebäuden und Management ist, desto höher ist die Produktionssteigerung, die durch den Einsatz zusätzlicher Arbeit und

---

2   Auf die Indizes i=1 bis q etc. haben wir aus formatierungstechnischen Gründen verzichtet.

zusätzlicher Rohstoffe erzielt werden kann. Gleichzeitig steigen die Fixkosten bei steigender Betriebsgröße ($\overline{X}_j$), da ja

$$K_f = p_j \, \overline{X}_j \qquad\qquad (4.23)$$

gilt.

Dies legt die Vermutung nahe, daß für unterschiedliche Produktionsmengen auch eine unterschiedliche Ausstattung mit fixen Faktoren die gewinnmaximale Kombination fixer ($\overline{X}_j$) und variabler (X_i) Faktoren ermöglicht: Die optimale Betriebsgröße ist abhängig von der Produktionsmenge. Setzen wir zur Vereinfachung der Darstellung (aber ohne Beschränkung des Allgemeinheitsgrades) beispielsweise $p_i = p_j = 1$, so können wir ganz analog zu den allgemeineren Berechnungen in Abschnitt 4.2.1 die zu den Produktionsfunktionen (4.19) und (4.20) zugehörigen Kostenfunktionen K^A und K^B ermitteln und erhalten

$$K^A(y \,|\, \overline{X}_j = 1) = y^2 + 1 \qquad\qquad (4.24)$$

bzw.

$$K^B(y \,|\, \overline{X}_j = 9) = \frac{y^2}{9} + 9 \qquad\qquad (4.25)$$

Abb. 4.5 zeigt, daß alle Mengen unterhalb von y^z kostengünstiger mit der Betriebsgröße $\overline{X}_j = 1$ produziert werden können; oberhalb von y^z ist die Betriebsgröße $\overline{X}_j = 9$ vorzuziehen. Der Schnittpunkt beider Kostenfunktionen ergibt sich aus der Gleichsetzung der Gleichungen (4.24) und (4.25). Rechnet das Unternehmen langfristig mit einer Produktion unterhalb von y^z, so wird es sich unter der Nebenbedingung der Gewinnmaximierung für die kleinere, andernfalls für die größere Betriebsgröße entscheiden. Nehmen wir nun an, daß die Betriebsgröße *stetig* variiert werden kann, so kann zu jeder geplanten Produktionsmenge die optimale Betriebsgröße ermittelt werden, bei der die Gesamtkosten minimal sind. Damit wird implizit die Annahme fixer Faktoren aufgegeben, denn wenn der fixe Faktor – die Betriebsgröße – stetig verändert werden kann, so ist er nicht mehr fix.

Abb. 4.5:   *Kostenfunktionen mit unterschiedlichen Betriebsgrößen.*

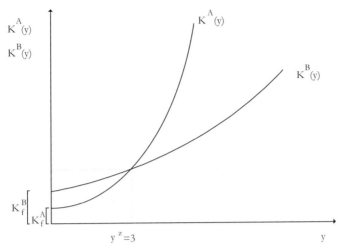

In unserem Beispiel liegt der Schnittpunkt der beiden Kostenfunktionen bei der Produktionsmenge $y^z = 3$; die Kosten betragen zur Produktion von 3 Einheiten sowohl bei der Betriebsgröße A ($X_j = 1$) als auch bei der Betriebsgröße B ($X_j = 9$) 10 Geldeinheiten. Doch weder die Betriebsgröße A noch die Betriebsgröße B ermöglichen eine kostenminimale Produktion von $y^z = 3$, da es eine andere Kombination fixer und variabler Faktoren gibt, die geringere Kosten verursacht. Diese kostenminimale Kombination fixer und variabler Produktionsfaktoren ist selbstverständlich nichts anderes als die Minimalkostenkombination, die wir in Abschnitt 3.6.3.3 des Kapitels zur Produktionstheorie ausführlich hergeleitet haben. Dort kamen wir zu dem Ergebnis, daß in der optimalen Faktorkombination das Verhältnis der Grenzproduktivitäten dem Preisverhältnis (in unserem Beispiel also $p_i/p_j=1$) entspricht:

$$\frac{\frac{\partial y}{\partial X_i}}{\frac{\partial y}{\partial X_j}} = \frac{0.5 X_i^{-0.5} \cdot X_j^{0.5}}{0.5 X_j^{-0.5} \cdot X_i^{0.5}} = 1 \qquad (4.26)$$

Nach Kürzen ergibt sich der auch intuitiv einsichtige Sachverhalt, daß angesichts identischer Preise und ebenfalls identischer Produktionselastizitäten vom fixen und vom variablen Faktor jeweils gleichviel eingesetzt werden sollte:

$$X_i = X_j \qquad (4.27)$$

Zur Produktion von $y^z = 3$ ergibt sich damit

$$y^z = 3 = X_i^{0.5} \cdot X_j^{0.5} = X_i^{0.5} \cdot X_i^{0.5} = X_i \qquad \Rightarrow \qquad (4.28)$$

$$X_i = X_j = 3 \qquad (4.29)$$

Die optimale Betriebsgröße zur Produktion von 3 Mengeneinheiten beträgt somit $X_j = 3$ und die zugehörige Kostenfunktion lautet

$$K(y \mid \overline{X}_j = 3) = \frac{y^2}{3} + 3 \tag{4.30}$$

Die Gesamtkosten zur Produktion der Menge $y^z = 3$ sind

$$K(y = 3 \mid \overline{X}_j = 3) = \frac{3^2}{3} + 3 = 6 \tag{4.31}$$

Aus analogen Überlegungen erhalten wir bei stetiger Variation der Betriebsgröße eine unbegrenzte Anzahl von Kostenfunktionen mit unterschiedlichen Fixkosten, aus denen wir die jeweils kostenminimale Betriebsgröße gemäß der fett eingezeichneten Verbindungslinie in Abb. 4.6 ablesen können.

Abb. 4.6 zeigt, daß die Funktion der jeweils minimalen Gesamtkosten eine Gerade aus dem Ursprung mit konstanten Grenz- und Durchschnittskosten ist, was aus unserer Annahme konstanter Skalenerträge folgt (diese Annahme haben wir dadurch getroffen, daß die Summe der Produktionselastizitäten der zusammengesetzten Faktoren X_i und X_j Eins ist). Die optimale Faktorkombination – in diesem Fall also das Verhältnis fixer und variabler Faktoren – ist für jede Produktionsmenge gleich, da die Werte in Gleichung (4.26) unabhängig von y sind. Jede einzelne Kostenfunktion hat ihr Minimum der Durchschnittskosten bei der optimalen Faktorkombination – und diese minimalen Durchschnittskosten sind bei allen Funktionen gemäß Abb. 4.7 identisch.

Zu jeder Produktionsmenge gibt es eine andere optimale Betriebsgröße, aber bei jeder Produktionsmenge sind die Stückkosten gleich hoch, sofern mit der optimalen Betriebsgröße produziert wird. Dies folgt aus dem konstanten Verhältnis fixer und variabler Faktoren bei unterschiedlichen Produktionsmengen unter der Annahme konstanter Skalenerträge. Bei konstanten Skalenerträgen und unter der Annahme, daß die Betriebsgröße stetig variiert werden kann, ist es unter Kostengesichtspunkten für die Unternehmen somit gleichgültig, ob eine kleine oder eine große Menge erzeugt wird; die Kosten pro produzierter Einheit verändern sich dadurch nicht. Es kann lediglich die optimale Ausstattung mit fixen Faktoren zur Produktion einer vorgegebenen Menge, aber nicht die optimale Produktionsmenge im Sinne minimaler Durchschnittskosten bestimmt werden. Durch die stetige Variation der Betriebsgröße wird der Unterschied zwischen fixen und variablen Faktoren letztlich aufgehoben, weil alle Faktoren (inkl. der Betriebsgröße selbst) variabel sind. Da die optimale Faktorkombination bei der Cobb-Douglas-Funktion für alle Produktionsmengen gleich ist – sie hängt lediglich von den Produktionselastizitäten und den Preisverhältnissen ab – führt die Bestimmung der optimalen Betriebsgröße zur totalen Faktorvariation. Die Bedeutung der totalen Faktorvariation liegt demnach darin, daß die Unternehmen immer wieder darum bemüht sein werden, die kostengünstigste Faktorkombination zu erreichen. Unter Praxisgesichtspunkten ist dabei allerdings selbstverständlich zu bedenken, daß der technische Fortschritt die Produktivitätsverhältnisse der Produktionsfaktoren ständig verändert, so daß sich auch die optimale Faktorkombination ändert.

Abb. 4.6: *Die optimale Betriebsgröße bei der Cobb-Douglas-Funktion*

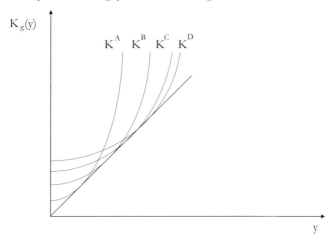

Abb. 4.7: *Die langfristigen Durchschnittskosten als Verbindung der Minima der einzelnen Durchschnittskostenfunktionen*

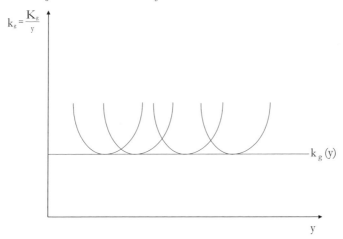

4.2.4 Zusammenfassung

In diesem Abschnitt haben wir Kostenfunktionen auf Grundlage der Cobb-Douglas-Funktion bestimmt. Dabei mußten wir analog zur Produktionstheorie zwischen partieller und totaler Faktorvariation unterscheiden. Das zentrale Ergebnis für partielle Faktorvariation ist, daß die Gesamtkosten *progressiv* steigen, weil die konstant gehaltenen Faktoren „knapp" werden und die Grenzproduktivität des variablen Faktors somit sinkt. Es wird also immer mehr vom variablen Faktor benötigt, um den Output zu erhöhen. Im einzelnen ergaben sich

- progressiv steigende Kosten;
- progressiv (degressiv) steigende Grenzkosten, wenn die Produktionselastizität des variablen Faktors kleiner (größer) als 0,5 ist;
- progressiv (degressiv) steigende variable Durchschnittskosten, wenn die Produktionselastizität des variablen Faktors kleiner (größer) als 0,5 ist. Die variablen Durchschnittskosten liegen stets unter den Grenzkosten;
- stetig sinkende durchschnittliche Fixkosten, weil ein konstanter Kostenblock auf eine immer größere Menge verteilt wird;
- und zunächst sinkende und anschließend steigende durchschnittliche Gesamtkosten.

Bei totaler Faktorvariation hängt der Verlauf der Kostenfunktion von der Summe der Produktionselastizitäten, also von den Skalenerträgen, ab. Steigende (sinkende) Skalenerträge führen zu degressiv (progressiv) steigenden Kostenfunktionen. Die Grenz- und Durchschnittskostenfunktionen ergeben sich entsprechend.

4.3 Ertragsgesetzliche (S-förmige) Kostenfunktionen

4.3.1 Darstellung

Wie in Abschnitt 3.7 erläutert, ging Turgot als Begründer des Ertragsgesetzes ursprünglich von einer gegebenen Landmenge aus, so daß es sich beim Ertragsgesetz um partielle Faktorvariation handelt. Man spricht dann wie erwähnt auch von der *kurzen Periode*, weil man annimmt, daß kurzfristig nicht alle Produktionsfaktoren variabel sind. Auch bei der Herleitung ertragsgesetzlicher Kostenfunktionen können wir uns nun kurz fassen, da wir lediglich wieder die Umkehrfunktion der in Abschnitt 3.7 dargestellten Produktionsfunktion bilden müssen.[3]

Abb.4.8 a zeigt die Gesamtkosten (K) als Summe aus variablen Kosten (K_v) und Fixkosten (K_f). Bis zum Punkt A steigt die Produktionsfunktion progressiv und die Gesamtkosten entsprechend degressiv. Dies gilt sowohl für K_v als auch für K, da der Wendepunkt der Funktionen von den Fixkosten nicht beeinflußt wird. Die Grenzkosten dK/dy erreichen gemäß Abb. 4.8b in Punkt A ihr Minimum; die durchschnittlichen variablen Kosten (k_v) und die durchschnittlichen Gesamtkosten (k) schneiden die Grenzkosten in ihrem jeweiligen Minimum. k hat sein Minimum (Punkt C in Abb. 4.8b) nach dem Minimum von k_v (Punkt B in Abb. 4.8b), weil die durchschnittlichen Fixkosten (k_f) in k eingehen. k_f fällt stetig, weil die Fixkosten K_f auf eine immer größere Produktionsmenge y verteilt werden.

---

3   Vgl. Abbildung 3.17.

Abb. 4.8a: *Kostenfunktionen der ertragsgesetzlichen Produktionsfunktion*

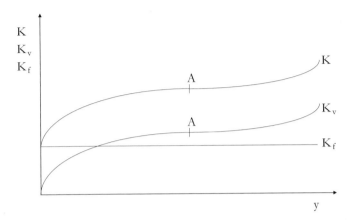

Abb. 4.8b: *Grenz- und Durchschnittskosten der ertragsgesetzlichen Produktionsfunktion*

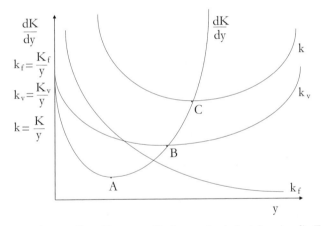

Den in Abb. 4.8 dargestellten Kostenverläufen genügt beispielsweise die Funktion

$$K = y^3 - 6y^2 + 20y + 10 \qquad (4.32)$$

mit den entsprechenden Grenz- und Durchschnittskostenfunktionen

$$\frac{dK}{dy} = 3y^2 - 12y + 20 \qquad (4.33)$$

$$k_v = \frac{K_v}{y} = y^2 - 6y + 20 \qquad (4.34)$$

$$k_f = \frac{K_f}{y} = \frac{10}{y} \qquad (4.35)$$

$$k = k_v + k_f = y^2 - 6y + 20 + \frac{10}{y} \tag{4.36}$$

Das Minimum der Grenzkosten ist

$$\frac{d^2K}{dy^2} = 6y - 12 = 0 \quad (4.37) \quad \Rightarrow \quad y(\frac{dK}{dy} \to \text{min!}) = 2^{\,4} \tag{4.38}$$

Die Minima der Durchschnittskosten ergeben sich aus den gleich Null gesetzten Ableitungen:

$$\frac{dk_v}{dy} = 2y - 6 = 0 \quad \Rightarrow \quad y(k_v \to \text{min!}) = 3 \tag{4.39}$$

$$\frac{dk}{dy} = 2y - 6 - \frac{10}{y^2} = 0 \quad \Rightarrow \quad y(k \to \text{min!}) = 3,426 \tag{4.40}$$

Die zugehörigen Kosten sind

$$\frac{dK}{dy}\,(y = 2) = 8 \tag{4.41}$$

$$k_v(y = 3) = 11 \tag{4.42}$$

und

$$k(y = 3,426) = 14,1 \tag{4.43}$$

Der wichtigste Unterschied ertragsgesetzlicher Kostenfunktionen gegenüber der Kostenfunktion, die sich bei partieller Faktorvariation auf Grundlage der Cobb-Douglas-Funktion ergibt, ist also, daß die Grenz- und variablen Durchschnittskosten zunächst sinken und erst später ansteigen. Dies wird damit begründet, daß man zunächst eine bestimmte Menge des variablen Faktors benötigt, um den fixen Faktor vernünftig auslasten zu können (und die Grenzproduktivität daher zunächst ansteigt, was die zunächst sinkenden Grenzkosten erklärt). Wenn man als fixen Faktor wie Turgot „Land" betrachtet, so ist diese Annahme nicht besonders plausibel: da „Land" ein teilbarer Produktionsfaktor ist, wird der Bauer jeweils nur die Menge Land bearbeiten, die er effizient beackern kann. Es gibt dann keinen Grund zu der Vermutung, daß die Grenzproduktivität bei einer Arbeitsstunde geringer ist als bei zwei Arbeitsstunden, d.h. daß sich der Output bei einer Verdopplung der Arbeitszeit mehr als verdoppeln sollte. Plausibel ist die Vermutung allerdings dann, wenn der fixe Faktor schlechter teilbar ist als Boden, weil beispielsweise ein Arbeiter eine große Maschine nicht vernünftig bedienen kann. Wir werden später aber ohnehin sehen, daß für das gewinnmaximale Angebotsverhalten eines Unternehmens *ausschließlich* der *steigende* Ast der Grenzkostenfunktion relevant ist, so daß der Unterschied zwischen dem Ertragsgesetz und der partiellen Faktorvariation bei der Cobb-Douglas-Funktion nicht so wesentlich ist.

---

4   Da die dritte Ableitung positiv ist ($d^3K/dy^3 = 6$), handelt es sich um ein Minimum.

4.3.2 Diskussion

Im Unterschied zur Cobb-Douglas-Funktion gibt es im Rahmen des Ertragsgesetzes keine totale Faktorvariation, weil die Begründer des Ertragsgesetzes stets davon ausgingen, daß bestimmte Faktoren wie Boden limitierend wirken und in diesem Sinne fix sind. Es stellt sich daher die Frage, welche Bedeutung ertragsgesetzlichen Kostenfunktionen bei der Übertragung auf industrielle Zusammenhänge zukommt. Der kritische Punkt ist dabei die Annahme, daß die Durchschnittskosten ab einer bestimmten *Produktionsmenge* wieder *zunehmen*, was produktionstechnisch ausgedrückt der Annahme *sinkender* Skalenerträge entspricht. Diese Annahme ist bei partieller Faktorvariation wegen der Knappheit fixer Faktoren (und damit wegen der Notwendigkeit, die optimale Faktorkombination zu verlassen) plausibel und ergibt sich ja auch bei der Cobb-Douglas-Funktion. Langfristig aber, wenn alle Faktoren variiert werden können und somit die optimale Technologie zur Verfügung steht, ist die Annahme sinkender Skalenerträge weder theoretisch noch empirisch überzeugend.[5] Denn dies würde ja bedeuten, daß die Stückkosten ab einer bestimmten *Produktionsmenge* wieder ansteigen, was der Erfahrung widerspricht.

Sinkende Skalenerträge werden meist nicht mit produktionstechnischen Zusammenhängen bei *gegebenen* Produktionsfaktoren, sondern mit der *Inhomogenität* der Produktionsfaktoren selbst, beispielsweise mit der begrenzten Kapazität der Unternehmensleitung, begründet.[6] Steigt die Betriebsgröße, so muß die Unternehmensleitung entweder über ihr Optimum hinaus arbeiten oder es müssen zusätzliche Führungskräfte eingestellt werden. Letzteres kann zu sinkenden Skalenerträgen führen, weil entweder kein gleichwertiges Spitzenpersonal verfügbar ist oder die Koordination der Überlegungen der Entscheidungsträger zusätzliche Faktoren bindet. Ob dies allerdings ausreicht, um sinkende Skalenerträge von Großunternehmen in ökonomisch relevanten Bereichen zu begründen, muß bezweifelt werden. Die Cobb-Douglas-Funktion mit konstanten Skalenerträgen ist daher für eine *längerfristige* Betrachtung plausibler als die Verwendung ertragsgesetzlicher (S-förmiger) Kostenfunktionen.

4.4 Intensitätsmäßige und zeitliche Anpassung

In vielen Fällen wird man davon ausgehen müssen, daß die Ausstattung mit fixen Faktoren zwar kurzfristig gegeben ist, diese aber mit unterschiedlicher Intensität genutzt werden können. Die *Intensität* d – definiert als Produktion pro Zeiteinheit (d = y/t) – spielt bei Erich Gutenberg eine große Rolle, der zur Analyse intensitätsmäßiger Anpassung von einer *Verbrauchsfunktion*

$$\frac{x_i}{y} = \frac{x_i}{y}(d) \tag{4.44}$$

ausgeht, in der der durchschnittliche Verbrauch x_i/y der verschiedenen Produktionsfaktoren i von der Intensität abhängt. Ein einfaches Beispiel ist die Abhängigkeit des

---

5   Vgl. die Skizze einiger empirischer Resultate in Abschnitt 4.6.
6   Vgl. z.B. Woll 1996, 185f.

Benzinverbrauchs pro km von der Geschwindigkeit. Die für die Entwicklung komplexerer Kostenfunktionen in der Betriebswirtschaftslehre wichtigen einfachsten Überlegungen von Gutenberg zur intensitätsmäßigen und zeitlichen Anpassung wollen wir in diesem Abschnitt kurz darstellen. Gutenberg unterstellt eine limitationale Produktionsfunktion, d.h. die Faktoren können unter Einhaltung der technischen Effizienzbedingung nur in einem ganz bestimmten Verhältnis kombiniert werden. Da Faktorsubstitutionen dadurch ausgeschlossen sind, kann die Minimierung der Kosten für eine gegebene Produktionsmenge nur noch durch die Intensität und die zeitliche Dauer der Nutzung der Maschine gesteuert werden. Zwar können die Verbrauchsfunktionen gemäß Gleichung (4.44) für die einzelnen Faktoren unterschiedlich sein, doch weil die Faktormengen in einem fixen Verhältnis stehen (Limitationalitätsannahme), können die einzelnen Verbrauchsfunktionen zu einer Funktion aggregiert werden, die von den Faktorpreisen und von Gleichung (4.44) abhängt. Die variablen Durchschnittskosten sind somit gemäß Gleichung (4.45):

$$\frac{K_v}{y} = k_v = k_v(d) \qquad\qquad\qquad (4.45)$$

von der Intensität abhängig und können beispielsweise den in Abb. 4.9 dargestellten Verlauf aufweisen.

Abb. 4.9:   *Variable Durchschnittskosten in Abhängigkeit von der Intensität*

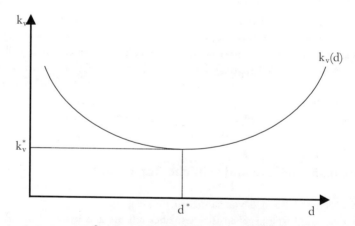

Die optimale Intensität d^* ist erreicht, sofern die durchschnittlichen variablen Kosten minimal sind. Interessant in unserem Zusammenhang ist dabei, daß auch die Berücksichtigung unterschiedlicher Intensitäten *nicht* zu einem ertragsgesetzlichen Verlauf bzw. zu einem u-förmigen Verlauf der durchschnittlichen variablen Kosten führt. Das gewinnmaximierende Unternehmen hat nämlich keine Veranlassung, mit einer Intensität unter d^* zu produzieren, sondern wird vielmehr durch *zeitliche* Anpassung die Intensität zunächst konstant bei d^* belassen. Sollen beispielsweise an einem Tag 40 Einheiten der Ware j produziert werden und liegt die optimale Intensität d^* bei 10 Stück pro Stunde, so wird das Unternehmen nicht 8 Stunden lang mit der ungünstigen Intensität $d = 5/h$, sondern nur 4 Stunden mit der optimalen Intensität $d^* = 10/h$ produzieren. Da die Fixkosten davon unabhängig sind, entspricht die Minimierung der variablen Durchschnittskosten zugleich der Minimierung der Gesamtkosten. Eine Veränderung der Intensität d* (in diesem Fall spricht man von *intensitätsmäßiger* Anpassung) wird das Unternehmen nur dann vornehmen, wenn die Zeitdauer von 8 Stunden nicht ausreicht, um die optimale Produktionsmenge mit d* zu erzeugen. Sollen in unserem Beispiel 100 Stück pro Tag hergestellt werden und besteht keine Möglichkeit, die Produktionsdauer über 8 Stunden hinaus auszudehnen, so muß die Intensität über d* gesteigert werden. Da die optimale Intensität durch zeitliche Anpassung von Anfang an realisiert werden kann und erst ab einer bestimmten Produktionsmenge verlassen werden muß, verlaufen die durchschnittlichen variablen Kosten bei dem in Abb. 4.9 unterstellten Zusammenhang zwischen Intensität und variablen Durchschnittskosten wie in Abb. 4.10.

Abb. 4.10: *Variable Durchschnittskosten bei zeitlicher und intensitätsmäßiger Anpassung*

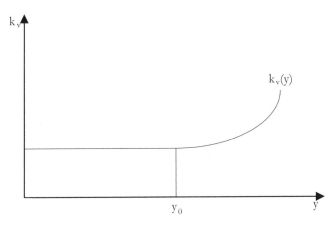

Bis zur Produktionsmenge y_0 produziert das Unternehmen mit der optimalen Intensität d* und verändert die Produktionsmenge ausschließlich durch zeitliche Anpassung; anschließend hängt die Entscheidung für zeitliche oder intensitätsmäßige Anpassung von der dadurch hervorgerufenen Steigerung der Stückkosten ab.[7] Wir halten fest:

— bei der Behandlung intensitätsmäßiger und zeitlicher Anpassung wird im Anschluß an Gutenberg davon ausgegangen, daß der variable Faktorverbrauch eine Funktion der Nutzungsintensität des fixen Faktors ist. Dabei werden häufig u-förmige Verbrauchsfunktionen angenommen.

— U-förmige Verbrauchsfunktionen führen *nicht* zu u-förmigen variablen Durchschnittskostenfunktionen, weil die optimale Intensität durch zeitliche Anpassung gesucht und erst verlassen wird, wenn zeitliche Restriktionen gelten. Die variablen Durchschnittskosten sind daher zunächst konstant und nehmen zu, sofern

---

7 In vielen Fällen ist eine Erhöhung der Produktionsdauer bei gleichzeitiger Erhöhung der Faktorpreise möglich (Beispiel: Ausdehnung der Arbeitszeit mit Überstundenzuschlägen), so daß eine zeitliche Anpassung auch über das hier unterstellte Limit von 8 Stunden möglich ist. Die Entscheidung für intensitätsmäßige oder zeitliche Anpassung hängt dann von den entstehenden Mehrkosten ab.

zeitliche Anpassungen mit steigenden Faktorpreisen einhergehen (Überstunden) oder intensitätsmäßige Anpassung erfolgt.

4.5 Konstante variable Durchschnittskosten

Eine besonders einfache, aber für viele Fälle plausible Kostenfunktion besteht darin, daß sich die variablen Kosten proportional zur Produktionsmenge entwickeln. Dies gilt beispielsweise für eine Spedition, die mit einer gegebenen Ausstattung an Lkws verschiedene Aufträge abarbeitet. Steigen die gefahrenen km, so entwickeln sich die variablen Kosten (also etwa die Benzinkosten, der Verschleiß des Lkws und die Lohnkosten) ungefähr proportional zu den gefahrenen Kilometern. Daneben gibt es aber auch Kosten wie die Steuer und Versicherung für die Lkws oder die Kosten für die Miete der Garagen, die weitgehend konstant bleiben und daher als Fixkosten bezeichnet werden können.

Eine solch einfache Kostenfunktion können wir offensichtlich als

$$K(y) = c \cdot y + K_f \qquad\qquad (4.46)$$

darstellen, wobei c irgendeine Zahl über Null ist, die bei einer Erhöhung der Produktionsmenge y gleich bleibt. Abb. 4.11 zeigt diesen Typus einer Kostenfunktion.

Der entscheidende Punkt an der hier beschriebenen Kostenfunktion ist, daß die totalen Durchschnittskosten abnehmen, wenn die Produktionsmenge zunimmt. Im Kern handelt es sich also um eine Kostenfunktion, die sich bei der Cobb-Douglas-Funktion auf Grundlage totaler Faktorvariation ergibt, sofern die Summe der Produktionselastizitäten größer als Eins ist (steigende Skalenerträge). Der Grund dafür, warum in vielen mikroökonomischen Darstellungen nicht öfter mit solch einfachen (und für viele Fälle durchaus plausiblen) Kostenfunktionen gearbeitet wird, ist, daß sie mit der Annahme vollständiger *Konkurrenz* schwerlich vereinbar sind. Denn wenn die Durchschnittskosten mit steigender *Produktionsmenge* abnehmen, so kann erst ab einer bestimmten Betriebsgröße effizient produziert werden. Diese muß allerdings nicht gegen unendlich gehen, weil ja neben den reinen Produktionskosten auch weitere Faktoren (vor allem unternehmensinterne Koordinations- und Transportkosten) berücksichtigt werden müssen, die dem durch sinkende Durchschnittskosten entstehenden Konzentrationseffekt teilweise entgegenwirken. Dennoch erklären sinkende Durchschnittskosten, warum die Vorstellung vollständiger *Konkurrenz* eine Idealisierung ist, die der Realität auf den meisten Märkten nicht gerecht wird.

Abb. 4.11: *Kostenfunktion mit konstanten variablen Stückkosten*

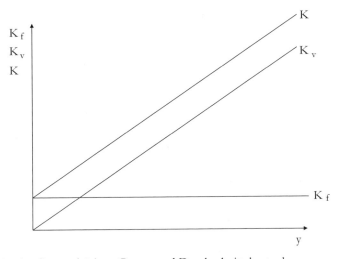

Abb. 4.12 zeigt die zugehörigen Grenz- und Durchschnittskostenkurven.

Abb. 4.12: *Durchschnittskosten und Grenzkosten*

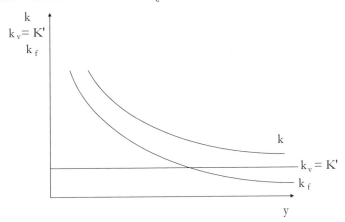

4.6 Einige empirische Hinweise: Optimale Betriebsgrößen in der Praxis[E 8]

4.6.1 Fragestellung und Vorgehensweise

Empirische Schätzungen von Kostenfunktionen sind ausgesprochen schwierig, weil der Datenaufwand hoch ist und die Unternehmen unterschiedliche Kostenrechnungs-

---

8 Wie in der Einleitung kennzeichnen wir praxisorientierte Kapitel, die uns zwar wichtig erscheinen, die aber üblicherweise nicht klausurrelevant sind, durch ein hochgestelltes „E" nach der Kapitelüberschrift.

systeme haben, die darüber hinaus oft nicht auf die Ermittlung der Kosten bei fiktiven
(steigenden) Produktionsmengen ausgerichtet sind. Dennoch lassen sich die vorhandenen Studien[9] vereinfacht zu dem Ergebnis zusammenfassen, daß bis zu einer recht
hohen Produktionsmenge *steigende* und anschließend *konstante* Skalenerträge (also zuerst sinkende und dann konstante Durchschnittskosten) vorliegen.[10] Dies bedeutet,
daß ertragsgesetzliche bzw. S-förmige Kostenfunktionen außerhalb des Spezialfalls
kurzfristiger, partieller Faktorvariation unter Praxisgesichtspunkten nicht sonderlich
relevant sind.

Das Deutsche Institut für Wirtschaftsforschung (DIW) hat 1984 im Auftrag der
Monopolkommission eine Studie über Betriebsgrößenvorteile durchgeführt, die in unserem Zusammenhang von Kostenfunktionen zu einigen interessanten Ergebnissen
führte. Einige Kernpunkte dieser Untersuchung möchten wir daher im folgenden
skizzieren.[11] Grundsätzlich werden bei der Schätzung optimaler Betriebsgrößen drei
Verfahren unterschieden:

1. Bei *Survivor-Schätzungen* wird davon ausgegangen, daß nur die Unternehmen mit
    den geringsten Durchschnittskosten im Wettbewerb bestehen können. Die opti-
    male Betriebsgröße wird dann einfach aus der zeitlichen Entwicklung der Be-
    triebsgrößenstruktur ermittelt. Danach ist eine Betriebsgrößenklasse dann optimal,
    wenn ihr Anteil am Produktionswert einer Branche zu Lasten anderer Klassen zu-
    nimmt. Dabei ergeben sich vor allem folgende Probleme:

    –   das *Ausmaß* von Kostennachteilen bei suboptimalen Betriebsgrößen läßt sich
        auf diese Art nicht bestimmen;
    –   das zur Verfügung stehende Datenmaterial ist schlecht geeignet, weil die amtli-
        che Produktionsstatistik das Ausmaß einer Produktion in mehreren Betriebs-
        stätten nicht ausweist;
    –   und andere Ursachen der Vergrößerung von Unternehmen werden nicht beach-
        tet.

2. Bei *statistischen Kostenanalysen* wird der Verlauf langfristiger Herstellstückkosten auf
    der Grundlage der Kostendaten von existierenden Betrieben unterschiedlicher
    Größe ermittelt. Dabei besteht das methodische Hauptproblem darin, daß man die
    mangelnde Vergleichbarkeit betrieblicher Kostendaten trotz hoher Aufwendungen
    kaum in den Griff bekommen kann.

3. Bei *Expertenschätzungen* werden die Stückkosten in Abhängigkeit von der Betriebs-
    größe durch Befragungen von Ingenieuren und anderen Fachleuten ermittelt. Da-
    bei ergeben sich zwei Probleme:

    –   in vielen Branchen finden keine regelmäßigen Planungsprozesse statt, in denen
        die Durchschnittskosten auf Grundlage unterschiedlicher, *möglicher* Betriebsgrö-
        ßen ermittelt werden. Dieser Schwierigkeit kann allerdings dadurch entgegen-

---

9   Vgl. hierzu z.B. die zusammenfassende Übersicht bei Panzar 1989, 41-55.
10 Dies bezieht sich auf die reinen Produktionskosten; unternehmensinterne Organisationskosten
    sowie Transportkosten sind dabei nicht berücksichtigt.
11 Vgl. hierzu das Hauptgutachten der Monopolkommission 1984/85.

gewirkt werden, daß Experten aus mehreren Unternehmen der jeweiligen Branche mit unterschiedlichen Betriebsgrößen befragt werden;

- da lediglich die Produktionskosten ermittelt werden sollen, müssen die befragten Experten von der Nachfragestruktur und den Standortbedingungen abstrahieren.

Insgesamt sind die Probleme bei der Expertenbefragung (Methode 3) am ehesten handhabbar, so daß die Studie der Monopolkommission bzw. des DIW ausschließlich darauf beruht. Auf der Basis der Expertenschätzungen wurden (langfristige) Durchschnittskosten ermittelt, die die zu erwartenden Produktionskosten[12] in Abhängigkeit von der Betriebsgröße wiedergeben. Betriebsgrößenersparnisse (steigende Skalenerträge) werden durch eine fallende Durchschnittskostenkurve angezeigt. Als *mindestoptimale* Betriebsgröße (MOTB) definiert die Monopolkommission die Produktionsmenge, bei der eine Erhöhung keine bedeutsame Senkung der Durchschnittskosten mehr ermöglicht.[13]

4.6.2 Ergebnisse

In fast allen untersuchten Branchen hat der technische Fortschritt im Zeitablauf zu einer Erhöhung der MOTB geführt. In der folgenden Abb. 4.13 sind die mindestoptimalen Betriebsgrößen für verschiedene Branchen angegeben.

Abb. 4.13 zeigt in der 3. Spalte den Durchschnittskostennachteil gegenüber einer MOTB-Produktion, wenn die Betriebsgröße nur ein Drittel der mindestoptimalen beträgt. Ein geringer Stückkostennachteil (unter 5 %) bedeutet, daß die (sinkende) Durchschnittskostenkurve einen relativ flachen Verlauf hat. Dies ist bei Farbfernsehern, Mineralölprodukten, Zigaretten und Tiefdruckerzeugnissen der Fall. In vielen Branchen ist der Stückkostennachteil aber mit über 10 % ausgesprochen hoch (Pkw, Lkw, Ackerschlepper, Kühlschränke, Stahl, Zement, Zeitungen).

---

12 Diese wurden als Summe aus Materialkosten, Lohneinzelkosten und Fertigungsgemeinkosten definiert.

13 Durchschnittskostensenkungen durch bei größeren Bezugsmengen günstigere Einkaufsbedingungen wurden zu Recht ausgeklammert, da diese nicht technisch determiniert sind. Ebenso abgesehen wurde von Lernprozessen bei den Arbeitskräften, die beim Wechsel von Betriebsgrößen auftreten können.

Abb. 4.13: *Ausmaß und Ursachen der Betriebsgrößenvorteile in 18 Branchen*

Produktgruppe	Ausmaß der Betriebsgrößenvorteile		Ursachen der Betriebsgrößenvorteile				Anteil eines MOTB-Anbieters in %[2]
	Mindestoptimale technische Betriebsgröße (MOTB) (Produktionsmenge/Jahr)	Stückkostennachteil bei 1/3 MOTB[1]	Automatisierung/ Spezialisierung	Zwei-Drittel-Regel	Losgrößenersparnisse	Kleinstes gemeinsames Vielfaches	
Pkw	500 Tsd. Einheiten/Jahr	hoch	x		x	x	14
Lkw	200 Tsd. Einheiten/Jahr	hoch	x		x	x	100
Ackerschlepper	100 bis 120 Tsd. Einheiten/Jahr	hoch	x			x	>100
Mähdrescher	20 Tsd. Einheiten/Jahr	mittel	x				>100
Motorräder	200 Tsd. Einheiten/Jahr	k. A.	x				>100
Kühl- und Gefrierschränke	1,5 Mio. Einheiten/Jahr	hoch	x			x	56
Reifen	9 Mio. Stück/Jahr	mittel	x		x	x	25
Unterhaltungselektronik							
– Farbfernsehgeräte	1,3 bis 2,2 Mio. Stück/Jahr	gering	x	x			33-56
– Videorecorder	0,8 bis 1,0 Mio. Stück/Jahr	k. A.	x	x			62-77
Digitale Telefonvermittlungseinrichtungen	0,4 bis 0,5 Mio. Anschlußeinheiten/Jahr	mittel	x			x	11-74[3]
Elektronische Schreibmaschinen	500 Tsd. Stück/Jahr	mittel	x			x	70
Mineralölprodukte	10 Mio. t Rohöleinsatzmenge/Jahr	gering	x	x			14
Chemische Grundstoffe							
– Äthylen	0,5 Mio. t/Jahr	mittel	x	x			16
– Ammoniak	0,55 Mio. t/Jahr	mittel	x	x			28
– Schwefelsäure	0,35 Mio. t/Jahr	mittel	x	x			12
Stahl							
– Integriertes Hüttenwerk	9,6 bis 12 Mio. t/Jahr	hoch	x	x	x	x	31
– Ministahlwerk	0,7 bis 0,8 Mio. t/Jahr	hoch	x	x	x		2
Zement	1,3 Mio. t/Jahr	hoch	x	x	x	x	5
Bier	2,8 Mio. hl/Jahr	mittel	x	x	x	x	3[3]
Zigaretten	70 Mrd. Stück/Jahr	gering	x		x		44
Tiefdruckerzeugnisse	k. A.	gering	x		x	x	k.A.
Regionale Abonnementszeitungen	150 bis 180 Tsd. Exemplare/Tag	hoch	x		x	x	k.A.

k. A. = keine Angabe
1   Der Durchschnittskostennachteil wird als gering, mittel bzw. hoch bezeichnet, wenn er unter 5 %, zwischen 5 und 10 % bzw. über 10 % beträgt.
2   >100 bedeutet, daß das inländische Produktionsvolumen nicht ausreicht, um einen bzw. drei MOTB-Betriebe auszulasten.
3   Wert für 1983

Die einzelnen Ursachen für Betriebsgrößenvorteile sind in den letzten Spalten (außer der allerletzten) der Abb. 4.13 aufgeführt und sind im Kern:

– *die Automatisierung und Spezialisierung* sind nach wie vor die wichtigste Ursache für Betriebsgrößenersparnisse. Im wesentlichen geht es darum, daß bestimmte spezialisierte Maschinen nicht in beliebig kleinen Kapazitäten eingesetzt werden können;

– *konstruktionstechnische Beziehungen* spielen eine Rolle, wenn bei der Vergrößerung bestimmter Produktionsmittel der Materialaufwand im Vergleich zur Kapazitätswirkung aus physikalischen Gründen nur unterproportional steigt. Dies gilt vor allem in Branchen, die in chemischen und thermischen Prozessen homogene Produkte (Mineralölprodukte, chemische Grundstoffe, Stahl, Zement und Bier) erzeugen;

– bei aufeinanderfolgenden Fertigungsstufen mit jeweils unterschiedlichen optimalen Kapazitätsgrößen (z.B. 300, 600, 700) wird die optimale Betriebsgröße des ganzen Betriebes erst bei einer Kapazität in Höhe des kleinsten gemeinsamen Vielfachen der optimalen Betriebsgrößen der einzelnen Stufen erreicht (4200). Dieses sog.

Prinzip des kleinsten gemeinsamen Vielfachen spielt vor allem dann eine Rolle, wenn Fertigungsstufen vertikal integrierter Betriebe über unterschiedliche Kapazitätsoptima verfügen (Pkw, Lkw, Kühl- und Gefrierschränke, Reifen, Stahl und ähnliches);

— *Losgrößenersparnisse* entstehen, wenn unterschiedliche Produktreihen mit verschiedenen Produkten nacheinander die gleiche Fertigungsstraße durchlaufen sollen, so daß bei jeder Umstellung von einer Produktreihe zur nächsten Umrüstkosten entstehen, die mit zunehmender Outputmenge auf mehr Outputeinheiten verteilt werden (Pkw, Lkw, Bier, Zigaretten und anderes).

Interessant ist schließlich die letzte Spalte, die verdeutlicht, daß der für die Erreichung der MOTB erforderliche Marktanteil ausgesprochen hoch ist. Wie man sieht, ist in den meisten Branchen nur eine sehr geringe Anzahl von MOTB-Betrieben möglich. Bei Lkw, Kühlschränken, Videorecordern, Schreibmaschinen und Zigaretten sind weniger als drei MOTB-Anbieter notwendig, um den Gesamtoutput der Branche herzustellen. Bei Ackerschleppern, Mähdreschern und Motorrädern ist die Produktion eines MOTB-Anbieters sogar größer als die Gesamtproduktion der Branche. Somit ist der Konzentrationsgrad in den meisten Branchen unter dem Gesichtspunkt der Durchschnittskosten *zu niedrig*.[14] Obwohl dies bei der wohlfahrtstheoretischen Beurteilung von Marktformen eine ausgesprochen wichtige Rolle spielen muß, kann aus den sinkenden Durchschnittskosten der Produktion allein noch nicht geschlossen werden, daß eine zunehmende Konzentration unter Effizienzgesichtspunkten vorteilhaft wäre. Abgesehen von den innerhalb der Markttheorie zu analysierenden negativen Konsequenzen durch die bei abnehmender Anbieterzahl ceteris-paribus steigenden Preise sind beispielsweise folgende drei Kostenfaktoren zu berücksichtigen, die *nicht* unter die reinen Produktionskosten fallen:

— hohe Transportkosten führen dazu, daß Betriebe in räumlicher Nähe zu den Rohstoffquellen bzw. Absatzmärkten angesiedelt werden. Dies spielt vor allem bei Zement und Bier eine wichtige Rolle;

— in Märkten mit schwankender oder tendenziell stagnierender Nachfrage sind Betriebsgrößenvorteile oft gegenüber der Möglichkeit untergeordnet, mit mehreren kleineren Anlagen schnell auf Nachfrageschwankungen reagieren zu können. Dies gilt etwa für die Bereiche Lkw, Ackerschlepper, Mähdrescher, Kühl- und Gefrierschränke, Mineralölprodukte, Stahl und Zement;

— durch Ausgliederung von Fertigungsstufen und Bezug des entsprechenden Vor- bzw. Zwischenprodukts bei einem Spezialhersteller läßt sich die mindestoptimale Betriebsgröße oftmals verringern. Auslagern lassen sich Fertigungsstufen allerdings nur bei diskontinuierlichen Produktionsprozessen (Pkw, Lkw, Ackerschlepper). Gemeinschaftsunternehmen, die für eine gemeinschaftliche Produktion mehrerer

---

14 Allerdings gibt es auch Märkte, in denen die tatsächliche Konzentration (hier gemessen durch den Marktanteil der drei größten Anbieter) deutlich höher ist, als dies durch Betriebsgrößenvorteile gerechtfertigt werden könnte (Pkw, Mineralölprodukte, Zement, Telefonvermittlung). Dort gibt es offenbar zusätzliche Größenvorteile durch Faktoren wie FuE und Marketing oder die Einbindung einer Produktionsebene in einen vertikal tief gegliederten Konzern (Mineralöl, Chemie, Elektro), die in der skizzierten Studie nicht beachtet wurden.

Unternehmen auf einer Fertigungsstufe sorgen, finden sich in der Mineralöl-industrie.

Trotz dieser relativierenden Bemerkungen halten wir als Ergebnis fest, daß eine steigende Unternehmenskonzentration sehr häufig mit abnehmenden Durchschnittskosten einhergeht, was bei der wohlfahrtstheoretischen Beurteilung unterschiedlicher Marktformen ein wesentliches Kriterium sein muß.

4.7 Zusammenfassung

Im vorliegenden Kapitel haben wir die Kostenfunktionen vorgestellt, die innerhalb der Mikroökonomie die herausragende Rolle spielen. Im Mittelpunkt stand dabei die Cobb-Douglas-Funktion, die bei partieller Faktorvariation zu steigenden Grenzkosten führt. Dies ist wegen der unterstellten Konstanz bestimmter Produktionsfaktoren durchaus plausibel. Ein Vorteil der Cobb-Douglas-Funktion ist, daß sie bei totaler Faktorvariation mit allen Arten von Skalenerträgen vereinbar ist – sie kann daher steigende, sinkende oder konstante Durchschnittskosten liefern.

Hinsichtlich des Ertragsgesetzes kamen wir zu dem Ergebnis, daß die ab dem Minimum der Durchschnittskosten entstehenden *steigenden* Durchschnittskosten zwar für eine kurzfristige, kaum aber für eine langfristige Betrachtungsweise geeignet sind. Denn steigende Durchschnittskosten implizieren (langfristig) sinkende Skalenerträge, was der Realität im Normalfall nicht entspricht. Wir haben daher in Abschnitt 4.5 auch eine extrem einfache Kostenfunktion eingeführt, die bei gleichbleibenden variablen Durchschnittskosten zu sinkenden totalen Durchschnittskosten führt. Die Skizze empirischer Ergebnisse zeigte schließlich, daß die Vorstellung konstanter Durchschnittskosten, die aber erst ab einer recht hohen Produktionsstufe erreicht werden, häufig eine recht gute Annäherung an die Realität sein dürfte.

Kapitel 5

Güterangebot

5.1 Überblick

In den vorhergehenden beiden Kapiteln haben wir mit der Produktions- und Kostentheorie die notwendigen Bausteine entwickelt, um das Angebots- und Nachfrageverhalten von Unternehmen bei vollständiger Konkurrenz erläutern zu können. Die in diesem Kapitel dargestellte Angebotstheorie bezieht sich auf die Frage, welche Mengen eines *Produktes* ein gewinnmaximierendes Unternehmen anbieten sollte, während es in der Nachfragetheorie um die gewinnmaximale Nachfrage nach *Faktoren* geht. In beiden Teilen (also in den Kapiteln 5 und 6) sind zwei Voraussetzungen essentiell, ohne die sich grundlegend andere Ergebnisse einstellen würden:

- erstens die Annahme vollständiger Konkurrenz, die dadurch zum Ausdruck kommt, daß der Marktpreis für Produkte und Faktoren für das einzelne Unternehmen ein Datum ist. Dies bedeutet, daß Produkt- und Faktorpreise nicht auf die Angebotsmengen einzelner Unternehmen reagieren;
- und zweitens die Annahme, daß die Grenzkosten entweder sofort (wie bei der Cobb-Douglas-Funktion bei partieller Faktorvariation) oder ab einer bestimmten *Produktionsmenge* (wie beim Ertragsgesetz) ansteigen.

Wir beginnen nun mit der Angebotsfunktion eines *einzelnen*, beliebigen Unternehmens (Abschnitt 5.2) und leiten anschließend die Angebotsfunktion für einen Gesamtmarkt her.

5.2 Die Angebotsfunktion eines Unternehmens

Unter der Angebotsfunktion eines Unternehmens versteht man die gewinnmaximale Produktions- und Angebotsmenge eines Unternehmens bei alternativen, vom Unternehmen selbst nicht beeinflußbaren Marktpreisen. Wir kürzen die Angebotsfunktion mit y(p) ab, d.h. wir unterstellen, daß y stets die gewinnmaximale Menge ist.

Selbstverständlich wird die gewinnmaximale Angebotsmenge eines Unternehmens bei exogenen Marktpreisen von der Kostensituation des Unternehmens bestimmt. Bei den folgenden Überlegungen unterstellen wir die ertragsgesetzliche Kostenfunktion[1], weil dies der üblichen Vorgehensweise in Vorlesungen entspricht und das Lehrbuch

---

1 Vgl. ausführlich Abschnitt 4.3.

möglichst viele Vorlesungen „abdecken soll". Wir werden aber anschließend schnell
sehen, daß der entscheidende Punkt ebenso für die Cobb-Douglas-Funktion bei partieller Faktorvariation gilt. Formal erhalten wir die gewinnmaximale Angebotsmenge,
indem wir ausgehend von der Gewinngleichung (5.1) den Gewinn nach der
Produktionsmenge ableiten und gleich Null setzen. Mit G als Gewinn, E als Erlös, K als
Kosten, p als Marktpreis und y als Produktionsmenge gilt

$$G(y) = E(y) - K(y) = p \cdot y - K(y) \tag{5.1}$$

Als erste Ableitung des Gewinns nach der Menge ergibt sich somit

$$\frac{dG}{dy} = p - \frac{dK}{dy} = 0 \quad \Rightarrow \quad p = \frac{dK}{dy} \tag{5.2}$$

Dies bedeutet, daß die gewinnmaximale Angebotsmenge erreicht ist, sofern der exogene Marktpreis gerade den steigenden Grenzkosten entspricht. Dies liegt daran, daß
die allgemeine Bedingung für ein Gewinnmaximum Grenzkosten=Grenzerlös lautet
und der Grenzerlös (d.h. die Änderung des Erlöses bzw. Umsatzes bei der Ausdehnung der Produktion um eine Einheit) bei vollständiger Konkurrenz einfach dem exogen gegebenen Marktpreis entspricht.[2] Somit muß die Angebotsmenge im Bereich
steigender Grenzkosten bis zum Ausgleich von Preis und Grenzkosten ausgedehnt
werden. Das Vorliegen eines Maximums erfordert, daß die zweite Ableitung negativ
ist:

$$\frac{d^2G}{dy^2} = -\frac{d^2K}{dy^2} < 0 \tag{5.3a}$$

bzw.

$$\frac{d^2K}{dy^2} > 0 \tag{5.3b}$$

(5.3b) zeigt, daß die 2. Ableitung der Kostenfunktion positiv sein muß, damit es sich
beim Ausgleich von Preis und Grenzkosten tatsächlich um ein Gewinn*maximum* handelt. Was dies genau bedeutet, kann mit Hilfe der ertragsgesetzlichen Kostenverläufe
leicht illustriert werden.

Abb. 5.1 zeigt die Durchschnittskosten und die Grenzkosten sowie den Gewinn
und den Erlös eines Unternehmens bei ertragsgesetzlichen Kostenfunktionen. Nehmen wir zunächst an, daß der exogen gegebene Marktpreis bei p_1 und somit unterhalb
des Minimums der variablen Durchschnittskosten liegt. Unter diesen Umständen
maximiert das Unternehmen seinen Gewinn (bzw. minimiert seinen Verlust), indem es
gar nicht produziert. Der Gesamtverlust entspricht dann den Fixkosten; jede positive
Produktionsmenge würde den Gesamtverlust erhöhen, weil der Deckungsbeitrag (die
Differenz aus Erlös und variablen Kosten) negativ wäre. Sobald der Preis aber über
dem Minimum der variablen Durchschnittskosten liegt – dies gilt für p_2, p_3 und p_4 –,

---

2   Wir werden später sehen, daß dies *nur* für die Marktform vollständiger Konkurrenz gilt, weil
     andernfalls die Rückwirkungen der Produktionsmenge auf den Marktpreis berücksichtigt werden
     müssen.

maximiert das Unternehmen seinen Gewinn entsprechend unserer Rechnung durch den Ausgleich von Preis und Grenzkosten im *steigenden* Bereich der Grenzkosten.

Abb. 5.1: *Erlös, Durchschnittskosten, Grenzkosten und Gewinn bei ertragsgesetzlichen Kostenfunktionen*

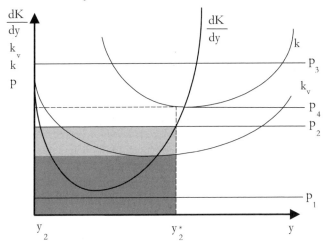

Die Graphik verdeutlicht, warum der Ausgleich von Grenzkosten und Preis im *sinkenden* Bereich der Grenzkosten ein Gewinn*minimum* wäre: In diesem Fall liegen die Grenzkosten zunächst über dem Preis und die Produktion wird genau dann eingestellt, wenn sich die zusätzlichen Einheiten gewinnerhöhend auswirken würden.

Obwohl sowohl bei p_2 als auch bei p_3 der Gewinn im Ausgleich von Grenzkosten und Preis maximiert wird, besteht doch ein wesentlicher Unterschied. Dazu betrachten wir genau die Kosten, die Erlöse und die Gewinne des Unternehmens: Bei p_2 entspricht der Erlös als Produkt aus Preis und Menge ($E = p \cdot y$) der dunklen und hellen Fläche; die variablen Kosten als Produkt aus durchschnittlichen variablen Kosten und Menge ($K_V = k_v \cdot y = K_v/y \cdot y$) entsprechen der dunklen Fläche und die Gesamtkosten als Produkt aus durchschnittlichen Gesamtkosten und Menge ($K = k \cdot y = K/y \cdot y$) der umstrichelten Fläche. Dies bedeutet, daß das Unternehmen einen positiven Deckungsbeitrag (helle Fläche), aber einen negativen Gewinn erwirtschaftet. Die Produktion ist somit zwar kurzfristig sinnvoll (d.h. gewinnmaximal bzw. verlustminimal), langfristig ist das Unternehmen bei diesem Marktpreis aber nicht existenzfähig. Dagegen ist bei p_3 nicht nur der Deckungsbeitrag, sondern auch der Gewinn positiv.

Abb. 5.1 verdeutlicht den wichtigen Sachverhalt, daß die Angebotsfunktion eines Unternehmens der Grenzkostenfunktion rechts vom Minimum der variablen Durchschnittskosten entspricht: Wenn der exogene Marktpreis unter dem Minimum der variablen Durchschnittskosten liegt, so bietet das Unternehmen gar nicht an. Liegt der Marktpreis darüber, so wird stets die Menge im Schnittpunkt von Preis und Grenzkosten angeboten. Die Angebotsfunktion weist daher – wie die Grenzkostenfunktion rechts vom Minimum der variablen Durchschnittskosten – eine positive Steigung auf.

Die rechts vom Minimum gültige Identität von Grenzkosten- und Angebotsfunktion läßt sich leicht nachvollziehen: da die Grenzkostenfunktion definitionsgemäß den Zusammenhang zwischen Menge und Grenzkosten, und die Angebotsfunktion den Zusammenhang zwischen Menge und Preis abbildet, müssen beide Funktionen miteinander identisch sein, weil der Preis ja gemäß Gleichung (5.2) gerade den Grenzkosten entsprechen muß.

Bei vollständiger Konkurrenz wird der Preis p_3 in einer etwas längerfristigen Betrachtung aber nicht stabil sein, weil die erwirtschafteten Gewinne neue Unternehmen anlocken. Diese werden durch niedrigere Preise so lange in den Markt eindringen, bis die Gewinne verschwunden sind und kein Anreiz mehr zum Markteintritt besteht. Deshalb nimmt man an, daß der Preis im Konkurrenzgleichgewicht schließlich bis ins Minimum der gesamten Durchschnittskosten sinkt (p_4 in Abb. 5.1). Der Preis entspricht dann den Grenzkosten und dem Minimum der gesamten Durchschnittskosten. Lassen Sie sich nicht davon irritieren, daß das Unternehmen im so definierten Konkurrenzgleichgewicht keinen Gewinn macht: Dies ist darauf zurückzuführen, daß der Unternehmerlohn und die kalkulatorischen Zinsen (das Unternehmen könnte das investierte Kapital ja auch auf der Bank anlegen) bereits den Kosten zugerechnet werden. Demnach fallen nur die „Extragewinne", die sich bei p_3 ergeben würden, der Konkurrenz zum Opfer. Die übliche Kapitalverzinsung bleibt dagegen erhalten.

Bedenken Sie, daß sich der Ausgleich von Preis und Grenzkosten auch dann ergibt, wenn wir statt einer S-förmigen Produktions- und Kostenfunktion die Cobb-Douglas-Funktion bei partieller Faktorvariation zugrundelegen. Bei der Cobb-Douglas-Funktion bei partieller Faktorvariation steigen die Grenzkosten von Beginn an, so daß es *kein* Minimum der variablen Durchschnittskosten gibt. Die Bedingung für ein Gewinnmaximum lautet daher von Anfang an, daß der Preis den Grenzkosten entspricht. Allerdings gibt es bei der Cobb-Douglas-Funktion bei partieller Faktorvariation ein Minimum der *totalen* Durchschnittskosten, so daß man in der längerfristigen Betrachtung analog zum Ertragsgesetz argumentieren könnte, daß das Unternehmen aus dem Markt ausscheidet, sofern der Preis die totalen Durchschnittskosten nicht deckt. Diese Argumentation hat allerdings den Nachteil, daß man dabei auch für die längerfristige Betrachtung die partielle Faktorvariation verwenden müßte, was aber nicht plausibel ist. Bei totaler Faktorvariation ergeben sich für die Cobb-Douglas-Funktion aber nur dann steigende Grenzkosten, wenn wir sinkende Skalenerträge unterstellen, wenn also die Summe der Produktionselastizitäten kleiner als Eins ist. Dies ist ein Grund dafür, warum zur Herleitung der Angebotsfunktion bei vollständiger Konkurrenz in der Literatur bevorzugt ertragsgesetzliche Kostenfunktionen verwendet werden.[3]

5.3 Die aggregierte Angebotsfunktion

Bisher wurde nach dem Verhalten *eines* gewinnmaximierenden Unternehmens gefragt. Die Argumentation verblieb somit auf der betriebswirtschaftlichen Ebene, während

---

3   Vgl. hierzu auch die Diskussion in Abschnitt 4.2.3.

volkswirtschaftliche Aspekte nur indirekt – bei der Unterstellung vollständiger Konkurrenz – eine Rolle spielten. In diesem Abschnitt betrachten wir nun die Angebotsfunktion für einen Gesamtmarkt.

Die Angebotsfunktion für einen Gesamtmarkt beschreibt definitionsgemäß den Zusammenhang zwischen dem Marktpreis eines Produktes und der Menge, die von *allen* gewinnmaximierenden Unternehmen angeboten wird, die das Produkt herstellen. Dabei ist davon auszugehen, daß die einzelnen Unternehmen unterschiedliche Kostenfunktionen haben, weil beispielsweise kein Grund zu der Annahme besteht, daß alle Unternehmen genau die gleichen Produktionsstätten zur Verfügung haben, gleich qualifizierte Mitarbeiter beschäftigen und die gleichen Rohstoffe und Vorprodukte zur Fertigung verwenden. Identische Kostenfunktionen sind daher die Ausnahme. Formal ergibt sich die aggregierte Angebotsfunktion einfach, indem wir von den individuellen Angebotsfunktionen aller am Markt tätigen i = 1 bis n Unternehmen

$$y_1 = y_1(p)$$
$$y_2 = y_2(p)$$
$$\vdots \quad \vdots \quad \vdots \qquad\qquad\qquad\qquad (5.4)$$
$$y_n = y_n(p)$$

ausgehen und diese addieren:

$$y(p) = y_1(p) + y_2(p) + \cdots + y_n(p) \qquad\qquad (5.5)$$

Da man bei der graphischen Darstellung von Angebots- und Nachfragefunktionen (vor allem aus theoriegeschichtlichen Gründen) stets den Preis auf der Ordinate und die Produktionsmenge auf der Abszisse abträgt, ergibt sich die aggregierte Angebotsfunktion graphisch aus der *horizontalen* Addition der individuellen Angebotsfunktionen. Dies zeigt Abbildung 5.2 für den Fall mit linearen Angebotsfunktionen und nur zwei Unternehmen.[4]

Abb. 5.2: *Die Angebotsfunktion für den Gesamtmarkt als horizontale Addition individueller Angebotsfunktionen*

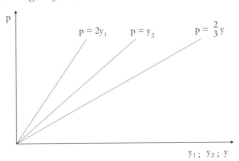

_____

4   Selbstverständlich handelt es sich bei einer Marktform mit nur zwei Unternehmen nicht um vollständige Konkurrenz, aber wir können ja schlecht die Angebotsfunktionen unendlich vieler Unternehmen einzeichnen.

Rein rechnerisch erhalten wir die Funktion in unserem Beispiel mit zwei Unternehmen, in dem wir in die Definitionsgleichung für die Gesamtmenge

$$y = y_1 + y_2 \tag{5.6}$$

für die Einzelmengen y_1 und y_2 die Preise einsetzen, d.h.

$$y = \frac{p}{2} + p = \frac{3}{2}p \quad (5.7) \;\Rightarrow\; p = \frac{2}{3}y \tag{5.8}$$

Wir halten demnach fest, daß

- die Gesamtangebotsfunktion den Zusammenhang zwischen dem Marktpreis und der Gesamtangebotsmenge aller am Markt tätigen Unternehmen darstellt;
- zur algebraischen Bestimmung die einzelnen Angebotsmengen bei alternativen Preisen addiert werden;
- und sich die aggregierte Angebotsfunktion graphisch aus der horizontalen Addition der individuellen Angebotsfunktionen ergibt.

5.4 Probleme mit der langfristigen Angebotsfunktion

Im vorhergehenden Abschnitt haben wir gezeigt, daß die individuellen Angebotsfunktionen den Grenzkostenfunktionen rechts vom Minimum der (variablen) Durchschnittskosten entsprechen, sofern die Grenzkosten ansteigen. Unsere Skizze empirischer Ergebnisse auf der Grundlage einer vom Deutschen Institut für Wirtschaft im Auftrag der Monopolkommission durchgeführten Studie bestätigte aber den schon lange mehr oder weniger bekannten Sachverhalt, daß die Durchschnittskosten in zahlreichen Branchen bis zur optimalen Betriebsgröße abnehmen und anschließend konstant bleiben.[5] Steigende Grenz- und Durchschnittskosten sind demnach zumindest dann nicht plausibel, wenn die reinen Produktionskosten betrachtet und unternehmensinterne Transaktionskosten sowie Transportkosten nicht berücksichtigt werden.

Wenn die Grenzkosten aber konstant sind oder gar sinken, so läßt sich eine gewinnmaximale *Produktionsmenge* bei einem exogen gegebenen Marktpreis – und demnach eine Angebotsfunktion – *nicht herleiten*. Dies liegt daran, daß die Bedingung zweiter Ordnung, die ein Gewinnmaximum signalisiert, verletzt ist.[6] Auch intuitiv ist dieses Problem leicht einsichtig: wenn die Grenzkosten *und* der Marktpreis konstant sind, so ergeben sich drei Möglichkeiten:

- entweder der Marktpreis liegt für alle Einheiten über den Grenzkosten, dann geht die optimale Produktions- und Angebotsmenge gegen unendlich;
- oder der Marktpreis liegt für alle Einheiten unter den Grenzkosten, dann ist die optimale Produktions- und Angebotsmenge Null;
- oder der Marktpreis und die Grenzkosten sind identisch, dann ist der Gewinn unabhängig von der Produktionsmenge Null.

---

5   Vgl. oben, Abschnitt 4.6.
6   Die Bedingung zweiter Ordnung verlangt genau, daß die Grenzkosten steigen; vgl. oben, Gleichung (5.3b).

Ein eindeutiges Gewinnmaximum gibt es also bei konstanten Grenzkosten in keinem der drei Fälle. Sinken die Grenzkosten (steigende Skalenerträge), so ist die optimale Angebotsmenge bei einem konstanten Marktpreis unendlich, weil ab dem Schnittpunkt von Grenzkosten und Marktpreis jede zusätzliche Einheit den Gewinn erhöht. Der Schnittpunkt zwischen Preis und Grenzkosten liefert dann kein Gewinnmaximum, sondern ein Gewinnminimum.

5.5 Zusammenfassung

In Abschnitt 5.2 haben wir die Angebotsfunktion eines Unternehmens und in Abschnitt 5.3 die Angebotsfunktion für einen Markt bei vollständiger Konkurrenz unter der Annahme steigender Grenzkosten hergeleitet. Dabei ergab sich, daß die gewinnmaximale Menge beim Ausgleich von Preis und Grenzkosten erreicht ist, sofern der Preis über dem Minimum der variablen Durchschnittskosten liegt. Man erhält die Angebotsfunktion eines Unternehmens, indem in der Grenzkostenfunktion die Grenzkosten durch den Preis ersetzt werden. Die Ableitung einer gewinnmaximalen Angebotsmenge bei exogenen Marktpreisen erfordert steigende Grenzkosten, wie dies beispielsweise für das Ertragsgesetz und die Cobb-Douglas-Funktion bei partieller Faktorvariation gilt.

Dies impliziert, daß die in der Realität häufig zu beobachtenden konstanten oder sinkenden Durchschnittskosten mit der Herleitung einer Angebotsfunktion bei vollständiger Konkurrenz unvereinbar sind. Schon daraus folgt, daß die Marktform vollständiger Konkurrenz eine extreme Idealisierung ist, die in der Realität kaum existiert. Ein Vorteil der Cobb-Douglas-Funktion gegenüber dem Ertragsgesetz ist, daß sie mit konstanten und steigenden Skalenerträgen bzw. konstanten oder sinkenden, langfristigen Durchschnittskosten vereinbar ist.

Kapitel 6

Faktornachfrage

6.1 Überblick

Analog zum vorhergehenden Kapitel beschäftigen wir uns nun mit der Faktornachfrage unter den Annahmen vollständiger Konkurrenz und steigender Grenzkosten. Wir beginnen mit partieller Faktorvariation, d.h. wir nehmen zunächst an, daß nur *ein* Produktionsfaktor variabel ist (Abschnitt 6.2). Anschließend leiten wir die Faktornachfrage (ebenfalls nach jedem einzelnen Produktionsfaktor) aus der bereits bekannten Minimalkostenkombination her, bei der alle Produktionsfaktoren variabel sind (Abschnitt 6.3). Die zugrundeliegende Theorie bezeichnet man als Grenzproduktivitätstheorie der Verteilung. Da es zu dieser viele (mögliche) Mißverständnisse gibt, werden wir uns mit ihr in Abschnitt 6.4 unter konzeptionellen Gesichtspunkten auseinandersetzen. Eine wichtige Voraussetzung der Grenzproduktivitätstheorie der Verteilung ist das sog. Produktausschöpfungstheorem, das wir in Abschnitt 6.5 erläutern. Schließlich diskutieren wir das auf der Grenzproduktivitätstheorie der Verteilung aufbauende Konzept des Sachverständigenrats zur Beurteilung der Lohn- und Tarifpolitik (Abschnitt 6.6).

6.2 Die Faktornachfrage bei partieller Faktorvariation

Bereits in Abschnitt 3.6.3.3 haben wir gezeigt, daß die optimale Faktorkombination für substitutionale Produktionsfunktionen dort erreicht ist, wo das Preisverhältnis zweier beliebiger Produktionsfaktoren dem Verhältnis ihrer Grenzproduktivitäten bzw. der umgekehrten Grenzrate der Substitution entspricht. Dadurch wurde das Faktoreinsatz*verhältnis* bestimmt, während wir *über die absolute*, auch vom Output abhängige Faktornachfrage bewußt noch keine Aussage getroffen hatten. Dies holen wir nun nach, wobei wir in diesem Abschnitt gemäß des einfachsten Falls partieller Faktorvariation davon ausgehen, daß die Mengen aller Produktionsfaktoren außer einem konstant bleiben. Analog zur Angebotsfunktion definieren wir die *Faktornachfragefunktion* als die Funktion, die die gewinnmaximale Nachfrage nach dem Faktor i bei verschiedenen Faktorpreisen p_i abbildet. Wir bezeichnen sie mit x_i (p_i).

Gemäß der Annahme vollständiger Konkurrenz unterstellen wir wieder, daß der Vektor der Faktorpreise **(p)** für das einzelne Unternehmen ebenso gegeben ist wie der Outputpreis p. Da alle Faktormengen außer x_1 gegeben sind, steht das Unternehmen vor einem Optimierungsproblem, das inhaltlich mit dem identisch ist, das bei der Ableitung der Angebotsfunktion gelöst werden mußte. *Implizit* wurde bei der Bestimmung der gewinnmaximalen Angebotsmenge auch schon die gewinnmaximale Faktornachfrage bestimmt, da durch die Produktionsfunktion jedem Input eindeutig ein entsprechender Output zugeordnet wird und sich Güterangebot und Faktornachfrage deshalb simultan ergeben.[1] Die Zielfunktion des Unternehmens lautet

$$G = p\,y(\mathbf{x}) - p_1 x_1 - \sum_{i=2}^{n} p_i\,\bar{x}_i \tag{6.1}$$

Zur Bestimmung des Gewinnmaximums wird wieder die erste Ableitung der Gewinnfunktion gebildet, gleich Null gesetzt und die Gleichgewichtsbedingung errechnet. Es folgt

$$\frac{\partial G(\mathbf{p},\mathbf{x})}{\partial x_1} = p\frac{\partial y}{\partial x_1} - p_1 = 0 \tag{6.2}$$

bzw.

$$p\frac{\partial y}{\partial x_1} = p_1 \tag{6.3}$$

Verbal ausgedrückt bedeutet Gleichung (6.3), daß die gewinnmaximale Faktornachfrage eines Unternehmens erreicht ist, sofern *der Faktorpreis genau dem monetär bewerteten Grenzprodukt des Faktors entspricht.* Dies ist lediglich eine Variante des bereits bekannten Ergebnisses, daß im Gewinnmaximum eines Unternehmens der Grenzerlös den Grenzkosten entspricht: Die Grenzkosten entsprechen dem exogen gegebenen Preis des Faktors (p_1) und der der Veränderung der Faktormenge zugerechnete Grenzerlös ergibt sich aus der Multiplikation der durch den Faktor hervorgerufenen Produktionssteigerung ($\partial y\,/\,\partial x_1$) mit dem Verkaufspreis der produzierten Ware (p). Dies ist auch intuitiv einsichtig: denn solange der Preis eines Produktionsfaktors noch kleiner ist als der ihm zurechenbare Erlös, erhöht jede eingesetzte Faktormenge den Gewinn.

Es sei nun daran erinnert, daß die Grenzertragsfunktion den Zusammenhang zwischen Faktormenge und Grenzertrag und die Faktornachfragefunktion den Zusammenhang zwischen Faktormenge und Faktorpreis abbildet. Beide Funktionen unterscheiden sich demnach nur dadurch, daß einmal der Grenzertrag und einmal der Faktorpreis auf der Ordinate abgetragen werden; auf der Abszisse steht jeweils die Faktormenge.[2] Da Faktorpreis und bewertetes Grenzprodukt im Gleichgewicht gemäß Gleichung (6.3) identisch sind, müssen die beiden Funktionen den gleichen Verlauf haben. Wenn der Grenzertrag gemäß der Cobb-Douglas-Funktion abnimmt und der Preis immer dem Grenzertrag entsprechen muß, so sind Faktormenge und -preis gemäß Abb. 6.1 negativ korreliert.

---

1   Die getrennte Behandlung erklärt sich hauptsächlich aus dem didaktischen Anliegen, die Ergebnisse auch graphisch darzustellen.

2   Vgl. die analoge Argumentation zur Angebotsfunktion in Abschnitt 5.2.

Abb. 6.1: *Die Faktornachfrage als Funktion des Faktorpreises*

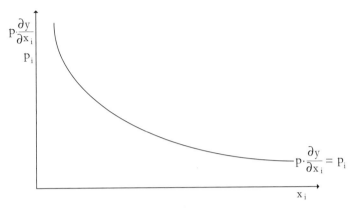

Die Bestimmung der Faktornachfragefunktion für einen *Gesamtmarkt* vollzieht sich analog zur Ableitung der aggregierten Angebotsfunktion, so daß auf eine explizite Darstellung verzichtet werden kann. Die Faktornachfragefunktion für den Gesamtmarkt gibt an, wie hoch die Faktornachfrage *aller* Unternehmen bei unterschiedlichen Faktorpreisen ist. Man erhält sie demnach aus den einzelnen Faktornachfragefunktionen, indem die Einsatzmengen der einzelnen Unternehmen für alternative Preise addiert werden.

Bedenken Sie als entscheidenden Punkt bitte, daß die Ableitung einer *fallenden* Faktornachfragefunktion wesentlich zwingender ist als die einer *steigenden* Güterangebotsfunktion: Dies liegt daran, daß es bei der Faktornachfragefunktion *definitionsgemäß* um partielle Faktorvariation geht, weil die Nachfrage nach *einem* bestimmten Faktor ermittelt wird. Sinkende Grenzproduktivitäten sind bei partieller Faktorvariation aber eine ausgesprochen vernünftige Annahme; und es sind genau die sinkenden Grenzproduktivitäten, die zu einer fallenden Nachfragefunktion führen. Analog ist auch die Ableitung einer steigenden Angebotsfunktion vernünftig, sofern wir partielle Faktorvariation betrachten (denn die steigende Güterangebotsfunktion wird genau wie die fallende Faktornachfragefunktion mit sinkenden Grenzproduktivitäten bzw. steigenden Grenzkosten begründet). Bei der Analyse des *langfristigen* Angebotsverhaltens von Unternehmen können wir aber nicht von partieller Faktorvariation ausgehen, und genau deshalb sind steigende Grenzkosten in der längerfristigen Betrachtung auch nicht plausibel.

6.3 Die Herleitung der Faktornachfrage aus der Minimalkostenkombination

Wir möchten die Faktornachfragefunktion nun noch kurz aus der Minimalkostenkombination herleiten. Dazu gehen wir erneut von dem aus Abschnitt 3.6.3.3 bekannten Ergebnis aus, daß im Unternehmensgleichgewicht das Preisverhältnis dem Verhältnis der Grenzproduktivitäten entspricht:

$$\frac{p_1}{p_2} = \frac{\dfrac{\partial y}{\partial x_1}}{\dfrac{\partial y}{\partial x_2}} \tag{6.4}$$

Speziell für die Cobb-Douglas-Funktion mit zwei Produktionsfaktoren

$$y = x_1^{\alpha_1} \cdot x_2^{\alpha_2} \tag{6.5}$$

kennen wir als Faktoreinsatzfunktion

$$x_1 = \frac{y^{\frac{1}{\alpha_1}}}{x_2^{\frac{\alpha_2}{\alpha_1}}} \tag{6.6}$$

die wir einfach als Umkehrfunktion der Produktionsfunktion (6.5) ermitteln können.

Wir erhalten die Faktornachfragefunktion nun dadurch, daß wir die Bedingung (6.4) in die Faktoreinsatzfunktion (6.6) (denn diese gibt ja genau den Faktoreinsatz an) einsetzen. Dazu machen wir uns den bereits bekannten Sachverhalt zunutze, daß sich die allgemeine Bedingung (6.4) für die Cobb-Douglas-Funktion mit zwei Produktionsfaktoren zu

$$\frac{p_1}{p_2} = \frac{\alpha_1 \, x_2}{\alpha_2 \, x_1} \;_3 \tag{6.7}$$

vereinfacht. Wenn wir Gleichung (6.7) nach x_2 auflösen und in die Faktoreinsatzfunktion (6.6) einsetzen, so erhalten wir

$$x_1 = y^{\frac{1}{\alpha_1+\alpha_2}} \left(\frac{\alpha_1 \, p_2}{\alpha_2 \, p_1} \right)^{\frac{\alpha_2}{\alpha_1+\alpha_2}} \;_4 \tag{6.8}$$

---

3   Vgl. Gleichung (3.94)

4   Aus (6.7) wird: $x_2 = \dfrac{\alpha_2}{\alpha_1} \cdot \dfrac{p_1}{p_2} \, x_1$

Setzt man $A = \dfrac{\alpha_2}{\alpha_1} \cdot \dfrac{p_1}{p_2}$, dann ergibt sich $x_2 = A x_1$

Eingesetzt in (6.6): $x_1 = \dfrac{y^{\frac{1}{\alpha_1}}}{A^{\frac{\alpha_2}{\alpha_1}} \cdot x_1^{\frac{\alpha_2}{\alpha_1}}}$

$$\Rightarrow \quad x_1 \cdot x_1^{\frac{\alpha_2}{\alpha_1}} = \frac{y^{\frac{1}{\alpha_1}}}{A^{\frac{\alpha_2}{\alpha_1}}}$$

$$\Rightarrow \quad x_1^{\frac{\alpha_1+\alpha_2}{\alpha_1}} = \frac{y^{\frac{1}{\alpha_1}}}{A^{\frac{\alpha_2}{\alpha_1}}}$$

Gleichung (6.8) wird als *Expansionspfad* bezeichnet, weil sie die gewinnmaximale Faktornachfrage nach Faktor 1 als Funktion der Produktionsmenge y unter der Annahme angibt, daß *alle* Faktoren variabel sind. Im Unterschied zu der partiellen Faktornachfragefunktion des vorhergehenden Abschnitts befinden wir uns in Gleichung (6.8) *also stets in der optimalen Faktorkombination*, weil wir von dieser gemäß Gleichung (6.4) ausgegangen sind. Gleichung (6.8) gibt uns also die allgemeine Nachfrage nach einem bestimmten Faktor an, wenn der Output erhöht werden soll und alle Faktoren variabel sind. Ein Blick auf Gleichung (6.8) zeigt,

daß der Term $\dfrac{1}{y^{\alpha_1 + \alpha_2}}$ lediglich mit einer (wenn auch etwas komplizierten) Konstanten

multipliziert wird, in die die Faktorpreise und die Produktionselastizitäten eingehen. Im Fall einer linear-homogenen Produktionsfunktion, die in unserem Fall $\alpha_1 + \alpha_2 = 1$ impliziert, ist der Expansionspfad folglich eine Ursprungsgerade, was nichts anderes ausdrückt, als daß es sich in diesem Fall um konstante Skalenerträge handelt. Für sinkende bzw. steigende Skalenerträge erhalten wir entsprechend einen progressiv bzw. degressiv steigenden Expansionspfad.

6.4 Die Grenzproduktivitätstheorie der Verteilung – einige konzeptionelle Anmerkungen

Das Ergebnis der Minimalkostenkombination, daß im Gleichgewicht bei vollständiger Konkurrenz jeder Faktorpreis der monetär bewerteten Grenzproduktivität des Faktors entspricht, hat innerhalb der Mikroökonomie lange Zeit für recht intensive wirtschaftspolitische und ideologische Diskussionen gesorgt. Dies ist nicht besonders überraschend, wenn man beispielsweise in Verbindung mit der Cobb-Douglas-Funktion bedenkt, daß es den Gewerkschaften durch politisch durchgesetzte Lohnerhöhung *nicht* gelingen kann, die funktionale Einkommensverteilung[5] zu ihren Gunsten zu beeinflussen, sofern die Unternehmen ihre Faktornachfrage tatsächlich am Ausgleich von Grenzproduktivität und Preis orientieren: da die Cobb-Douglas-Funktion eine Substitutionselastizität von Eins aufweist, führt eine x-prozentige Erhöhung des Faktorpreisverhältnisses genau zu einer ebenfalls x-prozentigen (also gleich großen) Verringerung des Faktormengenverhältnisses, so daß die funktionale Einkommensverteilung konstant bleibt.[6]

Bei der Darstellung der Grenzproduktivitätstheorie der Verteilung wird häufig die Formulierung verwendet, daß in einer Marktwirtschaft die Grenzproduktivität der

---

$$\Rightarrow \quad x_1 = \frac{y^{\frac{1}{\alpha_1 + \alpha_2}}}{A^{\frac{\alpha_2}{\alpha_1 + \alpha_2}}} = y^{\frac{1}{\alpha_1 + \alpha_2}} \cdot A^{-\frac{\alpha_2}{\alpha_1 + \alpha_2}} = y^{\frac{1}{\alpha_1 + \alpha_2}} \cdot \left(\frac{\alpha_1}{\alpha_2} \cdot \frac{p_2}{p_1} \right)^{\frac{\alpha_2}{\alpha_1 + \alpha_2}}$$

5   Die funktionale Einkommensverteilung mißt die Aufteilung des Sozialprodukts auf Arbeits- und Kapitaleinkommen.
6   Wir werden im folgenden Abschnitt 6.5 genauer sehen, daß die Grenzproduktivitätstheorie der Verteilung eine Produktionsfunktion mit konstanten Skalenerträgen voraussetzt, so daß wir auf diesen Punkt im Moment noch nicht eingehen.

Faktoren ihre Preise und ihr Einkommen *bestimme*. Gerade diese Beschreibung war lange Ausgangspunkt zahlloser ideologischer Kontroversen: Die „Anhänger" der Grenzproduktivitätstheorie der Verteilung glauben, aus ihr eine leistungsgerechte Entlohnung der Faktoren herauslesen zu können und ihre „Gegner" vermuten hinter dem formalen Modell eine kritiklose Verteidigung der Marktwirtschaft, die die unterschiedlichen Interessen von Kapitaleignern und Lohnempfängern nicht zu berücksichtigen gestatte. Die folgenden Punkte zeigen, daß beide Deutungen die begrenzten Möglichkeiten der Grenzproduktivitätstheorie der Verteilung nicht treffen und die Diskussion daher weitgehend überflüssig ist.

1. Die Grenzproduktivitätstheorie der Verteilung sagt nicht, daß die Grenzproduktivität der Faktoren die Preise, Mengen und Einkommen der Faktoren *bestimmt*. Die Aussage, daß eine beliebige Größe A (beispielsweise die Grenzproduktivität) die Größe B (beispielsweise den Preis) *bestimmt*, setzt eine *kausale Verursachung* der Größe B durch die Größe A voraus. Dies ist hier aber nicht der Fall, weil sich die Grenzproduktivität jedes Faktors ja mit der Menge verändert und deshalb die Grenzproduktivität auch nicht die Menge und den Preis *bestimmen* kann. Es handelt sich damit um keine kausale Verursachung der Mengen und Preise durch die Grenzproduktivitäten, sondern lediglich um die Herleitung einer Optimalitätsbedingung.

2. Eine richtig verstandene Grenzproduktivitätstheorie der Verteilung könnte selbst dann, wenn alle Prämissen zuträfen, nicht den Anspruch erheben, eine *leistungsgerechte* Entlohnung der Faktoren in einer Marktwirtschaft nachgewiesen zu haben. Stellen wir uns hierzu vor, daß jemand einen Acker von seinen Vorfahren erbte, die diesen aus dubiosen Gründen geschenkt bekamen. Die Grenzproduktivitätstheorie der Verteilung zeigt, daß der Faktor „Acker" immer dann ein positives Einkommen erzielt, wenn er physisch produktiv ist und eine positive Zahlungsbereitschaft für die Produkte des Ackers auf Seiten der Konsumenten besteht. Mir ist kein Grund dafür bekannt, diesen von der Grenzproduktivitätstheorie der Verteilung präzise formulierten Sachverhalt mit Leistung oder gar Gerechtigkeit in Verbindung zu bringen. Beides sind normativ besetzte Begriffe, die mit der Tatsache, daß im Privatbesitz befindliche produktive Faktoren in einer Marktwirtschaft ein Einkommen erzielen, absolut nichts zu tun haben. Und ob es moralisch akzeptabel ist, riesige Einkommen, die möglicherweise aus solchen historischen Quellen resultieren, angesichts des Elends auf der Welt nur für privaten Konsum zu verwenden, muß jede/r selbst entscheiden.

3. Daß die Grenzproduktivitätstheorie der Verteilung keine Aussage über die Gerechtigkeit der Einkommensverteilung zu treffen vermag, folgt schon daraus, daß die Grenzproduktivität des Faktors 1 von der eingesetzten Menge der anderen Faktoren abhängt. Mathematisch handelt es sich um positive Kreuzableitungen, was wir schon in Abschnitt 3.6.2.1 erläutert haben. Ökonomisch handelt es sich um den Sachverhalt, daß die Grenzproduktivität eines Faktors (und damit sein Gleichgewichtslohn) um so größer ist, je besser die Ausstattung mit anderen Produktionsfaktoren ist. Es ist daher auch weder „gerecht" noch „ungerecht", daß die

Entlohnung eines durchschnittlich begabten Deutschen höher ist als die eines durchschnittlich begabten Nordafrikaners, sondern eine Konsequenz unterschiedlicher Ausstattungen mit *anderen* Produktionsfaktoren. Die Grenzproduktivitätstheorie der Verteilung zeigt aber präzise, daß die Entlohnung in Marktwirtschaften zwangsläufig verschieden ist, wenn sich die Unternehmen bei ihrer Faktornachfrage rational (im Sinne der Gewinnmaximierung) verhalten.

4. Die Grenzproduktivitätstheorie der Verteilung behauptet nicht, daß in irgendeiner bestehenden Marktwirtschaft die Grenzproduktivität eines Faktors *wirklich* seinem Preis entspricht, sondern formuliert lediglich die dafür erforderlichen Voraussetzungen. Da die Prämissen in Reinform in der Realität niemals erfüllt sind, liefert die Grenzproduktivitätstheorie lediglich einen Ausgangspunkt, der wichtig ist, weil er ein erstes Verständnis für die Bestimmungsfaktoren der Einkommensverteilung in Marktwirtschaften liefert. Für ein tieferes Verständnis muß aber eine genauere Analyse erfolgen: so kann die Analyse unternehmensinterner Strukturen, Hierarchien und Kontrollmechanismen sowie die Untersuchung der Einflußfaktoren der Arbeitsmotivation möglicherweise mehr zum Verständnis bestehender Entlohnungsschemata beitragen als die Vision einer Entlohnung gemäß den Grenzproduktivitäten.

6.5 Das Produktausschöpfungstheorem

Ein wichtiger Spezialfall der Grenzproduktivitätstheorie der Verteilung betrifft die Frage, ob eine Faktorentlohnung gemäß den bewerteten Grenzproduktivitäten überhaupt dazu führt, daß das gesamte Sozialprodukt an die Produktionsfaktoren (d.h. in der aggregierten Version: an die Produktionsfaktoren Arbeit und Kapital) verteilt wird. Wenn dies nämlich nicht so ist, kann die Grenzproduktivitätstheorie nicht stimmen, denn das Sozialprodukt ist *definitionsgemäß* mit der Summe der Arbeits- und Kapitaleinkommen identisch. Um dies zu überprüfen, gehen wir von der Cobb-Douglas-Funktion

$$Y^P = A^\alpha \cdot K^\beta \text{ mit } 0 < \alpha\,;\,\beta < 1 \tag{6.9}$$

mit Arbeit und Kapital aus. Die Produktionselastizitäten haben wir diesmal als α und β bezeichnet, wie dies für die aggregierte Produktionsfunktion üblich ist. Das „P" bei Y steht für „Produktion".

Das produzierte Sozialprodukt Y^P verteilt sich definitionsmäßig auf Lohn- und Zinseinkommen. Mit Y^V als Sozialprodukt von der Verteilungsseite, i als Zins- und w^r als realem Lohnsatz gilt somit zwangsläufig

$$Y^V = w^r A + iK \tag{6.10}$$

Das Produktausschöpfungstheorem besagt, daß $Y^V = Y^P$ erfüllt ist, sofern die Grenzproduktivitäten gemäß (6.11a) und (6.11b) den Faktorentlohnungen entsprechen:

$$\frac{\partial Y^P}{\partial A} = w^r \tag{6.11a}$$

und

$$\frac{\partial Y^P}{\partial K} = i \tag{6.11b}$$

Anders formuliert besagt das Produktausschöpfungstheorem also, daß die Grenzproduktivitätstheorie der Verteilung mit der schlichten Tatsache vereinbar sein muß, daß das produzierte und das verteilte Sozialprodukt definitionsgemäß gleich sind.

Zu beweisen ist demnach

$$Y^P = \frac{\partial Y^P}{\partial A} A + \frac{\partial Y^P}{\partial K} K \tag{6.12}$$

Aus (6.9) folgen

$$\frac{\partial Y^P}{\partial A} = \alpha \cdot A^{\alpha-1} \cdot K^\beta \tag{6.13a}$$

und

$$\frac{\partial Y^P}{\partial K} = \beta \cdot K^{\beta-1} \cdot A^\alpha \tag{6.13b}$$

Mit   (6.13a) und   (6.13b) in (6.12) folgt

$$Y^P = \frac{\partial Y^P}{\partial A} A + \frac{\partial Y^P}{\partial K} K = \alpha \cdot A^{\alpha-1} \cdot K^\beta \cdot A + \beta \cdot K^{\beta-1} \cdot A^\alpha \cdot K$$

$$= (\alpha+\beta) A^\alpha \cdot K^\beta = (\alpha+\beta) Y^P \tag{6.14}$$

Unsere formalen Überlegungen führen also zu dem Resultat, daß eine Entlohnung gemäß den Grenzproduktivitäten dann und nur dann zu einer Aufteilung des gesamten Sozialprodukts führt, wenn die Summe der Produktionselastizitäten Eins ist, d.h. wenn die Produktionsfunktion konstante Skalenerträge aufweist. Bei steigenden Skalenerträgen ist nämlich die addierte Grenzproduktivität beider Produktionsfaktoren bei einer hohen *Produktionsmenge* größer als bei den vorhergehenden Einheiten, so daß eine Orientierung der Entlohnung an diesen Grenzproduktivitäten zu einer Entlohnung führen würde, bei der mehr als das gesamte Sozialprodukt verteilt würde – was offensichtlich nicht möglich ist. Wir kommen demnach zu dem interessanten Ergebnis, daß eine Entlohnung gemäß den Grenzproduktivitäten selbst bei der Marktform vollständiger Konkurrenz nur dann technisch überhaupt möglich ist, wenn sich die Volkswirtschaft durch eine Produktionsfunktion mit konstanten Skalenerträgen approximieren läßt.

6.6 Die Konzepte der produktivitätsorientierten und kostenniveauneutralen Lohnpolitik des Sachverständigenrats[E]

In diesem Abschnitt stellen wir mit der produktivitätsorientierten und der kostenniveauneutralen Lohnpolitik zwei Konzepte vor, die zur Beurteilung von Lohnabschlüssen herangezogen werden können. Beide Konzepte knüpfen inhaltlich sehr eng an die Grenzproduktivitätstheorie der Verteilung an. Während die produktivitätsorientierte Lohnpolitik das Ausgangskonzept ist, ist das Konzept der kostenniveauneutralen Lohnpolitik eine Modifikation, die in den sechziger Jahren vom Sachverständigenrat zur Begutachtung der gesamtwirtschaftlichen Entwicklung vorgenommen wurde.

6.6.1 Produktivitätsorientierte Lohnpolitik

Der Kernpunkt der Grenzproduktivitätstheorie der Verteilung als makroökonomische Version der Minimalkostenkombination besteht wie ausführlich erläutert darin, daß jeder Produktionsfaktor (also im Idealfall auch die Produktionsfaktoren Arbeit und Kapital) im Gleichgewicht so lange eingesetzt wird, bis sein bewertetes Grenzprodukt seinem Preis entspricht. Auch wenn die Prämissen der Grenzproduktivitätstheorie in der Praxis in dieser Weise nie erfüllt sind, kommt der Lohnpolitik selbstverständlich eine entscheidende Bedeutung bei der Arbeitsnachfrage zu. Ceteris paribus bleibt die Arbeitsnachfrage dann konstant, wenn die realen Lohnkosten pro Produkteinheit – bezeichnet als reale Lohnstückkosten – gleich bleiben. Es kann leicht gezeigt werden, daß dies genau dann der Fall ist, wenn die Reallöhne mit der gleichen Rate wachsen wie die Arbeitsproduktivität:

Die gesamten realen Lohnkosten L setzen sich zusammen aus der eingesetzten Arbeit A und dem Reallohn w^r:

$$L = A \cdot w^r \qquad (6.15)$$

Die realen Lohnstückkosten l sind der Quotient aus Lohnkosten und dem Wert der produzierten Güter:

$$l = \frac{L}{Y} = \frac{A \cdot w^r}{Y} = \frac{w^r}{\pi} \qquad (6.16)$$

weil die Arbeitsproduktivität ja als $\pi = Y/A$ definiert ist.[7] Daraus ergibt sich als Wachstumsrate der Lohnstückkosten[8]

---

7   Denn wenn A=10 Arbeiter ein Sozialprodukt von Y=200 produziert haben, muß ihre Durchschnittsproduktivität $\pi = Y/A = 20$ gewesen sein.

8   Das Wachstum erhält man durch Differenzieren von (6.16) nach der Zeit t und einige Umformungen, wobei beim Differenzieren die Quotientenregel verwendet wird. Da wir die Wachstumsrate w_l erhalten wollen, müssen wir das Wachstum (die Steigerung) der Arbeitszeit zum Ausgangswert ins Verhältnis setzen:

$$l(t) = \frac{w^r(t)}{\pi(t)} \quad \Rightarrow$$

$$w_l = w_{w^r} - w_\pi \hspace{3cm} (6.17)$$

Das vom Sachverständigenrat zur Beurteilung der Tarifvereinbarungen lange Zeit verwendete Konzept der produktivitätsorientierten Lohnpolitik besteht nun einfach in der Aufforderung an die Gewerkschaften, den Zuwachs der Reallöhne auf den Zuwachs der Arbeitsproduktivität zu begrenzen, damit von den Lohnkosten keine Verminderung der Arbeitsnachfrage ausgeht.

Abb. 6.2 zeigt, daß die Reallöhne in den 70er Jahren stärker gestiegen sind als die Produktivität, d.h. die realen Lohnkosten pro Produkteinheit sind gestiegen. Gleichzeitig hat sich in diesem Zeitraum die Arbeitslosigkeit in zwei Schüben kräftig erhöht. Seit Anfang der 80er Jahre hat sich der Trend allerdings umgekehrt. Die Produktivität ist deutlich stärker gewachsen als die Reallöhne, so daß sich die Schere zwischen beiden Größen wieder vollständig zurückgebildet hat. Die Arbeitslosigkeit ist zunächst langsam, seit 1988 aber recht deutlich gesunken, bevor sie seit 1992 wieder erheblich anstieg. Bei aller Vorsicht kann man Abb. 6.2 daher dahingehend interpretieren, daß ein Zusammenhang zwischen realen Lohnstückkosten und Arbeitslosigkeit besteht. Allerdings ist bei der Interpretation zu berücksichtigen, daß es sich um aggregierte Daten handelt, während der Lohnzuwachs zur Vermeidung lohnkosteninduzierter Arbeitslosigkeit in jeder einzelnen Branche auf den Produktivitätsfortschritt beschränkt sein müßte.

Abb. 6.2: *Arbeitsproduktivität, Reallohn und Arbeitslosenquote*

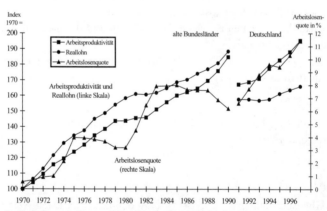

Quelle: Sachverständigenrat 1998: Jahrsgutachten 1998/99, S. 339, 349 und 353;
BMA 1998: Statistisches Taschenbuch, Tabelle 4.8
Anmerkungen:
Reallohn = Realeinkommen aus unselbständiger Tätigkeit pro Arbeitsstunde
Arbeitsproduktivität = Reales Bruttoinlandsprodukt pro Arbeitsstunde

$$\frac{l'(t)}{l(t)} = \frac{dl(t)}{dt} \cdot \frac{1}{l(t)} = \frac{w^{r'}(t) \cdot \pi(t) - w^r(t) \cdot \pi'(t)}{\left(\pi(t)\right)^2} \cdot \frac{\pi(t)}{w^r(t)}$$

$$= \frac{w^{r'}(t) \cdot \pi(t) - w^r(t) \cdot \pi'(t)}{w^r(t) \cdot \pi(t)} = \frac{w^{r'}(t)}{w^r(t)} - \frac{\pi'(t)}{\pi(t)} \quad \text{bzw.} \quad w_l = w_{w^r} - w_\pi$$

6.6.2 Kostenniveauneutrale Lohnpolitik

Während bei der produktivitätsorientierten Lohnpolitik ausschließlich die Löhne als Kostenfaktor beachtet werden, bezieht das vom Sachverständigenrat Mitte der sechziger Jahre entwickelte Konzept der kostenniveauneutralen Lohnpolitik auch die Kapitalkosten und die Entwicklung der Export- und Importpreise mit ein. Verzichten wir zunächst auf die Export- und Importpreise und bezeichnen wir K als Kapitaleinsatz sowie i als Zinsen, so gilt für die Gesamtkosten C

$$C = w \cdot A + i \cdot K .$$ (6.18)

Entsprechend sind die gesamtwirtschaftlichen Stückkosten c

$$c = \frac{C}{Y} = \frac{w}{\pi} + \frac{i}{\pi_K}$$ (6.19)

wobei π_K die analog zur Arbeitsproduktivität als Y/K definierte Kapitalproduktivität ist. Beim Übergang zu Wachstumsraten muß nun der Anteil der Arbeits- und Kapitalkosten an den Gesamtkosten berücksichtigt werden, weil sich beispielsweise eine 5prozentige Steigerung der Lohnkosten stärker auf die Gesamtkosten auswirkt, wenn der Anteil der Löhne 70 % statt 30 % der Gesamtkosten ausmacht. Bezeichnen wir α als Anteil der Lohnkosten ($\alpha = w \cdot A/C$) und β als Anteil der Kapitalkosten ($\beta = i \cdot K/C$), so gilt in Wachstumsraten

$$w_c = \alpha \cdot (w_w - w_\pi) + \beta \cdot (w_i - w_{\pi_K})$$ (6.20)

so daß eine produktivitätsorientierte Lohnsteigerung nur dann kostenniveauneutral ist, wenn die Zunahme der Kapitalverzinsung (w_i) der Zunahme der Kapitalproduktivität (w_{π_K}) entspricht. Beziehen wir zusätzlich die Terms of Trade (ToT) ein, die das Verhältnis aus Export- und Importpreisen messen, und vernachlässigen wir die Gewichtungsfaktoren, dann gilt für die Wachstumsrate der Stückkosten

$$w_c = (w_w - w_\pi) + (w_i - w_{\pi_K}) - w_{ToT}$$ (6.21)

Der Kerngedanke des Konzepts der kostenniveauneutralen Lohnpolitik besteht in der Aufforderung an die Tarifpartner (d.h. vor allem an die Arbeitnehmerseite), bei der Aushandlung von Lohnsteigerungen auch die Veränderung der anderen Kostenfaktoren miteinzubeziehen. Dies bedeutet, daß gemäß der Forderung des Sachverständigenrats die Löhne *langsamer* als die Arbeitsproduktivität wachsen sollen ($w_w < w_\pi$), sofern sich die Kapitalkosten erhöhen ($w_i > w_{\pi_K}$) bzw. die Terms of Trade verschlechtern. Dies kann von Gewerkschaftsseite natürlich mit dem Hinweis kritisiert werden, daß schwer einzusehen sei, warum ausgerechnet die Arbeitnehmer – und auch noch in vollem Umfang – die Belastungen durch gestiegene Kapitalkosten und verschlechterte Terms of Trade tragen sollen. Das pragmatische Argument lautet aber, daß der Produktionsfaktor Kapital mobiler sei als der Produktionsfaktor Arbeit und daher eine verschlechterte Kostensituation stets – in Form einer erhöhten Arbeitslosigkeit – zu Lasten der Arbeitnehmer gehe. Reallohnsteigerungen, die über eine kostenniveauneutrale Lohnpolitik hinausgehen, sind mit liberalisierten Kapitalmärkten dauerhaft schlicht nicht zu vereinbaren.

Ein bisher nicht berücksichtigter, aber ausgesprochen wichtiger Aspekt ist, daß der Sachverständigenrat sowohl beim Konzept der Lohnstückkosten als auch beim Konzept der kostenniveauneutralen Lohnpolitik die Löhne nicht *real*, sondern *nominal* definiert. Inhaltlich steht dahinter die Vorstellung, daß die realen Spielräume für Lohnerhöhungen ohnehin durch die Entwicklung der Produktivität bzw. der realen Stückkosten beschränkt sind, weil die Unternehmen darüber hinausgehende Steigerungen auf die Verkaufspreise überwälzen.[9] Dies führt aber dazu, daß die Konzepte (besonders das Konzept der Lohnstückkosten) sorgfältig interpretiert werden müssen: Wenn wir zur einfachsten Erläuterung annehmen, daß die durchschnittlichen Kapitalkosten und die Terms of Trade konstant bleiben, so impliziert die Konstanz der *nominalen* Lohnstückkosten bei einer positiven Inflationsrate, daß die reale Lohnsteigerung geringer ist als die Zunahme der Arbeitsproduktivität und sich die funktionale Einkommensverteilung (das Verhältnis aus Löhnen und Gewinnen) demnach verringert. Es ist daher zu bedenken, daß eine Zunahme der – nominal gemessenen – Lohnstückkosten selbst bei konstanten anderen Kosten nicht notwendigerweise eine Zunahme der realen Lohnstückkosten, sondern „lediglich" eine Zunahme von kosteninduzierten Inflationsgefahren signalisiert. Der Sachverständigenrat verwendet dieses Konzept konsequenterweise auch weniger als Verteilungsmaßstab, sondern mehr als Kriterium dafür, welche Preissteigerungstendenzen von den Tarifabschlüssen ausgehen. Dies führt natürlich dazu, daß bei der Bestimmung einer real kostenniveauneutralen Lohnpolitik durch die Tarifparteien immer auch die antizipierte Inflationsrate einbezogen wird. Es ist daher nochmals hervorzuheben, daß eine Zunahme der Lohnstückkosten (mit dem Meßkonzept von Nominallohnsteigerungen) für sich genommen lediglich Inflationsgefahren, aber keine Verschiebung der funktionalen Einkommensverteilung signalisiert.

6.6.3 Beurteilung der aktuellen Situation durch den Sachverständigenrat

In seinem Gutachten von 2001/02 fordert der SVR die Tarifparteien erneut dazu auf, durch eine moderate Lohnpolitik zum Abbau der Arbeitslosigkeit beizutragen. Im einzelnen werden folgende Vorschläge gemacht:

– Die Löhne sollen langsamer steigen als die Arbeitsproduktivität, um die Nachfrage nach Arbeit aufgrund sinkender realer Lohnstückkosten anzuregen.
– Die Tarifabschlüsse sollen eine stärkere Differenzierung der Lohnstrukturen bzgl. der regionalen und der qualifikatorischen Unterschiede ermöglichen, um den Erfordernissen eines strukturellen Wandels gerecht zu werden.
– Die Spreizung soll vor allem in den unteren Lohngruppen erhöht werden, um Arbeitsplätze für gering qualifizierte Arbeitnehmer zu schaffen, da deren Anteil an den Arbeitslosen in den letzten Jahren überproportional zugenommen hat.

---

9   Dies steht nicht im Widerspruch zu der Annahme vollständiger Konkurrenz, weil es sich ja um Kostenfaktoren handelt, die dann alle Unternehmen betreffen.

– Eine Verstärkung der beruflichen Aus- und Weiterbildung wird insb. bei gering qualifizierten Arbeitnehmern als erforderlich angesehen, das „Job-AQTIV-Gesetz"[10] wird in diesem Zusammenhang begrüßt.

– Die Arbeitszeit soll flexibilisiert werden, z.b. durch Teilzeitarbeit oder Festlegung einer Jahresarbeitszeit, deren Verteilung betriebsspezifisch geregelt wird.

– Variable Leistungsentgelte oder Gewinnbeteiligungen sollen über eine flexiblere Entlohnung zu höherer Beschäftigungssicherheit an Stelle von Einkommenssicherheit führen.

– Der Kündigungsschutz sollte gelockert werden, um den Arbeitgebern einen Anreiz zu geben, schneller Neueinstellungen vorzunehmen.

– Die maximale Bezugsdauer des Arbeitslosengeldes sollte gesenkt werden, um die Anreize für Arbeitslose, eine Beschäftigung aktiv zu suchen und aufzunehmen, zu stärken.

Angesichts der Tatsache, daß trotz längerer Lohnzurückhaltung noch kein deutlicher Rückgang der Arbeitslosigkeit festzustellen ist, verweist der SVR darauf, daß eine moderate Lohnpolitik einen langen Atem brauche um erfolgreich zu sein. Der SVR zitiert eine IAB[11]-Studie nach der 300.000 zusätzlichen Arbeitsplätze in drei Jahren geschaffen werden könnten, wenn die Lohnsteigerungen über einen längeren Zeitraum um je einen Prozentpunkt hinter dem Produktivitätswachstum zurückbleiben würden.

Das Tariftreuegesetz, welches öffentliche Auftraggeber insb. im Baubereich verpflichten soll, Aufträge nur an Unternehmen zu vergeben, die alle Beschäftigten nach dem am Auftragsort gültigen Tariflohn bezahlen, wird vom SVR abgelehnt. Der Grund für die Ablehnung wird im wesentlichen in der bis in die Zukunft wirkenden Allgemeinverbindlichkeit gesehen, die einer flexiblen Entlohnung (s.o.) entgegenwirkt.

Ein SVR-Mitglied erklärt in einer abweichenden Meinung die gesamtwirtschaftliche Notwendigkeit von Lohnsteigerungen gerade in Zeiten hoher Arbeitslosigkeit.

6.7 Zusammenfassung

In Abschnitt 6.2 haben wir die Faktornachfragefunktion als die Funktion definiert, die die gewinnmaximale Faktornachfrage von Unternehmen unter der Annahme vollständiger Konkurrenz darstellt. Dabei zeigte sich, daß die Faktornachfragefunktion der Grenzproduktivitätsfunktion entspricht, weil im Gewinnmaximum der (exogen gegebene) Faktorpreis gerade der (sinkenden) Grenzproduktivität entsprechen muß. Dieses Resultat ist überzeugend, weil bei partieller Faktorvariation die Grenzproduktivität sinken muß und die produktionstechnischen Voraussetzungen des Resultats daher plausibel sind.

Etwas allgemeiner haben wir die Faktornachfragefunktion dann aus der Minimalkostenkombination hergeleitet, was als Expansionspfad bezeichnet wurde. Dabei er-

---

10 AQTIV steht für: Aktivieren, Qualifizieren, Trainieren, Investieren und Vermitteln.
11 IAB = Institut für Arbeitsmarkt und Berufsforschung der Bundesanstalt für Arbeit.

gab sich natürlich das gleiche Resultat einer bei steigendem (exogenen) Faktorpreis sinkenden Faktornachfrage.

Bei der Diskussion der Grenzproduktivitätstheorie haben wir festgehalten, daß diese eigentlich keinen Raum für wirtschaftspolitische oder ideologische Diskussionen bietet – *wenn* Produktionsfunktionen stetig differenzierbar sind, *wenn* vollständige Konkurrenz auf Gütermärkten besteht, *wenn* sich die Unternehmen am Ausgleich von Grenzproduktivität und Faktorpreis orientieren, *wenn* die Unternehmen vollständige Information über die Grenzproduktivitäten der einzelnen Produktionsfaktoren haben, *wenn* konstante Skalenerträge vorliegen und *wenn* der Lohn frei ausgehandelt werden kann (vollständige Konkurrenz auf dem Arbeitsmarkt), dann ist es ganz selbstverständlich, daß der Faktorpreis der Grenzproduktivität entspricht.

Schließlich haben wir in Abschnitt 6.6 ausgehend von der Grenzproduktivitätstheorie der Verteilung das Konzept der kostenniveauneutralen Lohnpolitik dargestellt, mit dem der Sachverständigenrat Lohn- und Tarifabschlüsse beurteilt.

Kapitel 7

Das Mehrproduktunternehmen

Bisher nahmen wir stets an, daß die Unternehmen einen homogenen Output y_j unter Verwendung von n Produktionsfaktoren produzieren. Allgemein muß aber davon ausgegangen werden, daß ein Unternehmen nicht nur *ein* Produkt produziert, sondern verschiedene Güter in unterschiedlichen Mengen erzeugen kann und erzeugt. Ein Unternehmen, das die Möglichkeit zur Produktion verschiedener Güter hat, wird entsprechend als *Mehrproduktunternehmen* bezeichnet.

Um die Formalanalyse einfach zu gestalten, gehen wir davon aus, daß unser Mehrproduktunternehmen nur zwei Güter unter Einsatz von ebenfalls zwei Faktoren produzieren kann. Dies reicht völlig aus, um die relevanten Resultate herzuleiten. Die erzeugten Gütermengen werden als y_1 und y_2, die eingesetzten Faktormengen als x_1 und x_2 bezeichnet. Entsprechend der Annahme vollständiger Konkurrenz sind die zugehörigen Güter- und Faktorpreise (p_1, p_2 für y_j sowie q_1 und q_2 für x_i) für unser Mehrproduktunternehmen ein Datum. Ferner wird unterstellt, daß rein technisch gesehen beide Produktionsfaktoren zur Produktion beider Güter geeignet sind, so daß die Produktionsfunktionen

$$y_1 = y_1(x_{11}; x_{21}) \tag{7.1a}$$

und

$$y_2 = y_2(x_{12}; x_{22}) \tag{7.1b}$$

lauten. Dabei geben die zweiten Indizes an, zur Produktion welcher Ware die Produktionsfaktoren genutzt werden, so daß beispielsweise x_{21} die Menge von Produktionsfaktor Zwei darstellt, die zur Produktion von Gut Eins eingesetzt wird. Es handelt sich um zwei voneinander unabhängige Produktionsfunktionen, in die allerdings die gleichen Produktionsfaktoren eingehen. Die Gewinnfunktion des Mehrproduktunternehmens lautet analog zum Einproduktunternehmen

$$G = p_1\, y_1 + p_2\, y_2 - q_1\, x_1 - q_2\, x_2 \tag{7.2}$$

Nehmen wir zur weiteren Vereinfachung an, daß die Faktormengen, die dem Unternehmen insgesamt zur Verfügung stehen, gegeben sind. Das Unternehmen muß dann nur noch darüber entscheiden, wie die Faktormengen auf die beiden Produktionsprozesse zur Produktion von y_1 und y_2 aufgeteilt werden sollen. Die Aufgabe entspricht ganz der volkswirtschaftlichen Frage nach der optimalen Allokation *gegebener* Ressourcen, so daß das Mehrproduktunternehmen auch eine wichtige Vorarbeit für die Totalanalyse vollständiger Konkurrenz in Kapitel 14 ist. Die Kosten sind bei gegebenen

Faktormengen (x_1 und x_2) und ebenfalls gegebenen Faktorpreisen (q_1 und q_2) nicht veränderbar, so daß sich die Gewinnfunktion zu

$$G = p_1\, y_1\, (x_{11};\, x_{21}) + p_2\, y_2\, (x_{12};\, x_{22}) - K_f \tag{7.3}$$

vereinfacht und sich das Problem der Gewinnmaximierung auf die Aufgabe der Erlösmaximierung reduziert. Die insgesamt zur Verfügung stehenden Faktormengen können wir ohne Beschränkung der Allgemeinheit so normieren, daß von jedem Faktor eine Einheit zur Verfügung steht.[1] Mit X_1 als insgesamt zur Verfügung stehenden Menge von Faktor Eins und X_2 als insgesamt zur Verfügung stehenden Menge von Faktor Zwei folgen

$$X_1 = x_{11} + x_{12} = 1 \tag{7.4a}$$

und

$$X_2 = x_{21} + x_{22} = 1 \tag{7.4b}$$

Daraus folgen unmittelbar

$$x_{11} = 1 - x_{12} \tag{7.5a}$$

und

$$x_{21} = 1 - x_{22} \tag{7.5b}$$

d.h. die im Produktionsprozeß Eins eingesetzten Faktormengen können als Differenz der insgesamt zur Verfügung stehenden Mengen ($X_1 = X_2 = 1$) und der im Produktionsprozeß Zwei verwendeten Mengen ausgedrückt werden. Daraus folgt für die Gewinnfunktion

$$G = p_1\, y_1\, (1 - x_{12};\, 1 - x_{22}) + p_2\, y_2\, (x_{12};\, x_{22}) - K_f \tag{7.6}$$

Da die Preise der Güter (p_1 und p_2) ebenso gegeben sind wie die Kosten ($K_f = q_1 x_1 + q_2 x_2$), hängt der Gewinn nur noch davon ab, wie die Produktionsfaktoren auf die beiden Produktionsprozesse aufgeteilt werden, so daß als Unbekannte x_{12} und x_{22} verbleiben. x_{11} und x_{21} sind bei gegebenen Gesamtmengen X_1 und X_2 Residualgrößen. Um das Gewinnmaximum zu bestimmen, bilden wir ausgehend von Gleichung (7.6) wieder die partiellen Ableitungen nach den Variablen und setzen sie gleich Null. Nach der Kettenregel ergibt sich

$$\frac{\partial G}{\partial x_{12}} = p_1(-1)\frac{\partial y_1}{\partial(1 - x_{12})} + p_2\frac{\partial y_2}{\partial x_{12}} = 0 \tag{7.7a}$$

und

$$\frac{\partial G}{\partial x_{22}} = p_1(-1)\frac{\partial y_1}{\partial(1 - x_{22})} + p_2\frac{\partial y_2}{\partial x_{22}} = 0 \tag{7.7b}$$

---

1   Stehen dem Mehrproduktunternehmen beispielsweise 16 Tonnen von Faktor Eins und 12 Stück von Faktor Zwei zur Verfügung, so werden bei Faktor Eins 16 Tonnen und bei Faktor Zwei 12 Stück als eine Einheit definiert, so daß sich zu jeder Faktormenge eine entsprechende Normierung finden läßt.

Daraus folgen

$$p_1 \frac{\partial y_1}{\partial (1 - x_{12})} = p_2 \frac{\partial y_2}{\partial x_{12}} \tag{7.8a}$$

und

$$p_1 \frac{\partial y_1}{\partial (1 - x_{22})} = p_2 \frac{\partial y_2}{\partial x_{22}} \tag{7.8b}$$

Da definitionsgemäß $1 - x_{12} = x_{11}$ und $1 - x_{22} = x_{21}$ gelten, ergeben sich

$$p_1 \frac{\partial y_1}{\partial x_{11}} = p_2 \frac{\partial y_2}{\partial x_{12}} \tag{7.9a}$$

und

$$p_1 \frac{\partial y_1}{\partial x_{21}} = p_2 \frac{\partial y_2}{\partial x_{22}} \tag{7.9b}$$

Die Gleichungen (7.9a) und (7.9b) drücken aus, daß die monetär bewerteten Grenzprodukte eines Faktors im Gewinnmaximum in beiden Produktionsprozessen gleich sind. Dividiert man (7.9a) durch (7.9b), so folgt

$$\frac{\dfrac{\partial y_1}{\partial x_{11}}}{\dfrac{\partial y_1}{\partial x_{21}}} = \frac{\dfrac{\partial y_2}{\partial x_{12}}}{\dfrac{\partial y_2}{\partial x_{22}}} \tag{7.10}$$

Gleichung (7.10) beschreibt nicht nur den gewinnmaximalen Produktionsplan von Mehrproduktunternehmen, sondern ist auch eine Bedingung für die optimale Allokation der Ressourcen in einer Volkswirtschaft und bedarf daher einer sorgfältigen Interpretation. Gleichung (7.10) *drückt aus, daß das Verhältnis der Grenzproduktivitäten der Faktoren in beiden Verwendungsarten (d.h. in beiden Produktionsprozessen) gleich groß ist.* Betrachten wir zunächst die linke Seite von (7.10): $\partial y_1 / \partial x_{11}$ ist die Grenzproduktivität von Faktor Eins in der Produktion von Gut Eins, $\partial y_1 / \partial x_{21}$ die Grenzproduktivität von Faktor Zwei in der Produktion von Gut Eins. Die linke Seite von Gleichung (7.10) ist demnach das Verhältnis der Grenzproduktivitäten beider Faktoren in der Produktion von Gut Eins. Auf der rechten Seite von Gleichung (7.10) steht das Verhältnis der Grenzproduktivitäten beider Faktoren in der Produktion von Gut Zwei. Nehmen wir zunächst rein hypothetisch an, daß sich das Unternehmen für eine Aufteilung der beiden Faktoren in einem Mengenverhältnis entschieden hätte, bei dem die linke und die rechte Seite von Gleichung (7.10) *nicht* identisch wären, indem wir beispielsweise

$$\frac{\partial y_1}{\partial x_{11}} = 20; \quad \frac{\partial y_1}{\partial x_{21}} = 1; \quad \frac{\partial y_2}{\partial x_{12}} = 10 \quad \text{und} \quad \frac{\partial y_2}{\partial x_{22}} = 2 \tag{7.11}$$

unterstellen. Die Verhältnisse der Grenzproduktivitäten der Faktoren in der Produktion von Gut Eins wären dann

$$\frac{\frac{\partial y_1}{\partial x_{11}}}{\frac{\partial y_1}{\partial x_{21}}} = \frac{20}{1} = 20 \qquad\qquad (7.12a)$$

und in der Produktion von Gut Zwei

$$\frac{\frac{\partial y_2}{\partial x_{12}}}{\frac{\partial y_2}{\partial x_{22}}} = \frac{10}{2} = 5 \qquad\qquad (7.12b)$$

Bei der gewählten Aufteilung der Faktoren auf die beiden Produktionsprozesse wäre der Quotient der Grenzproduktivitäten beider Faktoren im ersten Produktionsprozeß somit erheblich größer als im zweiten Produktionsprozeß. Das Unternehmen könnte mit den zur Verfügung stehenden Faktormengen einen höheren Output erzielen, indem im ersten Produktionsprozeß mehr vom ersten und im zweiten Produktionsprozeß mehr vom zweiten Faktor eingesetzt wird. Dieses Ergebnis wird auch nicht dadurch eingeschränkt, daß der erste Produktionsfaktor in beiden Produktionsprozessen die höhere Grenzproduktivität aufweist; entscheidend ist allein, daß Faktor Eins *im Verhältnis* zu Faktor Zwei im ersten Produktionsprozeß eine höhere Grenzproduktivität als im zweiten Produktionsprozeß hat.

Zur Veranschaulichung scheint mir die Vorstellung hilfreich, daß man gemeinsam mit einer Freundin zwei Tätigkeiten zu erledigen hat, die diese beide besser beherrscht als man selbst und man sich dazu entschlossen hat, den gesamten Aufwand (beispielsweise die Gesamtzeit) zu minimieren. Wie die Arbeit verteilt wird, hängt dann nicht von den absoluten, sondern von den eigenen Grenzproduktivitäten in Relation zu denen der Freundin ab, da es (zumindest unter dem Gesichtspunkt der gesamten Zeitminimierung!) unsinnig wäre, selbst gar nicht zu arbeiten, nur weil die Freundin beide Tätigkeiten schneller ausführt.[2] Im Kern drückt Gleichung (7.10) nichts anderes aus als dieses Prinzip der Maximierung der Gesamtproduktivität. Diese Abhängigkeit der optimalen Faktorallokation von den *komparativen* (vergleichsweisen) Vorteilen wurde umfassend erstmals von David Ricardo auf der Grundlage von Arbeitszeiten im Rahmen der realen Außenhandelstheorie analysiert und spielt eine herausragende Rolle in zahlreichen Gebieten der Ökonomie.

Gleichung (7.10) kann noch in einer anderen Weise geschrieben werden, weil das Verhältnis der Grenzproduktivitäten umgekehrt proportional zur Grenzrate der Substitution ist. Die linke Seite von (7.10) entspricht somit der Grenzrate der Substitution von Faktor Zwei durch Faktor Eins im ersten, die rechte Seite der Grenzrate der Substitution von Faktor Zwei durch Faktor Eins im zweiten Produktionsprozeß.

$$\left|\frac{d x_{21}}{d x_{11}}\right| = \left|\frac{d x_{22}}{d x_{12}}\right| = \left|\frac{d x_2}{d x_1}\right| \qquad\qquad (7.13)$$

---

2 Erfahrungsgemäß läßt sich Müßiggang mit dem Hinweis völliger Unfähigkeit auch nicht lange durchsetzen.

Gleichung (7.10) drückt demnach auch aus, daß die Grenzrate der Substitution in beiden Produktionsprozessen identisch ist und die Indizes für die Produktionsprozesse bei der Formulierung der Grenzrate der Substitution im Gleichgewicht weggelassen werden können. Die erste festzuhaltende Gleichgewichtsbedingung für ein Mehrproduktunternehmen lautet also

$$\frac{\dfrac{\partial y_1}{\partial x_{11}}}{\dfrac{\partial y_1}{\partial x_{21}}} = \frac{\dfrac{\partial y_2}{\partial x_{12}}}{\dfrac{\partial y_2}{\partial x_{22}}} = \frac{\dfrac{\partial y}{\partial x_1}}{\dfrac{\partial y}{\partial x_2}} = \left| \frac{d x_2}{d x_1} \right| \tag{7.14}$$

Zur weiteren inhaltlichen Interpretation von Gleichung (7.14) sei daran erinnert, daß die Bestimmung der Faktoraufteilung auf die beiden Produktionsprozesse gleichzeitig auch die Produktionsmengen y_1 und y_2 festlegt, denn die beiden Produktionsfunktionen

$$y_1 = y_1 \, (x_{11}, x_{21}) \tag{7.15}$$

und

$$y_2 = y_2 \, (x_{12}, x_{22}) \tag{7.16}$$

geben an, welcher Output mit den Faktormengen x_{11} und x_{21} bzw. x_{12} und x_{22} erzeugt werden kann. Graphisch werden die Gütermengen y_1 und y_2, die mit einem gegebenen Gesamtfaktoreinsatz X_1 und X_2 erzeugt werden können, von der *Transformationskurve* dargestellt. Die Bezeichnung „Transformationskurve" (manchmal auch Produktionsmöglichkeitenkurve genannt) erklärt sich daraus, daß bei einer gegebenen Faktorausstattung immer eine Mengeneinheit des einen Gutes, auf die in der Produktion verzichtet wird, in eine bestimmte Menge des anderen Gutes „transformiert" wird. Die Transformationskurve muß eine negative Steigung aufweisen und hat entsprechend Abb. 7.1 einen konkaven Verlauf.

Die Steigung der Transformationskurve ($|dy_2/dy_1|$) gibt an, wieviel Einheiten von Gut 2 zusätzlich produziert werden können, sofern auf eine Einheit von Gut Eins verzichtet wird. Dieses Verhältnis wird als *Grenzrate der Transformation* (MRT)[3] bezeichnet. Beträgt die Grenzrate der Transformation (MRT = $|dy_2/dy_1|$) beispielsweise 7, so bedeutet dies, daß bei der gewählten Outputkomposition durch Verzicht auf eine Einheit von Gut Eins sieben zusätzliche Einheiten von Gut Zwei produziert werden können. Wie bei der Grenzrate der Substitution, so muß auch bei der Grenzrate der Transformation darauf geachtet werden, ob die Transformation von Gut Zwei durch Gut Eins oder die Transformation von Gut Eins durch Gut Zwei gemeint ist. In unserem Beispiel ist die MRT von Gut Zwei durch Gut Eins 7 und die MRT von Gut Eins durch Gut Zwei entsprechend 1/7.

---

3 Von „marginal rate of transformation".

Abb. 7.1: *Die Transformationskurve*

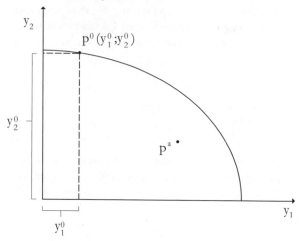

Jede Produktion unterhalb der Transformationskurve – beispielsweise im Punkt P^a – wäre ineffizient, weil ohne Verringerung der Produktionsmenge einer Ware eine größere Menge der anderen Ware hergestellt werden könnte. Dagegen sind *alle* Punkte auf der Transformationskurve effizient im technischen Sinne, wobei der gewinnmaximale Produktionsplan des Mehrproduktunternehmens gemäß Gleichung (7.6) von den Marktpreisen der hergestellten Güter bestimmt wird.

Der konkave Verlauf der Transformationskurve bringt zum Ausdruck, daß die Grenzrate der Transformation von Gut Zwei durch Gut Eins um so kleiner wird, je mehr Einheiten von Gut Zwei im Verhältnis zu Gut Eins bereits produziert werden (d.h. graphisch: je weiter man sich nach links oben auf der Transformationskurve bewegt). Die Ursache dafür kann man sich am leichtesten klar machen, wenn man unterstellt, daß im Punkt P^0 von Abb. 7.1, in dem die Gütermengen y_1^0 und y_2^0 produziert werden, fast die gesamte zur Verfügung stehende Faktorausstattung zur Produktion der Ware Zwei verwendet wird. In diesem Fall ist es kaum noch möglich, die Faktoren nach technischen Gesichtspunkten zu kombinieren; die Faktorkombination wird vielmehr von den als gegeben unterstellten Faktormengen X_1 und X_2 erzwungen. Denn wenn fast nur Ware Zwei erzeugt werden soll, so müssen eben die vorhandenen Faktoren dafür verwendet werden, und es besteht beispielsweise keine Möglichkeit, die optimale Faktorkombination in Form von Skalenvariation beizubehalten.[4] Um die Gleichgewichtsbedingung für ein Mehrproduktunternehmen noch von einer anderen Seite aus zu erläutern, betrachten wir die direkt aus Gleichung (7.10) folgende Gleichung (7.17)

---

4   Die Transformationskurve kann bei steigenden Skalenerträgen auch einen linearen oder konvexen Verlauf aufweisen; vgl. ausführlicher z.B. Schumann 1992, 262ff.

$$\frac{\dfrac{\partial y_1}{\partial x_{11}}}{\dfrac{\partial y_2}{\partial x_{12}}} = \frac{\dfrac{\partial y_1}{\partial x_{21}}}{\dfrac{\partial y_2}{\partial x_{22}}} \tag{7.17}$$

Gleichung (7.17) bedeutet, daß im Gewinnmaximum das Verhältnis der Grenzproduktivitäten der beiden Faktoren hinsichtlich der beiden Produktionsprozesse gleich hoch ist. Beträgt beispielsweise die Grenzproduktivität von Faktor Eins im ersten Produktionsprozeß 12 und im zweiten Produktionsprozeß 3 Einheiten, so muß auch das Verhältnis der Grenzproduktivitäten von Faktor Zwei 12/3 = 4 sein. Wenn die Grenzproduktivität *aller* Faktoren im ersten Produktionsprozeß wie in unserem Beispiel viermal so hoch ist wie im zweiten Produktionsprozeß, so bedeutet dies umgekehrt, daß durch Verzicht auf eine Einheit von Ware Zwei (die unter relativ schlechten marginalen Produktivitätsbedingungen hergestellt wird) vier Einheiten von Ware Eins produziert werden können, da die Grenzproduktivität aller Faktoren bei der gewählten Mengenkombination ja viermal so hoch ist.[5] Da Gleichung (7.17) ausdrückt, daß das Verhältnis der Grenzproduktivitäten *beider* Faktoren hinsichtlich der Produktionsprozesse gleich ist, können die Indizes für die Produktionsfaktoren weggelassen werden, und man erhält die Grenzrate der Transformation

$$\frac{\dfrac{\partial y_1}{\partial x_{11}}}{\dfrac{\partial y_2}{\partial x_{12}}} = \frac{\dfrac{\partial y_1}{\partial x_{21}}}{\dfrac{\partial y_2}{\partial x_{22}}} = \frac{\dfrac{\partial y_1}{\partial x_i}}{\dfrac{\partial y_2}{\partial x_i}} = \left|\frac{d y_1}{d y_2}\right| \tag{7.18}$$

Verbal bedeutet Gleichung (7.18), daß eine notwendige Bedingung für das Gleichgewicht eines Mehrproduktunternehmens darin besteht, daß das Verhältnis der Grenzproduktivitäten eines beliebigen Produktionsfaktors der Grenzrate der Transformation entspricht. Wären die Verhältnisse der Grenzproduktivitäten der Produktionsfaktoren hinsichtlich der verschiedenen Produktionsprozesse nicht identisch, so würde das Unternehmen unterhalb der Transformationskurve und somit technisch ineffizient produzieren.

Eine weitere hilfreiche Möglichkeit zur Interpretation der Grenzrate der Transformation ergibt sich, wenn man X_1 und X_2 als einen Bestand auffaßt, der die Kosten K verursacht. Die totale Veränderung der Kosten K ist entlang der Transformationskurve Null (gegebene Bestände!) und setzt sich zusammen aus den Kosten der Produktionsveränderungen y_1 und y_2. Somit gilt – analog zur Bestimmung der Grenzrate der Substitution entlang einer Isoquante – das totale Differential

$$d K = \frac{\partial K}{\partial y_1} d y_1 + \frac{\partial K}{\partial y_2} d y_2 = 0$$

---

5   Bei einer anderen Mengenkombination – d.h. in einem anderen Punkt auf der Transformationskurve – würde außer im Fall einer linearen Transformationskurve auch ein anderes Verhältnis der Grenzproduktivitäten gelten.

Daraus folgt

$$\left|\frac{d\,y_1}{d\,y_2}\right| = \frac{\dfrac{\partial K}{\partial y_2}}{\dfrac{\partial K}{\partial y_1}} \tag{7.19}$$

d.h. die Grenzrate der Transformation entspricht dem umgekehrten Verhältnis der Grenzkosten.[6]

Daraus, daß die bewerteten Grenzproduktivitäten im Gewinnmaximum gleich sind (vgl. Gleichung (7.9a)), folgt unmittelbar

$$\frac{\dfrac{\partial y_1}{\partial x_{11}}}{\dfrac{\partial y_2}{\partial x_{12}}} = \frac{p_2}{p_1} \tag{7.20}$$

Die vollständige Gleichgewichtsbedingung für das Mehrproduktunternehmen lautet somit

$$\left|\frac{d\,y_1}{d\,y_2}\right| = \frac{p_2}{p_1} = \frac{\dfrac{\partial K}{\partial y_2}}{\dfrac{\partial K}{\partial y_1}} \tag{7.21}$$

und besagt ökonomisch gesehen lediglich, daß das Verhältnis der Grenzkosten dem Verhältnis der Grenzerlöse (d.h. bei vollständiger Konkurrenz: dem Preisverhältnis) entsprechen muß. Graphisch erhält man dieses Ergebnis, indem man die Definitionsgleichung für den Erlös

$$E = p_1 y_1 + p_2 y_2 \tag{7.22}$$

nach y_2 auflöst

$$y_2 = \frac{E}{p_2} - \frac{p_1 y_1}{p_2} \tag{7.23}$$

und gemäß Abb. 7.2 mit E/p_2 als Abschnitt auf der y_2-Achse und mit p_1/p_2 als absoluter Steigung zusätzlich zur Transformationskurve im y_1-y_2-Koordinatensystem einträgt.

---

6   Dies bestätigt in Verbindung mit Gleichung (7.18) den aus der Ableitung der Kostenfunktion bekannten Sachverhalt, daß Grenzproduktivitäten und Grenzkosten bei gegebenen Preisen umgekehrt proportional sind.

Abb. 7.2: *Gleichgewicht des Mehrproduktunternehmens*

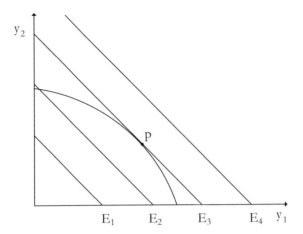

Jede Gerade stellt einen anderen Erlös dar. Der maximale Erlös ist erreicht, wenn eine Erlösgerade die Transformationskurve tangiert und die Steigungen der beiden Funktionen identisch sind. Da die Faktorausstattung und somit die Transformationskurve gegeben ist, beschreibt das Erlösmaximum in Punkt P von Abb. 7.2 gleichzeitig ein Gewinnmaximum. Dieses Ergebnis, daß die Grenzrate der Transformation dem umgekehrten Preisverhältnis entsprechen muß, werden wir auch später benötigen, wenn wir uns mit der Preisbildung auf Märkten und ihrer wohlfahrtstheoretischen Interpretation beschäftigen.

Kapitel 8

Präferenzordnungen

8.1 Überblick

In den Kapiteln 8, 9 und 10 werden wir uns analog zur Unternehmenstheorie in den vorhergehenden Kapiteln mit der *Haushaltstheorie* beschäftigen. Während wir in der Unternehmenstheorie das Güterangebots- und Faktornachfrageverhalten gewinnmaximierender Unternehmen betrachtet haben, untersuchen wir nun das nutzenmaximierende Güternachfrage- und Faktorangebotsverhalten von Haushalten. Die Argumentation vollzieht sich dabei ganz analog zur Unternehmenstheorie. Wir gehen wieder von der Marktform vollständiger Konkurrenz aus, um zunächst die Komplikationen zu vermeiden, die sich aus den Rückwirkungen des Verhaltens einzelner Wirtschaftssubjekte auf die Marktpreise ergeben.

Analog zur Produktionstheorie innerhalb der Analyse des Unternehmensverhaltens müssen wir im vorliegenden 8. Kapitel zunächst die „technischen" Grundlagen einführen, auf deren Basis das Nachfrageverhalten von Haushalten analysiert werden kann. Das Analogon zu Produktionsfunktionen bilden dabei sogenannte *Nutzenindexfunktionen*, die wir aufbauend auf der historischen Einführung in Abschnitt 8.2 in Abschnitt 8.3 herleiten. In Abschnitt 8.4 skizzieren wir in Form eines „Exkurses" schließlich einige Einwände gegen die Theorie rationaler Wahlhandlungen, da diese ja immerhin der gesamten Mikroökonomie zugrunde liegt.[1]

8.2 Die kardinale Nutzentheorie

Ihren systematischen Ausgangspunkt nahm die Haushaltstheorie mit dem Buch „Entwicklung der Gesetze des menschlichen Verkehrs und der daraus fließenden Regeln für menschliches Handeln" (1853) von *Hermann Heinrich Gossen*, dessen Überlegungen bei seinen Zeitgenossen allerdings wenig Beachtung fanden. Erst mit den Arbeiten von *W.S. Jevons* (1835-1882), *C. Menger* (1840-1921) und *L. Walras* (1834-1910) begannen sich die von *Gossen* formulierten nutzentheoretischen Gedanken durchzusetzen.

Gossen hielt den von einer Ware gestifteten Nutzen für grundsätzlich meßbar, so daß seine Theorie auch als kardinale Nutzentheorie bezeichnet wird. Der Gesamtnutzen U läßt sich dann als Funktion der Gütermengen y_1 bis y_n darstellen

---

1   Vgl. schon oben, Abschnitt 2.1.

$$U = U (y_1, ..., y_n) = U (\mathbf{y}) \tag{8.1}$$

wobei y den Gütervektor bezeichnet. Aus der Beobachtung glaubte *Gossen* zwei wesentliche Zusammenhänge über den Verlauf der Nutzenfunktion verallgemeinern zu können: Erstens, daß der Gesamtnutzen mit jeder Mengenerhöhung eines Guts bis zu einem Sättigungspunkt ansteigt und zweitens, daß der von einer infinitesimalen Mengenerhöhung gestiftete Nutzen (der *Grenznutzen*) einer Ware um so kleiner ist, je höher die bereits zur Verfügung stehende Menge ist. Diese Annahme eines bei steigender Menge zwar positiven, aber sinkenden Grenznutzens wird als *Erstes Gossensches Gesetz* bezeichnet. Formal bedeutet dies, daß die erste Ableitung der Nutzenfunktion für eine Ware i positiv und die zweite Ableitung negativ ist:

$$\frac{\partial U}{\partial y_i} > 0 \tag{8.2}$$

$$\frac{\partial^2 U}{\partial y_i^2} < 0 \tag{8.3}$$

Abb. 8.1 und Abb. 8.2 zeigen den bis zu einem Sättigungspunkt (A) ansteigenden Gesamtnutzen und den sinkenden Grenznutzen, der nach dem Sättigungspunkt gemäß *Gossen* sogar negativ werden kann.

Abb. 8.1: *Die Nutzenentwicklung nach Gossen*

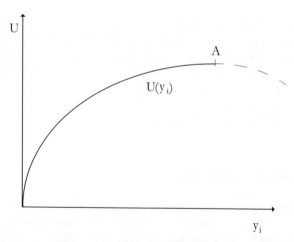

Auf dieser Grundlage diskutierte *Gossen* auch die Frage, wie sich Wirtschaftssubjekte unter bestimmten Nebenbedingungen verhalten müssen, um ihren Nutzen zu maximieren. Nehmen wir dazu an, daß ein Haushalt über ein vorgegebenes Budget verfügt, das er auf unterschiedliche Güter aufteilen kann. Der Grundgedanke läßt sich am besten mit zwei Gütern erläutern. Nehmen wir beispielhaft an, der Haushalt wolle sein Budget auf Apfelkuchen (Ware A) und Brot (B) aufteilen. Angenommen, er hätte die Waren so kombiniert, daß A einen Grenznutzen von 10 ($\partial U/\partial y_A = 10$) und Ware B einen Grenznutzen von 5 Einheiten ($\partial U/\partial y_B = 5$) stiftet. Die Preise von Apfelkuchen und Brot seien $p_A = 3$ und $p_B = 1$. Dies bedeutet, daß der Grenznutzen von A nur doppelt so hoch ist wie der Grenznutzen von B, obwohl der Apfelkuchen dreimal so viel kostet.

Abb. 8.2: *Der Grenznutzen nach Gossen*

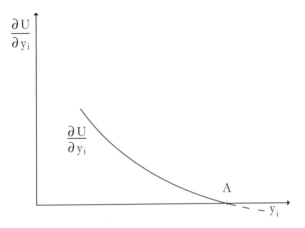

Im Verhältnis zu ihrem jeweiligen Preis hat A also einen geringeren Grenznutzen als B. Offensichtlich kann der Haushalt seinen Nutzen erhöhen, indem er mehr von B und weniger von A kauft, denn das Brot stiftet *im Verhältnis zum Preis* einen höheren Grenznutzen als der Apfelkuchen (5/1 = 5 im Vergleich zu 10/3 = 3,33). Die Ersetzung von A durch B führt gemäß dem ersten *Gossen*schen Gesetz dazu, daß der Grenznutzen des Brots sinkt und der Grenznutzen des Apfelkuchens steigt. Der gedankliche Optimierungsprozeß kommt erst zum Stillstand, wenn beide Güter im Vergleich zu ihrem Preis den gleichen Grenznutzen stiften, wenn also gilt

$$\frac{\frac{\partial U}{\partial y_A}}{p_A} = \frac{\frac{\partial U}{\partial y_B}}{p_B} \qquad (8.4)$$

Die Gültigkeit von Gleichung (8.4) im Nutzenmaximum wird als zweites *Gossen*sches Gesetz bezeichnet: Der Haushalt muß alle Güter so nachfragen, daß der mit dem Preis gewichtete Grenznutzen immer gleich ist. Diese alte Auffassung von *Gossen* gilt im Grunde auch heute noch und wird in Kapitel 9 genauer hergeleitet. [2]

Beachten Sie bitte, daß die beiden *Gossen*schen Gesetze methodisch einen unterschiedlichen Charakter haben. Das erste Gesetz macht eine Aussage über Grundsätze, die alle Haushalte bei Nutzenzuordnungen gemeinsam haben, es ist also eine empirische Annahme über die Eigenschaften von Präferenzen. Das zweite Gesetz beinhaltet dagegen lediglich eine mathematische Maximierungsregel, es ist also keine Aussage über wirkliches Verhalten, sondern eine *Verhaltensanweisung* und hat damit normativen Charakter.

---

2   Geneigte Leser/innen werden feststellen, daß es sich im Grunde um das gleiche Ergebnis wie in der Unternehmenstheorie (Minimalkostenkombination) handelt, in der das Preisverhältnis zweier Faktoren dem Verhältnis der Grenzproduktivität entspricht.

8.3   Die ordinale Nutzentheorie

8.3.1   Anforderungen an Präferenzordnungen

Allmählich begann sich die Auffassung durchzusetzen, daß der Nutzen eine *rein subjektive* Kategorie sei, die einer intersubjektiven Messung nicht zugänglich ist. *Gossens* Vorstellung, man könne den Nutzen verschiedener Wirtschaftssubjekte aus dem Konsum bestimmter Waren miteinander vergleichen, wurde daher aufgegeben. An die Stelle der kardinalen wurde insbesondere von *Vilfredo Pareto* (1848-1923) die *ordinale Nutzentheorie* gesetzt. Bei der ordinalen Nutzentheorie wird lediglich verlangt, daß die Wirtschaftssubjekte verschiedene Güter und Güterbündel gemäß ihrer Wünschbarkeit ordnen können. Der Haushalt muß also beispielsweise angeben können, ob er zehn Flaschen Wein oder sechsunddreißig Hubschrauber bevorzugt, muß aber keine Aussage über den *absoluten* Nutzen treffen können, der von Wein und Hubschraubern gestiftet wird. Dies zeigt, daß der Nutzenbegriff selbst im Grunde genommen überflüssig wird: Entscheidend ist nur, daß der Haushalt zu jedem Gut und jedem Güterbündel eine Meinung hat.

Auf diese Art mündete der ursprünglich psychologisch besetzte Nutzenbegriff langsam in eine reine Theorie rationaler Wahlhandlungen. Schließlich wurden die Anforderungen an nutzenmaximierendes Verhalten *axiomatisch* abgeleitet, was gegenüber der Formulierung der ordinalen Nutzentheorie von *Pareto* den Vorteil der höheren Präzision hat. Gemäß der axiomatischen Nutzentheorie hat jeder Haushalt eine *Präferenzordnung*, in der die verschiedenen Güter nach ihrer Wünschbarkeit geordnet sind.

Diese Präferenzordnung muß bestimmte Eigenschaften aufweisen, damit der Haushalt seinen Nutzen maximieren kann. Bei den folgenden Axiomen betrachten wir von einem Haushalt erreichbare Güterbündel Y^i, die sich aus L Gütern zusammensetzen, d.h. $Y^i = (y^i_1, ..., y^i_L)$. Die Menge aller Güterbündel nennen wir Konsummenge $Y \subset R^L_+$.

Ein Güterbündel ist eine bestimmte Mengenkombination verschiedener Güter; beispielsweise mag Güterbündel Y^1 aus einer einwöchigen Flugreise nach Kreta, zwei Litern Kaffee und sieben Blumensträußen bestehen. Ordnen wir Flugreisen nach Kreta willkürlich den Index 1, Kaffee den Index 2 und Sträußen den Index 3 zu, so hat Güterbündel Y^1 folgendes Aussehen:

$$Y^1 = (1; 2; 7) \qquad (8.5)$$

Ein zweites Güterbündel (Y^2) enthalte keine Kretareise, 28 Liter Kaffee und 12 Blumensträuße.

$$Y^2 = (0; 28; 12) \qquad (8.6)$$

Die Schreibweise $Y^i \succeq Y^j$ bedeutet, daß der Haushalt zu einem bestimmten Zeitpunkt Y^i mindestens so gerne haben möchte wie Y^j. Dies schließt dabei auch ein, daß der Haushalt zwei Güterbündeln indifferent gegenübersteht: $Y^i \sim Y^j$, d.h. daß es ihm egal ist, ob er Y^i oder Y^j bekommt. Schließt man die Indifferenz jedoch aus, so gelangt man zur schärferen Schreibweise $Y^i \succ Y^j$, die nun besagt, daß der Haushalt das Güterbündel Y^i dem Bündel Y^j auf jeden Fall vorziehen wird.

An die Präferenzordnung werden mehrere Forderungen gestellt, damit wir sie zur Nutzenmaximierung benutzen können. Die folgenden Axiome lassen sich in drei Gruppen unterteilen:

1. Eine Präferenzordnung ist rational, wenn Axiom 1-2 erfüllt sind:

    Axiom 1: Die Präferenzordnung ist vollständig.

    Für alle Güterbündel Y^i, $Y^j \in Y$ gilt entweder $Y^i \succeq Y^j$ oder $Y^j \succeq Y^i$ (oder beides). Das Axiom fordert, daß alle Güterbündel der Konsummenge durch die Präferenzordnung erfaßt werden und somit verglichen werden können.

    Axiom 2: Die Präferenzordnung ist transitiv.

    Für alle Y^i, Y^j, $Y^k \in Y$ folgt aus $Y^i \succeq Y^j$ und $Y^j \succeq Y^k$ unmittelbar $Y^i \succeq Y^k$. Dieses Axiom wird auch als Widerspruchsfreiheit (bzw. Konsistenz) bezeichnet, weil es widersprüchlich wäre, zu einem bestimmten Zeitpunkt lieber Wein als Bier, lieber Bier als Wasser, aber – zum gleichen Zeitpunkt – dennoch lieber Wasser als Wein zu trinken.

2. Zur Berechnung des Nutzenmaximums eines Haushaltes muß eine rationale Präferenzordnung auch die Axiome 3-4 erfüllen:

    Axiom 3: Die Präferenzordnung hat keine Sättigungsgrenze.

    Angenommen, der Haushalt steht den beiden Güterbündeln Y^i und Y^j indifferent gegenüber. Wenn dann die Menge irgendeiner Ware in Y^i erhöht wird, dann gilt $Y^i \succ Y^j$. Dies bedeutet in etwa, daß jede Mengeneinheit stets einen positiven Grenznutzen stiftet. Eine Sättigungsgrenze wie bei *Gossen* gibt es also nicht.

    Axiom 4: Die Präferenzordnung ist konvex.

    Für alle Y^i, $Y^j \in Y$ mit $Y^i \succeq Y^j$ gelte $\lambda Y^i + (1-\lambda)Y^j \succeq Y^j$ für ein beliebiges $0 < \lambda < 1$.
    Konvexität bedeutet also, daß sich ein Haushalt durch das Mischen zweier Güterbündel niemals schlechter stellt als wenn er sich für das schlechtere der beiden Güterbündel entscheiden würde. Interessant ist der Spezialfall, bei dem wir $Y^i \sim Y^j$ unterstellen. In diesem Fall impliziert die geforderte Konvexität, daß durch das Mischen der beiden Güterbündel eine neue Güterkombination entsteht, die mindestens so attraktiv wie die ursprünglichen Güterbündel ist.
    Beispiel: Y^i bestehe aus siebenhundert Flaschen Wein und acht kg Gummibären; Y^j aus einer Flasche Wein und zehn kg Gummibären. Für einen Haushalt seien Y^i und Y^j gleich attraktiv. Konvexität bedeutet dann, daß für den Haushalt für jedes beliebige λ mit $0 < \lambda < 1$ die aus $\lambda \cdot$ (700 Fl. Wein; 8 kg Gummibären) + $(1 - \lambda) \cdot$ (1 Fl. Wein; 10 kg Gummibären) bestehende Güterkombination mindestens so begehrt ist wie die ursprünglichen Güterbündel.

3. Bei Erfüllung des Axioms 5 ist es möglich, die Präferenzordnung durch eine Nutzen(index)funktion zu repräsentieren:

Axiom 5: Die Präferenzordnung ist stetig.

Betrachtet werden konvergente Folgen von Güterbündeln $(Y_n^1) = Y_1^1, Y_2^1, Y_3^1,$ ... mit $\lim_{n \to \infty} Y_n^1 = Y^{1*}$ und $(Y_n^2) = Y_1^2, Y_2^2, Y_3^2,$ ... mit $\lim_{n \to \infty} Y_n^2 = Y^{2*}$. Wenn für jedes n $Y_n^1 \succeq Y_n^2$ gilt, dann muß auch $Y^{1*} \succeq Y^{2*}$ erfüllt sein, d.h. die Relation $\succeq$ bleibt beim Grenzübergang erhalten.

Die Stetigkeit besagt also, daß in der Präferenzordnung keinerlei Sprünge auftreten dürfen.

8.3.2 Indifferenzkurven und die Grenzrate der Substitution

Wir wollen nun dem Konvexitätsaxiom etwas genauer nachgehen, weil dies für die Analyse von Haushaltsentscheidungen und die Herleitung von Nachfragefunktionen zentral ist. Dazu nehmen wir zur Vereinfachung und ohne Beschränkung der Allgemeinheit an, daß unser Haushalt in einer Welt lebt, in der nur zwei verschiedene Güter existieren. Jedes Güterbündel Y^i kann dann als eine bestimmte Mengenkombination der beiden Güter y_1 und y_2 mit den Indizes „1" und „2" dargestellt und im Koordinatenraum $(y_1; y_2)$ abgetragen werden. Obwohl in unserem Beispiel definitionsgemäß nur zwei Güter existieren, gibt es unendlich viele Güterkombinationen, da beliebige Mengen der beiden Güter zusammengestellt werden können. Nehmen wir nun an, dem Haushalt werde zunächst die Mengenkombination $Y^0 = (y_1^0; y_2^0)$ angeboten, die er mit anderen aus den Waren 1 und 2 bestehenden Güterbündeln vergleichen soll. Gemäß dem Nicht-Sättigungsaxiom muß der Haushalt alle Güterbündel $Y^i = (y_1^i; y_2^i)$ vorziehen, die von beiden Waren mindestens gleichviel und von mindestens einer Ware mehr enthalten. Im Koordinatenraum $(y_1; y_2)$ sind dies entsprechend Abb. 8.3 alle Güterbündel im mit I bezeichneten Bereich, der nach links von der y_2^0-Achse und nach unten von der y_1^0-Achse begrenzt wird. Aus dem gleichen Grund wird der rationale Haushalt alle Güterbündel im mit III bezeichneten Bereich ablehnen, der nach rechts von der y_2^0-Achse und nach oben von der y_1^0-Achse begrenzt wird. Interessant sind demnach nur die Güterkombinationen in den Bereichen II und IV.

Um die subjektive Beurteilung der Güterbündel in den Bereichen II und IV herauszufinden, werden dem Haushalt verschiedene Güterbündel zur Auswahl angeboten, die im Vergleich zu Y^0 entweder mehr von Gut 1 und weniger von Gut 2 oder mehr von Gut 2 und weniger von Gut 1 enthalten.

Abb. 8.3: *Güterbündel im Koordinatenraum y_1; y_2*

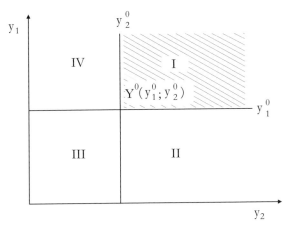

Wenn die obigen fünf Axiome erfüllt sind, lassen sich zu jedem Güterbündel $Y^0 = (y_1^0; y_2^0)$ immer beliebig viele Güterbündel $Y^i = (\alpha\, y_1^0; \beta\, y_2^0)$ mit $0 < \alpha < 1$ und $\beta > 1$ oder $0 < \beta < 1$ und $\alpha > 1$ finden, die vom Haushalt gleich hoch eingeschätzt werden wie Y_0, denen der Haushalt also indifferent bezüglich Y^0 gegenübersteht. Zur Veranschaulichung nehmen wir wieder an, daß der Warenindex 1 für Wein und der Warenindex 2 für Gummibären steht und die Güterkombination Y^0 aus siebenhundert Flaschen Wein und acht kg Gummibären besteht. Demnach gilt $Y^0 = (y_1^0; y_2^0) = (700; 8)$. Wählen wir nun als beliebiges $\alpha < 1$ den Wert $\alpha = 0,3$, so besagt unsere Annahme, daß sich irgendein aus 210 Flaschen Wein ($\alpha\, y_1^0$) und $\beta \cdot 8$ kg Gummibären bestehender Warenkorb Y^i finden läßt, für den $Y^0 \sim Y^i$ gilt.

Beispielsweise mag für einen Gummibärenliebhaber die erforderliche Kompensationsmenge Gummibären niedrig sein, so daß $\beta = 40$ ist und $(700; 8) \sim (210; 320)$ gilt. Ein solcher Warenkorb läßt sich nur dann finden, wenn angenommen wird, daß eine Menge Wein durch irgendeine (noch nicht festgelegte) Menge Gummibären ersetzt werden kann, d.h. wenn die Güter *substituierbar* sind. In diesem Fall, *der die Grundlage der Haushaltstheorie bildet*, wird also unterstellt, daß jede Menge eines Gutes durch eine bestimmte Menge eines anderen Gutes ersetzt werden kann. Die graphische Darstellung aller Mengenkombinationen zweier Güter (in unserem Beispiel der Güter Wein und Gummibären), denen der Haushalt indifferent gegenübersteht, wird als *Indifferenzkurve* bezeichnet und kann im Koordinatenraum (y_1;y_2) abgetragen werden.

Abb. 8.4: *Das Indifferenzkurvensystem eines Haushaltes hinsichtlich y_1 und y_2*

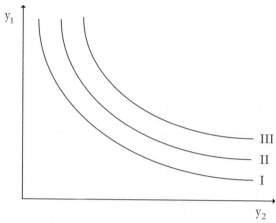

Während jeder Punkt auf einer Indifferenzkurve Güterkombinationen darstellt, die vom Haushalt gleich beurteilt werden, bedeutet eine Bewegung im Indifferenzkurvensystem nach außen den Übergang zu einer bevorzugten Güterkombination. Beispielsweise werden alle Mengenkombinationen der Güter 1 und 2 auf der Indifferenzkurve II allen Mengenkombinationen auf der Indifferenzkurve I vorgezogen. Erklärungsbedürftig ist noch, warum die Indifferenzkurven entsprechend Abb. 8.4 *konvex* und nicht konkav sind: Das Konvexitätsaxiom (Axiom 4) der Präferenzrelationen besagt, daß ein aus dem gewichteten Mittel der beiden Güterbündel Y^i und Y^j gebildetes drittes Güterbündel (d.h. eine Linearkombination aus Y^i und Y^j) mindestens so begehrt ist wie die ursprünglichen Güterbündel Y^i bzw. Y^j. Abb. 8.4 zeigt, daß dies für beliebige Y^i und Y^j der Fall ist, weil jede Linearkombination der beiden Güterbündel über der ursprünglichen Indifferenzkurve liegt und gegenüber den Güterbündeln Y^i bzw. Y^j bevorzugt wird. Dies ist der Fall, sofern konvexe Indifferenzkurven vorliegen: Bei konkaven Indifferenzkurven liegt jede Linearkombination unter, der ursprünglichen Indifferenzkurve. Axiom 4 fordert somit die Konvexität der Indifferenzkurven. Beachten Sie das der Fall linearer Indifferenzkurven hierbei eingeschlossen ist.

Um die ökonomische Bedeutung des Konvexitätsaxiomes weiter zu erschließen, stellen wir die Frage, wie viele Einheiten von Gut 1 durch eine Einheit von Gut 2 ersetzt werden können, damit der Haushalt der daraus entstehenden Güterkombination und der Ausgangskombination indifferent gegenübersteht. Dieses Ersetzungsverhältnis von Gut 1 durch Gut 2 entspricht der Steigung der Indifferenzkurve, da diese angibt, wie sich die eine Variable (in unserem Fall y_1) verändert, wenn die andere Variable (in unserem Fall y_2) infinitesimal variiert wird. Das Ersetzungsverhältnis von Gut 1 durch Gut 2 auf einer Indifferenzkurve ist demnach $|dy_1 / dy_2|$ und wird als *Grenzrate der Substitution* (MRS) bezeichnet. Dies erinnert an die Grenzrate der technischen Substitution, die in der Produktionstheorie die Steigung einer Isoquanten mißt und somit angibt, wie viele Einheiten des einen Produktionsfaktors durch eine Einheit des anderen Produktionsfaktors ersetzt werden können, um den gleichen Output zu produzieren. Entsprechend gibt die Grenzrate der Substitution in der Haushaltstheorie an, wie viele Einheiten des einen Gutes durch eine Einheit des anderen Gutes ersetzt werden können, damit die Güterkombinationen gleich bewertet werden.

Der konvexe Verlauf der Indifferenzkurven zeigt, daß die Grenzrate der Substitution von Gut 1 durch Gut 2 abnimmt, sofern man sich auf der Indifferenzkurve nach rechts unten bewegt. Je mehr Einheiten von Ware 2 dem Haushalt im Verhältnis zu Ware 1 zur Verfügung stehen, desto weniger Einheiten der Ware 1 können mit einer Einheit von Ware 2 ersetzt werden, d.h. $|dy_1 / dy_2|$ sinkt mit wachsendem y_2/y_1. Unabhängig davon, welche Präferenzen ein Haushalt für Gummibären und Wein hat – der Haushalt mag im Vergleich zum anderen Haushalt lieber Wein trinken, der andere lieber naschen –, sinkt die Grenzrate der Substitution von Wein durch Gummibären, wenn dem Haushalt mehr Gummibären und weniger Wein zur Verfügung stehen. Die Konvexitätsannahme ist der aus der kardinalen Nutzentheorie bekannten Annahme eines sinkenden Grenznutzens (Erstes Gossensches Gesetz) ähnlich: Je mehr Gummibären und je weniger Wein dem Haushalt zur Verfügung stehen, desto begehrenswerter wird der Wein im Vergleich zu den Gummibären.

Die Annahme sinkenden Grenznutzens ist etwas restriktiver als die Konvexitätsannahme, weil im ersten Fall direkt von einzelnen Gütern und im zweiten Fall von zwei Gütern ausgegangen wird. Die mit der Konvexitätsannahme identische Annahme einer sinkenden Grenzrate der Substitution $|dy_1 / dy_2|$ für steigendes y_2/y_1 kann auch erfüllt sein, wenn der Grenznutzen für *ein* Gut nicht sinkt. Diese Unterscheidung ist inhaltlich aber nicht so wesentlich, als daß sie in einer Einführung näher behandelt werden müßte. Der Zusammenhang zwischen Präferenz- und Nutzentheorie wird im folgenden näher erörtert.

8.3.3 Nutzenindexfunktionen

Wir kommen nun zur Herleitung von Nutzenindexfunktionen und Präferenzordnungen, die von der ökonomischen Logik her fast vollständig denen der kardinalen Nutzentheorie Gossens entsprechen.

Entsprechend Abb. 8.4 wird angenommen, daß der Koordinatenraum $(y_1; y_2)$ von einer Indifferenzkurvenschar bedeckt ist und die einzelnen Indifferenzkurven nach dem Kriterium geordnet werden können, wie die auf ihnen enthaltenen Güterkombinationen bewertet werden. Beispielsweise werden alle Güterkombinationen auf der Indifferenzkurve III allen Güterkombinationen auf der Indifferenzkurve II vorgezogen. Die Methode zur Konstruktion der Nutzenfunktion, die in Abgrenzung zur frühen Nutzentheorie als *Nutzenindexfunktion* bezeichnet wird, besteht nun schlicht darin, jeder Indifferenzkurve einen Nutzenindex U zuzuordnen: Je weiter außen eine Indifferenzkurve in Abb. 8.4 liegt, desto höher der „Nutzen", weil jede Güterkombination auf einer weiter außen liegenden Indifferenzkurve präferiert wird. Der Begriff des Nutzens geht in der modernen neoklassischen Theorie vollständig in einer Wahlhandlungstheorie der Haushalte auf: Wenn ein Güterbündel Y^i einem Güterbündel Y^j vorgezogen wird, so wird definiert, daß Y^i einen höheren Nutzen hat als Y^j.

Nehmen wir an, daß die Indifferenzkurven extrem dicht geschachtelt werden, so kann in unserem Koordinatenraum $(y_1; y_2)$ jeder beliebigen Mengenkombination der

Güter 1 und 2 ein bestimmter Nutzenindex zugeordnet werden, weil dann alle denkbaren Kombinationen im Koordinatenraum von Indifferenzkurven erfaßt werden. Die Vergleichbarkeit der Güterbündel entsprechend ihren Nutzenindizes beschränkt sich aber nicht auf unterschiedliche Mengenkombinationen physisch identischer Güter, sondern ist für *alle* Warenkombinationen möglich, da die beispielhafte Beschränkung auf zwei Waren (Wein und Gummibären) willkürlich war und lediglich der Vereinfachung und der graphischen Veranschaulichung im Koordinatenraum $(y_1; y_2)$ diente. Damit kann jeder beliebigen Güterkombination ein Nutzenindex zugeordnet werden, der den Vergleich mit anderen Güterbündeln ermöglicht. Da es nur auf den subjektiven *Vergleich* der Güterbündel ankommt, ist es gleichgültig, ob der Nutzenindex einer Warenkombination als „1", „3" oder „10.000" bezeichnet wird – allerdings steht für jede andere Güterkombination je nach Normierung fest, ob der Nutzenindex über (unter) 1, drei oder zehntausend liegt. Beispielsweise können wir den Index unserer Warenkombination $Y^1 = (700$ Fl. Wein, 8 kg Gummibären) als 1 bezeichnen und somit U $(Y^1) = 1$ setzen. Damit kann auf Grundlage der Anforderungen an eine Präferenzordnung eine Nutzen(index)funktion abgeleitet werden, ohne auf das Problem der Nutzenmessung näher eingehen zu müssen.

Angesichts der unendlichen Schar von Indiffenzkurven lassen sich mit Nutzenindexfunktionen formal alle Operationen wie mit kardinalen Funktionen durchführen, ohne auf die intersubjektive Vergleichbarkeit des Nutzens angewiesen zu sein.[3] Mit Hilfe von Nutzenindexfunktionen können wir die Analogie zwischen der Grenzrate der Substitution in der Unternehmens- und der Haushaltstheorie noch genauer fassen, indem wir beispielsweise eine Nutzenindexfunktion mit nur zwei Gütern als

$$U = U(y_1; y_2) \tag{8.7}$$

schreiben und somit den Nutzen U als Funktion des Gütervektors **y** ausdrücken. Da wir mit Nutzenindexfunktionen alle mathematischen Operationen durchführen dürfen, können wir ganz analog zu einer Produktionsfunktion in Abschnitt 3.6.3.1 das totale Differential bestimmen und erhalten unter Berücksichtigung eines entlang der Indifferenzkurve konstanten Nutzens

$$dU = \frac{\partial U}{\partial y_1} dy_1 + \frac{\partial U}{\partial y_2} dy_2 = 0 \tag{8.8}$$

Daraus folgt

$$\frac{\dfrac{\partial U}{\partial y_1}}{\dfrac{\partial U}{\partial y_2}} = \left| \frac{dy_2}{dy_1} \right| \tag{8.9}$$

---

3   Letztlich ist der Unterschied zwischen der kardinalen und der ordinalen Nutzentheorie für die praktisch orientierte Forschung ohnehin belanglos, weil empirisch bestenfalls Zahlungsbereitschaften gemessen werden können. Eine sehr viel ausführlichere und tiefergehende Analyse der Unterschiede zwischen der kardinalen und der ordinalen Nutzentheorie findet sich vor allem bei Moritz 1993.

Wir erhalten somit das Resultat, daß die Grenzrate der Substitution dem umgekehrten Verhältnis der Grenznutzen entspricht. Dies können wir analog zur Bedingung der Produktionstheorie, daß die Grenzrate der Substitution dem umgekehrten Verhältnis der Grenzproduktivitäten entspricht, leicht interpretieren: Beträgt das Grenznutzenverhältnis der Güter 1 und 2 fünf, so kann eine Einheit von Gut 1 fünf Einheiten von Gut 2 ersetzen, so daß die Grenzrate der Substitution von Gut 2 durch Gut 1 fünf beträgt ($|dy_2/dy_1| = 5$): Die Grenzrate der Substitution entspricht dem umgekehrten Verhältnis der Grenznutzen. Ohne Betragsstriche wäre dy_2/dy_1 negativ, weil beim gleichen Nutzenniveau von einem Gut mehr und von einem weniger konsumiert werden muß. Wie in der Produktionstheorie, muß auch hier auf die Unterscheidung zwischen der Grenzrate der Substitution von Gut 1 durch Gut 2 und dem reziproken Verhältnis geachtet werden. Im Ausgangspunkt unseres Beispieles beträgt die Grenzrate der Substitution von Gut 2 durch Gut 1 fünf, während mit einer Einheit von Gut 2 nur 1/5 Einheiten von Gut 1 substituiert werden können und die Grenzrate der Substitution von Gut 1 durch Gut 2 demnach 1/5 ist.

8.4 Exkurs: Diskussion der Theorie rationaler Wahlhandlungen[*]

Da die folgenden Kapitel alle auf der Theorie rationaler Wahlhandlungen aufbauen, bemühen wir uns hier darum, die häufigsten dagegen erhobenen Kritikpunkte zu systematisieren und möglichst „ausgewogen" zu beurteilen. Die Vorwürfe werden besonders von der sozialökonomischen Verhaltensforschung, postkeynesianischen und neoricardianischen Ökonomen erhoben, die aufbauend auf der gegenüber der traditionellen Mikroökonomie alternativen Preistheorie von P. Sraffa[4] die Logik ökonomischer Entwicklungen ohne Rückgriff auf die neoklassische Haushaltstheorie analysieren. Mit dem erforderlichen Mut zur Vereinfachung lassen sich die Einwände gegen die Theorie rationaler Wahlhandlungen folgendermaßen zusammenfassen:[5]

1. Menschliches Verhalten beruhe auf zahlreichen heterogenen Handlungsmotiven, die von sozialen, traditionellen, sozialpsychologischen oder unbewußten Faktoren beeinflußt werden und nur unter Inkaufnahme empirischer Irrelevanz unter dem Prinzip der Nutzenmaximierung subsumiert werden könnten. Zwar treffe die Theorie rationaler Wahlhandlungen keinerlei Aussagen über das Zustandekommen von Präferenzordnungen, so daß Einflußfaktoren wie Moral, Tradition und Manipulation durch bestimmte Formen der Werbung keineswegs geleugnet werden müssen. Auf diese Weise immunisiere sich die Nutzentheorie aber in methodisch unzulässiger Weise gegen Kritik, weil *jede* Handlung unabhängig von ihrer Motivation als Folge der Nutzenmaximierung definiert und eine empirische Falsifikation damit ausgeschlossen werde.

---

4   Sraffa 1960. Vgl. aus der Sekundärliteratur vor allem Schefold 1976; Garegnani 1989 sowie für eine ausführliche Einführung Feess 2000.

5   Als Klassiker vgl. Robinson 1980. Die folgende Skizze orientiert sich wesentlich an Schefold 1987 sowie der darauf aufbauenden Darstellung bei Feess 2000, Kapitel 8. Eine gelungene Kritik der Vorwürfe findet sich bei Moritz 1993, 120-125.

Da der Nutzen durch sich selbst definiert sei, sei die Theorie rationaler Wahl-handlungen tautologisch und empirisch nicht überprüfbar.[6]

Zur Verteidigung gegen diesen Vorwurf können vor allem drei Argumente gel-tend gemacht werden:

- erstens ist es nicht richtig, daß die Haushaltstheorie prinzipiell empirisch un-überprüfbar ist, weil durchaus klar definierte (und über Befragungen überprüf-bare) Hypothesen über Präferenzordnungen aufgestellt werden. Allerdings muß eingeräumt werden, daß die Hypothesen *in dieser Form* einer empirischen Über-prüfung nicht standhalten, weil beispielsweise kein Wirtschaftssubjekt eine wirklich vollständige Präferenzordnung hat. Die Schwierigkeit bei einer darauf aufbauenden Beurteilung der Theorie rationaler Wahlhandlungen ist aber, daß jede sozialwissenschaftliche Theorie Idealisierungen benötigt, die einer empiri-schen Überprüfung entweder nicht zugänglich sind oder nicht standhalten, und der methodische Stellenwert der Rationalverhaltenstheorie daher schlicht unge-klärt ist.[7] Inwieweit die Annahmen zur Beschreibung des Verhaltens und vor al-lem zur Prognose bestimmter Reaktionen auf bestimmte Änderungen der Ne-benbedingungen geeignet sind, läßt sich meines Erachtens nicht allgemein, sondern nur kontextabhängig entscheiden;[8]

- zweitens zeigt die Theorie offenbarter Präferenzen[9], daß sich unter bestimmten Bedingungen die zugrunde liegenden Präferenzordnungen aus dem Konsumen-tenverhalten rückschließen lassen, indem die Präferenzen aus den beobachteten Nachfragestrukturen im Zeitablauf rekonstruiert werden. Dabei ist allerdings einzuräumen, daß bei unvollständiger Information Schwierigkeiten auftreten. Bei unvollständiger Information kann aus dem Marktverhalten nicht mehr ohne weiteres geschlossen werden, ob „Fehlentscheidungen" auf irrationales Verhal-ten im Sinne der Verletzung eines der Axiome der Präferenztheorie oder auf die Unvollständigkeit der Information zurückzuführen sind.[10] Dieser Einwand läßt sich meines Erachtens radikalisieren, weil die Theorie offenbarter Präferenzen die Axiome der neoklassischen Haushaltstheorie schon deshalb nicht beweisen kann, weil induktive Beweise logisch ausgeschlossen sind;[11]

---

6   Vgl. hierzu ausführlich z.B. Robinson 1972, 60ff; Feess-Dörr 1989, 23f.

7   Eine hervorragende Strukturierung der Konsequenzen für die Poppersche Forderung nach Falsifi-zierbarkeit und die sozialwissenschaftliche Forschungslogik überhaupt findet sich bei Hausmann 1981.

8   Weimann 1995, 74ff gibt einen allgemeinen Überblick über experimentelle Ergebnisse hinsichtlich des Verhaltens in Konfliktsituationen; eine auf ultimative Verhandlungsspiele beschränkte detail-liertere Darstellung liefern Güth/Tietz 1985.

9   Vgl. Samuelson 1938; Little 1949.

10 Vgl. Nicolaides 1988.

11 Die Anhänger des besonders von Carnap vertretenen Induktionsprinzips vermuteten, daß sich Allsätze wahrscheinlichkeitstheoretisch durch Induktionsschlüsse begründen lassen. Poppers mei-nes Erachtens zwingendes Gegenargument lautete, daß das Induktionsprinzip eine allgemeine Re-gel voraussetze, nach der die Schlüsse von der Besonderheit auf die Allgemeinheit gezogen wer-den. Zur Ableitung einer solchen Regel steht aber kein Entscheidungskriterium zur Verfügung. Analytische Aussagen kommen wegen ihres deduktiven Charakters nicht in Frage, und syntheti-sche Sätze beruhen definitionsgemäß auf Erfahrung und setzen damit die Lösung des Problems schon voraus. Denn die Regeln der Induktion müßten allgemeingültig sein, was die Möglichkeit zu

— aufbauend auf Milton Friedmans berühmten methodologischen Überlegungen[12] argumentiert Moritz meines Erachtens zu Recht, daß die Realitätsnähe der Annahmen eines Modells kein geeignetes Kriterium zu dessen Beurteilung sei.[13] Entscheidend sei der Grad, mit dem sich die Realität auf Grundlage des Modells verstehen und voraussagen lasse, und dabei bietet die Haushaltstheorie – beispielsweise in ihrer Zerlegung des Einkommens- und Substitutionseffektes – wichtige Hilfen.[14]

2. Der zweite Kritikpunkt lautet, daß die Präferenztheorie den Haushalten wegen ihres großen Abstraktheitsgrades und der Inexistenz vollständiger Präferenzordnungen keine Empfehlungen geben könne.

   Dieser Kritikpunkt ist meines Erachtens nicht so entscheidend, weil die Haushaltstheorie kein Kochbuch ist, sondern das „Problembewußtsein für ökonomische Fragestellungen fördern soll".[15] Gerade die Unterscheidung verschiedener Determinanten der Nachfrage (z.B. direkte Preiselastizitäten, Kreuzpreiselastizitäten und Einkommenselastizitäten) lassen sich auf der Basis der Präferenztheorie aber besser verstehen.

3. Insbesondere die sozialökonomische Verhaltensforschung betont im Anschluß an die Pionierarbeiten von Herbert Simon,[16] daß ein großer Teil des Verhaltens nicht durch bewußte Entscheidungen, sondern durch Routine gesteuert werde, weil die Informationsverarbeitungskapazitäten beschränkt seien. Wirtschaftssubjekte orientierten sich daher viel stärker am Erreichen eines „befriedigenden Anspruchsniveaus" als an der vollständigen Nutzenmaximierung:

   „Das Entscheidungsproblem besteht letztlich nicht in der Auswahl der optimalen Alternative aus allen als entscheidungsrelevant erachteten Möglichkeiten, sondern in der Beantwortung der Frage, welche Möglichkeiten als entscheidungsrelevant erachtet werden. Ein Entscheidungsmodell, das alle objektiv bestehenden Alternativen enthalten soll, erfordert kognitive Kapazitäten, die die menschlichen Fähigkeiten sehr wahrscheinlich weit übersteigen. Der Mensch, so wie er ist, wird besser durch „bounded rationality" als durch unbegrenzte Rationalität beschrieben."[17]

   Es ist zweifellos richtig, daß reine Optimierungsmodelle besonders in hochkomplexen Situationen problematisch sind. Beispielsweise erfordert das Auffinden von Gleichgewichten in komplizierten spieltheoretischen Situationen in der Tat analy-

---

ihrer Verifikation voraussetzt. Somit bleibt nur eine induktive Begründung der Induktionsregeln, womit wir wieder am Ausgangspunkt angelangt sind. Popper bezeichnete das Induktionsprinzip daher als „metaphysisch" (Popper 1969, 200). Für eine Zusammenfassung der Debatten um das Induktionsprinzip und besonders eine Anwendung auf die Theorie offenbarter Präferenzen vgl. Brinkmann 1989, Kapitel 8, 9 und 17, dessen Kritik an der Neoklassik insgesamt zwar überzogen, in diesem Punkt aber zutreffend ist.

12 Vgl. Friedman 1969, 23ff.
13 Vgl. Moritz 1993, 122f.
14 Vgl. hierzu unten, Abschnitt 9.4.3.
15 Moritz 1993, 121.
16 Vgl. Simon 1955 und für eine Kurzfassung seiner Kritik an der Theorie rationaler Wahlhandlungen z.B. Simon 1986.
17 Koboldt 1991, 85.

tische Fähigkeiten (und entsprechendes Vertrauen in die analytischen Fähigkeiten anderer), so daß sich über den empirischen Gehalt trefflich streiten läßt. Deshalb sind auch Computersimulationen, in denen das „Lernen" von Wirtschaftssubjekten simuliert wird, von großem Interesse. Gegen die Theorie der Beschränkten Rationalität ist aber einzuwenden, daß das vorgegebene „befriedigende Anspruchsniveau" seinerseits nicht erklärt werden kann. Im übrigen mag mir nicht recht einleuchten, worin eigentlich der Erkenntnisfortschritt gegenüber der Informationswertmethode in der Theorie rationaler Wahlhandlungen besteht, mit der versucht wird, den Abbruchzeitpunkt nach der Suche besserer Alternativen (rational) zu erklären.

4. Die Präferenztheorie mißachte, daß die Individuen in unterschiedlichen Rollen leben und in diesen Rollen jeweils unterschiedliche Präferenzstrukturen hätten; es sei aber keineswegs gesagt, daß es gelinge, die unterschiedlichen Präferenzordnungen zu einem System transitiver Präferenzen zu aggregieren. Ähnlich wie die Tatsache beschränkter Informationsverarbeitungskapazitäten gibt das Aggregationsproblem Anlaß zur Vermutung, daß die Individuen eher auf gelerntes Rollenverhalten als auf eine rationale Interessenabwägung zurückgreifen. Gegenüber der Konvexitätsannahme der Präferenzordnung sei es wesentlich plausibler, daß Bedürfnisse in dem Sinne hierarchisch geordnet werden können, daß zunächst bestimmte Grundbedürfnisse (Nahrung, Kleidung) befriedigt werden müssen und anschließend andere Wünsche zum Tragen kommen.[18] Die Bedürfnisse seien gegenüber Einkommensänderungen nicht vorgelagert und in diesem Sinne invariant, sondern es gebe unterschiedliche soziale Schichten mit jeweils unterschiedlichen Konsummustern. Beim Übergang von einer Einkommensschicht in eine andere – dabei müssen soziale Gruppierungen und die zugehörigen Konsummuster nicht auf Einkommensschichten reduzierbar sein – wird davon ausgegangen, daß die Wirtschaftssubjekte zunächst ihr Konsumverhalten beibehalten und sich erst mit Zeitverzögerungen an neue Nachfragemuster anpassen. Obwohl diese Argumentation durchaus plausibel ist, läßt sich einwenden, daß die darauf aufbauende Nachfragetheorie meines Wissens (bisher) keine Ergebnisse erzielt, die über die hinausgehen, die sich auch auf der Grundlage der Theorie rationaler Wahlhandlungen ableiten lassen.

Dahinter steht die liberale Grundorientierung, daß die Individuen ihre Präferenzen selbst am besten kennen und deshalb das selbstbestimmte Handeln der Wirtschaftssubjekte jeder irgendwie gearteten Wertung unterschiedlicher Bedürfnisse vorzuziehen sei (Selbstbestimmungsaxiom).

Welche Erklärungskraft eine Theorie *rationaler* Wahlhandlungen auf der Basis *exogen* gegebener Präferenzen hat, hängt meines Erachtens entscheidend vom jeweiligen Kontext ab. Die pure Tatsache, daß die Präferenztheorie das Zustandekommen von Wünschen nicht thematisiert, muß kein Nachteil sein – es scheint mir durchaus fruchtbar zu sein, die Analyse der Inhalte und der Entstehung von Präferenzen von der Untersuchung der Auswirkungen gegebener Präferenzen auf Märkten im Sinne einer disziplinären Arbeitsteilung zu trennen und zu akzeptieren,

---

18   Vgl. ausführlich Schefold 1987.

daß beiden Forschungszweigen auf unterschiedlichen Gebieten auch unterschiedliche Relevanz zukommt.[19]

Daraus folgt aber auch, daß der Expansionsdrang der Theorie rationaler Wahlhandlungen mit Vorsicht zu genießen ist.

Man muß nicht besonders romantisch sein, um Modelle über die Konvexität und Vollständigkeit von Geborgenheit und Zärtlichkeit wenig anregend zu finden und die Transitivität des Unbewußten zu bezweifeln. Die Stärke der Handlungstheorie besteht in ihrer Beschränkung auf ein bestimmtes Verständnis rationaler Wahlhandlungen, und diese Stärke verwandelt sich notwendig in ein Defizit, wenn sie auf Bereiche übertragen wird, in denen die Erklärung der Bedürfnisentwicklung und -veränderung im Zentrum der Untersuchung stehen muß.

---

19   Moritz folgert daraus treffend, daß man der Theorie nicht vorwerfen solle, sie könne nicht erklären, „warum Alf gerne Katzen frißt" (Moritz 1993, 125).

Kapitel 9

Nachfragetheorie

9.1 Überblick

In Abschnitt 8.3.3 wurde erläutert, daß sich aus Präferenzordnungen Nutzenindexfunktionen konstruieren lassen und ein Haushalt, der die Axiome der Präferenztheorie erfüllt, „automatisch" eine maximale Befriedigung seiner Präferenzen erreicht. Dieses Rationalverhalten wird auch als „Nutzenmaximierung" bezeichnet. Im nächsten Abschnitt des vorliegenden Kapitels 9.2 wird nun zunächst erläutert, welche Schlußfolgerungen sich daraus für die *optimale Güterkombination* eines Haushaltes ziehen lassen. Da sowohl die formale Methode als auch die inhaltliche Interpretation vollständig mit denen bei der Bestimmung der optimalen Faktorkombination eines Unternehmens identisch sind,[1] können wir uns recht kurz fassen. Während bei der optimalen Güterkombination die Güternachfrage als Funktion des Preis*verhältnisses* zweier Waren untersucht wird, wenden wir uns anschließend Fragestellungen zu, bei denen die Nachfrage als Funktion verschiedener *einzelner* Größen betrachtet wird. Im einzelnen handelt es sich dabei um das Einkommen (Abschnitt 9.3), den Preis der betrachteten Ware selbst (Abschnitt 9.4) und den Preis anderer Waren (Abschnitt 9.5). In allen Abschnitten verwenden wir dabei das theoretisch und empirisch ausgesprochen wichtige *Elastizitäten*-Konzept, das wir bereits bei der Produktionselastizität in Abschnitt 3.6.2.3 eingeführt haben. Schließlich erläutern wir in Abschnitt 9.6 recht ausführlich einen Anwendungsfall zur Bestimmung verschiedener Elastizitäten, um die damit verbundenen praktischen Anwendungsmöglichkeiten, aber auch die zugehörigen Probleme, deutlich zu machen.

9.2 Die optimale Güterkombination

Vereinfachend nehmen wir an, daß nur zwei Güter mit den Indizes 1 und 2 existieren, deren Preise für den Haushalt bei vollständiger Konkurrenz ein Datum sind.[2] Ferner unterstellen wir, der Haushalt verfüge über ein bestimmtes Einkommen B^0, das seine

---

1   Vgl. hierzu ausführlich oben, Abschnitt 3.6.3.
2   Die Verallgemeinerung auf n Güter ist nicht schwierig.

Konsummöglichkeiten beschränkt. Mit dieser Voraussetzung wird davon abgesehen, daß der Haushalt sein Einkommen durch sein Arbeitsangebot beeinflussen kann.[3]

Wenn es nur zwei Güter gibt, so entsprechen die Ausgaben eines Haushaltes definitionsgemäß der Summe aus den mit ihren Preisen p_1 und p_2 multiplizierten Nachfragemengen y_1 und y_2. Seine gesamte Nachfrage wird durch das verfügbare Einkommen begrenzt, so daß der Haushalt die Bedingung

$$p_1 y_1 + p_2 y_2 \leq B^0 \tag{9.1}$$

erfüllen muß. Weil der Konsum durch Ungleichung (9.1) beschränkt wird, wird diese auch als *Budgetbeschränkung* bezeichnet. Wenn der Haushalt wegen des Nicht-Sättigungs-Axioms sein ganzes Einkommen ausgeben möchte, so ist die Ungleichung (9.1) bindend erfüllt und es folgt

$$B^0 = p_1 y_1 + p_2 y_2 \tag{9.2}$$

Analog zur Gewinnmaximierung eines Unternehmens möchte der Haushalt seine nutzenmaximale Güternachfrage unter Berücksichtigung seiner Budgetbeschränkung bestimmen. Die Zielfunktion besteht in der Nutzen(index)funktion und die Restriktion in der Budgetbeschränkung, so daß zur Lösung wieder die Lagrangemethode angewendet werden kann. Mit der von den beiden Gütermengen y_1 und y_2 abhängigen Nutzenfunktion $u(y_1; y_2)$ und der Budgetbeschränkung aus (9.2) folgt als Lagrangefunktion

$$L = u(y_1; y_2) + \lambda(B^0 - p_1 y_1 - p_2 y_2). \tag{9.3}$$

Als partielle und gleich Null gesetzte Ableitungen erhält man

$$\frac{\partial L}{\partial y_1} = \frac{\partial u}{\partial y_1} - \lambda p_1 = 0 \qquad \Rightarrow \frac{\partial u}{\partial y_1} = \lambda p_1 \tag{9.4}$$

$$\frac{\partial L}{\partial y_2} = \frac{\partial u}{\partial y_2} - \lambda p_2 = 0 \qquad \Rightarrow \frac{\partial u}{\partial y_2} = \lambda p_2 \tag{9.5}$$

$$\frac{\partial L}{\partial \lambda} = B^0 - p_1 y_1 - p_2 y_2 = 0 \tag{9.6}$$

Nach Division von (9.4) durch (9.5) folgt

$$\frac{\dfrac{\partial u}{\partial y_1}}{\dfrac{\partial u}{\partial y_2}} = \frac{p_1}{p_2} \tag{9.7}$$

Gleichung (9.7) bedeutet, daß die nutzenmaximale Güterkombination eines Haushaltes dort erreicht ist, wo das Grenznutzenverhältnis der beiden Güter genau dem Preisverhältnis entspricht. Da dies die einzige Güterkombination ist, bei der der

---

3   Für eine Darstellung der simultanen Herleitung von Güternachfrage und Faktorangebot vgl. z.B. Moritz 1993, 229 ff..

Haushalt seinen Nutzen nicht mehr erhöhen kann, wird (9.7) analog zum Unternehmensgleichgewicht als *Haushaltsgleichgewicht* bezeichnet.

Nehmen wir zur Verdeutlichung wieder ein einfaches Beispiel und unterstellen hypothetisch, daß sich der Haushalt für eine Güternachfrage entschieden habe, bei der der Grenznutzen von Gut Eins 50 und der Grenznutzen von Gut Zwei 10 sei. Nehmen wir an, die Preise beider Waren seien identisch und betrügen jeweils 2 Geldeinheiten (GE). Der von der letzten Einheit der Ware 1 gestiftete Nutzen (der Grenznutzen $\partial u/\partial y_1 = 50$) ist somit höher als der Grenznutzen der Ware 2 ($\partial u/\partial y_2 = 10$), während die Preise gleich sind. In diesem Fall kann der Haushalt seinen Nutzenindex steigern, indem er mehr von Ware 1 und weniger von Ware 2 nachfragt. Dadurch sinkt der Grenznutzen der nun verhältnismäßig reichlicher verfügbaren Ware 1 im Verhältnis zum Grenznutzen der Ware 2 und der Substitutionsprozeß eines rational kalkulierenden Haushaltes kommt erst zum Stillstand, wenn das Grenznutzenverhältnis genau dem Preisverhältnis entspricht.

Wie schon in Abschnitt 8.2 erläutert, wird das Haushaltsgleichgewicht in der Schreibweise

$$\frac{\frac{\partial u}{\partial y_1}}{p_1} = \frac{\frac{\partial u}{\partial y_2}}{p_2} \tag{9.8}$$

als *zweites Gossensches Gesetz* bezeichnet, weil Gossen die Gleichgewichtsbedingung für die Güternachfrage eines Haushaltes in dieser Form beschrieb: Das Nutzenmaximum eines Haushaltes ist bei gegebenem Budget erreicht, wenn die letzte ausgegebene Geldeinheit in allen Verwendungsarten den gleichen Grenznutzen stiftet. Ist bei der gewählten Güterkombination entsprechend dem Ausgangspunkt unseres Beispiels der Grenznutzen von Gut 1 höher als der Grenznutzen von Gut 2, so können mit einer Einheit des ersten Gutes mehr Einheiten des zweiten Gutes ersetzt werden, um auf dem gleichen Nutzenniveau zu bleiben.

Da wir aus Abschnitt 8.3.3 wissen, daß das Grenznutzenverhältnis definitionsgemäß der umgekehrten Grenzrate der Substitution entspricht, lautet die „vollständige" Schreibweise für das Haushaltsgleichgewicht

$$\frac{\frac{\partial u}{\partial y_1}}{\frac{\partial u}{\partial y_2}} = \left|\frac{dy_2}{dy_1}\right| = \frac{p_1}{p_2} \tag{9.9}$$

Verbal bedeutet Gleichung (9.9), daß im Haushaltsgleichgewicht das Verhältnis der Grenznutzen dem Preisverhältnis und der umgekehrten Grenzrate der Substitution entspricht. Das reziproke Preisverhältnis kann dabei auch als objektive Grenzrate der Substitution interpretiert werden, weil es angibt, wie viele Einheiten einer Ware der Haushalt nachfragen kann, sofern er auf eine Einheit einer anderen Ware verzichtet. Man kann daher auch sagen, daß der Haushalt seine subjektive Grenzrate der Substitution – seine Bereitschaft, Güter gegeneinander zu ersetzen – der objektiven Grenzrate der Substitution – dem umgekehrten Preisverhältnis – anpaßt.

Das Resultat kann im y_1/y_2-Koordinatensystem abgebildet werden, indem zu den Indifferenzkurven die Budgetbeschränkung hinzugefügt wird. Um die Budgetbeschränkung aus

$$B^0 = p_1 y_1 + p_2 y_2 \tag{9.2}$$

graphisch darzustellen, wird sie gemäß Gleichung (9.10) nach einem der beiden Güter aufgelöst:

$$y_1 = \frac{B^0}{p_1} - \frac{p_2}{p_1} y_2 \tag{9.10}$$

Dabei stellt B^0/p_1 den Abschnitt auf der y_1-Achse dar; $-p_2/p_1$ ist die Steigung der Budgetgeraden. Mit steigendem Budget verschiebt sich die Budgetrestriktion nach oben, so daß grundsätzlich beliebig viele Budgetbeschränkungen eingezeichnet werden können. Gehen wir entsprechend unserer Fragestellung von einem gegebenen Budget aus, so ergibt sich Abb. 9.1.

Abb. 9.1: *Die optimale Güterkombination als Tangentialpunkt von Budgetgerade und Indifferenzkurve*

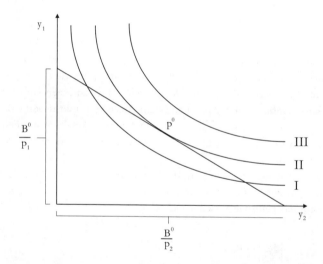

Die nutzenmaximale Güterkombination ist erreicht, sofern sich die Budgetgerade und die Indifferenzkurve tangieren, denn für jede Indifferenzkurve, die die Budgetgerade B^0 schneidet, läßt sich eine andere Indifferenzkurve finden, die höher liegt als die vorhergehende und es somit ermöglicht, mit gleichem Budget einen höheren Nutzenindex zu erzielen. Die optimale Güterkombination liegt daher bei p^0. Im Tangentialpunkt von Budgetgerade und Indifferenzkurve (p^0) ist die Steigungen der beiden Funktionen identisch, so daß wir wieder das bekannte Ergebnis erhalten, daß im Haushaltsgleichgewicht die Grenzrate der Substitution dem reziproken Preisverhältnis entspricht:

$$\frac{dy_1}{dy_2} = -\frac{p_2}{p_1} \qquad \left|\frac{dy_1}{dy_2}\right| = \frac{p_2}{p_1} \qquad\qquad (9.11)$$

9.3 Die einkommensabhängige Nachfrage

Nachdem gerade gezeigt wurde, daß der Haushalt seinen Nutzen stets im Tangentialpunkt von Budgetrestriktion und Indifferenzkurve maximiert, können wir nun nach den Auswirkungen exogener Änderungen fragen. Zunächst betrachten wir eine Einkommenserhöhung, die sich graphisch als Parallelverschiebung der Budgetgeraden nach außen ausdrückt.

Abb. 9.2: *Einkommens-Konsum-Kurve*

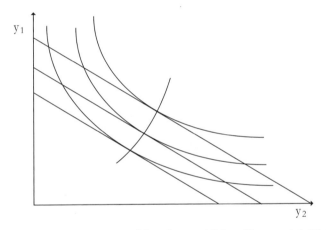

Die von den verschiedenen Tangentialpunkten gebildete Kurve wird Einkommens-Konsum-Kurve genannt und gibt die Entwicklung der Nachfrage bei Einkommensänderungen an. Ihr genauer Verlauf hängt von der Form der Indifferenzkurven ab. Eine lineare Einkommens-Konsum-Kurve ergibt sich nur, wenn die relativen Präferenzen für alle Güter unabhängig vom Einkommen immer gleich sind. Dies entspricht einem System parallel verlaufender Indifferenzkurven und wird als homothetische Präferenzordnung bezeichnet. Beispielhaft hieße dies, daß bei einem Einkommen von 10.000 € der gleiche Prozentsatz für Schweinefleisch ausgegeben wird wie bei einem Einkommen von 1.500 €. Weil dies nicht besonders realistisch ist, wird die Einkommens-Konsum-Kurve normalerweise nicht linear sein. Ausgehend von der Einkommens-Konsum-Kurve können wir daher drei verschiedene Gütertypen unterscheiden:

— bei *relativ superioren* Gütern steigt deren Nachfrage überproportional zum Einkommen;

— bei *absolut superioren* oder *relativ inferioren* Gütern (dies sind Synonyme) steigt deren Nachfrage bei steigendem Einkommen zwar, aber unterproportional zum Einkommen;

– und bei *absolut inferioren* Gütern sinkt die Nachfrage bei steigendem Einkommen sogar absolut.

Zur präzisen Definition der unterschiedlichen Güter werden *Elastizitäten* verwendet: Allgemein mißt eine Elastizität die prozentuale Veränderung einer abhängigen Variablen im Verhältnis zur ebenfalls prozentualen Veränderung einer unabhängigen Variablen. Der Vorteil von Elastizitäten gegenüber anderen Maßzahlen liegt darin, daß sie auf Grund der Prozentuierung in Zähler *und* Nenner einen aussagekräftigen ökonomischen Vergleich ermöglichen. Dieser Vergleich wäre bei absoluten Veränderungen (also der ersten Ableitung) nicht möglich, weil beispielsweise eine Reduktion der Nachfrage von 7 auf 4 Einheiten bei einer minimalen Einkommensänderung etwas ganz anderes ist als eine Mengenverringerung von 1067 auf 1064 Einheiten, obwohl die absoluten Änderungen gleich sind. Vgl. zum Elastizitäts-Konzept schon ausführlich oben (Abschnitt 3.6.2.3).

Entsprechend dem allgemeinen Elastizitäten-Konzept ist die Einkommenselastizität der Nachfrage als prozentuale Änderung der Nachfrage nach *einer* Ware im Verhältnis zur ebenfalls prozentualen Änderung des Einkommens definiert.

$$E_{B,y_i} = \frac{\dfrac{\Delta y_i}{y_i}}{\dfrac{\Delta B}{B}} \qquad (9.12)$$

Bei einer Einkommenselastizität der Nachfrage größer 1 spricht man demnach von relativ superioren Gütern, bei einer Einkommenselastizität der Nachfrage zwischen Null und Eins von absolut superioren oder relativ inferioren und bei einer negativen Einkommenselastizität der Nachfrage von absolut inferioren Gütern. Erwähnt sei schließlich noch, daß es sich dabei selbstverständlich nicht um „objektive" Gütereigenschaften, sondern um Eigenschaften der Präferenzordnungen handelt. Aus diesem Grund kann das gleiche Gut bei verschiedenen Einkommensniveaus völlig unterschiedliche Einkommenselastizitäten aufweisen: So mag die Nachfrage nach Schweinefleisch bei einem steigenden Einkommen zunächst sogar relativ gesehen steigen (Schweinefleisch wäre dann ein relativ superiores Gut), bei einer weiteren Einkommenssteigerung nur noch absolut, aber nicht mehr relativ zur Einkommenssteigerung steigen und schließlich sogar absolut zurückgehen, weil Schwein durch Rind oder Lamm ersetzt wird.

9.4 Die preisabhängige Nachfrage

Wenn man ohne weitere Zusätze von „der Nachfragefunktion eines Haushalts" spricht, so meint man damit üblicherweise die preisabhängige Nachfrage. Da diese für viele Fragestellungen besonders wichtig ist, nehmen wir uns hier an einigen Stellen etwas mehr Zeit.

9.4.1 Die Nachfragefunktion eines Haushaltes

Ausgehend von der optimalen Güterkombination in Abb. 9.1 können wir die preisabhängige Nachfrage nach *einer* Ware graphisch leicht herleiten. In Abb. 9.3 führt die Preiserhöhung von Gut 1 zu einer Drehung der Budgetrestriktion nach links unten; Drehpunkt ist die y_2-Achse. Die maximale Nachfragemenge von Gut 2 bleibt konstant, während die mit einem gegebenen Einkommen maximal konsumierbare Menge der ersten Ware sinkt. Bezeichnen wir p_1^0 als Ausgangspreis und jede Preiserhöhung mit einem höheren Index (p_1^1, p_1^2, ..., p_1^n), so kann der Preis-Mengen-Zusammenhang gemäß Abb. 9.3 dargestellt werden.

Abb. 9.3: *Die nutzenmaximale Nachfrage nach einem Gut bei alternativen Preisen*

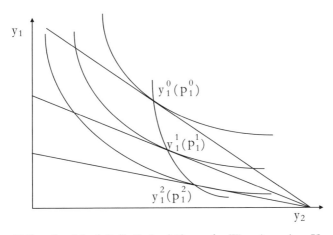

In unserem Fall ergibt sich, daß die Preiserhöhung der Ware 1 zu einer Verminderung der Nachfrage nach Ware 1 und zu einer Erhöhung der Nachfrage nach Ware 2 führt. Die Auswirkung für die Ware 2 ist im allgemeinen allerdings unbestimmt, weil die Erhöhung des Preises für die Ware 1 nicht nur eine für Ware 2 günstige Änderung der Preis*verhältnisse*, sondern gleichzeitig auch eine Realeinkommens*senkung* impliziert. Wenn der Preis für Benzin als Folge einer durchaus sinnvollen ökologischen Steuerreform steigt, so bedeutet dies für jede Autofahrerin eine Verminderung der *gesamten* Konsummöglichkeiten, d.h. des Realeinkommens. Diese Realeinkommenssenkung kann dazu führen, daß zwar das Konsumverhältnis von Kinofilmen zu Autofahren steigt, absolut gesehen aber wegen des geringeren (realen) Budgets auch seltener ins Kino gegangen wird.[4] Wir werden in Abschnitt 9.4.5.1 zu dem (vielleicht etwas überraschenden) Resultat kommen, daß mit den Axiomen der Präferenzordnung wegen des Realeinkommenseffektes sogar eine Konsum*steigerung* von y_1 bei einer *Steigerung* von p_1 vereinbar ist.

---

4   In diesem Beispiel kommt als Komplikation noch hinzu, daß viele Leute das Auto benutzen, um Kinos zu erreichen.

9.4.2 Beispielhafte Bestimmung der Nachfragefunktion eines Haushaltes

Nachdem die optimale Güterkombination (Abschnitt 9.2) und die Nachfragefunktion eines Haushaltes (Abschnitt 9.4.1) allgemein erläutert wurden, wird nun die *analytische Bestimmung* der nutzenmaximalen Nachfragemenge mit Hilfe eines einfachen Beispieles erklärt. Dazu müssen wir ein Präferenzsystem des Haushaltes voraussetzen, das in Form der Nutzenindexfunktion dargestellt wird. Häufig wird dabei eine Cobb-Douglas-Funktion gewählt, weil diese die wesentlichen Anforderungen an eine Nutzenfunktion erfüllt und rechentechnisch relativ gut handhabbar ist.

Mit nur zwei Gütern definieren wir als Nutzenfunktion[5]

$$u(y_1; y_2) = y_1^{0,5}\, y_2^{0,5} \tag{9.13}$$

Die Lagrangefunktion lautet:

$$L = y_1^{0,5}\, y_2^{0,5} + \lambda(B^0 - p_1 y_1 - p_2 y_2) \tag{9.14}$$

Es folgen

$$\frac{\partial L}{\partial y_1} = 0,5 y_1^{-0,5}\, y_2^{0,5} - \lambda p_1 = 0 \tag{9.15}$$

$$\frac{0,5 y_2^{0,5}}{y_1^{0,5}} = \lambda p_1 \tag{9.15a}$$

$$\frac{\partial L}{\partial y_2} = 0,5 y_2^{-0,5}\, y_1^{0,5} - \lambda p_2 = 0 \tag{9.16}$$

$$\frac{0,5 y_1^{0,5}}{y_2^{0,5}} = \lambda p_2 \tag{9.16a}$$

$$\frac{\partial L}{\partial \lambda} = B^0 - p_1 y_1 - p_2 y_2 = 0 \tag{9.17}$$

Dividiert man (9.15a) durch (9.16a), so ergibt sich

$$\frac{0,5 y_2^{0,5}\, y_2^{0,5}}{0,5 y_1^{0,5}\, y_1^{0,5}} = \frac{p_1}{p_2} \tag{9.18}$$

und nach Kürzen

$$\frac{y_2}{y_1} = \frac{p_1}{p_2} \quad (9.19a) \qquad \text{bzw.} \qquad y_2 = \frac{p_1}{p_2} y_1 \tag{9.19b}$$

Dieses Ergebnis ist nicht verwunderlich, da mit der einfachen Nutzenfunktion gemäß Gleichung (9.13) durch die Wahl identischer Hochzahlen vorausgesetzt wurde, daß eine Einheit von Gut 1 den gleichen Gesamtnutzenzuwachs bewirkt wie eine Einheit von Gut 2, sofern beide in gleichen Mengen vorhanden sind. Es ist intuitiv einsichtig, daß die Nachfragemengen den Preisen dann umgekehrt proportional sind. Hätten wir

---

5   Der Begriff „Nutzenfunktion" wird im folgenden als Kurzform von „Nutzenindexfunktion" verwendet.

eine Nutzenindexfunktion mit unterschiedlichen Hochzahlen für beide Güter gewählt, so müßte die Ware mit der höheren Hochzahl im Verhältnis zu ihrem Preis in einer größeren Menge nachgefragt werden, da die Hochzahl ja die Reaktion des Nutzens auf eine Mengenveränderung beschreibt. In Analogie zur Produktionstheorie[6] kann man die Hochzahlen der Cobb-Douglas-Funktionen als Nutzenelastizitäten bezeichnen, die die prozentuale Erhöhung des Nutzens im Verhältnis zur ebenfalls prozentualen Erhöhung der Konsummenge einer Ware angeben.

Gleichung (9.19a) gibt aber lediglich die nutzenmaximale Mengen*kombination* in Abhängigkeit von den Güterpreisen an, während das Ziel einer Nachfragefunktion ja darin besteht, die *absolute* Nachfrage des Haushaltes nach einer Ware zu bestimmen. Zu diesem Zweck wird die Nebenbedingung aus Gleichung (9.14) – die der partiellen Ableitung nach Gleichung (9.17) entspricht – nach der gesuchten Nachfragemenge aufgelöst:

$$y_1 = \frac{B^0}{p_1} - \frac{p_2}{p_1} y_2 \qquad (9.20)$$

Setzt man für y_2 Gleichung (9.19b) in (9.20) ein, so folgt:

$$y_1 = \frac{B^0}{p_1} - \frac{p_2}{p_1} \cdot \frac{p_1}{p_2} y_1 \quad = \quad \frac{B^0}{p_1} - y_1 \qquad (9.21)$$

$$\Rightarrow \quad y_1 = \frac{B^0}{2p_1} \qquad (9.22)$$

Gleichung (9.22) gestattet es, die im Haushaltsoptimum nachgefragte Menge der Ware 1 als eindeutige Funktion des Preises und des als konstant betrachteten Einkommens B^0 auszudrücken. Dies heißt keineswegs, daß die Nachfragemenge unabhängig vom Preis der Ware 2 oder unabhängig von Präferenzen des Haushaltes ist, beide gingen über Gleichung (9.18) in die Betrachtung der Nachfragefunktion ein.

In unserem Fall mit einer Cobb-Douglas-Nutzenfunktion erhalten wir somit das in Abb. 9.4 dargestellte „normale" Ergebnis, daß die Nachfrage nach der Ware 1 ceteris-paribus eine stetig sinkende Funktion des Preises der Ware 1 ist.

---

6 Vgl. Kapitel 3.

Abb. 9.4: *Die Nachfragefunktion eines Haushaltes*

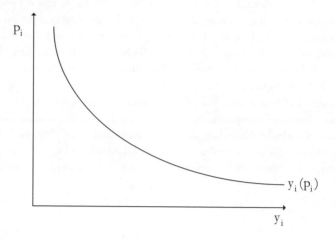

9.4.3 Substitutions- und Einkommenseffekt

In Abschnitt 9.4.1 haben wir am Beispiel einer Benzinpreiserhöhung bereits darauf hingewiesen, daß jede Preisänderung bei gegebenem Nominaleinkommen eine Änderung des *Real*einkommens impliziert. Dies bedeutet, daß beispielsweise ein Rückgang der Benzinnachfrage bei einer Benzinpreiserhöhung „normalerweise" aus zwei Gründen eintritt:

– erstens verändert eine Erhöhung des Benzinpreises ceteris-paribus das Preis*verhältnis* zwischen Benzin und allen anderen Waren. Wenn wir den im Haushaltsgleichgewicht stets erfüllten Sachverhalt bedenken, daß das Verhältnis der Grenznutzen dem Preisverhältnis entspricht, so bewirkt die Benzinpreiserhöhung eine Verringerung der Benzinnachfrage im Verhältnis zu anderen Gütern. Da diese Verringerung auf einer Substitution von Benzin durch andere Güter beruht, bezeichnet man diese Konsequenz üblicherweise als *Substitutionseffekt*;

– zweitens bewirkt die Benzinpreiserhöhung aber auch den erwähnten Rückgang des Realeinkommens, was ebenfalls zu einer Änderung der Benzinnachfrage führt, die man naheliegenderweise als *Einkommenseffekt* bezeichnet.

Für viele Fragestellungen ist es nun ausgesprochen wichtig, zwischen dem Substitutions- und dem Einkommenseffekt unterscheiden zu können. So möchte man ja beispielsweise bei unserer ökologisch motivierten Benzinpreiserhöhung eine „Korrektur der Preise"[7] und dadurch ausgelöst einen Nachfragerückgang, aber keinen generellen Rückgang der Nachfrage nach allen Waren durch das sinkende Realeinkommen bewirken. Man möchte daher trennen, welcher Teil des Nachfrageeffektes auf den Substitutions- und welcher auf den Einkommenseffekt zurückzuführen ist.

---

7   Vgl. ausführlich Kapitel 19.

Eugen Slutsky entwickelte als erster ein Modell zur analytischen Trennung dieser beiden Effekte, das auf der Idee beruht, den Haushalt für das bei steigenden Preisen sinkende Realeinkommen zu kompensieren.[8] Die adäquate Kompensationsmethode scheint auf den ersten Blick darin zu bestehen, das Nominaleinkommen des Haushaltes so lange zu erhöhen, bis dieser das alte Güterbündel auch bei neuen Preisen nachfragen kann. Dies wäre aber falsch, weil die Preisänderung normalerweise zu einer Veränderung der Nachfragestruktur führt und sich der Haushalt daher bei neuen Preisen und alter Konsumstruktur nicht im Haushaltsgleichgewicht befinden würde. Aus diesem Grund ist das theoretisch adäquate Kompensationskriterium, das Einkommen nur so stark zu erhöhen, daß der Haushalt trotz der Preiserhöhung die gleiche Indifferenzkurve bzw. das gleiche Nutzenniveau erreichen kann. Kompensationskriterium ist also der Nutzenindex der Ausgangssituation.

Bei den alten Preisen und der Budgetgeraden B^0 liegt das Nutzenmaximum bei $Y^0(y_1^0, y_2^0)$. Bei steigendem p_1 dreht sich die Budgetgerade nach unten; Drehpunkt ist der y_2-Achsenabschnitt. Die optimale Güterkombination bei der Budgetgeraden B^1 ist $Y^1(y_1^1, y_2^1)$. Die *gesamte* Nachfragereduktion nach Gut 1 beträgt $y_1^0 - y_1^1$ und ist mit a bezeichnet. Nun wird in Abb. 9.5 angenommen, der Haushalt würde z.B. durch Transferzahlungen so weit kompensiert, daß er das alte Nutzenniveau erreichen kann. Dazu verschieben wir die Budgetgerade nach rechts, bis sie die alte Indifferenzkurve im Punkt Y^2 (y_1^2, y_2^2) tangiert. Die mit b bezeichnete Differenz zwischen y_1^0 und y_1^2 $(y_1^0 - y_1^2)$ zeigt, daß y_1 wegen der geänderten Preis*verhältnisse* auch dann sinken würde, wenn der Haushalt noch das gleiche Realeinkommen im Sinne der Erreichung des gleichen Nutzenindexes hätte. Die mit c bezeichnete Differenz zwischen y_1^2 und y_1^1 $(y_1^2 - y_1^1)$ ist dagegen eine Folge des gesunkenen Realeinkommens. Demnach kann $y_1^0 - y_1^2$ als Substitutions- und $y_1^2 - y_1^1$ als Einkommenseffekt bezeichnet werden.

Bedenken Sie zunächst, daß der Substitutionseffekt *alleine* stets zu einem Rückgang der Nachfrage bei einer Preiserhöhung führen muß. Dies liegt wie erwähnt daran, daß im Haushaltsgleichgewicht das Verhältnis der Grenznutzen (bzw. die umgekehrte Grenzrate der Substitution) dem Preisverhältnis entsprechen muß und eine Erhöhung des Preisverhältnisses daher auch eine Erhöhung der Grenznutzenverhältnisse bewirken muß. Dies ist bei sinkenden Grenznutzen aber nur möglich, wenn das Mengenverhältnis sinkt – genau dies bringt der Substitutionseffekt zum Ausdruck. Der Realeinkommenseffekt ist dagegen unterbestimmt – zwar führt eine Erhöhung des Einkommens im Durchschnitt über alle Waren normalerweise auch zu einer Erhöhung der Nachfrage, aber es gibt durchaus Waren (beispielsweise Schweinefleisch), die bei steigendem Einkommen deutlich weniger nachgefragt werden.[9]

---

8 Vgl. Slutsky 1965.
9 Diese Güter haben wir in Abschnitt 9.3 als absolut inferiore Güter bezeichnet.

Abb. 9.5: *Einkommens- und Substitutionseffekt*

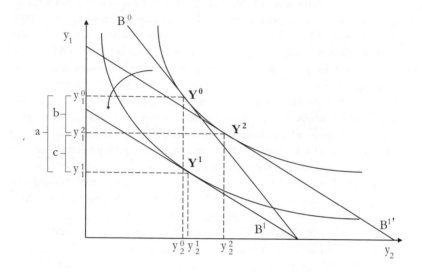

9.4.4 Die Preiselastizität der Nachfrage

Analog zur Reaktion der Nachfrage auf Einkommensänderungen mißt man auch die Reaktion auf Preisänderungen durch eine Elastizität, die man naheliegenderweise als Preiselastizität der Nachfrage bezeichnet. Die Preiselastizität der Nachfrage ist als die prozentuale Veränderung der Nachfrage im Verhältnis zur prozentualen Preisänderung und dementsprechend als

$$E_{p,y} = -\ \frac{\dfrac{\Delta y_i}{y_i}}{\dfrac{\Delta p_i}{p_i}} \tag{9.23}$$

definiert. Das negative Vorzeichen wird eingeführt, weil die Nachfrage bei Preissteigerungen üblicherweise sinkt und sich daher ohne das Minuszeichen eine negative Elastizität ergeben würde. Dies möchte man vermeiden, weil sich positive Zahlen leichter interpretieren lassen. Andernfalls würde eine Zunahme der Elastizität bedeuten, daß der absolute Wert kleiner geworden ist, so daß hier häufige Verwirrungen zu erwarten wären. Andererseits kann man auch nicht einfach mit Betragsstrichen operieren, weil es auch Fälle gibt, in denen die Nachfrage bei einer Preissteigerung zunimmt und diese Fälle dann nicht mehr unterschieden werden könnten.

Gemäß der doppelten Prozentuierung bedeutet beispielsweise eine Preiselastizität der Nachfrage von 0,66, daß die Nachfrage unterproportional auf die Preiserhöhung reagiert; eine ein prozentige Erhöhung des Preises führt durchschnittlich nur zu einer 0,66 prozentigen Reduktion der Nachfrage. Dementsprechend werden Nachfrageveränderungen mit Elastizitäten zwischen Null und Eins ($0 \le E_i\,(p_i) < 1$) als *unelastisch* und Nachfragereaktionen mit $E_i (p_i) > 1$ als *elastisch* bezeichnet. $E_i (p_i) = 1$ bedeutet, daß die Nachfragereduktion genau proportional zur Preissteigerung ist; bei Preiselastizitäten kleiner Null (sinkende Nachfrage bei sinkenden Preisen bzw. steigende Nachfrage bei steigenden Preisen) spricht man von paradoxen Nachfragereaktionen.

Für den Spezialfall linearer Nachfragefunktionen läßt sich die Preiselastizität der Nachfrage gemäß Abb. 9.6 leicht bestimmen.

Gemäß dem Strahlensatz gilt:

$$\frac{\overline{CA'}}{\overline{CE}} = \frac{\overline{B'A'}}{\overline{CD}} \Leftrightarrow \overline{B'A'} = \overline{BA} = \frac{\overline{CA'} \cdot \overline{CD}}{\overline{CE}} \qquad (9.24)$$

Dabei ist $CA' = y_i$; $BA = \Delta y_i$; $CD = \Delta p_i$ und $OC = p_i$.

Setzt man diese Größen in die Ausgangsgleichung zur Elastizitätenberechnung ein, so erhält man

$$E_{p,y} = -\frac{\dfrac{\Delta y_i}{y_i}}{\dfrac{\Delta p_i}{p_i}} = -\frac{\dfrac{\overline{BA}}{\overline{CA'}}}{\dfrac{\overline{CD}}{\overline{OC}}} \qquad (9.25)$$

Setzen wir nun $\overline{BA}$ aus Gleichung (9.24) in Gleichung (9.25) ein, so folgt

$$E_{p,y} = -\frac{\dfrac{\overline{CA'} \cdot \overline{CD}}{\overline{CA'} \cdot \overline{CE}}}{\dfrac{\overline{CD}}{\overline{OC}}} = -\frac{\overline{OC}}{\overline{CE}} \qquad (9.26)$$

Abb. 9.6: *Geometrische Ermittlung der Preiselastizität der Nachfrage*

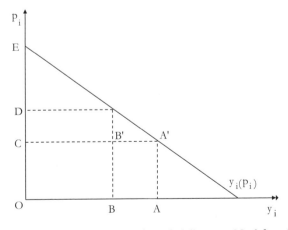

Somit kann die Preiselastizität der Nachfrage bei linearen Nachfragefunktionen aus den Abschnitten auf der Preisachse ermittelt werden. Achten Sie darauf, daß sich die Elastizitäten entlang der Nachfragefunktion verändern, weil neben der Steigung auch die absoluten Werte für den Preis und die Menge eingehen (graphisch liegt das daran, daß $\overline{OE}$ konstant und $\overline{OC}$ variabel ist). Je weiter man sich nach links bewegt, desto höher wird die Preiselastizität der Nachfrage, weil auf Grund der dann niedrigen Ausgangsmenge und des hohen Ausgangspreises die Mengenänderung prozentual immer stärker und die Preisänderung immer weniger ins Gewicht fällt. In der Mitte der Strecke $\overline{OE}$ ist die Elastizität gleich 1, oberhalb davon reagiert die Nachfrage elastisch und unterhalb unelastisch auf Preisänderungen.

Unendliche Preiselastizitäten der Nachfrage und vollkommen starre Nachfragen, die überhaupt nicht auf Preisänderungen reagieren, können durch waagerechte bzw. durch senkrechte Nachfragefunktionen dargestellt werden. Nachfragefunktionen, die die Gestalt von Hyperbeln haben, sind isoelastisch, d.h. die Elastizität ist in jedem Punkt der Funktion gleich (Abb. 9.7).

Abb. 9.7: *Preiselastizitäten der Nachfrage von Null, unendlich und konstante Elastizitäten (Eins)*

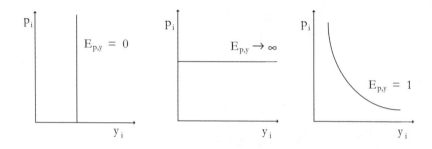

9.4.5   Einige spezielle Überlegungen zu preisabhängigen Nachfragefunktionen

In der überwiegenden Zahl der Fälle steigt die Nachfrage bei sinkenden Preisen und umgekehrt. Allerdings gibt es einige Ausnahmen, die wir in diesem Abschnitt diskutieren.

9.4.5.1   Das Giffen-Paradox

Bei der Zerlegung in den Substitutions- und Einkommenseffekt haben wir darauf hingewiesen, daß der Substitutionseffekt wegen der Bedingung im Haushaltsgleichgewicht für sich genommen stets zu einer bei steigendem Preis sinkenden Nachfrage führen muß. Dagegen ist der Einkommenseffekt unterbestimmt: bei (relativ und absolut) superioren Gütern bewirkt eine Steigerung des Einkommens eine Nachfrageerhöhung $(E_i\,(y) > 0)$ und eine durch Preisänderungen hervorgerufene Reduktion des Realeinkommens entsprechend einen Nachfragerückgang. Der Einkommenseffekt weist bei superioren Gütern demnach in die gleiche Richtung wie der Substitutionseffekt. Absolut inferiore Güter zeichnen sich dagegen dadurch aus, daß eine Einkommenserhöhung zu einer Nachfrageverringerung und eine Reduktion des Realeinkommens entsprechend zu einer Nachfrageerhöhung führt. Bei absolut inferioren Gütern weisen der Substitutions- und der Einkommenseffekt demnach in verschiedene Richtungen, so daß das Vorzeichen der von der Preiselastizität der Nachfrage angegebenen Summe aus Substitutions- und Einkommenseffekt unterbestimmt ist. Eine *negative* Preiselastizität der Nachfrage[10] wird immer dann eintreten, wenn der Einkommenseffekt bei absolut inferioren Gütern den Substitutionseffekt übersteigt. Die Voraussetzung für eine so begründete negative Preiselastizität der Nachfrage besteht somit darin, daß es sich um absolut inferiore Güter handelt, deren Einkommenselastizität der Nachfrage so stark negativ ist, daß der Substitutionseffekt überkompensiert wird.

Die präferenztheoretische Begründung für solche Fälle ist, daß absolut inferiore Güter einen niedrigen Rang in der Präferenzskala des betreffenden Haushaltes einnehmen und dennoch gekauft werden, weil das Einkommen zum Erwerb reizvollerer Substitute nicht ausreicht. Steigt nun der Preis des absolut inferioren Gutes, so steht insgesamt noch weniger *Real*einkommen als zuvor zur Verfügung. Die Möglichkeit zum Erwerb anderer Güter reduziert sich dadurch weiter und dem Haushalt bleibt keine andere Möglichkeit, als noch mehr vom absolut inferioren und noch weniger von anderen Gütern zu kaufen. Er würde zwar gerne eine Substitution vornehmen (der Substitutionseffekt weist in die gewohnte Richtung), wird aber von seiner durch den gestiegenen Preis jetzt noch engeren Budgetbeschränkung daran gehindert (Einkommenseffekt > Substitutionseffekt). Solche Güter werden als *Giffen-Güter* und die resultierende negative Preiselastizität der Nachfrage entsprechend als *Giffen-Paradox* bezeichnet, weil der englische Ökonom Robert Giffen (1837-1910) aus den genannten Gründen der Auffassung war, daß die Brotnachfrage unterer Einkommensschichten bei steigenden Brotpreisen zunehmen müsse. Beachtet werden muß, daß *nicht jede* negative Preiselastizität der Nachfrage als Giffen-Paradox bezeichnet wird, sondern ausschließlich solche, die auf absolut inferiore Güter zurückzuführen sind. Eine solche Situation ist in Abb. 9.8 illustriert.

Abb. 9.8 zeigt, daß ein Giffen-Paradox einen extremen Verlauf der Indifferenzkurven erfordert, damit der mit b bezeichnete Substitutionseffekt vom (paradoxen) Einkommenseffekt c überkompensiert wird und der Gesamteffekt a einer Preissteigerung somit positiv ist. Ein solcher Verlauf der Indifferenzkurven widerspricht aber *nicht* den Rationalitätsaxiomen der Präferenzordnung, weil es dem Haushalt freigestellt bleibt, beim Realeinkommen B_1 andere Güterkombinationen zu bevorzugen als beim Einkommen B_2.

---

10   Bedenken Sie, daß die Preiselastizität der Nachfrage negativ definiert ist.

Abb. 9.8: *Das Giffen-Paradox*

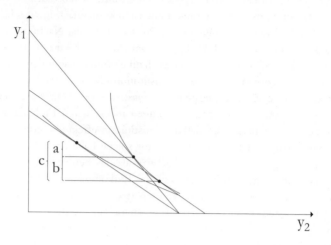

9.4.5.2 Mitläufer-, Snob- und Veblen-Effekt

Unter empirischen Gesichtspunkten sind drei weitere Fälle bedeutsam, die als Mitläufer-, Snob- und Veblen-Effekt bezeichnet werden und die Abhängigkeit der Nachfrage eines Haushalts i vom Nachfrageverhalten und der Wertschätzung anderer Haushalte zum Ausdruck bringen.[11] Beim *Mitläufer-Effekt* wird davon ausgegangen, daß die Nachfrage des Haushalts i positiv von der Nachfrage anderer Haushalte beeinflußt wird, d. h. der Haushalt neigt dazu, das Nachfrageverhalten anderer zu imitieren. Ein typisches Beispiel ist der viel zitierte und oft gescholtene Ottonormalverbraucher, dessen Wunsch nach einem Videorecorder sich dadurch verstärkt, daß seine Nachbarn sich einen anschaffen. Unter Berücksichtigung des Mitläufer-Effektes ist die Preiselastizität der Nachfrage größer als ohne, weil die von einer Preisänderung hervorgerufene Reaktion des Haushalts i von der Reaktion des Haushalts j auf die Verhaltensänderung von Haushalt i begleitet wird. Die Berücksichtigung des empirisch plausiblen Mitläufer-Effektes führt zu Komplikationen, weil die darin zum Ausdruck kommenden Interdependenzen der Präferenzstruktur integriert werden müssen.

Der *Snob-Effekt* ist das genaue Gegenteil zum Mitläufer-Effekt und drückt aus, daß die Nachfrage des Haushalts i negativ von der Nachfrage anderer Haushalte beeinflußt wird. In diesem Fall ist die Preiselastizität der Nachfrage geringer als ohne Berücksichtigung des Snob-Effektes, weil die durch eine Preissteigerung hervorgerufene Nachfragereduktion des Haushalts j dadurch gemildert wird, daß Haushalt i die Nachfrageverringerung des anderen Haushalts als Kaufanreiz betrachtet. Als Beispiel für den Snob-Effekt gilt die Nachfrage nach modischen Kleidungsstücken, die in der Präferenzskala fallen, sofern sie auch von zahlreichen anderen getragen werden. Auch

---

11   Eine ausführliche Beschäftigung mit den drei Effekten und ihre geometrische Behandlung findet
      sich bei Schumann 1992, 96-101.

die modelltheoretisch exakte Formulierung des Snob-Effektes erfordert die Berücksichtigung von Interdependenzen in der Präferenzstruktur.

Der *Veblen-Effekt* schließlich ist nach dem in den USA aufgewachsenen norwegischen Ökonomen Thorstein Veblen (1857-1929) benannt, der in seiner *Theorie der feinen Leute* die Vermutung äußerte, daß eben diese feinen Leute einer Ware um so höheren Nutzen beimessen, je höher der von anderen vermutete Preis ist. Besteht eine hohe Korrelation zwischen dem wirklichen Preis einer Ware und dem Preis, den andere Haushalte nach Einschätzung des vom Veblen-Effekt geplagten Haushalts i der Ware zuschreiben, so kann der Veblen-Effekt zu einer negativen Preiselastizität der Nachfrage führen. Das Ergebnis ist somit das gleiche wie beim Giffen-Paradox, obwohl die Ursache diametral entgegengesetzt ist. Steigt der Preis der Ware i und vermutet der Veblen-Haushalt, daß andere Haushalte dies wissen und hinreichend würdigen, so ist die Preiselastizität der Nachfrage immer dann *negativ*, wenn der Veblen-Effekt (also die paradoxe Reaktion) die Reaktion der gewöhnlichen Haushalte (also die normale Reaktion) überwiegt. Der Veblen-Effekt führt demnach wie der Snob-Effekt immer zu einer geringeren Preiselastizität der Nachfrage, die im Extremfall sogar negativ werden kann.

9.4.6 Die aggregierte Nachfragefunktion

Die Preiselastizität der Nachfrage ist (wie jede Elastizität) ein Konzept, das sich sowohl auf einzelne Wirtschaftssubjekte als auch auf Funktionen für den Gesamtmarkt anwenden läßt. Wir möchten nun daher kurz hinzufügen, wie man aus den individuellen Nachfragefunktionen die *Markt*nachfragefunktion erhält. Zur Vereinfachung beschränken wir uns auf zwei Haushalte und gehen von linearen Nachfragefunktionen aus.[12] Allgemein gibt es keinen Grund dafür, daß die Funktionen linear verlaufen sollten; dies erleichtert aber die graphische und algebraische Darstellung.

Mit den hochgestellten Indizes 1 und 2 für die beiden Haushalte seien die Nachfragefunktionen:

$$y^1(p) = \begin{cases} 10 - p & \text{für } 0 \leq p \leq 10 \\ 0 & \text{für } p > 10 \end{cases} \quad \text{und} \tag{9.27}$$

$$y^2(p) = \begin{cases} 16 - 2p & \text{für } 0 \leq p \leq 8 \\ 0 & \text{für } p > 8 \end{cases} \tag{9.28}$$

Die Gesamtnachfrage ergibt sich aus der Addition beider Nachfragefunktionen unter Berücksichtigung der Tatsache, daß bei keinem Preis irgendein Haushalt negative Mengen nachfragt. Somit erhalten wir für die Gesamtnachfrage y^g

$$y^g = \begin{cases} 10 - p & \text{für } 8 < p \leq 10 \\ 10 - p + 16 - 2p = 26 - 3p & \text{für } 0 \leq p \leq 8 \\ 0 & \text{für } p > 10 \end{cases} \tag{9.29}$$

12 Die Beschränkung auf zwei Haushalte ist als Illustration für einen Markt mit n Haushalten zu verstehen. Andernfalls könnte die Annahme vollständiger Konkurrenz nicht aufrechterhalten werden.

Graphisch handelt es sich dabei gemäß Abb. 9.9 um die horizontale Addition der beiden Nachfragefunktionen.

Abb. 9.9: *Die aggregierte Nachfragefunktion*

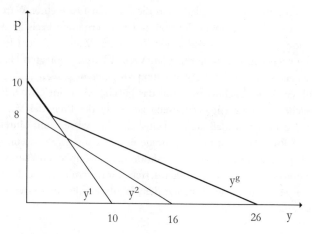

Abb. 9.9 illustriert, daß die Nachfragefunktion für den Gesamtmarkt flacher verläuft als die einzelnen Nachfragefunktionen, sofern beide Mengen wirksam werden (p ≤ 8).[13] Dies bestätigt den selbstverständlichen Sachverhalt, daß jede Preiserhöhung(-senkung) die Gesamtnachfrage stärker reduziert (steigert) als jede Einzelnachfrage (die Steigung der Gesamtnachfragefunktion ist geringer als die Steigung der Einzelfunktionen).

9.5 Die Kreuzpreiselastizität der Nachfrage

Die Kreuzpreiselastizität der Nachfrage gibt die prozentuale Veränderung der Nachfrage y_i nach einer Ware i im Verhältnis zur ebenfalls prozentualen Veränderung des Preises p_j einer Ware j an und ist für infinitesimal kleine Preisänderungen als

$$E_i(p_j) = \frac{\dfrac{\partial y_i}{y_i}}{\dfrac{\partial p_j}{p_j}} = \frac{\partial y_i}{\partial p_j} \cdot \frac{p_j}{y_i} \tag{9.30}$$

definiert. Die Kreuzpreiselastizität der Nachfrage kann als Maßzahl für die Beziehung zwischen der Nachfrage nach zwei Waren interpretiert werden und wird demgemäß häufig zur Marktabgrenzung herangezogen. Beispielsweise reagiert die Nachfrage nach Eintrittskarten für Fußballbundesligaspiele so gut wie gar nicht auf Preisänderungen für Hubschrauber ($E_i(p_j)=0$), woraus geschlossen werden kann, daß es sich um zwei voneinander unabhängige Teilmärkte handelt.

---

13   Mit zunehmender Anzahl von Nachfragern glättet sich die Funktion.

Grundsätzlich unterscheidet man über die Kreuzpreiselastizität der Nachfrage zwischen *substitutionalen* und *komplementären* Gütern. Substitutionale Güter befriedigen ähnliche Wünsche und können demnach gegeneinander ausgetauscht (ersetzt) werden, so daß man davon ausgehen kann, daß eine Erhöhung des Preises der Ware j zu einer Erhöhung der Nachfrage nach der substitutionalen Ware i führen wird.[14] Die Kreuzpreiselastizität der Nachfrage ist bei substitutionalen Gütern demnach positiv. Beispiele für substitutionale Güter sind Margarine und Butter, aber auch unterschiedliche Autotypen. Eine 50-prozentige Preiserhöhung von Mercedes würde aller Voraussicht nach zu einer spürbaren Änderung der BMW-Nachfrage führen. Komplementäre Güter weisen dagegen eine negative Kreuzpreiselastizität der Nachfrage auf, weil die Preiserhöhung eines Gutes j das *gemeinsam* mit der Ware i konsumiert werden soll, die Nachfrage nach i reduziert. Beispiele für komplementäre Güter sind Benzin und Autos sowie – zumindest nach meiner Meinung – Bohnen und Lammfleisch.

In Kapitel 11 zur Marktabgrenzung werden wir noch ausführlich auf die Kreuzpreiselastizität der Nachfrage zurückkommen.

9.6 Ein Anwendungsfall: Nachfrageelastizitäten im Güterverkehr[E]

9.6.1 Fragestellung

In verschiedenen Abschnitten des vorliegenden Kapitels haben wir darauf hingewiesen, daß Elastizitäten die theoretisch adäquaten Maßzahlen zur Messung der Nachfragereaktion auf Änderungen verschiedener Größen (Preis der Ware selbst, Preise anderer Waren und Einkommen) sind. In der Praxis erweist sich die Messung von Elastizitäten allerdings als methodisch recht kompliziert und aufwendig, so daß beispielsweise bei der Marktabgrenzung durch das Bundeskartellamt normalerweise nicht die theoretisch naheliegende Kreuzpreiselastizität der Nachfrage verwendet wird. Dennoch spielen Elastizitäten in der angewandten Wirtschaftsforschung durchaus eine große Rolle, so daß wir in diesem Abschnitt einen Anwendungsfall etwas genauer erklären wollen (ohne dabei allerdings wirklich in die formalen Details gehen zu können).

Zur praxisorientierten Schilderung der Berechnung von Elastizitäten beziehen wir uns auf eine Studie von Baum (1990), mit der dieser versuchte, die Auswirkungen eines verstärkten Preiswettbewerbs im Güterverkehrsbereich auf die einzelnen Verkehrsträger zu prognostizieren. Der verstärkte Preiswettbewerb ergibt sich dabei vor

---

14 Eine solch kausale Erklärung der Substitutionsbereitschaft durch die Eignung zur Befriedigung ähnlicher Bedürfnisse enthält allerdings die methodische Schwierigkeit, daß die Ähnlichkeit dann nicht mehr aus der Substitutionsbereitschaft der Haushalte, sondern aus Gütereigenschaften deduziert werden muß (andernfalls läge ein Zirkelschluß vor). Dies ist problematisch, weil für das Nachfrageverhalten die Ähnlichkeit in den Augen der Konsumenten ausschlaggebend ist; alle physikalischen und chemischen Eigenschaften sind ökonomisch nur dann von Bedeutung, wenn sie in der Einschätzung der Konsumenten zum Ausdruck kommen. Daher beruht die ökonomische Definition der Ähnlichkeit immer auf der Nachfrage.

allem durch die Abschaffung von Regulierungen im Zuge des europäischen Binnenmarktes. Einbezogen wurden die drei Verkehrsträger Bundesbahn (DB), Straßenfernverkehr (SF) und Binnenschiffahrt (BI). Ferner wurde nach zahlreichen unterschiedlichen Gütertypen differenziert, weil der Preis (im Unterschied beispielsweise zur Sicherheit und Geschwindigkeit des Transports) für verschiedene Gütertypen eine unterschiedlich große Rolle spielt. Im Kern ging es um die Frage, wie die Nachfrage nach
einem Verkehrsträger (also beispielsweise der DB) für verschiedene Gütertypen von
den Preisen der anderen Verkehrsträger beeinflußt wird. Dabei wird die Nachfragefunktion für jeden der drei Verkehrsträger als Funktion aller drei Preise und des gesamten Verkehrsaufkommens Y betrachtet:

$$y_{DB} = y_{DB}(p_{DB}, p_{SF}, p_{BI}, Y) \tag{9.31}$$

Die Verkehrsmenge der Bundesbahn (y_{DB}) ist also von den Tarifen der Bundesbahn
(p_{DB}), den Tarifen des Straßengüterfernverkehrs (p_{SF}), den Frachten der Binnenschiff-
fahrt (p_{BI}) und der Gesamtmenge der zu transportierenden Güter (Y) abhängig. Zur
Bestimmung der uns interessierenden Elastizitäten wurden in der Studie zwei vollständig unterschiedliche Methoden verwendet (dies gilt für viele vergleichbare Studien). Zum einen wurden die Elastizitäten aus den vorhandenen Daten ökonometrisch
geschätzt und zum anderen wurden Unternehmensbefragungen durchgeführt. Auf
diese beiden Methoden und die Ergebnisse gehen wir im folgenden ein.

9.6.2 Ökonometrische Schätzungen

9.6.2.1 Datenmaterial und Vorgehensweise

Das Grundprinzip bei der ökonometrischen Schätzung bestand zunächst darin, Gleichung (9.31) *linear* zu spezifizieren und die Elastizitäten aus einer Mehrfachregression
zu schätzen. Leicht vereinfacht kann man sagen, daß bei der linearen Mehrfachregression analog zur Einfachregression die Regressionsgeraden so bestimmt werden, daß
die quadrierten Abstände zu den Regressionsgeraden minimiert werden. Es wird also
versucht, einen möglichst großen Anteil der Streuung der wirklichen Werte durch die
in Gleichung (9.31) enthaltenen Variablen zu erklären.[15]

Als Datengrundlage wurden die Monatsdaten für den Zeitraum von 1980-1985
verwendet, die in den verschiedenen Fachserien des Statistischen Bundesamtes zu
finden sind, wobei die unterschiedlichen Tarife zu durchschnittlichen Tarifindizes
verdichtet wurden. Die zu erklärenden Mengenvariablen (also y_{DB}, y_{SF} und y_{BI}) sind
die Transportaufkommen der jeweiligen Verkehrsträger Bundesbahn, Straßengüterfernverkehr, Binnenschiffahrt.

Eine für ökonometrische Studien typische Schwierigkeit bestand darin, daß die
endogenen Variablen (Transportmengen) nicht nur durch die exogenen Variablen (die
Preise und die Gesamtmenge), sondern auch durch ihre eigenen Vergangenheits-

---

15 Diese Formulierungen sollen nur einen kurzen intuitiven Zugang zur Methode geben. Zur
    genauen Erläuterung der Mehrfachregression vgl. z.B. Bortz 1993, 408ff.

werte[16] und exogene Schocks beeinflußt werden. Zeitreihen weisen oftmals eine Systematik in sich selbst auf, die von den exogenen Einflußfaktoren nicht abgebildet werden kann. Zudem können durch exogene Schocks (beispielsweise Änderungen umweltpolitischer Rahmenbedingungen oder der Konsumentenpräferenzen) hervorgerufene Strukturbrüche vorliegen. Aus diesem Grund wurde zunächst der Teil der Schwankungen der Zeitreihe zu ermitteln versucht, der auf Autokorrelation oder exogene Schocks zurückzuführen ist.[17] Es folgt die Regressionsanalyse, die die exogenen Variablen (also z.b. die Verkehrsmengenentwicklung der Bundesbahn) aus den Preisen der Verkehrsträger und der gesamten Produktionsentwicklung erklärt, sofern letztere nicht aus sich selbst heraus (autoregressiver Prozeß) oder durch exogene Ereignisse zu erklären sind.

Mit Hilfe der ökonometrischen Analyse wurden nun nicht Kreuzpreiselastizitäten, sondern sog. *Preisverhältniselastizitäten* geschätzt, die wir in den bisherigen Abschnitten noch nicht erläutert haben. Die Schwierigkeit bei der Schätzung von Kreuzpreiselastizitäten im ökonometrischen Modell bestand darin, daß die Preise der einzelnen Verkehrsträger wechselseitig stark voneinander abhängen, so daß Preisänderungen bei den verschiedenen Verkehrsträgern tendenziell gemeinsam auftreten. Eine methodisch entscheidende Voraussetzung für die Mehrfachregression ist aber, daß die exogenen Variablen (d.h. in diesem Fall: die Preise der verschiedenen Verkehrsträger) möglichst unabhängig voneinander sind. Da dies hier nicht der Fall war, wurden Kreuzpreiselastizitäten in der ökonometrischen Studie aus methodischen Gründen *nicht* berechnet.[18]

Dem geschilderten Problem wurde Rechnung getragen, indem an Stelle von Kreuzpreiselastizitäten Preisverhältniselastizitäten berechnet wurden. Die Preisverhältniselastizität beschreibt die prozentuale Veränderung der Transportmenge der Bundesbahn als Reaktion auf eine prozentuale Änderung des Preisverhältnisses zwischen (z.b.) Straßenfernverkehr und Bundesbahn. Der Vorteil der Preisverhältniselastizität gegenüber der Kreuzpreiselastizität ist somit, daß gleichzeitige Veränderungen der Preise der Bundesbahn *und* der Preise des Straßenfernverkehrs methodisch unproblematisch sind. Annähernd gleichzeitige Preisänderungen von zwei Verkehrsträgern werden bei der Preisverhältniselastizität in einem Rechenschritt berücksichtigt.

9.6.2.2 Ergebnisse

Abb. 9.10 faßt die Ergebnisse der ökonometrischen Studie über die Preisverhältniselastizitäten zusammen.[19]

---

16 Dieses Problem bezeichnet man als Autokorrelation.
17 Dazu wurde ein sog. ARIMA-Modell (Autoregressiver Integrierter Moving Average Prozeß) verwendet, dessen Schilderung den Rahmen einer mikroökonomischen Einführung sprengen würde.
18 Diese wechselseitige Beeinflussung der exogenen Variablen nennt man Multikollinearität.
19 In der Untersuchung wurden auch Transportmengenelastizitäten (d.h. die Reaktion der einzelnen Mengen auf die Gesamtmenge) auf Basis der ökonometrischen Studie ermittelt, worauf wir hier aber nicht eingehen wollen.

Abb. 9.10:   *Preisverhältniselastizitäten auf ökonometrischer Basis*[20]

Güterbereich	$E(y_{DB}, \frac{p_{SF}}{p_{DB}})$	$E(y_{DB}, \frac{p_{BI}}{p_{DB}})$	$E(y_{BI}, \frac{p_{DB}}{p_{BI}})$	$E(y_{BI}, \frac{p_{SF}}{p_{BI}})$	$E(y_{SF}, \frac{p_{DB}}{p_{SF}})$	$E(y_{SF}, \frac{p_{BI}}{p_{SF}})$
1 Landwirtschaftliche Erzeugnisse	–	–	5,93	–	1,72	1,98
2 Nahrungs- und Futtermittel	1,52	2,02	–	1,62	–	–
3 Kohle und Koks	0,61	2,10	–	–	–	2,89
4,5 Rohöl, Mineralölprodukte	1,14	0,65	–	0,75	–	–
6,7 Erze, Schrott	–	1,97	–	4,88	1,52	–
8 Eisen, Stahl, NE-Metalle	–	–	3,22	2,96	1,82	–
9 Steine und Erden	1,62	1,76	–	–	–	1,38
10 Chem. Erzeugnisse, Düngemittel	2,01	0,67	–	–	–	0,68
11 Investitionsgüter	–	–	–	–	1,05	–
12 Verbrauchsgüter	1,71	–	–	–	–	–

Die Ergebnisse lassen sich folgendermaßen zusammenfassen und interpretieren: Die beiden Preisverhältniselastizitäten zwischen Eisenbahn und Straßengüterfernverkehr ($E(y_{DB}, p_{SF}/p_{DB})$ und $E(y_{SF}, p_{DB}/p_{SF})$) weisen überwiegend elastische Werte auf. Dies gilt besonders bei Landwirtschaftlichen Erzeugnissen (1,72), Chemischen Erzeugnissen (2,01), Verbrauchsgütern (1,71) sowie Eisen und Stahl (1,82). Deutlich schwächer ist die Nachfragereaktion bei Rohöl und Mineralölprodukten (1,14), bei Investitionsgütern (1,05) und bei Kohle (0,61). Bezüglich der Eisenbahn und der Binnenschiffahrt ist die Streuung der Preisverhältniselastizitäten ($E(y_{DB}, p_{BI}/p_{DB})$ und $E(y_{BI}, p_{DB}/p_{BI})$) erheblich größer. Während für einige Produkte (Landwirtschaftliche Erzeugnisse (5,93), Eisen und Stahl (3,22)) der Bahn- und Schiffstransport offenbar als sehr enge Substitute angesehen werden, ergeben sich für Chemische Erzeugnisse (0,67) sowie Rohöl/Mineralölprodukte (0,65) sehr geringe Preisverhältniselastizitäten und damit eine geringe Wettbewerbsintensität. Ähnliches gilt für die Beziehung zwischen dem Straßengüterfernverkehr und der Binnenschiffahrt.

9.6.3   Unternehmensbefragungen

9.6.3.1   Vorgehensweise

Neben der ökonometrischen Schätzung von Elastizitäten wurde in der Studie auch eine Unternehmensbefragung durchgeführt, um das Reaktionsverhalten der verladenden Wirtschaft in ihrer Verkehrsmittelwahl bei Preissenkungen der Verkehrsträger zu ermitteln. Konkret wurde gefragt, wieviel Prozent der Transportmengen die Verlader auf den preissenkenden Verkehrsträger verlagern würden, wenn die konkurrierenden Verkehrsträger ihre Preise unverändert ließen. Durch diese ceteris-paribus-Bedingung konnten auf Grundlage der Unternehmensbefragung Kreuzpreiselastizitäten bestimmt werden (es wurden also in den beiden Teilstudien unterschiedliche Elastizitäten er-

---

20   Quelle: Baum 1990, 27, Tabelle 6.

mittelt). Es wurden 1500 Unternehmen, die die Dienste von Verkehrsträgern in Anspruch nehmen, aus den verschiedensten Branchen schriftlich befragt. Die Antwortquote betrug 30 %. Folgende unternehmensspezifische Merkmale wurden erhoben: Zugehörigkeit zu Güterbereichen, Unternehmensgröße, Versandmenge, Anteile der Verkehrsträger, durchschnittliche Transportentfernung sowie Gleis- und Wasserstraßenanschluß, um entsprechende „Störfaktoren" zu eliminieren.[21]

9.6.3.2 Ergebnisse

Abb. 9.11 faßt die Ergebnisse zusammen. Für die Kreuzpreiselastizitäten der Deutschen Bundesbahn in bezug auf Preissenkungen des Straßengüterfernverkehrs ergaben sich elastische Werte für Nahrungs- und Futtermittel (1,62), Eisen/Stahl (1,17), Steine/Erden (1,97) sowie Verbrauchsgüter (1,28). Unelastische Werte wurden für Landwirtschaftliche Erzeugnisse (0,71), Kohle (0,31), Mineralölprodukte (0,67), Chemische Erzeugnisse (0,46) sowie Investitionsgüter (0,85) ermittelt. Da die Kreuzpreiselastizitäten der Deutschen Bundesbahn ziemlich hoch sind, muß bei deregulierungsbedingten Preissenkungen im Straßengüterfernverkehr mit einer erheblichen Reduktion der Transportmengen auf der Schiene gerechnet werden. Sollen die damit verbundenen negativen ökologischen Konsequenzen vermieden werden, so müssen dem Straßengüterfernverkehr die durch ihn verursachten negativen Umweltwirkungen angelastet werden (beispielsweise durch höhere Benzinpreise).[22]

Abb. 9.11: *Kreuzpreiselastizitäten auf der Basis von Unternehmensbefragungen*[23]

		$E(y_{DB}, p_{SF})$	$E(y_{DB}, p_{BI})$	$E(y_{BI}, p_{DB})$	$E(y_{BI}, p_{SF})$	$E(y_{SF}, p_{DB})$
1	Landwirtschaftliche Erzeugnisse	0,71	0	0	0	0,51
2	Nahrungs- und Futtermittel	1,62	0	0	0	0,54
3	Kohle und Koks	0,31	1,39	2,46	0,16	0,68
4,5	Rohöl, Mineralölprodukte	0,67	0,24	0,14	0,13	0,47
6,7	Erze, Schrott	–	–	–	–	–
8	Eisen, Stahl, NE-Metalle	1,17	0,56	0,83	0,26	1,53
9	Steine und Erden	1,97	0,79	0,06	0,05	0,58
10	Chem. Erzeugnisse, Düngemittel	0,46	0,14	0,12	0,14	0,21
11	Investitionsgüter	0,85	0,14	0,10	0,05	0,64
12	Verbrauchsgüter	1,28	0	0	0	0,33

21 Die Kreuzpreiselastizität zwischen Bahn und Straßenverkehr ist für Unternehmen, die über keinen Bahnanschluß verfügen, verständlicherweise geringer.

22 Es wäre also ein Fehler, grundsätzlich richtige Deregulierungsmaßnahmen wegen der zu befürchtenden negativen Umwelteffekte nicht durchzuführen. Der richtige Weg ist die Deregulierung bei gleichzeitiger „Internalisierung der negativen (Umwelt-)Effekte" (vgl. ausführlich Kapitel 19).

23 Vgl. Baum 1990, 41, Tabelle 13.

		$E(y_{SF}, p_{BI})$	$E(y_{WV}, p_{SF})$	$E(y_{WV}, p_{DB})$	$E(y_{WV}, p_{BI})$
1	Landwirtschaftliche Erzeugnisse	0	0,58	0,14	0
2	Nahrungs- und Futtermittel	0,01	1,25	0,25	0
3	Kohle und Koks	0	0	0	0
4,5	Rohöl, Mineralölprodukte	0,04	0,01	0	0
6,7	Erze, Schrott	–	–	–	–
8	Eisen, Stahl, NE-Metalle	0,18	0,97	0,02	0
9	Steine und Erden	0,18	0,97	0,09	0,01
10	Chem. Erzeugnisse, Düngemittel	0,04	0,31	0,12	0,01
11	Investitionsgüter	0	0,42	0,31	0
12	Verbrauchsgüter	0	0,92	0,15	0

Die Kreuzpreiselastizitäten des Straßengüterfernverkehrs in bezug auf Preissenkungen der DB liegen mit Ausnahme von Eisen/Stahl (1,53) alle im unelastischen Bereich. Dies bedeutet, daß es eine interessante Asymmetrie zwischen den beiden Verkehrsträgern gibt: die DB kann (prozentual gesehen) durch eigene Preissenkungen weniger Transportmenge vom Straßengüterfernverkehr abziehen als sie umgekehrt bei Preissenkungen des Straßengüterfernverkehrs verliert. Dies bestätigen auch andere Unternehmensbefragungen, bei denen als Grund für die Favorisierung des Straßengüterfernverkehrs häufig auch Defizite der Bahn genannt werden, die mit den Preisverhältnissen nichts zu tun haben.

Die Kreuzpreiselastizitäten der DB in bezug auf Preissenkungen der Binnenschiffahrt weisen ausschließlich für den Kohletransport einen elastischen (1,39) Wert auf. Grundsätzlich sind die Kreuzpreiselastizitäten fast alle kleiner als im Vergleich der Bahn mit dem Straßengüterfernverkehr. Für die umgekehrten Kreuzpreiselastizitäten (Binnenschiffahrt in bezug auf Preissenkungen der DB) gilt ähnliches. Schließlich kann noch festgehalten werden, daß sich für den Straßengüterfernverkehr und die Binnenschiffahrt analog zur ökonometrischen Studie nur eine sehr geringe Wettbewerbsintensität ergibt.

Zusammenfassend zeigt dieses Beispiel, daß Elastizitäten nicht nur in der Theorie, sondern auch in der empirischen Wirtschaftsforschung eine herausragende Rolle spielen.

9.7 Zusammenfassung

In Abschnitt 9.2 haben wir das für die Nachfragetheorie zentrale Ergebnis hergeleitet, daß das Verhältnis der Grenznutzen zweier Güter (bzw. die umgekehrte Grenzrate der Substitution) dem Preisverhältnis entsprechen muß. Auf Grundlage dieses Resultats können die Reaktionen der Nachfrage auf Änderungen unterschiedlicher exogener Variablen (Preis der Ware selbst, Preise anderer Waren und Einkommen) untersucht werden. Dazu verwendet man Elastizitäten, weil nur die Prozentuierung im Zähler *und* im Nenner eine ökonomisch sinnvolle Interpretation ermöglicht. Die Nachfragereaktionen auf diese unterschiedlichen Größen haben wir in den Abschnitten 9.3 bis 9.5 gemeinsam mit den entsprechenden Elastizitäten erläutert. Diese fassen wir in der folgenden Darstellung tabellarisch zusammen.

9.8 Tabellarische Zusammenfassung: Elastizitäten in der Haushaltstheorie

1. Preiselastizität der Nachfrage

$$E_i(p_i) = -\frac{\frac{\partial y_i}{y_i}}{\frac{\partial p_i}{p_i}}$$

Bezeichnung	Formale Darstellung	Verbale Erläuterung
Unendlich elastische Nachfrage	$E_i(p_i) = \infty$	Gilt für ein Unternehmen bei vollständiger Konkurrenz.
Elastische Nachfrage	$E_i(p_i) > 1$	Die Nachfrage reagiert überproportional auf Preisänderungen.
Unelastische Nachfrage	$0 < E_i(p_i) < 1$	Die Nachfrage reagiert unterproportional auf Preisänderungen.
Starre Nachfrage	$E_i(p_i) = 0$	Die Nachfrage reagiert gar nicht auf Preisänderungen.
Giffen-Paradox	$E_i(p_i) < 0$	Die Nachfrage steigt bei steigenden Preisen, weil der paradoxe Einkommenseffekt den Substitutionseffekt übersteigt. Voraussetzung sind absolut inferiore Güter.
Mitläufer-Effekt	$E_i(p_i)$ steigt	Die Nachfrage reagiert stärker auf Preisänderungen, weil die Haushalte ihr Verhalten in die gleiche Richtung lenken.
Snob-Effekt	$E_i(p_i)$ sinkt	Die Nachfrage reagiert geringer auf Preisänderungen, weil die Haushalte ihr Verhalten entgegengesetzt ausrichten.
Veblen-Effekt	$E_i(p_i)$ sinkt, evtl. $E_i(p_i) < 0$	Die Nachfrage reagiert geringer auf Preisänderungen, weil die Haushalte bei hohen Preisen einen Prestigezuwachs erhoffen.

2. Kreuzpreiselastizität der Nachfrage

$$E_i(p_i) = \frac{\dfrac{\partial y_i}{y_i}}{\dfrac{\partial p_j}{p_j}}$$

Bezeichnung	Formale Darstellung	Verbale Erläuterung
Substitutionale Güter	$E_i(p_j) > 0$	Bei einer Preissteigerung von Gut j steigt die Nachfrage nach Gut i.
Komplementäre Güter	$E_i(p_j) < 0$	Weil die Güter i und j zum gemeinsamen Konsum geeignet sind, sinkt die Nachfrage nach i bei einer Preissteigerung von j.

3. Einkommenselastizität der Nachfrage

$$E_i(B) = \frac{\dfrac{\partial y_i}{y_i}}{\dfrac{\partial B}{B}}$$

Bezeichnung	Formale Darstellung	Verbale Erläuterung
Relativ superiore Güter	$E_i(B) > 1$	Die Nachfrage reagiert überproportional auf Einkommensänderungen.
Absolut superiore (relative inferiore) Güter	$0 < E_i(B) < 1$	Die Nachfrage reagiert unterproportional auf Einkommensänderungen.
Absolut inferiore Güter	$E_i(B) < 0$	Die Nachfrage verändert sich gegenläufig zum Einkommen.

Kapitel 10

Faktorangebotstheorie

10.1 Überblick

Nachdem wir im letzten Kapitel die nutzenmaximale Güternachfrage von Haushalten bei gegebenen Marktpreisen und vollständiger Information untersucht haben, übertragen wir den gleichen Grundgedanken auf das *Faktorangebot*. Die Vorgehensweise ist dabei im Kern identisch: der Haushalt hat eine beispielsweise durch Konsum und Freizeit gegebene Nutzenfunktion, die er unter bestimmten Restriktionen maximieren will. Die Restriktion besteht dabei darin, daß er nur das Einkommen konsumieren kann, das er durch sein Faktorangebot an Arbeit und Kapital erzielt. Den Schwerpunkt unserer Überlegungen legen wir in Abschnitt 10.2 auf die Herleitung der Arbeitsangebotsfunktion, wobei wir auch einige empirische Ergebnisse skizzieren. Dabei beziehen wir uns vor allem auf die recht berühmt gewordene sog. Laffer-Kurve, die den Zusammenhang zwischen dem Steuer*satz* und dem Steuer*aufkommen* beschreibt. In Abschnitt 10.3 dehnen wir die Überlegungen auf das Kapitalangebot aus.

10.2 Das Arbeitsangebot

10.2.1 Grundgedanke

Wie erwähnt besteht der Grundgedanke auch bei der Herleitung der Arbeitsangebotsfunktion darin, daß der Haushalt seine (in diesem Fall: durch Konsum und Freizeit gegebene) Nutzenfunktion auf der Grundlage bestimmter Restriktionen maximieren will. Auf den ersten Blick scheint es dabei zumindest theoretisch selbstverständlich zu sein, daß ein steigender Lohnsatz das Arbeitsangebot erhöht, weil die Opportunitätskosten der Freizeit zunehmen. Diese Annahme wird in sehr zahlreichen mikro- und makroökonomischen Abhandlungen getroffen und als *neoklassische Arbeitsangebotsfunktion* bezeichnet. Eine etwas genauere Betrachtung zeigt allerdings, daß gerade auf Grundlage typisch neoklassischer Annahmen hinsichtlich der Präferenzordnung ein bei steigendem Lohnsatz zunehmendes Arbeitsangebot keineswegs zwingend ist. Dies liegt daran, daß ein steigender Lohnsatz zwei *gegenläufige* Effekte auslöst:

- ein steigender Lohnsatz erhöht die Opportunitätskosten der Freizeit. Dieser Effekt führt für sich genommen zu einem bei steigendem Lohnsatz zunehmenden Arbeitsangebot, weil die relativ teurere Freizeit durch den relativ billigeren Konsum substituiert wird;[1]

– darüber hinaus bewirkt ein steigender Lohnsatz aber auch, daß der Haushalt bei gegebenem Arbeitsangebot mehr konsumieren kann, weil er ja bei gleichem Arbeitseinsatz ein höheres Einkommen erzielt. Dies bietet angesichts eines annahmegemäß sinkenden Grenznutzens des Konsums ceteris-paribus aber einen Anreiz zur *Rücknahme* des Arbeitsangebots, wenn der Lohnsatz steigt·[2]

Da ohne Zusatzprämissen nicht entschieden werden kann, welcher dieser beiden Effekte überwiegt, werden wir im folgenden zwei verschiedene Fälle diskutieren (Abschnitte 10.2.2 und 10.2.3).[3] Nach diesen theoretischen Herleitungen werden wir in Abschnitt 10.2.4 die weit verbreitete Annahme erläutern, daß das Arbeitsangebot bei steigendem Lohnsatz zunächst zu- und dann abnimmt, um schließlich auch auf einige empirische Ergebnisse einzugehen.

10.2.2 Erstausstattung mit Arbeit

Im ersten Fall nehmen wir an, daß der Haushalt als Erstausstattung ausschließlich über Arbeit verfügt, so daß er kein Kapitaleinkommen erzielen kann. Graphisch läßt sich das Arbeitsangebot analog zur Güternachfrage mit Hilfe von Indifferenzkurven und Budgetgeraden herleiten.

Wir gehen davon aus, daß die maximal zur Disposition stehende Zeit (nach Abzug der erforderlichen Schlafphasen) 16 Stunden pro Tag sei und unterstellen ferner, daß der Haushalt sein Arbeitsangebot *stetig* variieren kann.[4] Wesentlich ist dabei die in Abschnitt 10.2.3 aufgegebene Annahme, daß der Haushalt *ausschließlich* Arbeit als Erstausstattung am Markt anbieten kann und sein Tageseinkommen Y daher als Produkt aus dem Lohnsatz w und der täglichen Arbeitszeit A als Funktion des Lohnsatzes und der Freizeit ausgedrückt werden kann:

$$Y = wA = w\,(16 - F) \hspace{5cm} (10.1)$$

Dabei ist F die Freizeit und 16 − F demnach die tägliche Arbeitszeit. Der Gesamtnutzen des Haushalts wird als abhängig vom Einkommen Y (präziser: der mit dem Einkommen konsumierbaren Güter) und der Freizeit F betrachtet, so daß – analog zur Güternachfrage – ein bestimmtes Nutzenniveau U^0 durch verschiedene Kombinationen von Einkommen und Freizeit erreicht werden kann. Geht man gemäß dem Konvexitätsaxiom der Präferenztheorie von einer sinkenden Grenzrate der Substitution zwischen Freizeit und Einkommen bei steigendem Einkommen aus, so ergeben sich

---

1   Denken Sie dabei an den in Abschnitt 9.4 diskutierten Substitutionseffekt.
2   Denken Sie dabei an den in Abschnitt 9.4 diskutierten Einkommenseffekt.
3   Eine ausführlichere und theoretisch radikalere Darstellung liefert vor allem Moritz 1993, Teile V und VI.
4   Dabei handelt es sich um eine kontrafaktische Annahme, weil es zum einen festgelegte Höchstarbeitszeiten gibt und zum anderen nur wenige Arbeitgeber eine tägliche Arbeitszeit von 129 Minuten akzeptieren. Die Unterstellung eines stetig variierbaren Arbeitsangebots erleichtert aber ein Verständnis des Grundgedankens, das Arbeitsangebot als Teil der gewöhnlichen Nutzenmaximierung aufzufassen.

konvexe Freizeit-Einkommens-Indifferenzkurven, die gemeinsam mit der in Gleichung (10.1) formulierten Budgetrestriktion die „optimale Zeitallokation" des Haushaltes festlegen.

Abb. 10.1: *Die optimale Allokation der Zeit*

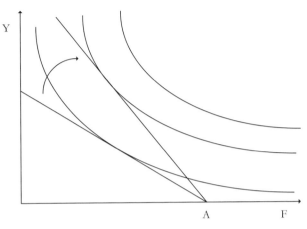

Die Budgetgerade gibt die unterschiedlichen Einkommens-Freizeit-Kombinationen an, die der Haushalt bei alternativen Lohnsätzen erreichen kann. Steigt der Lohnsatz, so dreht sich die Budgetgerade nach links oben (Drehpunkt ist Punkt A in Abb. 10.1), weil das maximal erreichbare Einkommen steigt. Die absolute Steigung ergibt sich aus der Ableitung der Budgetgeraden und entspricht gemäß Gleichung (10.2) dem Lohnsatz:

$$\frac{d(wA)}{dF} = -w \tag{10.2}$$

Analog zur Güternachfrage kann durch exogene Vorgabe verschiedener Lohnsätze die Arbeitsangebotsfunktion aus den jeweiligen Tangentialpunkten von Indifferenzkurve und Budgetgerade ermittelt werden. *Dabei ist hervorzuheben, daß eine positive Korrelation von Lohnsatz und Arbeitsangebot keineswegs selbstverständlich ist.* Unterstellen wir beispielsweise eine Cobb-Douglas-Nutzenfunktion mit

$$U = Y^\alpha \cdot F^\beta = Y^\alpha (16 - A)^\beta \tag{10.3}$$

Die Budgetbeschränkung lautet

$$Y = w A \tag{10.4}$$

da der Haushalt seine Nachfrage annahmegemäß lediglich durch Arbeitseinkommen finanzieren kann. (10.4) zeigt dabei schon den Einkommenseffekt, weil eine Erhöhung von w eine Lockerung der Budgetbeschränkung impliziert. Die zu maximierende Lagrange-Funktion lautet

$$L = Y^\alpha (16 - A)^\beta + \lambda (Y - w A) \tag{10.5}$$

weil der Haushalt seinen Nutzen unter Berücksichtigung der durch (10.4) gegebenen Restriktion maximieren will. Die üblichen Rechenoperationen führen zu

$$\frac{\partial L}{\partial Y} = \alpha\, Y^{\alpha-1}\,(16-A)^{\beta} + \lambda = 0 \tag{10.6}$$

$$\frac{\partial L}{\partial A} = -\beta\, Y^{\alpha}\,(16-A)^{\beta-1} - \lambda w = 0 \tag{10.7}$$

$$\frac{\partial L}{\partial \lambda} = Y - wA = 0 \tag{10.8}$$

Auflösen von (10.6) und (10.7) nach λ bzw. λw und anschließende Division beider Gleichungen ergibt die bekannte Gleichgewichtsbedingung, daß das Verhältnis der Grenznutzen den Preisverhältnissen (in diesem Fall dem Lohnsatz) entsprechen muß:

$$\frac{\alpha Y^{\alpha-1}(16-A)^{\beta}}{-\beta Y^{\alpha}(16-A)^{\beta-1}} = \frac{-\lambda}{\lambda w} \tag{10.9}$$

Daraus folgt

$$\frac{\alpha\,(16-A)}{\beta\, Y} = \frac{1}{w} \tag{10.10}$$

Da uns die Entwicklung des Arbeitsangebots bei steigendem Lohnsatz interessiert, lösen wir zunächst Gleichung (10.4) nach A auf und erhalten

$$A = \frac{Y}{w} \tag{10.11}$$

Nun müssen wir noch die Unbekannte Y ersetzen, wofür wir die nach Y aufgelöste Gleichung (10.10) verwenden:

$$Y = \frac{\alpha\,(16-A)\,w}{\beta} \tag{10.12}$$

Einsetzen von (10.12) in (10.11) ergibt unmittelbar

$$A = \frac{Y}{w} = \frac{\alpha\,(16-A)\,w}{\beta\, w} = \frac{\alpha}{\beta}(16-A) \tag{10.13}$$

und aufgelöst nach A

$$A = 16\,\alpha\ ^{5} \tag{10.14}$$

In Gleichung (10.14) taucht der Lohnsatz gar nicht auf, so daß das Arbeitsangebot unter den getroffenen Annahmen unabhängig vom Lohnsatz ist! Das Arbeitsangebot entspricht bei jedem Lohnsatz einem bestimmten Teil der „Erstausstattung Zeit", der von den Nutzenelastizitäten α und β abhängt. Gleichzeitig nimmt das *Verhältnis* aus Freizeit- und Güterkonsum allerdings ab, weil mit dem konstanten Arbeitsangebot

---

5   Sollten Sie dies überprüfen, so bedenken Sie bitte, daß wir $\alpha+\beta = 1$ unterstellen.

nun mehr Güter gekauft werden können. Wir können somit das für *alle Cobb-Douglas-Nutzenfunktionen* gültige Ergebnis festhalten, daß bei einem steigenden Faktorpreis das Faktorangebot konstant bleibt und das Verhältnis des Konsums dieser Ware zu anderen Waren sinkt, *sofern wir davon ausgehen, daß der Haushalt nur Arbeit in seiner Erstausstattung hat.* Dieses Resultat ist darauf zurückzuführen, daß sich die beiden in Abschnitt 10.2.1 geschilderten gegenläufigen Effekte – der gestiegene Lohnsatz erhöht die Opportunitätskosten der Freizeit und damit das Arbeitsangebot; gleichzeitig steigt aber auch das verfügbare Einkommen, was einen steigenden Freizeitkonsum bewirkt – bei der Cobb-Douglas-Funktion genau ausgleichen. Der Einkommenseffekt und der Substitutionseffekt sind somit gleich stark. Dies wiederum ist formal darauf zurückzuführen, daß bei der Cobb-Douglas-Funktion die Nutzenelastizitäten α und β auf unterschiedlichen Nutzenniveaus konstant sind. Inhaltlich bedeutet dies, daß die relative Wertschätzung von Konsum und Freizeit auf allen Einkommensniveaus gleich bleibt. Eine bei steigendem Lohnsatz stetig steigende Arbeitsangebotsfunktion ergibt sich dagegen, wenn die relative Wertschätzung für Konsum bei steigendem Einkommensniveau (d.h. präziser: bei steigendem Nutzenniveau) stetig zunimmt. Dieser Eigenschaft genügen *additiv-separable Nutzenfunktionen*, bei denen der Grenznutzen des Konsums unabhängig von der Freizeit und der Grenznutzen der Freizeit unabhängig vom Konsumniveau ist. Unterstellen wir als Hochzahlen in der Nutzenfunktion jeweils vereinfachend 0,5, so lautet eine solche Nutzenfunktion für Konsum und Freizeit beispielsweise $U = F^{0,5} + Y^{0,5}$. Leser/innen können durch die gleichen mathematischen Operationen leicht überprüfen, daß sich bei dieser Nutzenfunktion in der Tat eine bei steigendem Lohnsatz stetig steigende Arbeitsangebotsfunktion ergibt. Wir können festhalten, daß sich eine steigende Arbeitsangebotsfunktion *unter der Annahme, daß der Haushalt in seiner Erstausstattung ausschließlich über Zeit verfügt*, nur dann ergibt, wenn die relative Wertschätzung von Konsum und Freizeit bei steigendem Einkommen zunimmt. Dieser Annahme genügen formal additiv-separable Nutzenfunktionen, während das Arbeitsangebot bei einer Cobb-Douglas-Nutzenfunktion unabhängig vom Lohnsatz ist.

10.2.3 Erstausstattung mit Arbeit und Kapital

Im vorhergehenden Abschnitt wurde gezeigt, daß sich der Einkommens- und der Substitutionseffekt genau ausgleichen, sofern wir eine Cobb-Douglas-Nutzenfunktion unterstellen und der Haushalt lediglich Arbeit am Markt anbieten kann. Es ist schon intuitiv einsichtig, daß der Einkommenseffekt schwächer wird, sofern der Haushalt auch über andere Erstausstattungen verfügt, deren Wert sich durch den geänderten Lohnsatz nicht erhöht. Um diese Hypothese zu überprüfen, nehmen wir im folgenden an, daß der Haushalt auch über einen bestimmten Gütervorrat Y_0 verfügt. Da wir uns lediglich für relative Preise interessieren, können wir den Preis von Y ohne Beschränkung der Allgemeinheit gleich Eins setzen, so daß der Wert der Erstausstattungen $Y_0 + wA$ beträgt. Da ein Tausch von Y gegen Y sinnlos wäre, lautet die Budgetbeschränkung mit Y_1 als eingetauschter Gütermenge

$$Y_1 \leq w\, A \tag{10.15}$$

Der einzige Unterschied zur Lagrange-Optimierung in Abschnitt 10.2.2 besteht darin, daß in die Nutzenfunktion nun die Güter-Erstausstattung *und* die eingetauschte Gütermenge eingehen:

$$L = (Y_0 + Y_1)^\alpha \, (16 - A)^\beta + \lambda \, (Y_1 - w\, A) \tag{10.16}$$

Da der Haushalt bei gegebenen Erstausstattungen lediglich über Y_1 und A, aber nicht über Y_0 bestimmen kann, lauten die partiellen Ableitungen:

$$\frac{\partial L}{\partial Y_1} = \alpha \, (Y_0 + Y_1)^{\alpha - 1} \, (16 - A)^\beta + \lambda = 0 \tag{10.17}$$

$$\frac{\partial L}{\partial A} = -\beta \, (Y_0 + Y_1)^\alpha \, (16 - A)^{\beta - 1} - \lambda w = 0 \tag{10.18}$$

$$\frac{\partial L}{\partial \lambda} = Y_1 - w A = 0 \tag{10.19}$$

Auflösung von (10.17) und (10.18) nach λ bzw. λw nebst Division beider Gleichungen ergibt nach Kürzen

$$\frac{\alpha \, (16 - A)}{\beta \, (Y_0 + Y_1)} = \frac{1}{w} \tag{10.20}$$

Aufgelöst nach Y_1 ergibt sich

$$Y_1 = \frac{w \, \alpha \, (16 - A) - \beta \, Y_0}{\beta} \tag{10.21}$$

Setzen wir dies in die nach A aufgelöste Budgetbeschränkung $wA = Y_1$ ein, so folgt nach einigen kleinen Umformungen, und der Annahme, daß $\alpha + \beta = 1$ ist, für A schließlich

$$A = \frac{16 \, \alpha \, w - Y_0 \, \beta}{w} = 16 \, \alpha - \frac{\beta \, Y_0}{w} \tag{10.22}$$

Da uns die Entwicklung des Arbeitsangebots bei steigendem Lohnsatz interessiert, bilden wir die erste Ableitung nach w und erhalten

$$\frac{d A}{d w} = \frac{\beta \, Y_0}{w^2} \tag{10.23}$$

Da β, Y_0 und w annahmegemäß alle positiv sind, *erhalten wir das typisch neoklassische Ergebnis*: Das Arbeitsangebot nimmt bei steigendem Lohnsatz stetig zu. Dies ist darauf zurückzuführen, daß der Güterbestand Y_0 den Einkommenseffekt vermindert, so daß dieser den Substitutionseffekt nicht mehr ausgleichen kann.[6] Somit können wir zusammenfassend zu den Abschnitten 10.2.2 und 10.2.3 festhalten, daß bei einer Cobb-Douglas-Nutzenfunktion das Arbeitsangebot bei steigendem Lohnsatz genau dann

---

6   Entsprechend erhalten wir für $Y_0 = 0$ genau das Ergebnis aus Abschnitt 10.2.2.

zunimmt, wenn der Haushalt auch andere Güter als Arbeit in seiner Erstausstattung hat. Dabei ist allerdings hervorzuheben, daß eine Cobb-Douglas-Nutzenfunktion für Güter und Freizeit nicht besonders plausibel ist, weil sich die relativen Wertschätzungen für Konsum und Freizeit bei steigendem Einkommensniveau (d.h. präziser: bei steigendem Nutzenniveau) durchaus ändern können.

10.2.4 Einige praxisorientierte Überlegungen[E]

Angesichts der theoretischen Unbestimmtheit der Arbeitsangebotsfunktion besteht eine besonders weit verbreitete Annahme darin, daß diese in unterschiedlichen Bereichen gemäß Abb. 10.2 verschieden verläuft.

Abb. 10.2:   *Das Arbeitsangebot*

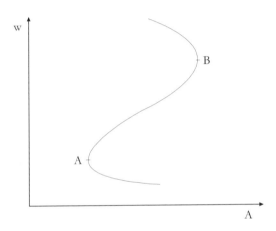

Das Arbeitsangebot nimmt bei einem sinkenden Lohnsatz ausgehend von Punkt A zunächst zu, weil der Haushalt bei einem so niedrigen Lohnsatz mehr arbeiten muß, um sein Existenzminimum zu sichern. Zwischen A und B hat die Arbeitsangebotsfunktion den typisch neoklassischen Verlauf, während bei einem weiter steigenden Lohnsatz das Arbeitsangebot wieder abnimmt. Dies kann damit begründet werden, daß beispielsweise junge Doppelverdiener auch mit wenig Arbeit ein recht hohes Einkommen erzielen können und die Freizeitinteressen daher stärker ins Gewicht fallen.

Innerhalb der Makroökonomie spielt das Arbeitsangebotsverhalten vor allem bei der Frage eine Rolle, welche Anreize für das Arbeitsangebot sich durch Variationen der Einkommenssteuersätze ergeben.

Populär wurde diese Frage vor allem im Zusammenhang mit der angebotsorientierten Wirtschaftspolitik Ronald Reagans, weil dabei umfangreiche Steuersenkungen eine zentrale Rolle spielten. In der ersten Amtsperiode der Regierung Reagan wurden die Einkommensteuersätze zunächst auf allen Stufen gesenkt, so daß der maximale Grenzsteuersatz nur noch 50 % (gegenüber 70 % vor der Reform) betrug. In der zweiten Amtsperiode folgte dann eine grundlegende Reform des Steuersystems. Diese Reform bestand in einer Vereinfachung des ganzen Systems. Einerseits wurde die

Zahl der Steuerklassen von 14 auf 3 reduziert, wobei die Steuersätze nochmals deutlich sanken. Der maximale Steuersatz betrug Ende der 80er Jahre nur noch 33 %. Weiterhin wurden viele Sonderregelungen abgeschafft und die Steuerbemessungsgrundlage erheblich verbreitert. Auch bei der Körperschaftssteuer sind Steuersenkungen und -vereinfachungen umgesetzt worden.

Mit diesen umfangreichen Steuersenkungen war die Hoffnung verbunden, die Wachstumskräfte der Wirtschaft so stark anzukurbeln, daß das Steuer*aufkommen* trotz gesunkener Steuer*sätze* letztlich sogar steigen werde. Diese Vorstellung läßt sich leicht mit Hilfe der sogenannten *Laffer-Kurve* in Abb. 10.3 nachvollziehen.

Abb. 10.3:   *Die Laffer-Kurve*

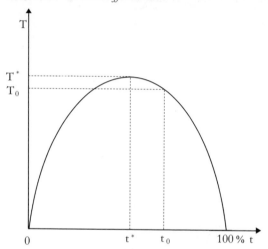

Die Laffer-Kurve zeigt zunächst die Selbstverständlichkeit, daß der Staat nicht nur bei einem sehr niedrigen, sondern auch bei einem sehr hohen Steuersatz wenig einnimmt. Dies ist deswegen trivial, weil spätestens bei einem Steuersatz von 100 % niemand einen Anreiz besitzt, einer steuerpflichtigen Tätigkeit nachzugehen. Die ungeklärte Frage ist allerdings der Verlauf dazwischen. Laffer nahm an, daß zwischen den beiden Extrempunkten ein durchschnittlicher Steuer*satz* (t^*) liegt, bei dem das Steuer*aufkommen* ein *eindeutiges* Maximum hat (T^*). Eine Besteuerung über t^* hinaus führt zu einem Sinken des Steueraufkommens, weil der mit der Erhöhung des Steuersatzes entstehende Steuergewinn durch den mit der Lähmung der Wachstumskräfte entstehenden Steuerverlust überkompensiert wird. Die Regierung Reagan glaubte nun, die US-Wirtschaft befände sich zu Beginn der 80er Jahre in einem Punkt (t_0, T_0), so daß eine Senkung der Steuersätze sowohl im Interesse der Steuerzahler als auch des Staates liege.

Tatsächlich blieb das Steueraufkommen allerdings weit hinter den (Laffer-) Erwartungen zurück. Offensichtlich lag der durchschnittliche Steuersatz nicht rechts, sondern links vom aufkommensmaximalen Steuersatz, wie dies bei der in Abb. 10.4 dargestellten linksschiefen Laffer-Kurve der Fall ist, so daß das Steueraufkommen mit sinkendem Steuersatz ebenfalls sinkt.

Abb. 10.4:   *Linksschiefe Laffer-Kurve*

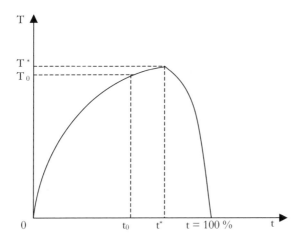

Empirische Untersuchungen für Länder mit hohen Einkommensteuersätzen (wie z. B. Schweden) geben Hinweise darauf, daß die „wahre" Laffer-Kurve in der Tat stark linksschief verläuft und der aufkommensmaximale Steuersatz auch in diesen Hochsteuerländern noch nicht überschritten wurde.

Mittlerweile gibt es zahlreiche Studien, die die Auswirkungen von Lohnveränderungen auf das Arbeitsangebot empirisch untersuchen.[7] Franz[8] hat einige Studien aus den USA ausgewertet und kommt zu dem Ergebnis, daß die Lohnelastizität bei Männern −0,11 und bei Frauen +0,77 beträgt. Dies bedeutet, daß eine 1-prozentige Lohnerhöhung bei Männern durchschnittlich zu einer Rücknahme des Arbeitsangebots um 0,11 Prozent und bei Frauen durchschnittlich zu einer Zunahme des Arbeitsangebots um 0,77 Prozent führt. Die empirischen Ergebnisse für die Bundesrepublik Deutschland streuen sehr stark, so daß verläßliche Aussagen kaum möglich scheinen.[9] Überwiegend ergibt sich aber eine im relevanten Bereich *positiv* geneigte Arbeitsangebotsfunktion, d.h. ein bei steigendem Lohnsatz ebenfalls steigendes Arbeitsangebot.

10.3 Das Kapitalangebot

Das Kapitalangebot des Haushalts kann grundsätzlich in Analogie zum Arbeitsangebot interpretiert werden. Es wird angenommen, daß der Haushalt über einen bestimmten Gütervorrat („Kapital") verfügt, den er bei einem exogenen Zinssatz i auf die beiden Perioden 1 und 2 aufteilen kann. Ferner wird unterstellt, daß die Indifferenzkurven aus Konsum heute und Konsum morgen konvex zum Ursprung sind: die Grenzrate der Substitution zwischen Gegenwarts- und Zukunftskonsum nimmt ab,

---

7   Vgl. für eine zusammenfassende Darstellung Moritz 1993, 216ff.
8   Vgl. Franz 1991, 83.
9   Vgl. die tabellarische Darstellung bei Moritz 1993, 218.

sofern das Verhältnis aus Zukunfts- und Gegenwartskonsum steigt.[10] Vereinfacht formuliert drückt dies nichts anderes aus als das erste *Gossen*sche Gesetz vom sinkenden Grenznutzen (d.h. hier: dem sinkenden Grenznutzen des Periodenkonsums).

Innerhalb der Neoklassik wird meist angenommen, daß die Kapitalangebotsfunktion einen „normalen" Verlauf aufweist. Darunter wird verstanden, daß ein Haushalt bei steigendem Zinssatz mehr Kapital anbietet. Dieses Ergebnis kann beispielsweise auf Grundlage einer sog. additiv-separablen Nutzenfunktion hergeleitet werden, bei der die Periodennutzen additiv miteinander verknüpft werden. Um die Vorgehensweise zu veranschaulichen, nehmen wir an, daß der Haushalt über einen Kapitalbestand von 10 Einheiten verfügt, den er auf die Perioden 1 und 2 aufteilen kann. Mit dem Zinssatz i kann er entweder 10 Einheiten in der Periode 1 oder $10 \cdot (1+i)$ Einheiten in der Periode 2 konsumieren. Y_1 und Y_2 sind die Kapitalmengen, die in der jeweiligen Periode konsumiert werden. Als Budgetbeschränkung folgt

$$Y_2 = (1+i) \cdot (10 - Y_1) = 10 - Y_1 + 10\,i - i\,Y_1 \tag{10.24}$$

Wenn wir nun als Nutzenfunktion

$$U = Y_1^{0,5} + Y_2^{0,5} \tag{10.25}$$

unterstellen, so ergibt sich gemeinsam mit der Budgetbeschränkung als Lagrange-Funktion

$$L = Y_1^{0,5} + Y_2^{0,5} + \lambda\,(Y_2 - 10 + Y_1 - 10\,i + i\,Y_1) \tag{10.26}$$

Die gewohnten Rechnungen führen zu

$$\frac{\partial L}{\partial y_1} = 0,5\,Y_1^{-0,5} + \lambda + \lambda i = 0 \tag{10.27}$$

$$\frac{\partial L}{\partial y_2} = 0,5\,Y_2^{-0,5} + \lambda = 0 \tag{10.28}$$

$$\frac{\partial L}{\partial \lambda} = Y_2 - 10 + Y_1 - 10i + iY_1 = 0 \tag{10.29}$$

Auflösung und dividieren von (10.27) und (10.28) ergibt

$$\frac{0,5\,Y_1^{-0,5}}{0,5\,Y_2^{-0,5}} = \frac{-\lambda - \lambda i}{-\lambda} = \frac{-\lambda(1+i)}{-\lambda} = 1 + i \tag{10.30}$$

und nach Kürzen und Quadrieren

$$Y_2 = (1+i)^2\,Y_1 \tag{10.31}$$

Setzen wir (10.31) in die Budgetbeschränkung gemäß Gleichung (10.29) ein, so folgt

$$(1+i)^2\,Y_1 - 10 + Y_1 - 10i + iY_1 = 0 \tag{10.32}$$

---

10   Das heißt $\left| dY_1/dY_2 \right|$ sinkt, sofern Y_2/Y_1 steigt.

Auflösen nach Y_1 ergibt nach Ausmultiplizieren

$$Y_1 = \frac{10 + 10i}{2 + 3i + i^2} \tag{10.33}$$

Da uns der Periodenkonsum (bzw. das Kapitalangebot) bei sich änderndem Zinssatz interessiert, bilden wir die erste Ableitung:

$$\frac{dy_1}{di} = \frac{-10 - 20i - 10i^2}{(2 + 3i + i^2)^2} \tag{10.34}$$

Da der Zähler eindeutig negativ und der Nenner eindeutig positiv ist, sinkt der Gegenwartskonsum bei steigendem Zinssatz. Anders formuliert, entspricht dies genau der plausiblen Annahme, daß das Kapitalangebot bei steigendem Zinssatz zunimmt.

10.4 Zusammenfassung

Analog zur Güternachfrage haben wir in diesem Kapitel das nutzenmaximale Faktorangebot der Haushalte hergeleitet. Der wichtigste Punkt war dabei, daß die typisch neoklassischen Annahmen über Präferenzordnungen sowohl mit steigenden als auch mit fallenden Arbeitsangebotsfunktionen vereinbar sind. Die in vielen mikro- und makroökonomischen Arbeiten verwendete steigende Arbeitsangebotsfunktion ist somit nur eine Möglichkeit und recht willkürlich. Die vorliegenden empirischen Resultate sind nicht eindeutig, scheinen eine steigende Arbeitsangebotsfunktion aber eher zu bestätigen.

Kapitel 11

Das reine Tauschgleichgewicht

11.1 Grundlagen

Nachdem wir uns bisher mit den *einzelwirtschaftlichen* Entscheidungen von Wirtschaftssubjekten beschäftigt haben, beginnen wir mit diesem Kapitel die Markttheorie. Bevor wir uns allerdings in den folgenden Kapiteln mit der Erklärung der Preisbildung auf unterschiedlich strukturierten Märkten beschäftigen, stellen wir zunächst ein Modell vor, in dem von der Produktion der Unternehmen ganz abgesehen wird. Charakteristisch für das Modell ist die Beschränkung auf *zwei Haushalte*, die im Besitz bestimmter Mengen von ebenfalls *zwei Gütern* sind und durch Tausch versuchen, ihr jeweiliges Nutzenniveau zu steigern. Die Erstausstattungen der Haushalte bestehen somit jeweils aus nur zwei Gütern und die *insgesamt* zur Verfügung stehende Gütermenge kann nicht durch Produktion gesteigert werden. Diese Modellprämissen sind äußerst restriktiv und erinnern weniger an eine industrialisierte Marktwirtschaft als an die Geschichte zweier Schiffbrüchiger, die versuchen, aus ihren jeweils individuell geretteten Güterbeständen (beispielsweise Suppe und Zigaretten) das Beste zu machen. Verfügen beide über die gleichen Mengen an Suppe und Zigaretten und ist der eine Raucher weniger süchtig als der andere, so gibt es vermutlich Tauschmöglichkeiten, die (gemessen an den selbstzerstörerischen Präferenzen des Kettenrauchers) zu einer Steigerung der Präferenzerfüllung beider beitragen können. Gesucht werden effiziente Tauschverhältnisse bei vorgegebenen Güterbeständen. Eine Beschäftigung mit dem Modell ist trotz der einschränkenden Voraussetzungen hauptsächlich aus zwei Gründen hilfreich:

- erstens führt es zu den gleichen Kernergebnissen wie die Nachfragetheorie bei *exogen* gegebenen Preisverhältnissen in Kapitel 9 und schärft so den Blick für die Eigenschaften vollständiger Konkurrenz;
- zweitens kann der Begriff des *Pareto-Optimums* formal leicht erläutert werden, so daß die Überlegungen aus Abschnitt 2.5 präzisiert werden können.

Die Kernvorstellung dieses von Edgeworth[1] schon im 19. Jahrhundert entwickelten und wegen seiner graphischen Darstellung als *Edgeworth-Box* bezeichneten Modells besteht darin, daß die Haushalte miteinander in Kontakt treten und das Tauschverhältnis der beiden Waren in Form von Verträgen aushandeln. Wurde ein Kontrakt abgeschlossen, so kann er nur dann rückgängig gemacht werden, wenn *beide* Haushalte mit dem Rücktritt einverstanden sind. Dies ist immer dann der Fall, wenn andere

---

1 Edgeworth 1881.

Tauschmöglichkeiten bestehen, die für beide Haushalte vorteilhafter sind als der ursprüngliche Kontrakt. Die Vertragsverhandlungen kommen demnach zum Stillstand, sofern es keinen anderen Kontrakt mehr gibt, der von beiden als vorteilhafter oder wenigstens gleichwertig gegenüber dem zuletzt geschlossenen angesehen wird. Vollzogen werden die Verträge erst am so spezifizierten Ende der Verhandlungen. Ein solcher Zustand kann als *Gleichgewicht* bezeichnet werden, weil beide Haushalte keine Möglichkeit haben, durch eine Verhaltensänderung (bzw. durch neue Vertragsangebote) eine positive Veränderung der erreichten Situation herbeizuführen.

Im folgenden Abschnitt 11.2 werden wir die zentralen Ergebnisse graphisch herleiten. Anschließend (Abschnitt 11.3) werden wir erläutern, warum der Stellenwert der Edgeworth-Box aus methodischen Gründen recht gering ist. Diesen Abschnitt 11.3 möchten wir Ihnen dabei besonders ans Herz legen, weil er unseres Erachtens entscheidend dabei helfen kann, die Fähigkeit zur Beurteilung von Modellen zu schärfen.

11.2 Darstellung

Wie erwähnt betrachten wir ein Modell mit nur zwei Haushalten (A und B) und zwei Waren (1 und 2). Diese Situation ist in Abb. 11.1 dargestellt. Die Mengen des Haushalts A werden von links nach rechts bzw. unten nach oben und die Mengen des Haushalts B von rechts nach links bzw. von oben nach unten abgetragen. Daraus folgt, daß die Indifferenzkurven von A konvex zum Punkt A und die Indifferenzkurven von B konvex zum Punkt B sind. Der Nutzen von A steigt bei einer Bewegung auf seiner Indifferenzkurvenschar nach rechts oben und der von B bei einer Bewegung nach links unten.

Die Mengen der Ware 1 werden auf der Abszisse und die Mengen der Ware 2 auf der Ordinate abgebildet. Die Gesamtmengen der Waren 1 und 2 sind durch die Breite und die Höhe der Edgeworth-Box beschränkt. Der Punkt P^0 bezeichnet die ursprüngliche Verteilung (die *Erstausstattungen* von A und B). Dabei ist beispielsweise e_{A1} die Erstausstattung des Haushalts A mit der Ware 1. Bezeichnen wir nun die Ausgangsindifferenzkurve von A willkürlich als I_{A3} und die von B als I_{B6}. A und B werden beide nur Tauschvorschlägen zustimmen, die ihren Ausgangsnutzen zumindest nicht reduzieren. Also werden alle Punkte *links* von der Indifferenzkurve I_{A3} von A, und alle Punkte *rechts* von der Indifferenzkurve I_{B6} von B abgelehnt. Wegen der Konvexität der Indifferenzkurven wird es, ausgehend von einem Schnittpunkt zweier Indifferenzkurven, aber immer Tauschmöglichkeiten geben, die zu einer Nutzenerhöhung *beider* Haushalte führen.

Abb. 11.1: *Edgeworth-Box*

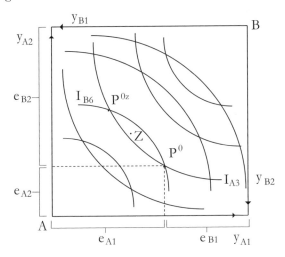

Abb. 11.2: *Linse in der Edgeworth-Box*

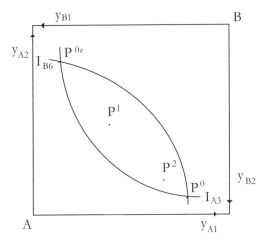

Abb. 11.2 zeigt die *Linse*, die von den Erstausstattungen und dem zweiten Schnittpunkt der zugehörigen Indifferenzkurven gebildet wird. Jeder Punkt innerhalb der
Linse erhöht den Nutzen beider Haushalte, obwohl die Mengen beider Waren insgesamt konstant sind. Dies liegt daran, daß die beiden Haushalte angesichts gegebener
Erstausstattungen unterschiedliche relative Präferenzen (bzw. unterschiedliche Grenzraten der Substitution) für die Waren 1 und 2 haben und deshalb beide an einem
Tausch interessiert sind.

  Weil es innerhalb der Linse unendlich viele Punkte gibt, kann der genaue Kontrakt nicht ohne weiteres vorausgesagt werden. Da in Abb. 11.2 beispielsweise sowohl
der Punkt P^1 als auch der Punkt P^2 eine Verbesserung gegenüber P^0 ist, hängt es ohne
Zusatzannahmen vom Verhandlungsgeschick ab, welcher Punkt realisiert wird. Nehmen wir nun willkürlich eine vorläufige Einigung auf P^2 an.

Ausgehend von P^2 erhalten wir wieder eine Linse, die von der neuen Güteraufteilung und dem zweiten Schnittpunkt der entsprechenden Indifferenzkurven gebildet wird (Abb. 11.3). Beide Haushalte haben nun einen höheren Nutzen als zuvor und die verfügbaren Tauschmöglichkeiten haben sich reduziert. Solange sich die Indifferenzkurven schneiden, gibt es immer noch eine Linse, und ein weiterer Tausch ist für beide vorteilhaft. Die Linse schrumpft zu einem Punkt, sobald sich die neuen Indifferenzkurven nicht mehr schneiden, sondern *tangieren*.

Abb. 11.3:   *Noch eine Linse in der Edgeworth-Box*

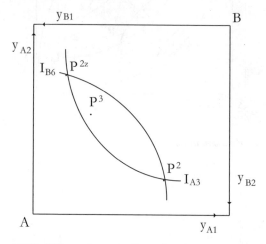

Da es unendlich viele Indifferenzkurven gibt – dies folgt aus der Annahme einer stetigen Präferenzordnung –, gibt es entsprechend Abb. 11.4 auch unendlich viele Tangentialpunkte.

Abb. 11.4:   *Kern der Edgeworth-Box*

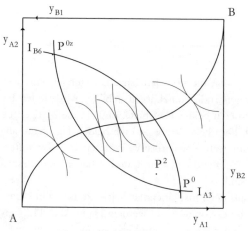

Die Verbindungslinie A-B stellt alle Tangentialpunkte von Indifferenzkurven dar. Auf Grund der Konvexität der Indifferenzkurven führt sie stets von links unten nach rechts oben; ihr genauer Verlauf hängt von der Krümmung der Indifferenzkurven ab.

Sie wird als *Kontraktkurve* bezeichnet, weil letztlich nur Verträge (Kontrakte) Gleichgewichtspunkte sein können, die im Tangentialpunkt zweier Indifferenzkurven liegen.

Fassen wir die bisherigen Überlegungen zusammen: Jeder mögliche Gleichgewichtspunkt muß auf der Kontraktkurve liegen, weil sonst noch eine Verbesserung für beide Haushalte möglich ist. Außerdem muß der Gleichgewichtspunkt innerhalb der Linse liegen, die von den Erstausstattungen P^0 und P^{0z} gebildet wird. Also muß der Gleichgewichtspunkt (d.h. das Tauschgleichgewicht) auf der Kontraktkurve innerhalb der Ausgangslinse liegen. Diesen Teil der Kontraktkurve innerhalb der Linse nennt man *Kern* oder *core* der Edgeworth-Box.

Beachten Sie, daß der Kern unendlich viele Punkte enthält, so daß der schließlich realisierte Punkt wie erwähnt vom Verhandlungsgeschick der Wirtschaftssubjekte abhängt. Dennoch läßt sich für alle schließlich möglichen Gleichgewichte der zentrale Sachverhalt verallgemeinern, daß sie *pareto-effizient* sind. Wie in Abschnitt 2.5 ausführlich erläutert, ist ein Zustand pareto-effizient, sofern angesichts gegebener Anfangsbedingungen kein Wirtschaftssubjekt besser gestellt werden kann, ohne daß mindestens ein anderes Wirtschaftssubjekt eine Nutzeneinbuße erleidet. Genau dies ist im Kern der Edgeworth-Box der Fall: Beide haben einen höheren Nutzen als am Anfang, und wenn ausgehend von einem Tangentialpunkt der Tausch fortgesetzt werden würde, so könnte der Nutzen eines Wirtschaftssubjekts nur durch eine Nutzeneinbuße des anderen erhöht werden.

Überlegen wir nun weiter, was wir über die pareto-effizienten Punkte aussagen können. Da die Punkte auf der Kontraktkurve liegen, sind die Steigungen der Indifferenzkurven – also die Grenzraten der Substitution beider Haushalte – identisch. Bezeichnen wir die Grenzrate der Substitution von A mit $|dy_{A2}/dy_{A1}|$ und die von B mit $|dy_{B2}/dy_{B1}|$, so gilt folglich $|dy_{A2}/dy_{A1}| = |dy_{B2}/dy_{B1}|$. Da die Grenzrate der Substitution definitionsgemäß dem umgekehrten Verhältnis der Grenznutzen entspricht, gilt

$$\left|\frac{dy_{A2}}{dy_{A1}}\right| = \frac{\frac{\partial U}{\partial y_{A1}}}{\frac{\partial U}{\partial y_{A2}}} = \frac{\frac{\partial U}{\partial y_{B1}}}{\frac{\partial U}{\partial y_{B2}}} = \left|\frac{dy_{B2}}{dy_{B1}}\right| \tag{11.1}$$

Dies ist eine vollkommen einleuchtende Bedingung für Pareto-Effizienz. Angenommen, Gleichung (11.1) würde nicht gelten: Dann wäre beispielsweise das Grenznutzenverhältnis der Waren 1 und 2 für A höher als für B. Offensichtlich könnten dann beide von einem Tausch profitieren, indem A mehr von 1 und B mehr von 2 erhält – so lange, bis sich zwei Indifferenzkurven tangieren und die Grenzraten der Substitution identisch sind.

Besonders aufmerksame Leser/innen werden feststellen, daß wir dieses Ergebnis implizit schon in Abschnitt 9.2 bei der Herleitung des Haushaltsgleichgewichts gewonnen haben: denn dort haben wir festgestellt, daß alle Haushalte ihr Grenznutzenverhältnis dem (exogen gegebenen) Preisverhältnis anpassen. Wenn dieses Preisverhältnis aber gemäß der Annahme vollständiger Konkurrenz für alle Haushalte gleich ist, so müssen im Ergebnis auch die Grenznutzenverhältnisse für alle Haushalte gleich sein. Die Edgeworth-Box bestätigt daher die Resultate über das Nachfrageverhalten bei vollständiger Konkurrenz.

Während bei nur zwei Haushalten das schließlich realisierte Mengenverhältnis vom Verhandlungsgeschick der Akteure beeinflußt wird, gibt es bei einer steigenden Anzahl von Wirtschaftssubjekten (m gegen unendlich) nur noch *ein* Mengenverhältnis, das einen Gleichgewichtspunkt repräsentiert. Der Grund dafür ist vereinfachend formuliert, daß jedem Haushalt unendlich viele Tauschpartner zur Verfügung stehen. Unter diesen Umständen hat Haushalt B keine Veranlassung mehr, den Punkt P^2 in Abb. 11.2 umstandslos zu akzeptieren; er kann vielmehr nach anderen Tauschpartnern suchen, die ihn in die Nähe von P^1 oder noch weiter an das linke Ende der Linse bringen. Da dies für alle Haushalte gilt, wird der core möglicher Gleichgewichtspunkte mit wachsender Größe der Ökonomie immer kleiner und schrumpft für m gegen unendlich schließlich in einem Punkt zusammen, so daß die Haushalte die Preisverhältnisse entsprechend den Annahmen vollständiger Konkurrenz als Datum akzeptieren müssen.[2]

Abschließend gehen wir nochmals auf den Sachverhalt ein, daß wir den schließlichen Gleichgewichtspunkt nicht genau prognostizieren können. Wir wissen nur, daß er auf dem Stück der Kontraktkurve in der Linse, dem Kern, liegen muß. Je weiter wir uns nach rechts oben bewegen, desto höher ist der Nutzen von A und desto geringer der Nutzen von B.

Wenn wir nun annehmen, daß eine Gesellschaft Präferenzen für bestimmte Verteilungen der Nutzen von A und B besitzt, dann können wir ein *gesellschaftliches Indifferenzkurvensystem* konstruieren und mit der Nutzenmöglichkeitskurve in Beziehung bringen (Abb. 11.5).

Abb. 11.5: *Nutzenmöglichkeitskurve*

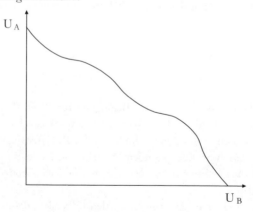

Somit können wir aus den verschiedenen Gleichgewichten eine *Nutzenmöglichkeitskurve* konstruieren, in der der Nutzen von A bei sinkendem Nutzen von B ansteigt und umgekehrt (Abb. 11.5).

Der Grundgedanke eines gesellschaftlichen Indifferenzkurvensystems wird immer dann benötigt, wenn man verschiedene gesellschaftliche Zustände miteinander ver-

---

2   Für einen formalen Nachweis vgl. Varian 1992, 387ff.

gleichen möchte, die nach dem Pareto-Kriterium gleichwertig sind. Dies ist bedauerlicherweise meistens der Fall, weil es beispielsweise bei fast jeder wirtschaftspolitischen Maßnahme – und sei sie noch so sinnvoll – auch Verlierer gibt. Üblicherweise verlangt man daher nicht die Gültigkeit des strengen Pareto-Kriteriums, sondern lediglich des *Hicks-Kaldor-Kriteriums*, um Maßnahmen als eindeutig vorteilhaft bezeichnen zu können. Nach dem Hicks-Kaldor-Kriterium ist ein Zustand gegenüber einem anderen dann vorzuziehen, wenn es durch entsprechende *Kompensationszahlungen* grundsätzlich möglich *wäre*, alle Wirtschaftssubjekte besser als im Ausgangszustand zu stellen. Das Pareto-Kriterium verlangt dagegen, daß solche Kompensationszahlungen auch wirklich durchgeführt werden.

Der Tangentialpunkt der Nutzenmöglichkeitskurve mit einer gesellschaftlichen Indifferenzkurve markiert das höchste „gesellschaftliche Nutzenniveau", das angesichts gegebener Güterausstattungen und -verteilungen erreichbar ist. Da bereits jeder Punkt auf der Nutzenmöglichkeitskurve ein *Pareto*-Optimum und in diesem Sinne optimal ist, wird der so erreichte Tangentialpunkt als *Optimum Optimorum* bezeichnet.

Abb. 11.6: *Optimum Optimorum*

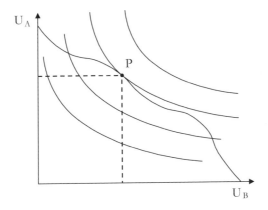

11.3 Beurteilung der Edgeworth-Box

Insbesondere zur Vermeidung überzogener Schlußfolgerungen, aber auch zur Schärfung der Unterscheidung zwischen Voraussetzungen und Schlußfolgerungen, müssen wir uns die Edgeworth-Box nun etwas genauer unter methodischen Gesichtspunkten anschauen. Dazu wollen wir fragen, welche Schlußfolgerungen im Rahmen der Edgeworth-Box eigentlich möglich sind und welche nicht.

Häufig wird gesagt, daß mit der Edgeworth-Box gezeigt werden könne, daß der unbeschränkte Tausch freier Wirtschaftssubjekte zum Pareto-Optimum führe, sofern beide rational sind. Dies ist aber *nicht richtig*, sofern man im Rahmen der Theorie rationaler Wahlhandlungen unter Rationalität weiterhin die *individuelle* Nutzenmaximierung versteht. Betrachten wir hierzu genauer die Argumentationsstruktur der Edgeworth-Box. Bei der Einschränkung der Linse auf Tangentialpunkte ist der entscheidende

Punkt die Annahme, daß die Wirtschaftssubjekte weiter tauschen, sofern sich noch beide verbessern können. Daraus folgt notwendigerweise, daß beide erst aufhören zu tauschen, wenn sich nicht mehr beide verbessern können. Anders formuliert bedeutet dies, daß beide genau dann aufhören zu tauschen, wenn der erreichte Zustand pareto-effizient ist. Die zentrale *Voraussetzung* der Edgeworth-Box ist also bereits, daß rationale Wirtschaftssubjekte bis zum Pareto-Optimum tauschen!

Es ist offensichtlich, daß ein Modell, welches das Pareto-Optimum *voraussetzt*, dieses nicht *begründen* kann, weil es ansonsten tautologisch wäre. In der modernen Sprache der Mikroökonomie bedeutet dies, daß in der Edgeworth-Box implizit vom Lösungskonzept der sog. *kooperativen Spieltheorie* ausgegangen wird. Die kooperative Spieltheorie geht prinzipiell von pareto-effizienten Zuständen aus und interessiert sich lediglich für die Aufteilung der Verhandlungsgewinne. Eine solche Vorgehensweise ist durchaus legitim, sofern man sich des beschränkten Horizonts bewußt ist – zur Frage, ob Verhandlungen pareto-effizient sind oder nicht, können die Edgeworth-Box und die kooperative Spieltheorie nicht beitragen, weil sie das Pareto-Optimum axiomatisch (also von vornherein) voraussetzen.

11.4 Zusammenfassung

Mit Hilfe der Edgeworth-Box können zentrale Bedingungen leicht erläutert werden, die gegeben sein müssen, wenn ein Tausch effizient ist. Zur Frage, unter welchen Umständen der unbeschränkte Tausch freier Wirtschaftssubjekte tatsächlich zur Pareto-Effizienz führt, kann die Edgeworth-Box allerdings nicht beitragen.

Kapitel 12

Marktformen, die Abgrenzung der Märkte und Maßzahlen zur Konzentrationsmessung

12.1 Überblick

In den nachfolgenden Kapiteln werden wir die Preisbildungsprozesse auf unterschiedlich strukturierten Märkten (vollständige Konkurrenz, Monopol und Oligopol) ausführlich analysieren und wohlfahrtstheoretisch interpretieren. Dazu müssen wir die verschiedenen Marktformen allerdings zunächst definieren und gegeneinander abgrenzen, was wir in Abschnitt 12.2 auf Grundlage des sog. morphologischen Marktformenschemas tun.

Ein zentrales Problem der theoretischen und praktischen Analyse von Märkten besteht in der Abgrenzung des relevanten Marktes. Das Problem läßt sich leicht am Beispiel das Tetra-Pak-Urteils der Europäischen Union verdeutlichen, das wir im wettbewerbstheoretischen Kapitel (Abschnitt 18.5) diskutieren werden. Dort wurde der marktbeherrschende Kartonverpackungshersteller Tetra Pak zu hohen Strafen wegen des Mißbrauchs einer wirtschaftlichen Machtstellung verurteilt. Ein solcher Mißbrauch setzt selbstverständlich voraus, daß das betreffende Unternehmen überhaupt über eine wirtschaftliche Machtstellung verfügt, worunter in erster Näherung verstanden werden kann, daß der Marktanteil sehr groß ist. Die Bestimmung des Markt*anteils* setzt aber eine Definition des Gesamtmarktes voraus, damit sich ein Anteil überhaupt bestimmen läßt. Wie soll dieser Gesamtmarkt aber bestimmt werden? Sollen nur Getränke*karton*verpackungen oder auch Dosen und Flaschen einbezogen werden? Im ersten Fall ist der Marktanteil von Tetra Pak in der Tat sehr hoch, im zweiten Fall dagegen wesentlich geringer. Dieser durchaus problematischen Abgrenzung der Märkte widmen wir uns in Abschnitt 12.3 sowohl theoretisch als auch bezugnehmend auf ein aktuelles Beispiel, bevor wir in Abschnitt 12.4 Methoden zur Messung des Konzentrationsgrades skizzieren.

12.2 Das morphologische Marktformenschema

Als Ausgangspunkt zur Abgrenzung verschiedener Marktformen dient noch immer das *morphologische Marktformenschema*, in dem die Marktformen nach *Anzahl* und *relativer Größe* von Anbietern und Nachfragern unterschieden werden. Ansätze dazu finden sich schon 1668 bei Becher und später bei Cournot; in unserem Jahrhundert kann die

Arbeit von Stackelberg als grundlegend betrachtet werden.[1] Die von ihm entwickelte Marktmorphologie zeigt Abb. 12.1.

Abb. 12.1: *Morphologisches Marktformenschema nach Stackelberg*

Anbieter	Nachfrager		
	viele kleine	wenige mittlere	ein großer
viele kleine	Polypol	Oligopson	Monopson
wenige mittlere	Oligopol	Bilaterales Oligopol	Beschränktes Monopson
ein großer	Monopol	Beschränktes Monopol	Bilaterales Monopol

Wir beschäftigen uns in den folgenden Kapiteln ausschließlich mit der ersten Spalte des Marktformenschemas und gehen somit stets davon aus, daß auf der Nachfrageseite viele kleine Marktteilnehmer vorhanden sind. Diese Annahme ist für viele Konsumgütermärkte plausibel, so daß das Schwergewicht in Einführungen meist auf die Untersuchung unterschiedlicher *Angebots*konstellationen gelegt wird.[2] Der Vorteil des morphologischen Marktformenschemas liegt darin, daß es einen intuitiven Zugang zum Verständnis verschiedener Marktformen bietet, weil jeder eine ungefähre Vorstellung mit den Begriffen „viel", „wenig", „klein" und „mittel" verbindet. Auf der anderen Seite drängt sich die Frage auf, wie die Begriffe trennscharf operationalisiert werden können. Auf den ersten Blick scheint dies nicht sonderlich schwierig zu sein und es mag daher verwundern, daß das morphologische Marktformenschema keine numerischen Werte aufweist. Zur Unterscheidung der Größe der Anbieter („klein", „mittel" und „groß") kann der *Marktanteil* der Firmen herangezogen werden, der den Anteil des Firmenumsatzes am Umsatz des Gesamtmarktes mißt. Beispielsweise könnte man sich darauf einigen, einen Marktanteil unter 0,5 % als klein und einen Umsatz über 10 % als groß zu bezeichnen. Damit hätte man eine präzise und allgemein verbindliche Definition, die der subjektiven Interpretation keinen Raum mehr ließe. Analog könnte man die Begriffe „viel" und „wenig" vielleicht mit n > 500 und n < 500 konkretisieren.

Der Grund für den Verzicht auf solche Operationalisierungen ist, daß es kein Kriterium dafür gibt, die Grenze bei n = 5000, n = 500 oder n = 30 zu ziehen. Eine willkürliche Grenzziehung ist ausgeschlossen, weil die Zielsetzung des morphologischen Marktformenschemas nicht einfach darin besteht, Märkte mit unterschiedlich vielen Anbietern und Nachfragern definitorisch und somit beliebig voneinander abzugrenzen. Der Sinn besteht vielmehr darin, gemeinsam mit der Abgrenzung Hinweise für die *Analyse der betreffenden Marktform zu liefern*. Die Notwendigkeit zur Unterscheidung verschiedener Marktformen ergibt sich daraus, daß auf unterschiedlich strukturierten Märkten mit unterschiedlichen Verhaltensweisen der Marktteilnehmer und mit unterschiedlichen Preisbildungsprozessen gerechnet werden muß. Da die Untersuchung dieser Unterschiede das Ziel der Marktformenlehre ist und diese somit Auf-

---

1   Vgl. Stackelberg 1934.
2   Zur Analyse unvollständiger Konkurrenz auf der Nachfrageseite vgl. z.B. Schumann 1992, 296ff.

schluß über das Markt*verhalten* (wie verhalten sich Anbieter und Nachfrager?) und die Markt*ergebnisse* (wie hoch sind die Preise und die Mengen im Vergleich zu anderen Marktformen und welche Auswirkungen auf die Wohlfahrt hat dies?) liefern soll, kann die Abgrenzung der Marktformen über „viel" und „wenig" nicht durch frei gewählte Zahlenwerte ersetzt werden. Sie muß davon abhängig gemacht werden, ab welcher Anzahl und Größe von Marktteilnehmern verschiedene Preisbildungsprozesse erwartet werden. Da man kaum annehmen kann, daß auf einem Markt mit n > 500 grundsätzlich polypolistische Preisbildungsmodelle und auf einem Markt mit n = 499 grundsätzlich Oligopolmodelle am besten zur Erfassung empirischer Phänomene geeignet sind, würde das morphologische Marktformenschema mit der Angabe exakter Grenzen eine Trennschärfe vortäuschen, die der Realität widerspricht und daher irreführend wäre.[3] Man beläßt es daher zu Recht bei den unscharfen Begriffen „viele kleine" und „wenige mittlere".

12.3 Die Abgrenzung des relevanten Marktes

12.3.1 Fragestellung

Wenn wir in Abschnitt 18.5 näher auf die Arbeit des Bundeskartellamtes eingehen, so werden wir feststellen, daß dieses verschiedene Möglichkeiten hat, der Ausnutzung bestehender oder der zukünftigen Entstehung marktbeherrschender Stellungen entgegenzuwirken. So kann der Mißbrauch bereits bestehender marktbeherrschender Stellungen sanktioniert werden; ferner können Fusionen, die die Gefahr der Marktbeherrschung bieten, untersagt werden. Aussagen darüber, ob auf einem Markt nur ein, fünfzehn oder dreihundert Anbieter tätig sind, sind daher ausgesprochen wichtig.

Eine ernsthafte Schwierigkeit besteht nun aber darin, daß die Unterscheidung verschiedener Markt*formen* im morphologischen Marktformenschema die Abgrenzung des betrachteten Marktes *von anderen Märkten* immer schon voraussetzt. Daß diese Abgrenzung der Märkte das Urteil über die vorliegende Marktform wesentlich beeinflußt, haben wir oben bereits unter Verweis auf das Tetra Pak-Urteil deutlich gemacht: Wird nur der Markt für Getränke*karton*verpackungen betrachtet, so ist der Marktanteil von Tetra Pak hoch, werden dagegen auch Dosen und Flaschen einbezogen, so ist er wesentlich geringer. Wir müssen uns daher nun recht ausführlich den Kriterien der Marktabgrenzung zuwenden. Nach einigen Vorüberlegungen (12.3.2) erläutern wir die zentrale Bedeutung der Kreuzpreiselastizität für die Marktabgrenzung (12.3.3), ehe wir die Darstellung mit einem aktuellen Beispiel, dem „Zeit-Urteil", abrunden.

---

3   In seiner lehrreichen Abhandlung über Marktform und Verhaltensweise vergleicht Ott die Forderung nach einer Marktabgrenzung über präzise Quantitäten mit dem Anspruch an ein Thermometer, „es solle angeben, wann es kalt ist" (Ott 1959, 18).

12.3.2 Homogene und heterogene Märkte

Erste Anhaltspunkte zur Marktabgrenzung liefert der Begriff des *vollkommenen Marktes*, der auf Jevons (1871) zurückgeht[4] und sich auf Eigenschaften bezieht, die den am Markt gehandelten Gütern von den Marktteilnehmern zugesprochen werden. Die wichtigsten Bedingungen für einen vollkommenen Markt sind:

1. *Homogenität*: Die Güter sind sachlich gleichartig bzw. homogen. Damit ist nicht gemeint, daß sie vollständig gleich im physikalischen Sinne sind (wahrscheinlich gibt es überhaupt keine marktfähigen Güter, für die sich nicht irgendein Unterschied feststellen ließe), sondern daß sich die Güter im Urteil der Konsumenten nicht unterscheiden.

2. *Keine persönlichen Präferenzen*: Es bestehen keine Bindungen zwischen Anbietern und Nachfragern derart, daß die Hersteller verschiedene Nachfragegruppen unterschiedlich behandeln oder die Konsumenten gleichartige Produkte lieber von einem bestimmten Produzenten abnehmen.

3. *Keine räumlichen Präferenzen*: Es bestehen keine Präferenzen auf der Angebots- oder Nachfrageseite, das Produkt an bestimmten Orten zu (ver)kaufen. Dies setzt voraus, daß alle Aufwendungen zur Überbrückung räumlicher Distanzen (Transport) aus dem Modell vollkommener Märkte ausgeschlossen werden.

4. *Keine zeitlichen Differenzen*: Es bestehen keine unterschiedlichen Lieferzeiten, die für die Konsumenten Anlaß bieten könnten, homogene Produkte bevorzugt bei bestimmten Anbietern zu kaufen.

Zusammenfassend besteht die Definition vollkommener Märkte demnach im Fehlen jeder Differenzierung zwischen Anbietern und Nachfragern in sachlicher, persönlicher, räumlicher und zeitlicher Hinsicht. Mit Hilfe des Begriffs des vollkommenen Marktes unterscheidet man zwischen *homogenen* und *heterogenen* Märkten. Von homogenen Märkten spricht man, wenn alle Homogenitätsbedingungen erfüllt sind, andernfalls nennt man die Märkte heterogen. Eine wichtige Eigenschaft homogener Märkte ist, daß die Preise aller Anbieter exakt gleich sein müssen, weil die Konsumenten sonst nur beim billigsten Anbieter kaufen und alle anderen vom Markt verschwinden. Dieses Argument gilt auf vollkommenen Märkten unabhängig von der Anzahl der Anbieter und Nachfrager, also beispielsweise auch für das homogene Duopol (das Oligopol mit nur zwei Anbietern). Von vollständiger Konkurrenz spricht man, wenn alle Homogenitätsbedingungen erfüllt sind und es auf beiden Marktseiten (unendlich) viele kleine Anbieter und Nachfrager gibt.

Nun sind die Homogenitätsbedingungen 1-4 in ihrer strengen Form in der Praxis höchst selten erfüllt und Märkte mit vollständiger Konkurrenz schon deshalb eine strenge Idealisierung. Würde man dem morphologischen Marktformenschema nur vollkommene Märkte zu Grunde legen, so wäre man vermutlich hauptsächlich mit Monopolen konfrontiert, denn *irgendwelche* Unterscheidungsmerkmale der Güter verschiedener Firmen bestehen fast immer.[5] Wir müssen uns demnach auf die Suche

---

4   Vgl. Jevons 1970, 90ff.
5   Das zutreffendste Beispiel für Märkte mit vollständiger Konkurrenz sind Effekten- und Devisenbörsen.

nach Kriterien machen, nach denen Produkte auch dann zu einem Markt zusammengefaßt werden können, wenn sie den Homogenitätsbedingungen 1-4 nicht genügen. Auch wenn Vollmilch- und Zartbitterschokolade nach der verständlichen Einschätzung zahlreicher Konsumenten keine identischen Produkte sind und der Schokoladenmarkt demnach nicht vollkommen ist, ist die Zusammenfassung verschiedener Schokoladensorten und -marken zu einem Markt offensichtlich sinnvoller als die Marktzusammenfassung von Hubschraubern und Vollmilchschokolade einerseits und Bitter- und Zartbitterschokolade andererseits. Kommen wir nun also zu Kriterien zur Abgrenzung des *relevanten Marktes*.

12.3.3 Die Bedeutung der Kreuzpreiselastizität

Bei der Abgrenzung des relevanten Marktes wird üblicherweise zwischen der zeitlichen, räumlichen und sachlichen Dimension unterschieden. Die zeitliche Dimension ist wichtig, weil beispielsweise ein kurzfristiger Marktanteil von 30 % durch eine spezielle (möglicherweise durch ein Patent geschützte) *Innovation* hervorgerufen wird und wegen der zeitlichen Beschränkung noch keine dauerhaft marktbeherrschende Stellung signalisiert. Von marktbeherrschenden Stellungen wird daher nur ausgegangen, wenn hohe Marktanteile über einen längeren (allerdings nicht standardisierten) Zeitraum stabil bleiben.

Das praktische Hauptproblem beim *räumlich* relevanten Markt besteht darin, daß das Kartellamt auf die Beurteilung von Marktmacht im nationalen Rahmen beschränkt bleibt. Dies ist deshalb problematisch, weil ein Unternehmen zwar innerhalb der Bundesrepublik Deutschland einen Marktanteil von 50 % haben, aber dennoch einem sehr harten internationalen Wettbewerb ausgesetzt sein kann. Angesichts der zunehmenden Globalisierung wäre es häufig geboten, die Europäische Union oder den Weltmarkt als relevanten Markt zu definieren, was aber nicht innerhalb der Kompetenzen des Kartellamtes liegt. Diesem Sachverhalt wird dadurch Rechnung getragen, daß das Kartellamt beispielsweise Fusionen auch dann genehmigt, wenn sich dadurch auf dem nationalen Markt eine dominierende Position ergibt, aber die internationale Konkurrenz hoch ist. Dies ist vor allem dann sinnvoll, wenn die Fusion aufgrund sinkender Durchschnittskosten die Konkurrenzfähigkeit erhöht. Auf diesen Aspekt kommen wir im 18. Kapitel ausführlich zurück.

Am schwierigsten erweist sich indes die Abgrenzung des *sachlich* relevanten Marktes, so daß wir auf diese etwas ausführlicher eingehen wollen.

Die Aufgabe bei der Abgrenzung des sachlich relevanten Marktes besteht darin, Güterarten zu identifizieren, die in einem engen Substitutionsverhältnis zueinander stehen. Dabei stellen sich vor allem zwei Probleme, die in der Praxis nur ansatzweise, aber nie wirklich zufriedenstellend gelöst werden können. Erstens muß die Substituierbarkeit gemessen werden, d.h. es muß beispielsweise ermittelt werden, wieviele Konsumenten bei einer Preiserhöhung von 20 Cent für Getränkekartonverpackungen auf andere Verpackungsmaterialien umsteigen würden. Zweitens muß eine Entscheidung darüber getroffen werden, bis zu welcher „Ähnlichkeit" man Produkte noch zu einem Markt zusammenfassen möchte (d.h. beispielsweise, wenn 20 % oder 50 % der Konsumenten umsteigen würden).

Unter theoretischen Gesichtspunkten ist die in Abschnitt 9.5 dargestellte Kreuzpreiselastizität der Nachfrage die ideale Maßzahl zur Abgrenzung des sachlich relevanten Marktes. Unter der Kreuzpreiselastizität der Nachfrage versteht man, wie erläutert, die prozentuale Veränderung der Nachfrage nach einer Ware i im Verhältnis zur prozentualen Änderung des Preises einer Ware j. Je höher die Kreuzpreiselastizität der Nachfrage, desto „ähnlicher" sind die Produkte in den Augen der Konsumenten. Die Kreuzpreiselastizität ist also theoretisch zur Lösung des ersten angesprochenen Problems (Ermittlung des Ausmaßes der Substituierbarkeit) sehr gut geeignet. Bei der empirischen Ermittlung von Kreuzpreiselastizitäten ergeben sich allerdings sowohl bei Zeitreihenanalysen als auch bei Befragungen große praktische Schwierigkeiten, von denen mindestens zwei hervorgehoben werden müssen:

– erstens müssen alle unternehmensinternen Faktoren außer dem Preis, die die Nachfrage im Zeitablauf beeinflußt haben, methodisch isoliert werden. So muß beispielsweise damit gerechnet werden, daß die Nachfragebereitschaft sich nicht nur wegen der Preise, sondern auch wegen anderer Faktoren (beispielsweise Werbeanstrengungen) geändert hat

– und zweitens können sich im Beobachtungszeitraum andere Einflußfaktoren der Nachfrage, die mit den Produkten gar nichts zu tun haben (wie beispielsweise Einkommensänderungen durch Konjunktureinbrüche) ändern, so daß die schlichte Beobachtung von Preisen und Mengen der Waren nicht ausreicht.

Doch selbst wenn es gelingen würde, die Kreuzpreiselastizität der Nachfrage für die am wichtigsten erachteten Substitute hinreichend präzise zu messen, wäre damit noch nicht das zweite angesprochene Problem, ab welcher Substitutionsnähe die Produkte zu einem Markt zusammengefaßt werden sollen, gelöst. Zwar könnte man allgemeinverbindlich festlegen, beispielsweise alle Produkte mit einer Kreuzpreiselastizität über einem bestimmten Schwellenwert (z.B. 0,2) zu einem Markt zu aggregieren, doch würde dies das Problem nur scheinbar lösen. Denn es ist ja ohne weiteres denkbar, daß beispielsweise die Waren A und B sowie die Waren B und C hohe, die Waren A und C aber niedrige Kreuzpreiselastizitäten der Nachfrage aufweisen. Sollen die Waren A und C dann trotz offenbar niedriger Substitutionsbeziehungen zu einem Markt zusammengefaßt werden? Und wenn nein, soll B dann eher mit A oder eher mit C einen Markt bilden? Dies zeigt, daß allgemein verbindliche Schwellenwerte für Kreuzpreiselastizitäten selbst dann nicht festgelegt werden könnten, wenn die Meßproblematik gelöst werden könnte.[6]

Angesichts der geschilderten Schwierigkeiten verzichten wirtschaftswissenschaftliche Untersuchungen zur Marktabgrenzung zwar häufig auf eine Berechnung der Kreuzpreiselastizität, sie beruhen inhaltlich aber zumindest auf dem Versuch, die Substitutionsbeziehungen aus dem Verhalten von Marktteilnehmern oder aus Befragungen zu erschließen. Im Kern soll dabei das Wechselverhalten der Konsumenten bestimmt werden. Daten über das Wechselverhalten kann man erstens direkt durch Ver-

---

6   Für eine theoretischere und umfassendere Analyse dieses Problems vgl. Güth 1994, 10f.

kaufszahlen erhalten, die regelmäßig auf Hersteller-, Großhandels- oder Einzelhandelsstufe erhoben werden. Ferner erhebt beispielsweise die Gesellschaft für Konsumforschung in Nürnberg regelmäßig die Verbrauchsdaten von 10.000 Einzelpersonen. Auf der Basis dieser Daten kann mit Hilfe statistischer Methoden auf das Wechselverhalten geschlossen werden.

Die zweite Möglichkeit zur Erfassung des Wechselverhaltens besteht darin, Konsumenten zu fragen, unter welchen Bedingungen sie dazu bereit wären, von ihrer Lieblingsmarke auf eine andere zu wechseln. Dabei werden fiktive Preisänderungen vorgegeben, um auf diese Weise den Preisunterschied zu bestimmen, ab dem ein Wechsel stattfindet (sog. Forced-Switching-Experimente). Je geringer der erforderliche Preisunterschied, desto enger offensichtlich die Substitutionsbeziehung. Wie bei der Kreuzpreiselastizität stellt sich allerdings auch dann das Problem, bis zu welchem Preisunterschied Produkte zu einem Markt zusammengefaßt werden sollen.

Ein noch deutlich pragmatischerer Weg wird üblicherweise in Kartellrechtsentscheidungen gewählt. Dort können die zuständigen Beamten bzw. Richter letztlich selbst darüber entscheiden, welche Produkte ihrer Meinung nach eng miteinander konkurrieren. Man hofft darauf, daß sie aufgrund ihrer Alltagserfahrung (schließlich gehören sie häufig selbst zum Kreis der Nachfrager) und ihrer beruflichen Kompetenz zum richtigen Ergebnis kommen. Es überrascht nicht, daß solche Entscheidungen oft stark voneinander abweichen – die allgemeine rechtliche Forderung, daß ein Urteil intersubjektiv nachvollziehbar ist, wird nicht erfüllt. Dies gilt vor allem, wenn es sich um Produkte handelt, die über die Grundbedürfnisse hinausgehen. Wir werden in der folgenden Diskussion des Urteils hinsichtlich der Beteiligung der Gruner+Jahr AG & Co. KG am Zeitverlag Gerd Bucerius KG sehen, daß die schlichte Hoffnung auf den Sachverstand der Entscheidungsträger zu sehr unterschiedlichen und keineswegs überzeugenden Ergebnissen führt.

12.3.4 Ein Anwendungsfall: Das Gruner+Jahr-Urteil[E]

Nach einem sieben Jahre währenden Rechtsstreit hat der Bundesgerichtshof am 22. September 1987 die Beteiligung der Gruner+Jahr AG & Co. KG an der Zeitverlag Gerd Bucerius KG endgültig abgelehnt. Dieser Fall ist in unserem Zusammenhang aufschlußreich, weil er deutlich die mit der Marktabgrenzung verbundenen Probleme und die Schwächen der üblichen Rechtspraxis zum Ausdruck bringt. Bemerkenswert war vor allem, daß von den beteiligten Institutionen drei verschiedene Marktabgrenzungen vorgenommen wurden. Wir erläutern zunächst die gerichtlichen Entscheidungen und skizzieren anschließend eine Methode, die sich mit einer genaueren Analyse des Nachfragerverhaltens um eine objektivere Marktabgrenzung bemüht.

12.3.4.1 Die rechtlichen Entscheidungen

Entscheidend für die rechtliche Beurteilung war die Tatsache, daß mit dem Spiegel und dem Stern schon zwei wichtige Zeitschriften beteiligungsmäßig zu Gruner+Jahr gehören, so daß die Befürchtung von Marktmacht verständlich ist. Einigkeit herrschte bei allen Entscheidungen darüber, daß es einen Markt für Publikumszeitschriften gibt, dem Stern, Bunte, Quick und Weltbild zugerechnet wurden. Uneinig war man sich jedoch über die Einordnung der Zeit und des Spiegel.

Das Bundeskartellamt unterstellte 1981 die Existenz eines Marktes für „politische Wochenzeitungen" mit der Zeit, dem Deutschen Allgemeinen Sonntagsblatt (DAS), dem Vorwärts und dem Bayernkurier, einen weiteren Markt für Nachrichtenmagazine, auf dem der Spiegel zum damaligen Zeitpunkt (vor Erscheinen des Focus) Monopolist war, sowie die Existenz eines Marktes für überregionale Tageszeitungen mit der FAZ und anderen Zeitungen. Nach Auffassung des Bundeskartellamtes war der relevante Markt also der für „politische Wochenzeitungen". Die Beteiligung von Gruner+Jahr hätte zwar zu keinem Zusammenschluß auf diesem Markt geführt, doch vermutete das Bundeskartellamt, daß sich die Marktposition der Zeit durch die Finanzkraft und den Einfluß von Gruner+Jahr entscheidend verbessert hätte. Wegen der damit verbundenen Gefahr, die wesentlich kleineren, meist politisch oder religiös gebundenen Zeitungen vom Markt zu verdrängen, wurde die Beteiligung abgelehnt.

Das Kammergericht in Berlin ging in seiner Entscheidung 1982 dagegen von einem Markt für überregionale Abonnementzeitschriften aus, zu dem die Zeit, die FAZ, die Welt, die Süddeutsche Zeitung und die Frankfurter Rundschau sowie religiös und politisch gebundene Wochenzeitungen (DAS, RM und andere) gehörten. Der relevante Markt wurde also anders definiert. Das Kammergericht genehmigte die Beteiligung, weil die Zeit trotz der steigenden Finanzkraft mit der FAZ oder der SZ immer noch starke Konkurrenz habe.

In seinem zweiten Beschluß von 1986 grenzte das Kammergericht Berlin ebenso wie zuvor das Bundeskartellamt einen Markt für politische Wochenzeitungen ab. Allerdings wurde dort auch der Spiegel eingeordnet. Der Bundesgerichtshof folgte 1987 dann dieser, im zweiten Beschluß des Kammergerichtes vorgenommenen Marktabgrenzung. Beiden Entscheidungen gemeinsam ist, daß die Beteiligung von Gruner+Jahr am Zeit-Verlag abgelehnt wurde. Man vermutete eine marktbeherrschende Stellung vom Spiegel gemeinsam mit der Zeit, wenn beide Zeitungen durch die Beteiligung von Gruner+Jahr (praktisch) den gleichen Besitzer haben.

Wie konnte es nun zu diesen unterschiedlichen Marktabgrenzungen seitens der Richter kommen? In allen Gruner+Jahr / Zeit-Entscheidungen sind die entsprechenden Feststellungen allein aufgrund der jeweiligen Einschätzungen der damit betrauten Beamten bzw. Richter getroffen worden. Die Richter versuchten, mit Hilfe von Plausibilitätsüberlegungen und mit Hilfe objektiver produktbezogener Kriterien (z.B. Tageszeitung oder Wochenzeitung) zu einer Aussage über die subjektiven Auffassungen einer Vielzahl von Nachfragern zu kommen. Wie in Abschnitt 12.3.3 schon angemerkt, ist dies die gängige Praxis bei Kartellrechtsentscheidungen. Es liegt folglich kein Rechtsfehler vor, wenn verschiedene Marktabgrenzungen vorgenommen werden. Um der damit verbundenen Willkür entgegenzuwirken, wird den Kartelljuristen schon länger vorgeschlagen, die Marktabgrenzung mit Hilfe statistischer Methoden vorzunehmen. Dieser Methode wenden wir uns im folgenden zu.

12.3.4.2 Eine etwas exaktere Sichtweise der Problematik

Zur Klärung der Marktabgrenzung in diesem Fall wurden von der Ruhr-Universität in Bochum 1986/87 Zeitungsleser zu ihrem Wechselverhalten befragt.[7] Dabei teilte man die Leser in zwei Gruppen ein: Die erste Gruppe las Zeitungen unregelmäßig, die zweite Gruppe stellte regelmäßige Leser oder Abonnenten verschiedener Zeitungen dar. Gehörte ein Proband nach eigenen Angaben zur ersten Gruppe und kaufte ab und zu z.b. Zeit, Spiegel und FAZ, so sollte er für jede denkbare Kombination – d.h. Zeit-Spiegel, Zeit-FAZ, Spiegel-FAZ etc. – angeben, ob er die beiden Zeitschriften eher als Ergänzung oder als Ersatz (Substitut) betrachtet. Als Ergebnis wurde schon hier deutlich, daß die Zeit durchaus auch in Substitutionsbeziehungen zu den überregionalen Tageszeitungen steht. So sagte die überwiegende Zahl der Befragten, daß die FAZ und die SZ ein Substitut zur Zeit seien.

Bei den regelmäßigen Lesern oder Abonnenten gibt es für die einzelnen Blätter unterschiedlich große Gruppen von Käufern, für die es keine Alternative zu der von ihnen regelmäßig gekauften bzw. abonnierten Zeitschrift gibt. Außerdem zeigt sich, daß die Substitutionsbeziehungen der einzelnen Blätter aus Sicht der Käufer verschiedener Titel deutlich unterschiedlich bewertet werden. So sahen beispielsweise die Käufer des Spiegel die Zeit weit häufiger als Alternative zum Spiegel als dies umgekehrt für die Käufer der Zeit im Hinblick auf den Spiegel galt.

Diese Ergebnisse verdeutlichen den Sachverhalt, daß unterschiedliche Käufertypen die Substitutionsbeziehungen zu anderen Zeitschriften sehr unterschiedlich sehen. Die Kartelljuristen haben hingegen versucht, die Käufergruppen jeweils als Einheit zu sehen. So beschreiben für sich genommen die entsprechenden Ausführungen in den Urteilsbegründungen durchaus treffend das Verhalten *bestimmter* Käufertypen. Je nach Konzentration auf ein bestimmtes Segment der Käufertypen differierten auch die Marktabgrenzungen der verschiedenen Instanzen.

Die Untersuchung zeigte weiter, daß Märkte nicht für unterschiedliche Produktkategorien – hier z.B. politische Wochenzeitung oder überregionale Abonnementzeitschriften – abgegrenzt werden können, weil die Nachfrager derartige Kategorien gar nicht wahrnehmen. So ergab die Untersuchung, daß z.B. der Spiegel als Substitut sowohl von Stern als auch Zeit gilt. Stern und Zeit stehen jedoch nicht in Substitutionsbeziehungen zueinander. Dies ist genau das bei der Kreuzpreiselastizität der Nachfrage angesprochene Problem, daß die Elastizität zwischen A und B sowie A und C groß sein kann, ohne daß eine enge Beziehung zwischen B und C besteht. Aus diesem Problem folgt, daß diese drei Zeitungen *nicht* in einem Markt zusammengefaßt werden können – denn Zeit und Stern haben *direkt* nichts miteinander zu tun. Die Abgrenzung des relevanten Marktes kann also nur aus der Perspektive eines einzelnen, jeweils in den Mittelpunkt gerückten Angebots vorgenommen werden. Anders ausgedrückt: es läßt sich nicht „*der* Süßwarenmarkt" oder „*der* Markt für politische Wochenzeitschriften" abgrenzen, sondern es müssen immer die Produkte ermittelt werden, die Substitute zu den Produkten sind, auf die es in der speziellen Entscheidung ankommt (in unserem Fall also Substitute für die Zeit).

---

7   Vgl. Brüne/Hamann/Kleinaltenkamp 1987.

Daher wurde in der Studie versucht, aus den Daten der Befragungen mit Hilfe statistischer Verfahren die Produkte mit engen Substitutionsbeziehungen zur Zeit zu ermitteln: auf dem Markt für die Zeit befinden sich demnach Spiegel, FAZ, SZ, Welt, Zeit, Deutsches Allgemeines Sonntagsblatt, Rheinischer Merkur und FR. Nebenbei sei erwähnt, daß sich auf dem Spiegelmarkt nach dieser Studie lediglich noch die beiden Zeitungen Stern und Zeit befinden (die Studie war vor Erscheinen des Focus).

Die Berechnung der Marktanteile auf dem „Markt der Zeit" erfolgte dann über die tatsächlichen Verkaufserlöse. Interessanterweise ergab dies, daß die Zeit auf dem Markt der Zeit nur einen Anteil von 10 % hat. Der Spiegel oder die FAZ lagen jeweils bei über 20 %.

Genehmigt man unter diesen Bedingungen eine Beteiligung von Gruner+Jahr an der Zeit, so hätten die beiden Zeitungen Spiegel und Zeit gemeinsam einen Marktanteil von über einem Drittel gehabt, was nach dem GWB nicht erlaubt gewesen wäre. Also bestätigt an diesem Punkt die Bochumer Untersuchung die Entscheidung der Richter.

Abb. 12.2: *Marktanteile der Zeitungstitel auf dem „Markt der Zeit"*

Titel	Marktanteil in (%)
Spiegel	22,2
Frankfurter Allgemeine Zeitung (FAZ)	21,1
Süddeutsche Zeitung (SZ)	17,6
Welt/Welt am Sonntag	15,4
Zeit	10,6
Deutsches Allgemeines Sonntagsblatt (DAS)	2,4
Rheinischer Merkur (RM)	2,3
Frankfurter Rundschau (FR)	8,3

Nach Meinung der Autoren der Bochumer Studie ist diese einfache Addition der Marktanteile aber aus zwei Gründen nicht sachgerecht. Zum einen geht die rechnerische Zusammenfassung davon aus, daß aufgrund der Tatsache, daß der Spiegel beteiligungsmäßig zu Gruner+Jahr gehört, beide Zeitungen nach der Beteiligung nicht mehr im Wettbewerb zueinander stehen. Dies ist aber nicht zu vermuten. Vielmehr werden die beiden profilierten Zeitschriften wie Zeit und Spiegel im Interesse ihres wirtschaftlichen Erfolges jeweils selbständig unter Wahrung ihrer Besonderheiten geführt werden. Dies bedeutet, daß trotz des Zusammenschlusses der Wettbewerb der beiden Zeitungen bestehen bliebe. Zum anderen ist eine rein rechnerische Zusammenfassung der Marktanteile von Zeit und Spiegel auf dem Markt der Zeit äußerst problematisch, da der Spiegel – nach den bisher vorliegenden Ergebnissen – gar nicht gegen die sonstigen Wettbewerber der Zeit konkurriert. Eine einfache Addition unterstellt, daß die beiden Zeitungen mit einem Drittel Marktanteil gemeinsam gegen die verbleibenden Zeitungen konkurrieren, so daß der Spiegel doch in Substitutionsbeziehung zur FAZ oder zur SZ steht. Dies ist aber nicht der Fall, wie die Untersuchung der Substitutionsbeziehungen gezeigt hat. Damit wird eines der wesentlichen Ergebnisse der Bochumer Forscher nochmals betont: Aussagen über eine marktbeherrschende Stellung können immer nur für das jeweils ins Zentrum der Überlegungen gestellte Objekt gemacht werden. Aus diesem Grund muß die Beurteilung nun auch für die anderen Zeitungsmärkte, wie beispielsweise für den „Markt des Spiegels", vorgenommen werden.

Ganz anders wäre nämlich die Beteiligung aus der Sicht des „Marktes des Spiegels" zu sehen. Dort steht der Spiegel allein im Wettbewerb mit dem Stern und der Zeit. Bedenkt man, daß Spiegel und Stern schon längere Zeit Gruner+Jahr zuzurechnen sind, so hätte die Beteiligung von Gruner+Jahr am Zeitverlag den Effekt gehabt, daß schließlich alle drei Zeitschriften in der Hand eines Anbieters gebündelt gewesen wären. Ob dies allerdings in der Folge zu einer Verschlechterung der Marktstruktur führt, ist mit der gleichen Argumentation wie bei dem „Markt der Zeit" fraglich: Denn obwohl die Verlage von Stern und Spiegel schon seit Jahren beteiligungsmäßig verflochten sind, ist der zwischen ihnen herrschende Wettbewerb nicht zum Erliegen gekommen. Von der gleichen Entwicklung kann man im Falle der Beteiligung an der Zeit ausgehen, denn im Beteiligungsvertrag garantiert Gruner+Jahr der Zeit weiterhin ihr typisches Erscheinungsbild und ihren Standort.

Nach Auffassung der Bochumer Studie lagen somit aus wettbewerblicher Sicht keine hinreichenden Gründe für eine Untersagung der geplanten Beteiligung vor. Ohne dazu hier eine abschließende Meinung äußern zu können, verdeutlicht das Beispiel jedenfalls schön die mit der Marktabgrenzung verbundenen Probleme.

12.4 Die Messung des Konzentrationsgrades

Wenn die Abgrenzung von Märkten vorgenommen ist, so bietet sich grundsätzlich die Möglichkeit, deren *Konzentrationsgrad* zu messen. Dies ist auch praktisch ausgesprochen wichtig, weil beispielsweise das Kartellamt sowohl bei der Entscheidung über die Genehmigung von Fusionen als auch bei der Verhängung von Strafen wegen des Mißbrauchs marktbeherrschender Stellungen auf den Konzentrationsgrad eines Marktes zurückgreift. Je höher der Konzentrationsgrad, desto eher wird das Kartellamt Fusionen mit dem Hinweis auf zu befürchtende marktbeherrschende Stellungen untersagen.

Insgesamt gibt es sowohl in der theoretischen Literatur als auch in empirischen Studien unzählige Konzentrationsmaße, die (ähnlich wie die Streuungsmaße in der Statistik) alle ihre Vor- und Nachteile aufweisen und daher auch nicht als „richtig" oder „falsch" klassifiziert werden können. Wir beschränken uns im folgenden auf zwei der Konzentrationsmaße, die von der Monopolkommission in der Bundesrepublik Deutschland bevorzugt verwendet werden und die daher für die Arbeit des Kartellamtes eine besonders wichtige Rolle spielen. Die Monopolkommission wurde 1973 als Gremium unabhängiger Sachverständiger gegründet und verfaßt alle zwei Jahre Gutachten über den Konzentrationsgrad in den einzelnen Märkten, die die Arbeit des Kartellamtes sowie die sachgerechte Regulierung und Deregulierung von Märkten unterstützen sollen. Ein Problem besteht dabei allerdings darin, daß die Monopolkommission bei der Abgrenzung der Märkte auf die amtliche Statistik zurückgreifen muß, die Güterarten nach Wirtschaftszweigen klassifiziert. Die so klassifizierten Wirtschaftszweige sind unter dem Substitutionsaspekt aber teilweise durchaus unbefriedigend.

Das erste Konzentrationsmaß beruht auf sog. *Konzentrationsraten* (abgekürzt mit CR für Concentration Ratio), mit denen der zusammengefaßte Marktanteil der 3, 6 oder 10 größten Unternehmen eines Marktes gemessen wird. Eine CR_3 von 55 % bedeutet also beispielsweise, daß die drei größten Unternehmen einen Marktanteil von 55 % auf sich vereinigen. CR-Maße spielen nach wie vor eine große Rolle, weil sie einfach zu ermitteln sowie intuitiv interpretierbar sind und die Umsätze der Firmen keine empirischen Meßprobleme aufweisen. Allerdings ist der Informationsgehalt natürlich recht speziell. Dies liegt erstens daran, daß die Entscheidung für 3, 6 oder 10 Unternehmen beliebig anmutet. Zweitens unterschlägt die einfache Addition der Umsätze Verschiebungen innerhalb der entsprechenden Gruppe, so daß beispielsweise dreimal 20 % zum gleichen CR_3 führen wie einmal 50 % und zweimal 5 %.

Die wohl verbreitetste Maßzahl ist der sog. *Hirschmann-Herfindahl-Index*, bei dem die Marktanteile aller Unternehmen einzeln quadriert und anschließend addiert werden. Die Quadrierung führt dabei zu einer stärkeren Gewichtung von Unternehmen mit hohen Marktanteilen, so daß dem bezüglich der CR-Maße zuletzt angesprochenen Problem Rechnung getragen wird. Wie bei jedem statistischen Maß ist die durch die Quadrierung zum Ausdruck kommende Gewichtung allerdings etwas willkürlich, weil man ja grundsätzlich beispielsweise auch jeden Marktanteil hoch 1.5 oder hoch 3 nehmen könnte. Außerdem läßt sich der Hirschmann-Herfindahl-Index intuitiv nicht so eindeutig interpretieren wie die CR-Maße. Besondere Bedeutung erlangte der Hirschmann-Herfindahl-Index, als das US Department of Justice 1982 in der „Merger Guidelines" (also in den offiziellen Richtlinien für Fusionen) diesen explizit als Indikator dafür anführte, wann Fusionen wettbewerbspolitisch unerwünscht seien. Derartige Richtlinien gibt es in der Bundesrepublik Deutschland zwar nicht, doch wird der Hirschmann-Herfindahl-Index auch hier berücksichtigt.

12.5 Zusammenfassung

In diesem Kapitel haben wir unterschiedliche Märkte nach der Anzahl der Anbieter unterschieden. Als zentrales Problem erwies sich dabei die Abgrenzung des sachlich relevanten Marktes, die der Unterscheidung verschiedener Marktformen logisch vorgelagert ist. Die Kreuzpreiselastizität der Nachfrage ist zur Marktabgrenzung zwar theoretisch hervorragend geeignet, wirft aber praktische (Meß-) Probleme auf. Insgesamt aber zeigte sich, daß die Probleme der Marktabgrenzung und der Konzentrationsmessung zwar nie vollständig gelöst werden können, daß sich aber doch genügend pragmatische Methoden finden lassen, mit denen man zu halbwegs belastbaren Aussagen kommt. Wir können daher in den folgenden Kapiteln die Marktformen der vollständigen Konkurrenz, des Angebotsmonopols und des Oligopols untersuchen.

Kapitel 13

Partialanalyse vollständiger Konkurrenz

13.1 Überblick

Wir beginnen unsere Analyse verschiedener Marktformen nun mit der vollständigen Konkurrenz, die immer noch eine Leitbildfunktion für Marktwirtschaften einnimmt. Dabei können wir direkt an die Überlegungen aus den Kapiteln 5 und 6 anknüpfen, weil wir dort die Angebots- und Nachfragefunktionen für vollständige Konkurrenz bereits aus dem rationalen Verhalten der Wirtschaftssubjekte abgeleitet haben. Nach der kurzen Wiederholung einiger Kernpunkte (Abschnitt 13.2) konzentrieren wir uns auf die wohlfahrtstheoretische Beurteilung der Marktergebnisse, für die wir die Summe aus Konsumentenrente und Produzentenrente verwenden (Abschnitt 13.3). Anschließend erläutern wir die negativen Folgen, die sich aus interventionistischen Eingriffen in Märkte bei vollständiger Konkurrenz ergeben (Abschnitt 13.4), was wir dann anhand der Agrarmarktpolitik konkretisieren (Abschnitt 13.5). Während wir in den Abschnitten 13.2 bis 13.5 von produzierbaren Gütern wie Bier oder Autos ausgehen, untersuchen wir in Abschnitt 13.6 die sich ergebenden Veränderungen, wenn wir nicht-reproduzierbare, natürliche Ressourcen betrachten.

13.2 Preisbildung auf Gütermärkten

In den Kapiteln 5 und 6 haben wir ausführlich begründet, warum sich unter bestimmten produktionstechnischen und präferenztheoretischen Annahmen steigende Angebots- und fallende Nachfragefunktionen einstellen. Im Kern waren die Begründungen steigende Grenzkosten (für die Angebotsfunktion) und eine sinkende Grenzrate der Substitution im Konsum (für die Nachfragefunktion). Mit einer steigenden Angebots- und einer fallenden Nachfragefunktion erhalten wir das bekannte Angebots- und Nachfragekreuz (allgemein gibt es keinen Grund dafür, warum die Funktionen ausgerechnet linear sein sollten; dies dient lediglich der graphischen Vereinfachung).

Beide Funktionen stellen alle Gleichgewichte der Haushalte bzw. der Unternehmen dar, d.h. *jeder* Punkt auf der Nachfragefunktion ist nutzen- und jeder Punkt auf der Angebotsfunktion ist gewinnmaximal. Es gibt aber nur *einen* einzigen Preis (den Gleichgewichtspreis p^*), bei dem die nutzenmaximalen Pläne der Haushalte und die gewinnmaximalen Pläne der Unternehmen miteinander vereinbar sind. Bei jedem Preis unter p^* (z.B. bei p_2) besteht eine Übernachfrage, weil die Haushalte mehr kon-

sumieren als die Unternehmen produzieren möchten. Analog besteht bei p_1 ein Überangebot.

Abb. 13.1: *Angebot und Nachfrage auf Gütermärkten*

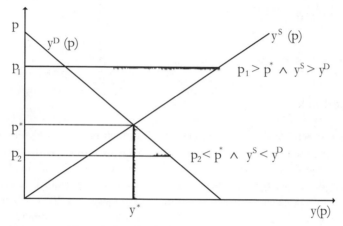

Ein lange etwas problematischer Punkt bestand in der Frage, warum es denn nun ei-
gentlich wirklich zum Punkt p^*/y^* kommen sollte. Zwar ist es plausibel, daß bei voll-
ständiger Konkurrenz kein einzelnes Unternehmen einen (nennenswerten) Einfluß auf
den Marktpreis hat, aber letztlich muß der Marktpreis doch irgendwie aus dem
Verhalten der Wirtschaftssubjekte erklärt werden. Früher argumentierte man im
Anschluß an die bahnbrechenden Arbeiten von Léon Walras mit der Fiktion eines
Auktionators, dessen Aufgabe in der Koordination der gewinnmaximalen Pläne der
Unternehmen und der nutzenmaximalen Pläne der Haushalte besteht.[1] Zwar war sich
Walras selbstverständlich darüber im klaren, daß es einen solchen Auktionator nicht
gibt; er glaubte aber, den sozialen Prozeß der Preisbildung mit dieser Metapher
brauchbar wiedergeben zu können. Der Auktionator schlägt zunächst willkürlich einen
Preis vor und befragt alle potentiellen Marktteilnehmer, welche Mengen sie zu diesem
Preis anbieten und nachfragen möchten. Die zentrale Regel besteht darin, daß der
Auktionator bei einer Übernachfrage den vorgeschlagenen Preis grundsätzlich erhöht
und bei einem Überangebot den Preis grundsätzlich reduziert. Dies bedeutet, daß bei
p_1 in Abb. 13.1 eine Preisreduktion und bei p_2 eine Preiserhöhung vorgenommen
wird. Dieser Prozeß des Herantastens des Auktionators an den Gleichgewichtspreis
wird als *tâtonnement* bezeichnet und solange fortgesetzt, bis die Gleichgewichtslösung
erreicht ist.

Nun ist der Auktionator zwar in der Tat (ähnlich wie die „invisible hand", mit der
Adam Smith die Effizienz einer Marktwirtschaft umschrieb) eine hübsche Metapher,
es gibt ihn aber nicht. Es ist daher ausgesprochen wichtig, daß man die für vollständige Konkurrenz gültige Gleichgewichtslösung Preis=Grenzkosten auch sauber aus
dem rationalen Verhalten der Unternehmen begründen kann, ohne den Preis als Datum betrachten zu müssen. Wir werden im Rahmen der spieltheoretischen Behand-

---

1   Vgl. Walras 1977.

lung des Oligopolproblems im 17. Kapitel sehen, daß sich die Lösung Preis=Grenzkosten unter bestimmten Annahmen methodisch ganz sauber als einziges Nash-Gleichgewicht ableiten läßt, sofern die Anzahl der Unternehmen wächst (d.h., wenn sich die Marktform an die vollständige Konkurrenz annähert). Wir müssen diesen Punkt wegen der (noch) fehlenden spieltheoretischen Grundlagen vertagen, möchten aber klarstellen, daß sich letztlich keine methodischen Probleme stellen, wenn man den Preis einfach als Datum betrachtet. Es handelt sich lediglich um eine „didaktische" Vereinfachung.

13.3 Wohlfahrtstheoretische Interpretation: Konsumenten- und Produzentenrente

13.3.1 Konsumentenrente

Wenn wir unterschiedliche Marktformen wie vollständige Konkurrenz, das Oligopol und das Monopol miteinander vergleichen wollen, so benötigen wir dazu zunächst ein geeignetes *Vergleichskriterium*. Welches Kriterium sollen wir zugrunde legen, wenn wir beispielsweise vermuten, daß die Monopolpreisbildung volkswirtschaftlich ineffizient ist? Der Monopolist ist ganz bestimmt nicht dieser Meinung, und wie sollten wir es rechtfertigen, nicht auch die Interessen des Produzenten in unsere Überlegungen einzubeziehen? Die gleiche Frage nach einem geeigneten Kriterium stellt sich beispielsweise, wenn wir von einer wirtschaftspolitischen Regulierung zur anderen übergehen, wie wir dies beispielhaft für die Agrarmarktpolitik der Europäischen Union in Abschnitt 13.5 diskutieren wollen. Aus diesem Grund erläutern wir mit der sog. Summe aus Konsumenten- und Produzentenrente in diesem Abschnitt ein wohlfahrtstheoretisches Kriterium, das sowohl in der Theorie, als auch in der Empirie und Wirtschaftspolitik eine herausragende Rolle spielt.

Zur wohlfahrtstheoretischen Beurteilung benötigen wir nochmals Abb. 13.1 in leicht modifizierter Form.

Wir müssen nun den Nutzen der Konsumenten (Nachfrager) und Produzenten (Anbieter) bestimmen, da sich die gesamte Wohlfahrt aus diesen Elementen zusammensetzt. Betrachten wir zunächst die Konsumenten. Die Nachfragefunktion y^d mißt, wie erläutert, welchen Preis die Konsumenten für die jeweilige Mengeneinheit höchstens bezahlen würden. Nehmen wir beispielhaft die Menge y_1 in unserem Diagramm: Die Nachfragefunktion zeigt, daß die Konsumenten dafür den Preis p_1^d bezahlen würden. Dieser recht hohe Preis erklärt sich daraus, daß es einige Konsumenten gibt, die noch eine große Zahlungsbereitschaft haben. Der Vorteil dieser Konsumenten ist aber, daß auch sie für jede Einheit nicht den hohen Preis p_1^d, sondern nur den geringeren Gleichgewichtspreis p^* bezahlen müssen.

Abb. 13.2: *Konsumenten- und Produzentenrente*

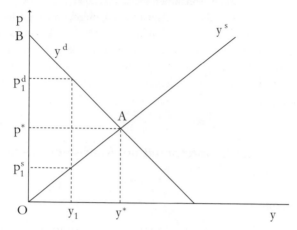

Diese Differenz zwischen den Zahlungsbereitschaften der Konsumenten für die jeweiligen Mengeneinheiten und dem Gleichgewichtspreis, den sie wirklich bezahlen
müssen, ist die Wohlfahrt, die die Konsumenten aus dem Kauf des Produkts ziehen.
Man nennt diese Wohlfahrt der Konsumenten *Konsumentenrente*. Die Konsumentenrente resultiert daraus, daß die Zahlungsbereitschaft für viele Einheiten bei einer fallenden Nachfragefunktion größer ist als der Preis, der wirklich bezahlt werden muß.
Addiert man diese Differenz für alle Einheiten, so kommt man zur Konsumentenrente. Die Konsumentenrente entspricht daher der Fläche ABp^* in Abb. 13.2.

Etwas formaler ausgedrückt ergibt sich die Konsumentenrente aus[2]

$$KR = \int_0^y p(\tau)d\tau - p \cdot y \tag{13.1}$$

Betrachten wir zunächst das Integral über der Nachfragefunktion $p(y)$ in Gleichung
(13.1). Da die Nachfragefunktion (leicht vereinfacht)[3] die Grenznutzenfunktion ist, ist
das Integral der Nachfrage- bzw. Grenznutzenfunktion wieder die Nutzenfunktion.
Das Integral in Gleichung (13.1) gibt also den Gesamtnutzen der Konsumenten bei
der Menge y^* an. Um von diesem Gesamt- oder Bruttonutzen zum Nettonutzen (der
sog. Konsumentenrente) zu gelangen, müssen wir noch die Ausgaben (die Kosten) der
Konsumenten abziehen, die sich aus dem Produkt von Preis und Menge ergeben.
Beim Gleichgewichtspreis bei vollständiger Konkurrenz erhalten wir auch auf diese
Weise die Fläche ABp^*, da wir von der Fläche unter der Nachfragefunktion (Oy^*AB)
das aus p^*y^* gebildete Rechteck abziehen.

---

2   Man beachte, daß τ alle Mengen von 0 bis zur oberen Integrationsgrenze y durchläuft.
3   Vgl. hierzu die Diskussion in Abschnitt 13.3.4.

13.3.2 Produzentenrente

Wir müssen uns nun den Produzenten zuwenden, denn deren Wohlfahrt muß in der volkswirtschaftlichen Betrachtung ebenso berücksichtigt werden wie die der Konsumenten. Dabei ist die Argumentation ganz analog: Die Angebotsfunktion zeigt, welche Mengeneinheiten die Produzenten zu welchem Preis verkaufen würden. Beispielsweise zeigt Abb. 13.2, daß sie für die Menge y_1 nur den Preis p_1^s fordern. Genausowenig wie die Konsumenten aber den hohen Preis p_1^d bezahlen müssen, müssen sich die Produzenten mit dem niedrigen Preis p_1^s zufrieden geben. Sie erhalten vielmehr für alle verkauften Einheiten den Gleichgewichtspreis p^*.

Diese Differenz zwischen dem Gleichgewichtspreis und den mindestens geforderten Preisen der Anbieter für die jeweiligen Mengeneinheiten ist die Wohlfahrt, die die Produzenten aus dem Verkauf der Ware ziehen. Man nennt diese Wohlfahrt der Produzenten Produzentenrente. Sie entspricht der Fläche OAp^* in Abb. 13.2.

Wenn wir nun bedenken, daß die Angebotsfunktion der Grenzkostenfunktion entspricht, so können wir die Produzentenrente – erneut analog zur Konsumentenrente – auch aus

$$PR = p \cdot y - \int_0^y \frac{dK(\tau)}{d(\tau)} d\tau = p \cdot y - K_v(y) \tag{13.2}$$

ermitteln. Vom Erlös wird das Integral unter der Grenzkostenfunktion abgezogen, weil die Grenzkostenfunktion für jede Einheit den (mindestens) geforderten Preis angibt. Da die Grenzkostenfunktion die erste Ableitung der Kostenfunktion ist, entspricht das Integral unter der Grenzkostenfunktion den variablen Kosten. Letztlich ist die Produzentenrente also nichts anderes als der Deckungsbeitrag. Allerdings wird der Begriff der Produzentenrente nicht einheitlich verwendet, weil fraglich ist, ob die Fixkosten berücksichtigt werden sollten oder nicht – das Integral unter der Grenzkostenfunktion entspricht ja den variablen Kosten zuzüglich der Integrationskonstanten C, also den Fixkosten. Werden die Fixkosten miteinbezogen, so ist die Produzentenrente nicht gleich dem Deckungsbeitrag, sondern gleich dem Gewinn. Da aber lediglich die entscheidungsrelevanten Kosten berücksichtigt werden sollen, verwenden wir die Produzentenrente im Sinne des Deckungsbeitrags.

13.3.3 Summe aus Konsumenten- und Produzentenrente

Da die Konsumentenrente die Wohlfahrt der Konsumenten und die Produzentenrente die Wohlfahrt der Produzenten mißt, können wir als Wohlfahrt die *Summe* aus Konsumenten- und Produzentenrente verwenden. Diese entspricht beim Gleichgewichtspreis bei vollständiger Konkurrenz den beiden genannten Dreiecken in Abb. 13.2 und somit der Fläche OAB. Bedenken Sie bitte, daß es nicht auf die Konsumentenrente *oder* die Produzentenrente ankommt, sondern auf die Summe beider – denn es gibt keinen Grund, den Nutzen der Nachfrager beispielsweise höher zu bewerten als den Nutzen der Anbieter. Die Summe aus Konsumentenrente und Produzentenrente ist also ein Wohlfahrtskriterium, mit dem wir die Preisbildung auf Märkten und regulative Eingriffe volkswirtschaftlich beurteilen können.

Wir sehen nun schnell, daß die Wohlfahrt tatsächlich beim Gleichgewichtspreis bei vollständiger Konkurrenz maximiert wird und jede Abweichung davon zu einem Wohlfahrtsverlust führt. Betrachten wir dazu Abb. 13.3 und nehmen wir an, daß sich der Preis über p^*, beispielsweise bei p_2 eingependelt hätte.

Abb. 13.3: *Gesamtwohlfahrt bei zu hohem Preis*

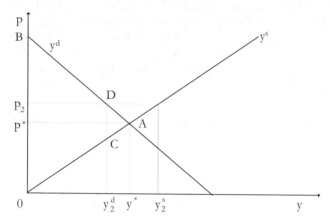

Zwar würden die Produzenten zu diesem hohen Preis gerne die hohe Menge y_2^s verkaufen, aber die Konsumenten fragen nur y_2^d nach. Es kommt also nur zum Verkauf von y_2^d, so daß die Summe aus Konsumenten- und Produzentenrente dem Viereck OCDB entspricht. Die Abnahme der Wohlfahrt um das Dreieck CAD liegt daran, daß nur y_2^d verkauft wird, obwohl die Zahlungsbereitschaft der Konsumenten bis zum Gleichgewichtspreis noch über dem geforderten Preis der Anbieter liegt. Es könnten daher beide Marktseiten davon profitieren, wenn die Menge ausgedehnt würde.

Die letzte Formulierung verdeutlicht auch die Beziehung zwischen dem wohlfahrtstheoretischen Konzept der Summe aus Konsumentenrente und Produzentenrente und dem der Pareto-Effizienz – da sich beide Marktseiten verbessern können, wenn die Summe aus Konsumentenrente und Produzentenrente *nicht* maximiert wird, ist jede solche Allokation nicht pareto-effizient. Der Vorteil der Summe aus Konsumentenrente und Produzentenrente ist, daß sie aus Angebots- und Nachfragefunktionen geschätzt wird und daher empirisch fruchtbar gemacht werden kann, was für das ursprüngliche Pareto-Kriterium nicht gilt. Dafür muß zwar der methodische Nachteil in Kauf genommen werden, daß die Nachfragefunktion umstandslos als Grenznutzenfunktion interpretiert wird und die Nutzen der Konsumenten und Produzenten letztlich einfach addiert werden[4], doch ist dies für empirische Analysen schlicht unvermeidlich.

Der tiefere Grund für die Maximierung der Wohlfahrt in der Marktform vollständiger Konkurrenz ist, daß dort – und nur dort – *die Zahlungsbereitschaft bzw. der Grenznutzen der Konsumenten genau den Grenzkosten der Produzenten entspricht.* Denn wenn auf

---

4   Vgl. hierzu den folgenden Abschnitt 13.3.4.

jedem Punkt der Angebotsfunktion der Marktpreis den Grenz*kosten* und auf jedem Punkt der Nachfragefunktion der Marktpreis den Grenz*nutzen* entspricht, dann muß im Schnittpunkt von Angebot und Nachfrage gerade Grenznutzen = Grenzkosten gelten. Daß dieser Ausgleich von Grenznutzen und Grenzkosten volkswirtschaftlich effizient ist, ist aber einsichtig – denn jedes Produkt wird dann genau solange produziert, wie die zusätzlichen Nutzen die zusätzlichen Kosten noch rechtfertigen. Wir werden das Kriterium der *Summe* aus Konsumenten- und Produzentenrente daher sowohl zur Beurteilung von Markteingriffen in Märkte mit vollständiger Konkurrenz, als auch zu der des Monopols und des Oligopols heranziehen.

13.3.4 Exkurs: Kritische Diskussion[*]

Obwohl wir das Kriterium der Maximierung der Summe aus Konsumentenrente und Produzentenrente sowohl für (pragmatische) theoretische als auch für empirische Analysen für ausgesprochen geeignet halten, soll nicht verschwiegen werden, daß sich durchaus auch theoretische Bedenken stellen.

Die Interpretation der Konsumentenrente als Nettonutzen setzt voraus, daß die Zahlungsbereitschaft der Konsumenten als der Grenznutzen aufgefaßt werden kann, der von der jeweiligen Einheit der betreffenden Ware gestiftet wird. Die Erinnerung an das in Abschnitt 9.2 erläuterte Haushaltsgleichgewicht zeigt aber unmittelbar, daß eine solche Interpretation der Zahlungsbereitschaft als Grenznutzen einer systematischen Verzerrung unterliegt. Im Haushaltsgleichgewicht gilt für eine beliebige Ware i[5]

$$\frac{\partial U}{\partial y_i} = \lambda p_i \qquad (13.3)$$

Die analoge Berechnung der partiellen Ableitungen für alle Waren führte schließlich zur Bedingung, daß das Verhältnis der Grenznutzen dem Preisverhältnis entsprechen muß. Betrachten wir Gleichung (13.3) genauer. Bei Maximierungen gemäß der Lagrangemethode gibt λ jeweils an, wie stark sich die Zielfunktion verändert, sofern die Nebenbedingung marginal variiert wird.[6] Da die Zielfunktion des Haushalts die Nutzenfunktion und die Nebenbedingung die Einkommensbeschränkung (Budgetrestriktion) ist, gibt λ die Änderung des Nutzens bei einer marginalen Änderung des Einkommens an. λ ist also der Grenznutzen des Einkommens.

Die Interpretation der Zahlungsbereitschaft (p in der Nachfragefunktion) als Grenznutzen bei der dargestellten Bestimmung der Konsumentenrente impliziert die Setzung

$$\frac{\partial U}{\partial y_i} = p_i \qquad (13.4)$$

Diese Setzung ist gemäß Gleichung (13.3) nur richtig, sofern λ bei unterschiedlichen Werten von p konstant bleibt; grundsätzlich entspricht der Grenznutzen nicht der

---

5   Vgl. Gleichung (9.4) bzw. (9.5) aus Abschnitt 9.2.
6   Zur Erläuterung des Lagrangemultiplikators vgl. Ohse 1993, 306f.

Zahlungsbereitschaft als solcher, sondern der mit dem Grenznutzen des Einkommens multiplizierten Zahlungsbereitschaft. Der Grenznutzen des Einkommens sinkt aber bei jeder Erhöhung eines Preises, weil die Kaufkraft des gegebenen Nominaleinkommens zurückgeht.[7] Je weiter wir uns auf der Nachfragefunktion nach links bewegen, desto höher ist p, desto geringer ist der Grenznutzen des Einkommens und desto geringer demnach auch der Nutzenzuwachs (Grenznutzen), den der Konsument aus der Differenz aus Zahlungsbereitschaft und Gleichgewichtspreis zieht. Die dargestellte Methode weist demnach grundsätzlich eine zu hohe Konsumentenrente aus.

Um das Problem der Veränderung des Grenznutzens des Einkommens zu berücksichtigen, kann man von der *kompensierten Nachfragefunktion* ausgehen, bei der das Realeinkommen des Haushalts – verstanden im Sinne des Nutzenniveaus – bei Preisänderungen durch eine Veränderung des Nominaleinkommens konstant gehalten wird. Zur Bestimmung der Konsumentenrente wird gefragt, welchen Nutzenzuwachs der Haushalt dadurch erzielt, daß er *nicht* den Preis bezahlen muß, der seiner Zahlungsbereitschaft entspricht. Man geht demnach vom Prohibitivpreis – dem Preis, bei dem der Haushalt auf eine Nachfrage verzichtet – aus und reduziert den Preis sukzessive auf den Gleichgewichtspreis p^*. Da jede Preissenkung eine Erhöhung des Realeinkommens bewirkt, muß das Nominaleinkommen verringert werden, so daß die kompensierte Nachfragefunktion bei einer positiven Einkommenselastizität der Nachfrage links von der gewöhnlichen Nachfragefunktion verläuft. Die Konsumentenrente ist dann entsprechend geringer.

13.4 Die Ineffizienz von Markteingriffen bei vollständiger Konkurrenz

Die hergeleitete Effizienz der Marktform vollständiger Konkurrenz impliziert zwangsläufig, daß alle interventionistischen Markteingriffe ineffizient sind – denn wenn ein Zustand schon effizient ist, dann muß jede Änderung die Effizienz verringern. Dies impliziert zwar nicht notwendigerweise, daß der Eingriff abzulehnen ist, weil neben Effizienz- auch Verteilungs- bzw. „Gerechtigkeits"-gesichtspunkte berück-

---

7   Zur beispielhaften Illustration wählen wir folgende Nutzenfunktion:

$$U(x_1; x_2) = x_1^{0,5} \cdot x_2^{0,5} \qquad (1)$$

Die zugehörige Optimalitätsbedingung lautet:

$$\frac{x_2}{x_1} = \frac{p_1}{p_2} \qquad (2)$$

Mit $p_1 = 1$, $p_2 = 1$ und $y = 100$ gilt beispielsweise

$$x_1 = x_2 = 50 \qquad (3)$$

Der Grenznutzen des Einkommens (λ) ergibt sich aus

$$\frac{\partial U}{\partial x_1} = 0,5 \cdot x_1^{-0,5} \cdot x_2^{0,5} = \lambda p_1 \Rightarrow \lambda = \frac{0,5 \cdot x_1^{-0,5} \cdot x_2^{0,5}}{p_1} \qquad (4)$$

Für $x_1 = x_2 = 50$ folgt: $\lambda = 0,5$. Steigt nun der Preis der Ware 2 ceteris paribus auf $p_2 = 10$, so folgen aus (2) $x_1 = 50$ und $x_2 = 5$ \qquad (5)

Eingesetzt in (4) ergibt sich $\lambda = 0,158$.

sichtigt werden müssen, ist aber ein wichtiger Punkt bei der Beurteilung wirtschaftspolitischer Maßnahmen. Der Grundgedanke ist, daß Maßnahmen möglichst so ausgestaltet werden sollen, daß der damit verbundene Verlust an Konsumenten- und Produzentenrente möglichst gering ist.[8] Die mit interventionistischen Eingriffen verbundenen negativen Wohlfahrtseffekte möchten wir im folgenden kurz für Subventionen erläutern. Die wohlfahrtstheoretische Analyse von Subventionen ist ausgesprochen wichtig, weil diese in der praktischen Wirtschaftspolitik nach wie vor eine große Rolle spielen.

Abb. 13.4: *Wohlfahrtswirkungen von (Stück-)Subventionen*

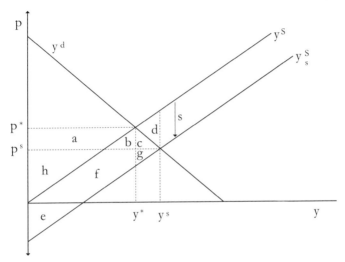

Abb. 13.4 zeigt im Ausgangszustand einen Markt bei vollständiger Konkurrenz mit dem Gleichgewichtspreis p^* und der Gleichgewichtsmenge y^* sowie den analog zu unseren bisherigen Überlegungen folgenden Konsumenten- und Produzentenrenten. Wir nehmen nun an, daß der Staat die Unternehmen pro produzierter Einheit mit einem konstanten Satz s subventioniert, was man als Stücksubvention bezeichnet. Dies führt dazu, daß sich die Angebotsfunktion von y^s im Ausmaß von s auf y^s_s nach unten verschiebt. Entsprechend kommt es zum neuen Marktergebnis y_s/p_s. Die Subvention führt also (erwartungsgemäß) zu einer Verringerung des Preises und einer Erhöhung der Menge.

Abb. 13.4 zeigt nun, welche Effekte sich daraus für die Konsumentenrente, die Produzentenrente und die Wohlfahrt ergeben. Dabei argumentieren wir direkt über die *Veränderung* der einzelnen Größen. Zusammenfassend sind die Auswirkungen

---

8 Es sei allerdings schon an dieser Stelle darauf aufmerksam gemacht, daß die Marktform vollständiger Konkurrenz nur dann pareto-effizient ist, wenn die Konsumenten wirklich alle (volkswirtschaftlichen) Nutzen und die Produzenten alle (volkswirtschaftlichen) Kosten in ihrem Entscheidungskalkül berücksichtigen. Ist dies nicht der Fall, so spricht man von „externen Effekten", bei deren Vorliegen interventionistische Eingriffe die Wohlfahrt auch dann erhöhen können, wenn vollständige Konkurrenz vorliegt. Dies erläutern wir ausführlich in Kapitel 19.

$$\begin{aligned}
\Delta KR &= a + b + c \\
\Delta PR &= -a + e + f + g \\
\Delta G &= \underline{-b - c - d - e - f - g} \\
\Delta W &= -d
\end{aligned}$$

Betrachten wir die Größen nun einzeln. Die Steigerung der Konsumentenrente um a, b und c folgt einfach daraus, daß die Konsumenten nun einen geringeren Preis bezahlen müssen. Sowohl der geringere Preis als auch die damit verbundene größere Nachfrage erhöhen die Wohlfahrt der Konsumenten.

Die Wohlfahrt der Produzenten erhöht sich selbstverständlich ebenfalls, weil sie subventioniert werden. Das Ausmaß der Erhöhung (e+f+g–a) erhalten Sie einfach, indem Sie von der neuen Produzentenrente (e+f+g+h) die alte Produzentenrente (h+a) abziehen.

Neben der Konsumenten- und Produzentenrente muß bei der Wohlfahrtsbestimmung nun aber auch der Staat berücksichtigt werden, weil die Subventionen irgendwie (letztlich aus Steuergeldern) finanziert werden müssen. Wenn wir die mit Steuern verbundenen negativen Zusatzeffekte vernachlässigen, so sind die Kosten des Staates (G) einfach die Subventionen. Da der Staat jede der im neuen Gleichgewicht verkauften y_s Einheiten mit s subventioniert, sind die Kosten einfach $s \cdot y_s$. Dies entspricht in der Graphik den Flächen b, c, d, e, f, g.

Wenn wir die Einzelergebnisse saldieren, so stellen wir fest, daß der Wohlfahrtsverlust insgesamt der Fläche d entspricht. Dies liegt einfach daran, daß die Subventionen „für sich genommen" keine Wohlfahrtswirkungen haben, weil die Unternehmen jede Mark, die der Staat ausgibt, bekommen. Der negative Effekt entsteht aber dadurch, daß die Subventionen zu einer *Mengenveränderung* führen. Die Produktion wird nun über den Punkt hinaus ausgedehnt, bei dem sich die ursprünglichen Angebots- und Nachfragefunktionen schneiden; d.h. über den Punkt, in dem Grenznutzen=Grenzkosten gilt. Für alle Einheiten zwischen y^* und y_s liegen die Grenzkosten (d.h. die ursprüngliche Angebotsfunktion) schon über den Grenznutzen (d.h. der Nachfragefunktion), so daß jede in diesem Bereich produzierte Einheit die Wohlfahrt reduziert.

Das gleiche (spiegelbildliche) Resultat stellt sich ein, wenn wir statt einer Subvention eine Besteuerung betrachten. Die Steuer verschiebt die Angebotsfunktion nach oben, so daß die Produktionsmenge, gemessen am Optimum, zu niedrig ist – die Produktion wird in einem Punkt eingestellt, in dem die Grenznutzen der Konsumenten noch über den Grenzkosten der Produzenten liegen.

Einschränkend und zur Vermeidung von Mißverständnissen muß allerdings hervorgehoben werden, daß diese mikroökonomische Analyse über die Summe aus Konsumentenrente und Produzentenrente natürlich nicht alle Effekte berücksichtigt, die mit dem Verzicht auf Subventionen verbunden sind. So kommt es dadurch in betroffenen Branchen zur Arbeitslosigkeit und damit verbundener Dequalifikation von Arbeitnehmern, so daß der Abbau von Subventionen nicht immer von heute auf morgen erfolgen kann. Auf der anderen Seite gibt es aber beispielsweise Untersuchungen, die zeigen, daß im Steinkohlebergbau jeder Arbeitsplatz durchschnittlich mit ca. 55.000 €/Jahr subventioniert wird, was volkswirtschaftlich sicher nicht tragbar ist.

Ein zweiter und wichtigerer Punkt betrifft schließlich den Sachverhalt, daß Markteingriffe natürlich nur dann zwangsläufig ineffizient sind, wenn der Ausgangszustand effizient ist, wenn also tatsächlich im Ausgleich der volkswirtschaftlichen Grenznutzen und Grenzkosten produziert wird. Häufig gibt es aber bestimmte Auswirkungen, die die Entscheidungsträger gar nicht berücksichtigen – denken Sie etwa an ein Unternehmen, in dessen Produktionsprozeß Umweltschadstoffe anfallen, die zwar volkswirtschaftlich gesehen Kosten verursachen, die aber weder bei den Produzenten noch bei den Konsumenten anfallen. Es ist dann intuitiv einsichtig, daß dann über das volkswirtschaftliche Optimum hinaus produziert wird, so daß eine Besteuerung der betreffenden Produkte nicht zur Verschlechterung einer ursprünglich effizienten, sondern zur Verbesserung einer ursprünglich ineffizienten Allokation der Ressourcen führen kann.

13.5 Ein Anwendungsfall: Die Agrarmarktpolitik der Europäischen Union[E]

13.5.1 Überblick

Trotz der kritischen Beurteilung interventionistischer Maßnahmen werden solche immer wieder durchgeführt, wofür es vor allem zwei Gründe gibt. Der erste, zuletzt angesprochene Grund ist, daß Märkte ohne Eingriffe oft gar nicht zur effizienten Allokation der Ressourcen führen, weil es nicht im Eigeninteresse der Beteiligten liegt, alle volkswirtschaftlichen Kosten und Nutzen zu berücksichtigen. Man spricht dann vom Problem „externer Effekte". Beim Vorliegen externer Effekte sind Eingriffe keineswegs negativ zu beurteilen, was wir im 19. und 20. Kapitel ausführlich diskutieren werden.

Ein weiterer Grund für Regulierungen liegt darin, daß man einzelne Gruppen vor den Folgen des Wettbewerbs schützen möchte. Ein typisches und besonders wichtiges Beispiel hierfür ist die europäische Agrarmarktpolitik. Die Einkommen der Landwirte liegen im Durchschnitt deutlich unter denen von Personen, die mit ähnlicher Ausbildung in anderen Wirtschaftszweigen arbeiten. Es kann daher aus verteilungspolitischen oder einfach normativen Gründen durchaus gerechtfertigt sein, die Einkommenslage der Bauern zu verbessern.[9]

Die Frage, mit der wir uns im folgenden am Beispiel des Agrarmarktes beschäftigen wollen, lautet *nicht*, ob die Verbesserung der Lage bestimmter Marktteilnehmer (in unserem Beispiel der Landwirte, wir könnten aber auch Stahl- oder Werftarbeiter nehmen) gerechtfertigt ist oder nicht. Uns interessiert vielmehr, welche Maßnahmen dazu unter ökonomischen Gesichtspunkten gut oder weniger gut geeignet sind. Dazu skizzieren wir in Abschnitt 13.5.2 zunächst den Agrarmarkt und die wichtigsten Maßnahmen der Europäischen Union, ehe wir uns in Abschnitt 13.5.3 dem Vergleich von Interventionspreisen und Einkommenstransfers zuwenden.

---

9   Außerdem sind auch im Agrarmarkt (positive und negative) externe Effekte von Bedeutung, worauf wir hier allerdings nicht eingehen wollen.

13.5.2 Der Agrarmarkt und die Maßnahmen der Europäischen Union

In der Bundesrepublik Deutschland sank der Anteil der Landwirtschaft an der Bruttowertschöpfung aller privaten Unternehmen von 6,4 % (1960) auf 1,2 % (2002).[10] Im Jahre 2001 zählten die 410.000 landwirtschaftlichen Betriebe in Deutschland rund 1,32 Millionen haupt- und nebenberuflich Beschäftigte, wobei die überwiegende Mehrzahl eine nebenberufliche oder Teilzeittätigkeit ausübte.[11]

Abb. 13.5: *Landwirtschaftliche Betriebe nach Betriebsgrößen[1]*

Betriebsgröße in ha	1999		2000		2001[2]	
	in 1000	%	in 1000	%	in 1000	%
2 bis 10	153,7	32,5	148,5	32,5	142,2	31,8
10 bis 20	87,4	18,5	87,0	19,0	84,1	18,8
20 bis 30	51,8	11,0	46,2	10,1	44,2	9,9
30 bis 50	62,6	13,3	59,4	12,9	58,2	13,0
50 bis 100	54,3	11,5	54,6	11,9	55,0	12,3
100 und mehr	24,4	5,2	25,3	5,5	26,2	5,9
Gesamt	434,2	92,0	421,0	91,9	410,0	91,7
Betriebe unter 2 ha	37,8	8,0	37,3	8,1	36,9	8,3
Insgesamt	472,0	100,0	458,3	100,0	446,9	100,0

[1] Mit der Novellierung des Agrarstatistikgesetzes vom 25. Juni 1998 wurden die unteren Erfassungsgrenzen ab 1999 auf zwei Hektar (ha) landwirtschaftlich genutzte Fläche angehoben.
[2] Vorläufige Ergebnisse der repräsentativen Bodennutzungshaupterhebung 2001.

Quelle: Agrarbericht der Bundesregierung 2002

Abb. 13.5 zeigt, daß 2001 ca. 32 % (knapp ein Drittel) aller landwirtschaftlichen Betriebe weniger als 10 ha (20 ha) Betriebsfläche zur Verfügung hatten, was als alleinige Einkommensquelle in der Regel nicht ausreichte. Dies führte dazu, daß nur rund 45 % der Landwirte ihr Einkommen ausschließlich aus der landwirtschaftlichen Tätigkeit (Vollerwerb) bezogen. Der Anteil derer, die ihren landwirtschaftlichen Betrieb nur als Nebenerwerbsquelle nutzen, ist in den letzten Jahren gesunken und betrug 2001 knapp 55 % (im Jahr 1997 immerhin noch fast 70 %).

Ein Vergleich der Einkommenssituation der Landwirte mit anderen Haushalten zeigt, daß der Bruttomonatsverdienst vollbeschäftigter Landwirte mit durchschnittlich 1475 EUR sogar noch unter dem durchschnittlichen Nettoeinkommen anderer Haushaltsgruppen liegt.[12]

Um die negativen Folgen des Strukturwandels abzumildern, betreibt die Europäische Union eine Politik der direkten Markteingriffe in den Agrarmarkt, die immer wieder Gegenstand heftiger Kontroversen ist. Die erklärten Ziele dieser Gemeinsamen

---

10 Vgl. Statistisches Jahrbuch 2002.
11 Vgl. Agrarbericht 2002.
12 Vgl. Statistisches Bundesamt 2002.

Agrarpolitik (GAP) sind die Förderung der landwirtschaftlichen Produktivität, die Stabilisierung der Märkte, die Sicherstellung einer angemessenen Versorgung der Verbraucher mit hochwertigen Erzeugnissen zu angemessenen Preisen und die Einkommenssicherung der landwirtschaftlichen Bevölkerung. Obwohl die ursprünglichen Ziele der GAP erreicht wurden, traten negative Begleiterscheinungen wie Überproduktionen an landwirtschaftlichen Erzeugnissen sowie starke Ausgabenanstiege auf, die zu mehreren Reformen der ursprünglichen GAP führten.

Die mit der Agrarreform von 1992 eingeschlagene Neuausrichtung der europäischen Agrarpolitik hin zu einer stärkeren Markt- und Umweltorientierung wurden durch die Beschlüsse zur Agenda 2000, gültig für den Zeitraum 2000 bis 2006, konsequent fortgesetzt. Eine schrittweise Senkung der Interventionspreise, flankiert durch einen direkten Einkommensausgleich, sollen dem einkommenspolitischen Ziel und der Anpassung der Erzeugung an die Nachfrage Rechnung tragen.

Die Agendabeschlüsse zur Steuerung der Markt- und Preispolitik innerhalb der EU bieten den landwirtschaftlichen Betrieben die erforderliche Planungssicherheit um ihre Wettbewerbsfähigkeit zu verbessern und die Chancen der wachsenden Weltagrarmärkte zu nutzen.

Zur Finanzierung agrarpolitischer Maßnahmen hat die EU einen eigenen Fonds, den Europäischen Ausrichtungs- und Garantiefonds für die Landwirtschaft (EAGFL), geschaffen. Wie der Name schon vermuten lässt, gliedert sich dieser Fonds in die beiden Abteilungen „Garantie" und „Ausrichtung". Die Abteilung Garantie ist der weitaus wichtigere Zweig und dient der Stützung der Agrarpreise, während die Abteilung Ausrichtung die Anpassung der landwirtschaftlichen Produktionsbedingungen beschleunigen und die ländliche Entwicklung fördern soll.

Die folgende Abbildung zeigt, daß die Ausgaben für den Agrarbereich immer noch den Löwenanteil im Gesamthaushalt der Europäischen Union bilden. Obwohl der Anteil an den Gesamtausgaben von 72,9 % (1980) auf 49 % (2002) zurückgegangen ist, gewährleisten die Beschlüsse zur Agenda 2000 dem Agrarsektor eine langfristige Planungssicherheit innerhalb eines konstanten Finanzrahmens von durchschnittlich rund 42,4 Mrd. Euro jährlich. Die in der Tabelle aufgeführten Mehrausgaben im Agrarbereich sind auf den mit der Agenda 2000 beschlossenen Abbau der Preisstützung bei gleichzeitiger Anhebung der Direktzahlungen zurückzuführen.

Abb. 13.6:   *Die Ausgaben der europäischen Union in DM*

Bereich	2000		2001		2002	
	Mrd.	%	Mrd.	%	Mrd.	%
Agrarbereich	45,4	51	47,9	51	47,3	49
Strukturmaßnahmen	27,7	31	28,1	30	28,6	30
Maßnahmen in Drittländern	3,6	4	6,6	7	7,6	8
Forschung und Entwicklung	3,6	4	3,8	4	3,7	4
Verwaltungsausgaben	4,6	5	4,7	5	5,7	6
Sonstiges (u.a. Reserven)	4,5	5	2,7	3	2,8	3
Gesamt	89,4	100	93,8	100	95,7	100

Quelle: Agrarbericht 2000 bis 2002

Bei einer Beurteilung der EU-Agrarmarktpolitik ist zu bedenken, daß diese kein einheitliches System ist, sondern sich aus einer Vielzahl von produktspezifischen Einzelregelungen zusammensetzt. Neben importbeschränkenden Regelungen, wie Einfuhrmindestpreisen sind die wichtigsten Maßnahmen:

– *Ausfuhrerstattungen:* Die Agrarpreise innerhalb der EU übersteigen bei den meisten Produkten die Weltmarktpreise. Um die EU-Agrarprodukte trotzdem auf dem Weltmarkt absetzen zu können, wird den Landwirten die Differenz zwischen EU-Preis und dem geringeren Weltmarktpreis für jedes im Nicht-EU-Ausland verkaufte Produkt aus dem Agrarhaushalt erstattet. Allerdings werden die Exporterstattungen in Zukunft an Bedeutung verlieren denn zum Abschluss der Uruguay-Runde des GATT (General Agreement on Tarifs and Trade) Ende 1993 haben sich die Unterzeichnerländer dazu verpflichtet, die Exporterstattungen ab 1995 innerhalb von sechs Jahren um 36 % im Wert und 21 % in der Menge zu senken. 1998 bezifferten sich die Ausfuhrerstattungen nur noch auf rund 12 % der Haushaltsmittel;

– *Interventionspreise:* Jedes Jahr wird vom Agrarministerrat für bestimmte Produkte ein Interventionspreis (= Stütz- oder Mindestpreis) festgelegt, der als Untergrenze für den Marktpreis fungiert. Zu diesem Preis sind die Interventionsstellen der EU bereit, jede beliebige Menge des Agrarproduktes aufzukaufen, um ein Sinken des Marktpreises unter den Interventionspreis zu verhindern. Den Landwirten wird somit der Absatz ihrer Produkte zum Interventionspreis garantiert. Die Überschüsse werden zunächst gelagert und zu einem späteren Zeitpunkt zu Dumpingpreisen verkauft (Weihnachtsbutter), verschenkt (Rußlandhilfe) oder einfach vernichtet. Um eine stärkere Markt- und Wettbewerbsausrichtung im Rahmen der Agrarreform zu generieren, sollen Interventionspreissenkungen sukzessive durchgeführt werden. Beihilfen in Form von Interventionen über die Preise betrugen 1998 nur noch etwa 6 % der Haushaltsmittel;

– *Direkte Einkommenstransfers:* An die Landwirte werden direkte Einkommenshilfen gezahlt, die beispielsweise dem Ausgleich standort- oder strukturbedingter Nachteile oder der Minderung sozialer Härten dienen soll. Die direkten Beihilfen an die Erzeuger oder an die Industrie sollen einen Ausgleich zur Interventionspreissenkung bilden und beliefen sich 1998 auf 82 % der Haushaltsmittel.

Vor allem die massive Interventionspreispolitik führte dazu, daß die Nahrungs-mittelproduktion in den 70er Jahren jährlich durchschnittlich 2 bis 3 % und in den 80er Jahren jährlich um durchschnittlich 1 bis 2 % gewachsen ist, obwohl sich der Verbrauch in diesen Zeiträumen im Durchschnitt nur um 0,5 % pro Jahr erhöht hat und für einige Produkte sogar rückläufig war.

Als Folge der produktbezogenen Agrarmarktstützung sowie des technischen Fortschritts sind in den vergangenen Jahren bei vielen Agrarerzeugnissen massive Überschüsse entstanden, die letztlich zu einem Sinken der Erzeugerpreise führten, so daß das Einkommen der Landwirte trotz der Unterstützungsmaßnahmen nicht mit dem Einkommensanstieg anderer Wirtschaftsbereiche Schritt halten konnte. Ein im-mer größer werdender Teil der Produktion wurde gelagert und mit hohen Exporter-stattungen dem Weltmarkt zugeführt, was den Weltmarktpreis zusätzlich unter Druck setzte. Dies führte nicht nur zu Spannungen unter den agrarexportierenden Ländern, sondern auch zu einer immer stärkeren Kritik an der Agrarmarktpolitik der Europäi-schen Union.

Im Zuge der EU-Agrarreform von 1992 wurde erstmals beschlossen, die In-terventionspreise massiv zu senken und als Ausgleich für die durch Preissenkungen hervorgerufenen Einkommensausfälle den Landwirten direkte Einkommenstransfers zu gewähren. Dieser Wechsel der agrarpolitischen Maßnahmen führte einerseits zu dem erwünschten Abbau der Lagerbestände und andererseits zu einer Erhöhung des durchschnittlichen, jährlichen Pro-Kopf- Einkommens der Landwirte um 4,5 % in den Jahren 1992-1996.

Die Agenda 2000 setzt folgerichtig diese Tendenz fort. Die Senkung der Marktstützungspreise geht mit einer Erhöhung der Beihilfen an die Landwirte einher, um die Wettbewerbsfähigkeit auf den Binnen- und den Weltmärkten zu verbessern und damit das Risiko zu verringern, daß erneut nicht absetzbare Überschüsse erzeugt werden.

Wir wollen im folgenden den mit der EU-Agrarreform verbundenen stärkeren Übergang von Interventionspreisen zu direkten Einkommenstransfers vor dem Hintergrund unseres Wohlfahrtskriteriums, der Summe aus Konsumenten- und Produzentenrente, analysieren. Dabei handelt es sich um eine Vereinfachung, weil wir an dieser Stelle nicht auf alle (letztlich zusammenwirkenden) Einzelmaßnahmen eingehen können.

13.5.3 Vergleich von Interventionspreisen und Einkommenstransfers

Um den Vergleich nicht unnötig kompliziert zu gestalten, unterstellen wir, daß es das alleinige Ziel der Europäischen Union sei, die Getreidebauern zu unterstützen. Wei-terhin wird angenommen, daß hierfür zwei Programme zur Auswahl stehen:

Programm A: Den Landwirten wird von der EU ein Interventionspreis garantiert, der über dem Marktpreis liegt. Da die Nachfrager die angebotene Menge zu diesem hohen Preis aber nicht vollständig abnehmen, kaufen die Interventionsstellen der EU die Überschußmenge auf und vernichten sie.

Programm B: Die Landwirte erhalten personengebundene Einkommenstransfers, d.h. ihre Höhe ist unabhängig vom Produktionsvolumen. Aus Vereinfachungsgründen wird angenommen, daß das Aufkommen aus diesen Transfers dem zusätzlichen Erlös entspricht, den die Landwirte erzielen würden, wenn sie die laufende Produktion nicht zum Gleichgewichtspreis, sondern zum Interventionspreis absetzen könnten.

Betrachten wir in Abb. 13.7 zunächst die Ausgangssituation: Es wird die Menge y^* zum Preis p^* verkauft. Die Konsumenten- und Produzentenrenten entsprechen wie bisher dem schraffierten Dreieck OAB. Die Garantie des Interventionspreises p^M führt nun dazu, daß die Getreidebauern die Menge y_3 erzeugen. Der Vorteil der Produzenten ist, daß sie diese Menge durch die staatliche Garantie auch wirklich verkaufen können. Unter finanziellen Gesichtspunkten kann es ihnen dabei gleichgültig sein, ob das Getreide zu Brot verarbeitet und von den Konsumenten genossen oder vom Staat vernichtet wird. Aus den bekannten Gründen entspricht die neue Produzentenrente dem links schraffierten Dreieck OEp^M, so daß die Produzentenrente um das Viereck AEp^Mp^* gestiegen ist. Wie nicht anders zu erwarten war, ist das Unterstützungsprogramm für die Getreidebauern also von Vorteil.

Abb. 13.7: *Garantierter Verkauf zum Mindestpreis*

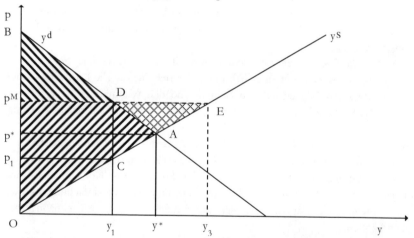

Die Konsumenten müssen nun den Interventionspreis p^M bezahlen, so daß sie nur noch die Menge y_1 kaufen. Die neue Konsumentenrente ist dann das rechts schraffierte Dreieck DBp^M, so daß die Verminderung der Konsumentenrente dem Viereck ADp^Mp^* entspricht. Diese Verringerung der Konsumentenrente ist nicht gerade verblüffend, da der Preis gestiegen ist.

Als Zwischenergebnis können wir feststellen, daß der Wohlfahrtszuwachs der Produzenten größer ist als der Wohlfahrtsverlust der Konsumenten; und zwar im Ausmaß des doppelt schraffierten Dreiecks AED. Weil die EU eine Abnahmegarantie ausgesprochen hat, muß sie genau die Differenz zwischen der angebotenen und der nachgefragten Menge aufkaufen. In unserem Diagramm entspricht dies der Differenz aus y_3 und y_1. Für diese Einheiten muß sie den festgelegten Interventionspreis p^M bezahlen, so daß ihre Kosten dem Rechteck y_3EDy_1 entsprechen. Somit stehen dem Wohlfahrtszuwachs der Landwirte (Viereck AEp^Mp^*) ein Wohlfahrtsverlust der Konsumenten (Viereck ADp^Mp^*) und die Kosten der EU gegenüber (Rechteck y_3EDy_1), so daß der gesamte Wohlfahrtsverlust der Fläche y_3EADy_1 entspricht.

Anknüpfend an unsere Überlegungen aus Abschnitt 13.4 ist dieses Resultat leicht nachvollziehbar: Der Interventionspreis führt *erstens* dazu, daß eine Menge produziert wird, bei der die Grenzkosten der Produzenten (siehe Angebotsfunktion) schon über der Zahlungsbereitschaft der Konsumenten (siehe Nachfragefunktion) liegen. *Zweitens* aber stiftet ein Teil der Produktion zwar Kosten, aber gar keinen Nutzen, weil er einfach vom Staat vernichtet wird. *Es ist daher klar, daß ein Interventionspreis eine ausgesprochen schlechte Strategie zur Unterstützung der Landwirte ist.*

Wir wollen uns nun der zweiten Alternative widmen, bei der die EU direkte Einkommenstransfers im Umfang der in Abb. 13.8 schraffierten Fläche zahlt. Achten Sie darauf, daß ein direkter Markteingriff *gar nicht stattfindet*: der Marktpreis bleibt unverändert, so daß die Angebots- und Nachfragemengen weiterhin bei y^* und p^* bleiben.

Abb. 13.8: *Direkte Einkommenstransfers*

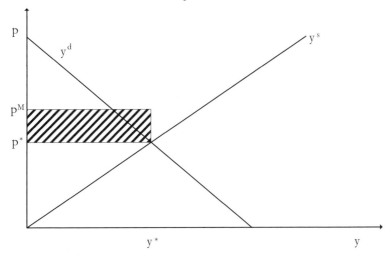

Wir können daher sofort festhalten, daß sich an der Situation der Nachfrager und damit an der Konsumentenrente überhaupt nichts ändert. Wie sieht es für die Produzenten aus? Sie verkaufen weiterhin die gleiche Menge, erhalten aber zusätzlich Transferzahlungen. Die Produzentenrente steigt also um das schraffierte Rechteck. Da die Transferzahlungen von der öffentlichen Hand geleistet werden, entsprechen die Kosten des Programms genau dem Zuwachs der Produzentenrente.

Wir stellen somit fest, daß das Programm B die Wohlfahrt überhaupt nicht beeinträchtigt und daher *dem Programm A weit überlegen ist*. Im Kern handelt es sich dabei einfach um eine *Umverteilungsmaßnahme* von der EU an die Landwirte, ohne daß der Markt davon in irgendeiner Weise gestört wird. Derartige direkte Einkommenstrans-

fers haben daher keinen direkten Wohlfahrtsverlust zur Folge: Was die EU (also letztlich der Steuerzahler) verliert, gewinnen die Landwirte. Obwohl durch die Erhebung
von Steuern zwar indirekte Nachteile entstehen können, bleibt der Vorteil gegenüber
Programm A, in dem erstens der Marktpreis verzerrt und zweitens das überschüssige
Getreide vernichtet wird.

Aufbauend auf dem Kriterium der Summe aus Konsumentenrente und Produzentenrente zeigte sich, daß der mit der Agrarreform der Europäischen Union von 1992
eingeleitete Übergang von Interventionspreisen zu Einkommenstransfers sehr positiv
zu beurteilen ist. Dies liegt daran, daß der Marktpreis nicht verzerrt und die Wohlfahrt
deshalb auch nicht beeinträchtigt wird. Dieses Ergebnis können wir weitgehend *verallgemeinern*: Wenn die öffentliche Hand bestimmte Gruppen aus sozialen oder sonstigen
Gründen unterstützen möchte, so sollte sie dies normalerweise *nicht* durch Eingriffe in
Märkte, sondern durch direkte Einkommenstransfers vornehmen. Beispielsweise
könnten wir mit einer analogen Argumentation zeigen, daß die Bezahlung von Wohn-
geld gegenüber dem Bau von Sozialwohnungen unter Wohlfahrtsgesichtspunkten
überlegen ist.[13]

13.6 Preisbildung natürlicher Ressourcen[14]

13.6.1 Grundgedanken und Überblick

In allen bisherigen Abschnitten haben wir angenommen, daß die betrachteten Güter
beliebig reproduziert werden können, so daß die Effizienzbedingung Grenzko-
sten=Grenznutzen unmittelbar einsichtig ist. Die Sache verändert sich aber, wenn wir
Ressourcen wie Erdöl oder Kupfer betrachten, deren Menge nicht durch Produktion
erhöht werden kann. Wir müssen dann bei der wohlfahrtstheoretischen Betrachtung
nämlich nicht nur die Abbaukosten des Kupfers berücksichtigen, sondern auch die in
der Zukunft dadurch entstehenden Wohlfahrtsverluste, daß gar kein Kupfer mehr zur
Verfügung steht. Die Frage, wie unter diesen Umständen ein optimaler (d.h. wohl-
fahrtsmaximaler) Abbaupfad aussieht, ist das Thema der Ressourcenökonomie, der
wir uns im folgenden zuwenden.

Das einfachste Grundmodell der Ressourcenökonomie wurde schon 1931 von
Harold Hotelling entwickelt. Gefragt wird *erstens*, wie sich die Optimalitätsbedingungen für den optimalen, intertemporalen Abbau natürlicher Ressourcen von den
Optimalitätsbedingungen bei beliebig reproduzierbaren Gütern unterscheiden. *Zweitens*
wird untersucht, ob vollständige Konkurrenzmärkte analog zu „gewöhnlichen Gütern" auch bei endlichen Ressourcen dazu in der Lage sind, die intertemporale
Knappheit der Ressourcen in den Marktpreisen abzubilden und dadurch für eine optimale Ressourcenallokation zu sorgen. Die Antworten auf diese beiden Fragen wer-

---

13 Wir weisen allerdings nochmals daraufhin, daß wir externe Effekte in unserer Argumentation nicht
    berücksichtigt haben.
14 Die Darstellung lehnt sich an Feess 1998, Kapitel 13 an. Dort findet sich auch eine Einführung in
    die formale Grundlage der Ressourcenökonomie, die als optimale Kontrolltheorie bezeichnet wird.

den wir im folgenden in möglichst einfacher Weise erläutern.[15] Nachdem wir in Abschnitt 13.6.2 die intertemporalen Effizienzbedingungen für den Abbau einer nichterneuerbaren Ressource darlegen, zeigen wir in Abschnitt 13.6.3, daß diese in der Tat den Gewinnmaximierungsbedingungen auf vollständigen Märkten entsprechen. Damit zeigt sich die Möglichkeit zur *Dezentralisierung* des sozialen Optimums durch Märkte. In den Abschnitten 13.6.2 und 13.6.3 verzichten wir auf die Berücksichtigung von Abbaukosten, die wir in Abschnitt 13.6.4 hinzufügen. In Abschnitt 13.6.5 verweisen wir auf weiterführende Modelle der Ressourcenökonomie.

Hervorgehoben werden muß, daß wir stets davon ausgehen, daß es sich um eine natürliche Ressource handelt, die über einen sehr langen Zeitraum hinweg nicht regenerierbar ist und deshalb nicht-erneuerbar genannt wird. Typische Beispiele dafür sind Erdöl und -gas oder Kupfer. Die Situation wird etwas komplizierter, wenn es sich um erneuerbare Ressourcen wie Pflanzen und Tiere handelt, weil man dann zusätzlich eine *Regenerationsfunktion* einbauen muß, die den Zuwachs der Ressource in Abhängigkeit vom Bestand angibt. Für diesen Aspekt verweisen wir auf die umwelt- und ressourcenökonomische Spezialliteratur.[16]

13.6.2 Optimalitätsbedingungen bei nicht-erneuerbaren Ressourcen (Hotelling-Regel)

Das einfachste Modell der Ressourcenökonomie wird auch als *Kuchenesserparabel* bezeichnet, weil von einem privaten Ressourcenbesitzer ausgegangen wird, der einen fixen Bestand einer (demnach nicht-erneuerbaren) Ressource über einen bestimmten Zeitraum verteilen möchte – so wie ein Kind einen Kuchen über seinen ganzen Geburtstag verteilen möchte, was auch meistens schief geht. Die Zielsetzung des Ressourcenbesitzers besteht dabei in der Maximierung seiner intertemporalen Nutzenfunktion, deren Wert sich aus dem über die Zeit entstehenden Nutzenstrom zusammensetzt. Wenn wir den Anfangsbestand als $\overline{y}$ vorgeben, den Zeitindex mit t bezeichnen und von dem endlichen Zeithorizont T ausgehen, so muß der Haushalt bei seiner Nutzenmaximierung offensichtlich die Bestandsrestriktion (13.5) berücksichtigen:

$$\sum_{t=0}^{T} y_t = \overline{y} \tag{13.5}$$

Mit r als Diskontierungsfaktor und $u_t(y_t)$ als undiskontiertem Nutzen der Periode t lautet der intertemporale Gesamtnutzen des Ressourcenkonsums

$$U(\mathbf{y}) = \sum_{t=0}^{T} \frac{u_t(y_t)}{(1+r)^t} \tag{13.6}$$

---

15 Als einschlägige Lehrbücher zur Ressourcenökonomie können z.b. Siebert 1983, Ströbele 1987 und Endres/Querner 1993 empfohlen werden.
16 Vgl. z.B. Ströbele 1987.

Die Diskontierung kann im Falle *eines* privaten Ressourcenbesitzers beispielsweise gut damit begründet werden, daß der Ressourcenbesitzer für jede Periode eine bestimmte Sterbewahrscheinlichkeit einbezieht und zukünftigen Nutzen daher wegen der Unsicherheit darüber, ob der Konsum überhaupt zustandekommt, diskontiert.[17]

Die Maximierung von (13.6) unter der Nebenbedingung der durch (13.5) gegebenen Bestandsrestriktion können wir als gewöhnliche Lagrangeoptimierung formulieren:

$$L = \sum_{t=0}^{T} \frac{u_t(y_t)}{(1+r)^t} + \lambda\left(\overline{y} - \sum_{t=0}^{T} y_t\right)$$

(13.7)

Wie gewohnt bilden wir die partiellen Ableitungen, setzen diese gleich Null und erhalten das Gleichungssystem (13.8)

$$\frac{\partial L}{\partial y_0} = \frac{du_0}{dy_0} - \lambda = 0$$

(13.8a)

$$\frac{\partial L}{\partial y_1} = \frac{\frac{du_1}{dy_1}}{(1+r)^1} - \lambda = 0$$

(13.8b)

$$\vdots$$

$$\frac{\partial L}{\partial y_T} = \frac{\frac{du_T}{dy_T}}{(1+r)^T} - \lambda = 0$$

(13.8c)

Wir erhalten demnach für jede Periode eine Gleichung, so daß unser Gleichungssystem T+1-Gleichungen umfaßt.[18] Wenn wir die Bedingungen in (13.8) nach dem Lagrangemultiplikator λ auflösen, so können wir sie gleichsetzen und erhalten

$$\frac{du_0}{dy_0} = \frac{\frac{du_1}{dy_1}}{(1+r)^1} = \cdots = \frac{\frac{du_T}{dy_T}}{(1+r)^T} = \lambda$$

(13.9)

(13.9) ist das elementarste Ergebnis der Ressourcenökonomie und wird nach dem bahnbrechenden Aufsatz von Hotelling[19] auch als Hotelling-Regel bezeichnet. (13.9) drückt aus, daß im *optimalen Abbaupfad der diskontierte Grenznutzen des Ressourcenverzehrs in allen Perioden gleich ist und dem Lagrangemultiplikator λ entspricht.* Dieses Ergebnis entspricht vom Grundgedanken her dem Resultat der gewöhnlichen Haushaltstheorie, daß das Verhältnis der Grenznutzen dem Preisverhältnis entspricht. Dabei gibt der Lagrangemultiplikator λ die Veränderung des Gesamtnutzens an, wenn die Bestandsrestriktion (13.5) um eine marginale Einheit gelockert wird. Da dies dem Grenznutzen entspricht, nennt man λ auch den *Schattenpreis* der Ressource oder den Preis der Ressource in situ (in situ = im Boden, weil Abbaukosten nicht einbezogen werden). Schattenpreis ist dabei ein in der Volkswirtschaftslehre übliches Synonym für *Opportu-*

---

17   Vgl. zur Diskussion der Diskontierungsproblematik z.B. Hampicke 1992; Ströbele 1992.
18   Auf die Ableitung nach dem Lagrangemultiplikator werden wir immer verzichten, weil diese ja – wie stets – wieder die Nebenbedingung ergibt.
19   Vgl. Hotelling 1931.

nitätskosten: Der Schattenpreis, der Nutzen einer Ressourceneinheit in einem beliebigen Zeitpunkt t, entspricht genau dem dadurch hervorgerufenen Nutzenentgang (den Opportunitätskosten) daraus, daß die gleiche Ressourceneinheit nicht mehr zu einem anderen Zeitpunkt konsumiert werden kann.

Wodurch unterscheidet sich die intertemporale Optimalitätsbedingung in (13.9) nun von der gewöhnlichen Bedingung für Pareto-Effizienz bei reproduzierbaren Gütern? Dort hatten wir mehrfach hervorgehoben, daß die Effizienzbedingung im Ausgleich von Grenznutzen $(\partial U/\partial y)$ und Grenzkosten $(\partial K/\partial y)$ besteht. Da die Grenzkosten in unserem Beispiel Null sind, müßten die Grenznutzen bei reproduzierbaren Gütern ebenfalls Null sein – dies ist auch unmittelbar einsichtig, denn eine Ware ohne Produktionskosten sollte man solange produzieren, bis ihr Grenznutzen auf Null gesunken ist. *Dies ist bei nicht-erneuerbaren Ressourcen nicht der Fall:* zwar verursacht die Produktion (bzw. hier: der Abbau) der Ressource annahmegemäß keine Kosten, aber durch den Abbau der Ressource entstehen Opportunitätskosten. Diese Opportunitätskosten resultieren aus der Bestandsrestriktion und demnach daraus, daß jede abgebaute und konsumierte Ressourceneinheit die noch verfügbare Ressourcenmenge reduziert. Der (diskontierte) intertemporale Grenznutzen der Ressource ist daher im Optimum nicht Null, sondern gleich den Opportunitätskosten λ.

Fragen wir uns nun noch, welche Auswirkungen eine Änderung des Zinssatzes r auf die Geschwindigkeit des Ressourcenabbaus hat: je höher der Zinssatz r, desto größer der Nenner in (13.9) für spätere Perioden. Damit (13.9) erfüllt bleibt, muß daher in späteren Perioden auch der Zähler, d.h. der nicht-diskontierte Grenznutzen ansteigen. Dies ist unter den gewöhnlichen Annahmen (sinkende Grenznutzen) aber nur dann der Fall, wenn die Menge in späteren Perioden ab- und daher in früheren Perioden zunimmt. Eine Erhöhung des Zinssatzes beschleunigt daher den Konsum – dies ist auch nicht verblüffend, weil späterer Konsum um so niedriger bewertet wird, je höher der Zinssatz ist.

13.6.3 Dezentralisierung der Hotelling-Regel durch vollständige Märkte

Bisher haben wir lediglich gezeigt, welche Bedingungen erfüllt sein müssen, damit ein optimaler Abbau der Ressource stattfindet. Nun überlegen wir, ob die Gewinnmaximierung privater Ressourcenbesitzer zum gleichen Ergebnis führt und die wohlfahrtsoptimale Allokation demnach durch vollständige Märkte „dezentralisiert", d.h. ohne staatliche Eingriffe erreicht werden kann. Der Grundgedanke ist dabei einfach, daß private Ressourcenbesitzer bei ihrer Gewinnmaximierung vom *intertemporalen* Gewinn ausgehen und daher die zukünftigen Opportunitätskosten des heutigen Abbaus genauso berücksichtigen wie ein Ressourcenbesitzer, der seinen Kuchen selbst vertilgt. Es ist daher naheliegend, daß vollständige Konkurrenz bei intertemporalen Entscheidungsproble-men mit erschöpfbaren Ressourcen genauso effizient ist wie bei „gewöhnlichen" Allokationsproblemen auch.

Betrachten wir also nun einen gewinnmaximierenden Ressourcenbesitzer, der der Bestandsrestriktion (13.5) unterliegt und seinen intertemporalen Gewinn maximiert. Analog zum konsumierenden Ressourcenbesitzer wird er zukünftige Umsätze geringer bewerten, weil er die Möglichkeit hat, heutige Erträge zum Zinssatz r anzulegen. Wenn der Periodenpreis p_t für unseren Ressourcenbesitzer in jeder Periode gemäß der Annahme vollständiger Konkurrenz ein Datum ist, dann beträgt der Gegenwartswert des intertemporalen Gewinns offenbar

$$G = \sum_{t=0}^{T} \frac{p_t y_t}{(1+r)^t} \tag{13.10}$$

Der Gewinn ist dabei mit dem Umsatz identisch, weil annahmegemäß keine Kosten anfallen. Bei *reproduzierbaren* Gütern ist die Umsatzmaximierung bei vollständiger Konkurrenz eine sinnlose Aufgabe, weil die umsatzmaximierende Produktionsmenge stets unendlich groß ist, wenn der Preis auf steigende Angebotsmengen nicht reagiert. Bei erschöpfbaren Ressourcen ist die Frage dagegen nicht sinnlos, weil wieder die Bestandsrestriktion und demnach die intertemporale Knappheit beachtet werden muß. Wir erhalten daher wieder eine Lagrange-Optimierung, die nun durch (13.11) ausgedrückt wird:

$$L = \sum_{t=0}^{T} \frac{p_t y_t}{(1+r)^t} + \lambda \left(\overline{y} - \sum_{t=0}^{T} y_t \right) \tag{13.11}$$

Die gewöhnlichen Rechenoperationen führen zu System (13.12)

$$\frac{\partial L}{\partial y_0} = p_0 - \lambda = 0 \tag{13.12a}$$

$$\frac{\partial L}{\partial y_1} = \frac{p_1}{(1+r)^1} - \lambda = 0 \tag{13.12b}$$

$$\vdots$$

$$\frac{\partial L}{\partial y_T} = \frac{p_T}{(1+r)^T} - \lambda = 0 \tag{13.12c}$$

Analoge Umformungen zum vorhergehenden Abschnitt ergeben

$$p_0 = \frac{p_1}{(1+r)^1} = \cdots = \frac{p_T}{(1+r)^T} = \lambda \tag{13.13}$$

Gleichung (13.13) drückt aus, daß beim gewinnmaximierenden Ressourcenabbau bei vollständiger Konkurrenz der diskontierte Preis in allen Perioden gleich sein muß und dem Schattenpreis bzw. den Opportunitätskosten λ entspricht. Dieses Resultat ist leicht nachvollziehbar: wenn beispielsweise der heutige Preis 100 und der Zinssatz 10 % beträgt, dann ist der private Ressourcenbesitzer zwischen dem Verkauf heute und morgen nur dann indifferent (d.h. er befindet sich im Unternehmensgleichgewicht), wenn der Preis in der Folgeperiode 110 und in der Periode darauf 121 beträgt. Genau diesen Sachverhalt bringt der sog. *Preispfad* zum Ausdruck, der die Entwicklung des *undiskontierten* Preises im Zeitablauf darstellt. Den Preispfad erhalten wir unmittelbar aus Gleichung (13.13), indem wir diese nach einem beliebigen Periodenpreis p_t auflösen. Aus dem Gleichungsteil

$$p_0 = \frac{p_t}{(1+r)^t} \qquad\qquad (13.13.a)$$

folgt dann

$$p_t = p_0(1+r)^t \qquad\qquad (13.14)$$

so daß der Preis im Gleichgewicht um so schneller steigen muß, je höher der Zinssatz ist. Da bei einem hohen Zukunftspreis in der Zukunft weniger nachgefragt wird,[20] impliziert ein hoher Zinssatz einen hohen Gegenwarts- und niedrigen Zukunftsabbau. Wir erhalten wieder das schon aus Abschnitt 13.6.2 bekannte Resultat, daß ein hoher Zinssatz den optimalen Abbau der Ressource beschleunigt.

Woher wissen wir nun, daß (13.13) tatsächlich das gleiche Ergebnis ausdrückt wie (13.9), d.h. daß vollständige Konkurrenz zum wohlfahrtsoptimalen Abbau der Ressource führt? Aus der gewöhnlichen Haushaltstheorie ist bekannt, daß entlang der Nachfragefunktion die Bedingung Preis = Grenznutzen[21] erfüllt ist, d.h. daß die Zahlungsbereitschaft der Wirtschaftssubjekte dem (Nachfrage)Preis entspricht. Da sich (13.13) und (13.9) aber nur dadurch unterscheiden, daß in (13.9) die Grenznutzen und in (13.13) die Preise stehen, sind die beiden Bedingungen wegen Preis = Grenznutzen identisch.

Vollständige Konkurrenz sorgt also genau dafür, daß die intertemporale Knappheit der Ressource durch das Gewinnmaximierungskalkül der privaten Ressourcenbesitzer berücksichtigt wird. Aus diesem Grund favorisieren Ökonomen die Zuweisung von Eigentumsrechten für Ressourcen – denn wenn der Zugang zur Ressource frei ist, so wird jeder versuchen, möglichst viel von der Ressource selbst abzubauen, ohne die intertemporale Knappheit, die durch die Opportunitätskosten λ ausgedrückt wird, zu beachten.[22] Im Kern handelt es sich bei Ressourcen außerhalb des Privatbesitzes um ein Gefangenendilemma. Zwar wäre es für alle Beteiligten besser, die Ressource schonend abzubauen – dies maximiert die soziale Wohlfahrt, und deshalb lassen sich auch immer Verteilungsschlüssel finden, die ausgehend von einem ineffizienten Zustand zu einer Nutzenerhöhung aller Beteiligten führen. Doch da jeder einen möglichst großen Teil davon verkaufen möchte, kommt es zu einem zu schnellen Abbau, den der private Ressourcenbesitzer vermeidet. Die Verteilungskonflikte verhindern effiziente Lösungen, sofern keine rechtlich verbindlichen Einigungsmechanismen gefunden werden.[23]

---

20 Beachten Sie bitte, daß diese Formulierung der Unterstellung vollständiger Konkurrenz nicht widerspricht. Vollständige Konkurrenz heißt ja nur, daß der Preis für den einzelnen Ressourcenbesitzer, aber nicht für den Gesamtmarkt, ein Datum ist.

21 Genauer gesprochen entspricht die Grenzrate der Substitution dem umgekehrten Preisverhältnis.

22 Eine eindringliche Anwendung dieses Problems auf die Fischerei findet sich bei Ströbele 1987, 158ff.

23 Dies zeigte sich eindringlich in den Auseinandersetzungen auf der Welt-Klimakonferenz im Frühjahr 1995 in Berlin bei der Frage, welcher Staat wieviel CO_2 emittieren darf.

13.6.4 Berücksichtigung positiver Abbaukosten

Wir führen nun als Modifikation des Grundmodells ein, daß der Abbau der Ressource neben den Opportunitätskosten λ auch direkte Abbaukosten K verursacht. Dabei nehmen wir vereinfachend an, daß in jeder Periode konstante und identische Grenzkosten c anfallen. Wir gehen wieder von vollständiger Konkurrenz aus und überlegen uns, welche Änderungen der Optimalitätsbedingungen und des Preispfades sich aus der Berücksichtigung der Abbaukosten ergeben. Mit konstanten Grenzkosten c und unter Berücksichtigung der Bestandsrestriktion (13.5) lautet die Lagrange-Optimierung des Ressourcenbesitzers bei vollständiger Konkurrenz nun

$$L = \sum_{t=0}^{T} \frac{p_t y_t - c y_t}{(1+r)^t} + \lambda\left(\overline{y} - \sum_{t=0}^{T} y_t\right) \tag{13.15}$$

Beachten Sie bitte, daß nicht nur die zukünftigen Erträge, sondern auch die zukünftigen Kosten cy_t diskontiert werden müssen, weil es einem Unternehmen lieber ist, Kosten in die Zukunft zu verlagern. Auf eine Indizierung der Grenzkosten c in cy_t haben wir dabei verzichtet, weil wir von intertemporal konstanten und identischen Grenzkosten ausgehen. Aus (13.15) erhalten wir

$$\frac{\partial L}{\partial y_0} = p_0 - c - \lambda = 0 \tag{13.16a}$$

$$\frac{\partial L}{\partial y_1} = \frac{p_1 - c}{(1+r)^1} - \lambda = 0 \tag{13.16b}$$

$$\vdots$$

$$\frac{\partial L}{\partial y_T} = \frac{p_T - c}{(1+r)^T} - \lambda = 0 \tag{13.16c}$$

und schließlich

$$p_0 - c = \frac{p_1 - c}{(1+r)^1} = \cdots = \frac{p_T - c}{(1+r)^T} = \lambda \tag{13.17}$$

Im Unterschied zur Bedingung (13.13) ohne Abbaukosten lautet die Optimalitäts- bzw. Gewinnmaximierungsbedingung nun also, daß die diskontierte Differenz aus Preis und Grenzkosten in allen Perioden gleich sein muß und dem Schattenpreis bzw. den Opportunitätskosten λ entspricht. Damit erhalten wir ein Ergebnis, das wieder schön mit den Optimalitätsbedingungen für gewöhnliche, reproduzierbare Güter verglichen werden kann: während dort Preis (bzw. Grenznutzen)= Grenzkosten gilt, gilt nun Preis (bzw. Grenznutzen) = Grenzkosten + Opportunitätskosten λ. Die Einführung von Kosten ändert an der grundsätzlichen Modelllogik also nichts, da der Unterschied zu reproduzierbaren Gütern weiterhin in der Berücksichtigung der Opportunitätskosten λ besteht.

Interessant ist allerdings die Frage, ob die Einführung von konstanten und periodenunabhängigen Grenzkosten den Abbau der Ressource beschleunigt oder nicht. Zuerst könnte man denken, daß die Kosten keinen Einfluß haben, weil die Grenzkosten nicht ansteigen. Der Preispfad (13.18) zeigt aber, daß dies nicht der Fall ist:[24]

$$p_t = p_0(1 + r)^t - c(1 + r)^t + c \qquad (13.18)$$

Überlegen wir, ob der Preis gemäß (13.18) schneller oder langsamer steigt als in der Bedingung

$$p_t = p_0(1 + r)^t \qquad (13.14)$$

für den Fall ohne Abbaukosten. Da c bei einem positiven Diskontierungsfaktor immer kleiner als $c(1+r)^t$ ist, steigt der Preis offensichtlich *langsamer* als in (13.14). Dies bedeutet, daß der Zukunftspreis niedriger als im Modell ohne Abbaukosten ist und deshalb im Vergleich dazu in der Zukunft *mehr* verkauft wird. Dies impliziert, daß der Abbau durch die Einführung von Abbaukosten *langsamer* vonstatten geht.

Bedenken Sie bitte, daß dies *nicht* dadurch zustande kommt, daß wir steigende Grenzkosten pro Periode unterstellt haben. Dies würde den Effekt des langsameren Abbaus verstärken, um der Steigerung der Grenzkosten auszuweichen. In unserem Fall resultiert der langsamere Abbau dagegen ausschließlich daraus, daß der Ressourcenbesitzer die Kosten in die Zukunft verlagern möchte, so daß der Diskontierung der Erträge (dies bewirkt einen schnellen Abbau) durch die Diskontierung der Kosten (dies bewirkt einen langsamen Abbau) entgegengewirkt wird.

13.6.5 Ausblick

Wir haben gezeigt, daß die Marktform vollständiger Konkurrenz bei erschöpfbaren Ressourcen ganz analog zu reproduzierbaren Gütern zu einer pareto-effizienten Allokation der Ressourcen führt. Die Bedingungen für einen wohlfahrtsoptimalen Abbau natürlicher Ressourcen unterscheiden sich von den Bedingungen der gewöhnlichen Güterallokation dadurch, daß zusätzlich zu den Produktions- bzw. Abbaukosten die intertemporale Knappheit berücksichtigt werden muß. Diese intertemporale Knappheit drückt sich im Schattenpreis bzw. den Opportunitätskosten λ aus. Die Effizienzbedingung besagt dann, daß die diskontierte Differenz aus Grenznutzen und Grenzkosten in allen Perioden gleich sein muß.

Daraus sollte allerdings nicht der höchst voreilige Schluß gezogen werden, daß „die" Ressourcenökonomie die mit dem Abbau natürlicher Ressourcen verbundenen realen Schwierigkeiten unterschätzt und das Problem bagatellisiert. Denn die optimistischen Ergebnisse über die Leistungsfähigkeit des Marktes stellen sich nur unter bestimmten Bedingungen ein, deren Gültigkeit in zahlreichen Modellen der Ressourcenökonomie problematisiert wird. Es ist daher stets zu bedenken, daß wir hier lediglich formal einfache Grundmodelle präsentieren und die ressourcenökonomische Forschung erheblich komplexere und daher auch praktisch relevantere Sachverhalte analysiert. Vor allem die folgenden drei Sachverhalte sind als Abweichungen von den ein-

---

24 Analog zum Modell ohne Abbaukosten können Sie den Preispfad selbst durch einige Umformungen aus (13.17) ermitteln.

fachsten Grundmodellen ernstzunehmen und werden entsprechend in zahlreichen weiterführenden Modellen behandelt:

– erstens ist es eine schlichte empirische Tatsache, daß sich viele Ressourcen nicht (vollständig) im Privatbesitz befinden. Dies gilt beispielsweise für erneuerbare Ressourcen wie Tiere und Pflanzen (denken Sie an den ständigen Streit um Fangquoten für Fische) – und die Realität bestätigt in erschreckender Weise das Ergebnis der Ressourcenökonomie, daß die intertemporale Knappheit der Ressourcen dann *nicht* hinreichend berücksichtigt wird, wenn die Ressource von verschiedenen Wirtschaftssubjekten gemeinsam ausgebeutet wird.[25] Jedes Wirtschaftssubjekt berücksichtigt beim Abbau dann zwar die Auswirkungen der Ressourcenverminderung auf *seine* zukünftigen Abbaumöglichkeiten, aber nicht auf die Abbaumöglichkeiten der anderen;

– wenn sich eine Ressource wie Erdöl im Privatbesitz befindet, so wird der gewinnmaximierende Ressourcenbesitzer zwar die Konsequenzen seines Abbaus auf seine zukünftigen Abbaumöglichkeiten berücksichtigen, aber nicht die negativen Auswirkungen seines Abbaus auf die Umweltqualität. Dieser Aspekt wurde lange zu wenig beachtet, weil sich die Ressourcenökonomie im Anschluß an den Ölschock Ende 1973 und die damals sehr populären sog. *Weltmodelle*[26] über die Knappheit der natürlichen Ressourcen vorwiegend um die langfristige Ressourcenverfügbarkeit sorgte. Inzwischen besteht aber weitgehend Einigkeit darüber, daß die dringlichsten Umweltprobleme nicht die Knappheit der Ressourcen in ihrer produktiven und konsumtiven Nutzung betreffen, sondern in der Aufnahmekapazität der natürlichen Ressourcen Boden, Wasser und Luft für Schadstoffe liegen. Diese Überlegung leitet über in die Theorie externer Effekte, die wir im 19. Kapitel diskutieren;

– doch selbst wenn eine Ressource wirklich vollständig im Privatbesitz ist und mit ihrer Nutzung keine negativen externen Effekte verbunden sind, stellt sich die Frage, ob der Ressourcenbesitzer wirklich die *ganze* intertemporale Knappheit, beispielsweise über einen Zeitraum von 10.000 Jahren, in sein Kalkül einbezieht. Häufig wird man eher annehmen müssen, daß er sich maximal für den Lebenshorizont seiner Enkel und Urenkel, aber nicht für den gesamten Zeitraum interessiert.

Dieser Verweis auf komplexere und realitätsgerechtere Modelle der Ressourcenökonomie ändert aber nichts daran, daß man bereits aus den Grundmodellen eine Menge lernen kann: sie zeigen erstens eindrucksvoll, wie die Berücksichtigung der intertemporalen Knappheit natürlicher Ressourcen die Effizienzbedingungen gegenüber gewöhnlichen, d.h. beliebig reproduzierbaren Gütern, verändert. Und zweitens legen sie nahe, daß ein schonenderer Umgang zumindest teilweise dadurch ermöglicht werden kann, daß klare Eigentumsrechte für die Ressourcen eingeführt werden.

---

25 Diese Sachverhalte werden beispielsweise in den Lehrbüchern von Ströbele 1987, 158ff und Endres/Querner 1993, 124ff erläutert.

26 Forrester, 1971; Meadows, u.a. 1972.

13.7 Zusammenfassung

Die zentralen Ergebnisse des vorliegenden Kapitels können folgendermaßen zusammengefaßt werden:

– bei vollständiger Konkurrenz entspricht die *Angebotsfunktion* der Grenzkostenfunktion (rechts vom Minimum der Durchschnittskosten) und die *Nachfragefunktion* (leicht vereinfacht formuliert) der Grenznutzenfunktion (Abschnitt 13.2);

– diese Interpretation der Angebots- und Nachfragefunktion führt zur Entwicklung des Wohlfahrtskriteriums der Summe aus Konsumentenrente und Produzentenrente. Die Marktform vollständiger Konkurrenz erweist sich als effizient, weil nur im Gleichgewichtspreis bei vollständiger Konkurrenz ein Ausgleich von Grenzkosten und Grenznutzen stattfindet (Abschnitt 13.3);

– daraus folgt unmittelbar, daß interventionistische Eingriffe bei vollständiger Konkurrenz die Wohlfahrt reduzieren. Dies setzt allerdings voraus, daß keine externen Effekte anfallen, deren Internalisierung durch Eingriffe die Wohlfahrt durchaus erhöhen kann (Abschnitt 13.4);

– die Konkretisierung dieses Grundgedankens für die Agrarmarktpolitik der Europäischen Union zeigt, daß direkte Einkommenstransfers ein hervorragendes Mittel für verteilungspolitisch motivierte Regulierungen sind, weil sie die Marktergebnisse viel weniger stören als beispielsweise Interventionspreise, Subventionen oder Steuern. Die Agrarmarktreform von 1992 wurde daher als Schritt in die richtige Richtung begrüßt (Abschnitt 13.5);

Die Bedeutung der vollständigen Konkurrenz als Leitbild der Wettbewerbspolitik ist daher zumindest dann gerechtfertigt, wenn man von steigenden Grenzkosten ausgeht und sich auf das Kriterium der Summe aus Konsumentenrente und Produzentenrente bei *gegebenen* Kosten- und Nutzenfunktionen bezieht. Die zweite Einschränkung ist notwendig, weil es durchaus sein kann, daß andere Kriterien – zum Beispiel der Anreiz zu Innovationen – in anderen Markt- und Wettbewerbsformen besser erfüllt sind.[27]

---

27 Vgl. hierzu ausführlich Kapitel 18.

Kapitel 14

Totalanalyse vollständiger Konkurrenz (Allgemeine Gleichgewichtstheorie)

14.1 Grundlagen

Im 13. Kapitel haben wir aufbauend auf den zuvor abgeleiteten Angebots- und Nachfragefunktionen Marktgleichgewichte *für einzelne Märkte* hergeleitet und wohlfahrtstheoretisch interpretiert. Dabei sind wir stets davon ausgegangen, daß die Bedingungen auf allen anderen Märkten entweder unverändert bleiben, oder von diesen zumindest keine Rückwirkungen auf den von uns betrachteten Markt ausgehen. Diese Vorgehensweise nennt man *partialanalytisch*. Grundsätzlich ändert sich beispielsweise die nutzenmaximale Nachfrage nach der Ware A, sobald sich die Bedingungen auf dem Markt für Ware B ändern und der Haushalt über eine Präferenzordnung verfügt, in der die Waren A und B gegeneinander substituierbar sind. In einer theoretisch radikalen Untersuchung müssen wir daher alle Märkte *gemeinsam* analysieren.

Das elementare Modell zur Totalanalyse vollständiger Konkurrenz stammt von Walras, wurde in den fünfziger Jahren von Kenneth J. Arrow und Gérard Debreu in der heute grundsätzlich noch gültigen Weise formuliert[1] und wird auf Grund des simultanen Gleichgewichtes auf allen Güter- und Faktormärkten als allgemeine Gleichgewichtstheorie bezeichnet. In unserer vereinfachenden Darstellung verzichten wir auf Existenz-, Eindeutigkeits- und Stabilitätsnachweise, da diese ein mathematisches Rüstzeug erfordern, das den Rahmen dieses Lehrbuchs sprengt.

In den Abschnitten 14.2 bis 14.5 leiten wir zunächst ein Gleichgewicht auf allen Märkten aus der *Nutzenmaximierung* aller Haushalte und der *Gewinnmaximierung* aller Unternehmen her. Dabei ergibt sich eine pareto-effiziente Allokation, deren Eigenschaften wir in Abschnitt 14.6 zusammenfassend erläutern. In Abschnitt 14.7 gehen wir auf den intertemporalen Aspekt der allgemeinen Gleichgewichtstheorie ein, indem wir deren Interpretation von Zinsen als Tauschphänomen erläutern.

Die Prämissen eines einfachen Grundmodells der Allgemeinen Gleichgewichtstheorie können folgendermaßen zusammengefaßt werden:

1. Die Haushalte verfügen über bestimmte Erstausstattungen an nicht-reproduzierbaren *Primärfaktoren* (Zeit und Land), die konsumiert oder als Produktionsfaktoren

---

1 Vgl. Debreu 1976, 92.

auf Märkten angeboten werden können. „Diese Erstausstattungen sind ein Vermächtnis der Vergangenheit, sie sind a priori vorgegeben."[2]

2. Die Präferenzordnungen der Haushalte erfüllen die üblichen Anforderungen der Reflexivität, Transitivität, Vollständigkeit, Nicht-Sättigung, Stetigkeit und Konvexität.[3] Auf Grundlage ihrer Präferenzordnungen maximieren die Haushalte ihre *Nutzenindexfunktionen*, deren Argumente die Primärfaktoren (beispielsweise Zeit) sowie reproduzierbare Güter (beispielsweise Hubschrauber) sind.

3. *Güter* unterscheiden sich durch ihre physische Beschaffenheit sowie durch Ort und Zeit ihrer Verfügbarkeit. Beispielsweise ist ein Glas Wasser etwas anderes als ein Glas Wein, aber ein Glas Wein um 10^{00} am gleichen Ort kann etwas anderes sein als um 23^{00} und das gleiche Glas Wein zur gleichen Uhrzeit kann in einem italienischen Restaurant etwas anderes sein als in der Wüste.

4. Neben den Primärfaktoren sind auch alle *Unternehmensanteile* im Besitz der Haushalte. Das gesamte Einkommen der Haushalte ergibt sich aus dem Einkommen aus Faktorleistungen und dem Einkommen aus Unternehmensanteilen. Unternehmen erscheinen im allgemeinen Gleichgewichtsmodell lediglich als Vikare, die das Zusammenwirken der Produktionsfaktoren unterschiedlicher Haushalte im Produktionsprozeß ermöglichen. Auf Grund des Nicht-Sättigungsaxiomes wird das gesamte Einkommen für Konsum verausgabt.

5. Die Haushalte planen ihr nutzenmaximales Faktorangebot und ihre nutzenmaximale Nachfrage *simultan* auf der Grundlage gegebener Marktpreise. Dies entspricht der Annahme vollständiger Konkurrenz auf Güter- und Faktormärkten; die Haushalte verhalten sich als *Mengenanpasser*.

6. Die Unternehmen verfügen über festgelegte *Produktionsmöglichkeiten* (Produktionsfunktionen), die die aus der Produktionstheorie bekannten Eigenschaften der Cobb-Douglas-Funktion (sinkende Grenzproduktivitäten, konstante Produktionselastizitäten und konstante Skalenerträge) erfüllen. Jedes Unternehmen produziert nur eine Ware.[4]

7. Auf Grundlage dieser Produktionsmöglichkeiten planen die Unternehmen *simultan* ihre gewinnmaximale Faktornachfrage und ihr gewinnmaximales Güterangebot auf der Basis gegebener Marktpreise (vgl. Punkt 5).

8. Wirtschaftliche Transaktionen werden erst vorgenommen, wenn die Gleichgewichtspreise und -mengen gefunden sind.

9. Es gibt weder Markteintrittsbarrieren noch Transaktionskosten oder externe Effekte.

All dies sind Annahmen, die bereits aus anderen Kapiteln bekannt sind; der Unterschied besteht in der gemeinsamen Analyse aller Entscheidungen auf allen Märkten. Die Voraussetzungen können durch die in Abschnitt 14.2 dargestellten Bezeichnungen und Beziehungen formalisiert werden.

---

2   Debreu 1976, 92.
3   Vgl. Abschnitt 8.3.1.
4   Diese vereinfachenden Annahmen sind konzeptionell nicht erforderlich, da auch Mehrprodukt- und Kuppelproduktionsunternehmen sowie steigende Skalenerträge in Teilmärkten zugelassen werden können.

14.2 Bezeichnungen und Beziehungen

$$\mathbf{E}_{hj} = (e_{h1},..., e_{hm}, e_{h,m+1},..., e_{hn})$$
= Erstausstattung des Haushalts h mit den Primärfaktoren
c = 1 bis m und den Gütern k = m + 1 bis n   (Def. 1)

Zu beachten ist, daß sich Güter in der in diesem Kapitel verwendeten Terminologie von Primärfaktoren dadurch unterscheiden, daß sie produzierbar sind. Sowohl Primärfaktoren als auch Güter können konsumiert oder als Faktoren im Produktionsprozeß eingesetzt werden. Als Oberbegriff für Güter (Output und produzierte Inputs) und Primärfaktoren (konsumierte sowie im Produktionsprozeß eingesetzte nicht-reproduzierbare Inputs) wird der Begriff *Waren* verwendet. Alle Waren mit den Indizes 1 bis m werden demnach als (nicht reproduzierbare) Primärfaktoren und alle Waren mit den Indizes m + 1 bis n als (reproduzierbare) Güter bezeichnet. Als Laufindex für *alle* Waren (Güter und Primärfaktoren) wird j verwendet. Wir unterstellen vereinfachend, daß der Haushalt nur Primärfaktoren in seiner Erstausstattung hat. Wir verwenden folgende Definitionen:

$$\mathbf{X}_{hj} = (x_{h1},..., x_{hm}, x_{h,m+1},..., x_{hn})$$
= Konsum des Haushalts h der Primärfaktoren
c = 1 bis m und der Güter k = m + 1 bis n   (Def. 2)

$$\mathbf{D}_{hj} = (d_{h1},..., d_{hm}, d_{h,m+1},..., d_{hn})$$
= Überschußnachfrage des Haushalts h nach den Primärfaktoren
c = 1 bis m und den Gütern k = m+1 bis n   (Def. 3)

Aus den Def. 1-3 folgt die Vektorgleichung (14.1):

$$\mathbf{D}_{hj} = \mathbf{X}_{hj} - \mathbf{E}_{hj} \quad \text{mit j = 1 bis n.}^5$$ (14.1)

Da der Haushalt keine Güter in seiner Erstausstattung hat, entspricht seine Nachfrage nach Gütern seiner Überschußnachfrage:

$$\mathbf{D}_{hk} = \mathbf{X}_{hk} \quad \text{für k = m + 1 bis n}$$ (14.2)

---

5 D_{hj} ist die Differenz des Konsums und der Erstausstattung an Primärfaktoren und Gütern. d_{hc} ist normalerweise negativ, da der Haushalt Primärfaktoren (z.B. Arbeitszeit) anbietet (also negativ nachfragt), um Güter zu kaufen. d_{hk} ist dagegen Null oder positiv, da der Haushalt annahmegemäß nur Primärfaktoren in seiner Erstausstattung hat. Warum D_{hj} als *Überschußnachfrage* und nicht einfach als Nachfrage bezeichnet wird, mag folgendes Beispiel erläutern. Wenn der Haushalt 7 ha Land hat und 12 ha Land haben möchte, so ist seine Überschußnachfrage die Differenz aus End- und Anfangswert (12 − 7 = 5). Normalerweise wird der Haushalt einfach sein Land behalten und 5 ha zusätzlich nachfragen, so daß man D_h auch als Nachfrage bezeichnen könnte. Für viele Zwecke ist aber die Annahme praktischer, daß der Haushalt seinen Bestand (7 ha) anbietet und seinen gewünschten Endbestand (12 ha) komplett nachfragt, so daß die Gesamtnachfrage 12 ist und die Differenz als Überschußnachfrage bezeichnet werden muß. Behält er seine 7 ha, so wird dies als *Eigen*nachfrage bezeichnet. Dies ist inhaltlich konsequent, da annahmegemäß zum bestehenden Marktpreis alle Güter untereinander getauscht werden können. Es ist daher gleichgültig, ob der Haushalt seine Nachfrage bei sich oder bei anderen Marktteilnehmern tätigt (auch wenn dies auf den ersten Blick etwas albern aussieht), und dies bringen die Begriffe Über- und Eigennachfrage zum Ausdruck.

Weiterhin definieren wir:

$$p_j = \text{Preis der Ware j} \tag{Def. 4}$$

$$y_h\,(\mathbf{E}_{hc}) = \text{Einkommen des Haushalts h aus Faktorleistungen} \tag{Def. 5}$$

Aus den Def. (1) und (5) folgt Gleichung (14.3):

$$y_h(\mathbf{E}_{hc}) = \sum_{c=1}^{m} p_c\,e_{hc} \tag{14.3}$$

Weiterhin nennen wir:

$$\widetilde{A}_{huk} = \begin{bmatrix} a_{h,1,m+1} & a_{h,2,m+1} & & a_{h,z,m+1} \\[1em] a_{h,1,n} & a_{h,2,n} & & a_{h,z,n} \end{bmatrix}$$

= Anteil des Haushalts h an den Unternehmen u = 1 bis z, die die Güter k = m + 1 bis n produzieren[6] (Def. 6)

$$\widetilde{G}_{uk} = \begin{bmatrix} g_{1,m+1} & g_{2,m+1} & & g_{z,m+1} \\[1em] g_{1,n} & g_{2,n} & & g_{z,n} \end{bmatrix}$$

=Gewinne der Unternehmen u = 1 bis z, die die Produkte k = m + 1 bis n produzieren (Def. 7)

$y_h(\widetilde{A}_{huk}) = $ Einkommen des Haushalts h aus Anteilen an den Unternehmen u = 1 bis z, die die Güter k = m + 1 bis n produzieren. (Def. 8)

Aus den Def. (7) und (8) folgt Gleichung (14.4):

$$y_h(\widetilde{A}_{huk}) = \widetilde{A}_{huk}\,\widetilde{G}_{uk} = \sum_{u=1}^{z} \sum_{k=m+1}^{n} a_{huk}g_{uk} \tag{14.4}$$

$$y_h = \text{Gesamteinkommen des Haushalts h} \tag{Def. 9}$$

Aus der Def. (9) sowie den Gleichungen (14.3) und (14.4) folgt Gleichung (14.5):

$$y_h = y_h(\mathbf{E}_{hc}) + y_h(\widetilde{A}_{huk}) = \sum_{c=1}^{m} p_c e_{hc} + \sum_{u=1}^{z} \sum_{k=m+1}^{n} a_{huk}g_{uk} \tag{14.5}$$

$U_h = U_h\,(\mathbf{X}_{hj}) = $ Nutzenindexfunktion des Haushalts h in Abhängigkeit des gesamten Konsums an Gütern und Primärfaktoren (Def. 10)

---

6   Auf einen der drei Indizes zu verzichten, indem angenommen wird, daß jedes Produkt von nur einer Firma produziert wird, ist nicht möglich, da dies die Bedingung vollständiger Konkurrenz verletzen würde. Zur Unterscheidung werden Vektoren wie immer fett und Matrizen mit einer Schlangenlinie über den Großbuchstaben dargestellt.

$x_{uk} = x_{uk}(x_{uk1}, x_{uk2},..., x_{ukn}) = x_{uk}(x_{ukj})$ Produktion des Gutes k des Unternehmens u als Funktion der Produktionsfunktion $x_{uk}(x_{ukj})$ und der Faktormengen x_{ukj} mit $j = 1$ bis n
(Def. 11)

Aus den Def. (7) und (11) sowie aus der allgemeinen Definition des Gewinns als Differenz aus Erlös und Kosten folgt Gleichung (14.6):

$$g_{uk} = p_k x_{uk}(x_{ukj}) - \sum_{j=1}^{n} p_j x_{ukj} = \text{Gewinn des Unternehmens u durch die}$$

Produktion des Gutes k   (14.6)

Damit sind die Bezeichnungen und Beziehungen zwischen den einzelnen Größen hinreichend dargestellt, um sich dem nutzenmaximierenden Verhalten der Haushalte und dem gewinnmaximierenden Verhalten der Unternehmen zuzuwenden.

14.3 Nutzenmaximierung der Haushalte

Die Budgetbeschränkung der Haushalte besteht darin, daß die Summe der Ausgaben das Einkommen als Summe der bewerteten Erstausstattungen an Primärfaktoren und Unternehmensanteilen nicht übersteigen darf. Das Nicht-Sättigungsaxiom sorgt dafür, daß beide Größen identisch sind, so daß wir als Budgetbeschränkung des Haushalts i Gleichung (14.7a) erhalten:

$$\sum_{j=1}^{n} p_j x_{hj} = \sum_{c=1}^{m} p_c e_{hc} + \sum_{u=1}^{z} \sum_{k=m+1}^{n} a_{huk} g_{uk}$$ (14.7a)

Unter Verwendung von Gleichung (14.1) folgt Gleichung (14.7b):

$$\sum_{j=1}^{n} p_j d_{hj} = \sum_{u=1}^{z} \sum_{k=m+1}^{n} a_{huk} g_{uk}$$ (14.7b)

Gleichung (14.7b) drückt aus, daß die bewerteten Überschußnachfragen der Haushalte gerade ihren Einnahmen aus Unternehmensanteilen entsprechen. Ökonomisch folgt dies daraus, daß der Wert der aggregierten Erstausstattungen im Tausch unverändert bleibt. Wie gewohnt maximieren die Haushalte ihren Nutzen auf Grundlage ihrer durch Def. 10 gegebenen Nutzenindexfunktion und ihrer Budgetbeschränkung, so daß wir als Lagrange-Ansatz

$$L = U_h(\mathbf{X}_{hj}) + \lambda \left(\sum_{j=1}^{n} p_j d_{hj} - \sum_{u=1}^{z} \sum_{k=m+1}^{n} a_{huk} g_{uk} \right)$$ (14.8a)

erhalten. Da wir die Gesamtnachfrage in der Nutzenindexfunktion gemäß Gleichung (14.1) durch die Summe der Erstausstattungen und der Überschußnachfragen ersetzen können, folgt Gleichung (14.8b):

$$L = U_h (\mathbf{D}_{hj} + \mathbf{E}_{hj}) + \lambda \left(\sum_{j=1}^{n} p_j d_{hj} - \sum_{u=1}^{z} \sum_{k=m+1}^{n} a_{huk} g_{uk} \right) \qquad (14.8b)$$

Die Bestimmung des Nutzenmaximums erfordert, daß die partiellen Ableitungen Null sind. Gefragt ist nach den nutzenmaximalen Konsummengen in (14.8a) bzw. den nutzenmaximalen Überschußnachfragen in (14.8b). Wir erhalten

$$\frac{\partial L}{\partial d_{hj}} = \frac{\partial U_h}{\partial d_{hj}} + \lambda p_j = 0 \quad \text{mit } j = 1 \text{ bis } n \qquad (14.9)$$

$$\frac{\partial L}{\partial \lambda} = \sum_{j=1}^{n} p_j d_{hj} - \sum_{u=1}^{z} \sum_{k=m+1}^{n} a_{huk} g_{uk} \qquad (14.10)$$

Gleichung (14.9) gilt für alle Primärfaktoren (c = 1 bis m) und Güter (k = m+1 bis n) und somit für alle Waren j = 1 bis n. Greifen wir willkürlich die beiden Waren mit den Indizes 3 und 4 heraus, so folgen aus Gleichung (14.9) die speziellen Gleichungen (14.9a) und (14.9b):

$$\frac{\partial U_h}{\partial d_{h3}} + \lambda p_3 = 0 \qquad (14.9a)$$

$$\frac{\partial U_h}{\partial d_{h4}} + \lambda p_4 = 0 \qquad (14.9b)$$

Dividieren wir (14.9a) und (14.9b), so erhalten wir nicht mehr und nicht weniger als die bekannte Gleichgewichtsbedingung, daß das Verhältnis der Grenznutzen zweier beliebiger Waren ihren Preisverhältnissen entspricht:

$$\frac{\dfrac{\partial U_h}{\partial d_{h3}}}{\dfrac{\partial U_h}{\partial d_{h4}}} = \frac{p_3}{p_4} \qquad (14.11)$$

Beachtenswert ist, daß dies unabhängig davon gilt, ob es sich bei den Waren um Primärfaktoren oder Güter handelt; d.h. im Dispositionsgleichgewicht entspricht beispielsweise das Grenznutzenverhältnis von Zeit und Pfannkuchen ihren Preisverhältnissen. Die Überschußnachfrage des Haushalts h nach den Waren j = 1 bis n ist demnach entsprechend Gleichung (14.12) als Funktion der Preise darstellbar:

$$\mathbf{D}_{hj} = \mathbf{D}_{hj} (p_1, ..., p_n) \quad \text{mit } j = 1 \text{ bis } n \qquad (14.12)$$

Grundsätzlich vergleichbar zur Partialanalyse sind Preise und Mengen negativ korreliert, sofern der Substitutionseffekt dominiert. Die mit Preisänderungen verbundenen Auswirkungen auf den „Wert" der Erstausstattungen und die mit Einkommens- bzw. Vermögenseffekten möglicherweise verbundenen Veränderungen der relativen Präferenzen für unterschiedliche Güter führen dazu, daß sich über den Zusammenhang zwischen Preisen und Mengen allgemein recht wenig aussagen läßt.

14.4 Gewinnmaximierung der Unternehmen

Ein Gewinnmaximum der Unternehmen ergibt sich, wenn die Gewinnfunktion (14.6) nach den Faktormengen differenziert wird und die partiellen Ableitungen gleich Null gesetzt werden. Da die Produktionsfunktion allen Faktormengen eindeutige Produktmengen zuordnet, werden die optimalen Faktormengen und die optimalen Produktmengen simultan bestimmt.

$$g_{uk} = p_k x_{uk}(x_{ukj}) - \sum_{j=1}^{n} p_j x_{ukj} \qquad (14.6)$$

$$\frac{\partial g_{uk}}{\partial x_{ukj}} = p_k \frac{\partial x_{uk}}{\partial x_{ukj}} - p_j = 0 \quad \text{für } j = 1 \text{ bis } n \qquad (14.13)$$

Greifen wir wieder willkürlich die beiden Faktoren $j = 3$ und $j = 4$ heraus, so erhalten wir

$$p_k \frac{\partial x_{uk}}{\partial x_{uk3}} = p_3 \qquad (14.13a)$$

$$p_k \frac{\partial x_{uk}}{\partial x_{uk4}} = p_4 \qquad (14.13b)$$

Die Division der Gleichungen (14.13a) und (14.13b) führt zur bekannten Gleichgewichtsbedingung, daß das Verhältnis der Grenzproduktivitäten zweier beliebiger Produktionsfaktoren ihren Preisverhältnissen entspricht:

$$\frac{\dfrac{\partial x_{uk}}{\partial x_{uk3}}}{\dfrac{\partial x_{uk}}{\partial x_{uk4}}} = \frac{p_3}{p_4} \qquad (14.14)$$

Wie sich die Überschußnachfrage des Haushalts h als Funktion *aller* Preise ausdrücken läßt, so ist auch die Faktornachfrage des Unternehmens u zur Produktion des Gutes k eine Funktion der Preise:

$$X_{ukj} = X_{ukj}(p_1,...,p_n) = X_{ukj}(p_j) \quad \text{mit } j = 1 \text{ bis } n \qquad (14.15)$$

Die Annahme sinkender Grenzproduktivitäten sichert die negative Korrelation von Faktorpreisen und -mengen. Da die Unternehmen zu Beginn der Betrachtung keine Güter oder Primärfaktoren besitzen, entspricht die gesamte Faktornachfrage X_{ukj} eines Unternehmens u zur Produktion des Gutes k seiner Überschußnachfrage D_{ukj}:[7]

$$X_{ukj}(p_j) = D_{ukj}(p_j) \quad \text{mit } j = 1 \text{ bis } n \qquad (14.16)$$

---

7   Dem liegt der Gedanke zugrunde, daß die Unternehmen ihre Faktornachfrage durch den Güterverkauf finanzieren. Da alle Kontrakte bereits zum Ausgangszeitpunkt geschlossen werden, entsteht dadurch kein Liquiditätsproblem.

Betrachten wir nun nochmals Gleichung (14.13), die zunächst dazu herangezogen wurde, um die in Gleichung (14.14) dargestellte Gleichgewichtsbedingung abzuleiten. Darüber hinaus zeigt (14.13), daß das monetär bewertete Grenzprodukt jedes Faktors (d.h. der dem Faktor zurechenbare Grenzerlös) dem Faktorpreis (den Grenzkosten) entspricht.[8]

$$p_k \frac{\partial x_{uk}}{\partial x_{ukj}} = p_j \quad (14.13c) \qquad \Leftrightarrow \qquad \frac{\partial x_{uk}}{\partial x_{ukj}} = \frac{p_j}{p_k} \qquad (14.13d)$$

Bei substitutionalen Produktionsfunktionen mit konstanten Skalenerträgen ist das Gesamtprodukt gemäß Gleichung (14.17) die Summe der mit den Faktormengen multiplizierten Grenzproduktivitäten:[9]

$$x_{uk} = \frac{\partial x_{uk}}{\partial x_{uk1}} x_{uk1} + \cdots + \frac{\partial x_{uk}}{\partial x_{ukn}} x_{ukn} = \sum_{j=1}^{n} \frac{\partial x_{uk}}{\partial x_{ukj}} x_{ukj} \qquad (14.17)$$

$$(14.13d) \text{ in } (14.17) \Rightarrow x_{uk} = \sum_{j=1}^{n} \frac{p_j}{p_k} x_{ukj} \qquad (14.18)$$

Setzen wir Gleichung (14.18) in Gleichung (14.6) ein, so erhalten wir den Gewinn des Unternehmens u durch die Produktion des Gutes k:

$$g_{uk} = p_k \sum_{j=1}^{n} \frac{p_j}{p_k} x_{ukj} - \sum_{j=1}^{n} p_j x_{ukj} \qquad (14.19a)$$

$$\Rightarrow \quad g_{uk} = \sum_{j=1}^{n} p_j x_{ukj} - \sum_{j=1}^{n} p_j x_{ukj} = 0 \qquad (14.19b)$$

Gleichung (14.19b) sagt aus, daß *das gewinnmaximierende Unternehmen einen Gewinn von Null erzielt* und jede andere Strategie zu einem Verlust führt. Ein Gewinn von Null bedeutet, daß die gesamten Erlöse den gesamten Kosten entsprechen oder anders ausgedrückt, daß die gesamten Erlöse an die Besitzer der Produktionsfaktoren ausgeschüttet werden. Dies widerspricht keineswegs der Partialanalyse vollständiger Konkurrenz, wo ein positiver Deckungsbeitrag bzw. eine positive Produzentenrente ermittelt wurde. Wir gingen dort ja von der Konstanz aller Produktionsfaktoren bis auf einen aus (partielle Faktorvariation), und ein Gewinn von Null bedeutet dann, daß die Produzentenrente genau dem Einkommen der konstant gesetzten Faktoren entspricht. Gleichung (14.19b) bleibt demnach erfüllt.

---

8   Dies gilt nur bei vollständiger Konkurrenz. Andernfalls könnten weder p_k noch p_j als mengenunabhängig betrachtet werden.

9   Vgl. das Produktausschöpfungstheorem in Abschnitt 6.5.

14.5 Marktgleichgewicht

Ein Marktgleichgewicht erfordert, daß die gewinnmaximierenden Pläne der Unternehmen und die nutzenmaximierenden Pläne der Haushalte miteinander vereinbar sind. Der Auktionator sucht demnach die Preise, bei denen die angebotenen und nachgefragten Mengen für alle Güter und Primärfaktoren übereinstimmen. Anders formuliert bedeutet dies, daß die aggregierte Überschußnachfrage aller Wirtschaftssubjekte nach jeder Ware insgesamt Null sein muß, denn die Überschußnachfragen sind für jedes Wirtschaftssubjekt als Differenz aus Nachfrage und Angebot definiert. Übersteigt beispielsweise die Nachfrage des Haushalts 1 nach Bier sein Angebot um 3 Einheiten und existieren nur ein Haushalt und ein Unternehmen, so muß die Überschußnachfrage des Unternehmens nach Bier 3 betragen, damit die Dispositionsgleichgewichte übereinstimmen. Üblicherweise sind die Überschußnachfragen der Haushalte nach Primärfaktoren negativ und nach Gütern positiv; bei den Unternehmen sind die Überschußnachfragen nach Primärfaktoren stets positiv und die nach produzierbaren Waren positiv oder negativ, je nachdem, ob die Ware als Input oder Output fungiert. Die Überschußnachfrage *aller* q Haushalte nach einem Primärfaktor c ergibt sich aus Gleichung (14.12) und ist

$$D_{hc} = \sum_{h=1}^{q} d_{hc}(p_j) \quad \text{mit } j = 1 \text{ bis } n \quad {}^{10} \tag{14.20}$$

Die Überschußnachfrage aller Unternehmen aller m+1 bis n Branchen nach einem Primärfaktor c setzt sich aus der Nachfrage aller Unternehmen u = 1 bis z zur Produktion aller Güter k = m+1 bis n zusammen:

$$D_{uc} = \sum_{u=1}^{z} \sum_{k=m+1}^{n} d_{ukc}(p_j) \quad \text{mit } j = 1 \text{ bis } n \tag{14.21}$$

Da die Summe der Überschußnachfragen aller Marktteilnehmer Null betragen muß, lautet die Gleichgewichtsbedingung für den Primärfaktor c

$$\sum_{h=1}^{q} d_{hc}(p_j) + \sum_{u=1}^{z} \sum_{k=m+1}^{n} d_{ukc}(p_j) = 0 \tag{14.22}$$

Da dies für alle m Primärfaktoren gilt, erhalten wir m Gleichgewichtsbedingungen für die Primärfaktormärkte. Entsprechend ist die Überschußnachfrage aller q Haushalte nach einem bestimmten Gut $\bar{k}$

$$D_{h\bar{k}} = \sum_{h=1}^{q} d_{h\bar{k}}(p_j) \quad \text{mit } j = 1 \text{ bis } n \tag{14.23}$$

Analog zu Gleichung (14.21) ist die Überschußnachfrage der Unternehmen

$$D_{u\bar{k}} = \sum_{u=1}^{z} \sum_{k=m+1}^{n} d_{u\bar{k}}(p_j) \quad \text{mit } j = 1 \text{ bis } n \tag{14.24}$$

---

10   p ist der Vektor, der alle Preise $p_1,...,p_n$ enthält.

Die Gleichgewichtsbedingung für den Gütermarkt der Ware $\bar{k}$ lautet somit[11]

$$D_{h\bar{k}} + D_{u\bar{k}} = 0 \tag{14.25}$$

Dies gilt für alle m+1 bis n Güter, so daß wir als Gleichgewichtsbedingungen für Gütermärkte n−m Gleichungen erhalten.

Ein totales mikroökonomisches Gleichgewicht erfordert, daß die Überschußnachfragen auf allen Teilmärkten Null sind. Gemäß den Gleichungssystemen (14.22) und (14.25) verfügen wir über m Gleichungen für die Primärfaktormärkte und über n−m Gleichungen für Gütermarktgleichgewichte, so daß insgesamt n Gleichgewichtsbedingungen für die n Warenmärkte vorliegen. Darüber hinaus wissen wir gemäß Gleichung (14.19b), daß im Gleichgewicht die Gewinne aller Unternehmen Null sind, so daß wir aus der Produktion von n−m Gütern n−m weitere Gleichungen erhalten. Insgesamt verfügen wir demnach über n+n−m = 2n−m Gleichungen. Davon sind aber nur 2n−m−1 Gleichungen linear unabhängig, was intuitiv nachvollziehbar ist. Nehmen wir an, daß sich die Haushalte bei gegebenen Preisen für ihre Nachfrage nach n−1 Gütern entschieden haben. Damit haben sie implizit auch die Nachfrage nach dem n-ten Gut festgelegt, weil der Restwert ihrer Erstausstattungen irgendwo geblieben sein muß. Dies bedeutet, daß die Dispositionsgleichgewichte der Haushalte für n−1 Waren auch ein Dispositionsgleichgewicht für die n-te Ware beinhalten und aus einem Marktgleichgewicht für n−1 Waren daher folgt, daß auch der n-te Markt im Gleichgewicht ist.[12] Zur Bestimmung des totalen mikroökonomischen Gleichgewichtes stehen demnach 2n−m−1 Gleichungen zur Verfügung, wobei n die Anzahl aller Waren (Güter und Primärfaktoren) und m die Anzahl der Primärfaktoren ist.

Als Unbekannte enthält das Modell die n Preise aller Waren (Güter und Primärfaktoren) sowie die n−m Gütermengen. Die Mengen der m Primärfaktoren sind dagegen modellexogen gegeben. Insgesamt gibt es also n+n−m = 2n−m Unbekannte, denen 2n−m−1 unabhängige Gleichungen gegenüberstehen. Um das somit unterbestimmte System lösen zu können, muß eine Ware zum Wertstandard erhoben werden, indem ihr Preis gleich Eins gesetzt wird. Erst diese Wahl eines „numéraires" (beispielsweise $p_k = 1$) erlaubt die Lösung des Systems, so daß in allgemeinen Gleichgewichtsmodellen nur *relative* Preise bestimmt werden können.[13]

14.6 Wohlfahrtstheoretische Interpretation

An verschiedenen Stellen haben wir als zentrale Eigenschaft der Marktform vollständiger Konkurrenz deren Pareto-Effizienz hervorgehoben. Wir müssen nun also im

---

11   Es wird nochmals darauf hingewiesen, daß die Unterscheidung zwischen Gütern und Faktoren sich *nicht* auf Input und Output, sondern auf produzierbare Güter und Faktoren einerseits und Primärfaktoren andererseits bezieht.

12   Dies wird als Walras-Gesetz bezeichnet.

13   Der Nachweis, unter welchen Umständen das betrachtete Gleichungssystem eine eindeutige Lösung hat, ist formal recht kompliziert, so daß auf die Darstellung bei Mas-Colell/Whinston/Green 1995, 606ff verwiesen sei.

Rahmen der allgemeinen Gleichgewichtstheorie genauer begründen, warum die im vorhergehenden Abschnitt beschriebene Ressourcenallokation pareto-effizient ist. Dabei greifen wir neben den Ergebnissen aus der Partialanalyse vollständiger Konkurrenz auch auf die Ergebnisse aus der Edgeworth-Box[14] und dem Mehrproduktunternehmen[15] zurück. Eine pareto-effiziente Allokation setzt voraus, daß sich jedes Wirtschaftssubjekt im (Haushalts- oder Unternehmens-) Gleichgewicht befindet, da es andernfalls seinen Nutzen beim *gegebenen Preisvektor* erhöhen könnte. Da unter den in Abschnitt 14.1 getroffenen Annahmen ein Preisvektor existiert, der die Pläne aller Wirtschaftssubjekte miteinander vereinbar macht, ist die Marktform vollständiger Konkurrenz in der Tat pareto-effizient.

Dieses Ergebnis wird auch als *erster Hauptsatz* der Wohlfahrtstheorie bezeichnet. Ferner drückt der *zweite Hauptsatz* der Wohlfahrtstheorie aus, daß jede pareto-effiziente Allokation durch ein Marktgleichgewicht bei vollständiger Konkurrenz dezentralisiert werden kann. Im folgenden werden die Bedingungen für das Vorliegen von Pareto-Effizienz zusammengefaßt.

1. Aus der Nutzenmaximierung der Haushalte erhielten wir das schon bekannte Ergebnis, daß im Gleichgewicht das Grenznutzenverhältnis zweier beliebiger Güter a und b gemäß Gleichung (14.26) dem Preisverhältnis und der reziproken Grenzrate der Substitution (MRS)[16] entspricht:

$$
\frac{\dfrac{\partial U}{\partial y_a}}{\dfrac{\partial U}{\partial y_b}} = \frac{p_a}{p_b} = \left| \frac{dy_b}{dy_a} \right|^S \tag{14.26}
$$

Das Preisverhältnis kann dabei als objektive Grenzrate der Substitution interpretiert werden, die gemeinsam mit der Budgetrestriktion (den Erstausstattungen und ihren Preisen) die Konsummöglichkeiten des Haushalts beschränkt. Da diese Gleichgewichtsbedingung für *jeden* Haushalt gilt und die Preise bei vollständiger Konkurrenz für alle Haushalte identisch sind, können wir auf einen Index für die Haushalte verzichten; die Grenznutzenverhältnisse aller Waren sind für alle Haushalte gleich.

Dies ist eine erste Effizienzbedingung, da sonst durch einen Tausch der Nutzen des einen erhöht werden könnte, ohne den Nutzen des anderen zu schmälern. Gleichung (14.26) ist bei vollständiger Konkurrenz erfüllt. Beachtet werden muß, daß es sich bei y_i um Güter oder Primärfaktoren handelt. Dies bedeutet, daß die geschilderten Marginalkalküle der Haushalte in gleicher Weise für ihre Faktorangebote, also beispielsweise für ihr Arbeitsangebotsverhalten gelten.

2. Gewinnmaximierung seitens der Unternehmen erfordert, daß das Grenzkostenverhältnis zur Produktion zweier beliebiger Güter a und b gemäß Gleichung (14.27)

---

14   Vgl. oben, Kapitel 11.
15   Vgl. oben, Kapitel 7.
16   Die Grenzrate der Substitution der Haushalte wird hier mit einem S indiziert, um sie von der noch benötigten Grenzrate der Transformation unterscheiden zu können.

dem Preisverhältnis und der umgekehrten Grenzrate der Transformation entspricht.

$$\frac{\frac{\partial K}{\partial y_a}}{\frac{\partial K}{\partial y_b}} = \frac{p_a}{p_b} = \left|\frac{dy_b}{dy_a}\right|^T \tag{14.27}$$

Auch dies ist eine elementare und einsichtige Optimalitätsbedingung. Wäre das Verhältnis der Preise der Güter a und b größer als das Verhältnis der Grenzkosten, so könnte der Gewinn durch eine Ausdehnung der a-Produktion im Vergleich zur b-Produktion gesteigert werden.

3. Die Gleichgewichtspreise sorgen dafür, daß die Angebots- und Nachfragemengen und -preise miteinander vereinbar sind. Gleichgewichtspreise sind demnach die einzigen Preise, bei denen die Gleichungen (14.26) und (14.27) simultan erfüllt sind und die Preise p_a und p_b in den Gleichungen (14.26) und (14.27) identisch sind. Im Gleichgewicht gilt somit Gleichung (14.28)

$$\frac{\frac{\partial U}{\partial y_a}}{\frac{\partial U}{\partial y_b}} = \frac{\frac{\partial K}{\partial y_a}}{\frac{\partial K}{\partial y_b}} = \left|\frac{dy_b}{dy_a}\right|^S = \left|\frac{dy_b}{dy_a}\right|^T = \frac{p_a}{p_b} \tag{14.28}$$

Gleichung (14.28) wird unter Verwendung des dritten und des vierten Terms meist so formuliert, daß bei einer pareto-effizienten Allokation der Ressourcen die Grenzrate der Substitution im Konsum der Grenzrate der Transformation in der Produktion entspricht. Transparenter wird dieses Ergebnis aber unter Verwendung der ersten beiden Terme, da diese letztlich nichts anderes ausdrücken als die Übertragung des bekannten Marginalkalküls auf die gesamte Ökonomie. Das Verhältnis der Grenzkosten zweier Waren muß dem Verhältnis der Grenznutzen entsprechen. Dies wird über das Preisverhältnis p_a/p_b erreicht, an das die Haushalte und die Unternehmen *über Mengenveränderungen* das Grenznutzen- bzw. das Grenzkostenverhältnis anpassen.

Die geschilderten Ergebnisse gelten (abgesehen von irrelevanten Spezialfällen) ausschließlich für die Marktform vollständiger Konkurrenz, da in allen anderen Marktformen die Gewinnmaximierung der Unternehmen nicht zur Bedingung des Ausgleiches der Marktpreise mit den Grenzkosten führt und somit eine elementare Effizienzbedingung verletzt ist. Damit bestätigt sich die mit Hilfe der Konsumenten- und Produzentenrente durchgeführte wohlfahrtstheoretische Betrachtung der Partialanalyse auch in der mikroökonomischen Totalanalyse, wenn auf interpersonelle Nutzenvergleiche verzichtet und das Pareto-Kriterium angewendet wird.

14.7   Zinsen als Tauschphänomen *

14.7.1   Darstellung

In der mühseligen Beschäftigung mit den Formeln zur Darstellung der Gleichgewichtsbedingungen bei vollständiger Konkurrenz mag dem einen oder anderen Leser in Erinnerung gekommen sein, daß Güter eingangs nach ihrer physischen, zeitlichen und örtlichen Beschaffenheit definiert wurden, ohne daß jemals darauf Bezug genommen wurde. Der Verzicht auf eine zeitliche oder örtliche Indizierung der Güter hieß aber nicht, daß nun doch alle physisch identischen Güter gleich behandelt worden wären. Die Gütermenge X_j enthält immer dann einen anderen Warenindex (also ein anderes j), wenn sich die Güter entweder physisch, zeitlich oder örtlich unterscheiden. Beispielsweise mag x_{26} eine Tonne Weizen zum Zeitpunkt Null und x_{28} eine Tonne Weizen zum Zeitpunkt Eins sein. Da im totalen mikroökonomischen Gleichgewicht alle relativen Preise für alle Güter ermittelt werden, gibt es auch eine Tauschrelation zwischen einer Tonne Weizen im Zeitpunkt Null und einer Tonne Weizen im Zeitpunkt Eins. Diesem Aspekt gehen wir nun genauer nach.

Um auch in der Darstellung deutlich zu machen, daß wir uns nun mit dem Tausch physisch identischer Güter am gleichen Ort zu unterschiedlichen Zeitpunkten beschäftigen, führen wir den Zeitindex explizit ein und bezeichnen eine bestimmte Menge der Ware Eins zum Zeitpunkt t^0 mit x_1^0 und eine (andere) Menge der gleichen Ware zum Zeitpunkt t^1 mit x_1^1. Entsprechend seien die Preise der Waren p_1^0 und p_1^1. Beachtet werden muß, daß p_1^1 nicht bedeutet, daß der Preis erst in Periode Eins zu entrichten wäre. p_1^1 ist der heute zu zahlende Preis für die Verfügbarkeit über eine Einheit der Ware Eins in Periode Eins. Ist die Ware Eins Weizen und beträgt p_1^1 beispielsweise 1,6, so heißt dies, daß der Preis in Periode Null von Weizen, der in Periode Eins verfügbar ist, 1,6 (ausgedrückt im Wertstandard) ist. Im Gegensatz zu Preisen, die in der laufenden Periode (also zum Zeitpunkt der Verfügbarkeit der Waren) entrichtet werden, bezeichnet man solche Preise als Gegenwartspreise. In der Realität existieren solche Termin- oder Zukunftsmärkte mit Gegenwartspreisen beispielsweise für einige landwirtschaftliche Produkte (z.B. Weizen), für Devisen und Wertpapiere.

Nehmen wir nun willkürlich an, der Gegenwartspreis einer Tonne heute verfügbaren Weizens sei 2 und der Gegenwartspreis einer Tonne in der Periode Eins verfügbaren Weizens 1,6. Fragen wir uns nun, wieviel Tonnen Weizen in der Periode Eins ein Haushalt erhalten kann, der auf eine Tonne Weizen in der Periode Null verzichtet. Da die Preisverhältnisse den Mengenverhältnissen reziprok proportional sind, folgt mit $p_1^0 = 2$ und $p_1^1 = 1,6$

$$\frac{p_1^0}{p_1^1} = \frac{y_1^1}{y_1^0} = \frac{2}{1,6} \quad (14.29) \quad \Leftrightarrow \quad \frac{2}{1,6} y_1^0 = 1,25 \, y_1^0 = y_1^1 \qquad (14.29a)$$

(14.29a) zeigt, daß bei gegebenen Preisen

$$p_1^0 = 2 \text{ und } p_1^1 = 1,6$$

eine Tonne Weizen heute gegen 1,25 Tonnen Weizen morgen getauscht werden kann. Für viele Fragestellungen ist es nun nützlich, die *physische Überschußrate* des Weizens zu bestimmen, die sich ergibt, wenn Weizen in der Periode Null (heute) gegen Weizen in der Periode Eins (morgen) getauscht wird. Wie alle Prozentgrößen, so erhält man auch die physische Überschußrate, indem man die alte Größe von der neuen abzieht und durch den Ausgangswert dividiert:

$$\frac{y_1^1 - y_1^0}{y_1^0} = \frac{y_1^1}{y_1^0} - 1 = \frac{1,25}{1} - 1 = 0,25 \tag{14.30}$$

Die physische Überschußrate von Weizen der Periode Null zur Periode Eins beträgt in unserem Beispiel 25 % und wird als *Eigenzins (own rate of interest)* der Ware Eins bezeichnet und mit r_1 abgekürzt. Auf Grund des Zusammenhanges von Mengen und Preisen kann der Eigenzins jeder Ware auch direkt aus den Preisen ermittelt werden:

$$r_1 = \frac{y_1^1}{y_1^0} - 1 = \frac{p_1^0}{p_1^1} - 1 = 0,25 \tag{14.31}$$

Der auf den ersten Blick merkwürdige Begriff „Eigenzins" erschließt sich, wenn wir die für Weizen angestellte Überlegung für die Ware durchführen, deren Preis in Periode Null gleich Eins gesetzt wurde, d.h. weniger kompliziert formuliert: für die Geldware. Erfahrungsgemäß ist es bei Banken möglich, eine bestimmte Geldmenge heute gegen eine andere (größere) Geldmenge zum Zeitpunkt t^1 zu tauschen. Nehmen wir an, daß man für eine Einheit der mit n bezeichneten Geldware zum Zeitpunkt t^0 ($y_n^0 = 1$) 1,1 Einheiten der Geldware zum Zeitpunkt t^1 erhält ($y_n^1 = 1,1$), so gilt

$$r_n = \frac{y_n^1}{y_n^0} - 1 = \frac{1,1}{1} - 1 = 0,1 \tag{14.32}$$

(14.32) zeigt, daß die Überschußrate des Geldes in unserem Beispiel 10 % beträgt. Diese Überschußrate wird üblicherweise als Zins (des Geldes) bezeichnet und ist nichts anderes als das Verhältnis der Gegenwartspreise des Geldes zum Zeitpunkt t^0 und t^1:

$$r_n = \frac{y_n^1}{y_n^0} - 1 = \frac{p_n^0}{p_n^1} - 1 = 0,1 \tag{14.32a}$$

Da der Preis des numéraire (des Geldes) definitionsgemäß Eins ist, gilt

$$p_n^1 = \frac{p_n^0}{(1 + r_n)} = 0,909 \tag{14.32b}$$

Aus dem gleichen Grund, aus dem r_n als (Eigen-)zins des Geldes bezeichnet wird, nennt man r_1 den Eigenzins der Ware Eins. Um den Zusammenhang zwischen Eigenzinsen und „gewöhnlichen" Tauschverhältnissen (Preisen) weiter verfolgen zu können, führen wir zunächst noch eine weitere Ware ein, der wir den Index Zwei zuordnen und die wir Eisen nennen. Der Gegenwartspreis der heutigen Verfügbarkeit sei $p_2^0 = 10$ und der Gegenwartspreis der Verfügbarkeit zum Zeitpunkt t^1 sei $p_2^1 = 4$, so daß die Ware einen ausgesprochen hohen Eigenzins von 150 % aufweist:

$$r_2 = \frac{p_2^0}{p_2^1} - 1 = \frac{y_2^1}{y_2^0} - 1 = \frac{10}{4} - 1 = 1,5 \tag{14.33}$$

Wir betrachten nun ein Wirtschaftssubjekt (beispielsweise den Haushalt i in seiner Eigenschaft als Unternehmenseigner), das zum Zeitpunkt t^0 über eine Einheit der Geldware verfügt und die nicht ganz ungewöhnliche Zielsetzung verfolgt, am Ende der Periode t^1 möglichst viel Geld zu haben. Offensichtlich gibt es verschiedene Möglichkeiten. Der Haushalt kann sein Geld heute direkt gegen Geld morgen tauschen (d.h. sein Geld zur Bank bringen), so daß er am Ende der Periode t^1 gemäß dem Geldzins von 10 % über 1,1 Einheiten Geld verfügt oder er kann seine Geldware zunächst gegen eine andere Ware tauschen und hoffen, daß er auf diese Art am Ende mehr Geld haben wird als beim Tausch Geld gegen Geld. Nehmen wir zunächst an, daß der Haushalt sein Geld gegen Weizen tauscht.[17]

$$\frac{p_1^0}{p_n^0} = \frac{y_n^0}{y_1^0} \quad \Leftrightarrow \quad y_1^0 = y_n^0 \frac{p_n^0}{p_1^0} = 1\frac{1}{2} = 0,5 \tag{14.34}$$

Bei den herrschenden Preisverhältnissen erhält unser Haushalt i für eine Einheit Geld 0,5 Weizeneinheiten; nichts anderes bedeutet ja der Weizenpreis $p_1^0 = 2$. Der Haushalt verfügt nun über 0,5 Weizeneinheiten, die zum gegenwärtigen Zeitpunkt verfügbar sind. Er hat wieder zahlreiche Tauschmöglichkeiten. Beispielsweise könnte er Weizen heute gegen Eisen morgen oder direkt Weizen heute gegen Geld morgen tauschen. Er entscheidet sich dafür, zunächst Weizen zum Zeitpunkt t^0 gegen Weizen zum Zeitpunkt t^1 zu tauschen und erhält

$$\frac{p_1^0}{p_1^1} = \frac{y_1^1}{y_1^0} \quad \Leftrightarrow \quad y_1^1 = y_1^0 \frac{p_1^0}{p_1^1} = 0,5 \frac{2}{1,6} = 0,625 \tag{14.35}$$

Tauscht er nun diese Weizenmenge gegen Geld zum Zeitpunkt t^1, so muß er enttäuscht feststellen, daß seine umständlichen Transaktionen fruchtlos waren:

$$\frac{p_1^1}{p_n^1} = \frac{y_n^1}{y_1^1} \quad \Leftrightarrow \quad y_n^1 = y_1^1 \frac{p_1^1}{p_n^1} = 0,625 \frac{1,6}{0,909} = 1,1 \tag{14.36}$$

Auch wenn der Haushalt, angelockt von der hohen physischen Überschußrate des Eisens, seine Geldware zunächst in Eisen anlegt und schließlich die Verfügbarkeit über Eisen in der Periode eins gegen Geld tauscht, wird er am Ende nur den Geldzins von 10 % realisiert haben. Dieses Gleichgewicht der in der Geldware ausgedrückten Überschüsse wird als Ausschluß von Tausch- oder Arbitragegewinnen bezeichnet und stellt sicher, daß bei jeder ökonomischen Transaktion ein Gewinn von Null anfällt. Diese Formulierung scheint auf den ersten Blick verblüffend zu sein, weil unser Geldbesitzer doch offensichtlich eine in Geld ausgedrückte Überschußrate von 10 % erzielen kann. Diesen in Geld ausgedrückten Überschuß von 10 % beim intertemporalen Tausch kann aber nicht nur der Geldbesitzer, sondern jeder Warenbesitzer realisieren,

---

17   In der Alltagssprache nennt man so etwas „kaufen"; hier kommt es aber darauf an, Geld als Ware wie jede andere zu behandeln, so daß es keinen Unterschied zwischen Kauf und Verkauf gibt.

sieren, wie eine Beispielrechnung für einen Haushalt, der eine Einheit Eisen besitzt, zeigt. Angenommen der Eisenbesitzer tauscht sein Eisen zum Zeitpunkt t^0 gegen die Verfügbarkeit über Eisen zum Zeitpunkt t^1, indem er sein Eisen vielleicht dazu verwendet, mehr Eisen zu produzieren. Gemäß dem hohen Eigenzins des Eisens erhält er

$$\frac{y_2^0}{y_2^1} = \frac{p_2^1}{p_2^0} \quad \Leftrightarrow \quad y_2^1 = y_2^0 \frac{p_2^0}{p_2^1} = 1\frac{10}{4} = 2,5 \tag{14.37}$$

Dieses Eisen tauscht er nun gegen die Verfügbarkeit über die Geldware zum Zeitpunkt t^1 (alltagssprachlich: er verkauft sein produziertes Eisen) und erhält gemäß den Preisverhältnissen von Eisen in t^1 und Geld in t^1:

$$\frac{y_2^1}{y_n^1} = \frac{p_n^1}{p_2^1} \quad \Leftrightarrow \quad y_n^1 = y_2^1 \frac{p_2^1}{p_n^1} = 2,5 \frac{4}{0,909} = 11 \tag{14.38}$$

Anstatt der Verfügbarkeit über eine Eiseneinheit zum Zeitpunkt t^0 besitzt der ehemalige Eisenbesitzer nun die Verfügungsrechte über 11 Einheiten Geldware zum Zeitpunkt t^1. Um seine in der Geldware ausgedrückte Verzinsung des Eisens, die man als Eisen*rentabilität* oder *rate of return* des Eisens bezeichnet, zu berechnen, müssen wir die 11 Einheiten der Geldware in der Periode t^1 mit dem in *Geld ausgedrückten* Wert einer Einheit Eisen in t^0 vergleichen. Der Geldwert des Eisens in der Periode t^0 ist die Geldmenge, die der Eisenbesitzer gegen sein Eisen eintauschen könnte und beträgt demnach

$$\frac{y_n^0}{y_2^0} = \frac{p_2^0}{p_n^0} \quad \Leftrightarrow \quad y_n^0 = y_2^0 \frac{p_2^0}{p_n^0} = 1\frac{10}{1} = 10 = p_2^0 \tag{14.39}$$

Die mit r_2^* bezeichnete und in der Geldware ausgedrückte Überschußrate des Eisenbesitzers (die rate of return) beträgt demnach

$$r_2^* = \frac{11}{10} - 1 = 0,1 \tag{14.40}$$

und entspricht der Verzinsung der Geldware. Auf diese Art läßt sich leicht zeigen, daß jeder Warenbesitzer die gleiche rate of return erzielt und diese dem Geldzins entspricht; erklärungsbedürftig ist aber noch, warum in der allgemeinen Gleichgewichtstheorie in diesem Fall davon gesprochen wird, daß die Gewinne der Unternehmen Null sind. Die Begründung ist, daß die Verzinsung der Geldware *nicht* als Gewinn bezeichnet wird und im *Rahmen der Theorie auch gar nicht so bezeichnet werden darf.* Denn die Geldware ist einfach eine beliebige Ware, deren Preis gleich Eins gesetzt wurde, um eine Unbekannte aus dem Gleichungssystem zur Bestimmung der Gleichgewichtspreise zu eliminieren. Dies kann ohne weiteres gemacht werden, weil es annahmegemäß nur auf die relativen und nicht auf die absoluten Preise ankommt.

Diese Ware, die wie alle Waren als Gut oder Faktor Verwendung finden kann, wird am Markt angeboten und erzielt *wie alle Faktoren* ein Faktoreinkommen, das sich aus Angebot und Nachfrage bildet. Das Tauschverhältnis der Geldware zum Zeitpunkt t^0 gegen die Geldware zum Zeitpunkt t^1 (bezeichnet als Geldzins) ist im Rahmen der neoklassischen Theorie ein relativer Preis wie jeder andere auch; und es gibt überhaupt keinen Grund, ausgerechnet diesen Preis als Gewinn zu bezeichnen und das Tauschverhältnis von Hühnern, Hubschraubern und Honigkuchenpferdchen zum Zeitpunkt t^0 nicht. Der einzige Unterschied besteht darin, daß beim intertemporalen Tausch in die Preise auch Präferenzen über Zeitpunkte der Verfügbarkeit eingehen, was für die Theorie aber von keiner besonderen Bedeutung ist.

Da die Geldware eine beliebige Ware wie jede andere ist, gibt es auch keinen Grund dafür, die Überschußraten ausgerechnet im numéraire auszudrücken, ebenso könnte man auch Überschußraten des Weizens, ausgedrückt in Eisen, bestimmen. Der Ausschluß von Arbitrage sorgt dafür, daß auch die in anderen Waren ausgedrückten Überschußraten alle identisch sind. *Diese Überlegungen zeigen, daß auch die Zinstheorie im Rahmen der allgemeinen Gleichgewichtstheorie nichts anderes ist als ein Teil der allgemeinen Tausch- und Preistheorie.* Produktion ist dabei lediglich intertemporaler Tausch der Verfügbarkeit von Waren heute gegen ihre Verfügbarkeit morgen: Entscheidet sich ein Geldbesitzer dafür, Weizen zu produzieren, der zum Zeitpunkt t^1 verfügbar ist, so entscheidet er sich gleichzeitig gegen die Möglichkeit, Weizen *heute* zu konsumieren.

14.7.2 Begründung positiver Eigenzinsen

Nach der Darstellung des Eigenzinskonzeptes muß nun präzisiert werden, wie die Höhe der Zinsen analog zu anderen Preisen aus den Produktions- und Nutzenfunktionen abgeleitet wird. Insbesondere ist begründungsbedürftig, warum bei unserem Beispiel umstandslos alle Eigenzinsen als positiv unterstellt werden. Dazu betrachten wir einmal mehr die elementare Bedingung, daß die Preisverhältnisse zweier Waren im Haushaltsgleichgewicht der reziproken Grenzrate der Substitution entsprechen:

$$\frac{p_i^0}{p_i^1} = \left| \frac{dy_i^1}{dy_i^0} \right| \tag{14.41}$$

In diesem speziellen Fall handelt es sich um zwei physisch identische Güter, die sich ausschließlich hinsichtlich des Zeitpunktes ihrer Verfügbarkeit unterscheiden. Positive Eigenzinsen bedeuten, daß der Preis der heutigen Verfügbarkeit (p_i^0) der Ware i größer ist als der Gegenwartspreis der Verfügbarkeit zum Zeitpunkt t^1 (p_i^1), so daß

$$\frac{p_i^0}{p_i^1} = \left| \frac{dy_i^1}{dy_i^0} \right| > 1 \tag{14.41a}$$

gelten muß. Gleichung (14.41a) drückt aus, daß positive Eigenzinsen implizieren, daß die Grenzrate der Substitution zwischen Zukunfts- und Gegenwartskonsum *im Gleichgewicht* größer als Eins ist; daß der Haushalt in seinem Dispositionsgleichgewicht also für eine Einheit Konsum heute eine größere Konsummenge im Zeitpunkt t^1 fordert.

Um den Gründen dafür nachzugehen, unterscheiden wir beispielhaft vier Konstellationen und überprüfen, welche Grenzraten der Substitution sich ergeben. Dabei wird jedesmal unterstellt, daß sich unser Haushalt auf einer einsamen Insel befindet und versucht, seine Konsummöglichkeiten nutzenmaximierend auf zwei Perioden (Gegenwart und Zukunft) aufzuteilen.

Beispiel 1: Präferenz für Gegenwartskonsum

Im ersten Fall wird davon ausgegangen, daß der Haushalt über einen fixen Bestand y verfügt, den er beliebig auf die Perioden t^0 und t^1 verteilen kann. Der Haushalt hat eine Präferenz für Gegenwartskonsum, worunter verstanden wird, daß bei einer *gleichmäßigen* Aufteilung des Bestandes auf Gegenwart und Zukunft der Grenznutzen des Gegenwartskonsums den Grenznutzen des Zukunftskonsums übersteigt. Dieser Bedingung genügt beispielsweise die einfache Nutzenfunktion

$$U(y^0;y^1) = (y^0)^{\frac{2}{3}}(y^1)^{\frac{1}{3}} \tag{14.42}$$

da die Nutzenelastizität des Gegenwartskonsums (2/3) doppelt so hoch ist wie die Nutzenelastizität des Zukunftskonsums (1/3). Der Haushalt kann seinen Bestand nicht erhöhen und unterliegt daher der Budgetrestriktion

$$y^0 + y^1 = y \tag{14.43}$$

Daraus ergibt sich als Lagrange-Ansatz zur Nutzenmaximierung

$$L = (y^0)^{\frac{2}{3}}(y^1)^{\frac{1}{3}} + \lambda\,(y^0 + y^1 - y) \tag{14.44}$$

mit den – gleich Null gesetzten – partiellen Ableitungen

$$\frac{\partial L}{\partial y^0} = \frac{2}{3}(y^0)^{-\frac{1}{3}}(y^1)^{\frac{1}{3}} + \lambda = 0 \tag{14.45a}$$

$$\frac{\partial L}{\partial y^1} = \frac{1}{3}(y^1)^{-\frac{2}{3}}(y^0)^{\frac{2}{3}} + \lambda = 0 \tag{14.45b}$$

$$\frac{\partial L}{\partial \lambda} = y^0 + y^1 - y = 0 \tag{14.45c}$$

Division von (14.45a) durch (14.45b) ergibt nach Kürzen

$$\frac{y^1}{y^0} = \frac{1}{2} \quad (14.46a) \qquad \Leftrightarrow \qquad y^0 = 2y^1 \tag{14.46b}$$

und mit Gleichung (14.45c) bzw. der Budgetrestriktion (14.43) folgen

$$y^0 = \frac{2}{3}y \quad (14.47a) \qquad\qquad y^1 = \frac{1}{3}y \tag{14.47b}$$

Die Präferenz für Gegenwartskonsum gemäß der Nachfragefunktion (14.42) führt demnach dazu, daß der Haushalt 2/3 seines Bestandes heute und 1/3 in der Zukunft konsumiert. Die Grenzrate der Substitution zwischen Zukunfts- und Gegenwartskonsum entspricht definitionsgemäß dem umgekehrten Verhältnis der Grenznutzen und kann daher direkt den Gleichungen (14.45a) und (14.45b) entnommen werden:

$$\left|\frac{dy^1}{dy^0}\right|^S = \frac{\dfrac{\partial U}{\partial y^0}}{\dfrac{\partial U}{\partial y^1}} = \frac{\dfrac{2}{3}(y^0)^{-\frac{1}{3}}(y^1)^{\frac{1}{3}}}{\dfrac{1}{3}(y^1)^{-\frac{2}{3}}(y^0)^{\frac{2}{3}}} = \frac{2y^1}{y^0} = 1 \qquad (14.48)$$

Dieses Ergebnis zeigt, daß die Präferenz für Gegenwartskonsum nicht dazu führt, daß unser Haushalt im Gleichgewicht eine Grenzrate der Substitution größer als Eins aufweist. Der Grund dafür liegt in Gleichung (14.43), die zum Ausdruck bringt, daß der Haushalt für jede Einheit Gegenwartskonsum auf eine Einheit Zukunftskonsum verzichten muß und umgekehrt. Zur genauen Interpretation der Bedeutung von Gleichung (14.43) sei daran erinnert, daß die Grenzrate der Transformation (MRT) angibt, wieviele Einheiten einer Ware 1 zusätzlich produziert werden können (bzw. verfügbar sind), wenn auf eine Einheit der Ware 0 verzichtet wird ($|dy^1/dy^0|$). Bezeichnen wir die Ware 1 als Zukunftskonsum und die Ware 0 als Gegenwartskonsum, so gibt die Grenzrate der Transformation zwischen Zukunfts- und Gegenwartskonsum analog an, wieviel Einheiten Zukunftskonsum dem Haushalt zusätzlich zur Verfügung stehen, sofern er auf eine Einheit Gegenwartskonsum verzichtet (dabei handelt es sich stets um Marginalbetrachtungen). Dies ist aber nichts anderes als der Betrag der Ableitung des Zukunfts- nach dem Gegenwartskonsum in Gleichung (14.43), da die erste Ableitung ja gerade die Veränderung der abhängigen Variablen bei einer infinitesimalen Änderung der unabhängigen Variablen mißt:[18]

$$y^1 = y - y^0 \quad (14.43) \quad \Rightarrow \quad \left|\frac{dy^1}{dy^0}\right|^T = 1 \qquad (14.43a)$$

Analog könnte die MRT auch als objektive Grenzrate der Substitution oder als reziprokes Preisverhältnis bezeichnet werden, weil das Preisverhältnis – genau wie in unserem Fall die Produktionsfunktion aus Gleichung (14.43) – darüber entscheidet, wieviel Einheiten einer Ware a der Haushalt zusätzlich erlangen kann, wenn er auf eine Einheit der Ware b verzichtet. Dabei spielt es keine Rolle, ob es sich um zwei verschiedene Waren zum gleichen Zeitpunkt oder um die gleiche Ware zu unterschiedlichen Zeitpunkten handelt.

Eine Grenzrate der Transformation von 1 in unserem Beispiel bedeutet, daß der Haushalt eine Einheit heute gegen eine Einheit morgen tauschen kann. Gemäß den elementaren Ergebnissen der Haushaltstheorie paßt unser Haushalt die Grenzrate der Substitution an die Grenzrate der Transformation (bzw. das reziproke Preisverhältnis) an, so daß diese ebenfalls 1 betragen muß. Schlicht gesagt erklärt sich das Ergebnis daraus, daß der Grenznutzen eines *gegebenen* Bestandes in jeder Verwendung gleich sein muß, weil sonst durch eine Umstrukturierung der Gesamtnutzen erhöht werden könnte. Dies erreicht der Haushalt, indem ein überproportionaler Teil des Bestandes in der Gegenwart konsumiert wird und dadurch die *Grenz*nutzen von Gegenwarts- und Zukunftskonsum ausgeglichen werden. Wir können demnach als wichtiges Ergebnis festhalten, daß eine positive Präferenz für Gegenwartskonsum keine hinrei-

---

18 Der Index T wird wieder verwendet, um die Grenzrate der Transformation von der Grenzrate der Substitution zu unterscheiden.

chende Begründung einer Grenzrate der Substitution zwischen Zukunfts- und Gegenwartskonsum größer Eins liefert.

Beispiel 2: Produktive Technologie

Im zweiten Fall nehmen wir an, daß der Haushalt über keine Präferenz für Gegenwartskonsum, aber dafür über eine *produktive Technologie* verfügt, die ihm gestattet, eine Einheit seines Bestandes y zum Zeitpunkt t^0 in mehr Einheiten zum Zeitpunkt t^1 zu transformieren. Dies wird durch die einfache Produktionsfunktion

$$y^1 = 2(y - y^0) \qquad (14.49)$$

ausgedrückt, wobei $y-y^0$ die nicht in der Gegenwart konsumierte Menge des Ausgangsbestandes y ist. Gleichung (14.49) zeigt, daß der Haushalt für jede Einheit Verzicht auf Gegenwartskonsum zwei Einheiten Zukunftskonsum erhält. Da der Haushalt keine Präferenz für Gegenwarts- oder Zukunftskonsum aufweist, sind die Nutzenelastizitäten gemäß Gleichung

$$U(y^0; y^1) = (y^0)^{\frac{1}{2}} (y^1)^{\frac{1}{2}} \qquad (14.50)$$

identisch. Als Lagrange-Ansatz folgt

$$L = (y^0)^{\frac{1}{2}} (y^1)^{\frac{1}{2}} + \lambda(y^1 - 2y + 2y^0) \qquad (14.51)$$

mit den partiellen und gleich Null gesetzten Ableitungen

$$\frac{\partial L}{\partial y^0} = \frac{1}{2}(y^0)^{-\frac{1}{2}} (y^1)^{\frac{1}{2}} + 2\lambda = 0 \qquad (14.52a)$$

$$\frac{\partial L}{\partial y^1} = \frac{1}{2}(y^1)^{-\frac{1}{2}} (y^0)^{\frac{1}{2}} + \lambda = 0 \qquad (14.52b)$$

$$\frac{\partial L}{\partial \lambda} = y^1 - 2y + 2y^0 = 0 \qquad (14.52c)$$

Division von (14.52a) durch (14.52b) ergibt

$$y^1 = 2y^0 \qquad (14.53)$$

und unter Verwendung der Nebenbedingung gemäß (14.49) bzw. (14.52c) folgen

$$y^0 = \frac{1}{2}y \quad (14.54a) \qquad \text{und} \qquad y^1 = y \qquad (14.54b)$$

Die Grenzrate der Substitution zwischen Zukunfts- und Gegenwartskonsum kann wieder dem umgekehrten Verhältnis der Grenznutzen aus den Gleichungen (14.52a) und (14.52b) entnommen werden und beträgt

$$\left|\frac{dy^1}{dy^0}\right|^S = \frac{\dfrac{\partial U}{\partial y^0}}{\dfrac{\partial U}{\partial y^1}} = \frac{\dfrac{1}{2}(y^0)^{-\frac{1}{2}}(y^1)^{\frac{1}{2}}}{\dfrac{1}{2}(y^1)^{-\frac{1}{2}}(y^0)^{\frac{1}{2}}} = \frac{y^1}{y^0} = 2 \qquad (14.55)$$

Auch dieses Ergebnis ist nicht weiter überraschend, weil der Haushalt qua Gleichung (14.49) über die Möglichkeit verfügt, eine Einheit Gegenwarts- in mehr Einheiten Zukunftskonsum zu transformieren und diese Grenzrate der Transformation wie ein Preisverhältnis wirkt, an das er sich anpaßt. Diese Anpassung erreicht er, indem er eine geringere Menge heute konsumiert, da er ja keine Präferenz für Gegenwartskonsum hat und für jede Einheit Gegenwartskonsum mehr Einheiten Zukunftskonsum erhält. Die Annahme sinkender Grenznutzen verhindert, daß der Haushalt beim Vorliegen einer produktiven Technologie gänzlich auf Gegenwartskonsum verzichtet.

Die durchgeführten Rechnungen scheinen die Schlußfolgerung nahezulegen, daß die Grenzrate der Substitution des Haushalts vollständig durch die objektiven Möglichkeiten zur Transformation von Gegenwarts- in Zukunftskonsum bestimmt wird, während seine Präferenz für Gegenwartskonsum lediglich die Mengen, aber nicht die Grenzrate der Substitution im Gleichgewicht beeinflußt. Im zweiten Beispiel ist zwar der Grenznutzen des Gegenwartskonsums höher als der Grenznutzen des Zukunftskonsums, was aber *nicht* als Präferenz für Gegenwartskonsum gedeutet werden darf, sondern lediglich auf die geringere Konsummenge zurückzuführen ist, die ihrerseits aus der produktiven Technologie resultiert. Die Nutzenfunktion scheint für die gleichgewichtige Grenzrate der Substitution und damit auch für die Höhe der Eigenzinsen irrelevant zu sein.

Eine genauere Überlegung zeigt jedoch, daß diese Ergebnisse durch die Voraussetzung *mengenunabhängiger* Grenzraten der Transformation zwischen Zukunfts- und Gegenwartskonsum hervorgerufen werden. In unserem ersten Beispiel lag die MRT bei 1 und im zweiten Beispiel bei 2, aber in beiden Beispielen war sie unabhängig von der Aufteilung des Bestandes auf Gegenwart und Zukunft. Da die MRT konstant ist und die MRS im Gleichgewicht mit der MRT identisch ist, folgt unmittelbar, daß die MRS vollständig von der MRT bestimmt wird. Dies ist vergleichbar mit der Situation einer horizontalen Angebotsfunktion, wo die Nachfrage-Präferenzen lediglich die Menge, aber nicht den Preis beeinflussen können. In unserem Fall werden die Mengen so gewählt, daß die Grenzrate der Substitution der vorgegebenen Grenzrate der Transformation entspricht.

Eine andere Situation ergibt sich, sofern die Grenzrate der Transformation selbst mengenabhängig ist. Eine variable MRT bedeutet, daß die Veränderung des Zukunftskonsums bei einer marginalen Veränderung des Gegenwartskonsums unterschiedlich ist, je nachdem, ob bereits viel oder wenig Konsumverzicht geleistet wird ($|dy^1/dy^0|$ ist demnach eine Funktion von y^1/y^0). Analog zur Annahme sinkender Grenzproduktivitäten kann dabei unterstellt werden, daß $|dy^1/dy^0|$ bei steigendem y^1/y^0 sinkt. Die beiden folgenden Beispiele zeigen, daß die Grenzrate der Substitution in diesem Fall nicht nur von der Technologie, sondern auch von der Nutzenfunktion bestimmt wird.

Beispiel 3: Sinkende Grenzrate der Transformation ohne Präferenz für Gegenwartskonsum

Wir unterstellen ein System mit sinkenden Grenzproduktivitäten, das als produktiv bezeichnet wird, weil die Grenzrate der Transformation zwischen Zukunfts- und Gegenwartskonsum bei einem Mengenverhältnis von 1 größer als 1 ist. Dieser Anforderung genügt beispielsweise die Produktionsfunktion (14.56):

$$y^1 = (y - y^0)^{\frac{3}{2}} \tag{14.56}$$

Die Nutzenfunktion wird aus Gleichung (14.50) übernommen, so daß der Haushalt keine Präferenz für Gegenwartskonsum aufweist:

$$U(y^0; y^1) = (y^0)^{\frac{1}{2}} (y^1)^{\frac{1}{2}} \tag{14.50}$$

Als Lagrange-Ansatz folgt

$$L = (y^0)^{\frac{1}{2}} (y^1)^{\frac{1}{2}} + \lambda (y^1 - (y - y^0)^{\frac{3}{2}}) \tag{14.57}$$

mit den partiellen und gleich Null gesetzten Ableitungen

$$\frac{\partial L}{\partial y^0} = \frac{1}{2} (y^0)^{-\frac{1}{2}} (y^1)^{\frac{1}{2}} + \frac{3}{2} \lambda (y - y^0)^{\frac{1}{2}} = 0 \tag{14.58a}$$

$$\frac{\partial L}{\partial y^1} = \frac{1}{2} (y^1)^{-\frac{1}{2}} (y^0)^{\frac{1}{2}} + \lambda = 0 \tag{14.58b}$$

$$\frac{\partial L}{\partial \lambda} = y^1 - (y - y^0)^{\frac{3}{2}} = 0 \tag{14.58c}$$

Division der Gleichungen (14.58a) und (14.58b) ergibt

$$\frac{y^1}{y^0} = \frac{3}{2} (y - y^0)^{\frac{1}{2}} \tag{14.59}$$

Setzt man für y^1 die Produktionsfunktion aus Gleichung (14.56) bzw. Gleichung (14.58c) ein, so folgen

$$\frac{(y - y^0)^{\frac{3}{2}}}{y^0} = \frac{3}{2} (y - y^0)^{\frac{1}{2}} \quad (14.60) \quad \Rightarrow \quad y - y^0 = \frac{3}{2} y^0 \tag{14.61}$$

$$\Rightarrow \quad y^0 = \frac{2}{5} y \quad (14.61a) \quad \Rightarrow \quad y^1 = (\frac{3}{5} y)^{\frac{3}{2}} \tag{14.61b}$$

Unterstellen wir als Anfangsbestand beispielhaft $y = 10$, so ergeben sich

$$y^0 = 4 \tag{14.62a}$$

und

$$y^1 = 14{,}69 \tag{14.62b}$$

Die Grenzrate der Substitution zwischen Zukunfts- und Gegenwartskonsum im Gleichgewicht erhält man aus dem umgekehrten Verhältnis der Grenznutzen bei der Mengenkombination (y^0; $y^1 = 4$; 14,69):

$$\left|\frac{dy^1}{dy^0}\right|^S = \frac{\dfrac{\partial U}{\partial y^0}}{\dfrac{\partial U}{\partial y^1}} = \frac{\dfrac{1}{2}(y^0)^{-\frac{1}{2}}(y^1)^{\frac{1}{2}}}{\dfrac{1}{2}(y^0)^{\frac{1}{2}}(y^1)^{-\frac{1}{2}}} = \frac{y^1}{y^0} = \frac{14{,}69}{4} = 3{,}6725 \tag{14.63}$$

Eine Überprüfung zeigt, daß die MRS im Gleichgewicht der MRT entspricht, die der Betrag der Ableitung des Zukunfts- nach dem Gegenwartskonsum ist:

$$\left|\frac{dy^1}{dy^0}\right|^T = \frac{3}{2}(y - y^0)^{\frac{1}{2}} = \frac{3}{2}(10 - 4)^{\frac{1}{2}} = 3{,}6725 \tag{14.64}$$

Um die Abhängigkeit der gleichgewichtigen Grenzrate der Substitution von der Nutzenfunktion zu überprüfen, untersuchen wir im abschließenden Beispiel die gleiche Technologie auf der Grundlage einer Nutzenfunktion mit Präferenz für Gegenwartskonsum.

Beispiel 4: Sinkende Grenzrate der Transformation mit Präferenz für Gegenwartskonsum

Die Produktionsfunktion übernehmen wir aus Beispiel 3 und die Nutzenfunktion aus Beispiel 1:

$$y^1 = (y - y^0)^{\frac{3}{2}} \tag{14.56}$$

$$U(y^0; y^1) = (y^0)^{\frac{2}{3}}(y^1)^{\frac{1}{3}} \tag{14.42}$$

Analoge Rechnungen zu Beispiel 3 ergeben

$$L = (y^0)^{\frac{2}{3}}(y^1)^{\frac{1}{3}} + \lambda(y^1 - (y - y^0)^{\frac{3}{2}}) \tag{14.65}$$

$$\frac{\partial L}{\partial y^0} = \frac{2}{3}(y^0)^{-\frac{1}{3}}(y^1)^{\frac{1}{3}} + \frac{3}{2}\lambda(y - y^0)^{\frac{1}{2}} = 0 \tag{14.66a}$$

$$\frac{\partial L}{\partial y^1} = \frac{1}{3}(y^1)^{-\frac{2}{3}}(y^0)^{\frac{2}{3}} + \lambda = 0 \tag{14.66b}$$

$$\frac{\partial L}{\partial \lambda} = y^1 - (y - y^0)^{\frac{3}{2}} = 0 \tag{14.66c}$$

$$\Rightarrow \frac{2y^1}{y^0} = \frac{3}{2}(y - y^0)^{\frac{1}{2}} \tag{14.67}$$

Setzt man für y^1 wieder die Produktionsfunktion aus Gleichung (14.56) ein, so folgt

$$(2) \quad \frac{2(y-y^0)^{\frac{3}{2}}}{y^0} = \frac{3}{2}(y-y^0)^{\frac{1}{2}} \tag{14.68}$$

$$(2) \Rightarrow \quad y - y^0 = \frac{3}{4}y^0 \quad (14.69) \qquad \Rightarrow \quad y^0 = \frac{4}{7}y \tag{14.69a}$$

$$y^1 = (\frac{3}{7}y)^{\frac{3}{2}} \tag{14.69b}$$

Unterstellen wir erneut $y = 10$, so ergeben sich

$$(2) \; y^0 = 5,714 \tag{14.70a}$$

$$(2) \; y^1 = 8,87 \tag{14.70b}$$

Auch diese MRS entspricht der MRT, so daß ein Optimum vorliegt:

$$(2) \quad \left|\frac{dy^1}{dy^0}\right|^S = \frac{\frac{\partial U}{\partial y^0}}{\frac{\partial U}{\partial y^1}} = \frac{2y^1}{y^0} = 3,105 \tag{14.71}$$

$$\left|\frac{dy^1}{dy^0}\right|^T = \frac{3}{2}(y-y^0)^{\frac{1}{2}} = \frac{3}{2}(10-5,714)^{\frac{1}{2}} = 3,105 \tag{14.72}$$

$$\Rightarrow \quad \left|\frac{dy^1}{dy^0}\right|^S = \left|\frac{dy^1}{dy^0}\right|^T \tag{14.73}$$

Die Rechnungen zeigen, daß bei einer variablen Grenzrate der Transformation nicht nur die nutzenmaximale Mengenkombination, sondern auch die Grenzrate der Substitution von der Produktions- *und* der Nutzenfunktion bestimmt werden. Zusammenfassend zu den vier Beispielen wird festgehalten:

1. Bei einer mengenunabhängigen Grenzrate der Transformation (MRT) wird die gleichgewichtige Grenzrate der Substitution (MRS) vollständig von der MRT und damit von den technologischen Bedingungen bestimmt; die Nutzenfunktion beeinflußt allerdings die Mengenaufteilung auf Gegenwarts- und Zukunftskonsum. Nur beim Vorliegen eines produktiven Systems (MRT > 1) liegen positive Eigenzinsen vor. Dies ist darauf zurückzuführen, daß im Optimum die Grenzrate der Substitution, die Grenzrate der Transformation und die Eigenzinsen identisch sind.

2. Bei einer mengenabhängigen MRT wird die gleichgewichtige MRS (und damit auch die MRT) gleichermaßen von der Technologie und den Präferenzen bestimmt.

14.8 Zusammenfassung

In diesem Kapitel haben wir die Analyse der Marktform vollständiger Konkurrenz von der Partial- auf die Totalanalyse ausgedehnt. Dabei ergab sich, daß die Bedingungen im wesentlichen mit denen der Partialanalyse übereinstimmen – jede Ware wird bei vollständiger Konkurrenz solange produziert, bis das Verhältnis der Grenzkosten zweier beliebiger Waren dem Verhältnis ihrer Grenznutzen entspricht. Somit bestätigt sich das aus Kapitel 13 bekannte Resultat der *Pareto-Optimalität* vollständiger Konkurrenz auch in einer formal radikaleren Analyse. In Abschnitt 14.7 gingen wir schließlich einem speziellen Aspekt der allgemeinen Gleichgewichtstheorie nach, die positive (Geld-)Zinsen einfach aus der gewöhnlichen Analyse von Angebot und Nachfrage begründet. Dies ist auch makroökonomisch von Interesse, weil beispielsweise Keynes eine ganz andere Geld- und Zinstheorie vertrat. Im Kern zeigte sich, daß positive Zinsen das Vorliegen eines produktiven Systems erfordern, bei dem die Grenzrate der Transformation zwischen Gegenwarts- und Zukunftskonsum positiv ist. Sofern die Grenzrate der Transformation mengenunabhängig ist, spielt die (oft überinterpretierte) Präferenz für Gegenwartskonsum keine Rolle für die Höhe der (Eigen-)Zinsen.

Kapitel 15

Gewöhnliche Monopoltheorie

15.1 Fragestellung und Überblick

Nach der Analyse des homogenen Polypols beschäftigen wir uns nun mit verschiedenen Formen der unvollständigen Konkurrenz. Dabei beschränken wir uns auf Marktformen mit einer hohen Anzahl kleiner Nachfrager, so daß die Unvollständigkeit der Konkurrenz jeweils auf der Angebotsseite begründet ist.[1] Wir beginnen mit dem Monopol, bei dem der Markt definitionsgemäß von nur *einem* Anbieter kontrolliert wird. Dies impliziert, daß die *Kreuzpreiselastizitäten* der Nachfrage vernachlässigbar klein sind. Wäre dies nicht der Fall, so wären die Güter mit spürbaren Kreuzpreiselastizitäten Substitute des Monopolgutes und es würde kein Monopol vorliegen. Die niedrigen Werte aller Kreuzpreiselastizitäten bedeuten, daß der Monopolist bei der Festlegung seiner optimalen Angebotspolitik lediglich das Verhalten der Nachfrager, aber nicht das Verhalten möglicher Konkurrenten berücksichtigen muß. Dies zeigt, daß das Monopol ähnlich wie das homogene Polypol auf strengen Voraussetzungen beruht, so daß die beiden Modelle die Extrempunkte repräsentieren, zwischen denen sich reale Marktprozesse abspielen.

Neben den geringen Kreuzpreiselastizitäten ist das zweite Merkmal des Marktverhaltens im Monopol, daß die – stets negativ definierte – Preiselastizität der Nachfrage zwar positiv ist (je höher der Preis, desto niedriger die Menge), aber nicht gegen unendlich strebt. Dieser entscheidende Unterschied zur vollständigen Konkurrenz ist darauf zurückzuführen, daß den Haushalten keine homogenen Substitute zur Verfügung stehen und sie deshalb bei Preiserhöhungen nicht mit einem völligen Nachfrageverzicht reagieren. Auf vollkommenen Märkten wird die gleiche Ware von verschiedenen Produzenten angeboten, so daß nur die jeweils billigsten Anbieter ihre Ware absetzen können und der Preis für die Unternehmen ein Datum ist. Der Monopolist hat dagegen bestimmte Preisspielräume, weil die Ausweichmöglichkeit auf identische Produkte anderer Hersteller für die Haushalte nicht besteht. Dies führt dazu, daß die Nachfragefunktion für den Monopolisten nicht – wie für den einzelnen Anbieter bei vollständiger Konkurrenz – waagerecht verläuft.

Offensichtlich sind die Preisspielräume des Monopolisten um so größer, je geringer die Nachfrage auf Preiserhöhungen reagiert (d.h. je geringer die *Preiselastizität* der

---

1 Für verschiedene Formen unvollständiger Nachfragekonkurrenz vgl. z.B. Schumann 1992.

Nachfrage ist). Aus diesem Grund wird als Maßzahl zur Beurteilung der Monopolstellung häufig der *Lernersche Monopolgrad* m verwendet, der als Kehrwert der *Preiselastizität* der Nachfrage (E_p) definiert ist ($m=1/E_p$).[2]

Schon für die Analyse des Preisbildungsprozesses, vor allem aber für die wohlfahrtstheoretische Beurteilung, ist die Unterscheidung zwischen zwei fundamental unterschiedlichen Monopol*typen* zentral. Beim ersten Monopoltyp gehen wir analog zur Untersuchung der vollständigen Konkurrenz davon aus, daß die Grenzkosten bei steigender Produktionsmenge zunehmen. Die Untersuchung dieses Falles bezeichnen wir auch als „gewöhnliches" Monopolmodell. Im gesamten 15. Kapitel beschränken wir uns ausschließlich auf diese „gewöhnliche" Monopoltheorie. Eine grundsätzlich anders zu beurteilende Situation liegt vor, wenn die Grenzkosten konstant sind und die *totalen* Durchschnittskosten wegen der Fixkostendegression sinken. Unter diesen Umständen sind die Durchschnittskosten der Marktversorgung wegen der mehrfach anfallenden Fixkosten um so höher, je mehr Firmen am Markt tätig sind. Weil somit nur ein Unternehmen effizient produzieren kann, bezeichnet man diese Situation als *natürliches* Monopol. Weil natürliche Monopole eine der wichtigsten Begründungen für staatliche Regulierungen von Märkten sind und die Regulierungs- bzw. Deregulierungsdiskussion sowohl theoretisch als auch praktisch außerordentlich interessant ist, widmen wir dem Monopol bei sinkenden totalen Durchschnittskosten das eigenständige 16. Kapitel.

Das vorliegende 15. Kapitel ist folgendermaßen aufgebaut: wir beginnen in Abschnitt 15.2 mit dem einfachsten Monopolmodell, das man auch als *Monopolpreisbildungsmodell nach Cournot* bezeichnet. Anschließend kommen wir unter Verwendung unseres aus der Partialanalyse *vollständiger* Konkurrenz bekannten Wohlfahrtskriteriums der Summe aus Konsumentenrente und Produzentenrente zu dem Ergebnis, daß die Monopolpreisbildung ineffizient ist (Abschnitt 15.3). Nachdem wir in Abschnitt 15.4 zeigen, daß sich die verschiedenen Möglichkeiten monopolistischer Preisdifferenzierung positiv auf die Wohlfahrt auswirken, relativieren wir in Abschnitt 15.5 die abgeleiteten wohlfahrtstheoretischen Schlußfolgerungen. Während sich die Abschnitte 15.2 bis 15.5 ausschließlich auf die Produktions*menge* des Monopolisten beziehen, erweitern wir unsere Überlegungen in Abschnitt 15.6 auf die Produkt*qualität* und demonstrieren, daß sich dabei ähnliche Ineffizienzen ergeben. Eine besonders wichtige Erweiterung diskutieren wir schließlich in Abschnitt 15.7, indem wir einen monopolistischen Anbieter *dauerhafter* Konsumgüter betrachten. Für diesen Fall hat der Nobelpreisträger Ronald Coase in einer viel beachteten Arbeit vermutet, daß sich der Monopolist intertemporal „selbst Konkurrenz macht", was ebenfalls zu Änderungen der wohlfahrtstheoretischen Schlußfolgerungen führt. Da die Abschnitte 15.6 und 15.7 etwas über den „Basislehrstoff" hinausgehen, können sie in einem ersten Durchgang möglicherweise ausgelassen werden.

---

2 Vgl. Lerner 1965.

15.2 Das einfachste Preisbildungsmodell im Monopol

15.2.1 Das Grundprinzip der monopolistischen Preisbildung

Wie immer gehen wir von der Gewinnmaximierungsannahme aus und fragen nach der so definierten optimalen Angebotsmenge. Jeder gewinnmaximalen Angebotsmenge entspricht ein gewinnmaximaler Preis, da die Nachfragefunktion eindeutige Preis-Mengen-Beziehungen abbildet. In dieser abstrakten Betrachtung spielt es für den Monopolisten daher keine Rolle, ob er einen bestimmten Preis (der Markt diktiert dann die Menge) oder eine bestimmte Menge (der Markt diktiert dann den Preis) fixiert, da die Preis-Mengen-Konstellationen in beiden Fällen die gleichen sind. Zum einfacheren Vergleich mit der vollständigen Konkurrenz betrachten wir die Menge als Aktionsparameter des Monopolisten.

Ausgangspunkt ist die Definitionsgleichung des Gewinns G als Differenz der gesamten Erlöse E und der Gesamtkosten K:

$$G\,(y) = E\,(y) - K\,(y) \tag{15.1a}$$

Da der Erlös definitionsgemäß das Produkt aus Preis und Menge ist, gilt

$$G\,(y) = p\,(y) \cdot y - K\,(y) \tag{15.1b}$$

Weil wir uns dafür entschieden haben, die Angebotsmenge als Aktionsparameter zu betrachten und die Nachfragefunktion jeder Menge einen bestimmten Preis zuordnet, ist der Preis in Gleichung (15.1b) eine Funktion der Menge. Die Kosten werden ebenfalls als Funktion der Produktionsmenge ausgedrückt. Um das Gewinnmaximum des Monopolisten zu berechnen, muß die erste Ableitung der Gewinnfunktion nach der Menge gebildet und gleich Null gesetzt werden.

Wenn wir zur Bestimmung eines Gewinnmaximums nun wieder die erste Ableitung des Gewinns nach der Menge bilden, so müssen wir beim Ausdruck p(y) · y die Produktregel beachten. Dies führt dazu, daß wir als erste und gleich Null gesetzte Ableitung einen etwas komplizierteren Ausdruck als bei vollständiger Konkurrenz erhalten:

$$\frac{dG}{dy} = \frac{dp}{dy}\,y + p\,(y) - \frac{dK}{dy} = 0 \quad (15.2a) \qquad \frac{dp}{dy}\,y + p\,(y) = \frac{dK}{dy} \quad (15.2b)$$

Die Abweichung zur gewinnmaximierenden Angebotsregel bei vollständiger Konkurrenz ergibt sich daraus, daß der Preis beim Monopol eine Funktion der Menge ist. Als Gleichgewichtsbedingung folgt Gleichung (15.2b) im Unterschied zur einfachen Gleichgewichtsbedingung Preis = Grenzkosten bei vollständiger Konkurrenz. Der Ausdruck (dp/dy) · y ist bei vollständiger Konkurrenz Null, da der Marktpreis nicht auf Mengenvariationen einzelner Anbieter reagiert.

Dieser Unterschied ist zentral zum Verständnis unvollständiger Konkurrenz und muß daher genau nachvollzogen werden: Für jedes Unternehmen besteht die Gleichgewichtsbedingung unabhängig von der Marktform darin, daß der am Markt erzielbare Erlös durch die marginale Produktionserhöhung (der Grenzerlös dE/dy) den durch die Produktion entstehenden Kosten der marginalen Produktionserhöhung (den

Grenzkosten dK/dy) entspricht. Die *stets* gültige Bedingung für ein Gewinnmaximum ist somit Grenzerlös = Grenzkosten:

$$\frac{dE}{dy} = \frac{dK}{dy} \tag{15.3}$$

Bei vollständiger Konkurrenz werden Rückwirkungen von der Angebotsmenge einzelner Unternehmen auf den Preis ausgeschlossen, so daß der Grenzerlös dem Marktpreis entspricht und Gleichung (15.3) in Gleichung (15.3a) übergeht:

$$p = \frac{dK}{dy} \tag{15.3a}$$

Bei unvollständiger Konkurrenz ist diese Vereinfachung nicht möglich, weil die Auswirkungen der Angebotsmenge eines Unternehmens auf den Marktpreis berücksichtigt werden müssen. Erhöht der Monopolist sein Angebot, so sinkt bei normal verlaufenden Nachfragefunktionen der Preis. Diese Preissenkung betrifft aber *nicht nur die letzte produzierte Einheit, sondern die Gesamtmenge, die das Unternehmen am Markt anbietet.* Die gesamte Erlösänderung, die durch das Angebot der zusätzlich produzierten Einheit verursacht wird (der Grenzerlös dE/dy), setzt sich demnach aus zwei verschiedenen Größen zusammen: Erstens steigt der Erlös, weil eine zusätzliche Einheit verkauft wird; dieser Effekt wird durch den Term p(y) in Gleichung (15.2b) ausgedrückt. Zweitens führt die mit der Mengenerhöhung verbundene Preissenkung zu einer Erlösverminderung, die durch (dp/dy) · y in Gleichung (15.2b) erfaßt wird. Die gesamte Erlös*änderung* (der gesamte Grenzerlös) beträgt somit (dp/dy) · y + p(y). Gleichung (15.2b) drückt damit nichts anderes aus als die allgemeine Gleichgewichtsbedingung Grenzerlös = Grenzkosten.

Zur beispielhaften Erläuterung dieses Zusammenhangs betrachten wir die Nachfragefunktion

$$y = 10 - p \qquad \text{bzw.} \qquad p = 10 - y \tag{15.4}$$

und nehmen willkürlich an, daß sich das Monopolunternehmen für eine Angebotsmenge von 3 Einheiten entschieden habe ($y^0 = 3$). Der entsprechende Nachfragepreis beträgt

$$p^0 = 10 - 3 = 7 \tag{15.5}$$

und der Gesamterlös aus Preis und Menge demnach

$$E(y^0) = p^0 y^0 = 7 \cdot 3 = 21 \tag{15.6}$$

Nun erhöht der Monopolist sein Angebot um eine Einheit auf $y^1=4$. Bei vollständiger Konkurrenz hätte dies keine Änderung des exogen gegebenen Marktpreises zur Folge, so daß der Grenzerlös der Produktionsausweitung dem konstanten Marktpreis entsprechen würde (dE/dy = p = 7). Beim Monopol führt die Angebotsausweitung dagegen zu einer Preisänderung gemäß der Nachfragefunktion:

$$p^1 = 10 - y^1 = 10 - 4 = 6 \tag{15.7}$$

Der Gesamterlös beträgt nun

$$E(y^1) = p^1 y^1 = 6 \cdot 4 = 24 \qquad (15.8)$$

und die Erlösänderung bzw. der Grenzerlös

$$\frac{dE}{dy} = E(y^1) - E(y^0) = p^1 y^1 - p^0 y^0 = 24 - 21 = 3 \qquad (15.9)$$

Mit Hilfe von Gleichung (15.9) läßt sich leicht nachvollziehen, wie der Grenzerlös in Gleichung (15.2b) zustande kommt. Dazu betrachten wir die einzelnen Elemente von Gleichung (15.2b): $p(y)$ ist der ursprüngliche Preis, in unserem Beispiel also $p^0 = 7$. Dies wäre der zusätzliche Erlös durch die Mengenerhöhung um eine Einheit, sofern sich der Preis nicht geändert hätte. Darüber hinaus muß aber die Preisänderung für das *Gesamt*angebot berücksichtigt werden, die als dp/dy definiert ist und sich in unserem Beispiel als erste Ableitung der Nachfragefunktion (15.4) ergibt:

$$p = 10 - y \qquad \Rightarrow \qquad \frac{dp}{dy} = -1 \qquad (15.10)$$

Dies entspricht dem bereits bekannten Ergebnis, daß die Mengenerhöhung um eine Einheit gemäß der Nachfragefunktion $p=10 - y$ zu einer Preisreduktion um eine Einheit führt.[3] Diese Preisänderung betrifft die gesamte Produktionsmenge ($y^1 = 4$), so daß der Erlös in Folge der Preissenkung um

$$\frac{dp}{dy} y = (-1) \cdot 4 = -4 \qquad (15.11)$$

zurückgeht. Die gesamte Erlösänderung (der Grenzerlös dE/dy) ist demnach

$$\frac{dp}{dy} y + p(y) = (-1) \cdot 4 + 7 = 3 \qquad (15.12)$$

Beachtet werden muß, daß beim Term $p(y)$ der *alte* Preis eingesetzt werden muß, weil die Preisänderung für *alle* Einheiten (also auch für die letzte) bereits in dp/dy berücksichtigt ist. Allgemein formuliert bedeutet Gleichung (15.12), daß jede Mengenerhöhung beim Monopol zu einem geringeren Grenzerlös als bei vollständiger Konkurrenz führt, weil die von der Mengenerhöhung hervorgerufene Preissenkung beachtet werden muß.

15.2.2 Graphische Darstellung

Der geschilderte Unterschied zwischen dem Grenzerlös beim Monopol und bei vollständiger Konkurrenz führt dazu, daß beim Monopol stets eine geringere Menge angeboten wird als bei vollständiger Konkurrenz. Dies läßt sich am leichtesten graphisch veranschaulichen. Dazu benötigen wir erstens eine Preis-Absatz- und zweitens eine Kostenfunktion. Die Preis-Absatz-Funktion unterstellen wir wie in unserem Rechen-

---

3   Wäre die Nachfragefunktion nicht linear, so würde sich die Steigung ändern und die Betrachtung des Differentialquotienten gemäß Gleichung (15.2a) würde nur für marginale Änderungen ein exaktes Ergebnis liefern.

beispiel als linear, weil dies die Zusammenhänge besonders deutlich zum Ausdruck bringt. Ferner verwenden wir eine ertragsgesetzliche Kostenfunktion, wie wir sie in Abschnitt 4.3 ausführlich besprochen haben. Abb. 15.1 zeigt die Grenzkosten (K') und Durchschnittskosten (K/y) für die ertragsgesetzliche Kostenfunktion, die Preis-Absatz-Funktion (p(y)) und die Grenzerlösfunktion E'.

Abb. 15.1: *Preisbildung im Monopol*

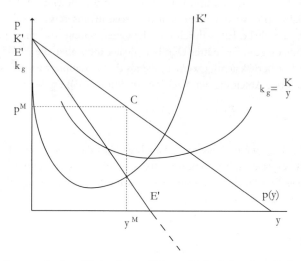

Zunächst müssen wir den Verlauf der Grenzerlösfunktion begründen. Dazu kann leicht gezeigt werden, daß bei einer linearen Preis-Absatz-Funktion die Grenzerlösfunktion stets den gleichen Achsenabschnitt auf der Preisachse (bezeichnet als Prohibitivpreis, weil die Menge hier Null wird) und die doppelte negative Steigung wie die Preis-Absatz-Funktion (PAF) hat.

Verwenden wir hierzu wieder beispielhaft unsere Preis-Absatz-Funktion

$$p\,(y) = 10 - y \tag{15.13}$$

Der Erlös als Produkt aus Preis und Menge ist dann

$$E(y) = (10 - y)\,y \tag{15.14}$$

und der Grenzerlös als erste Ableitung des Erlöses

$$E'(y) = 10 - 2y \tag{15.15}$$

Der Grenzerlös hat demnach den in Abb. 15.1 dargestellten Verlauf. Zur graphischen Bestimmung der gewinnmaximalen Angebotsmenge y^M (M steht für Monopolpreis) müssen wir nur bedenken, daß diese ja im Schnittpunkt von Grenzerlös und Grenzkosten liegt. Der zugehörige Preis p^M findet sich auf der Preis-Absatz-Funktion, denn diese gibt ja gerade die Zahlungsbereitschaft der Konsumenten für jede Menge an. Man bezeichnet ihn auch als Cournot-Preis, weil dieses einfache Monopolpreismodell von Cournot bereits Mitte des 19. Jahrhunderts entwickelt wurde. Da der Preis über den Durchschnittskosten K/y liegt, macht der Monopolist im Unterschied zum Gleichgewicht bei vollständiger Konkurrenz einen (Extra-) Gewinn.

15.2.3 Die Amoroso-Robinson-Formel und die inverse elasticity rule

Für viele Zwecke ist es nützlich, den Grenzerlös des Monopolisten und die Gewinnmaximierungsbedingungen unter Verwendung der *Preiselastizität* der Nachfrage auszudrücken, dargestellt durch die sog. Amoroso-Robinson-Formel. Auch wenn dies auf den ersten Blick vielleicht nicht so aussieht, erleichtert dies die Untersuchung für viele Fragestellungen erheblich.

15.2.3.1 Die Amoroso-Robinson-Formel

Die Darstellung des Grenzerlöses als Funktion der *Preiselastizität* der Nachfrage bezeichnet man als Amoroso-Robinson-Formel.[4] Zur Herleitung der Amoroso-Robinson-Formel nehmen wir ausgehend von Gleichung (15.2b) über den Grenzerlös des Monopolisten folgende tautologische Umformungen vor:

$$\frac{dE}{dy} = \frac{dp}{dy}y + p = p\left(\frac{dp}{dy}\cdot\frac{y}{p}+1\right) = p\left(\frac{1}{\dfrac{dy}{dp}\cdot\dfrac{p}{y}}+1\right)$$

$$= p\left(\frac{1}{-E_p}+1\right) = p\left(1-\frac{1}{E_p}\right) = p-\frac{p}{E_p} \qquad (15.16)$$

Die Amoroso-Robinson-Formel zeigt, daß der Grenzerlös des Monopolisten (dE/dy) dann und nur dann positiv ist, wenn die *Preiselastizität* der Nachfrage (E_p) größer als Eins ist. Andernfalls ist nämlich $1/E_p$ betragsmäßig größer Eins, so daß der gesamte Klammerausdruck negativ wird. Also muß der Monopolist immer im Bereich mit einer *Preiselastizität* der Nachfrage über Eins produzieren, weil sonst ja der zusätzliche Umsatz (und damit natürlich auch der zusätzliche Gewinn) negativ ist. Ökonomisch liegt dies daran, daß bei einer *Preiselastizität* der Nachfrage unter Eins jede Mengenerhöhung dazu führt, daß der Preis prozentual gesehen schneller sinkt als die Produktionsmenge steigt und der Erlös daher sinkt.

15.2.3.2 Die inverse elasticity rule

Die inverse elasticity rule (der deutsche Begriff „umgekehrte Elastizitätenregel" ist nicht besonders schön, so daß wir den anglo-amerikanischen verwenden) ist eine einfache Erweiterung der Amoroso-Robinson-Formel. Da im Gewinnmaximum der durch (15.16) gegebene Grenzerlös den Grenzkosten entsprechen muß, gilt

---

4   Vgl. Amoroso 1965.

$$p - \frac{p}{E_p} = \frac{dK}{dy} \tag{15.17}$$

bzw.

$$p - \frac{dK}{dy} = \frac{p}{E_p} \tag{15.18}$$

Wenn wir auf beiden Seiten durch p dividieren, so folgt

$$\frac{p - \frac{dK}{dy}}{p} = \frac{1}{E_p} \tag{15.19}$$

Gleichung (15.19) ermöglicht eine interessante Interpretation: Auf der linken Seite steht nun im Zähler die Differenz aus Preis und Grenzkosten und im Nenner der Preis. Auf der rechten Seite steht die Inverse der Preiselastizität der Nachfrage, was der Grund für den Namen von Gleichung (15.19) ist. Bei vollständiger Konkurrenz ist die Preiselastizität der Nachfrage unendlich, so daß die rechte Seite Null ist. In der Tat ist bei *vollständiger* Konkurrenz auch die linke Seite Null, weil der Preis den Grenzkosten entspricht. Im Monopol liegt der Preis dagegen über den Grenzkosten, so daß die linke Seite positiv ist. Gleichung (15.19) zeigt nun, daß die Abweichung zwischen Preis und Grenzkosten um so größer ist, je geringer die Preiselastizität der Nachfrage (je größer also die rechte Seite) ist. Dies ist auch intuitiv gut nachvollziehbar: je geringer die Preiselastizität der Nachfrage (d.h. je steiler ceteris-paribus die Nachfragefunktion), desto geringer ist der Nachfragerückgang, mit dem ein Monopolist bei Preiserhöhungen rechnen muß. Bei einer geringen Preiselastizität der Nachfrage kann der Monopolist den Preis daher relativ „gefahrlos" über die Grenzkosten steigern. Genau dies bringt die inverse elasticity rule, die bei der Analyse des natürlichen Monopols im folgenden Kapitel noch eine erhebliche Rolle spielen wird, zum Ausdruck.

15.3 Wohlfahrtstheoretische Interpretation

Wenn Sie Abb. 15.1 nochmals etwas genauer betrachten, so stellen Sie fest, daß der Monopolist nicht im Ausgleich von Grenznutzen und Grenzkosten anbietet: Die Preis-Absatz-Funktion gibt die Zahlungsbereitschaft der Konsumenten an und kann demnach (analog zur Nachfragefunktion bei vollständiger Konkurrenz) als Grenznutzenfunktion interpretiert werden.[5] Der Preis auf der Preis-Absatz-Funktion liegt im Gewinnmaximum aber offensichtlich deutlich über den Grenzkosten. Dies liegt daran, daß der Grenzerlös des Monopolisten kleiner ist als der Preis und der Monopolist im Ausgleich von Grenzerlös und Grenzkosten anbietet.

Der Kern unserer wohlfahrtstheoretischen Überlegungen zur vollständigen Konkurrenz war aber, daß die optimale Produktionsmenge dort liegt, wo die Zahlungsbe-

---

5   Vgl. die relativierenden Bemerkungen zur Konsumentenrente in Abschnitt 13.3.4.

reitschaft der Konsumenten gerade den Grenzkosten der Produzenten entspricht. Dies bedeutet, daß im Monopol im Vergleich zum volkswirtschaftlichen Optimum *die Menge zu klein und der Preis zu hoch ist.* Um diese wohlfahrtstheoretische Unterlegenheit des Monopols gegenüber der vollständigen Konkurrenz nun etwas genauer erläutern zu können, verwenden wir erneut das Kriterium der Summe aus Konsumenten- und Produzentenrente. Vereinfachend gehen wir in Abb. 15.2 von einer linear steigenden Grenzkostenfunktion aus, weil dies die geometrische Darstellung erleichtert.

Die gewinnmaximale Menge des Monopolisten (y^M) ergibt sich aus dem Schnittpunkt von Grenzerlös und Grenzkosten; der zugehörige Preis p^M folgt aus der Preis-Absatz-Funktion. Die Konsumentenrente entspricht dem Dreieck p^MBD und die Produzentenrente der Fläche OABp^M. Die Summe aus Konsumenten- und Produzentenrente im Monopol ist somit OABD.

Um dies mit dem Ergebnis zu vergleichen, das sich bei vollständiger Konkurrenz ergeben hätte, sei daran erinnert, daß dort der mit p^K bezeichnete Gleichgewichtspreis im Schnittpunkt der Grenznutzenfunktion mit den Grenzkosten liegt. Die zugehörige Gleichgewichtsmenge beträgt y^K. Demnach ist die Menge im Monopol kleiner als bei vollständiger Konkurrenz. Die Konsumentenrente wäre bei vollständiger Konkurrenz die Fläche p^KCD; die Produzentenrente OCp^K. Die Summe aus Konsumenten- und Produzentenrente wird von dem Dreieck OCD dargestellt und übertrifft die Summe aus Konsumenten- und Produzentenrente im Monopol um das Dreieck ACB. In der statischen Modellbetrachtung führt das Monopol gegenüber dem homogenen Polypol damit eindeutig zu einem Wohlfahrtsverlust. Zwar ist die Produzentenrente im Monopol größer als bei vollständiger Konkurrenz, aber der Verlust an Konsumentenrente übertrifft den Zuwachs an Produzentenrente. Bedenken Sie bitte, daß die Ineffizienz lediglich dadurch nachgewiesen werden kann, daß die *Summen* aus Konsumenten- und Produzentenrenten miteinander verglichen werden, da uns ja die gesamte Wohlfahrt interessiert.

Die genaue Betrachtung von Abb. 15.2 verdeutlicht, warum die Monopolpreisbildung zu einem Wohlfahrtsverlust führt. Alle Einheiten zwischen y^M und y^K verursachen Grenzkosten, die *unterhalb* der Zahlungsbereitschaft der Haushalte liegen. Offenbar wäre es wohlfahrtssteigernd, wenn diese Einheiten produziert werden würden – liegt beispielsweise die Zahlungsbereitschaft bei 3,24 € und sind die Grenzkosten 3,16 €, so könnten beide Parteien von einem Verkauf profitieren. Dennoch werden die Einheiten zwischen y^M und y^K vom Monopolisten nicht produziert, weil dieser nicht den Preis (bzw. die Zahlungsbereitschaft), sondern den Grenzerlös mit den Grenzkosten vergleicht und dieser bereits *unter* den Grenzkosten liegen würde. Dies ist – wie erläutert – auf den Sachverhalt zurückzuführen, daß jede Erhöhung der Produktionsmenge des Monopolisten Rückwirkungen auf den Marktpreis hat, die den Grenzerlös schmälern.

Aufgrund der Reduzierung der Summe aus Konsumenten- und Produzentenrente um das Dreieck ACB kann festgehalten werden, daß das Monopol zu einer unter Wohlfahrtsgesichtspunkten suboptimalen Unterversorgung des Marktes führt.

Abb. 15.2:   *Konsumenten- und Produzentenrente im Monopol und bei vollständiger Konkurrenz*

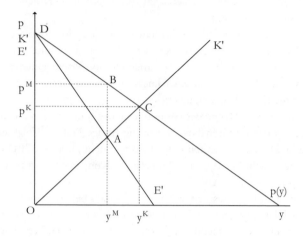

15.4 Die positiven Wirkungen der Preisdifferenzierung

Bisher gingen wir davon aus, daß der Monopolist von *allen* Konsumenten den gleichen Preis für die Ware verlangt. Ein wichtiger Aspekt der Monopolpreisbildung ist nun, daß diese Annahme wesentlich für die hergeleitete Ineffizienz verantwortlich ist. Betrachten wir hierzu erneut Abb. 15.2: Der Monopolist produziert lediglich die Menge y^M, obwohl es für alle Mengeneinheiten zwischen der Monopolmenge y^M und der pareto-effizienten Produktionsmenge y^K noch Konsumenten gibt, deren Zahlungsbereitschaft *über* den Grenzkosten des Monopolisten liegt. Dies ist für den Monopolisten eigentlich ein beklagenswerter Zustand: denn wenn es ihm gelingen würde, diesen Konsumenten einen Preis über den Grenzkosten abzuverlangen, *ohne dadurch auch die Preise für andere Konsumenten reduzieren zu müssen*, so wäre sein Gewinn höher. Das Problem besteht also genau darin, daß jede Preissenkung nicht nur die „letzten" Einheiten, sondern *alle* Einheiten betrifft.

Angesichts dieser Situation wird ein Monopolist versuchen, seinen im Cournot-Punkt gegebenen Gewinn durch *Preisdifferenzierung* zu erhöhen. Solche Preisdifferenzierungen finden sich in der Realität sehr häufig und in ganz unterschiedlichen Varianten. So werden die gleichen Kekse in verschiedenen Packungen in (hochpreisigen) Supermärkten und Lebensmitteldiscountern zu erheblich unterschiedlichen Preisen verkauft, Studenten erhalten billigere Eintrittskarten für die Zweitligaspiele zwischen Eintracht Frankfurt und dem 1. FC Köln, und Telefonate kosten nachts weniger als tagsüber.[6] Zur Systematisierung dieser verschiedenen Arten von Preisdifferenzierung hat sich die folgende Unterscheidung eingebürgert:[7]

- unter *Preisdifferenzierung erster Ordnung* versteht man, daß jeder Konsument einen Preis bezahlt, der exakt seiner Zahlungsbereitschaft entspricht;
- *Preisdifferenzierung zweiter Ordnung* bedeutet, daß Konsumenten, die unterschiedliche Mengen kaufen, verschiedene Preise *pro Einheit* bezahlen. Man spricht in diesem Zusammenhang auch von nicht-linearen-Preisen, weil die Gesamtzahlungen nichtlinear in der Menge sind. Typische Beispiele dafür sind Mengenrabatte oder Güter, für die erstens eine Teilnahmegebühr und zweitens ein (konstanter) Preis pro Stück erhoben wird. Da sich bei der Teilnahmegebühr dann der gleiche Effekt wie bei der Fixkostendegression einstellt, sinkt der Stückpreis bei steigender Menge;
- unter *Preisdifferenzierung dritter Ordnung* versteht man, daß die Konsumenten in verschiedene Gruppen eingeteilt werden und die Konsumenten *innerhalb* jeder Gruppe den gleichen Preis zahlen. Ein typisches Beispiel dafür sind unsere bereits erwähnten Studententarife.

Da wir auf die Preisdifferenzierungen zweiter und dritter Ordnung im Rahmen der Diskussion des natürlichen Monopols noch ausführlich eingehen müssen, beschränken wir uns an dieser Stelle auf die Preisdifferenzierung erster Ordnung. Da es dem Monopolisten annahmegemäß gelingt, jeden Konsumenten genau im Ausmaß seiner Zahlungsbereitschaft zur Kasse zu bitten, spricht man auch von *perfekter Preisdifferenzierung*. Überlegen wir uns nun, welche Auswirkungen eine perfekte Preisdifferenzierung auf die Produktionsmenge, die Konsumentenrente, die Produzentenrente und die Wohlfahrt hat. Da der Monopolist von jedem Konsumenten dessen Zahlungsbereitschaft erhält, entspricht die Produzentenrente einfach der Fläche unter der Nachfragefunktion abzüglich der *(variablen)* Kosten und somit[8]

$$G(y) = \int_0^y p(\tau)d\tau - K(y) \tag{15.20}$$

Als Bedingung erster Ordnung folgt[9]

$$\frac{\partial G}{\partial y} = p(y) - \frac{\partial K}{\partial y} \overset{!}{=} 0 \tag{15.21}$$

bzw.

$$p(y) = \frac{\partial K}{\partial y} \tag{15.22}$$

---

6 Varian entwickelt in seiner Darstellung verschiedener Arten von Preisdifferenzierung das absolut überzeugende *Happy Hour Theorem*. Dieses besagt, daß die Zeiten, in denen Cocktails zum halben Preis angeboten werden, unter Wohlfahrtsgesichtspunkten immer zu kurz sind (vgl. Varian 1989, 625).

7 Vgl. z.B. Varian 1992, 241f.

8 Fixkosten vernachlässigen wir in der Definition des Gewinns, da sie ohnehin nicht entscheidungsrelevant sind.

9 Bedenken Sie, daß die Integralrechnung die Umkehrung der Differentialrechnung ist und sich beide Operationen daher „aufheben".

Gleichung (15.22) zeigt, daß der Monopolist bei perfekter Preisdifferenzierung gemäß der Bedingung Preis=Grenzkosten somit die gleiche Menge anbietet wie bei *vollständiger* Konkurrenz. Dies ist nicht weiter überraschend. Der Grund für einen *höheren* Preis als bei vollständiger Konkurrenz *ohne* perfekte Preisdifferenzierung war ja gerade, daß der Monopolist auch von Konsumenten mit einer *hohen* Zahlungsbereitschaft nur einen geringen Preis erhält, sofern er den Preis reduziert. Gerade dieser Effekt ist durch die Preisdifferenzierung aber ausgeschlossen, so daß der Monopolist den Preis für Konsumenten mit einer geringen Zahlungsbereitschaft bis auf die Grenzkosten senken kann, ohne Rückwirkungen auf die Preise für andere Konsumenten befürchten zu müssen.

Da sich bei perfekter Preisdifferenzierung somit die gleiche Menge einstellt wie bei *vollständiger* Konkurrenz, wird damit auch die Wohlfahrt als Summe aus Konsumentenrente und Produzentenrente maximiert. Die Aufteilung der Gesamtwohlfahrt auf die Produzenten und die Konsumenten ist derjenigen bei *vollständiger* Konkurrenz allerdings diametral entgegengesetzt.[10] Da jeder einzelne Konsument einen Preis gemäß seiner wirklichen Zahlungsbereitschaft entrichten muß, ist die Konsumentenrente Null – denn diese ist ja gerade als die aufsummierte Differenz aus Zahlungsbereitschaft und Preis definiert. Die ganze Wohlfahrt geht somit an die Produzenten.

Einschränkend muß eingeräumt werden, daß die praktische Bedeutung der *perfekten* Preisdifferenzierung eher gering ist, weil der Monopolist ja die Zahlungsbereitschaft *jedes einzelnen Konsumenten* genau kennen muß, um die Konsumentenrente tatsächlich *vollständig* abschöpfen zu können. Außerdem muß der Weiterverkauf der Produkte *zwischen* den Konsumenten ausgeschlossen werden, weil andernfalls Arbitragegeschäfte möglich wären. Trotz dieser Einschränkungen ist das Ergebnis der Wohlfahrtsmaximierung durch perfekte Preisdifferenzierung aber interessant, weil deutlich zum Ausdruck kommt, daß die Maximierung der Wohlfahrt im Monopol durchaus damit vereinbar sein kann, daß die Wohlfahrt der Konsumenten Null ist. Wir werden im 16. Kapitel sehen, daß es auch andere effiziente Formen der Preisdifferenzierung gibt, bei denen der damit verbundene Wohlfahrtsgewinn nicht an die Produzenten, sondern an die Konsumenten geht.

15.5 Relativierungen und weiterführende Fragen

Nachdem wir in Abschnitt 15.3 eine eindeutige Unterlegenheit des Monopols gegenüber dem Polypol begründet haben, möchten wir dieses Resultat nun zur Vermeidung überzogener Schlußfolgerungen wieder etwas relativieren. Zwar ist das Resultat wichtig, es gibt aber auch weitere Aspekte, die bei der Beurteilung berücksichtigt werden müssen. Im Kern stellt sich nämlich die Frage, *warum* Monopolstellungen eigentlich stabil bleiben können, sofern Monopole tatsächlich Preise verlangen, die weit über denen bei vollständiger Konkurrenz liegen. Denn dies stellt für andere Unternehmen einen Anreiz zum Markteintritt dar. Wenn wir die Frage nach den Gründen für die

---

10 Denn wenn die Grenzkosten (langfristig) konstant sind, ist die Produzentenrente bei vollständiger Konkurrenz Null.

Stabilität von Monopolen zu beantworten versuchen, dann stellt sich heraus, daß Monopole zumindest *temporär* durchaus vorteilhaft sein können, um die Funktionsfähigkeit einer Marktwirtschaft nicht zu beeinträchtigen. Lassen Sie uns im folgenden einige Punkte systematisieren:

1. Eine erste Begründung für die temporäre Stabilität von Monopolen ist, daß der Staat diese durch *Patente* schützt. Der Staat schafft Unternehmen dadurch ganz bewußt kurzfristige Preisspielräume, damit sich die Innovationen für die Unternehmen auch auszahlen. Andernfalls wäre ein Erlahmen der Innovationstätigkeit zu befürchten, weil das innovative Unternehmen lediglich die Kosten, aber nicht die Erträge der Forschungs- und Entwicklungsaufwendungen zu spüren bekäme, sofern andere Unternehmen die neue Technik sofort kopieren könnten.[11] Der Staat sorgt also bewußt für temporäre Monopole. Dabei müssen offensichtlich zwei Dinge gegeneinander abgewogen werden: auf der einen Seite darf die Patentdauer nicht zu lang sein, um die beschriebenen Ineffizienzen nicht ausufern zu lassen. Auf der anderen Seite darf sie aber auch nicht so kurz sein, daß die Innovationsbereitschaft negativ beeinträchtigt wird.[12]
Vor diesem Hintergrund ist die *empirische* Messung der Wohlfahrtsverluste durch Monopolstellungen natürlich von besonderem Interesse, um diese mit den möglicherweise positiven Effekten höherer Innovationsanreize vergleichen zu können. Eine Auswertung der wichtigsten empirischen Studien führt allerdings bedauerlicherweise zu keinem eindeutigen Ergebnis. So schwanken die Resultate über die Wohlfahrtsverluste durch unvollständige Konkurrenz in den wichtigsten Studien, die beispielsweise im einschlägigen „Handbook of Industrial Organization" ausgewertet wurden, zwischen praktisch Null und etwa 10 % des Sozialprodukts.[13] Wenn man darüber hinaus die großen methodischen Schwierigkeiten berücksichtigt, so sind die Ergebnisse mit Vorsicht zu genießen. Neuere Studien, die beispielsweise für den Banken- und Automobilsektor durchgeführt werden, ergeben allerdings recht hohe Abweichungen zwischen den Marktpreisen und den variablen Durchschnittskosten, woraus man (in aller Vorsicht) schließen kann, daß viele Unternehmen über nicht zu unterschätzende Preisspielräume verfügen. Die Mehrzahl der empirisch orientierten Industrieökonomen vertritt aber dennoch die Meinung, daß die durch den Verlust an Konsumenten- und Produzentenrente ermittelten Wohlfahrtsverluste gegenüber der Innovationsdynamik einer Volkswirtschaft weniger wichtig seien.

2. Es ist möglich, daß der Monopolist über eine gegenüber allen potentiellen Konkurrenten überlegene Technik verfügt, mit der er besonders billig produzieren oder besonders beliebte Produkte erzeugen kann. Auch ohne Patentschutz kann es sein, daß die Konkurrenz die Technik wegen fehlenden Know-hows nicht perfekt kopieren kann. Die Kritik einer Monopolstellung wegen einer durch besondere

---

11 Cohen/Levin, 1989, 1090 berichten, daß dies vom Englischen Parlament schon 1623 hervorgehoben wurde.
12 Empirische Studien kommen zu dem Resultat, daß die optimale Patentdauer in verschiedenen Industriezweigen sehr unterschiedlich ist; vgl. Cohen/Levin, 1989, 1091.
13 Vgl. Cohen/Levin 1989.

„Geschicklichkeit" erworbenen Marktstellung ist aber eine sehr zweischneidige Sache, weil auch diese die Innovations- und Leistungsbereitschaft hemmen könnte. Denn letztlich beruht eine solche Monopolstellung auf einer durch Leistung begründeten Stellung, deren wirtschaftspolitische Verhinderung problematisch scheint. Oft ist es schwierig, den wirklichen Grund für die Monopolstellung zu erfassen.[14] Dies liegt daran, daß die Überlegenheit des Monopolisten bezüglich Qualität oder Kosten nur eine von vielen Möglichkeiten ist, die andere Unternehmen vom Markteintritt abhalten kann. Denn auch die pure Tatsache, daß der Monopolist *zuerst im Markt ist*, kann als Markteintrittsbarriere für andere Unternehmen wirken. Stellen Sie sich hierzu nur vor, daß der Monopolist *in der Vergangenheit* hohe Investitionen getätigt hat, die er nicht mehr rückgängig machen kann. Er wird dann im Extremfall bereit sein, seine Produkte über einen längeren Zeitraum zu variablen Durchschnittskosten anzubieten, während sich der Markteintritt für neue Unternehmen nur lohnt, wenn sich auch die Investitionskosten amortisieren. Die Unterscheidung verschiedener Markteintrittsbarrieren ist in der Realität daher schwierig.

3. Eine ganz besonders wichtige Relativierung der in Abschnitt 15.3 durchgeführten Überlegungen besteht schließlich darin, daß die dort verwendeten Kostenfunktionen oft nicht geeignet sind, um die empirisch relevanten Monopolstellungen beispielsweise im Bereich der Energieversorgung oder der Bundesbahn zu erfassen. Dies liegt daran, daß beispielsweise beim Errichten und Betreiben eines Schienennetzes hohe Fixkosten anfallen, während die Grenzkosten der Marktversorgung tendenziell konstant sind. Es liegen dann wie erwähnt natürliche Monopole vor, die wir im 16. Kapitel untersuchen.

Der in den Punkten 1 und 2 beschriebene Zielkonflikt zwischen statischer und dynamischer Allokationseffizienz führt dazu, daß die Kartellbehörden ausgesprochen vorsichtig beim Umgang mit Monopolen sind. So werden beispielsweise bestehende Monopole *nicht* durch wettbewerbsfördernde Maßnahmen entflochten, sondern es wird lediglich gegen einen offensichtlichen Mißbrauch wettbewerbsbeherrschender Marktstellungen vorgegangen. Bedenken Sie in diesem Zusammenhang auch die im 12. Kapitel ausführlich angesprochenen Probleme bei der Marktabgrenzung, die es von vornherein schwierig machen, darüber zu entscheiden, ob eine marktbeherrschende Stellung überhaupt vorliegt oder nicht. Wir werden auf diese wettbewerbstheoretischen und -praktischen Fragestellungen im 18. Kapitel ausführlich zurückkommen.

15.6 Wahl der Produktqualität im Monopol[15]

In allen bisherigen Abschnitten haben wir die Produktionsmenge des Monopolisten unter der Annahme einer *gegebenen* Produktqualität untersucht. Wir möchten daher nun fragen, ob der Monopolist eigentlich einen Anreiz zur Bereitstellung von Gütern mit

---

14 Vgl. hierzu die Diskussion des Tetra-Pak-Urteils in Abschnitt 18.5.3.3.
15 Der Abschnitt 15.6 geht geringfügig über den „Basislehrstoff" hinaus und kann in einem ersten Durchgang möglicherweise ausgelassen werden.

optimaler Produktqualität hat, oder ob sich – analog zur Produktionsmenge – auch für die Produktqualität Verzerrungen ergeben.[16] Dazu gehen wir davon aus, daß sowohl die Zahlungsbereitschaft der Konsumenten (also die Preis-Absatz-Funktion) als auch die Produktionskosten nicht nur von der Produktionsmenge, sondern auch von der Produktqualität abhängen. Mit s als Produktqualität lautet die Preis-Absatz-Funktion dann

$$p = p(y, s) \qquad (15.23)$$

Dabei gehen wir davon aus, daß die Zahlungsbereitschaft der Konsumenten mit der Qualität s (degressiv) zunimmt, d.h. wir unterstellen

$$\frac{\partial p}{\partial s} > 0 \,;\, \frac{\partial^2 p}{\partial s^2} \leq 0 \qquad (15.24)$$

Die Kostenfunktion lautet

$$K = K\,(y, s)$$

mit

$$\frac{\partial K}{\partial y} > 0 \,;\, \frac{\partial^2 K}{\partial y^2} \geq 0 \quad \wedge \quad \frac{\partial K}{\partial s} > 0 \,;\, \frac{\partial^2 K}{\partial s^2} \geq 0 \qquad (15.25)$$

so daß die Produktionskosten mit der Menge und der Qualität (progressiv) ansteigen. Wie gewohnt definieren wir die Wohlfahrt als Summe aus Konsumentenrente und Produzentenrente bzw. als Differenz aus dem Bruttonutzen der Konsumenten und den Kosten der Produzenten:

$$W = \int_0^y p(\tau,s)d\tau - K(y,s) \qquad (15.26)$$

Der erste Ausdruck ist das Integral unter der Preis-Absatz- bzw. Grenznutzenfunktion und somit der Bruttonutzen der Konsumenten, der diesmal von der Menge *und* der Produktqualität bestimmt wird. Als Bedingungen erster Ordnung für ein Wohlfahrtsmaximum folgen

$$\frac{\partial W}{\partial y} = p(y,s) - \frac{\partial K(y,s)}{\partial y} = 0 \;\Rightarrow\; p\,(y,s) = \frac{\partial K(y,s)}{\partial y} \qquad (15.27)$$

bzw.

$$\frac{\partial W}{\partial s} = \int_0^y \frac{\partial p}{\partial s}d\tau - \frac{\partial K(y,s)}{\partial s} = 0 \;\Rightarrow\; \int_0^y \frac{\partial p}{\partial s}d\tau = \frac{\partial K(y,s)}{\partial s} \qquad (15.28)$$

Gleichung (15.27) drückt einmal mehr den bekannten Sachverhalt aus, daß die wohlfahrtsmaximale Produktionsmenge dort liegt, wo die Zahlungsbereitschaft der Konsumenten (der Preis) den Grenzkosten entspricht. Betrachten wir nun die Optimalitätsbedingung für die Produktqualität (Gleichung (15.28)): Auf der rechten Seite ste-

---

16   Vgl. zum folgenden z.B. Tirole 1994, 100.

hen die Grenzkosten der Produktqualität, d.h. die durch eine infinitesimal kleine Steigerung der Qualität hervorgerufene Kostensteigerung. *Im* Integral auf der linken Seite steht die Veränderung der Zahlungsbereitschaft (des Preises) bei einer infinitesimal kleinen Änderung der Produktqualität, also der *Grenznutzen der Qualität*. Dieser Grenznutzen der Qualität muß über *alle* konsumierten Einheiten aufsummiert werden, so daß das Integral über alle Einheiten von Null bis y läuft. Es ist daher einsichtig, daß Gleichung (15.28) die wohlfahrtsmaximale Produktqualität angibt. Für den späteren Vergleich mit dem Monopol ist es nützlich, Gleichung (15.28) durch die Menge zu dividieren, so daß wir

$$\frac{\int_0^y \frac{\partial p}{\partial s} d\tau}{y} = \frac{\frac{\partial K(y,s)}{\partial s}}{y} \tag{15.29}$$

erhalten (an der Interpretation ändert sich dadurch grundsätzlich nichts).

Wir müssen nun überprüfen, ob das Entscheidungskalkül des Monopolisten bezüglich der Produktqualität mit dem bei der Maximierung der sozialen Wohlfahrt übereinstimmt. Die Gewinnfunktion des Monopolisten lautet wie gewohnt

$$G(y,s) = p(y,s) \cdot y - K(y,s) \tag{15.30}$$

Somit ergeben sich als Bedingungen erster Ordnung

$$\frac{\partial G}{\partial y} = \frac{\partial p(y,s)}{\partial y} y + p(y,s) - \frac{\partial K(y,s)}{\partial y} = 0$$

$$\Rightarrow \quad \frac{\partial p(y,s)}{\partial y} y + p(y,s) = \frac{\partial K(y,s)}{\partial y} \tag{15.31}$$

bzw.

$$\frac{\partial G}{\partial s} = \frac{\partial p(y,s)}{\partial s} y - \frac{\partial K(y,s)}{\partial s} = 0 \Rightarrow \frac{\partial p(y,s)}{\partial s} y = \frac{\partial K(y,s)}{\partial s} \tag{15.32}$$

Gleichung (15.31) zeigt den hinlänglich bekannten Sachverhalt, daß der Grenzerlös des Monopolisten nicht mit dem Preis übereinstimmt und daher eine suboptimale Menge produziert wird. Wir interessieren uns aber für die Auswirkungen auf die Produktqualität und damit für Gleichung (15.32), die wir analog zur Bedingung erster Ordnung für ein Wohlfahrtsmaximum noch durch y dividieren:

$$\frac{\partial p(y,s)}{\partial s} = \frac{\frac{\partial K(y,s)}{\partial s}}{y} \tag{15.33}$$

Nun vergleichen wir die linke Seite von Gleichung (15.33) mit der Optimalitätsbedingung aus Gleichung (15.29), die sich bei *vollständiger* Konkurrenz bzw. bei der Maximierung der sozialen Wohlfahrt ergibt. Im Wohlfahrtsmaximum wird die Änderung der Zahlungsbereitschaft bei einer Qualitätsänderung für alle Mengeneinheiten, und damit auch für alle Konsumenten, betrachtet. Denn für jeden Konsumenten erhöht sich der Nutzen, wenn die Produktqualität steigt, so daß auch alle Konsumenten einbezogen werden müssen. Die linke Seite von Gleichung (15.29) zeigt somit die *durchschnittliche* Änderung der Zahlungsbereitschaften aller Konsumenten bei einer marginalen Veränderung der Produktqualität.

Versetzen wir uns nun in den Monopolisten. Ein Konsument mit einer *ohnehin hohen Zahlungsbereitschaft* (also ein Konsument „links oben" auf der Preis-Absatz-Funktion) wird ein Produkt auch dann zum Monopolpreis kaufen, wenn die Produktqualität relativ gering ist. Dies liegt daran, daß selbst der Monopolpreis unter der Zahlungsbereitschaft von Konsumenten liegt, die eine ganz hohe Zahlungsbereitschaft haben (andernfalls müßte der Monopolpreis auf der Ordinate liegen, weil der Prohibitivpreis genau die Zahlungsbereitschaft des „gierigsten" Konsumenten angibt). Ob die Zahlungsbereitschaft dieses Konsumenten durch eine weitere Erhöhung der Produktqualität noch weiter ansteigt, interessiert den Monopolisten wenig – denn dieser Konsument kauft das Produkt ohnehin. Entscheidend für den Monopolisten ist dagegen, ob die Zahlungsbereitschaft von Konsumenten mit einer relativ *niedrigen* Präferenz erhöht wird, weil diese dann möglicherweise zum Kauf übergehen. Deshalb steht auf der linken Seite in Gleichung (15.33) bei der Gewinnmaximierungsbedingung des Monopolisten nicht – wie in Gleichung (15.31) – die durchschnittliche Änderung der Zahlungsbereitschaften aller Konsumenten, sondern die Veränderung der Zahlungsbereitschaft des „letzten" Konsumenten. Denn die Veränderung der Zahlungsbereitschaft von Konsumenten mit niedrigen Zahlungsbereitschaften entscheidet darüber, ob der Monopolist bei einer Erhöhung der Produktqualität auch eine Erhöhung des Monopolpreises durchsetzen kann. Dies bedeutet, daß der Monopolist dann und nur dann die wohlfahrtsoptimale Produktqualität wählt, wenn die Veränderung der Zahlungsbereitschaft des letzten Konsumenten bei einer Erhöhung der Produktqualität genau der Veränderung der durchschnittlichen Zahlungsbereitschaft aller Konsumenten entspricht – was offensichtlich purer Zufall wäre.

Zusammenfassend gilt demnach, daß bei der Maximierung der Wohlfahrt die Veränderung der Zahlungsbereitschaften aller Konsumenten und bei der Maximierung des Monopolgewinns nur die Veränderung der Zahlungsbereitschaft des letzten Konsumenten berücksichtigt wird, so daß es auch bezüglich der Qualität zu Ineffizienzen kommt. Im Unterschied zur Produktionsmenge können wir bei der Produkt*qualität* aber keine eindeutige Aussage über die *Richtung* der Ineffizienz treffen – wenn sich der „letzte" Konsument besonders stark (wenig) für die Produktqualität interessiert, kommt es zu einem Überangebot (Unterangebot) an Qualität.[17]

---

17 Diese Formulierung ist etwas vereinfachend, weil sie nur bei der gleichen Produktionsmenge gilt. Dies ist aber nicht der Fall, weil der Monopolist zu wenig produziert.

15.7   Ein Monopolmodell für mehrere Perioden:
Die Coase-Vermutung[18]

Im Januar 1996 wurde unter der Überschrift „Wer zu früh kauft, den bestraft das
Sonderangebot" im „manager magazin" darüber berichtet, daß immer mehr Konsumenten ihre Kleidung im Sommer- bzw. Winterschlußverkauf erwerben und die
Gewinne von Boutiquen und Kaufhäusern dadurch zurückgehen.[19] Theoretisch handelt es sich dabei um ein Phänomen, das vom Nobelpreisträger Ronald H. Coase
schon 1972 betrachtet wurde und daher den Namen *Coase-Vermutung* (Coase-
conjecture) trägt.[20] Während dem Artikel im „manager magazin" ein oligopolistischer
Markt zugrundeliegt, betrachtet Coase einen Monopolisten, der Grundgedanke ist
aber identisch.

Wir wollen die Schwierigkeiten, in denen sich die Kaufhäuser beim Kleidungsver-
kauf bzw. der Monopolist in der Coase-Vermutung befinden, an einem denkbar einfachen Beispiel klarmachen.[21] Ein Monopolist verkaufe eine Ware, von der jeder Konsument im relevanten Zeitraum maximal eine Einheit erwirbt. In diesem Fall spricht
man in der Mikroökonomie von *dauerhaften* Gütern. Denken Sie etwa an Autos oder
bestimmte Kleider, von denen man nur eines haben möchte.[22] Die Preis-Absatz-
Funktion sei (mal wieder) durch

$$p_0 = 10 - y_0 \tag{15.34}$$

gegeben. Die tiefgestellten Indizes „0" führen wir ein, weil wir mehrere Perioden betrachten werden. Da jeder Konsument maximal eine Einheit kauft, drückt die Preis-
Absatz-Funktion nun die Zahlungsbereitschaften *unterschiedlicher* Konsumenten für
jeweils eine Einheit des Produkts aus. Zur Vereinfachung (und ohne Beschränkung
der Allgemeinheit) unterstellen wir, daß die variablen Produktionskosten Null sind
und die Gewinnmaximierung somit der Erlösmaximierung entspricht. Die Gewinnfunktion lautet dann

$$G_0 = y_0 (10 - y_0) \tag{15.35}$$

mit der Bedingung erster Ordnung

$$\frac{\partial G_0}{\partial y_0} = 10 - 2y_0 = 0 \implies y_0 = 5 \tag{15.36}$$

Der Monopolist verkauft also 5 Einheiten, woraus sich gemäß der Preis-Absatz-Funktion ein Preis von 5 und ein Umsatz bzw. Gewinn von 25 ergibt. Nun haben wir in
Abschnitt 15.4 aber schon erläutert, daß der Monopolist unzufrieden darüber ist, daß
er Konsumenten mit einer Zahlungsbereitschaft unter 5 Geldeinheiten die Ware nicht

---

18   Der Abschnitt 15.7 geht etwas über den „Basislehrstoff" hinaus und kann in einem ersten Durch-
     gang möglicherweise ausgelassen werden.
19   manager magazin 26, 1/96, 70–75.
20   Coase 1972.
21   Für eine darüber hinausgehende Darstellung vgl. Güth 1994.
22   Zwar handelt es sich um eine Vereinfachung, weil der Trend zum Zweitkleid geht, dies ändert aber
     nichts am Prinzip.

verkaufen kann, ohne den Monopolgewinn zu reduzieren. Dies ist für den Monopolisten deshalb ärgerlich, weil eine Zahlungsbereitschaft knapp unter 5 ja noch deutlich über den Grenzkosten von Null liegt. Der Ausgangspunkt der Coase-Vermutung beruht nun auf der *zeitlichen Preisdifferenzierung*. Dazu nehmen wir zunächst an, daß der Monopolist die Möglichkeit hat, zu zwei verschiedenen Zeitpunkten (Null und Eins) zu verkaufen, *dies die Konsumenten zum Zeitpunkt Null aber nicht wissen*. Wie wird sich der Monopolist verhalten? Zum Zeitpunkt Null wird er zunächst den gewöhnlichen Monopolpreis $p_0 = 5$ verlangen, 5 Einheiten verkaufen und einen Gewinn von 25 machen. Da alle Konsumenten mit einer Zahlungsbereitschaft *über* 5 in der Periode Null kaufen (sie wissen ja annahmegemäß nicht, daß der Monopolist in der Periode Eins erneut verkauft), ist die verbleibende Preis-Absatz-Funktion in der Periode Eins

$$p_1 = 5 - y_1, \tag{15.37}$$

weil nur noch die Konsumenten mit einer Zahlungsbereitschaft unter 5 übrig sind. Offenbar gibt die zeitliche Preisdifferenzierung dem Monopolisten nun die Möglichkeit, das Produkt auch an einen Teil dieser Konsumenten zu verkaufen, ohne mit negativen Rückwirkungen auf die Zahlungsbereitschaft der Konsumenten mit einer hohen Präferenz rechnen zu müssen – denn diese haben ja schon in der Periode Null gekauft.[23] Er maximiert also wieder seinen Gewinn, was ausgehend von

$$G_1 = y_1 (5 - y_1) \tag{15.38}$$

zu

$$\frac{dG_1}{dy_1} = 5 - 2y_1 = 0 \Rightarrow y_1 = 2{,}5 \tag{15.39}$$

einem Preis von 2,5 und einem zusätzlichen Gewinn von $2{,}5^2 = 6{,}25$ führt. Die zeitliche Preisdifferenzierung ist für den Monopolisten also eine Möglichkeit zur Gewinnerhöhung, weil er die Konsumenten in zwei Gruppen einteilen kann. Gleichzeitig steigt die soziale Wohlfahrt (Summe aus Konsumentenrente und Produzentenrente), weil mehr Konsumenten, deren Zahlungsbereitschaft über dem Grenzkosten von Null liegt, das Produkt kaufen können.

Diese für den Monopolisten günstige Situation stellt sich aber nur unter der bisher getroffenen Annahme ein, daß die Konsumenten in der Periode Null nicht antizipieren, daß der Monopolist in der Periode Eins zu einem niedrigeren Preis verkauft. Andernfalls werden nämlich auch die Konsumenten mit der hohen Zahlungsbereitschaft darauf warten, daß der Monopolist seinen Preis senkt und ebenfalls zum niedrigen Preis kaufen – wer zu früh kauft, den bestraft das Sonderangebot.

Lassen Sie uns die Konsequenzen davon für den Monopolisten präzisieren, indem wir von n Perioden ausgehen. Ganz analog zum Übergang von Periode Null zu Periode Eins hat der Monopolist dann wieder einen Anreiz, in der Folgeperiode Zwei die „Restnachfragefunktion"

---

23 In unserer Terminologie aus Abschnitt 15.4 handelt es sich um eine Preisdifferenzierung dritter Ordnung, weil die Konsumenten in unterschiedliche „Klassen" eingeteilt werden, innerhalb dieser Klassen aber identische Preise bezahlen.

$$p_2 = 2,5 - y_2 \tag{15.40}$$

zu verwerten, was gemäß der üblichen Berechnungsmethode zu einer Gleichgewichtsmenge von 1,25 und einem Preis von 1,25 führt. Wenn wir diese Überlegung
weiterführen, stellen wir fest, daß der Monopolist seinen intertemporalen Gewinn
maximiert, indem er den Preis sukzessive auf die Grenzkosten (die in unserem Fall
Null sind) senkt. Wenn dies die Konsumenten antizipieren, so wird kein Konsument
bereit sein, einen Preis über den Grenzkosten zu bezahlen, so daß die zeitliche Preisdifferenzierung für den Monopolisten *gar nicht möglich ist*. Weil die Konsumenten wissen, daß der Monopolist seinen Preis stets reduzieren wird, wird jeder warten, bis der
Preis auf die Grenzkosten gesunken ist. Im Extremfall kann der Monopolist sein Produkt daher an *jeden* Konsumenten – wie hoch auch immer dessen Zahlungsbereitschaft
sei – nur zu einem Preis in Höhe der Grenzkosten verkaufen, *so daß sich das gleiche Ergebnis wie bei vollständiger Konkurrenz einstellt*. Genau dies nennt man die Coase-
Vermutung.

Die Situation ist für den Monopolisten etwas günstiger, wenn wir realistischerweise davon ausgehen, daß die Konsumenten ihren Nutzen diskontieren und daher
grundsätzlich ein Interesse daran haben, das Produkt möglichst früh zu kaufen. Je
höher die Zahlungsbereitschaft, desto stärker wirkt sich dann die Diskontierung aus,
so daß der Monopolist in Grenzen durchaus die Möglichkeit zur zeitlichen Preisdifferenzierung hat. Betrachten wir hierzu einen Konsumenten mit der Zahlungsbereitschaft z_i, nennen wir den Diskontsatz i, den Preis in der Periode Null p_0 und den Preis
in der Periode Eins p_1 (mit $p_1 < p_0$). Sofern der Konsument sofort kauft, ist sein Nettonutzen $U_i(0)$

$$U_i(0) = z_i - p_0 \tag{15.41}$$

Kauft er dagegen zum niedrigeren Preis p_1 in Periode Eins, so ist sein diskontierter
Nettonutzen

$$U_i(1) = \frac{z_i - p_1}{1+i} \tag{15.42}$$

Demnach entscheidet er sich für den sofortigen Kauf, sofern

$$z_i - p_0 \geq \frac{z_i - p_1}{1+i} \tag{15.43}$$

bzw.

$$1+i \geq \frac{z_i - p_1}{z_i - p_0} \tag{15.44}$$

erfüllt ist. Gleichung (15.44) verdeutlicht, daß ein Konsument den hohen Preis p_0
selbst dann bezahlt, wenn er die Preissenkung antizipiert, sofern der Zinssatz i hoch
ist (d.h. wenn der Konsument „sehr ungeduldig" ist). Je höher der Zinssatz i, desto
größer darf die Preisdifferenz sein, damit ein Konsument dennoch frühzeitig kauft.[24]

---

24 Eine differenziertere Analyse findet sich z.B. bei Güth 1994, der unterschiedliche Diskontraten
    seitens des Monopolisten und der Konsumenten berücksichtigt.

Lassen Sie uns den entscheidenden Punkt der Coase-Vermutung nochmals hervorheben. Dieser ist, daß die Konsumenten keinen Grund dazu haben, dem Monopolisten seine Versicherung, er werde den Preis nicht senken, zu glauben. Denn sobald die Konsumenten mit der hohen Zahlungsbereitschaft gekauft haben, wird der Monopolist seinen Preis nach dem Motto „was schert mich mein Geschwätz von gestern" reduzieren.[25] Vom Grundgedanken her entspricht dies der vom „manager magazin" geschilderten Situation, in der sich die Kleidungsgeschäfte befinden. Zwar wissen die Händler, daß Sonderangebote möglicherweise antizipiert werden, aber wenn der Spätsommer erreicht und die Ware noch übrig ist, gibt es keinen Grund mehr, den Preis nicht zu reduzieren.[26] Die Händler müssen also nach Wegen suchen, um ihre Ankündigung, den Preis nicht zu reduzieren, glaubhaft zu machen. Dies geht aber nur, wenn sie Verfahren entwickeln, die beispielsweise in der Periode Eins eine Preissenkung auch dann nicht lohnenswert macht, wenn die Konsumenten mit der hohen Zahlungsbereitschaft schon gekauft haben. Eine interessante, von Dixit/Nalebuff unter Bezug auf die Firmenpolitik von IBM diskutierte Möglichkeit besteht darin, dauerhafte Güter nicht zu verkaufen, sondern zu *verleasen*.[27] Denn eine Senkung der Leasinggebühren gibt dann auch Nachfragern, die sich frühzeitig für Geräte entschieden haben, die Möglichkeit, aus dem Vertrag auszusteigen und in den Genuß günstigerer Gebühren zu kommen.[28] Der Monopolist zwingt sich also selbst, eine Preissenkung an *alle* Kunden weiterzugeben, beraubt sich dadurch der Möglichkeit der Preisdifferenzierung und überwindet so die Coase-Vermutung.

15.8 Zusammenfassung

In diesem Kapitel haben wir zunächst die „gewöhnliche" Monopolpreisbildung hergeleitet und gezeigt, daß der Monopolist eine geringere Menge anbietet als Unternehmen bei *vollständiger* Konkurrenz. Dabei haben wir betont, daß die Gleichgewichtsbedingung in *jeder* Marktform Grenzerlös = Grenzkosten lautet, daß sich der Grenzerlös aber von Marktform zu Marktform unterscheidet. Während der Grenzerlös bei *vollständiger* Konkurrenz einfach dem Preis entspricht, erweist sich die Situation im Monopol als etwas komplizierter. Die niedrigere Menge des Monopolisten kommt letztlich dadurch zustande, daß er bei Erhöhungen der Produktionsmenge mit Preissenkungen rechnen muß, die *alle* Konsumenten betreffen. Ausgehend von diesem Sachverhalt haben wir demonstriert, daß die Monopolpreisbildung ineffizient ist, weil

---

25 Wenn Sie sich im 17. Kapitel etwas genauer über spieltheoretische Fragen informiert haben, werden Sie feststellen, daß die Behauptung des Monopolisten, er werde seinen Preis nicht vermindern, eine sog. unglaubwürdige, nicht-teilspielperfekte Ankündigung ist.

26 Die Situation ist allerdings etwas komplizierter, weil im oligopolistischen Preiswettbewerb jeder Anbieter einen Anlaß hat, durch Sonderangebote einen größeren Teil der Nachfrage auf sich zu lenken. Da dies für alle gilt, schaden sich die Anbieter letztlich selbst. Diese und ähnliche Fragestellungen werden wir ausführlich im 17. Kapitel zur Oligopolpreisbildung erörtern.

27 Vgl. Dixit/Nalebuff 1995.

28 Für institutionell gut informierte Zeitgenossen sei hinzugefügt, daß diese Ausstiegsmöglichkeit nur bei operational leasing, aber nicht bei financial leasing besteht.

die Summe aus Konsumentenrente und Produzentenrente kleiner ist als bei *vollständiger* Konkurrenz (Abschnitt 15.3).

Diese Ineffizienz kann durch unterschiedliche Formen der Preisdifferenzierung behoben werden, wobei wir uns zur Vermeidung von Überschneidungen mit dem nachfolgenden Kapitel auf die Preisdifferenzierung erster Ordnung (perfekte Preisdifferenzierung) beschränkt haben. Es zeigte sich, daß die perfekte Preisdifferenzierung zwar zu einer Konsumentenrente von Null führt, die Wohlfahrt aber dennoch maximiert wird, weil die gleiche Menge wie bei *vollständiger* Konkurrenz angeboten wird (Abschnitt 15.4). Die hergeleitete Ineffizienz des Monopols wurde im Rahmen einer wichtigen, aber doch recht beschränkten Sichtweise hergeleitet. Entscheidend ist dabei, daß wir die Auswirkungen unterschiedlicher Marktformen auf die Innovationsanreize nicht berücksichtigt haben. Ausgehend von diesen Überlegungen mußten die Resultate in Abschnitt 15.5 daher relativiert werden.

In den Abschnitten 15.6 und 15.7 haben wir Erweiterungen der gewöhnlichen Monopolpreisbildung betrachtet. Zunächst erweiterten wir die Überlegungen von der Produktions*menge* auf die Produkt*qualität*. Es zeigte sich, daß der Monopolist im allgemeinen auch eine ineffiziente Produktqualität bereitstellt, wobei wir ohne Zusatzannahmen aber nicht entscheiden können, ob diese zu groß oder zu klein ist. Anschließend haben wir anhand eines einfachen Beispiels die berühmte Coase-Vermutung dargestellt, die darin besteht, daß sich der Monopolist intertemporal selbst Konkurrenz macht und deshalb zum gleichen Preis anbieten muß wie bei *vollständiger* Konkurrenz. Wir haben allerdings gezeigt, daß sich dieses radikale Resultat abschwächt, wenn wir berücksichtigen, daß die Konsumenten ihren intertemporalen Nutzen diskontieren. Es ergeben sich dann durchaus (geringe) Spielräume zur zeitlichen Preisdifferenzierung, ohne daß alle Konsumenten ihre Nachfrage wegen der erwarteten Preissenkung in die Zukunft verlagern.

Kapitel 16

Natürliches Monopol und Regulierung

16.1 Fragestellung und Überblick

Im vorhergehenden Kapitel haben wir die Monopolpreisbildung unter der Annahme untersucht, daß die (totalen) Durchschnittskosten der Produzenten im relevanten Bereich nicht sinken. Unter diesen Umständen konnten wir die Monopolpreisbildung zumindest unter dem Kriterium der *statischen Allokationseffizienz* als eindeutig ineffizient bezeichnen: Die Summe aus Konsumenten- und Produzentenrente ist im Monopol niedriger als bei vollständiger Konkurrenz (wir werden später sehen, daß sie sogar niedriger ist als in jeder anderen Marktform). Bei der Relativierung der Ergebnisse in Abschnitt 15.5 haben wir aber nicht nur auf die beschränkte Aussagekraft des Kriteriums der statischen Allokationseffizienz hingewiesen, sondern vor allem auch die Frage gestellt, *warum* ein Monopol angesichts seiner größeren Gewinnspielräume eigentlich stabil bleiben kann. Eine der wichtigsten (und im 15. Kapitel nur am Rande behandelte) Antworten auf diese Frage ist offensichtlich, daß *ein* Anbieter billiger produzieren und anbieten kann als jede andere Anzahl von Anbietern, weil die Durchschnittskosten im relevanten Bereich abnehmen. Im Unterschied zum „gewöhnlichen" Monopol spricht man dann von einem *natürlichen Monopol*,[1] dessen Analyse wir uns in diesem Kapitel widmen. Der einfachste Fall sinkender Durchschnittskosten (bzw. steigender Skalenerträge) besteht offenbar in *konstanten* Grenzkosten. In diesem Fall lautet die Gesamtkostenfunktion K_g mit c als Grenzkosten und K_f als Fixkosten

$$K_g = c \cdot y + K_f \tag{16.1}$$

so daß die Durchschnittskosten im gesamten Bereich fallen, weil die Fixkosten auf eine immer größere Produktionsmenge verteilt werden:

$$k_g = \frac{K_g}{y} = \frac{c \cdot y + K_f}{y} = c + \frac{K_f}{y} \tag{16.2}$$

Typisch für solche Kostenfunktionen sind *netzgebundene Infrastruktureinrichtungen* wie die Wasserversorgung, die Abwasserkanalisation, die Gas- und Stromversorgung sowie Bahn- und Postnetze.

Während wir bei der Relativierung der Ergebnisse zum „gewöhnlichen" Monopol auf einen möglichen Zielkonflikt zwischen statischer und dynamischer Allokationseffizienz hingewiesen haben, ergeben sich bei der Beurteilung des natürlichen Monopols

---

1   In Abschnitt 16.2 reichen wir eine exaktere Definition des natürlichen Monopols nach.

bereits *innerhalb* des Kriteriums der *statischen* Allokationseffizienz widerstreitende Gesichtspunkte. Auf der einen Seite bedeuten sinkende Durchschnittskosten (steigende Skalenerträge), daß die Kosten zur Produktion der gewünschten Menge um so niedriger sind, je geringer die Anzahl der Unternehmen ist. Auf der anderen Seite nähert man sich mit abnehmender Zahl von Unternehmen aber immer mehr der (ineffizienten) Monopolpreisbildung an, so daß bereits bezüglich der statischen Allokationseffizienz ein Zielkonflikt besteht.

Lassen Sie uns den Zielkonflikt innerhalb der statischen Allokationseffizienz nochmals formulieren, weil uns dieser unmittelbar zur Regulierung natürlicher Monopole führt. Einerseits sollte nur ein Unternehmen produzieren, weil dann die Durchschnittskosten minimal sind. Andererseits wird dieses Unternehmen aber einen Monopolpreis nehmen, der gemessen am Optimum der Maximierung der Summe aus Konsumenten- und Produzentenrente viel zu hoch ist. Als Lösung bietet es sich offensichtlich an, den Markt zwar nur einem Unternehmen zu überlassen, dieses aber zu regulieren, indem beispielsweise der zulässige Höchstpreis von der öffentlichen Verwaltung festgelegt wird.

Die letzten Überlegungen zeigen, daß im Mittelpunkt der Diskussion natürlicher Monopole die Frage nach der „optimalen" Regulierung stehen muß. Wir haben das vorliegende Kapitel daher folgendermaßen aufgebaut. In Abschnitt 16.2 erläutern wir zunächst das hier bereits angerissene Grundproblem natürlicher Monopole in etwas präziserer Weise. Daraus leiten wir das Resultat ab, daß eine Regulierung natürlicher Monopole durch öffentliche Gebietskörperschaften die Wohlfahrt durchaus erhöhen kann. In Abschnitt 16.3 gehen wir daher mit der sog. *cost-plus-regulation* (also einer an den Kosten orientierten Preisfestsetzung) und *price caps* („Preiskappen", bei denen ein Höchstpreis vorgeschrieben wird, den Unternehmen der Preis ansonsten aber freigestellt bleibt) den beiden praktisch wichtigsten Regulationsmethoden genauer nach. Abschnitt 16.4 analysiert anknüpfend an die Kenntnisse aus Abschnitt 15.4 zum „gewöhnlichen" Monopol die positiven Wohlfahrtseffekte, die sich aus unterschiedlichen Formen der Preisdifferenzierung ergeben können.

In Abschnitt 16.5 diskutieren wir die wichtigste Möglichkeit zum Verzicht auf die direkte Regulierung natürlicher Monopole, indem wir Ansatzpunkte eines „Wettbewerbs um den Markt" betrachten. Da ein effizienter Wettbewerb *im* Markt wegen der sinkenden Durchschnittskosten nicht möglich scheint, besteht die Idee darin, den Markt immer wieder an den (bei gegebener Qualität) billigsten Anbieter „zu versteigern".

Der Abschnitt 16.6 ist schließlich der aktuellen Deregulierung der Telekommunikation und des Postwesens gewidmet und unterstreicht dadurch die enorme praktische Relevanz der Theorie natürlicher Monopole.

Aufmerksame Leser/innen seien noch darauf hingewiesen, daß wir in allen Abschnitten *implizit* auch von Informationsproblemen seitens der regulierenden Instanz ausgehen werden, weil die Lösung des Problems natürlicher Monopole sonst trivial wäre – die Regulierungsbehörde könnte dann leicht Mechanismen entwerfen, die den Monopolisten zu einem effizienten Verhalten bewegen. Dies ist ein Sachverhalt, der uns bei der Regulierung aller möglichen Situationen (beispielsweise dem Umweltproblem in Kapitel 19, der allgemeinen Analyse des Zivilrechts als Regulierungsmethode in Kapitel 20 oder der Principal-Agenten-Theorie in den Kapiteln 22 und 23) immer wieder begegnen wird – sofern die Regulierungsbehörde vollständig informiert ist, kann sie beispielsweise durch Verordnungen leicht ein first best herbeiführen.[2] Diese Annahme vollständiger Information ist aber durchaus unrealistisch, weil der Monopolist etwa seine Kostenfunktion oder seine Innovationsmöglichkeiten besser kennt als die Regulierungsbehörde. Es stellt sich dann die Frage, ob die Behörde durch geschickte Verträge mit dem Monopolisten einen indirekten Weg finden kann, um den Monopolisten zur *Preisgabe seines Informationsvorsprungs* zu bewegen.[3]

16.2   Genauere Beschreibung des Grundproblems

16.2.1   Die Kostensituation natürlicher Monopole

Wie erwähnt versteht man unter einem natürlichen Monopol eine Situation, in der die Durchschnittskosten der Marktversorgung am niedrigsten sind, sofern nur ein Anbieter am Markt tätig ist. Dabei muß es sich keineswegs um einen *bestimmten* Anbieter handeln, der über eine überlegene Technik verfügt. Vielmehr liegt auch ein natürliches Monopol vor, wenn beliebig viele Unternehmen Kostenfunktionen gemäß Gleichung (16.1) aus Abschnitt 16.1 haben, weil es bei konstanten Grenzkosten offenbar am billigsten ist, wenn die Fixkosten nur einmal anfallen. Dabei ist es bei gleichen Kostenfunktionen völlig gleichgültig, *welches* der Unternehmen den Markt alleine beliefert. Formal definiert man ein natürliches Monopol über die sog. *Subadditivität* der Kostenfunktion, womit folgendes gemeint ist:[4] Die gesamte Produktionsmenge y ist definitionsgemäß die Summe der Produktionsmengen y_i aller am Markt tätigen Unternehmen i = 1 bis n

$$y = \sum_{i=1}^{n} y_i \qquad (16.3)$$

Eine Kostenfunktion wird dann als strikt subadditiv bezeichnet, wenn für alle Produktionsmengen $y_1,...,y_n$ und $\Sigma_i y_i = y$

$$K(y) < \sum_i K(y_i) \qquad (16.4)$$

gilt. Ungleichung (16.4) drückt aus, daß die Kosten bei Produktion durch nur ein Unternehmen (K(y)) strikt kleiner sind als die Kosten bei jeder anderen Aufteilung der Produktionsmenge. Eine hinreichende Bedingung dafür ist offenbar, daß die Grenzkosten gemäß Abb. 16.1 konstant sind und daneben positive Fixkosten anfallen. In diesem Fall sind die Durchschnittskosten zur Produktion *jeder* beliebigen Produkti-

---

2   Stellen Sie sich nur vor, man stellt Sie vor die Alternative „Verhalte Dich effizient oder ...".
3   Ein solcher Mechanismus wurde von Baron/Myerson 1982 entwickelt, an den heute in zahlreichen Vertiefungen angeknüpft wird. Vgl. vor allem Laffont/Tirole 1993.
4   Für einen umfassenden Überblick über die Theorie und Regulierung natürlicher Monopole vgl. Braeutigam 1989. Die Beschreibung von Subadditivität findet sich z.B. ebenda, 1291ff.

onsmenge am geringsten, wenn nur ein Unternehmen am Markt tätig ist. Es ist klar, daß die Durchschnittskosten dann auch bei der Produktion der „richtigen" Produktionsmenge (d.h. der pareto-effizienten, wir werden darauf gleich zurückkommen) sinken.

Abb. 16.1: *Natürliches Monopol bei konstanten Grenzkosten*

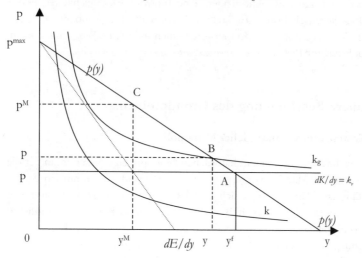

Allerdings impliziert Subadditiviät als Definition natürlicher Monopole *nicht* notwendigerweise, daß die Durchschnittskosten im relevanten Bereich sinken. Nehmen wir beispielsweise gemäß Abb. 16.2 an, daß *jedes* möglicherweise am Markt tätige Unternehmen die gleiche, U-förmige Durchschnittskostenfunktion aufweist.

Betrachten wir zunächst die Nachfragefunktion $y_1(p)$, die die Durchschnittskostenfunktion eines beliebigen Unternehmens im Punkt A schneidet. Nehmen wir ferner an, der Schnittpunkt aus der Nachfragefunktion und der Durchschnittskostenfunktion sei unsere relevante Menge, die produziert werden soll (wir kommen auf diesen Punkt noch zurück). Es ist offensichtlich, daß dann ein natürliches Monopol vorliegt, weil die Durchschnittskosten im relevanten Punkt sinken, was eine hinreichende Bedingung für Subadditivität ist. Aber auch für die Nachfragefunktion $y_2(p)$ haben wir es mit einem natürlichen Monopol zu tun, obwohl die Durchschnittskosten im Schnittpunkt der Nachfragefunktion und der Durchschnittskostenfunktion (Punkt B) ansteigen. Dies liegt daran, daß eine Produktion mit zwei oder mehr Unternehmen höhere Durchschnittskosten als B verursacht, weil dann der Bereich *sinkender* Durchschnittskosten *vor* Punkt B nicht ausgenutzt werden kann. Dies wird deutlich, wenn wir beispielsweise annehmen, daß zwei Unternehmen jeweils die Hälfte der Menge produzieren – die Durchschnittskosten sind dann C>B, so daß die Kosten der Marktversorgung zunehmen. Wir können demnach festhalten, daß sinkende Durchschnittskosten im relevanten Bereich zwar eine hinreichende, aber keine notwendige Bedingung für das Vorliegen eines natürlichen Monopols sind.

Abb. 16.2: *U-förmige Durchschnittskosten und natürliches Monopol*

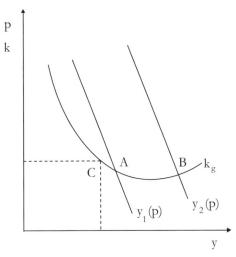

Für besonders interessierte Leser/innen sei hinzugefügt, daß wir hier das natürliche Monopol nur für den Fall definiert haben, daß es sich um *Einproduktunternehmen* handelt. Beim Mehrproduktunternehmen sind steigende Skalenerträge keine Voraussetzung für sinkende Durchschnittskosten, weil auch die Möglichkeit von *Verbundeffekten* („economies of scope") einbezogen werden muß. Darunter wird verstanden, daß sich bei der Produktion verschiedener Güter Synergieeffekte ergeben, die die Produktionskosten vermindern. Der Grundgedanke bei der Definition natürlicher Monopole im Mehrproduktfall lautet aber analog, daß ein bestimmtes Güter*bündel* am kostengünstigsten durch nur ein Unternehmen produziert werden kann.[5]

16.2.2 First best, second best und die Entscheidung des Monopolisten

Obwohl sich natürliche Monopole demnach auch bei U-förmigen Durchschnittskostenfunktionen (und sogar im Bereich steigender Durchschnittskosten) begründen lassen, liegt der klassische Fall natürlicher Monopole bei konstanten Grenzkosten und demnach stetig sinkenden Durchschnittskosten vor. Typisch dafür sind wie erwähnt leitungsgebundene Infrastrukturleistungen, wo hohe Fixkosten zur Errichtung der Leitungsnetze relativ geringen, konstanten Grenzkosten der Nutzung gegenüberstehen. Mit diesem in Abb. 16.1 oben dargestellten Fall werden wir uns im folgenden beschäftigen.

Fragen wir zunächst, welche Menge ein Monopolist zu welchem Preis anbieten wird, wenn er als einziger am Markt tätig ist und die Regulierungsbehörde ihm keinerlei Vorschriften macht. Die Antwort auf diese Frage ist denkbar einfach: da den Monopolisten unsere Klassifikation in „gewöhnliche" und „natürliche" Monopole herzlich wenig interessiert, verlangt er wie gewohnt den Cournot-Preis, d.h. den Preis, der

---

5 Für eine formal exakte Darstellung vgl. z.B. Panzar 1989, 25.

sich im Schnittpunkt der Grenzerlös- und der Grenzkostenfunktion ergibt. Wenn wir vereinfachend wieder von einer linearen Preis-Absatz-Funktion bzw. Nachfragefunktion p(y) ausgehen, so hat die Grenzerlösfunktion die doppelte negative Steigung wie die Nachfragefunktion, und wir erhalten als Monopolmenge y^M und als Monopolpreis p^M, die in Abb. 16.1 dargestellten Ergebnisse. Analog zum gewöhnlichen Monopol ist der Monopolpreis aber auch hier volkswirtschaftlich ineffizient, weil die Zahlungsbereitschaft der Konsumenten noch weit über den Grenz- und Durchschnittskosten des Monopolisten liegt. Daraus folgt, daß die Regulierungsbehörde eingreifen muß, wenn sie den Markt *einem* Unternehmen überläßt. Andernfalls muß dieses Unternehmen keine Angst vor Konkurrenz haben und kann beruhigt den Monopolpreis verlangen, der zu einem Verlust an Wohlfahrt führt.

Fragen wir nun also, welchen Preis die Regulierungsbehörde gestatten sollte, wenn sie den Markt einem Monopolisten überlassen und gleichzeitig die Wohlfahrt maximieren möchte. Dabei gehen wir zunächst unrealistischerweise davon aus, daß die Behörde über die Verläufe der Nachfragefunktion und der Kostenfunktion vollständig informiert ist, um den Grundgedanken deutlicher machen zu können. Somit suchen wir in Abb. 16.1 die pareto-effiziente Produktionsmenge, die wir auch *first best* nennen. Als Wohlfahrtskriterium verwenden wir wieder die Summe aus Konsumenten- und Produzentenrente. Aus der Analyse der vollständigen Konkurrenz und des „gewöhnlichen" Monopols wissen wir, daß die Summe aus Konsumenten- und Produzentenrente dort maximiert wird, wo die Grenznutzen den Grenzkosten entsprechen. Da die Nachfragefunktion die Grenznutzen angibt, wird die Wohlfahrt also im Schnittpunkt der Nachfragefunktion mit der Grenzkostenfunktion und demnach im Punkt A in Abb. 16.1 maximiert. Die Summe aus Konsumenten- und Produzentenrente entspricht dann dem Dreieck $p^f A p^{max}$, wobei p^f für den first best-Preis und p^{max} für den Prohibitivpreis steht. Wir erhalten $p^f A p^{max}$, indem wir von der Fläche unter der Nachfragefunktion die variablen Kosten (also die Fläche $0 y^f A p^f$ unter der Grenzkostenfunktion bis zum Punkt A) abziehen.

Aufmerksamen Leser/innen wird allerdings nicht entgehen, daß unser Monopolist beim Preis p^f und der Menge y^f zwar seine variablen, aber nicht seine fixen Kosten decken kann und daher einen Verlust macht. Wenn die Durchschnittskosten k_g über den Grenzkosten liegen, so muß ein Preis in Höhe der Grenzkosten zwangsläufig zu einem Verlust führen, so daß kein Monopolist bereit sein würde, einen Preis p^f als Vorgabe der Regulierungsbehörde zu akzeptieren – lieber würde das Unternehmen auf seine Monopolstellung verzichten. Diese Überlegung führt uns unmittelbar zum Konzept des *second best*: Unter dem second best versteht man grundsätzlich die beste Möglichkeit unter Einhaltung „bestimmter", zusätzlicher Nebenbedingungen. In unserem speziellen Fall der Regulierung natürlicher Monopole versteht man unter dem second best den wohlfahrtsmaximalen Preis unter der Nebenbedingung, daß das Unternehmen keinen Verlust macht. Offenbar handelt es sich um den Preis p^s (und die zugehörige Menge y^s), bei dem der Preis gerade den totalen Durchschnittskosten des Monopolisten entspricht.

Innerhalb der ökonomischen Theorie der Regulierung gibt es eine lange Debatte darüber, ob sich die Regulierungsbehörde bei vollständiger Information eher für den

Preis p^f oder den Preis p^s entscheiden sollte. p^f könnte sie dabei erreichen, indem sie den Monopolisten zusätzlich in der Differenz von Grenz- und Durchschnittskosten subventioniert, so daß der Gewinn (abgesehen von der üblichen Kapitalverzinsung) wieder Null wäre. *Für* p^f spricht, daß die Summe aus Konsumenten- und Produzentenrente maximiert wird und die Wohlfahrt daher ceteris paribus maximiert wird. *Gegen* p^f spricht allerdings, daß die Konsumenten in diesem Fall *nicht* die Gesamtkosten der Produktion tragen und die Unternehmen daher aus Steuern oder sonstigen Mitteln subventioniert werden müssen. Die ceteris paribus Bedingung bei der Herleitung der wohlfahrtstheoretischen Überlegenheit von p^f impliziert also, daß die Steuererhebung keine Kosten verursacht, die den Steuerbetrag (der ja wieder genutzt wird) überschreiten. Häufig muß aber angenommen werden, daß Steuern *erstens* Erhebungskosten und *zweitens* eine Verzerrung der Allokation herbeiführen, so daß die Kosten der Steuererhebung insgesamt beträchtlich über den puren Steuerbetrag hinausgehen. Man nennt dies auch eine *Mehrbelastung*, die bei der Gewährung von Subventionen berücksichtigt werden muß.[6] Wenn man den Verlust an Konsumenten- und Produzenten-rente beim Übergang von p^f nach p^s und die Mehrbelastung durch die für Subventionen erforderlichen Steuererhebungen gegeneinander abwägt so folgt daraus, daß die optimale Produktionsmenge irgendwo *zwischen* y^s und y^f liegt.

16.2.3 Sunk costs und Fixkosten

Gerade haben wir unter anderem hergeleitet, daß sich ein *un*regulierter Monopolist bedauerlicherweise weder für p^s noch für p^f, sondern schlicht für den gewöhnlichen Monopolpreis p^M entscheiden wird. Diese Feststellung haben wir allerdings schon in Abschnitt 15.5 der gewöhnlichen Monopoltheorie relativiert, indem wir darauf hingewiesen haben, daß ein Monopolist sein Verhalten nicht nur an der (in seinem Fall definitionsgemäß nicht vorhandenen) aktuellen, sondern auch an der *potentiellen* Konkurrenz orientieren muß. So könnte man sich vorstellen, daß ein Preis in Höhe von p^M auch im natürlichen Monopol neue Konkurrenten anlockt, die die Gewinnspielräume nutzen wollen. Im Extremfall könnte das am Markt tätige Unternehmen andere Unternehmen nur vom Markteintritt abhalten, wenn es einen Preis von p^s nimmt, weil dann durch ein Unterbieten keine Gewinne möglich sind. Sofern die „Drohung" durch potentielle Konkurrenten tatsächlich so groß ist, käme es also auch ganz ohne Regulierung zu einem Preis p^s, der unter Berücksichtigung der Mehrbelastungen durch Subventionen bei p^f nahe am volkswirtschaftlichen Optimum liegt.

Obwohl dieses vor allem von Baumol vorgetragene Argument sicherlich eine gewisse Bedeutung hat,[7] sollte man seine Reichweite doch nicht überschätzen. Um dies zu verstehen, ist die Unterscheidung zwischen „gewöhnlichen" Fixkosten und jenem Teil der Fixkosten entscheidend, die man als *sunk costs* (versunkene Kosten) bezeichnet. Gewöhnliche Fixkosten sind zwar unabhängig von der Produktionsmenge, sie können aber vollständig abgebaut werden, sofern auf die Produktion verzichtet wird.

---

6 Wir kommen darauf bei der Diskussion einer ökologischen Steuerreform in Abschnitt 19.3.4.6 noch ausführlicher zurück.

7 Vgl. Baumol/Panzar/Willig 1982 sowie unsere Diskussion dieses Ansatzes in Abschnitt 18.3.3.

Denken Sie etwa an einen LKW, dessen Steuerbelastung unabhängig von der km-Leistung ist, dessen Steuer aber entfällt, wenn die Spedition schließt. Sunk costs (man nennt sie in einem anderen theoretischen Zusammenhang zutreffend auch *spezifische Investitionen*) sind dagegen aufgewendete Kosten, die nicht mehr rückgängig gemacht werden können und *ausschließlich* in bestimmten Produktionsprozessen nützlich sind.[8] Typisch dafür sind Ausbildungskosten für bestimmte Fähigkeiten oder eben Leitungs-netze oder Eisenbahnschienen, die lediglich dazu verwendet werden können, Züge darauf fahren zu lassen. In vielen Fällen müssen wir demnach annehmen, daß die Fix-kosten natürlicher Monopole den Charakter spezifischer Investitionen (sunk costs) haben. Das entscheidende Definitionsmerkmal von sunk costs ist also deren prinzi-pielle *Irreversibilität*.

Warum ist dies für unsere Frage potentieller Konkurrenz wichtig? Versetzen wir uns dazu in ein Unternehmen, das angesichts des hohen Monopolpreises p^M einen Markteintritt erwägt. Bedenken Sie, daß *zum Zeitpunkt dieser Entscheidung* die späteren Fixkosten zur Errichtung des Leitungsnetzes noch variabel sind, so daß sich die Pro-duktion nur lohnt, wenn langfristig mindestens der Preis p^s erzielt werden kann. Mit welcher Reaktion des schon am Markt etablierten Unternehmens muß unser poten-tieller Eindringling aber rechnen? Für das etablierte Unternehmen sind die Fixkosten schon unwiderruflich verlorene, irreversible sunk costs. Jede zu einem Preis über p^f verkaufte Einheit erhöht daher den Deckungsbeitrag und reduziert den Verlust. Das etablierte Unternehmen ist daher bereit, unter Vernachlässigung der Fixkostendeckung das eintretende Unternehmen zu unterbieten, um den Verlust zu vermindern. Es kommt zur „ruinösen" Konkurrenz, die lange als wichtigstes Argument zur Regulie-rung natürlicher Monopole galt. Die Bedeutung von sunk costs im Unterschied zu Fixkosten ist also, daß sich ein Unternehmen auch *langfristig* mit Verlusten zufrieden gibt, weil die Fixkosten auch durch ein Ausscheiden aus dem Markt nicht abgebaut werden können. Da dies potentielle Konkurrenten zum Zeitpunkt des möglichen Markteintritts wissen, werden sie die Finger vom Markteintritt lassen. Man spricht auch davon, daß das schon am Markt tätige Unternehmen „glaubhaft drohen" kann, den Preis beim Markteintritt des anderen Unternehmens unter p^s zu senken – glaub-haft deshalb, weil dies angesichts der nicht rückgängig zu machenden spezifischen Investition den eigenen Verlust reduziert.

Bevor wir uns anschließend der Regulierung natürlicher Monopole genauer zu-wenden, wollen wir nochmals kurz die Frage aufgreifen, auf welchen Märkten eigent-lich mit dieser Situation gerechnet werden muß. 1989 wurde von Kruse eine Studie veröffentlicht, in der genau die beiden auch hier hervorgehobenen Kriterien „Subad-ditivität" (also letztlich sinkende Durchschnittskosten) und „Irreversibilität" (also sunk costs) als Kriterien herangezogen wurden. Dabei unterscheidet Kruse auch nach der Produktion und der Verteilung der entsprechenden Leistung. Unter Produktion wird dabei beispielsweise die Herstellung des Leitungsnetzes „Schiene" und unter Vertei-lung der Gütertransport auf der Schiene verstanden. Die Ergebnisse sind in Abb. 16.3 zusammengefaßt.

---

8 Vgl. für eine formal exakte Unterscheidung von Fixkosten und sunk costs z.B. Braeutigam 1989, 1404.

Abb. 16.3: Subadditivität und Irreversibilität in einzelnen Sektoren

Sektor	Produktionsstufe bzw. -teilbereich	Subadditivität	Irreversibilität	Regulierungs- bedarf
Fernwärme	Produktion	nein	fraglich	–
	Verteilung	ja	hoch	x
Wasser	Produktion	nein	gering	–
	Verteilung	ja	hoch	x
Kanalisation	Haushalte	ja	hoch	x
Müll	Sammlung	ja	gering	–
	Verbrennung	fraglich	fraglich	–
Telefon	Ortsnetz	ja	hoch	x
	Fernverkehr	fraglich	hoch	–
	Endgeräte	nein	gering	–
Kabel-TV	Programm	nein	gering	–
	Verteilung	ja	hoch	x
Briefe/Pakete	Transport	fraglich	fraglich	–
	Zustellung	ja	gering	–
Eisenbahn	Schienennetz	ja	hoch	x
	Güterverkehr	nein	gering	–
U-Bahn	–	ja	hoch	x
Buslinien	–	i.d.R. nein	gering	–
Fahrlinien	–	i.d.R. nein	gering	–
Fluglinien	–	i.d.R. nein	gering	–
Binnenschiffahrt	–	nein	gering	–
Güterkraftverkehr	–	nein	gering	–
Pipeline	–	ja	hoch	x

Quelle: Kruse, J., 1989, S. 15

Abb. 16.3 verdeutlicht, daß unter Berücksichtigung der Kriterien Subadditivität und Irreversibilität in vielen Sektoren entweder nur im Bereich der Produktion oder nur im Bereich der Verteilung Regulierungsbedarf besteht. Insgesamt betroffen sind nach dieser Studie die Sektoren „Fernwärme", „Wasser", „Kanalisation", „Telefon", „Kabel-TV", „Eisenbahn" und „U-Bahn" und „Pipeline". Interessant ist, daß weder im Bereich der klassischen Postdienste (Brief- und Pakettransport) noch im Flugverkehr Regulierungsnotwendigkeiten gesehen werden.

16.3 Strategien zur Regulierung natürlicher Monopole

16.3.1 Überblick

Obwohl inzwischen für viele Märkte eine radikale Deregulierung mit dem Kernziel offenen Marktzugangs angestrebt wird,[9] ist eine Vielzahl von Märkten, die (vermutlich) den Charakter natürlicher Monopole aufweisen, weiterhin reglementiert. Im Grunde geht es bei jeder Form der Regulierung natürlicher Monopole um die Be-

---

9 Vgl. hierzu den Bericht der Deregulierungskommission von 1991.

stimmung der Tarife, die den Monopolisten genehmigt werden. Damit sollen die Kostensenkungspotentiale durch die Verringerung von Wettbewerb durch steigende
Skalenerträge genutzt, andererseits aber die Ineffizienzen durch einen Verlust an
Summe aus Konsumentenrente und Produzentenrente vermindert werden. Dabei
lassen sich vor allem zwei Grundformen der Tarif-Regulierung unterscheiden:

– erstens die „klassische" kostenorientierte Preisfestsetzung (üblicher ist der englische Begriff *cost-plus-regulation*), deren Grundprinzip wir in Abschnitt 16.3.2 skizzieren. In Abschnitt 16.3.3 erläutern wir eine Spezialform der kostenorientierten
  Preisfestsetzung, die man als *Kapitalrenditenregulierung* bezeichnet und die spezifische
  Ineffizienzen impliziert;
– und zweitens die Preisobergrenzenregulierung (üblicher ist der englische Begriff
  price caps), der wir uns in Abschnitt 16.3.4 widmen.

Abschließend (Abschnitt 16.3.5) betrachten wir ein etwas theoretischeres Modell, mit
dem sich ein Pareto-Optimum sogar ohne Kenntnis der Kostenfunktion des natürlichen Monopolisten erreichen läßt, sofern die Steuererhebung keine Kosten verursacht, die über die Steuern hinausgehen.

16.3.2 Kostenorientierte Preisbestimmung (cost-plus-regulation)

Die in vielen Ländern zur Tarifkontrolle verwendeten Regulierungsmodelle arbeiten
nach einem kostenorientierten Prinzip, d.h. sie binden den genehmigten Preis an die
Produktionskosten des Unternehmens. Steigen die Produktionskosten des Unternehmens, so werden auch höhere Tarife genehmigt, während Produktivitätsfortschritte zu
einer Verringerung der Tarife führen. Dabei werden auch noch Preisdifferenzierungen
vorgenommen, auf die wir zusammenhängend in Abschnitt 16.4 eingehen. Die Art
und Weise der kostenorientierten Preisfestsetzung unterscheidet sich in den verschiedenen Ländern. So sind beispielsweise die Regulierungsbehörden in anglo-amerikanischen Ländern eher an feststehende Methoden gebunden (vgl. hierzu vor allem den
folgenden Abschnitt 16.3.3), während die Monopol-Preisaufsichten in der Bundesrepublik Deutschland einen recht großen Entscheidungsspielraum haben.

   Die mit der traditionellen kostenorientierten Preispolitik verbundenen Probleme
liegen im Grunde genommen auf der Hand.[10] Erstens besteht ein *Informationsproblem*,
weil es für die Regulierungsbehörde natürlich außerordentlich schwierig ist, die Kostensituation des natürlichen Monopolisten exakt zu überprüfen. Es besteht dann die
Gefahr, daß dem Monopolisten zu hohe Preise genehmigt werden, was zu einem
Verlust der Summe aus Konsumentenrente und Produzentenrente führt. Diese
Schwierigkeit ist vor allem dann zu beachten, wenn (und dies ist der empirische Normalfall) das betreffende Unternehmen nicht nur in regulierten, sondern auch in dere-
gulierten Bereichen operiert. In diesem Fall ist es für das Unternehmen vor allem bei
schwer zurechenbaren Gemeinkosten möglich, hohe Kosten im regulierten Bereich
auszuweisen, um auf diese Art dort höhere Preise und entsprechend höhere Gewinne

---

10 Vgl. z.B. Littlechild 1970, dessen Kritik die Ersetzung von kostenorientierten Preisen durch
    Höchstpreise bei British Telecom wesentlich beeinflußt hat.

zu erzielen. Diese Gewinne werden dann dazu genutzt, um den nicht-regulierten Bereich intern zu subventionieren. Die dadurch möglichen niedrigen Preise im nicht-regulierten Bereich sollen dabei dazu dienen, Konkurrenten aus dem Markt zu drängen und den Einzugsbereich der monopolistischen Marktstellung dadurch zu vergrößern. Neben dem Informationsproblem stellt sich zweitens das Problem einer stark reduzierten *dynamischen Anreizwirkung*. Da der Monopolist weiß, daß jede Kostenveränderung nicht zu einer Gewinnveränderung, sondern lediglich zu geänderten Tarifen führt, ist der Anreiz zur Durchsetzung von Produktivitätsfortschritten gering. Die kostenorientierte Preis- bzw. Tarifpolitik ist daher seit Beginn der 80er Jahre immer stärker in die Kritik geraten.

16.3.3 Kapitalrenditenregulierung

Eine spezielle Variante der kostenorientierten Preisfestsetzung ist die Regulierung der Kapitalverzinsung (auch hier ist der englische Begriff *rate-of-return-regulation* üblicher), die zu bestimmten Ineffizienzen bei der Wahl der Faktorkombination durch das natürliche Monopol führt. Dies wurde schon frühzeitig in einem vielbeachteten Modell von Averch und Johnson (1962) untersucht, das als ein klassisches Modell der Regulierungstheorie bezeichnet werden kann und daher etwas ausführlicher geschildert werden soll. Averch/Johnson gehen davon aus, daß der Regulator zwar nicht die ganze Kostensituation des Unternehmens, aber immerhin den Wert des physischen Kapitalstocks und die Höhe der Gewinne hinreichend präzise beobachten kann. Aus diesem Grund entscheidet sich die Behörde annahmegemäß für eine *Regulierung der Kapitalverzinsung*, was praktisch bedeutet, daß angesichts eines gegebenen Kapitalstocks ein Tarif genehmigt wird, der genau die vorgesehene Kapitalverzinsung ergibt.[11] Der genehmigte Tarif ist daher um so höher, je höher das eingesetzte Kapital ist. Es ist schon intuitiv leicht nachvollziehbar, daß eine solche, vor allem für die USA relevante Regulierungsmethode, eine Tendenz zur *Überkapitalisierung* impliziert, die man in der Literatur als Averch-Johnson-Effekt bezeichnet.[12] Das Unternehmen wählt nicht mehr die optimale Faktorkombination, bei der das Verhältnis der Grenzproduktivitäten aus Arbeit und Kapital dem Verhältnis ihrer Faktorpreise entspricht,[13] sondern setzt (gemessen am Optimum) zuwenig Arbeit und zuviel Kapital ein. Formal läßt sich dieses Resultat folgendermaßen herleiten:

Die Gewinnfunktion des Monopolisten lautet

$$G = p(y(A, K)) \cdot y(A, K) - wA - iK \qquad (16.5)$$

Dabei wird der Output y als Funktion des eingesetzten (beobachtbaren) Kapitalstocks K und der eingesetzten (unbeobachtbaren) Arbeit A ausgedrückt. Die Grenzprodukti-

---

11 Vgl. für einen informativen Überblick z.B. Averch/Johnson 1962.
12 Vgl. für eine formale Darstellung z.B. Baron 1989, 1452ff.
13 Vgl. hierzu die Herleitung der Minimalkostenkombination in Abschnitt 3.6.3.3.

vitäten von Arbeit und Kapital werden als positiv und sinkend unterstellt, wie dies beispielsweise bei der Cobb-Douglas-Funktion der Fall ist.[14]

Die Kapitalrenditenregulierung kommt nun dadurch zum Ausdruck, daß der Gesamtgewinn des Unternehmens eine bestimmte Kapitalverzinsung s nicht überschreiten darf. Das Unternehmen muß daher als Nebenbedingung beachten, daß die Gewinne G nicht größer als s·K sind. Dabei gilt s>i, was zum Ausdruck bringt, daß die Kapitalrendite die puren Kapitalkosten überschreitet:[15]

$$G = p(y(A, K)) \cdot y(A, K) - wA - iK \leq sK \tag{16.6}$$

Daraus erhalten wir als Lagrangefunktion[16]

$$L = p(y(A, K)) \cdot y(A, K) - wA - iK$$
$$- \lambda \, (p(y(A, K)) \cdot y(A, K) - wA - iK - sK) \tag{16.7}$$

Als Bedingungen erster Ordnung für den gewinnmaximalen Arbeits- und Kapitaleinsatz folgen

$$\frac{\partial L}{\partial A} = \frac{dp}{dy}\frac{\partial y}{\partial A}y + p\frac{\partial y}{\partial A} - w - \lambda\left(\frac{dp}{dy}\frac{\partial y}{\partial A}y + p\frac{\partial y}{\partial A} - w\right) = 0 \tag{16.8}$$

bzw.

$$\frac{\partial L}{\partial K} = \frac{dp}{dy}\frac{\partial y}{\partial K}y + p\frac{\partial y}{\partial K} - i - \lambda\left(\frac{dp}{dy}\frac{\partial y}{\partial K}y + p\frac{\partial y}{\partial K} - i - s\right) = 0 \tag{16.9}$$

Betrachten wir zunächst etwas genauer Gleichung (16.8), also die Bedingung erster Ordnung für den Arbeitseinsatz. Der erste große Summand ist nichts anderes als der Grenzerlös der Arbeit, also die Umsatzsteigerung des Monopolisten bei einer infinitesimalen Erhöhung des Arbeitseinsatzes. Dies wird besonders deutlich, wenn wir gemäß

$$\frac{\partial y}{\partial A}\left(\frac{dp}{dy}y + p\right) - w - \lambda\left(\frac{\partial y}{\partial A}(\frac{dp}{dy}y + p) - w\right) = 0 \tag{16.10}$$

die Grenzproduktivität der Arbeit ausklammern. Wir erhalten dann die Grenzproduktivität der Arbeit, multipliziert mit dem gewöhnlichen Grenzerlös des Monopolisten als Funktion der Produktionsmenge. Das Produkt aus Grenzproduktivität und Grenzerlös gibt aber gerade an, wie der Umsatz steigt – nicht als Funktion der Produktionsmenge, sondern als Funktion des Arbeitseinsatzes, und dies interessiert uns ja gerade. Nennen wir den Grenzerlös als Funktion der Produktionsmenge E', so wird die Geschichte transparent und vereinfacht sich zu

---

14 Bedenken Sie, daß die Unterstellung einer Cobb-Douglas-Funktion dem natürlichen Monopol nicht widerspricht, weil wir ja steigende Skalenerträge annehmen können.

15 In der Literatur ist eine etwas andere Schreibweise üblich, indem die Restriktion G ≤ (a–i)K geschrieben wird. Wir definieren demnach implizit s=a–i, was die Argumentation bei gleichem Inhalt erleichtert. s ist also ein auf i akzeptierter Aufschlag.

16 Die Restriktion wird stets bindend erfüllt sein, da das Unternehmen ja seinen Gewinn maximieren möchte.

$$\frac{\partial y}{\partial A} E' - w - \lambda \left(\frac{\partial y}{\partial A} E' - w \right) = 0 \qquad (16.11)$$

Man sieht nun auch sofort, daß für $\lambda > 0$ die Ausdrücke vor und in der Klammer beide Null sein müssen, weil sonst der gesamte Ausdruck nicht Null sein könnte. Dies heißt aber nichts anderes, als daß der Grenzerlös als Funktion des Arbeitseinsatzes dem Lohnsatz entsprechen muß, was eine ganz gewöhnliche Effizienzbedingung ist. Erst der Vergleich für die Bedingung erster Ordnung für den gewinnmaximalen Kapitaleinsatz wird uns zeigen, daß es zu einer ineffizienten Faktorkombination kommt. Weil es später nützlich wird, formen wir (16.11) dazu in

$$\frac{\partial y}{\partial A} E' (1 - \lambda) = (1 - \lambda)\, w \qquad (16.12)$$

um. Wir kommen nun zur Bedingung erster Ordnung für das Kapital und führen analoge Umformungen zum Arbeitseinsatz durch. Aus (16.9) folgt nach Ausklammern wieder

$$\frac{\partial y}{\partial K} E' - i - \lambda \left(\frac{\partial y}{\partial K} E' - i - s \right) = 0 \qquad (16.13)$$

Man sieht schon, daß die Ausdrücke vor und in der Klammer bezüglich des Kapitals nicht identisch sind, weil der Profit über die Kapitalrendite reguliert wird. Analoge Umformungen zum Arbeitseinsatz führen zu

$$\frac{\partial y}{\partial K} E' (1 - \lambda) = (1 - \lambda)\, i - \lambda s \qquad (16.14)$$

Wenn wir nun die partiellen Optimalitätsbedingungen (16.12) und (16.14) durcheinander dividieren, so erhalten wir

$$\frac{\dfrac{\partial y}{\partial A} E'(1 - \lambda)}{\dfrac{\partial y}{\partial K} E'(1 - \lambda)} = \frac{(1 - \lambda)\, w}{(1 - \lambda)\, i - \lambda s} \qquad (16.15)$$

bzw.

$$\frac{\dfrac{\partial y}{\partial A}}{\dfrac{\partial y}{\partial K}} = \frac{(1 - \lambda) w}{(1 - \lambda)\, i - \lambda s} \qquad (16.16)$$

In dieser Schreibweise kommt die intuitiv bereits oben erläuterte Ineffizienz bezüglich der Faktorkombination deutlich zum Ausdruck. Für $s = 0$ könnte der Ausdruck $(1 - \lambda)$ gekürzt werden und wir hätten das gewöhnliche Resultat, daß das Verhältnis der Grenzproduktivitäten der Produktionsfaktoren ihren Preisverhältnissen entspricht. Da $\lambda > 0$ ist,[17] ist die rechte Seite nun größer als für $s = 0$ (weil der Nenner kleiner ist). Also

---

17   Dies liegt einfach daran, daß der Gewinn des Monopolisten größer ist, je höher die zugestandene Kapitalrendite ist.

muß auch die linke Seite größer sein, was bei abnehmenden Grenzproduktivitäten aber genau dann der Fall ist, wenn im Vergleich zur volkswirtschaftlich optimalen Faktorkombination (dort entspricht das Verhältnis der Grenzproduktivitäten wie gesagt dem Preisverhältnis) weniger Arbeit und mehr Kapital eingesetzt wird. Bei der Kapitalrenditenregulierung kommt es somit zur ineffizienten Aufblähung des Kapitalstocks.

Kritisch läßt sich gegen das Averch-Johnson-Modell einwenden, daß die Zielfunktion der Regulierungsbehörde nicht präzise spezifiziert ist.[18] Zunächst ist zu fragen, warum die Behörde als zulässige Kapitalverzinsung nicht einfach i wählt, was das Problem zum Verschwinden bringt. Ferner kann der Wunsch der Regulierungsbehörde, daß die Kapitalverzinsung einen bestimmten Wert nicht überschreiten soll, explizit dadurch modelliert werden, daß der Staat der Firma keine Gewinne überlassen möchte, weil Steuererhebungen Geld kosten.

16.3.4 Preisobergrenzen-Regulierung (price caps)

Die mit einer kostenorientierten Preispolitik verbundenen Probleme haben in der Literatur schon recht früh zur Diskussion einer sog. Preisobergrenzen-Politik geführt, wie sie beispielsweise nach der Privatisierung von British Telecom angewendet wurde.[19] 1986 wurden Preisobergrenzen im Energiesektor für British Gas implementiert und seit 1989 werden Ferngespräche in den USA auf diese Weise reguliert. Auch in der Bundesrepublik Deutschland wurden 1993 vom Bundesministerium für Post und Telekommunikation erstmals Preisobergrenzen eingesetzt, um einen bestimmten Teil der Telekom-Monopoldienstleistungen zu regulieren.

Das Prinzip von Preisobergrenzen kann durch vier Sachverhalte charakterisiert werden:

1. Die Regulierungsbehörde legt einen *maximalen Preis* (Tarif) fest. Unterhalb dieses Preises hat das regulierte Unternehmen beliebigen Handlungsspielraum.

2. Für Mehrproduktunternehmen (dies ist selbstverständlich der empirische Normalfall) wird nicht ein Preis für jedes einzelne Produkt, sondern ein *Preisindex* für den gesamten Warenkorb festgelegt. Dies bedeutet, daß das Unternehmen bestimmte Preise gegenüber der Vergangenheit erhöhen kann, ohne automatisch gegen die gesetzten Preisobergrenzen zu verstoßen. Das Unternehmen kann also innerhalb seiner Preisstruktur Veränderungen vornehmen, d.h. die Preise einzelner Produkte können frei gewählt werden, sofern nur der Preisindex nicht überschritten wird. Dies ist vorteilhaft, weil wir schon aus Abschnitt 15.4 wissen, daß die Vorteilhaftigkeit von Preisdifferenzierung auch von der Steigung der Preis-Absatz-Funktion abhängt, die für unterschiedliche Produkte des gleichen Unternehmens ja ohne weiteres unterschiedlich hoch sein kann.[20]

---

18   Vgl. z.B. Laffont/Tirole 1993, 34.
19   Vgl. zum folgenden z.B. Lang 1995, 275ff.
20   Wir werden auf die Wirkungen der Preisdifferenzierung im natürlichen Monopol in Abschnitt 16.4 zurückkommen.

3. Der entscheidende Punkt ist, daß sich die Anpassung des Preisindexes *nicht* an der Kostenentwicklung des Unternehmens orientiert. Andernfalls hätte man es ja wieder mit einer indirekten Variante der kostenorientierten Preispolitik zu tun, deren (dynamische) Ineffizienzen man ja gerade vermeiden möchte. Die Anpassung des Preisindexes orientiert sich erstens an der Inflationsrate und zweitens an der Produktivitätsentwicklung, die von einem durchschnittlichen Unternehmen in der betroffenen Branche im Vergleich zur Gesamtwirtschaft zu erwarten ist. Sollte also beispielsweise die Inflationsrate 3 % betragen, kann man aber von einem durchschnittlichen Unternehmen einen überdurchschnittlichen Produktivitätsfortschritt (und damit eine Kostenreduktion) von 1 % erwarten, so wird der Preisindex um 2 % nach oben korrigiert. Dabei besteht die Schwierigkeit natürlich darin, die erwartete durchschnittliche Kostenverminderung des Unternehmens ohne Rücksicht auf die Daten über die tatsächliche Kostensituation bzw. Produktivitätsentwicklung des betreffenden Unternehmens zu schätzen.

4. Nach Veröffentlichung der Preisobergrenze hat die Regulierungsbehörde im betrachteten (und vorher festgelegten) Zeitraum keinen Einfluß mehr auf den Preisindex.

Grundsätzlich stellt die Preisobergrenzen-Politik durchaus einen Fortschritt gegenüber der kostenorientierten Tarifpolitik dar, weil der Anreiz zur Produktivitätssteigerung bestehen bleibt. Problematisch wird die Preisobergrenzenregulierung natürlich, wenn die Informationen über die Produktivitätsentwicklung extrem schlecht sind. Die Behörde ist dann praktisch gezwungen, von niedrigen Kostensenkungspotentialen auszugehen, um den Konkurs des Unternehmens zu vermeiden. Dies kann auf der anderen Seite zu stark überhöhten Preisen führen, die einen entsprechenden Wohlfahrtsverlust implizieren. Aus diesem Grund kommt beispielsweise Lang[21] zu dem Ergebnis, daß die leitungsgebundene Energiewirtschaft für Preisobergrenzenregulierungen wesentlich besser als die Telekommunikation geeignet sei, weil die Produktivitätsentwicklung im Informationssektor besonders unsicher sei.

Ein weiterer kritischer Aspekt bei Preisobergrenzenregulierungen, der im Zusammenhang mit der Privatisierung natürlicher Monopole auch generell von Bedeutung ist, betrifft die Wahl der Produktqualität. Da zusätzliche Gewinne durch Kostensenkungen nicht von der Regulierungsbehörde abgeschöpft werden (dies ist bei der kostenorientierten Tarifpolitik der Fall, weil ja die Tarife reduziert werden), besteht zumindest dann ein Anreiz zur Verringerung der Produktqualität, wenn die Kunden nur unvollständig über die Produktqualität informiert sind. Dies ist eine Gefahr, die beispielsweise im Flugverkehr gesehen wird, so daß hohe Kontrollen erforderlich sind. Allgemein vermutet man daher, daß eine kostenorientierte Preispolitik eher zu einer erhöhten und eine Preisobergrenzenregulierung eher zu einer verminderten Produktqualität führen.

Abschließend zur kostenorientierten Preisfestsetzung und zur Preisobergrenzenregulierung sei darauf hingewiesen, daß sich in der Realität viele Regulierungsmechanismen *zwischen* diesen beiden Extremformen bewegen, weil beispielsweise innerhalb

---

21 Vgl. Lang 1995, 277.

der Kapitalrenditenregulierung für Kraftwerke die Höhe der Renditen durchaus auch
von Kostensenkungen abhängig gemacht werden, so daß auch innerhalb dieses Systems Kostensenkungsanreize bestehen. Auf der anderen Seite scheint es innerhalb der
Preisobergrenzenregulierung in der Praxis kaum möglich, den durchschnittlichen Produktivitätsfortschritt nicht auch vom (vergangenen) Verhalten der Firma abhängig zu
machen, was den Anreiz reduziert. Dennoch kann man festhalten, daß die Preisobergrenzenregulierung größere Kostensenkungsanreize bietet als die kostenorientierte
Tariffestsetzung.

16.3.5 Ein gewinn- und wohlfahrtsmaximierender Monopolist

Im gesamten Abschnitt 16.3 haben wir immer wieder auf das zentrale Problem hingewiesen, daß die Regulierungsbehörde die Kostenfunktion des Monopolisten nicht
kennt. Wir wollen nun überlegen, ob die Behörde durch einen geschickten Mechanismus möglicherweise doch ein Pareto-Optimum (first best) erreichen kann. Wir werden sehen, daß dies unter bestimmten Annahmen tatsächlich durch einen sehr einfachen Mechanismus erreicht werden kann.

Das Ziel der Behörde ist die Maximierung der sozialen Wohlfahrtsfunktion, also
der Summe aus Konsumentenrente und Produzentenrente. Diese schreiben wir gemäß
Gleichung (16.17) als Differenz der Gesamtnutzen (also der Fläche unter der Preis-Absatz-Funktion) und der Gesamtkosten:

$$W = \int_0^y p(\tau)d\tau - K(y) \qquad (16.17)$$

Annahmegemäß kennt die Behörde die Preis-Absatz-Funktion p(y), aber nicht K(y).[22]
Sie möchte aber, daß der Monopolist bei *jeder* möglichen Kostenfunktion die Zielfunktion (16.17) maximiert. Die Grundidee ist, daß die Behörde an den Monopolisten
einen preis- oder mengenabhängigen Transfer t zahlt (wir machen ihn aus Gründen
unserer bisherigen Darstellungsweise von der Produktionsmenge abhängig), der diesen
für jede mögliche Kostenfunktion zu effizientem Verhalten bringt. Unter Berücksichtigung von t lautet die Gewinnfunktion des Monopolisten

$$G = p(y) \cdot y + t(y) - K(y) \qquad (16.18)$$

Die Behörde muß t nun so wählen, daß die Gewinnfunktion des Monopolisten genau
mit der sozialen Wohlfahrtsfunktionen übereinstimmt, denn dann führt das Verhalten
des Monopolisten ja automatisch zum first best. Der Vergleich von (16.17) und
(16.18) zeigt, daß die Regulierungsbehörde als Transfer

$$t(y) = \int_0^y p(\tau)d\tau - p \cdot y \qquad (16.19)$$

---

22 Bedenken Sie, daß die Behörde strenggenommen p(y) nicht wirklich exakt kennen muß. Der entscheidende Punkt ist, daß sie bezüglich p(y) keinen Informationsnachteil gegenüber dem Monopolisten hat, weil sie dann immerhin die *erwartete* soziale Wohlfahrt maximieren kann.

wählen muß. Denn dann lautet die Gewinnfunktion des Monopolisten

$$G = p(y) \cdot y + \int_0^y p(\tau) d\tau - p \cdot y - K(y) = \int_0^y p(\tau) d\tau - K(y) \qquad (16.20)$$

so daß sie offensichtlich mit der sozialen Wohlfahrtsfunktion übereinstimmt. Der interessante Punkt ist dabei, daß der Transfer t(y) gemäß (16.19) nichts anderes ist als die Konsumentenrente, die somit dem Monopolisten überlassen wird. Der Grundgedanke ist ganz einfach – da der Monopolist die Produzentenrente sowieso berücksichtigt, muß man ihm die Konsumentenrente zuordnen, damit seine Gewinnfunktion mit der sozialen Wohlfahrtsfunktion übereinstimmt.

Dieses Regulationsverfahren ist sehr einfach und hat den Vorteil, daß ein first best auch ganz ohne Kenntnis der Kostenfunktion des Monopolisten erreicht werden kann. Die erste und offensichtlichste Schwäche ist offensichtlich das Verteilungsproblem – der Monopolist erzielt Gewinne in Höhe der Summe aus Konsumentenrente und Produzentenrente. Wichtiger ist aber zweitens, daß diese extreme Form der Verteilung immer dann auch zu *Effizienz*verlusten führt, wenn die Erhebung von Steuern nicht als pure Umverteilung interpretiert werden kann, sondern Steuern auch Kosten der Erhebung sowie allokative Verzerrungen bewirken. Denn der Transfer t(y) in Höhe der Konsumentenrente wird ja nicht von den Konsumenten getragen, sondern von der Allgemeinheit. Es gibt daher weiterführende Modelle,[23] in denen die Kosten der Steuererhebung bei der Wohlfahrt mitberücksichtigt werden und unter diesen Umständen ein second best abgeleitet wird.

16.4 Die Bedeutung von Preisdifferenzierung zur Verbesserung der Allokation

16.4.1 Überblick

Schon bei der Analyse des gewöhnlichen Monopols in Abschnitt 15.4 haben wir auf die positiven Auswirkungen der Preisdifferenzierung hingewiesen. Sofern der natürliche Monopolist die Preis-Absatz-Funktion perfekt kennt und – dies ist der eigentlich kritische Punkt – Arbitragegeschäfte zwischen den Konsumenten ausschließen kann, wird er im natürlichen Monopol genau wie im gewöhnlichen Monopol eine perfekte Preisdifferenzierung (Preisdifferenzierung ersten Grades) durchführen und dadurch gleichzeitig auch die soziale Wohlfahrt maximieren. In diesem Abschnitt wollen wir nun zunächst zeigen, daß bei Kenntnis der relevanten Funktionsverläufe auch eine einfache Preisdifferenzierung in Frage kommt, bei der der gesamte, mit der Preisdifferenzierung verbundene Wohlfahrtsgewinn nicht an den Monopolisten, sondern an die Konsumenten geht (16.4.2). Anschließend gehen wir kurz auf intertemporale Preisdifferenzierung ein, bei der der Monopolist auf der Grundlage eines gegebenen Kapital-

---

23 Wer tief in die moderne Regulationstheorie einsteigen möchte und formal in blendender Verfassung ist, dem kann mit Laffont/Tirole 1993 das herausragende Werk zur Regulationstheorie empfohlen werden.

stocks zu unterschiedlichen Zeitpunkten unterschiedliche Mengen anbietet (16.4.3). Der Kern des Abschnitts ist schließlich die Ausdehnung unserer Fragestellung der Preisdifferenzierung auf das Mehrproduktunternehmen, was man als „Ramsey-Pricing" bezeichnet (16.4.4).

16.4.2 Preisdifferenzierung nach Gruppen

Wir betrachten wieder einen natürlichen Monopolisten, der gemäß Abb. 16.4 lineare Grenzkosten hat. Die Preis-Absatz-Funktion sei linear. Ferner unterstellen wir, daß der Regulator nicht nur die Preis-Absatz-Funktion, sondern auch die Kostenfunktion des Monopolisten kennt. Seine Zielsetzung ist es, gleichzeitig ein first best zu erreichen und den Monopolisten aus der Verlustzone zu bringen.

Abb. 16.4: *Preisdifferenzierung nach Gruppen*

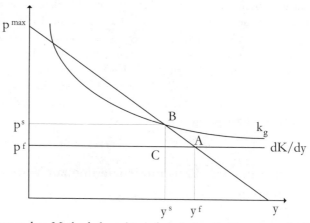

Die dazu verwendete Methode besteht einfach darin, die Konsumenten in zwei Gruppen einzuteilen. Die erste Gruppe besteht aus allen Konsumenten, deren Zahlungsbereitschaft über dem second best Preis p^s liegt, der sich im Schnittpunkt der totalen Durchschnittskosten mit der Preis-Absatz-Funktion ergibt. Diese Gruppe bezahlt den Preis p^s und erzielt eine Konsumentenrente in Höhe der Fläche $Bp^{max}p^s$. Die zweite Gruppe setzt sich aus allen Konsumenten zusammen, deren Zahlungsbereitschaft zwischen p^s und dem first best Preis p^f liegt, der im Schnittpunkt der Grenzkosten mit der Preis-Absatz-Funktion zu finden ist. Diese Konsumenten zahlen p^f und erzielen eine Konsumentenrente von CAB.

Es ist offensichtlich, daß in diesem Fall (abgesehen von der Deckung der Fixkosten) mit der Summe aus $Bp^{max}p^s$ und CAB die ganze Wohlfahrt an die Konsumenten geht. Der entscheidende Punkt dabei ist, daß die Fixkosten des Monopolisten gerade von den Konsumenten gedeckt werden, die den second best Preis p^s bezahlen. Dies sieht man daran, daß die Fläche CBp^sp^f gerade der Differenz aus totalen Kosten und der Summe der Grenzkosten bei der Menge y^s und damit den Fixkosten entspricht. Von der anderen Konsumentengruppe erhält er einen Preis p^f, der gerade seinen Grenzkosten dK/dy entspricht, so daß er insgesamt einen Gewinn von Null macht. Wir sehen also, daß der Übergang von der Preisdifferenzierung ersten Grades zur Preisdifferenzierung nach Gruppen leicht dazu führen kann, daß das Pareto-Optimum aufrechterhalten wird, sich die Verteilung aber vollständig zugunsten der Konsumenten ändert.[24]

16.4.3 Zeitliche Preisdifferenzierung

Eine weitere, gerade bei natürlichen Monopolen wichtige Form der Preisdifferenzierung ist die zeitliche Preisdifferenzierung, wie man sie beispielsweise bei der Stromversorgung oder bei Telefongesprächen antrifft. Gebräuchlich ist auch der Begriff „Peak Load Pricing", womit zum Ausdruck gebracht werden soll, daß die Überlastung von Leitungsnetzen in Zeiten hoher Nachfrage vermieden werden soll. Die ökonomische Begründung für die zeitliche Preisdifferenzierung ist recht einfach nachvollziehbar. Dazu stellen wir uns wieder vor, daß die Regulierungsbehörde die Kostenfunktion des Monopolisten und die Preis-Absatz-Funktion perfekt kennt. Der einzige Unterschied zur bisherigen Betrachtungsweise ist, daß unser Monopolist nun ein homogenes Produkt über *mehrere* Perioden hinweg anbietet. Dabei nehmen wir an, daß die Preis-Absatz-Funktionen für die einzelnen Perioden unterschiedlich sind, weil ja gerade dies beispielsweise die unterschiedlichen Tarife für Strom oder die Nutzung von Telefonleitungen zu unterschiedlichen Tageszeiten begründet. Eine ähnliche Form der Preisdifferenzierung findet sich mittlerweile auch auf französischen Autobahnen, wo Sonntag abends angesichts des Wochenendrückreiseverkehrs erheblich höhere Gebühren erhoben werden.

Der entscheidende Punkt ist, daß zwar die variablen Kosten in jeder Periode gering sind, daß die Kapazitäten aber beschränkt sind und von der Höhe des Kapitalstocks abhängen. Wenn der Preis in allen Perioden gleich gewählt wird, so führen die unterschiedlichen Nachfragefunktionen zu zwei Ineffizienzen, deren Ausmaße von der Höhe des Kapitalstocks abhängen:

– wenn ein hoher Kapitalstock gewählt wird, so wird dieser in Zeiten geringer Nachfrage gar nicht ausgelastet. Es wurde also zuviel Geld investiert, weil sich der hohe Kapitalstock angesichts seiner häufigen Unterauslastung nicht amortisiert;

– wenn ein niedriger Kapitalstock gewählt wird, so entstehen im Zeiten hoher Nachfrage Kapazitätsengpässe, die dazu führen, daß Konsumenten trotz ihrer hohen Zahlungsbereitschaft das Gut nicht konsumieren können.

Genau dieses Problem läßt sich durch die zeitliche Preisdifferenzierung abmildern: der höhere Preis in Zeiten hoher Nachfrage führt dazu, daß die in den einzelnen Perioden erforderlichen Kapazitäten näher aneinander rücken, so daß sich der Zielkonflikt (entweder ungenutzte Kapazitäten oder unbefriedigte Nachfrage) abschwächt. Die damit verbundene Kostensenkung bei der Wahl der optimalen Kapazitäten erhöht die soziale Wohlfahrt.

---

24 In Abschnitt 15.4 haben wir diese Form der Preisdifferenzierung nach Gruppen als Preisdifferenzierung dritten Grades bezeichnet.

16.4.4 Preisdifferenzierung im Mehrproduktunternehmen (Ramsey-Pricing)

In Abschnitt 15.2.3.2 der gewöhnlichen Monopolpreistheorie haben wir mit der inverse elasticity rule hergeleitet, in welcher Weise der gewinnmaximale Preis*aufschlag* auf die Grenzkosten von der Preiselastizität der Nachfrage bestimmt wird. Dabei zeigte sich, daß die Abweichung zwischen Preis und Grenzkosten um so größer ist, je geringer die Preiselastizität der Nachfrage ist. Dies ist auch intuitiv gut nachvollziehbar: je geringer die Preiselastizität der Nachfrage (d.h. je steiler ceteris-paribus die Nachfragefunktion), desto geringer ist der Nachfragerückgang, mit dem ein Monopolist bei Preiserhöhungen rechnen muß. Bei einer geringen Preiselastizität der Nachfrage kann der Monopolist den Preis daher weit über die Grenzkosten steigern. Im folgenden wollen wir die inverse elasticity rule unter der Annahme, daß es sich um ein *Mehrproduktunternehmen* handelt, auf das natürliche Monopol übertragen.

Der Grundgedanke unserer Überlegungen ist folgender: bei der Regulierung natürlicher *Mehrproduktunternehmen*-Monopole wissen wir, daß ein first best „eigentlich" voraussetzt, daß für jedes Produkt ein Preis in Höhe der Grenzkosten gilt. Dies ermöglicht jedoch keine Kostendeckung, so daß wir den Monopolisten subventionieren müßten. Gleichzeitig haben wir schon mehrfach hervorgehoben, daß die Finanzierung der Subventionen Mehrkosten verursacht, die beispielsweise durch die Steuererhebung entstehen. Also möchten wir ohne Subventionen auskommen und suchen ein *System* von second best Preisen, das die maximale Wohlfahrt unter der Nebenbedingung der Kostendeckung ermöglicht. Im Einproduktunternehmen ist dies selbstverständlich einfach ein Preis in Höhe der Durchschnittskosten. Im Mehrproduktunternehmen ist die Sache aber etwas komplizierter, weil die Fixkosten ja nur einmal anfallen und sich dann die Frage stellt, *wie weit* die *einzelnen* Preise über den Grenzkosten liegen müssen, damit die Wohlfahrt unter der Berücksichtigung der Kostendeckung maximiert wird. Die Antwort gibt uns genau die inverse elasticity rule.

Für die formale Herleitung des relevanten Sachverhalts ist es völlig ausreichend, von einem Monopolisten auszugehen, der zwei verschiedene Produkte 1 und 2 erzeugt. Die Grenzkosten seien zur Produktion beider Waren konstant (allerdings möglicherweise unterschiedlich). Unter diesen Umständen können wir die soziale Wohlfahrt offensichtlich als

$$W = \int_0^{y_1} p_1(\tau_1)\,d\tau_1 - c_1 y_1 + \int_0^{y_2} p_2(\tau_2)\,d\tau_2 - c_2 y_2 - K_f \tag{16.21}$$

schreiben. Der einzige Unterschied zu unseren bisherigen Darstellungen ist, daß der Monopolist nun zwei verschiedene Produkte y_1 und y_2 mit dem gleichen Kapitalstock K_f herstellt, so daß in der sozialen Wohlfahrtsfunktion beide Produkte berücksichtigt werden müssen. Bei der Maximierung dieser sozialen Wohlfahrtsfunktion ist nun aber als Restriktion zu berücksichtigen, daß der Monopolist kostendeckend produzieren soll, d.h.

$$p_1(y_1)y_1 + p_2(y_2)y_2 = c_1 y_1 + c_2 y_2 + K_f \tag{16.22}$$

Dies führt unmittelbar zur Lagrangefunktion

$$L = \int_0^{y_1} p_1(\tau_1)\,d\tau_1 - c_1 y_1 + \int_0^{y_2} p_2(\tau_2)\,d\tau_2 - c_2 y_2 - K_f$$

$$- \lambda\big(p_1(y_1)y_1 + p_2(y_2)y_2 - c_1 y_1 - c_2 y_2 - K_f\big) \qquad (16.23)$$

Als Bedingungen erster Ordnung für die beiden Produktionsmengen y_1 und y_2 ergeben sich

$$\frac{\partial L}{\partial y_1} = p_1 - c_1 - \lambda\left(\frac{dp_1}{dy_1}y_1 + p_1 - c_1\right) = 0 \qquad (16.24)$$

bzw.

$$\frac{\partial L}{\partial y_2} = p_2 - c_2 - \lambda\left(\frac{dp_2}{dy_2}y_2 + p_2 - c_2\right) = 0 \qquad (16.25)$$

Wir formen nun Gleichung (16.24) (allgemein: die Gleichung für jede Produktionsmenge, die der Monopolist erzeugt) solange um, bis wir die inverse elasticity rule erhalten. Dies vollzieht sich folgendermaßen (und kann von Leser/innen, die uns die Umformung leichtsinnigerweise zutrauen, ohne weiteres übersprungen werden):

$$p_1 - c_1 - \lambda\frac{dp_1}{dy_1}y_1 - \lambda p_1 + \lambda c_1 = 0 \qquad (16.26)$$

$$(p_1 - c_1)(1 - \lambda) = \lambda\frac{dp_1}{dy_1}y_1 \qquad\qquad \Rightarrow \qquad (16.27)$$

$$\frac{p_1 - c_1}{p_1}(1 - \lambda) = \lambda\frac{dp_1}{dy_1}\cdot\frac{y_1}{p_1} = -\lambda\cdot\frac{1}{\varepsilon_1} \qquad \Rightarrow \qquad (16.28)$$

$$\frac{p_1 - c_1}{p_1} = -\frac{\lambda}{1 - \lambda}\frac{1}{\varepsilon_1} \qquad (16.29)$$

Ersparen Sie uns die Interpretation eine Sekunde, und lassen Sie uns zunächst festhalten, daß wir in gleicher Weise für Produkt y_2

$$\frac{p_2 - c_2}{p_2} = -\frac{\lambda}{1 - \lambda}\frac{1}{\varepsilon_2} \qquad (16.30)$$

erhalten. Wenn wir nun die Gleichungen (16.29) und (16.30) durcheinander dividieren, so erhalten wir ein eindeutig interpretierbares Ergebnis:

$$\frac{\dfrac{p_1 - c_1}{p_1}}{\dfrac{p_2 - c_2}{p_2}} = \frac{\varepsilon_2}{\varepsilon_1} \qquad (16.31)$$

Gleichung (16.31) zeigt, daß das Verhältnis der Preisaufschläge der beiden Produkte im Wohlfahrtsoptimum dem umgekehrten Verhältnis ihrer Preiselastizitäten der Nachfrage entsprechen muß. Auch dies läßt sich mit etwas Überlegung recht gut nachvollziehen. Eine hohe Preiselastizität der Nachfrage bedeutet ja, daß die Nachfrage stark auf Preiserhöhungen reagiert. Dies impliziert bei einer Preisabweichung vom first best (also von den Grenzkosten) einen starken Nachfrage- und damit auch einen starken Wohlfahrtsrückgang. Also muß der Preisaufschlag um so geringer sein, je höher die betreffende Preiselastizität der Nachfrage ist. Genau dies bringt Gleichung (16.31) zum Ausdruck: ist beispielsweise die Preiselastizität der Nachfrage nach Produkt y_2 hoch (so daß der Preisaufschlag zu einem hohen Wohlfahrtsverlust führen würde) und bei Produkt y_1 niedrig, so muß der Preisaufschlag bei Produkt y_1 hoch und bei Produkt y_2 niedrig sein. Im Grunde drückt dieses Prinzip, das man zu Ehren des Begründers als Ramsey-Pricing bezeichnet, nichts anderes aus als ein altes Prinzip der *Steuertheorie*. Dieses besagt, daß man Produktsteuern am ehesten auf Produkte mit einer geringen Preiselastizität der Nachfrage (beispielsweise Salz) erheben sollte, weil die durch die Steuer hervorgerufene Verzerrung der Nachfrage um so geringer ist, je niedriger die Preiselastizität der Nachfrage ist.

16.5 Wettbewerb um den Markt (Ausschreibungen)

In allen bisherigen Abschnitten gingen wir davon aus, daß ein bestimmtes Unternehmen bereits als natürlicher Monopolist agiert und fragten nach unterschiedlichen Regulierungsmöglichkeiten (inkl. Preisdifferenzierung). Eine radikalere Lösung wurde vom englischen Ökonomen Chadwick schon 1859 vorgeschlagen und von Demsetz in den sechziger Jahren ausgearbeitet.[25] Der Grundgedanke besteht darin, den aus dem Grund sinkender Durchschnittskosten kaum möglichen Wettbewerb *im* Markt durch einen Wettbewerb *um* den Markt zu ersetzen.[26] Dabei wird der Markt von der Regulierungsbehörde in zuvor festgelegten Zeiträumen meistbietend versteigert. Dabei erhält derjenige Bieter den Zuschlag, der den geringsten Preis für die Marktversorgung anbietet. Wenn das Auktionsverfahren entsprechend effizient ausgestaltet wird,[27] wird dies dazu führen, daß der Bieter mit den niedrigsten Durchschnittskosten den Zuschlag erhält und einen Preis am Markt verlangen darf, der gerade die Durchschnittskosten des potentiellen Anbieters mit den zweitniedrigsten Durchschnittskosten deckt. Verlangt er nämlich in der Auktion einen höheren Preis, so könnte er vom Unternehmen mit den zweitniedrigsten Kosten unterboten werden, und dieser würde dann dennoch einen kleinen Gewinn erzielen. Dies bedeutet, daß das Auktionsverfahren bei *identischen* Firmen zum second best-Preis führt, während bei unterschiedlichen Unternehmen das Unternehmen mit den niedrigsten Durchschnittskosten einen Gewinn

---

25 Vgl. Demsetz 1968.
26 Vgl. für einen Überblick über diesen Gedanken auch Spelthahn 1994, 68ff.
27 Wir werden in Kapitel 25 zur Auktionstheorie feststellen, daß dafür unterschiedliche Auktionsverfahren zur Verfügung stehen, von denen sich wegen ihrer Effizienzeigenschaften beispielsweise eine sog. second price auction anbietet.

erzielt, der um so höher ist, je größer der Abstand zu den zweitniedrigsten Durchschnittskosten ist.

Der bestechende Vorteil des Auktionsverfahrens ist offensichtlich, daß es – ganz ohne regulative Eingriffe[28] – aufgrund der Konkurrenz in der Auktion zu einem Preis kommt, der nicht weit von dem Preis entfernt ist, den die Regulierungsbehörde implementieren würde, wenn sie das Unternehmen nicht subventionieren möchte (also den second best-Preis). Im Unterschied zu verschiedenen Regulierungsvarianten setzt dies keinerlei Kenntnis der Kostenfunktion des natürlichen Monopolisten voraus. Allerdings stellen sich selbstverständlich auch Probleme beim Auktionsverfahren, auf die beispielsweise Oliver Williamson frühzeitig hingewiesen hat:[29]

– erstens muß die Anzahl potentieller Bieter so groß sein, daß sich kooperatives Verhalten zwischen den Bietern (also Absprachen) nicht lohnt. Andernfalls könnten sich die Bieter auf hohe Preise einigen und Kompensationszahlungen von dem Unternehmen, das den Zuschlag erhält, an andere Unternehmen vereinbaren;

– und zweitens muß analog zur Preisobergrenzenregulierung eine exakte, minimale Produktqualität festgelegt werden, weil das Unternehmen bei einem fixierten Verkaufspreis und dem für die betreffende Periode garantierten Ausschluß von Konkurrenz natürlich einen starken Anreiz hat, die Kosten durch eine Verminderung der Produktqualität zu reduzieren.

– ein drittes Problem liegt in der Festlegung des idealen Zeitraums von einer Auktion bis zur nächsten. Häufig wird hervorgehoben, daß bei einem (zu) kurzen Zeitraum die Produktionskapazitäten unnötig oft errichtet werden, sofern beim zweiten Mal ein anderes Unternehmen den Zuschlag erhält. Ist der Zeitraum dagegen (zu) lang, so muß damit gerechnet werden, daß das am Markt tätige Unternehmen ein spezifisches Know-how aufbaut, das erstens die Durchschnittskosten im Vergleich zu anderen Unternehmen verringert und zweitens, wegen der Spezifität des Wissens (sunk costs), eine Markteintrittsbarriere konstituiert. Der erste Fall scheint mir eher unproblematisch, weil das neue Unternehmen nur dann einen niedrigeren Preis als das alte Unternehmen fordern kann, wenn dieser Preis die *totalen* Durchschnittskosten, also die Durchschnittskosten inkl. der Errichtung der Produktionskapazitäten deckt. Da das alte Unternehmen wegen der sunk cost-Problematik bei seinem Gebot bis zu den *variablen* Kosten hintergehen wird, erhält das neue Unternehmen den Zuschlag nur, wenn die *totalen* Durchschnittskosten des neuen Unternehmens unter den *variablen* Durchschnittskosten des alten Unternehmens liegen. Unter diesen Umständen ist der Wechsel aber auch trotz der erneuten Errichtung der Kapazitäten ökonomisch vorzuziehen. Problematischer ist der zweite Fall, in dem das alte Unternehmen am Markt bleibt. Denn je weiter die Durchschnittskosten des alten Unternehmens aufgrund von Lernkurveneffekten und anderen Faktoren von denen anderer Unternehmen abweichen, desto mehr weicht der Preis, den das alte Unternehmen in der Auktion fordern

---

28 Natürlich muß die Behörde überprüfen, daß das Unternehmen den vereinbarten Preis nicht überschreitet.
29 Vgl. Williamson 1985.

kann, von den Durchschnittskosten ab – und desto größer ist demnach die Abweichung des realisierten Preises vom second best-Preis.

Wegen dieser Problematik scheint das Auktionsverfahren vor allem für Situationen wie der Müllabfuhr interessant zu sein, in denen das spezifische Know-how und die sunk costs keine überragende Rolle spielen.

Eine weitere Variante der radikalen Deregulierung wird schließlich als „*freier Netz-zugang*" bezeichnet. Darunter versteht man, daß zwar die Erstellung der erforderlichen Infrastruktur (d.h. die Fixkosten) nur einem Unternehmen oder der öffentlichen Hand überlassen wird, um die unnötigen Kosten einer mehrfachen Kapazitätserrichtung zu vermeiden. Gleichzeitig wird das Netz (die Infrastruktur) aber allen potentiellen Anbietern zum gleichen Preis zur Verfügung gestellt. Verwirklicht ist dieses Prinzip beispielsweise bei der Privatisierung der Elektrizitätswirtschaft in Großbritannien. Das Netz blieb in der Hand einer Gesellschaft, während die Nutzung allen Elektrizitätserzeugern offen steht. In die gleiche Richtung gehen aktuelle Überlegungen auf der Ebene der Europäischen Union.

16.6 Die Anwendungsbeispiele Telekommunikation und Bundespost[E]

16.6.1 Überblick

Mit der zweiten Postreform (im folgenden auch Postreform II) aus dem Jahr 1994 wurde beschlossen, daß Post- und Telekommunikationsdienstleistungen zukünftig als privatwirtschaftliche Tätigkeiten durch drei Postaktiengesellschaften und durch private Wettbewerber erbracht werden. Die Trennung der Deutschen Bundespost in die drei Unternehmen Deutsche Post AG, Deutsche Postbank AG und Deutsche Telekom AG war prinzipiell zwar schon mit der ersten Postreform (diese bezeichnen wir im folgenden auch als Postreform I) aus dem Jahr 1989 erfolgt, doch wurde deren Umwandlung in Aktiengesellschaften erst mit der zweiten Reform genehmigt. Die Postreform II stellt allerdings keine uneingeschränkte Privatisierung dar, weil weiterhin gesetzlich festgeschrieben ist, daß Postdienstleistungen flächendeckend zu angemessenen Preisen erbracht werden sollen. Diese sog. *Infrastrukturverpflichtung* beeinflußt trotz der Liberalisierungs- bzw. Deregulierungsbemühungen den Markt für Postdienstleistungen weiterhin erheblich.

Die Separierung der Deutschen Bundespost in drei eigenständige Unternehmen und die Öffnung der Märkte bedeutet keineswegs, daß sämtliche Regulierungen abgeschafft worden wären. So erfolgt die Zulassung neuer Unternehmen bzw. die Schaffung von Wettbewerb nicht unbeschränkt, sondern beispielsweise über die Vergabe zahlenmäßig begrenzter (z.B. beim Mobilfunk) oder unbegrenzter Lizenzen (z.B. bei Paketen über 20 kg). Darüber hinaus wird die in Abschnitt 16.3.4 erläuterte Preisobergrenzen-Regulierung im Mobilfunk angewendet; ferner werden bestimmte qualitative Mindeststandards und Verhaltensregulierungen vorgegeben, die bis zum 31. Dezember 1997 durch das Bundesministerium für Post und Telekommunikation und seit dem 1. Januar 1998 durch die Regulierungsbehörde für Telekommunikation und Post kontrolliert werden.

Im folgenden wollen wir die Situation, die sich durch die Kombination aus Wettbewerb und Regulierung ergibt, für die beiden Bereiche Telekommunikation (Abschnitt 16.6.2) und Post (Abschnitt 16.6.3) erläutern. Den Bereich Postbank haben wir ausgespart, weil die Postbank schon seit ihrem Bestehen dem Wettbewerb mit anderen Banken ausgesetzt war.

16.6.2 Telekommunikation[30]

16.6.2.1 Ausgangslage

Der erste Schritt zu einer Liberalisierung der Telekommunikation in Deutschland war die erste *Postreform von 1989*, die die Trennung zwischen hoheitlichen und betrieblichen Aufgaben einleitete. Die Trennung des Post- und Fernmeldewesen von dem Bundesministerium für Post und Telekommunikation führte im Telekommunikationsbereich zu einer Liberalisierung des Endgeräte- und Dienstemarktes. Die Auswirkungen der Reform wurden allerdings erheblich dadurch begrenzt, daß die Errichtung und der Betrieb von Übertragungswegen sowie der Telefondienst als Monopole zunächst festgeschrieben wurden. Diese beiden auch als *Netzmonopol* und Telefondienst- bzw. *Sprachmonopol* der Telekom bezeichneten Monopole können folgendermaßen beschrieben werden:

- das Netzmonopol schließt einen Wettbewerb unterschiedlicher Netzbetreiber aus, so daß die Telekom das alleinige Recht zum Betrieb von Übertragungswegen hat. Das Netzmonopol wurde kurzzeitig aufgelockert, als nach dem Fall der Mauer in Ostdeutschland schnell neue Übertragungswege geschaffen werden mußten;
- das Sprachmonopol schließt für private Anbieter das Betreiben von Fernmeldeanlagen (Vermittlungsstellen) aus. Einfacher formuliert bedeutet dies, daß Privatfirmen keine Vermittlung von Telefongesprächen übernehmen dürfen.

Die EU-Kommission forderte die europaweite Liberalisierung der Telekommunikationsmärkte bis 1998. Die Bundesregierung erfüllte diese Vorgaben, denn zum 1. August 1996 bzw. 1. Januar 1998 fiel das Netz- bzw. Sprachmonopol der Telekom. Zudem errichtete die Bundesregierung eine Kontrollinstanz: die Regulierungsbehörde für Telekommunikation und Post (Reg TP). Sie überwacht die Liberalisierung des Telekommunikationsmarktes und gestaltet diese konkret aus, z.B. indem sie Lizenzen für Mobilfunk vergibt.

16.6.2.2 Gründe für die Deregulierung

Bevor wir in den folgenden Abschnitten 16.6.2.3 bis 16.6.2.5 die einzelnen Bereiche Mobilfunk, Unternehmensnetzwerke sowie Fall des Netz- und des Sprachmonopols

---

30 Vgl. zum folgenden Tetens/Voß 1995.

genauer behandeln, möchten wir zunächst einige Gründe zusammentragen, die zur Liberalisierung der Telekommunikation führten. Dabei lassen sich folgende Einflußfaktoren auf der Nachfrage- und der Angebotsseite unterscheiden:

– Der starke Nachfrageanstieg bezieht sich einerseits auf den traditionellen Telekommunikationsbereich, andererseits aber auch auf Sektoren (insbesondere Dienstleistungen), für die die Telekommunikation zu einem wichtigen Inputfaktor geworden ist. Markante Beispiele dafür sind audiovisuelle Medien und die Tatsache, daß es keinen Internetzugang ohne Telefonanschluß gibt;

– auf der Angebotsseite hat der rasche technische Fortschritt bei verschiedenen Elementen der Telekommunikation neue Nutzungsoptionen eröffnet und die Stückkosten radikal gesenkt. Beispiele für diesen technischen Fortschritt sind die Digitalisierung des Fernmeldenetzes oder der Mobilfunk.

Die nachfrage- und angebotsseitigen Faktoren haben in der Summe dazu geführt, daß der Telekommunikationssektor zu einem Schlüsselfaktor für die internationale Wettbewerbsfähigkeit der Unternehmen gerade in jenen Wachstumsmärkten im Dienstleistungsbereich wurde, die sich besonderen politischen Interesses erfreuen. Dies führte dazu, daß in der Politik verstärkt über Deregulierungsmaßnahmen als Möglichkeit zur Verstärkung des Innovationsgrades nachgedacht wurde. Hinzu kam, daß der technische Fortschritt und der Nachfrageanstieg die Interpretation der Telekommunikation als natürliches Monopol immer stärker in Frage gestellt hat. Mobilfunktechnologie und die Breitbandkabelnetze von Hörfunk und Fernsehen sind heute wirtschaftliche Alternativen zum herkömmlichen Fernmeldenetz auf Basis des Kupferkabels.

Als Ausnahme kann nach wie vor das Ortsnetz (also die Verteilung der Anrufe in den Städten) angesehen werden, weil die Nachfrage nach kabelgestützten Übertragungswegen am kostengünstigsten von nur einem Anbieter befriedigt werden kann. Ursache für dieses natürliche Monopol sind Größenvorteile, die dazu führen, daß die langfristigen Stückkosten mit steigender Ausbringungsmenge sinken. So ist zum einen der Anteil der für Spitzenlasten vorzuhaltenden Reservekapazität im Bereich der Vermittlungs- und Übertragungstechnik um so geringer, je größer die Anzahl der Anschlüsse ist: mit steigender Zahl von Anschlüssen sinkt nämlich die Wahrscheinlichkeit, daß alle Teilnehmer gleichzeitig telefonieren wollen. Zum andern bewirken Dichtevorteile, daß die Kosten des Netzanschlusses pro Kunde sinken, wenn viele Kunden in einem geographisch abgegrenzten Gebiet konzentriert sind. Dafür verantwortlich sind in erster Linie umfangreiche und kostenintensive Tiefbauarbeiten. Denn die Tiefbaukosten pro Anschluß sinken, wenn die Leitungen verschiedener benachbarter Kunden zum nächstgelegenen Vermittlungssystem in gemeinsamen Kabelschächten zusammengefaßt werden.

Nach diesen Überlegungen wenden wir uns nun den drei oben benannten Bereichen der Telekommunikation im einzelnen zu.

16.6.2.3   Der Mobilfunk: Erste Stufe der Telekommunikations-Liberalisierung

Das Mobilfunknetz war in Deutschland der erste große Netzbereich, in dem 1989 Wettbewerb eingeführt wurde. Vorher wurde dieser Markt vom analogen C-Netz-Monopol der Telekom beherrscht. Beim digitalen Mobilfunk spielte die Europäische Union eine Vorreiterrolle, die einen gemeinsamen europäischen Standard (GSM) entwickelte. Ausgehend von diesem GSM wurde in der Bundesrepublik Deutschland ein Duopol im Mobilfunkbereich etabliert, indem 1989 zwei Lizenzen vergeben wurden. Zusätzlich zum C-Netz erhielt die Telekom eine der beiden Lizenzen, die heute von deren Tochter DeTeMobil genutzt wird (D1). Die zweite Lizenz erhielt die Firma Mannesmann (D2). Mittlerweile gibt es noch das 1992 lizensierte E-Plus-Netz (E1). Die Gesellschafter von E-Plus sind o.tel.o[31], BellSouth Enterprises (ein führender amerikanischer Mobilfunkbetreiber) sowie Vodafone Group Plc. (führender europäischer Mobilfunkbetreiber). 1995 wurde die vierte und bislang letzte Lizenz an VIAG Interkom vergeben (E2). Die Teilhaber von VIAG Interkom sind: VIAG AG, British Telecommunications (führender englischer Mobilfunkbetreiber) und TELENOR AS (führender norwegischer Mobilfunkbetreiber). Das ehemalige Duopol von Mannesmann und DeTeMobil ist derzeit noch immer marktbestimmend, allerdings gewinnt das E-Plus-Netz an Marktanteilen, was nicht zuletzt auf den rasanten Marktzuwachs zurückzuführen ist: die Zahl der Mobilfunkkunden stieg 1998 gegenüber dem Vorjahr um 65 % auf 13,5 Mio. Kunden an.

Von besonderem Interesse in unserem Zusammenhang der Regulierung natürlicher Monopole ist, daß – anknüpfend an die Erfahrungen bei British Telecom – im Mobilfunkbereich als Regulierungsprinzip Price Caps angewendet werden. Der Höchstpreis für die Mobilfunkdienstleistungen wurde für einen Korb von Gütern bestimmt, dessen Änderungsraten an die jeweilige Veränderungen des Preisindexes für die Lebenshaltung sowie an die erwartete Produktivitätsentwicklung (X-Faktor) gekoppelt ist. Die Bestimmung des X-Faktors erfolgte über die Ermittlung der Stückkostenentwicklung der Telekom von 1970 bis 1989. Es ergab sich ein Wert von 4 %. Um frühzeitig die Tarifentscheidung fällen zu können, wurde als Stichtag für die Verbraucherinflation der 31.3.1993 (für die Anpassung zum 1.1.1994) bzw. der 31.3.1994 (für die Anpassung zum 1.1.1995) herangezogen. Seitens der Telekom wird vor allem die erhöhte Planungssicherheit positiv vermerkt, die durch die frühzeitige Bekanntgabe der zulässigen Höchstpreise entsteht. Andere Bereiche sind im neuen Telekommunikationsgesetz zumindest nicht verpflichtend auf Preisobergrenzen-Regulierungen beschränkt, weil vermutlich erst die Entwicklung abgewartet und der Börsenwert des Staatsunternehmens nicht in Frage gestellt werden soll. Volkswirtschaftlich ist die Verwendung von Price Caps im Mobilfunkbereich aus den in Abschnitt 16.3.4 erläuterten Gründen gerade in einem Gebiet, in dem der Innovationsgrad die internationale Konkurrenzfähigkeit entscheidend bestimmt, positiv zu bewerten.

---

31   Mannesmann Arcor hat im April 1999 das Festnetzgeschäft von o.tel.o übernommen.

16.6.2.4 Unternehmensnetzwerke: Der zweite Schritt der Liberalisierung

Sogenannte *Unternehmensnetzwerke* (Corporate Networks) sind seit Januar 1993 freigegeben. Seither können Firmen Datenleitungen, die sie bei der Telekom zu Pauschalpreisen unabhängig von der Anzahl und Länge der Telefonate gemietet haben, auch zum normalen Telefonieren benutzen. Unternehmensnetzwerke funktionieren nicht nur bei Großunternehmen mit eigener Infrastruktur. Private Telefonfirmen können die Mietleitungen auch kleineren Firmen als Dienstleistungen anbieten. So ist die Thyssen-Tochter Plusnet mit beachtlichem Erfolg dabei, der Telekom lukrative Großkunden abzuwerben. Bei Total oder beim Baumaschinenhersteller Liebherr telefonieren die Mitarbeiter firmenintern schon über das Plusnet.

Im Bereich der Corporate Networks ergaben sich wettbewerbsrechtliche Probleme dadurch, daß die Firmen auf Mietleitungen der Telekom angewiesen waren. Diese Regelung galt bis 31. Juli 1996, weil das Netzmonopol der Telekom das exklusive Recht zur Verlegung von Leitungen einräumte. Die Telekom versuchte, der Abwerbung von Großkunden durch private Anbieter dadurch entgegenzuwirken, daß sie Anfang 1996 Preisnachlässe bis zu 40 % gewährte. Die Konkurrenten der Telekom warfen dieser daher vor, den Bereich der Unternehmensnetzwerke mit Monopolgewinnen aus anderen Bereichen zu subventionieren, um Konkurrenz zu ersticken. Den privaten Anbietern, noch auf Mietleitungen der Telekom angewiesen, blieb kaum eine Chance.

Rechtlich ist die Quersubventionierung nicht grundsätzlich unzulässig: die Postreform II (1994) erlaubt den Einsatz von Erlösen aus Monopoldiensten zum Ausgleich von Verlusten in Wettbewerbsdienst, soweit nicht durch anhaltende Kostenunterdeckung die Wettbewerbsmöglichkeiten anderer Unternehmen ohne sachlichen Grund beeinträchtigt werden. Somit handelt es sich um juristische Entscheidungen, die nur unter Bezug auf jeweilige Einzelfälle getroffen werden können und entsprechend zeitraubend sind. Die privaten Anbieter haben inzwischen eine Beschwerde bei der Europäischen Union wegen Ausnutzung einer marktbeherrschenden Stellung eingereicht, die allerdings als wenig aussichtsreich gilt.

16.6.2.5 Der Fall von Netz- und Sprachmonopol als dritter Liberalisierungsschritt

Die Postreform II aus dem Jahr 1994 brachte die Umwandlung der verschiedenen Geschäftsbereiche der Bundesunternehmen in getrennte Aktiengesellschaften. Allerdings wurden der Telekom das Netzmonopol bis zum 31. Juli 1996 und das Sprachmonopol bis Ende 1997 gesetzlich zugesichert. Diese Aufhebung der letzten beiden Monopole der Telekom geschah nicht zuletzt unter dem Druck der Europäischen Union, die ihrerseits bis zum 1. Januar 1998 das Netz- und das Sprachmonopol in allen Teilnehmerländer aufgehoben wissen wollte.

Am 30. Juni 1996 verliert die Telekom ihr Netzmonopol endgültig. Private Anbieter sind dann nicht mehr gezwungen, ihre Corporate Networks über die immer noch recht teuren Mietleitungen der Telekom zu bewerkstelligen. Sie können dann auch eigene Netze aufbauen und beliebig miteinander verknüpfen. Deshalb konkurrieren Firmen intensiv um lukrative Großkunden, wie z.b. die Banken in Frankfurt. Die US-Firmen MSF und Colt verlegen hochwertige Glasfasernetze innerhalb der City. Die Datenbahnen, auf denen auch telefoniert werden kann, werden direkt bis in die Büros der Kunden gelegt. Sie verbinden Börse und Bundesbank sowie Bankenzentralen mit deren jeweiligen Rechenzentren.

Am 13. Juni 1996 wurde das neue Telekommunikationsgesetz verabschiedet. Kernpunkt ist die Aufhebung des Sprachmonopols der Telekom zum 1. Januar 1998. Schon vom 1. Juli 1996 an können andere Betreiber ihre Netze, die bisher nur für geschlossene Benutzergruppen verwendet werden dürfen (also Unternehmensnetzwerke) für liberalisierte Dienste, beispielsweise die Datenübertragung, einsetzen. Seit dem 1. Januar 1998 wurden zwar 155 Lizenzen für Sprachtelefondienste erteilt, aber nur 51 Unternehmen sind auch tatsächlich mit einer eigenen Verbindungsnetzbetreiberkennzahl am Markt tätig. Mit der „Vor"-Vorwahl werden die meisten Gespräche „call-by-call" vermittelt. Im Bereich der Ferngespräche wird so mittlerweile ein Drittel des Marktvolumens abgewickelt.

Neu aufgenommen wurde die Verpflichtung für Telefongesellschaften, für jeden Endnutzer unentgeltlich Notrufmöglichkeiten bereitzustellen. Nach der ursprünglichen Gesetzesfassung sollte jeder Betreiber eines öffentlichen Telekommunikationsnetzes zur Zusammenschaltung mit anderen öffentlichen Netzen verpflichtet werden. Diese Pflicht wird nun auf Anbieter mit marktbeherrschender Stellung beschränkt. Allerdings wird jeder Netzbetreiber verpflichtet, Konkurrenten auf deren Wunsch ein Angebot zur Zusammenschaltung zu machen. Kommt zwischen Betreibern öffentlicher Netze eine Vereinbarung darüber nicht zustande, so trifft die Regulierungsbehörde ein Anordnung. Ohne Zusammenschaltung könnten sich Kunden einer neuen Telefongesellschaft und Kunden des Telekom-Netzes nicht anrufen. Der Änderung liegt offensichtlich die Überlegung zugrunde, daß die neu in den Markt drängenden Konkurrenten der Telekom stärker auf eine Zusammenschaltung ihrer Netze mit dem des früheren Monopolisten angewiesen sind als umgekehrt. Nach heftiger politischer Kritik ist die Telekom bereit, mehr als die ursprünglich vorgesehenen vierzig Verknüpfungspunkte mit ihrem Netz einzurichten. Da die Kosten der Zusammenschaltung erheblich sind, müssen sich marktbeherrschende Unternehmen (derzeit nur die Telekom) ihre Entgeltforderung genehmigen lassen.

Die Neufassung des Telekommunikationsgesetzes unterläßt allerdings eine entscheidende „Flurbereinigung": die gesamten Ortsnetze werden bei der Telekom bleiben. Zwar darf nach dem neuen Gesetz praktisch jede Firma mit einer Lizenz Gespräche anbieten. Sie darf auch Kabel quer durchs Land ziehen und Verbindungen über Satelliten aufbauen. Diese Leitungen können Tausende von Telefonaten in Bündeln übertragen. Aber für die Verteilung der Anrufe *in den Städten* ist jeder Telekom-Konkurrent auch künftig auf das Ortsnetz der Telekom, auf die sogenannte „letzte Meile", angewiesen. Damit fließt der Kommunikationsstrom mindestens an zwei Stellen durch die Kanäle der Telekom – beim Anrufer und beim Angerufenen. Durch diese Regelung hat die Telekom ihre Wettbewerber weitgehend unter Kontrolle, denn sie kann den Preis für diese „letzte Meile" nach Rücksprache mit der Reg TP bestimmen. Dies wird besonders deutlich, wenn man bedenkt, daß zwar mittlerweile 172 Lizenzen für Mietleitungen erteilt wurden, sich diese aber auf Grund der begrenzten Infrastruktur nur bedingt auf den Wettbewerb im lokalen Bereich auswirken (können). Die Wettbewerber der Telekom sind wegen der „letzten Meile" weiterhin auf die Durchleitung ihrer Telefonate angewiesen. Am 8. Februar 1999 legte die Reg TP die monatliche Miete, die die Telekom von ihren Wettbewerbern für diese gesetzlich geschützte Monopolleistung fordern kann, auf 25,20 DM fest.

In den Vereinigten Staaten entfachte das „last mile"-Problem immer wieder politischen Streit. Als die beherrschende US-Telefongesellschaft AT&T Mitte der achtziger Jahre gezwungen wurde, sich von ihren Ortsnetzen zu trennen, sanken die Tarife erheblich. Der Verzicht auf die Beseitigung der letzten Meile relativiert die Bedeutung der Deregulierung daher nicht unerheblich.

16.6.3   Bundespost[32]

16.6.3.1   Müssen Postdienste reguliert werden?

Wie die Telekommunikation, so befindet sich auch der Postdienst seit Jahren in erheblichen Umbrüchen. Dies liegt vor allem am technischen Fortschritt, der für zahlreiche Substitutionsmöglichkeiten für den Briefdienst der Post AG wie beispielsweise E-mail oder Telefax gesorgt hat. Im Unterschied allerdings zur Telekommunikation stellt sich beim Postdienst grundsätzlich die Frage, ob eine Regulierung überhaupt wirtschaftswissenschaftlich begründet werden kann. Denn steigende Skalenerträge bzw. sinkende Durchschnittskosten konnten für Postdienste im Unterschied zur Telekommunikation zumindest nicht eindeutig nachgewiesen werden. Auch für einen besonderen Sunk Costs-Charakter der Fixkosten spricht nicht viel, und die pure Existenz der Fixkostendegression kann als Begründung einer Regulierung nicht ausreichen, weil man sonst praktisch alle Branchen regulieren müßte.

Auch eine Notwendigkeit der staatlichen Qualitätsregulierung ist nicht erkennbar, weil die Qualität der jeweiligen Postdienste (ausgedrückt durch die Zustellungsdauer und -zuverlässigkeit) von den Kunden leicht wahrnehmbar ist. Gerade die in Industrieländern häufige Nutzungsfrequenz von Postdiensten spricht für rasche Lernprozesse der Verbraucher: ein Anbieter kann es sich nicht leisten, über längere Zeit im Vergleich zur Konkurrenz eine schlechte Qualität anzubieten, um durch die dadurch niedrigeren Preise seinen Marktanteil zu erhöhen.

Der eigentlich kritische Punkt, der Regulierungen möglicherweise begründen kann, besteht unseres Erachtens darin, daß die Post alle Regionen zu gleichen, „angemessenen" Preisen versorgen soll. Da die Belieferung in entlegene Gebiete höhere Stückkosten verursacht, könnten sich private Anbieter auf besonders lukrative Segmente beschränken („*Rosinen picken*") und dadurch niedrigere Preise anbieten. Dies würde der Post die Möglichkeit nehmen, die aus sozialen Gründen gewünschten Verluste bei der Lieferung in das sprichwörtliche Hintertupfingen auszugleichen. Das Rosinen-picken-Argument ist unseres Erachtens allerdings solange unbedeutend, wie

---

32   Vgl. zum folgenden Dicke/Glismann/Horn 1995.

die Belieferung unterschiedlicher Regionen lediglich mit Gerechtigkeitsargumenten begründet wird – wenn man die Bewohner Hintertupfingens unbedingt subventionieren möchte, so kann man dies auch mit Finanztransfers tun. Wichtiger als Gerechtigkeitsgesichtspunkte sind in diesem Zusammenhang aber *Transaktionskostenprobleme*: denn die Belieferung aller Regionen zu *einem* Preis erspart den Kunden, sich Informationen über regionale Preisunterschiede zu beschaffen. Zwar wäre dies grundsätzlich durchaus möglich (man denke an unterschiedliche Telefongebühren), dennoch ist das Transaktionskostenargument ernst zu nehmen. Ob es allerdings ausreicht, ist strittig.

16.6.3.2 Die Situation vor der zweiten Postreform

Die Dienstleistungen des Unternehmens Postdienste lassen sich durch die zwei Leistungskategorien *Monopolleistungen* und *Wettbewerbsleistungen* charakterisieren. Monopolleistungen sind solche, die nur durch die Bundespost angeboten werden dürfen. Die einzige Monopolleistung innerhalb der Postdienste sind Briefdienste.

Bei den Wettbewerbsleistungen der Postdienste handelt es sich überwiegend um solche Leistungen, die zwar auch von privaten Unternehmen erbracht werden dürfen, bei denen die Deutsche Bundespost jedoch gewissen Auflagen, wie zum Beispiel derjenigen einer flächendeckenden Versorgung, unterliegt. Daher werden diese Dienste auch als Pflichtleistungen bezeichnet. Bis auf wenige Ausnahmen zählen die Dienste des Unternehmens zu den Pflichtleistungen, was auch deren durchweg geringen Kostendeckungsgrad zumindest teilweise erklären kann. Dazu gehören die Päckchen- und Paketdienste, die nur einen Kostendeckungsgrad von 83 % bzw. 56,9 % aufweisen, während das Monopol des Briefdienstes einen Kostendeckungsgrad von 111 % erwirtschaften konnte.

Wie im vorhergehenden Abschnitt erläutert, wird die staatlichen Regulierung des Postwesens mit den öffentlichen Infrastrukturauflagen (flächendeckende Versorgung mit Kommunikationsdiensten) begründet. Für die Post bedeutet dies, daß sie ihre Dienste selbst dann flächendeckend anbieten muß, wenn der entsprechende Bereich (wie bei Paketen) nicht durch ein Monopol geschützt ist.

Als zentrale Ansatzpunkte für eine Deregulierung des Postdienstes werden seit langem die Zulassung privater Zustellungsunternehmen sowie das Heranziehen privater Dienstleistungen in Spitzenzeiten zur Senkung der eigenen Vorhaltekosten genannt. Im Paketbereich gibt es schon seit längerem eine private Paketzustellung. Im Bereich der Kurierdienste war zwar Wettbewerb zugelassen, privaten Konkurrenten war es jedoch nicht gestattet, schriftliche Nachrichten im Inland unter der Preisgrenze für den Monopolbereich zu übermitteln.

16.6.3.3 Die zweite Postreform

Die Postreform II brachte im Gesetz über das Postwesen zum ersten Mal die Berücksichtigung von Wettbewerbern; allerdings wurden die Monopolrechte des Bundes an die Deutsche Post AG und die Deutsche Telekom AG verliehen. Ferner hat eine Privatisierung der Postdienste im eigentlichen Sinne nicht stattgefunden. Nach wie vor ist die Bundesregierung Alleineigentümer der Deutschen Post AG.

Seit dem 1. Januar 1998 kann man von einer Dreiteilung des Postwesens (*reservierter, lizenzpflichtiger* und *lizenzfreier* Bereich) sprechen. Nach der neuen Fassung des Gesetzes über das Postwesen umfaßt der reservierte Bereich den Monopolbereich und den Pflichtdienst. Die nachfolgend aufgezählten Leistungen des reservierten Bereiches dürfen nur von der Deutschen Post angeboten werden. Der *Monopolbereich* betrifft ausschließlich Briefe (und Postkarten) mit einem Gewicht von max. 50 g und unbegrenzter Stückzahl oder max. 250 g, max. 50 Stück und einem Porto bis zum 5-fachen des Standardbriefes. Die Post unterliegt dabei den Verpflichtungen des Kontrahierungszwangs mit allen Kunden, der Tarifeinheit im Raum, der flächendeckenden Zustellung und der Genehmigungspflicht von Tarifänderungen.

Der *Pflichtdienst* umfaßt den Transport von Kleingütern, die flächendeckend angenommen, weitergeleitet und zugestellt werden müssen. Als Kleingüter gelten Gegenstände bis zu einem Gewicht von 20 kg und bis zu den Höchstmaßen von 120 cm in der Länge, 60 cm in der Breite und 60 cm in der Höhe. Außerdem gehören in den Pflichtbereich ohne Monopolrecht Massensendungen von 250 g oder mehr sowie Presseerzeugnisse (Bücher, Kataloge, Zeitungen und Zeitschriften). Für die Deutsche Post AG sind die Marktbedingungen in diesem Bereich die gleichen wie im Monopolbereich, während die anderen Anbieter Vertragsfreiheit haben. Ab dem 1. Januar 2003 entfällt diese Exklusivlizenz der Deutschen Post und die o.g. Leistungen unterliegen ebenfalls der Lizenzpflicht.

Der lizenzpflichtige Bereich umfaßt alle Briefsendugen bis 1000 g, die bisher nicht genannt wurden. Hier hat dann auch die Post AG Vertragsfreiheit. Betrachtet man den gegenwärtigen Zustand unter dem Gesichtspunkt der Deregulierung, so ist festzuhalten, daß nach wie vor private Anbieter vom überwiegenden Teil der Postdienstleistungen ausgeschlossen sind – oder zwar Postdienstleistungen anbieten dürfen, jedoch nur unter Bedingungen, die vom Gesetzgeber fixiert werden. So dürfen private Anbieter derzeit in vielen Bereichen nicht unter dem Monopolpreis der Deutschen Post AG anbieten, womit eine echte Konkurrenz vom Gesetzgeber ausgeschlossen wurde.[33] In den lizenzfreien Bereich fallen alle Briefsendungen, deren Gewicht größer als 1000 g ist.

Im Pflichtbereich besteht ein besonderes Problem meines Erachtens darin, daß im Regelfall der staatliche Wettbewerber den jeweils für den Wettbewerb relevanten Teil autonom definieren kann. So wurden in der Vergangenheit insbesondere die Bereiche für den Wettbewerb zugelassen, in denen die Gewinnspannen für die Post AG relativ gering waren.

Weitere Probleme für Wettbewerber können darin gesehen werden, daß

– der Staat die Angebotsbedingungen im Interesse seines Unternehmens verändern kann. Zu einer solchen Maßnahme gehört z.B. die Tatsache, daß die Preise der Post nicht unterboten werden dürfen (Kurierdienste);

---

33 Nichts desto trotz ist die Nachfrage nach den Lizenzen groß und die Reg TP hat 155 von 590 Lizenzanfragen nach dem PostG positiv beschieden.

– und die Deutsche Post AG analog zum Telekommunikationsbereich durch die grundsätzlich erlaubte Quersubventionierung die Gewinne aus dem Monopolbereich für Investitionen oder zur Kostendeckung im Pflichtbereich verwenden kann, um ihre Wettbewerbsposition zu verbessern.

16.7 Zusammenfassung

In diesem Kapitel haben wir uns ausschließlich mit *einem* Grund wettbewerbspolitischer Eingriffe, nämlich dem Vorliegen natürlicher Monopole, beschäftigt.[34] Diese zeichnen sich durch hohe, irreversible Investititionskosten (sunk costs) aus, was die Zulassung von Wettbewerb zumindest problematisch erscheinen läßt. Auf der anderen Seite führt eine unbeschränkte Zulassung nur eines Anbieters zur Wahl des Cournot-Preises, der aus den schon in Kapitel 15 erläuterten Gründen ineffizient ist (Abschnitt 16.2). Die wesentliche Frage lautet unter diesen Umständen, durch welche Regulierungs- und Deregulierungsstrategien volkswirtschaftlich wünschenswerte Ergebnisse erzielt werden können, wenn unbeschränkter Wettbewerb nicht zugelassen werden soll. Ein wichtiges Ergebnis unserer Überlegungen war, daß die in jüngster Zeit verwendeten *Preisobergrenzenregulierungen* gegenüber einer kostenorientierten Preisbestimmung in dynamischen Märkten vorzuziehen sind, weil sie höhere Innovationsanreize liefern. Nicht nur unter theoretischen Gesichtspunkten interessant ist dabei, daß die Regulierungsbehörde ein first best selbst unter Unkenntnis der Kostenfunktion implementieren kann, indem sie dem Monopolisten die Konsumentenrente überläßt (Abschnitt 16.3).

Anschließend haben wir unterschiedliche Formen der Preisdifferenzierung als Möglichkeit zur Verbesserung der Allokation erörtert (Abschnitt 16.4), wobei wir unter anderem die aus dem 15. Kapitel bekannten Überlegungen zum Ramsey-Pricing etwas ausführlicher erläutert haben. Nach einer Darstellung der Möglichkeiten, Konkurrenz *auf* dem Markt durch Ausschreibungen *um* den Markt zu ersetzen (Abschnitt 16.5), haben wir die aktuellen Entwicklungen in der Telekommunikation und im Postwesen nachgezeichnet (Abschnitt 16.6). Die höheren Innovationswirkungen von Preisobergrenzenregulierungen gegenüber einer kostenorientierten Preisbestimmung führte uns zu einer insgesamt positiven Beurteilung der Veränderungen im Telekommunikationssektor, während die Deregulierung des Postwesens noch nicht so weit fortgeschritten ist. Insbesondere stellt sich die Frage, ob die flächendeckende Versorgungsverpflichtung – und gerade diese stellt eine wesentliche Begründung für die verschiedenen Regulierungsvorschriften dar – in dieser Form noch zeitgemäß ist.

---

34 Weitere wettbewerbspolitische Fragen untersuchen wir ausführlich in Kapitel 18.

Kapitel 17

Oligopoltheorie

17.1 Überblick

Da das Oligopol alle Marktformen mit zahlreichen Nachfragern umfaßt, bei denen es weder nur einen, noch „unendlich viele" Anbieter gibt, erübrigt sich ein Hinweis auf die überragende empirische Bedeutung des Oligopols. Die begrenzte Anzahl relevanter Anbieter führt dazu, daß die Anbieter ihr Verhalten *wechselseitig berücksichtigen*: erhöht das Automobilunternehmen A seine Preise, so wird dies in aller Regel den gewinnmaximalen Angebotspreis des Automobilunternehmens B beeinflussen. Da aber auch das Verhalten von B die gewinnmaximale Strategie von A beeinflußt, entsteht die für das Oligopol charakteristische *strategische Interdependenz*, die eine Analyse des Preisbildungsprozesses im Oligopol interessant und schwierig macht. Die zentrale Aufgabe der Oligopoltheorie besteht demnach darin, die wechselseitige Abhängigkeit der gewinnmaximalen Strategien in geeigneter Weise darzustellen.[1]

Die Schwierigkeit, aber auch die von der Oligopoltheorie ausgehende Faszination, besteht darin, daß es „das" Oligopolmodell nicht gibt, weil sowohl die preis- als auch die wohlfahrtstheoretischen Resultate sehr sensitiv auf die Annahmen über die konkrete Wettbewerbsform reagieren. So ergibt sich beispielsweise im homogenen Oligopol bei einem *Mengenwettbewerb* ein im Vergleich zum homogenen Polypol (vollständige Konkurrenz) ineffizientes Ergebnis, während das Resultat eines *Preiswettbewerbs* unter bestimmten Annahmen über die Kostenfunktionen der beteiligten Unternehmen selbst dann mit dem bei vollständiger Konkurrenz übereinstimmt, wenn lediglich zwei Unternehmen am Markt operieren. Angesichts der mittlerweile erreichten Komplexität der Oligopoltheorie muß hervorgehoben werden, daß es auch im Rahmen einer recht umfassenden Einführung lediglich möglich ist, einige besonders bekannte Oligopolmodelle zu präsentieren. Der entscheidende Punkt kann lediglich darin bestehen, die Interdependenz der Entscheidungen sowie die Abhängigkeit der Resultate von den jeweiligen Prämissen zu verdeutlichen, so daß Aussagen über oligopolistische Märkte stets mit besonderer Vorsicht, und letztlich nur mit hohem empirischem Aufwand, möglich sind.[2]

---

1 Grundsätzlich gilt diese strategische Interdependenz selbstverständlich nicht nur für die Preise, sondern für *alle* Variablen der Unternehmenspolitik wie beispielsweise Werbeaktivitäten. Wir beschränken uns auf Preise und Mengen, allerdings lassen sich viele der durchgeführten Überlegungen in modifizierter Form auch auf andere Größen übertragen.

2 Die Oligopoltheorie ist letztendlich Teil der modernen Industrieökonomie, so daß vor allem auf das herausragende industrieökonomische Lehrbuch von Tirole 1994 verwiesen sei.

Die Methode zur Behandlung der für das Oligopol typischen strategischen Interdependenzen ist die Spieltheorie, die 1928 von John v. Neumann vorbereitet wurde
und ihre erste ausführliche Grundlegung 1944 in „Theory of Games and Economic
Behavior" von v. Neumann/Morgenstern fand. Auch die bekannten Oligopolmodelle
von Cournot und v. Stackelberg lassen sich vor dem Hintergrund der Spieltheorie
erheblich besser verstehen, so daß wir innerhalb des Oligopolkapitels stets im Rahmen
der Spieltheorie argumentieren. Wir beginnen daher in Abschnitt 17.2 zunächst mit
einer Systematisierung unterschiedlicher spieltheoretischer Entscheidungssituationen.
Dabei knüpfen wir an die Darstellung der Grundzüge der Spieltheorie in Abschnitt 2.4
an und empfehlen Ihnen deshalb, sich diese in Erinnerung zu rufen, sofern Sie diese
nicht mehr präsent haben.

Im 12. Kapitel über die Marktformenlehre haben wir Marktformen neben der Anzahl der Anbieter auch danach unterschieden, ob die von den verschiedenen Unternehmen produzierten Güter in den Augen der Konsumenten identisch sind oder
nicht. Im ersten Fall spricht man vom homogenen, im zweiten Fall vom heterogenen
Oligopol. Wir beginnen unsere Darstellung in Abschnitt 17.3 mit dem sog. *statischen
Mengenwettbewerb* im homogenen Oligopol. Beim Mengenwettbewerb wird davon ausgegangen, daß die Unternehmen ihre Mengen als Aktionsparameter wählen und die
Preise sich entsprechend bilden. Dabei handelt es sich um ein sehr altes, von Cournot
schon in den 30er Jahren des neunzehnten Jahrhunderts entwickeltes Modell, so daß
diese Wettbewerbsform zu seinen Ehren als *Cournot-Wettbewerb* bezeichnet wird. Der
statische Mengenwettbewerb wurde später spieltheoretisch exakt interpretiert und
spielt auch heute noch eine herausragende Rolle in vielen Anwendungen der Oligopoltheorie (beispielsweise in der Außenhandelstheorie und der Umweltökonomie).
Dabei erläutern wir unter anderem zwei ausgesprochen wichtige Sachverhalte: erstens,
daß eine Kollusionslösung (d.h. eine Einigung der beteiligten Unternehmen auf das
Monopolergebnis) mit individuellem Rationalverhalten in einmaligen Spielen nicht
vereinbar ist, und zweitens, daß man das früher über den Walrasianischen „Auktionator" mehr schlecht als recht begründete Ergebnis vollständiger Konkurrenz viel über-
zeugender als Grenzfall des homogenen Oligopols auffassen kann.[3]

Nachdem wir die Überlegungen zum statischen Mengenwettbewerb vom homogenen auf das heterogene Oligopol ausgedehnt haben (Abschnitt 17.4), betrachten wir
in Abschnitt 17.5 das einfachste *dynamische* Oligopolmodell, bei dem ein Anbieter seine
Menge glaubhaft vor dem anderen festlegt und dadurch Druck auf den zweiten Anbieter ausübt. Dieses Modell wird zu Ehren seines Begründers als Stackelberg-Wettbewerb bezeichnet. Daran anschließend unterstellen wir, daß die Unternehmen als
Aktionsparameter nicht ihre Mengen, sondern ihre *Preise* verwenden und analysieren
die daraus resultierenden Konsequenzen für das homogene (Abschnitt 17.6) und das
heterogene Oligopol (Abschnitt 17.7). Aus dem Übergang von Mengen zu Preisen als
Aktionsparameter ergeben sich vor allem im homogenen Oligopol dramatische Änderungen, weil das Ergebnis wie erwähnt auch schon bei zwei beteiligten Unternehmen
mit dem bei vollständiger Konkurrenz übereinstimmen kann. Auch im heterogenen

---

3   Gleichzeitig kann man mit Güth 1994, 31 das homogene Oligopol als Grenzfall des heterogenen
     Oligopols interpretieren, da *exakt* identische Güter so gut wie nie existieren.

Oligopol ergeben sich unter plausiblen Bedingungen im Preiswettbewerb geringere Gewinne als im Mengenwettbewerb.

Alle bis einschließlich Abschnitt 17.8 präsentierten Modelle leiden unter der Annahme, daß die Unternehmen *nur einmal* in das jeweils betrachtete Konkurrenzverhältnis kommen. Da dies eine unrealistische Annahme ist, arbeitet eine Vielzahl modernerer Oligopolmodelle mit der Annahme *wiederholter Spiele.* Man kann sogar sagen, daß gerade der Übergang von einmaligen zu wiederholten Spielen bezüglich des Oligopolproblems einer der beiden entscheidenden Fortschritte der Spieltheorie gegenüber den älteren Darstellungen wie beispielsweise von Cournot und Stackelberg ist.[4] Ein wesentliches Resultat der Theorie (unendlich oft) wiederholter Oligopolspiele ist, daß Kollusionslösungen oft auch ohne explizite Absprachen und Strafen Gleichgewichte sind, was beispielsweise unserer Vorstellung der Preisbildung für Benzin recht nahe zu kommen scheint. Allerdings wird sich in Abschnitt 17.9 auch zeigen, daß unendlich oft wiederholte Spiele zu dem Resultat eines „anything goes" führen, was angesichts der Komplexität der Realität zwar bedauerlich, aber keine Schwäche der Theorie sein muß. Denn es besteht kein Zweifel daran, daß viele ältere preistheoretische Modelle mit eindeutigen Ergebnissen zwar klar interpretierbar, aber nicht gerade realitätsgerecht waren.

In Abschnitt 17.10 werten wir die Überlegungen zusammenfassend aus, wobei wir mit einem wohlfahrtstheoretischen Vergleich beginnen und dann einige Hinweise hinsichtlich empirischer Ergebnisse geben. Um die überragende Bedeutung der Oligopoltheorie zu demonstrieren, skizzieren wir in Abschnitt 17.11 in Form eines Exkurses schließlich zwei Anwendungsfälle, die zeigen, daß auch frühere Standardresultate anderer Gebiete der ökonomischen Theorie durch den Übergang von vollständiger Konkurrenz zu Oligopolmodellen ins Wanken geraten. Zunächst zeigen wir, daß Exportsubventionen in oligopolistischen Weltmärkten die *Welt*wohlfahrt (nicht nur die Wohlfahrt des subventionierenden Landes) erhöhen können; anschließend skizzieren wir, unter welchen Umständen eine Erhöhung von Unternehmenssteuern die Gewinne der Unternehmen steigern kann.

Besonders zum Verständnis der Abgrenzung zwischen den Kapiteln 17 und 18 möchten wir hervorheben, daß wir in diesem Kapitel in allen behandelten Modellen davon ausgehen, daß die Anzahl der Anbieter und die Kostenfunktionen *gegeben* sind. Während dies der üblichen Vorgehensweise in der Mikroökonomie entspricht, untersucht die *Wettbewerbstheorie* traditionell die Auswirkungen von Preisen auf den Markteintritt neuer Unternehmen und die Innovationsanreize, die in unterschiedlichen Marktformen bestehen. Zwar hat die moderne *Industrieökonomie* die traditionelle Trennung zwischen Mikroökonomie und Wettbewerbstheorie in vieler Hinsicht überholt, dennoch ist es zur Strukturierung der Fragen sinnvoll, Themengebiete wie Markteintritt und Innovationen hier auszuklammern und in einem eigenständigen (dem achtzehnten) Kapitel zu behandeln. An zwei weiteren Stellen werden wir auf das Oligopolproblem zurückkommen. In Abschnitt 22.2.1 stellen wir ein Gleichgewicht im Oligopol für den realistischen Fall asymmetrischer Information dar, in dem die beteiligten

---

4   Ein zweiter entscheidender Fortschritt besteht in der Einführung asymmetrischer Information, worauf wir hinsichtlich des Oligopolproblems in Abschnitt 22 zurückkommen.

Unternehmen die Kostenfunktionen der jeweils anderen Unternehmen nur schätzen können, was wegen der strategischen Interdependenz größere Probleme aufwirft, als lediglich vom Erwartungswert auszugehen. In Abschnitt 23.5 skizzieren wir dann ein berühmtes Oligopolmodell mit asymmetrischer Information im Rahmen wiederholter Spiele.

17.2 Spieltheoretische Entscheidungssituationen und ihre Lösungskonzepte

17.2.1 Eine einfache Klassifikation spieltheoretischer Entscheidungssituationen

Da Oligopolmodelle stets und wegen der strategischen Interdependenzen notwendigerweise spieltheoretisch sind, beginnen wir nun mit einigen allgemeineren spieltheoretischen Überlegungen. Dazu ist es sinnvoll, zunächst eine kurze Übersicht über mögliche Spielformen zu geben, deren Behandlung auch jeweils unterschiedliche spieltheoretische Lösungskonzepte erfordert.

Mit dem im Rahmen eines einführenden Lehrbuchs erforderlichen Mut zur Vereinfachung lassen sich vier Spielformen unterscheiden, die in Abb. 17.1 dargestellt sind.[5] Zur Interpretation von Abb. 17.1 betrachten wir zunächst die Spalten, in denen zwischen statischen und dynamischen Spielen unterschieden wird. Unter einem *statischen Spiel* versteht man ein Spiel, in dem alle Beteiligten nur einmal, und zwar simultan über ihre Strategien entscheiden. Alle Spiele, die wir in Abschnitt 2.4 besprochen haben, sind demnach statische Spiele, weil beispielsweise beide Oligopolisten oder beide Angeklagten im Gefangenendilemma gleichzeitig über ihre Strategien entschieden haben. Die Formulierung „gleichzeitig" soll allerdings nur einen intuitiven Zugang liefern und bedarf der Präzisierung. Exakt ist damit gemeint, daß alle Spieler im gleichen *Informationsbezirk* entscheiden. Dies wiederum bedeutet, daß kein Spieler zum Zeitpunkt seiner Entscheidung die Entscheidung der anderen Spieler kennt oder zusätzliche Informationen erhalten hat, aus denen er die Entscheidungen anderer Spieler (stochastisch) erschließen kann.[6] Die Abgrenzung statischer Spiele über Informationsbezirke ist deshalb sinnvoll, weil es offensichtlich ganz gleichgültig ist, ob beispielsweise beide Duopolisten um 11:30 Uhr über ihren Preis entscheiden, oder ob der Duopolist B seinen Preis 20 Minuten nach dem Oligopolisten A festlegt, ohne in diesen 20 Minuten *irgendwelche neuen Informationen* über den Preis des A zu erhalten. Präzise definiert ist ein statisches Spiel also dadurch gekennzeichnet, daß alle Spieler nur einmal, und zwar im gleichen Informationsbezirk entscheiden.

---

5   Für eine ausführlichere Taxonomie spieltheoretischer Lösungskonzepte vgl. Holler/Illing 1996, 32.

6   Der Zusatz „keine ... Informationen, aus ..." ist für Situationen erforderlich, in denen ein Spieler die Entscheidungen eines anderen Spielers nicht *beobachten* kann. Sofern er aber irgendwelche möglichen Resultate der Handlungen anderer Spieler sieht, agiert er nicht mehr im gleichen Informationsbezirk.

Abb. 17.1: *Spielformen und Lösungskonzepte*

	statisch	dynamisch
vollständige Information	Nash- Gleichgewicht	Teilspielperfektes Gleichgewicht
unvollständige Information	Bayesianisches Gleichgewicht	Perfektes Bayesianisches Gleichgewicht und verwandte Konzepte

Dagegen versteht man unter *dynamischen* Spielen, daß es mindestens zwei unterschiedliche Informationsbezirke in einem Spiel gibt, in denen Entscheidungen getroffen werden. Ein einfaches dynamisches Spiel liegt demnach beispielsweise vor, wenn zuerst das Unternehmen A seinen Preis festlegt, dann das Unternehmen B den Preis des Unternehmens A erfährt (oder zumindest stochastische Informationen über den gewählten Preis des A erhält) und daraufhin seinen eigenen Preis bestimmt. Dynamisch kann man ein Spiel aber auch dann nennen, wenn die beiden Oligopolisten ihre Preise immer zum gleichen Zeitpunkt (bzw. im gleichen Informationsbezirk) festlegen, aber nicht nur einmal, sondern mehrfach in Preisfestsetzungssituationen geraten. Denn wenn die Situation das erste Mal montags und das zweite Mal dienstags eintritt, dann befinden sich die Spieler dienstags in einem anderen Informationsbezirk als montags, weil sie dienstags ja wissen, für welchen Preis sich der andere Spieler montags entschieden hat. Da diese Information für die eigene Entscheidung möglicherweise wichtig ist, handelt es sich dienstags um eine andere Entscheidungssituation (und damit um einen anderen Informationsbezirk) als montags.

Weniger einfach als die Unterscheidung zwischen statischen und dynamischen Spielen ist der Versuch, Spiele und spieltheoretische Lösungskonzepte nach der Informationsverteilung zu unterscheiden. In der Matrix haben wir uns für die Unterscheidung zwischen Spielen mit vollständiger (complete) und unvollständiger (incomplete) Information entschieden, weil dort die Verwendung unterschiedlicher spieltheoretischer Lösungskonzepte am eindeutigsten ist. Man spricht von *unvollständiger Information*, wenn es bestimmte exogen vorgegebene und für das Verhalten der Beteiligten wichtige Sachverhalte gibt, über die die Spieler unterschiedlich gut informiert sind (andernfalls spricht man von vollständiger Information).

Die Unterscheidung zwischen statischen und dynamischen Spielen einerseits sowie zwischen Spielen mit vollständiger und unvollständiger Information andererseits ergibt die vier unterschiedlichen Spielformen, die in Abb. 17.1 dargestellt sind. Der für das Verständnis der spieltheoretischen Spezialliteratur und zahlreicher Aufsätze entscheidende Punkt ist, daß für alle vier Situationen unterschiedliche Lösungskonzepte verwendet werden (müssen). Für statische Spiele bei vollständiger Information verwendet man wie schon in Abschnitt 2.4 ausführlich erläutert das Nash-Gleichgewicht, auf das wir daher in Abschnitt 17.2.2 nur noch kurz eingehen müssen. Auch für alle anderen Situationen bildet das Nash-Gleichgewicht den Ausgangspunkt, ist aber nicht mehr hinreichend. Es werden daher unterschiedliche *Verfeinerungen* verwendet, mit denen die Menge der Nash-Gleichgewichte auf eine Menge von Gleichgewichten eingeschränkt wird, die plausibler erscheinen. Nach dem Nash-Gleichgewicht erläutern wir daher das teilspielperfekte Gleichgewicht, das für dynamische Spiele mit vollständiger Information benutzt wird. Für statische Spiele mit unvollständiger Information wird das Bayesianische Gleichgewicht verwendet. Für dynamische Spiele mit unvollständiger Information gibt es unterschiedliche Konzepte, wobei wir uns in dieser Einführung aber weitgehend (und recht guten Gewissens) auf das Perfekte Bayesianische Gleichgewicht beschränken können, weil andere Lösungskonzepte (vor allem das sequentielle Gleichgewicht) damit verwandt sind. Bei sog. Signalling-Spielen in Kapitel 23 werden wir allerdings zusätzlich das sog. *Intuitive Kriterium* einführen, weil das Perfekte Bayesianische Gleichgewicht Ergebnisse zulässt, die dem „gesunden Menschenverstand" nach der Auffassung vieler Ökonomen (auch meiner) widersprechen.

Der typische Fall für das Oligopol ist, daß das Unternehmen A zwar seine eigene Kostenfunktion kennt, über die Kostenfunktion des B aber nur eine Wahrscheinlichkeitsverteilung bilden kann – beispielsweise mag A mit 20-prozentiger Wahrscheinlichkeit hohe Kosten für B und mit 80-prozentiger Wahrscheinlichkeit niedrige Kosten für B vermuten. Bedenken Sie, daß die asymmetrische Informationsverteilung auch nicht dadurch symmetrisch wird, daß sich alle Spieler in entsprechenden Situationen befinden. Wenn das Unternehmen B umgekehrt die Kostenfunktion des Unternehmens A auch nur schätzen kann, so erhöht dies lediglich das Ausmaß der asymmetrischen Informationsverteilung, verwandelt die Situation aber nicht in eine symmetrische Informationsverteilung, nur weil beide Unternehmen vergleichbare Informationsvorsprünge bezüglich ihrer eigenen Kostenfunktionen besitzen. Denn auch dann gibt es relevante Sachverhalte, über die die Beteiligten unterschiedlich informiert sind, so daß eine asymmetrische Informationsverteilung vorliegt.[7]

Neben der Unterscheidung zwischen vollständiger und unvollständiger Information gibt es noch zahlreiche andere wichtige Begriffe, mit denen unterschiedliche Informationsverteilungen voneinander abgegrenzt werden. Die Schwierigkeit besteht dabei darin, daß sich die verschiedenen Kategorien nur teilweise, aber nicht vollständig ordnen lassen (beispielsweise im Sinne von die Kategorie „a" enthält als Unterfälle die Kategorien „b" und „c"). Darauf gehen wir im 21. Kapitel zur Informationsökonomie näher ein.

17.2.2 Das Nash-Gleichgewicht

Die besondere Bedeutung des Nash-Gleichgewichts liegt darin, daß alle anderen Lösungskonzepte auf diesem aufbauen, d.h. das teilspielperfekte Gleichgewicht, das Bayesianische Gleichgewicht und das Perfekte Bayesianische Gleichgewicht sind alle Weiterentwicklungen des Nash-Gleichgewichts. Wie in Abschnitt 2.4 erläutert, ver-

---

7   Vgl. zum folgenden auch die hervorragende Strukturierung bei Rasmusen 1994, vor allem 45ff. und 165ff.

steht man unter einem Nash-Gleichgewicht eine Situation, in der kein Spieler seinen Nutzen durch ein abweichendes Verhalten erhöhen kann, sofern alle anderen Spieler bei ihren Strategien bleiben. Um dies nun etwas formaler darstellen zu können, führen wir folgende Definitionen ein:

- jeder Spieler i wählt eine Strategie $x_i \in \mathbf{X_i}$. $\mathbf{X_i}$ ist also die Menge möglicher Strategien von i, x_i eine bestimmte Strategie;
- $\mathbf{x}$ sei ein Vektor, der für jeden Spieler i genau eine Strategie enthält;
- $\mathbf{x_{-i}}$ sei ein Vektor, der für alle Spieler außer i genau eine Strategie enthält. Wenn wir also beispielsweise 7 Spieler haben und den vierten Spieler als i definieren, so enthält der Vektor $\mathbf{x_{-i}}$ für die ersten drei Spieler und die Spieler 5 bis 7 jeweils einen Eintrag (bzw. eine bestimmte Strategie);
- die Gleichgewichtsstrategie von i nennen wir x_i^*;
- $\mathbf{x}^*$ sei ein Gleichgewichtsvektor, der für jeden Spieler die Gleichgewichtsstrategie x_i^* enthält;
- $\mathbf{x_{-i}}^*$ sei ein Gleichgewichtsvektor, der für alle Spieler außer i die Gleichgewichtsstrategie enthält,
- und $U_i(x_i \,|\, \mathbf{x_{-i}}^*)$ der Nutzen von Spieler i, wenn er x_i und die anderen Spieler den Gleichgewichtsvektor $\mathbf{x_{-i}}^*$ wählen.

Mit diesen (später noch nützlichen) Definitionen können wir ein Nash-Gleichgewicht durch die Bedingung

$$U_i(x_i^* \,|\, \mathbf{x_{-i}}^*) \geq U_i(x_i \,|\, \mathbf{x_{-i}}^*) \qquad \forall \, x_i, \forall \, i \qquad (17.1)$$

charakterisieren. Ungleichungssystem (17.1) bringt zum Ausdruck, daß der Nutzen durch die Gleichgewichtsstrategie für jeden Spieler im Nash-Gleichgewicht mindestens gleich groß sein muß wie für alle anderen Strategien, sofern alle anderen Spieler bei ihrer Gleichgewichtsstrategie bleiben. In dieser Schreibweise sehen wir auch sofort, daß ein Gleichgewicht in dominanten Strategien ein besonders einfacher und daher sympathischer Spezialfall des Nash-Gleichgewichts ist. Denn wenn beispielsweise Spieler i über eine dominante Strategie verfügt, so heißt dies in unserer Schreibweise, daß für ihn

$$U_i(x_i^* \,|\, \mathbf{x_{-i}}) \geq U_i(x_i \,|\, \mathbf{x_{-i}}) \qquad \forall \, x_i, \mathbf{x_{-i}} \qquad (17.2)$$

gilt. Ungleichungssystem (17.2) bedeutet, daß die Strategie x_i^* für Spieler i für *alle* denkbaren Strategienkombinationen der anderen Spieler (d.h. für alle möglichen Vektoren x_{-i}) die beste Strategie ist. Es ist offensichtlich, daß dies die Situation

$$U_i(x_i^* \,|\, \mathbf{x_{-i}}^*) \geq U_i(x_i \,|\, \mathbf{x_{-i}}^*) \qquad \forall \, x_i \qquad (17.3)$$

als Spezialfall enthält, weil *ein* möglicher Vektor aus x_{-i} ja der Vektor ist, in dem die anderen Spieler ihre Gleichgewichtsstrategien spielen. Es ist klar, daß Gleichgewichte in dominanten Strategien besonders zwingend sind, weil zumindest der Spieler mit einer dominanten Strategie keine Erwartungen über das Verhalten der anderen Spieler bilden muß. Wie schon in Abschnitt 2.4 gezeigt, gibt es auch Spiele, in denen keine

Nash-Gleichgewichte in reinen Strategien existieren.[8] Unter plausiblen Bedingungen existieren dann allerdings Gleichgewichte in gemischten Strategien, bei denen die Spieler zwischen ihren Strategien randomisieren.[9]

17.2.3 Das teilspielperfekte Gleichgewicht

Für dynamische Spiele mit vollständiger Information (Zeile 1/Spalte 2 in Abb. 17.1) bildet das Nash-Gleichgewicht zwar ebenfalls den Ausgangspunkt der spieltheoretischen Lösungskonzepte, es reicht aber häufig nicht aus. Das wichtigste Lösungskonzept für solche Spiele wird als *teilspielperfektes Gleichgewicht* bezeichnet und wurde von Reinhard Selten entwickelt, der dafür 1994 gemeinsam mit Nash und Harsanyi als erster deutscher Ökonom den Nobelpreis erhielt.[10] Da ein wesentlicher Aspekt der Teilspielperfektheit darin besteht, Spiele „von hinten nach vorne zu lösen" (sog. *Rückwärtsinduktion* oder *backwards induction*), erläutern wir zunächst das Prinzip der Rückwärtsinduktion an einem einfachen Beispiel.

Betrachten wir ein Spiel, in dem zwei Spieler abwechselnd Zahlen zwischen 1 und 10 sagen. Die jeweiligen Zahlen der beiden Spieler werden addiert; gewonnen hat der Spieler, der zuerst eine Zahl nennt, die zu einer *Summe* von 100 führt. Wenn also beispielsweise beide Spieler je viermal „10" nennen, so beträgt die Summe 80. Ist dann der Spieler 1 am Zug, so kann er das Spiel für sich entscheiden, indem er „9" sagt. Denn dann beträgt die Summe 89, und jede Zahl des zweiten Spielers führt nun zu einer Summe zwischen 90 und 99, die dem ersten Spieler ermöglicht, auf 100 zu kommen. Der entscheidende Punkt an diesem Spiel ist, daß es sich als trivial erweist, sofern man das Prinzip der backwards induction anwendet, d.h. das Spiel „von hinten nach vorne löst". Die bereits durchgeführte Überlegung zeigt, daß der Spieler gewonnen hat, dem es gelingt, eine Summe von 89 zu erreichen – dann kann sich der andere Spieler nicht mehr wehren. Das gleiche Prinzip gilt aber nicht nur für den Zusammenhang zwischen 89 und 100, sondern offenbar auch für 78 und 89 – wenn Spieler 1 die Summe von 78 erreicht, so erreicht er anschließend für jede beliebige Zahl zwischen 1 und 10 des Spielers 2 auch die Summe 89. Dies bedeutet, daß ein Spieler, der die Summe 78 erreicht, gewinnt. Durch einfaches Abziehen von 11 läßt sich das Prinzip von 100 auf 89 und von 89 auf 78 verallgemeinern, so daß ein Spieler, der Summen von 67, 56 usw. erreicht, gewinnt. Daraus folgt, daß der beginnende Spieler siegt, sofern er mit „1" beginnt und sich dann über 12, 23 usw. nach oben arbeitet.

Theoretisch lassen sich alle Spiele mit einem feststehenden Zeithorizont über Rückwärtsinduktion lösen – dies gilt grundsätzlich auch dann, wenn es wie beim Schach viele unterschiedliche mögliche Endpunkte gibt. Gemäß dieses Prinzips besteht die theoretische Lösung des Schachspiels darin, ausgehend von allen möglichen

---

8   Unter einer reinen Strategie des Spielers i versteht man, daß dieser diese Strategie mit Sicherheit (also mit der Wahrscheinlichkeit von Eins) wählt.

9   Vgl. zu den Existenzbedingungen von Gleichgewichten in gemischten Strategien z.B. Fudenberg/Tirole 1991, 29f.

10   Vgl. Selten 1965. Auf Weiterentwicklungen der Lösungskonzepte für dynamische Spiele wollen wir hier nicht eingehen; vgl. aber z.B. Holler/Illing 1996, 116ff; Fudenberg/Tirole 1991.

Matt-, Remis- und Pattstellungen alle Zugfolgen darzustellen, die zu diesen Endergebnissen führen – ein theoretisch überzeugendes, angesichts der enormen Vielzahl von Möglichkeiten aber auch für Computer derzeit noch undurchführbares Verfahren.[11]

Eine konsequente Anwendung der backwards induction führt teilweise zu verblüffenden Ergebnissen, was besonders durch einen Blick auf das wiederholte Gefangenendilemma deutlich wird. Stellen wir uns vor, die beiden Gangster wissen um ihr taktisches Ungeschick und sind sich sicher, daß sie genau zehnmal gefaßt werden. Man spricht dann vom zehnmal wiederholten Gefangenendilemma. Zunächst wäre die Vermutung naheliegend, daß rationales Verhalten dazu führt, im ersten Spiel zu leugnen, um dem Partner kooperatives Verhalten zu signalisieren. Dies führt zwar zu einer hohen Haftstrafe, sofern der Mitgefangene gesteht, doch wird sich dieser mehrfach überlegen, ob Gestehen wirklich sinnvoll ist. Denn wer einmal gesteht, muß damit rechnen, daß der Mithäftling die nächsten neun Male auch gesteht, so daß der einmalige Gewinn in Form einer geringeren Haftstrafe mit einer höheren Haft (hervorgerufen durch dann beidseitiges Gestehen) in den neun folgenden Spielen „bestraft" wird. Dies klingt schön, doch die Methode der backwards induction zeigt, daß die Überlegung nicht konsequent ist. Denken wir das Spiel nämlich erneut „von hinten nach vorne", so ist unmittelbar klar, daß es in der 10. Periode zum Ergebnis Gestehen/Gestehen kommt – denn im zehnten Spiel sind wir wieder beim ursprünglichen Gefangenendilemma angelangt. Versetzen wir uns nun aber in die neunte Periode. In der neunten Periode führt Gestehen zu einer niedrigeren Haft, sofern wir *ausschließlich* die neunte Periode betrachten. Also ist der einzige Grund, in der neunten Periode zu leugnen, die Hoffnung darauf, daß dies den Mithäftling in der *zehnten* Periode zum Leugnen anreizt. Da wir aber schon wissen, daß Gestehen in der zehnten Periode eine dominante Strategie ist, entfällt jeder Anreiz zum Leugnen in der neunten Periode. Da aber jeder weiß, daß der andere in der neunten Periode nicht leugnen wird, gibt es auch in der achten Periode keinen Grund zur Kooperation – mit individuellem Rationalverhalten vereinbar ist daher lediglich das Ergebnis, über alle Perioden hinweg zu gestehen.[12]

---

11 Vom spieltheoretischen Standpunkt ist Schach „eigentlich" ein wesentlich einfacheres Spiel als beispielsweise Skat, weil Schach ein Spiel mit symmetrischer Information ist – es gibt keine Eigenschaften des Spiels, über die ein Spieler besser informiert ist als der andere (und alle Züge sind vollständig beobachtbar). Beim Skat dagegen kennt ein im moralischen Normal- und empirischen Sonderfall fairer Spieler dagegen nur seine eigenen Karten vollständig, so daß es ein dynamisches Spiel mit asymmetrischer Information ist – die komplizierteste spieltheoretische Situation überhaupt.

12 Dabei ist allerdings einschränkend zu beachten, daß die Methode der Rückwärtsinduktion versagt, wenn der Zeithorizont ungewiß ist, wenn die beiden Gefangenen also nicht wissen, wie oft sie in diese Situation kommen. Es handelt sich dann um sog. unendlich oft wiederholte Spiele, in denen der mögliche Spielabbruch durch eine Diskontierung zukünftiger Ergebnisse berücksichtigt wird. Wir werden in Abschnitt 17.9 sehen, daß es sich in diesem Fall bei einer nicht zu starken Diskontierung zukünftiger Ergebnisse auch als rationale (Gleichgewichts-)strategie erweist, über alle Perioden hinweg zu kooperieren, d.h. in diesem Fall, zu leugnen. Interessant ist allerdings, daß sich in Experimenten kooperative Lösungen auch mit einem feststehenden Zeithorizont einstellen, in denen die Spieltheorie „eigentlich" ein ständiges Wiederholen der nicht-kooperativen Lösung prognostiziert. So veranstaltete Axelrod einen vielbeachteten Wettbewerb zwischen Computerprogrammen, die von Experten eingeschickt werden konnten und die im endlich oft wiederholten Ge-

Die Methode der Rückwärtsinduktion spielt auch eine große Rolle beim wichtigsten Lösungskonzept für dynamische Spiele, dem teilspielperfekten Gleichgewicht. Zum Verständnis teilspielperfekter Gleichgewichte greifen wir auf das Beispiel des „Kampfs der Geschlechter" zurück, das wir in Abschnitt 2.4.3.2 analysiert haben. Beim Kampf der Geschlechter wollten die Frau F und der Mann M einen Abend unbedingt zusammen verbringen, allerdings mit unterschiedlichen Vorlieben. Während die Frau den Besuch eines Fußballspiels (Strategie 1) präferiert, würde der Mann lieber ins Ballett gehen (Strategie 2). Dies führt zu der Ergebnismatrix, die in Abb. 17.2 nochmals dargestellt sei.

Abb. 17.2: *Kampf der Geschlechter*

	M1	M2
F1	5/2	0/0
F2	0/0	1/3

Die Schwierigkeit beim „Kampf der Geschlechter" ist die Existenz von zwei, jeweils pareto-effizienten Nash-Gleichgewichten, so daß die Beteiligten ein Koordinationsproblem zu lösen haben. Da beides Gleichgewichte sind, gibt es ohne weitergehende Annahmen, keine Möglichkeit, eher das eine oder eher das andere Gleichgewicht zu erwarten – in der Praxis kann das dazu führen, daß die Betroffenen von unterschiedlichen Gleichgewichten ausgehen und sich verpassen. Zum Verständnis teilspielperfekter Gleichgewichte betrachten wir den „Kampf der Geschlechter" nun als dynamisches Spiel. Dazu unterstellen wir, daß die Frau eine Stunde vor Beginn einer Veranstaltung den entsprechenden Ort aufsucht und den Mann per Handy darüber informiert, wo sie sich befindet. Angesichts des dichten Verkehrs und der knappen Zeit gibt es für die Frau keine Möglichkeit mehr, den Ort zu wechseln, während der Mann von zu Hause noch rechtzeitig zu beiden Veranstaltungen eintreffen kann (hätte die

---

fangenendilemma über 200 Perioden gegeneinander spielten (vgl. Axelrod 1995). Jedes Programm spielte gegen jedes und die Haftjahre aller Spiele wurden addiert. Die konzipierten Programme waren teilweise sehr kompliziert und bestanden keinesfalls in der schlichten Anweisung, stets zu leugnen. Sieger wurde das sog. *Tit-for-Tat* (übersetzbar als Auge um Auge, Zahn um Zahn)-Programm von Rapoport: Dieses Programm bestand darin, solange zu kooperieren, wie der Partner ebenfalls kooperiert, und ein Geständnis in der Periode n mit einem Geständnis in der Periode n+1 zu bestrafen. Der Vorzug von Tit-for-Tat ist es, durch die Bestrafung der Partner diese zur Kooperation zu bewegen, andererseits bei nicht kooperierenden Partnern ebenfalls hart zu bleiben. Eine mögliche spieltheoretische Rechtfertigung dieses mit Rückwärtsinduktion nicht zu vereinbarenden Verhaltens von Spieltheoretikern (getreu dem Motto „was schert mich mein Geschwätz aus der Vorlesung von heute morgen") besteht in der Vermutung, daß sich *andere* Spieler mit einer positiven Wahrscheinlichkeit *nicht* an das Konzept der Rückwärtsinduktion halten und daher kooperatives Verhalten lohnend wird. Die Idee ist also, daß jeder „irrational" ist, weil er mit einer bestimmten Wahrscheinlichkeit vermutet, daß andere irrational ist – und es über diese wechselseitigen Irrationalitätsvermutungen zu Resultaten kommt, die für beide besser sind als bei strengem Rationalverhalten.

Frau die Möglichkeit, ihr Verhalten noch zu ändern, so müßten wir die Spielanordnung erneut ändern). In diesem Fall sagt einem schon der gesunde Menschenverstand, daß sich als Ergebnis nur der gemeinsame Besuch des Fußballspiels einstellen kann, weil dies das von der Frau präferierte Gleichgewicht ist. Begibt sich die Frau ins Stadion, so hat der Mann nur noch die Wahl zwischen einem Nutzenindex von Null (alleiniger Besuch des Balletts) und einem Nutzenindex von 2 (Fußballspiel mit Frau), so daß er ihr (möglicherweise zähneknirschend) folgen wird.

Obwohl dieses Resultat auch ohne weitere Überlegungen einsichtig ist, ist es nützlich, zu seiner Herleitung konsequent das Konzept teilspielperfekter Gleichgewichte anzuwenden. Denn nur durch die Verwendung teilspielperfekter Gleichgewichte wird deutlich, warum das Konzept von Nash-Gleichgewichten zur Behandlung dynamischer Spiele *nicht* hinreichend ist. Dazu müssen wir gemäß Abb. 17.3 zunächst zwischen der Darstellung von Spielen in *extensiver* Form und in *Normalform* unterscheiden.

Die extensive Form in Abb. 17.3 zeigt den „Kampf der Geschlechter" in Form eines Entscheidungsbaums: Zunächst entscheidet die Frau F zwischen ihren Strategien F1 und F2. Anschließend wählt der Mann M entweder am linken oder am rechten Entscheidungsknoten zwischen seinen Strategien M1 und M2, so daß vier Ergebnisse möglich sind. Die Ziffern unterhalb des Entscheidungsbaums geben die Nutzenwerte für F und M in Abhängigkeit der Strategienkombinationen an. Dabei steht jeweils die erste Ziffer für den Nutzen der Frau und die zweite Ziffer für den Nutzen des Mannes. Demnach bedeutet beispielsweise F1/M2 = (0/0), daß beide einen Nutzen von 0 haben, wenn die Frau Strategie 1 (Fußball) und der Mann Strategie 2 (Ballett) wählt.

Abb. 17.3: *Dynamische Version des „Kampfs der Geschlechter" in extensiver Form und in Normalform*

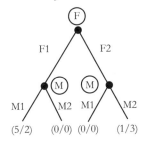

	M11	M22	M12	M21
F1	5/2	0/0	5/2	0/0
F2	0/0	1/3	1/3	0/0

Zur Erklärung des Konzepts teilspielperfekter Gleichgewichte gehen wir nun aber zunächst von der Normalform gemäß Abb. 17.3 aus und kommen anschließend auf die extensive Form zurück. In der Normalform werden einfach die Ergebnisse für alle möglichen Strategienkombinationen in einer Tabelle abgetragen.[13] Dabei ist der entscheidende Punkt, daß unter einer Strategie für den Mann nun – im Unterschied zu der einfacheren Situation bei statischen Spielen – ein *vollständiger Verhaltensplan* verstanden werden muß. Damit ist gemeint, daß eine Strategie des Mannes nun beispielsweise in „ich gehe ins Ballett, wenn die Frau im Ballett ist und gehe ins Fußball-

---

13   Die Schwierigkeit bei der Normalform ist, daß für mehr als zwei Spieler mehrere Tabellen benötigt werden, die dann gemeinsam interpretiert werden müssen und schnell unübersichtlich werden.

stadion, wenn die Frau im Stadion ist", besteht. Genauer gesagt besteht eine Strategie
darin, zum Zeitpunkt des *Spielbeginns* für jedes mögliche Verhalten der anderen Spieler
eine Antwort zu formulieren. Eine vollständige Strategie des Mannes ist es also, sich
vor der Ausführung der Strategie seiner Geliebten – also beim nervösen Warten auf
den Anruf – für jede mögliche Strategie der Frau eine Antwort zu überlegen. Entsprechend besteht beispielsweise ein vollständiger Verhaltensplan beim Schach darin, für
jeden möglichen Zug und für jede mögliche Kombination von Zügen des Gegners
einen bestimmten eigenen Zug vorzusehen, so daß es extrem viele Strategien im Sinne
vollständiger Verhaltenspläne gibt.

Die Interpretation von Strategien in dynamischen Spielen als vollständige Verhaltenspläne zeigt, daß der Mann im Unterschied zum statischen Spiel nun *zum Zeitpunkt
des Spielbeginns* nicht mehr über zwei, sondern über *vier* Strategien verfügt: Genau diese
vier Strategien sind in den Spalten von Abb. 17.3 abgetragen, wobei die jeweils erste
Ziffer für die Strategie des Mannes bei der Strategie 1 der Frau und die jeweils zweite
Ziffer für die Strategie des Mannes bei der zweiten Strategie der Frau steht. Demnach
stehen die vier Strategien des Mannes für:

- M11: gehe immer ins Fußballstadion – unabhängig davon, wie sich die
  Partnerin entscheidet;
- M22: gehe immer ins Ballett – unabhängig davon, wie sich die Partnerin
  entscheidet;
- M12: gehe ins Fußballstadion, wenn die Frau dort ist (wähle Strategie 1
  für Strategie 1 der Frau) und gehe ins Ballett, wenn die Frau ins Ballett geht;
- M21: gehe ins Ballett, wenn die Frau im Fußballstadion ist (wähle Strategie 2
  für Strategie 1 der Frau) und gehe ins Stadion, wenn die Frau ins Ballett geht.

Abb. 17.3 zeigt dann die Resultate für beide Spieler beim Zusammentreffen der Strategien. Verschieben Sie nun bitte einen Moment ihre vermutlich schon angestellten
Überlegungen über die Plausibilität der einzelnen Strategien des Mannes und folgen
Sie uns statt dessen bei der Überprüfung, welche Nash-Gleichgewichte das dynamische Spiel „Kampf der Geschlechter" hat. Wenn wir die einzelnen Zellen in Abb. 17.3
betrachten, so stellen wir gemäß der üblichen Methode fest, daß es *drei* Strategienkombinationen gibt, bei denen sich kein Spieler verbessern kann, sofern der andere bei
dieser Strategie bleibt. Da genau dies die Definition eines Nash-Gleichgewichts ist,
enthält die dynamische Version des „Kampfs der Geschlechter" drei Nash-Gleichgewichte, nämlich bei F1/M11, F1/M12 und F2/M22.

Lassen Sie uns das Gleichgewicht bei F2/M22 genauer anschauen. F2/M22 bedeutet aus der Sicht der Frau, daß sie sich nicht durch einen Besuch im Fußballstadion
verbessern kann, sofern die Strategie des Mannes darin besteht, völlig unabhängig von
ihrem Verhalten ins Ballett zu gehen. Dies ist unmittelbar einsichtig: wenn die Frau die
Strategie ihres Partners antizipiert, so weiß sie, daß auch ihr Anruf aus dem Stadion
diesen nicht davon abhalten kann, ins Ballett zu gehen. Es ist dann das Beste für sie,
gleich ins Ballett zu gehen, was den Wert eines ausgeprägten Dickkopfs (in diesem –
selbstverständlich ganz und gar unrealistischen Fall – seitens des Mannes) beweist. Die
Frage ist allerdings, ob das dickköpfige Verhalten des Mannes mit Rationalverhalten
vereinbar ist. Auf den ersten Blick scheint man dies bejahen zu können, weil bei der

Strategie M22 das Ergebnis F2/M22 ein Nash-Gleichgewicht ist, und dieses Ergebnis dem Mann den maximal möglichen Nutzen stiftet.

Nun erweist sich aber ein Blick auf die *extensive* Form in Abb. 17.3 als hilfreich: Abb. 17.3 zeigt, daß ein vollständig selbständiges Spiel beginnt, sofern die Frau ins Stadion gegangen ist – der Mann befindet sich dann am linken Knoten und hat nur noch zwei mögliche Strategien und Ergebnisse. Entweder er folgt der geschickt vorangegangenen Partnerin ins Stadion und erhält einen Nutzen von 2, oder er schaltet auf stur und bekommt einen Nutzen von Null. Da dies irrational wäre (bzw. dem Konzept der Nutzenmaximierung widerspricht), erweist sich die Strategie M22 als *leere Drohung* (incredible threat), die die Frau nicht vom Gang ins Stadion abhalten kann.[14]

Wir sind nun endlich so weit, das Konzept teilspielperfekter Gleichgewichte, mit dem solche leeren Drohungen ausgeschlossen werden, exakt formulieren zu können. Beginnen wir mit der Definition eines Teilspiels: An einem bestimmten Entscheidungsknoten Z beginnt ein *Teilspiel*, sofern der dort beginnende Teil des Baumes mit dem Rest des Spiels nur über Z verbunden ist. Weniger technisch formuliert heißt dies, daß beispielsweise der linke Knoten in Abb. 17.3 mit dem Teil des Spiels, das ab dem rechten Knoten beginnt, nichts zu tun hat. Deshalb spricht man davon, daß am linken Knoten ein (selbständiges) Teilspiel beginnt. Der dynamische „Kampf der Geschlechter" enthält insgesamt drei Teilspiele: das Gesamtspiel,[15] das am linken Knoten beginnende Teilspiel (also das Teilspiel, wenn die Frau ins Stadion geht) und das am rechten Knoten beginnende Teilspiel (also das Teilspiel, wenn die Frau ins Ballett geht). Der Ausschluß leerer Drohungen führt uns nun zur Definition teilspielperfekter Gleichgewichte: *Ein Nash-Gleichgewicht des Gesamtspiels heißt teilspielperfekt, wenn es ein Nash-Gleichgewicht aller Teilspiele ist.* Dies impliziert, daß das Konzept des teilspielperfekten Gleichgewichts auch Forderungen über das Verhalten *außerhalb* des Gleichgewichtspfades formuliert: denn obwohl der Entscheidungsknoten, in dem die Frau ins Ballett geht, gar nicht zustande kommen wird, verlangt Teilspielperfektheit Rationalverhalten auch für diese fiktive Situation. Unplausible Nash-Gleichgewichte werden also durch Anforderungen an das Verhalten außerhalb des Gleichgewichtspfades ausgeschlossen.

Der Blick auf den „Kampf der Geschlechter" erweist nun schnell die Kraft des Konzepts teilspielperfekter Gleichgewichte. Zwar enthält das Gesamtspiel wie erläutert drei Nash-Gleichgewichte, doch lediglich das Nash-Gleichgewicht F1/M12 ist teilspielperfekt. Das Nash-Gleichgewicht F2/M22 setzt nämlich voraus, daß der Mann auch dann ins Ballett geht, wenn die Frau ins Stadion trabt, wenn er sich also am linken Entscheidungsknoten befindet. In diesem Fall muß der Mann die zweite Zeile in Abb. 17.3 streichen, weil er ja schon weiß, daß die Frau im Stadion ist. Das einzige Nash-Gleichgewicht für dieses Teilspiel ist aber, daß der Mann seiner Partnerin ins Stadion folgt – die Strategie M22 ist keine teilspielperfekte Strategie, sondern nur eine

---

14 Selbstverständlich kann die Strategie M22 des Mannes dann sinnvoll sein, wenn sich öfter ähnliche Situationen einstellen. Dann kann der Mann durch den Besuch des Balletts seinen Dickkopf möglicherweise glaubhaft signalisieren und die Frau in Zukunft davon abhalten, einfach ins Stadion zu gehen. Dies wäre aber ein anderes Spiel, so daß eine derartige Argumentation im Rahmen unseres einmaligen, dynamischen „Kampfs der Geschlechter" verfehlt wäre.

15 Das Gesamtspiel ist stets auch ein Teilspiel, weil es ja den gesamten Entscheidungsbaum erfaßt.

leere Drohung. Analog dazu ist die Strategie M11 deshalb keine teilspielperfekte Strategie, weil sie nicht rational für den rechten Knoten des Entscheidungsbaumes ist – weiß der Mann, daß die Frau im Ballett ist, so ist die einzige Nash-Strategie, ihr zu folgen. Das Konzept teilspielperfekter Gleichgewichte zeigt daher, daß

– die Analyse von Nash-Gleichgewichten des Gesamtspiels auch bei dynamischen Spielen als Ausgangspunkt zur Analyse von Gleichgewichten dienen kann;
– diese aber nicht ausreicht, weil Nash-Gleichgewichte für das Gesamtspiel auch leere Drohungen enthalten, die zum Zeitpunkt der wirklichen Entscheidung irrationale Entscheidungen implizieren;
– und diese leeren Drohungen über das Konzept teilspielperfekter Gleichgewichte ausgeschlossen werden können.

Bedenken Sie bitte, daß wir dieses Ergebnis auch über Rückwärtsinduktion herleiten können, sofern wir leere Drohungen erneut ausschließen (der Ausschluß leerer Drohungen ist der intuitive Kern teilspielperfekter Gleichgewichte): die Frau kann sich zunächst für alle ihre Strategien die rationale Antwort des Mannes zu dem Zeitpunkt überlegen, in dem der Mann ihre Wahl kennt. Damit schließt sie leere Drohungen aus und weiß, daß der Mann ihr überallhin folgen wird. Damit bleiben die möglichen Gleichgewichte F1/M1 und F2/M2. Von diesen beiden Gleichgewichten sucht sich die Frau das für sie günstigere aus und geht daher ins Fußballstadion. Obwohl die Lösung hier also sehr einfach ist, ist das Konzept teilspielperfekter Gleichgewichte ausgesprochen hilfreich, wenn die Situationen etwas komplexer werden. Im Rahmen dieses Kapitels werden wir auf das teilspielperfekte Gleichgewicht innerhalb der sog. Stackelberg-Lösung zurückkommen, bei der davon ausgegangen wird, daß die Oligopolisten über ihre Produktionsmengen nicht simultan, sondern sequentiell entscheiden. Dagegen werden wir Oligopolmodelle mit asymmetrischer Information wie erwähnt erst in späteren Kapiteln behandeln.

17.3   Statischer Mengenwettbewerb im homogenen Oligopol (Cournot-Lösung)

17.3.1   Ein einfaches Beispiel

Wir beginnen unsere Darstellung von Oligopolmodellen nun mit dem simultanen Mengenwettbewerb im homogenen Oligopol und stellen die entscheidenden Punkte zunächst mit einem extrem einfachen Beispiel dar. Dieses Beispiel ist deshalb sehr gut geeignet, weil sich alle wichtigen Resultate auch in etwas komplexeren Modellen des simultanen Mengenwettbewerbs nicht ändern. Das Modell wurde im Kern schon 1830 von Cournot entwickelt, der als Beispiel die Besitzer zweier Mineralquellen wählte. Im sog. *Cournot-Wettbewerb* geht man davon aus, daß die Oligopolisten *simultan* über ihre *Angebotsmengen* entscheiden. Spieltheoretisch handelt es sich also um ein statisches Spiel, weil alle Beteiligten im gleichen Informationsbezirk ziehen und das Spiel nur aus einer Stufe besteht. Das Nash-Gleichgewicht, das sich in dieser Wettbewerbsform ergibt, wird zu Ehren von Cournot auch als Cournot-Nash-Gleichgewicht bezeichnet.

17.3.1.1 Modellannahmen

In unserem Beispiel zum homogenen Oligopol gehen wir stets davon aus, daß

- es sich um ein Duopol handelt, also nur 2 Unternehmen am Markt agieren;
- und beide Unternehmen (variable) Kosten von Null haben, so daß die Gewinnmaximierung sich zur Erlösmaximierung vereinfacht.

Aufgrund der Annahme (variabler) Kosten von Null[16] wird für dieses Spiel mitunter der Begriff „Fischefangen" verwendet, weil man beispielsweise für Fischer in einem kleinen griechischen Dorf die Kosten vernachlässigen kann – die Boote stehen zur Verfügung – und der Tag kann entweder beim Fischefangen oder im Kafenion verbracht werden, so daß variable Kosten von Null entstehen, wenn keine Präferenzen für den Plausch im Kafenion bestehen. In Abschnitt 17.3.2 werden wir den Mengenwettbewerb im homogenen Oligopol dann etwas allgemeiner formulieren.

Gemäß der Definition des *homogenen* Oligopols unterstellen wir, daß die von beiden Fischern angebotenen Fische vollständig identisch sind, so daß der am Markt erzielbare Preis ausschließlich von der *Gesamtmenge* abhängt. Dabei wird eine ganz gewöhnliche, fallende Nachfragefunktion unterstellt, die wir als

$$p = 120 - (y_1 + y_2) \tag{17.4}$$

vorgeben. Dabei ist p der Preis, y_1 die Angebotsmenge des Duopolisten 1 und y_2 die Angebotsmenge von 2. Der Preis, den 1 erzielen kann, hängt also nicht nur von der eigenen Menge, sondern auch von der Menge des 2 ab; das gleiche gilt für 2. Die Gewinnfunktionen für unsere beiden Duopolisten lauten angesichts der Vernachlässigung von Kosten offensichtlich

$$G_1 = y_1 (120 - (y_1 + y_2)) \tag{17.5}$$

bzw.

$$G_2 = y_2 (120 - (y_1 + y_2)) \tag{17.6}$$

17.3.1.2 Die Instabilität der Kollusionslösung

Eine naheliegende Möglichkeit im Oligopol besteht – gerade bei zwei Unternehmen – offensichtlich darin, daß diese sich explizit oder implizit einigen und ihren gemeinsamen Gewinn maximieren. Wir zeigen daher zunächst, daß diese sog. Kollusionslösung zumindest im einmaligen, statischen Mengenwettbewerb *kein* Nash-Gleichgewicht ist, weil sich jedes Unternehmen durch Ausbruch aus der Kollusionslösung verbessern kann. Dies zeigt, daß Kollusionslösungen nur dann stabil sein können, wenn Unternehmen häufiger in vergleichbare Situationen kommen oder sie – wie bei Kartellen

---

16 Den Begriff „variabel" klammern wir ein, weil einerseits die Annahme *variabler* Kosten von Null ausreicht, da die Fixkosten für die gewinnmaximalen Angebotsmengen ohnehin irrelevant sind. Andererseits aber sprechen wir im folgenden vereinfachend nicht vom Deckungsbeitrag, sondern vom Gewinn, so daß wir implizit auch von Fixkosten von Null ausgehen.

grundsätzlich möglich – bindende Strafen für Abweichler aus dem Kartell vereinbaren.

Die gemeinsame Gewinnmaximierung bedeutet, daß wir zur Ableitung der Kollusionslösung einfach unsere Kenntnisse aus der Monopoltheorie verwenden können. Wir müssen lediglich die gewinnmaximale *Gesamt*menge bestimmen, so daß sich die Gewinnfunktion zu

$$G = y(120 - y) \tag{17.7}$$

vereinfacht. Daraus ergibt sich als Bedingung erster Ordnung

$$\frac{dG}{dy} = 120 - 2y = 0 \tag{17.8}$$

bzw.

$$y^m = 60 \tag{17.9}$$

wobei der hochgestellte Index „m" die Monopollösung symbolisiert. Wenn wir angesichts der symmetrischen Situation der beiden Unternehmen davon ausgehen, daß diese sich auf eine gleichmäßige Aufteilung der Mengen einigen, so lautet der Gewinn für jedes Unternehmen i

$$G_i = 30 \cdot (120 - 60) = 1.800 \,^{17} \tag{17.10}$$

Eine einfache Überlegung zeigt allerdings, daß diese Lösung zwar (definitionsgemäß) den gemeinsamen Gewinn maximiert, daß es sich aber *nicht* um ein Nash-Gleichgewicht handelt. Daraus folgt, daß die Oligopolisten zumindest dann, wenn sie nur einmal in diese Situation kommen oder sie eine hohe Diskontrate bei der Bewertung zukünftiger Erträge ansetzen, keinen Grund haben, sich an die gemeinsame Gewinnmaximierung zu halten. Nehmen wir nämlich beispielsweise an, daß der Oligopolist 1 entgegen der Absprache der gemeinsamen Gewinnmaximierung eine Menge von $y_1 = 40$ auf den Markt bringt, so steigt sein Gewinn – bei gegebener Menge von $y_2 = 30$ – auf

$$G_1 = 40 \cdot (120 - 70) = 2.000 \tag{17.11}$$

Zwar sinkt der Gesamtgewinn dadurch von 3.600 auf 3.500, aber dies interessiert den Oligopolisten 1 im einstufigen Spiel ja nicht. Die Lösung $y_1 = y_2 = 30$ ist daher kein Nash-Gleichgewicht. In unserer oben verwendeten Formalisierung des Nash-Gleichgewichts ist also (wir schreiben nun y für die Strategien) die Bedingung

---

17   Diese Aufteilung ist allerdings nicht zwingend, weil bei gleichen Grenzkosten von Null jede Aufteilung der Mengen mit der gemeinsamen Gewinnmaximierung vereinbar ist. Bedenken Sie bitte, daß die Geschichte bei unterschiedlichen Kostenfunktionen etwas komplizierter wird, weil die optimale Verteilung der Produktionsmengen dann erfordert, daß die *Grenz*kosten beider Unternehmen bei dieser Aufteilung gleich sind (andernfalls könnten die Gesamtkosten reduziert werden, indem das Unternehmen mit niedrigeren Grenzkosten mehr und das andere weniger produziert). Da dies auch zu bestimmten *Verkaufs*mengen führt, sind möglicherweise Kompensationszahlungen erforderlich, um zu der angestrebten Aufteilung des Gesamtgewinns zu kommen. Wir werden auf diesen Punkt in unserer Skizze empirischer Resultate in Abschnitt 17.11 zurückkommen.

$$U_i(y_i^* \mid y_{-i}^*) \geq U_i(y_i \mid y_{-i}^*) \qquad \forall \; y_i \qquad (17.12)$$

für beide Beteiligten verletzt: gegeben die *potentielle*, d.h. zu überprüfende, Gleichgewichtsstrategie $y_{-i}^* = 30$ des anderen, ist es für keinen Beteiligten rational, selbst $y_i^* = 30$ zu wählen – also ist die gemeinsame Gewinnmaximierung kein Nash-Gleichgewicht des simultanen, einmaligen Mengenwettbewerbs.

17.3.1.3 Das Cournot-Nash-Gleichgewicht

Die Instabilität der Kollusionslösung führt uns nun unmittelbar zum Nash-Gleichgewicht. Im Unterschied zur Kollusionslösung gehen wir nun davon aus, daß beide Duopolisten lediglich ihren eigenen Gewinn maximieren wollen, so daß die bekannten Zielfunktionen

$$G_1 = y_1(120 - (y_1 + y_2)) \qquad (17.13)$$

bzw.

$$G_2 = y_2(120 - (y_1 + y_2)) \qquad (17.14)$$

maximiert werden sollen.

Wieviele Fische soll beispielsweise der Oligopolist 1 nun fangen, um seinen eigenen Gewinn zu maximieren? Die Schwierigkeit besteht offensichtlich darin, daß 1 zur Festlegung seiner gewinnmaximalen Menge die Menge des Oligopolisten 2 kennen müßte; für 2 stellt sich das gleiche Problem. Als erstes wird 1 sich nun fragen, wie hoch seine gewinnmaximale Menge für die verschiedenen, denkbaren Mengen des 2 ist. Dies kann er heuristisch (d.h. durch „probieren") herausfinden, indem er einfach verschiedene Mengen des 2 annimmt und dann jeweils in Gleichung (17.13) durch Einsetzen versucht, seine optimale Menge zu bestimmen. Allgemeiner formuliert erhalten wir die jeweils gewinnmaximale Menge des Oligopolisten 1 zu allen denkbaren, exogen gegebenen Mengen des 2 selbstverständlich dadurch, daß wir den Gewinn von 1 partiell nach der Menge des 1 ableiten und gleich Null setzen. Daraus erhalten wir

$$\frac{\partial G_1}{\partial y_1} = 120 - 2y_1 - y_2 = 0 \qquad (17.15)$$

Da wir uns für y_1 interessieren, lösen wir Gleichung (17.15) nach y_1 auf und erhalten

$$y_1^* = 60 - \frac{y_2}{2} \qquad (17.16)$$

Gleichung (17.16) ist für Unternehmen 1 nun äußerst aufschlußreich: sie sagt ihm nämlich für jede denkbare Menge des 2, welche Menge es anbieten muß, um seinen eigenen Gewinn zu maximieren (aus diesem Grund haben wir bei y_1 einen Stern ($*$) hinzugefügt). Man nennt Gleichung (17.16) eine *Reaktionsfunktion*, weil sie die jeweils gewinnmaximale Reaktion auf bestimmte Mengen des Konkurrenten angibt.[18] Wenn 1

---

18 Der Begriff „Reaktionsfunktion" ist im Grunde etwas irreführend, weil in statischen Spielen ja gerade *nicht* reagiert wird. Besser wäre wohl der Begriff „Gleichgewichtsfunktion", aber der Begriff Reaktionsfunktion hat sich eingebürgert.

beispielsweise annimmt, daß 2 eine Menge von 20 Fischen anbietet, dann zeigt die Reaktionsfunktion, daß die eigene gewinnmaximale Fang- bzw. Angebotsmenge

$$y_1^* = 60 - \frac{20}{2} = 50 \tag{17.17}$$

wäre. Allerdings besteht immer noch das Problem, daß 1 die Menge des 2 ja gar nicht kennt, so daß wir überlegen müssen, wie wir weiter vorgehen können, um Empfehlungen zu geben und Marktergebnisse zu prognostizieren. Dazu bilden wir analog die Reaktionsfunktion des 2, für die wir angesichts der identischen Situation

$$y_2^* = 60 - \frac{y_1}{2} \tag{17.18}$$

erhalten. Um die Bedeutung der Reaktionsfunktionen verdeutlichen zu können, zeichnen wir diese in ein Diagramm ein, in dem wir die Mengen des 1 und des 2 auf den beiden Achsen abtragen.

Betrachten wir beispielsweise y_1^* (y_2) in Abb. 17.4: y_1^* (y_2) ist die Reaktionsfunktion des 1, die genau die gewinnmaximale Menge des 1 für jede Menge des 2 zeigt. Wenn 2 beispielsweise gar keine Fische fangen würde ($y_2 = 0$), so wäre die gewinnmaximale Angebotsmenge des ersten Fischers 60. Nehmen wir nun willkürlich an, daß 1 denkt, daß 2 eine Menge von 30 wählt. Die Reaktionsfunktion des 1 in Gleichung (17.16) bzw. in Abb. 17.4 zeigt dann, daß die gewinnmaximale Menge des ersten Fischers 45 wäre. 1 müßte also 45 wählen, sofern er annimmt, daß 2 eine Menge von 30 wählt.

Wenn wir nun aber annehmen, daß 2 vermutet, daß 1 eben diese 45 wählt, so zeigt sich schnell, daß es für 2 dann gar keinen Grund gibt, wirklich die von 1 unterstellten 30 Fische zu fangen. Denn die gewinnmaximale Menge des 2 für $y_1=45$ ist gar nicht 30, sondern gemäß der Reaktionsfunktion des 2:

$$y_2^* = 60 - \frac{45}{2} = 37,5 \tag{17.19}$$

Dies bedeutet, daß unsere willkürlich gewählte Menge $y_2 = 30$ nicht plausibel ist: Wenn 1 nämlich diese Menge antizipiert, so wählt er 45 – und wenn 2 dies wiederum antizipiert, dann wäre es dumm von ihm, nur 30 Fische zu fangen. Aber auch $y_2 = 37,5$ und $y_1 = 45$ ist keine plausible Prognose für die Entscheidungssituation, weil es für 1 nicht gewinnmaximal wäre, 45 Fische anzubieten, wenn 2 37,5 anbietet. Die Reaktionsfunktion des 1 sagt uns nämlich (wieder durch Einsetzen in Gleichung (17.16)), daß die gewinnmaximale Menge des 1 für $y_2 = 37,5$ nicht 45, sondern 41,25 ist.

Abb. 17.4: *Nash-Gleichgewicht im Schnittpunkt der Reaktionsfunktionen*

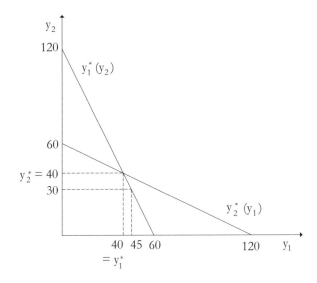

Leser/innen werden schon festgestellt haben, daß wir die bisher vorgeschlagenen Mengenkombinationen letztlich deshalb verworfen haben, weil sie keine Nash-Gleichgewichte sind: denn zu jeder vorgeschlagenen Mengenkombination hatte genau ein Unternehmen einen Grund abzuweichen, sofern das andere Unternehmen bei seiner Menge bleibt. Bei den vorgeschlagenen Mengenkombinationen waren die *Erwartungen der beiden Unternehmen demnach nicht konsistent*; sie können nur dann zustande kommen, wenn sich ein Unternehmen über das Verhalten des anderen Unternehmens *irrt*. Wenn wir von konsistenten Erwartungen ausgehen, so müssen wir offenbar die Mengenkombination suchen, bei der kein Unternehmen seinen Gewinn durch eine Änderung der Strategie noch erhöhen kann – also das Nash-Gleichgewicht. Abb. 17.4 zeigt uns, daß das Nash-Gleichgewicht im *Schnittpunkt der Reaktionsfunktionen liegt*, weil Reaktionsfunktionen ja definitionsgemäß die jeweils gewinnmaximale Menge für bestimmte Mengen des Konkurrenten angeben.

Die Bestimmung des Nash-Gleichgewichts vollzieht sich bei stetigen Reaktionsfunktionen also dadurch, daß wir das Gleichungssystem mit den beiden Gleichungen (17.16) und (17.18) lösen – da im Gleichgewicht $y_1 = y_1^*$ und $y_2 = y_2^*$ gelten müssen, verfügen wir über zwei Gleichungen mit zwei Unbekannten und können die Mengen für das Nash-Gleichgewicht leicht bestimmen. In unserem Fall ergibt sich

$$y_1 = y_2 = 40 \qquad\qquad\qquad (17.20)$$

und man überprüft tatsächlich leicht, daß jedes Unternehmen seinen Gewinn durch eine andere Menge reduzieren würde, sofern das andere Unternehmen bei seiner

Menge bleibt. Der Schnittpunkt der Reaktionsfunktionen ist also ein Nash-Gleichgewicht.[19]

Beachten Sie dabei, daß $y_1 = y_2 = 40$ zwar das (einzige) Nash-Gleichgewicht, vom Standpunkt der betroffenen Unternehmen aber *kein* pareto-effizienter Zustand ist. Denn für $y_1 = y_2 = 40$ machen beide Unternehmen einen Gewinn von

$$G_i = 40 \, (120 - (40 + 40)) = 1.600 \tag{17.21}$$

während im gemeinsamen Gewinnmaximum beide einen Gewinn von 1.800 erzielen. Dies ändert aber nichts daran, daß nur bei $y_1 = y_2 = 40$ kein Unternehmen einen Grund hat, seine Strategie zu ändern, während $y_1 = y_2 = 30$ (die Lösung der gemeinsamen Gewinnmaximierung) wie gezeigt kein Gleichgewicht ist.

17.3.1.4   Die Preisbildung bei vollständiger Konkurrenz als Grenzfall des homogenen Oligopols

Bereits in Kapitel 5 wurde bei der Herleitung der Angebotsfunktion bei vollständiger Konkurrenz darauf hingewiesen, daß die Vorstellung eines exogen gegebenen Preises letztlich nur eine Metapher ist, die der genaueren Erläuterung bedarf. Diese können wir nun – und erst nun, nachdem wir ein genaueres Verständnis für Nash-Gleichgewichte geschaffen haben – nachreichen.

Im ökonomischen Kern diente die exogene Vorgabe des Preises dazu, das für vollständige Konkurrenz zentrale Ergebnis Preis = Grenzkosten herzuleiten. Dieses Ergebnis ist wie mehrfach erörtert deswegen so wichtig, weil es zu einer pareto-effizienten Allokation der Ressourcen führt. Die Erklärung dieses Sachverhalts war allerdings wenig überzeugend, weil nicht recht deutlich wurde, wie der den Grenzkosten entsprechende Preis eigentlich zustandekommt. Auch der Walrasianische Mythos eines Auktionators hilft dabei nicht weiter, weil es diesen in der Realität nun einmal nicht gibt. Der Knackpunkt ist, daß sich das zentrale Resultat Preis = Grenzkosten spieltheoretisch auch ganz ohne Auktionator herleiten läßt, indem gezeigt wird, daß es sich als einziges Nash-Gleichgewicht im homogenen Oligopol ergibt, sofern die Anzahl der Unternehmen gegen unendlich geht und die Unternehmen gleiche, nicht sinkende Grenzkosten haben. Um den Nachweis zunächst möglichst einfach zu halten, gehen wir dabei erneut von unserem Beispiel ohne Kosten[20] und mit einer linearen Preis-Absatz-Funktion aus (die Annahme von nur zwei Unternehmen können wir trivialerweise nicht aufrechterhalten, wenn wir die Konsequenzen einer Erhöhung der Anzahl der Unternehmen behandeln wollen).

Mit der gleichen Preis-Absatz-Funktion und n Unternehmen lautet die Gewinnfunktion für jedes beteiligte Unternehmen i offensichtlich

---

19   Beachten Sie bitte, daß es nur an unseren speziellen Annahmen liegt, daß beide Unternehmen im Nash-Gleichgewicht die gleiche Menge anbieten. Man kann das Problem also im allgemeinen natürlich nicht dadurch lösen, daß man einfach $y_1=y_2$ setzt; man muß schon die beiden Gleichungen mit 2 Unbekannten lösen.

20   Für eine Darstellung mit identischen und konstanten, positiven Grenzkosten vgl. z.B. Güth 1994, 34-36.

$$G_i = y_i \left(120 - \sum_{i=1}^{n} y_i \right) \tag{17.22}$$

Wenn wir zur Bestimmung der Reaktionsfunktionen die ersten partiellen Ableitungen wieder gleich Null setzen, so ergibt sich für jedes Unternehmen i

$$\frac{\partial G_i}{\partial y_i} = 120 - 2y_i - \sum_{j \neq i}^{n} y_j = 0 \tag{17.23}$$

Der Ausdruck $j \neq i$ bringt dabei zum Ausdruck, daß die Summe alle Mengen außer der Menge des betreffenden Unternehmens selbst enthält. Wir erhalten somit ein Gleichungssystem mit n Gleichungen der Art (17.23) und n Unbekannten. Da in unserem Spezialfall völlig identischer Unternehmen alle Mengen gleich sein müssen, vereinfacht sich (17.23) zu

$$120 - 2y_i - (n-1)y_i = 0 \tag{17.24}$$

bzw.

$$120 - 2y_i - ny_i + y_i = 0 \tag{17.25}$$

Auflösen von (17.25) nach y_i ergibt

$$y_i = \frac{120}{n+1} \tag{17.26}$$

(17.26) bedeutet, daß wir in unserem einfachen „Fischefang-Beispiel" die Menge jedes Oligopolisten ermitteln können, indem wir das absolute Glied der Preis-Absatz-Funktion durch n+1 dividieren, wobei n die Anzahl der Unternehmen ist. Beispielsweise galt in unserem Fall mit nur 2 Unternehmen ja

$$y_i = \frac{120}{2+1} = 40 \tag{17.27}$$

Analog würde sich beispielsweise bei 5 Unternehmen für jedes Unternehmen im Cournot-Nash-Gleichgewicht eine Menge von 20 ergeben. Dies bedeutet, daß die Menge jedes einzelnen Unternehmens sinkt, wenn die Anzahl der Unternehmen wächst - was nicht weiter überraschend ist. Der in unserem Zusammenhang entscheidende Punkt ist aber nicht die Einzelmenge, sondern die Gesamtmenge. Diese ermitteln wir durch die Multiplikation der einzelnen Mengen mit der Anzahl der Unternehmen und somit aus

$$Y = n \frac{120}{n+1} \tag{17.28}$$

(17.28) zeigt, daß die Gesamtmenge mit wachsender Anzahl der Unternehmen zunimmt und für n gegen unendlich gegen 120 konvergiert, weil sich n und n+1 dann immer weiter annähern. Da vollständige Konkurrenz aber nichts anderes als eine Marktform mit homogenen Produkten und beliebig vielen Unternehmen ist – also der Spezialfall des homogenen Oligopols, wenn die Anzahl der Unternehmen gegen unendlich konvergiert – bedeutet dies, daß im „Fischefang-Spiel" die Menge im Nash-

Gleichgewicht bei vollständiger Konkurrenz 120 beträgt. Bedenken Sie nun, daß bei einer Menge von 120 der Nachfragepreis – und damit gemäß unseren bekannten Überlegungen der Grenznutzen – auf Null gesunken ist, so daß wir angesichts von Grenzkosten von Null den für vollständige Konkurrenz charakteristischen Ausgleich von Grenzkosten und Grenznutzen erreicht haben. Dieses verallgemeinerungsfähige Ergebnis bedeutet, daß wir den Ausgleich von Grenzkosten und Grenznutzen bei vollständiger Konkurrenz auch ganz ohne den untauglichen Mythos des Walrasianischen Auktionators als einziges Nash-Gleichgewicht herleiten können, wenn wir im homogenen Oligopol die Anzahl der Unternehmen erhöhen.

17.3.2 Eine etwas allgemeinere Formulierung[21]

Wir wollen die Betrachtung des statischen Mengenwettbewerbs im homogenen Oligopol nun etwas verallgemeinern, indem wir von n Unternehmen und einer allgemeinen Schreibweise der Nachfrage- und Kostenfunktionen ausgehen. Die Gewinnfunktion jedes Unternehmens i lautet dann offensichtlich

$$G_i = p(Y)\, y_i - K_i(y_i) \tag{17.29}$$

wobei $Y = \Sigma_i y_i$ die Gesamtmenge ist, die am Markt angeboten wird (da wir ein homogenes Oligopol betrachten, hängt der Marktpreis definitionsgemäß nicht von der Aufteilung der Gesamtmenge auf die verschiedenen Unternehmen ab). Die Gewinnmaximierungsbedingung im Cournot-Nash-Gleichgewicht führt für jedes Unternehmen zu

$$\frac{\partial G_i}{\partial y_i} = \frac{\partial p(Y)}{\partial y_i} \cdot y_i + p(Y) - \frac{dK_i}{dy_i} = 0 \tag{17.30}$$

Dies erinnert an die gewöhnliche Bedingung für ein Gewinnmaximum, die Sie schon aus der Monopolpreisbildung kennen. Der einzige, allerdings wichtige Unterschied ist, daß der Preis eine Funktion der *Gesamt*menge ist. Dies können wir schreiben als

$$p(Y) - \frac{dK_i}{dy_i} = -\frac{\partial p(Y)}{\partial y_i} \cdot y_i \tag{17.31}$$

Wenn wir den *Marktanteil* des Unternehmens i als

$$s_i = \frac{y_i}{Y} \tag{17.32}$$

definieren, so folgt unmittelbar

$$p(Y) - \frac{dK_i}{dy_i} = -\frac{\partial p(Y)}{\partial y_i} \cdot s_i Y \tag{17.33}$$

---

21 Vgl. zum folgenden ähnlich z.B. Varian 1992, 289f oder Shapiro 1989, 334f. Bei Shapiro finden sich auch hinreichende Bedingungen für Existenz und Eindeutigkeit von Cournot-Nash-Gleichgewichten, worauf wir hier nicht näher eingehen wollen.

Üblich – und zum Vergleich mit der Monopolpreisbildung und derjenigen bei vollständiger Konkurrenz hilfreich – ist es nun, auf der rechten Seite von (17.33) die Preiselastizität der Nachfrage für den *Gesamtmarkt* zu verwenden. Erinnern Sie sich hierzu daran, daß diese als

$$\varepsilon_p = -\frac{\dfrac{\partial Y}{\partial p}}{\dfrac{Y}{p}} \tag{17.34}$$

definiert ist. Wenn wir (17.34) nach der Gesamtmenge Y auflösen und in (17.33) einsetzen, so ergibt sich

$$p(Y) - \frac{dK_i}{dy_i} = p(Y) \cdot \frac{s_i}{\varepsilon_p} \tag{17.35}$$

bzw.

$$p(Y)(1 - \frac{s_i}{\varepsilon_p}) = \frac{dK_i}{dy_i} \tag{17.36}$$

Gleichung (17.36) ist nun aufschlußreich, weil sie zeigt, daß das homogene Oligopol als Grenzfall in der Tat die Monopollösung und die Preisbildung bei vollständiger Konkurrenz enthält. Geht der Marktanteil eines Unternehmens gegen Null, so geht die Klammer auf der linken Seite gegen Eins und der Preis jedes Unternehmens i entspricht den Grenzkosten. Ist der Marktanteil dagegen Eins – liegt also ein Monopol vor – so entspricht Gleichung (17.36) genau der Amoroso-Robinson-Formel, die wir bei der Monopolpreisbildung kennengelernt haben. Im Kern bestätigen sich also die Ergebnisse, die wir im „Fischefang-Spiel" hergeleitet haben.

17.3.3 Exkurs: Der Zusammenhang von Kosten und Gewinnen

Zu den eigentlich selbstverständlichen Einsichten der Mikroökonomie (und des Alltagsverstandes) gehört, daß Kostensenkungen die Gewinne des entsprechenden Unternehmens ceteris paribus erhöhen. In der Literatur wird nun verschiedentlich und zurecht darauf hingewiesen, daß die strategische Interdependenz im Oligopol zu dem paradoxen Ergebnis führen kann, daß sich – ohne sonstige Veränderungen – die Gewinne der Unternehmen nicht erhöhen, sondern vermindern. Da dies ein zumindest theoretisch interessantes Resultat ist und beim Lesen entsprechender Aufsätze zu einiger Verwirrung führen kann, möchten wir den Grund dafür beispielhaft darstellen.[22] Allerdings haben wir den Abschnitt als „Exkurs" gekennzeichnet, weil wir die erforderlichen Annahmen für doch recht speziell und deswegen unter praktischen Gesichtspunkten für nicht allzu wichtig halten.

---

22 Für eine allgemeine Darstellung vgl. z.B. Shapiro 1989, 340ff.

Abb. 17.5: *Zwei Preis-Absatz-Funktionen*

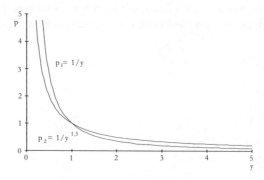

Abb. 17.5 zeigt zwei Preis-Absatz-Funktionen für ein homogenes Oligopol. Dabei ist p wieder der Preis und Y das *gesamte* Güterangebot. Wir gehen jeweils von einem Duopol aus, so daß

$$Y = y_1 + y_2 \tag{17.37}$$

gilt. Die Preis-Absatz-Funktion

$$p_1 = \frac{1}{y} = y^{-1} \tag{17.38}$$

bezeichnet man als *isoelastisch*, worunter verstanden wird, daß die Preiselastizität der Nachfrage entlang der gesamten Nachfragefunktion konstant ist. Dies kann leicht folgendermaßen gezeigt werden: Die Preiselastizität der Nachfrage ist ja definiert als

$$\varepsilon_p = -\frac{\dfrac{dy}{y}}{\dfrac{dp}{p}} = -\frac{dy}{dp} \cdot \frac{p}{y} \tag{17.39}$$

Bilden wir die erste Ableitung der Preis-Absatz-Funktion (17.38), so erhalten wir

$$\frac{dp}{dy} = -\frac{1}{y^2} \tag{17.40}$$

Setzen wir (17.40) in (17.39) ein, und verwenden wir für den Preis die Preis-Absatz-Funktion, so folgt

$$\varepsilon_p = y^2 \cdot \frac{1}{y^2} = 1 \tag{17.41}$$

Gleichung (17.41) drückt aus, daß die Preis-Absatz-Funktion

$$p = \frac{1}{y} = y^{-1} \tag{17.42}$$

unabhängig von der Produktionsmenge stets eine konstante Preiselastizität der Nachfrage von Eins aufweist. Eine Preiselastizität der Nachfrage von Eins bedeutet aber, daß die durch eine Preiserhöhung hervorgerufene prozentuale Mengenverminderung genau der Preiserhöhung entspricht. Da die Mengen- und Preisänderungen identisch sind, bleibt der Erlös entlang einer solchen Preis-Absatz-Funktion also konstant. Bei *positiven variablen* Kosten bedeutet dies natürlich, daß der Gewinn um so kleiner ist, je mehr das Unternehmen verkauft – denn bei konstantem Erlös erhöht eine Mengenausdehnung lediglich die Gesamtkosten (da die variablen Kosten ja positiv sind), so daß der Gewinn sinken muß. Bedenken Sie aber, daß die Preis-Absatz-Funktion für den *Gesamt*markt gilt, so daß beispielsweise eine Mengenerhöhung von Unternehmen 1 im Cournot-Wettbewerb nicht nur den Preis für Unternehmen 1, sondern auch den Preis für Unternehmen 2 negativ beeinflußt (und zwar in gleichem Ausmaß, weil wir ja ein homogenes Duopol betrachten).

Wenn wir nun bei unserer durch Gleichung (17.38) gegebenen Preis-Absatz-Funktion davon ausgehen, daß die Kosten *beider* Unternehmen zunehmen, so werden wir feststellen, daß die Gewinne beider Unternehmen im Nash-Gleichgewicht sinken, was unserer Intuition entspricht. Denn es ist nicht verblüffend, daß Verschiebungen der Kostenfunktionen nach oben zu Gewinnminderungen führen. Allerdings ist die Gewinnverminderung angesichts der Preis-Absatz-Funktion recht gering, weil die Unternehmen angesichts steigender Produktionskosten die Mengen senken werden, was zu keiner Erlössenkung führt. Die Kostensteigerung bei *gegebener* Menge wird also teilweise durch die Mengenverminderung ausgeglichen.

Wir haben nun in Abb. 17.5 zusätzlich eine noch paradoxere Preis-Absatz-Funktion eingezeichnet, die wir mit

$$p = \frac{1}{y^{1,5}} = y^{-1,5} \tag{17.43}$$

spezifiziert haben. Analog zum vorhergehenden Verfahren können Sie leicht ausrechnen, daß auch diese Preis-Absatz-Funktion isoelastisch ist, die Preiselastizität der Nachfrage aber konstant bei $1/1,5$ liegt. Eine Preiselastizität der Nachfrage von $1/1,5$ bedeutet, daß jede Preiserhöhung zu einer prozentual gesehen *geringeren* Mengenminderung führt. Umgekehrt heißt dies, daß eine Mengen*verminderung* im Cournot-Wettbewerb zu einer prozentual höheren Preissteigerung führt, so daß der Erlös bei abnehmender Produktionsmenge immer größer wird. In diesem Fall führt eine Kostenerhöhung beider Unternehmen dazu, daß die Gewinne beider Unternehmen im Nash-Gleichgewicht zunehmen. Der tiefere Grund ist, daß die Kostenerhöhung für die Unternehmen einen Anreiz zur (starken) Mengenverminderung liefert, so daß angesichts der paradoxen Preis-Absatz-Funktion die Erlöse zunehmen.

Viele aufmerksame Leser/innen werden sich nun wundern und darauf hinweisen, daß die Unternehmen doch auch bei niedrigen Kosten die geringe Menge anbieten können, so daß nicht einzusehen sei, warum eine Kostensteigerung die Gewinne erhöhen könne. Dieser Gedanke ist für das Monopol, also beim Fehlen der strategischen Interdependenz, absolut richtig. Dort ist es − unabhängig vom Verlauf der Preis-Absatz-Funktion − in der Tat unmöglich, daß eine Kostenerhöhung die Gewinne erhöht. Im Oligopol ist aber zu berücksichtigen, daß die Mengenerhöhung nur dem betreffenden Unternehmen zugute kommt, während die Preisverminderung *beide* Unternehmen trifft. Jedes Unternehmen hat also einen Anreiz, auf Kosten des anderen Unternehmens die Menge zu erhöhen, was ja genau die Instabilität der Kollusionslösung begründet. Steigen aber die Produktionskosten, so vermindert sich für jedes Unternehmen der Anreiz zur Mengenerhöhung. Die hohen Produktionskosten sind für beide Unternehmen ein Anreiz zur Produktion einer niedrigen Menge, was zu steigenden Erlösen und steigenden Gewinnen führt.

Lassen Sie uns diesen Gedanken abschließend für unser Beispiel mit der durch

$$p = \frac{1000}{y^{1,5}} = 1000y^{-1,5} \qquad (17.44)$$

gegebenen Preis-Absatz-Funktion rechnerisch darstellen.[23] Die Kostenfunktionen für beide Unternehmen seien:

$$K_1(y_1) = 2\,y_1 \qquad (17.45)$$

und

$$K_2(y_2) = 2\,y_2 \qquad (17.46)$$

Die Gewinnfunktionen sind also:

$$G_1 = \frac{1000y_1}{(y_1 + y_2)^{1,5}} - 2y_1 \qquad (17.47)$$

bzw.

$$G_2 = \frac{1000y_2}{(y_1 + y_2)^{1,5}} - 2y_2 \qquad (17.48)$$

Die partiellen Ableitungen der Gewinnfunktionen ergeben:

$$\frac{\partial G_1}{\partial y_1} = \frac{1000}{(y_1 + y_2)^{1,5}} - \frac{1500y_1}{(y_1 + y_2)^{2,5}} - 2 = 0 \qquad (17.49)$$

bzw.

$$\frac{\partial G_2}{\partial y_2} = \frac{1000}{(y_1 + y_2)^{1,5}} - \frac{1500y_2}{(y_1 + y_2)^{2,5}} - 2 = 0 \qquad (17.50)$$

Daraus ergeben sich folgende Lösungen für das Cournot-Nash-Gleichgewicht:

$$y_1 = y_2 = 12,5 \qquad (17.51)$$

---

23 Diese Preis-Absatz-Funktion unterscheidet sich von der aus Gleichung (17.43) nur um den Faktor 1000. Die Multiplikation mit 1000 ist nur deshalb durchgeführt worden, um die Zahl der Nachkommastellen bei den Lösungen eher klein zu halten.

Die dazugehörigen Erlöse und Gewinne betragen:

$$E_1(12,5) = E_2(12,5) = 100 \tag{17.52}$$

und

$$G_1(12,5) = G_2(12,5) = 75 \tag{17.53}$$

Nehmen wir nun an, die Kosten für beide Unternehmen steigen stark, so daß sich folgende neue Kostenfunktionen einstellen:

$$K_1(y_1) = 31{,}25 \, y_1 \tag{17.54}$$

und

$$K_2(y_2) = 31{,}25 \, y_2 \tag{17.55}$$

In diesem Fall ergeben sich geringere Gleichgewichtsmengen als im Falle niedriger Kosten:

$$y_1 = y_2 = 2 \tag{17.56}$$

Die dazugehörigen Erlöse und Gewinne sind allerdings trotz der gesunkenen Menge sogar noch gestiegen:

$$E_1(2) = E_2(2) = 250 \tag{17.57}$$

bzw.

$$G_1(2) = G_2(2) = 187{,}5 \tag{17.58}$$

Wir können festhalten, daß in der Literatur zu Recht darauf hingewiesen wird, daß Kostensteigerungen aller beteiligten Unternehmen im Oligopol zu Gewinnerhöhungen führen können. Dies setzt allerdings voraus, daß der am Markt erzielbare Gesamterlös der beteiligten Unternehmen zunimmt, sofern die gesamte Angebotsmenge abnimmt. Wir vermuten, daß dies eine recht spezielle Annahme ist, deren Praxisrelevanz nicht allzu hoch sein dürfte.

17.4 Statischer Mengenwettbewerb im heterogenen Oligopol

17.4.1 Annahmen

Wir verallgemeinern die Überlegungen zum statischen Mengenwettbewerb nun zusätzlich, indem wir vom homogenen zum heterogenen Oligopol übergehen. Der entscheidende Unterschied des heterogenen gegenüber dem homogenen Oligopol ist, daß die Produkte in den Augen der Konsumenten unterschiedlich sind und die Kreuzpreiselastizität der Nachfrage daher nicht gegen unendlich geht. Dies führt dazu, daß die Oligopolisten unterschiedliche Nachfragefunktionen haben, in die allerdings nicht nur die eigenen Mengen, sondern auch die Mengen der Konkurrenten eingehen. Dies bedeutet, daß die Preis-Absatz-Funktion mit n Unternehmen für jedes Unternehmen i allgemein[24]

$$p_i = p_i(\mathbf{y}) \quad \text{mit} \quad \left|\frac{dp_i}{dy_i}\right| > \left|\frac{dp_i}{dy_j}\right| \quad \forall j \tag{17.59}$$

lautet. Dabei ist zu beachten, daß y *nicht* – wie Y im homogenen Oligopol – die Gesamtmenge des Marktes, sondern der *Vektor* aller Einzelmengen ist. Dies ist deshalb erforderlich, weil im heterogenen Oligopol die Preisreaktion auf Änderungen der Angebotsmengen unterschiedlicher Firmen wegen der Heterogenität der Produkte ja unterschiedlich groß ist. Die Modellierung des Preises in Abhängigkeit vom Mengenvektor bringt dabei beispielsweise zum Ausdruck, daß der für die Zigarettenmarke 1 erzielbare Preis nicht nur dann sinkt, wenn die eigene Menge steigt, sondern auch, wenn die Menge des Konkurrenten 2 erhöht wird. Die Bedingungen $|dp_i/dy_i| > |dp_i/dy_j|$ für alle beteiligten Unternehmen stellen dabei sicher, daß die Preisreaktion auf die eigene Menge größer ist als die Preisreaktion auf die Menge des Konkurrenten.[25]

Analog zum homogenen Oligopol lauten die zugehörigen Gewinnfunktionen für jedes Unternehmen i

$$G_i = y_i \cdot p_i(\mathbf{y}) - K_i(y_i) \tag{17.60}$$

Der Unterschied zum homogenen Oligopol ist also, daß durch die Präferenzen der Konsumenten keine identischen Preise erzwungen werden; die strategische Abhängigkeit ist aber weiterhin gegeben, weil in jede Gewinnfunktion auch die Mengen der jeweiligen Konkurrenten eingehen.

17.4.2 Die Instabilität der Kollusionslösung

Der Nachweis der Instabilität der Kollusionslösung ist nun im Vergleich zum „Fischefang-Spiel" etwas schwieriger, was vor allem an der Berücksichtigung (variabler) Kosten liegt. Ohne oder mit identischen und konstanten Grenzkosten ist die Aufteilung der Mengen auf die Oligopolisten für die Höhe des Gesamtgewinns vollständig unerheblich, weil sich die Gesamt*kosten* durch die Aufteilung der Produktionsmenge ja nicht ändern. Sobald dies nicht mehr der Fall ist, führt allerdings jede Änderung der Mengenaufteilung zu unterschiedlichen Gesamtkosten, so daß bei der gemeinsamen Gewinnmaximierung zusätzlich berücksichtigt werden muß, daß nur eine ganz bestimmte Verteilung der Mengen gewinnmaximal sein kann.[26] Dennoch zeigt eine Be-

---

24 Ohne explizite Modellierung der Voraussetzungen gehen wir davon aus, daß die Preis-Absatz- und Kostenfunktionen Eigenschaften aufweisen, die ein eindeutiges Nash-Gleichgewicht garantieren; vgl. ausführlicher z.B. Shapiro 1989, 334ff.

25 Dies ist erstens zur Gleichgewichtsbestimmung hilfreich und zweitens auch ökonomisch überzeugend, weil es eigenartig wäre, wenn der Preis eines Mercedes stärker auf Änderungen des BMW- als des Mercedes-Angebots reagieren würde.

26 Im Kern handelt es sich dabei um ein ähnliches Problem wie beim in Kapitel 7 behandelten Mehrproduktunternehmen.

trachtung der Bedingungen erster Ordnung für die gemeinsame Gewinnmaximierung recht schnell, daß die Kollusionslösung auch im heterogenen Oligopol kein Nash-Gleichgewicht ist. Formal gehen wir erneut von der gemeinsamen Gewinnfunktion aus, die mit n Unternehmen offenbar

$$G = \sum_{i=1}^{n} \left(y_i \cdot p_i(\mathbf{y}) - K_i(y_i) \right) \qquad (17.61)$$

lautet. Zur Bestimmung eines Gewinnmaximums bilden wir wie gewohnt die partiellen Ableitungen nach y_i und erhalten für jedes Unternehmen i als Bedingung erster Ordnung

$$\frac{\partial G}{\partial y_i} = y_i \frac{\partial p_i(\mathbf{y})}{\partial y_i} + p_i(\mathbf{y}) + \sum_{j \neq i}^{n} y_j \frac{\partial p_j(\mathbf{y})}{\partial y_i} - \frac{dK_i}{dy_i} = 0 \quad \forall i \qquad (17.62)$$

bzw.

$$y_i \frac{\partial p_i(\mathbf{y})}{\partial y_i} + p_i(\mathbf{y}) + \sum_{j \neq i}^{n} y_j \frac{\partial p_j(\mathbf{y})}{\partial y_i} = \frac{dK_i}{dy_i} \quad \forall i \qquad (17.63)$$

Ein Blick auf die Bedingungen erster Ordnung verdeutlicht, daß bei gemeinsamer Gewinnmaximierung jeder Oligopolist nicht nur die Auswirkungen auf den eigenen Grenzerlös, sondern auch auf den Grenzerlös aller Mitanbieter berücksichtigen muß: $y_i \cdot \partial p_i(\mathbf{y}) / \partial y_i + p_i(\mathbf{y})$ ist der Grenzerlös des Oligopolisten i, der aus der Monopoltheorie wohlbekannt ist und dort auch intuitiv ausführlich erläutert wurde. Der einzige – durchaus wichtige – Unterschied zum Monopol ist allerdings, daß $p_i(\mathbf{y})$ auch bei der Bestimmung des Grenzerlöses nicht nur von der eigenen Menge, sondern auch von der Menge der Konkurrenten abhängt, was ja gerade die strategische Interdependenz ausmacht und im Vektor $\mathbf{y}$ zum Ausdruck kommt. Hinzu kommt bei der Bestimmung des Grenzerlöses in der gemeinsamen Gewinnmaximierung aber auch der über alle anderen Unternehmen $j \neq i$ aufsummierte Ausdruck $y_j \cdot \partial p_j(\mathbf{y}) / \partial y_i$, d.h. die Änderung der für alle anderen Waren j erzielbaren Preise bei einer Erhöhung der Menge der Ware i. Dieser Ausdruck spielt *außerhalb* der gemeinsamen Gewinnmaximierung für den Oligopolisten i keine Rolle, weil sein Gewinn davon nicht betroffen ist. Bei der Kollusionslösung dagegen ist $y_j \cdot \partial p_j(\mathbf{y}) / \partial y_i$ wichtig: da $\partial p_j(\mathbf{y}) / \partial y_i$ bei normal verlaufenden Preis-Absatz-Funktionen (präziser formuliert: bei substitutionalen Gütern, die der Oligopoltheorie definitionsgemäß zu Grunde liegen) *negativ* ist, *reduziert* jede Erhöhung von y_i den durch y_j erzielbaren Grenzerlös. Dies bedeutet, daß der linke Ausdruck in (17.63) bei der gemeinsamen Gewinnmaximierung kleiner ist als er wäre, wenn der Oligopolist i lediglich seinen eigenen Gewinn maximieren würde. Demnach muß im Gleichgewicht auch die rechte Seite kleiner sein (d.h. die Grenzkosten sind kleiner), was bei steigenden Grenzkosten eine geringere Menge impliziert. Damit ist gleichzeitig gezeigt, daß die Kollusionslösung auch im heterogenen Oligopol kein Nash-Gleichgewicht ist: jedes einzelne Unternehmen kann seinen *eigenen* Gewinn erhöhen, indem es den Ausdruck $\sum_{j \neq i}^{n} y_j \cdot \partial p_j(\mathbf{y}) / \partial y_i$ ignoriert und seine Menge erhöht. Die etwas radikalere Formalanalyse bestätigt also die einfachen Überlegungen des „Fischefang-Spiels".

17.4.3 Nash-Gleichgewicht

Analog zur gemeinsamen Gewinnmaximierung wollen wir nun unsere Überlegungen auch für das Nash-Gleichgewicht auf das heterogene Oligopol ausdehnen (wir nennen es nicht mehr Cournot-Nash-Gleichgewicht, weil dieser Begriff oft auf das homogene Oligopol beschränkt wird). Dabei können wir uns kurz fassen, weil alle wesentlichen Überlegungen letztlich schon durchgeführt wurden. Ausgangspunkt sind wieder die Gewinnfunktionen jedes Unternehmens i mit

$$G_i = y_i \cdot p_i(\mathbf{y}) - K_i(y_i) \quad \forall i \tag{17.64}$$

Ganz analog zum homogenen Oligopol bestimmen wir wieder für alle n Unternehmen die ersten partiellen Ableitungen nach der eigenen Menge unter der Annahme exogen gegebener Mengen der anderen.[27]

$$\frac{\partial G_i}{\partial y_i} = y_i \frac{\partial p_i(\mathbf{y})}{\partial y_i} + p_i(\mathbf{y}) - \frac{dK_i}{dy_i} = 0 \quad \forall i \tag{17.65}$$

Die Bedingung erster Ordnung für jedes Unternehmen i verdeutlicht, daß im Unterschied zur Kollusionslösung nun lediglich der *eigene* Grenzerlös berücksichtigt wird, so daß die Produktionsmengen aus den dort schon erläuterten Gründen *größer* als bei der gemeinsamen Gewinnmaximierung sind.[28] Die Methode zur Bestimmung des Nash-Gleichgewichts ist also ganz unabhängig davon, ob es sich um ein homogenes oder heterogenes Oligopol handelt, ob wir (steigende) Kostenfunktionen berücksichtigen und welche Anzahl von Unternehmen wir betrachten.[29]

17.5 Dynamischer Mengenwettbewerb (Stackelberg-Lösung)

Während wir bisher davon ausgingen, daß die Oligopolisten *simultan* über ihre Produktionsmengen entscheiden, nehmen wir nun an, daß die Entscheidungen *sequentiell* erfolgen. In unserem Duopolbeispiel für das homogene Oligopol bedeutet dies, daß zunächst der Duopolist 1 und anschließend der Duopolist 2 Fische fängt, die sie dann gemeinsam – d.h. gemäß der durch (17.4) gegebenen Preis-Absatz-Funktion – am Markt anbieten. Dabei unterstellen wir, daß der Oligopolist 2 zum Zeitpunkt seiner Produktionsentscheidung über die Menge des 1 informiert ist, weil sich ja sonst beide

---

27 Dies liegt nicht daran, daß die Mengen der anderen wirklich unabhängig vom Verhalten des betrachteten Unternehmens sind, sondern entspricht einfach der Methode *partieller* Ableitungen.

28 Zur expliziten Bestimmung der Reaktionsfunktionen müßten wir die Gleichungen in System (17.65) nach den jeweiligen Mengen auflösen, was eine genauere Spezifikation erfordern würde. Die Gleichungen in (17.65) definieren die Reaktionsfunktionen daher implizit.

29 Die Darstellung von (17.65) über Preiselastizitäten der Nachfrage analog zum homogenen Oligopol scheitert daran, daß es „die" Preiselastizität bei heterogenen Produkten nicht gibt.

im gleichen Informationsbezirk befinden würden und kein Unterschied zum Cournot-Wettbewerb bestehen würde. Spieltheoretisch formuliert betrachten wir also nun ein dynamisches Spiel, für das wir aus den ausführlich erläuterten Gründen die Methode der backwards induction anwenden. Aus historischen Gründen wird diese Wettbewerbsform als *Stackelberg-Modell* bezeichnet, weil dieser das Modell erstmals formulierte.[30] Da die Verallgemeinerung keine wesentlich neuen Erkenntnisse liefert, beschränken wir uns auf unser Fischefang-Spiel.

Wenn der Oligopolist 1 auf der ersten Stufe des Spiels über seine Menge entscheidet, so bedeutet die Methode der backwards induction, daß er dabei das Verhalten seines Konkurrenten auf der zweiten Spielstufe berücksichtigen muß. Der Oligopolist 1 muß sich also zu jeder für ihn möglichen Fangmenge überlegen, wie der Oligopolist 2 darauf vermutlich reagieren wird. Dabei wird er natürlich versuchen, die Reaktion des 2 zu provozieren, die für ihn am günstigsten ist. Die Fragestellung ist also ganz analog zur oben diskutierten dynamischen Version des „Kampfes der Geschlechter", bei der die Frau durch Eliminierung leerer Drohungen sicher gehen konnte, daß der Mann brav ins Fußballstadion folgen würde, sofern sie ihn über ihre – nicht mehr rückgängig zu machende – Entscheidung informiert. Der einzige Unterschied ist, daß es sich nun nicht um ein diskretes, sondern um ein stetiges Modell handelt.

Ausgehend von der Cournot-Lösung kann das Stackelberg-Gleichgewicht relativ problemlos bestimmt werden, weil es genau die Reaktionsfunktion des Oligopolisten 2 ist, die 1 darüber informiert, wie 2 auf jede mögliche Menge des 1 reagieren wird. Denn die Reaktionsfunktion des 2 gibt ja definitionsgemäß die gewinnmaximale Menge des 2 für jede beliebige Menge des 1 an. Da der Oligopolist 2 annahmegemäß die Menge des 1 erfährt, ist es nun ohne den Umweg über die Argumentation konsistenter Erwartungen zwingend, daß sich Oligopolist 2 an seine Reaktionsfunktion hält – er muß gar keine Erwartungen bilden, weil er ja das Verhalten von 1 beobachten kann.

Für das zuerst produzierende Unternehmen 1 bedeutet dies, daß es die Reaktionsfunktion des Unternehmens 2 bei der eigenen Gewinnmaximierung berücksichtigen wird. Denn wenn der Oligopolist 1 weiß, wie 2 auf seine möglichen Mengen reagieren wird, so wird er sich für die Menge entscheiden, die angesichts dieser exakt berechenbaren Produktionsmenge des 2 seinen eigenen Gewinn maximiert. Konkret bedeutet dies, daß der Oligopolist 1 bei seiner Gewinnmaximierung die Reaktionsfunktion des Unternehmens 2 in seine Gewinnfunktion einsetzen muß. Wenn wir demnach

$$y_2^* = 60 - \frac{y_1}{2} \tag{17.66}$$

in

$$G_1 = y_1(120 - (y_1 + y_2)) \tag{17.67}$$

---

30 Vgl. v. Stackelberg 1951, Kapitel IV.3.

einsetzen, so erhalten wir als neue Gewinnfunktion des 1

$$G_1 = y_1(120 - (y_1 + 60 - \frac{y_1}{2})) = y_1(60 - \frac{y_1}{2}) \qquad (17.68)$$

Gleichung (17.68) ermöglicht es dem Unternehmen 1 also, seinen Gewinn als ausschließliche Funktion seiner eigenen Menge auszudrücken, weil es zu jeder eigenen Menge gemäß der Reaktionsfunktion des 2 berechnen kann, mit welcher Menge dieser reagiert. Ausgehend von Gleichung (17.68) ergibt die Gewinnmaximierung für Unternehmen 1 als Bedingung erster Ordnung

$$60 - y_1 = 0 \qquad (17.69)$$

bzw.

$$y_1 = 60 \qquad (17.70)$$

Die zugehörige Menge für den Oligopolisten 2 bestimmen wir aus dessen Reaktionsfunktion, so daß wir

$$y_2^* = 60 - \frac{60}{2} = 30 \qquad (17.71)$$

erhalten. Die zugehörigen Gewinne bzw. Erlöse sind

$$G_1 = 60(120 - (60 + 30)) = 1.800 \qquad (17.72)$$

bzw.

$$G_2 = 30(120 - (60 + 30)) = 900 \qquad (17.73)$$

Die hier abgeleiteten Ergebnisse über die Produktionsmengen und Gewinne lassen sich verallgemeinern:[31] Bei der Stackelberg-Lösung produziert das zuerst agierende Unternehmen stets eine höhere Menge als das anschließend produzierende Unternehmen und macht einen höheren Gewinn als im Cournot-Nash-Gleichgewicht, während für das andere Unternehmen das Gegenteil gilt. Dies liegt daran, daß das zuerst agierende Unternehmen seine antizipative Kenntnis über die Reaktion des Konkurrenten dazu ausnutzen kann, einen für sich selbst günstigen Punkt zu bestimmen.

Lassen Sie uns dieses Ergebnis nun noch mit unseren allgemeineren Überlegungen zum Zusammenhang von Nash-Gleichgewichten und teilspielperfekten Gleichgewichten in Verbindung bringen. Eine mögliche und nicht von vornherein auszuschließende Strategie des Unternehmens 2 besteht darin, zu jeder Menge des 1 die Cournot-Nash-Menge von 40 zu produzieren. Unter diesen Umständen ergibt sich als Nash-Gleichgewicht $y_1 = y_2 = 40$, weil sich – gegeben die Strategie des 2, *immer* 40 Fische anzubieten – Unternehmen 1 nicht besser stellen kann, als auch 40 anzubieten (dies wissen wir ja aus dem Cournot-Nash-Gleichgewicht). Die Strategie von Unternehmen 2, stets 40 Fische anzubieten, enthält aber eine leere Drohung und ist nicht teilspielperfekt; denn für das Teilspiel, das sich *nach* der gefangenen Menge des Oligopolisten 1 ergibt, ist die Strategie „fange stets 40" nicht rational – Unternehmen 2

---

31   Vgl. ausführlicher Abschnitt 17.10 zur wohlfahrtstheoretischen Interpretation der Resultate.

kann sich verbessern, indem es gemäß seiner Reaktionsfunktion auf die jeweils gefangenen Mengen des Unternehmens 1 reagiert.

Bedenken Sie ferner, daß die Menge von 60 für Unternehmen 1 – gegeben die Menge von 30 von Unternehmen 2 – gar nicht die beste aller Möglichkeiten ist. Denn aus der Gewinnfunktion des 1

$$G_1 = y_1(120 - (y_1 + y_2)) \tag{17.74}$$

folgt für $y_2 = 30$

$$G_1 = y_1(120 - (y_1 + 30)) \tag{17.75}$$

mit einer gewinnmaximalen Menge von $y_1 = 45$. Es wäre aber ein großer Fehler zu glauben, daß sich Unternehmen 1 deshalb verbessern könne, und 60/30 deshalb kein (teilspielperfektes) Gleichgewicht sei. Denn wenn Unternehmen 1 statt 60 Fischen nur 45 fängt, dann fängt Unternehmen 2 gar nicht 30, sondern

$$y_2^* = 60 - \frac{45}{2} = 37,5 \tag{17.76}$$

und der Gewinn des 1 geht zurück. Es ist im Gegenteil gerade die Unmöglichkeit von 1, seine Strategie zu revidieren, die es möglich macht, die Reaktionsfunktion des 2 bei der eigenen Gewinnmaximierung auszunutzen – könnte 1 seine Strategie revidieren, so würde Unternehmen 2 seinerseits die Fangmenge des 1 als leere Drohung betrachten, und wir hätten ein neues Spiel. Das einzige teilspielperfekte Gleichgewicht des Stackelberg-Spiels liegt daher bei 60/30.

Analog zum Cournot-Wettbewerb ändert sich auch nun nichts wesentliches, wenn wir den Sachverhalt etwas allgemeiner formulieren, indem wir heterogene Produkte und n Unternehmen zulassen. Auch hier besteht der Kern darin, daß das zuerst agierende Unternehmen in seiner Gewinnfunktion die Reaktionsfunktionen *aller* anderen Unternehmen berücksichtigt und darauf aufbauend seinen eigenen Gewinn maximiert. Die nachfolgenden Unternehmen gehen analog vor, wobei sie die Mengen der jeweils zuvor agierenden Unternehmen als gegeben betrachten müssen. Die Gewinne der Unternehmen sind ceteris paribus um so größer, je früher sie am Zug sind. Selbstverständlich lassen sich das Cournot- und das Stackelberg-Modell auch dadurch kombinieren, daß man beispielsweise annimmt, daß zunächst ein Unternehmen alleine und anschließend zwei Unternehmen gemeinsam ihre Mengen festlegen.

17.6 Statischer Preiswettbewerb im homogenen Oligopol (Bertrand-Lösung)

17.6.1 Grundgedanke

Der große Vorteil der bisher untersuchten Mengenwettbewerbe ist, daß die hergeleiteten Ergebnisse unserer Intuition entsprechen. So zeigte die Betrachtung des Cournot-Wettbewerbs, daß

- immer dann, wenn die Anzahl der Unternehmen begrenzt ist, die beteiligten Unternehmen positive Deckungsbeiträge erwirtschaften;
- die Lösung mit steigender Anzahl der Unternehmen gegen das Ergebnis bei vollständiger Konkurrenz konvergiert;
- und die Gewinne mit steigender Anzahl von Unternehmen demnach ceteris paribus immer kleiner werden.

Auch das zusätzliche Resultat des Stackelberg-Wettbewerbs, daß man sich durch die glaubhafte Bindung an eine hohe Produktionsmenge Vorteile gegenüber der Konkurrenz verschaffen kann, entspricht der Intuition. Der Nachteil aller Mengenwettbewerbe ist allerdings, daß keine wirkliche Darstellung des Preisbildungsprozesses stattfindet. Genauer formuliert ist damit gemeint, daß Unternehmen in der Realität stets ihre Preise festsetzen, und die Konsumenten auf Grundlage dieser Preise darüber entscheiden, welche Menge sie nachfragen wollen. Es ist eine schlichte empirische Tatsache, daß in den Prospekten von Automobilunternehmen der Verkaufspreis steht, und nicht die Menge, die das Unternehmen gerne verkaufen möchte.

Während es bei der Monopolpreisbildung egal ist, ob man den Preis oder die Menge als Aktionsparameter betrachtet – jeder Menge ist eindeutig ein Preis zugeordnet und umgekehrt – gilt dies in der Oligopoltheorie nicht mehr. Angesichts der etwas merkwürdigen Wettbewerbsvorstellung eines Mengenwettbewerbs wurde das Cournot-Modell von Bertrand schon 1883 kritisiert und durch einen *Preiswettbewerb* ersetzt. Der Vorteil des Preiswettbewerbs ist, daß die Verwendung von Preisen als Aktionsparameter der Realität besser entspricht. Dem steht allerdings als gravierender Nachteil gegenüber, daß die Ergebnisse entweder nicht eindeutig sind oder – sofern sie denn eindeutig sind – sowohl der Intuition als auch der Empirie ganz offenkundig widersprechen. Großen Einfluß erlangte daher ein Modell von Kreps und Scheinkman, das den Mengen- und den Preiswettbewerb auf eine intelligente Art miteinander verbindet. Dieses behandeln wir in Abschnitt 17.8. Im folgenden stellen wir einige der wichtigsten Erkenntnisse für den statischen Preiswettbewerb, der zu Ehren seines Begründers auch Bertrand-Wettbewerb genannt wird, in möglichst einfacher Weise dar.[32]

17.6.2 Konstante und identische Grenzkosten der beteiligten Firmen

Wir beginnen mit dem einfachsten und in vieler Hinsicht eindrucksvollsten Fall, in dem alle beteiligten Unternehmen konstante und identische Grenzkosten haben, die wir mit c bezeichnen. Ohne weitere Beschränkung der Allgemeinheit gehen wir dabei von einem Duopol aus, weil die Resultate dort am deutlichsten zum Ausdruck kommen.

Im Preiswettbewerb des homogenen Oligopols können wir unsere in (17.4) formulierte Preis-Absatz-Funktion nicht mehr verwenden, weil wir nun explizit einbauen müssen, daß die Menge für jeden Duopolisten Null ist, sofern sein Angebotspreis über dem des Konkurrenten liegt – denn bei homogenen Produkten ist die Nachfrage nach

---

32 Für ausführlichere und tiefergehendere Behandlungen können z.B. Tirole 1994, Kapitel 5 und Shapiro 1989, 343ff empfohlen werden.

dem Produkt jedes Oligopolisten Null, der sein Gut über dem Preis des billigsten Anbieters verkaufen möchte.[33] Wenn wir die Preis-Absatz-Funktion aus Gleichung 17.4
soweit wie möglich aufrechterhalten wollen, so können wir annehmen, daß bezüglich
der *Gesamt*menge weiterhin der Zusammenhang

$$p = 120 - y \tag{17.77}$$

bzw.

$$y = 120 - p \tag{17.78}$$

gilt.

Da die betrachteten Produkte homogen sind, müssen wir – wie erwähnt – unterstellen, daß der billigste Produzent die ganze Nachfrage auf sich ziehen kann. Willkürlich ist dagegen jede Annahme über die Aufteilung bei gleichen Preisen, da die
Konsumenten ja definitionsgemäß keinerlei Präferenzen für einen der beiden Anbieter
haben. Wir wählen daher die einfachste Annahme, daß sich die Nachfrage bei gleichen
Preisen gleichmäßig auf die beiden Duopolisten aufteilt. Dies bedeutet, daß wir die
Preis-Absatz-Funktion für jeden Anbieter i nun schreiben müssen als

$$y_i = \begin{cases} 120 - p_i & \text{für } p_i < p_j \\ \dfrac{120 - p_i}{2} & \text{für } p_i = p_j \qquad \forall i \\ 0 & \text{für } p_i > p_j \end{cases} \tag{17.79}$$

(17.79) drückt genau die verbal beschriebenen Zusammenhänge über das Verhalten
der Konsumenten aus. Überlegen wir nun, wo mögliche Nash-Gleichgewichte für den
statischen Preiswettbewerb liegen. Zunächst ist selbstverständlich, daß als Nash-
Gleichgewicht nur Lösungen in Frage kommen, bei denen beide Duopolisten die gleichen Preise verlangen. Andernfalls macht nämlich der Duopolist mit dem höheren
Preis einen Gewinn von Null und hat daher einen Anreiz, seinen Preis (mindestens)
auf den Preis des Konkurrenten zu senken. Überlegen wir nun ferner, ob irgendein
gemeinsamer Preis über den Grenzkosten – in unserem Fall also ein gemeinsamer
Preis über c – ein Nash-Gleichgewicht sein kann. Nehmen wir an, die Grenzkosten c
betragen 10 und betrachten wir willkürlich einen Preis von 20, bei dem jedes Unternehmen 50 Einheiten verkaufen und einen Gewinn von 500 machen kann. Offensichtlich kann es sich auch dabei nicht um ein Nash-Gleichgewicht handeln, weil jedes
Unternehmen durch eine geringfügige Verringerung des Preises die gesamte Nachfrage auf sich ziehen kann. Senkt beispielsweise Unternehmen 1 den Preis auf 19 (und
bleibt Unternehmen 2 bei seiner Strategie $p_2 = 20$), so ist die gesamte Nachfrage 101
und Unternehmen 1 macht einen Gewinn von $101 \cdot 19 - 10 \cdot 101 = 909$. Auch dies ist

---

33 Dies setzt allerdings voraus, daß keine Kapazitätsschranken existieren, d.h. daß das billigere Un-
    ternehmen die gesamte Nachfrage befriedigen kann. Mit Kapazitätsschranken muß explizit be-
    rücksichtigt werden, welche Konsumenten (d.h. Konsumenten welcher Zahlungsbereitschaft) bei
    dem billigeren Unternehmen kaufen, da dies das Verhalten des teureren Unternehmens beeinflußt.
    Vgl. zum Bertrand-Wettbewerb mit Kapazitätsschranken die in der vorhergehenden Fußnote an-
    gegebene Literatur.

natürlich kein Nash-Gleichgewicht, weil nun wieder Unternehmen 2 einen Grund zur Abweichung hat.

Die Überlegungen zeigen, daß kein positiver Preis oberhalb der Grenzkosten ein Nash-Gleichgewicht ist, weil jedes Unternehmen durch eine infinitesimal kleine Verringerung des Preises die gesamte Nachfrage auf sich ziehen kann, sofern das andere Unternehmen bei seiner Strategie bleibt. Das einzige Nash-Gleichgewicht liegt daher bei $p_1 = p_2 = 10$, wo beide Unternehmen einen Gewinn von Null machen.

Allgemeiner formuliert besteht das einzige Nash-Gleichgewicht im Preiswettbewerb darin, daß beide Unternehmen im Ausgleich von Preis und Grenzkosten anbieten, so daß das Ergebnis demjenigen bei vollständiger Konkurrenz entspricht. Dieses Resultat ist interessant: Während beim statischen *Mengen*wettbewerb das Ergebnis im homogenen Oligopol nur dann mit dem Ergebnis vollständiger Konkurrenz übereinstimmt, wenn die Anzahl der Unternehmen gegen unendlich geht, gilt dies im statischen *Preis*wettbewerb vollständig unabhängig von der Anzahl der beteiligten Unternehmen. Leser/innen können sich allerdings leicht klarmachen, daß die Annahme konstanter Grenzkosten in Verbindung mit einem Bertrand-Wettbewerb zu großen Problemen führt: sobald Fixkosten existieren, entstehen angesichts der Deckungsbeiträge von Null negative Gewinne, so daß ruinöse Konkurrenz entsteht. Dies demonstriert in besonders schöner Weise die Problematik *statischer* Oligopolmodelle, denn wenn jedes Unternehmen die Deckungsbeiträge von Null antizipiert (davon müssen wir in Modellen mit vollständiger Information ausgehen), so ist nicht ganz klar, warum sich überhaupt mehr als ein Unternehmen für den Markteintritt entschieden hat. Schalten wir daher ein „Markteintrittsspiel" vor, so gibt es n Gleichgewichte, bei denen jeweils ein Unternehmen eintritt und den Markt monopolisiert. Bedenken Sie bitte, daß diese Überlegungen keine Kritik am Preiswettbewerb an sich, sondern nur am statischen, *einmaligen* Preiswettbewerb ausdrücken − wir werden in Abschnitt 17.9.4 sehen, daß der Preiswettbewerb mit positiven Gewinnen durchaus vereinbar ist, sofern wir einen unbekannten Zeithorizont unterstellen.

Lassen Sie uns noch hinzufügen, daß bei mehr als zwei Anbietern der Gleichgewichtspreis ebenfalls den Grenzkosten entspricht, aber *mehrere* (multiple) Nash-Gleichgewichte existieren. Alle Konstellationen sind Nash-Gleichgewichte, in denen *mindestens* zwei Anbieter einen Preis in Höhe der Grenzkosten verlangen, wobei alle anderen Anbieter einen beliebigen Preis setzen und setzen können und − sofern sie einen Preis über den Grenzkosten nehmen − eine Menge von Null verkaufen. Dies liegt daran, daß ihre Deckungsbeiträge sowohl bei einem den Grenzkosten entsprechenden als auch bei einem höheren Preis Null sind, so daß sie indifferent zwischen $p = c$ und $p > c$ sind.

17.6.3 Konstante, aber unterschiedliche Grenzkosten der beteiligten Firmen

Das Ergebnis des Bertrand-Wettbewerbs läßt sich auch dann noch leicht herleiten, wenn wir davon ausgehen, daß alle Unternehmen zwar konstante, aber *unterschiedliche* Grenzkosten haben. Im Fall mit zwei Unternehmen unterstellen wir Grenzkosten von c_1 und c_2 mit $c_1 < c_2$. In diesem Fall kann Unternehmen 2 nur dann eine positive

Menge anbieten, wenn der Marktpreis mindestens c_2 ist – andernfalls wäre der Deckungsbeitrag ja negativ. Da das Unternehmen 1 durch eine infinitesimale Unterbietung von c_2 den Markt monopolisieren kann, ist dies immer gewinnerhöhend. Im ökonomischen Kern entspricht die Argumentation also genau derjenigen des vorherigen Abschnitts.

Damit ist bisher allerdings nur geklärt, daß Unternehmen 2 sich nicht dauerhaft auf dem Markt halten kann; offen ist noch der von Unternehmen 1 verlangte Preis. Sofern c_2 *unter* dem Monopolpreis liegt, wählt Unternehmen 1 $p = c_2$ (bzw. $c_2 - \varepsilon$ mit ε gegen Null) und macht damit einen Gewinn unterhalb des Monopolgewinnes. Liegt c_2 dagegen über dem Monopolpreis, so würde $p = c_2$ ja zu einem Gewinn unterhalb des Monopolgewinnes führen, weil der Preis zu hoch ist. In diesem Fall ist es also für Unternehmen 1 besser einen Preis unterhalb von c_2 zu wählen, der genau dem Monopolpreis entspricht. Das Modell zeigt also, daß die Existenz eines zweiten Anbieters zu einem Gewinn unterhalb des Monopolgewinnes führen kann, sofern c_2 hinreichend klein ist. Im Dunkeln bleibt allerdings, was unter einem Konkurrenten zu verstehen ist, der im Gleichgewicht die Menge Null anbietet. Die angemessene Interpretation ist daher, daß es sich um einen *potentiellen* Konkurrenten handelt, der in den Markt eintritt, sofern $p > c_2$ gewählt wird. Wir werden auf diese Fragestellung daher im Rahmen unserer Skizze des wettbewerbstheoretischen Modells der „contestable markets" in Abschnitt 18 zurückkommen.

17.6.4 Steigende Grenzkosten der beteiligten Firmen

Ein großes Problem des Bertrand-Wettbewerbs ist, daß dieser weder im Fall konstanter noch im Fall steigender Grenzkosten zu wirklich überzeugenden Ergebnissen führt. Bei konstanten Grenzkosten stellen sich entweder Deckungsbeiträge von Null (identische Grenzkosten) oder eine Monopolisierung des Marktes (unterschiedliche Grenzkosten) ein. Bei steigenden Grenzkosten gibt es normalerweise überhaupt kein Gleichgewicht in reinen Strategien, so daß auf das Konzept gemischter Strategien zurückgegriffen werden muß, das stets das Gefühl einer Notlösung hinterläßt.

Bezüglich steigender Grenzkosten beschränken wir uns auf ein einfaches Beispiel, mit dem wir zeigen, warum ein Gleichgewicht in reinen Strategien nicht existiert. Dabei unterstellen wir vereinfachend, daß bei unterschiedlichen Preisen die Konsumenten mit der höchsten Zahlungsbereitschaft beim billigsten Produzenten kaufen.

Wir betrachten ein Beispiel mit zwei *identischen* Unternehmen, die die Kostenfunktionen

$$K_i(y_i) = y_i^2 \qquad (17.80)$$

bzw. die Grenzkostenfunktionen

$$\frac{dK_i}{dy_i} = 2y_i \qquad (17.81)$$

haben. Die aggregierte Grenzkostenfunktion für den Gesamtmarkt ist dann

$$\frac{dK}{dy} = y \tag{17.82}$$

Die Nachfragefunktion sei

$$p = 10-y \tag{17.83}$$

bzw.

$$y = 10-p \tag{17.84}$$

Überlegen wir zunächst, ob analog zum Fall identischer, aber konstanter Grenzkosten die Lösung bei vollständiger Konkurrenz ein Nash-Gleichgewicht ist. Dies ist deshalb naheliegend, weil die Unternehmen ja wieder identische Grenzkostenfunktionen haben. Das Marktergebnis bei vollständiger Konkurrenz erhalten wir im Schnittpunkt der Nachfragefunktion mit der aggregierten Grenzkostenfunktion, da diese ja bei vollständiger Konkurrenz der Angebotsfunktion entspricht. Wir setzen also (17.82) und (17.83) gleich und erhalten als Konkurrenzlösung

$$y^K = 5 \tag{17.85}$$

$$p^K = 5 \tag{17.86}$$

$$y_i^K = 2{,}5 \tag{17.87}$$

$$G_i^K = y_i^K \cdot p^K - K_i(y_i^K) = 2{,}5 \cdot 5 - 2{,}5^2 = 6{,}25 \tag{17.88}$$

Beide Unternehmen bieten also im Ausgleich von Grenzkosten und Preis an und erhalten Gewinne von 6,25. Was passiert nun, wenn ein Unternehmen seinen Preis unter der Annahme erhöht, daß das andere Unternehmen bei seinem Preis bleibt? Im Unterschied zur Situation mit konstanten Grenzkosten muß beispielsweise Unternehmen 1 *nicht* damit rechnen, daß die Nachfrage auf Null zurückgeht, sofern Unternehmen 2 bei seinem Preis bleibt. Dies liegt daran, daß Unternehmen 2 nicht bereit sein wird, eine über 2,5 hinausgehende Menge zu produzieren und zu verkaufen, da dies beim Preis $p_2 = 5$ ja zu Grenzkosten *über* dem Preis – und damit zu einem marginalen Verlust – führen würde. Wir müssen uns also zunächst überlegen, wie die Nachfragefunktion für Unternehmen 1 aussieht, wenn es alleine einen höheren Preis verlangt.

Wenn wir die für Unternehmen 1 ungünstige Annahme treffen, daß ihm lediglich die Konsumenten mit der niedrigen Zahlungsbereitschaft bleiben, so müssen wir von der ursprünglichen Nachfragefunktion

$$p = 10 - y \tag{17.89}$$

die Konsumenten abziehen, die schon bei Unternehmen 2 gekauft haben. Also lautet die Nachfragefunktion nun

$$p = (10 - 2{,}5) - y = 7{,}5 - y \tag{17.90}$$

bzw.

$$y = 7,5-p \qquad (17.91)$$

Wählt Unternehmen 1 nun beispielsweise einen Preis von 5,1, so verkauft es eine Menge von 2,4 und realisiert einen Gewinn von

$$G_1 = y_1 \cdot p_1 - K_1(y_1) = 2,4 \cdot 5,1 - 2,4^2 = 6,48 > 6,25 \qquad (17.92)$$

so daß $p_1 = p_2 = 5$ kein Nash-Gleichgewicht sein kann. Um den Grund dafür transparent zu machen, betrachten wir Abb. 17.6.

Abb. 17.6 zeigt in der Ausgangslage den Preis, der sich bei vollständiger Konkurrenz ergeben würde (p^*) und bei dem Unternehmen 1 die Menge y_1 verkaufen würde. Der Deckungsbeitrag ist dann die Fläche $0A\,p^*$.

Erhöht es nun seinen Preis, so kaufen die Konsumenten annahmegemäß zunächst bei Unternehmen 2, so daß sich die Nachfragefunktion auf $p_1(y_1)$ verschiebt. Da Unternehmen 1 auf dieser *neuen* Nachfragefunktion freie Hand hat – Unternehmen 2 hat seine Nachfrage ja schon befriedigt – kann p^* kein Gewinnmaximum sein, da dieses ja im Schnittpunkt der Grenzerlösfunktion und K_1' liegt – also bei einem wesentlich höheren Preis p_z, bei dem Unternehmen 1 y_z verkaufen würde. Gegeben die Menge $y_2 = 2,5$ lautet die Gewinnfunktion für Unternehmen 1 nämlich einfach

$$G_1 = (7,5-y_1)\,y_1 - y_1^2 \qquad (17.93)$$

was gemäß der üblichen Maximierung zu einer gewinnmaximalen Angebotsmenge von $y_1 = 1,875$ und einem zugehörigen Preis von $p_1 = 5,625$ führt; der Gewinn ist dann $G_1 = 7,03$. Da diese Argumentation für jeden Preis gilt, bei dem der Preis den Grenzkosten entspricht, kann es kein Gleichgewicht in reinen Strategien geben, weil jedes Unternehmen seinen Preis gefahrlos erhöhen kann. Bertrand-Gleichgewichte in reinen Strategien existieren daher normalerweise nicht, wenn die Grenzkosten nicht konstant sind.

Abb. 17.6: *Bertrand-Wettbewerb bei steigenden Grenzkosten*

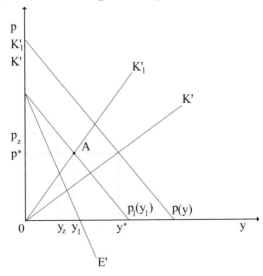

17.7 Statischer Preiswettbewerb im heterogenen Oligopol (Launhardt-Hotelling-Lösung)

17.7.1 Allgemeine Darstellung

Den Preiswettbewerb im heterogenen Oligopol, den man im Anschluß an die Arbeiten von Launhardt (1885) und Hotelling (1929) häufig als Launhardt-Hotelling-Wettbewerb bezeichnet, ist konzeptionell wesentlich weniger problematisch als der im homogenen Oligopol. Dies liegt daran, daß im heterogenen Oligopol ein Preis über den Preisen der Konkurrenten auch bei konstanten Grenzkosten *nicht* zu einem völligen Zusammenbruch der Nachfrage führt, weil die Konsumenten ja definitionsgemäß Präferenzen für bestimmte Produkte haben. Dies bedeutet, daß der Preiswettbewerb im heterogenen Oligopol viel enger am Mengenwettbewerb des heterogenen Oligopols liegt, als dies für das homogene Oligopol der Fall ist. Unter sehr allgemeinen Bedingungen läßt sich allerdings zeigen, daß der Preiswettbewerb im heterogenen Oligopol ceteris paribus zu geringeren Preisen, höheren Mengen und geringeren Gewinnen führt als der Mengenwettbewerb und in diesem Sinne kompetitiver ist.

Im Unterschied zum Mengenwettbewerb formulieren wir die Preis-Absatz-Funktionen für die Oligopolisten nun mit den Preisen als unabhängigen Variablen, so daß sie für jedes Unternehmen i nun in Analogie zu (17.59) folgendermaßen lautet:

$$y_i = y_i(\mathbf{p}) \qquad \text{mit } |\frac{dy_i}{dp_i}| > |\frac{dy_i}{dp_j}| \qquad \forall j \tag{17.94}$$

Die Zusatzbedingung $|dy_i/dp_i| > |dy_i/dp_j|$ drückt dabei wieder aus, daß die Reaktion auf die eigene Parameteränderung größer ist als die Reaktion auf Änderungen im Verhalten des Konkurrenten. Die zugehörigen Gewinnfunktionen lauten für jedes Unternehmen i

$$G_i = p_i \cdot y_i(\mathbf{p}) - K_i(y_i(\mathbf{p})) \tag{17.95}$$

Die Geschichte ist nun deshalb etwas komplizierter, weil wir als Aktionsparameter ja den Preis betrachten, während die Kosten eine Funktion der Produktionsmenge sind. Wir müssen daher in der Kostenfunktion die Kosten *indirekt* als Funktion der beiden Preise definieren. Wenn wir erneut die partiellen Ableitungen zur impliziten Bestimmung der Reaktionsfunktionen bilden, so erhalten wir für ein beliebiges Unternehmen i

$$\frac{\partial G_i(\mathbf{p})}{\partial p_i} = p_i \frac{\partial y_i(\mathbf{p})}{\partial p_i} + y_i(\mathbf{p}) - \frac{dK_i}{dy_i} \cdot \frac{\partial y_i(\mathbf{p})}{\partial p_i} = 0 \tag{17.96}$$

bzw.

$$p_i \frac{\partial y_i(\mathbf{p})}{\partial p_i} + y_i(\mathbf{p}) = \frac{dK_i}{dy_i} \cdot \frac{\partial y_i(\mathbf{p})}{\partial p_i} \tag{17.97}$$

Zum Verständnis betrachten wir (17.97) etwas genauer: Die ersten beiden Summanden sind wieder der Grenzerlös des Oligopolisten i, der aus dem Mengenwettbewerb bereits bekannt ist. Der einzige Unterschied ist, daß nun nicht die Menge, sondern der Preis als Aktionsparameter betrachtet wird, was aber im Prinzip nichts ändert. Wieder besteht der einzige Unterschied zum Grenzerlös des Monopolisten darin, daß die abhängige Größe (in diesem Fall die Menge) von den unabhängigen Variablen aller Oligopolisten bestimmt wird. Auch die Grenzkosten sind im Prinzip nicht anders zu interpretieren als beim Mengenwettbewerb: da der Preis die Aktionsvariable ist, werden die Grenzkosten indirekt über den Preis ausgedrückt, indem das Produkt aus der Veränderung der Kosten bei einer marginalen Mengenänderung mit der Veränderung der Menge bei einer marginalen Preisänderung gebildet wird. Da wieder nur der *eigene* Grenzerlös berücksichtigt wird, könnten sich die Oligopolisten besser stellen, wenn sie sich auf einen *höheren* Preis einigen würden.[34] Da der Grenzerlös *nicht* dem Preis entspricht, sind die Deckungsbeiträge der Oligopolisten strikt positiv – die Analogie zwischen dem homogenen und dem heterogenen Oligopol gilt beim Preiswettbewerb nicht.

Beachten Sie für ein genaueres Verständnis von Gleichung (17.97) schließlich noch, daß beide Seiten – also sowohl die Ableitung des Erlöses als auch die Ableitung der Kosten nach dem Preis – *negativ* sind. Dies ist hinsichtlich der Kosten sofort einsichtig, weil eine Preiserhöhung zu einer sinkenden Produktion und damit auch zu sinkenden Kosten führen muß. Die preisabhängigen „Grenzkosten" müssen also negativ sein. Hinsichtlich des preisabhängigen „Grenzerlöses" müssen wir zeigen, warum im Gewinnmaximum immer

$$\frac{\partial E_i}{\partial p_i} p_i \frac{\partial y_i(p)}{\partial p_i} + y_i(p) < 0 \qquad (17.98)$$

gelten muß. Wenn wir y_i ausklammern, so folgt

$$y_i \left(\frac{p_i}{y_i(\mathbf{p})} \frac{\partial y_i(\mathbf{p})}{\partial p_i} + 1 \right) < 0 \qquad (17.99)$$

Da in der Klammer nun die (negative) Preiselastizität der Nachfrage steht, folgt

$$y_i(-\varepsilon_p + 1) < 0 \qquad (17.100)$$

Dies gilt genau dann, wenn die Preiselastizität der Nachfrage größer als Eins ist – und daß dies stets der Fall ist, wissen wir schon aus der Amoroso-Robinson-Formel der gewöhnlichen Monopolpreisbildung. Ein wichtiger Unterschied vom (heterogenen) Preiswettbewerb zum Mengenwettbewerb ist, daß die Reaktionsfunktionen nun keine negative, sondern eine *positive* Steigung aufweisen. Dies ist intuitiv leicht einsichtig, weil bei einer Preissenkung des Konkurrenten auch der eigene (gewinnmaximale) Preis sinken muß, weil sonst der Rückgang des Umsatzes zu groß ist. Senkt dagegen das andere Unternehmen die Menge, so kann die eigene Menge erhöht werden, weil man einen günstigeren Punkt auf der Preis-Absatz-Funktion erreicht. Dieser Unterschied hat wesentliche Konsequenzen für das Verhalten von Unternehmen in dynamischen

---

34 Die Argumentation vollzieht sich vollständig analog zum Vergleich der gemeinsamen Gewinnmaximierung mit dem Cournot-Nash-Gleichgewicht beim Mengenwettbewerb, so daß wir darauf nicht näher eingehen müssen.

Spielen, in denen beispielsweise zunächst über eine kostensenkende Innovation entschieden wird, ehe auf der zweiten Stufe ein Mengen- oder Preiswettbewerb stattfindet. Wir werden auf diesen Punkt in Abschnitt 18.2.5 noch ausführlich eingehen.

17.7.2 Beispielhafte Darstellung

Um das intuitive Verständnis noch weiter zu schärfen, fügen wir ein Beispiel mit zwei
Unternehmen und (variablen) Kosten von Null hinzu. Wie in der allgemeinen Dar-
stellung müssen wir in den Preis-Absatz-Funktionen nun die Mengen als Funktion der
Preise ausdrücken (statt umgekehrt). Wir unterstellen:

$$y_1 = 100 - 2p_1 + p_2 \qquad\qquad (17.101)$$

und

$$y_2 = 100 - 2p_2 + p_1 \qquad\qquad (17.102)$$

Die Situation ist also symmetrisch, weil beide Unternehmen bezogen auf ihre Produkte und die Konkurrenzprodukte identische Preis-Absatz-Funktionen haben. Betrachten wir zur Verdeutlichung die Preis-Absatz-Funktion für Unternehmen 1: Die
bei Preisen von Null mögliche Menge von 100 sinkt recht schnell, wenn der eigene
Preis erhöht wird. Sie steigt allerdings (wenn auch langsamer), wenn das andere Unternehmen seinen Preis erhöht. Dies ist durchaus sinnvoll, weil zu jedem Preis von
Marlboro eine höhere Menge verkauft werden kann, wenn der Preis anderer Zigarettenmarken zunimmt. Allerdings muß man aus formalen Gründen (dies ist ja auch inhaltlich sinnvoll) annehmen, daß die Reaktion auf den jeweils eigenen Preis größer ist
als die auf den Konkurrenzpreis.

Ausgehend von diesen Preis-Absatz-Funktionen können wir unter der Annahme,
daß keine entscheidungsrelevanten Kosten anfallen, die Gewinnfunktionen leicht bestimmen, indem wir die durch die Preis-Absatz-Funktionen gegebenen Mengen mit
den Preisen muliplizieren:

$$G_1 = (100 - 2p_1 + p_2)p_1 \qquad\qquad (17.103)$$

und

$$G_2 = (100 - 2p_2 + p_1)p_2 \qquad\qquad (17.104)$$

Als Bedingungen erster Ordnung ergeben sich

$$\frac{\partial G_1}{\partial p_1} = 100 - 4p_1 + p_2 = 0 \qquad\qquad (17.105)$$

und

$$\frac{\partial G_2}{\partial p_2} = 100 - 4p_2 + p_1 = 0 \qquad\qquad (17.106)$$

Wenn wir diese Gleichungen nach den jeweiligen Preisen auflösen, erhalten wir wieder
die *Reaktionsfunktionen*:

$$p_1 = 25 + \frac{p_2}{4} \qquad (17.107)$$

und

$$p_2 = 25 + \frac{p_1}{4} \qquad (17.108)$$

Der einzige Unterschied ist, daß diesmal (im Vergleich zum Mengenwettbewerb) der gewinnmaximale *Preis* des einen Unternehmens als Funktion des *Preises* des anderen Unternehmens ausgedrückt wird. Die beiden Reaktionsfunktionen liefern uns zwei Gleichungen mit zwei Unbekannten, aus denen wir leicht das Nash-Gleichgewicht

$$p_1 = p_2 = \frac{100}{3} \qquad (17.109)$$

bestimmen können.

Für viele Fragestellungen ist es nun außerordentlich wichtig, ob Reaktionsfunktionen eine positive oder eine negative Steigung aufweisen. Für den Mengenwettbewerb haben wir bereits gezeigt, daß die Steigung negativ ist: wenn das eine Unternehmen im Mengenwettbewerb seine Produktionsmenge erhöht (und in diesem Sinne eine „aggressivere" Strategie wählt), so reduziert das andere Unternehmen seine Menge (wählt also in diesem Sinne eine „weniger aggressive" Strategie), weil sonst die Preise zu stark sinken. Genau dies kommt durch die abwärts geneigten Reaktionsfunktionen zum Ausdruck. Im Preiswettbewerb stellen wir durch Bildung der ersten Ableitungen der Reaktionsfunktionen dagegen sofort fest, daß die in Abb. 17.7 dargestellten Funktionen eine positive Steigung aufweisen:

Abb. 17.7: *Reaktionsfunktionen im heterogenen Preiswettbewerb*

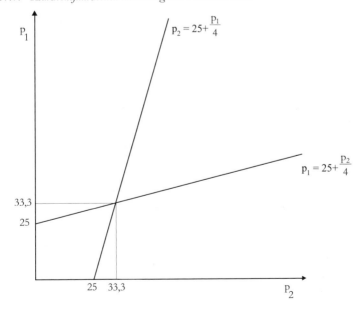

$$\frac{dp_1}{dp_2} = \frac{1}{4} \qquad\qquad\qquad (17.110)$$

und

$$\frac{dp_2}{dp_1} = \frac{1}{4} \qquad\qquad\qquad (17.111)$$

Dies bedeutet, daß das Unternehmen A auf eine Preissenkung (also eine „aggressivere" Strategie von B) ebenfalls mit einer Preissenkung (also ebenfalls mit einer „aggressiveren" Strategie) reagiert, weil sonst der Umsatz zu stark sinkt. Dieser Punkt läßt sich auch ohne Formalanalyse intuitiv gut nachvollziehen: Denn wenn beispielsweise Mercedes seinen Preis senkt, so ist es plausibel, daß auch BMW seinen Preis (allerdings in geringerem Ausmaß) senken wird, um einen zu großen Nachfragerückgang zu vermeiden. Dies ist ein ganz wichtiger Unterschied zum Mengenwettbewerb: wird nämlich im Preiswettbewerb ein Unternehmen „aggressiver" (d.h. senkt es seinen Preis), so muß es damit rechnen, daß auch das andere Unternehmen „aggressiver" wird (also auch seinen Preis senkt), so daß die aggressive Strategie (Preissenkung) gar nicht viel nützt. Der Anreiz zu „aggressivem" Verhalten ist daher verglichen mit dem Mengenwettbewerb viel geringer.

17.8   Simultaner Preiswettbewerb mit vorhergehender Wahl der Kapazitäten

Von einem konzeptionellen Standpunkt sind weder der statische Preis- noch der statische Mengenwettbewerb für sich genommen vollständig überzeugend: auf der einen Seite spricht die einfache Tatsache, daß Unternehmen in ihren Prospekten üblicherweise Preise und nicht Mengen inserieren, für einen Preiswettbewerb. Auf der anderen Seite findet der Preiswettbewerb aber nicht im luftleeren Raum, sondern auf der Grundlage von Mengenplanungen statt. Ferner sind alle skizzierten Resultate des Preiswettbewerbs nicht besonders überzeugend. Abgesehen von der ohnehin notwendigen Ausdehnung auf (unendlich oft) wiederholte Spiele, die wir in Abschnitt 17.9 diskutieren, besteht eine naheliegende Erweiterung daher in der Verbindung von Preis- und Mengenwettbewerb. Dies wurde in einem Modell von Kreps/Scheinkman vorgenommen, das aufgrund der geschilderten konzeptionellen Probleme des unbeschränkten Preiswettbewerbs große Beachtung fand.[35] Kreps/Scheinkman nehmen an, daß die Oligopolisten in der ersten Stufe des Wettbewerbs simultan über ihre *Kapazitäten* entscheiden, während in der zweiten Stufe ein simultaner Preiswettbewerb stattfindet. Die Bedeutung der Kapazitäten liegt dabei darin, daß sie die maximal mögliche Produktionsmenge in der zweiten Spielstufe festlegen.

In der allgemeinen Formulierung ist das Kreps/Scheinkman-Modell recht kompliziert, was an den bereits geschilderten Schwierigkeiten des Preiswettbewerbs liegt,

---

35   Vgl. Kreps/Scheinkman 1983 und für eine einfachere Darstellung der Grundzüge des Modells Tirole 1994, 228ff.

der hier auf der zweiten Stufe stattfindet. Wir wollen uns daher auf einen Fall mit zwei Oligopolisten beschränken, in dem die Grenzkosten der Kapazitätserzeugung konstant sind und keine *variablen* Produktionskosten anfallen, wenn die Kapazitäten errichtet sind.[36] Ferner nehmen wir analog zum reinen, einstufigen Preiswettbewerb an, daß bei unterschiedlichen Preisen die Konsumenten mit der höchsten Zahlungsbereitschaft beim billigsten Anbieter kaufen.[37]

Wir nennen die Kapazitätsgrenzen der beiden Unternehmen y_1^+ bzw. y_2^+, so daß in der zweiten Periode die Restriktionen

$$y_1 \leq y_1^+ \qquad (17.112)$$

und

$$y_2 \leq y_2^+ \qquad (17.113)$$

gelten. Als Preis-Absatz-Funktion verwenden wir diejenige aus dem Fischefang-Spiel, so daß sich mit konstanten Grenzkosten folgende Gewinnfunktionen ergeben:

$$G_1 = y_1 \cdot (120 - y_1 - y_2) - c \cdot y_1^+ \qquad (17.114)$$

bzw.

$$G_2 = y_2 \cdot (120 - y_1 - y_2) - c \cdot y_2^+ \qquad (17.115)$$

Da es sich um ein dynamisches Spiel mit zwei Perioden handelt, müssen wir erneut auf das Prinzip der backwards induction zurückgreifen. Wir fragen uns daher zunächst, welche Preise die beiden Duopolisten in der zweiten Periode auf Grundlage (fast) *beliebiger* Kapazitäten verlangen werden.[38] Der entscheidende Punkt besteht nun darin, daß die Kosten der Kapazitätserrichtung in der zweiten Stufe des Spiels, also dem Preiswettbewerb, *entscheidungsirrelevante* sunk costs sind. Daraus folgt unmittelbar,

---

36   Bedenken Sie aber, daß die (späteren) sunk costs der Kapazitätserrichtung zum Zeitpunkt der Kapazitätswahl variable Kosten sind.

37   Dies ist bedauerlicherweise eine wichtige und recht willkürliche Annahme über die Aufteilungsregel der Konsumenten auf unterschiedliche Produzenten. Davidson/Deneckere 1986 haben gezeigt, daß sich das hier skizzierte Ergebnis, das dem des gewöhnlichen Cournot-Nash-Gleichgewichts entspricht, ohne diese nicht mehr einstellt.

38   Die Einschränkung „fast" besteht darin, daß sich kein Gleichgewicht in reinen Strategien mehr einstellt, wenn die Kapazitäten „zu hoch" sind. Was damit gemeint ist, läßt sich anhand eines einfachen Beispiels erklären: nehmen Sie an, daß bei einem Preis von Null (also bei einem Preis, der den Grenzkosten bei errichteten Kapazitäten entspricht) kein Unternehmen den ganzen Markt, aber jedes Unternehmen mehr als den halben Markt befriedigen kann. Positive Preise können dann keine Nash-Gleichgewichte sein, weil beide Unternehmen Überkapazitäten und damit einen Anreiz zum Unterbieten haben. Ein Preis gemäß den Grenzkosten kann aber auch kein Nash-Gleichgewicht sein, weil jedes Unternehmen einen Gewinn von Null macht und bei einer (alleinigen) Preiserhöhung einen positiven Marktanteil behält – und damit einen positiven Gewinn – macht, weil das andere Unternehmen nicht die ganze Nachfrage befriedigen kann. Es gibt daher kein Nash-Gleichgewicht in reinen Strategien, wenn jedes Unternehmen mit seinen Kapazitäten mehr als die halbe Nachfrage befriedigen kann. Dies wurde für den reinen Bertrand-Wettbewerb mit einer *exogenen* Kapazitätsschranke schon von Edgeworth 1881, 118ff gezeigt. In diesen Fällen muß auf gemischte Strategien zurückgegriffen werden. Unter den hier getroffenen Annahmen kann man aber zeigen, daß es nicht teilspielperfekt ist, in der ersten Stufe solch hohe Kapazitäten zu wählen.

daß sich in der zweiten Stufe des Spiels gegenüber dem gewöhnlichen statischen Preiswettbewerb (Bertrand-Modell) so lange nichts ändert, wie die Kapazitätsgrenzen noch nicht erreicht sind. Jedes Unternehmen kann durch eine *marginale* Preissenkung eine *unstetige* Nachfrageerhöhung erreichen – und damit angesichts variabler Kosten von Null eine Erhöhung des Deckungsbeitrags erzielen. In Analogie zum gewöhnlichen Preiswettbewerb folgt daraus für die zweite Stufe des Spiels, daß das einzige Nash-Gleichgewicht für dieses Stufenspiel dort liegt, wo beide Unternehmen an der Kapazitätsgrenze produzieren. Der Marktpreis entspricht dann genau der Zahlungsbereitschaft des „letzten" Konsumenten für die insgesamt angebotene Menge, d.h. dem Punkt auf der Nachfragefunktion bei den Gesamtkapazitäten.

Das Konzept teilspielperfekter Gleichgewichte bedeutet nun, daß beide Unternehmen diesen Sachverhalt bei ihrer (simultanen) Kapazitätsplanung in der ersten Periode des Spiels berücksichtigen. Sie wissen also beide, daß die in der ersten Stufe festgelegten Kapazitäten y_1^+ genau mit den Mengen identisch sind, die sich im Preiswettbewerb der zweiten Stufe tatsächlich ergeben (sofern die Kapazitäten nicht „zu hoch" im Sinne von Fußnote 38 sind). Demnach können wir die Gewinnfunktionen der beiden Unternehmen umschreiben in

$$G_1 = y_1^+ \cdot (120 - y_1^+ - y_2^+) - c \cdot y_1^+ \qquad (17.116)$$

bzw.

$$G_2 = y_2^+ \cdot (120 - y_1^+ - y_2^+) - c \cdot y_2^+ \qquad (17.117)$$

Ein Blick auf die beiden Gewinnfunktionen (17.116) bzw. (17.117) zeigt aber nun, daß sich die Entscheidungssituation der beiden Oligopolisten in keiner Weise von der Entscheidungssituation im ganz gewöhnlichen (statischen) Mengenwettbewerb unterscheidet! Da die beiden Unternehmen wissen, daß sie stets bis zur Kapazitätsgrenze produzieren werden, entscheiden sie mit der Festlegung ihrer Kapazitäten *implizit* auch schon über ihre Angebotspreise und Produktionsmengen – so daß wir wieder das ganz gewöhnliche Cournot-Nash-Gleichgewicht des statischen Mengenwettbewerbs erhalten. Dieses Resultat ist deshalb wichtig, weil in zahlreichen anwendungsorientierten Arbeiten umstandslos Cournot-Nash-Gleichgewichte gesucht werden. Der einfache Cournot-Wettbewerb kann daher auch als einfacher Ausdruck des komplizierteren (und realistischeren) Modells von Kreps/Scheinkman interpretiert werden, indem zunächst eine Kapazitätsfestlegung und anschließend ein Preiswettbewerb stattfindet.[39]

---

39 Dies setzt wie erwähnt allerdings restriktive Annahmen über die Aufteilung der Nachfrage auf die beiden Unternehmen voraus.

17.9 Wiederholte Spiele und die Entstehung von Kollusion

17.9.1 Überblick

Eine wenig überzeugende Eigenschaft aller bisher behandelten Oligopolspiele bestand darin, daß Kollusionslösungen keine Gleichgewichte waren. Dies impliziert, daß Kartelle nur durch *explizite* Absprachen und *bindende* Vertragsstrafen erreicht werden können. Einige der Preisbildungsprozesse in der Realität legen aber zumindest nahe, daß es auch ohne explizite Absprachen zu einem kooperativen Verhalten kommen kann. Üblicherweise verwendet man für Kooperationen ohne Absprachen den Begriff (stillschweigende) *Kollusion*[40] und für Situationen *mit* Absprachen den Begriff *Kartell*.

Die hergeleitete Instabilität von Kollusionslösungen lag daran, daß wir bisher nur einmalige Spiele betrachtet haben, in denen sich die Abweichung von der gemeinsamen Gewinnmaximierung lohnt.[41] Wenn die Oligopolisten dagegen damit rechnen, daß sie *mehrfach* in die gleiche oder in ähnliche Situation kommen, so kann sich der Verzicht auf eine *einmalige* Gewinnerhöhung durch Abweichung lohnen, weil man hofft, die Konkurrenten dadurch zu einem kooperativen Verhalten in der Zukunft bewegen zu können. Die „Chancen" auf ein kooperatives Verhalten erhöhen sich damit entscheidend, wenn wir den engen Rahmen einmaliger Spiele – die die Realität offensichtlich *nicht* angemessen wiedergeben – verlassen.

Nun besteht die Realität natürlich in den meisten Fällen nicht darin, daß die Oligopolisten exakt das gleiche Spiel mehrfach spielen, sondern mit den gleichen (und möglicherweise neuen) Konkurrenten in zwar vergleichbare, aber zumindest im Detail unterschiedliche Situationen geraten. Dies liegt einfach daran, daß sich im Zeitablauf die Präferenzen und Einkommen potentieller Kunden ändern, daß technische Innovationen durchgeführt werden und möglicherweise neue Manager eingestellt werden, die alles ganz anders machen wollen. Wenn man solche komplexen Spiele über einen unbegrenzten Zeithorizont modellieren möchte, stellen sich aber erstens große formale Probleme, und zweitens lassen sich meist keine halbwegs klaren Ergebnisse mehr herleiten. Aus diesem Grund werden häufig einfach *wiederholte Spiele* betrachtet, in denen man davon ausgeht, daß die Oligopolisten immer wieder in die gleiche Situation geraten. Das einzelne Spiel eines solchen Gesamtspiels nennt man dann *Stufen- oder Basisspiel* (stage game).[42] Solchen wiederholten Spielen und den Möglichkeiten von Kooperation widmen wir uns nun.

Zunächst beginnen wir allerdings mit einem älteren und noch immer viel gelehrten Modell, mit dem Hall und Hitch sowie Sweezy Ende der dreißiger Jahre implizite Kooperation im Oligopol erklärten. Die genannten Autoren konnten ihr Modell damals natürlich nicht explizit als dynamisches Spiel modellieren, so daß sie ihre Aussagen auch nicht formal, sondern nur heuristisch ableiten konnten. Die Überlegungen sind jedoch durchaus überzeugend und liefern einen guten intuitiven Zugang zu den Gründen für Kollusionslösungen, so daß wir damit beginnen wollen. Außerdem läßt

---

40 Aus dem englischen: tacit collusion.
41 Der Stackelberg-Wettbewerb ist zwar ein dynamisches Spiel, aber dennoch kommen die beteiligten Unternehmen nur einmal in diese Situation, so daß keine Kooperationsevolution möglich ist.
42 Vgl. z.B. Holler/Illing 1996, 139.

sich der Grundgedanke des Modells unter bestimmten Annahmen auch in einer spieltheoretischen Modellierung zeigen, worauf wir allerdings verzichten möchten.[43] Anschließend zeigen wir kurz, daß der Übergang von einmaligen zu wiederholten Spielen in der Theorie *nichts* ändert, sofern die Anzahl der Wiederholungen des Stufenspiels beschränkt und bekannt ist (Abschnitt 17.9.3). Sofern eine dieser Annahmen nicht erfüllt ist – wenn das Spiel also entweder einen unendlichen Zeithorizont oder keinen bekannten Abbruchszeitpunkt hat – spricht man von unendlich oft wiederholten Spielen, die man kurz auch *Superspiele* (super games) nennt. Wir werden sehen, daß der Übergang von endlich oft zu unendlich oft wiederholten Spielen die Resultate dramatisch verändert (Abschnitt 17.9.4).

17.9.2 Ein heuristisches Modell: Geknickte Preis-Absatz-Funktion

Wie einleitend zu diesem Abschnitt erwähnt, ist das Modell der geknickten Preis-Absatz-Funktion ein Versuch, kollusives Verhalten im Oligopol aus dem *nicht-kooperativen* Verhalten von Oligopolisten zu erklären, ohne explizit auf die Methode wiederholter Spiele zurückzugreifen. Die zentrale Verhaltensannahme des Modells besteht darin, daß jeder Oligopolist bei eigenen Preisveränderungen mit einem *asymmetrischen* Verhalten seiner wichtigsten Konkurrenten rechnen muß. Asymmetrisch meint dabei, daß die Konkurrenten auf eigene Preiserhöhungen und eigene Preissenkungen in jeweils unterschiedlicher Weise reagieren. Erhöht das Unternehmen A seinen Preis, so werden die anderen Unternehmen ihre Preise konstant halten,[44] um auf diese Weise zusätzliche Marktanteile vom Unternehmen A abziehen zu können. Steigert beispielsweise Marlboro seinen Preis um 10 Cent, so ist es für Camel vermutlich gewinnmaximierend, den alten Preis einfach beizubehalten. Reduziert das Unternehmen A dagegen seinen Preis, so werden die anderen Unternehmen die Preissenkung häufig nachvollziehen, um befürchtete Absatzeinbußen zu vermeiden. Analytisch gesprochen sind beide Verhaltensweisen darauf zurückzuführen, daß die Kreuzpreiselastizitäten der Nachfrage hoch sind und deshalb eine Preisabweichung nach unten gegenüber den Konkurrenten lohnend ist. Da dies jeder weiß, wird eine Preiserhöhung des Konkurrenten schmunzelnd zur Kenntnis genommen, während Preissenkungen ängstlich nachvollzogen werden.

Die entscheidende Frage des Modells lautet nun, ob sich individuelle Preisänderungen nach oben oder nach unten unter den getroffenen Verhaltensannahmen überhaupt lohnen können. Als Folge der asymmetrischen Reaktionen der Konkurrenten sind die Preiselastizitäten der Nachfrage bei Preiserhöhungen *anders* als bei Preissenkungen: Bei einer Preis*erhöhung* ist die Preiselastizität der Nachfrage *hoch*, weil die anderen Unternehmen ihre Preise konstant halten und daher mit einer großen Nachfrageeinbuße gerechnet werden muß. Graphisch bedeutet dies, daß die Nachfragefunktion

---

43   Interessierte Leser/innen seien z.B. auf Tirole 1994, 265f verwiesen.
44   In spieltheoretischen Modellen zum Preiswettbewerb ergibt sich, daß der gewinnmaximale Preis
     des A zunimmt, wenn B seinen Preis erhöht. Die Preissteigerung des A ist aber gering, so daß für
     die Idee der geknickten Preis-Absatz-Funktion zwar abgeschwächt, aber nicht vollständig obsolet
     wird.

für jedes einzelne Unternehmen bei einer Preiserhöhung *flach* verläuft, weil jede Preiserhöhung zu einer starken Nachfrageverminderung führt (vgl. Abb. 17.8). Preissenkungen dagegen ermöglichen nur eine sehr geringe Nachfrageerhöhung, weil die anderen Unternehmen die Preissenkung ja mitmachen. Die Nachfragefunktion verläuft bei einer Preissenkung daher steil. Auch große Preissenkungen ermöglichen nur geringe Absatzerhöhungen. Wenn aber bei Preiserhöhungen mit starken Absatzeinbußen gerechnet werden muß, während Preissenkungen keine große Umsatzsteigerung versprechen, so ist es auch ohne Absprachen offensichtlich gewinnmaximierend, den einmal bestehenden Preis beizubehalten.

Abb. 17.8:　*Geknickte Preis-Absatz-Funktion*

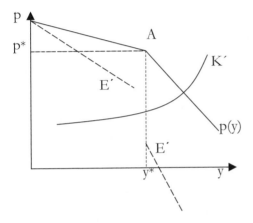

Dies wird deutlich, sofern wir die Grenzerlösfunktion betrachten. Da die Grenzerlösfunktion bei einer linearen Preis-Absatz-Funktion die doppelte negative Steigung aufweist wie diese, können wir die Situation gemäß Abb. 17.8 veranschaulichen. Diese zeigt zunächst die geknickte Preis-Absatz-Funktion, die dem Modell ihren Namen gibt. Bedenken Sie bitte, daß der Knick immer beim *aktuellen Marktpreis* liegen muß, da er ja genau durch das asymmetrische Verhalten der Konkurrenten bei Abweichungen vom Marktpreis zustande kommt. Ferner sind die beiden unterschiedlichen Grenzerlösfunktionen eingezeichnet, die zu den Teilstücken der Preis-Absatz-Funktion gehören. Der interessante Punkt ist, daß die Grenzerlösfunktion eine *Sprungstelle* beim gültigen Marktpreis aufweist. Diese Sprungstelle kommt durch die unterschiedlichen Steigungen der beiden Teilstücke der Preis-Absatz-Funktion zustande und drückt ökonomisch aus, daß sich der Grenzerlös bei Abweichungen vom Marktpreis *unstetig* verändert.

Wenn Sie nun die ebenfalls in Abb. 17.8 eingezeichnete Grenzkostenfunktion betrachten, so stellen Sie sofort fest, daß diese durch den Unstetigkeitsbereich verläuft und deshalb *kein Schnittpunkt* mit der Grenzerlösfunktion existiert. Dennoch zeigt eine recht einfache Überlegung, daß der gewinnmaximale Preis gerade beim Marktpreis p*, also in der Unstetigkeitsstelle der Grenzerlösfunktion liegen muß. Betrachten wir dazu zunächst den Bereich *links* von Punkt A. Dort liegt die Grenzerlösfunktion *über* der

Grenzkostenfunktion, so daß jeder Verzicht auf Einheiten links von y^* den Gewinn reduzieren würde – denn ein Grenzerlös über den Grenzkosten heißt ja, daß die betreffende Einheit den Gewinn vergrößert. *Rechts* von Punkt A verläuft der Grenzerlös dagegen *unter* den Grenzkosten, so daß jede zusätzlich produzierte und verkaufte Einheit den Gewinn schmälern würde. Da demnach weder eine Abweichung nach oben noch eine Abweichung nach unten den Gewinn erhöhen kann, liegt die gewinnmaximale Menge offensichtlich genau in der Unstetigkeitsstelle und demnach bei y^* zum gewinnmaximalen Preis p^*. Beachten Sie schließlich bitte, daß dies keineswegs zufällig ist, sondern daß die Grenzkostenfunktion *zwangsläufig* durch die Unstetigkeitsstelle gehen muß. Dies liegt daran, daß die Unstetigkeitsstelle ja immer beim aktuellen Marktpreis liegen muß, weil genau die Abweichungen vom aktuellen Marktpreis zu den unterschiedlichen Teilstücken der Preis-Absatz-Funktion und damit auch zur Unstetigkeitsstelle in der Grenzerlösfunktion führen.

Das Modell der geknickten Preis-Absatz-Funktion erklärt somit über sehr plausible Verhaltensannahmen, warum Oligopolpreise – ganz ohne direkte oder indirekte Kartellabsprachen – auch dann langfristig stabil bleiben können, wenn sich beispielsweise die Nachfragesituation oder die Kostenfunktionen ändern. Denn leichte Veränderungen der Steigungen der Preis-Absatz-Funktion oder der Grenzkostenfunktion in Abb. 17.8 ändern nichts daran, daß die Grenzkostenfunktion immer noch durch die Unstetigkeitsstelle der Grenzerlösfunktion geht und der gewinnmaximale Preis bei p^* bleibt. Die Bedeutung des Modells erklärt sich also daraus, daß mit einfachen Mitteln erklärt wird, warum aus Preisstarrheiten nicht automatisch auf Kartellabsprachen geschlossen werden darf.

Allerdings weist das Modell auch eine bedeutende Schwäche auf: Es erklärt zwar die Starrheit eines einmal bestehenden Marktpreises, kann aber nicht prognostizieren, warum dieser Marktpreis gerade den einen oder den anderen Wert annehmen sollte. Denn jeder mögliche Marktpreis bleibt wegen des asymmetrischen Verhaltens der Konkurrenten stabil, sofern er sich einmal eingependelt hat.

17.9.3 Endlich oft wiederholte Spiele

Bezüglich der Eigenschaften endlich oft wiederholter Spiele können wir uns kurz fassen, weil wir alles Wesentliche bereits in Abschnitt 17.2.3 über die Erläuterung der Rückwärtsinduktion gesagt haben. Die Methode der Rückwärtsinduktion erzwingt, daß endlich oft wiederholte Spiele analog zum Stackelberg-Wettbewerb von „hinten nach vorne" gelöst werden. Betrachten wir nun die Konsequenzen für den *Bertrand-Wettbewerb* mit zwei Unternehmen sowie gleichen, aber konstanten Grenzkosten, weil hier die Resultate besonders deutlich zum Ausdruck kommen. Nehmen wir an, es gebe 10 Perioden, deren Gewinne gleich stark gewichtet werden, um die Chancen für Kooperation möglichst günstig zu gestalten (denn eine hohe Bewertung von Zukunftsresultaten erhöht ja den Reiz der Kooperation). Die Duopolisten befinden sich also zehnmal in einem Bertrand-Wettbewerb.

Auf den ersten Blick scheint eine Kooperation plausibel zu sein, weil das zehnmalige Spielen der Monopollösung die höchsten Gesamtgewinne verspricht. Allerdings zeigt eine einfache Überlegung, daß dies nicht nur nicht teilspielperfekt ist, sondern auch kein Nash-Gleichgewicht konstituiert: Nehmen wir hierzu an, daß die Strategie beider Unternehmen für das Gesamtspiel darin besteht, immer den Monopolpreis zu nehmen, sofern das andere Unternehmen das gleiche macht. Sobald der Konkurrent einmal unterbietet, wird dagegen für den Rest des Spiels das Bertrand-Gleichgewicht gespielt. Es ist offensichtlich, daß diese Strategien in der Tat kein Nash-Gleichgewicht für das Gesamtspiel konstituieren, weil sich jeder durch ein abweichendes Verhalten in der einzelnen Periode besser stellen kann: Denn bei einem Abweichen in der zehnten Periode hat der andere Spieler kein Bestrafungspotential mehr, so daß die Kooperation über *alle* Perioden hinweg auch kein Nash-Gleichgewicht für das *Gesamt*spiel ist.

Ein Nash-Gleichgewicht für das Gesamtspiel kann es dagegen sein, über mehrere Perioden zu kooperieren und erst gegen Ende des Spiels abzuweichen. Nehmen wir beispielsweise an, beide Spieler haben die Strategie „Kooperiere bis zur achten Periode, sofern dies der andere auch macht, und spiele für den Rest des Spiels unkooperativ, wenn der andere einmal abweicht." Wenn jeder bei seiner Strategie bleibt, erhält man zehnmal den Kooperationsgewinn, und dies kann höher sein als die Summe aus achtmaligem Kooperationsgewinn, einmaligem Abweichungsgewinn und einmaligem Bertrand-Gleichgewicht. Im endlich oft wiederholten Spiel gibt es daher multiple Nash-Gleichgewichte.

Allerdings wissen wir, daß das Konzept des Nash-Gleichgewichts für dynamische Spiele *nicht* hinreichend ist. Die Methode der Rückwärtsinduktion zeigt uns unmittelbar, daß das beschriebene Nash-Gleichgewicht *nicht teilspielperfekt* ist. In der letzten Periode befinden sich die Oligopolisten nämlich in der gleichen Situation wie im einmaligen, statischen Bertrand-Wettbewerb, so daß das einzige Nash-Gleichgewicht für das letzte Spiel darin besteht, daß beide Oligopolisten einen Preis verlangen, der den Grenzkosten entspricht. Dieses Wissen um die Unmöglichkeit der Kollusionslösung in der 10. Periode zerstört aber ganz analog zum wiederholten Gefangenendilemma den Kooperationsanreiz in der 9. Periode, so daß das einzige teilspielperfekte Gleichgewicht darin besteht, zehnmal einen Preis in Höhe der Grenzkosten zu nehmen. Dies ist deshalb ein eindrucksvolles Ergebnis, weil die Oligopolisten im einzigen teilspielperfekten Gleichgewicht dann über alle Perioden hinweg einen Gewinn von Null machen.

Diese Überlegung ist selbstverständlich nicht auf das Gefangenendilemma und den Bertrand-Wettbewerb beschränkt, sondern gilt für *alle* endlich oft wiederholten Spiele: das einzige teilspielperfekte Gleichgewicht für endlich oft wiederholte Spiele besteht darin, über alle Perioden hinweg das Nash-Gleichgewicht des Stufenspiels zu spielen. Der Übergang von einmaligen zu endlich oft wiederholten Spielen ändert daher zumindest theoretisch nichts.[45]

---

45   Im Abschnitt über Teilspielperfektheit wurde allerdings darauf hingewiesen, daß selbst Spieltheoretiker in Experimenten (vgl. Axelrod 1995) *keine* teilspielperfekten Strategien anwenden. Dies ist ein interessanter Sachverhalt, weil er einerseits kaum zu erklären, andererseits aber auch völlig einsichtig ist: auf der einen Seite ist das Konzept der Rückwärtsinduktion logisch zwingend; auf der anderen Seite führt es zu katastrophalen Ergebnissen, denen man durch wechselseitiges Vertrauen auf „Irrationalität" leicht entgehen kann. Spieltheoretiker sehen die Lösung des Problems häufig in folgender Konstruktion: nehmen wir an, Spieler A denkt, daß Spieler B das Konzept der Rück-

17.9.4 Unendlich oft wiederholte Spiele

17.9.4.1 Grundkonzept

Die Situation ändert sich entscheidend, wenn wir von endlich oft zu unendlich oft wiederholten Spielen (Superspiele) übergehen. Der Grund ist, daß die Methode der Rückwärtsinduktion versagt, weil kein bekannter Abbruchpunkt für das Spiel existiert – genau diesen muß man aber kennen, um „von hinten nach vorne" zu denken.

Da die Chancen für Kollusionslösungen entscheidend von der Bewertung zukünftiger Resultate abhängen, führen wir einen Diskontfaktor i < 1 ein, mit dem wir zukünftige Ergebnisse multiplizieren. Wenn i also beispielsweise 0,9 ist, so ist eine Geldeinheit in der nullten Periode eine Geldeinheit, in der ersten Periode 0,9 Geldeinheiten und in der zweiten Periode nur noch $0,9^2 = 0,81$ Geldeinheiten wert. Die Verwendung eines Diskont*faktors* ist nichts anderes als eine effiziente Kurzschreibweise für die Diskontierung zukünftiger Resultate mit einem Diskont- oder Zins*satz*.[46] Ferner verwenden wir folgende Kurzschreibweisen:

– g_i^* sei der Gewinn des Unternehmens i im Nash-Gleichgewicht des entsprechenden *einstufigen* Spiels, d.h. der Gewinn in einem Stufenspiel, sofern das Nash-Gleichgewicht des einstufigen Spiels gespielt wird;

– g_i^M sei der Gewinn des Unternehmens i in der Kollusionslösung des entsprechenden *einstufigen* Spiels, d.h. der Gewinn in einem Stufenspiel, sofern die Kollusionslösung des einstufigen Spiels gespielt wird;

– und g_i^A sei der Gewinn des Unternehmens i im einstufigen Spiel, wenn Unternehmen j die Kollusionslösung spielt und Unternehmen i – gegeben das kollusive Verhalten des Konkurrenten – seinen Gewinn maximiert.

Die Verwendung von Superspielen in der Oligopoltheorie wird häufig aus zwei Gründen kritisiert: erstens werden wir sehen, daß sich keine eindeutigen Resultate ableiten lassen, sondern es im Normalfall unendlich viele teilspielperfekte Gleichgewichte gibt. Dies schränkt die analytische Aussagekraft von Superspielen natürlich erheblich ein. Zweitens wird gegen das Konzept der Unendlichkeit selbst eingewendet, daß Menschen nicht unendlich leben und daher ein solcher Zeithorizont keine praktische Relevanz haben könne.[47] Dagegen läßt sich meines Erachtens aber überzeugend einwenden, daß die Einführung eines Diskontfaktors i < 1 im Sinne eines *unsicheren* Zeithorizonts interpretiert werden kann. Für i < 1 konvergiert die Wahrscheinlichkeit für ein Spielende gegen Eins, lediglich der Zeitpunkt ist unsicher, was der menschlichen Exi-

---

wärtsinduktion *nicht* anwendet, sondern solange kooperiert, wie Spieler A kooperiert. Dann ist es für A das beste zu kooperieren, weil er dadurch B annahmegemäß zur Kooperation bewegen kann. Nehmen wir nun an, daß A genau dann denkt, daß B keine Rückwärtsinduktion anwendet, wenn B in der ersten Runde kooperiert (dann denkt A, daß B „irrational" ist). Wenn B dies antizipiert, so wird er – auch wenn er sich der Eigenschaften der Rückwärtsinduktion vollständig bewußt ist – in der ersten Runde durch Kooperation „Irrationalität" signalisieren, um A zur Kooperation zu bewegen. Da das gleiche für A gilt, hat jeder einen Anreiz zur Signalisierung von „Irrationalität", auch wenn er die Vorteile der Rückwärtsinduktion kennt.

46 Formal gilt mit r als Zinssatz einfach i=1/(1+r). Geht der Zinssatz r gegen unendlich, so geht i gegen Null und zukünftige Erträge sind nichts mehr wert.

47 Vgl. vor allem Güth 1994, 122.

stenz nun doch recht gut zu entsprechen scheint. Die Diskontierung resultiert dann nicht aus der traditionellen (und alles andere als überzeugenden) „Minderschätzung zukünftigen Konsums", sondern einfach aus der Unsicherheit darüber, ob es zu dem zukünftigen „Konsum" (in unserem Fall: Gewinn) überhaupt noch kommt.[48]

Wir werden einige wichtige Ergebnisse nun beispielhaft für den simultanen Preiswettbewerb darstellen, weil sie dabei besonders transparent werden. Im Kern gelten die gleichen Überlegungen aber analog für den Mengenwettbewerb, so daß wir diesen nicht explizit behandeln.

17.9.4.2 Das Beispiel Preiswettbewerb[49]

Wir betrachten erneut die einfachste Form des Bertrand-Wettbewerbs, d.h. wir gehen von konstanten und identischen Grenzkosten der beiden Oligopolisten aus. Im Unterschied zu endlich oft wiederholten Spielen *ist* die gerade beschriebene Strategie zur Herbeiführung der Kollusionslösung nur teilspielperfekt, weil es keine letzte Periode gibt, die qua Rückwärtsinduktion das kompetitive Verhalten erzwingt. Überlegen wir hierzu, bei welchem Diskontfaktor i sich ein Teilnehmer durch Abweichen besser stellen kann, sofern der andere bei seiner „Strafstrategie" bleibt.[50] Einhalten der kooperativen Lösung – wir nennen dies die Gesamtstrategie σ_i^M – über alle Perioden hinweg liefert einen Nutzen von

$$u_i(\sigma_i^M) = \sum_{t=0}^{n} i^t g_i^M = g_i^M \frac{1}{1-i} \tag{17.118}$$

(17.118) ist der über alle Perioden aufaddierte und diskontierte Nutzen der Kollusionslösung.[51] Weicht Unternehmen i dagegen ab, so erhält er einen Gesamtnutzen von

$$u_i(\sigma_i^A) = g_i^A + \sum_{t=1}^{n} i^t g_i^* = g_i^A + g_i^* \frac{i}{1-i} \quad {}^{52} \tag{17.119}$$

---

48 Vgl. ähnlich Holler/Illing 1996, 154.

49 Vgl. ähnlich Tirole 1994, 245ff.

50 Man nennt diese Strategie auch „Triggerstrategie", weil sie kooperatives Verhalten „auslöst". Solche Strategien wurden erstmals von Friedman (1971) analysiert. Für eine ausführliche Darstellung und Diskussion von Triggerstrategien vgl. z.B. Holler/Illing 1996, 142-154.

51 Für n gegen unendlich konvergiert die Summe gegen $g_i^M\ 1\ /\ (1-i)$

52 Vielen Leser/innen wird bekannt sein, daß der Barwert einer unendlichen Reihe mit r als Zinssatz $(1/r)\cdot A$ beträgt, wobei A die Rente ist. Wenn Sie bedenken, daß i als $1/(1+r)$ definiert ist, so entspricht $i/(1-i)$ in der Tat genau $1/r$, weil

$$\frac{i}{1-i} = \frac{\dfrac{1}{1+r}}{1-\dfrac{1}{1+r}} = \frac{\dfrac{1}{1+r}}{\dfrac{1+r-1}{1+r}} = \frac{\dfrac{1}{1+r}}{\dfrac{r}{1+r}} = \frac{1}{r}$$

(17.119) drückt aus, daß das Unternehmen i bei Abweichung einmal den höheren Gewinn g_i^A und für alle anderen Perioden nur den Gewinn g_i^*, also den Gewinn im
Nash-Gleichgewicht des Stufenspiels, erhält.

Die Beibehaltung der Kollusionslösung lohnt sich also für

$$g_i^A + g_i^* \frac{i}{1-i} \leq g_i^M \frac{1}{1-i} \tag{17.120}$$

Um die Abhängigkeit der Erreichbarkeit der Kollusionslösung vom Diskontfaktor
deutlich zu machen, ist es häufig nützlich, (17.120) in folgender Weise umzuformen:[53]

$$i \geq \frac{g_i^A - g_i^M}{g_i^A - g_i^*} \tag{17.121}$$

Je größer der Diskontfaktor bzw. je höher die Bewertung zukünftiger Erträge, desto
besser stehen natürlich die Chancen für die Kollusionslösung, weil sich der Verzicht
auf den heutigen Zusatzgewinn durch eine Abweichung von der gemeinsamen Gewinnmaximierung eher lohnt. In unserem einfachsten Bertrand-Wettbewerb mit konstanten und identischen Grenzkosten läßt sich Ungleichung (17.121) erheblich vereinfachen: Erstens wissen wir, daß der Gewinn im Nash-Gleichgewicht (g_i^*) Null ist.
Zweitens wissen wir, daß der Abweichungsgewinn dem *doppelten* Kooperationsgewinn
entspricht. Dies liegt daran, daß eine minimale Unterbietung des Konkurrenten zur
Versorgung des Gesamtmarktes (statt des halben Marktes) beim praktisch gleichen
Preis führt. Ersetzen wir g_i^M durch $g_i^A/2$ und berücksichtigen wir $g_i^* = 0$, so vereinfacht sich (17.121) zu

$$i \geq \frac{g_i^A - \dfrac{g_i^A}{2}}{g_i^A} \tag{17.122}$$

bzw.

$$i \geq 1/2 \tag{17.123}$$

Im einfachsten Bertrand-Wettbewerb mit 2 Unternehmen sowie konstanten und identischen Grenzkosten ist die Kollusionslösung also immer dann ein teilspielperfektes
Gleichgewicht, wenn der Diskontfaktor mindestens 0,5 ist.[54]

Die Schwierigkeit einer Prognose bei Superspielen besteht nun allerdings darin,
daß es im allgemeinen – so auch in unserem Beispiel – nicht nur eines, sondern *unend-*

---

53 Diese Umformungen sind:

$$g_i^A + g_i^* \frac{i}{1-i} \leq g_i^M \frac{1}{1-i} \Rightarrow g_i^A - i \cdot g_i^A + i \cdot g_i^* \leq g_i^M \Rightarrow i(g_i^* - g_i^A) \leq g_i^M - g_i^A \Rightarrow$$

$$i(g_i^A - g_i^*) \geq g_i^A - g_i^M \Rightarrow i \geq \frac{g_i^A - g_i^M}{g_i^A - g_i^*}$$

54 Dies entspricht gemäß der Formel i=1/(1+r) einem Zinssatz von 100 %.

lich viele Gleichgewichte gibt.[55] Ein erstes weiteres teilspielperfektes Gleichgewicht besteht offensichtlich darin, in allen Perioden das Nash-Gleichgewicht des Stufenspiels zu spielen – denn sofern diese Strategie von einem Spieler konsequent (also über alle Perioden hinweg) durchgezogen wird, kann der andere Spieler nichts besseres machen, als das Gleiche zu tun. Daneben gibt es aber auch noch unendlich viele andere Gleichgewichte, die zu einem höheren Periodengewinn als im Nash-Gleichgewicht, aber zu einem niedrigeren Gewinn als in der Kollusionslösung führen. Dazu müssen wir nur erneut Ungleichung (17.121) betrachten und uns vorstellen, daß g_i^M nicht der Monopolgewinn, sondern *irgendein* Gewinn sei, der in einem teilspielperfekten Gleichgewicht zustande kommt. Offensichtlich gibt es im (stetigen) Allgemeinfall für hinreichend große Diskontfaktoren i unendlich viele solcher Gewinne g_i^M, für die Ungleichung (17.121) erfüllt ist. Beispielsweise könnte eine teilspielperfekte Strategie jedes Duopolisten bei Grenzkosten von Null darin bestehen, stets den *halben* Preis des Monopolpreises zu nehmen, sofern der andere ebenfalls diesen Preis wählt, und für immer auf den Preis von Null (also das Nash-Gleichgewicht des Stufenspiels) zu gehen, sofern der andere Duopolist jemals einen niedrigeren Preis nimmt (ein höherer Preis kommt für den Konkurrenten nicht in Frage, weil er dann sofort einen Gewinn von Null machen würde). Zur Vermeidung von Mißverständnissen muß deutlich hervorgehoben werden, daß die Existenz unendlich vieler Gleichgewichte nichts mit unserem Beispiel des Bertrand-Wettbewerbs zu tun hat, sondern als generelle Eigenschaft von Superspielen beispielsweise auch für den Cournot-Nash-Wettbewerb gilt. Dabei ist das Nash-Gleichgewicht des Stufenspiels in *jedem* Superspiel ein teilspielperfektes Gleichgewicht, während die Kollusionslösung nur ein Gleichgewicht ist, wenn der Diskontfaktor nicht zu klein (bzw. der Zinssatz nicht zu hoch) ist.[56]

Eine interessante Frage ist schließlich, wie die Chancen für Kollusionslösungen von der Anzahl der Marktteilnehmer abhängen. Dabei kann man allgemein das auch intuitiv einsichtige Ergebnis herleiten, daß die Kollusionsaussichten mit wachsender Anzahl beteiligter Unternehmen *abnehmen*. Dies liegt einfach daran, daß die Gewinne bei wachsender Anzahl von Unternehmen auch in der Kollusionslösung abnehmen (geht n gegen unendlich, so ist der Gewinn für das *einzelne* Unternehmen unabhängig von der Höhe des Monopolgewinns Null, während es sich durch eine einmalige Abweichung bei homogenen Gütern den Gesamtmarkt sichern kann). Wir wollen auch diesen Aspekt beispielhaft für unseren Bertrand-Wettbewerb darstellen, indem wir die Anzahl der Unternehmen nun n nennen.

Wenn wir wieder von Ungleichung (17.121) ausgehen, so ist der einzige Unterschied gegenüber der bisherigen Darstellung, daß der Gewinn in der Kollusionslösung nun nicht mehr die Hälfte des Abweichungsgewinns, sondern 1/n des Abweichungsgewinns beträgt. Denn bei einer Abweichung macht man nach wie vor den Monopol-

---

55 Den Nachweis der Existenz unendlich vieler Gleichgewichte in Superspielen bezeichnet man als Folk-Theorem, weil es schon lange bekannt war, ohne einem bestimmten Autor zugeschrieben werden zu können.

56 Shapiro (1989, 362) schreibt daher zu Recht, daß sich in Superspielen das entgegengesetzte Problem von endlich oft wiederholten Spielen stellt: während bei letzteren weiterhin nur das Nash-Gleichgewicht des Stufenspiels ein teilspielperfektes Gleichgewicht ist und es in diesem Sinne „zu wenig" Gleichgewichte gibt, leiden Superspiele unter einer Überfülle von Gleichgewichten.

gewinn, während sich dieser sonst auf n Unternehmen aufteilt. Berücksichtigen wir ferner wieder $g_i^* = 0$, so vereinfacht sich (17.121) zu

$$i \geq \frac{g_i^A - \dfrac{g_i^A}{n}}{g_i^A} = \frac{ng_i^A - g_i^A}{g_i^A} = \frac{(n-1)g_i^A}{g_i^A} = \frac{n-1}{n} \tag{17.124}$$

Wir sehen also unmittelbar den Effekt der Anzahl der Unternehmen für die Chancen der Kollusionslösung: konvergiert n gegen unendlich, so ist die Kollusionslösung nur dann teilspielperfekt, wenn der Diskontfaktor gegen Eins geht, weil nur dann $i \geq (n-1)/n$ gilt. Für 5 Unternehmen genügt ein Diskontfaktor von 0,8, für 10 Unternehmen muß er schon 0,9 sein, damit die Kollusionslösung ein Gleichgewicht ist.[57]

Zusammenfassend kann man sicher sagen, daß der Übergang zu Superspielen unser Verständnis geheimer Kooperationsmöglichkeiten im Oligopol entscheidend verbessert hat. Die Tatsache, daß eine Vielzahl unterschiedlicher Gleichgewichte existiert, sollte nicht notwendigerweise als Schwäche interpretiert werden, da es offensichtlich ist, daß die Ergebnisse in der Realität tatsächlich von den jeweiligen, sehr spezifischen Marktgegebenheiten abhängig sind und ein allgemeines Resultat nicht ableitbar ist.[58] Allerdings impliziert dies, daß Superspiele in dieser Form für praktische Voraussagen wertlos sind, so daß man auf Verfeinerungen (insbesondere die Theorie der *Auswahl* unter verschiedenen Gleichgewichten)[59] angewiesen ist. Für solche und andere weiterführende Fragestellungen verweisen wir geneigte Leser/innen auf die spieltheoretische Spezialliteratur.[60]

Hinzugefügt sei schließlich noch, daß in der Praxis vor allem bei homogenen Produkten mit kollusivem Verhalten gerechnet werden muß, weil bei diesen die Abstimmung gemeinsamer Strategien wesentlich einfacher ist.[61] Sind die Produkte heterogen und produzieren die beteiligten Firmen verschiedene Güter, so führt die Festlegung der für die gemeinsame Gewinnmaximierung optimalen Preisdifferenzierung zu erheblichen Schwierigkeiten. Außerdem ist eine Umverteilung der Kartellgewinne erforderlich, weil die Gewinne der einzelnen Unternehmen von der Preisdifferenzierung abhängen.[62] Diese Umverteilung kann erstens zu Unstimmigkeiten führen und birgt zweitens die Gefahr, daß das Kartell entdeckt wird.

---

57 Dies sieht man, wenn man die entsprechenden Werte für n in (17.124) einsetzt.

58 Shapiro 1989, 379ff weist auf das Zusatzproblem hin, daß Triggerstrategien (also der Übergang zum Strafpfad des Nash-Gleichgewichts des Stufenspiels) zwar teilspielperfekt, aber nicht *rückverhandlungsstabil* sind. Denn da *alle* Beteiligten unter der Rückkehr zum Nash-Gleichgewicht des Stufenspiels leiden, bietet sich (analog zum später behandelten Coase-Theorem) ein Anreiz zu Verhandlungen. Da jedes Unternehmen bei einer Abweichung diese Verhandlungsanreize kennt, nimmt der Anreiz zur Abweichung wieder zu.

59 Vgl. z.B. Güth 1992, Kapitel VI.

60 Gute Überblicke finden sich bei Fudenberg/Tirole 1991 und Shapiro 1989.

61 Wir werden auf diesen Punkt bei der Analyse der Kartelle im deutschen Zementmarkt in Abschnitt 18.5.2.3 noch ausführlich zurückkommen.

62 Vgl. beispielsweise Jacquemin/Slade 1989, 420f.

17.10 Wohlfahrtstheoretische Zusammenfassung der Ergebnisse

Wir wollen nun unsere Auswahl von Oligopolmodellen vorläufig beenden und uns der wohlfahrtstheoretischen Interpretation der Ergebnisse zuwenden. Dabei beschränken wir uns auf das „Fischefang-Spiel", weil die Ergebnisse ohne weiteres verallgemeinerungsfähig und darüber hinaus auch intuitiv einsichtig sind. Bei der Interpretation der Resultate ist zunächst Vorsicht bezüglich des Begriffs pareto-effizienter Ergebnisse angezeigt. Denn die Frage, ob eine Allokation als pareto-effizient bezeichnet werden kann, hängt selbstverständlich davon ab, *wie das betrachtete System abgegrenzt wird*. Wenn wir lediglich die Produzenten einbeziehen, so ist definitionsgemäß die gemeinsame Gewinnmaximierung pareto-effizient, weil es dort selbstverständlich nicht möglich wäre, durch eine bessere Koordination der Strategien den Gewinn des einen Unternehmens zu erhöhen, ohne gleichzeitig den des anderen zu reduzieren. Diese Betrachtungsweise ist spieltheoretisch interessant, weil sie die Ineffizienz von Gleichgewichten vom Standpunkt der Entscheidungsträger verdeutlicht.

Vom *gesamtwirtschaftlichen Standpunkt* aus greift diese Betrachtungsweise aber zu kurz, weil die Lösung der gemeinsamen Gewinnmaximierung denkbar weit vom Optimum entfernt ist. Im Kern handelt es sich ja um nichts anderes als die Wiederholung der Monopollösung, so daß die Überlegungen aus Kapitel 15 weiterhin Bestand haben. Vom gesamtwirtschaftlichen Standpunkt aus ergeben sich daher folgende Resultate:

- die Lösung der gemeinsamen Gewinnmaximierung führt zu den niedrigsten Mengen, den höchsten Preisen und den insgesamt höchsten Gewinnen. Da die Abweichung des Preises von den Grenzkosten maximal ist, ist das Ergebnis wohlfahrtstheoretisch am schlechtesten und entspricht der Monopollösung. Die Kollusionslösung ist aber kein Nash-Gleichgewicht und daher ohne bindende Absprachen zumindest in der statischen Betrachtungsweise nicht stabil;
- beim simultanen Mengenwettbewerb (Cournot-Nash-Gleichgewicht) ergeben sich Mengen (Preise), die über (unter) denen bei der gemeinsamen Gewinnmaximierung liegen. Die Lösung ist daher wohlfahrtstheoretisch vorzuziehen, weil die Abnahme der Gewinne (bzw. der Produzentenrente) gegenüber der gemeinsamen Gewinnmaximierung von der Zunahme der Konsumentenrente überkompensiert wird. Allerdings liegen die Preise immer noch über den Grenzkosten, so daß die Lösung ebenfalls nicht pareto-effizient ist. Das gleiche gilt für das Kreps/Scheinkman-Modell, d.h. einen Preiswettbewerb auf der Grundlage einer vorhergehenden Festlegung der Kapazitäten. Dies liegt daran, daß diese Wettbewerbsform vom Ergebnis her zurück zum Cournot-Nash-Gleichgewicht führt;
- der sequentielle Mengenwettbewerb (Stackelberg-Lösung) bedeutet gegenüber dem Cournot-Nash-Gleichgewicht wohlfahrtstheoretisch eine weitere Verbesserung, weil die Mengen höher und die Preise niedriger sind. Auch hier liegen die Preise jedoch über den Grenzkosten, so daß die Lösung ebenfalls nicht pareto-effizient ist. Für beide Mengenwettbewerbe verbessern sich die Resultate unter wohlfahrtstheoretischen Gesichtspunkten, wenn die Anzahl der beteiligten Unternehmen zunimmt;

– beim simultanen Preiswettbewerb (Bertrand-Modell) kommt es unabhängig von der Anzahl der Unternehmen zum Ausgleich von Preis und Grenzkosten, so daß sich eine pareto-effiziente Allokation der Ressourcen einstellt.

Die wohlfahrtstheoretische Beurteilung des Oligopols hängt daher sehr stark von den wohlfahrtstheoretischen Prämissen ab.

17.11 Ein Anwendungsgebiet: Strategische Handelspolitik

Wir haben im gesamten 17. Kapitel gesehen, daß oligopolistische Märkte unter plausiblen Bedingungen dazu führen, daß die Angebotsmengen – und damit auch die Summe aus Konsumenten- und Produzentenrente – kleiner sind als bei vollständiger Konkurrenz. Trotz aller Vorsicht im Detail lassen sich auch empirische Studien dahingehend zusammenfassen, daß die Gewinne der Unternehmen mit zunehmendem Konzentrationsgrad (also mit abnehmender Anzahl der Unternehmen) zunehmen.[63] Zusammen mit der Monopolanalyse liefert dies gute Gründe für die Vermeidung wirtschaftlicher Machtstellungen, wie dies beispielsweise in der präventiven Fusionskontrolle des Kartellamtes zum Ausdruck kommt. Derartige Aspekte werden wir im 18. Kapitel ausführlich diskutieren.

Darüber hinaus muß aber darauf hingewiesen werden, daß der Übergang von der Annahme vollständiger Konkurrenz zur realistischeren Analyse oligopolistischer Märkte auch in anderen mikroökonomischen Gebieten der Wirtschaftstheorie und Wirtschaftspolitik zu erheblichen Veränderungen geführt hat. Dies möchten wir beispielhaft an einem noch relativ jungen Zweig der Außenhandelstheorie erläutern, der als *strategische Handelspolitik* bezeichnet wird.

Sowohl die traditionelle Außenhandelstheorie als auch die strategische Handelspolitik untersuchen die Auswirkungen protektionistischer Maßnahmen wie Importzölle und Exportsubventionen auf die Wohlfahrt des entsprechenden Landes und die Weltwohlfahrt. Lassen Sie uns zum Verständnis der praktischen Bedeutung der Oligopoltheorie ein Land A betrachten, das die Wettbewerbsposition eines Industriezweiges beispielsweise durch Exportsubventionen verbessern möchte. Das zentrale Ergebnis der traditionellen Außenhandelstheorie besagt, daß solche Exportsubventionen (bei Importzöllen verschärft sich das Ergebnis noch) nicht nur die Weltwohlfahrt, sondern auch die Wohlfahrt *in dem Land reduzieren, das die protektionistische Maßnahme durchführt*. Protektionistische Maßnahmen wären demnach auch individuell irrational. Dieses Ergebnis folgt direkt aus den *Annahmen* der traditionellen (realen) Außenhandelstheorie, deren wichtigste vollständige Konkurrenz und nicht-steigende Skalenerträge sind.

Betrachten wir zur Illustration ein inländisches Unternehmen, das unter der Bedingung eines gegebenen Weltmarktpreises $p = 20$ auf einem ausländischen Markt jede beliebige Menge (dies entspricht der Annahme vollständiger Konkurrenz) verkau-

---

63 Vgl. auch Kapitel 18.

kaufen kann. Die variablen Kosten des Unternehmens seien $K_v=5y^2$, so daß die Gewinnfunktion mit K_f als Fixkosten

$$G = 20y - 5y^2 - K_f \qquad (17.125)$$

lautet. Gewinnmaximierung erfordert, daß die erste Ableitung gleich Null ist:

$$\frac{dG}{dy} = 20 - 10y = 0 \qquad (17.126)$$

Das Unternehmen verkauft auf dem Weltmarkt demnach 2 Einheiten und erzielt einen Deckungsbeitrag[64] von

$$D = 20 \cdot 2 - 5 \cdot 2^2 = 20 \qquad (17.127)$$

Nehmen wir nun an, daß der Staat die Wettbewerbsposition des Unternehmens durch eine Exportsubvention von 10 Geldeinheiten pro Produkteinheit verbessern möchte. Die Gewinnfunktion des Unternehmens lautet dann

$$G = 20y - 5y^2 + 10y - K_f \qquad (17.128)$$

mit

$$\frac{dG}{dy} = 20 - 10y + 10 = 0 \qquad (17.129)$$

Als gewinnmaximale Menge ergibt sich $y = 3$ und als Deckungsbeitrag

$$D = 20 \cdot 3 - 5 \cdot 3^2 + 3 \cdot 10 = 45 \qquad (17.130)$$

Gleichzeitig entstehen dem Staat aber Subventionskosten von $3 \cdot 10 = 30$, so daß die Erhöhung des Deckungsbeitrags um 25 (von 20 auf 45) mit Kosten der öffentlichen Hand in Höhe von 30 erkauft wird.[65] Dieses kleine „Modell" illustriert also den Sachverhalt, daß Exportsubventionen die inländische Wohlfahrt vermindern, sofern das inländische Unternehmen mit sinkenden Skalenerträgen (also steigenden Grenzkosten) in einem Weltmarkt mit vollständiger Konkurrenz produziert. Der Grund für dieses Ergebnis ist letztlich trivial: da bei vollständiger Konkurrenz sowieso keine Gewinne gemacht werden können, schneidet sich der protektionistische Staat ins eigene Fleisch.

Würden die Prämissen der traditionellen Außenhandelstheorie zutreffen, so würden protektionistische Maßnahmen wie Importzölle und Exportsubventionen also systematisch nicht nur die Weltwohlfahrt, sondern auch die inländische Wohlfahrt reduzieren. Das ganze Problem der Liberalisierung wäre demnach durch inkompetente Politiker zu erklären – ein zu einfacher und daher naiver Erklärungsversuch.

Tatsache ist dagegen, daß die Annahmen nicht-steigender Skalenerträge und vollständiger Konkurrenz in offensichtlichem Gegensatz zu den Gegebenheiten auf globalen Märkten stehen. Was ändert sich, wenn wir beispielsweise die Annahme voll-

---

64 Dieser muß im langfristigen Gleichgewicht den Fixkosten entsprechen, da bei vollständiger Konkurrenz kein Gewinn gemacht wird.

65 Dabei sind Verzerrungen, die durch die Finanzierung der Subvention entstehen, noch nicht mitgerechnet.

ständiger Konkurrenz durch oligopolistische Märkte ersetzen? Wie ausführlich erörtert, können die beteiligten Unternehmen in Oligopolen normalerweise Gewinne erzielen, die über die gewöhnlichen Kapitalverzinsungen bei vollständiger Konkurrenz hinausgehen. Daher ist es für jedes *einzelne* Land nun *wohlfahrtssteigernd*, die Wettbewerbsposition der eigenen Unternehmen durch Exportsubventionen zu verbessern, um dadurch einen Teil der auf dem Weltmarkt erzielbaren Gewinne ins Inland umzulenken (man nennt dies rent-shifting). Die moderne Außenhandelstheorie (Theorie der strategischen Handelspolitik) kann daher protektionistisches Verhalten der einzelnen Länder als individuell rational ausweisen und damit erklären. Gleichzeitig ändert sich auch die Beurteilung unter Wohlfahrtsgesichtspunkten: Die mit Exportsubventionen verbundene Erhöhung der Produktionsmengen steigert möglicherweise nicht nur die inländische, sondern auch die Weltwohlfahrt, weil die Ausgangsproduktionsmenge gemessen am Optimum vollständiger Konkurrenz ja zu niedrig war. Allerdings reduzieren Exportsubventionen die Wohlfahrt der produzierenden Länder, die auf Exportsubventionen verzichten, weil sich die Wettbewerbsposition der Unternehmen aus diesen Ländern verschlechtert.

Lassen Sie uns diese Überlegungen noch durch ein einfaches Rechenbeispiel erläutern. Wir betrachten ein denkbar einfaches homogenes Duopol und nehmen an, daß ein inländisches Unternehmen I und ein ausländisches Unternehmen A beide ausschließlich für den ausländischen Markt A produzieren (die qualitativen Ergebnisse ändern sich in diesem einfachsten Grundmodell nicht, wenn sich die beiden Länder wechselseitig beliefern). Es gelte die lineare Preis-Absatz-Funktion

$$p = a - (y_I + y_A) \tag{17.131}$$

Beide Unternehmen haben konstante Grenzkosten c, so daß die Gewinnfunktionen

$$G_I = ay_I - y_I(y_I + y_A) - cy_I \tag{17.132}$$

bzw.

$$G_A = ay_A - y_A(y_I + y_A) - cy_A \tag{17.133}$$

lauten. Wir unterstellen einen simultanen, einstufigen Mengenwettbewerb. Es dürfte Ihnen nun nicht mehr schwer fallen, aus den gleich Null gesetzten partiellen Ableitungen der Gewinnfunktionen das Cournot-Nash-Gleichgewicht zu bestimmen. Es ergeben sich als Preis (p), Angebotsmengen (y_I bzw. y_A), zugehörige Gewinne (G_I bzw. G_A), Konsumentenrente im Land A (KR), Produzentenrente weltweit (G_I+G_A) und Wohlfahrt (W)

$$p = \frac{a + 2c}{3} \tag{17.134}$$

$$y_I = y_A = \frac{a - c}{3} \tag{17.135}$$

$$G_I = G_A = \frac{(a - c)^2}{9} \tag{17.136}$$

$$KR = \frac{2(a-c)^2}{9} \tag{17.137}$$

$$PR = G_I + G_A = \frac{2(a-c)^2}{9} \tag{17.138}$$

$$W = KR + PR = \frac{4(a-c)^2}{9} \tag{17.139}$$

Nehmen wir nun an, daß das Inland eine Exportsubvention e pro produzierter Einheit durchführt, um die Chancen des inländischen Unternehmens zu erhöhen. Da die Gewinne positiv sind, wirkt sich die Exportsubvention (im Unterschied zur Situation bei vollständiger Konkurrenz) günstig für das Inland aus. Die Gewinnfunktion des inländischen Unternehmens lautet nun

$$G_I = ay_I - y_I \, (y_I + y_A) - cy_I + ey_I \tag{17.140}$$

Die inländische Wohlfahrt entspricht nun allerdings nicht mehr der Produzentenrente des Inlands (also G_I) allein, weil ja auch die Kosten des Staates berücksichtigt werden müssen. Also ist die inländische Wohlfahrt

$$W_I = ay_I - y_I \, (y_I + y_A) - cy_I \tag{17.141}$$

Die inländische Wohlfahrt entspricht also dem Gewinn des Unternehmens, vermindert um die Exportsubventionen (da diese ja den Kosten des Staates entsprechen und sich in der Wohlfahrtsbetrachtung kürzen). Wir können nun ein zweistufiges Spiel mit folgender Anordnung betrachten:

1. Auf der zweiten Stufe findet zwischen dem inländischen Unternehmen I und dem ausländischen Unternehmen A wieder ein Cournot-Wettbewerb statt, wobei die Gewinnfunktion des inländischen Unternehmens nun durch (17.140) gegeben ist. Dieser Cournot-Wettbewerb führt im Cournot-Nash-Gleichgewicht zu den Angebotsmengen[66]

$$y_I^e = \frac{a - c + 2e}{3} \tag{17.142}$$

und

$$y_A^e = \frac{a - c - e}{3} \tag{17.143}$$

Der Vergleich mit den vorhergehenden Mengen zeigt das (selbstverständliche) Ergebnis, daß die vom inländischen (ausländischen) Unternehmen angebotene Menge zunimmt (abnimmt), wenn die Subventionen steigen. Die Gesamtmenge nimmt eindeutig zu. Der Preis beträgt

$$p^e = \frac{a + 2c - e}{3} \tag{17.144}$$

---

66   Die hochgestellten Indizes „e" drücken aus, daß wir nun ein Spiel mit Exportsubventionen betrachten.

und liegt damit unter dem Preis ohne Subventionen, weil sich ja die Kosten eines Unternehmens reduziert haben.

2. Auf der ersten Spielstufe nehmen wir nun an, daß das Inland unter Kenntnis des Cournot-Nash-Gleichgewichts der zweiten Stufe über die Subvention entscheidet, die die durch (17.141) gegebene inländische Wohlfahrt maximiert. Dazu müssen wir nur die durch (17.142) und (17.143) gegebenen Mengen in (17.141) einsetzen und (17.141) über die Subvention e maximieren. Es ergibt sich

$$\frac{\partial W_I}{\partial e} = \frac{a - c - 4e}{9} = 0 \Rightarrow \qquad\qquad (17.145)$$

$$e = \frac{a - c}{4} \qquad\qquad (17.146)$$

Ausgehend von dieser Subvention können wir nun die uns interessierenden Größen ausrechnen, wobei wir feststellen, daß

- die inländische Produzentenrente und die inländische Wohlfahrt steigen;
- die ausländische Produzentenrente sinkt;
- die ausländische Konsumentenrente steigt;
- und die Weltwohlfahrt steigt.

In unserem Fall nimmt nicht nur die Weltwohlfahrt, sondern sogar die Wohlfahrt im Ausland (also in beiden Ländern) zu, weil der Verlust an Produzentenrente durch den Zuwachs an Konsumentenrente überkompensiert wird.

Nun beruht das hier skizzierte Beispiel natürlich auf recht speziellen Annahmen, wie einer linearen Preis-Absatz-Funktion, homogenen Produkten und nur zwei Unternehmen. Die Ergebnisse können sich bei komplizierteren Annahmen durchaus ändern – so kann beispielsweise die für das Inland optimale Subvention sogar negativ sein, wenn die Anzahl inländischer Unternehmen, die ins Ausland exportieren, sehr groß ist. Dann führt die Kostenerhöhung nämlich zu einer Mengenverknappung, was zwar die ausländische Konsumentenrente reduziert, die inländischen Gewinne aber erhöht. Der entscheidende Punkt aber ist, daß wirtschaftspolitische Eingriffe aller Art in Oligopolmodellen zumindest individuell (also vom Standpunkt des durchführenden Landes) rational sind, und teilweise sogar die Weltwohlfahrt erhöhen. Der Übergang von vollständiger Konkurrenz zur realistischeren Annahme oligopolistischer Märkte führt daher zu Resultaten, die die Kluft zwischen Theorie und Praxis vermindern – und daher die Relevanz der theoretischen Modelle erheblich erhöhen.

Kapitel 18

Markteintritt, Innovation und Wettbewerbspolitik

18.1 Fragestellung und Überblick

Im vergangenen Kapitel sind wir – abgesehen von unserer Darstellung der einfachsten Variante des Kreps/Scheinkman-Modells – davon ausgegangen, daß die Anzahl der in einem Markt tätigen Unternehmen, die Kapazitäten und die Kostenfunktionen gegeben sind. Während die dann entstehenden Preis-Mengen-Konstellationen das klassische Thema der Mikroökonomie (Preistheorie) sind, fragt die *Wettbewerbstheorie* traditionell nach dem Zusammenhang von Marktform und technischem Fortschritt (Innovation). Man sprach lange auch davon, daß die Mikroökonomie die *statische Allokationseffizienz* von Märkten untersucht (wie „nahe" liegen die Mengen in einer bestimmten Wettbewerbsform am Pareto-Optimum?), während die Wettbewerbstheorie die *dynamische Allokationseffizienz* (wie hoch ist der technische Fortschritt in bestimmten Wettbewerbsformen?) behandelt. Es ist klar, daß die zweite Frage für die Entwicklung einer Volkswirtschaft mindestens ebenso wichtig ist wie die erste, so daß wettbewerbstheoretischen Fragen schon immer große Beachtung geschenkt wurde.

Ein klassischer Unterschied zwischen der mikroökonomischen Preistheorie und der Wettbewerbstheorie bestand auch darin, daß preistheoretische Modelle formal waren und sind, während wettbewerbstheoretische Ansätze eher auf einfache graphische Erläuterungen oder intuitive Zugänge setzten. Dies liegt ganz einfach daran, daß die mathematische Formulierung um so problematischer wird, je größer und komplexer die Anzahl der einbezogenen Faktoren wird, so daß es schwer ist, beispielsweise den Anreiz für technischen Fortschritt in bestimmten Märkten zu modellieren. Die statische Allokationstheorie konnte auf der Basis gegebener Kostenfunktionen und einer gegebenen Anzahl von Marktteilnehmern ihre Modelle stets leichter formulieren. Leicht vereinfachend konnte man daher sagen, daß die mikroökonomische Preistheorie in exakter Form vielleicht nicht so entscheidende Fragen untersuchte, während die Wettbewerbstheorie zwar die richtigen Fragen stellte, diese aber nicht formal zufriedenstellend untersuchen konnte.

Erfreulicherweise hat die Dominanz der Spieltheorie sowohl in der Preis- als auch in der Wettbewerbstheorie in den letzten etwa 10 bis 15 Jahren dazu geführt, daß dieser traditionelle Unterschied – sehr zum Nutzen beider Disziplinen – aufgeweicht wurde. Die moderne sog. *Industrieökonomie* bemüht sich heute darum, beide Forschungsstränge miteinander zu verbinden, indem die wettbewerbstheoretischen Fragestellungen mit dem Instrumentarium der Spieltheorie untersucht werden. Gleichzeitig hat auch die empirische Forschung große Fortschritte gemacht, obwohl sich aufgrund zahlreicher methodischer und praktischer Probleme eindeutige Antworten auf zentrale Fragen – beispielsweise den Zusammenhang von Konzentration, Preisen und Gewinnen – immer noch nicht geben lassen (vgl. Abschnitt 18.4). Man kann sagen, daß der Begriff „Industrieökonomie" (üblicher ist der englische Begriff „Industrial organization") heute als Oberbegriff für die moderne preis- und wettbewerbstheoretische Forschung verwendet wird.[1] Ohne ins (formale) Detail gehen zu können, wollen wir in diesem Kapitel zwei Stränge der industrieökonomischen Forschung skizzieren. Damit möchten wir einen Eindruck von den Fragen geben, die sich zu den rein preistheoretischen Überlegungen der vorhergehenden Kapitel zusätzlich stellen, wenn man Marktformen – und damit beispielsweise auch Eingriffe von Kartellbehörden – beurteilen will.

In Abschnitt 18.2 schildern wir einige traditionelle und modernere Überlegungen hinsichtlich der *Innovationsanreize*, die sich in unterschiedlichen Markt- und Wettbewerbsformen ergeben. Dabei gehen wir auch auf Innovationsanreize ein, die sich mit und ohne Patentschutz ergeben. Charakteristisch für die in Abschnitt 18.2 behandelten Ansätze ist, daß zwar der Zusammenhang von Markt- und Wettbewerbsformen mit Innovationsanreizen untersucht wird, die Anzahl der Marktteilnehmer aber als exogen gegeben betrachtet wird. In Abschnitt 18.3 erörtern wir daher einige Facetten der Beziehung von Markteintritt und Wettbewerb.[2]

Während die Abschnitte 18.2 und 18.3 eher theoretisch oder zumindest konzeptionell ausgerichtet sind, skizzieren wir in Abschnitt 18.4 einige empirische Forschungsergebnisse. Anschließend widmen wir uns in Abschnitt 18.5 ausgesprochen ausführlich der Wettbewerbspolitik in der Bundesrepublik Deutschland sowie in der EU. Dies scheint uns erforderlich, um nach den zahlreichen Modellen der letzten Kapitel erneut den Bogen von der Theorie zur Praxis zu schlagen. Neben den rechtlichen Grundlagen, die im Gesetz gegen Wettbewerbsbeschränkungen verankert sind, gehen wir auch auf zahlreiche, aktuelle Anwendungsfälle ein.

18.2   Wettbewerbsformen und Innovationsanreize

18.2.1   Überblick

Wie einleitend erwähnt, schildern wir in diesem Abschnitt einige Überlegungen und Modelle, die sich mit den Innovationsanreizen in verschiedenen Markt- und Wettbewerbsformen unter der Annahme einer *gegebenen* Anzahl von Marktteilnehmern ausei-

---

1   Umfassende Überblicke über die industrieökonomische Forschung bis Ende der 80er Jahre geben die Lehrbücher von Martin 1993 und Tirole 1994 und das von Schmalensee/Willig herausgegebene zweibändige „Handbook of Industrial Organization" 1989, das sowohl theoretische als auch empirische Abhandlungen enthält.

2   Diese wurde implizit, allerdings in der einfachsten denkbaren Form auch schon bei der Theorie vollständiger Konkurrenz behandelt. Denn dort wird unterstellt, daß jede Existenz von (Extra-) Gewinnen sofort zum Markteintritt neuer Unternehmen führt, wodurch die Gewinne (unendlich schnell) wieder auf Null sinken.

nandersetzen. Aufbauend auf einigen Grundgedanken der sog. Harvard-School (Abschnitt 18.2.2) schildern wir ein für die Wettbewerbspolitik in der Bundesrepublik Deutschland einflußreiches Modell von Kantzenbach, der die Marktform des „weiten Oligopols" für ideal im Sinne der Anreize für technischen Fortschritt hielt (Abschnitt 18.2.3). Anschließend skizzieren wir, warum selbst bei vollständigem Patentschutz die Innovationsanreize bei vollständiger Konkurrenz, stärker aber noch im Monopol, unterhalb der sozial effizienten Innovationsanreize liegen können (Abschnitt 18.2.4). Schließlich erläutern wir in 18.2.5 die Intuition wichtiger Arbeiten von Fudenberg/Tirole (1984) bzw. Bulow/Geanakoplos/Klemperer (1985), die die strategischen Aspekte von Innovationen untersuchen, die sich im Oligopol ergeben. Die dort entwickelten Ergebnisse sind recht leicht nachvollziehbar und spielen eine wichtige Rolle in vielen theoretischen, aber auch anwendungsorientierten Arbeiten (beispielsweise zum Umweltproblem in oligopolistischen Märkten). In Abschnitt 18.2.6 dehnen wir die Überlegungen auf Innovationswettbewerbe mit und ohne Patentschutz aus.

18.2.2 Das Konzept des funktionsfähigen Wettbewerbs (Harvard-School)[3]

Mit dem für jede Strukturierung erforderlichen Mut zur Vereinfachung kann man sagen, daß sich wettbewerbspolitische Konzeptionen vor allem dadurch unterscheiden lassen, welche Eingriffsmöglichkeiten dem Staat zugebilligt werden sollen. Sowohl die in diesem Abschnitt geschilderte Theorie des funktionsfähigen Wettbewerbs als auch das Kantzenbach-Modell befürworten weitgehende Eingriffe, während wir in Abschnitt 18.3 Auffassungen vorstellen, die staatlichen Eingriffen – außer im Extremfall des offenkundigen Mißbrauchs wirtschaftlicher Machtstellungen – außerordentlich skeptisch gegenüberstehen.

Die Theorie des funktionsfähigen Wettbewerbs („*workable competition*") wurde vor allem in den fünfziger Jahren an der Harvard-Universität entwickelt. Der Grundgedanke des funktionsfähigen Wettbewerbs besteht ähnlich wie schon in der gewöhnlichen Preistheorie darin, über die Markt*struktur* das Markt*verhalten* und über das Markt*verhalten* das Markt*ergebnis* zu prognostizieren (wegen der Argumentation über Struktur, Verhalten und Ergebnis spricht man auch vom SVE-Paradigma). Lassen Sie uns den Gedanken des SVE-Paradigmas zunächst für die gewöhnliche Preistheorie (also für den Gesichtspunkt der statischen Allokationseffizienz) rekapitulieren, ehe wir ihn auf das komplexere Gebiet der Wettbewerbstheorie übertragen. Innerhalb der Markt*struktur* ist die wichtigste Variable für die gewöhnliche Preistheorie die Anzahl der Unternehmen, wie besonders bei der idealtypischen Unterscheidung zwischen Monopol, Oligopol und vollständiger Konkurrenz deutlich wird. Ausgehend von der Marktstruktur wird dann beispielsweise für das Monopol als Verhalten ein Preis über den Grenzkosten prognostiziert, was wiederum als Markt*ergebnis* eine – gemessen am Optimum vollständiger Konkurrenz – zu geringe Summe aus Konsumenten- und Produzentenrente bewirkt. Allerdings wird der SVE-Ansatz selbst bei der Beschränkung auf die statische Allokationseffizienz recht komplex, wenn das Oligopol betrachtet wird –

---

3   Vgl. für eine etwas ausführlichere Darstellung dieses Konzeptes z.B. Berg 1992, 248ff. Eine wichtige Arbeit zur Entwicklung des Konzeptes des funktionsfähigen Wettbewerbs ist Bain 1956.

denn dort kamen wir zu dem Resultat, daß etwa die Anzahl der Anbieter keineswegs hinreichende Hinweise auf das Marktverhalten gibt (denken Sie an die Unterschiede zwischen dem Bertrand- und Cournot-Wettbewerb). Man muß daher wesentlich mehr Marktstrukturdaten als die Anzahl der Anbieter berücksichtigen, um das Marktverhalten halbwegs plausibel begründen zu können.

Da innerhalb der Wettbewerbstheorie die dynamische Allokationseffizienz im Vordergrund steht, müssen selbstverständlich noch deutlich mehr Aspekte einbezogen werden als innerhalb der reinen Preistheorie. Abb. 18.1 zeigt einige typische Variable für Marktstruktur, Marktverhalten und Marktergebnis, die im SVE-Paradigma eine Rolle spielen.

Abb. 18.1: *Kernvariable der Marktstruktur, des Marktverhaltens und der Marktergebnis-Analyse*

Marktstruktur

Zahl der Anbieter und Nachfrager; Höhe und Streuung der Marktanteile; Ausmaß an Produktdifferenzierung; Grad der Markttransparenz; Art der Produktionstechnologie (Relevanz sog. Economies of Scale); Höhe der Marktzutrittsschranken; Marktphase (Einführungs-, Expansions-, Sättigungs- oder Rückbildungsphase); Diversifikationsgrad; Verflechtung mit vor- oder nachgelagerten Stufen u.a.m.

Marktverhalten

Preis- und Produktpolitik; Strategien des Marketing; Neigung zur Wettbewerbsbeschränkung; Innovationsaktivität; Art der Reaktion auf Änderung relevanter Daten; Käuferverhalten u.a.m.

Marktergebnis

Innovationsleistung; Anpassungsflexibilität; Produktqualität; Produktionseffizienz; Produktivitätsfortschritt; Gewinn-Niveau; Werbeaufwand; Beitrag zur Reduzierung der Umweltbelastung u.a.m.

Abb. 18.1 läßt sich folgendermaßen interpretieren: Innerhalb der Marktstruktur können die Kriterien „Zahl der Anbieter und Nachfrager" sowie „Höhe und Streuung der Marktanteile" verwendet werden, um den Konzentrationsgrad der Industrie zu ermitteln. Das Ausmaß der Produktdifferenzierung (also der Heterogenitätsgrad) und die Markttransparenz sind beispielsweise deswegen wichtig, weil bei zunehmender Produkthomogenität und hoher Markttransparenz eher mit kollusivem Verhalten oligopolistischer Anbieter gerechnet werden muß. Ferner zeigte sich, daß unterschiedliches Marktverhalten (beispielsweise Preis- oder Mengenwettbewerbe oder gar kartellistisches Verhalten) auch zu sehr unterschiedlichen Marktergebnissen führt.[4] Die Art der Produktionstechnologie ist bedeutsam, weil etwa bei steigenden Skalenerträgen eher mit Marktmacht gerechnet werden muß.[5]

Die Hoffnung der Vertreter der Theorie des funktionsfähigen Wettbewerbs war nun, daß man die Marktstrukturdaten so präzise erfassen kann, daß sich daraus – bei allen natürlich einkalkulierten Unschärfen im Detail – typische Marktverhaltensweisen ableiten lassen. Da dabei über die eingeschränkte Sichtweise der reinen Preistheorie hinausgegangen wird, umfassen die Marktverhaltensdaten nicht nur die Preise, sondern beispielsweise auch Art und Umfang der Marketingaktivitäten, Ausgaben für Forschung und Entwicklung, die Geschwindigkeit der Reaktion auf geänderte Marktdaten usw. Dabei sind sich die Vertreter dieses Ansatzes durchaus darüber im klaren

---

4   Vgl. hierzu auch die Skizze des Zementmarkts in Abschnitt 18.5.2.3.
5   Vgl. ausführlich oben, Kapitel 15.

sind, daß auch Rückwirkungen vom Marktverhalten auf die Marktstruktur ausgehen, weil etwa die aggressive Preispolitik eines Unternehmens dazu führen kann, daß andere Unternehmen aus dem Markt ausscheiden, so daß der Konzentrationsgrad zunimmt.

Analog werden auch Rückwirkungen vom Marktergebnis auf das Marktverhalten (und somit auf die Marktstruktur) in Betracht gezogen, doch liegt der Schwerpunkt umgekehrt auf der Abhängigkeit des Marktergebnisses vom Marktverhalten. Dabei kommt es nun nicht nur auf die Summe aus Konsumenten- und Produzentenrente, sondern auch auf die anderen in Abb. 18.1 aufgeführten Größen an. Im Zentrum der dynamischen Betrachtung steht dabei der Produktivitätsfortschritt, während bei anderen Variablen (beispielsweise den Werbeausgaben) die Trennung zwischen Marktverhalten und Marktergebnis oft nicht exakt gezogen werden kann.

Sollte sich tatsächlich eine über das Marktverhalten vermittelte hinreichend präzise Beziehung zwischen der Marktstruktur und dem Marktergebnis ermitteln lassen, so ist es offenbar zwingend, der Wettbewerbs*politik* eine ausgesprochen aktive Rolle zuzuweisen – ihre Aufgabe bestünde dann darin, die effiziente Marktstruktur beispielsweise durch die Unterstützung oder das Erschweren von Unternehmenszusammenschlüssen zu fördern. Im Mittelpunkt des SVE-Paradigmas stand daher stets eine optimistische Einschätzung über die Möglichkeiten einer aktiven Wettbewerbspolitik. Wir möchten auf eine Beurteilung des Konzepts des funktionsfähigen Wettbewerbs an dieser Stelle noch verzichten, weil sich dies leichter nach der Darstellung des Kantzenbach-Modells im nächsten Abschnitt leisten läßt.

18.2.3 Das Kantzenbach-Modell

Der in den sechziger Jahren von Kantzenbach entwickelte Ansatz[6] läßt sich am besten als Versuch interpretieren, die zahlreichen Variablen im SVE-Paradigma und den damit verbundenen enormen Informationsbedarf so auf einige Kerngrößen zu reduzieren, daß das Konzept für die praktische Wettbewerbspolitik fruchtbar gemacht werden kann. Von den zahlreichen statischen und dynamischen Wettbewerbsfunktionen konzentriert sich Kantzenbach auf den technischen Fortschritt, weil er diesen langfristig für die wichtigste Variable hält. Im Kern geht es bei ihm daher um die Frage, welche Wettbewerbsform für die Maximierung des technischen Fortschritts sorgt. Aus diesem Grund definiert Kantzenbach die *optimale Wettbewerbsintensität* als die Wettbewerbsintensität, bei der der technische Fortschritt am höchsten ist. Unter der Wettbewerbsintensität selbst versteht er wiederum die Geschwindigkeit, mit der Extragewinne, die beispielsweise durch *Innovationen* oder Marktunvollkommenheiten entstehen, wieder wegkonkurriert werden. Dieser Prozeß kann dabei sowohl durch Reaktionen der bereits am Markt tätigen Konkurrenten als auch durch den Markteintritt anderer Unternehmen zustandekommen. Gesucht wird also die Markt- und Wettbewerbsform, in der die Geschwindigkeit, mit der Extragewinne wegkonkurriert werden

---

6 Kantzenbach 1966. Vgl. hierzu auch die Kontroverse zwischen Hoppmann 1966 und Kantzenbach 1967. Eine Erläuterung der Argumente findet sich z.B. auch im Lehrbuch von Bartling 1980.

(genannt Wettbewerbsintensität) den technischen Fortschritt maximiert. Anders formuliert sucht Kantzenbach somit nicht die *maximale*, sondern die *optimale* Wettbewerbsintensität. In der Sprache des SVE-Paradigmas können wir sagen, daß die Wettbewerbsintensität die nach Kantzenbach entscheidende Markt*verhaltens*variable ist, während der technische Fortschritt im Zentrum der Beurteilung der Markt*ergebnisse* steht.

Eine zentrale Bedeutung innerhalb des Konzepts von Kantzenbach nimmt nun die Unterscheidung zwischen der potentiellen und der effektiven Wettbewerbsintensität ein. Unter der *potentiellen* versteht er die Wettbewerbsintensität, die sich beim Fehlen kooperativen Verhaltens der Anbieter ergibt bzw. (wenn es zu Kooperationen kommt) ergeben würde. Die *effektive* definiert Kantzenbach als die Wettbewerbsintensität, die sich wirklich einstellt, sofern auch kooperatives, also explizit oder implizit kartellistisches, Verhalten mitberücksichtigt wird. Dies bedeutet, daß die potentielle und die effektive Wettbewerbsintensität genau dann gleich sind, wenn die Anbieter in keiner Weise kooperieren; andernfalls ist die effektive kleiner als die potentielle Wettbewerbsintensität.

Nachdem wir die Marktverhaltensvariable „Wettbewerbsintensität" nun nach der potentiellen und der effektiven unterschieden haben, stellt sich im Rahmen des Konzepts des funktionsfähigen Wettbewerbs als nächstes die Frage, auf welche Marktstruktur*daten die Wettbewerbsintensität zurückgeführt werden kann. Um seinen Ansatz handhabbar zu halten, berücksichtigt Kantzenbach lediglich die *Anzahl der Anbieter* und den *Heterogenitätsgrad* der Produkte. Da sich die effektive aus der potentiellen Wettbewerbsintensität ergibt, indem kooperatives Verhalten einbezogen wird, ist es folgerichtig, sich zunächst der potentiellen Wettbewerbsintensität zuzuwenden. Kantzenbach vermutet, daß die potentielle Wettbewerbsintensität mit wachsender Anbieterzahl und wachsendem Heterogenitätsgrad *abnimmt*. Diese Vermutung ist durchaus plausibel, wenn man sich in Erinnerung ruft, daß Kantzenbach die Wettbewerbsintensität als die Geschwindigkeit definiert, mit der Extragewinne wegkonkurriert werden. Wenn die Zahl der Anbieter klein ist und die Produkte sehr ähnlich sind, so *muß* jeder Anbieter die Aktivitäten der Konkurrenten sehr genau beobachten, weil eine Verbesserung der Marktstellung des anderen Unternehmens drastische Auswirkungen auf die eigene Situation hat. Ist die Anzahl der Unternehmen dagegen sehr groß, so wirkt sich beispielsweise die Verdoppelung des Marktanteils eines Unternehmens von 0,2 auf 0,4 Prozent auf *jedes einzelne* Unternehmen kaum aus, so daß die *Reaktionsverbundenheit* (und damit die potentielle Wettbewerbsintensität) eher klein ist. Besonders deutlich wird dies beim Heterogenitätsgrad – wenn die Produkte nämlich sehr ähnlich sind, so führt schon eine kleine Preis- und Kostensenkung des Konkurrenten zu drastischen eigenen Absatzeinbußen, so daß die potentielle Wettbewerbsintensität bei abnehmendem Heterogenitätsgrad in der Tat zunimmt. Daraus folgt, daß die potentielle Wettbewerbsintensität im homogenen Duopol maximal ist, was für die traditionelle Wettbewerbstheorie, die eher die Marktform vollständiger Konkurrenz favorisiert, zumindest eine Herausforderung ist.

Nun ist aber als nächstes zu bedenken, daß letztlich nicht die potentielle, sondern die effektive Wettbewerbsintensität entscheidend ist. Solange die Anzahl der Unternehmen und der Heterogenitätsgrad groß sind, kann man die effektive mit der potentiellen Wettbewerbsintensität gleich setzen, weil kooperatives Verhalten mit vielen Unternehmen, die auch noch unterschiedliche Produkte erzeugen, erstens schwer zu koordinieren und zweitens auch nicht besonders lohnend ist. Je ähnlicher die Produkte und je geringer die Anbieterzahl, desto eher muß aber mit kooperativem Verhalten gerechnet werden.

Zur leichteren (zweidimensionalen) Darstellung haben wir die Anbieterzahl und den Heterogenitätsgrad in Abb. 18.2 gedanklich zu einer Variablen zusammengefaßt, die wir auf der Abszisse abtragen. Auf der Ordinate steht die Wettbewerbsintensität. Bei hoher Anbieterzahl und hohem Heterogenitätsgrad sind die potentielle und die effektive Wettbewerbsintensität miteinander identisch (rechts unten in Abb. 18.2). Sinken die Anbieterzahl und der Heterogenitätsgrad, so erhöhen sich zunächst die potentielle *und* die effektive Wettbewerbsintensität, was positiv beurteilt wird. Ab einem bestimmten Punkt, den wir mit A bezeichnet haben, kommt es jedoch zu offenem oder verdecktem kooperativen Verhalten der Anbieter – die potentielle Wettbewerbsintensität steigt weiter an, während die effektive zurückgeht. Im homogenen Duopol ist die *potentielle* Wettbewerbsintensität maximal, während die effektive Null ist, weil der Kooperationsanreiz extrem groß ist und es auch ohne vertragliche Abschlüsse zu Parallelverhalten kommt.

Abb. 18.2:   *Potentielle und effektive Wettbewerbsintensität nach Kantzenbach*

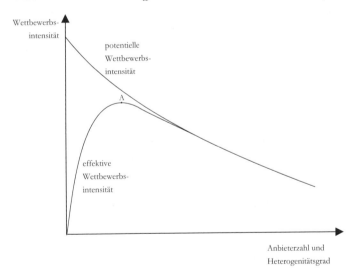

Wenn wir die Überlegungen zur effektiven Wettbewerbsintensität zusammenfassen, so muß es im Modell von Kantzenbach offensichtlich irgendwo zwischen dem heterogenen Polypol und dem homogenen Duopol eine Marktform geben, bei der die Wettbewerbsintensität maximal ist. Auf der einen Seite dürfen die Anbieterzahl und der Heterogenitätsgrad nicht zu hoch sein, weil sonst schon die potentielle (und damit auch die effektive) Wettbewerbsintensität zu niedrig ist. Auf der anderen Seite dürfen die Anbieterzahl und der Heterogenitätsgrad aber auch nicht zu niedrig sein, weil sonst der Kooperationsanreiz zu groß ist. Kantzenbach folgert daher, daß die Wettbewerbsintensität im von ihm sog. *weiten Oligopol* mit mäßiger Produktdifferenzierung am größten ist, bei dem die Anbieterzahl und der Heterogenitätsgrad weder zu groß noch zu klein sind.

Nachdem Kantzenbach auf diese Weise versucht, die Marktverhaltensvariable „Wettbewerbsintensität" aus den Marktstrukturvariablen „Anbieterzahl" und „Heterogenitätsgrad" zu erklären, muß er nun noch die Marktergebnisvariable „technischer Fortschritt" aus der Wettbewerbsintensität erklären. Denn das weite Oligopol *mit mäßiger Produktdifferenzierung maximiert* die Wettbewerbsintensität – und es ist keineswegs gesagt, daß die maximale auch die *optimale* Wettbewerbsintensität ist. Kantzenbach muß sich demnach genauer dem Zusammenhang zwischen der Wettbewerbsintensität und dem technischen Fortschritt zuwenden. Dabei geht Kantzenbach davon aus, daß der technische Fortschritt vor allem von zwei Faktoren bestimmt wird, die er als Innovationsneigung und Innovationsmöglichkeit bezeichnet. Wenden wir uns zunächst der Innovationsneigung zu:

- Die Innovations*neigung* ist um so größer, je länger die beispielsweise durch eine Kostensenkung erreichten Gewinnspielräume genutzt werden können und je größer der Verlust durch verschlafene Innovationen ist. Gewinnspielräume können definitionsgemäß dann lange genutzt werden, wenn die Wettbewerbsintensität gering ist (rechts in Abb. 18.2). Auf der anderen Seite ist der Nachteil verschlafener Innovationen besonders groß, wenn wichtige Unternehmen ähnliche Produkte anbieten (also links in Abb. 18.2). Daraus folgert Kantzenbach, daß die Innovationsneigung „irgendwo" in der Mitte maximal sein muß, also wieder im „weiten Oligopol mit mäßiger Produktdifferenzierung";
- die Innovations*möglichkeiten* konkretisiert Kantzenbach vor allem über die Gewinne der Unternehmen, die unter plausiblen Annahmen um so größer sind, je geringer die Anbieterzahl und je *höher* der Heterogenitätsgrad ist. Ideal wäre also unter diesem Gesichtspunkt ein heterogenes Duopol, doch wäre dann die Innovationsneigung zu gering. Insgesamt folgert Kantzenbach, daß das weite Oligopol mit mäßiger Produktdifferenzierung die Wettbewerbsintensität nicht nur maximiert, sondern auch optimiert, weil hier die Innovationsneigungen und die Innovationsmöglichkeiten insgesamt (und damit der Anreiz zum technischen Fortschritt) am größten sind.

Das Modell von Kantzenbach traf vor allem deshalb auf großes Interesse, weil es der Wettbewerbspolitik explizit die Aufgabe zuwies, *aktiv* zur Bildung weiter Oligopole mit mäßiger Produktdifferenzierung beizutragen. So schlug er vor

- bei heterogenen Polypolen Fusionen oder unternehmensübergreifende Kooperationen zu fördern, um die Anbieterzahl zu verringern und dadurch näher an das weite Oligopol heranzurücken;

– im weiten Oligopol Fusionen zu verhindern, um einem zu starken Absinken der
effektiven unter die potentielle Wettbewerbsintensität entgegenzuwirken;
– und enge Oligopole zu entflechten oder wenigstens eine strenge Mißbrauchsaufsicht durchzuführen.

Die zentrale Schwäche des Kantzenbach-Modells liegt offensichtlich darin, daß die
Auswahl der einbezogenen Marktstruktur- und Marktverhaltensvariablen beispielsweise im Vergleich zu denen in Abb. 18.1 aufgelisteten so restriktiv ist, daß sich aktive
Eingriffe der Wettbewerbspolitik damit nicht rechtfertigen lassen. Lassen Sie uns nur
einige Kernpunkte auflisten, um dies deutlich zu machen:

– die Fixierung auf das weite Oligopol impliziert, daß bei einer bereits großen Anbieterzahl der Markteintritt zusätzlicher Unternehmen *negativ* beurteilt werden muß,
obwohl dieser für die bestehenden Unternehmen doch eine Herausforderung darstellt;
– die Fixierung auf den technischen Fortschritt führt dazu, daß die statische Allokationseffizienz (Summe aus Konsumenten- und Produzentenrente) nicht berücksichtigt wird. Auch dies führt zu einer zu negativen Beurteilung des Markteintritts
neuer Unternehmen;
– die Beurteilung der Marktstruktur muß auch vom Produktlebenszyklus abhängig
gemacht werden. Handelt es sich beispielsweise um neue Produkte, die noch stark
verändert werden können, so ist es vermutlich richtig, daß dem Anreiz zum technischen Fortschritt besondere Bedeutung zukommt. Wenn dagegen ohnehin nicht
mehr mit großen Innovationen zu rechnen ist, so gewinnt die statische Allokationseffizienz an Gewicht;
– neben der Anzahl der Unternehmen und dem Heterogenitätsgrad spielt zumindest
auch die Kostensituation eine zentrale Rolle für das Marktverhalten. Bei steigenden Stückkosten muß beispielsweise ein Duopol negativer beurteilt werden als bei
sinkenden Durchschnittskosten, wo die geringe Anbieterzahl mit produktionstechnischen Gegebenheiten begründet werden kann;
– und schließlich ist der Begriff des „weiten Oligopols mit mäßiger Produktdifferenzierung" derart unscharf, daß er trotz der Beschränkung auf wenige Markt-
strukturvariable keine konkrete Handlungsorientierung ermöglicht – je nach sonstigen Gegebenheiten mag ein Oligopol mit nur 5 oder mit 100 Unternehmen optimal sein, so daß wettbewerbspolitische Eingriffe enorm riskant sind.

Während Kantzenbach zu wenige Variable einbezieht, um damit im konkreten Einzelfall wettbewerbspolitisch aktive Eingriffe (vor allem die bewußte Förderung von
Fusionen in Märkten mit vielen kleinen Anbietern!) rechtfertigen zu können, enthält
das Konzept des funktionsfähigen Wettbewerbs in seiner allgemeinen Fassung derart
viele Daten, daß es praktisch kaum umsetzbar ist. Gerade die modernen empirischen
Studien zeigen,[7] daß sich allgemeinverbindliche Aussagen über die optimale Marktstruktur kaum ableiten lassen, weil diese offenbar sehr stark von den produktionstechnischen Gegebenheiten bestimmt wird. Die optimale Anbieterzahl und der optimale

---

7   Vgl. Abschnitt 18.4.

Heterogenitätsgrad sind bei Mittelstreckenflugzeugen und Medikamenten zur Krebsbekämpfung andere als bei Backwaren und Restaurants.

18.2.4 Innovationsanreize im Monopol und bei vollständiger Konkurrenz

18.2.4.1 Fragestellung

Wie mehrfach hervorgehoben, beurteilt „die Wettbewerbstheorie" Märkte traditionell weniger nach dem Kriterium der statischen Allokationseffizienz als dem der dynamischen Innovationsanreize. Wir werden daher in diesem Abschnitt die einfachsten theoretischen Überlegungen skizzieren, mit denen überprüft wird, welche Innovationsanreize sich im Monopol und bei vollständiger Konkurrenz im Vergleich zum Wohlfahrtsoptimum ergeben.[8]

Wir nehmen an, daß die Grenzkosten zur Produktion der Ware y für alle Einheiten konstant sind und c betragen. Allerdings ist c nicht gegeben, sondern eine Funktion der Innovation I, die Kosten von I verursacht.[9] Für die Innovationskosten gilt also

$$K(I) = I \qquad (18.1)$$

Wir gehen nun in folgenden Schritten vor: zunächst leiten wir ab, wie hoch die Innovation I sein muß, damit die soziale Wohlfahrtsfunktion maximiert wird. Anschließend überprüfen wir den Innovationsanreiz im Monopol und schließlich denjenigen bei vollständiger Konkurrenz.

18.2.4.2 Die pareto-effiziente Innovationshöhe

Wenn wir die Grenznutzen- bzw. Nachfragefunktion wie üblich als p(y) bezeichnen, so lautet unsere soziale Wohlfahrtsfunktion bei konstanten Grenzkosten c

$$W(y,I) = \int_0^y p(\tau)d\tau - c(I) \cdot y - I \qquad (18.2)$$

In der sozialen Wohlfahrtsfunktion werden also vom Gesamtnutzen (dem Integral unter der Nachfragefunktion) die variablen Kosten (c(I)·y) und die Innovationskosten (K(I)=I) abgezogen. Im Pareto-Optimum sind zwei Größen zu beachten: einerseits muß bei gegebener Innovation I (und damit gegebenen Grenzkosten c(I)) die richtige Produktionsmenge y^f erzeugt werden; andererseits muß – gegeben diese jeweils richtige Produktionsmenge y^f – die pareto-effiziente Innovationshöhe I^f gewählt werden. Als Bedingungen erster Ordnung ergeben sich

$$\frac{\partial W}{\partial y} = p(y) - c(I^f) = 0 \qquad (18.3)$$

---

8   Vgl. zum folgenden ausführlicher z.B. Tirole 1994, Kapitel 10.
9   Wir nehmen an, daß die Grenzkosten degressiv in I sinken.

bzw.

$$\frac{\partial W}{\partial I} = -\frac{dc}{dI} y^f - 1 = 0 \qquad (18.4)$$

bzw.

$$-\frac{dc}{dI} y^f = 1 \qquad (18.4a)$$

Gleichung (18.3) drückt den altbekannten Sachverhalt aus, daß der Grenznutzen (der Preis) den Grenzkosten entsprechen muß. Gleichung (18.4) besagt, daß die mit allen Einheiten y^f multiplizierte Verminderung der Grenzkosten den Grenzkosten der Innovation entsprechen muß und beschreibt letztlich eine optimale Faktorkombination. Die Gleichungen (18.3) und (18.4) sind der Maßstab zur Überprüfung, ob die Innovationsanreize im Monopol oder bei vollständiger Konkurrenz pareto-effizient sind. Beachten Sie bitte, daß Gleichung (18.3) nur dann ein Wohlfahrtsmaximum beschreibt, wenn sich die darüber bestimmte optimale Produktionsmenge auf die optimale Innovation I^f bezieht; analog muß sich die durch die Innovation hervorgerufene Verminderung der Grenzkosten auf die pareto-effiziente Produktionsmenge y^f beziehen.

18.2.4.3 Innovationsanreize im Monopol

Betrachten wir nun die Situation im Monopol. Die Gewinnfunktion des Monopolisten lautet wie gewohnt

$$G^M = p(y) \cdot y - c(I) \cdot y - I \qquad (18.5)$$

mit den Bedingungen erster Ordnung

$$\frac{\partial G^M}{\partial y} = \frac{\partial p}{\partial y} y + p(y) - c(I^M) = 0 \qquad (18.6)$$

und

$$\frac{\partial G^M}{\partial I} = -\frac{dc}{dI} y^M - 1 = 0 \qquad (18.7)$$

bzw.

$$-\frac{dc}{dI} y^M = 1 \qquad (18.7a)$$

Gleichung (18.6) stellt den gewöhnlichen, aus der Monopoltheorie hinreichend bekannten Sachverhalt dar, daß für jede Innovation I^M – und damit für jede Höhe der Grenzkosten c – die Produktionsmenge des Monopolisten geringer als im Optimum ist. Dies läßt sich mit der bekannten Argumentation über den Grenzerlös erklären und muß hier nicht wiederholt werden. Entscheidend ist, daß Gleichung (18.7) verdeutlicht, daß der Innovationsanreiz im Monopol *geringer* ist als im Pareto-Optimum: die Monopolmenge y^M ist kleiner als die wohlfahrtsmaximale Menge, so daß die Verminderung der Grenzkosten $(\partial c/\partial I)$ größer und die Innovation demnach kleiner sein muß, damit Gleichung (18.7) erfüllt ist.[10] Der Grund ist, daß der Monopolist eine geringere Menge anbietet und sich die Innovation für ihn daher – verglichen mit dem Pareto-Optimum – weniger lohnt. Denn die Verminderung der Grenzkosten betrifft eine geringere Produktionsmenge und hat daher eine geringere Bedeutung. Dies reduziert den Innovationsanreiz. In diesem Modell kommt man daher zu dem wichtigen Resultat, daß der Monopolist nicht nur eine zu geringe Produktionsmenge erzeugt (statische Allokationsineffizienz), sondern darüber hinaus auch einen zu geringen Innovationsanreiz hat.

18.2.4.4 Innovationsanreize bei vollständiger Konkurrenz

Bei vollständiger Konkurrenz gehen wir davon aus, daß nur *ein* Unternehmen eine kostensenkende Innovation durchführen kann und dafür ein Patent erhält. Diese Annahme treffen wir, weil die Innovationsanreize *ohne* Patentschutz selbstverständlich Null sind – die anderen Unternehmen ziehen dann sofort nach, ohne die Kosten der Innovation tragen zu müssen, so daß unser Innovator vom Markt gedrängt wird. Wir gehen davon aus, daß alle Unternehmen *vor* der Innovation identische Grenzkosten von c_0 haben und nennen die Grenzkosten unseres Innovators wieder $c(I)$. Dabei gilt natürlich $c(I) < c_0$, weil es sich um eine kostensenkende Innovation handelt.

Zur Strukturierung erweist es sich innerhalb der Innovationstheorie häufig als nützlich, zwischen sog. *drastischen* und *nicht-drastischen* Innovationen zu unterscheiden. Man nennt eine Innovation *drastisch, wenn der Monopolpreis des innovativen Unternehmens unter den ursprünglichen Grenzkosten c_0 liegt.* Andernfalls nennt man sie nicht-drastisch. Bedenken Sie, daß das innovative Unternehmen bei einer drastischen Innovation bedenkenlos den Monopolpreis wählen kann, weil die Konkurrenten niemals unter ihren (annahmegemäß konstanten) Grenzkosten c_0 anbieten, denn sonst würden sie Verluste machen. Bei einer nicht-drastischen Innovation darf der Innovator den Preis dagegen nicht über c_0 steigern, weil er sonst vom Markt gedrängt wird.[11] Er maximiert seine Gewinne also bei einem Preis $p = c_0 - \varepsilon$; im Grenzwert also bei $p = c_0$.

Betrachten wir zunächst etwas genauer die Situation unseres Unternehmens für den Fall, daß nur nicht-drastische Innovationen in Frage kommen. Mit $p = c_0$ als gewinnmaximalem Preis nach der Innovation lautet die Gewinnfunktion

$$G^K = c_0 \cdot y_0(c_0) - c(I) \cdot y_0(c_0) - I \qquad (18.8)$$

Gleichung (18.8) drückt aus, daß der Umsatz das Produkt aus dem Preis und der zugehörigen Menge ist $(c_0 \cdot y_0(c_0))$; davon werden die von I abhängigen variablen Kos-

---

10 Bedenken Sie, daß die *Verminderung* der Grenzkosten um so geringer ist, je größer die Innovationshöhe ist (zweite Ableitung).

11 Leser/innen werden bemerkt haben, daß wir von homogenen Produkten ausgehen.

ten $(c(I) \cdot y_0(c_0))$ und die Kosten der Innovation (I) abgezogen. Als Bedingung erster Ordnung für die optimale Innovationshöhe ergibt sich

$$\frac{\partial G^K}{\partial I} = -\frac{dc}{dI} y_0(c_0) - 1 = 0 \qquad (18.9)$$

bzw.

$$-\frac{dc}{dI} y_0(c_0) = 1 \qquad (18.9a)$$

Was können wir aus (18.9) schließen? Erstens wissen wir, daß die gewinnmaximale Angebotsmenge $y_0(c_0)$ *kleiner* ist als im sozialen Optimum, denn dort entspricht der Preis den *neuen* Grenzkosten $c(I)$ und nicht den *alten* Grenzkosten c_0. Da somit der Preis höher als im Optimum ist, ist die Produktionsmenge geringer. Damit ist auch der Innovationsanreiz *zu gering*, weil $\partial c/\partial I$ größer (und die Innovation bei einem sinkenden Grenznutzen der Innovation damit kleiner) sein muß als im Pareto-Optimum (andernfalls könnte $-(\partial c/\partial I) y_0(c_0)$ nicht wieder gleich Eins sein). Auch bei vollständiger Konkurrenz und einer nicht-drastischen Innovation ist der Innovationsanreiz daher niedriger als im Optimum.

Allerdings ist der Innovationsanreiz *größer* als im Monopol. Dies erkennt man daran, daß $y_0(c_0)$ zwar kleiner als die pareto-effiziente Produktionsmenge, aber *größer* als die Monopolmenge ist. Denn der Preis c_0 ist bei einer nicht-drastischen Innovation *definitionsgemäß* kleiner als der Monopolpreis, so daß die Menge größer sein muß.

Bei drastischen Innovationen befindet sich das Unternehmen *nach* der Innovation in der gleichen Situation wie ein Monopolist, so daß der *marginale* Innovationsanreiz mit dem des Monopolisten identisch ist (die Gewinnfunktion ist identisch). Sofern wir eine stetig variierbare Innovation betrachten, stellt sich daher das gleiche Resultat ein. Allerdings ergibt sich ein größerer Innovationsanreiz als im Monopol, wenn wir annehmen, daß es nur *eine* mögliche Innovation gibt, die feststehende Kosten $K(I)$ verursacht. Dieser höhere Anreiz liegt daran, daß der Monopolist *ohne* Innovation einen positiven Gewinn macht, während der unseres Unternehmens in der Ausgangssituation vollständiger Konkurrenz Null beträgt. Es kann daher sein, daß sich die Innovation für unseren Monopolisten nicht lohnt, weil z.B. der neue Gewinn angesichts der hohen Kosten der Innovation 10 statt 15 beträgt. Für das Unternehmen bei ursprünglich vollständiger Konkurrenz beträgt der neue Gewinn dann auch 10, was sich bei einem Ausgangsgewinn von Null lohnt.

Das eigentlich interessante Ergebnis des betrachteten Modells aber lautet, daß der Innovationsanreiz in *allen* Fällen gemessen am Pareto-Optimum zu gering ist, weil sich die Innovation auf eine (wieder gemessen am Pareto-Optimum) zu geringe Produktionsmenge bezieht.

18.2.5 Strategische Innovationsanreize im Oligopol

Im vorhergehenden Abschnitt haben wir die Innovationsanreize im Monopol und bei vollständiger Konkurrenz skizziert, ohne „strategische" Effekte der Innovationen berücksichtigt zu haben, die für Oligopolmärkte charakteristisch sind. Auf diese wollen wir nun kurz eingehen, ohne die Resultate allerdings formal herzuleiten.[12] Stellen wir uns hierzu ein zweistufiges Spiel vor, in dem auf der zweiten Stufe zwei Unternehmen in einem Cournot- oder Bertrand-Wettbewerb über ihre Angebotsmengen bzw. -preise entscheiden. Die Kostenfunktion des Unternehmens 2 sei gegeben, während das Unternehmen 1 auf der ersten Stufe des Spiels eine Innovation durchführen kann, die die Kostenfunktion in der zweiten Stufe des Spiels bestimmt. In dieser Situation muß das Unternehmen 1 bei der Entscheidung über die Höhe seiner Innovation nicht nur die Kostenverminderung und die damit verbundene Preissenkung bzw. Mengenerhöhung in der zweiten Stufe bei *gegebener* Strategie des Konkurrenten einkalkulieren, sondern auch die Auswirkungen, die das geänderte eigene Verhalten in der zweiten Periode auf das Verhalten des Konkurrenten hat. Da dieses (antizipierte) Verhalten des Konkurrenten indirekt also das eigene Verhalten beeinflußt, entsteht neben dem direkten Innovationsanreiz ein *indirekter* Effekt, den man als *strategischen Innovationsanreiz* bezeichnet. Es ist dann offensichtlich eine interessante Frage, unter welchen Annahmen über die Wettbewerbsform auf der zweiten Stufe dieser strategische Innovationsanreiz positiv oder negativ ist (d.h. den direkten Innovationsanreiz verstärkt oder vermindert). Zur besseren Übersichtlichkeit gehen wir immer davon aus, daß das innovative Unternehmen das Unternehmen 1 ist, während die Kostenfunktion von Unternehmen 2 gegeben ist.

Die Antwort auf diese Frage ist recht einfach und auch intuitiv einsichtig. Betrachten wir zunächst den Cournot-Wettbewerb. Beim Cournot-Wettbewerb sind die Reaktionsfunktionen *negativ* geneigt, was bedeutet, daß eine Mengenerhöhung des einen Oligopolisten im Gleichgewicht zu einer Mengenverminderung des anderen Oligopolisten führt. Dies liegt daran, daß bei normal verlaufenden Nachfragefunktionen eine Mengenerhöhung einen immer kleineren Grenzerlös bewirkt, je größer die Ausgangsmenge schon ist. Vereinfachend formuliert kann man auch sagen, daß eine hohe eigene Menge zu einem zu niedrigen Preis führt, wenn der Konkurrent ebenfalls eine hohe Menge anbietet. Nun bewirkt die kostensenkende Innovation von Unternehmen 1, daß Unternehmen 1 in der zweiten Periode im Cournot-Nash-Gleichgewicht eine *höhere* Menge anbietet, weil die Menge um so höher ist, je niedriger die Grenzkosten sind. Dies führt bei negativ geneigten Reaktionsfunktionen dazu, daß Unternehmen 2 eine *niedrigere* Menge anbietet – ein Effekt, der den Gewinn von Unternehmen 1 ceteris paribus erhöht. Man spricht auch davon, daß es sich um *strategische Substitute*[13] handelt, weil die aggressive Strategie des einen Unternehmens zu einer weniger aggressiven Strategie des anderen Unternehmens führt. Für Unternehmen 1 wirkt sich eine hohe Innovation bei strategischen Substituten also auch deshalb positiv aus, weil Unternehmen 2 darauf mit einer Mengenverminderung reagiert, so daß es im Mengenwettbewerb zu einem *positiven* strategischen Innovationsanreiz kommt.

---

12 Vgl. hierzu die Originalaufsätze von Fudenberg/Tirole 1984 und Bulow/Geanakoplos/ Klemperer 1985. Einsichtige Darstellungen finden sich z.B. bei Tirole 1994, 323ff und Mas-Colell/ Whinston/Green 1995, 414ff.

13 Nicht zu verwechseln mit Substituten, um die es sich im Oligopol natürlich immer handelt (andernfalls würde man die Güter nicht zu einem Markt zusammenfassen).

Im Preiswettbewerb stellt sich dagegen genau der entgegengesetzte Effekt ein, weil die Reaktionsfunktionen keine negative, sondern eine positive Steigung aufweisen.[14] In diesem Fall spricht man von *strategischen Komplementen*, weil die aggressive Strategie von Unternehmen 1 eine ebenfalls aggressive Strategie von Unternehmen 2 auslöst. Auch dies ist leicht einsichtig, weil Unternehmen 2 bei einer Preissenkung von Unternehmen 1 im Gleichgewicht aus Angst vor einem zu starken Nachfragerückgang ebenfalls den Preis senkt. Dies wiederum führt dazu, daß der strategische Innovationsanreiz für Unternehmen 1 *negativ* ist. Die Innovation führt im Gleichgewicht zu einer Preissenkung für das eigene Produkt, aber die dadurch ausgelöste Preissenkung des Konkurrenten reduziert den Gewinn ceteris paribus. Der Innovationsanreiz ist daher im Preiswettbewerb geringer als im Mengenwettbewerb.

Diese Überlegungen lassen sich ausdehnen, wenn wir berücksichtigen, daß nicht alle Innovationen für das Unternehmen 1 einen Anreiz zur Preissenkung bieten. Dies gilt zwar für kostensenkende Innovationen, aber nicht notwendigerweise für Produktinnovationen. Denken Sie beispielsweise an eine Produktverbesserung, die die Nachfragefunktion nach außen verschiebt und daher im Gleichgewicht zu einem höheren Preis führt. Es ist für solche Innovationen keineswegs selbstverständlich, daß eine Innovation zu aggressiverem Verhalten führt. Abb. 18.3 stellt die Ergebnisse als Funktion der Reaktion der Konkurrenten (Spaltenvariable) und davon dar, ob die Innovation beim innovierenden Unternehmen zu einem mehr oder weniger aggressiven Verhalten führt.

Abb. 18.3: *Innovationsanreize im Oligopol*

	Mengenwettbewerb	Preiswettbewerb
„Aggressive" Innovation	positiver strategischer Anreiz	negativer strategischer Anreiz
„Friedliche" Innovation	negativer strategischer Anreiz	positiver strategischer Anreiz

Die oberen beiden Felder gelten für den Fall einer Kostensenkung, die die Aggressivität des Innovators in der zweiten Stufe des Spiels erhöht. Macht die Innovation das Unternehmen 1 dagegen weniger aggressiv, so ist der strategische Innovationsanreiz im Preiswettbewerb positiv: denn die Preiserhöhung, die beispielsweise auf eine erfolgreiche Marketingstrategie im Qualitätsbereich[15] folgt, erhöht auch den Gleichgewichtspreis von Unternehmen 2 – was sich günstig auf Unternehmen 1 auswirkt. Insgesamt deuten die Überlegungen an, wie sensitiv die Innovationsanreize im Oligopol auf die Art der Innovation und die genaue Wettbewerbsform reagieren, so daß verallgemeinernde Aussagen (mal wieder) mit Vorsicht zu genießen sind.

---

14   Dies setzt natürlich voraus, daß es sich um heterogene Produkte handelt, weil im homogenen Oligopol bei Preiswettbewerb keine wohldefinierten Reaktionsfunktionen existieren.

15   Man denke etwa an die Marketingoffensive von Technokratus in „Obelix GmbH & KG", die die Zahlungsbereitschaft für Hinkelsteine gewaltig erhöhte.

18.2.6 Patentrennen, Nicht-Patentrennen und spillover-Effekte

In den vorhergehenden Abschnitten gingen wir davon aus, daß die strategischen Interdependenzen hinsichtlich der Innovationsanreize *ausschließlich* über den Gütermarkt
vermittelt werden. Damit ist gemeint, daß beispielsweise ein Oligopolist im Mengenwettbewerb einen Anreiz zur Überinvestition in F&E hat, weil er dadurch seine
Gleichgewichtsmenge erhöht und der Konkurrent als Reaktion darauf seine eigene
Gleichgewichtsmenge reduziert, was sich wiederum günstig für den Innovator auswirkt. Wir haben aber *nicht* einbezogen, daß sich die strategische Interdependenz nicht
nur auf die (indirekten) Gütermarkteffekte, sondern auch direkt auf die Innovation
selbst beziehen kann. Um dies zu berücksichtigen, werden in der industrieökonomischen Literatur vor allem zwei Hauptrichtungen unterschieden, die man als *tournament-*
(also Turnier) und *nicht-tournament*-Wettbewerbe bezeichnet:

– unter dem tournament-Wettbewerb versteht man ein *Patentrennen*. Dabei wird
  angenommen, daß es eine Prozeßinnovation gibt, die nur von dem Unternehmen
  genutzt werden darf, daß die Innovation als erstes durchführt;
– unter dem nicht-tournament-Wettbewerb versteht man dagegen, daß die Innovation grundsätzlich nicht patentiert werden kann und damit jedem Unternehmen
  zugänglich ist. Allerdings gibt es unterschiedliche Annahmen darüber, wieviel
  nicht-innovative Unternehmen eigentlich über die Innovation erfahren. Wenn wir
  annehmen, daß die Unternehmen *gar nichts* über die Innovationen anderer Unternehmen erfahren (diese also wegen Kompetenz- oder sonstigen Problemen nicht
  nutzen können), dann sind wir wieder im Modell von Abschnitt 18.2.5 mit
  unabhängigen Innovationen angelangt. Deshalb wird in der Literatur zum non-
  tournament angenommen, daß es mehr oder weniger stark ausgeprägte *spillover-*
  Effekte gibt, die angeben, in welchem Ausmaß „fremde" Innovationen genutzt
  werden können.

18.2.6.1 Patentrennen

Innerhalb der tournament- bzw. Patentrennen-Literatur wird vor allem die Frage untersucht, wie sich die Anzahl der Marktteilnehmer auf den Innovationsanreiz auswirkt.
Dabei wird angenommen, daß Unsicherheit über den erfolgreichen Abschluß der
Innovation besteht und die Wahrscheinlichkeit dafür, eine Innovation in einem bestimmten Zeitpunkt zu beenden, von den eingesetzten F&E-Ausgaben abhängt. Die
Wahrscheinlichkeit steigt also mit den F&E-Ausgaben. Trotz der zahlreichen verschiedenen Modellvarianten und der extremen Sensitivität gegenüber den Annahmen
können einige Ergebnisse dieses Patentrennen-Typs vereinfachend folgendermaßen
zusammengefaßt werden:[16]

– wenn die F&E-Ausgaben zu Beginn der Innovationsanstrengungen vollständig
  getätigt werden müssen, sinken die gewinnmaximalen Ausgaben, sofern die Anzahl

---

16   Vgl. zum folgenden auch Moro 1993, 5f.

der am Markt tätigen Unternehmen zunimmt.[17] Dies ist leicht verständlich, weil
der Nutzen der Innovation (weitgehend) unabhängig von der Anzahl der Unternehmen ist,[18] während die Wahrscheinlichkeit, das Patentrennen tatsächlich als
erster zu beenden, mit der Anzahl der Teilnehmer ceteris paribus abnimmt. Allerdings kann daraus *nicht* geschlossen werden, daß die *gesamten* Innovationsausgaben
am Markt zurückgehen, wenn die Anzahl der Unternehmen steigt. Vielmehr zeigt
sich, daß diese unter recht allgemeinen Bedingungen sogar zunehmen, weil die
Abnahme des Innovationsanreizes pro Firma durch die Zunahme der Anzahl der
Unternehmen überkompensiert wird;
– weniger eindeutig sind die Ergebnisse, wenn die F&E-Ausgaben nicht zu Beginn
des Innovationsvorhabens, sondern (realistischer) kontinuierlich verausgabt werden. Wenn dann die Anzahl der Unternehmen zunimmt, gibt es zwei gegenläufige
Effekte: auf der einen Seite nimmt die Wahrscheinlichkeit, den Patent-Wettlauf zu
gewinnen, ceteris paribus wieder ab, was den Innovationsanreiz (gegeben den konstanten Patentnutzen) wieder reduziert. Auf der anderen Seite werden die Ausgaben aber genau aus diesem Grund auch bei sinkenden Grenzwahrscheinlichkeiten
pro Periode möglichst früh getätigt, weil die Chance, mit einer späten Innovation
noch das tournament zu gewinnen, mit steigender Anzahl der Unternehmen geringer wird. Dies kann ohne weiteres dazu führen, daß die Innovation bei einer
steigenden Anzahl von Unternehmen (im Erwartungswert) früher getätigt wird.

In einem weiteren Modelltyp zu Patentrennen wird davon ausgegangen, daß es einen
Monopolisten und einen potentiellen „Eindringling" gibt, die um ein Patent konkurrieren. Noch stärker als im Modelltyp zuvor reagieren die Innovationsanreize hier sehr
sensitiv auf die genauen Annahmen der Modelle. Insbesondere die Frage, ob der Innovationsanreiz für den (bisherigen) Monopolisten oder den (potentiellen) Eindringling größer ist, hängt natürlich stark von den unterstellten Auszahlungen ab, die sich
für die verschiedenen Fälle (Monopolist oder Eindringling gewinnt das Patentrennen)
ergeben. In den meisten Modellen ergibt sich aber verständlicherweise, daß der Innovationsanreiz des Monopolisten durch den potentiellen Eindringling größer wird.
Denn ohne Eindringling ist der Innovationsanreiz des Monopolisten aus den in Abschnitt 18.2.4.3 erläuterten Gründen zu gering, während mit Eindringling befürchtet
werden muß, daß zumindest ein Teil der Monopolgewinne durch die Konkurrenz
verloren geht.

Insgesamt zeigt die Literatur zu Patentrennen, daß die privaten Innovationsanreize durchaus *über* den pareto-effizienten liegen können. Dies liegt daran, daß *alle* am
Markt tätigen Unternehmen wegen des tournament-Charakters der Innovation einen
Anreiz zur Forschung haben, so daß es möglicherweise zu unnötigen „Doppelausga-
ben" kommt.

---

17 Vgl. z.B. Loury 1979.
18 Dieses weitgehend muß hinzugefügt werden, weil – wie in Abschnitt 18.2.5 gezeigt – auch die
    strategischen Gütermarkt-Interdependenzen berücksichtigt werden müssen und hier außerdem
    vernachlässigt wird, daß die Innovation durch Lizenzvergaben vermarktet werden kann.

18.2.6.2 Nicht-Patentrennen und spillovers

Ohne Möglichkeit zur Patentierung von Innovationen muß dagegen damit gerechnet werden, daß die privaten Innovationsanreize *unter* den pareto-effizienten liegen, sofern die spillover-Effekte groß sind. Dies wird unmittelbar deutlich, wenn wir annehmen, daß die spillover-Effekte *vollständig* sind. Vollständige spillover-Effekte bedeuten, daß alle am Markt tätigen Unternehmen die Innovation in gleicher Weise nutzen können, so daß das innovierende Unternehmen zwar die Innovationskosten alleine tragen muß, die Innovationsnutzen sich aber gleichmäßig verteilen. Es verwundert nicht, daß es in diesem und ähnlich gelagerten Fällen dazu kommen kann, daß Innovationen überhaupt nicht durchgeführt werden.[19]

Wenn die spillover-Effekte Null sind, so sind wir wie erwähnt wieder in den Modelltypen aus den Abschnitten 18.2.4 und 18.2.5 angekommen, weil die Innovationen der verschiedenen Unternehmen dann unabhängig voneinander sind und die strategischen Effekte dann nur durch die Gütermarkt-Konkurrenz entstehen. Im Mengenwettbewerb für kostensenkende Innovationen kommt es dann zu Über- und im Preiswettbewerb zu Unterinvestitionen in F&E. Aus den Überlegungen zum Mengenwettbewerb in Abschnitt 18.2.4 *ohne* spillover-Effekte und den innovationsvermindernden Folgen von spillover-Effekten folgt, daß die Innovationsanreize im Mengenwettbewerb von der *Höhe* der spillover-Effekte bestimmt werden, weil es zwei gegenläufige Effekte gibt: auf der einen Seite besteht im Mengenwettbewerb ein Anreiz zur Überinvestition, um dadurch die Konkurrenten zur Wahl einer niedrigen Produktionsmenge zu bewegen. Auf der anderen Seite bewirken die spillover-Effekte, daß andere Unternehmen durch die eigenen F&E-Ausgaben billiger produzieren können, was den Innovationsanreiz vermindert. Je näher die spillover-Effekte bei Eins liegen, desto eher besteht die Gefahr der Unterinvestition.

Diese Überlegungen zeigen, daß es purer Zufall wäre, wenn sich die beiden gegenläufigen Effekte genau ausgleichen würden und es demnach zur pareto-effizienten Innovation käme. Im allgemeinen kann also angenommen werden, daß der Staat die Wohlfahrt durch Innovationssteuern oder Innovationssubventionen erhöhen kann, sofern er über die Entscheidungssituationen der beteiligten Unternehmen vollständig informiert ist.

18.2.7 Zusammenfassung

Unsere kurze, selbstverständlich in jeder Hinsicht unvollständige und vereinfachende Übersicht über Innovationsanreize hat gezeigt, daß diese von zahlreichen Faktoren wie

– dem genauen oligopolistischen Wettbewerb
– dem Vorliegen von tournament vs. non-tournament Wettbewerb
– und der Höhe der spillover-Effekte

---

19   Vgl. z.B. Mariotti 1992.

abhängen und daher sensibel auf die jeweiligen Modellprämissen reagieren. Als einzige Schlußfolgerung läßt sich festhalten, daß damit gerechnet werden muß, daß die privaten Innovationsanreize im allgemeinen in die eine oder andere Richtung von den pareto-effizienten abweichen, so daß die soziale Wohlfahrt durch Steuern, Subventionen oder andere Maßnahmen erhöht werden kann.

18.3 Markteintritt und Wettbewerb

18.3.1 Überblick

Nachdem wir im vorhergehenden Abschnitt 18.2 von einer gegebenen Anzahl der am Markt beteiligten Unternehmen ausgegangen sind, betrachten wir nun die Auswirkung von Wettbewerbsformen und Marktergebnissen auf den Markteintritt neuer Unternehmen. Wir beginnen dabei mit der berühmten Tangentenlösung von Chamberlin (Abschnitt 18.3.2), die trotz unbestreitbarer analytischer Schwächen immer noch den Ausgangspunkt zahlreicher Erörterungen bildet und bahnbrechend hinsichtlich des Zusammenhangs von Markteintritt, Produktdifferenzierung und Wettbewerbsintensität war. Der wohl am häufigsten diskutierte moderne Ansatz der Wettbewerbstheorie ist das Konzept bestreitbarer Märkte (contestable markets), das 1982 von Baumol/Panzar/Willig entwickelt wurde, von der Grundidee her auf der Chicago-School aufbaut und in Abschnitt 18.3.3 erörtert wird.

18.3.2 Die Tangentenlösung von Chamberlin[20]

Chamberlin betrachtet die Marktform der monopolistischen Konkurrenz (auch als heterogenes Polypol bezeichnet), die sich durch eine Vielzahl kleiner Anbieter auszeichnet, die ein ähnliches, in den Augen der Konsumenten aber nicht vollständig identisches Produkt anbieten. Die Anbieter verfügen daher über gewisse Preisspielräume.[21] Da es viele Anbieter gibt, sind die Marktanteile klein und die Konsequenzen der Preisänderung *eines* Anbieters für seine Konkurrenten gering. Formal bedeutet dies, daß die Kreuzpreiselastizitäten der Nachfrage niedrig sind. Da die Marktanteile klein sind, sehen die Unternehmen keine Veranlassung, auf Mengenänderungen einzelner Konkurrenten zu reagieren, so daß auch die Kreuzmengenelastizitäten der Nachfrage gering sind. Die Summe *aller* Kreuzpreiselastizitäten ist dagegen keineswegs vernachlässigbar, weil das einzelne Unternehmen mit einer spürbaren Nachfragereduktion rechnen muß, wenn alle anderen Unternehmen die Preise senken.

---

20 Wir beschränken uns auf die ursprüngliche Version des Modells. Angesichts durchaus vorhandener Schwächen des ursprünglichen Modells gibt es mittlerweile recht interessante Weiterentwicklungen, auf die wir im Rahmen dieser Einführung aber nicht eingehen wollen. Die konzeptionellen Schwächen des Chamberlin-Modells werden deutlich herausgearbeitet in Güth 1994, 65ff; für einen Überblick über Weiterentwicklungen der Tangentenlösung und andere Modelle zur monopolistischen Konkurrenz vgl. z.B. Tirole 1994, Abschnitt 7.5.

21 Vgl. hierzu die Abgrenzung verschiedener Marktformen in Kapitel 12.

Chamberlin geht zunächst von einem einzelnen Unternehmen A aus und unterscheidet zwei verschiedene Preis-Absatz-Funktionen des Unternehmens: Die Preis-Absatz-Funktion y^d (p) in Abb. 18.4 gilt unter der Annahme, daß die Preise der Konkurrenten bei einer Preisänderung des Unternehmens A unverändert bleiben und die Preis-Absatz-Funktion y^D (p) unter der Prämisse, daß *alle* Unternehmen den Preis in die gleiche Richtung und im gleichen Ausmaß ändern. y^D (p) kann daher auch als Nachfragefunktion für den Gesamtmarkt interpretiert werden.

Abb. 18.4: *Preis-Absatz-Funktionen nach Chamberlin*

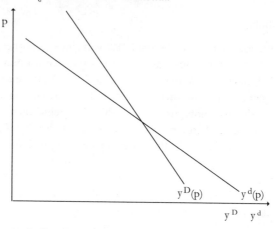

Im ersten Fall verläuft die Preis-Absatz-Funktion relativ flach, weil ein Unternehmen A bei einer isolierten Preissenkung von jedem Konkurrenten einen kleinen Teil der Nachfrage abziehen kann (umgekehrt führt eine Preiserhöhung zu einem starken Mengenrückgang, wenn die anderen Unternehmen ihre Preise konstant halten). Diese Menge ist zwar für die einzelnen Konkurrenten kaum spürbar, macht sich in der Summe für Unternehmen A aber deutlich bemerkbar. Im anderen Fall ist die Nachfragefunktion steil, weil es für die Haushalte nun keinen Grund mehr gibt, von den Konkurrenten zum Unternehmen A überzuwechseln. Die Zunahme der Nachfrage kommt bei gemeinsamen Preissenkungen nur dadurch zustande, daß die Haushalte bei sinkenden Preisen über ein höheres Realeinkommen verfügen und/oder die Nachfrage von anderen Märkten trotz der geringen Kreuzpreiselastizitäten spürbar abgezogen wird. Die Argumentation über die beiden Nachfragefunktionen entspricht genau derjenigen, die Ihnen aus dem Modell der geknickten Preis-Absatz-Funktion bereits bekannt ist.[22]

Restriktive Zusatzprämissen des Modells von Chamberlin bestehen darin, daß *alle* am Markt tätigen Unternehmen die gleichen Grenzkostenfunktionen und die gleichen Preis-Absatz-Funktionen aufweisen (auch als doppelte Symmetrieannahme bezeichnet). Unter diesen Umständen gilt die Preis-Absatz-Funktion y^d(p) nicht nur für das Unternehmen A, sondern für alle Unternehmen, und A kann als repräsentativ betrachtet werden. Chamberlin geht von S-förmigen Kostenfunktionen aus, so daß die

---

22   Vgl. oben, Abschnitt 17.9.2.

Grenzkostenfunktionen U-förmig verlaufen; die durchschnittlichen Gesamtkosten schneiden die Grenzkosten in ihrem Minimum.

Weil das einzelne Unternehmen bei monopolistischer Konkurrenz auf Grund der geringen Kreuzmengenelastizitäten der Nachfrage mit keiner Reaktion der Konkurrenten rechnen muß,[23] orientiert es sich bei der Bestimmung der gewinnmaximalen Menge an der Preis-Absatz-Funktion y^d (p), die für den Fall der Konstanz der Preise der Konkurrenten gilt. Die zugehörige Grenzerlösfunktion ist dE/dy^d; die Gleichgewichtsmenge und der Gleichgewichtspreis ergeben sich nach den Kriterien der Monopolpreisbildung.

Abb. 18.5: *Kurzfristige Preisbildung nach Chamberlin*

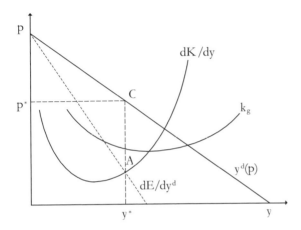

Im Schnittpunkt von dE/dy^d und dK/dy (Punkt A in Abb. 18.5) liegt die gewinnmaximale Menge y^*; der zugehörige Preis liegt im Cournot-Punkt C. Der einfache Kern der kurzfristigen Chamberlin-Lösung ist, daß die Gleichgewichtslösung angesichts gleicher Grenzkostenfunktionen und ebenfalls gleicher Preis-Absatz-Funktionen nicht nur für ein, sondern für alle Unternehmen gilt. Denn wenn die Unternehmen mit der gleichen Kosten- und Nachfragesituation konfrontiert sind und alle unabhängig voneinander ihren Gewinn maximieren, so müssen die Mengen und Preise für alle identisch sein. Daraus folgt, daß im Gleichgewicht die individuellen Preis-Absatz-Funktionen mit der Gesamtnachfragefunktion zusammenfallen und das Gleichgewicht demnach im Schnittpunkt von y^d (p) und y^D(p) erreicht wird. Entsprechend dem Monopol wird bei monopolistischer Konkurrenz nicht im Ausgleich von Preis und Grenzkosten angeboten; die wohlfahrtstheoretischen Überlegungen aus Abschnitt 15.3 zur Ineffizienz der Monopolpreisbildung gelten analog.

Neben diesem kurzfristigen Marktgleichgewicht analysiert Chamberlin auch die Bedingungen eines langfristigen Gleichgewichts, das durch den *Marktzutritt anderer Firmen* und die Variabilität der Betriebsgrößen gekennzeichnet ist (andernfalls hätten

---

23   Vgl. kritisch hierzu z.B. Güth 1994, 71.

wir lediglich einen Aufguß der Monopollösung vor uns). Auch für diesen Fall werden S-förmige Kostenfunktionen unterstellt, so daß in der langen Periode zunächst steigende und dann sinkende Skalenerträge vorliegen. Der Marktzutritt wird durch die Gewinnspielräume motiviert, die dadurch zustande kommen, daß der Cournot-Preis oberhalb der Durchschnittskosten liegt. Der Eintritt neuer Firmen führt zu einer Linksverlagerung der individuellen Preis-Absatz-Funktionen, weil zwar die einzelnen Kreuzpreiselastizitäten gering sind, ihre Summe aber spürbar ist. Diese Linksverlagerung vermindert sukzessive die Gewinnspielräume und der Markteintritt neuer Firmen kommt zum Stillstand, sofern der Preis gemäß Abb. 18.6 den Durchschnittskosten entspricht.

Abb. 18.6: *Tangentenlösung im Chamberlin-Modell*

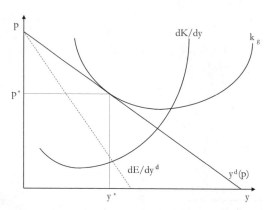

Weil die Preis-Absatz-Funktion zur Tangente an die Durchschnittskostenfunktion wird, wird Chamberlins Modell auch als Tangentenlösung bezeichnet. Die Gewinnspielräume sind verschwunden, doch die Unternehmen produzieren auf Grund der fallenden Preis-Absatz-Funktion *nicht* im Minimum der Durchschnittskosten und befinden sich demnach nicht im Betriebsoptimum. Dies folgt daraus, daß die Preis-Absatz-Funktion stets eine negative Steigung aufweist und der Tangentialpunkt der Preis-Absatz-Funktion mit der Durchschnittskostenfunktion daher nicht im Minimum der Durchschnittskosten liegen kann. Im Minimum der Durchschnittskosten ist die Steigung der Durchschnittskostenfunktion Null, während die Steigung der Preis-Absatz-Funktion niemals Null ist. Als Nachteile der monopolistischen gegenüber der vollständigen Konkurrenz ergeben sich im Chamberlin-Modell höhere Preise und niedrigere Mengen. Die Unternehmen produzieren links vom Minimum der Durchschnittskosten, so daß Überkapazitäten vorliegen. Der Vorteil der monopolistischen Konkurrenz wird darin gesehen, daß die Konsumenten eine größere Auswahl zwischen unterschiedlichen Produkten haben.

Aufgrund dieser Ergebnisse neigte man lange dazu, Chamberlins Ergebnis in dem Sinne zu interpretieren, daß zu viele Unternehmen am Markt sind bzw. das Ausmaß der Produktdifferenzierung zu groß ist. Eine solche Schlußfolgerung ist aber überzogen, weil dazu der Nutzen der Produktdifferenzierung explizit einbezogen werden muß; eindeutige Aussagen über die optimale Anzahl von Unternehmen lassen sich nur bei homogenen Produkten treffen. Darüber hinaus läßt sich in einem allgemeinen Modell (d.h. ohne restriktive Zusatzannahmen) nicht sagen, ob das Ausmaß der Produktdifferenzierung bei unvollständiger Konkurrenz zu groß oder zu klein ist, weil es zwei gegenläufige Effekte gibt. Auf der einen Seite gibt es einen Anreiz zur *Über*differenzierung, weil durch jedes neue Produkt Nachfrage von Konkurrenten abgezogen wird und diese negativen Auswirkungen auf vorhandene Anbieter im Gewinnmaximierungskalkül verständlicherweise nicht berücksichtigt werden.[24] Auf der anderen Seite kann sich der Anbieter aber nicht den ganzen Nutzen seiner Produktinnovation aneignen, sofern ihm keine vollständige Preisdifferenzierung gelingt – d.h. solange die Konsumentenrente positiv ist. Dies liefert einen Anreiz zur *Unter*differenzierung, so daß der Gesamteffekt ohne weitere Prämissen unterbestimmt ist.

18.3.3 Grundgedanken der Chicago-School und die Theorie bestreitbarer Märkte

Im Kern führte die Beurteilung des Konzepts des funktionsfähigen Wettbewerbs bereits zu dem Ergebnis, daß das theoretische und empirische Know-how für eine aktiv gestaltende Wettbewerbspolitik derzeit nicht ausreicht. Insbesondere Ökonomen aus Chicago stehen daher für die Empfehlung einer sehr zurückhaltenden Wettbewerbspolitik, die nur bei offenkundigen Wettbewerbsbeschränkungen eingreift, die Märkte aber ansonsten sich selbst überlassen sollte. Ein zentrales (und von Anhängern des Konzepts des funktionsfähigen Wettbewerbs oft vernachlässigtes) Argument der Chicago-School ist, daß die Anzahl der am Markt tätigen Unternehmen vor allem von der *Entwicklung der Durchschnittskosten* bestimmt wird. Nehmen die langfristigen Durchschnittskosten bei steigender Produktionsmenge nämlich nicht ab, so ist nicht recht einzusehen, warum beispielsweise ein enges Oligopol (also ein Oligopol mit wenigen Anbietern) nicht auch ohne wettbewerbspolitische Eingriffe einfach durch den Markteintritt neuer Unternehmen in ein weites Oligopol oder in ein Polypol überführt werden sollte.

Dieser Gedanke wurde in konsequenter und sehr einflußreicher Weise 1982 von Baumol, Panzar und Willig in ihrer Theorie bestreitbarer Märkte (contestable markets) ausformuliert. Der wichtige Grundgedanke dieses Konzepts ist, daß das Verhalten von Unternehmen nicht nur von der *wirklichen* (bereits wirksamen), sondern auch von der *potentiellen Konkurrenz* beeinflußt wird. Wenn man diese Überlegung ernst nimmt, so muß man sich fragen, wodurch Märkte mit unvollständiger Konkurrenz eigentlich bestehen bleiben können, d.h. warum sich der Konzentrationsgrad nicht durch den Eintritt neuer Unternehmen verringert. Demnach lautet die Kernfrage der Theorie bestreitbarer Märkte, warum enge Oligopole oder gar Monopolmärkte eigentlich stabil bleiben können. Leicht vereinfacht kann man sagen, daß dafür letztlich nur vier Gründe in Frage kommen:

---

24   Man bezeichnet diesen Effekt als *business stealing*; vgl. z.B. Tirole 1994, 288.

- es handelt sich um reglementierte Märkte, so daß der Staat künstlich einen Wettbewerb verhindert. In diesem Fall besteht die wirtschaftspolitische Aufgabe aber nicht in einer aktiven Wettbewerbspolitik, sondern einfach in der Deregulierung der Märkte;
- das am Markt tätige Unternehmen verfügt über einen Wettbewerbsvorsprung, der sich beispielsweise aus einer überlegenen Technologie oder besonders erfahrenen Managern ergibt, die spezifische Investitionen in ihr Humankapital getätigt haben;
- die Durchschnittskostenfunktionen sind derart, daß die produktivste Technologie erst ab einer hohen Menge und damit nur von einer geringen Anzahl von Unternehmen eingesetzt werden kann. In diesem Fall führt eine Erhöhung der Anzahl der Unternehmen aber auch zu einer Erhöhung der Produktionskosten, so daß auch ein enges Oligopol durchaus gerechtfertigt sein kann. Aus diesem Grund spricht sich die Chicago-School dafür aus, Fusionen nur dann zu untersagen, wenn der Konzentrationsgrad schon sehr hoch ist und mit stark überhöhten Preisen gerechnet werden muß;
- wenn weder staatliche Regulierungen noch sinkende Durchschnittskosten den Zutritt neuer Unternehmen behindern und es dennoch nicht zum Markteintritt kommt, so muß dies offenbar – so das zentrale Argument der Theorie bestreitbarer Märkte – daran liegen, daß die am Markt tätigen Unternehmen so niedrige Preise verlangen, daß sich ein Markteintritt gar nicht lohnt. Weil die am Markt tätigen Unternehmen einen Markteintritt fürchten, verlangen sie „freiwillig" niedrige Preise, um potentielle Konkurrenten vom Markteintritt abzuhalten.

Lassen Sie uns die letzten beiden Punkte nochmals etwas ausführlicher beleuchten.[25] Konkretisieren wir die Annahme potentieller Konkurrenz dadurch, daß es stets noch nicht am Markt tätige Unternehmen gibt, die mit der gleichen Produktionstechnologie (und damit auch mit den gleichen Kostenfunktionen) produzieren können wie die Unternehmen, die bereits am Markt sind.[26] Sobald die am Markt befindlichen Unternehmen unter diesen Umständen Preise verlangen, die einen positiven Gewinn ermöglichen, haben die potentiellen Konkurrenten einen Anreiz, in den Markt einzudringen, indem sie die am Markt befindlichen Unternehmen minimal unterbieten und dadurch immer noch einen positiven Gewinn machen. Eine Industriestruktur ist daher tragfähig oder dauerhaft (sustainable), wenn die am Markt befindlichen Unternehmen keinen Gewinn machen. Dies gilt bei vollständiger Information interessanterweise auch für das natürliche Monopol – dort wird zwar kein first best erreicht, weil das am Markt befindliche Unternehmen dann einen Verlust machen würde, doch kommt es zum second best, in dem das Unternehmen einen Preis in Höhe der Durchschnittskosten verlangt. Andernfalls kann ein anderes Unternehmen einen Preis in Höhe der Durchschnittskosten verlangt. Andernfalls kann ein anderes Unternehmen einen infinitesimal niedrigeren Preis nehmen und einen positiven Gewinn erwirtschaften.

---

25 Für eine exakte Modellierung vgl. Baumol/Panzar/Willig 1986 und für eine eingängige Darstellung der Probleme des Konzepts bestreitbarer Märkte z.B. Tirole 1994, 308ff.

26 Diese Annahme ist keineswegs absurd, weil die am Markt befindlichen Unternehmen für spezifisches Know-how auch Faktorpreise bezahlen müssen und die Produktionsfaktoren abgeworben werden können. Wir werden auf diesen Punkt später zurückkommen.

Die Theorie bestreitbarer Märkte ist ein interessanter Ansatz, weil sie den wichtigen Gedanken ausdrückt, daß bei der Beurteilung von Wettbewerbsformen auch die potentielle Konkurrenz einbezogen werden muß, die für das Verhalten von Unternehmen sicherlich eine wichtige Rolle spielt.[27] Auf der anderen Seite steht und fällt der Ansatz selbstverständlich mit der Annahme, daß *keine Markteintrittsbarrieren existieren.* Da wirtschaftspolitisch geschaffene Markteintrittsbarrieren einfach abgeschafft werden könnten, betrifft der entscheidende Punkt hier die Existenz von sunk costs. Erinnern Sie sich hierzu zunächst an die zwar meist nur graduelle, aber dennoch wichtige Unterscheidung von Fixkosten und sunk costs. Fixkosten sind Kosten, die zwar unabhängig von der Produktionsmenge sind, aber bei einer völligen Einstellung der Produktion auch nicht anfallen. Sie sind also fix für $y>0$, entstehen aber nicht für $y=0$. Ein Beispiel für Fixkosten ist eine Maschine, deren Abschreibung unabhängig von der Produktionsmenge ist, die aber auch von anderen Unternehmen genutzt und daher am Markt verkauft werden kann. Sunk costs sind dagegen auch dann „versunken", wenn die Produktion eingestellt wird, d.h. sie haben einen Restwert von Null. Typisch dafür sind Investitionen in Humankapital, die nur zu bestimmten Zwecken genutzt werden können; auch spezielle Maschinen fallen darunter. Graduell ist der Unterschied zwischen Fixkosten und sunk costs vor allem deshalb, weil viele Investitionen bei Einstellung der Produktion zwar keinen Restwert von Null, aber doch immerhin einen geringeren Wert als in der ursprünglichen Nutzung haben. Dies ist letztlich der entscheidende Punkt bei sunk costs, der auch deren ökonomische Konsequenzen am deutlichsten zum Ausdruck bringt. Es handelt sich um spezifische Investitionen, die in einer bestimmten Nutzung den höchsten Ertrag abwerfen und daher einen Anreiz dafür liefern, diese Nutzung aufrechtzuerhalten.

Naheliegende Überlegungen zeigen nun, daß die Existenz von sunk costs mit der Theorie bestreitbarer Märkte nicht vereinbar ist.[28] Im Kern entspricht die Argumentation dabei derjenigen, die wir schon bei den Innovationsanreizen im Oligopol diskutiert haben.[29] Stellen wir uns ein natürliches Monopol vor, das (geringfügig) oberhalb der Durchschnittskosten anbietet und daher einen positiven Gewinn macht. Ein neuer Anbieter könnte den Markt also durch einen geringeren Preis monopolisieren. Sobald dieser neue Anbieter aber am Markt ist, handelt es sich um einen ganz gewöhnlichen Bertrand-Wettbewerb bei konstanten und identischen Grenzkosten, so daß das einzige Nash-Gleichgewicht bei Preis=Grenzkosten liegt und beide Unternehmen einen Deckungsbeitrag von Null sowie einen negativen Gewinn machen. Da dies der potentielle Eindringling zum Zeitpunkt des Markteintritts weiß, hat er keinen Anlaß zum Markteintritt und die Gewinne können stabil bleiben. Diesem Argument wird innerhalb der Theorie bestreitbarer Märkte mit der Einführung eines „hit and run"-Wettbewerbs begegnet, worunter verstanden wird, daß der potentielle Konkurrent in den Markt eindringt, diesen versorgt und wieder ausscheidet, bevor das alteingesessene

---

27 Siehe hierzu beispielsweise die empirische Analyse des Flugzeugmarktes von Bailey/Graham/ Kaplan 1985.

28 Zur Vermeidung von Mißverständnissen sei hervorgehoben, daß sich Baumol/Panzar/Willig 1986 dieser Tatsache selbstverständlich bewußt waren. Die entscheidende Frage lautet demnach, welche praktische Bedeutung sunk costs haben.

29 Vgl. oben, Abschnitt 18.2.5.

Unternehmen reagieren kann. Dies ist zwar konsistent und würde in der Tat dazu führen, daß das im Markt befindliche Unternehmen zum second best-Preis anbieten muß, erscheint aber reichlich absurd – denn es setzt voraus, daß der Kapazitätsauf- und -abbau schneller erfolgt als die Preisreaktion, was nicht kommentiert werden muß.

Empirische Studien zeigen in der Tat, daß steigende Skalenerträge und sunk costs deutlich negativ mit dem Markteintritt neuer Unternehmen korrelieren und somit offensichtlich starre Markteintrittsbarrieren konstituieren.[30] Daneben ist aber auch der oben erwähnte Punkt zu beachten, daß die am Markt tätigen Unternehmen aufgrund überlegener Technologien oder spezifischer Investitionen in Humankapital (auch diese können als sunk costs wirken) Kostenvorteile aufweisen. Es mag dann zwar durchaus effizienter sein, diesen Unternehmen den Markt zu überlassen, doch spricht nichts für die Annahme, daß dann tatsächlich Preise gesetzt werden müssen, die den Durchschnittskosten entsprechen.

Lassen Sie uns abschließend nochmals auf die wettbewerbspolitischen Implikationen der Theorie bestreitbarer Märkte (unter Vernachlässigung der sunk cost-Problematik) zurückkommen. Ein Kernargument ist, daß Unternehmen eine dominierende Marktposition nur dann bewahren *und* ausnutzen können, wenn sie potentiellen Konkurrenten in irgendeiner Weise überlegen sind. Letztlich beruht dies auf dem Argument des „survival of the fittest". Wenn nur wenige Unternehmen am Markt sind, so wird dies darauf zurückgeführt, daß diese aus irgendwelchen Gründen effizienter sind als andere. Der Wettbewerbspolitik wird also eine eher passive Rolle zugewiesen, weil aktive Eingriffe erstens an Informationsdefiziten scheitern und die Drohung potentieller Konkurrenz weitgehend ausreicht, um die am Markt tätigen Unternehmen von allzu überhöhten Preisen abzuhalten.

Diese Sichtweise impliziert allerdings nicht, daß die Chicago-School wettbewerbspolitische Instanzen wie das Kartellamt für überflüssig hält. Denn obwohl sinkende Durchschnittskosten die Existenz enger Oligopole und möglicherweise auch Fusionen in schon recht konzentrierten Märkten rechtfertigen können, bleibt das Problem der *statischen* Allokationseffizienz (Verringerung der Summe aus Konsumenten- und Produzentenrente) bestehen. Das wichtigste Instrument der Wettbewerbspolitik sehen Vertreter der Chicago-School daher in der Mißbrauchsaufsicht – marktbeherrschende Stellungen können durch die höhere Effizienz legitimiert werden, sie sollen aber nicht auf Kosten der Allgemeinheit ausgenutzt werden. Dies entspricht ziemlich genau der Rolle, die die Wettbewerbspolitik sowohl in der Bundesrepublik Deutschland als auch in den USA heute spielt.

18.4 Einige empirische Hinweise

Bevor wir uns in Abschnitt 18.5 genauer der Arbeit des deutschen Kartellamtes zuwenden, möchten wir einige kurze Hinweise auf empirische Studien geben, die sich mit den statischen und dynamischen Wettbewerbsfolgen unterschiedlicher Marktformen beschäftigen. Dies scheint notwendig, da wir uns in den vergangenen Kapiteln

---

30   Vgl. z.B. Schmalensee 1989, 998.

recht ausführlich mit Modellen beschäftigt haben, deren Zielsetzung letztlich der Vergleich verschiedener Marktformen unter Effizienzgesichtspunkten ist.

Angesichts der zahllosen Faktoren, die das Marktverhalten und -ergebnis beeinflussen, ist es geradezu selbstverständlich, daß allgemeinverbindliche empirische Resultate kaum existieren. Dennoch wollen wir einige Punkte skizzieren, wobei wir – analog zur traditionellen Unterscheidung zwischen Preis- und Wettbewerbstheorie – nach statischen und dynamischen Gesichtspunkten unterscheiden.

In empirischen Studien zur statischen Allokationseffizienz von Märkten wird häufig der *Lerner-Index* verwendet, der den Preisaufschlag auf die Grenzkosten mißt. Der Lerner-Index L ist demnach als

$$L = \frac{p - c}{c} \tag{18.10}$$

definiert, wobei c die Grenzkosten sind. In seinem Übersichtsaufsatz im einschlägigen „Handbook of Industrial Organization" wertet Bresnahan die bekanntesten Studien über den Lerner-Index in unterschiedlichen Branchen aus; die Resultate sind in der folgenden Abbildung zusammengefaßt.

Abb. 18.7: Lerner-Index in verschiedenen Branchen (nach Bresnahan 1981, 1051)

Author	Industry	L
Lopez (1984)	Food processing	0,504
Roberts (1984)	Coffee roasting	0,055/0,025[a]
Appelbaum (1982)	Rubber	0,049[c]
Appelbaum (1982)	Textile	0,072[c]
Appelbaum (1982)	Electricial machinery	0,198[c]
Appelbaum (1982)	Tobacco	0,648[c]
Porter (1983)	Railroads	0,40[b]
Slade (1987)	Retail gasoline	0,10
Bresnahan (1981)	Automobiles (1970s)	0,1/0,34[d]
Suslow (1986)	Aluminium (interwar)	0,59
Spiller-Favaro (1984)	Banks „before"[e]	0,88/0,21[f]
Spiller-Favaro (1984)	Bank „after"[e]	0,40/0,16[f]

[a] Largest and second largest firm, respectively
[b] When cartel was succeeding: 0 in revisionary periods
[c] At sample midpoint
[d] Various by type of car; larger in standard, luxury segment
[e] Uruguayan banks before and after entry deregulation
[f] Large firms/small firms (see their table 2).

Aus seiner zusammenfassenden Auswertung folgert Bresnahan das Vorliegen erheblicher Marktmacht, weil der Lerner-Index in einigen Branchen doch ausgesprochen hoch ist. Dabei räumt er allerdings ein, daß die ausgewerteten Studien nicht repräsentativ sind, weil sie sich speziell auf hoch konzentrierte Industrien beziehen und daher ein Rückschluß auf die gesamte (US-amerikanische) Wirtschaft nicht zulässig sei. In jedem Fall kann man aber sagen, daß der Bertrand-Wettbewerb mit homogenen Produkten (und somit Preisen, die den Grenzkosten entsprechen) den empirischen Ergebnissen zuwiderläuft.[31] Viele der von Bresnahan ausgewerteten Studien kommen zu dem Ergebnis, daß der hohe Lerner-Index auf kollusives Verhalten zurückzuführen sei.

Die in Abb. 18.7 dargestellten Studien zeigen zwar Marktmacht, doch läßt sich eine eindeutige Korrelation zwischen dem Konzentrationsgrad von Branchen und dem Lerner-Index nicht ausmachen.[32] Immerhin ergeben sich aber positive Korrelationen zwischen dem Konzentrationsgrad und dem Lerner-Index, wenn räumlich separierte Märkte der gleichen Industrie miteinander verglichen werden.[33] Deutlicher als die Beziehung zwischen Konzentrationsgrad und Rentabilität scheint diejenige zwischen dem Marktanteil von Firmen *innerhalb* ihrer jeweiligen Branche und der Rentabilität zu sein.[34] Dies entspricht den einfachsten Oligopolmodellen, in denen Firmen mit niedrigeren Kosten oder überlegenen Produkten natürlich auch einen höheren Marktanteil haben. Interessant ist in unserem Zusammenhang eine Studie von Mueller (1986), der für 600 Firmen, die zu den 1000 größten des produzierenden Gewerbes in den USA gehörten, die Profitabilität zwischen 1950 und 1972 untersuchte.[35] Profitabilität operationalisierte er als Gewinn nach Steuern zuzüglich Dividenden. Dabei zeigte sich eine deutliche Korrelation zwischen den Profitabilitäten im Zeitablauf, so daß diese offensichtlich nicht durch den Eintritt in gewinnträchtige Branchen (wie dies etwa vom Chamberlin-Modell vorrausgesagt wird) abgebaut wurden. Daraus kann man auf das Vorliegen erheblicher Markteintrittsbarrieren schließen.

Scherer/Ross halten in ihrem einschlägigen Buch „Industrial Market structure and economic performance" vor allem die folgenden zwei Faktoren über den empirischen Zusammenhang von Marktmacht und Preissetzungsverhalten fest:[36]

– der positive Zusammenhang zwischen Marktanteil und Rentabilität ist mindestens in gleicher Weise auf die größere Preisdifferenzierung wie auf steigende Skalenerträge zurückzuführen;
– und im interindustriellen Vergleich zeigt sich, daß die Unterschiede zwischen verschiedenen Branchen eine größere Rolle spielen als der Marktanteil.[37]

---

31   Vgl. z.B. Jacquemin/Slade 1989, 451f.
32   Vgl. Schmalensee 1989, 976.
33   Vgl. Schmalensee 1989, 987f.
34   Vgl. Schmalensee 1989, 984.
35   Vgl. für eine Zusammenfassung Martin 1993, 548ff.
36   Vgl. Scherer/Ross 1990, 411-447.
37   Vgl. ähnlich Hay/Morris 1996, 170-200.

Erwartungsgemäß noch weniger eindeutig sind die empirischen Resultate zum Zusammenhang von Marktstruktur und Innovationsanreizen.[38] Untersucht werden erstens die Innovationsanreize in unterschiedlichen Marktformen und zweitens der Zusammenhang zwischen der Unternehmensgröße und den Innovationsanreizen. Vor allem Schumpeter[39] vermutete bezüglich der zweiten Fragestellung schon frühzeitig, daß große Unternehmen innovativer seien, womit sich auch positive Wirkungen der Konzentration begründen lassen. Schumpeter begründete seine These vor allem mit drei Argumenten:

– erstens bestehe durch Unvollkommenheiten auf dem Kapitalmarkt für kleinere Firmen kaum die Möglichkeit, Risikokapital zu erhalten;
– zweitens gebe es bei Innovationen steigende Skalenerträge, so daß sich diese nur ab einer hohen Unternehmensgröße (hoher Umsatz) überhaupt lohnen;
– und drittens gebe es Synergieeffekte zwischen F&E-Aktivitäten und anderen Unternehmensbereichen, die bei großen Unternehmen eher zum Tragen kämen.

Obwohl Schumpeter selbst vor allem auf Unterschiede zwischen kleinen und (sehr) großen Unternehmen abzielte, wird in der Mehrzahl der empirischen Studien der Zusammenhang einfach mit Hilfe einer linearen Regression und den Aufwendungen für F&E geschätzt. Insgesamt kommen Cohen/Levin in ihrer Übersicht zu dem Ergebnis, daß sich eindeutige Beziehungen nicht nachweisen lassen.[40] So ergaben sich in der auch von ihnen ausgewerteten, recht berühmten Studie von Scherer (1984) nur für 20 % der betrachteten Geschäftsfelder positive Korrelationen zwischen Unternehmensgröße und F&E-Ausgaben. Ferner merken Cohen/Levin zurecht an, daß die Rückwirkungen von Innovationen auf die Unternehmensgröße in den Studien systematisch vernachlässigt werden.

Verschiedene Studien zur Beziehung zwischen der Marktform und dem Innovationsgrad kommen zu einer umgekehrt U-förmigen Funktion, womit gemeint ist, daß der Innovationsgrad bei steigender Konzentration zuerst zu- und dann wieder abnimmt. Dies entspricht vom Ergebnis her etwa den Überlegungen Kantzenbachs, dessen zentrale These war, daß der Anreiz zum technischen Fortschritt im „weiten Oligopol mit mäßiger Preisdifferenzierung" am größten ist. Allerdings relativieren Cohen/Levin die Ergebnisse erheblich mit dem Hinweis, daß andere Variable wie technologische Faktoren einen wesentlich größeren Teil der Innovationsstreuung erklären als der Konzentrationsgrad, so daß dieser als *selbständige* Variable offenbar nicht von großer Bedeutung ist. Insgesamt muß man daher festhalten, daß die empirischen Resultate bisher unbefriedigend sind.

---

38 Vgl. zum folgenden Cohen/Levin 1989.
39 Vgl. Schumpeter 1942.
40 Vgl. Cohen/Levin 1989, 1069.

18.5   Wettbewerbspolitik in der Praxis[E]

18.5.1   Überblick

Nach den (abgesehen von Abschnitt 18.4) bisher eher theoretischen Überlegungen möchten wir uns nun ausführlich der Wettbewerbspolitik in der Bundesrepublik Deutschland zuwenden, die auf dem „Gesetz gegen Wettbewerbsbeschränkungen" (GWB) aufbaut und im wesentlichen vom Bundeskartellamt vollzogen wird. Dabei gehen wir auch auf zahlreiche praktische Anwendungsfälle ein, um die Darstellungen transparenter zu machen.

Das 1957 in Kraft getretene GWB ist die Rechtsgrundlage der Arbeit des Kartellamtes. Bis Anfang 1999 sind insgesamt sechs Novellierungen ergangen. Während ein Kartellverbot schon in der ursprünglichen Version von 1957 enthalten war und damals ganz im Zentrum des GWB stand, wurde die präventive Fusionskontrolle erst 1973 eingeführt. Durch die 6. GWB-Novelle wurde das GWB mit Wirkung zum 1. Januar 1999 grundlegend geändert, um das GWB-Recht mit dem europäischen Recht zu harmonisieren. Im Kern gibt das GWB dem Kartellamt folgende Möglichkeiten, auf die wir in den anschließenden Abschnitten detailliert eingehen:

– ein generelles *Kartellverbot*, das Wettbewerbsbeschränkungen untersagt. Dabei gibt es allerdings zahlreiche, praktisch wichtige Ausnahmen (Abschnitt 18.5.2);

– die *Mißbrauchsaufsicht*, mit der die Ausnutzung bereits bestehender wirtschaftlicher Machtstellungen unterbunden werden kann (Abschnitt 18.5.3);

– und die *präventive Fusionskontrolle*, mit der das Kartellamt Unternehmenszusammenschlüsse untersagen kann, sofern mit wirtschaftlichen Machtstellungen gerechnet werden muß (Abschnitt 18.5.4).

Die Durchsetzung des GWB obliegt den Kartellbehörden, wobei die Landes-kartellbehörden für regionale Wettbewerbsbeschränkungen zuständig sind und das Bundeskartellamt alle Fälle bearbeitet, bei denen der relevante Markt das Bundesgebiet ist (§ 48 GWB). Die Beschlußabteilungen des Kartellamtes können verbindliche Entscheidungen treffen, gegen die die betroffenen Unternehmen Widerspruch beim Kartellsenat in Berlin einlegen können. Wird das Kartellamt vom Kartellsenat bestätigt, so bleibt noch der Weg zum Bundesgerichtshof. Die Entscheidungen des Kartellamtes sind zwar grundsätzlich unabhängig vom Bundesministerium für Wirtschaft, doch hat dieses nach § 8 bzw. § 42 GWB die Möglichkeit, Kartelle und Fusionen „bei überragendem Interesse der Allgemeinheit" abweichend von der Beurteilung des Kartellamtes zu erlauben (sog. „Ministererlaubnis").

18.5.2   Kartellverbot

18.5.2.1   Rechtsgrundlage und praktische Bedeutung

Die rechtliche Grundlage zum Verbot von Kartellen ist § 1 GWB, der nicht nur Verträge, sondern auch Vereinbarungen und abgestimmtes Verhalten für unwirksam erklärt, „die eine Verhinderung, Einschränkung oder Verfälschung des Wettbewerbs bezwecken oder bewirken". Lange Zeit war dabei strittig, ob die Verträge die Wettbewerbsbeschränkung explizit zum *Gegenstand* (Gegenstandstheorien) haben mußten oder ob wettbewerbsbeschränkende *Folgen* (Folgetheorien) für ein Verbot hinreichend seien. Mittlerweile hat sich die sog. *Zwecktheorie* durchgesetzt, die alle Verträge für nichtig erklärt, deren Zielsetzung in der Wettbewerbsbeschränkung liegt.

Eine wesentliche Schwierigkeit für das Kartellamt bestand früher darin, daß § 1 GWB nur *Verträge* erfaßt, so daß Absprachen ohne rechtliche Vertragsbeziehungen nicht eingeschlossen sind. Diesem Problem wurde in der zweiten Novellierung des GWB 1973 Rechnung getragen. Auslöser dieses Zusatzes war der recht spektakuläre Teerfarbenfall, bei dem sich 1967 auf einer Tagung in Basel führende europäische Teerfarbenhersteller so gut über ihre jeweilige Marktbeurteilung informierten, daß sie auch ohne Verträge nach der Tagung alle ihre Preise in ähnlichem Ausmaß erhöhten. Allerdings setzt § 1 GWB (nicht-vertragliche) Absprachen voraus, so daß bloßes Parallelverhalten auch dann nicht sanktionierungsfähig ist, wenn dieses im Ergebnis ähnlich wie ein Kartell wirkt.

Die praktische Bedeutung des Kartellverbots ist nach wie vor ausgesprochen groß. Neben dem in Abschnitt 18.5.2.3 ausführlich erörterten Zementmarkt hat das Bundeskartellamt allein im Jahr 1998 bspw. gegen zehn Verkehrszeichenanbieter wegen Kartellabsprache Bußgelder in Höhe von 3,7 Millionen DM verhängt; 2,7 Millionen DM Gesamtstrafe wurde gegen vier Unternehmen der Papierverarbeitungsbranche festgesetzt, da sie Preisabsprachen vornahmen; gegen 16 Hersteller von Starkstromkabeln wurden wegen Preis- und Rabattabsprachen Bußgelder von insgesamt 9 Millionen DM verhängt[41] und 2,35 Millionen DM Gesamtstrafe wurde gegen drei Unternehmen im Gußasphaltbereich festgesetzt, da sie den Markt durch ein Quotenkartell aufgeteilt hatten. Ferner kommt es in der Heizungs- und Sanitärbranche immer wieder zu sanktionierten Submissionsabsprachen, mit denen sich die Gerichte auch strafrechtlich wegen des Betrugstatbestandes auseinandersetzen. Vom Standpunkt der ökonomischen Theorie ist die Sanktionierung von Kartellabsprachen unstrittig, weil alle Oligopolmodelle zu dem Ergebnis kommen, daß der Preis in Kartellen höher und die Gesamtwohlfahrt damit geringer als bei wettbewerblichem Verhalten ist.

18.5.2.2 Ausnahmeregelungen

Im Unterschied zum europäischen Recht existieren im deutschen Kartellrecht Ausnahmeregelungen, die unter bestimmten Voraussetzungen Kartellabsprachen erlauben. Diese werden in den §§ 2-8 GWB konstituiert. In einer leicht vereinfachenden Darstellung handelt es sich dabei im einzelnen um:

– Normen-, Typen- und Konditionenkartelle (§ 2 GWB), bei denen entweder die einheitliche Verwendung von Normen und Typen oder die Abstimmung allgemeiner Geschäfts-, Lieferungs- und Zahlungsbedingungen deshalb erlaubt wird, weil

---

41 Dieser Sachverhalt ist umso erstaunlicher als erst 1997 gegen vierzehn Hersteller von Starkstromkabeln wegen der Bildung eines Quotenkartells eine Gesamtstrafe von 265! Millionen DM verhängt wurde.

dies die Markttransparenz erhöhen kann. Das gleiche Argument wird für die durch
§ 3 GWB ausgenommenen Rabattkartelle angeführt;

– Spezialisierungskartelle (§ 3 GWB), wobei die Rationalisierung der wirtschaftlichen
Vorgänge durch die Spezialisierung die Wettbewerbskonzentration weitestgehend
nicht verändert;

– Mittelstandskartelle (§ 4 GWB), mit deren Zulassung die Wettbewerbsposition
kleiner und mittelständischer Unternehmen auf Märkten gestärkt werden soll, in
denen der Konzentrationsgrad so gering ist, daß keine wesentlichen negativen
Folgen für den Wettbewerb als ganzes zu erwarten sind;

– Rationalisierungskartelle (§ 5 GWB), sofern davon eine erhebliche Steigerung der
Effizienz vermutet werden kann, die letztlich auch den Abnehmern zugute
kommt;

– Strukturkrisenkartelle (§ 6 GWB), mit denen den beteiligten Unternehmen in vom
Strukturwandel besonders betroffenen Branchen der notwendige Abbau von
Überkapazitäten erleichtert werden soll, um soziale Härten zu mindern;

– sonstige Kartelle (§ 7 GWB), wobei die ökonomischen Vorteile überragend sind
und eine vergleichbare Wohlfahrtssteigerung nicht auf einem anderem Wege erreicht werden kann und die nicht durch die §§ 2-6 GWB abgedeckt sind.

– sowie die Ministererlaubnis nach § 8 GWB, die auch Kartelle, deren Genehmigung
nicht durch die §§ 2-7 GWB gerechtfertigt werden kann, durch den Bundes-
minister für Wirtschaft ermöglicht.

18.5.2.3 Das Beispiel Zementmarkt[42]

Der Zementmarkt ist ein gutes Beispiel für Kartellbildungen, weil es seit Beginn der
Zementproduktion in Deutschland Mitte des vorigen Jahrhunderts immer wieder
mehr oder weniger erfolgreiche Versuche zur Errichtung von Kartellen gegeben hat.
Dies liegt daran, daß sich der Zementmarkt aus verschiedenen Gründen besonders gut
für eine Kartellbildung eignet:

– Zement ist ein nahezu homogenes Gut. Unterschiede treten nur zwischen den
verschiedenen Zementarten und -festigkeitsklassen auf. Innerhalb dieser Arten
und Klassen sind die Erzeugnisse von verschiedenen Herstellern aufgrund von
Normierungen und Qualitätsprüfungen als gleichwertig anzusehen. Ein Qualitäts-
wettbewerb für eine bestimmte Zementart findet daher nicht statt, da die gültigen
DIN-Normen keine reinen Mindestanforderungen darstellen, sondern die Festig-
keitsklassen auch nach oben hin abgrenzen;

– die Preiselastizität der Nachfrage von Zement ist eher gering, denn die Nachfrage
hängt vor allem von der Bautätigkeit ab und ist daher in hohem Maße konjunktu-
rellen und saisonalen Schwankungen ausgesetzt;

– die Herstellung von Zement ist in großen, kapitalintensiven Produktionsanlagen
am kostengünstigsten. Die langfristigen Durchschnittskosten verlaufen daher fal-
lend, und die Grenzkosten liegen – wegen des hohen Kapitalbedarfs – weit unter-

---

42 Die folgende Darstellung orientiert sich an Moritz/Rester 1996 und Puritz 1990.

halb der gesamten Durchschnittskosten. Erst im Bereich ausgelasteter Kapazitäten sind die Durchschnittskosten nahezu konstant;
- die Transportkosten sind im Vergleich zu den Produktionskosten ausgesprochen hoch. Es lohnt sich daher nicht, Zement beispielsweise von Frankfurt nach Dresden zu liefern. Die durchschnittliche Versandweite von Zement ist mit rund 150 km deutlich unter der anderer Güter;
- vor allem in den 70er und 80er Jahren war die Zementnachfrage rückläufig, so daß keine neuen Unternehmen in den Markt eindrangen.

Diese Umstände sind dafür verantwortlich, daß es im deutschen Zementmarkt heute nur wenige Anbieter (rund 80 Zementwerke) gibt, die regional stark eingeschränkt operieren und mit keiner Konkurrenz von anderen Regionen rechnen müssen. Die wichtigsten Unternehmen sind schon lange am Markt tätig und kennen sich daher gut.

Bedingt durch die in den 1970er und 1980er Jahren rückläufige Zementnachfrage ist die Auslastung der Produktionskapazitäten beständig gesunken. In dieser Situation haben zunächst viele Unternehmen versucht, ihren Absatz durch Preisunterbietungen zu halten. Dies konnte aufgrund der geringen Preiselastizität der Nachfrage aber nur zu Lasten anderer Anbieter gelingen. Eine Steigerung der Gesamtnachfrage war dadurch kaum möglich, sondern die Tendenz zu Preisunterbietungen verstärkte sich sogar noch. Beispielhaft sei hier der sogenannte „2. westfälische Preiskrieg" (1974-76) genannt. Da einige westfälische Unternehmen gerade eine umfangreiche Anlagenmodernisierung und -erweiterung durchgeführt hatten, waren sie aufgrund der dadurch eingegangenen finanziellen Verpflichtungen schnell bereit, Preissondernachlässe zu gewähren, um trotz sinkender Nachfrage die Anlagen halbwegs kostendeckend auszulasten. Die hohe räumliche Konzentration der Zementwerke in dieser Region wirkte hierbei verstärkend, da die Unternehmen oftmals genau beobachten konnten, welcher Kunde bei welchem Hersteller Zement bestellte. Als Folge dieses Preiskriegs schieden einige Unternehmen aus dem Markt aus, während sich die Konzentration unter den verbliebenen Marktteilnehmern durch geänderte Beteiligungsverhältnisse erhöhte.

Die strategische Abhängigkeit der Oligopolisten und damit der Anreiz zur Kartellbildung war daher in dieser Zeit besonders groß. In der Tat mußte das Bundeskartellamt in einigen Fällen vor allem im süddeutschen Raum wegen verbotener Mengenabsprachen ermitteln. Auf zwei Verfahren möchten wir abschließend kurz eingehen:

- Im Jahre 1972 hatte das Bundeskartellamt verschiedene südwestdeutsche Unternehmen zur Zahlung von Bußgeldern verurteilt, weil sie ein Mengenkartell geschlossen hatten, bei dem die Marktanteile der beteiligten Unternehmen prozentual bis auf drei Stellen hinter dem Komma festgelegt wurden. Die Heidelberger Zement AG übernahm hierbei als Meldestelle die Funktion der Überwachung der Quoten. Zunächst wurden monatlich Tabellen verschickt, auf denen die Über- und Unterlieferungen der beteiligten Unternehmen vermerkt waren. Aus Furcht vor der Aufdeckung ging man aber bald dazu über, diese Informationen auf sogenannten Verkaufsausschußsitzungen direkt zu übermitteln. Bei seiner Ermittlungstätigkeit ist es dem Bundeskartellamt aber gelungen, Unterlagen dieser Sitzungen sicherzustellen, aus denen die Quoten zu ersehen waren. Ein Kartellvertrag konnte zwar nicht gefunden werden, aber die fast hundertprozentige Einhaltung der Quoten ließen eine Verurteilung zu.

– Im Jahre 1988/89 ermittelte das Bundeskartellamt – diesmal sogar über den süddeutschen Raum hinaus – gegen führende deutsche Zementhersteller wegen des Verdachts von Preis- und Mengenabsprachen. Dieser Verdacht wurde durch die gefundenen Unterlagen bestätigt, so daß das Bundeskartellamt Bußgelder in zwei- und dreistelliger Millionenhöhe verhängte. Die Bußgelder waren wesentlich höher als die der 1970er Jahre und wurden so bemessen, daß der durch die Mengenabsprachen erzielte Mehrerlös in etwa abgeschöpft werden sollte.

18.5.3 Kontrolle wirtschaftlicher Machtstellungen und vertikale Wettbewerbsbeschränkungen

18.5.3.1 Grundlagen

Der insgesamt eher anti-interventionistische Charakter des GWB zeigt sich vor allem darin, daß marktbeherrschende Unternehmen nicht entflochten werden können. Damit wird unter anderem der Vermutung Rechnung getragen, daß ein hoher Konzentrationsgrad möglicherweise dadurch zustandekommt, daß aufgrund der Durchschnittskostenverläufe auf dem betreffenden Markt nur eine geringe Anzahl von Unternehmen effizient produzieren kann. Wenn man an die Ergebnisse der in Abschnitt 4.6 des Kapitels zur Kostentheorie skizzierten DIW-Studie über die mindestoptimalen Betriebsgrößen denkt, scheint diese Vorgehensweise ausgesprochen vernünftig. Die Duldung marktbeherrschender Stellungen erfordert andererseits aber, daß dem Kartellamt die Möglichkeit gegeben wird, der Ausnutzung derartiger Positionen entgegenzuwirken.

Die rechtliche Grundlage zur Sanktionierung der Ausnutzung wirtschaftlicher Machtstellungen ist vor allem § 19 GWB, der wirtschaftliche Macht definiert und die Möglichkeiten der Sanktionierung durch das Kartellamt festlegt. Ursprünglich war der Tatbestand der Marktbeherrschung sehr eng gefaßt und wurde nur dann als erfüllt angesehen, wenn „ein Unternehmen für eine bestimmte Art von Waren oder gewerblichen Leistungen ohne Wettbewerber ist oder keinem wesentlichen Wettbewerb ausgesetzt ist." Da § 19 GWB in dieser Fassung demnach nur auf Monopole anwendbar war und deshalb praktisch kaum Bedeutung hatte, wurde sein Anwendungsbereich in der Novelle vom August 1973 auch auf Unternehmen mit „überragenden Marktstellungen" ausgedehnt. Als Kriterien für die Bestimmung solcher Stellungen nennt das Gesetz den Marktanteil, die Finanzkraft des Unternehmens, seinen Zugang zu den Beschaffungs- und Absatzmärkten, Verflechtungen mit anderen Unternehmen sowie rechtliche und tatsächliche Markteintrittsschranken. § 19 GWB ist dabei nicht auf *einzelne* Unternehmen mit überragenden Marktstellungen beschränkt, sondern schließt auch „eine Gesamtheit von Unternehmen" ein, sofern zwischen ihnen „ein wesentlicher Wettbewerb nicht besteht" und sie zusammen eine überragende Marktstellung haben. Zur Operationalisierung der genannten Indikatoren arbeitet das Gesetz mit Marktanteilen und vermutet eine Marktbeherrschung, sofern

- ein Unternehmen mindestens einen Marktanteil von 1/3 hat
- oder maximal drei Unternehmen einen Marktanteil von mindestens 50 %
- oder maximal fünf Unternehmen einen Marktanteil von mindestens 2/3 haben

Während die Voraussetzungen für marktbeherrschende Stellungen demnach klar definiert sind, sind die sanktionsfähigen Mißbrauchstatbestände recht allgemein gefaßt und werden lediglich durch einige Beispiele verdeutlicht. Im Kern läßt sich zwischen dem *Preismißbrauch* und dem *Behinderungsmißbrauch* unterscheiden, der auch in § 20 GWB geregelt ist. Hinsichtlich des Preismißbrauchs kann das Kartellamt gegen marktbeherrschende Unternehmen vorgehen, die Preise fordern, „die von denjenigen abweichen, die sich bei wirksamem Wettbewerb mit hoher Wahrscheinlichkeit ergeben würden; hierbei sind insbesondere die Verhaltensweisen von Unternehmen auf vergleichbaren Märkten mit wirksamem Wettbewerb zu berücksichtigen". Beim Behinderungsmißbrauch handelt es sich um die Beschränkung der Wettbewerbsmöglichkeiten anderer Unternehmen, worunter nach § 20 GWB beispielsweise das Diskriminierungsverbot (unbegründete unterschiedliche Behandlung von Unternehmen im Geschäftsverkehr) fällt.

Nutzt ein marktbeherrschendes Unternehmen seine Stellung nun mißbräuchlich, z.B. durch Preis- oder Behinderungsmißbrauch, aus, so kann die Kartellbehörde dieses Verhalten untersagen und bestehende Verträge für unwirksam erklären.

18.5.3.2 Praktische Bedeutung

Die Preismißbrauchsaufsicht spielt in der Praxis eine untergeordnete Rolle, weil die Rechtsprechung erstens sehr strenge Anforderungen an das Bundeskartellamt stellt und zweitens die methodischen Probleme bei der Bestimmung von Preisen, die sich unter Wettbewerbsbedingungen ergeben hätten, ausgesprochen groß sind. Dies ist selbstverständlich, wenn man bedenkt, welche Schwierigkeiten die ökonomische Theorie bei der Prognose der Preise in oligopolistischen Märkten hat. Wäre es möglich, die Preise unter Wettbewerbsbedingungen so präzise zu schätzen, daß dies im Normalfall für rechtskräftige Urteile ausreicht, so hätte die Beurteilung des SVE-Paradigmas positiver ausfallen müssen. Dies heißt allerdings nicht, daß die Preismißbrauchsaufsicht gar keine praktische Bedeutung hat (vgl. hierzu vor allem die Diskussion des Tetra Pak-Urteils in Abschnitt 18.5.3.3. Das Bundeskartellamt weist interessanterweise darauf hin, daß überhöhte Preise fast ausschließlich in reglementierten Märkten oder in solchen nachgewiesen werden können, in denen nach eingeleiteten Deregulierungen noch marktbeherrschende Stellungen gegeben sind. 1997 hat das Bundeskartellamt der Deutschen Lufthansa AG untersagt, auf der Strecke Frankfurt/Berlin Preise zu fordern, die um 10,– DM höher liegen als jene, die sie selber auf der vergleichbaren Strecke Frankfurt/München verlangt. Auf der Strecke Frankfurt/München steht die Deutsche Lufthansa AG insbesondere mit Deutschen BA im Wettbewerb, während sie auf der Strecke Frankfurt/Berlin ein Monopol besitzt.

Eine erheblich größere praktische Bedeutung als der Preismißbrauch hat der Behinderungsmißbrauch. So hatte das Bundeskartellamt drei führenden Pharmagroßhandlungen untersagt, den Bezug von reimportierten (also zuerst aus- und dann wieder eingeführten) Medikamenten zu verweigern. Nachdem das Kammergericht den Beschluß des Kartellamtes aufhob, gab der Bundesgerichtshof im Februar 1995 dem Kartellamt recht. Die ökonomische Logik der Reimporte bei Medikamenten erklärt sich aus erheblichen Preisunterschieden innerhalb der Europäischen Union, so daß im Ausland gekaufte deutsche Produkte nach der Wiedereinfuhr nach Deutschland um 10-15 % unter dem deutschen Marktpreis angeboten werden können. Der Grund für die Annahmeverweigerung durch die Großhändler ist, daß diese eine *staatlich vorgeschriebene prozentuale Handelsspanne* auf den Kaufpreis erheben, so daß der *absolute* Aufschlag um so höher ist, je teurer das Produkt gekauft wird. Das Problem ist also, daß die Großhändler aufgrund der Reglementierung kein Interesse am Einkauf billiger Medikamente haben. Das Kartellamt stützte seine Entscheidung auf das Diskriminierungsverbot nach § 20 GWB, mit dem letztlich auch das Interesse der Verbraucher an niedrigen Preisen über das (vom Kartellamt als berechtigt bezeichnete) Interesse der Großhändler an der Gewinnerzielung gestellt wurde.

Im Unterschied zu den bisher geschilderten Fällen geht es bei vertikalen Wettbewerbsbeschränkungen um Einschränkungen des Wettbewerbs auf *vor- oder nachgelagerten Stufen*. Eine wichtige Rechtsgrundlage für das Kartellamt gegen vertikale Wettbewerbsbeschränkungen ist § 14 GWB, der Verträge für nichtig erklärt, die „einen Vertragsbeteiligten in der Freiheit der Gestaltung von Preisen oder Geschäftsbedingungen (beschränken)...". Beispielsweise hat das Bundeskartellamt jüngst, in einer allerdings noch nicht rechtskräftigen Entscheidung, dem Beck-Verlag Preisbindungen für CD-ROM-Erzeugnisse untersagt. Der Beck-Verlag berief sich in seiner Argumentation auf § 15 GWB, der Verlagserzeugnisse vom Verbot der Preisbindung ausnimmt. Das Bundeskartellamt folgte dieser Argumentation aber nicht, weil CD-ROM-Erzeugnisse nicht zu den klassischen Verlagserzeugnissen zu zählen seien. Vielmehr würde die Zulassung der Preisbindung für CD-ROM-Erzeugnisse nach Auffassung des Bundeskartellamtes dazu führen, daß die Ausnahmevorschrift von § 15 GWB auf zahlreiche Computererzeugnisse ausgedehnt werden müsse, was sachlich nicht gerechtfertigt sei.

Eine Vielzahl der Maßnahmen des Kartellamtes gegen vertikale Wettbewerbsbeschränkungen bezieht sich traditionell auf die Versuche von Unternehmen, durch Ausübung von Druck das Einhalten unverbindlicher Preisempfehlungen durchzusetzen. Beispielsweise verhängte das Bundeskartellamt 1998 eine Geldbuße von 140.000 DM gegen zwei inländische Benetton-Agenturen wegen Vorgabe von Verkaufspreisen in verbindlicher Form. Gegen die Benetton Group S.A. wurde im gleichen Fall wegen vorsätzlicher Unterlassung der erforderlichen Aufsichtsmaßnahmen Bußgelder in Höhe von 2,5 Millionen DM festgesetzt.

18.5.3.3   Das Tetra Pak-Urteil

18.5.3.3.1 Sachverhalt und Rechtsprechung

Im Tetra Pak-Urteil von 1991 verhängte die EG-Kommission mit 75 Millionen Ecu ihre bislang höchste Geldstrafe. Im November 1996 wurde der Einspruch von Tetra Pak von der fünften Kammer des Europäischen Gerichtshofes zurückgewiesen, so daß Tetra Pak die Strafe entrichten mußte. Wir schildern zunächst den Fall, skizzieren anschließend die Argumentation von Tetra Pak und bemühen uns schließlich um eine kurze Beurteilung, unter anderem vor dem Hintergrund der sog. Leverage-Theorie.

Tetra Pak ist ein in der Schweiz ansässiger Verpackungskonzern schwedischen Ursprungs. Er bietet Verpackungsmaterial, Maschinen und Dienstleistungen für fünf verschiedene Typen aseptischer (keimfreier) und septischer Kartons an. Diese Kartons werden im allgemeinen für flüssige und halbflüssige Lebensmittel verwendet. Die bei weitem häufigste Verwendungsart ist allerdings mit einem Anteil von 70-90 % die Verpackung von Milch und anderen flüssigen Milchprodukten. Mitte der achtziger Jahre hatte Tetra Pak auf dem europäischen Markt schätzungsweise bei aseptischen Verpackungen einen Marktanteil von 90 % und bei septischen Verpackungen von 50 %.

Dieser Erfolg der Tetra Pak-Verpackungen läßt sich vor allem darauf zurückführen, daß der Konzern auf dem Verpackungsmarkt eine Prozeßinnovation bot, die von einer ausgefeilten Marketingstrategie begleitet wurde. Erstens hatte die Beschränkung auf fünf Verpackungstypen den Vorteil, daß das Grundkonzept der Herstellung je nach Typ kaum verändert werden mußte. Dieses Grundkonzept hatte im Vergleich zu anderen Herstellungsmethoden zweitens den Vorzug, daß das Verpackungsmaterial platzsparend auf Rollen und nicht vorgefaltet angeliefert wurde. Eine Maschine zog das Material von dieser Rolle, faltete den Karton und verschloß ihn nach dem Abfüllen. Dieser Prozeß war durch seine volle Automatisierung extrem hygienisch. Die Maschinen verkaufte oder vermietete Tetra Pak langfristig. Die Mietzeiten variierten von drei (Dänemark) bis neun Jahren (Italien). Gleichzeitig stellte Tetra Pak verschiedene Verpackungsmaterialien entgeltlich zur Verfügung, die 60-70 % der gesamten Kartonkosten ausmachten. Diese Verpackungsmaterialien verkaufte Tetra Pak auch an Firmen ohne die Tetra Pak-Maschinen. Ferner vertreibt der Konzern auch Zusatzprodukte von der Strohhalmanbringung über computergestützte Logistikstudien bis hin zu Marketinghilfen.

Begleitet wurde der Vertrieb der Tetra Pak-Produkte von einem umfassenden „After-Sales"-Service. 1991 sorgte ein Netz von 50 Servicezentren und 22 Ausbildungszentren dafür, daß der Kundendienst bei Problemen innerhalb von Stunden an jedem Kundenort sein konnte. Außerdem wurde die sachgemäße Behandlung der Maschinen regelmäßig durch – teilweise unangekündigte – Kontrollbesuche überwacht.

Je nach Land hat Tetra Pak eine eigene Verkaufsstrategie entwickelt, die sich flexibel an die jeweiligen Nahrungsmittelsektoren und die Wettbewerbssituation anpaßte. Dies führte auch zu unterschiedlichem Preissetzungsverhalten. Um in Italien „Tetra Rex"-Verpackungen zu etablieren, wurden Preise für Maschinen verlangt, die nicht nur unter den Preisen der Konkurrenten, sondern auch unter den Herstellkosten lagen. Die damit verbundenen (kurzfristigen) Verluste wurden von einer anderen Tetra Pak-Tochter getragen.

1991 beschuldigte die EG-Kommission Tetra Pak des Mißbrauchs einer marktbeherrschenden Stellung und verhängte eine Geldbuße in Höhe von 75 Millionen Ecu (154 Millionen DM). Geklagt hatte die Firma Elopak, ein wesentlich kleinerer Konkurrent am Verpackungsmarkt. In der Urteilsbegründung teilt die EG-Kommission mit, eine umfassende Untersuchung habe gezeigt, daß das Unternehmen seine Marktmacht mißbraucht habe, um die Branche in der Europäischen Gemeinschaft unter Kontrolle zu halten. Tetra Pak habe eine benachteiligende Preisbildung betrieben sowie Kunden durch Vertragsklauseln an sich gefesselt, die nach dem EWG-Vertrag verboten sind. In einigen Fällen hätten sich diese Praktiken über einen Zeitraum von 15 Jahren hingezogen. Tetra Pak habe eine Preispolitik verfolgt, die zwischen einzelnen EU-Ländern zu Preisunterschieden für Verpackungsmaschinen um bis über 300 % und für Getränkekartons um über 50 % geführt hätten. Etwaige Verluste durch zu niedrige Preise in einem Land seien durch Gewinne in anderen Ländern gedeckt worden (Vorwurf der Quersubventionierung). Der Konzern habe Kunden, die Maschinen mieteten, zu mittel- oder sogar langfristigen Verträgen ohne Rücksicht auf die technische Veralterung gezwungen. In einigen Ländern sei die Ursprungsmiete sogar höher gewesen als der Kaufpreis für eine Maschine in einem anderen EU-Land. Kunden, die Tetra Pak-Maschinen kauften, seien auch gezwungen worden, Getränkekartons von Tetra Pak zu benutzen, weil sie ansonsten kein Recht auf Wartung und Service der Maschinen gehabt hätten. Diese Koppelungsklauseln sind nach dem EU-Recht nicht erlaubt.

18.5.3.3.2 Die Position von Tetra Pak

Gegen das Urteil der EG-Kommission hat Tetra Pak vor dem EG-Gericht in erster Instanz in Luxemburg Klage eingereicht. In der Klagebegründung beanstandete Tetra Pak, die Kommission habe die Dynamik des Wettbewerbs auf den relevanten Märkten nicht berücksichtigt. Sie warf ihr eine falsche Definition des relevanten Produktmarktes vor. Die Kommission habe die vermeintlich beherrschende Stellung bei Verpackungen von Säften, anderen Erzeugnissen außer Milch, pasteurisierter Milch, ultrahocherhitzter Milch und anderen Milcherzeugnissen unzutreffend beurteilt. Die getroffene Marktabgrenzung sei zu eng gewesen. Tetra Paks Marktanteil bei flüssigen Lebensmitteln sei (insgesamt) nur 14 %, weil die Substitutionsbeziehung zu anderen Papierverpackungen, aber auch zu Glasflaschen und Plastikschläuchen eng sei.

Die Kommission gehe außerdem zu Unrecht vom Bestehen getrennter Märkte für Maschinen und Kartons aus. Das Verpackungsmaterial stehe seiner Art und seiner wirtschaftlichen Verwendung nach in engem Zusammenhang mit den Abfüllanlagen, so daß keine rechtswidrigen Kopplungsklauseln vorlägen. Außerdem seien Ausschließlichkeitsklauseln zum Schutz der öffentlichen Gesundheit gerechtfertigt.

Die EG-Richter folgten in ihrem Urteil jedoch weitgehend den Ausführungen der EG-Kommission, so daß die Strafe für Tetra Pak bestehen blieb. Tetra Pak hat vor dem EG-Gericht keine Klage in zweiter Instanz eingereicht.

18.5.3.3.3 Zusammenfassende Würdigung

Das Tetra Pak-Urteil bestätigt deutlich drei zentrale Probleme der Wettbewerbstheorie und -politik. Das erste Problem ist erneut die Abgrenzung des relevanten Marktes, für die es nicht einmal national, geschweige denn international, einheitliche und überzeugende Kriterien gibt. Selbst wenn die Abgrenzung des relevanten Marktes gelungen wäre, variieren die Marktanteile von Tetra Pak von Land zu Land sehr stark.

Das zweite Problem besteht in dem schon mehrmals genannten Zielkonflikt zwischen statischer und dynamischer Allokationseffizienz, der alle Maßnahmen gegen Wettbewerbsbeschränkungen problematisch erscheinen läßt. Auf der einen Seite bemühen sich Unternehmen genau deshalb um Innovationen, um hinterher hohe Gewinne realisieren zu können. Nur die Möglichkeit, beherrschende Marktpositionen wenigstens kurzfristig ausnutzen zu können, bietet einen Grund zu Ausgaben für Forschung und Entwicklung. Auf der anderen Seite führt dies aber zu Preisen, die die Summe aus Konsumenten- und Produzentenrente nicht maximieren und deshalb wettbewerbspolitisch sanktioniert werden. Was von Tetra Paks Seite als geschickte Produkteinführungsstrategie bezeichnet wird, betrachtet die Kommission als unzulässige Preisdiskriminierung und Quersubventionierung. Diese unterschiedliche Interpretation gilt auch für Detailfragen. Die Vorgabe von Tetra Pak, daß Maschinen und das entsprechende Verpackungsmaterial nur gemeinsam genutzt werden dürfen, betrachtet die Firma als Schutz vor unsachgemäßer Verwendung. Die dazu durchgeführten Kontrollen hält die Kommission für einen Ausschluß potentieller Mitbewerber, weil bei der Benutzung von anderen Verpackungsmaterialien der Service- bzw. Mietvertrag gekündigt worden wäre. Obwohl eine abschließende Beurteilung in dieser Hinsicht nicht möglich ist, kann man den entscheidenden Instanzen zumindest den Vorwurf machen, daß angesichts der enorm hohen Strafe die Kosten für eine Marktstudie gerechtfertigt gewesen wären. Die Marktabgrenzung ist daher unseres Erachtens nicht sauber fundiert.

Ein dritter strittiger und interessanter Sachverhalt betrifft speziell die von Tetra Pak praktizierte Bündelung des Kaufs von Tetra-Pak Maschinen mit der Verpflichtung zur Abnahme ihrer Getränkekartons. Dies verstößt gegen das Koppelungsverbot der EU. Ob mit der Koppelung von komplementären Produkten tatsächlich negative Wohlfahrtseffekte einhergehen und ein Verbot daher gerechtfertigt ist, wird anhand der sogenannten Leverage Theorie in der ökonomischen Literatur kontrovers diskutiert.

Die Leverage Theorie besagt, daß ein Unternehmen mit marktbeherrschender Stellung in *einem* Markt einen Anreiz hat, diese Stellung durch Kopplungsverkäufe auf komplementäre Märkte auszudehnen, um zusätzliche Monopolgewinne zu erzielen. In dieser recht allgemeinen Form war die Leverage Theorie Grundlage zahlreicher gerichtlicher Urteile insbesondere in den USA. Grundlegend dafür ist die Überzeugung, daß derartige Koppelungen komplementärer Gütern zu Wohlfahrtsverlusten führen. Kritiker der Leverage-Theorie (insb. die Chicago School) argumentieren, daß auch bei Koppelung letztlich nur ein Produkt entstehe, so daß auch nur einmal die monopolitische Stellung ausgenutzt werden könne. Angewandt auf die Situation von Tetra Pak würde dies bedeuten, daß Tetra Pak zwar hohe Gewinne aufgrund seiner marktbeherrschenden Stellung bei den Fertigungsanlagen für Getränkeverpackungen realisieren kann, daß die Koppelungsklauseln zur Erhöhung des Absatzes des Verpackungs-

materials aber weder zu Gewinnerhöhungen noch zu Wohlfahrtsverminderungen
führen würde.

Allerdings gibt es auch dagegen wichtige Argumente, die für die Leverage-Theorie
sprechen. Praktiker betonen gerne, daß Unternehmen zwei komplementäre Güter
koppeln, um den Markteintritt eines potenziellen Konkurrenten zu erschweren bzw.
zu verhindern.

Auch in spieltheoretischen Modellen lässt sich zeigen,[43] daß die Wahrscheinlichkeit eines erfolgreichen Marktzutritts sinkt, wenn das bereits im Markt tätige Unternehmen komplementäre Güter bündelt. Dabei ergibt sich für das entscheidende Unternehmen der folgende Trade-Off: Sofern ein Marktzutritt durch die Bündelung in
einem Bereich verhindert werden kann, kann das etablierte Unternehmen seine Monopolstellung im anderen Bereich ausnutzen, um den Preis zu drücken und so den
potenziellen Gewinn eines eintretenden Unternehmens vermindern. Erfolgt dagegen
in beiden Segmenten ein erfolgreicher Marktzutritt, so erweist sich die Bündelung als
schädlich. Daher wird das im Markt tätige Unternehmen die beiden Komponenten
bündeln, sofern das Risiko in beiden Bereichen durch Zutreter, die zu niedrigeren
Kosten produzieren, verdrängt zu werden, geringer ist als die Vorteile der Bündelung
bei Zutritts in nur einem Segment.

Entsprechend dem Grundgedanken der Leverage-Theorie lassen sich auch in der
Computerindustrie Fälle finden, in denen die Koppelung von Produkten vermutlich
zur Abschreckung potenzieller Marktzutreter und folglich zum Ausbau von Marktmacht geführt hat. Zu nennen ist hier beispielsweise im Falle Microsoft die Koppelung seines Internet Explorers mit seinem Betriebssystem. Somit ist die Argumentation der Chicago School gegen die Leverage-Theorie bei einer gegebenen Marktstruktur zwar plausibel, doch ist zu vermuten, daß gesetzliche Regelungen des Kop-
pelungsverbots häufig Marktzutritte erleichtern und marktbeherrschende Stellungen
erschweren. Somit steht das Tetra-Pak Urteil bezüglich des Kopplungsverbotes zumindest nicht im Gegensatz zu Erkenntnissen aus der ökonomischen Theorie.

18.5.4   Fusionskontrolle

18.5.4.1   Grundlagen

Da das GWB keine Möglichkeiten zur Verminderung einer bereits bestehenden hohen
Marktkonzentration bietet, kommt der *präventiven* Fusionskontrolle besondere
Bedeutung zu. Die Rechtsgrundlagen sind vor allem die §§ 35-39 GWB. § 35 GWB
besagt, daß Zusammenschlüsse von Unternehmen, die im endenden Geschäftsjahr
gemeinsam weltweit einen Umsatz von mindestens 1 Milliarde DM hatten und ein
beteiligtes Unternehmen im Inland mindestens einen Umsatz von 50 Millionen DM
hatte, dem Bundeskartellamt anzuzeigen sind. Welche Tatbestände (beispielsweise der
Erwerb von Anteilen, die einen Gesamtanteil von alleine 25 % oder zusammen mit
anderen Unternehmen von 50 % des Kapitals oder der Stimmrechte ausmachen) als
Zusammenschluß zu werten sind, ist in § 37 GWB detailliert geregelt. § 37 GWB be-

---

43   Vgl. Z.B. Choi/Stefanadis 2001.

zieht sich dabei nicht nur auf *horizontale* Zusammenschlüsse, d.h. auf Zusammenschlüsse von Unternehmen, die im gleichen Markt tätig sind (bedenken Sie dabei bitte erneut die im zwölften Kapitel ausführlich erörterten Probleme der Marktabgrenzung), sondern auch auf *vertikale* bzw. *konglomerate* Zusammenschlüsse, d.h. auf Zusammenschlüsse auf vor- und/oder nachgelagerten bzw. überhaupt nicht miteinander verbundenen Märkten.[44]

Während § 35 GWB das Vorliegen marktbeherrschender Stellungen operationalisiert, regelt § 36 GWB die Befugnisse des Kartellamtes. Das Kartellamt kann einen Zusammenschluß untersagen, sofern dadurch „eine marktbeherrschende Stellung entsteht oder verstärkt wird ..., es sei denn, die beteiligten Unternehmen weisen nach, daß durch den Zusammenschluß auch Verbesserungen der Wettbewerbsbedingungen eintreten und daß diese Verbesserungen die Nachteile der Marktbeherrschung überwiegen". Diese Formulierung gibt dem Kartellamt einen recht breiten Ermessensspielraum und reflektiert einmal mehr das Kernproblem der Wettbewerbstheorie, daß Zusammenschlüsse (und damit ein hoher Konzentrationsgrad) zwar einerseits zu – gemessen an den Kosten – überhöhten Preisen (und damit zu einer Verringerung der Summe aus Konsumenten- und Produzentenrente), andererseits aber auch zu Effizienzsteigerungen führen können. Hinsichtlich möglicher Effizienzsteigerungen muß dabei nach horizontalen, vertikalen und konglomeraten Fusionen unterschieden werden:

– *horizontale* Zusammenschlüsse können dazu führen, daß Unternehmen erst dadurch die optimale Betriebsgröße erreichen, mit der sich steigende Skalenerträge realisieren lassen. Die dadurch sinkenden Durchschnittskosten können die Preise für die Konsumenten selbst dann reduzieren, wenn der Gewinn*aufschlag* auf die – nun niedrigeren Kosten – durch die Abnahme der Konkurrenz zunimmt. Sofern Fusionen zu sinkenden Durchschnittskosten führen, können diese also trotz der bei unvollständiger Konkurrenz suboptimalen Preisbildung auch im Interesse der Konsumenten liegen und zu einer steigenden Gesamtwohlfahrt führen. Neben diesem Kriterium der statischen Allokationseffizienz ist unter dynamischen Gesichtspunkten zu berücksichtigen, daß die höheren Gewinne möglicherweise zu höheren und volkswirtschaftlich wünschenswerten Forschungs- und Entwicklungsanstrengungen führen;

– bei *vertikalen* Zusammenschlüssen ist vor allem zu bedenken, daß die Planungssicherheit bei langfristigen Investitionen zunehmen kann. Stellen Sie sich beispielsweise ein Unternehmen A vor, daß darüber entscheiden muß, ob es eine hohe Investition zur kostengünstigeren Erzeugung von Produkten tätigt, die fast ausschließlich an das Unternehmen B verkauft werden können. Wenn die Kosten der Investition *sunk costs* sind (d.h. wenn die einmal errichteten Anlagen gar nicht oder nur unter sehr hohen Umrüstkosten zu anderen Zwecken verwendet werden können), so geht das Unternehmen A ein hohes Risiko ein und macht sich stark von Unternehmen B abhängig. Dies kann dazu führen, daß die eigentlich sinnvolle Investition unterbleibt oder auf einem zu niedrigen Niveau getätigt wird. Die mo-

---

44 In diesem Zusammenhang sei auf den zweiten Abschnitt des GWB hingewiesen, der mit den §§ 14-18 GWB den Bereich der Vertikal*vereinbarungen* behandelt.

derne wettbewerbstheoretische Forschung hat daher aus theoretischen (und empirisch mittlerweile recht gut abgesicherten) Gründen schon lange darauf hingewiesen, daß vertikale Zusammenschlüsse vor allem dort genehmigt werden sollten, wo
spezifische Investitionen (also Investitionen mit hohen sunk costs) eine wichtige Rolle
spielen;

– bei *konglomeraten* Zusammenschlüssen spielen weder steigende Skalenerträge (also
  sinkende Durchschnittskosten) noch spezifische Investitionen eine wichtige Rolle,
  da es sich um die Fusion von Unternehmen handelt, die auf unterschiedlichen
  Märkten tätig sind. Die entscheidenden Vorteile liegen daher erstens in der Risiko-
  diversifikation und zweitens in der Bündelung von Know-how, was auch auf
  unterschiedlichen Märkten gerade in der Grundlagenforschung entscheidend sein
  kann. Dennoch muß wegen des Fehlens des zur Genehmigung von Fusionen
  zentralen Argumentes sinkender Durchschnittskosten gerade bei konglomeraten
  Zusammenschlüssen damit gerechnet werden, daß die Zielsetzung nicht zuletzt im
  Aufbau von Marktmacht besteht.

Analog zur Kontrolle wirtschaftlicher Machtstellungen gibt es auch für Fusionen die
Ministererlaubnis, die in § 42 GWB geregelt ist. Danach hat der Bundeswirtschaftsmi-
nister die Möglichkeit, sich über die Einschätzung des Bundeskartellamts hinwegzu-
setzen und Fusionen, von denen vermutlich marktbeherrschende Stellungen ausgehen,
aus „übergeordneten Gründen" zu genehmigen. Von dieser Möglichkeit bereits bei
der recht spektakulären Fusion von Daimler-Benz und MBB Gebrauch gemacht; wir
gehen darauf in Abschnitt 18.5.4.4 ein.

18.5.4.2 Praktische Bedeutung

Die Überlegungen zeigen, daß Fusionen durchaus sachlich gerechtfertigt sind und
trotz der zunehmenden Marktkonzentration auch im Interesse der Konsumenten sein
können. Es verwundert daher nicht, daß die überwiegende Mehrzahl der anzeige-
pflichtigen Zusammenschlüsse vom Bundeskartellamt genehmigt wird. Im Jahr 2002
wurden 1584 Fusionen angemeldet, von denen 11 lediglich mit Auflagen genehmigt, 6
untersagt und 15 zurückgezogen wurden. Dabei ist allerdings einschränkend zu bedenken, daß Zusammenschlüsse großer Unternehmen oft nicht nur den deutschen,
sondern den europäischen Markt betreffen, so daß das Bundeskartellamt nicht mehr
zuständig ist. Um die Kriterien des Bundeskartellamtes transparenter zu machen, erläutern wir in den folgenden Abschnitten zunächst einen vom Kartellamt genehmigten
Zusammenschluss, gehen dann auf eine durch Ministergenehmigung möglich gewordene Fusion ein und diskutieren schließlich einen untersagten Unternehmenszusam-
menschluss.

18.5.4.3 Die genehmigte Fusion von Hertie und Karstadt

Mit dem Zusammenschluß von Hertie und Karstadt im Jahr 1993 übernahm der
größte den drittgrößten Warenhauskonzern in Deutschland. Durch die Erlaubnis der

Fusion von Hertie/Karstadt sowie der Übernahme des Warenhausunternehmens Horten durch Kaufhof verringerte sich innerhalb eines Jahres die Anzahl der namhaften inländischen Kaufhauskonzerne von vier auf zwei. Trotz dieses offensichtlichen Konzentrationsprozesses untersagte das Kartellamt die beiden Fusionen nicht. Um dieses auf den ersten Blick erstaunliche Ergebnis zu verstehen, muß man erneut auf die Abgrenzung des relevanten Marktes durch das Bundeskartellamt eingehen.

Nach eingehender, wieder auf der „Basis eigener Sachkunde" vorgenommener Prüfung hat das Kartellamt eine überragende Marktstellung der Beteiligten nur auf wenigen regionalen Sortimentsmärkten (z.b. HiFi-Markt, Lebensmittelmarkt etc.) festgestellt. Dabei war eine zentrale Frage, ob Warenhäuser mit ihrem typischen Gesamtsortiment einen eigenen sachlich relevanten Markt bilden. Das Bundeskartellamt kam zu der Auffassung, daß dies nicht der Fall sei. Vielmehr stünden die Warenhäuser mit ihren einzelnen Sortimentsbereichen aus Verbrauchersicht nicht nur im Wettbewerb miteinander, sondern auch im Wettbewerb mit Spezialanbietern der jeweiligen Produktgruppen. So steht nach dieser Auffassung der HiFi-Bereich von Hertie z.b. nicht nur in Konkurrenz zum HiFi-Bereich bei Kaufhof, sondern konkurriert auch mit Saturn Hansa, Pro Markt oder Radio Diehl.

Auf Basis dieser Marktabgrenzung stellte das Bundeskartellamt fest, daß der Wettbewerb durch die Fusion nur in wenigen *räumlich* relevanten Märkten, und nur in einigen Sortimentsbereichen, eingeschränkt werde. Deshalb mußten sich die beiden Unternehmen gegenüber dem Bundeskartellamt verpflichten, dieser Gefahr durch Abgabe diverser Standorte entgegenzuwirken. Dies waren z.b. Heimtextilien, Parfümeriewaren und Spielwaren in Berlin sowie Tonträger in Kiel, Hamburg und München. Unter „abgeben" wird hierbei auch die langfristige Vermietung verstanden, so hat z.b. Hertie seine Tonträgeretage komplett an WOM weitervermietet. Vor jeder Abgabe an Dritte ist allerdings die Zustimmung des Bundeskartellamtes einzuholen. Die Weitervermietung einzelner Sortimentsbereiche ist eine Maßnahme, wie sie auch andere Kaufhauskonzerne – teilweise auch unter Druck des Kartellamtes – durchführen; so betreibt beispielsweise Edeka in einigen Kaufhoffilialen die Lebensmittelabteilung. Bei einem Vertragsbruch kann das Bundeskartellamt die Fusion nachträglich noch untersagen, ohne daß Hertie/Karstadt Widerspruch einlegen können.

18.5.4.4 Einigung durch Ministererlaubnis

Im Januar 2002 wurde die Übernahme von Ruhrgas durch das größte private Energieunternehmen der Welt, Eon vom Bundeskartellamt untersagt. Dies wurde damit begründet, daß sowohl im Absatz von Gas als auch von Strom eine Verstärkung der marktbeherrschenden Stellung zu erwarten sei. Langfristig sei damit zu rechnen, daß sich die Markmacht noch verstärken werde, da Eon und Ruhrgas einen sehr hohen Marktanteil im Bereich der Energiegewinnung durch Erdgas haben, und die Rolle von Erdgas und folglich die Marktkonzentration in den nächsten Jahren zunehmen wird.

Einen Monat später im Februar 2002 beantragte Eon für die Übernahme vom

Bundeswirtschaftsministerium eine Ministererlaubnis, um so die Fusion gegen den Willen des Kartellamtes durchführen zu können. Es folgte ein zweites Kartellverfahren, und im Mai 2002 lehnte die Monopolkommission die geplante Fusion aus Wettbewerbsgründen ab. Im Juli 2002 erteilte das Bundeswirtschaftsministerium dennoch seine Erlaubnis für die Übernahme, die jedoch an Auflagen geknüpft war.

Jedoch klagten neun Wettbewerber gegen dieses Verfahren und bekamen im Eilverfahren Recht. Dies hatte zur Folge, daß im Juli 2002 die Fusion von Eon und Ruhrgas durch das Oberlandesgericht Düsseldorf blockiert wurde. Am 31. Januar 2003 verständigte sich der Eon Konzern mit den Klägern auf die Rücknahme der Beschwerde. Eon verpflichtete sich, an die Kläger 90 Millionen Euro zu zahlen und konnte dadurch die Rechtsgültigkeit der Ministererlaubnis erreichen.

Ob durch die sogenannte Ministererlaubnis die Möglichkeit bestehen soll, gesamtwirtschaftliches Interesse vor Wettbewerbsrecht zu stellen, wird in Europa kontrovers diskutiert. In Deutschland existiert diese Möglichkeit, auf EU-Ebene gibt es sie nicht. Kritiker argumentieren, daß die Ministererlaubnis die Glaubwürdigkeit der Kartellbehörden gefährde. Auf der anderen Seite ist meines Erachtens aber zu bedenken, daß es gerade die Ministererlaubnis den Kartellbehörden ermöglicht, wettbewerbspolitische Aspekte ganz in den Vordergrund zu stellen, weil andere Aspekte dann gegebenenfalls über die Ministererlaubnis Eingang in die endgültige Entscheidung finden können.

18.5.4.5 Die untersagte Fusion von Philips und Lindner Licht

Die Lindner Licht GmbH in Bamberg ist ein Lampenhersteller, der seinen Produktschwerpunkt vor allem bei dekorativen Glühlampen, Lampen mit Ornamenten oder spezieller Formgebung des Glases, eingefärbten Lampen, verspiegelten Lampen und Reflektorglühlampen hat. Die Philips GmbH in Hamburg beherrscht gemeinsam mit der Siemens-Tochter Osram mit 80 % Marktanteil den Markt für Allgebrauchsglühlampen. Die Philips GmbH beabsichtigte, die Mehrheit an der Lindner Licht zu erwerben. Dies wurde vom Bundeskartellamt untersagt, weil sonst die marktbeherrschende Stellung auf dem Markt für Allgebrauchsglühlampen von Philips gemeinsam mit Osram weiter verstärkt worden wäre.

Grundlage für dieses Urteil war wieder die Abgrenzung des relevanten Marktes. Nach Meinung des Bundeskartellamtes ist der Lampenmarkt in fünf Märkte abzugrenzen: Allgebrauchsglühlampen, Leuchtstofflampen, Kompaktleuchtstofflampen, Energiesparlampen und Halogenglühlampen. Betroffen von der Fusion wäre vor allem der Markt für Allgebrauchsglühlampen gewesen, zu dem Standardglühlampen, dekorative Glühlampen und Reflektorglühlampen zählen. Auf dem Markt für Allgebrauchsglühlampen ist der Marktanteil von Osram doppelt so hoch wie der von Philips. Trotzdem sah sich das Kartellamt gezwungen, gegen eine Fusion von Philips mit Lindner Licht einzuschreiten. Dies war deshalb notwendig, weil durch die bestehenden Verflechtungen und Vereinbarungen der beiden Unternehmen Philips und Osram der Wettbewerb bereits erheblich eingeschränkt ist. Zu diesen Verbindungen gehört ein wechselseitiger Patentlizenzvertrag, der sicherstellt, daß Patente aus dem Lampenbereich vom

Patentinhaber dem anderen Unternehmen zur Verfügung gestellt werden. Außerdem betreiben Philips und Osram in Belgien ein Gemeinschaftsunternehmen zur Herstellung von Glaskolben. Zukünftig werden beide Unternehmen auch bei der Produktion von Bleiglasröhren zusammenarbeiten. Weiterhin stellt das Bundeskartellamt fest, daß der Preis für Allgebrauchsglühlampen von Philips und Osram deutlich über dem Preis der anderen Wettbewerber liegt. Im Ergebnis würde die Übernahme von Lindner Licht durch Philips dazu führen, daß die beiden führenden Lampenhersteller künftig noch geringerem Außenwettbewerb ausgesetzt wären.

Unmittelbar nach dem Untersagungsbescheid hat die General Electric ihre Absicht angemeldet, Lindner Licht zu erwerben. Da General Electric bei Allgebrauchsglühlampen nur einen Marktanteil von etwa 7 % erreicht und auch bei den anderen Lampenarten über keine herausgehobene Marktstellung verfügt, ist dieses Vorhaben wettbewerbsrechtlich unbedenklich und nach kurzer Prüfung freigegeben worden. Vermutlich dürfte die gestiegene Marktmacht der General Electric die Preise auf dem Markt sogar reduzieren, weil die Konkurrenz für Osram und Philips zunimmt.

18.5.5 Ausblick: Das GWB und das EU-Wettbewerbsrecht

18.5.5.1 Grundsätzliche Überlegungen

Die Vollendung des europäischen Binnenmarktes wirft stets die Frage nach der Verbindung nationaler und europaweiter rechtlicher Regelungen auf. Hinsichtlich des Wettbewerbsrechts besteht das (vernünftige) Prinzip darin, daß sich nationale Kartellbehörden mit nationalen und die Europäische Kommission mit europaweit bestehenden marktbeherrschenden Stellungen befassen. Grundlegend auf europäischer Ebene ist dabei Artikel 81, Absatz 3 des EG-Vertrages, der Monopole und marktbeherrschende Stellungen untersagt. In den Grundzügen entspricht das europäische Recht weitgehend dem deutschen GWB, im Detail bestehen aber vor allem zwei Unterschiede. Erstens kennt das EG-Recht keine Ministererlaubnis (§§ 8 und 42 GWB) und zweitens gibt es auch keine Ausnahmeregelungen, die mit denen in Abschnitt 18.5.2.2 erläuterten vergleichbar wären (§§ 2-7 GWB).

Nach allgemeiner Auffassung wird die langfristige Entwicklung dahingehen, daß sich das GWB in diesen beiden Punkten an das europäische Recht anpassen wird. Eine richtungweisende Anpassung ist mit der sechsten Novelle des GWB jedoch nicht vollzogen worden: positiv sind der Wegfall der Aus- und Einfuhrkartelle zu bewerten, während der Abschnitt über Sonderregeln für bestimmte Wirtschaftsbereiche – insbesondere Sport – negativ zu beurteilen sind. Ansonsten gehen die Vertreter des Bundeskartellamtes in ihren Stellungnahmen meist davon aus, daß es innerhalb der nächsten fünf bis fünfzehn Jahre zu europaweit einheitlichen Wettbewerbsregelungen und der Schaffung eines europäischen Kartellamtes kommen wird, so daß die Kompetenzen zwischen dem Bundeskartellamt und einem europäischen Kartellamt ähnlich verteilt wären wie derzeit zwischen den Landeskartellämtern und dem Bundeskartellamt.

18.5.5.2 Eine gegen den Willen der EU genehmigte Fusion im Oligopol

Von den elf von der EU in den 1990er Jahren verhinderten Fusionen waren zehn Märkte betroffen, auf denen die Fusionen zu einer Duopolisierung des Marktes geführt hätten. Insofern ist der Airtours/First Choice-Fall interessant, weil es sich dabei um die Verhinderung einer Fusion handelte, die zu einer Verminderung von vier auf drei Marktteilnehmer geführt hätte.

Airtours ist ein britischer Pauschalreisenanbieter zu Badeorten mit einem Marktanteil von 19,4 % im Jahre 1998. Die wichtigsten Konkurrenten sind First Choice (Marktanteil 15 %), Thomson (30,7 %) und Thomas Cook (20,4 %). Alle genannten Unternehmen bieten Pauschalreisen mit Entfernungen unter vier Stunden hauptsächlich für Kunden aus Großbritannien und Irland an.

Im September 1999 wurde die von Airtours geplante Übernahme von First Choice von der EU mit dem Hinweis auf eine zu hohe Marktkonzentration abgelehnt. Die Klage von Airtours vor dem Europäischen Gerichtshof enthielt zwei interessante Punkte. Erstens sei die Marktabgrenzung zu eng, da Langstreckenziele über 4 Stunden enge Substitute seien. Zweitens seien die Markteintrittsbarrieren gering, was unter anderem mit dem Verweis auf historische Entwicklungen begründet wurde. Die EU berief sich auf den vagen Grundsatz der kollektiven Dominanz sowie auf die Gefahr von Kapazitätsabsprachen. Airtours wendete ein, daß dies wegen der zu hohen Heterogenität der Produkte sowie zeitlicher Verzögerungen bei der Implementierung unrealistisch sei.

Im Juni 2002 gab der Europäische Gerichtshof dem Einspruch von Airtours Recht, weil die EU die Gefahr einer kollektiven Dominanz nicht hinreichend begründet habe. Erstaunlich ist unter ökonomischen Gesichtspunkten, daß auch hier keine Marktanalyse durchgeführt wurde und mögliche Vorteile der Fusion – beispielsweise economies of scope – nicht thematisiert wurden.

18.5.5.3 Ein Beispiel für den Unterschied europäischer und US-amerikanischer Wettbewerbspolitik

Der recht populäre General Electric/Honeywell-Fall verdeutlicht einige Unterschiede zwischen der europäischen und der amerikanischen Wettbewerbsgesetzgebung. Am 5. Februar 2001 meldete der größte Mischkonzern der Welt, General Electric, sein Vorhaben zur Übernahme des gesamten Aktienkapitals des Industriekonglomerats Honeywell bei der Europäischen Kommission an. Der Zusammenschluß wurde im Juni 2001 durch die Europäische Kommission verboten, da er unvereinbar mit dem gemeinsamen Markt und dem EWR-Abkommen sei. Dabei wurden zahlreiche Argumente zur Begründung einer unerwünschten Verstärkung der Marktmacht vorgebracht; beispielsweise führe die Bündelung von Flugzeugmotoren mit avionischen sowie mit nicht-avionischen Produkten zu einer erheblichen Wettbewerbsverminderung. Ferner gebe es erheblich horizontale Überschneidungen der beiden Unternehmen auf dem Markt für Flugzeugmotoren.

Interessant ist der Fall, da die EU erstmals einen Zusammenschluß zwischen zwei US-amerikanischen Unternehmen verboten hat, obwohl der Zusammenschluß von den US-amerikanischen Antitrustbehörden freigegeben worden war. In den USA wie auch in der EU wird im internationalen Kartellrecht das so genannte Wirkungsprinzip angewandt. Dieses bedeutet, daß jeweils die inländischen Kartellbehörden nach den jeweiligen Rechtsvorschriften prüfen, ob der Zusammenschluß zur Verstärkung einer marktbeherrschenden Stellung führt. Das Wirkungsprinzip birgt daher die Gefahr, daß es – wie im Falle General Electric/Honeywell – zu widersprüchlichen Entscheidungen kommen kann. Die Wahrscheinlichkeit für unterschiedliche Urteile wird dabei dadurch erhöht, daß gegenläufige Faktoren – also etwa Kostensenkungspotenziale durch Fusionen – in der US-amerikanischen Wettbewerbspolitik eine größere Rolle als auf europäischer Ebene spielen.

Im September 2001 reichte General Electric eine Klage gegen die Europäische Gemeinschaft beim Gericht in erster Instanz ein, da die Beispiele nicht geeignet seien, um wirklich marktbeherrschende Stellungen zu beweisen. Im Oktober 2002 kündigte General Electric allerdings an, daß der Konzern die Fusion nicht weiter verfolgen werde, sofern der Europäische Gerichtshof die Klage ablehne.

18.6 Zusammenfassung

In diesem Kapitel haben wir die rein preistheoretische Perspektive der vorhergehenden Kapitel verlassen, indem wir typisch wettbewerbstheoretische Fragestellungen behandelt haben. Dazu gehören vor allem die Innovationsanreize, die von bestimmten Markt- und Wettbewerbsformen ausgehen (Abschnitt 18.2) sowie der Anreiz zum Markteintritt neuer Unternehmen (Abschnitt 18.3). Innerhalb der Wettbewerbstheorie lassen sich vor allem zwei große Schulen unterscheiden: während die Theorie des funktionsfähigen Wettbewerbs die Hoffnung hatte, die auch unter dynamischen Aspekten optimale Markt- und Wettbewerbsform aus der Analyse von Marktstruktur, Marktverhalten und Marktergebnis approximativ ableiten zu können, ist die Chicago-School skeptischer. Mittlerweile kann man die Chicago-School als herrschende Meinung betrachten, weil die Anzahl der Marktdaten, die den Wettbewerb und die Marktergebnisse bestimmt, so groß ist, daß belastbare Resultate nur sehr schwer abzuleiten sind.

Auf der anderen Seite kommt die Mehrzahl der empirischen Studien zu dem Resultat, daß die Unternehmensgewinne und die Marktkonzentration positiv miteinander korrelieren, was auf die Existenz ernstzunehmender Markteintrittsbarrieren schließen läßt (Abschnitt 18.4). Spezifische Investitionen scheinen also dafür zu sorgen, daß die von Baumol und anderen in der Theorie bestreitbarer Märkte prognostizierte Kraft der potentiellen Konkurrenz nur eingeschränkt wirksam wird. Betrachtet man beide Aspekte gemeinsam, so drängt sich für die praktische Wettbewerbstheorie in der Tat die Schlußfolgerung auf, daß aktive Eingriffe zur Erzeugung der „optimalen Marktform" wegen der Informationsdefizite unterbleiben sollten, während andererseits der Ausnutzung bestehender Machtstellungen durch die Mißbrauchsaufsicht entgegengewirkt werden muß. Genau dies entspricht der Position des Bundeskartellamtes in der Bundesrepublik Deutschland und der Rechtsgrundlage, dem GWB (Abschnitt 18.5).

Kapitel 19

Externe Effekte am Beispiel des Umweltproblems[1]

19.1 Fragestellung und Überblick

In allen bisherigen Kapiteln wurde stillschweigend davon ausgegangen, daß die am Markt gehandelten Produkte *private Güter* sind. Leicht vereinfachend formuliert[2] sind private Güter Produkte, deren Produktion und Konsum ausschließlich die Produzenten und einzelne, klar abgrenzbare Konsumenten betrifft. Der entscheidende Punkt ist dabei die Annahme, daß Produktion und Konsum keine Auswirkungen auf „eigentlich" unbeteiligte Dritte haben. Häufig muß jedoch davon ausgegangen werden, daß solche Auswirkungen auf Dritte existieren. So haben beispielsweise die F&E-Anstrengungen eines Unternehmens zumindest nach Ablauf der Patentrechte auch Konsequenzen für andere Unternehmen, weil auch diese die entwickelte Technik verwenden können. Solche Auswirkungen bezeichnet man als *externe Effekte*,[3] weil sie vom Blickwinkel der Entscheidungsträger „extern" sind und deshalb bei der individuellen Nutzenmaximierung auch nicht berücksichtigt werden.

Unter den Stichworten Mitläufer-, Snob- und Vebleneffekt haben wir externe Effekte (allerdings ohne diesen Begriff zu verwenden) schon in Abschnitt 9 im Rahmen der Haushalts- und Nachfragetheorie thematisiert. Dort haben wir aber lediglich die Folgen für Preiselastizitäten diskutiert, während wir die wohlfahrtstheoretischen Gesichtspunkte noch nicht erörtert haben. Es ist aber schon intuitiv einsichtig, daß das Vorliegen externer Effekte *ohne öffentliche Eingriffe* zu einer pareto-ineffizienten Allokation der Ressourcen führen muß. Dazu müssen wir nur an das elementare Ergebnis denken, daß im Pareto-Optimum die Grenzkosten den Grenznutzen entsprechen müssen. Wenn es aber Grenzkosten oder Grenznutzen gibt, die in Form externer Effekte bei Dritten anfallen und von den Entscheidungsträgern nicht einbezogen werden, so muß es zu einer suboptimalen Allokation der Ressourcen kommen. Da solche externen Effekte in nahezu allen Produktions- und Konsumprozessen in mehr oder weniger starker Weise auftreten, wollen wir die Konsequenzen externer Effekte und

---

1   Die vorliegende Darstellung orientiert sich in Teilen eng an Feess 1998. Als weitere umweltökonomische Lehrbücher seien vor allem Endres 1994 und Weimann 1995 empfohlen.

2   Für eine exakte Definition vgl. unten, Abschnitt 19.2.2.

3   Auch dies ist noch keine exakte Definition, sondern lediglich eine intuitive Beschreibung (vgl. für eine exakte Definition unten, 19.2.3).

Möglichkeiten zur Verbesserung der Allokation beim Vorliegen externer Effekte in diesem Kapitel ausführlich analysieren.

Innerhalb der Markttheorie unterscheidet man üblicherweise zwischen privaten Gütern, öffentlichen Gütern und externen Effekten. Den Effizienzbedingungen für öffentliche Güter und externe Effekte sowie den Gründen für Ineffizienzen bei ihrem Auftreten gehen wir in Abschnitt 19.2 genauer nach. Dabei werden wir insbesondere deutlich machen, daß die Theorie externer Effekte auf Grund ihres großen Allgemeinheitsgrades und ihrer analytischen Präzision den Begriff der öffentlichen Güter überflüssig macht.

Die Theorie externer Effekte ist sehr alt und geht mindestens auf Alfred Marshall zurück, der diese unter Verweis auf Kosteneinsparungen thematisierte, die für die einzelnen Unternehmen extern, für eine ganze Branche aber intern sind. Beispielsweise ist dies der Fall, wenn in einem auf das Uhrmacherhandwerk spezialisierten Städtchen ein Unternehmen angesiedelt wird, das die Beschaffung der zur Uhrenproduktion erforderlichen Vorprodukte wegen der Skaleneffekte auch für andere Unternehmen verbilligt.[4] Spätestens mit der berühmten Arbeit Pigous (1920)[5] ist die Theorie externer Effekte fester Bestandteil der mikroökonomischen Wohlfahrtstheorie. Ihre besondere Bedeutung innerhalb der Mikroökonomie haben externe Effekte aber erst mit der ökonomischen Interpretation der Umweltverschmutzung erhalten. In den meisten Produktionsprozessen entstehen Umweltbelastungen (die vom Abfall aus Getränkeverpackungen bis zum Treibhauseffekt reichen), die das Nutzenniveau der Gesellschaftsmitglieder negativ beeinflussen und für eine ineffiziente Allokation der Ressourcen sorgen. Die Kernfrage lautet dann, welche Mechanismen der öffentlichen Hand zur Verfügung stehen, um die Allokation der Ressourcen zu verbessern. Angesichts der aktuellen Bedeutung der Umweltproblematik werden wir diese Frage in Abschnitt 19.3 ausführlich in Form einer Analyse umweltpolitischer Instrumente diskutieren. Dabei stellen wir den Informationsbedarf der verschiedenen umweltpolitischen Instrumente in den Mittelpunkt unserer Überlegungen, womit wir gleichzeitig die folgenden, informationstheoretischen Kapitel vorbereiten.

Während wir in Abschnitt 19.3 regulative Maßnahmen diskutieren, besteht eine besonders radikale Lösung des Problems externer Effekte darin, daß die Betroffenen selbst über das Ausmaß externer Effekte verhandeln (beispielsweise kann ein potentieller Emittent den Anrainern eines Sees Geld dafür anbieten, daß er bestimmte Mengen eines Schadstoffes in das Gewässer einleiten darf). Dies ist der Grundgedanke des nach dem Nobelpreisträger Coase benannten *Coase-Theorems*, dessen Diskussion in Abschnitt 19.4 auch deshalb sinnvoll und wichtig ist, weil davon wesentlich die in Kapitel 24 skizzierte Verhandlungstheorie initiiert wurde.

Ein ernstzunehmendes Problem bei der Verbesserung der Allokation der Ressourcen bei öffentlichen Gütern und externen Effekten ist, daß die Präferenzen der Betroffenen beispielsweise den Entscheidungsträgern in öffentlichen Gebietskörperschaften gar nicht hinreichend bekannt sind. Da wir sehen werden, daß die Betroffenen oft keine Veranlassung haben, ihre Präferenzen wahrheitsgemäß zu äußern, muß

---

4   Vgl. Marshall 1890.
5   Vgl. Pigou 1979.

man sich fragen, wie man diese dazu „anreizen" kann. In Abschnitt 19.5 werden wir mit dem sog. Groves-Mechanismus ein solches Verfahren vorstellen, das letztlich schon wichtige Ergebnisse der in Kapitel 25 analysierten Auktionstheorie vorwegnimmt. Im Rahmen unserer zusammenfassenden Überlegungen in Abschnitt 19.6 verweisen wir schließlich auch auf weiterführende Fragen.

19.2 Private Güter, öffentliche Güter und externe Effekte

19.2.1 Überblick

In diesem Abschnitt erläutern wir den theoretischen Kern des Konzepts externer Effekte. Dieser besteht darin, daß es beim Auftreten externer Effekte zu ineffizienten Nash-Gleichgewichten kommt, so daß Eingriffe der öffentlichen Hand zur Verbesserung der Allokation der Ressourcen erforderlich sind. Zunächst ist allerdings eine kurze Beschäftigung mit der Theorie öffentlicher Güter erforderlich, da deren Beziehung zur Theorie externer Effekte nicht immer völlig klar ist (Abschnitt 19.2.2). Nach einer Klassifikation externer Effekte und der Herleitung der Effizienzbedingungen (Abschnitt 19.2.3) erläutern wir die Gründe für die Ineffizienzen (Abschnitt 19.2.4). Im hierzu abschließenden Abschnitt 19.2.5 stellen wir die Effizienzbedingungen bei externen Effekten für formal interessiertere Leser/innen schließlich in etwas allgemeinerer Form dar.

19.2.2 Eigenschaften und Effizienzbedingungen öffentlicher Güter

Wie einleitend zu Kapitel 19 erwähnt, haben wir in allen bisherigen Kapiteln (abgesehen von einigen beiläufigen Bemerkungen innerhalb der Haushaltstheorie) private Güter betrachtet. Darunter versteht man Güter, deren Verwendung durch ein beliebiges Wirtschaftssubjekt A andere Wirtschaftssubjekte vom Konsum ausschließt. Dieses Definitionsmerkmal privater Güter wird als *Ausschlußprinzip* oder *Rivalität* im Konsum bezeichnet, weil der Genuß eines Schluckes Bier andere Konsumenten von der Möglichkeit ausschließt, den gleichen Schluck Bier zu trinken.

Am anderen Ende des Güterspektrums stehen *öffentliche Güter* wie Rüstung, Rundfunk, Straßenbeleuchtung und Autobahnen, die über das *Nicht-Ausschlußprinzip und die Nicht-Rivalität* im Konsum definiert werden. Das Nicht-Ausschlußprinzip besagt, daß öffentliche Güter vollständig von n Wirtschaftssubjekten konsumiert werden. Unter der Nicht-Rivalität wird verstanden, daß die Erhöhung von n keinen Einfluß auf das Konsumniveau jedes einzelnen hat. Das Nicht-Ausschlußprinzip und die Nicht-Rivalität im Konsum werden üblicherweise zwar als miteinander verwandt, aber nicht als identisch betrachtet. Zumindest auf den ersten Blick sind durchaus Fälle denkbar, bei denen die eine Bedingung erfüllt ist und die andere nicht. Nehmen Sie an, daß zwar jeder Konsument die Autobahn benutzt (das Nicht-Ausschlußprinzip gilt), deren Qualität aber von der Anzahl der Autos abhängt (die Nicht-Rivalität ist verletzt, weil die Staugefahr zunimmt). Allerdings kann man dann in Frage stellen, ob wirklich jeder die ganze Autobahn benutzt oder der Gegensatz zwischen Nicht-Ausschlußprinzip und Nicht-Rivalität lediglich durch eine zu grobe Definition des Gutes „Autobahn" hervorgerufen wird. Auch eine hundertprozentig überzeugende Abgrenzung privater und öffentlicher Güter ist nicht möglich. Wer am Rande eines Straßenzugs wohnt, konsumiert einen Bruchteil der Straßenbeleuchtung, und wer in der Urlaubszeit Autoferien macht, kennt die Rivalität um Autobahnen nur zu gut. Die Abgrenzung ist also oft nicht trennscharf.

Wichtiger als der spitzfindige Streit um Definitionen ist aber ein Verständnis des grundlegenden Unterschieds zwischen privaten und öffentlichen Gütern, der in der Effizienzbedingung ihrer Bereitstellung liegt: Bei privaten Gütern lautet die Effizienzbedingung, daß die Grenzkosten der Produktion gerade noch dem Grenznutzen im Konsum entsprechen müssen ($\partial K/\partial y = \partial U/\partial y$). $\partial U/\partial y$ ist dabei der Grenznutzen *eines* Konsumenten, weil der Konsum eines Gummibären, wie erwähnt, andere Konsumenten vom Konsum des gleichen Bären ausschließt. Dagegen wäre es offensichtlich unsinnig, eine Straßenlaterne nur zu errichten, wenn der Grenznutzen *eines* Konsumenten die Grenzkosten noch deckt – würden wir diese Entscheidungsgrundlage verwenden, so gäbe es überhaupt keine Straßenbeleuchtung. Im Idealfall der Nicht-Rivalität im Konsum ist die Installation der Straßenbeleuchtung offensichtlich vorteilhaft, sofern die *Summe* der Grenznutzen aller Konsumenten die Grenzkosten noch deckt.

Formal können wir dieses schon intuitiv einsichtige Ergebnis herleiten, indem wir von einer sozialen Wohlfahrtsfunktion ausgehen, in die der Nutzen jedes betroffenen Wirtschaftssubjekts eingeht. Das Problem der Gewichtung der verschiedenen Nutzen ist dabei zwar praktisch von Bedeutung, wird unter theoretischen Gesichtspunkten aber oft überschätzt, weil wir für jede beliebige Gewichtung entsprechende Effizienzbedingungen ableiten können.[6] Es spricht daher nichts dagegen, die Nutzen aller Wirtschaftssubjekte vereinfachend gleich zu gewichten. Bezeichnen wir das öffentliche Gut als y, den Nutzen des Wirtschaftssubjekts i als $U_i(y)$ und die Kosten der Straßenbeleuchtung als $K(y)$, so lautet die zu maximierende gesamtwirtschaftliche Zielfunktion W:

$$W(y) = U_1(y) + U_2(y) + \ldots + U_n(y) - K(y) \tag{19.1}$$

Die Zielfunktion wird nach y abgeleitet und gleich Null gesetzt:

$$\frac{dW}{dy} = \frac{dU_1}{dy} + \frac{dU_2}{dy} + \cdots + \frac{dU_n}{dy} - \frac{dK}{dy} = 0 \tag{19.2}$$

Dies bestätigt die Intuition, daß im Optimum die Summe der Grenznutzen den Grenzkosten entspricht:

$$\frac{dU_1}{dy} + \frac{dU_2}{dy} + \cdots + \frac{dU_n}{dy} = \sum_{i=1}^{n} \frac{dU_i}{dy} = \frac{dK}{dy} \tag{19.3}$$

---

6   Weiterführend interessierte Leser/innen seien darauf hingewiesen, daß die sauberste Anwendung des Pareto-Kriteriums darin besteht, den Nutzenindex von n-1 Wirtschaftssubjekten konstant zu halten und dann den Nutzenindex des verbliebenen Wirtschaftssubjekts zu maximieren.

Bei der graphischen Bestimmung des Optimums bedeutet dies, daß im Unterschied zu privaten Gütern die Nachfragefunktionen nicht horizontal, sondern vertikal addiert werden müssen.

In Abb. 19.1 nehmen wir zur Veranschaulichung an, daß das öffentliche Gut nur in die Nutzenfunktionen von drei Individuen eingeht (sonst wird die Graphik zu unübersichtlich). Gleichung (19.3) bringt das für öffentliche Güter zentrale Resultat zum Ausdruck, daß die Summe der Grenznutzen den Grenzkosten entsprechen muß. Also müssen wir zur Ermittlung des Optimums die Summe der Grenznutzen bestimmen. Da die Zahlungsbereitschaft (d.h. die Nachfragefunktion) eines Wirtschaftssubjekts seinen individuellen Grenznutzen angibt, müssen wir *alle* Zahlungsbereitschaften addieren. Da die Zahlungsbereitschaften (die Preise) auf der Ordinate abgetragen werden, müssen wir die Nachfragefunktionen *vertikal* aggregieren. Denken Sie an den Unterschied zu privaten Gütern. Dort werden die Nachfragefunktionen zur Ermittlung der Gesamtnachfrage *horizontal* aggregiert, weil der Grenznutzen jedes *einzelnen* Wirtschaftssubjekts den Grenzkosten entsprechen muß.

Abb. 19.1: *Die optimale Produktionsmenge bei öffentlichen Gütern*

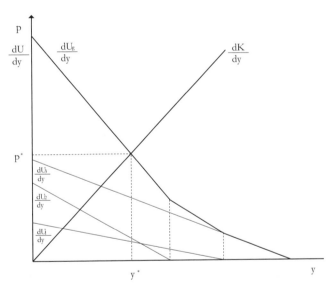

Neben public goods (also öffentlichen Gütern) gibt es auch *public bads* (ein deutscher Begriff dafür hat sich noch nicht durchgesetzt), bei denen umgekehrt der Nutzen nur einmal, die Kosten aber in Form von Schäden bei zahlreichen Betroffenen anfallen. Denken Sie beispielsweise an eine Firma, die Schadstoffe in einen Fluß einleitet und davon einen positiven Grenznutzen in Form eingesparter Kosten der Schadstoffverringerung hat. Während davon nur das Unternehmen profitiert,[7] betreffen die Kosten alle Personen, die sich von der Verschmutzung des Flusses in irgendeiner Form ge-

---

7   Dabei spielt es keine Rolle, ob die Kostenverminderung an die Käufer der Produkte weitergegeben wird, weil sich dies ja in Marktpreis und -menge ausdrückt und daher kein Allokationsproblem entsteht.

stört fühlen – sei es, weil die Kosten des Fischfangs zunehmen, weil das Baden verboten wird oder der Fluß einfach nicht mehr so schön aussieht. Analog zu public goods ist die optimale Menge bei public bads erreicht, wenn der Grenznutzen der Summe aller Grenzkosten bzw. Grenzschäden entspricht. Die zu maximierende soziale Wohlfahrtsfunktion lautet[8]

$$W = U_i(y) - K_1(y) - K_2(y) - \ldots - K_n(y) \tag{19.4}$$

Entsprechend ergiebt sich als Bedingung erster Ordnung

$$\frac{dW}{dy} = \frac{dU_i}{dy} - \sum_{i=1}^{n} \frac{dK_i}{dy} = 0 \tag{19.5}$$

bzw.

$$\frac{dU_i}{dy} = \sum_{i=1}^{n} \frac{dK_i}{dy} \tag{19.6}$$

Die Spiegelbildlichkeit der Effizienzbedingungen für public goods und public bads erklärt sich daraus, daß wir nach dem Opportunitätskostenprinzip Kosten (oder Schäden) stets als entgangenen Nutzen, und Nutzen stets als gesparte Kosten interpretieren können. So bestehen die Kosten beim Kauf einer Eintrittskarte für ein Fußballspiel im Frankfurter Waldstadion darin, daß man vom gleichen Geld nichts anderes unternehmen kann.

19.2.3 Externe Effekte: Klassifikation und Effizienzbedingungen

Bei der ursprünglichen Formulierung von public goods und public bads wurde manchmal davon ausgegangen, daß es sich um Güter handelt, von denen alle Beteiligten in der gleichen Weise betroffen sind. Dies ist selbstverständlich ein theoretischer Idealfall, weil beispielsweise bei Autobahnen ab einer bestimmten Anzahl (schlechter) Autofahrer durchaus Rivalität aufkommt oder ein Bewohner am Rande eines Straßenzugs möglicherweise nur noch einen Teil der Straßenbeleuchtung konsumiert. Diese radikale Annahme gleicher Betroffenheit hat mit dazu beigetragen, daß die Theorien öffentlicher Güter und externer Effekte oft als zwei verschiedene Dinge betrachtet wurden. Dies ist deshalb ungeschickt, weil unsere Überlegungen zeigen werden, daß die Effizienzbedingungen sowie die auftretenden Allokationsprobleme bei öffentlichen Gütern und bei externen Effekten genau identisch sind. Das Konzept externer Effekte reicht zur Formulierung aller relevanten Sachverhalte vollkommen aus, so daß man zwei eigenständige Begriffe oder gar Theorien nicht benötigt. Entscheidend ist stets, daß mehrere von Handlungen betroffen sind, ohne daß zwischen ihnen Marktbeziehungen bestehen.

Kommen wir nun also zu externen Effekten, die von Pigou schon 1920 darüber definiert wurden,

---

8   Zur Vereinfachung der Schreibweise gehen wir davon aus, daß die gewöhnlichen Produktionskosten in U schon enthalten sind.

„daß eine Person A, indem sie einer zweiten Person B gegen Bezahlung einen Dienst leistet, zugleich anderen Personen Vor- oder Nachteile verschafft, die so geartet sind, daß den begünstigten Parteien keine Zahlung auferlegt oder von seiten der geschädigten Parteien keine Kompensation erzwungen werden kann."[9]

Diese Formulierung beschreibt das Phänomen externer Effekte zwar intuitiv gut, ist aber etwas unscharf, weil sie auch ganz gewöhnliche Folgen des Preismechanismus einschließt. Steigt beispielsweise die Nachfrage eines großen Industrieunternehmens nach Papier, so erhöht dies möglicherweise den Papierpreis. Die Nachfragesteigerung eines Unternehmens wirkt sich daher negativ auf andere Nachfrager aus. Solche gewöhnlichen Marktmechanismen dürfen aber nicht unter den Begriff externer Effekte gefaßt werden, weil sie die Effizienz der Allokation nicht stören.[10] Wir müssen externe Effekte daher etwas umständlicher als Pigou definieren. Ein externer Effekt liegt vor, wenn in die Nutzen- oder Produktionsfunktionen der Wirtschaftssubjekte i die Variable y_j eingeht, die von anderen Wirtschaftssubjekten j gewählt wird, ohne die Auswirkungen auf i zu beachten und ohne die Existenz marktlicher oder sonstiger Vertragsbeziehungen zwischen i und j (mit U_i als Nutzenindex von i gilt somit $\partial U_i / \partial y_j \neq 0$).

Externe Effekte können positiv oder negativ sein. Von positiven (negativen) externen Effekten wird gesprochen, sofern die Auswirkungen ökonomischer Aktivitäten das Nutzenniveau anderer Wirtschaftssubjekte erhöhen (reduzieren). Das wichtigste Beispiel für positive externe Effekte ist der technische Fortschritt: Gibt es keine Patentrechte, so können andere Unternehmen kostenlos auf Ergebnisse zurückgreifen, die in forschungsfreudigen Unternehmen erarbeitet wurden. Das wichtigste Anwendungsgebiet der Theorie externer Effekte ist fraglos die Umweltökonomie. Eine wirtschaftliche Aktivität kann auch gleichzeitig positive und negative externe Effekte haben. Denken Sie an einen Kleingärtner, dessen schön angelegter Garten zwar Blumenliebhaber entzückt, aber heuschnupfengeplagte Zeitgenossen quält.

Wir gehen nun vom allgemeinsten Fall aus, in dem von der Produktion der Ware y_i positive *und* negative externe Effekte gleichzeitig ausgehen. $U_j(y_i)$ sei der monetär ausgedrückte Nutzen, den das Wirtschaftssubjekt j aus der ökonomischen Aktivität y_i hat, die von i durchgeführt wird. $K_j(y_i)$ seien die Schäden, die beim Wirtschaftssubjekt j aus der gleichen Aktivität entstehen. Da viele Wirtschaftssubjekte betroffen sein können, nehmen wir an, daß der Index j von 1 bis n läuft. Somit erhalten wir als soziale Wohlfahrtsfunktion

$$W = U_1(y_i) + \ldots + U_n(y_i) - K_1(y_i) - \ldots - K_n(y_i)$$
$$= \sum_{j=1}^{n} U_j(y_i) - \sum_{j=1}^{n} K_j(y_i)$$

Dabei können einige Terme in Gleichung (19.7) selbstverständlich Null sein, weil nicht jedes Wirtschaftssubjekt gleichzeitig positiv *und* negativ betroffen sein muß

---

9   Pigou 1979, 25.
10   Manchmal werden solche Auswirkungen als „pekuniäre externe Effekte" bezeichnet, was aber eher irreführend ist.

(nicht jeder Gartenfreund hat Heuschnupfen). Als Bedingung erster Ordnung ergibt
sich somit

$$\sum_{j=1}^{n} \frac{dU_j}{dy_i} = \sum_{j=1}^{n} \frac{dK_j}{dy_i} \tag{19.8}$$

Gleichung (19.8) drückt nichts anderes als den allgemeinen Sachverhalt aus, daß im
Pareto-Optimum die Summe aller Grenznutzen der Summe aller Grenzkosten entsprechen muß. Ein Blick auf (19.8) zeigt sofort, daß die Effizienzbedingung bei externen Effekten die bei privaten Gütern, öffentlichen Gütern und public bads einschließt: sofern die Summe auf der rechten und der linken Seite jeweils nur ein Wirtschaftssubjekt enthält, handelt es sich um ein privates Gut; reduziert sich die linke
(rechte) Seite auf ein Individuum, so liegt ein public bad (öffentliches Gut) vor. Verallgemeinert gilt für private Güter, public bads, public goods und externe Effekte also
die *ewig gleiche Effizienzbedingung*, daß die Summe aller Grenznutzen der Summe aller
Grenzkosten entsprechen muß. Damit zeigt sich auch, daß die Aufgabe beim Umgang
mit negativen externen Effekten (beispielsweise beim Umweltproblem) *nicht* darin
besteht, die Schäden völlig zum Verschwinden zu bringen, sondern sie auf ihr durch
(19.8) definiertes Optimum zu reduzieren.

19.2.4 Ineffizienzen bei externen Effekten

Wodurch entsteht nun das Allokations*problem* bei externen Effekten, d.h. warum wird
die hergeleitete Effizienzbedingung nicht auch ohne Eingriffe durch den Marktme-
chanismus erreicht? Offenbar deshalb, weil nutzen- bzw. gewinnmaximierende Wirtschaftssubjekte bei ihren Entscheidungen über ihre wirtschaftlichen Aktivitäten die
externen Effekte nicht einbeziehen. Wir erläutern dies mit einem Beispiel aus der
Umweltökonomie, in dem wir annehmen, daß zwei Unternehmen Schadstoffe in ein
Gewässer emittieren. Dabei seien

- $U_i(E_i)$ der Nettonutzen des Emittenten i aus seinen (eigenen) Emissionen E_i[11];
- $S_i(E_i)$ die beim Emittenten i selbst anfallenden Schäden aus seinen eigenen Emissionen E_i;
- und $S_i(E_j)$ die beim Emittenten i anfallenden Schäden aus den Emissionen E_j des
  anderen Unternehmens j.

Für die genauere Analyse müssen wir nun zwei Fälle unterscheiden, die auch bezüglich
der spieltheoretischen Interpretation verschieden sind:

1. Im ersten Fall handelt es sich um sog. *unilaterale* externe Effekte, worunter verstanden wird, daß der beim emittierenden Wirtschaftssubjekt i anfallende Schaden
   $S_i(E_i)$ aus den *eigenen* Emissionen völlig unabhängig vom Verhalten anderer Emit-

---

11 Dieser Nutzen ergibt sich daraus, daß Emissionen die Produktionskosten reduzieren bzw. die
    Vermeidung von Emissionen Geld kostet. Unter dem „Nutzen" aus Emissionen sind also stets die
    eingesparten Kosten zu verstehen.

tenten ist. Wenn dies für beide Beteiligten gilt, so lautet die soziale Wohlfahrtsfunktion (d.h. die Zielfunktion bei der Kollusionslösung) offenbar

$$W = U_1(E_1) + U_2(E_2) - S_1(E_1) - S_1(E_2) - S_2(E_1) - S_2(E_2) \qquad (19.9)$$

Die Bedingungen erster Ordnung für ein Wohlfahrtsmaximum lauten demnach für beide Unternehmen i

$$\frac{dU_i}{dE_i} = \frac{dS_1}{dE_i} + \frac{dS_2}{dE_i} \ \forall i \qquad (19.10)$$

Die Gleichungen in (19.10) drücken wieder aus, daß die Summe der Grenzkosten den Grenznutzen entsprechen muß. Da jedes Unternehmen die Auswirkungen der Emissionen beim jeweils *anderen* Unternehmen aber nicht berücksichtigt, lautet die Bedingung erster Ordnung für die individuelle Nutzenmaximierung für jedes Unternehmen i

$$\frac{dU_i}{dE_i} = \frac{dS_i}{dE_i} \ \forall i \qquad (19.11)$$

Jedes Unternehmen wird also, gemessen am durch (19.10) gegebenen Pareto-Optimum, zu viel emittieren, weil es die Auswirkungen auf das andere Unternehmen nicht berücksichtigt. Da dies für beide Unternehmen gilt, könnten beide ihren Nutzen durch eine koordinierte Strategie erhöhen, weil die soziale Wohlfahrt lediglich durch den Nutzen der beiden Unternehmen definiert wurde.[12] Spieltheoretisch handelt es sich um eine denkbar einfache Situation, weil jedes Unternehmen i über eine dominante Strategie verfügt. Diese besteht darin, die durch die Gleichung (19.11) gegebenen Schadstoffmengen zu emittieren, die unabhängig vom Verhalten des jeweils anderen Unternehmens sind. Da dadurch der Nutzen *beider* Unternehmen geringer ist, als er bei Einhaltung von (19.10) wäre, handelt es sich um ein ganz gewöhnliches *Gefangenendilemma*.

2. Die Sachlage wird etwas komplizierter, wenn der bei einem emittierenden Wirtschaftssubjekt i anfallende Schaden $S_i(E_i)$ aus den *eigenen* Emissionen auch abhängig vom Verhalten anderer Emittenten, also in unserem Beispiel von E_j, ist. Man spricht dann von sog. *bilateralen* externen Effekten. Wenn die beiden Unternehmen Schadstoffe in ein Gewässer einleiten, welches sie gleichzeitig beide zur Zuführung von Frischwasser nutzen wollen, so ist die Annahme naheliegend, daß der durch die eigenen Emissionen entstehende (Grenz-)Schaden auch vom Verhalten des j abhängt. Die soziale Wohlfahrtsfunktion lautet dann

$$W = U_1(E_1) + U_2(E_2) - S_1(E_1,E_2) - S_2(E_1,E_2) \qquad (19.12)$$

Selbstverständlich kommen wir auch hier zu dem Ergebnis einer zu hohen Umweltverschmutzung: dies liegt einfach daran, daß jeder Einleiter die Schadstoffbelastung nur bezüglich seiner eigenen Frischwasserprobleme, aber nicht bezüglich der Frischwasserprobleme des anderen in sein Entscheidungskalkül einbezieht.

---

12 Dies konnten wir wegen der Annahme machen, daß die Schäden bei den Unternehmen selbst anfallen.

Der entscheidende Unterschied zur vorher betrachteten Situation ist aber, daß nun *keine* dominanten Strategien mehr vorliegen: denn wenn das Unternehmen 1 schon sehr viele Schadstoffe einleitet, so ist es für 2 vielleicht besser, seine eigene Einleitung zu reduzieren, um das Frischwasserdepot nicht zu zerstören. Im Unterschied zur vorher betrachteten Situation handelt es sich aber nicht um ein Gefangenendilemma, sondern um ein Problem ineffizienter Nash-Gleichgewichte *ohne* dominante Strategien: genau wie im Oligopolproblem wird jedes Unternehmen zu viel Schadstoffe produzieren, weil es die negativen Auswirkungen auf das andere Unternehmen nicht einbezieht. Die eigene Schadstoffmenge ist aber nicht unabhängig vom Verhalten des jeweils anderen Unternehmens. Wir wollen diesen Aspekt beispielhaft illustrieren, indem wir von den Nettonutzenfunktionen

$$V_1(E_1;E_2) = U_1(E_1;E_2) - S_1(E_1;E_2)$$
$$= (20E_1 - E_1^2) - E_1 - E_2 - 0,5E_1E_2 \tag{19.13}$$

$$V_2(E_1;E_2) = U_2(E_1;E_2) - S_2(E_1;E_2)$$
$$= (20E_2 - E_2^2) - E_1 - E_2 - 0,5E_1E_2 \tag{19.14}$$

ausgehen. Dabei ist beispielsweise $20E_1 - E_1^2$ der Nutzen, den Unternehmen 1 aus den Emissionen zieht, so daß wir vereinfachend eine lineare Grenznutzenfunktion $(\partial U_1/\partial E_1 = 20 - 2E_1)$ als erste Ableitung der Nutzenfunktion $U_1 = 20E_1 - E_1^2$ unterstellen. Die Bewertung der Schäden durch Unterneh-men 1 ist $S_1 = E_1 + E_2 + 0,5E_1E_2$.

Der soziale Planer würde

$$W = V_1(E_1;E_2) + V_2(E_1;E_2) \tag{19.15}$$

bzw.

$$W = 18E_1 - E_1^2 + 18E_2 - E_2^2 - E_1E_2 \tag{19.16}$$

maximieren. Daraus ergeben sich als gleich Null gesetzte partielle Ableitungen

$$18 - 2E_1 - E_2 = 0 \tag{19.17}$$
$$18 - 2E_2 - E_1 = 0 \tag{19.18}$$

Als wohlfahrtsoptimale Emissionen folgen aus (19.17) und (19.18)

$$E_1 = E_2 = 6 \tag{19.19}$$

Bestimmen wir nun das Nash-Gleichgewicht. Dabei maximiert jedes Unternehmen seine *eigene* Nutzenfunktion, wobei die Emissionen des anderen Unternehmens hingenommen werden müssen. Also bestimmen wir die ersten partiellen Ableitungen von (19.13) nach E_1 und (19.14) nach E_2. Es ergeben sich:

$$19 - 2E_1 - 0,5E_2 = 0 \tag{19.20}$$
$$19 - 0,5E_1 - 2E_2 = 0 \tag{19.21}$$

Die Gleichungen (19.20) und (19.21) zeigen, daß jedes Unternehmen nur die Auswirkungen der eigenen Emissionen auf die *eigene* Gewinnfunktion, aber nicht auf die Gewinnfunktion des anderen Unternehmens berücksichtigt. Gleichzeitig sieht man, daß kein Unternehmen über eine dominante Strategie verfügt. Weil die beispielsweise durch E_1 hervorgerufenen Schäden bei steigendem E_2 zunehmen, emittiert Unternehmen 1 um so weniger, je höher E_2 ist (und umgekehrt). Wenn wir (19.20) und (19.21) auflösen, so erhalten wir

$$E_1 = E_2 = 7,6 \tag{19.22}$$

Die Emissionen im Nash-Gleichgewicht liegen demnach deutlich über den wohlfahrtsoptimalen Emissionen, was unsere Intuition bestätigt. Bilaterale externe Effekte machen die Sache also zwar etwas komplizierter, ändern aber nichts am Kern des Problems.

Wir können demnach festhalten, daß es sich beim Problem externer Effekte letztlich um ein Problem ineffizienter Nash-Gleichgewichte handelt.

19.2.5 Eine formalere Darstellung der Effizienzbedingungen bei externen Effekten

Wir wollen die Effizienzbedingungen bei externen Effekten nun in einem allgemeineren Modell herleiten. Dabei gehen wir wieder von unserem Anwendungsbeispiel des Umweltproblems aus und fragen etwas genauer, worin der Nutzen aus Emissionen besteht. Im Kern können wir Emissionen als ganz gewöhnlichen Produktionsfaktor interpretieren, dessen Einsatz den Output erhöht.

Dies bedeutet letztlich, daß in der Produktionsfunktion die Faktoren Arbeit, Kapital und Emissionen gegeneinander substituiert werden können. Diesen Aspekt wollen wir bei einer etwas genaueren Herleitung der Effizienzbedingungen bei externen Effekten nun explizit berücksichtigen.

Produziert werde ein Konsumgut C, dessen Menge gemäß der Produktionsfunktion (19.23) eine Funktion der zur Produktion eingesetzten Arbeit A_c, der Emissionen E und der Umweltverschmutzung Q sei:

$$C = C(A_c, E, Q) \tag{19.23}$$

Der Behandlung der Emissionen als gewöhnlichem Produktionsfaktor liegt also der Sachverhalt zu Grunde, daß mit steigenden Emissionen ceteris paribus eine größere Menge produziert werden kann. Dies besagt nichts anderes, als daß die Vermeidung von Emissionen Kosten verursacht. Die darüber hinausgehende Berücksichtigung der Umweltbelastung Q in der Produktionsfunktion besagt, daß sich eine verschlechterte Umweltqualität negativ auf die Produktion auswirkt. Solche negativen Produktionsexternalitäten können beispielsweise dadurch auftreten, daß das im Produktionsprozeß verwendete Wasser zunächst gereinigt werden muß, die Forstwirtschaft aufgrund des Waldsterbens einen schlechteren Baumbestand zur Verfügung hat oder die Nordseefischer nun die dreifache Zeit benötigen, um schmackhafte und gesundheitlich unbedenkliche Fische zu fangen. Somit gehen wir davon aus, daß sich die eingesetzte

Arbeitsmenge[13] und die Emissionen positiv und die Umweltverschmutzung negativ auf die Produktion des Konsumgutes auswirken:

$$\frac{\partial C}{\partial A_c} > 0 \quad (19.24a) \qquad \frac{\partial C}{\partial E} > 0 \quad (19.24b) \qquad \frac{\partial C}{\partial Q} < 0 \qquad\qquad (19.24c)$$

Da wir gemäß der üblichen produktionstechnischen Annahme sinkende partielle Grenzproduktivitäten sowie progressiv steigende Auswirkungen der Umweltbelastung unterstellen, gelten:

$$\frac{\partial^2 C}{\partial A_c^2} < 0 \quad (19.25a) \qquad \frac{\partial^2 C}{\partial E^2} < 0 \quad (19.25b) \qquad \frac{\partial^2 C}{\partial Q^2} < 0 \qquad\qquad (19.25c)$$

Offensichtlich müssen wir nun berücksichtigen, daß die Umweltverschmutzung Q ihrerseits von den Emissionen E abhängt. Dazu betrachten wir die Umweltverschmutzung als Funktion der Emissionen E und der Arbeit A_q, die – beispielsweise von der öffentlichen Hand oder von freiwilligen Helfern – zur Vermeidung oder Beseitigung der Umweltbelastung aufgewendet wird:

$$Q = Q(E, A_q) \qquad\qquad (19.26)$$

Für zahlreiche Schadstoffe kann angenommen werden, daß die Umweltbelastung eine progressiv steigende Funktion der Emissionen ist. Die Grenzproduktivität der Arbeit zur Verminderung der Umweltverschmutzung wird gemäß den gängigen Annahmen als positiv und sinkend unterstellt:

$$\frac{\partial Q}{\partial A_q} < 0 \qquad\qquad (19.27a) \qquad\qquad \frac{\partial^2 Q}{\partial A_q^2} > 0 \qquad\qquad (19.27b)$$

$$\frac{\partial Q}{\partial E} > 0 \qquad\qquad (19.28a) \qquad\qquad \frac{\partial^2 Q}{\partial E^2} > 0 \qquad\qquad (19.28b)$$

Die Nutzenfunktion kann auf unterschiedliche, letztlich aber äquivalente Arten berücksichtigt werden. Eine erste und verbreitete Methode besteht darin, *soziale Wohlfahrtsfunktionen* zu formulieren, die eine bestimmte Gewichtung individueller Nutzenindizes enthalten. Dies haben wir in den vorhergehenden Abschnitten von Kapitel 19 gemacht, indem wir einfach unterstellt haben, daß die Emissionen Schäden erzeugen, die mit negativem Vorzeichen in die soziale Wohlfahrtsfunktion eingehen.

Alternativ dazu kann man sich zweitens auf individuelle Nutzenfunktionen beschränken und das Optimum bestimmen, indem der Nutzenindex eines Wirtschaftssubjektes unter Konstanz der Nutzenindizes aller anderen Betroffenen maximiert wird. Die dritte, nun gewählte Methode besteht darin, einen repräsentativen Konsumenten zu unterstellen, dessen Nutzenindex von der Menge des Konsumgutes C und der Umweltverschmutzung Q abhängt:

$$U = U(C, Q) \qquad\qquad (19.29)$$

---

13 Man könnte auch allgemein n Produktionsfaktoren berücksichtigen, ohne daß sich die wesentlichen Ergebnisse ändern würden.

Ein wichtiger Unterschied zu der Vorgehensweise in den vorhergehenden Abschnitten ist also, daß wir nicht nur die Emissionen, sondern auch die Produktionsmenge und den Zusammenhang zwischen beiden explizit in das Modell aufnehmen.

Der Grenznutzen des Konsums sei wie gewohnt positiv und sinkend, während sich die Umweltbelastung mit steigendem Verschmutzungsgrad immer stärker auf die Wohlfahrt auswirkt:

$$\frac{\partial U}{\partial C} > 0 \qquad (19.30a) \qquad\qquad \frac{\partial^2 U}{\partial C^2} < 0 \qquad (19.30b)$$

$$\frac{\partial U}{\partial Q} < 0 \qquad (19.31a) \qquad\qquad \frac{\partial^2 U}{\partial Q^2} < 0 \qquad (19.31b)$$

Schließlich wird angenommen, daß die insgesamt verfügbare Arbeits- bzw. Ressourcenmenge exogen gegeben sei:[14]

$$A = A_c + A_q \qquad (19.32)$$

Die Aufgabe besteht nun in der Bestimmung der Bedingungen, die ein Pareto-Optimum beschreiben. Dazu muß die Nutzenindexfunktion (19.29) unter Beachtung der Restriktionen (19.23), (19.26) und (19.32) maximiert werden. Von den einfachsten Lagrangerechnungen unterscheidet sich das Modell dadurch, daß mehrere Nebenbedingungen vorliegen. Grundsätzlich ändert sich aber nichts, so daß wir als Lagrange-Ansatz Gleichung (19.33) erhalten:

$$L = U(C;Q) + \lambda_c (C(A_c;Q;E) - \overline{C})$$

$$+ \lambda_q (Q(E;A_q) - \overline{Q}) \qquad (19.33)$$

$$+ \lambda_a (A - A_c - A_q)$$

Zur Interpretation von Gleichung (19.33) sei daran erinnert, daß λ in der Lagrangefunktion die Veränderung der Zielfunktion bei einer marginalen Änderung der Restriktion angibt. Da wir hier mehrere Nebenbedingungen berücksichtigen müssen, haben wir verschiedene Lagrange-Multiplikatoren λ, die zur Unterscheidung mit den Buchstaben der Nebenbedingungen indiziert werden, auf die sie sich beziehen. λ_c ist demnach die Nutzenerhöhung bei einer marginalen Erhöhung der Konsumgütermenge und somit der Grenznutzen des Konsums. Analog sind λ_q der (negative) Grenznutzen der Umweltbelastung und λ_a der Grenznutzen der Arbeit. Da im Gleichgewicht der Grenznutzen jedes Gutes seinem Preis (bzw. seinen Opportunitätskosten)[15] entspricht, werden die verschiedenen Lagrange-Multiplikatoren λ auch als *Schattenpreise* bezeichnet. Unter einem Schattenpreis versteht man den Preis eines Gutes im Pareto-Optimum.

---

14 Andernfalls müßten wir in die Nutzenfunktion auch Freizeit aufnehmen, um das Arbeitsangebot ebenfalls zu endogenisieren.

15 Exakterweise müßten wir stets vom *Verhältnis* der Grenznutzen und vom *Verhältnis* der Preise sprechen.

Zur Bestimmung des Optimums müssen die partiellen Ableitungen der Lagrange-funktion nach den Unbekannten C, Q, A_c, A_q, E, λ_c, λ_q und λ_a gebildet und gleich Null gesetzt werden, was zu den Bedingungen erster Ordnung führt:[16]

$$\frac{\partial L}{\partial C} = \frac{\partial U}{\partial C} + \lambda_c = 0 \qquad (19.34a) \qquad \Rightarrow \frac{\partial U}{\partial C} = -\lambda_c \qquad (19.34b)$$

$$\frac{\partial L}{\partial Q} = \frac{\partial U}{\partial Q} - \lambda_q + \lambda_c \frac{\partial C}{\partial Q} = 0 \qquad (19.35a) \qquad \Rightarrow \frac{\partial U}{\partial Q} + \lambda_c \frac{\partial C}{\partial Q} = \lambda_q \qquad (19.35b)$$

$$\frac{\partial L}{\partial A_c} = \lambda_c \frac{\partial C}{\partial A_c} - \lambda_a = 0 \qquad (19.36a) \qquad \Rightarrow \lambda_c \frac{\partial C}{\partial A_c} = \lambda_a \qquad (19.36b)$$

$$\frac{\partial L}{\partial A_q} = \lambda_q \frac{\partial Q}{\partial A_q} - \lambda_a = 0 \qquad (19.37a) \qquad \Rightarrow \lambda_q \frac{\partial Q}{\partial A_q} = \lambda_a \qquad (19.37b)$$

$$\frac{\partial L}{\partial E} = \lambda_c \frac{\partial C}{\partial E} + \lambda_q \frac{\partial Q}{\partial E} = 0 \qquad (19.38a) \qquad \Rightarrow \lambda_c \frac{\partial C}{\partial E} = -\lambda_q \frac{\partial Q}{\partial E} \qquad (19.38b)$$

Schauen wir uns nun zunächst die Optimalitätsbedingungen (19.34b) bis (19.38b) genauer an: Gleichung (19.34b) drückt aus, daß der Schattenpreis des Konsumgutes λ_c seinem Grenznutzen $\partial U/\partial C$ entspricht.

$\partial U/\partial Q$ in Gleichung (19.35b) ist die (negative) Auswirkung einer marginalen Änderung der Umweltverschmutzung auf den Nutzenindex unseres repräsentativen Konsumenten und drückt somit die negative Konsumexternalität aus. λ_c ist der Schattenpreis bzw. der Grenznutzen des Konsums und $\partial C/\partial Q$ die (negative) Auswirkung einer marginalen Änderung der Umweltbelastung auf die Produktion des Konsumgutes; $\lambda_c \cdot \partial C/\partial Q$ ist somit der negative Grenznutzen der Umweltbelastung in der Konsumgüterproduktion. $\partial U/\partial Q + \lambda_c \cdot \partial U/\partial Q = \lambda_q$ drückt also aus, daß der Schattenpreis bzw. der (negative) Grenznutzen der Umweltverschmutzung λ_q von zwei Komponenten bestimmt wird: Erstens von der Konsumexternalität $\partial U/\partial Q$ und zweitens von der Produktionsexternalität $\lambda_c \cdot \partial U/\partial Q$.

Aus didaktischen Gründen ist es sinnvoll, die Betrachtung der Gleichungen (19.36b) und (19.37b) einen Moment zurückzustellen und zunächst (19.38b) zu betrachten. In Gleichung (19.38b) ist λ_c der Schattenpreis bzw. der Grenznutzen des Konsums und $\partial C/\partial E$ die Grenzproduktivität der Emissionen; $\lambda_c \cdot \partial C/\partial E$ ist der Grenznutzen der Emissionen in der Konsumgüterproduktion. λ_q ist der Schattenpreis bzw. der (negative) Grenznutzen der Umweltverschmutzung und $\partial Q/\partial E$ die Änderung der Umweltbelastung bei einer marginalen Emissionsänderung; $\lambda_q \cdot \partial C/\partial E$ ist demnach der Grenznutzen der Emissionen hinsichtlich der Umweltbelastung. Gleichung (19.38b) zeigt somit, daß der (positive) Grenznutzen der Emissionen in der Konsumgüterproduktion im Gleichgewicht dem (negativen) Grenznutzen der Emissionen entspricht, der durch die Verschlechterung der Umweltqualität entsteht.[17]

---

16   Auf die explizite Aufführung der Ableitungen nach λ wird verzichtet, da sich wieder die Restriktionen (19.23), (19.26) und (19.32) ergeben.

17   Das Minuszeichen erklärt sich daraus, daß $\lambda_q \cdot \partial Q/\partial E$ negativ ist.

In Gleichung (19.36b) ist λ_c der Schattenpreis bzw. der Grenznutzen des Konsumgutes und $\partial C / \partial A_c$ die Grenzproduktivität der Arbeit in der Konsumgüterproduktion; $\lambda_c \cdot \partial Q / \partial A_c$ ist demnach der Grenznutzen der Arbeit in der Konsumgüterproduktion. Dieser muß gemäß Gleichung (19.36b) dem Schattenpreis der Arbeit λ_a entsprechen.

Analog ist λ_q der (negative) Schattenpreis bzw. der (negative) Grenznutzen der Umweltverschmutzung und $\partial Q / \partial A_q$ die Grenzproduktivität der Arbeit in der Reduktion der Umweltbelastung; $\lambda_q \cdot \partial Q / \partial A_q$ ist somit der Grenznutzen der Arbeit in der Verringerung der Umweltbelastung. Dieser ist gemäß Gleichung (19.37b) gleich dem Schattenpreis der Arbeit λ_a. Dividiert man (19.36b) und (19.37b), so folgen

$$\frac{\lambda_c \dfrac{\partial C}{\partial A_c}}{\lambda_q \dfrac{\partial Q}{\partial A_q}} = 1 \tag{19.39}$$

$$\lambda_c \frac{\partial C}{\partial A_c} = \lambda_q \frac{\partial Q}{\partial A_q} \tag{19.40}$$

Gleichung (19.40) zeigt, daß der Grenznutzen der Arbeit in beiden Verwendungsmöglichkeiten – d.h. in der Konsumgüterproduktion und bei der Verringerung der Umweltverschmutzung – gleich sein muß.[18]

Zur Bestimmung des Schattenpreises der Emissionen gehen wir von Gleichung (19.38a) in der Schreibweise (19.38c) aus:

$$\frac{\partial C}{\partial E} = -\frac{\lambda_q}{\lambda_c} \frac{\partial Q}{\partial E} \tag{19.38c}$$

Setzt man für den Schattenpreis der Umweltverschmutzung (λ_q) Gleichung (19.35b) und für den Schattenpreis des Konsums dessen Grenznutzen aus Gleichung (19.34b) ein, so folgt

$$\frac{\partial C}{\partial E} = \frac{-\dfrac{\partial U}{\partial Q} \dfrac{\partial Q}{\partial E} - \dfrac{\partial U}{\partial C} \dfrac{\partial C}{\partial Q} \dfrac{\partial Q}{\partial E}}{\dfrac{\partial U}{\partial C}} \tag{19.41}$$

$$\frac{\partial U}{\partial C} \frac{\partial C}{\partial E} = -\left(\frac{\partial U}{\partial Q} \frac{\partial Q}{\partial E} + \frac{\partial U}{\partial C} \frac{\partial C}{\partial Q} \frac{\partial Q}{\partial E} \right) \tag{19.42}$$

Gleichung (19.42) ist nichts anderes als eine andere Schreibweise von Gleichung (19.41), in der die Schattenpreise der Umweltverschmutzung bzw. des Konsums durch

---

18 Hätten wir die Arbeitsmenge nicht exogen, sondern in Form einer Nutzenfunktion mit den Argumenten Konsum und Freizeit vorgegeben, so würde sich als zusätzliches Resultat ergeben, daß der Grenznutzen der Freizeit dem Grenznutzen der durch Arbeit ermöglichten marginalen Konsumsteigerung bzw. dem Grenznutzen der durch Arbeit ermöglichten marginalen Verbesserung der Umweltqualität entspricht.

die entsprechenden Grenznutzen ersetzt wurden. Ferner steht auf der linken Seite der Gleichung nun nicht mehr nur die Auswirkung einer marginalen Änderung der Emissionen auf die Konsumgüterproduktion ($\partial C/\partial E$), sondern der Grenznutzen der Emissionen in der Produktion ($\partial C/\partial E \cdot \partial U/\partial C$), der sich aus $\partial C/\partial E$ und dem Grenznutzen des Konsums ($\partial U/\partial C$) zusammensetzt.

Auf der rechten Seite gibt der erste Summand die Grenzschädigung der Emissionen an, die dadurch entsteht, daß sich die Wirtschaftssubjekte *direkt* durch die Verschlechterung der Umweltqualität gestört fühlen.[19] Die Grenzschädigung durch die Konsumexternalität setzt sich zusammen aus der Auswirkung der marginalen Emissionsänderung auf die Umweltbelastung ($\partial Q/\partial E$) und der Auswirkung der marginalen Umweltbelastung auf den Nutzenindex ($\partial U/\partial Q$).

Der zweite Summand auf der rechten Seite von Gleichung (19.42) ist die Grenzschädigung der Emissionen durch die Reduktion der Produktion, die durch die Verschlechterung der Umweltqualität hervorgerufen wird. Dieser Summand ergibt sich aus den Auswirkungen der marginalen Emissionsänderung auf die Umweltverschmutzung ($\partial Q/\partial E$), den Auswirkungen der marginalen Veränderung der Umweltbelastung auf die Konsumgüterproduktion ($\partial C/\partial Q$) sowie der dadurch hervorgerufenen Änderung des Nutzenindexes ($\partial U/\partial C$). Demnach gibt der erste Summand auf der rechten Seite das Ausmaß der Konsum- und der zweite das Ausmaß der Produktionsexternalität an; beide zusammen messen die gesamte Grenzschädigung der Emissionen. Gleichung (19.42) zeigt somit, daß der Grenznutzen der Emissionen im Pareto-Optimum der Grenzschädigung entsprechen muß, die sich aus der Konsum- und der Produktionsexternalität zusammensetzt.

Da gewinnmaximierende Unternehmen ihre Faktorkombination und Produktionsmenge an den Marktpreisen orientieren, übersteigt die Grenzschädigung der Emissionen ohne Internalisierung externer Effekte deren Grenznutzen. Da weder die Produktions- noch die Konsumexternalität beim physischen Verursacher Kosten verursacht und die *kostenwirksame* Grenzschädigung daher Null ist, wird die Schadstoffemission so weit ausgedehnt, bis deren Grenzproduktivität ($\partial C/\partial E$) auf Null gesunken ist. Da Marktpreise ohne Internalisierung externer Effekte demnach nicht dafür sorgen können, daß Gleichung (19.42) erfüllt wird, muß den Emissionen ein Preis zugeordnet werden, der ihrem Schattenpreis λ_e und somit ihrem Grenznutzen (linke Seite von Gleichung (19.42)) bzw. ihrer Grenzschädigung entspricht:

$$\lambda_e = \frac{\partial C}{\partial E} \cdot \frac{\partial U}{\partial C} = -\left(\frac{\partial U}{\partial Q}\frac{\partial Q}{\partial E} + \frac{\partial U}{\partial C}\frac{\partial C}{\partial Q}\frac{\partial Q}{\partial E}\right) \qquad (19.43)$$

Wir werden später sehen, daß der Grundgedanke von Abgaben- und Zertifikatelösungen gerade darin besteht, diesen Schattenpreis durch direkte Vorgabe eines Preises (im Falle der Abgabenlösung) oder durch die Vorgabe einer zulässigen Gesamtemissionsmenge herbeizuführen und dadurch – im theoretischen Idealfall – das Optimum zu implementieren.

---

19   Das Minuszeichen ergibt sich daraus, daß $\partial U/\partial Q$ negativ ist.

19.3   Analyse umweltpolitischer Instrumente

19.3.1   Überblick

Im vorhergehenden Abschnitt haben wir gezeigt, daß das Vorliegen externer Effekte zu einer ineffizienten Allokation der Ressourcen führt. Es gibt daher keinen Zweifel daran, daß *die Existenz externer Effekte wirtschaftspolitische Eingriffe erfordert.* Externe Effekte sind daher einer der wichtigsten Gründe für eine aktive, mikroökonomisch fundierte Wirtschaftspolitik in einer Marktwirtschaft. Solche wirtschaftspolitischen Maßnahmen dienen im Kern dazu, die externen Effekte den jeweiligen Entscheidungsträgern zuzurechnen, so daß man auch von der *Internalisierung externer Effekte* spricht.

Wir werden wirtschaftspolitische Maßnahmen zur Internalisierung externer Effekte im folgenden anhand der Umweltpolitik darstellen, da diese zurecht als wichtigster Anwendungsbereich interpretiert wird. Dazu werden wir in Abschnitt 19.3.2 zunächst die Kriterien erläutern, nach denen wir die einzelnen Instrumente beurteilen. Anschließend diskutieren wir mit Auflagen (ordnungsrechtlichen Vorgaben) in Abschnitt 19.3.3, Abgaben- bzw. Steuerlösungen (Abschnitt 19.3.4) und Zertifikaten (Abschnitt 19.3.5) die wichtigsten umweltpolitischen Instrumente.[20] Dabei werden wir vor allem bezugnehmend auf das Beurteilungskriterium der Kosteneffizienz (vgl. hierzu den nächsten Abschnitt) deutlich machen, warum Ökonomen gegenüber der traditionellen und in der Realität dominierenden Auflagenpolitik marktorientierte Instrumente (Abgaben und Steuern sowie Zertifikate) favorisieren. Da es sich dabei zunächst um eine theoretische Argumentation handelt, werden wir in Abschnitt 19.3.6 schließlich beispielhaft deutlich machen, daß die von der Theorie prognostizierten Kostensenkungspotentiale von marktorientierten Instrumenten gegenüber Auflagen auch wirklich existieren.

19.3.2 Kriterien zur Beurteilung umweltpolitischer Instrumente

Bevor wir uns der detaillierteren Analyse der einzelnen Instrumente zuwenden, müssen wir uns über einige Kriterien Gedanken machen, die wir zu ihrer Beurteilung heranziehen können. Theoretisch ideal ist dabei das Pareto-Kriterium, da man ein Instrument dann als überlegen gegenüber einem anderen bezeichnen kann, wenn es im Unterschied zu diesem das Erreichen eines Pareto-Optimums ermöglicht. Häufig ist man im Umweltbereich allerdings mit unvollständiger Information konfrontiert (beispielsweise über die Emissions-Vermeidungskosten der Unternehmen, vor allem aber über die ökologischen Zusammenhänge), so daß man gar nicht weiß, wo das Pareto-Optimum eigentlich liegt.

Bei einer praxisorientierten Herangehensweise verwendet man daher verschiedene Hilfskriterien, die zwar nicht so elegant wie das Pareto-Kriterium sind, aber eine rea-

---

20   Auf zivilrechtliche Methoden zur Internalisierung externer Effekte, die in der Bundesrepublik Deutschland besonders im Anschluß an die Verabschiedung des Umwelthaftungsgesetzes Anfang der 90er Jahre eine besondere Rolle spielen, gehen wir hier nicht ein, weil wir die ökonomische Analyse des Haftungsrechts in Kapitel 20 gesondert behandeln.

listische Einschätzung der Instrumente erleichtern. Neben dem Pareto-Kriterium werden wir daher auf die ökologische Treffsicherheit und die Kosteneffizienz eingehen:

- unter der *ökologischen Treffsicherheit* versteht man, wie gut ein Instrument die Einhaltung einer gewünschten Umweltqualität ermöglicht. Konkretisieren könnte man die ökologische Treffsicherheit beispielsweise durch die Wahrscheinlichkeitsverteilung der wirklichen Umweltqualität um die angestrebte Umweltqualität;
- das – unseren Erachtens zu Recht – in der ökonomischen Analyse immer noch dominierende Kriterium ist das der *Kosteneffizienz*. Damit ist gemeint, welche volkswirtschaftlichen Kosten insgesamt entstehen, um eine bestimmte Umweltqualität zu gewährleisten. Es ist klar, daß dieses Kriterium nicht nur ökonomisch, sondern auch unter dem Gesichtspunkt des Umweltschutzes selbst wichtig ist, weil jede eingesparte Mark wie erwähnt auch für eine weitere Verbesserung der Umweltqualität eingesetzt werden kann. Man nennt ein Instrument kosteneffizient, wenn es kein anderes Instrument gibt, das die gleiche Umweltqualität mit niedrigeren Kosten ermöglicht.

Neben der ökologischen Treffsicherheit und der Kosteneffizienz gibt es weitere wichtige Kriterien, für deren Analyse wir auf die umweltökonomische Spezialliteratur verweisen müssen. Dies sind vor allem die dynamische Anreizwirkung (welche Anreize ergeben sich für die Unternehmen, den umweltbezogenen technischen Fortschritt zu forcieren?), die Transaktionskosten (welche Verwaltungskosten verursachen die Instrumente in den Behörden und den Unternehmen?) und die politische Durchsetzbarkeit (wie hoch ist die Akzeptanz bei Entscheidungsträgern und in der Öffentlichkeit?).

Grundsätzlich gibt es zwei unterschiedliche Möglichkeiten, um dem Problem unvollständiger Information in der Beurteilung umweltpolitischer Instrumente Rechnung zu tragen. In der stark theoretisch orientierten Literatur sucht man nach „second best-Lösungen", worunter die bestmögliche Allokation verstanden wird, die angesichts der unvollständigen und oft asymmetrisch verteilten Information erreichbar ist. Im Kern besteht die Zielsetzung dabei analog zu der in Kapitel 16 skizzierten Regulierung natürlicher Monopole darin, durch geeignete Instrumente die Beteiligten zur Preisgabe ihrer privaten Informationen zu bewegen und so den Informationsstand der Umweltbehörde zu erhöhen. Da auch dies der Spezialliteratur vorbehalten bleiben muß, gehen wir im folgenden einen einfacheren Weg. Wir betrachten den Informationsstand der Umweltbehörde als exogen gegeben und untersuchen für die drei Instrumente (Auflagen, Abgaben, Zertifikate) jeweils, über welche Informationen die Umweltbehörde verfügen muß, um die drei Kriterien Pareto-Effizienz, Kosteneffizienz und ökologische Treffsicherheit erfüllen zu können. Diesen jeweils erforderlichen Informationsstand der Umweltbehörde betrachten wir angesichts der im Umweltbereich notorischen Informationsdefizite als zentrales Kriterium zur Beurteilung der Instrumente.

19.3.3   Auflagen

19.3.3.1   Grundgedanke

Unter *Auflagen* versteht man die Vorgabe bestimmter Normen, deren Nicht-Einhaltung zu Zahlungen an die öffentliche Hand führt. Auflagen sind also dem Ordnungsrecht zuzurechnen und treten in der Umweltpolitik aller Länder in sehr vielen Varianten auf. Auflagen finden sich beispielsweise in der Luftreinhaltung und dem Gewässerschutz, wo es einerseits Emissions- und andererseits Immissionsbeschränkungen gibt. Unter *Emissionen* versteht man die Schadstoffbelastungen an der Quelle, d.h. also beispielsweise den an einem bestimmten Schornstein gemessenen SO_2-Ausstoß. Entsprechend legen Emissionsbeschränkungen den maximal zulässigen SO_2-Ausstoß des Schornsteins, gemessen z.b. pro qm^3 Abluft oder pro Zeiteinheit fest. Im Unterschied dazu versteht man unter *Immissionen* die Schadstoffbelastungen im Raum, also z.b. die in der Wiesbadener Innenstadt gemessene SO_2-Belastung. Letztlich entscheidend für die Lebensqualität sind selbstverständlich die Immissionen, so daß es auch dafür Grenzwerte gibt. Typisch für die Auflagenlösung ist beispielsweise die deutsche Luftreinhaltepolitik, die sowohl Immissionsgrenzwerte für einzelne Gebiete als auch Emissionsgrenzwerte für einzelne Anlagetypen vorschreibt.[21]

19.3.3.2 Grundmodell der ökonomischen Analyse

In den folgenden drei Unterabschnitten untersuchen wir, welchen Informationsbedarf die Umweltbehörde hat, um die drei Kriterien Pareto-Effizienz, Kosteneffizienz und ökologische Treffsicherheit erfüllen zu können. Zur dazu erforderlichen formalen Erläuterung der Auflagenlösung definieren wir $U_i(E_i)$ als den Nutzen des Unternehmens i durch die Schadstoffemission. Weiterhin nehmen wir an, daß das Unternehmen beim Fehlen jeder umweltpolitischen Regulierung E_i^{max} emittiert. Die maximalen Emissionen E_i^{max} beschreiben damit die betriebswirtschaftlich optimale Technik beim Fehlen umweltpolitischer Eingriffe. Die Einführung einer solchen Emissionsgrenze ist sinnvoll, weil der betriebswirtschaftliche Grenznutzen einer zusätzlich emittierten Einheit irgendwann nicht mehr positiv sein wird.

Mit E_i^+ bezeichnen wir die von der Umweltbehörde genehmigten Emissionen, deren Überschreitung die Ordnungsstrafe Z nach sich zieht. In der Praxis müssen wir davon ausgehen, daß die Ordnungsstrafe Z um so größer wird, je drastischer die Mißachtung des Standards E_i^+ ist. Da dies aber für die Untersuchung der Anreizwirkungen der Auflage nebensächlich ist, unterstellen wir vereinfachend, daß Z unabhängig vom Ausmaß der Überschreitung immer dann anfällt, wenn das Unternehmen die zulässige Höchstgrenze nicht einhält (also über E_i^+ hinaus emittiert).

In der Praxis wird oft das sog. *Vollzugsdefizit* beklagt, worunter verstanden wird, daß die Umweltbehörden angesichts einer hohen Auflagendichte überlastet sind und deshalb keineswegs alle Überschreitungen feststellen können. Diesem Sachverhalt

---

21 Für ausführliche Darstellungen der deutschen Luftreinhaltepolitik vgl. z.b. Hoppe/Beckmann
     1989, Abschnitt 3; Wicke 1993, 178ff; Kemper 1991.

tragen wir Rechnung, indem wir bei Nicht-Einhaltung von E_i^+ eine „Entdeckungs-wahrscheinlichkeit" $p(E_i)$ einführen. Dabei nehmen wir plausiblerweise an, daß p um so größer ist, je höher das Ausmaß der Überschreitung ist. Unter diesen Umständen weist die Zielfunktion G des Unternehmens offenbar eine Sprungstelle in E_i^+ auf und kann folgendermaßen geschrieben werden:

$$G(E_i) = \begin{cases} U(E_i) & \text{für alle } E_i \leq E_i^+ \\ U(E_i) - p(E_i)Z & \text{für alle } E_i > E_i^+ \end{cases} \tag{19.44}$$

Der erste Teil von (19.44) zeigt, daß das Unternehmen für alle Emissionen unter dem genehmigten Niveau keine erwarteten Zahlungen hat und sein Gesamtnutzen daher dem Nutzen der Emissionen selbst entspricht. Wird dieses Niveau dagegen über-schritten $(E_i > E_i^+)$, dann entsprechen die erwarteten Zahlungen dem Produkt aus Entdeckungswahrscheinlichkeit und Strafzahlung $p(E_i) \cdot Z$.

Wenn das Unternehmen seine Emissionen perfekt steuern kann, so wird es nie-mals unter E_i^+ emittieren, da der Grenznutzen der Emissionen positiv ist und auch schon E_i^+ den Ausschluß von Ordnungsstrafen gewährleistet. Ob das Unternehmen E_i^+ oder ein höheres Emissionsniveau wählen wird, hängt davon ab, ob die Ord-nungsstrafe Z und die Entdeckungswahrscheinlichkeiten $p(E_i)$ hoch genug sind. Das Unternehmen wählt E_i^+, sofern dies den höchsten Erwartungsnutzen stiftet, wenn also für alle denkbaren E_i über E_i^+ Ungleichung (19.45) erfüllt ist:

$$U(E_i^+) > U(E_i) - p(E_i)Z \quad \text{für alle } E_i > E_i^+ \tag{19.45}$$

Ungleichung (19.45) verdeutlicht, daß die Höhe der Strafzahlung und die Wahrschein-lichkeit unter Anreizgesichtspunkten offensichtlich gegeneinander substituiert werden können, weil für das Unternehmen nur die *erwartete* Zahlung $p(E_i) \cdot Z$ von Bedeutung ist. Da die Durchführung von Kontrollen Geld kostet, sollte man die Strafe also nicht zu gering ansetzen und auch davon abhängig machen, ob dem Unternehmen Fahrläs-sigkeit oder gar Absicht vorgeworfen werden kann, oder ob es vielleicht auch ein ge-höriges Maß Pech gehabt hat, was im Leben mitunter vorkommen soll. *Im Kern kann man durch Auflagen also jede gewünschte Emissionshöhe E_i implementieren, sofern die erwartete Strafzahlung bei Überschreitung dieser Emissionen groß genug ist.*

19.3.3.3 Pareto-Effizienz

Auf Grundlage dieser Überlegungen ist es nun recht einfach, den zur Erfüllung unse-rer drei umweltpolitischen Kriterien erforderlichen Informationsbedarf abzuleiten. Der entscheidende Punkt der Auflagenlösung besteht darin, allen Unternehmen (glei-che oder unterschiedliche) Standards vorzugeben, die diese im Idealfall wegen der Gültigkeit von Ungleichung (19.45) einhalten. Da die Umweltbehörde somit die *tat-sächlich zustande kommenden* Emissionen genau prognostizieren kann, hängt die Pareto-Effizienz der Auflagenlösung verständlicherweise davon ab, ob die Umweltbehörde die pareto-effizienten Emissionen E_i^f *für jedes einzelne Unternehmen* kennt und E_i^+ ent-sprechend vorgeben kann. Sofern die Umweltbehörde ein $E_i^+ > E_i^f$ vorgibt, wird das betreffende Unternehmen weiterhin mindestens bis E_i^+ emittieren, weil dies erlaubt ist und demnach – beim Fehlen anderer umweltpolitischer Regulierungen – keine erwarteten Zahlungen nach sich zieht.[22] Der große Anreiz zur Einhaltung eines vorgegebenen Standards E_i^+ – unabhängig davon, ob dieser dem effizienten Standard E_i^f entspricht – führt bei der Auflagenlösung also immer dann zu einer pareto-ineffizienten Allokation der Ressourcen, wenn die Umweltbehörde für irgendein Unternehmen *nicht* den effizienten Standard E_i^f vorgibt. Daraus ergeben sich folgende Schlußfolgerungen:

1. Die pareto-effizienten Emissionen E_i^f ergeben sich für jedes einzelne Unternehmen bekanntlich im Schnittpunkt der (erwarteten) Grenzschäden mit den Grenznutzen der Emissionen (bzw. den Grenzkosten der Schadstoffvermeidung, da der Grenznutzen der Emissionen gerade in den vermiedenen Kosten der Schadstoffvermeidung besteht). Daraus folgt erstens, daß die Umweltbehörde die Schadensfunktion kennen muß, um ein Pareto-Optimum zu implementieren. Zwar kann die Schadensfunktion im Umweltbereich immer nur geschätzt werden, doch mag es häufig so sein, daß die Umweltbehörde über diese Funktion mindestens gleich gut informiert ist wie die emittierenden Unternehmen. Die Orientierung an der Kenntnis der Umweltbehörde stört daher nicht bei der Erreichung des Pareto-Optimums „in erwarteten Größen". Darüber hinaus – und dies ist der entscheidende Punkt – muß die Umweltbehörde aber auch *für jedes einzelne Unternehmen* die Grenznutzenfunktion (bzw. die Grenzkosten der Schadstoffvermeidung) kennen, um ein Pareto-Optimum zu implementieren. Denn für jedes Unternehmen mit anderen Grenznutzenfunktionen ergibt sich auch ein anderes E_i^f, so daß die Umweltbehörde entsprechend viele verschiedene E_i^+ vorgeben muß. Wegen dieser Kenntnis der *individuellen* Grenznutzenfunktionen ist der Informationsbedarf der Umweltbehörde bei der Auflagenlösung *extrem hoch*.

2. Doch selbst wenn die Umweltbehörde diese Informationen hätte, so würden sich kaum lösbare Schwierigkeiten zwischen dem Ziel der (statischen) Pareto-Effizienz und der dynamischen Anreizwirkung ergeben. Unter der dynamischen Anreizwirkung versteht man wie erwähnt den Anreiz zur Entwicklung umweltfreundlicher Technologien. Da Pareto-Effizienz bei der Auflagenlösung voraussetzt, daß Unternehmen mit *hohen* Grenznutzen (also *hohen* Grenzkosten der Schadstoffvermeidung) mehr emittieren dürfen, führt die unter dem Gesichtspunkt der Pareto-Effizienz erforderliche Differenzierung dazu, daß der Anreiz zur Entwicklung umweltfreundlicher Technologien zurückgeht.

Wir halten daher fest, daß

– Pareto-Effizienz bei der Auflagenlösung die Kenntnis aller einzelnen Grenznutzenfunktionen der Emissionen erfordert und der Informationsbedarf daher extrem hoch ist;

---

22 Wir gehen bei unserer Instrumentenanalyse davon aus, daß die externen Effekte mit nur *einem* Instrument internalisiert werden. In der Realität treten beispielsweise beim Umweltmedium Wasser Auflagen, Abgaben und zivilrechtliche Regelungen gemeinsam auf, wozu wieder auf die umweltökonomische Spezialliteratur verwiesen sei.

– und zweitens ein kaum lösbarer Zielkonflikt zwischen statischer Allokationseffizienz und dynamischer Anreizwirkung besteht.

19.3.3.4 Ökologische Treffsicherheit

Der große Anreiz zur Einhaltung des vorgegebenen Umweltstandards macht Auflagen
in allen Bereichen reizvoll, in denen ein bestimmtes Emissionsniveau keinesfalls überschritten werden sollte. Dies gilt besonders bei giftigen, insbesondere karzinogenen
Stoffen, aber auch bei riskanten Tätigkeiten wie – außerhalb des Umweltbereichs –
beispielsweise dem Autofahren, wo die Vorgabe von Geschwindigkeitsbe-
schränkungen daher sicherlich ein probates Mittel ist. Da die Umweltbehörde bei hinreichend hohen Strafen die Einhaltung von E_i^+ herbeiführen kann, schneidet die
Auflagenlösung unter dem Gesichtspunkt der ökologischen Treffsicherheit hervorragend ab. Dies gilt für jede „diktatorische Vorgabe" – wenn man einen Standard setzt,
dessen Mißachtung zu harten Strafen führt, so sind die Chancen gut, daß der Standard
eingehalten wird; allerdings unabhängig davon, ob es der richtige (pareto-effiziente)
Standard ist oder nicht.

19.3.3.5 Kosteneffizienz

Die letzten Überlegungen zeigen, daß Auflagen als Instrumente der Umweltpolitik
überall dort unumstritten sind, wo die exakte Einhaltung *einzelner* Standards besonders
wichtig ist. Gleichzeitig führt der hohe Anreiz zur Einhaltung von E_i^+ aber zu
Schwierigkeiten, wenn der vorgegebene Standard E_i^+ vom pareto-effizienten Standard
E_i^t abweicht. Lassen Sie uns nochmals deutlich machen, was wir mit der Einhaltung
einzelner Standards meinen. Charakteristisch für das Risiko beim Autofahren ist, daß
die einzelnen Geschwindigkeiten nur sehr bedingt gegeneinander substituierbar sind.
Beispielsweise ist es nicht das gleiche, ob von vier Autofahrern im Ort alle 50 km/h,
oder einer 140 km/h und drei 20 km/h fahren, weil es nicht (nur) um die Summe der
Geschwindigkeiten, sondern auch um die Verteilung auf die einzelnen Fahrer geht. Es
ist dann naheliegend, verbindliche Vorgaben zu treffen, die von jedem beachtet werden müssen und die damit verbundenen Ineffizienzen (vielleicht liegt das Optimum
des einen Fahrers wegen seiner größeren Reaktionsfähigkeit bei 70 km/h und das des
anderen bei 35 km/h ?) in Kauf zu nehmen.

Die Situation sieht allerdings ganz anders aus, wenn es in viel stärkerem Maße als
beim Autofahren primär auf die *Summe* der riskanten Tätigkeiten, und nur *sekundär* auf
ihre Verteilung ankommt. Unter diesen Umständen ist das Kriterium der Kosteneffizienz von herausragender Bedeutung. Unter Kosteneffizienz versteht man wie erwähnt die Minimierung der volkswirtschaftlichen Gesamtkosten zur Einhaltung einer
bestimmten, exogen vorgegebenen Umweltqualität. Das Kriterium der Kosteneffizienz
kann daher auch dann angewendet werden, wenn die pareto-effiziente Umweltqualität
unbekannt ist.

Zur Analyse der Kosteneffizienz von Auflagen betrachten wir vereinfachend einen Schadstoff, bei dem es keinerlei Rolle spielt, wo er ausgestoßen wird. Dies gilt vor allem für CO_2, da das Problem bei CO_2 ausschließlich im Treibhauseffekt besteht, und für diesen die räumliche Verteilung des Schadstoffs ganz gleichgültig ist. Dies bedeutet, daß wir uns hinsichtlich der Umweltqualität vollständig auf die *Summe* der Emissionen bzw. Immissionen konzentrieren können, während die Verteilung der Immissionen belanglos ist.[23]

Wir nehmen an, daß i = 1 bis n Unternehmen den Schadstoff emittieren und bezeichnen die Emissionen des Unternehmens i mit E_i. Ferner unterstellen wir, daß die Umweltbehörde die *Gesamt*emissionen auf $E = \Sigma_i E_i$ beschränken möchte. Wie gewohnt gehen wir davon aus, daß jedes Unternehmen beim Fehlen umweltpolitischer Eingriffe jeder Art E_i^{max} emittiert. Wie mehrfach erläutert, können wir bei den Zielfunktionen der beteiligten Unternehmen entweder vom Nutzen der Emissionen oder von den Kosten der Emissionsreduktion ausgehen, weil der Nutzen eines Unternehmens aus der Schadstoffemission einfach darin besteht, daß es die Kosten der Schadstoffreduktion einspart. Da wir hier direkt über Kosten reden wollen, nennen wir die Kosten des Unternehmens i zur Vermeidung von Schadstoffen $K_i(V_i)$, wobei V_i die von Unternehmen i reduzierten Emissionen ausdrückt. Dabei nehmen wir an, daß in $K_i(V_i)$ alle Kosten enthalten sind, also auch die, die möglicherweise durch eine Verminderung der Produktion entstehen.

Welche volkswirtschaftlichen Kosten entstehen nun durch die Emissionsbeschränkung auf $E = \Sigma_i E_i$? Die über alle Unternehmen aggregierten Vermeidungskosten sind offensichtlich

$$K(V) = K_1(V_1) + K_2(V_2) + \dots + K_n(V_n) = \sum_{i=1}^{n} K_i(V_i) \qquad (19.46)$$

wobei wir die *gesamte* Emissions*verminderung* (im Unterschied zu den gesamten Emissionen E) als V bezeichnet haben.

Wenn sich die Umweltbehörde – aus welchen Gründen auch immer – für eine zulässige Gesamtemission E entschieden hat und es auf die Verteilung der Emissionen nicht ankommt, so rückt das Kriterium der Kosteneffizienz – also die Minimierung von (19.46) ganz in den Mittelpunkt. Wenn wir die dabei gültigen Bedingungen wie gewohnt über die Lagrange-Methode herleiten wollen, so müssen wir als Nebenbedingung die insgesamt geforderte Emissionsverminderung beachten:

$$V = V_1 + V_2 + \dots + V_n = \sum_{i=1}^{n} V_i \qquad (19.47)$$

Als Lagrangefunktion zur kostenminimalen Verminderung von V erhalten wir demnach

$$L = K_1(V_1) + K_2(V_2) + \dots + K_n(V_n) + \lambda \, (V - (V_1 + V_2 + \dots + V_n)) \qquad (19.48)$$

---

23 Dies gilt für andere Schadstoffe selbstverständlich nicht, weil es keineswegs gleichgültig ist, ob in Frankfurt und Hamburg die Ozonbelastung jeweils 200 Einheiten, oder aber in Frankfurt 100 und in Hamburg 300 Einheiten beträgt.

Wir erhalten als Bedingungen erster Ordnung

$$\frac{dK_1}{dV_1} = \lambda$$

$$\frac{dK_2}{dV_2} = \lambda$$

$$\vdots$$

$$\frac{dK_n}{dV_n} = \lambda \qquad (19.49)$$

λ ist der Schattenpreis der Emissionen, der angibt, wie stark sich die Vermeidungs-kosten ändern, sofern die durch V ausgedrückte Emissionsbeschränkung infinitesimal verändert wird. Da alle Grenzkosten der Vermeidung (also alle $\partial K_i / \partial V_i$) mit dem Schattenpreis λ identisch sind, sind sie auch untereinander gleich, und wir können die Bedingung für ein Pareto-Optimum als

$$\frac{dK_1}{dV_1} = \frac{dK_2}{dV_2} = \dots = \frac{dK_n}{dV_n} = \lambda \qquad (19.50)$$

schreiben. Gleichung (19.50) drückt den ausgesprochen wichtigen Sachverhalt aus, daß die kostenminimale Schadstoffvermeidung dann erreicht ist, wenn die Grenzkos-ten der Vermeidung für alle beteiligten Unternehmen gleich sind. Dieses elementare Ergebnis ist für den Vergleich umweltpolitischer Instrumente von großer Bedeutung und intuitiv einsichtig. Nehmen wir an, Gleichung (19.50) sei *nicht* erfüllt, weil bei-spielsweise die Grenzkosten eines beliebigen Unternehmens mit dem Index „5" bei der gewählten Emissionsreduktion bei 10 Geldeinheiten und die eines anderen Unter-nehmens mit dem Index „7" nur bei 8 Geldeinheiten liegen. Dann könnte das gleiche Umweltziel offensichtlich erreicht werden, indem das Unternehmen „7" mehr und das Unternehmen „5" weniger Schadstoffe reduziert bzw. mehr Schadstoffe emittiert. Wenn die Grenzkostenfunktion steigt, erhöhen sich dadurch die Grenzkosten von Unternehmen 7, während die von Unternehmen 5 wegen der geringeren Vermeidung zurückgehen. Offenbar handelt es sich um ein recht einfaches Resultat, dessen öko-nomischen Kern wir beispielsweise schon aus der Analyse des Mehrproduktunter-nehmens kennen.[24] Wenn beispielsweise ein Unternehmen das gleiche Produkt auf verschiedenen Anlagen produzieren kann und sich für eine bestimmte Produktions-menge entschieden hat, dann muß es die Gesamtmenge so auf die beiden Anlagen verteilen, daß die Grenzkosten identisch sind.

Die Allgemeinheit dieses Ergebnisses wird noch deutlicher, wenn wir es wieder umgekehrt über die Nutzenfunktionen der Schadstoff*emission*, statt über die Kosten der *Reduktion* formulieren. Ganz analog ergibt sich als Resultat der Lagrange-Optimie-rung dann

---

24 Vgl. oben, Kapitel 7.

$$\frac{dU_1}{dE_1} = \frac{dU_2}{dE_2} = \ldots = \frac{dU_n}{dE_n} \tag{19.51}$$

was nichts anderes heißt, als daß der Produktionsfaktor „Emission" so eingesetzt werden soll, daß er in allen Verwendungsarten den gleichen Grenznutzen stiftet. Das Ergebnis gleicher Grenznutzen in allen Verwendungsarten aber ist für die Produktionsfaktoren Arbeit und Kapital, oder auch für den Nutzen von Gütern in der Haushaltstheorie, wohlbekannt.

Was bedeutet dieses elementare Resultat, auf das wir an zahlreichen Stellen zurückkommen werden, nun für die Auflagenpolitik und deren – meist nicht vorhandene – Kosteneffizienz? Die formalen Ableitungen haben zu dem intuitiv einsichtigen Ergebnis geführt, daß die Antwort auf die Frage, welches Unternehmen bei gegebenen Gesamtemissionen E wieviel Schadstoffe vermeiden soll, von den *individuellen Grenzkostenfunktionen der Schadstoffvermeidung* abhängt – E_i^t ist eine Funktion von K_i. Je „weiter oben" die Grenzkostenfunktion verläuft, desto weniger Schadstoffe sollte das Unternehmen vermeiden – so lange, bis die wirklichen Grenzkosten aller Unternehmen identisch sind. Da die Unternehmen im Falle der Auflage aber wie gezeigt einen sehr starken Anreiz zur Einhaltung der vorgegebenen Standards E_i^+ haben, kommt es nur dann zur kosteneffizienten Schadstoffvermeidung, wenn die Umweltbehörde die Emissionswerte für alle Unternehmen entsprechend vorgeben kann. Dies bedeutet, daß die Umweltbehörde bei der Auflagenlösung zur Erreichung einer kosteneffizienten ebenso wie zur pareto-effizienten Internalisierung externer Effekte alle individuellen Grenzkostenfunktionen der Schadstoffvermeidung kennen muß.

19.3.3.6 Schlußfolgerungen

Wir haben gezeigt, daß die Auflagenlösung starke Anreize zur Einhaltung vorgegebener Standards geben kann und damit das Kriterium der ökologischen Treffsicherheit gut erfüllen kann – Informationen über die Nutzen- und Schadensfunktionen benötigt die Umweltbehörde dazu nicht. Wenn es dagegen weniger auf die individuelle Einhaltung bestimmter Grenzwerte ankommt, tritt das Kriterium der Kosteneffizienz in den Vordergrund. Diesem vermag die Auflagenlösung aber nur zu genügen, wenn die Auflagen für alle Unternehmen unterschiedlich festgelegt werden. Dies ist zwar theoretisch möglich, in der Realität aber kaum durchführbar:

– zunächst setzt die Festlegung unterschiedlicher, jeweils effizienter Emissionsstandards extrem gute Informationen seitens der Umweltbehörde voraus – denn diese muß die Vermeidungskosten *jedes einzelnen Unternehmens genau kennen*, damit sie die in Gleichungssystem (19.50) aufgeführten Effizienzbedingungen implementieren kann;
– doch selbst wenn dies gegeben wäre, ist eine unterschiedliche Festlegung von Emissionsstandards höchst problematisch: Bedenken Sie, daß die hergeleiteten Effizienzbedingungen bedeuten, daß Unternehmen mit geringeren Vermeidungskostenfunktionen mehr Schadstoffe vermeiden müssen bzw. weniger emittieren dürfen als andere. Dies scheint erstens politisch nur in klar definierten Ausnahmesitu-

ationen – beispielsweise bei unterschiedlichen Standards für Alt- und Neuanlagen
– durchsetzbar, und würde zweitens zu ernsthaften Anreizproblemen bei der Entwicklung umweltfreundlicher Produktionsverfahren (Kriterium der dynamischen
Anreizwirkung) führen. Denn wenn ein Unternehmen weiß, daß es für Umweltin-
novationen „bestraft" wird, indem es strengere Emissionsstandards einhalten muß
als die Unternehmen, die die Innovation verschlafen haben, wird es möglicherweise ebenfalls auf das umweltfreundlichere Verfahren verzichten.

Wir werden in den folgenden Abschnitten sehen, daß die aufgrund einer fehlenden
Möglichkeit einer perfekten Differenzierung von Standards entstehenden Ineffizien-
zen bei der Auflagenlösung in wichtigen Bereichen so groß sind, daß der verstärkte
Übergang zu marktorientierten Instrumenten dringend geboten ist.

19.3.4   Abgaben und Steuern (Preislösungen)

19.3.4.1 Grundgedanke

Mit Abgaben und Steuern kommen wir nun zu den marktorientierten Instrumenten,
die derzeit die praktisch wichtigste Alternative zur traditionellen Auflagenpolitik sind.
Während mit Auflagen eine bestimmte Emissionshöhe administriert wird, wird den
Umweltressourcen bei der Abgaben- und Steuerlösung ein Preis zugeordnet, der die
Knappheit ebenso widerspiegeln soll, wie der Preis für Arbeit und Kapital die Knappheit dieser Produktionsfaktoren signalisiert. Als Oberbegriff für Abgaben und Steuern
verwenden wir die Bezeichnung *Preislösung*, weil jeweils ein Preis für Emissionen (allgemeiner: für die Nutzung von Umweltressourcen) vorgegeben wird, der das Verhalten der Akteure beeinflußt. Der wichtigste definitorische Unterschied zwischen Abgaben und Steuern besteht darin, daß Abgaben *zweckgebunden* zur Beseitigung der Umweltschäden eingesetzt werden, während Steuern dem sog. *Non-Affektationsprinzip* unterliegen. Dieses Prinzip besagt, daß Steuern zur Finanzierung allgemeiner Aufgaben
der öffentlichen Hand dienen und ihre Verwendung in keiner Beziehung zu ihrer Erhebung stehen darf.[25]

Wir werden im folgenden zunächst das Entscheidungsverhalten von Unternehmen bei der Preislösung skizzieren, anschließend die Kriterien der Kosteneffizienz,
Pareto-Effizienz und ökologischen Treffsicherheit abarbeiten und schließlich einige
Bemerkungen zur ökologischen Steuerreform machen. In Abschnitt 19.3.6 kommen
wir auf den Vergleich von Auflagen und Abgaben unter empirischen Gesichtspunkten
zurück.

19.3.4.2 Grundmodell der ökonomischen Analyse

Wir betrachten wieder ein beliebiges Unternehmen i, dessen Nutzen aus den Emissionen E_i $U_i(E_i)$ sei. Das Prinzip der Preislösung besteht nun darin, für *jede* emittierte

---

25 Vgl. zur finanzwissenschaftlichen Unterscheidung von Abgaben und Steuern ausführlich z.B.
    Benkert/Bunde/Hansjürgens 1990.

Einheit E_i einen bestimmten Abgaben- bzw. Steuersatz[26] t zu erheben. Dies bedeutet, daß die Zielfunktion jedes Unternehmens bei der Entscheidung über die Emissionshöhe

$$G_i(E_i) = U_i(E_i) - t \cdot E_i \qquad (19.52)$$

lautet. Das Unternehmen maximiert also die Differenz zwischen dem Nutzen und den Kosten der Emissionen, wobei die Kosten durch das Produkt aus Steuerzahlung pro Einheit und emittierten Einheiten entstehen. Als Bedingung erster Ordnung ergibt sich

$$\frac{dG_i}{dE_i} = \frac{dU_i}{dE_i} - t = 0 \qquad (19.53)$$

bzw.

$$\frac{dU_i}{dE_i} = t \qquad (19.54)$$

Gleichung (19.54) drückt aus, daß ein gewinnmaximierendes Unternehmen bei der Preislösung solange Schadstoffe emittiert, bis der (sinkende) Grenznutzen der Emissionen dem (konstanten) Steuersatz t entspricht. Dies verdeutlicht Abb. 19.2.

Abb. 19.2: *Entscheidungsverhalten bei Preislösungen*

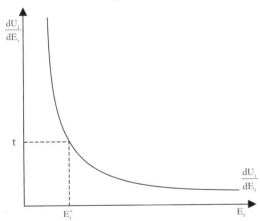

Links vom Schnittpunkt ist der Grenznutzen der Emissionen noch größer als die Abgabe, rechts gilt das Gegenteil. Das Gewinnmaximum muß also im Schnittpunkt der Grenznutzenfunktion mit dem Steuersatz liegen. Wie gewohnt können wir diesen Zusammenhang statt über die Grenznutzen der Emissionen auch über die Grenzkos-

---

26 Solange es uns nur um die Anreizwirkung von Preislösungen zur Internalisierung externer Effekte geht, verwenden wir die Begriffe Abgaben und Steuern synonym.

ten der Schadstoffvermeidung fassen. In dieser Ausdrucksweise minimiert das Unternehmen seine umweltbezogenen Gesamtkosten C_i, die sich aus den Kosten der Schadstoffvermeidung und der Steuerzahlung gemäß Gleichung (19.55) ergeben:

$$C_i(V_i) = K_i(V_i) + t \cdot E_i \tag{19.55}$$

Da die emittierten Einheiten die Differenz aus den maximalen Emissionen E_i^{max} und den vermiedenen Einheiten V_i sind, folgt

$$C_i(V_i) = K_i(V_i) + t(E_i^{max} - V_i) \tag{19.56}$$

mit der Bedingung erster Ordnung

$$\frac{dC_i}{dV_i} = \frac{dK_i}{dV_i} - t = 0 \tag{19.57}$$

bzw.

$$\frac{dK_i}{dV_i} = t \tag{19.58}$$

Das Unternehmen vermeidet die Schadstoffe also so lange, bis die Grenzkosten der Schadstoffvermeidung dem Abgaben- bzw. Steuersatz t entsprechen.

19.3.4.3 Kosteneffizienz

Auf Grundlage dieser Überlegungen wollen wir uns mit der Kosteneffizienz nun direkt dem Kriterium zuwenden, das für den Vergleich marktorientierter Instrumente mit Auflagen entscheidend ist. Bei der Analyse von Auflagen haben wir hergeleitet, daß eine Internalisierung externer Effekte genau dann kosteneffizient erfolgt, wenn jedes Unternehmen so lange Schadstoffe vermeidet, bis die Grenzkosten der Vermeidung (bzw. die Grenznutzen der Emissionen) für alle Unternehmen gleich sind. Diese Bedingung ist für Auflagen normalerweise verletzt, weil dies eine perfekte, in der Realität nicht erreichbare und mit der dynamischen Anreizwirkung unverträgliche Differenzierung von Standards erfordern würde.

Eine einfache Überlegung zeigt nun, daß mit Abgaben das Kriterium der Kosteneffizienz *automatisch* erreicht wird.

Die Herleitung der gewinnmaximalen Schadstoffreduktion führte für ein beliebiges Unternehmen i zu der Bedingung $dK_i/dV_i = t$. Da dies bei gleichem Steuersatz für alle Unternehmen gilt, ergibt sich unmittelbar

$$\frac{dK_1}{dV_1} = \frac{dK_2}{dV_2} = ... = \frac{dK_n}{dV_n} = t \tag{19.59}$$

Preislösungen ermöglichen also für jede beliebige, exogen vorgegebene Umweltqualität eine kosteneffiziente Internalisierung externer Effekte. Dies liegt daran, daß *alle* Unternehmen ihre Emissionen solange vermindern, bis die Grenzkosten der Schadstoffvermeidung dem Steuersatz entsprechen. Wenn der Steuersatz für alle Unternehmen identisch ist, müssen demnach im Ergebnis auch die Grenzkosten der

Vermeidung für alle Unternehmen identisch sein – wie unterschiedlich die Grenzkosten*funktionen* der Schadstoffvermeidung auch sein mögen. Wir wollen die gegenüber Auflagen bestehenden Kostensenkungspotentiale an einem Beispiel mit zwei Unternehmen illustrieren. Die Grenzkostenfunktionen der Schadstoffvermeidung seien

$$\frac{dK_1}{dV_1} = V_1 \quad (19.60a) \qquad und \qquad \frac{dK_2}{dV_2} = 2V_2 \quad (19.60b)$$

so daß die variablen *Gesamt*kostenfunktionen der beiden Unternehmen

$$K_1 = 0,5V_1^2 \quad (19.61a) \qquad und \quad K_2 = V_2^2 \quad (19.61b)$$

sind. Dies ergibt sich einfach daraus, daß die (variablen) Kosten das Integral der Grenzkosten sind.

Wir nehmen an, daß die Unternehmen beim Fehlen umweltpolitischer Maßnahmen beide jeweils 10 Einheiten emittieren ($E_1^{max} = E_2^{max} = 10$). Zum Vergleich mit Auflagen unterstellen wir nun willkürlich, daß die Umweltbehörde eine Gesamtemission von 12 Einheiten für angemessen hält. Also müssen, ausgehend von den maximalen Emissionen $2 \cdot 10 = 20$, insgesamt 8 Einheiten vermieden werden, um die angestrebte Umweltqualität zu erreichen. Der einfachste Fall einer undifferenzierten Auflage besteht darin, jedem der beiden beteiligten Unternehmen Emissionen von $E_i = 6$ zuzugestehen, so daß jedes Unternehmen $E_i^{max} - E_i$, also $10 - 6 = 4$ Einheiten vermeiden muß.

Abb. 19.3 zeigt für jedes Unternehmen die dadurch entstehenden Kosten, die wir als Integrale unter den Grenzkostenfunktionen, d.h. der Fläche E_i^{max} A4 für Unternehmen 1 und der Fläche E_i^{max} B4 für Unternehmen 2 erhalten.

Rechnerisch erhalten wir die (variablen) Kosten der Schadensvermeidung entweder, indem wir die Dreiecke (allgemein: die Integrale) unter den jeweiligen Grenzkostenfunktionen bilden – oder einfacher, indem wir die jeweiligen Schadstoffreduktionen in die oben bestimmten Kostenfunktionen einsetzen. Wir wählen den einfacheren zweiten Weg:

$$K_1(V_1) = 0,5 \cdot 4^2 = 8 \quad (19.62a) \qquad und \qquad K_2(V_2) = 4^2 = 16 \quad (19.62b)$$

Die volkswirtschaftlichen Gesamtkosten der Auflagenlösung liegen demnach bei

$$K_G = K_1(V_1) + K_2(V_2) = 24 \quad (19.63)$$

Wir bestimmen nun als nächstes die Kosten bei der Preislösung, wobei wir zur Vergleichbarkeit der beiden Instrumente selbstverständlich davon ausgehen müssen, daß insgesamt die gleiche Emissionsverminderung angestrebt wird. Um den für eine Gesamtreduktion von 8 Einheiten erforderlichen Steuersatz zu bestimmen, benötigen wir zunächst die *aggregierte* Grenzkostenfunktion der Schadstoffvermeidung. Dazu lösen wir die beiden Grenzkostenfunktionen jeweils nach V auf und addieren sie, so daß wir

$$V = \frac{dK}{dV} + \frac{1}{2}\frac{dK}{dV} = \frac{3}{2}\frac{dK}{dV} \quad (19.64)$$

bzw.

$$\frac{dK}{dV} = \frac{2}{3}V \tag{19.65}$$

erhalten. Gleichung (19.65) zeigt, daß die aggregierte Grenzkostenfunktion langsamer steigt als die beiden individuellen Grenzkostenfunktionen. Dies liegt daran, daß nicht ein Unternehmen die ganzen Schadstoffe vermeiden muß – was extrem teuer wäre –, sondern jedes Unternehmen im Bereich vergleichsweise niedriger Grenzkosten operieren kann. Bei steigenden Grenzkosten ist es immer günstiger, die Schadstoffreduktion auf mehrere zu verteilen, und genau dies kommt in der geringeren Steigung der aggregierten Grenzkostenfunktion zum Ausdruck.[27]

Da wir 8 Einheiten vermeiden wollen, können wir den erforderlichen Steuersatz t leicht aus der aggregierten Grenzkostenfunktion $\partial K/\partial V = 2/3V$ bestimmen:

$$\frac{dK}{dV} = \frac{2}{3}V = \frac{2}{3} \cdot 8 = t \Rightarrow t = \frac{16}{3} \tag{19.66}$$

da der Steuersatz gerade zu einer *gesamten* Schadstoffreduktion von 8 Einheiten führen soll. Die individuellen Grenzkostenfunktionen der Unternehmen können wir nun wieder dazu verwenden, die jeweiligen Schadstoffreduktionen beim Steuersatz $t=16/3$ zu bestimmen. Dabei gelten

$$\frac{dK_1}{dV_1} = V_1 = \frac{16}{3} \tag{19.67a}$$

und

$$\frac{dK_2}{dV_2} = 2V_2 = \frac{16}{3} \Rightarrow V_2 = \frac{8}{3} \tag{19.67b}$$

so daß sich in der Summe genau die gewünschte Schadstoffreduktion $(16/3+8/3=24/3=8)$ ergibt. Durch Einsetzen in die jeweiligen Kostenfunktionen erhalten wir analog zur Auflagenlösung die Vermeidungskosten der beiden Unternehmen bei der Preislösung:

$$K_1(V_1) = 0,5(V_1)^2 = 0,5 \cdot \left(\frac{16}{3}\right)^2 = 14,22 \tag{19.68a}$$

und

$$K_2(V_2) = (V_2)^2 = \left(\frac{8}{3}\right)^2 = 7,11 \tag{19.68b}$$

Die volkswirtschaftlichen Gesamtkosten sind

$$K(V) = K_1(V_1)+K_2(V_2) = 14,22+7,11 = 21,33 \tag{19.68c}$$

und liegen somit zwar nicht weltbewegend, aber auch nicht unerheblich unter den Kosten bei der Auflagenlösung, wo sie 24 betrugen. Abb. 19.3 zeigt, daß der Grund für die gesunkenen Kosten wie erwähnt darin liegt, daß die Grenzkosten beider Un-

---

27 Dies entspricht natürlich genau der Bestimmung einer aggregierten Angebotsfunktion in der gewöhnlichen Preistheorie.

ternehmen bei den jeweils unterschiedlichen Emissionen bzw. Schadstoffreduktionen nun miteinander identisch sind, so daß es keine Möglichkeit mehr gibt, durch einen Schadstofftransfer vom einen zum anderen Unternehmen volkswirtschaftliche Kosten einzusparen.

Dabei sei noch einmal hervorgehoben, daß insgesamt die gleiche Schadstoffmenge reduziert wurde. Die Kostenersparnis folgt einfach aus dem volks- und betriebswirtschaftlich letztlich recht lapidaren Sachverhalt, daß eine kostenminimale Produktion homogener Güter voraussetzt, daß die Grenzkosten überall gleich sind. Dieser Sachverhalt gilt ganz unabhängig vom Umweltproblem und wurde hier lediglich auf dieses unter der Annahme angewandt, daß die Emissionen der beteiligten Unternehmen homogen und daher perfekt gegeneinander substituierbar sind.[28]

Abb. 19.3: *Die Kosteneffizienz von Auflagen und Preislösungen im Vergleich*

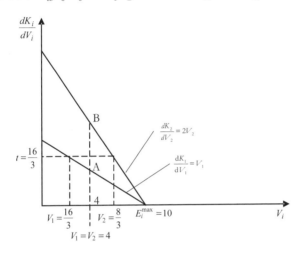

19.3.4.4 Pareto-Effizienz

Mit der Kosteneffizienz haben wir den entscheidenden Vorteil marktorientierter Instrumente gegenüber Auflagen bereits diskutiert. Darüber hinaus sind aber auch die Chancen zur Annäherung an eine pareto-effiziente Schadstoffvermeidung bei der Abgabenlösung größer als bei Auflagen. Die pareto-effiziente Schadstoffvermeidung liegt (völlig unabhängig vom verwendeten Instrument) im Schnittpunkt zwischen der aggregierten Grenzkostenfunktion der Schadstoffvermeidung und der aggregierten (erwarteten) Grenzschadensfunktion. Damit die Umweltbehörde ein Pareto-Optimum mit der Steuerlösung implementieren kann, muß sie also die Grenzschadensfunktion und die aggregierte Grenzkostenfunktion der Schadstoffvermeidung kennen.

---

28 Dies gilt beispielsweise für CO_2-Emissionen. Wir werden in Abschnitt 19.3.6 sehen, daß die Argumentation bei Schadstoffen wie SO_2, bei denen auch die räumliche Verteilung eine Rolle spielt, etwas komplizierter ist.

Bei der Grenzschadensfunktion wird es sich stets um einen (recht unpräzisen) Schätzwert handeln, weil darin zahlreiche, teilweise schwer monetarisierbare Faktoren wie die Kosten der Reparatur (z.B. der Akropolis in Athen), die im Vergleich zu niedrigeren Emissionen höheren Kosten des Fischfangs, die Krankenhauskosten von Allergikern, die geringere Freude von Spaziergängern und anderes mehr enthalten sind. Dieses Problem der exakten Schätzung der Schadensfunktionen bzw. der Nutzen von Umweltschutzmaßnahmen[29] stellt sich aber für alle umweltpolitischen Instrumente, so daß der entscheidende Punkt ein anderer ist. Während bei der Auflagenlösung die Kenntnis der individuellen Kostenfunktionen der Schadstoffvermeidung schon für Kosteneffizienz – und damit auch für Pareto-Effizienz – erforderlich ist, genügt bei der Preislösung die Kenntnis der aggregierten Grenzkostenfunktion. Dies ist durchaus ein wichtiger Vorteil, weil sich die aggregierte Grenzkostenfunktion aus einer repräsentativen Stichprobe schätzen läßt, so daß die Informationskosten geringer als bei der Erhebung jeder einzelnen Kostenfunktion sind. Wir können daher festhalten, daß die Informationskosten zur Annäherung an das Pareto-Optimum bei der Preislösung geringer als bei der Auflagenlösung sind, weil nicht die einzelne, sondern nur die aggregierte Grenzkostenfunktion der Schadstoffvermeidung bekannt sein muß.

19.3.4.5 Ökologische Treffsicherheit

Wenn die Ordnungsstrafen bei der Mißachtung von Auflagen hoch genug sind und wir vom Vollzugsdefizit einmal absehen, so besteht ein Vorteil der Auflagenlösung in der großen ökologischen Treffsicherheit, da die Umweltbehörde die Emissionen grundsätzlich an jeder Quelle genau bestimmen kann. Dies ist bei Preislösungen nicht der Fall, da sich die Unternehmen am Ausgleich von Abgabe und Grenzkosten orientieren und eine Fehleinschätzung der *aggregierten* Grenzkostenfunktion daher auch zu einer Abweichung der wirklichen von der erwarteten Umweltqualität führen wird. Die zur Einhaltung der gewünschten Umweltqualität erforderlichen Informationen sind bei der Preislösung also größer als bei ordnungsrechtlichen Strategien. Dieses Problem verschärft sich, wenn es nicht nur auf die Emissionen, sondern auch auf die Immissionen, also auf die lokale Verteilung der Schadstoffe ankommt. Durch Fehleinschätzungen der Grenzkostenfunktionen kann es dann nicht nur zu einer falschen Prognose über die gesamten Emissionen, sondern auch über die lokale Verteilung der Emissionen und Immissionen kommen.

Eine erste Möglichkeit zur Erhöhung der ökologischen Treffsicherheit von Preislösungen ist, diese im Sinne eines Instrumenten-Mix in das ordnungsrechtliche Instrumentarium einzubetten, so daß jedes Unternehmen nur bis zu einem festgelegten Maximum emittieren darf. Damit wird aber der Ausgleich der Grenzkosten über alle Unternehmen hinweg verhindert, so daß die Kosteneffizienz darunter leidet. Dieser die Praxis dominierende Weg sollte also nur beschritten werden, wenn die Unsicherheit besonders groß ist oder bestimmte (lokale) Umweltqualitäten keinesfalls

---

29 Vgl. für einen Überblick über die verschiedenen Verfahren der Kosten-Nutzen-Analyse Feess 1998, Kapitel 12 sowie die dort angegebene Literatur.

unterschritten werden dürfen.[30] Ein überlegener Weg besteht aber selbst dann darin, nicht *Emissions*werte, sondern maximale regionale *Immissionsgrenzen* vorzugeben, deren Überschreitung der Umweltbehörde zusätzliche Handlungsspielräume gibt (dies ist im Bundesimmissionsschutzgesetz auch durchaus verankert). Die Orientierung an Immissionen ist schon deshalb vernünftig, weil die Immissionen die Lebensbedingungen von Mensch, Tier und Pflanze bestimmen und es daher unter Umweltgesichtspunkten ganz gleichgültig ist, wie die Immissionen (spiegelbildlich: die Umweltqualitätsniveaus) erreicht werden.

Bei einigen Schadstoffen (das Standardbeispiel ist erneut CO_2) ist es indes nicht übermäßig schlimm, wenn zu bestimmten Zeiten und an bestimmten Orten die Preislösung zu einer unerwartet hohen Schadstoffbelastung führt. So ist es für den Treibhauseffekt weitgehend egal, ob heute 10 und morgen 20 Einheiten oder jeweils 15 Einheiten CO_2 emittiert werden. Es scheint dann ohne weiteres möglich, zunächst einen Abgabensatz vorzugeben, für den man die erwünschte Schadstoffreduktion für plausibel hält und diesen anschließend in einem trial-and-error-Verfahren zu korrigieren, sofern der wirkliche Umwelteffekt zu weit von dem gewünschten abweicht. Man sollte den Abgabensatz allerdings nicht ständig und willkürlich verändern, weil die Unternehmen bezüglich der Höhe der Abgabe auf eine gewisse Planungssicherheit nicht verzichten können. Schließlich handelt es sich bei der Abgabe um einen Preis für einen Produktionsfaktor, und ständige, unvorhersehbare Schwankungen eines Faktorpreises führen zu falschen Investitionen. Denken Sie einfach an ein Unternehmen, daß sich zum Zeitpunkt t_0 angesichts einer hohen Abgabe für eine teure, schadstoffsparende Investition entscheidet. Zum Zeitpunkt t_1 bemerkt die Umweltbehörde, daß die Schadstoffreduktion viel größer war als erwartet und reduziert daher den Abgabensatz drastisch. Während die nicht-innovativen Unternehmen nun nur noch die geringe Abgabe bezahlen müssen, ist die Wettbewerbsfähigkeit unseres Beispielunternehmens gesunken, weil sich die Innovation angesichts der geringen Abgabe nicht amortisiert. Es ist daher wichtig, daß die Abgabenpolitik der Umweltbehörde durchschaubar ist, so daß man das Problem der ökologischen Treffsicherheit nicht durch beliebige Variationen der Abgabenhöhe in den Griff bekommen kann.

Aus diesen Überlegungen zu den Problemen von Preislösungen einerseits sowie ihrer grundsätzlichen Überlegenheit gegenüber Auflagen unter dem Gesichtspunkt der Kosteneffizienz andererseits folgt, daß man Preislösungen nicht beliebig ausweiten sollte. Vielmehr sollte man sie unseres Erachtens auf Bereiche beschränken, in denen brauchbare Kenntnisse über die Vermeidungskosten der Unternehmen entweder vorliegen oder mit Kosten beschafft werden können, die sich im Vergleich zu den Einsparpotentialen lohnen. Dies ist in zentralen Bereichen wie SO_2 oder CO_2 sicherlich der Fall, während man die massenhafte Einführung von Abgaben in dieser Hinsicht skeptisch beurteilen muß.

Bei der Auswahl der Gebiete für Preislösungen ist auch zu berücksichtigen, daß die Informationsanforderungen zur Gewährleistung der ökologischen Treffsicherheit

---

30 Die Einbettung in das Ordnungsrecht führt beispielsweise bei der Abwasserabgabe zu erheblichen Effizienzeinbußen; vgl. hierzu z.B. Hansmeyer/Gawel 1993; Gawel/Ewringmann 1994 und für eine Zusammenfassung Feess 1998, Abschnitt 5.7.

wie ausführlich erläutert für unterschiedliche Schadstoffe unterschiedlich hoch sind. Während für globale Schadstoffe (CO_2) die Kenntnis der aggregierten Grenzkostenfunktion und demnach eine Schätzung der repräsentativen Grenzkostenfunktion ausreicht, gilt dies beispielsweise für SO_2 nicht, da jede andere Verteilung der Grenzkostenfunktionen auch zu einer anderen Verteilung der Immissionen führt. Als Fazit können wir festhalten, daß die ökologische Treffsicherheit von Preislösungen geringer ist als die von Auflagen, daß sich das Problem aber in den Griff bekommen läßt, sofern man Abgaben auf zentrale Bereiche beschränkt.

19.3.4.6 Einige Anmerkungen zur ökologischen Steuerreform

An den grundsätzlichen Vorteilen einer ökologischen Steuerreform kann unseres Erachtens schon deshalb kein Zweifel bestehen, weil es angesichts der Gefahren des Treibhauseffekts und der Arbeitslosigkeit auf der Hand liegt, daß der Produktionsfaktor „Energie" derzeit knapper ist als der Produktionsfaktor „Arbeit" und daher kein Grund dazu besteht, den ersten Faktor durch einen Verzicht auf eine Internalisierung externer Effekte künstlich zu verbilligen. Hinzu kommt das aus der finanzwissenschaftlichen Analyse bekannte Argument der *excess-burden* (Mehrbelastung), worunter verstanden wird, daß jede Steuer die Allokation der Ressourcen verzerrt. Dies liegt daran, daß jede Steuer nicht nur zu einer Umverteilung, sondern auch zu einer Änderung der relativen Preise führt. Dies ist klar, weil beispielsweise selbst eine allgemeine Produktsteuer ein Preisverhältnis, nämlich das Preisverhältnis zwischen Freizeit und Konsum beeinflußt. Da die Allokation der Ressourcen aber von den Preisverhältnissen – diese bestimmen bei gegebenen Präferenzen Produktion und Konsum – abhängt, impliziert jede Steueränderung auch eine Änderung der Allokation. Wenn wir nun idealerweise davon ausgehen, daß die Allokation *ohne* Steuern pareto-effizient ist – dies ist dann der Fall, wenn auf allen Märkten vollständige Konkurrenz vorliegt und alle externen Effekte internalisiert sind –, dann muß jede Steuer zwangsläufig zu einer schlechteren Allokation führen.

Der ebenso einfache wie zwingende Grundgedanke einer ökologischen Steuerreform ist nun, daß eine Mehrbelastung durch Steuern nur dann entsteht, wenn die Veränderung der Preise durch Steuern *weg* vom Optimum führt. Dies gilt aber nur dann, wenn die Preisverhältnisse ohne Steuern die „richtigen" Preisverhältnisse sind, d.h. wenn sie alle Kosten und Nutzen der betreffenden Produkte enthalten. Dies ist beim Vorliegen negativer externer Effekte wie im Umweltbereich nicht der Fall, weil die Preise der entsprechenden Produkte gemessen am Optimum aus den bekannten Gründen zu niedrig sind. Eine Besteuerung solcher Produkte und/oder eine Besteuerung von zu billigen Produktionsfaktoren ist daher keine Allokationsverzerrung, sondern eine Allokations*korrektur*. Eine ökologische Steuerreform erlaubt es daher grundsätzlich, gleichzeitig den Finanzbedarf der öffentlichen Hand zu decken und die Allokation der Ressourcen zu verbessern. Dadurch können andere Steuern, deren excess burden unumstritten ist (dies gilt beispielsweise für die Einkommens- und die Gewerbekapitalsteuer), reduziert werden.

Angesichts dieser Vorteile von Preislösungen sowie der erläuterten Schwächen von Auflagen besteht eigentlich kein Zweifel daran, daß eine ökologische Steuerreform grundsätzlich zu begrüßen ist. Aus den Überlegungen in den Abschnitten zuvor folgt aber auch, daß man nicht auf alles und jedes Öko-Steuern erheben sollte: die ökologische Treffsicherheit erfordert eine (ungefähre) Kenntnis der aggregierten Kostenfunktion der Schadstoffvermeidung, die Planung öffentlicher Ausgaben setzt eine (ungefähre) Kenntnis der Einnahmen voraus, die Anpassung von Unternehmen an zahlreiche Steuern führt zu Transaktionskosten, die Beliebigkeit der Steuererhebung auf alle möglichen Produkte und Produktionsprozesse führt zu politischen Verhandlungskosten und unterschiedliche Besteuerungen in verschiedenen Ländern führen zu ernsthaften Problemen bei der internationalen Allokation der Ressourcen.

Berücksichtigt man neben den Vorteilen auch diese ernstzunehmenden praktischen Probleme, so ergibt sich, daß Öko-Steuern auf Kernbereiche wie CO_2, SO_2, NO_x, Wasserschadstoffe, den Abfallbereich und einige Produkte wie Einwegflaschen beschränkt werden sollten.[31] Dabei handelt es sich um Bereiche, an deren Umweltrelevanz kein Zweifel besteht und in denen durch entsprechende Informationsbeschaffungsaktivitäten die Planungsunsicherheit reduziert werden kann. Auch die politische Akzeptanz sollte für diese Bereiche erzielbar sein. Eine ökologische Steuerreform sollte daher langsam, aber sicher vorangetrieben werden – mit der Betonung auf „sicher", nicht auf „langsam".

19.3.5   Zertifikate

19.3.5.1   Grundgedanke und Erstausgabemechanismen

Die auf den Arbeiten von Crocker (1960) und Dales (1968) aufbauende Idee von *Zertifikaten* bzw. *Lizenzen* besteht darin, die insgesamt zulässige Umweltbelastung für einen bestimmten Bereich – d.h. beispielsweise die insgesamt zulässigen Emissionen eines Luftschadstoffs in einer Region oder die Menge der Einwegverpackungen für Getränke, die in einem bestimmten Zeitraum insgesamt verkauft werden darf – festzulegen und auf handelbare Zertifikate aufzuteilen. Ein Zertifikat ist also eine Genehmigung für eine bestimmte Umweltbelastung, beispielsweise dafür, im Jahr 1996 30 Einwegflaschen zu verkaufen. Analog zu Preislösungen (Abgaben und Steuern) nennt man Zertifikate daher auch *Mengenlösungen*. Preis- und Mengenlösungen verhalten sich spiegelbildlich zueinander: bei Preislösungen wird ein Schadstoffpreis vorgegeben, und es bleibt den Unternehmen überlassen, wieviel von dem „Produktionsfaktor Schadstoff" sie zu diesem Preis nachfragen wollen (die Emission eines Schadstoffs kann ohne weiteres als Faktornachfrage interpretiert werden). Bei Zertifikaten wird die insgesamt zulässige Menge fixiert und aufgeteilt, während sich der Preis für den Produktionsfaktor auf dem Markt bildet. Im einen Fall wird der Preis, im anderen Fall die Menge (allerdings nicht – wie bei der Auflage – die Menge für jedes Unternehmen, sondern die Gesamtmenge) fixiert.

---

31 Dabei ist es allerdings ohne weiteres möglich, einige der Bereiche nicht über Preislösungen, sondern über Zertifikate zu regulieren, vgl. den folgenden Abschnitt 19.3.5.

Der ökonomische Grundgedanke von Zertifikaten ist, daß die Unternehmen sich bei ihrer Nachfrage nach Zertifikaten an den Grenzkosten der Schadstoffvermeidung orientieren werden. Beträgt der Preis für ein Verschmutzungsrecht für eine Einheit SO_2 beispielsweise 10 Geldeinheiten und nehmen die Grenzkosten der Schadstoffvermeidung zu, dann wird jedes Unternehmen so lange Zertifikate kaufen, wie die Grenzkosten der Vermeidung noch über dem Zertifikatepreis von 10 Geldeinheiten liegen.

Nun setzt der Handel mit Zertifikaten an der Börse natürlich voraus, daß die Unternehmen im Besitz der Zertifikate sind. Es stellt sich also die Frage, wie die Unternehmen das erste Mal an die Zertifikate kommen. Wenn wir annehmen, daß ein Zertifikat mit der Aufschrift „10 Einheiten CO_2" *jedes Jahr* zur Emission von 10 Einheiten berechtigt, so stellt sich dieses Problem nur einmal, weil die Zertifikate beim anschließenden Handel im Besitz (anderer) Unternehmen verbleiben. Die beiden theoretisch extremen Varianten der Erstausgabe sind das sog. „grandfathering" und das Auktionsverfahren:

1. Beim *grandfathering* werden die Unternehmen mit einer Zertifikatemenge ausgestattet, die *zunächst* die Beibehaltung des Status Quo ermöglicht, d.h. jedes Unternehmen bekommt Zertifikate in dem Ausmaß, in dem es bisher emittiert hat. Wenn die Grenzvermeidungskosten der Unternehmen unterschiedlich sind, kommt dann ein Handel zustande, der die volkswirtschaftlichen Kosten der Schadstoffreduktion gemäß den hergeleiteten Effizienzbedingungen auf ihr Minimum reduziert. Damit sich die Umweltqualität verbessert, müssen die Zertifikate dann im Zeitablauf allerdings an Wert verlieren, d.h. beispielsweise, daß ein Zertifikat, welches im Jahr 1995 zur Emission von 100 Einheiten berechtigt, im Jahr 1996 nur noch 90 Einheiten „wert ist".

   Für die grandfathering-Methode spricht, daß ökonomische Härten vermieden werden und die Unternehmen nicht plötzlich mit einer völlig neuen Situation konfrontiert werden, indem sie für einen bisher kostenlosen Produktionsfaktor bezahlen müssen. Problematisch ist allerdings, daß Unternehmen mit einer besonders umweltfreundlichen Technologie, die möglicherweise hohe Forschungs- und Entwicklungskosten auf sich genommen haben, benachteiligt werden, indem sie weniger Zertifikate erhalten. Wenn die Unternehmen mit der Einführung einer Zertifikatelösung über das grandfathering rechnen, haben sie einen Anreiz, möglichst viel zu emittieren, um die Zertifikate später verkaufen zu können. Das reine grandfathering ist daher aus Wettbewerbsgesichtspunkten abzulehnen.

2. Das andere Extrem besteht darin, die Zertifikate zu versteigern (Auktionsverfahren). Der Vorteil von Auktionen ist, daß diese bei entsprechend intelligenter Durchführung[32] dazu führen, daß die Zertifikate zu den Unternehmen wandern, bei denen sie den höchsten Nutzen stiften. Der Nachteil des Auktionsverfahrens ist aber, daß die Unternehmen mit einem einmaligen und möglicherweise unerwarteten Kostenschub konfrontiert werden, der dazu führen kann, daß bisher

---

32   Vgl. hierzu ausführlich Kapitel 25 zur Auktionstheorie.

konkurrenzfähige Unternehmen im (internationalen) Wettbewerb nicht mehr bestehen können.

Wegen der Schwächen beider Verfahren muß man in der Praxis bei der Erstausgabe Kompromisse schließen.

Die wichtigste praktische Zertifikatelösung ist das Acid Rain Programm im Rahmen der Reform des US-amerikanischen Clean Air Acts von 1990, das für die Schadstoffe SO_2 und NO_x bundesweit gültige Zertifikatelösungen einführt, die im Januar 1995 in Kraft traten.[33] Dort wird die Zertifikatemenge zunächst als Anteil an der Energieerzeugung einer Anlage ausgegeben, so daß also grundsätzlich jeder Anlage im Verhältnis zu ihrer Energieerzeugung die gleiche Schadstoffmenge zugestanden wird. Allerdings werden Altanlagen für den Zeitraum von 1995 bis 2000 bevorzugt, indem ihnen pro Energieeinheit die doppelte Zertifikatemenge als den Neuanlagen zugestanden wird. Dies dient dazu, plötzliche Kostenschübe, die die Wettbewerbsfähigkeit gefährden würden, zu vermeiden. Dennoch müssen die meisten Altanlagen auf dieser Grundlage Schadstoffe vermeiden oder Zertifikate hinzukaufen, weil der Schadstoffausstoß noch darüber liegt. Das Erstausgabeverfahren stellt also einen praktikablen Kompromiß dar, mit dem negative ökonomische Konsequenzen vermieden werden sollen.

In den folgenden Abschnitten diskutieren wir wieder die Kriterien der Kosteneffizienz, Pareto-Effizienz und ökologischen Treffsicherheit, wobei wir uns angesichts der Überlegungen zu Auflagen und Abgaben kurz fassen können, weil die Argumentationslogik die gleiche ist.

19.3.5.2 Kosteneffizienz

Ebenso wie Abgaben ermöglichen auch Zertifikate völlig unabhängig von der Kenntnis der (aggregierten) Kostenfunktion der Schadstoffvermeidung eine kosteneffiziente Internalisierung externer Effekte. Um dies formal zu demonstrieren, verwenden wir wieder folgende Bezeichnungen:

- E_i als Emission des Unternehmens i;
- E_i^{max} als die gewinnmaximale Emission des Unternehmens i beim Fehlen umweltpolitischer Maßnahmen;
- $V_i = E_i^{max} - E_i$ als Schadstoffreduktion des Unternehmens i;
- $K_i(V_i)$ als zugehörige Vermeidungskosten des Unternehmens i;
- sowie p_z als Zertifikatepreis.

Die Zielsetzung jedes Unternehmens ist die Minimierung der umweltbezogenen Gesamtkosten C_i. Diese Gesamtkosten sind die Summe aus den Vermeidungskosten $K_i(V_i)$ und den Kosten, die durch den Kauf von Zertifikaten entstehen. Da für jede emittierte Einheit Zertifikate gekauft werden müssen, sind die Kosten für Zertifikate $p_z E_i$. Daraus folgt für jedes Unternehmen i

$$C_i = K_i(V_i) + p_z E_i \qquad (19.69)$$

---

33   Vgl. für eine ausführliche Beschreibung z.B. Messner 1993; Schwarze 1996.

Als Nebenbedingung muß jedes Unternehmen beachten, daß die vermiedenen Einheiten die Differenz aus den maximalen Emissionen E_i^{max} und den Restemissionen E_i sind:

$$V_i = E_i^{max} - E_i \tag{19.70}$$

Wenn wir (19.70) in (19.69) einsetzen, so ergibt sich

$$C_i = K_i(V_i) + p_z(E_i^{max} - V_i) \tag{19.71}$$

Als Bedingung erster Ordnung für die Schadstoffreduktion V_i folgt

$$\frac{dK_i}{dV_i} = p_z \tag{19.72}$$

d.h. die Grenzkosten der Schadstoffreduktion entsprechen im Gewinnmaximum des Unternehmens genau dem Zertifikatepreis. Damit sorgt eine Zertifikatelösung wie die Abgabenlösung dafür, daß die Schadstoffe dort vermieden werden, wo dies mit den geringsten Kosten möglich ist. Denn da alle Unternehmen gemäß des Ausgleiches von Grenzkosten und Zertifikatepreis Schadstoffe vermeiden und der Zertifikatepreis für alle Unternehmen gleich ist, sind im Endeffekt die Grenzvermeidungskosten aller Unternehmen gleich – und dies war gerade die Bedingung für eine kostenminimale Schadstoffvermeidung. Zertifikate genügen also ebenso wie Abgaben dem Kriterium der Kosteneffizienz.

Zur Vermeidung von Mißverständnissen sei hervorgehoben, daß dieses Ergebnis auch dann gilt, wenn die Unternehmen schon im Besitz von Zertifikaten sind und deshalb nicht für alle emittierten Einheiten Zertifikate zukaufen müssen. Denn für das Gewinnmaximierungskalkül der Unternehmen ist es gleichgültig, ob ein Zertifikat gekauft werden muß oder ob darauf verzichtet wird, ein Zertifikat zu verkaufen: im zweiten Fall entstehen Opportunitätskosten durch den entgangenen Erlös, die genauso berücksichtigt werden müssen wie der Kaufpreis.

19.3.5.3 Ökologische Treffsicherheit

Hinsichtlich der ökologischen Treffsicherheit liegt die Zertifikatelösung verständlicherweise zwischen der Auflagen- und der Abgabenlösung. Sofern es *nicht* auf die räumliche Verteilung der Schadstoffe ankommt, erfüllt die Zertifikatelösung das Kriterium ebenso wie die Auflagenlösung perfekt. Dies ist klar, weil die Unternehmen insgesamt nur soviel Schadstoffe emittieren dürfen wie die Umweltbehörde vorgibt. Die Summe der Emissionen steht bei entsprechenden Kontrollmechanismen also ebenso fest wie bei Auflagen – der Unterschied ist allerdings, daß die Verteilung der Emissionen auf die einzelnen Unternehmen diesen selbst überlassen bleibt und demnach auch die regionalen Immissionen nicht feststehen. Dies führt zu Komplikationen, wenn es auch auf die regionale Verteilung der Schadstoffe ankommt. In diesem Fall muß die Umweltbehörde also wieder die individuellen Grenzkostenfunktionen der Schadstoffvermeidung kennen, um die Immissionen genau prognostizieren zu können.

Wir können daher festhalten, daß Zertifikate besonders dann geeignet sind, wenn sowohl die Kosteneffizienz, als auch die ökologische Treffsicherheit eine wichtige Rolle spielen. Die Kosteneffizienz schließt Auflagen als geeignete Instrumente aus, während die geringe ökologische Treffsicherheit Abgaben problematisch erscheinen läßt.[34]

19.3.5.4 Pareto-Effizienz

Hinsichtlich der Pareto-Effizienz gelten für Zertifikate die gleichen Voraussetzungen wie für Preislösungen – ein Pareto-Optimum wird über Mengenlösungen genau dann erreicht, wenn die Umweltbehörde gerade soviele Zertifikate ausgibt, daß der Zertifikatepreis dem Grenznutzen entspricht, der durch die Verbesserung der Umweltqualität erzielt wird (denn dann gilt Grenznutzen=Grenzkosten=Zertifikatepreis). Die Umweltbehörde muß also neben der (erwarteten) Schadensfunktion auch hier „lediglich" die aggregierte Grenzkostenfunktion der Schadstoffvermeidung kennen, um ein Pareto-Optimum zu implementieren. Dies setzt allerdings wie bei der Abgabenlösung voraus, daß – wie etwa bei CO_2 – nur die Summe der Schadstoffe entscheidet, weil andernfalls Fehleinschätzungen *individueller* Grenzkostenfunktionen der Schadstoffvermeidung auch zu anderen räumlichen Verteilungen der Schadstoffe führen, als dies von der Umweltbehörde erwartet wurde.

Da Abgaben und Zertifikate den gleichen Informationsbedarf zur Erreichung eines Pareto-Optimums aufweisen, liegt der Schluß nahe, daß die Verwendung des Pareto-Kriteriums keine Hinweise darauf geben kann, wann man eher Abgaben oder Zertifikate einsetzen sollte. Diese Einschätzung relativiert sich aber, wenn man die jeweiligen Wohlfahrtsverluste analysiert, die sich durch die Instrumente bei Fehleinschätzungen der relevanten Funktionen ergeben. Betrachten wir den Fall, in dem sich die Umweltbehörde über die aggregierte Grenzkostenfunktion der Schadstoffvermeidung irrt.[35]

Leicht vereinfachend kann man dann sagen, daß die Abgabenlösung gegenüber der Zertifikatelösung unterlegen ist, sofern die Grenzschadensfunktion im relevanten Bereich steiler verläuft als die Funktion der Grenzkosten der Schadstoffvermeidung (sonst ist die Abgabenlösung besser).[36] Dies hat folgenden Grund: Eine flache Grenzkostenfunktion bedeutet, daß die Grenzkosten langsam auf eine Änderung des Reinigungsgrades reagieren. Im Umkehrschluß folgt daraus, daß die Emissionsverminderung stark auf Preisänderungen reagiert, weil es bei einer langsamen Reaktion der Grenzkosten einer großen Mengenänderung bedarf, um bei falschen Abgaben zum Ausgleich der (falschen) Abgabe mit der wirklichen Grenzkostenfunktion zu kommen. Selbst geringfügig falsche Abgabesätze führen deshalb zu großen Abweichungen der

---

34 Zur Vermeidung von Mißverständnissen hinsichtlich der ökologischen Treffsicherheit sei hinzugefügt, daß die Zertifikatelösung einer kontinuierlichen Verbesserung der Umweltqualität nicht zuwiderläuft, da die Zertifikate im Zeitablauf abgewertet werden können. Dies bedeutet, daß im gesamten Unternehmenssektor immer weniger emittiert werden darf.

35 Zwar wird sie sich auch über die erwarteten Schäden irren, aber sofern sie über den besten Schätzwert verfügt, ist dies ökonomisch eher uninteressant.

36 Vgl. ausführlicher z.B. Kemper 1991, 132ff; Feess 1998, Kapitel 6.

wirklichen von der optimalen Schadstoffreduktion. Zusätzlich bewirkt die steile Grenzschadensfunktion, daß sich jede Veränderung der Schadstoffvermeidung stark auf den Grenzschaden auswirkt und die Konsequenzen falscher Schadstoffreduktionen auf den Gesamtschaden daher hoch sind. Deshalb ist der Wohlfahrtsverlust bei der Abgabenlösung durch eine Fehleinschätzung der Grenzkosten der Schadstoffvermeidung um so größer, je steiler die Grenzschadens- und je flacher die Grenzkostenfunktion ist.

Bei der Zertifikatelösung führen eine flache Grenzkosten- und eine steile Grenzschadensfunktion dagegen dazu, daß die Abweichung der vorgegebenen Emissionsverminderung von der optimalen gering ist. Bei einer senkrechten Grenzschadensfunktion wird die pareto-effiziente Emissionsmenge nur von den erwarteten Schäden bestimmt, so daß die Vorgabe der Menge (also die höhere ökologische Treffsicherheit der Zertifikate) sich als entscheidender Vorteil erweist.

Unter Praxisgesichtspunkten folgt daraus, daß man Zertifikate in jenen Bereichen favorisieren könnte, in denen jede zusätzlich vermiedene Emissionseinheit im relevanten Bereich ungefähr gleichviel kostet wie die Einheiten zuvor (flache Grenzkostenfunktion), während die ökologische Treffsicherheit besonders wichtig ist (steile Grenzschadensfunktion). Obwohl konkrete Schlußfolgerungen wegen der bestehenden Unsicherheiten über die Steigungen der Funktionen mit großer Vorsicht zu genießen sind, kann man vielleicht vermuten, daß dies beispielsweise bei der CO_2-Reduktion eher zutrifft als bei der SO_2-Verminderung, einfach weil es sehr zahlreiche Möglichkeiten des Energiesparens gibt. Bei SO_2 wissen wir dagegen z.B. für den Kraftwerkssektor, daß die Grenzkosten mit zunehmender Vermeidung ebenfalls zunehmen. Allerdings sind diese Überlegungen bei gegenwärtiger Kenntnis der Sachlage wie gesagt recht hypothetisch. Es besteht noch erheblicher Forschungsbedarf, um die unterschiedlichen Resultate über die Wohlfahrtsverluste bei Abgaben und Zertifikaten unter Unsicherheit für die praktische Instrumentendiskussion wirklich fruchtbar zu machen.

19.3.6 Ein Beispiel zur Kosteneffizienz marktorientierter Instrumente: CO_2-Verminderung in der Europäischen Union[E]

Das am 11.12.1997 in Kyoto verabschiedete Kyoto-Protokoll beinhaltet eine internationale Vereinbarung zur Begrenzung der Emission von Treibhausgasen.[37] Diese Vereinbarung bezieht sich zunächst auf eine erste Verpflichtungsperiode von 2008 bis 2012, in der eine Reduktion der Emission von Treibhausgasen von insgesamt 5 % unter das Niveau von 1990 angestrebt wird. Diese Reduktion wird nach bestimmten Kriterien auf unterschiedliche Regionen verteilt, so daß in der Europäischen Union (EU) eine Reduktion von 8,6 % vorgesehen ist, die wiederum innerhalb der EU unterschiedlich auf die Mitgliedstaaten verteilt werden soll.

---

37   Treibhausgase sind Kohlendioxid (CO_2), Methan (CH_4), Lachgas (N_2O), Teilhalogenierte Fluorkohlenwasserstoffe (H-FKW/HFC), Perfluorierte Kohlenwasserstoffe (FKW/PFC) und Schwefelhexalflourid (SF_6); in der öffentlichen Diskussion oft auf CO_2 reduziert.

Neben der Zielbestimmung für die Obergrenzen der Emissionen in einzelnen Staaten und Regionen enthält das Protokoll verschiedene Instrumente, die eine kosteneffiziente Umsetzung der Emissionsreduktion ermöglichen sollen. Im einzelnen handelt es sich hierbei insbesondere um die Möglichkeit des Handels mit Emissionsrechten (Zertifikatlösung) und die Anrechenbarkeit von emissionsreduzierenden Maßnahmen in anderen Regionen (Joint Implementation zwischen Annex-B-Staaten [Industrieländern] und Clean Development Mechanism zwischen Annex-B-Staaten und Non-Annex-B-Staaten [Entwicklungsländern]).

Die EU hat am 18.03.2003 beschlossen, bis 2005 eine Zertifikatlösung einzuführen.[38] In den vorhergehenden Abschnitten wurde als zentrales Ergebnis abgeleitet, daß marktorientierte Instrumente gegenüber Auflagenlösungen unter dem Gesichtspunkt der Kosteneffizienz immer dann überlegen sind, wenn die beteiligten Emittenten unterschiedliche Grenzkostenfunktionen der Schadstoffvermeidung haben. Vor diesem Hintergrund verdienen empirische Studien, die die Kostensenkungspotentiale durch den Einsatz marktorientierter Instrumente auf der Grundlage der Schätzungen der Grenzvermeidungskostenfunktionen untersuchen, besondere Aufmerksamkeit. Die Frage der Verteilung dieser Kosten auf unterschiedliche Unternehmen, Sektoren oder Staaten ist zwar unter Effizienzgesichtspunkten direkt unerheblich, aber wegen der politischen Durchsetzbarkeit selbstverständlich ein wichtiger Aspekt bei der Ausgestaltung der konkreten Regelungen.

Da der Emissionshandel in der EU zum heutigen Zeitpunkt noch nicht eingeführt ist, lassen sich empirische Daten nicht ermitteln. Allerdings liefern Modellstudien gute Ergebnisse zur Prognose zukünftiger Entwicklungen. Die Ergebnisse einer solchen Studie von Christoph Böhringer[39] sollen hier kurz skizziert werden, da in dieser Studie die Schadstoffvermeidungskosten mit und ohne Emissionshandel miteinander verglichen werden.

Böhringer benutzt für seine Analyse ein allgemeines Gleichgewichtsmodell der Weltwirtschaft (cge: computable general equilibrium model). Solche Modelle betrachten alle Konsumenten und Produzenten in einer Wirtschaft bezüglich deren Produktions- und Konsumverhalten. Die Nachfrager verhalten sich nutzenmaximierend, die Produzenten maximieren ihre Gewinne, die Summe aller Einkommen entspricht der Gesamtnachfrage. Alle Märkte befinden sich simultan im Gleichgewicht, so daß die Nachfrage auf jedem (Güter)Markt dem Angebot entspricht. Im Modell entspricht die Anzahl der Variablen der Anzahl nicht-linearer-Gleichungen. Ein solches Modell ermöglicht es grundsätzlich, sämtliche *endogene* Veränderungen zu analysieren, die aus der Variation einzelner *exogener* Variablen resultieren. Dies beinhaltet auch Veränderungen aufgrund von Interdependenzen.

Das von Böhringer benutzte Modell enthält beispielsweise auch die Änderungen internationaler Preise und Handelsflüsse, die durch einen innereuropäischen Emissionshandel hervorgerufen werden. Es beinhaltet sieben Sektoren[40] und 23 Regionen[41]

---

38 Vgl. Commission of the European Communities 2003, S. 8.
39 Vgl. Böhringer 2001, S. 523-533.
40 Die Sektoren sind: Kohle, Rohöl, Erdgas, raffinierte Öl-Produkte, Elektrizität, energieintensive Sektoren und Hersteller und Dienstleister.

(darunter die 15 Mitgliedsstaaten der Europäischen Union), deren Auswahl nach der Bedeutung für die Emission von Treibhausgasen vorgenommen wurde. Die Ausgangssituation ist im Modell für 1995 aus offiziellen Statistiken entnommen, die Modellannahmen für die Prognose der Entwicklungen bis 2010 sind aus zwei Studien abgeleitet.

Böhringer untersucht in der o.g. Studie den Elektrizitätssektor, der ca. ein Drittel aller CO_2 Emissionen insgesamt, und damit etwa 70 % der industriellen Emissionen verursacht. Im benutzten allgemeinen Gleichgewichtsmodell wird zunächst untersucht, welche Entwicklung der Emissionen ohne umweltpolitische Maßnahmen zu erwarten wäre. Obwohl bei zunehmendem Wachstum auch die Energieeffizienz steigt, hängen die Werte wesentlich von den prognostizierten Wachstumsraten ab. Daraus leitet Böhringer in einem zweiten Schritt ab, daß die effektiven Reduktionsanforderungen zur Erreichung der Kyoto Ziele sehr unterschiedlich zu den nominalen Zielen sind. So müssen z.B. die USA bei einem nominalen Reduktionsziel von 7 % (unter das Emissionsniveau von 1990) im Jahr 2010 effektiv fast 30 % Reduktion umsetzen, für die EU (für Deutschland) ergibt sich bei einer nominalen Verpflichtung von 8,6 % (21,0 %) eine effektive Anforderung von nur 14,2 % (9,4 %). Anders sieht dies für die Länder der ehemaligen Sowjetunion aus, die wegen ihrer wirtschaftlichen Entwicklung auch ohne umweltpolitische Maßnahmen 2010 weit weniger Treibhausgase emittieren werden als 1990. Dies führt dazu, daß die nominale Verpflichtung von 0 % in 2010 zu einer effektiven Reduktionsanforderung von −38,9 % wird, d.h. die Länder der ehemaligen Sowjetunion werden in 2001 weniger Treibhausgase emittieren als sie nach dem Kyoto-Abkommen dürften. Dieses Phänomen wird in der Literatur als „heiße Luft" („hot air") diskutiert, da diese Länder ohne eigene Anstrengung in die Lage versetzt werden, die Emissionsrechte zu verkaufen und damit Erlöse zu erzielen. Dies wird unter Umweltgesichtspunkten häufig sehr kritisch beurteilt, sollte aber nicht als Einwand gegen Zertifikatelösungen mißverstanden werden.

Im weiteren Verlauf untersucht die Studie verschiedene Szenarien. Das erste Szenario betrachtet die Vermeidungskosten in der EU unter der Annahme, daß die Reduktionsverpflichtungen ausschließlich durch nationale Maßnahmen (wie z.B. einzelstaatliche Emissionssteuern) erreicht werden.[42] Diese Vermeidungskosten dienen im weiteren als Referenzgröße (benchmark). Das zweite Szenario untersucht die Vermeidungskosten in der EU unter der Annahme, daß zwischen allen EU-Emittenten ein freier Handel mit Emissionsrechten (Zertifikaten) zugelassen wird.[43] Das dritte Szenario widmet sich den Vermeidungskosten in der EU unter der Annahme, daß nur zwischen den Elektrizitätsproduzenten der EU ein freier Handel mit Emissionsrechten

---

41 Europäische Union (EUR): Österreich (AUT), Belgien (BEL), Dänemark (DNK), Deutschland (DEU), Finnland (FIN), Frankreich (FRA), Griechenland (GRC), Vereinigtes Königreich (GBR), Irland (IRL), Italien (ITA), Luxemburg (LUX), Niederlande (NET), Portugal (PRT), Spanien (SPN), Schweden (SWE), sowie: Transformationsstaaten (EIT), Länder der ehemaligen Sowjetunion (FSU), Japan (JPN), andere Staaten der OECD, namentlich Australien, Kanada und Neuseeland (OOE), USA (USA), China und Indien (CIN), Mexiko und OPEC (MPC) und Rest der Welt (ROW)

42 Name des Szenarios in der Studie: NTR (No trade)

43 Name des Szenarios in der Studie: TRD (Full Trade)

zugelassen wird und die Zertifikate an die Emittenten der Elektrizitätsindustrie versteigert werden.[44] Die Anzahl der Zertifikate entspricht hierbei der Emissionshöhe des Elektrizitätssektors, der sich in Szenario eins ergibt. Das vierte Szenario unterscheidet sich vom dritten nur dadurch, daß hier die Zertifikate kostenlos an die Emittenten der Elektrizitätsindustrie abgegeben werden (grandfathering).[45] Im dritten und vierten Szenario wird nur der Anteil der Elektrizitätsindustrie untersucht, die Emissionsreduktion der anderen Sektoren wird im Modell in beiden Fällen durch einzelstaatliche Maßnahmen (wie z.B. einzelstaatliche Emissionssteuern) erreicht. Transaktionskostenunterschiede bleiben im Modell unberücksichtigt.

Die Ergebnisse werden im Modell aus den prozentualen Veränderungen des realen Konsums im Vergleich zur Situation, die sich ohne Emissionsvermeidung ergeben würde, abgeleitet. Die Veränderung des realen Konsums wird für die unterschiedlichen Regionen auch in Vermeidungskosten (Mrd. ECU) umgerechnet. Ein quantitatives Ergebnis der Studie ist, daß die EU innerhalb der OECD-Länder die mit Abstand geringsten Vermeidungskosten aufweist. Die Ursache für dieses Ergebnis liegt in den im Vergleich geringen effektiven Reduktionsanforderungen der EU-Staaten wie Japan und die USA haben hier erheblich ungünstigere Werte. Innerhalb der EU zeigt die Studie, daß Deutschland, Frankreich und Österreich die geringsten effektiven Reduktionsanforderungen aufweisen, was zur Folge hat, daß in diesen Ländern auch niedrigere Emissionssteuern zur Reduktion ausreichen, was wiederum einen Kostenvorteil der dortigen Industrie bei der Produktion energieintensiver Produkte hat. Obwohl die Prognose erwartungsgemäß ausweist, daß in der EU die Produktion energieintensiver Produkte *insgesamt* zurückgeht, erhöht sich diese Produktion in den drei o.g. Ländern.

Ein anderes wichtiges Ergebnis der Studie ist, daß die Einführung von Emissionshandel nicht nur die Vermeidungskosten innerhalb der EU verändert, sondern auch die Verteilung dieser Kosten auf die einzelnen Staaten. So lassen sich folgende Ergebnisse ableiten. Erstens: Die Vermeidungskosten sinken innerhalb der EU erheblich durch die Einführung des Emissionshandels. Zweitens: Länder mit verhältnismäßig hohen effektiven Reduktionsanforderungen innerhalb der EU (Dänemark, Finnland, Griechenland, Italien, Irland, Niederlande, Portugal) reduzieren ihre Anpassungskosten durch Zukauf von Emissionsrechten, sie profitieren also vom Emissionshandel. Drittens: Nicht alle Länder profitieren vom Emissionshandel. Durch die Angleichung der Vermeidungsgrenzkosten (= Zertifikatpreis!) in allen Ländern verlieren die Länder, die ursprünglich besonders niedrige Vermeidungsgrenzkosten hatten (wie Deutschland, Frankreich und Österreich) ihre ursprünglichen Wettbewerbsvorteile.

Das zusammengefaßte Ergebnis der Studie ist, daß die EU-weiten Vermeidungskosten durch Emissionshandel der Elektrizitätsindustrie im Vergleich zur nationalen Reduktion ohne Handel um 20 % niedriger ausfallen.[46] Eine Übertragung auf die Si-

---

44 Name des Szenarios in der Studie: ELE_AP (Electricity-level EU emission trading; auctioned permits)
45 Name des Szenarios in der Studie: ELE_GP (Electricity-level EU emission trading; grandfathered permits)
46 Vgl. Böhringer 2001, 524.

tuation des Emissionshandels in allen Sektoren würde sogar eine Vermeidungsko-stenersparnis von 40 % bewirken.[47]

Trotzdem haben Länder mit ursprünglich relativ geringen Vermeidungsgrenz-kosten (wie Deutschland, Frankreich und Österreich) ein Interesse an einem nur ein-geschränkten Emissionshandel im Elektrizitätssektor, da hierbei die Kostenvorteile in den Nicht-Elektrizitätssektoren bestehen bleiben, was einem komparativen Handels-vorteil entspricht.

Ein eher überraschendes Ergebnis der Studie ist, daß die Vorteile eines einge-schränkten Emissionshandels in der EU nur bei Auktionierung der Zertifikate besteht. Die kostenlose Abgabe der Zertifikate würde fast keine Kostenersparnis im Vergleich zum Fall ohne Emissionshandel erbringen. Dies liegt daran, daß die kostenlose Abga-be der Zertifikate wie eine Subvention wirkt, was zu Verzerrungen führt, die in einem allgemeinen Gleichgewichtsmodell erfasst werden können.

19.3.7 Zusammenfassung

Beim Vergleich umweltpolitischer Instrumente haben wir die Kriterien der Pareto-Effizienz, der Kosteneffizienz und der ökologischen Treffsicherheit verwendet. Das wichtigste Ergebnis ist dabei, daß die in allen Ländern nach wie vor dominierende Auflagenpolitik zu unnötig hohen Kosten führt, weil die Schadstoffe nicht dort ver-mieden werden, wo dies mit den geringsten Kosten möglich ist. Die Kosteneffizienz ist demnach der zentrale Vorteil marktorientierter Instrumente im Umweltschutz, wo-bei in Abschnitt 19.3.6 gezeigt werden konnte, daß sich auch in der Realität wichtige Anwendungsgebiete finden lassen, in denen sich der Einsatz marktorientierter Instru-mente lohnt. Die europäische Zertifikatelösung im Bereich der CO_2-Emissions-reduktion ist daher unter mikroökonomischen Gesichtspunkten sehr zu begrüßen.

19.4   Coase-Theorem

19.4.1   Grundgedanke[48]

In Abschnitt 19.3 haben wir unterschiedliche Instrumente zur Internalisierung exter-ner Effekte analysiert, die alle in unterschiedlicher Weise auf Eingriffen der öffentli-chen Hand beruhen. Am deutlichsten gilt dies für die Auflagenlösung, bei der die Umweltbehörde öffentlich-rechtliche Vorgaben macht, deren Mißachtung zu Ord-nungsstrafen führt. Aber auch bei marktorientierten Instrumenten wird die Umwelt-behörde tätig, indem sie entweder die Preise für Emissionen oder die insgesamt zuläs-sige Emissionsmenge fixiert. 1960 erschien mit Ronald H. Coases Aufsatz „The Pro-blem of Social Cost" eine aufsehenerregende Arbeit, die Eingriffe öffentlicher Ge-bietskörperschaften bei externen Effekten fundamental in Frage stellte. Im Mittel-punkt des Aufsatzes des späteren Nobelpreisträgers Coase steht der Nachweis, daß

---

47   Vgl. Böhringer 2001, 529.
48   Vgl. zum folgenden z.B. Endres 1977, Endres 1994, 33f, Feess 1998, Kapitel 10.

jede präzise Festlegung von *Eigentumsrechten* ganz ohne Eingriffe der öffentlichen Hand durch die *Verhandlungen der Betroffenen* zu einer pareto-effizienten Internalisierung externer Effekte führen kann. Dies bezeichnet man als *Coase-Theorem*. Obwohl die Coaseschen Überlegungen vom modernen mikroökonomischen Standpunkt aus eher dürftig anmuten, haben sie in bahnbrechender Weise zur Entwicklung zweier wichtiger mikroökonomischer Forschungszweige beigetragen:

– mit der Analyse des Zusammenhangs von Eigentumsrechten und der Allokation der Ressourcen trug Coase wesentlich zur Entwicklung der ökonomischen Theorie des Haftungsrechts bei, die wir im 20. Kapitel recht ausführlich behandeln;
– und im Anschluß an die Überlegungen von Coase hat sich eine mittlerweile sehr umfassende mikroökonomische Verhandlungstheorie entwickelt, in der untersucht wird, unter welchen Annahmen über das „Verhandlungsspiel" und die Informationen der Beteiligten tatsächlich damit gerechnet werden kann, daß Verhandlungen zum Pareto-Optimum führen.[49]

Wir werden nun das Coase-Theorem zunächst unter Verwendung eines Beispiels von Coase selbst darstellen. Darauf aufbauend erläutern wir in Abschnitt 19.4.2 die Coasesche Kritik der Steuerlösung. Dabei folgen wir der Coaseschen Argumentation, die zwar intuitiv überzeugend, vom Standpunkt der modernen mikroökonomischen Theorie aber methodisch unzureichend ist. Den Grund dafür erläutern wir in Abschnitt 19.4.3. Im Rahmen unserer Skizze der Verhandlungstheorie (Kapitel 24) werden wir genauer untersuchen, unter welchen Umständen das Coase-Theorem Gültigkeit beanspruchen kann.

Coase illustriert seine Grundgedanken mit einem einfachen, recht hübschen Beispiel. In diesem Beispiel gibt es einen Viehzüchter V, dessen Herden die Felder eines Getreidebauern G abfressen. Damit begründen sie einen negativen externen Effekt, weil dem Getreidebauern Kosten, beispielsweise durch Rekultivierungsmaßnahmen oder entgangene Umsätze entstehen. Coase betont zunächst, daß es keineswegs selbstverständlich ist, die *Eigentumsrechte* dem Getreidebauern zuzuordnen. Zwar kann man das Vieh als physischen Verursacher der externen Effekte auffassen, ob aber dem Getreidebauern das Recht zur Untersagung der externen Effekte eingeräumt wird, hängt von der normativen Würdigung der Gesamtumstände durch die Gesellschaft und die Rechtsprechung ab. Denn schließlich werden nicht alle externen Effekte untersagt – dies zeigt das einfache Beispiel eines Gartenbesitzers, dem um $15.^{30}$ Uhr das Recht zum Rasenmähen zu-, und um $23.^{00}$ Uhr abgesprochen wird.

Verfolgen wir nun die ökonomischen Grundgedanken von Coase, indem wir die entsprechenden Zusammenhänge in Abb. 19.4 darstellen.

In Abb. 19.4 gelten folgende Notationen:

– x ist die Freßmenge der Tiere;
– dU/dx ist der Grenznutzen des Viehzüchters, wobei die maximale Freßmenge x^{max} dort erreicht ist, wo der Grenznutzen auf Null gesunken ist. Die Freßmenge kann also genauso interpretiert werden, wie die Emissionen in unseren bisherigen Beispielen;

---

49 Vgl. hierzu Kapitel 24 des vorliegenden Buches.

– dK/dx sind die Grenzschäden bzw. Grenzkosten des Getreidebauern, so daß wir unter den üblichen Annahmen sinkender Grenznutzen und steigender Grenzschäden ein eindeutiges Optimum bei x^f erhalten.

Wir nehmen nun zunächst an, daß die Eigentumsrechte beim Viehzüchter liegen. Wenn der Getreidebauer über keinerlei Maßnahmen verfügt, um die gefräßigen Tiere zu bändigen, so fressen diese (mindestens) bis sie satt sind, d.h. bis zu x^{max} in Abb. 19.4. Die Ineffizienz besteht also darin, daß die Tiere auch dann noch fressen, wenn der dadurch hervorgerufene Grenznutzen bereits kleiner (nämlich Null) ist als der Grenzschaden des Getreidebauern.

Abb. 19.4: *Internalisierung externer Effekte durch Eigentumsrechte*

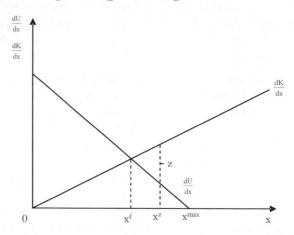

Coase fragt nun, ob ein solch ineffizienter Zustand wirklich stabil sein kann oder ob die Betroffenen nicht von sich aus für eine Verbesserung der Situation sorgen werden. Offenkundig ist die Freßmenge x^{max} nicht pareto-effizient. Im Zentrum der Überlegungen von Coase steht nun die elementare ökonomische Einsicht, daß beim Übergang vom ineffizienten (x^{max}) zum effizienten Zustand (x^f) bei geeigneten Umverteilungen *alle* Beteiligten profitieren können. Dies folgt einfach aus der Definition eines Pareto-Optimums. Ein Zustand ist nur dann pareto-effizient, wenn es *nicht* möglich ist, alle Beteiligten auf dem gleichen Nutzenniveau zu belassen und das Nutzenniveau mindestens eines Beteiligten zu erhöhen. Wenn aber z.B. einer auf seinem Nutzenindex bleibt und ein anderer seinen Nutzen erhöht, so kann der zweite dem ersten einen Teil seines Nutzenzuwachses abgeben, so daß sich beide verbessern. Dies ist der einfache Grundgedanke, der auch schon den Tauschhandlungen in der Edgeworth-Box zugrundeliegt.[50]

Konkret bedeutet dies, daß der Getreidebauer G dem Viehzüchter V *Kompensationszahlungen* dafür anbieten wird, daß seine Viecher sich mäßigen. Nehmen wir an, G bietet den Betrag z dafür, daß die Freßmenge nur x^z ist. Dann haben beide ihren Nutzen erhöht, weil z über dU/dx und unter dK/dx liegt. Coase behauptet daher, daß der Verhandlungsprozeß erst zum Stillstand kommen wird, wenn eine Verbesserung für

---

50   Vgl. oben, Kapitel 11.

beide zusammen nicht mehr möglich ist – also bei der pareto-effizienten Freßmenge x^f. Die Verhandlungen der Betroffenen führen also ganz ohne staatliche Vorgaben (Abgaben, Zertifikate oder gar Auflagen) zum Optimum – sofern die Eigentumsrechte festgelegt und Verhandlungen dadurch möglich sind. Dies ist ein zentrales Resultat der Coaseschen Überlegungen. Der Grundgedanke ist also sehr einfach: Außerhalb des Optimums können sich *beide* noch verbessern – dies folgt aus der Definition eines Optimums – also ist es auch im Interesse beider, bis zum Optimum zu verhandeln.

Berühmt wurde der Aufsatz von Coase aber erst dadurch, daß sich das Ergebnis einer pareto-effizienten Allokation auch dann einstellt, wenn die Eigentumsrechte nicht dem Viehzüchter, sondern dem Getreidebauern zugeordnet werden. Ohne Kompensationszahlungen wird nun der Getreidebauer jede Aktivität der armen Tiere gnadenlos unterbinden, so daß es zu der Freßmenge Null kommt, die natürlich ebenso wenig pareto-effizient ist wie die Freßmenge x^{max}. Analog zur gerade geschilderten Situation hat aber nun der Viehzüchter einen Anlaß, dem Getreidebauern Zahlungen für eine Ausdehnung der Freßmenge anzubieten.[51] Wieder kommt es zur pareto-effizienten Internalisierung externer Effekte, nur, daß sich die Beteiligten diesmal nicht ausgehend von x^{max}, sondern ausgehend von Null nach x^f bewegen.

Dieses Ergebnis nennt man das *Coase-Theorem*. Bei jeder Festlegung der Eigentumsrechte kommt es zur pareto-effizienten Internalisierung externer Effekte, so daß es keinen Grund gibt, warum unbedingt der (geschädigte) Getreidebauer die Eigentumsrechte bekommen sollte. Die selbstverständliche Vorstellung, man müsse ausgerechnet den physischen Verursacher mit Auflagen, Steuern oder Zertifikaten belasten, erweist sich bei Coase als normative Setzung ohne begründbaren, ökonomischen Gehalt:

„The traditional approach has tended to obscure the nature of the choice that has to be made. The question is commonly thought of as one in which A inflicts harm on B and what has to be decided is: how should we restrain A? But this is wrong. We are dealing with a problem of a reciprocal nature. To avoid the harm to B would inflict harm on A. The real question that has to be decided is: should A be allowed to harm B or should B be allowed to harm A?"[52]

Bevor wir im folgenden Abschnitt der Coaseschen Kritik der Pigou-Steuer nachgehen, müssen wir zur Vermeidung von Mißverständnissen zwei Einschränkungen hinzufügen. Das Coase-Theorem behauptet zwar, daß jede Festlegung der Eigentumsrechte zur Pareto-Effizienz führt, doch heißt dies noch lange nicht, daß die Festlegung der Eigentumsrechte *bedeutungslos* ist:

– erstens verändert die Festlegung der Eigentumsrechte die Einkommensverteilung, weil es beispielsweise für den Getreidebauern natürlich angenehmer ist, Kompensationszahlungen zu erhalten, als diese leisten zu müssen. Jede Änderung der Rechtsordnung hat daher Auswirkungen auf die Verteilung. Es ist gerade dieser Sachverhalt, der den Übergang zu Regelungen mit geringeren Transaktionskosten

---

51 Selbstverständlich könnte auch der Getreidebauer die Bereitschaft zur Annahme von Kompensationszahlungen signalisieren, d.h. es ist nicht zwingend, wer das Angebot macht.

52 Coase 1960, 2.

oft so schwierig macht, weil damit auch stets Verteilungswirkungen verbunden
sind, die die entsprechenden Interessengruppen auf den Plan rufen;
- während diese Überlegung recht einfach ist und in der Literatur auch stets hervorgehoben wird, muß darüber hinaus aber auch bedacht werden, daß die Festlegung der Eigentumsrechte auch die *Höhe* der Umweltbelastungen – d.h. im Beispiel von Coase: die Höhe der Freßmenge – verändert. Bedenken Sie dazu, daß jede Veränderung der Eigentumsrechte eine Veränderung der Einkommen impliziert, weil man im einen Falle Geld bekommt und im anderen Geld bezahlt. Neben
einer (direkten) Verteilungswirkung hat die Änderung der Einkommenssituation
aber auch eine (indirekte) Auswirkung auf die Allokation. Die Nachfrage des Viehzüchters nach dem Getreide für seine Kühe ist nämlich im allgemeinen nicht unabhängig vom Einkommen, so daß die Allokation auch vom Einkommen und damit von den Eigentumsrechten abhängt. Dies gilt immer dann, wenn die Einkommenselastizität der Nachfrage nicht Null ist. Allgemein kann man also sagen,
daß die Umweltqualität höher (niedriger) ist, wenn die Eigentumsrechte den Geschädigten (Schädigern) zugesprochen werden. Diesen sog. *Einkommenseffekt* haben
wir in Abb. 19.4 vernachlässigt, um den entscheidenden Punkt, daß es in beiden
Fällen zur pareto-effizienten Allokation kommt, einfacher darstellen zu können.
Beachten Sie aber bitte, daß die Freßmenge normalerweise (d.h. bei einer positiven
Einkommenselastizität) „weiter rechts" liegen wird, wenn die Eigentumsrechte
dem Viehzüchter zugeordnet werden.

Lassen Sie uns abschließend zur einfachsten Darstellung des Coase-Theorems nochmals die Verwandtschaft zur Edgeworth-Box hervorheben. Auch dort tauschen (verhandeln) die Wirtschaftssubjekte so lange, bis ein pareto-effizienter Zustand (identische Grenzraten der Substitution) erreicht ist. Dabei zeigt die Edgeworth-Box auch
deutlich den zuletzt angesprochenen Punkt, daß jede unterschiedliche Festlegung der
Erstausstattungen zu unterschiedlichen Allokationen führt.

19.4.2 Die Coasesche Kritik der Steuerlösung

Eine erste Kritik von Coase an der Steuerlösung kann darin gesehen werden, daß diese
stets den physischen Verursacher zur Kasse bittet, was nicht zwingend ist. Allerdings
ist dies zwar nicht uninteressant, aber ökonomisch eher nebensächlich, da es sich um
einen eher normativen Aspekt handelt. Wesentlich wichtiger ist daher, daß eine Steuer
unter den Coaseschen Annahmen über Verhandlungen nicht nur überflüssig, sondern
sogar *schädlich* ist! Coase widerspricht also dem Argument, daß mit der Steuerlösung
bei vollständiger Information über die Grenznutzen und -kostenverläufe stets eine
pareto-effiziente Internalisierung externer Effekte erreicht werden kann. Diese Überlegung erläutern wir mit Hilfe von Abb. 19.5.
    In Abb. 19.5 nehmen wir an, daß beim physischen Schädiger pro abgefressener
Getreideeinheit eine Steuer t in Höhe der pareto-effizienten Grenzschäden
($t^f = dK/dx = dU/dx$) erhoben wird. Der Zweck einer Steuer besteht darin, die Entscheidungssituation des physischen Verursachers externer Effekte, in unserem Fall
also des Viehzüchters, zu verändern. Konkret bedeutet dies, daß der *Nettogrenznutzen*

einer abgefressenen Einheit für den Viehzüchter nun nicht mehr dU/dx, sondern nur noch $dU/dx - t^f$ ist. Denn für jede Einheit muß er den Steuersatz t^f an die Umweltbehörde entrichten. Ohne Verhandlungen käme es zur pareto-effizienten Freßmenge x^f, bei der gerade $dU/dx = t^f$ gilt.

Abb. 19.5: *Kritik der Pigou-Steuer*

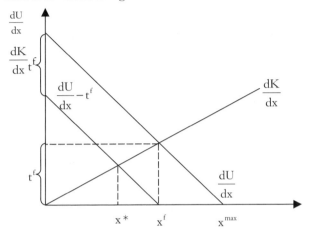

Coase überlegt nun aber erneut, ob dieser Zustand stabil sein kann. Im Rahmen des Coase-Theorems wird ein Zustand immer dann als instabil bezeichnet, wenn sich beide Beteiligten noch verbessern können. Denn dann – so Coase – haben beide ein Interesse an Verhandlungen, die dann von irgend jemandem begonnen werden. Offenbar ist es tatsächlich der Fall, daß sich im Punkt x^f beide noch verbessern können. Denn dort liegt der *Netto*grenznutzen $dU/dx-t^f$ *unter* dem Grenzschaden dK/dx, so daß sich beide verbessern können, indem weniger abgefressen wird und der Getreidebauer eine Kompensationszahlung an den Viehzüchter leistet. Der Verhandlungsprozeß kommt wieder zum Stillstand, wenn sich nicht mehr beide verbessern können – also im Ausgleich von $dU/dx-t^f$ und dK/dx. Diesen Punkt haben wir in Abb. 19.5 mit x^* symbolisiert, weil es sich um die Freßmenge handelt, die den Nutzen beider maximiert – gegeben die Steuer t^f.

Auf den ersten Blick ist es schon recht verblüffend, daß sich beide Beteiligten noch verbessern können, obwohl die pareto-effiziente Freßmenge x^f der Ausgangspunkt der Verhandlungen ist. Lassen Sie uns also genau überlegen, wodurch die Ineffizienz des Verhandlungsprozesses eigentlich hervorgerufen wird. Nach Coase führen alle Verhandlungen dazu, daß der gemeinsame Nutzen der Beteiligten maximiert wird. Daraus folgt unmittelbar, daß Verhandlungen genau dann effizient sind, wenn der *Gesamtnutzen der Beteiligten gleichzeitig dem sozialen Nutzen entspricht.* Dies ist ohne staatliche Eingriffe gegeben, weil lediglich der Viehzüchter und der Getreidebauer von der Freßmenge betroffen sind. Wenn es keine dritten Personen gibt, so kann es aber auch nicht sein, daß der Gesamtnutzen der Beteiligten vom sozialen Nutzen abweicht. Dies ist die Situation *ohne* Steuer, wie wir sie bereits dargestellt haben.

Die Steuer führt aber dazu, daß nicht mehr der ganze Nutzen aus dem Abfraß bei den Beteiligten anfällt – der Staat kassiert die Steuer und reduziert daher den Nettonutzen des Viehzüchters. Es gibt also einen staatlichen Eingriff, der die Zielfunktion eines Beteiligten verändert und daher eine Abweichung ihres Nutzens vom sozialen Nutzen induziert. Dies führt dazu, daß der Viehzüchter sich mit geringeren Kompensationszahlungen zufrieden gibt und die Freßmenge unter die optimale Menge sinkt – der externe Effekt wird zu stark eingeschränkt. Die Steuer verhindert eine effiziente Internalisierung über Verhandlungen.

19.4.3 Beurteilung des Coase-Theorems

Bei der Beurteilung des Coase-Theorems können wir direkt auf die Überlegungen zurückgreifen, die wir in Kapitel 11 zur Edgeworth-Box angestellt haben. Dort haben wir gezeigt, daß die Edgeworth-Box eine pareto-effiziente Allokation der Ressourcen durch den Tauschprozeß der Beteiligten aus methodischen Gründen *nicht* nachweisen kann, weil sie das Ergebnis der Pareto-Optimalität axiomatisch unterstellt. Aus dem gleichen Grund müssen wir die Frage, ob Coase wirklich *nachgewiesen* hat, daß Verhandlungen zur pareto-effizienten Internalisierung externer Effekte führen, verneinen. Dazu müssen wir analog zur Edgeworth-Box überlegen, wie im Rahmen des Coase-Theorems eigentlich argumentiert wird. Der Kern der Coaseschen Überlegungen ist, daß die Beteiligten weiter verhandeln, sofern sich noch beide verbessern können. Dies ist die *Prämisse* seiner Schlußfolgerungen. Den Punkt, an dem sich nicht mehr beide gleichzeitig verbessern können, nennt man aber definitionsgemäß ein Pareto-Optimum. Dies bedeutet, daß es eine *Prämisse* der Coaseschen Überlegungen ist, daß Verhandlungen zum Pareto-Optimum führen. Coase nimmt sein Ergebnis also vorweg, so daß er aus rein methodischen Gründen nicht beweisen kann, daß Verhandlungen zum Optimum führen. Lassen Sie uns diesen wichtigen Punkt, unter Inkaufnahme von Wiederholungen, einfach nochmals betonen:

– Coase will zeigen, daß Verhandlungen zum Pareto-Optimum führen;
– seine Annahme ist, daß beide weiter verhandeln, sofern sich noch beide verbessern können;
– diese Annahme ist aber identisch mit der Annahme, daß beide weiter verhandeln, wenn noch kein Pareto-Optimum erreicht ist;
– also wird implizit angenommen, daß beide bis zum Pareto-Optimum verhandeln;
– wenn aber implizit angenommen wird, daß beide bis zum Pareto-Optimum verhandeln, so kann dies nicht nachgewiesen werden.

Den mikroökonomischen Theoriezweig, der von der Prämisse ausgeht, daß Verhandlungen stets zum Pareto-Optimum führen, bezeichnet man als *kooperative Spieltheorie* – kooperativ deshalb, weil beide weiter verhandeln, wenn sie ihren Gesamtnutzen erhöhen können.[53] Die kooperative Spieltheorie ist aber zur Beantwortung der Frage, ob Verhandlungen zum Optimum führen, ganz ungeeignet. Eine Theorie, die ein Optimum axiomatisch unterstellt, kann keine Hilfestellung bei der Frage geben, ob wirklich mit einem Optimum gerechnet werden kann.[54] Um das Coase-Theorem ernsthaft zu analysieren, müssen wir also die kooperative Spieltheorie verlassen und uns der nicht-kooperativen Spieltheorie (kurz: Spieltheorie) zuwenden. Damit wird das Coase-Theorem aber zu einem Spezialfall der allgemeinen spieltheoretischen Verhandlungstheorie, die wir in Kapitel 24 skizzieren. Wir werden daher in Abschnitt 24.6 auf das Coase-Theorem zurückkommen.

19.5 Ein Ansatz zur Präferenzermittlung für öffentliche Güter und externe Effekte

19.5.1 Das Problem

An zahlreichen Stellen des vorliegenden Kapitels wurde darauf hingewiesen, daß die Umweltbehörde über die Schadensfunktion – und damit über das Pareto-Optimum – nur unzureichend informiert sein dürfte. Dies hat drei Gründe, die sich analytisch präzise auseinanderhalten lassen:

Das erste Problem besteht darin, daß bereits die naturwissenschaftlichen Zusammenhänge im Umweltbereich oft alles andere als geklärt sind (man denke nur an die Folgen des Treibhauseffektes oder des Ozon-Loches). Gerade die Tatsache, daß Umweltschäden erst langsam sichtbar werden und eine Vielzahl von Geschädigten mit individuell sehr unterschiedlichen Dispositionen betreffen, macht eine Einschätzung der Kosten der Umweltzerstörung sehr schwierig.

Zweitens betreffen Umweltschäden auch Personen, die heute noch gar nicht geboren wurden, und deren Nutzen aus Umweltgütern in die pareto-effiziente Schadstoffvermeidung eingehen. Es ist aber nicht gerade einfach, den Nutzen eines New Yorker Bankers im Jahre 2113 zu beurteilen, den dieser aus der Existenz von Berggorillas zieht.

Während diese beiden Probleme umweltspezifisch sind, stellt sich bei allen öffentlichen Gütern und externen Effekten das Problem, daß die Präferenzen der Beteiligten nicht bekannt sind. Dies liegt daran, daß im Unterschied zu privaten Gütern nicht auf Marktdaten zurückgegriffen werden kann, denen die Präferenzen zumindest näherungsweise entnommen werden können. Da es für öffentliche Güter und externe

---

53 Vgl. als Einführung in die kooperative Spieltheorie z.B. Güth 1992, Kapitel VII; Holler/Illing 1996, Kapitel V.

54 Zur Vermeidung von Mißverständnissen sei hervorgehoben, daß dies nicht bedeutet, daß die kooperative Spieltheorie insgesamt uninteressant ist. Ihre Aufgabe ist es, unter der Voraussetzung effizienter (kooperativer) Verhandlungen zu untersuchen, wie sich der Verhandlungsgewinn auf die Beteiligten aufteilt, was eine theoretisch spannende und praktisch relevante Fragestellung ist. Ungeeignet ist die kooperative Spieltheorie aber zur Überprüfung der Frage, ob es überhaupt zu effizienten Verhandlungen kommt – und darum geht es beim Coase-Theorem.

Effekte keine Märkte gibt, können die Präferenzen auch nicht aus Nachfragefunktionen geschätzt werden.

Die möglichst genaue Kenntnis der Präferenzen ist aber erforderlich, um die vorhandenen öffentlichen Gelder sinnvoll einsetzen („optimal alloziieren") zu können. Soll das Budget zur Verbesserung der Luftqualität in Ballungsräumen oder zum Ausbau von Sportstätten verwendet werden? Zur Ermittlung der Zahlungsbereitschaften lassen sich in erster Linie die Verfahren der direkten und der indirekten Präferenzermittlung unterscheiden. Der Grundgedanke der Verfahren der indirekten Präferenzermittlung ist, die Präferenzen aus Daten abzuleiten, die dem Marktgeschehen entnommen werden können. Zwar gibt es keine Märkte zum direkten Kauf von Ferienluft, aber aus den Aufwendungen für Urlaub in guter Luft kann versucht werden, deren Wert zu bestimmen (Aufwandsmethode). Verwandt mit der Aufwandsmethode ist die Marktpreismethode, bei der der Wert guter Luft beispielsweise aus dem Vergleich der Mietpreise in mehr oder weniger belasteten Regionen ermittelt werden soll. Theoretisch besteht die Begründung für Verfahren der indirekten Präferenzermittlung darin, daß die Individuen versuchen werden, ihre Präferenzen für öffentliche Güter zu verwirklichen und sich dies in den Preisen niederschlagen muß. Beide Verfahren werden in der Praxis häufig angewendet. Die praktischen Schwierigkeiten sind naheliegend und liegen in den erforderlichen ceteris-paribus-Klauseln. So stellt sich beispielsweise die Frage, in welchem Ausmaß die niedrigeren Mietpreise an einer Ausfallstraße auf Lärmbelästigungen zurückzuführen sind und welche Rolle die Infrastruktur (Restaurants etc.) spielt.

Die naheliegendste Möglichkeit zur monetären Bewertung externer Effekte besteht darin, die Wirtschaftssubjekte einfach nach ihrer Zahlungsbereitschaft zu fragen und die Antworten als Nutzenbewertung zu interpretieren. Neben praktischen Problemen wie dem Sachverhalt, daß die Befragten beispielsweise die mit dem Treibhauseffekt verbundenen Konsequenzen kaum einschätzen können, besteht eine theoretische Schwierigkeit darin, daß die Betroffenen bei externen Effekten und öffentlichen Gütern keine Veranlassung haben, ihre Präferenzen *wahrheitsgemäß* zu äußern. Nehmen wir zum Beispiel an, daß die Verwaltung einer Gemeinde überlegt, ob sie eine zusätzliche Maßnahme zur Reinigung eines ehemaligen Badesees durchführen soll. Nehmen wir ferner an, daß die Verwaltung die Wohlfahrt der Gemeinde maximieren und daher den See reinigen möchte, wenn die Summe der Zahlungsbereitschaften die Kosten mindestens deckt.[55]

Welche Möglichkeiten hat die Verwaltung nun, die Präferenzen der Gemeindemitglieder durch Befragungen zu erfahren? Wenn die Befragten wissen, daß sie den als Zahlungsbereitschaft geäußerten Betrag auch tatsächlich entrichten müssen, so haben sie allen Grund ihre Zahlungsbereitschaft zu *untertreiben*. Je größer die Anzahl der Befragten, desto unwahrscheinlicher wird es für jeden einzelnen, daß die Entscheidung über die Reinigungsmaßnahme von der eigenen Antwort abhängt. Jeder wird daher hoffen, daß diese auch ohne eigene Zahlung durchgeführt und der sauberere See dann dennoch genutzt werden kann. Dies ist das klassische *Freifahrerverhalten*, das sich bei

---

55 Damit klammern wir Zusatzprobleme, wie die Stimmenmaximierung politischer Entscheidungsträger, aus.

öffentlichen Gütern stets stellt. Da diese Haltung für jeden einzelnen rational ist, wird die Reinigungsmaßnahme auch dann nicht durchgeführt, wenn die Summe der *wirklichen* Zahlungsbereitschaften über den Kosten liegt. Es handelt sich also erneut um eine Variante des Gefangenendilemmas.

Wenn wir im anderen Extremfall annehmen, daß die Befragten keinen von ihrer Antwort abhängigen Beitrag zur Finanzierung der Maßnahme leisten müssen, so werden sie ihre Zahlungsbereitschaft übertreiben. Auch eine einfache Finanzierung aus Steuergeldern führt offensichtlich nicht zum Ziel. Wenn wir annehmen, daß die Maßnahme aus Steuergeldern finanziert wird, die Kosten K verursacht und n Gemeindemitglieder betroffen sind, so zahlt im einfachsten Fall jeder K/n. Jeder wird sich also *für* den Bau der Maßnahme aussprechen, wenn seine Zahlungsbereitschaft über K/n liegt, so daß die Intensität der Präferenzen in keiner Weise in die Entscheidung eingeht. Bedenken Sie, daß dies für jede Abstimmung gilt, bei der jede Stimme – völlig unabhängig von der Intensität, mit der ein Ergebnis gewünscht wird – gleich gewichtet wird.

Die Frage lautet also, ob sich ein *Zahlungsmechanismus* konstruieren läßt, der die Betroffenen dazu bringt, ihre Zahlungsbereitschaft wahrheitsgemäß zu äußern. Dieser Anforderung genügt der sog. *Groves-Mechanismus*,[56] den wir daher im folgenden erläutern.

19.5.2 Der Groves-Mechanismus

Zur Erläuterung des Groves-Mechanismus verwenden wir folgende Bezeichnungen:

– K seien die Kosten der Umweltschutzmaßnahme;
– u_i sei der Nutzen bzw. die wirkliche Zahlungsbereitschaft des Wirtschaftssubjekts i aus der Maßnahme;
– u_i' sei die *geäußerte* Zahlungsbereitschaft von i, die aus den genannten Gründen keineswegs mit u_i übereinstimmen muß;
– und $z_i(\mathbf{u'})$ sei die Zahlung, die dem Wirtschaftssubjekt i in Abhängigkeit vom *Vektor* der geäußerten Zahlungsbereitschaften aller Befragten auferlegt wird.

Die Entscheidungsregel für den Fragenden (in unserem Fall also für die Gemeindeverwaltung) besteht darin, die Maßnahme immer durchzuführen, wenn die Summe der geäußerten Zahlungsbereitschaften die Kosten mindestens deckt (Durchführung für $\sum_i u_i' \geq K$). Der Zahlungsmechanismus z, der jedem Beteiligten eine Zahlung in Abhängigkeit von den Antworten aller ($z = z(\mathbf{u'})$) auferlegt, soll nun so konstruiert werden, daß jeder Befragte die Wahrheit sagt (also daß für jeden Befragten $u_i = u_i'$ gilt). Dabei wird die Befragung so durchgeführt, daß keiner zum Zeitpunkt seiner Antwort weiß, was die anderen antworten. Es gibt also keine irgendwie geartete „Reihenfolge" bei der Befragung.

Wann können wir annehmen, daß jeder die Wahrheit sagen wird, obwohl die Zahlung jedes einzelnen von den Antworten aller abhängt und keiner weiß, was die anderen sagen?

---

56 Vgl. ähnlich auch Weimann 1995, Anhang II.

Wenn wir sicher gehen wollen, daß wir die wirklichen Präferenzen erfahren, müssen wir offenbar einen Zahlungsmechanismus konstruieren, der dafür sorgt, daß es für alle Befragten eine *dominante Strategie* ist, die Wahrheit zu äußern. Denn dann ist es ja im Eigeninteresse jedes Befragten, unabhängig von den Äußerungen der anderen (die er nicht kennt), die Wahrheit zu sagen. Wir beschreiben den Mechanismus zunächst und beweisen anschließend, daß die wahrheitsgemäße Angabe der Zahlungsbereitschaften tatsächlich für alle Beteiligten eine dominante Strategie ist (bitte folgen Sie zunächst der Beschreibung, und denken Sie nicht sofort darüber nach, *warum* dieser Mechanismus funktioniert). Der Zahlungsmodus sieht folgendermaßen aus:

$$z_i = \begin{cases} 0 & \text{für } \sum_i u_i' < K \\[2mm] 0 & \text{für } \sum_{j \neq i} u_j' \geq K \qquad\qquad \forall i \\[2mm] K - \sum_{j \neq i} u_j' & \text{für } \sum_i u_i' \geq K \text{ und } \sum_{j \neq i} u_j' < K \end{cases} \qquad (19.73)$$

Betrachten wir die einzelnen Zeilen des durch (19.73) ausgedrückten Mechanismus, um diesen genauer zu verstehen. Bedenken Sie dabei stets, daß der Ausdruck „$\forall i$" besagt, daß z ein Zahlungsmechanismus ist, der für *jeden* Beteiligten gilt, d.h. jedes der n Wirtschaftssubjekte wird bei der Festlegung seiner individuellen Zahlung als Spieler „i" betrachtet. Wenn es also 3 Spieler gibt und gerade die Zahlung des zweiten Spielers ermittelt wird, so ist der zweite Befragte i und alle Spieler j außer i sind die Befragten „1" und „3".

Die erste Zeile in (19.73) besagt, daß keiner eine Zahlung leisten muß, wenn die Summe aller geäußerten Zahlungsbereitschaften unter den Kosten der Maßnahme liegt. Allerdings wird diese dann auch nicht durchgeführt. Dies ist ein einfacher Fall. Etwas kniffliger ist schon die zweite Zeile. Diese drückt aus, daß ein Spieler i keine Zahlung leisten muß, wenn die Summe der geäußerten Zahlungsbereitschaften *aller anderen die Kosten schon deckt*. In diesem Fall wird die Maßnahme gemäß der Entscheidungsregel „führe durch, wenn $\sum_j u_j' \geq K$" vorgenommen. Der eigentliche Knackpunkt im Groves-Mechanismus ist die dritte Zeile: Wenn die Summe *aller* geäußerten Zahlungsbereitschaften die Kosten deckt $\sum_j u_j' \geq K$, die Summe der Zahlungsbereitschaften *der anderen* (also ohne die Zahlungsbereitschaft des i) aber nicht $\sum_j u_i' < K$, dann zahlt i genau die Differenz aus den Kosten der Umweltschutzmaßnahme und der Summe der geäußerten Zahlungsbereitschaften der anderen ($z_i = K - \sum_j u_j'$). Bedenken Sie erneut, daß es nicht *einen* i gibt, sondern jeder Befragte genau dann die Rolle des i einnimmt, wenn seine Zahlungsbereitschaft ermittelt wird.

Verdeutlichen wir den Mechanismus zunächst an einem Beispiel, bevor wir beweisen, daß dieser tatsächlich dazu führt, daß jeder die Wahrheit sagt. Nehmen wir an, es gäbe vier Mitglieder der Gemeinde, die Kosten seien K=10 und die geäußerten Zahlungsbereitschaften $u_1' = 4$, $u_2' = 5$, $u_3' = 3$ und $u_4' = 1$. Zunächst stellen wir fest, daß die Maßnahme durchgeführt wird, weil $\sum_i u_i' = 13 > K$ gilt.

Welche Zahlungen müssen die einzelnen Befragten nun leisten? Dazu bezeichnen wir jeden Befragten als „i", wenn wir seine Zahlung ermitteln. Beginnen wir mit Spieler 1: Dieser befindet sich offensichtlich in der dritten Zeile des Mechanismus, denn die Summe der geäußerten Zahlungsbereitschaften der anderen beträgt $\sum_{j\neq1} u_j{}' = 9$, so daß $\sum_{j\neq1} u_j{}' < K$ ist. Demnach bezahlt der Befragte „1" die Differenz aus K und $\sum_{j\neq1} u_j{}'$, also $z_1 = K - \sum_{j\neq1} u_j{}' = 10 - 9 = 1$. Auf die gleiche Weise ermitteln wir für den Befragten „2" eine Zahlung von $z_2 = 10-(4 + 3 + 1) = 2$, da sich auch dieser in der dritten Zeile des Groves-Mechanismus befindet (zwar weiß kein Befragter zum Zeitpunkt seiner Antwort, in welcher Zeile er sich befindet, aber die Gemeinde kennt alle Antworten, wenn sie die Zahlungen schließlich ermittelt).

Dementgegen befindet sich Spieler „3" nicht in der dritten, sondern in der zweiten Zeile des Mechanismus, weil die Summe der geäußerten Zahlungsbereitschaften der anderen die Kosten bereits deckt: $\sum_{j\neq3} u_j{}' = 4 + 5 + 1 = 10 \geq K$. Er muß daher nichts bezahlen. Das gleiche gilt für Spieler 4, da $\sum_{j\neq4} u_j{}' = 4 + 5 + 3 = 12 \geq K$.

Lassen Sie sich nun nicht davon irritieren, daß die Summe der Zahlungen in unserem Beispiel nur $z_1 + z_2 + z_3 + z_4 = 1 + 2 + 0 + 0 = 3$ beträgt und die Kosten der Umweltschutzmaßnahme daraus demnach gar nicht gedeckt werden. Der Groves-Mechanismus führt im allgemeinen *nicht* zur Kostendeckung, d.h. als Instrument zur Finanzierung der betreffenden Maßnahme ist er nicht geeignet. Dies ist zwar bedauerlich, aber nicht die eigentliche Aufgabe des Mechanismus.[57] Die Zielsetzung der Gemeinde besteht in einer präzisen Information darüber, ob die Maßnahme gemessen an den wirklichen Präferenzen der Gemeindemitglieder sinnvoll ist oder nicht, und nicht in der Finanzierung. Wenn einmal geklärt ist, ob sich die Maßnahme unter dem Gesichtspunkt einer Kosten-Nutzen-Analyse lohnt, kann sie immer noch aus allgemeinen Steuermitteln finanziert werden.

Wir müssen nun zeigen, daß es bei Gültigkeit des Mechanismus z tatsächlich eine dominante Strategie für alle Befragten ist, die Wahrheit zu sagen. Versetzen wir uns hierzu in die Lage eines beliebigen Befragten i, der nicht weiß, was die anderen antworten. Den Gesamtnutzen (Nettonutzen) eines Befragten i können wir als Differenz seines wirklichen Nutzens aus der Umweltschutzmaßnahme und der Zahlung definieren, die er als Funktion seiner Antwort und der Antworten aller anderen leisten muß. Wenn wir diesen Gesamtnutzen v_i nennen, so gilt offenbar:

$$v_i = u_i - z_i \tag{19.74}$$

Die Schwierigkeit für jeden i ist, daß er zum Zeitpunkt seiner Antwort zwar u_i, aber nicht z_i kennt, weil z_i auch von den Antworten der anderen abhängt. Er kennt allerdings den in (19.73) ausgedrückten Zahlungsmechanismus. Das Sagen der Wahrheit ist nun genau dann eine dominante Strategie, wenn es unter allen möglichen Umständen (also bei allen möglichen Antworten der anderen) zu einem mindestens gleich guten (und manchmal besseren) Ergebnis führt wie jede denkbare Lüge, d.h. es muß gelten:

$$v_i(u_i{}' = u_i) \geq v_i(u_i{}') \quad \forall \ u_i{}' \neq u_i \tag{19.75}$$

---

57 Wir werden in der Gesamtbeurteilung des Mechanismus auf diesen Punkt aber nochmals zurückkommen.

(19.75) drückt also aus, daß sich keine Lüge lohnen darf. Um dies zu zeigen, müssen wir alle Situationen betrachten, in die i kommen kann und für jede Situation zeigen, daß (19.75) erfüllt ist. Denn da i bei seiner Antwort nicht weiß, in welcher Situation er sich befindet, muß er alle möglichen Situationen durchdenken, um zu prüfen, ob er eine dominante Strategie hat. Denken Sie an das Gefangenendilemma, bei dem jeder Gangster auch nicht weiß, ob der Komplize gesteht oder nicht.

$$\text{Fall 1: } \sum_{j \neq i} u_j{}' \geq K$$

Die erste Möglichkeit besteht darin, daß die Summe der geäußerten Zahlungsbereitschaften der anderen $\sum_{j \neq i} u_j{}'$ die Kosten schon deckt. Dies führt dazu, daß die Maßnahme unabhängig von u_i' durchgeführt wird und i unabhängig von seiner Antwort nichts bezahlen muß (er befindet sich stets in Zeile 2 des Mechanismus). Also kann Fall 1 zwar kein Argument für das Äußern der Wahrheit, aber auch kein Grund zum Lügen sein; es ist einfach egal, wie sich i verhält.

$$\text{Fall 2: } \sum_{j \neq i} u_j{}' < K \text{ und } \sum_{j \neq i} u_j{}' + u_i < K$$

Wenn die Summe der geäußerten Zahlungsbereitschaften der anderen unter K liegt $(\sum_{j \neq i} u_j{}' < K)$, dann ist die Antwort des i (u_i') wichtig, weil sie über die Durchführung der Maßnahme entscheidet. Zur Analyse der Situationen, in denen sich i befinden kann, müssen wir dann danach unterscheiden, ob die Summe aus den geäußerten Zahlungsbereitschaften der anderen und der *wirklichen* Zahlungsbereitschaft von i also $(\sum_{j \neq i} u_j{}' + u_i)$ die Kosten deckt oder nicht. In Fall 2 unterstellen wir zunächst willkürlich, daß dies *nicht* der Fall ist, also $\sum_{j \neq i} u_j{}' + u_i < K$.

Nehmen wir nun zunächst an, i sagt die Wahrheit. Dann gilt definitionsgemäß $u_i' = u_i$, so daß $\sum_{j \neq i} u_j{}' + u_i' < K$: Die Maßnahme wird nicht durchgeführt. Der Gesamtnutzen von i ist dann $v_i = 0$. Wenn i seine Zahlungsbereitschaft *unter*treibt (also $u_i' < u_i$), dann gilt erst recht $\sum_{j \neq i} u_j{}' + u_i' < K$, so daß sich nichts ändert. Der Gesamtnutzen von i ist weiterhin $v_i = 0$, so daß „Untertreiben" in Fall 2 dem Befragten weder schaden noch nutzen kann.

Wenn i dagegen übertreibt, so gibt es zwei Möglichkeiten. Entweder es gilt trotz der Übertreibung $\sum_{j \neq i} u_j{}' + u_i' < K$, so daß die Maßnahme weiterhin nicht vorgenommen wird und v_i bei Null bleibt.[58] Oder aber er übertreibt so stark, daß $\sum_{j \neq i} u_j{}' + u_i' \geq K$ zustandekommt und die Maßnahme gemäß der Entscheidungsregel der Gemeindeverwaltung durchgeführt wird. Der Spieler i befindet sich dann nicht in der ersten, sondern in der dritten Zeile des Zahlungsmechanismus und muß folgerichtig die Differenz aus K und den geäußerten Zahlungsbereitschaften der anderen Gemeindemitglieder bezahlen. Also gilt in diesem Unterfall von Fall 2 bei Übertreibung

---

58 Nehmen Sie einfach an, die Kosten seien 100 und die geäußerten Zahlungsbereitschaften der anderen 50. Wenn dann i seine Zahlungsbereitschaft von 20 auf 30 übertreibt, wird die Maßnahme trotzdem nicht durchgeführt.

$$z_i = K - \sum_{j \neq i} u_j{}' \tag{19.76}$$

Als Gesamtnutzen ergibt sich daraus

$$v_i = u_i - z_i = u_i - \left(K - \sum_{j \neq i} u_j{}'\right) \tag{19.77}$$

Bedenken Sie nun, daß wir in Fall 2 $\sum_{j \neq i} u_j{}' + u_i < K$ *vorausgesetzt* haben, da wir jede mögliche Bedingung einzeln durchgehen müssen. $\sum_{j \neq i} u_j{}' + u_i < K$ bedeutet aber unmittelbar $u_i < K - \sum_{j \neq i} u_j{}'$, so daß (19.77) kleiner als Null ist. Der Gesamtnutzen von i ist in diesem Fall also *negativ*, weil seine Zahlung über seinem Nutzen aus der Umweltschutzmaßnahme liegt. Wenn wir alle Überlegungen zu Fall 2 zusammenfassen, so stellen wir fest, daß sich i nicht verbessern kann, wenn er lügt:

- „Untertreiben" ändert in Fall 2 nie etwas;
- „Übertreiben" ändert manchmal nichts, führt aber manchmal dazu, daß die Maßnahme durchgeführt wird und der Spieler „i" einen Betrag zahlen muß, der seinen Nutzen übersteigt. Der Gesamtnutzen wird dann negativ.

Sofern sich der Spieler in Fall 2 befindet – was er nicht weiß – ist es also die beste Strategie, die Wahrheit zu sagen.

$$\text{Fall 3: } \sum_{j \neq i} u_j{}' < K \text{ und } \sum_{j \neq i} u_j{}' + u_i \geq K$$

Wir müssen den Beweis nun fortsetzen, indem wir annehmen, daß die Summe aus den geäußerten Zahlungsbereitschaften der anderen und der *wirklichen* Zahlungsbereitschaft von i (also $\sum u_{j \neq i}{}' + u_i$) die Kosten deckt. Da analog zu Fall 2 $\sum_{j \neq i} u_j{}' < K$ gilt, hängt es erneut von der Antwort des i ab, ob die Maßnahme durchgeführt wird oder nicht.[59]

Nehmen wir zunächst wieder an, daß i die Wahrheit sagt. Dann gilt $\sum_{j \neq i} u_j{}' + u_i \geq K$, so daß die Maßnahme durchgeführt wird. Der Spieler i befindet sich dann wieder in der dritten Zeile des Zahlungsmechanismus und zahlt

$$z_i = K - \sum_{j \neq i} u_j{}' \tag{19.78}$$

Als Gesamtnutzen ergibt sich daraus wieder

$$v_i = u_i - z_i = u_i - \left(K - \sum_{j \neq i} u_j{}'\right) \geq 0 \tag{19.79}$$

(19.79) kann niemals unter Null liegen, da wir in Fall 3 $\sum_{j \neq i} u_j{}' + u_i \geq K$ bzw. $u_i \geq K - \sum u_{j \neq i}{}'$ vorausgesetzt haben. Analog zu Fall 2 müssen wir nun wieder fragen, was passiert, wenn i über- oder untertreibt.

Wenn er übertreibt, so ändert sich gar nichts: Es gilt nach wie vor $\sum_{j \neq i} u_j{}' + u_i{}' \geq K$ und die Zahlung ändert sich auch nicht. Dies liegt daran, daß die

---

59 Bedenken Sie stets, daß diese Überlegungen für *alle* Spieler gelten, da sich jeder in der betreffenden Situation befinden kann (keiner weiß, was die anderen sagen).

Höhe seiner Zahlung *völlig unabhängig* von seiner Antwort ist, sofern die Maßnahme überhaupt durchgeführt wird.

Wenn i aber untertreibt, so kann es bei hinreichender Untertreibung passieren, daß die Summe *aller* geäußerten Zahlungsbereitschaften $(\sum_{j \neq i} u_j' + u_i' = \sum_i u_i')$ unter K sinkt und die Maßnahme nicht durchgeführt wird. Der Gesamtnutzen ist dann $v_i = 0$. Da aber (19.79) – also der Nutzen bei einer wahrheitsgemäßen Offenbarung der Präferenzen – niemals kleiner als Null sein kann, kann sich der Befragte in dieser Situation durch eine Untertreibung offensichtlich ohne weiteres schaden. Dies bedeutet, daß sich i – genau wie in Fall 2 – nie verbessern kann, wenn er lügt. Nun kann er sich aber durch eine Untertreibung verschlechtern, während Übertreiben in Fall 3 nichts schaden, aber auch nichts nützen kann.

Überprüfen Sie nun bitte selbst, daß wir alle denkbaren Konstellationen untersucht und dabei festgestellt haben, daß Lügen nie nützen, aber sowohl Unter- als auch Übertreiben in bestimmten Situationen den Gesamtnutzen von i vermindern kann. Da i aber nicht weiß, was die anderen antworten, weiß er auch nicht, ob er sich in Fall 1, 2 oder 3 befindet. Da dies für alle Beteiligten gilt, ist es auch für alle eine dominante Strategie, die Wahrheit zu sagen.

Überlegen wir noch einmal genau, worin der entscheidende „Trick" beim Groves-Mechanismus besteht: Sobald die Höhe der Zahlung eines Befragten i auch von seiner eigenen Antwort abhängt, hat er einen Grund, seine Zahlungsbereitschaft in der Hoffnung zu untertreiben, daß seine Zahlung sinkt und die Maßnahme dennoch durchgeführt wird. Also muß die Höhe der Zahlung unabhängig von der Antwort sein, sofern die Maßnahme durchgeführt wird. Genau dies leistet der Groves-Mechanismus, weil die Zahlung $(z_i = K - \sum_{j \neq i} u_j')$ unabhängig von u_i' ist. Es besteht daher kein Anlaß zu „strategischem Verhalten". Das Freifahrerproblem ist überwunden. Die geäußerte Zahlungsbereitschaft u_i' kann demnach lediglich über die Durchführung der Maßnahme und darüber entscheiden, ob ein Befragter i überhaupt zur Finanzierung herangezogen wird, aber nicht über die Höhe der Zahlung. Dies ist der Kern des Groves-Mechanismus.

Wir werden in Kapitel 25 sehen, daß der Groves-Mechanismus letztlich ein Spezialfall der allgemeinen mikroökonomischen Auktionstheorie ist, bei der analysiert wird, unter welchen Umständen die Teilnehmer einer Auktion ihre Zahlungsbereitschaften wahrheitsgemäß äußern.

19.6 Zusammenfassung

In diesem Kapitel haben wir unsere Analyse von privaten Gütern auf öffentliche Güter und externe Effekte ausgedehnt. Dabei erwies sich das Konzept externer Effekte als derart allgemein, daß eine zusätzliche Theorie öffentlicher Güter überflüssig ist. Als allgemeingültige Effizienzbedingung konnten wir in Abschnitt 19.2 herleiten, daß die Summe aller Grenzkosten der Summe aller Grenznutzen entsprechen muß.

Anschließend haben wir in Abschnitt 19.3 mit der Umweltökonomie den wichtigsten Politikbereich zur Internalisierung externer Effekte diskutiert und die Überlegenheit marktorientierter Instrumente der Umweltpolitik unter dem Kriterium der volks-wirtschaftlichen Kosten nachgewiesen. Dies führte uns zu einem deutlichen Plädoyer für marktorientierte Instrumente des Umweltschutzes wie Abgaben und Steuern sowie Zertifikaten gegenüber ordnungsrechtlichen Vorgaben, sofern das Kriterium der ökologischen Treffsicherheit nicht die alles entscheidende Rolle spielt.

Mit dem Coase-Theorem haben wir in Abschnitt 19.4 einen völlig anderen Ansatz skizziert, bei dem die Notwendigkeit von Eingriffen zur Internalisierung externer Ef-fekte in Frage gestellt wird. Es zeigte sich aber, daß das Coase-Theorem in seiner ur-sprünglichen Formulierung im Rahmen der kooperativen Spieltheorie nichts zur Be-antwortung der Frage beitragen kann, wann wirklich damit gerechnet werden kann, daß Verhandlungen von individuell rationalen Wirtschaftssubjekten zum Pareto-Op-timum führen. Wir werden das Coase-Theorem daher im verhandlungstheoretischen Kapitel 24 erneut aufgreifen.

Da sich bei öffentlichen Gütern und externen Effekten stets das Problem der Prä-ferenzermittlung stellt, haben wir in Abschnitt 19.5 mit dem Groves-Mechanismus schließlich eine Methode vorgestellt, die garantiert, daß rationale Individuen bei einer Befragung tatsächlich die Wahrheit sagen. Wir werden in Kapitel 25 sehen, daß der Groves-Mechanismus vom theoretischen Standpunkt aus nichts anderes als ein Spezi-alfall sog. *second-price-auctions* ist, mit denen Güter bei Versteigerungen und Ausschrei-bungen effizient alloziiert werden können.

Kapitel 20

Die ökonomische Theorie des Haftungsrechts

20.1 Grundlagen

20.1.1 Grundgedanken der ökonomischen Theorie des Haftungsrechts[1]

Im vorhergehenden Kapitel haben wir mit dem Ordnungsrecht, Preis- und Mengen- sowie Verhandlungslösungen verschiedene Methoden zur Internalisierung externer Effekte bezugnehmend auf das Umweltproblem untersucht. Obwohl sich alle Metho- den sowohl hinsichtlich der Art der Regulierung als auch in ihren Effizienzeigen- schaften unterscheiden, handelt es sich doch stets um bestimmte *rechtliche Vorgaben*. Dies ist selbstverständlich, weil alle Maßnahmen zur Internalisierung externer Effekte ja rechtlich abgesicherte Sanktionsmechanismen benötigen, sofern die Vorgaben nicht eingehalten werden. Der Unterschied ist „lediglich", daß die Vorgabe beim Ordnungs- recht beispielsweise in einem Grenzwert und bei Abgaben in einem Preis für Schad- stoffe besteht. Der Grundgedanke der *ökonomischen Theorie des Rechts* besteht nun auf- bauend auf der Theorie externer Effekte darin, *alle* rechtlichen Regelungen als Maß- nahmen zur Internalisierung externer Effekte zu interpretieren und auf ihre Effizienz- eigenschaften zu untersuchen. Denn letztlich dienen rechtliche Vorgaben ja genau dazu, die Akteure zu bewegen, bei ihren Handlungen nicht nur den Nutzen für sich selbst, sondern auch den Nutzen (bzw. Nutzenentgang) anderer Betroffener zu be- rücksichtigen. Ganz analog zum Vergleich von Auflagen, Abgaben und Zertifikaten im vorhergehenden Kapitel stellt sich dann generell die Frage, welche rechtlichen Re- gelungen unter verschiedenen Nebenbedingungen geeignet scheinen, um die externen Effekte unterschiedlichster Art möglichst effizient zu internalisieren.

Aufbauend auf diesem allgemeinen Grundgedanken hat sich seit den sechziger Jahren die ökonomische Theorie des Rechts entwickelt, die mittlerweile alle möglichen Rechtsnormen unter Effizienzgesichtspunkten untersucht. Der Schwerpunkt liegt dabei auf der Analyse des Haftungsrechts, wobei sowohl das Vertragsrecht als auch das Haftungsrecht bei Schädigungen durch Dritte (Unfallrecht) intensiv analysiert werden. Bei der Untersuchung des Vertragsrechts wird etwa gefragt, welchen Scha- densersatz ein wortbrüchiger Vertragspartner zahlen sollte, damit er den Vertrag ge- nau dann bricht, wenn dies effizient ist. Denn es kann ja ohne weiteres sein, daß zwi- schen dem Vertragsabschluß und der -ausführung bei einem Vertragspartner Ereig- nisse eintreten, die zur Ineffizienz des Vertrags führen. Es wäre dann falsch, diesen

---

1 Als Lehrbücher zur ökonomischen Theorie des Haftungsrechts können z.B. Shavell 1987 und Endres 1992 empfohlen werden. Die folgende Darstellung orientiert sich teilweise an Feess 1995.

Vertragspartner mit allen Mitteln zur Einhaltung der getroffenen Vereinbarung zu zwingen.

Wir möchten uns in diesem Kapitel allerdings nicht mit dem Vertragshaftungsrecht, sondern mit dem Schadensersatzrecht in Schadensfällen auseinandersetzen, das man üblicherweise kurz als *Haftungsrecht* bezeichnet. Jede rechtliche Regelung hat zwei Auswirkungen, nämlich Änderungen der Einkommensverteilung und Änderungen der Allokation (Effizienzgesichtspunkt). Obwohl beide Aspekte sowohl Juristen als auch Ökonomen geläufig sind, werden die Schwerpunkte doch unterschiedlich gesetzt. In rechtswissenschaftlicher Sicht dienen Schadensersatzzahlungen in erster Linie zur *Kompensation der Geschädigten*. Unfallopfer können ihre Schädiger verklagen und erhalten – sofern der Klage stattgegeben wird – Schadensersatzzahlungen in Höhe der erlittenen Unfallfolgen. Die rechtlichen Regelungen, die über die Annahme oder Ablehnung der Klage sowie die Höhe der Schadensersatzzahlungen entscheiden, bezeichnet man als *Haftungsregeln*. Die Zielsetzung von Haftungsregeln ist in juristischer Perspektive vor allem ein „gerechter" Ausgleich zwischen Schädiger und Geschädigtem, so daß eine *Verteilungsfrage* im Mittelpunkt der Überlegungen steht.

Solche Verteilungsfragen werden zwar auch unter Ökonomen diskutiert, doch sind sie eher nebensächlich, weil man die Geschädigten ja durchaus auch aus Versicherungs- oder Steuertöpfen entschädigen könnte. Die eigentliche Aufgabe von Haftungsregeln muß dagegen darin gesehen werden, das *Verhalten der potentiellen Schädiger* in geeigneter Weise zu beeinflussen. Wenn ein Autofahrer weiß, daß er einen entstandenen Schaden ersetzen muß, so wird er die möglichen Schadensersatzzahlungen einkalkulieren und entsprechend langsamer fahren. Man kann demnach sagen, daß Juristen primär den Schadensausgleich *ex-post*, und Ökonomen primär die Anreizwirkungen *ex-ante* untersuchen. Ökonomisch handelt es sich bei Haftungsregeln also um nichts anderes als um eine Strategie zur Internalisierung externer Effekte.[2] Bedenken Sie, daß der besondere Reiz einer Haftungsregel als Instrument zur Internalisierung externer Effekte beispielsweise im Umweltbereich in den geringeren Transaktionskosten gesehen werden kann. Während etwa bei Abgaben *jede* emittierte Einheit kostenpflichtig ist und die Unternehmen daher emissionsorientierte „Steuererklärungen" erstellen müssen, muß die Umweltbehörde bzw. das Gericht im Falle zivilrechtlicher Regelungen nur eingreifen, wenn wirklich ein Schaden eingetreten ist.

Anknüpfend an die Theorie externer Effekte werden wir in diesem Kapitel die Effizienz von Haftungsregeln erläutern. Dabei nehmen wir stets an, daß es einen oder mehrere potentielle Schädiger gibt, die nützliche und riskante Aktivitäten in dem Sinne durchführen, daß diese Aktivitäten einen *stochastischen* Schaden erzeugen. Denken Sie also beispielsweise wieder an einen Autofahrer, dessen Nutzen aus dem Autofahren bei steigender Geschwindigkeit (oder auch nur bei steigender Fahrleistung) zunimmt.

---

2 Selbstverständlich setzt die beschriebene Reaktion der Autofahrer voraus, daß diese sich zumindest teilweise rational verhalten, was auf der einen Seite nicht immer der Realität entspricht. Auf der anderen Seite ist aber auch zu bedenken, daß Erhöhungen der Kontrollen und Strafzahlungen bei Überschreitung von Verkehrsregeln zweifellos eine größere Disziplin bewirken. Gerade die im Vergleich zur Risikoerhöhung geringen Strafen bei Alkoholdelikten im Vergleich zu Geschwindigkeitsüberschreitungen auf unbefahrenen Autobahnen nachts um 3 Uhr wollen dem Verfasser in dieser Hinsicht gar nicht einleuchten.

Sofern er sich rational verhält, wird er das damit verbundene steigende Risiko für ihn selbst bei der Entscheidung über seine Geschwindigkeit berücksichtigen. Gleichzeitig steigt aber auch das Risiko für andere, so daß er einen negativen externen Effekt erzeugt. Ein anderes typisches Beispiel sind Unternehmen, die chemische Produkte erzeugen und dadurch (trotz aller möglicherweise verwendeten Sorgfalt) mit einer bestimmten Wahrscheinlichkeit einen Schaden erzeugen. Wir können dann annehmen, daß das Risiko mit steigender Sorgfalt abnimmt, und Haftungsregeln sollen das Unternehmen dazu bewegen, die pareto-effiziente Sorgfalt zu verwenden.

20.1.2 Voraussetzungen der Analyse und Vorgehensweise

Bei der Effizienzanalyse von Haftungsregeln müssen vor allem drei Nebenbedingungen berücksichtigt werden, nämlich erstens die Art der untersuchten *Haftungsregeln*, zweitens die Art der *Schadensfunktion* und drittens die *Informationsverteilung*. Bevor wir in Abschnitt 20.2 mit der Untersuchung beginnen, möchten wir auf diese Aspekte kurz eingehen.

20.1.2.1 Haftungsregeln

Grundsätzlich lassen sich zwei Arten von Haftungsregeln, d.h. von Anspruchsgrundlagen für zivilrechtliche Schadensersatzansprüche, unterscheiden:

— die gängige Anspruchsgrundlage ist die *Verschuldenshaftung*, bei der ein Schädiger nur dann Ersatz leisten muß, wenn er einen Schaden vorsätzlich oder fahrlässig verursacht hat. In der Bundesrepublik Deutschland ist dies vor allem in § 823 BGB verankert. § 823 BGB besagt sinngemäß, daß ein Schädiger dann zum Schadensersatz verpflichtet ist, wenn er den Schaden fahrlässig oder vorsätzlich verursacht hat. Ökonomisch können wir die Verschuldenshaftung so interpretieren, daß es ein bestimmtes *Sorgfaltsniveau* gibt, das den Verursacher vom Vorwurf der Fahrlässigkeit und demnach auch von der Haftung befreit;

— dementgegen muß ein Schädiger im Rahmen der *Gefährdungshaftung* jeden Schaden ersetzen, den er nachweislich verursacht hat. Die Gefährdungshaftung wird in Fällen verwendet, bei denen die Aktivitäten der potentiellen Schädiger selbst dann riskant sind, wenn diese sich sorgfältig verhalten. Der Grundgedanke ist, daß solche Tätigkeiten angesichts ihres möglicherweise großen volkswirtschaftlichen Nutzens zwar einerseits nicht verboten werden sollen, andererseits aber das Risiko eines Schadens trotz sorgfältigen Verhaltens nicht den Geschädigten aufgebürdet werden soll. Typische Beispiele für die Gefährdungshaftung sind daher der Straßen- oder Flugverkehr sowie die Betreibung von Atomkraftwerken, weil bei diesen Tätigkeiten trotz hoher Sorgfalt immer wieder etwas passieren kann. Unter dem Transaktionskosten-Gesichtspunkt ist es ein Vorteil der Gefährdungshaftung, daß die Frage der Fahrlässigkeit vor Gericht gar nicht thematisiert werden muß. In der Bundesrepublik Deutschland wurde Ende 1990 das *Umwelthaftungsgesetz* verabschiedet, das für eine umfassende Zahl umweltgefährdender Anlagen die Gefährdungshaftung einführte. Sofern ein Unternehmen also einen Umweltschaden eindeutig verursacht hat, ist es auch dann zum Schadensersatz verpflichtet, wenn es sich sorgfältig verhalten hat. Dies gilt auch dann, wenn die Schäden durch Emissionen verursacht wurden, die unterhalb der genehmigten Grenzwerte lagen.

Beachten Sie bitte, daß die Frage der Verursachung („Kausalität") völlig unabhängig davon ist, ob es sich um eine Verschuldens- oder eine Gefährdungshaftung handelt. In beiden Fällen haften Schädiger (meist unter Ausschluß höherer Gewalt) nur dann, wenn der Geschädigte ihnen die Verursachung des Schadens nachweisen kann. Allerdings gibt es durchaus sog. *Beweiserleichterungen* im Kausalitätsbereich, die beispielsweise im gerade erwähnten Umwelthaftungsgesetz eine herausragende Rolle spielen.

20.1.2.2 Kausalitätsformen

Die Effizienz verschiedener „Varianten" der Gefährdungs- und Verschuldenshaftung hängt nun wesentlich davon ab, um welche Art von Schadensfunktionen es sich handelt. Mit Schadensfunktion meinen wir einfach die (mathematische) Beziehung zwischen den riskanten Aktivitäten potentieller Schädiger und dem Schaden. Im allgemeinsten Fall nehmen wir an, daß es einen *Schadenserwartungswert* S gibt, der von den riskanten Aktivitäten x_1, x_2, ..., x_n beeinflußt wird. Allgemein können wir eine Schadensfunktion demnach als

$$S = S(x_1, x_2, ..., x_n) = S(\mathbf{x}) \tag{20.1}$$

schreiben, wobei $\mathbf{x}$ ein Vektor riskanter Aktivitäten ist. Die zugehörigen Nutzen der Aktivitäten nennen wir $U_i(x_i)$, so daß die soziale Wohlfahrtsfunktion

$$W = \sum_{i=1}^{n} U_i(x_i) - S(\mathbf{x}) \tag{20.2}$$

lautet. Wie stets nehmen wir an, daß der Grenznutzen ab- und der marginale Schadenserwartungswert zunimmt, d.h. es gelten

$$\frac{dU_i(x_i)}{dx_i} > 0 \tag{20.3a}$$

$$\frac{d^2U_i(x_i)}{dx_i^2} < 0 \tag{20.3b}$$

$$\frac{\partial S(\mathbf{x})}{\partial x_i} > 0 \tag{20.3c}$$

$$\frac{\partial^2 S(\mathbf{x})}{\partial x_i^2} > 0 \tag{20.3d}$$

Dann ergeben sich als Bedingungen erster Ordnung für ein Wohlfahrtsoptimum

$$\frac{dU_i(x_i)}{dx_i} = \frac{\partial S(\mathbf{x})}{\partial x_i} \quad \forall i \tag{20.4}$$

Dies drückt den aus der im vorhergehenden Kapitel behandelten Theorie externer Effekte bekannten Sachverhalt aus, daß im Optimum jede riskante Aktivität solange ausgedehnt werden muß, bis der Grenznutzen dem (erwarteten) Grenzschaden entspricht. Bei den riskanten Aktivitäten kann es sich dabei ebenso um die Geschwindigkeit beim Autofahren wie die Höhe von Emissionen oder die *Verringerung* eines Sorgfaltsniveaus, beispielsweise bei der Überprüfung von Öltanks, handeln. Je höher x_i, desto niedriger die Sorgfaltskosten und desto höher der Nutzen des Unternehmens. Wir sprechen allgemein einfach von „der Aktivität".

Aufbauend auf diesen allgemeinen Überlegungen müssen verschiedene Typen von Schadensfunktionen unterschieden werden, weil die Einschätzung von Haftungsregeln davon beeinflußt wird. Man spricht dabei meist von *Kausalitätsformen*, weil damit der „kausale" Zusammenhang zwischen den Aktivitäten und dem Schaden beschrieben wird. Wir sprechen von

- *Monokausalität*, wenn der Schaden nur von den riskanten Aktivitäten *eines* potentiellen Schädigers verursacht wurde und der Schädiger nach Schadenseintritt eindeutig identifiziert werden kann. Dies gilt beispielsweise für Umweltschäden, die eindeutig nur von einem Unternehmen verursacht werden, also etwa für Störfälle, bei denen gesundheitsschädigende Stoffe austreten;
- *alternativer Kausalität*, wenn der Schaden zwar wieder mit Sicherheit nur von einem Schädiger verursacht wurde, dieser aber nach Schadenseintritt nicht genau identifiziert werden kann. Man denke etwa an Wasserschadstoffe, die von verschiedenen Unternehmen erzeugt werden, deren Herkunft im Fluß aber nicht geklärt werden kann;
- und von *Multikausalität*, wenn der Schaden von mehreren Personen gemeinsam erzeugt wird, d.h. wenn die in Gleichung (20.1) gegebene Schadensfunktion die riskanten Aktivitäten von mindestens zwei Personen oder Unternehmen enthält. Ein in der Literatur besonders intensiv untersuchter Spezialfall der Multikausalität sind sog. *bilaterale Schäden*, bei denen der Schadenserwartungswert von den riskanten Aktivitäten des (potentiellen) Schädigers und des Geschädigten bestimmt wird. Der klassische Fall dafür ist ein Unfall zwischen einem Auto- und einem Radfahrer. Da es sich dabei aber wie erwähnt um einen (einfachen) Spezialfall der Multikausalität handelt, gehen wir auf bilaterale Schäden nicht getrennt ein.

20.1.2.3 Informationsverteilung

Im vorhergehenden Kapitel haben wir ausführlich darauf hingewiesen, daß mit jedem beliebigen Instrument eine effiziente Internalisierung externer Effekte erreicht werden kann, sofern der soziale Planer (also beispielsweise die Umweltbehörde) vollständig über alle relevanten Fakten informiert ist. In unserem Fall heißt dies, daß ein Gericht mit *jeder* Haftungsregel ein Optimum erreichen kann, sofern es die Schadensfunktion $S(\mathbf{x})$ und die Nutzenfunktion $U_i(x_i)$ genausogut kennt wie die potentiellen Schädiger. Dies ist aber keineswegs eine besonders plausible Annahme: so muß man beispielsweise in unserem Verkehrsbeispiel davon ausgehen, daß Autofahrer zumindest den Nutzen der erhöhten Geschwindigkeit (also etwa ihre spezifischen Zeitrestriktionen an einem bestimmten Tag), vielleicht aber auch den Schadenserwartungswert (d.h. ihre Fahrfähigkeiten) besser einschätzen können als ein Gericht, dem kaum eine andere Möglichkeit bleibt, als von durchschnittlich begabten Fahrern auszugehen. Ganz analog zur Theorie externer Effekte im vorhergehenden Kapitel lautet eine wichtige Frage also, welche Haftungsregel geringere Informationen benötigt, um ein Optimum implementieren zu können.

Bei der Untersuchung der Bedeutung der Informationsverteilung werden wir zwei wichtige Vereinfachungen treffen:

− erstens betrachten wir den Informationsstand der Gerichte als exogen, d.h. wir berücksichtigen nicht die Möglichkeit, daß die Gerichte ihre Kenntnisse durch Informationsbeschaffung aufbessern können;

− und zweitens betrachten wir lediglich die „gängigen Varianten" der Haftungsregeln und prüfen, welche Auswirkungen die unvollständige Information jeweils hat. Wir untersuchen also keine komplexeren Mechanismen, mit denen die Gerichte die potentiellen Schädiger dazu bewegen können, ihre Informationen „zu offenbaren". Dies setzt die Kenntnis der Informationsökonomie aus den Kapiteln 22 und 23 voraus, so daß wir auf derartige Fragen erst später eingehen werden.

In Abschnitt 20.2 behandeln wir monokausale Schäden, in Abschnitt 20.3 multikausale Schäden und in Abschnitt 20.4 die alternative Kausalität.

20.2 Gefährdungs- und Verschuldenshaftung bei monokausalen Schäden

20.2.1 Annahmen

Wir beginnen den Vergleich zwischen der Gefährdungs- und Verschuldenshaftung nun mit dem einfachsten Fall monokausaler Schäden. Wie einleitend erwähnt, bezeichnen wir mit $U_i(x_i)$ den Nutzen einer riskanten Aktivität x_i und mit $S(x_i)$ den damit verbundenen Schaden.[3] Da wir es mit monokausalen Schäden zu tun haben, vereinfachen sich die durch das Gleichungssystem (20.4) gegebenen allgemeinen Effizienzbedingungen zu

$$\frac{dU_i}{dx_i} = \frac{\partial S}{\partial x_i} \tag{20.5}$$

Wie stets drückt Bedingung (20.5) aus, daß im Optimum die Grenznutzen der riskanten Aktivität den (erwarteten) Grenzschäden entsprechen müssen. Die zugehörige pareto-effiziente Aktivität bezeichnen wir erneut mit x_i^t. Wir vergleichen nun die Gefährdungs- und Verschuldenshaftung nach der Eignung, das soziale Optimum x_i^t herbeizuführen.

---

3   Dabei gelten die in ((20.3a) – ((20.3d) formulierten Annahmen über die Nutzen- und die Schadensfunktion.

20.2.2 Gefährdungshaftung

Unter der Gefährdungshaftung wird wie erwähnt verstanden, daß ein Schädiger völlig unabhängig von der Höhe seiner riskanten Aktivität den gesamten eingetretenen Schaden ersetzen muß. Dies bedeutet, daß die Zielfunktion des Schädigers[4] für alle denkbaren x_i

$$G_i(x_i) = U_i(x_i) - S(x_i) \qquad (20.6)$$

lautet. Die Zielfunktion des Unternehmens entspricht demnach der sozialen Wohlfahrtsfunktion, weil alle Schäden beim potentiellen Schädiger „internalisiert" sind. Dies ist eine hinreichende Bedingung dafür, daß die Gefährdungshaftung zum Optimum x_i^f führt, weil sich das Unternehmen genauso verhält, wie sich auch ein sozialer Planer verhalten würde (die Bedingungen erster Ordnung in der Gewinnfunktion des potentiellen Schädigers und des sozialen Planers sind identisch).

Der entscheidende Vorteil der Gefährdungshaftung unter dem Gesichtspunkt der Informationsverteilung bei Monokausalität ist, daß die vom Gericht benötigten Informationen extrem gering sind. Da die Gerichte keinerlei Verhaltensstandard festlegen müssen, benötigen sie weder Kenntnisse über die tatsächlich gewählte Aktivität, noch über die Schadensfunktion $S(x_i)$ oder die Nutzenfunktion $U_i(x_i)$. Erforderlich ist „lediglich", daß der Schaden eindeutig beziffert und auf die Aktivität des betreffenden Wirtschaftssubjekts zurückgeführt werden kann (Monetarisierung und Kausalität). Da die Notwendigkeit zur Vorgabe irgendwelcher Standards – sei es in Form direkter Auflagen, Mengenbegrenzungen oder Abgaben – entfällt, spricht man auch davon, daß die Gefährdungshaftung als einziges Instrument zur Internalisierung externer Effekte neben einer *Internalisierungs- auch eine Dezentralisierung*sfunktion wahrnehmen kann. Der Kern ist also, daß sich ein Schädiger „automatisch" effizient verhält, weil er weiß, daß er jeden möglicherweise eintretenden Schaden auch bezahlen muß. Er wird also in vollem Umfang für die externen Effekte verantwortlich gemacht.

20.2.3 Verschuldenshaftung bei vollständiger Information

Auf den ersten Blick scheint die Vermutung naheliegend zu sein, daß die Gefährdungshaftung zu einer größeren Sorgfalt bzw. zu geringeren Emissionen führt als die Verschuldenshaftung, weil ja unabhängig vom Verhalten *alle* eingetretenen Schäden ersetzt werden müssen. Eine recht einfache Überlegung zeigt allerdings, daß auch die Verschuldenshaftung zu den pareto-effizienten Aktivitäten führt, sofern das Gericht vollständig informiert ist und die jeweiligen Verschuldensstandards entsprechend festlegt.

Bei vollständiger Information können die Gerichte den Verschuldensstandard für jedes Wirtschaftssubjekt genau in den pareto-effizienten Aktivitäten x_i^f festlegen. Gemäß dem Grundgedanken der Verschuldenshaftung bedeutet dies, daß der Schädiger nur dann haften muß, wenn er seine Aktivität über x_i^f hinaus ausdehnt. Die Ziel- bzw.

---

4   Wir schreiben sie als „Gewinnfunktion", doch kann es sich natürlich auch um nicht-kommerzielle Aktivitäten wie das Autofahren handeln.

Gewinnfunktion $G_i(x_i)$ des Schädigers weist also offenbar einen „Knick" in x_i^f auf und lautet[5]

$$G_i(x_i) = \begin{cases} U_i(x_i) & \text{für } x_i \leq x_i^f \\ U_i(x_i) - S(x_i) & \text{für } x_i > x_i^f \end{cases} \qquad (20.7)$$

Ein Vergleich mit der im vorhergehenden Kapitel untersuchten Umweltpolitik zeigt, daß wir die Verschuldenshaftung unter ökonomischen Anreizgesichtspunkten als einen Spezialfall der Auflagenpolitik interpretieren können, bei dem die Zahlung des Schädigers genau dem eingetretenen Umweltschaden entspricht. Zwischen der Auflagenpolitik und der Verschuldenshaftung bestehen zwar durchaus Unterschiede, die aber für das Verhalten der Schädiger nicht von entscheidender Bedeutung sind:

– der erste Unterschied ist, daß die Zahlung bei Auflagen an die öffentliche Hand und bei der Verschuldenshaftung an die Geschädigten geht, was für letztere zwar höchst bedeutsam, für den Sorgfaltsanreiz der Schädiger aber ganz nebensächlich ist;

– und der zweite Unterschied besteht darin, daß im Falle der Auflagenpolitik bei *jeder* entdeckten Überschreitung der zulässigen Aktivitäten eine Ordnungsstrafe fällig wird, während bei der Verschuldenshaftung nur dann Zahlungen entstehen, wenn sich die Aktivitäten ex-post als schädlich erweisen, wenn der Schaden also wirklich eingetreten ist. Auch dies ist für die Schädiger aber nicht von Bedeutung, weil sie sich ja am Schadenserwartungswert orientieren. Dieser ist aber in beiden Fällen gleich, sofern die – bei Überschreitung und Entdeckung sichere – Ordnungsstrafe genau dem Schadenserwartungswert entspricht.

Formal kann (ebenfalls in direkter Analogie zur Auflagenpolitik) leicht gezeigt werden, daß die Vorgabe des „richtigen" Verschuldensstandards x_i^f ebenso zur Wahl von x_i^f führt wie die Gefährdungshaftung. Versetzen wir uns hierzu in die Lage des Unternehmens. Eine Wahl unter x_i^f kommt nicht in Frage, da $U_i(x_i)$ ja steigt und auch schon die Einhaltung von x_i^f von der Haftung befreit. Bleiben also nur Emissionen über x_i^f. Damit ein x_i über x_i^f gewählt wird, müßte dies den erwarteten Gewinn des Unternehmens erhöhen, d.h. es müßte gelten:

$$U_i(x_i) - S(x_i) > U_i(x_i^f) \qquad (20.8)$$

weil bei Überschreitung von x_i^f ja der Schadenserwartungswert berücksichtigt werden muß. Wir machen uns nun den selbstverständlichen Sachverhalt zunutze, daß $U_i(x_i^f)$ zweifellos größer ist als $U_i(x_i^f) - S(x_i^f)$, da der Schadenserwartungswert positiv ist. Also impliziert die Gültigkeit von (20.8) auch die Gültigkeit von (20.9):

$$U_i(x_i) - S(x_i) > U_i(x_i^f) - S(x_i^f) \qquad (20.9)$$

(20.9) kann aber nicht erfüllt sein. Denn wenn es ein x_i geben würde, das die Gleichung (20.9) erfüllt, dann könnte x_i^f gar nicht die soziale Wohlfahrtsfunktion maxi-

---

5   Leser/innen, die besonders gut mit Abbildungen zurecht kommen, mögen bitte schon hier Abbildung 20.1 hinzuziehen, die den Sachverhalt graphisch darstellt.

mieren, weil $U_i(x_i)-S(x_i)$ die soziale Wohlfahrt ist. Die soziale Wohlfahrt wird aber definitionsgemäß durch x_i^f maximiert. Also kann es ein solches x_i nicht geben. Eine Verschuldenshaftung, die eine Haftung gerade bei der Überschreitung von x_i^f bejaht, liefert also einen sehr starken Anreiz zur Einhaltung von x_i^f. Abb. 20.1 zeigt, daß die Verschuldenshaftung einen starken Anreiz zur Wahl von x_i^f bietet, um den Haftungsrisiken zu entgehen.

Abb. 20.1: *Sorgfaltsniveaus bei der Gefährdungs- (GH) und Verschuldenshaftung (VH)*

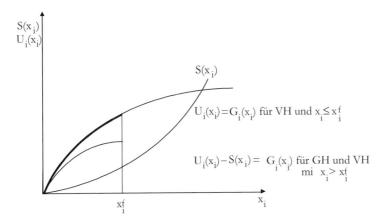

Solange das Unternehmen höchstens x_i^f emittiert, befindet es sich auf der Funktion $U_i(x_i)$. Emittiert es dagegen über x_i^f, so muß es den Schadenserwartungswert $S(x_i)$ berücksichtigen, so daß die Zielfunktion von $U_i(x_i)$ auf $U_i(x_i)$-$S(x_i)$ absinkt. Die Zielfunktion wird also offenkundig durch x_i^f maximiert.

20.2.4 Verschuldenshaftung bei unvollständiger Information

Das gerade demonstrierte Ergebnis bestätigt die Überlegung, daß bei vollständiger Information mit jedem beliebigen Instrument ein Pareto-Optimum erreicht werden kann, sofern man das Instrument „intelligent" einsetzt. Dies heißt aber keineswegs, daß die Gefährdungshaftung keine Vorteile gegenüber der Verschuldenshaftung bietet. Vielmehr stellen sich bei der Verschuldenshaftung unter Informationsgesichtspunkten ganz ähnliche Probleme, wie wir sie bereits bei der Auflagenlösung in Kapitel 19 angesprochen haben. Der Kern ist, daß die pareto-effizienten Aktivitäten jedes einzelnen Schädigers nicht nur vom Schadenserwartungswert $S(x_i)$, sondern auch von den individuellen Nutzenfunktionen $U_i(x_i)$ abhängen. Sind die Nutzenfunktionen verschiedener Autofahrer unterschiedlich, so muß der Verschuldensstandard für jeden Autofahrer im Pareto-Optimum unterschiedlich festgelegt werden. Sonst treten die gleichen Ineffizienzen auf, die uns aus undifferenzierten Auflagen wohlbekannt sind. Die Festlegung unterschiedlicher Verschuldensstandards scheitert aber nicht nur an prohibitiven Informationskosten, sondern auch an Gerechtigkeitserwägungen, weil man kaum dem Verfasser des vorliegenden Lehrbuchs eine besonders hohe Geschwindigkeit auf Landstraßen zubilligen wird, weil er wie 90 % der Bevölkerung so albern ist zu glauben, zu den 20 % besten Autofahrern zu gehören. In vielen Fällen (denken Sie wieder an Emissionen) stellt sich außerdem wieder der Zielkonflikt zwischen der statischen und der dynamischen Anreizwirkung. So scheint es höchst problematisch, ein Unternehmen mit der Begründung von der Haftung freizusprechen, daß seine Vermeidungskosten – möglicherweise wegen verschlafener Innovationen – größer sind als die eines anderen Unternehmens, welches haftbar gemacht wird. Sobald ein Verschuldensstandard über x_i^f liegt, hat der Schädiger keinen Anreiz mehr, mit seinen Aktivitäten auf x_i^f herunterzugehen. Solche Probleme stellen sich bei der Gefährdungshaftung nicht, weil sich dort jeder Schädiger an seiner eigenen Nutzenfunktion orientiert.

Zur Vermeidung von Mißverständnissen sei hervorgehoben, daß die Verschuldenshaftung bei unvollständiger Information keineswegs dazu führen muß, daß die riskanten Aktivitäten *über* das Pareto-Optimum hinaus ausgedehnt werden. Wird der Verschuldensstandard nämlich zu streng festgelegt, so haben die potentiellen Schädiger dennoch einen starken Anreiz, diesen einzuhalten, um sich von der möglichen Haftung zu befreien. Ist beispielsweise die optimale Geschwindigkeit 55 km/h und liegt der Verschuldensstandard bei 50 km/h, so wird man die geringere Aktivität von 50 km/h wählen, um den Haftungsrisiken zu entgehen. Erst wenn der Verschuldensstandard „viel zu streng" ist (also beispielsweise bei 18 km/h liegt), wird man die 55 km/h wählen und das Haftungsrisiko eingehen. Bei einem zu strengen Verschuldensstandard sind also zwei Ergebnisse möglich. Entweder der Schädiger wählt genau den zulässigen Standard oder er verhält sich effizient. Dies verdeutlicht, daß es bei der Verschuldenshaftung unter Berücksichtigung von Informationsproblemen nicht nur zu einer Untersorgfalt bei zu laschen Verschuldensstandards, sondern auch zu einer Übersorgfalt kommen kann, weil die Schädiger einen Anreiz haben, auch zu strenge Standards einzuhalten. Somit besteht im allgemeinen kein Grund zu der Annahme, daß der Übergang von der Verschuldens- zur Gefährdungshaftung die riskanten Aktivitäten verringert. Eine Zunahme der riskanten Aktivitäten durch die Gefährdungshaftung ist auf den ersten Blick zwar kontraintuitiv, weil es schwer vorstellbar ist, daß eine Haftung „strenger" ist als die Gefährdungshaftung. Auf den zweiten Blick erweist es sich aber als relativ leicht nachvollziehbar, daß die Gewährung eines Haftungsausschlusses bei strengen Anforderungen dazu führen kann, daß die riskante Aktivität unter dem Optimum bleibt.

20.2.5 Schlußfolgerungen

Unsere Überlegungen haben gezeigt, daß die Gefährdungs- und die Verschuldenshaftung bei vollständiger Information identisch sind, während die Gefährdungshaftung bei asymmetrischer Information überlegen ist, weil die Verschuldenshaftung die gleichen Probleme aufweist wie ordnungsrechtliche Instrumente. Sobald das Gericht unvollständig informiert ist, kommt es zu Fehlspezifikationen des Verschuldensstandards und entsprechenden Ineffizienzen. Dies ist aber ausgesprochen plausibel, weil zumindest hinsichtlich der Nutzenfunktionen von einem Informationsvorsprung seitens der Schädiger ausgegangen werden muß. Darüber hinaus ist eine Fehlspezifikation von Verschuldensstandards schon deshalb wahrscheinlich, weil sich Juristen *bewußt* nicht an x_i^f, sondern an *einem* für alle Betroffenen verbindlichen x^+ orientieren.[6] Der Verschuldensstandard wird so festgelegt, daß er den Kenntnissen eines durchschnittlich informierten und begabten Beteiligten entspricht.[7] Obwohl dies sicherlich mit dem Argument zu hoher Transaktionskosten und generell nicht ermittelbarer Informationen gerechtfertigt werden kann, muß zumindest darauf hingewiesen werden, daß die Festlegung einheitlicher Verschuldensstandards für Wirtschaftssubjekte mit unterschiedlichen Nutzenfunktionen zwangsläufig zu Ineffizienzen führt. Die Gefährdungshaftung ist daher bei Monokausalität ein eindeutig überlegenes Instrument, so daß beispielsweise die Einführung einer Gefährdungshaftung im Umweltbereich positiv zu beurteilen ist.

20.3 Multikausale Schäden

20.3.1 Annahmen

Im vorhergehenden Abschnitt haben wir unterstellt, daß die Schadensfunktion nur von der Aktivität *eines* potentiellen Schädigers beeinflußt wird. Dies ist in vielen Fällen aber nicht zutreffend. So wird beispielsweise der Schadenserwartungswert bei einem Verkehrsunfall nicht nur vom Verhalten eines Autofahrers, sondern vom Fahrstil und der Geschwindigkeit zahlreicher Autofahrer bestimmt. In diesem Fall spricht man wie erwähnt von multikausalen Schadensfunktionen bzw. multikausalen Schäden. Ein besonders prominentes Beispiel für multikausale Schäden ist der Umweltbereich. Oft ist es erst das komplexe Zusammenwirken der Emissionen aus zahlreichen Quellen, das zum Schaden führt. Dabei sind ganz unterschiedliche Konstellationen denkbar. So kann es sein, daß erst „der letzte Tropfen" das Faß zum Überlaufen bringt und zum Schaden führt, oder aber auch, daß einige Emissionen den Schaden gar nicht mehr erhöht haben, weil beispielsweise der See schon umgekippt ist. Ferner können die Emissionen einen Schaden additiv, multiplikativ oder in komplizierten, darüber hinaus keineswegs bekannten mathematischen Formen erzeugen. Man kann sich leicht vorstellen, daß die unterschiedlichen Schadensbilder in der Praxis erhebliche Probleme bei der Beantwortung der Frage bereiten, wie der Schaden zwischen den verschiedenen Schädigern aufgeteilt werden soll.[8]

Wir wollen im folgenden eine denkbar einfache multikausale Schadensfunktion mit nur zwei potentiellen Schädigern betrachten, weil dies vollständig ausreicht, um das Problem zu verdeutlichen. Der entscheidende Punkt ist die Annahme, daß die (erwartete) Schädlichkeit einer riskanten Aktivität zunimmt, wenn die jeweils andere

---

6   Vgl. z.B. Ott 1989, 29; Kloepfer 1990, 259; Landes/Posner 1987, 124f.

7   Brüggemeier 1989, 214 weist allerdings daraufhin, daß sich besonders der BGH bemüht, die individuellen Nutzenfunktionen von Schädigern bei der Entscheidung über fahrlässiges Handeln zu berücksichtigen.

8   Für eine Systematisierung der möglichen Fälle und deren Behandlung in der juristischen Literatur vgl. Feess 1995, Kapitel 3.

Aktivität steigt. Diese Annahme ist Ihnen beispielsweise aus Cobb-Douglas-Funktionen wohlbekannt, wo die Grenzproduktivität eines Produktionsfaktors um so größer ist, je höher die eingesetzte Menge des anderen Faktors ist. Dies ist auch bei Schadensfunktionen eine ausgesprochen plausible Annahme. Erhöht beispielsweise ein Autofahrer seine Geschwindigkeit, so ist die dadurch hervorgerufene Zunahme des Schadenserwartungswerts um so größer, je schneller der andere Autofahrer fährt. Als Schadensfunktion wählen wir beispielhaft

$$S = (x_1 + x_2)^2 = x_1^2 + x_2^2 + 2x_1 x_2 \tag{20.10}$$

Gleichung (20.10) beschreibt eine denkbar einfache, aber multikausale Schadensfunktion, weil der Schadensteil $2x_1 x_2$ von beiden Schädigern gemeinsam erzeugt wird.[9] Als Nutzenfunktionen unterstellen wir für beide Beteiligten

$$U_i(x_i) = 20x_i^{0,5} \tag{20.11}$$

so daß die soziale Wohlfahrtsfunktion

$$W = 20x_1^{0,5} + 20x_2^{0,5} - (x_1^2 + x_2^2 + 2x_1 x_2) \tag{20.12}$$

lautet. Um die pareto-effizienten Aktivitätsniveaus zu ermitteln, müssen wir wieder die partiellen Ableitungen bilden, die

$$\frac{\partial W}{\partial x_1} = 10x_1^{-0,5} - 2x_1 - 2x_2 = 0 \tag{20.13a}$$

bzw.

$$\frac{\partial W}{\partial x_2} = 10x_2^{-0,5} - 2x_1 - 2x_2 = 0 \tag{20.13b}$$

lauten. Mit (20.13a) und (20.13b) haben wir zwei Gleichungen mit zwei Unbekannten, die wir lösen können. Die üblichen Rechnungen führen zu

$$x_1^f = x_2^f = 1,842 \quad \text{und} \quad W^f = 40,72 \tag{20.14}$$

(20.14) gibt uns die pareto-effizienten Aktivitäten und die soziale Wohlfahrt im Optimum an. Wir überlegen nun zunächst, ob die Gefährdungshaftung ihren zentralen Vorzug der Dezentralisierung auch bei Multikausalität bewahren kann (Abschnitt 20.3.2). Da dies bedauerlicherweise nicht der Fall ist, erläutern wir anschließend effiziente Haftungsregeln (Abschnitt 20.3.3).

20.3.2 Gefährdungshaftung ohne Berücksichtigung des (Mit-)Verschuldens

Als zentraler Vorzug der Gefährdungshaftung wurde ja hervorgehoben, daß keine Verschuldensstandards festgelegt werden müssen und das Gericht ein Optimum daher auch dann implementieren kann, wenn es die Nutzenfunktionen der potentiellen Schädiger nicht kennt. Dies bedeutet, daß der Schaden irgendwie zwischen den betei-

---

9 Dies ist selbstverständlich keine Cobb-Douglas-Funktion, sie weist aber ebenfalls die in unserem Zusammenhang wichtigen positiven Kreuzableitungen auf.

ligten Unternehmen aufgeteilt werden muß, ohne die Nutzenfunktionen zu berücksichtigen. Angesichts der Symmetrie der Schadensfunktionen scheint eine gute Möglichkeit darin zu bestehen, jedem Schädiger den halben Schaden aufzubürden.[10] Um zu überprüfen, ob dies zum Optimum führt, betrachten wir die Gewinnfunktionen der Schädiger, die offensichtlich

$$G_1(x_1, x_2) = 20x_1^{0,5} - \frac{(x_1^2 + x_2^2 + 2x_1x_2)}{2} \qquad (20.15a)$$

bzw.

$$G_2(x_1, x_2) = 20x_2^{0,5} - \frac{(x_1^2 + x_2^2 + 2x_1x_2)}{2} \qquad (20.15b)$$

lauten. Als Bedingungen erster Ordnung ergeben sich

$$\frac{\partial G_1}{\partial x_1} = 10x_1^{-0,5} - x_1 - x_2 = 0 \qquad (20.16a)$$

bzw.

$$\frac{\partial G_2}{\partial x_2} = 10x_2^{-0,5} - x_1 - x_2 = 0 \qquad (20.16b)$$

Schon die Bedingungen erster Ordnung zeigen, daß das individuelle Maximierungskalkül mit dem bei der Maximierung der sozialen Wohlfahrtsfunktion *nicht* übereinstimmt, weil die Schäden nicht vollständig, sondern nur zur Hälfte berücksichtigt werden. Als Ergebnisse folgen

$$x_1 = x_2 = 2,924 \quad \text{und} \quad W = 34,2 \qquad (20.17)$$

so daß beide riskanten Aktivitäten bei dieser Haftungsregel über das Optimum hinaus ausgedehnt werden.

Lassen Sie uns den tieferen Grund für diesen Sachverhalt noch etwas genauer erläutern. Im Optimum wählen beide potentiellen Schädiger wie ausgerechnet die Aktivitäten

$$x_1 = x_2 = 1,842 \qquad (20.14)$$

Eine Erhöhung der riskanten Aktivitäten würde sich volkswirtschaftlich nur lohnen, wenn der Nutzenzuwachs größer wäre als der Zuwachs des Schadenserwartungswerts. Also muß jeder potentielle Schädiger den Nutzenzuwachs mit dem *gesamten* Zuwachs des Schadenserwartungswerts vergleichen, damit er sich effizient verhält (betrachten Sie hierzu nochmals die partiellen Ableitungen in (20.13a) bzw. (20.13b), die zum Ausdruck bringen, daß der marginale Zuwachs des Nutzens dem marginalen Zuwachs des gesamten Schadenserwartungswerts entsprechen muß). Bei einer gleichmäßigen Teilung des Schadens berücksichtigt jeder Schädiger aber nur die *Hälfte* des Zuwachses des Schadenserwartungswerts, weil die andere Hälfte ja vom anderen Schädiger getra-

---

10   Dabei unterstellen wir implizit, daß beide Schädiger auch gleiche Aktivitätsniveaus wählen, weil sich sonst dem Schädiger mit einem höheren Aktivitätsniveau auch ein höherer Schadensteil aufbürden läßt.

gen wird. Jeder Schädiger „externalisiert" also einen Teil des Schadens an seinen Mit-schädiger. Dies führt zu dem ökonomisch zwingenden, aber paradoxen Ergebnis, daß beide Schädiger jeweils den *Gesamt*schaden bezahlen müßten, damit sie sich optimal verhalten – was natürlich nicht möglich ist (stellen Sie sich vor, alle Kraftwerksbetrei-ber müßten für die gesamten Kosten des Treibhauseffekts aufkommen). Die Gefähr-dungshaftung kann daher bei multikausalen Schäden ihre Dezentralisierungsfunktion nicht aufrechterhalten, weil eine Haftungsregel, die keine Verschuldensstandards defi-niert, nur dann effizient sein kann, wenn jeder Schädiger für den ganzen Schaden auf-kommt.[11] Dies würde beispielsweise bei bilateralen Schäden mit einem Schädiger und einem Geschädigten (dessen Verhalten ebenfalls in den Schadenserwartungswert ein-geht) in unserem Auto-Radfahrer-Beispiel bedeuten, daß jeder den Schaden am Auto *und* am Fahrrad trägt, was nur dann möglich wäre, wenn mit den Überschüssen Dritte subventioniert werden würden.

20.3.3 Haftungsregeln mit Berücksichtigung des (Mit-)Verschuldens

Da die Gefährdungshaftung ihre Dezentralisierungsfunktion bei Multikausalität wie gezeigt nicht aufrechterhalten kann, müssen bei Multikausalität Verschuldensstandards vorgegeben werden, damit sich die Schädiger effizient verhalten. Analog zur Ver-schuldenshaftung bei Monokausalität besteht das Prinzip solcher Haftungsregeln bei Multikausalität darin, daß die Schadensanteile jedes Schädigers sprunghaft ansteigen, sofern sie sich nicht effizient verhalten. Die Idee ist also, daß jeder Schädiger durch eine Erhöhung der (erwarteten) Schadensersatzzahlungen „hart bestraft" wird, sofern er seine riskante Aktivität über x_i^f hinaus ausdehnt. Auch hier besteht also eine starke Analogie zur Auflagenlösung in der Umweltpolitik, wo Standards aus dem gleichen Grund eingehalten werden.

Zur Vermeidung von Mißverständnissen sei hervorgehoben, daß die Vorgabe von Verschuldensstandards keineswegs eine Abkehr von der Gefährdungs- und eine Rückkehr zur Verschuldenshaftung bedeuten muß. Die Gefährdungshaftung bedeutet zwar definitionsgemäß, daß die Unternehmen *jeden* eingetretenen Schaden[12] ersetzen müssen. Daraus folgt aber *nicht*, daß das Verschulden der Beteiligten im Innenregreß, d.h. bei der Aufteilung des Schadens zwischen den Unternehmen, keine Rolle spielt. Vielmehr läßt sich leicht eine Gefährdungshaftung konstruieren, die über die Berück-sichtigung des Verschuldens im Innenregreß zu den pareto-effizienten Emissionen x_i^f führt, sofern das Gericht die Nutzenfunktionen kennt.

Eine Gefährdungshaftung mit Berücksichtigung des Verschuldens im Innenregreß kann beispielsweise folgendermaßen aussehen:[13]

---

11   Da es sich ökonomisch um das sog. Teamproblem handelt, werden wir darauf in Abschnitt 23.4
     innerhalb des Kapitels zur unvollkommenen Information (moral hazard) nochmals zurückkom-
     men.

12   Dies setzt selbstverständlich die Bejahung der Kausalität durch die Rechtsprechung voraus.

13   Zur Vermeidung von Mißverständnissen sei hinzugefügt, daß auch die Verschuldenshaftung pro-
     blemlos effiziente Aufteilungen im Innenregreß ermöglicht. Vgl. zu unterschiedlichen Formen der
     Schadensteilung Kornhauser/Revesz 1994.

$$l_i(x,S) = \begin{cases} \dfrac{S}{n} & \text{für} \quad x \le x^f \\[2mm] \dfrac{S}{m} & \text{für} \quad x_i > x_i^f \qquad \forall x_i \\[2mm] 0 & \text{sonst} \end{cases} \qquad (20.18)$$

In Worten drückt die Haftungsregel (20.18) folgendes aus:

— Die erste Zeile besagt, daß jeder der n beteiligten Schädiger den n-ten Schadensteil trägt, sofern sich *alle* potentiellen Schädiger effizient verhalten (also höchstens x_i^f wählen). Dies garantiert, daß es sich wirklich um eine Gefährdungshaftung handelt, weil den Geschädigten der Schaden auch dann ersetzt wird, wenn kein Schädiger fahrlässig gehandelt hat. Wenn es 20 Schädiger gibt, die alle sorgfältig waren und der Schaden 100 ist, so bezahlt also jeder Schädiger l_i=100/20=5.

— Die zweite Zeile besagt, daß der Schaden zwischen allen Schädigern aufgeteilt wird, die sich *nicht* sorgfältig verhalten, die also x_i^f überschreiten. Trifft dies auf 4 Schädiger zu, so bezahlt jeder von ihnen l_i=100/4=25. Die sechzehn anderen Schädiger müssen dann nichts bezahlen.

— Die dritte Zeile („0 sonst") drückt aus, daß jeder Schädiger genau dann nichts bezahlen muß, wenn von seinem Standpunkt aus weder die erste noch die zweite Zeile zutrifft. Denn wenn weder alle Schädiger sorgfältig waren (Zeile 1) noch ein Schädiger i fahrlässig war (Zeile 2), dann müssen andere Schädiger fahrlässig gewesen sein, so daß der Schädiger i zu den sechzehn Teilnehmern gehört, die nichts bezahlen müssen.

Die Haftungsregel (20.18) führt also wie die Verschuldenshaftung bei Monokausalität zu einem sprunghaften Anstieg der erwarteten Schadensersatzzahlungen jedes einzelnen Schädigers, sofern dieser x_i^f überschreitet. Wir zeigen nun, daß diese Konstruktion in der Tat dazu führt, daß die Wahl der effizienten Aktivitäten x_i^f für alle Schädiger ein Nash-Gleichgewicht ist. In unserem Fall setzt ein Nash-Gleichgewicht voraus, daß kein Schädiger einen Anreiz hat, über x_i^f zu emittieren, sofern alle anderen ihre jeweils effizienten Aktivitäten x_i^f wählen.

Wenn alle anderen Schädiger x_i^f wählen, so muß jeder abweichende Schädiger den ganzen Schaden *alleine* bezahlen, wenn er seine Aktivität über x_i^f ausdehnt. Bleibt er bei x_i^f, so muß er dagegen nur den n-ten Schadensteil entrichten. Also wird jeder Schädiger x_i^f wählen, sofern Ungleichung (20.19) erfüllt ist:

$$U_i(x_i^f) - \frac{S(x^f)}{n} \ge U_i(x_i) - S(x_i, x_{-i}^f) \qquad (20.19)$$

Dabei ist

— $\mathbf{x}^f$ ein Aktivitäts*vektor*, der für *jeden* Schädiger die effizienten Aktivitäten x_i^f enthält;
— und $\mathbf{x}_{-i}^f$ ein Vektor, der für alle Schädiger außer dem gerade betrachteten Unternehmen i die effizienten Aktivitäten enthält.

Auf der linken Seite steht dann die Differenz des Nutzens aus den effizienten Aktivitäten x_i^f abzüglich den erwarteten Schadensersatzzahlungen $S(x^f)/n$. $S(x^f)/n$ ist der n-te Teil des Schadenserwartungswerts, wenn alle Schädiger x_i^f wählen (und deshalb der effiziente Aktivitätsvektor $\mathbf{x}^f$ gilt). Auf der rechten Seite steht der Nutzen einer beliebigen, höheren Aktivität x_i, abzüglich dem *gesamten* Schadenserwartungswert, wenn die anderen Schädiger den Standard einhalten und der betrachtete Schädiger abweicht. Wir wollen nun zeigen, daß Ungleichung (20.19) für alle denkbaren Aktivitäten x_i erfüllt ist.

Eine hinreichende Bedingung für die Gültigkeit von (20.19) ist aber die von (20.20), d.h. wenn (20.20) gilt, dann gilt erst recht (20.19)

$$U_i(x_i^f) - S(\mathbf{x}^f) \geq U_i(x_i) - S(x_i, \mathbf{x}_{-i}^f) \qquad (20.20)$$

weil die linke Seite von (20.20) eindeutig kleiner ist als die linke Seite von (20.19). Wenn wir also zeigen können, daß (20.20) gilt, so haben wir die Gültigkeit von (20.19) ebenfalls bewiesen. Wenn wir auf der linken *und* auf der rechten Seite von (20.20) den Nutzen aller anderen Schädiger addieren, so erhalten wir

$$\sum_{j=1}^{n} U_j(x_j^f) - S(\mathbf{x}^f) \geq U_i(x_i) + \sum_{\substack{j=1 \\ j \neq i}}^{n} U_j(x_j^f) - S(x_i, \mathbf{x}_{-i}^f) \qquad (20.21)$$

In (20.21) steht aber nun auf der linken Seite die soziale Wohlfahrt im Optimum und auf der rechten Seite die soziale Wohlfahrt, wenn der Schädiger i statt x_i^f ein anderes x_i wählt. Da wir wissen, daß die soziale Wohlfahrt definitionsgemäß im Optimum (also bei x_i^f für alle i) maximiert wird, ist (20.21) stets erfüllt. Damit ist die Gültigkeit von (20.19) bewiesen und gezeigt, daß die Haftungsregel (20.18) den effizienten Aktivitätsvektor $\mathbf{x}^f$ als Nash-Gleichgewicht implementiert.

Aufmerksame Leser/innen mögen nun einwenden, daß die vorgeschlagene Haftungsregel zwar *ein* Nash-Gleichgewicht sei, daß es für die Schädiger aber möglicherweise nützlich sei, wenn *jeder* seine riskante Aktivität über x_i^f ausdehnt und den Schadensteil $1/n$ bezahlt. Um dieses Argument zu entkräften, zeigen wir nun, daß der effiziente Aktivitätsvektor bei dieser Haftungsregel das *einzige* Nash-Gleichgewicht ist. Da einzelne Abweichungen wie gezeigt nicht in Frage kommen, erfordert die Existenz eines anderen Nash-Gleichgewichts, daß j=1 bis m Schädiger x_j^r überschreiten und k=m+1 bis n Schädiger x_k^f wählen (dabei kann die Menge der Schädiger, die x_k^f wählen, grundsätzlich auch leer sein, so daß sich alle Schädiger ineffizient verhalten). Nennen wir $x_j^N > x_j^r$ eine Gleichgewichtsstrategie des Schädigers j im alternativen Nash-Gleichgewicht (deshalb der hochgestellte Index N), so muß

$$U_j(x_j^N) - \frac{\overline{S}(x_j^N, \mathbf{x}_{-j}^N, \mathbf{x}_{-m}^f)}{m} \geq U_j(x_j^f) \quad \forall j \qquad (20.22)$$

gelten, weil bei mehreren Abweichungen die Zahlung für jeden effizienten Schädiger auf Null sinkt. Dabei ist $\mathbf{x}_{-j}^N$ der Aktivitätsvektor aller Schädiger außer j, für die $x_i > x_i^f$

gilt und $\mathbf{x}^f_{-m}$ der Vektor aller Schädiger, die die effizienten Aktivitäten wählen. Summierung von (20.22) über alle abweichenden Schädiger ergibt

$$\sum_{j=1}^{m} U_j(x_j^N) - \overline{S}(x_j^N, \mathbf{x}^N_{-j}, \mathbf{x}^f_{-m}) \ge \sum_{j=1}^{m} U_j(x_j^f) \quad \forall j \tag{20.23}$$

Addieren wir auf beiden Seiten $\Sigma_k\, U_k(x_k^f)$, so folgt

$$\sum_{j=1}^{m} U_j(x_j^N) + \sum_{k=m+1}^{n} U_k(x_k^f) - \overline{S}(x_j^N, \mathbf{x}^N_{-j}, \mathbf{x}^f_{-m}) \ge \sum_{i=1}^{n} U_i(x_i^f) \tag{20.24}$$

Da auf der linken Seite nun die soziale Wohlfahrt im alternativen Nash-Gleichgewicht x^N steht, widerspricht (20.24) der Definition von x^f als (eindeutigem) Optimum, womit der Nachweis, daß x^f ein eindeutiges Nash-Gleichgewicht ist, komplett ist. Denn auf der rechten Seite steht der Nutzen aller Beteiligten im Optimum, der größer ist als die soziale Wohlfahrt im Optimum. Wenn die linke Seite größer als die rechte ist, so könnte das soziale Optimum nicht optimal sein, was offenbar ein Widerspruch ist.

20.3.4 Schlußfolgerungen

In unserer Analyse multikausaler Schadensfunktionen kamen wir zu dem Ergebnis, daß die Gefährdungshaftung zwar ihre Dezentralisierungsfunktion nicht aufrechterhalten kann, daß es aber Haftungsregeln mit Verschuldensstandards gibt (sei es die Gefährdungshaftung mit (Mit-)Verschulden oder die Verschuldenshaftung selbst), die zum Optimum führen können. Dies ist zwar ein erfreuliches Ergebnis, doch setzt dies analog zur Verschuldenshaftung bei Monokausalität voraus, daß die Gerichte für jeden Schädiger mit unterschiedlicher Nutzenfunktion auch einen unterschiedlichen Verhaltensstandard vorgeben, was aus den erläuterten Gründen ausgesprochen unwahrscheinlich ist. Da die Informations-anforderungen bei Multikausalität verständlicherweise noch größer sind als bei Monokausalität, ist es ein bedauerliches Ergebnis, daß die Gefährdungshaftung ihre Dezentralisierungsfunktion nicht aufrechterhalten kann.

Dies führt zu wichtigen praktischen Schlußfolgerungen, beispielsweise bei der Internalisierung von Umweltschäden. Bei Monokausalität weisen Haftungsregeln (bei Verwendung der Gefährdungshaftung) die geringsten Informationsanforderungen auf, so daß das Zivilrecht als Instrument der Umweltpolitik sehr gut geeignet ist. Nimmt jedoch die Anzahl der Schädiger zu, so können Haftungsregeln – genau wie Auflagen – nur effizient sein, wenn die Umweltbehörde bzw. das Gericht über hervorragende Informationen hinsichtlich der Nutzenfunktionen der Schädiger (im Umweltfall: hinsichtlich der Vermeidungskosten der Unternehmen) verfügt. Wir kommen für unseren Anwendungsfall des Umweltproblems daher zu dem Ergebnis, daß für multikausale, großräumige Umweltschäden Abgaben und Zertifikate besser geeignet sind als Haftungsregeln.

20.4 Alternative Kausalität

20.4.1 Annahmen

Wir kommen nun zur dritten, einleitend erwähnten Schadensfunktion, nämlich zur alternativen Kausalität. Wie bei Monokausalität werden bei der alternativen Kausalität die Schäden nur von *einem* Schädiger verursacht, der nach Schadenseintritt aber nicht eindeutig identifiziert werden kann.[14] Der Unterschied der alternativen Kausalität zur Monokausalität betrifft also nicht die Schadenszusammenhänge selbst, sondern lediglich die Unmöglichkeit zur Feststellung des Schädigers.

Charakteristisch für alternative Kausalität ist, daß es mehrere potentielle Schädiger gibt. Dabei kommen neben „menschlichen" Schädigern im allgemeinen auch „natürliche" Faktoren in Betracht – denken Sie etwa an Krankheiten, die entweder von (fehlerhaften) Produkten verschiedener Hersteller oder von genetischen Dispositionen erzeugt werden können. Um die Situation alternativer Kausalität exakter untersuchen zu können, führen wir folgende Definitionen ein:

– $p_i(x_i)$ sei die Wahrscheinlichkeit dafür, daß die riskanten Aktivitäten (also beispielsweise Emissionen) x_i des Schädigers i den Schaden verursachen;

– und q die Wahrscheinlichkeit dafür, daß ein anderer Umstand (also beispielsweise die genetische Disposition des Geschädigten) den Schaden verursacht.

Wir betrachten nun zunächst den einfachsten Fall alternativer Kausalität, bei dem lediglich *eine* menschliche und eine „neutrale" Ursache in Frage kommen, weil dies zur Erläuterung der Kernproblematik zunächst ausreichend ist (wir werden die Situation anschließend verallgemeinern). Dann können wir die soziale Wohlfahrtsfunktion bei alternativer Kausalität als

$$W(x_i) = U_i(x_i) - p_i(x_i) \cdot S - q \cdot S \qquad (20.25)$$

schreiben, wobei $q \cdot S$ annahmegemäß eine exogen gegebene Konstante ist, die nicht beeinflußt werden kann.

Zur Vermeidung von Mißverständnissen sei hervorgehoben, daß p_i und q a-priori-Wahrscheinlichkeiten sind, also Wahrscheinlichkeiten *vor* Eintritt eines Schadens. Unsere Darstellung unterstellt vereinfachend, daß es nur einen Schaden S gibt, so daß die *Höhe* des Schadens also feststeht.[15] $p_i(x_i)$ ist also z.B. die Wahrscheinlichkeit dafür, daß die Emissionen eines Unternehmens ein Fischesterben mit dem monetären Gegenwert S verursachen. Davon müssen wir präzise die Wahrscheinlichkeit dafür unterscheiden, daß ein *bereits eingetretener* Schaden von unserer Anlage verursacht *wurde*. Letzteres ist die *bedingte* (a-posteriori-) Wahrscheinlichkeit nach Schadenseintritt, und diese kann auch dann sehr hoch sein, wenn die a-priori-Wahrscheinlichkeit sehr niedrig ist. So mag die a-priori-Wahrscheinlichkeit dafür, daß ein betrunkener Autofahrer

---

14 Zur juristischen Diskussion der alternativen Kausalität vgl. z.B. die umfassenden Darstellungen von Weckerle 1974 und Cypionka 1985 sowie als Übersicht über die Rechtsprechung z.B. Staudinger-Kommentar (Schäfer) 1986, 734. Die Situation bei alternativer Kausalität spielte besonders bei der Diskussion des deutschen Umwelthaftungsgesetzes eine zentrale Rolle; vgl. Feess 1995.

15 Für allgemeinere Darstellungen mit vielen möglichen Schäden vgl. z.B. Panther 1992.

in der Frankfurter Innenstadt ein süßes Braunbärenbaby überfährt, ausgesprochen gering sein. Findet sich aber genau dort ein überfahrenes Braunbärenbaby und kann nachgewiesen werden, daß unser Autofahrer einen passenden Blechschaden an seinem Auto hat, und war er zum betreffenden Zeitpunkt außerdem in der Gegend, so kann seine bedingte Wahrscheinlichkeit nahe bei Eins liegen.

Wenn der Schaden eingetreten ist, so erhalten wir die bedingten Wahrscheinlichkeiten P_i und Q aus

$$P_i(x_i) = \frac{p_i(x_i)}{p_i(x_i) + q} \tag{20.26}$$

$$Q = \frac{q}{p_i(x_i) + q} \tag{20.27}$$

da sich beide Wahrscheinlichkeiten zu Eins addieren müssen. Wir sind nun so weit fortgeschritten, daß wir unterschiedliche Haftungsregeln für alternative Kausalität unter Effizienzgesichtspunkten analysieren können.

20.4.2 Haftung mit Wahrscheinlichkeitsschwellen

Alle Rechtssysteme operieren bei alternativer Kausalität mit einem Haftungssystem, daß sich durch *Wahrscheinlichkeitsschwellen* charakterisieren läßt. Darunter wird verstanden, daß man einen bestimmten Schädiger i genau dann für den Schaden haftbar machen wird, wenn die *a-posteriori-Wahrscheinlichkeit* dafür, daß er den Schaden verursacht hat, eine bestimmte Wahrscheinlichkeitsschwelle z überschreitet ($P_i(x_i) > z$).[16]

Wenden wir uns nun den Anreizwirkungen einer solchen Regelung über Wahrscheinlichkeitsschwellen zu. Dabei müssen wir beachten, daß zwar q vom Schädiger nicht beeinflußt werden kann, aber $Q = q/(p_i(x_i)+q)$ schon, weil darin ja auch $p_i(x_i)$ enthalten ist. Bedenken wir ferner, daß es für jede Wahrscheinlichkeitsschwelle riskante Aktivitäten x_i gibt, für die der Schädiger haften bzw. nicht haften muß. Wenn die riskanten Aktivitäten gegen unendlich gehen, dann geht $P_i(x_i)$ gegen Eins und Q gegen Null. Umgekehrt geht $P_i(x_i)$ gegen Null und Q gegen Eins, wenn die Emissionen gegen Null gehen. Also können wir jede Wahrscheinlichkeitsschwelle in einen *Verhaltensstandard* umrechnen, der einen potentiellen Schädiger von der Haftung befreit. Es gibt ein $x_i(z)$, das je nach Höhe von z gerade noch einen Haftungsausschluß bewirkt. Dies bedeutet aber, daß Wahrscheinlichkeitsschwellen unter ökonomischen Gesichtspunkten ganz ähnlich wie eine *Verschuldenshaftung* wirken. Genau wie bei der Verschuldenshaftung definieren Wahrscheinlichkeitsschwellen *implizit* einen Verhaltensstandard, dessen Einhaltung von der Haftung befreit.[17]

Wenn man sich dies klar macht, so folgen daraus verständlicherweise auch Ergebnisse, die denen der Verschuldenshaftung weitgehend entsprechen. Damit die Regelung über Wahrscheinlichkeitsschwellen effizient ist, muß z so festgelegt werden,

---

16 Sofern dies im Beispiel mit mehreren möglichen menschlichen Schädigern auf mehrere zutrifft, so wird der Schaden im Innenregreß „irgendwie" zwischen den verschiedenen Schädigern aufgeteilt.

17 Ebenso argumentiert Schwarze 1994.

daß gerade die pareto-effizienten Aktivitäten x_i^f noch einen Haftungsausschluß gewähren. Wenn dagegen auch Aktivitäten über x_i^f noch zum Haftungsausschluß führen, weil $P_i(x_i)$ unter der Wahrscheinlichkeitsschwelle z liegt, dann wird der potentielle Schädiger seine Aktivität auch bis zu diesem Punkt, und demnach über x_i^f hinaus, ausdehnen. Dies bedeutet, daß ein Optimum genau wie bei der Verschuldenshaftung voraussetzt, daß die Umweltbehörde dieses Optimum (d.h. im allgemeinen Fall auch die *einzelnen* Nutzenfunktionen aller potentiellen Schädiger) kennt und z entsprechend festlegt. Wahrscheinlichkeitsschwellen haben daher unter ökonomischen Gesichtspunkten sehr ähnliche Vor- und Nachteile wie das Ordnungsrecht und die Verschuldenshaftung.

20.4.3 Wahrscheinlichkeits- bzw. Proportionalhaftung

Angesichts der skizzierten Schwächen von Regelungen, die ökonomisch ohne weiteres als Verschuldenshaftung interpretiert werden können, favorisieren die meisten Ökonomen die sog. *Wahrscheinlichkeits- oder Proportionalhaftung*. Wir wollen diese Regelung für den allgemeinen Fall darstellen, in dem nicht nur ein menschlicher und ein natürlicher Schädiger, sondern mehrere menschliche Schädiger in Frage kommen.

Unter der Wahrscheinlichkeitshaftung wird verstanden, daß jeder Schädiger, der den Schaden *möglicherweise* verursacht hat, gemäß seiner bedingten Wahrscheinlichkeit haftet. Wenn im einfachsten Fall mit nur einer geeigneten Anlage $P_i(x_i)=0,7$ und Q=0,3 wäre, so hätte das Unternehmen bei einem Schaden von 50 eine Schadensersatzzahlung von 0,7·50=35 zu leisten. Der Knackpunkt der Wahrscheinlichkeitshaftung ist also, daß von dem juristischen Alles-oder-Nichts-Prinzip abgerückt wird, nach dem ein möglicher Verursacher entweder zum Verursacher erklärt wird oder nicht – mit der Konsequenz, daß er entweder den Gesamtschaden oder überhaupt nichts ersetzen muß.

Die Wahrscheinlichkeitshaftung wird stets unter Bezug auf ein aufsehenerregendes Urteil in den USA diskutiert, auf das deshalb etwas ausführlicher eingegangen werden soll. Zwischen 1941 und 1971 wurde von 200 Unternehmen das Schwangerschaftspräparat Diethylstilbestrol (DES) produziert. Ende der sechziger Jahre wurde eine starke Zunahme von Vaginalkrebs festgestellt. Untersuchungen ergaben, daß Frauen, deren Mütter das Mittel eingenommen hatten, signifikant häufiger erkrankten als andere. Die haftungsrechtliche Schwierigkeit bestand darin, daß angesichts der langen Zeitdauer zwischen der Schadensverursachung und -erkennung in keinem Einzelfall festgestellt werden konnte, welche Frau das Produkt welcher Firma eingenommen hatte. Angesichts dieser Aufklärungsschwierigkeiten entschloß sich der California Supreme Court dazu, die fünf größten DES-Hersteller, die zusammen einen Marktanteil von etwa 80 % hatten, gemäß ihres jeweiligen Marktanteils haften zu lassen („market share liability"). Bezüglich jedes Einzelfalls kann dies vom Ergebnis her so interpretiert werden, daß jeder der fünf großen Hersteller gemäß seiner konditionierten Schadenswahrscheinlichkeit haftet. Genau dies bezeichnet man als Proportionalhaftung.

Betrachten wir nun den ökonomischen Gehalt der Wahrscheinlichkeitshaftung, und gehen wir davon aus, daß neben der natürlichen Ursache *mehrere* Unternehmen als Verursacher in Frage kommen.[18] Als soziale Wohlfahrtsfunktion erhalten wir dann

$$W(\mathbf{x}) = \sum_{i=1}^{n} U_i(x_i) - \left(\sum_{i=1}^{n} p_i(x_i) + q \right) S \qquad (20.28)$$

(20.28) unterscheidet sich von der oben formulierten sozialen Wohlfahrtsfunktion lediglich dadurch, daß nun mehrere Unternehmen (menschliche Schädiger) berücksichtigt werden. Als Effizienzbedingung erhalten wir wie gewohnt für jeden Schädiger, daß der Grenznutzen der riskanten Aktivität der marginalen Zunahme des Schadenserwartungswerts entsprechen muß:

$$\frac{dU_i}{dx_i^f} = \frac{dp_i}{dx_i^f} \cdot S \qquad (20.29)$$

Analog zur Situation mit nur einem Schädiger berechnet sich die bedingte Wahrscheinlichkeit dafür, daß der Schaden gerade von einem bestimmten Unternehmen i verursacht wurde, aus

$$P_i(x_i) = \frac{p_i(x_i)}{\sum_{i=1}^{n} p_i(x_i) + q} \qquad (20.30)$$

Da das Unternehmen genau den Anteil des Schadens bezahlen muß, der seiner bedingten Wahrscheinlichkeit entspricht, beträgt die Haftungszahlung des Schädigers (Unternehmens) i, *wenn* der Schaden eintritt, also

$$l_i(x_i) = P_i(x_i) \cdot S = \frac{p_i(x_i)}{\sum_{i=1}^{n} p_i(x_i) + q} \cdot S \qquad (20.31)$$

Für das Verhalten des Unternehmens ist aber nicht die *wirkliche*, sondern die *erwartete* Schadensersatzzahlung entscheidend. Wir müssen also zusätzlich die Wahrscheinlichkeit dafür berücksichtigen, daß überhaupt ein Schaden eintritt, weil das Unternehmen andernfalls auch keine Schadensersatzzahlungen leisten muß. Diese Wahrscheinlichkeit beträgt $\sum p_i(x_i) + q$. Daraus ergibt sich als erwartete Schadensersatzzahlung L_i für das Unternehmen i

$$L_i(x_i) = (\sum_{i=1}^{n} p_i(x_i) + q) \cdot \frac{p_i(x_i)}{\sum_{i=1}^{n} p_i(x_i) + q} \cdot S = p_i(x_i) \cdot S \qquad (20.32)$$

---

18 Die Situation mit nur einem Unternehmen als möglichem Verursacher ergibt sich leicht als Spezialfall, indem man n=1 setzt.

$p_i(x_i){\cdot}S$ ist aber nichts anderes als der Schadenserwartungswert, der durch die Aktivitäten des Unternehmens i hervorgerufen wird. Die Zielfunktion unseres Unternehmens lautet dann

$$G_i(x_i) = U_i(x_i) - p_i(x_i){\cdot}S \quad \forall i \qquad (20.33)$$

so daß genau der Teil des gesamten Schadenserwartungswerts berücksichtigt wird, der auf die Aktivitäten des betreffenden Unternehmens zurückzuführen ist. Die gewinnmaximalen Aktivitäten x_i^* (d.h. die Maxima von (20.33)) liegen bei

$$\frac{dU_i}{dx_i^*} = \frac{dp_i}{dx_i^*} \cdot S \quad \forall i \qquad (20.34)$$

so daß die Wahrscheinlichkeitshaftung also dazu führt, daß sich jeder potentielle Schädiger für die pareto-effizienten Aktivitäten x_i^f entscheidet (denn (20.34) stimmt ja mit (20.29) überein).

Wodurch kommt dieses erfreuliche Ergebnis von der ökonomischen Logik her zustande? Der entscheidende Punkt ist, daß die Wahrscheinlichkeiten dafür, daß der Schaden durch andere Unternehmen oder neutrale Faktoren erzeugt wurde, aus dem Entscheidungskalkül des Unternehmens i verschwindet (in Gleichung (20.32) sieht man schön, wie sich $\sum p_i(x_i) + q$ herauskürzt). Je höher beispielsweise q

– desto höher ist zwar die Wahrscheinlichkeit, daß überhaupt ein Schaden eintritt und das Unternehmen i haften muß;

– desto niedriger ist aber auch die Haftungshöhe, weil die bedingte Wahrscheinlichkeit der Schadensverursachung sinkt.

Diese beiden Effekte gleichen sich genau aus, so daß im Entscheidungskalkül des Unternehmens die ursprüngliche Wahrscheinlichkeit $p_i(x_i)$, und demnach der selbst erzeugte Schadenserwartungswert $p_i(x_i)S$, auftaucht. Unter juristischen Gesichtspunkten wird die Wahrscheinlichkeitshaftung aber nach wie vor abgelehnt, was auch daran liegen mag, daß der Grundsatz „im Zweifelsfall für den Angeklagten" aus dem Strafins Zivilrecht übertragen wird und es für das Strafrecht in der Tat etwas seltsam anmutet, jemanden für 2 Jahre einzusperren, weil er mit einer Wahrscheinlichkeit von 10 % einen Mord begangen hat. Ökonomisch weist die Proportionalhaftung dagegen große Vorteile auf. Der Knackpunkt ist, daß die Proportionalhaftung auch dann zur Wahl der pareto-effizienten riskanten Aktivitäten führt, wenn die Gerichte keinerlei Informationen über die Nutzenfunktionen der beteiligten Schädiger haben – sie weist also ähnliche Vorteile auf wie die Gefährdungshaftung bei Monokausalität.

20.5 Zusammenfassung

Unter ökonomischen Gesichtspunkten sind zivilrechtliche Haftungsregeln nicht mehr und nicht weniger als Instrumente zur Internalisierung externer Effekte, die in erster Linie nach ihren Effizienzeigenschaften untersucht werden müssen. Dabei zeigte sich, daß die Gefährdungshaftung auch ohne jede Kenntnis der Nutzenfunktionen potentieller Schädiger seitens der Gerichte ein Pareto-Optimum implementieren kann, sofern es sich um Monokausalität oder alternative Kausalität handelt. Dies ist ein wesentlicher Vorteil der Gefährdungshaftung, den wir als „Dezentralisierung" bezeichnet haben. Der entscheidende Punkt ist, daß die Gerichte kein Sorgfaltsniveau vorgeben müssen, deren Einhaltung einen Haftungsausschluß konstituiert. Die Informationsanforderungen sind daher extrem gering. Sobald jedoch eine Schadensfunktion eingeht, in der die (marginalen) erwarteten Schädlichkeiten der riskanten Aktivitäten verschiedener Schädiger voneinander abhängig sind (Multikausalität), können Haftungsregeln nur noch effizient sein, wenn die Gerichte Verschuldensstandards definieren, bei deren Mißachtung die (erwarteten) Schadensersatzzahlungen sprunghaft ansteigen. Daraus haben wir die Schlußfolgerung gezogen, daß Haftungsregeln beispielsweise für die Internalisierung der externen Effekte, die durch großräumige Luftverschmutzungen hervorgerufen werden, wegen des eminenten Informationsbedarfs ungeeignet sind.

Kapitel 21

Einführende Überlegungen zur Informationsökonomie

In Abschnitt 17.2 haben wir bereits den Unterschied zwischen vollständiger und unvollständiger Information erläutert. Daran anknüpfend werden wir nun unterschiedliche Informationsverteilungen etwas genauer unterscheiden und in den nachfolgenden Kapiteln untersuchen.[1] Die Schwierigkeit bei der Definition verschiedener Begriffe und Situationen besteht dabei darin, daß diese sich nur teilweise „hierarchisch ordnen", also als Spezialfälle allgemeinerer Begriffe, darstellen lassen. Konkret scheinen uns die folgenden Begriffe besonders wichtig:

1. Asymmetrische Information:
Dies ist ein sehr breit verwendeter Begriff, mit dem Situationen beschrieben werden, in denen die Spieler über Sachverhalte unterschiedlich gut informiert sind, die ihr Verhalten beeinflussen. Der Begriff asymmetrische Informationsverteilung ist der allgemeinste Begriff, mit dem Informationsprobleme analysiert werden. Er liefert eine gute intuitive Vorstellung von Problemen, die mit unterschiedlichen Informationsständen verbunden sein können, gibt aber keine (hinreichenden) Hinweise darauf, welche spieltheoretischen Lösungskonzepte verwendet werden sollten.

2. Unvollständige Information (incomplete information):
Unter unvollständiger Information versteht man, daß ein Spieler über bestimmte Sachverhalte besser informiert ist, die exogen vorgegeben sind, die also *nicht* von den Spielern selbst gewählt werden. Diese Sachverhalte werden üblicherweise als *Typen* bezeichnet, so daß man statt von unvollständiger Information auch von Spielen mit *unbekannten Typen* redet. Man spricht ferner auch davon, daß der Sachverhalt *private information* ist. Beispiele dafür sind, wie bereits in Abschnitt 17.2.1 erläutert, die Kostenfunktionen von Unternehmen, die nur diesen selbst vollständig bekannt sind, aber Einfluß auf das Verhalten und die Ergebnisse haben können. Unvollständige Information kann als Spezialfall der asymmetrischen Informationsverteilung interpretiert werden, weil die Information unterschiedlich verteilt ist (hier ist also eine begriffliche Ordnung möglich: Spiele mit unvollständiger Information sind eine Teilmenge der Spiele mit asymmetrischer Information). Innerhalb von Spielen mit unvollständiger Information lassen sich wiederum zahlreiche Unterformen trennen:[2]

---

1 Vgl. zum folgenden auch die hervorragende Strukturierung bei Rasmusen 1994, 165ff.
2 Diese Unterscheidungen sind in der Literatur sehr unterschiedlich. Wir folgen zu einem großen Teil der Strukturierung in Rasmusen 1994, 165ff. Ein Unterschied ist allerdings, daß dieser Spiele

– Bei *negativer Auslese (adverse selection)* ist der Typ zum *Zeitpunkt eines Vertragsabschlusses* private Information. Ursprünglich stammt der Begriff adverse selection aus der Versicherungstheorie, was leicht einsehbar ist: so kann etwa angenommen werden, daß der Versicherungsnehmer über seine körperliche Verfassung besser informiert ist als die Krankenversicherung, so daß nur „schlechte" Typen einen Vollversicherungsschutz abschließen, um ihre (hohen) Risiken zu überwälzen.

– Bei *verborgener Information (hidden information)* wird *zunächst* ein Vertrag abgeschlossen. *Anschließend* erfährt der besser informierte Spieler seinen Typ und führt noch eine Aktion durch, die das Gesamtergebnis des Spiels beeinflußt. Diese Aktion besteht möglicherweise lediglich darin, den Typ wahrheitsgemäß (oder auch nicht!) mitzuteilen. In unserem Beispiel – mit der Krankenversicherung – ist der Unterschied zwischen adverse selection und hidden information also der, daß der Versicherungsnehmer im ersten Fall sein Risiko zum Zeitpunkt des Versicherungsabschlusses schon kennt, im zweiten Fall aber nicht. Der Vertrag könnte dann beispielsweise eine Klausel enthalten, daß der Versicherte neue Informationen mitteilen muß.[3]

Weitere Unterscheidungen innerhalb von Spielen mit unvollständiger Information betreffen sog. screening- und signalling-Spiele, bei denen versucht wird, den Informationsstand während des Spiels zu verändern. Darauf wird in Kapitel 23 ausführlicher eingegangen.

3. Unvollkommene Information (imperfect information):
Unter unvollkommener Information versteht man, daß mindestens ein Spieler zum Zeitpunkt mindestens eines Zuges nicht weiß, in welcher Informationsmenge er sich befindet. Stellen Sie sich beispielsweise vor, daß der Gewinn eines Duopolisten nicht nur von seiner eigenen Produktionsmenge, sondern auch von der des Konkurrenten abhängt, er zum Zeitpunkt seiner Entscheidung aber die Menge des Konkurrenten nicht kennt; er weiß also nicht, „wo er sich befindet". Da dies auch im ganz gewöhnlichen statischen Spiel mit vollständiger Information der Fall ist, haben *alle statischen Spiele unvollkommene Information.* Der spannende Fall unvollkommener Information (und der, der üblicherweise mit diesem Begriff assoziiert wird) ist allerdings der, in dem die Parteien zum Zeitpunkt des Vertragsabschlusses gleich gut informiert sind, aber der eine Vertragspartner nach Abschluß eine *unbeobachtbare Aktion* durchführt, die das Ergebnis beeinflußt. In diesem Fall spricht man auch von *hidden action* oder *moral hazard* (moralische Risiken). Das klassische Beispiel dazu stammt ebenfalls aus der Versicherungstheorie und besteht darin, daß die Versicherungsgesellschaft nicht beobachten kann, wie sorgfältig der versicherte Autofahrer fährt. Der Begriff moral hazard erklärt sich daraus, daß der Fahrer ohne Versicherungsschutz vorsichtiger wäre.

---

mit hidden information als Spiele mit vollständiger Information (complete information) bezeichnet (vgl. Rasmusen 1994, 165). Dies liegt daran, daß er incomplete information auf Situationen beschränkt, in denen die Typen *zu Beginn* des Spiels festgelegt werden und private information sind (vgl. Rasmusen 1994, 45).

3   Rasmusen 1994, 167 bezeichnet dies als „moral hazard with hidden knowledge".

Wichtig ist der Zusammenhang zwischen den unterschiedlichen Formen der Informationsverteilung und den verwendeten spieltheoretischen Lösungskonzepten. Bei un*vollständiger* Information benötigt man das Bayesianische Gleichgewicht (sofern es sich um *statische* Spiele handelt) oder das Perfekte Bayesianische Gleichgewicht und verwandte Konzepte (sofern es sich um *dynamische* Spiele handelt). Bei unvoll*kommener* Information reicht das gewöhnliche Nash-Gleichgewicht aus, sofern keine Möglichkeit besteht, Einschätzungen über das unbeobachtbare Verhalten der Spieler im Zeitablauf zu ändern. Wenn beispielsweise erst der Autofahrer fährt und seine Sorgfalt unbeobachtbar ist und dann das Versicherungsunternehmen eine Zahlung vornimmt, genügt das gewöhnliche Nash-Gleichgewicht; für kompliziertere dynamische Spiele wird dagegen auch das Perfekte Bayesianische Gleichgewicht benötigt.

Lassen Sie uns noch auf einige andere Begriffe eingehen, die zwar nicht direkt die Informationsverteilung betreffen, die Ihnen aber häufig begegnen werden und mit der jeweiligen Spielstruktur zusammenhängen. Eine große Rolle in der Literatur zur Informationsökonomie spielt nach wie vor die Unterscheidung zwischen der Principal-Agent-Theorie, der Transaktionskostentheorie und der Theorie der Eigentumsrechte (Property Rights Theory). Unter der *Principal-Agent-Theorie* versteht man eine *Modellstruktur*, die sowohl in Situationen mit unvollständiger Information als auch in Situationen mit unvollkommener Information wichtig ist. Gemeint sind Situationen, in denen ein schlechter informierter *Principal* einen besser informierten *Agenten* dazu bringen möchte, sich in seinem Sinne zu verhalten. Ein Beispiel dafür ist ein Abteilungsleiter, der entweder die Fähigkeiten (unvollständige Information) eines Mitarbeiters nicht kennt oder dessen Arbeitseinsatz (unvollkommene Information) nicht beobachten kann und dennoch ein möglichst gutes Ergebnis für die Abteilung erzielen möchte. Charakteristisch für die Principal-Agent-Theorie ist in ihrer einfachen Form, daß nur eine eingeschränkte Form von Verträgen untersucht wird: diese besteht darin, daß der Principal dem Agenten ein einmaliges Vertragsangebot unterbreitet (take-it-or-leave-it-offer), das dieser entweder annehmen oder ablehnen kann. Lehnt er den Vertrag ab, so kommt es unmittelbar zum Scheitern der Verhandlungen. Aus diesem Grund wird der Agent jedes Vertragsangebot des Principals akzeptieren, das ihn mindestens so gut stellt, wie die Ablehnung des Angebots. Wenn dies der Principal akzeptiert, so erhält er den gesamten Verhandlungsgewinn alleine. Die take-it-or-leave-it-Struktur ist für den Principal sehr günstig. *Die Principal-Agent-Theorie ist die spieltheoretische Untersuchung bestimmter Vertragsstrukturen bei asymmetrischer Informationsverteilung.* Beide Formen des Principal-Agent-Problems (also Probleme mit unvollständiger und mit unvollkommener Information) werden wir in den folgenden Kapiteln behandeln.

Die *Transaktionskostentheorie* war ein weiterer wichtiger Zweig in der Entwicklung der modernen Mikroökonomie, mit dem auf die beschränkte Aussagekraft der traditionellen Marktmodelle hingewiesen wurde.[4] Während die Principal-Agent-Theorie und die Theorie asymmetrischer Informationsverteilung allgemein auf unterschiedlich gut informierte Wirtschaftssubjekte abzielen, betont die Transaktionskostentheorie zurecht, daß der Abschluß von Kontrakten Zeit und Geld kostet. Dies führt dazu, daß alle empirisch beobachtbaren Kontrakte unvollständig in dem Sinne sind, daß sie nicht

---

4   Vgl. zur Entwicklung der Transaktionskostentheorie vor allem Williamson 1989.

für jeden „Zustand der Welt" Preise und Mengen vereinbaren. Dies ist der Grund dafür, warum Gerichte immer wieder tätig werden müssen, wenn Umstände eintreten,
mit denen einer oder mehrere der Vertragspartner nicht gerechnet haben. Die moderne Ausformung der Transaktionskostentheorie in der Mikroökonomie bezeichnet
man als *Theorie unvollständiger Verträge*.[5] Dort geht es vor allem um die Frage, welcher
Beteiligte entscheiden soll, wenn unvorhergesehene Ereignisse eintreten (soll beispielsweise kurz vor einem möglichen Konkurs der Manager oder der Aufsichtsrat
über die weitere Strategie entscheiden?). Die moderne Transaktionskostentheorie ist
also vor allem eine Theorie der effizienten Verteilung von Entscheidungsbefugnissen.[6]
Wir werden auf die Theorie unvollständiger Verträge im Rahmen dieses Lehrbuchs
aber nicht näher eingehen, weil die dort verwendete, spezifische Modellstruktur den
Rahmen sprengen würde.

Die Interpretation der Transaktionskostentheorie als eine Theorie von Entscheidungsbefugnissen legt bereits nahe, daß die *Property Rights Theory* keinen darüber hin-
ausgehenden, spezifischen Gehalt mehr beanspruchen kann. Da auch die Property
Rights Theory die Frage nach den Auswirkungen von Verfügungs- und Entschei-
dungsrechten (und damit nach den Auswirkungen von Macht) stellt, wird auch sie in
der modernen mikroökonomischen Literatur Teil der allgemeinen Vertrags- und Verhandlungstheorie, bei der insbesondere die Verhandlungsmechanismen und die Informationsstrukturen sehr genau spezifiziert werden müssen, um belastbare Ergebnisse zu erzielen.

Zusammenfassend läßt sich sagen, daß man bei einer Aneignung der Literatur
darauf achten sollte, ob

– adverse selection oder moral hazard vorliegt;
– die Informationsasymmetrien einseitig oder mehrseitig sind;
– die Spiele statisch oder dynamisch sind;
– in welcher Reihenfolge die Spieler agieren
– und ob beliebig komplexe Mechanismen zugelassen sind.

---

5   Vgl. als sehr gelungene Einführung z.B. Hart 1995.
6   Bedenken Sie, daß sich dieses Problem beim Fehlen von Transaktionskosten nicht stellen würde,
     weil für jeden denkbaren Zustand der Welt ein effizientes Verhalten ex-ante spezifiziert werden
     könnte.

Kapitel 22

Unvollkommene Information (moral hazard)

22.1 Überblick

Wir beginnen unsere Überlegungen zur asymmetrischen Informationsverteilung mit Situationen, in denen Spieler *Aktionen* ausführen, die von anderen Spielern nicht beobachtet werden können. Etwas ausführlicher formuliert handelt es sich um Spielsituationen, in denen zunächst ein Vertrag geschlossen wird und *anschließend* von einem Vertragspartner *unbeobachtbare* Aktionen ausgeführt werden, die das Ergebnis für beide Vertragsparteien beeinflussen.

Der ökonomisch entscheidende Punkt an Situationen mit unbeobachtbaren Aktionen ist, daß Verträge nicht auf das Verhalten abgestimmt werden können – eben wie das Verhalten unbeobachtbar ist. Es ist offensichtlich, daß dies zu Schwierigkeiten führen kann: Denken Sie etwa an einen Autofahrer, der bei effizienter Fahrweise einen erwarteten Schaden von 100 verursacht und seiner Versicherung einen Betrag von 200 dafür anbietet, daß diese den kompletten Schaden übernimmt, wenn dieser eintritt. Es ist durchaus möglich, daß der Kunde einen solchen Vertrag anbietet, weil er stark risikoavers und deshalb bereit ist, einen Betrag zu bezahlen, der erheblich über dem Erwartungsschaden liegt. Ohne das Problem unbeobachtbarer Aktionen würde die Versicherung den Vertrag annehmen und eine Klausel einbauen, daß der Versicherungsschutz entfällt, wenn der Autofahrer nicht effizient, sondern mit überhöhter Geschwindigkeit oder unkonzentriert durch die Gegend braust. Es ist aber eine unrealistische Annahme, daß die Versicherung alle „Aktionen", die das Risiko beeinflussen, wirklich beobachten oder aus einem Schaden rekonstruieren kann – dies mag für die Geschwindigkeit zutreffen, aber nicht für die Konzentration. Was kann aber *ohne* solche Ausschlußklauseln passieren? Wenn die Versicherung das ganze Risiko trägt,[1] hat der Versicherungsnehmer keinen Anreiz mehr, effizient zu fahren – der Erwartungsschaden beträgt also *wegen* des Kontraktes nicht mehr 100, sondern möglicherweise sogar mehr als 200, so daß die Versicherung nicht auf den Vertrag eingehen wird, sofern sie das Problem korrekt antizipiert. Man bezeichnet dies auch als *moral hazard* (moralische Wagnisse), weil nach Vertragsabschluß deshalb riskante Aktionen ausgeführt werden, weil zumindest ein Teil der damit möglicherweise verbundenen negativen Konsequenzen auf den Vertragspartner abgewälzt werden. Es dürfte einleuchten,

---

1 Dies ist faktisch nicht möglich, weil der Versicherungsschutz wenig nützt, wenn man nach einem Unfall stirbt. Solche „impliziten" Selbstbeteiligungen erhöhen die Vorsicht, ändern aber nichts am Kern des Arguments, das auch dann bestehen bleibt (in abgeschwächter Form), wenn die Versicherung nur einen Teil des Schadens übernimmt.

daß moral hazard-Probleme sehr häufig auftreten und keineswegs auf Versicherungs-situationen beschränkt sind. Denken Sie beispielsweise an einen Manager oder einen Beamten, der ein Fixgehalt bekommt und dessen Arbeitsanreize entsprechend ge-schmälert sind. Ein anderes wichtiges Beispiel ist ein Investor, der mit einem Kredit wirtschaftet und das Risiko nur bis zu seiner Konkursschranke einkalkuliert, weil es ihm gleichgültig ist, ob er im Konkursfall 2 oder 3 Millionen Schulden hat.[2]

Der Begriff moral hazard bringt auf schöne Weise das Kernproblem unvollkom-mener Information zum Ausdruck, das darin besteht, daß die Akteure nur unzurei-chend mit den Konsequenzen ihrer Handlungen konfrontiert werden und sich deshalb nicht effizient verhalten – viele Autofahrer würden mit Sicherheit vorsichtiger fahren, wenn sie für die ganzen Risiken ihrer Fahrweise aufkommen müßten. Im Grunde handelt es sich also um ein *Problem externer Effekte*, weil nicht alle Handlungsfolgen beim Akteur selbst anfallen, so daß die in Kapitel 19 erläuterte Theorie externer Ef-fekte einen sehr breiten Stellenwert in der Ökonomie hat.

Diese Überlegung zeigt, daß die Unbeobachtbarkeit von Aktionen dann und nur dann ein Problem hinsichtlich der effizienten Allokation der Ressourcen darstellt, wenn es aus irgendwelchen Gründen nicht möglich oder nicht wünschenswert ist, bestimmte Wirtschaftssubjekte mit den vollen Risiken ihres Handelns zu konfrontie-ren. Denn wenn diese für alle Folgen ihres Handelns aufkommen müssen, dann spielt es keine Rolle, ob andere Wirtschaftssubjekte deren Verhalten beobachten können (vorausgesetzt, man kann die Folgen eindeutig den Verursachern zurechnen). Wenn ein Autofahrer *alle* von ihm verursachten Schäden unabhängig von seinem Fahrstil begleichen muß, so hat er auch dann einen Anreiz zu vorsichtigem Fahren, wenn seine Geschwindigkeit weder beobachtet noch aus dem (potentiellen) Unfallgeschehen re-konstruiert werden kann.

Somit stellt sich die Frage, warum Wirtschaftssubjekte häufig *nicht* mit den ganzen Folgen ihrer Aktionen konfrontiert werden. Dafür gibt es vor allem drei bedeutende Gründe, nach denen sich die kaum überschaubare Literatur zum moral hazard-Prob-lem systematisieren läßt und die den Aufbau dieses Kapitels prägen:

– der *erste Grund* besteht darin, daß Wirtschaftssubjekte schlicht nicht genug Geld zur Verfügung haben, um die Risiken ihres Verhaltens selbst tragen zu können. Dies gilt beispielsweise wieder für unsere Autofahrerin, deren Budgetschranke bei wirk-lich katastrophalen Schäden überschritten ist. Ein ökonomisch besonders wichti-ges Beispiel für dieses Problem sind Unternehmen, die nicht genügend Geld ha-ben, um ihre Investitionsobjekte selbst finanzieren zu können. Sie müssen sich da-her in der einen oder anderen Form um Investoren bemühen, was dazu führt, daß ein Teil der möglichen Erträge und Risiken des Investitionsobjekts auf Dritte ex-ternalisiert wird. Da dieses Problem der *Budgetbeschränkung* wichtig ist, wird es hier behandelt. Dabei war allerdings zu bedenken, daß das Budgetbeschränkungs-problem bei der Finanzierung von Investitionsprojekten zwar intensiv in Veran-staltungen zur Unternehmensfinanzierung normalerweise aber nicht in allgemeinen

---

2   Dies gilt zumindest für das amerikanische Konkursrecht, in dem der Verursacher nach Abnahme
    seines Vermögens einen neuen Start gewährt bekommt (d.h. er muß seine zukünftigen Einnahmen
    nicht abgeben).

mikroökonomischen Vorlesungen erörtert wird. Weil zahlreiche Leser/innen deshalb nach der Relevanz für von Ihnen besuchte Veranstaltungen fragen könnten, haben wir uns dazu entschlossen, das Budgetbeschränkungsproblem erst *nach* dem mikroökonomischen Standardstoff zu moral hazard in Abschnitt 22.5 zu erörtern und als Exkurs zu kennzeichnen;

— der *zweite große Problemkomplex* entsteht durch *Risikoaversion*. Denken wir hierzu erneut an unsere Autofahrerin, die wir A nennen. A ordnet einer *sicheren* Versicherungsprämie von 100,– EUR einen höheren Nutzen zu als der Zahlung eines *möglichen* Schadens von 100.000,– EUR mit 0,1 %, obwohl die *erwartete* Zahlung im zweiten Fall ebenfalls 100,– EUR beträgt. Dies ist die Definition von Risikoaversion, die wir im zweiten Kapitel erläutert haben. Bei Risikoaversion verlangt ein first best, daß die Risiken risikoaverser Wirtschaftssubjekte *vollständig* von risikoneutralen Wirtschaftssubjekten übernommen werden, weil sich diese ausschließlich am Erwartungswert orientieren und der durch die Risikoaversion entstehende Wohlfahrtsverlust daher völlig aufgefangen werden kann. Dies führt bei unbeobachtbaren Aktionen aber genau zu dem beschriebenen Problem moralischer Wagnisse (moral hazard), so daß *zwei Ineffizienzen gegeneinander abgewogen werden müssen*. Je höher die Risikoübernahme durch Dritte, desto stärker die moral hazard-Probleme; je geringer die Risikoübernahme, desto größer das Risiko, das bei risikoaversen Wirtschaftssubjekten verbleibt. Es ist genau dieser Zielkonflikt zwischen Anreizwirkung und Risikoallokation, der nur noch ein *second best*[3] ermöglicht und im Versicherungsfall dazu führt, daß die Selbstbeteiligungen weder 0 % (dann wäre die Risikoteilung perfekt) noch 100 % (dann wäre moral hazard ausgeschlossen) betragen. Wir erläutern diesen zweiten Grund für eine (partielle) Risikoübernahme durch Dritte allerdings nicht unter Bezug auf die Versicherungsproblematik, sondern mit einer Situation, in der ein Unternehmer einen Arbeitnehmer beschäftigt, dessen Leistung bzw. Aktivität er nicht beobachten kann. Wir beginnen mit diesem „klassischen" moral hazard-Problem in Abschnitt 22.2;

— der *dritte Grund* für die (partielle) Risikoübernahme durch Dritte wird als *Teamproblem* bezeichnet. Darunter versteht man, daß *mehrere* Wirtschaftssubjekte gemeinsam einen Output erzeugen, ohne daß die Leistungen bzw. die Aktionen der einzelnen Teilnehmer beobachtet werden können. Sofern überhaupt nicht (auch nicht stochastisch) festgestellt werden können, wer welche Aktion gewählt hat, gibt es *keinen Entloh-nungsmechanismus* (d.h. keine Aufteilung des Outputs), der dazu führt, daß alle Beteiligten einen Anreiz zur Wahl ihrer effizienten Aktion haben. Dieses Teamproblem, das in fast allen Unternehmen eine wichtige Rolle spielen dürfte, skizzieren wir in Abschnitt 22.3. Im ökonomischen Kern entspricht das Teamproblem dem in Kapitel 19 erörterten Problem öffentlicher Güter, weil jeder Beteiligte nur einen Teil des Outputs erhält, aber die Kosten seiner Aktivität (d.h. das Arbeitsleid) vollständig trägt – auch dies beweist wieder die große Bedeutung externer Effekte für die ökonomische Theorie. Darüber hinaus haben wir auf das

---

3 Darunter versteht man in diesem Zusammenhang die bestmögliche Allokation unter der Annahme, daß asymmetrische Informationsverteilung besteht.

Teamproblem bereits in Abschnitt 20.3.2 innerhalb der ökonomischen Theorie des Haftungsrechts hingewiesen.

Es gibt zwei Sachverhalte, die eine Lösung des Teamproblems erleichtern. Der erste Sachverhalt besteht darin, daß die Beteiligten immer wieder in die gleiche Situation kommen. Dieses *moral hazard-Problem in wiederholten Spielen* erläutern wir in Abschnitt 22.4 unter Bezug auf ein Oligopol, in dem nicht festgestellt werden kann, welches Unternehmen von der (vereinbarten) gemeinsamen Gewinnmaximierung abgewichen ist. Zwar sind einfache Triggerstrategien wie die in Abschnitt 17.9.4 skizzierten wegen der Unbeobachtbarkeit der Aktionen ausgeschlossen, dennoch läßt sich die Kollusionslösung wegen der Vorteile (unendlich oft) wiederholter Spiele gegenüber einmaligen Spielen unter Umständen erreichen.

Der zweite Sachverhalt, der eine Lösung des Teamproblems vereinfacht, besteht darin, daß sich zwar nicht *deterministisch* (dann wäre die Geschichte trivial), aber immerhin *stochastisch* (d.h. mit bestimmten Wahrscheinlichkeiten) identifizieren läßt, welche Beteiligten von den effizienten bzw. vereinbarten Aktionen abgewichen sind. Dies ist eine durchaus wichtige Erweiterung, weil beispielsweise ein Abteilungsleiter das Verhalten seiner Mitarbeiter zwar nicht exakt kontrollieren kann, aber aus seinen Beobachtungen durchaus bestimmte (stochastische) Rückschlüsse ziehen kann. Auf diese Thematik verweisen wir kurz in Abschnitt 22.6.

Zum Verständnis der Kapitel 22 und 23 ist die Frage hilfreich, warum wir eigentlich mit unvollkommener Information (Kapitel 22) beginnen und uns anschließend unvollständiger Information (Kapitel 23) zuwenden. Dies ist alles andere als Zufall, sondern vielmehr wegen der spieltheoretisch unterschiedlichen Situationen zwingend. Der entscheidende Grund ist, daß für die hier betrachteten Spiele das Nash-Gleichgewicht als Lösungskonzept ausreicht, weil die schlecht informierten Spieler keine Erwartungen über die Typen der gut informierten Spieler bilden müssen. Dies wiederum liegt daran, daß wir in Kapitel 22 nur Spiele betrachten, in denen *zuerst* der Vertrag geschlossen und dann die unbeobachtbare Aktion ausgeführt wird. Kompliziertere Lösungskonzepte als das Nash-Gleichgewicht würden wir benötigen, wenn die *unbeobachtbaren* Aktionen zu Beginn des Spiels ausgeführt werden würden und es erst anschließend zum Vertragsabschluß kommen würde. Stellen Sie sich beispielsweise vor, daß die unbeobachtbare Aktion (etwa der Arbeitseinsatz) die Produktivität eines Arbeitnehmers beeinflußt. Wenn das Unternehmen *nach* Durchführung des Arbeitseinsatzes einen Vertrag schließen sollte, so wüßte es nicht, ob es einen produktiven oder unproduktiven Arbeitnehmer vor sich hätte - dies wäre also eine Situation *unvollständiger* Information, so daß das Nash-Gleichgewicht als Lösungskonzept nicht mehr ausreichend ist. Im Unterschied dazu ist das Nash-Gleichgewicht auch für asymmetrische Informationsverteilung hinreichend, sofern es sich „lediglich" um unvollkommene, aber nicht um unvollständige Information handelt. Denken Sie einfach daran, daß jedes gewöhnliche Spiel mit simultanen Zügen bereits unvollkommene (aber vollständige) Information aufweist, so daß das Nash-Gleichgewicht für Spiele mit unvollkommener Information durchaus ausreicht. Ein weitergehendes spieltheoretisches Lösungskonzept müssen wir daher erst in Kapitel 23 einführen, wenn wir uns mit unvollständiger Information beschäftigen.

22.2   Das Principal-Agent-Problem mit unbeobachtbaren Aktionen

22.2.1   Überblick

Unter dem Principal-Agent-Problem mit unbeobachtbaren Aktionen versteht man Situationen mit asymmetrischer Informationsverteilung, in denen ein Wirtschaftssubjekt (genannt Principal P) einen Vertrag mit einem anderen Wirtschaftssubjekte abschließt (genannt Agent A), dessen Verhalten und/oder Eigenschaften den Nutzen des P nach Vertragsabschluß beeinflussen. Der Agent verfügt also über einen Informationsvorsprung.[4] Im hier betrachteten Fall mit unbeobachtbaren Aktionen (moral hazard) bedeutet dies, daß P und A einen Vertrag abschließen, und A nach Vertragsabschluß eine unbeobachtbare Aktion wählt, die seinen und den Nutzen des P beeinflußt. Man spricht dann von einem Principal-Agent-Problem mit moral hazard.

Ein extremes Beispiel ist ein Unternehmer, der mit einem Mitarbeiter einen fixen Lohn vereinbart, während die Differenz zwischen dem vom Mitarbeiter erzeugten Output und dem Lohn beim Unternehmer verbleibt. Es ist dann naheliegend, daß der Arbeitsanreiz des Mitarbeiters nicht besonders groß ist und sein Einsatz unter dem effizienten Niveau bleibt, bei dem das Grenzprodukt der Arbeit dem marginalen Arbeitsleid entspricht (in diesem Extremfall einer fixen Entlohnung in einem einmaligen Spiel wäre der nutzenmaximale Arbeitseinsatz des Mitarbeiters selbstverständlich Null). Nicht zwingend, aber typisch für das Principal-Agent-Problem ist, daß P dem A ein einmaliges Vertragsangebot machen darf (ein sog. *take-it-or-leave-it-offer*), das dieser entweder annehmen oder ablehnen kann. Rückverhandlungen sind ausgeschlossen, d.h. der Agent kann nur annehmen oder ablehnen, aber keine Gegenangebote unterbreiten. Es ist offensichtlich, daß dies eine Verhandlungssituation ist, die für P ausgesprochen günstig ist – denn wenn A nur annehmen oder ablehnen kann, so wird er bei unterstelltem Rationalverhalten alle Angebote annehmen, die ihn gerade noch infinitesimal besser (im Grenzwert gleich gut) stellen wie seine beste andere Möglichkeit. Der ganze Nutzen aus dem Vertrag geht dann an den P. Eine solche extreme Annahme über die Verteilung der Verhandlungsmacht ist dann (aber auch nur dann) sinnvoll, wenn mehrere Agenten um den gleichen Principal konkurrieren, weil sich die Agenten dann soweit nach unten konkurrieren, bis sie keinen Gewinn mehr aus dem Vertrag ziehen können (denken Sie einfach an den Bertrand-Wettbewerb aus der Oligopoltheorie).

Aufbauend auf der Annahme eines take-it-or-leave-it-offers zeigen wir nun zunächst, daß im Falle eines *risikoneutralen* Agenten die volle Übernahme des Risikos durch diesen zu einem first best führt (22.2.2). Dies ist eigentlich selbstverständlich, ist aber zum Verständnis der Situation mit Risikoaversion hilfreich. Im Kern handelt es sich dabei um eine Verpachtung des Unternehmens, bei der der Agent an den Principal eine Teilnahmegebühr entrichtet und die gesamten (variablen) Erträge bekommt. Anschließend erläutern wir, daß bei Risikoaversion und *beobachtbaren* Aktionen eben-

---

4   Es gibt auch Modelle mit informierten Principals, was aber den Rahmen eines (einführenden) Lehrbuchs sprengen würde.

falls ein first best erreicht werden kann, bei dem der Agent *überhaupt kein* Risiko trägt (22.2.3). Schließlich behandeln wir den eigentlich interessanten Fall für *Risikoaversion bei unbeobachtbaren Aktionen* in unserem Beispiel (22.2.4), ehe wir die Sachverhalte etwas allgemeiner formulieren (22.2.5).

22.2.2 Risikoneutralität bei unbeobachtbarem Arbeitseinsatz

Wir behandeln alle angedeuteten Fragestellungen durch geringfügige Modifikationen eines Beispiels, das folgendermaßen konstruiert wird:[5] es gibt einen Principal und einen Agenten, deren Nutzenniveaus wir U_P und U_A nennen. Der Arbeitseinsatz e des Agenten erzeugt einen stochastischen, also zufallsverteilten Output y, den wir denkbar einfach als

$$y = e + \theta \tag{22.1}$$

definieren, wobei θ eine gleichverteilte Zufallsvariable mit dem Erwartungswert Null ist. Der Erwartungswert des Outputs entspricht also dem Arbeitseinsatz e. Das Arbeitsleid (V_A) des Agenten sei durch

$$V_A(e) = 0{,}1e^2 \tag{22.2}$$

gegeben. Das Arbeitsleid steigt also progressiv mit dem Einsatz e. Wir gehen davon aus, daß die Entlohnung w für den Agenten aus einer konstanten Zahlung c und einer *ebenfalls konstanten* prozentualen Beteiligung r am Output besteht. Wir beschränken unser Interesse also auf *lineare* (und damit praktisch leicht handhabbare) Entlohnungsschemata der Art

$$w(y) = w(e, \theta) = c + r \cdot y(e, \theta) \tag{22.3}$$

Bedenken Sie, daß damit der Lohn des Agenten *keine* deterministische Funktion des Arbeitseinsatzes e ist, weil der Output eine stochastische Funktion von e ist. Wenn der Agent risikoneutral ist, bewertet er seine Entlohnung aber gemäß des Erwartungswerts, der wegen $E(\theta) = 0$ und Gleichung (22.1)

$$u_A[w(e, \theta)] = c + r \cdot e \tag{22.4}$$

ist. Der Erwartungsnutzen eines risikoneutralen Agenten ist demnach[6]

$$U_A = c + r \cdot e - 0{,}1e^2 \tag{22.5}$$

Der Nutzen des (hier stets als risikoneutral angenommenen) Principals ist die Differenz aus dem Erwartungswert des Outputs (e) und dem Erwartungswert der Lohnzahlungen:

$$U_P = e - c - r \cdot e \tag{22.6}$$

---

5   Für allgemeinere Darstellungen können Kreps 1990, Kapitel 16 sowie Mas-Colell/Whinston/ Green 1995, Kapitel 14 empfohlen werden. Unser Beispiel beruht auf Mc Millan 1992, 196ff.

6   u_A ist der Nutzen aus der Entlohnung, und U_A der Nettonutzen als Differenz aus dem Nutzen der Entlohnung und dem Arbeitsleid.

Wir nehmen an, daß die soziale Wohlfahrt W einfach als Summe der Nutzen beider Beteiligten bestimmt werden kann:[7]

$$W = U_A + U_P = c + r \cdot e - 0{,}1e^2 + e - c - r \cdot e = e - 0{,}1e^2 \qquad (22.7)$$

d.h. sie entspricht einfach der Differenz aus dem Erwartungswert des Outputs und dem Arbeitseinsatz des Agenten. Als Maßstab der Ergebnisse bestimmen wir nun zunächst den wohlfahrtsmaximalen Arbeitseinsatz e^f (f für first best), der sich gemäß der üblichen Methode aus

$$\frac{dW}{de} = 1 - 2 \cdot 0{,}1e^f = 0 \qquad (22.8)$$

zu

$$e^f = \frac{1}{0{,}2} = 5 \qquad (22.9)$$

ergibt. Die Wohlfahrt im first best beträgt demnach

$$W = 5 - 0{,}1 \cdot 5^2 = 2{,}5 \qquad (22.10)$$

Wir nehmen nun realistischerweise an, daß der Agent nicht gezwungen werden kann, für den Principal zu arbeiten, sondern dies nur dann macht, wenn sein Erwartungsnutzen in (22.5) mindestens einen bestimmten Wert annimmt. Diesen *Reservationsnutzen* können wir hier als beste andere Möglichkeit des Agenten (beispielsweise eine andere berufliche Tätigkeit oder einen ausgedehnten Urlaub) interpretieren. Letztlich handelt es sich also um die Opportunitätskosten des Verzichts auf die beste andere Alternative und daher um den Nutzen des Agenten beim Abbruch der Vertragsverhandlungen.

Der Reservationsnutzen des Agenten definiert dabei seine sog. *Teilnahmebedingung*, weil der Agent Verträge, die ihm nicht wenigstens seinen Reservationsnutzen liefern, ablehnen wird. Wir können den Reservationsnutzen des Agenten allerdings ohne Beschränkung der Allgemeinheit zu Null normieren, so daß der Agent im von uns betrachteten Beispiel also keine Verträge annimmt, die ihm einen negativen Nutzen stiften. Wie erwähnt gehen wir davon aus, daß der Principal dem Agenten ein *einmaliges* Vertragsangebot macht, das dieser entweder annehmen oder ablehnen kann (take-it-or-leave-it-Angebot). Es werden also keine komplizierteren Vertragsverhandlungen, beispielsweise mit alternierenden Vertragsangeboten, untersucht. Dadurch geht der gesamte Verhandlungsgewinn an den Principal.[8] Wenn wir ferner annehmen, daß der Agent auch bei Gleichheit zwischen dem Vertrag und dem Reservationsnutzen von Null zugreift,[9] so muß der Principal als Teilnahmebedingung des Agenten

$$w - 0{,}1e^2 \geq 0 \qquad (22.11)$$

bzw., wegen der Annahme des Vertrags bei Gleichheit

$$w - 0{,}1e^2 = 0 \tag{22.11a}$$

also

$$c + r{\cdot}e - 0{,}1e^2 = 0 \tag{22.11b}$$

beachten. Neben der Teilnahme- muß der Principal aber auch eine sog. *Anreizverträglichkeitsbedingung* beachten. Darunter versteht man, daß der Agent *nach* Vertragsabschluß stets die Aktion (in unserem Fall: den Arbeitseinsatz) wählen wird, der seinen eigenen Nutzen (gegeben den Vertrag) maximiert. Der Principal muß den Vertrag also so ausgestalten (er muß solche „Anreize" setzen), daß es im Eigeninteresse des Agenten ist, die vom Principal gewünschte Aktion zu wählen. Der zentrale Punkt ist also, daß sich Principal und Agent *zuerst* auf einen Vertrag einigen und der Agent *anschließend* über seinen Arbeitseinsatz entscheidet.[10] Gemäß des Prinzips der Rückwärtsinduktion muß sich der Principal also zunächst überlegen, welchen Arbeitseinsatz der Agent bei *jedem möglichen* Vertragsangebot wählt und sich anschließend das Vertragsangebot aussuchen, das für ihn (den Principal) am günstigsten ist.

Die Wahl des Arbeitseinsatzes des Agenten ergibt sich für irgendeine aus c und r bestehende Entlohnung aus der Maximierung seiner Nutzenfunktion

$$U_A = c + r{\cdot}e - 0{,}1e^2 \tag{22.5}$$

da c und r *zu diesem Zeitpunkt* gegeben sind. Maximierung von (22.5) über e ergibt

$$\frac{dU_A}{de} = r - 2 \cdot 0{,}1e^* = 0 \tag{22.12}$$

bzw.

$$e^* = \frac{r}{0{,}2} = 5r \tag{22.13}$$

Gleichung (22.13) ist also die Anreizverträglichkeitsbedingung, die der Principal neben der Teilnahmebedingung berücksichtigen muß:

– die Teilnahmebedingung garantiert, daß der Agent den Vertrag annimmt;
– und die Anreizverträglichkeitsbedingung gibt an, welchen Arbeitseinsatz der Agent bei welchem variablen Lohnbestandteil r wählt.

Daraus folgt, daß das Maximierungsproblem des Principals darin besteht, seinen durch Gleichung (22.6) gegebenen Nutzen unter den Nebenbedingungen (22.11b) und (22.13) zu maximieren. Wir können das Zielsystem des Principals daher als Maximierung von

$$U_P = e - c - r{\cdot}e \tag{22.6}$$

unter den Nebenbedingungen

---

10 Beachten Sie die Bedeutung der Annahme, daß der Arbeitseinsatz unbeobachtbar ist. Andernfalls könnte der Principal einfach einen Vertrag entwerfen, in dem der Lohn bei effizientem Arbeitseinsatz hoch und sonst niedrig (z.B. Null) ist, so daß der Agent hinreichende Anreize hat.

$$e^* = \frac{r}{2 \cdot 0{,}1} = 5r \tag{22.13}$$

und

$$c + r{\cdot}e - 0{,}1e^2 = 0 \tag{22.11b}$$

darstellen. Der Principal maximiert seinen Nutzen unter Einhaltung der Anreiz-verträglichkeits- und der Teilnahmebedingung des Agenten.

Wenn wir für c in (22.6) zunächst (22.11b) einsetzen, und anschließend e in (22.6) durch (22.13) ersetzen, so ergibt sich

$$U_P = \frac{r}{0{,}2} - \frac{r^2}{0{,}4} = 5r - 2{,}5r^2 \tag{22.6a}$$

(22.6a) ist also die Zielfunktion des Principals unter Berücksichtigung der Restriktion, die ihm das Verhalten des Agenten auferlegt. Beachten Sie, daß der Erwartungsnutzen des Principals nun eine eindeutige Funktion des *variablen Lohnbestandteiles r* ist; weder der Arbeitseinsatz e noch der fixe Lohnbestandteil c tauchen im Erwartungsnutzen des Principals explizit auf. Dies liegt daran, daß der variable Lohnbestandteil r über (22.13) *implizit* den Arbeitseinsatz e und über (22.11b) *implizit* das erforderliche c definiert, damit der Agent den Vertrag überhaupt annimmt. Die übliche Maximierung über r führt zu

$$\frac{dU_P}{dr} = 5 - 5r = 0 \tag{22.14}$$

bzw.

$$r = 1 \tag{22.15}$$

Gleichung (22.15) drückt aus, daß der Principal seinen Nutzen maximiert, indem er dem Agenten den *gesamten Output überläßt*, und von diesem im Gegenzug eine fixe Zahlung verlangt. Der zugehörige, vom Agenten gewählte Arbeitseinsatz e bestimmt sich aus der Anreizverträglichkeitsbedingung

$$e^* = 5r \tag{22.13}$$

zu

$$e^*(r = 1) = 5 \tag{22.16}$$

Die fixe Zahlung c des Principals an den Agenten ist also *negativ* und ergibt sich aus der Teilnahmebedingung

$$c + r{\cdot}e - 0{,}1e^2 = 0 \tag{22.11b}$$

mit $r = 1$ und $e^* = 5$ zu

$$c = -r \cdot e + 0{,}1e^2 = -2{,}5 \tag{22.17}$$

Lassen Sie uns die Ergebnisse nun inhaltlich etwas genauer interpretieren. Folgende Punkte sind hervorzuheben:

– da der Agent nach Abschluß der Vertragsverhandlungen *alleine* über seinen Arbeitseinsatz entscheidet, muß es auch effizient sein, ihm die ganzen (erwarteten) Folgen seines Handelns aufzubürden, indem er qua r = 1 den ganzen Output erhält. Damit ist das Problem externer Effekte gelöst. Der Vergleich von (22.16) und dem wohlfahrtsmaximalen Arbeitseinsatz in (22.9) zeigt uns daher auch sofort, daß die soziale Wohlfahrt maximiert wird;

– da der Principal die *Machtposition* hat, dem Agenten ein einmaliges (kein einmalig gutes, sondern ein einmaliges) Angebot unterbreiten zu können, hält er diesen auf seinem Reservationsnutzen. Denn mit r = 1 sowie (22.17) und (22.16) ist der Nutzen U_A des Agenten

$$U_A = -\frac{1}{4} + \frac{1}{2} - \frac{1}{(2)^2} = 0 \tag{22.17a}$$

– woraus schließlich folgt, daß der ganze Nutzen der Zusammenarbeit an den Principal fließt.

All diese Ergebnisse folgen aus der Risikoneutralität des Agenten und dem einmaligen Angebot des Principals. Die erste Annahme impliziert, daß die vollständige Risikoübernahme durch den Agenten effizient ist und die zweite, daß dies dem Agenten nichts nützt – er bleibt auf seinem Reservationsnutzen.

22.2.3 Risikoaversion bei beobachtbarem Arbeitseinsatz

In den nun folgenden drei Unterabschnitten gehen wir von einem risikoaversen Agenten aus. Jetzt zeigen wir zunächst, daß deshalb im sozialen Optimum (first best) das gesamte Risiko vom Principal getragen werden muß, weil dieser sichere und unsichere Erträge im Unterschied zum Agenten gleich hoch bewertet. Ferner zeigen wir, daß es bei *beobachtbarem* Arbeitseinsatz stets im Interesse des Principals ist, einen entsprechenden Vertrag, in dem der Agent keinerlei Risiko übernimmt, anzubieten. Wir heben also kurzzeitig die Annahme auf, daß der Arbeitseinsatz unbeobachtbar ist, um deutlich zu machen, daß das Problem nur auftritt, wenn wir sowohl von Risikoaversion, als auch von der Unbeobachtbarkeit der Aktion ausgehen.

Um die Risikoeinstellung erfassen zu können, erinnern wir uns zunächst an die in Gleichung (22.3) eingeführte Entlohnungsfunktion

$$w(y) = w(e, \theta) = c + r \cdot y(e, \theta) \tag{22.3}$$

Im Abschnitt mit Risikoneutralität orientierte sich der Agent ausschließlich am Erwartungswert, so daß wir den Erwartungsnutzen aus seiner Entlohnung einfach als

$$u_A[w(e, \theta)] = c + r \cdot e \tag{22.4}$$

schreiben konnten. Nun ist Risikoaversion aber darüber definiert, daß unsichere Zahlungen bei gleichem Erwartungswert geringer bewertet werden. Dazu definieren wir als Risikonutzenfunktion des Agenten

$$u_A[w(e, \theta)] = c + \ln(re + 1) \tag{22.18}$$

Dies machen wir deshalb, weil die Logarithmusfunktion garantiert, daß der Nutzen des Agenten in der variablen Entlohnung nur degressiv zunimmt und eine Einheit variable Entlohnung geringer bewertet wird als eine Einheit fixe Entlohnung[11]. Die Nettonutzenfunktion des Agenten erhalten wir, indem wir das Arbeitsleid abziehen:

$$U_A[w(e,\theta)] = c + \ln(re+1) - 0{,}1e^2 \qquad (22.19)$$

Da sich am Erwartungsnutzen des Principals nichts ändert, ist die soziale Wohlfahrt nun

$$W = U_A + U_P = c + \ln(re+1) - 0{,}1e^2 + e - re - c \qquad (22.20)$$

$$= \ln(re+1) - 0{,}1e^2 + e - re$$

Um zu prüfen, wie sich die Veränderung des variablen Lohnbestandteils auf die soziale Wohlfahrt auswirkt, leiten wir W nach r ab und erhalten

$$\frac{\partial W}{\partial r} = \frac{e}{er+1} - e = \frac{-e^2 r}{er+1} < 0$$

Da die erste Ableitung für positive e und r strikt kleiner Null ist, sinkt die Wohlfahrt monoton in r. Dies bedeutet, daß wir das für Risikoaversion selbstverständliche Ergebnis erhalten, daß ein soziales Optimum verlangt, daß der Principal das gesamte Risiko übernimmt. Die Maximierung über e führt für r=0 zum gleichen Resultat wie zuvor, da sich im Optimum nichts ändert. Es gilt also weiterhin

$$e^f = 5 \qquad (22.9)$$

Dieses first best kann der Principal bei *beobachtbarem* Arbeitseinsatz leicht erreichen, indem er die Lohnzahlung von dem beobachtbaren Arbeitseinsatz abhängig macht.[12] Seine volle Risikoübernahme erzwingt dabei, daß der Lohn *nur* vom Arbeitseinsatz, aber nicht vom stochastischen Output y abhängig ist. Das Spiel besteht bei beobachtbarem Arbeitseinsatz also aus drei Stufen:

- zuerst unterbreitet der Principal dem Agenten ein take-it-or-leave-it-Angebot, in dem die Entlohnung vom Arbeitseinsatz abhängig ist;
- anschließend wählt der Agent seinen Arbeitseinsatz und der stochastische Output $y(e,\theta)$ wird realisiert;
- und schließlich erfolgt die Entlohnung als Funktion des Arbeitseinsatzes.

Das Vertragsangebot des Principals sieht nun einfach so aus, daß der Agent beim effizienten Arbeitseinsatz e^f lediglich seinen Reservationsnutzen erhält, den wir zu Null

---

11 Letzteres wäre beispielsweise bei einer Wurzelfunktion nicht erfüllt, weil die Wurzel aus Zahlen kleiner Eins größer ist als die Zahl selbst. Daher ist die Logarithmusfunktion die einfachste korrekte Methode, um den gewünschten Zusammenhang auszudrücken.

12 Bedenken Sie, daß der Principal bei unserer Spielanordnung stets einen Anreiz zur Maximierung der sozialen Wohlfahrt hat. Dies liegt daran, daß er den Agenten wegen des take-it-or-leave-it-Angebots auf seinem Reservationsnutzen halten kann und daher der gesamte Wohlfahrtsgewinn aus dem Vertrag an ihn geht.

normiert haben.[13] Der Principal muß also die Teilnahmebedingung des Agenten beachten, die bei Risikoaversion

$$c + \ln\cdot(re + 1) - 0{,}1e^2 = 0 \tag{22.21}$$

lautet. Für r=0 vereinfacht sich diese allerdings zu

$$c - 0{,}1e^2 = 0^{[14]} \tag{22.22}$$

bzw.

$$c = 0{,}1e^2 \tag{22.23}$$

Für den Agenten lohnt sich also jeder Arbeitseinsatz e, für den er mindestens die fixe Entlohnung $c = 0{,}1e^2$ erhält, da dadurch sein Arbeitsleid $0{,}1e^2$ gedeckt wird. Da für den Principal e^f die beste Alternative unter allen möglichen Arbeitseinsätzen des Agenten ist, sieht der optimale Vertrag folgendermaßen aus:

$$c = \begin{cases} 0{,}1e^2 & \text{für} \quad e \geq e^f \\ 0{,}1e^2 - Z & \text{sonst} \end{cases} \tag{22.24}$$

wobei Z > 0.

(22.24) drückt aus, daß der Agent beim effizienten Arbeitseinsatz e^f *unabhängig vom Output* eine fixe Entlohnung erhält, die genau seinen Reservationsnutzen von Null sichert. Andernfalls erhält er einen negativen Nutzen. Diese Art von Verträgen spielt eine große Rolle in der ökonomischen Vertragstheorie. Das gleiche Prinzip haben wir schon bei der Auflagenlösung innerhalb der Umweltökonomie und bei der Verschuldenshaftung innerhalb der ökonomischen Theorie des Rechts kennengelernt. Allgemein formuliert besteht die Idee von (22.24) einfach darin, daß die Entlohnung des Agenten eine *Unstetigkeitsstelle* im Optimum aufweist. Solange er sich mindestens effizient einsetzt, erhält er einen (relativ) hohen Lohn, danach geht dieser sprunghaft nach unten. Wir können als Zwischenergebnis also festhalten, daß

– bei einem risikoneutralen Agenten und unbeobachtbarem Arbeitseinsatz der Agent das ganze Risiko übernimmt und e^f gewählt wird;
– bei einem risikoaversen Agenten und beobachtbarem Arbeitseinsatz der Principal das ganze Risiko übernimmt und ebenfalls e^f gewählt wird. Dies ist möglich, indem die Entlohnung nicht vom Output, sondern vom Arbeitseinsatz abhängig gemacht wird.

22.2.4 Risikoaversion bei unbeobachtbarem Arbeitseinsatz

Während in den bisher betrachteten Fällen auf unterschiedliche Arten und aus den genannten Gründen das soziale Optimum e^f implementiert werden konnte, ist dies nun nicht mehr möglich. Die Schwierigkeit besteht darin, daß der Principal nun keinen

---

13 Wenn Sie mit dieser Formulierung Schwierigkeiten haben, dann nehmen Sie einfach an, daß der Agent bei e^f seinen Reservationsnutzen zuzüglich einer kleinen Entlohnung E erhält, damit sein Anreiz zur Annahme des Vertrags transparenter ist.
14 Bedenken Sie, daß ln 1 = 0 ist.

vom Arbeitseinsatz abhängigen Vertrag mehr vorschlagen kann, weil er diesen nicht beobachten kann. Er will also auch nicht das ganze Risiko übernehmen, weil der Agent sonst keinen Arbeitsanreiz mehr hat. Gleichzeitig will er dem Agenten aber auch nicht das ganze Risiko aufbürden, weil er diesem dann wegen dessen Risikoaversion einen relativ hohen Erwartungswert bezahlen müßte, damit dieser überhaupt auf seinen Reservationsnutzen kommt. Dies ist der klassische *„trade-off" (d.h. der Zielkonflikt) zwischen Anreizverträglichkeit und Risikoallokation* – je geringer r, desto besser die Risikoverteilung und desto geringer der Arbeitsanreiz (und umgekehrt).

Der Principal kann unter diesen Umständen also nur noch ein *second best* erreichen, das wir mit e^s bezeichnen. Dieses second best findet der Principal analog zur Situation bei Risikoneutralität, indem er seinen Nutzen unter Berücksichtigung der Anreizverträglichkeits- und Teilnahmebedingung des Agenten maximiert. Die Anreizverträglichkeitsbedingung erhalten wir wieder aus der Maximierung der Zielfunktion des Agenten, da diese uns angibt, welchen Arbeitseinsatz der Agent bei welchem r wählt. Die Zielfunktion des Agenten bei Risikoaversion ist bekanntlich

$$U_A = c + \ln \cdot (re+1) - 0{,}1e^2 \tag{22.25}$$

so daß die übliche Maximierung für ein gegebenes r zu

$$\frac{\partial U_A}{\partial e} = \frac{r}{re+1} - 0{,}2e = 0 \tag{22.26}$$

Auflösen nach e ergibt den nicht besonders anwenderfreundlichen Ausdruck[15]

$$e = \frac{-1}{2r} + \sqrt{\frac{1}{4r^2} + 5} \tag{22.27}$$

führt. Gleichung (22.27) gibt also wieder die Anreizverträglichkeitsbedingung für den Agenten in Abhängigkeit vom variablen Lohnbestandteil r an (bedenken Sie, daß der konstante Lohnbestandteil c für die Wahl des Arbeitseinsatzes keine Rolle spielt, weil c ja unabhängig vom Output und damit auch unabhängig vom Arbeitseinsatz anfällt). c ist also ausschließlich wegen der Einhaltung der Teilnahmebedingung, aber nicht wegen der Anreizverträglichkeitsbedingung wichtig. Unter Berücksichtigung der durch (22.27) gegebenen Anreiz-verträglichkeitsbedingung sowie der aus (22.21) schon bekannten Teilnahmebedingung des Agenten maximiert der Principal also

$$U_P = e - c - r \cdot e \tag{22.6}$$

unter den Nebenbedingungen

$$e = \frac{-1}{2r} + \sqrt{\frac{1}{4r^2} + 5} \tag{22.27}$$

---

15 Leider ist es uns nicht gelungen, ein einfacheres Beispiel zu konstruieren, das alle Anforderungen erfüllt. Die zweite Lösung

$$e = -\frac{1}{2r} - \sqrt{\frac{1}{4r^2} + 5}$$

ist ökonomisch bedeutungslos.

und

$$c + \ln \cdot (re+1) - 0{,}1e^2 = 0 \qquad (22.21)$$

Leider läßt sich die zugehörige Lösung allgemein nicht ohne weiteres bestimmen, doch behauptet der Computer, daß die optimale variable Entlohnung $r \approx 0{,}496$ ist.

Der entscheidende Punkt ist, daß der für den Principal optimale Vertrag[16] weder $r = 0$ noch $r = 1$ verlangt. Der Zielkonflikt zwischen Risikoallokation und Anreizverträglichkeit führt dazu, daß der Agent einen *Teil* des Risikos trägt. Damit verbleibt ein Teil der Auswirkungen seines Arbeitseinsatzes beim Principal, wodurch ein Problem externer Effekte entsteht, welches ein first best verhindert. Links vom optimalen variablen Lohnbestandteil $r^s \approx 0{,}496$ steigt der Nutzen des Principals stetig an, wenn r^s erhöht wird. Dies liegt daran, daß bei einem niedrigen r^s der zu geringe Anreizeffekt noch sehr stark ins Gewicht fällt und den (positiven) Effekt der günstigen Allokation noch überwiegt. Rechts vom Optimum sinkt der Erwartungsnutzen des Principals, wenn der variable Lohnbestandteil r noch weiter erhöht wird. Dies liegt daran, daß die Risikoaversion nun eine immer größere Rolle spielt und der bei steigendem r höhere Arbeitseinsatz von den negativen Konsequenzen der Risikoaversion überkompensiert wird. Der Agent arbeitet zwar viel, muß aber angesichts seiner Risikoaversion hohe Beträge erhalten, um überhaupt teilzunehmen. Es gibt daher ein eindeutiges second-best in r.

22.2.5 Risikoaversion bei unbeobachtbarem Arbeitseinsatz: Eine etwas allgemeinere Darstellung[*]

Auch um geneigten Leser/innen den Zugang zur Literatur zu erleichtern, wollen wir das Problem nun etwas formaler darstellen. Vor allem geht es uns aber darum, nun auch allgemeinere Verträge zu berücksichtigen, bei denen der *Anteil* der variablen Lohnzahlungen mit dem Output variieren kann. Wir beschränken uns nun also nicht mehr nur auf Kontrakte, in denen der variable Lohnbestandteil linear im Output zunimmt.[17] Im einzelnen treffen wir folgende Annahmen:

1. Der Output y kann für alle Arbeitseinsätze e Werte zwischen 0 und y^{max} annehmen $\left(y \in \left[0, y^{max} \right] \right)$.

2. Der Output ist gemäß der bedingten Dichtefunktion $f(y,e)$ in Abhängigkeit von e verteilt. Wir nehmen an, daß der Erwartungswert existiert und sich als

$$\bar{y} = \int_0^{y^{max}} yf(y,e)dy \qquad (22.28)$$

---

16 Bedenken Sie, daß dieser Vertrag wegen der mit dem take-it-or-leave-it-Angebot verbundenen einseitigen Aufteilung der Wohlfahrtsgewinne durch den Vertrag gleichzeitig auch zum second best führt.

17 Für eine ausführlichere Darstellung vgl. z.B. Kreps 1990, Kapitel 16 oder Mas-Colell/Whinston/Green 1995, Kapitel 14.

berechnen läßt. Weiterhin müssen wir aus technischen Gründen die sogenannte stochastische Dominanz fordern, die besagt, daß für die bedingte Verteilungsfunktion

$$e_1 < e_2 \Rightarrow F(y, e_1) > F(y, e_2) \qquad \forall \ y \in [0, y^{max}]$$

gilt. Stochastische Dominanz besagt folglich, daß ein höherer Arbeitseinsatz zu einem höheren erwarteten Output führt.

3. Der Agent erhält eine Entlohnung w, die von y abhängt. Der Nutzen der Entlohnung ist v(w), wobei v(w) wegen der unterstellten Risikoaversion eine konkave Funktion ist, d.h. v'(w)>0 und v"(w)<0. Der Grenznutzen der Entlohnung ist also positiv und sinkend. Das Arbeitsleid ist eine lineare Funktion des Arbeitseinsatzes, so daß wir sowohl den Arbeitseinsatz selbst, als auch das Arbeitsleid mit e bezeichnen können. Somit ist der Erwartungsnutzen – bzw. die Zielfunktion des Agenten

$$U_A = \int_0^{y^{max}} v(w(y)) f(y, e) dy - e \qquad (22.29)$$

4. Wir definieren einen Reservationsnutzen A so, daß sich die Teilnahmebedingung als

$$U_A = \int_0^{y^{max}} v(w(y)) f(y, e) dy - e \geq A$$

schreiben läßt.

5. Analog zu unseren bisherigen Überlegungen erhalten wir die Anreizverträglichkeitsbedingung für den Agenten für jedes Entlohnungsschema w(y) aus der Maximierung der Zielfunktion (22.29) über den Arbeitseinsatz e (denn das ist die Variable, über die der Agent bei gegebenem Entloh-nungsschema entscheidet). Diese Maximierungsaufgabe ist aber alles andere als leicht lösbar, so daß wir an dieser Stelle einen Trick benutzen, der unter dem Namen „first-order-approach" bekannt ist. Wir unterstellen dabei, daß die zu maximierende Funktion U_A hinreichend „schön" verläuft[18] und wir deswegen die bekannte Bedingung erster Ordnung anwenden können. In diesem Fall folgt:[19]

$$\frac{\partial U_A}{\partial e} = \int_0^{y^{max}} v(w(y)) f_e(y, e) dy - 1 = 0 \qquad (22.30)$$

bzw.

---

18 Welche Eigenschaften beispielsweise die Dichtefunktion erfüllen muß, damit der first-order approach tatsächlich zulässig ist, haben Grossman/Hart 1983 untersucht.

19 Der Subindex bezeichnet die partielle Ableitung der Funktion.

$$\int_0^{y^{max}} v\left(w(y)\right) f_e(y,e)\,dy = 1 \tag{22.31}$$

Die Anreizverträglichkeitsbedingung in Gleichung (22.31) läßt sich ökonomisch eindeutig interpretieren. Auf der linken Seite wird die *Veränderung* der Wahrscheinlichkeit für jeden Output[20] mit dem Grenznutzen des Lohnes multipliziert, der eine Funktion des Outputs ist. Dies wird über alle möglichen Outputs von 0 bis y^{max} aufsummiert. Insgesamt steht auf der linken Seite also der erwartete Grenznutzen des Arbeitseinsatzes durch den höheren Lohn w bzw. dessen Bewertung v(w). Diese Größe muß im Nutzenmaximum des Agenten dem Grenzleid der Arbeit entsprechen, das auf der rechten Seite steht und annahmegemäß konstant Eins beträgt.

Der Erwartungsnutzen des Principals ist wieder die Differenz aus dem erwarteten Output und den erwarteten Lohnzahlungen und beträgt demnach

$$U_p = \int_0^{y^{max}} y f(y,e)\,dy - \int_0^{y^{max}} w(y) f(y,e)\,dy \tag{22.32}$$

Analog zu den Überlegungen in den beispielhaften Abschnitten davor maximiert der Principal seinen Nutzen aus Gleichung (22.32) unter Berücksichtigung der Anreizverträglichkeitsbedingung (22.31) und der Teilnahmebedingung, die sich aus der Gleichsetzung von (22.29) mit dem Reservationsnutzen A ergibt. Wegen der allgemeinen Schreibweise der Nutzenfunktion des Agenten können wir dieses Optimierungsproblem nun allerdings nicht mehr durch Einsetzen der Anreizverträglichkeits- und der Teilnahmebedingung in die Zielfunktion des Principals lösen. Wir müssen daher auf die Lagrangeoptimierung mit mehreren Restriktionen zurückgreifen. Die Teilnahmebedingung ist durch eine Ungleichung gegeben, so daß wir die Kuhn-Tucker-Bedingung beachten müssen, insbesondere gilt $\lambda_1 \geq 0$. Die Anreizverträglichkeit ist als Gleichung gegeben, es genügt somit der übliche Langrangeansatz, d.h. das Vorzeichen von λ_2 ist nicht beschränkt. Wir erhalten insgesamt als Zielfunktion

$$L = \int_0^{y^{max}} y f(y,e)\,dy - \int_0^{y^{max}} w(y) f(y,e)\,dy$$

$$+ \lambda_1 \left(\int_0^{y^{max}} v(w(y)) f(y,e)\,dy - e - A \right)$$

$$+ \lambda_2 \left(\int_0^{y^{max}} v\left(w(y)\right) f_e(y,e)\,dy - 1 \right) \tag{22.33}$$

Beachten Sie aber an dieser Stelle, daß eine Lohnfunktion w(y) gesucht wird, die L über dem gesamten Intervall $[0, y^{max}]$ maximiert. Eine solche optimale Lohnfunktion muß die Zielfunktionen für jedes $y \in [0, y^{max}]$ maximieren, so daß die Maximierungs-

---

20   Präziser gesprochen: die Veränderung der Dichtefunktion, da wir ja ein stetiges Modell betrachten.

aufgabe statt über dem ganzen Intervall vielmehr an jeder Stelle des Intervalls gelöst werden kann. Daraus folgt, daß die Bedingung erster Ordnung

$$-f(y,e) + \lambda_1 v'\big(w(y)\big)f(y,e) + \lambda_2 v'\big(w(y)\big)f_e(y,e) = 0 \qquad (22.34)$$

für jedes $y \in [0, y^{max}]$ lautet.

Nach einigen Umformungen erhalten wir schließlich in Gleichung (22.37) die sog. „first-order-equation" der Principal-Agent-Theorie, die in zahlreichen Arbeiten eine zentrale Rolle spielt.

$$v'\big(w(y)\big)\big[\lambda_1 f(y,e) + \lambda_2 f_e(y,e)\big] = f(y,e) \quad \Rightarrow \qquad (22.35)$$

$$\frac{\lambda_1 f(y,e) + \lambda_2 f_e(y,e)}{f(y,e)} = \frac{1}{v'\big(w(y)\big)} \quad \Rightarrow \qquad (22.36)$$

$$\lambda_1 + \lambda_2\left(\frac{f_e(y,e)}{f(y,e)}\right) = \frac{1}{v'\big(w(y)\big)} \qquad (22.37)$$

Bedenken Sie zur Interpretation zunächst, daß $v'\big(w(y)\big)$ auf der rechten Seite die Veränderung des Nutzenniveaus des Agenten aus der Lohnzahlung ist. Wenn $v' > 0$ ist, so heißt dies im Kern, daß der Agent einen um so höheren Lohn erhält, je höher der Output ist. Wenn dies der Fall ist, ist die rechte Seite in Gleichung (22.37) positiv. Da man zeigen kann, daß die Multiplikatoren λ_1 und λ_2 positiv sein müssen[21], ist dies genau dann der Fall, wenn $f_e(y,e)/f(y,e)$ positiv ist. Wir müssen also den Ausdruck $f_e(y,e)/f(y,e)$ interpretieren, um zu verstehen, unter welchen Umständen im optimalen Kontrakt der Lohnsatz des Agenten steigt, wenn der Output steigt. $f_e(y,e)/f(y,e)$ ist die prozentuale *Veränderung* der Wahrscheinlichkeit dafür, einen bestimmten Output y zu erreichen, wenn der Arbeitseinsatz zunimmt. Wenn dieser Ausdruck positiv ist, so steigt also die Wahrscheinlichkeit für hohe Outputs, wenn der Arbeitseinsatz steigt. Diese Bedingung wird als *monotone-likelihood ratio property* bezeichnet und sorgt – leicht vereinfacht ausgedrückt – dafür, daß die Entlohnung des Agenten in der Tat zunimmt, wenn der Output zunimmt.[22] Bedenken Sie, daß die Gültigkeit der monotone-likelihood ratio property nicht ganz so zwingend ist, wie dies auf den ersten Blick vielleicht scheint: denn es könnte sein, daß ein hoher Arbeitseinsatz zwar die Wahrscheinlichkeit für hohe Outputs erhöht und deshalb nützlich ist, aber im mittleren Bereich zu einigen niedrigeren Wahrscheinlichkeiten führt, weil die Möglichkeit eines ganz niedrigen Outputs (der eifrig arbeitende Agent bringt hin und wieder alles durcheinander, während der Schwächling wenigstens einen geringen Output erzeugt) zunimmt. Sofern die Bedingung $f_e(y,e)/f(y,e) > 0$ gilt, können wir aber sagen, daß die Entlohnung nicht-sinkend im Output ist, so daß sich analog zu unserem Beispiel „schöne" und intuitiv einsichtige Entlohnungsschemata ergeben.

---

21 Dies gilt zumindest, wenn der Arbeitseinsatz nicht minimal gewählt wird. Der Beweis benötigt u. a. die geforderte stochachstische Dominanz.

22 Die Vereinfachung besteht darin, daß zusätzlich die *concavity of the distribution function condition* erfüllt sein muß, die im ökonomischen Kern etwa meint, daß die (natürlich stochastische) Grenzproduktivität der Arbeit abnimmt; vgl. ausführlich z.B. Kreps 1990, 597.

22.3   Das Teamproblem

22.3.1   Überblick

Wir kommen nun zu einem weiteren wichtigen Grund für die ineffiziente Risikoübernahme durch Dritte, den man *Teamproblem* nennt.[23] Unter dem Teamproblem versteht man, daß verschiedene Beteiligte *gemeinsam* einen Output produzieren, ohne daß ihre Leistungen im Output voneinander unterschieden werden können. Man spricht auch davon, daß die Outputfunktion (Produktionsfunktion) *nicht separabel* ist. Damit ist bei stetigen Produktionsfunktionen einfach gemeint, daß die Grenzproduktivität des Beitrags eines Wirtschaftssubjekts nicht unabhängig vom Beitrag anderer ist. Dies gilt beispielsweise in extremer Weise schon für eine ganz gewöhnliche Cobb-Douglas-Funktion, weil die Grenzproduktivität jedes Produktionsfaktors Null ist, sofern die Menge eines anderen Faktors Null ist. Bei stetigen Produktionsfunktionen

$$y = y(x_1,...,x_n) = y(\mathbf{x}) \tag{22.38}$$

besteht eine hinreichende Bedingung für das Vorliegen eines Teamproblems darin, daß die Kreuzableitungen

$$\frac{\partial y^2}{\partial x_i \partial x_j} > 0 \quad \forall i, \forall j \tag{22.39}$$

positiv sind. Dies bedeutet, daß die Grenzproduktivität eines Faktors wie bei der Cobb-Douglas-Funktion um so größer ist, je größer die Einsatzmengen der anderen Faktoren sind.

Wir werden das Teamproblem anhand von zwei Beteiligten erläutern, so daß die Produktionsfunktion

$$y = y(x_1, x_2) \tag{22.40}$$

lautet, wobei wir positive Grenzproduktivitäten und positive Kreuzableitungen unterstellen. Dabei nehmen wir allerdings im Unterschied zur Produktionstheorie in Kapitel 3 nun an, daß es sich um eine *stochastische* Produktionsfunktion handelt, so daß wir y als *erwarteten* Output interpretieren. Neben der Produktionsfunktion in (22.40) nehmen wir an, daß der Arbeitseinsatz bei beiden Beteiligten ein Arbeitsleid hervorruft, das wir als $v(x_1)$ bzw. $v(x_2)$ bezeichnen. Zur Vereinfachung betrachten wir ein symmetrisches Modell; d.h. die Arbeitsleidfunktionen $v(x_1)$ und $v(x_2)$ haben den gleichen Verlauf. Wir nehmen an, daß die Arbeitsleidfunktionen progressiv steigen, so daß das Grenzleid der Arbeit bei steigendem Arbeitseinsatz zunimmt. Wenn wir die soziale Wohlfahrt als Differenz von Output und aufsummiertem Arbeitsleid definieren, so lautet diese offensichtlich

$$W = y(x_1, x_2) - v(x_1) - v(x_2) \tag{22.41}$$

Eine effiziente Lösung des Teamproblems erfordert (wie stets), daß die partiellen Ableitungen des (stochastischen) Outputs gleich Null gesetzt werden. Dies ergibt

---

23   Vgl. bahnbrechend hierzu Holmström 1982.

$$\frac{\partial W}{\partial x_1} = \frac{\partial y}{\partial x_1} - \frac{dv}{dx_1} = 0 \qquad (22.42)$$

bzw.

$$\frac{\partial W}{\partial x_2} = \frac{\partial y}{\partial x_2} - \frac{dv}{dx_2} = 0 \qquad (22.43)$$

Dieses Ergebnis ist absolut nichts Neues für uns. Es drückt lediglich aus, daß im sozialen Optimum jedes Wirtschaftssubjekt seinen Arbeitseinsatz so lange ausdehnt, bis die Grenzproduktivität des Arbeitseinsatzes dem Grenzleid der Arbeit entspricht. Das Teamproblem ist von der ökonomischen Logik her vollständig mit jenem identisch, das wir in Abschnitt 20.3 unter dem Stichwort multikausaler Schäden innerhalb der ökonomischen Theorie des Haftungsrechts untersuchten. Dort stellte sich die Frage, wie ein gemeinsam erzeugter *Schaden* den einzelnen Schädigern zugerechnet werden muß, damit diese effiziente Vorsichtsmaßnahmen ergreifen. Da der Übergang von Schäden zu (positiven) Produktionsergebnissen die ökonomische Logik nicht ändert, weisen die folgenden Überlegungen große Ähnlichkeit zu denen in Abschnitt 20.3 auf, so daß besonders schnelle Leser/innen auch direkt mit Abschnitt 22.3.4 fortfahren können. Normal Sterblichen mag ein wenig Redundanz aber vielleicht nicht schaden.

22.3.2 Effiziente Anreize bei beobachtbaren Aktionen

Zum besseren Verständnis des Problems unbeobachtbarer Arbeitseinsätze betrachten wir nun zunächst zwei Möglichkeiten, mit denen das first best (beispielsweise von einem Abteilungsleiter) implementiert werden kann, sofern die Arbeitseinsätze beobachtet werden können.

22.3.2.1 Entlohnung gemäß den Grenzproduktivitäten

Eine erste und Ihnen aus früheren Kapiteln wohlbekannte Möglichkeit besteht darin, jeden Produktionsfaktor gemäß seiner Grenzproduktivität zu entlohnen, die sich im *Optimum* ergibt. Die Hervorhebung „im Optimum" drückt dabei aus, daß die beiden Beteiligten keine Möglichkeit haben dürfen, ihre Entlohnung pro Arbeitseinheit durch ihren eigenen Arbeitseinsatz zu beeinflussen, weil dies die (optimalen) Anreize verzerren würde. Im Grunde handelt es sich dabei um nichts anderes als die Grenzproduktivitätstheorie der Verteilung, die beispielsweise auch in der Abgabenlösung bei externen Effekten unter der Annahme vollständiger Information dazu verwendet werden kann, Umweltbelastungen auf ihr Optimum zu reduzieren. Nehmen wir an, jeder Beteiligte erhält einen Lohnsatz pro Arbeitseinheit in Höhe von w. Dann lauten die Zielfunktionen der Beteiligten

$$U_1(x_1) = w \cdot x_1 - v(x_1) \qquad (22.44)$$

bzw.

$$U_2(x_2) = w \cdot x_2 - v(x_2) \tag{22.45}$$

mit den Bedingungen erster Ordnung

$$\frac{dU_1}{dx_1} = w - \frac{dv}{dx_1} = 0 \tag{22.46}$$

und

$$\frac{dU_2}{dx_2} = w - \frac{dv}{dx_2} = 0 \tag{22.47}$$

Beide Beteiligten dehnen ihren Arbeitseinsatz also aus, bis der exogen gegebene Lohnsatz w dem Grenzleid der Arbeit entspricht. Daraus folgt unmittelbar, daß sich die beiden effizient verhalten, sofern w der Grenzproduktivität im Optimum entspricht, weil dann die Bedingungen erster Ordnung zur Maximierung der sozialen Wohlfahrt und der individuellen Nutzenfunktionen übereinstimmen. Dies sieht man unmittelbar, wenn man die Grenzproduktivitäten in die Gleichungen (22.46) und (22.47) einsetzt. Geneigte Leser/innen wird dies eher langweilen, da ihnen die Grenzproduktivitätstheorie der Verteilung wohlbekannt ist.

22.3.2.2 Unstetige Entlohnungsregeln

Bei beobachtbaren Arbeitseinsätzen hat unser Abteilungsleiter aber analog zur Verschuldenshaftung innerhalb der ökonomischen Theorie des Rechts noch eine zweite Möglichkeit, das soziale Optimum zu implementieren. Diese Möglichkeit besteht allgemein gesprochen darin, daß die Entlohnung jedes Beteiligten sprunghaft sinkt, sofern ein Arbeitseinsatz unter dem optimalen gewählt wird. Sofern im Optimum der ganze Output zwischen den Beteiligten aufgeteilt werden soll, besteht eine naheliegende Regel beispielsweise in

$$y_i(\mathbf{x}) = \begin{cases} y/2 & \text{für } \mathbf{x} \geq \mathbf{x}^f \\ y/2 & \text{für } \mathbf{x} \leq \mathbf{x}^f \\ y & \text{für } x_i \geq x_i^f \text{ und } x_j < x_j^f \\ 0 & \text{sonst} \end{cases} \tag{22.48}$$

Im System (22.48) ist zunächst y_i als die Menge des Outputs definiert, die der Arbeiter i erhält. Diese Menge ist eine Funktion des Arbeitseinsatz*vektors* $\mathbf{x}$ ($\mathbf{x}$ enthält also x_1 und x_2). Die oberen beiden Zeilen von (22.48) drücken aus, daß jeder den halben Output erhält, wenn sich entweder beide effizient oder beide ineffizient verhalten. Die dritte Zeile besagt, daß ein Beteiligter i den ganzen Output bekommt, sofern er (mindestens) den effizienten Einsatz wählt und der andere darunter bleibt. „0 sonst" drückt genau das Gegenteil aus, d.h. wenn i unter x_i^f bleibt und j mindestens x_j^r wählt, bekommt j alles und i nichts.[24] Es läßt sich leicht zeigen, daß das einzige Nash-Gleichgewicht unter diesen Umständen darin besteht, daß jeder Arbeiter den effizien-

---

24 Dies entspricht genau der ökonomischen Logik der Gefährdungshaftung mit (Mit-) Verschulden, die in Abschnitt 20.3.3 erläutert wurde.

ten Einsatz wählt, weil seine Entlohnung von y/2 auf Null sinkt, sofern er alleine abweicht. Die Stochastik der Produktionsfunktion ändert daran nichts, weil sich risikoneutrale Beteiligte am Erwartungswert orientieren.[25] Im Grunde handelt es sich dabei um eine Auflagenlösung oder eine „Verschuldenshaftung", weil jeder Beteiligte hart „bestraft" wird, wenn er vom Optimum abweicht.

22.3.3 Das Problem bei unbeobachtbaren Aktionen

Der Kern des Problems besteht nun darin, daß beide geschilderten Lösungen nur möglich sind, wenn der Arbeitseinsatzvektor **x** beobachtbar ist. Denn der erste Mechanismus arbeitet mit einer Entlohnung im Ausmaß der (optimalen) Grenzproduktivität *pro Arbeitseinheit* und der zweite mit einer radikalen Änderung des Anteils am Output bei Abweichung vom optimalen Einsatz. Beides setzt also sowohl die *Kenntnis* des optimalen Einsatzes (Ausschluß von *unvollständiger* Information) als auch dessen Beobachtbarkeit (Ausschluß von *unvollkommener* Information) voraus, was im Teamproblem aber gerade definitionsgemäß ausgeschlossen wird.

Es läßt sich leicht skizzieren, daß es unter diesen Umständen *keinen* Mechanismus gibt, der zur vollständigen Aufteilung des (stochastischen) Outputs unter den Beteiligten und zu effizienten Arbeitsanreizen führt. Da eine Abhängigkeit der Entlohnungen von **x** wegen dessen Unbeobachtbarkeit nicht möglich ist, bleibt nur ein fixer Anteil am Output. Nennen wir die Anteile der beiden Beteiligten am Output π_1 und π_2, so lauten deren Zielfunktionen offenbar

$$U_1\,(x_1,\pi_1) = \pi_1 \cdot y(x_1,\,x_2) - v(x_1) \tag{22.49}$$

bzw.

$$U_2\,(x_2,\pi_2) = \pi_2 \cdot y(x_1,\,x_2) - v(x_2) \tag{22.50}$$

Als Bedingungen erster Ordnung folgen

$$\frac{\partial U_1(x_1,\pi_1)}{\partial x_1} = \pi_1\,\frac{\partial y(x_1,x_2)}{\partial x_1} - \frac{dv(x_1)}{dx_1} = 0 \tag{22.51}$$

bzw.

$$\frac{\partial U_2(x_2,\pi_2)}{\partial x_2} = \pi_2\,\frac{\partial y(x_1,x_2)}{\partial x_2} - \frac{dv(x_2)}{dx_2} = 0 \tag{22.52}$$

Wenn Sie die Bedingungen (22.51) und (22.52) mit den Bedingungen erster Ordnung für ein soziales Optimum in (22.42) und (22.43) vergleichen, so stellen Sie fest, daß sie genau dann identisch sind, wenn sowohl π_1 als auch π_2 Eins sind! Dies bedeutet, daß sich die Beteiligten nur dann effizient verhalten, wenn beide den *gesamten* Output erhalten, was offenbar für unseren Abteilungsleiter schwer zumutbar ist. Sobald jemand nur einen Teil des Outputs (und sei dieser auch 95 %) erhält, arbeitet er weniger als im sozialen Optimum – dies ist der Kern des Teamproblems. Auch der Grund dafür ist

---

25   Für einen Beweis vgl. oben, Abschnitt 20.3.3.

in der Sprache der Theorie externer Effekte am leichtesten nachvollziehbar. Wenn jemand seinen Arbeitseinsatz optimiert, dann vergleicht er den zusätzlichen Ertrag *für sich* mit dem Grenzleid der Arbeit. Die Steigerung des eigenen Arbeitseinsatzes bewirkt aber immer einen *positiven* externen Effekt für den anderen, weil der einen Teil des Outputs (und damit auch einen Teil der durch den steigenden Arbeitseinsatz hervorgerufenen Outputsteigerung) erhält. Dagegen wird das zusätzliche Arbeitsleid komplett selbst getragen, so daß der Arbeitseinsatz gemessen am Optimum zu gering ist. Dies ist präzise das gleiche Problem wie im Abschnitt 22.5 mit Beteiligungsfinanzierung – eine Externalisierung von Erträgen führt zu einem Anreiz zur Arbeitsverminderung. Lediglich die Ursache ist eine andere. Während in unserem Beispiel aus der Investitions- und Finanzierungstheorie das Problem in dem beschränkten Budget lag, liegt es nun in „der Natur der Sache" – denn bei positiven Kreuzableitungen erzeugt jeder Arbeiter ganz zwangsläufig „positive externe Effekte" auf die Grenzproduktivitäten der anderen. Im Kern ist das Teamproblem daher ein Problem externer Effekte.

22.3.4 Ein naheliegender Lösungsansatz

Angesichts der gerade beschriebenen Gründe für die Ineffizienz besteht eine naheliegende Lösungsmöglichkeit des Problems darin, tatsächlich *jedem* der Beteiligten den gesamten Output zu bezahlen und diese im Gegenzug mit *fixen* Zahlungen zu belasten, die die effizienten Anreize (wie alle fixen Größen) nicht beeinflussen. Denken Sie etwa an die Vergabe von Lizenzen, bei denen der Lizenznehmer (Agent/Arbeiter) an den Lizenzgeber (Principal/Unternehmen) einen Betrag zahlt, um dann die variablen Erträge zu erhalten. Übertragen auf das Teamproblem hieße dies, daß zwei oder mehrere Lizenznehmer, die einen nicht-separablen Output produzieren, *jeweils* den ganzen Output erhalten und dafür entsprechende Zahlungen entrichten, die sie durch ihren Arbeitseinsatz nicht verändern können.

In unserem Fall mit zwei Beteiligten hieße dies, daß ein Dritter (also in unserem Beispiel der Abteilungsleiter) ein Angebot unterbreitet, das aus einer fixen Zahlung Z_i und der Zusicherung besteht, jedem Vertragspartner den vollen Output auszuzahlen. Da die Zahlungen Z_i nach Vertragsannahme bzw. zum Zeitpunkt der Entscheidung über den Arbeitseinsatzvektor $\mathbf{x}$ sunk costs sind, haben sie keinen Anreizeffekt. Beachtet werden müssen lediglich die Teilnahmebedingungen der Agenten. Wenn die Beteiligten den Vertrag annehmen, so ist ihr Erwartungsnutzen

$$U_1(x_1) = y(x_1, x_2) - v(x_1) - Z_1 \tag{22.53}$$

bzw.

$$U_2(x_2) = y(x_1, x_2) - v(x_2) - Z_2 \tag{22.54}$$

Da es sich um ein zweistufiges Spiel handelt (erst wird über die Annahme des Vertrags entschieden und dann der Arbeitseinsatzvektor $\mathbf{x}$ gewählt), müssen wir wieder die Methode der Rückwärtsinduktion anwenden. Ein Blick auf die Gleichungen (22.53) und (22.54) zeigt unmittelbar, daß die Bedingungen erster Ordnung mit denen in der sozialen Wohlfahrtsfunktion übereinstimmen, so daß sich die Agenten effizient verhalten, *sofern* sie den Vertrag annehmen.[26] Also wissen sie zum Zeitpunkt der Vertragsannahme, daß ihre Erwartungsnutzen bei Annahme

$$U_1(x_1) = y(x_1^f, x_2^f) - v(x_1^f) - Z_1 \qquad (22.55)$$

bzw.

$$U_2(x_2) = y(x_1^f, x_2^f) - v(x_2^f) - Z_2 \qquad (22.56)$$

sind, wobei das hochgestellte „f" wieder für first best steht. Da die Teilnahmebedingungen fordern, daß der Erwartungsnutzen nicht-negativ ist, lauten diese angesichts der Kenntnis des effizienten Verhaltens auf der zweiten Spielstufe

$$y(x_1^f, x_2^f) - v(x_1^f) - Z_1 \geq 0 \qquad (22.57)$$

bzw.

$$y(x_1^f, x_2^f) - v(x_2^f) - Z_2 \geq 0 \qquad (22.58)$$

Sofern der Abteilungsleiter (Principal) den Nutzen des Unternehmens maximieren möchte, verlangt er daher als Teilnahmegebühren (denken Sie wieder an die Lizenzvergabe) Z_i's, die die Teilnahmebedingungen bindend erfüllen:

$$Z_1 = y(x_1^f, x_2^f) - v(x_1^f) \qquad (22.59)$$

bzw.

$$Z_2 = y(x_1^f, x_2^f) - v(x_2^f) \qquad (22.60)$$

Der Erwartungsnutzen des Abteilungsleiters ist dann strikt positiv, weil dieser aus drei Komponenten besteht:

- er erhält den wirklichen Output $y(x_1^f, x_2^f)$, den er mit dem Erwartungswert bewertet;
- er bezahlt zweimal den wirklichen Output $y(x_1^f, x_2^f)$, den er ebenfalls mit dem Erwartungswert bewertet;
- und er erhält zweimal die Eintrittsgebühren $y(x_i^f, x_j^f) - v(x_i^f)$.

Sein Erwartungsnutzen ist daher

$$U_P = y(x_1^f, x_2^f) - 2y(x_1^f, x_2^f) + y(x_1^f, x_2^f) -$$

$$v(x_1^f) + y(x_1^f, x_2^f) - v(x_2^f) \qquad (22.61)$$

bzw.

$$U_p = y(x_1^f, x_2^f) - v(x_1^f) - v(x_2^f) \qquad (22.62)$$

was genau der (strikt positive) Erwartungsnutzen im sozialen Optimum ist. Das Teamproblem läßt sich also durch Verträge lösen, in denen das ganze Risiko an *jeden*

---

26   Denn die Konstanten Z spielen bei den Ableitungen ja keine Rolle.

Agenten abgegeben wird und ein unabhängiger Dritter fixe Zahlungen einsammelt, die *vor* Wahl des Arbeitseinsatzvektors **x** feststehen. Bedenken Sie allerdings, daß jede Abhängigkeit der Zahlungen Z_i vom Output y die Anreize verzerrt, so daß Z_i am *Erwartungswert* des Outputs bei optimalen Arbeitseinsätzen und *nicht* am *wirklichen* Output bei optimalen Arbeitseinsätzen gemessen werden muß. Dieser Hinweis ist aus zwei Gründen wichtig:

- erstens setzt der beschriebene Mechanismus die Kenntnis des Optimums voraus, so daß keine Probleme unvollständiger Information bestehen dürfen (andernfalls hätten wir die interessante und schwierige Kombination von unvollständiger und unvollkommener Information vor uns);
- zweitens erhalten die beiden Agenten zwar im *Erwartungswert* (also ex-ante) einen Nutzen von Null, dies impliziert aber nicht, daß ihr Nutzen auch ex-post (also *nach* der Realisation des Outputs) Null ist. Denn ihre Zahlungen Z_i orientieren sich am Erwartungswert des Outputs, während ihre Entlohnung dem *wirklichen* Output entspricht. Dies ist vor allem dann von Bedeutung, wenn Risikoaversion hinzukommt oder irgendwelche Restriktionen ausschließen, daß der ex post-Nutzen der Agenten negativ sein darf.

Trotz dieser Einschränkung ist der beschriebene Mechanismus ein Lösungsansatz, dessen Grundgedanke in der Literatur in verfeinerter Form auf viele, schwierigere Situationen angewendet wird.[27]

22.4 Das Teamproblem in Superspielen

Im vorhergehenden Abschnitt haben wir gezeigt, daß die Beteiligten im Teamproblem in einer mißlichen Lage sind, sofern sie nur einmal in die entsprechende Situation kommen, sie den (deterministischen) Output unter sich aufteilen wollen und ex-ante Zahlungen in Form von Teilnahmegebühren ausgeschlossen werden. Die Situation verbessert sich, wenn wir von einem einmaligen Spiel zu einem Superspiel, also zu einem unendlich oft wiederholten Spiel übergehen. Um dies zu erläutern, skizzieren wir informell die Resultate eines einflußreichen Oligopolmodells von Green und Porter aus dem Jahre 1984.[28]

Im Green/Porter-Modell befinden sich N symmetrische Oligopolisten über einen unendlich langen Zeithorizont in einem Mengenwettbewerb. Symmetrie impliziert, daß es sich um ein *homogenes* Oligopol handelt. Die Schwierigkeit für die Oligopolisten ist, daß sie in jeder Periode nur den Marktpreis, aber weder die individuellen, noch die aggregierten Produktionsmengen beobachten können. Dies setzt voraus, daß der Preis eine *stochastische* Funktion der aggregierten Produktionsmenge ist, weil man diese sonst

---

27   Vgl. z.B. Finsinger/Pauly 1990, die einen solchen Mechanismus für eine Situation vorschlagen, in der viele Beteiligte einen gemeinsamen *Schaden* erzeugen.

28   Vgl. neben dem nicht ganz einfachen Original für eine Erläuterung der Kerngedanken z.B. Shapiro 1989, 282ff.

eindeutig aus dem Preis ermitteln könnte. Die Unternehmen sind also nur unvollständig über die Nachfragefunktion informiert, so daß der Preis in jeder Periode durch

$$p = p(Y,\theta) \tag{22.63}$$

gegeben ist. Dabei ist Y die aggregierte Produktionsmenge ($Y = \Sigma_i y_i$) und θ eine Zufallsvariable mit dem Erwartungswert Null. Wie in gewöhnlichen Superspielen mit
beobachtbaren Aktionen besteht ein teilspielperfektes Gleichgewicht wieder darin, daß
alle Unternehmen in allen Perioden das Cournot-Nash-Gleichgewicht des Basisspiels
spielen. Daneben gibt es aber auch andere, für die beteiligten Unternehmen günstigere
Gleichgewichte. Green/Porter beschränken ihre Analyse auf symmetrische Gleichgewichte in Trigger-Strategien. Erinnern Sie sich hierzu zunächst daran, daß unter Trigger-Strategien Strategien verstanden werden, in denen sich alle Unternehmen zunächst
kooperativ verhalten und zum nicht-kooperativen Gleichgewicht übergehen, sofern
mindestens ein Unternehmen aus dem kooperativen Gleichgewicht abgewichen ist.[29]
Die Schwierigkeit beim Einsatz von Trigger-Strategien besteht nun allerdings darin,
daß sich nicht mit Sicherheit feststellen läßt, ob (mindestens) ein Unternehmen von
der kooperativen Strategie abgewichen ist, weil niedrige Preise nicht nur durch hohe
Mengen, sondern auch durch Zufallsschwankungen ausgelöst werden können.

Die untersuchte Trigger-Strategie besteht daher darin, von der kooperativen Strategie zum Cournot-Nash-Gleichgewicht überzugehen, sofern der Preis unter einen
bestimmten Preis p_t sinkt, dessen Wahrscheinlichkeit gering ist, sofern sich alle an die
(vereinbarte) kooperative Strategie halten. Da es für diesen Preis p_t auch bei kooperativem Verhalten eine positive Wahrscheinlichkeit gibt, kann es auch bei stets kooperativem Verhalten zum Übergang zu den Cournot-Nash-Strategien kommen. Die Strafphase muß dabei so lange andauern, daß kein Unternehmen einen Anreiz zur Abweichung von der kooperativen Strategie hat. Das auf den ersten Blick vielleicht etwas
paradoxe, in jedem Fall aber elegante Ergebnis ist, daß im teilspielperfekten Gleichgewicht alle Unternehmen *wissen*, daß alle Unternehmen *immer* die kooperativen Mengen
produzieren und es dennoch zu Strafphasen kommt, wenn p_t unterschritten wird. Andernfalls ließen sich die kooperativen Strategien nicht implementieren, weil die Strafphase nicht glaubwürdig ist und die Unternehmen dann doch höhere Mengen produzieren würden. Ein first best aus Sicht der beteiligten Unternehmen (d.h. die Monopollösung über den gesamten Zeithorizont hinweg) ist daher nicht durchsetzbar.

Bei der Bestimmung des optimalen p_t müssen dabei zwei Sachverhalte gegeneinander abgewogen werden. Je kleiner p_t, desto geringer die Gefahr, daß trotz kooperativen Verhaltens der Übergang zum Cournot-Nash-Gleichgewicht ausgelöst wird. Auf
der anderen Seite bieten niedrige p_t's aber Anreize zu hohen Mengen, weil die Gefahr
der Bestrafung gering ist. Um dann dennoch einen Anreiz zur Beibehaltung der kooperativen Strategie zu schaffen, müssen die Strafphasen entsprechend länger sein.
Porter[30] hat gezeigt, daß der für die Oligopolisten beste *kooperative* Output bei Trigger-
Strategien *über* dem Output in der Kollusionslösung liegt, sofern der Diskontfaktor
kleiner als Eins ist. Dies liegt daran, daß sich eine Abweichung aus der kooperativen

29 Vgl. oben, Abschnitt 17.9.3.
30 Vgl. Porter 1983.

Lösung ceteris-paribus um so weniger lohnt, je höher der vereinbarte Output schon ist,[31] so daß eine gegenüber der Kollusionslösung höhere Menge geringere Strafen verlangt, um einen Anreiz zu kooperativem Verhalten zu geben. Interessanterweise ist die optimale Strafphase bei Trigger-Strategien und einem Diskontfaktor unter Eins unter recht allgemeinen Bedingungen unendlich und die Wahrscheinlichkeit, daß sie ausgelöst wird, entsprechend niedrig. Dies maximiert den diskontierten Erwartungsnutzen, kann im Einzelfall aber natürlich zu einem ungünstigen Ergebnis führen, sofern p_t trotz der sehr geringen Wahrscheinlichkeit schon frühzeitig unterschritten wird.[32]

22.5 Exkurs: Ein Beispiel aus der Investitions- und Finanzierungstheorie

22.5.1 Problembeschreibung

Den vorliegenden Abschnitt haben wir als „Exkurs" gekennzeichnet, weil die sich bei Finanzierungsverträgen ergebenden moral hazard-Probleme normalerweise in Veranstaltungen zur Unternehmensfinanzierung, aber nicht zur allgemeinen Mikroökonomie behandelt werden. Dennoch wollten wir diese Situation aufnehmen, weil sie

– erstens verdeutlicht, daß viele äußerst relevante Probleme der Betriebswirtschaftslehre als Anwendungen der allgemeinen Mikroökonomie interpretiert werden können,

– und das hier dargestellte Budgetbeschränkungsproblem ein besonders wichtiger Aspekt unvollkommener Information ist. Wir werden hier nur zwei denkbar einfache Finanzierungsformen in Betracht ziehen, nämlich die *Fremdfinanzierung* und die *Beteiligungsfinanzierung*, und deren Auswirkungen auf den erwarteten Gewinn des Unternehmens untersuchen. Bei beiden Finanzierungsformen stellen die Investoren dem Unternehmen einen bestimmten Betrag zur Durchführung des Investitionsobjekts zur Verfügung; die Finanzierungsformen unterscheiden sich aber durch die *Art* des Rückflusses der eingesetzten Gelder an die Investoren.

Unter der Fremdfinanzierung verstehen wir einen Kreditvertrag (beispielsweise mit einer Bank), bei dem der Kreditgeber zu einem bestimmten Zeitpunkt einen feststehenden Betrag vom Unternehmen bekommt, sofern das Unternehmen zahlungsfähig ist. Ist das Unternehmen zahlungsunfähig, weil sich das Investitionsobjekt nicht wie erhofft rentiert hat, erhält der Fremdfinancier über das Konkursverfahren den Restwert der Investition (oder des Unternehmens). Charakteristisch für die Fremdfinanzie-

---

31 Bedenken Sie einfach, daß es im Cournot-Nash-Gleichgewicht gar keinen Anreiz zur Abweichung gibt. Je näher man sich von der Kollusionslösung auf das Cournot-Nash-Gleichgewicht zubewegt, desto geringer der Abweichungsgewinn.

32 Abreu/Pearce/Stacchetti 1986 untersuchen komplexere Strategien, in denen die Vergeltung nicht auf das Cournot-Nash-Gleichgewicht beschränkt wird und zeigen, daß dadurch bessere Ergebnisse erzielt werden können (vgl. für eine informelle Darstellung z.B. Holler/Illing 1996, 144f). Jacquemin/Slade 1989, 449f berichten über einige empirische Studien, die mit Trigger-Strategien in Kartellen vereinbar sind.

rung ist also, daß der Investor *immer den gleichen Rückfluß erhält, sofern das Unternehmen zahlungsfähig ist.* Im Unterschied dazu erhalten die Investoren bei der Beteiligungsfinanzierung keinen festen Betrag, sondern einen konstanten Anteil am Umsatz des Investitionsobjekts. Selbstverständlich ist dies nur die einfachste Form der Beteiligungsfinanzierung – so könnte beispielsweise der Prozentsatz, den der Beteiligungsfinancier am Umsatz erhält, mit dem Umsatz variieren, oder der Beteiligungssatz könnte sich auf den Gewinn statt den Umsatz beziehen. In jedem Fall aber ist für die Beteiligungsfinanzierung charakteristisch, daß der Rückfluß für den Investor nicht nur von der Zahlungsfähigkeit überhaupt (wie bei der Fremdfinanzierung), *sondern auch von der Höhe des Umsatzes* (oder des Gewinns) *abhängt.*

In der Investitions- und Finanzierungstheorie wurden nun frühzeitig Bedingungen formuliert, unter denen die Fremd- und die Beteiligungsfinanzierung zum gleichen Ergebnis führen. Damit ist gemeint, daß die Finanzierungsform weder die Wahl der Investitionsobjekte durch Unternehmen, noch den Unternehmenswert (d.h. den erwarteten Gewinn, der dem Unternehmen verbleibt) beeinflußt. Diese Bedingungen wurden von Miller und Modigliani in ihrem berühmten *Irrelevanztheorem* zusammengefaßt[33] und bestehen im wesentlichen darin, daß

- keine steuerlichen Unterschiede zwischen der Fremd- und der Beteiligungsfinanzierung bestehen dürfen;
- alle Beteiligten risikoneutral sind;
- und das Verhalten des Unternehmens von den potentiellen Investoren beobachtet werden kann.

Es ist intuitiv nachvollziehbar, daß unter diesen Umständen alle Finanzierungsformen zum gleichen erwarteten Gewinn des Unternehmens führen müssen. Wenn die Investoren risikoneutral sind, so verlangen sie sowohl für die Fremd- als auch für die Beteiligungsfinanzierung die gleiche *erwartete* Kapitalverzinsung, die einfach dem Marktzinssatz entspricht, weil dieser die Opportunitätskosten der Kapitalanlage definiert. Die erwarteten Kosten der Rückzahlung sind für das Unternehmen also bei beiden Finanzierungsformen identisch. Wenn es dann keine steuerlichen Unterschiede gibt, ist das Unternehmen indifferent zwischen beiden Finanzierungsformen, und der Unternehmenswert ist unabhängig davon, ob man sich für Fremd- oder Beteiligungsfinanzierung entscheidet. Daraus folgt aber auch, daß die Wahl des Investitionsobjekts unter diesen Umständen unabhängig von der Finanzierungsform sein muß – denn wenn die zu leistende erwartete Rückzahlung unabhängig von der Finanzierungsform ist, wählt ein risikoneutrales Unternehmen in beiden Fällen das Investitionsobjekt mit dem höchsten Erwartungswert.

Die Bedeutung des Irrelevanztheorems von Miller/Modigliani ist nun nicht die – empirisch sofort zu falsifizierende – Hypothese, daß der Unternehmenswert *wirklich* unabhängig von der Finanzierungsform ist. Der entscheidende Punkt ist vielmehr der Hinweis, daß mindestens eine der drei genannten Bedingungen verletzt sein muß, da-

---

33 Vgl. Miller/Modigliani 1958. Zu den Grundlagen der Investitions- und Finanzierungstheorie vgl. z. B. Schmidt/Terberger 1996.

mit das in der Praxis eher irrelevante Irrelevanztheorem nicht gilt. Dabei wurden früh-
zeitig steuerliche Unterschiede untersucht, die häufig zu einer Bevorzugung von
Fremdkapital führen. Die Fülle unterschiedlicher Finanzierungsformen ist mit dem
Hinweis auf Risikoaversion oder steuerliche Ungleichbehandlungen aber nicht zu erklären,[34] so daß man sich aufbauend auf dem bahnbrechenden Artikel von Jensen und
Meckling im Journal of Financial Economics (1976) zunehmend der Analyse der
Auswirkungen einer *asymmetrischen Informationsstruktur zuwandte*. Diese Fragestellung
spielt in der gesamten Theorie der Unternehmensfinanzierung mittlerweile eine herausragende Rolle und untersucht die Auswirkungen unterschiedlicher Finanzierungsformen auf die *Anreize* des Investitionsverhaltens von Unternehmen.[35] Der Grundgedanke ist ebenso einfach wie wichtig. Bei der Fremdfinanzierung übernimmt die Bank
wegen der Konkursgefahr automatisch einen Teil des Risikos, was für das Verhalten
des Unternehmens nicht belanglos sein kann. Bei der Beteiligungsfinanzierung dagegen muß das Unternehmen von jedem Umsatz einen Teil abführen, was ebenfalls zu
Anreizproblemen führt. Die mittlerweile sehr weit fortgeschrittene Theorie der Unternehmensfinanzierung[36] beschäftigt sich daher intensiv mit der Frage, wann die Anreizprobleme durch welche Finanzierungsform besonders gravierend sind, so daß diese
vermieden werden sollte.[37]

Wir werden diese Frage im folgenden unter Verwendung eines einfachen Beispiels
diskutieren, das wir von Wenger/Terberger übernehmen.[38] In Abschnitt 22.5.2 gehen
wir zur Verdeutlichung des Zahlenbeispiels zunächst davon aus, daß das Unternehmen seine möglichen Investitionsobjekte selbst finanzieren kann. Anschließend
führen wir eine 50-prozentige Fremd- oder Beteiligungsfinanzierung unter der Annahme ein, daß die Wahl der Investitionsobjekte durch das Unternehmen von den
Investoren *beobachtet* werden kann. Dies dient zur Illustration des Irrelevanztheorems,
d.h. die Wahl beider Finanzierungsformen führt zum gleichen Resultat (Abschnitt
22.5.3). Anschließend behandeln wir den eigentlich interessanten Fall, in dem die Investoren das Verhalten des Unternehmens *nicht* beobachten können (Abschnitt
22.5.4).

22.5.2 Die Investitionsobjekte bei Eigenfinanzierung

Wir nehmen an, daß das Unternehmen über zwei Investitionsobjekte verfügt, nämlich
über die beiden Investitionsobjekte IO_1 und IO_2. Beide Investitionsobjekte erfordern

---

34 Vgl. für einen einfachen Überblick über Finanzierungsformen z.B. Drukarczyk 1993, 15ff.

35 Im Grunde handelt es sich dabei um ein Principal-Agenten-Problem, bei dem die Investoren als
    Principal und das Unternehmen als Agent betrachtet werden. Die Schwierigkeit besteht darin, daß
    die Investoren (Principal) das Verhalten des Unternehmens (Agent) nicht vollständig beobachten
    können.

36 Vgl. z.B. Schmidt/Terberger 1996.

37 Im hier betrachteten Fall geht es also um den Zielkonflikt zwischen Beteiligungs- oder Fremd-
    financiers mit den *Eigenkapitalgebern*, weil die Maximierung des Unternehmenswerts (bzw. des er-
    warteten Gewinns) den Zielsetzungen der Eigenkapitalgeber entspricht. Ein anderer Li-
    teraturstrang untersucht die Zielkonflikte mit Managern, die beispielsweise ihren Einfluß maximie-
    ren wollen (vgl. hierzu ausführlich z.B. Hart 1995, Kapitel 6).

38 Vgl. Wenger/Terberger 1988.

eine Anfangsauszahlung von 80, die das Unternehmen aus eigenen Mitteln finanzieren kann. Betrachten Sie zur genaueren Beschreibung der beiden Investitionsobjekte bitte zunächst nur die Spalten 1 und 3 von Abb. 22.1 und ignorieren Sie die Spalten 2 und 4.

Abb. 22.1:   *Die Investitionsobjekte bei kompletter Eigenfinanzierung*

	IO_1	IO_1^*	IO_2	IO_2^*
Auszahlung (A)	80	80	80	80
Interner Aufwand (X)	0	15	0	15
Einzahlungen	Wahrscheinlichkeiten (p)			
0	0,15	0,1	0,55	0,5
100	0,75	0,7	0,15	0,1
200	0,05	0,1	0,15	0,2
300	0,05	0,1	0,15	0,2
erwartete Einzahlungen ($\overline{E}$)	100	120	90	110
$\overline{G} = \overline{E} - A - X$	20	25	10	15
$\overline{r} = \overline{G} / A$	25 %	31,25 %	12,5 %	18,75 %

In der ersten Zeile stehen die Auszahlungen, die wie erwähnt für beide Investitionsobjekte 80 sind. Der „Interne Aufwand" X mißt eine nicht-monetäre Zusatzleistung, wie beispielsweise einen besonders harten Arbeitseinsatz, die allerdings monetär ausgedrückt wird. X ist sowohl bei IO_1 als auch bei IO_2 Null. In den folgenden Zeilen stehen die vier möglichen Einzahlungen der Investitionsobjekte, die jeweils 0, 100, 200 und 300 betragen. Der Unterschied zwischen den Investitionsobjekten IO_1 und IO_2 besteht in den Wahrscheinlichkeiten, mit denen die jeweiligen Einzahlungen auftreten. IO_1 ist relativ *sicher*, weil die Wahrscheinlichkeit für eine Einzahlung von Null (d.h. das Unternehmen macht gar keinen Umsatz, weil das Produkt ein völliger Flop ist) nur 15 % beträgt. Das Unternehmen landet also mit 85-prozentiger Wahrscheinlichkeit in der Gewinnzone. Der *Erwartungswert der Einzahlungen E* ergibt sich selbstverständlich als Summe der mit den Wahrscheinlichkeiten multiplizierten Einzahlungen, d.h. als

$$\overline{E}\,(IO_1) = 0{,}15 \cdot 0 + 0{,}75 \cdot 100 + 0{,}05 \cdot 200 + 0{,}05 \cdot 300 = 100 \qquad (22.64)$$

Der erwartete Gewinn ist die Differenz aus den erwarteten Einzahlungen, den (sicheren) Auszahlungen und dem internen Aufwand X und damit

$$\overline{G} = \overline{E} - A - X = 100 - 80 - 0 = 20 \qquad (22.65)$$

Dies führt zu einer erwarteten Eigenkapitalverzinsung von 25 %:

$$\overline{r} = \frac{\overline{G}}{A} = \frac{20}{80} = 0{,}25 \qquad (22.66)$$

Im Unterschied zu IO_1 ist IO_2 *riskanter*, weil die Konkurswahrscheinlichkeit (E = 0) mit 55 % sehr hoch ist. Auf der anderen Seite ist aber auch die Chance sehr hoher Gewinne größer, weil mit jeweils 15-prozentiger Wahrscheinlichkeit eine Einzahlung von 200 bzw. 300 realisiert wird. Die erwarteten Einzahlungen, Gewinne und Kapitalverzinsungen bestimmen sich analog und sind Abb. 22.1 zu entnehmen. Es zeigt sich, daß IO_2 einen geringeren Erwartungswert hat als IO_1.[39]

Für beide Investitionsobjekte nehmen wir nun zusätzlich an, daß das Unternehmen die Möglichkeit hat, die Wahrscheinlichkeiten für hohe Einzahlungen durch besonders intensive nicht-pekuniäre Leistungen (den internen Aufwand X) zu verbessern. Die Investitionsobjekte IO_1^* bzw. IO_2^* entsprechen im Grunde den Investitionsobjekten IO_1 bzw. IO_2 unter der Zusatzbedingung, daß ein interner Aufwand in Höhe von $X = 15$ durchgeführt wird. Dieser interne Aufwand reduziert bei beiden Investitionsobjekten die Wahrscheinlichkeiten für die niedrigen Einzahlungen 0 und 100 um jeweils 5 Prozentpunkte und erhöht die Wahrscheinlichkeiten für die hohen Einzahlungen 200 und 300 entsprechend. Die erwarteten Einzahlungen erhöhen sich dadurch auf 120 bzw. 110. Bei der Bestimmung der erwarteten Gewinne muß nun noch X abgezogen werden, so daß sich die in Abb. 22.1 dargestellten Werte ergeben. Zu beachten ist schließlich, daß wir bei der Berechnung der erwarteten Eigenkapitalverzinsung lediglich G durch A dividiert und X im Nenner nicht berücksichtigt haben. Dies ist etwas beliebig (und für die Kernüberlegungen auch nicht wichtig) und beruht auf der Überlegung, daß es sich nicht um vorgeschossenes Kapital handelt.

Der Vergleich der Investitionsobjekte zeigt, daß sich das Unternehmen bei 100-prozentiger Eigenfinanzierung für IO_1^* entscheidet, weil dies den höchsten erwarteten Gewinn von 25 (und die höchste Eigenkapitalverzinsung) liefert.

22.5.3   Die Investitionsobjekte bei 50-prozentiger Beteiligungs- oder Fremdfinanzierung und beobachtbarem Verhalten

Als Vorbereitung des Abschnitts 22.5.4 illustrieren wir nun das Irrelevanztheorem von Miller und Modigliani, indem wir annehmen, daß das Unternehmen nicht genügend Kapital zur Verfügung hat, um die Auszahlung vollständig selbst finanzieren zu können. Die Investoren können das Verhalten des Unternehmens aber vollständig beobachten, so daß keinerlei Anreizprobleme entstehen. Das Unternehmen kann 50 % der Auszahlung selbst finanzieren, so daß eine Kapitalaufnahme von $0,5 \cdot 80 = 40$ erforderlich ist.

Wir nehmen an, daß der Marktzinssatz i 12,5 % beträgt, so daß sowohl Fremd- als auch Beteiligungsfinanciers eine *erwartete* Kapitalverzinsung von 12,5 % verlangen. Da sie Kapital in Höhe von 40 zur Verfügung stellen, muß das Unternehmen den Investoren einen erwarteten Kapitalrückfluß von $(1 + 0,125) \cdot 40 = 45$ garantieren. Zu beachten ist nun, daß sich dieser erwartete Kapitalrückfluß in den beiden Finanzierungsformen auf unterschiedliche Arten vollzieht. Während der Investor bei der Beteiligungsfinanzierung einen konstanten *Anteil* am Umsatz (d.h. an den Einzahlungen E) bekommt, erhält der Fremdfinancier einen konstanten *Betrag*, sofern das Unternehmen

---

39 Das größere Risiko interessiert unser Unternehmen nicht, weil wir nicht die Auswirkungen von Risikoaversion, sondern die von asymmetrischer Information behandeln wollen. Bedenken Sie außerdem den wichtigen Sachverhalt, daß Risikoaversion überhaupt nur in Verbindung mit asymmetrischer Information relevant ist – denn bei vollständiger Information läßt sich jedes Risiko kostenlos (d.h. mit Kosten, die dem Erwartungswert entsprechen) versichern.

zahlungsfähig ist. Die Konsequenzen dieser Unterschiede für die vier möglichen Investitionsobjekte sind in Abb. 22.2 dargestellt.[40]

Abb. 22.2:   *Die Investitionsobjekte bei 50-prozentiger Beteiligungs- oder Fremdfinanzierung*

	IO_1	IO_1^*	IO_2	IO_2^*
Auszahlung (A)	80	80	80	80
Interner Aufwand (X)	0	15	0	15
erwartete Einzahlungen ($\overline{E}$)	100	120	90	110
Beteiligungsfinanzierung				
Erwartete Abführung an Kapitalgeber	$\overline{B}=45$	$\overline{B}=45$	$\overline{B}=45$	$\overline{B}=45$
e	45 %	37,5 %	50 %	40,9 %
$\overline{G} = \overline{E} - \dfrac{A}{2} - X - \overline{B}$	15	20	5	10
$\overline{r} = \dfrac{\overline{G}}{\dfrac{A}{2}}$	37,5 %	50 %	12,5 %	25 %
Fremdfinanzierung				
Erwartete Abführung an Kapitalgeber	$\overline{K}=45$	$\overline{K}=45$	$\overline{K}=45$	$\overline{K}=45$
f	32,35 %	25 %	150 %	125 %
$\overline{G} = \overline{E} - \dfrac{A}{2} - X - \overline{K}$	15	20	5	10
$\overline{r} = \dfrac{\overline{G}}{\dfrac{A}{2}}$	37,5 %	50 %	12,5 %	25 %

In beiden Fällen entscheidet sich der Investor für IO_1^*. Er macht einen erwarteten Gewinn von 20 (50 % erwartete Eigenkapitalverzinsung).

Im oberen Teil von Abb. 22.2 sind aus Bequemlichkeitsgründen die Investitionsobjekte mit ihren erwarteten Einzahlungen nochmals dargestellt. Der zweite Teil enthält die Ergebnisse für die Beteiligungsfinanzierung, die wir beispielhaft wieder für das Investitionsobjekt IO_1 verdeutlichen. Da der Beteiligungsfinancier von jeder Einzahlung den konstanten Beteiligungssatz e erhält, bestimmt sich der *Erwartungswert* seiner Einzahlungen aus

$$\overline{B} = e\,(p_0 \cdot 0 + p_{100} \cdot 100 + p_{200} \cdot 200 + p_{300} \cdot 300)$$

$$= e \cdot \sum_{i=1}^{4} p_i \cdot E_i = e \cdot \overline{E} \tag{22.67}$$

---

40 Die Variablen e und f werden im Anschluß an die Tabelle definiert.

Gleichung (22.67) verdeutlicht, daß für den Beteiligungsfinancier *ausschließlich* der *Erwartungswert* der Einzahlungen relevant ist, da er einen konstanten Prozentsatz der Einzahlungen erhält. Das Konkursrisiko des Unternehmens spielt keine, über den Erwartungswert der Einzahlungen hinausgehende, Rolle. Der vereinbarte Beteiligungssatz (d.h. der Prozentsatz an den Einzahlungen, die an den Beteiligungsfinancier gehen), bestimmt sich somit aus

$$e = \frac{\overline{B}}{\overline{E}} = \frac{45}{\overline{E}} \qquad (22.68)$$

Da der Erwartungswert der Einzahlungen für IO_1 bei 100 liegt, ergibt sich ein Beteiligungssatz von e = 0,45. Dies bedeutet, daß der Beteiligungsfinancier 45 % von jeder Einzahlung erhalten muß, damit er auf einen erwarteten Kapitalrückfluß von 45 und somit auf die Kapitalverzinsung von 12,5 % kommt. Betrachten wir nun die Auswirkungen auf den Gewinn des Unternehmens, die in der Zeile darunter dargestellt sind. Von den erwarteten Einzahlungen müssen nun die halbe Auszahlung von 40, der interne Aufwand und die erwartete Rückzahlung an den Beteiligungsfinancier abgezogen werden, um den erwarteten Gewinn zu bestimmen. Für unser IO_1 ergibt sich daher ein Gewinn von 15 – d.h. der erwartete Gewinn reduziert sich von 20 auf 15, weil der Beteiligungsfinancier nur 40 Geldeinheiten beisteuert, aber wegen des Zinssatzes von 12,5 % einen erwarteten Rückfluß von 45 erhält. Diese Differenz von 5 geht dem Unternehmen verloren. Gleichzeitig zeigt sich aber auch der sog. *Leverage-Effekt*, der darin besteht, daß die Aufnahme externer Investoren die interne Kapitalverzinsung erhöht, sofern das Investitionsobjekt eine Verzinsung über dem Marktzinssatz aufweist. Den Leverage-Effekt erkennen wir daran, daß die Kapitalverzinsung bei vollständiger Eigenfinanzierung 25 % war und nun 37,5 % beträgt. Der Grund ist, daß der Beteiligungsfinancier mit einem Satz von 12,5 % ein Projekt (mit)finanziert, das eine erwartete Verzinsung von 25 % hat, so daß sich die interne Verzinsung weiter erhöht.

Der Rest der mittleren Tabelle gibt die Werte für alle anderen Investitionsobjekte an und zeigt, daß sich die *Reihenfolge* dieser nicht ändert – am günstigsten für das Unternehmen ist weiterhin IO_1^*, das nun einen erwarteten Gewinn von 20 und eine erwartete interne Kapitalverzinsung von 50 % erbringt. Der vereinbarte Beteiligungssatz beträgt dann e = 37,5 %.

Machen Sie sich klar, daß die Beibehaltung der Reihenfolge der Investitionsobjekte ausgesprochen trivial ist. Das Unternehmen muß bei *jedem* Investitionsobjekt im Erwartungswert 45 Geldeinheiten bezahlen, so daß vom Erwartungswert der Einzahlungen einfach eine *Konstante* abgezogen wird. Die Subtraktion einer Konstanten kann aber an der Reihenfolge von Investitionsobjekten nichts ändern; die entscheidungsrelevanten Größen ändern sich durch Konstante nie.

Betrachten wir nun die Fremdfinanzierung im unteren Teil von Abb. 22.2. Auch der Fremdfinancier verlangt einen erwarteten Kapitalrückfluß von 45, um den Marktzinssatz von 12,5 % zu erreichen. Allerdings vollzieht sich der Rückfluß auf eine andere Art. Der Fremdfinancier (denken Sie an den klassischen Kreditvertrag) vereinbart einen konstanten *Zinssatz* f, der immer dann wirksam wird, wenn das Unternehmen zahlungsfähig ist.[41] Für den Fremdfinancier ist die genaue Höhe der Einzahlungen gleichgültig (ganz im Unterschied zur Beteiligungsfinanzierung); entscheidend ist nur, ob das Unternehmen zahlungsfähig ist oder nicht. Formal bedeutet dies, daß die Wahrscheinlichkeit für ein zahlungsfähiges Unternehmen (diese nennen wir π), multipliziert mit dem vereinbarten Rückfluß bei Zahlungsfähigkeit, dem am Markt erzielbaren Rückfluß entsprechen muß:

$$\pi \cdot (1+f) \cdot 40 = (1+i) \cdot 40 \tag{22.69}$$

Sofern das Unternehmen mit Sicherheit zahlungsfähig ist ($\pi = 1$), entspricht der von der Bank geforderte Zinssatz f einfach dem Marktzinssatz $i = 12{,}5\,\%$. Sobald die Zahlungswahrscheinlichkeit aber kleiner Eins ist, muß der Fremdfinancier (die Bank) einen Zinssatz *über* 12,5 % vereinbaren, um im *Erwartungswert* auf 12,5 % bzw. den Kapitalrückfluß von $\overline{K} = 45$ zu kommen. Durch einfache Umformung von (22.69) ermittelt man f daher aus

$$f = \frac{1+i}{\pi} - 1 = \frac{1{,}125}{\pi} - 1 \tag{22.69a}$$

Betrachten wir beispielhaft erneut IO_1. Da die Konkurswahrscheinlichkeit (d.h. die Wahrscheinlichkeit für eine Einzahlung von 0) 15 % beträgt, ist die Wahrscheinlichkeit für Zahlungsfähigkeit $\pi = 1 - 0{,}15 = 0{,}85$ und damit

$$f(IO_1) = \frac{1{,}125}{0{,}85} - 1 = 0{,}3235 \tag{22.70}$$

Angesichts der Konkurswahrscheinlichkeit von 15 % muß die Bank also einen Zinssatz von 32,35 % vereinbaren, um einen erwarteten Kapitalrückfluß von 45, bzw. eine Verzinsung von 12,5 % zu erreichen. Auf den ersten Blick scheint eine Zinssteigerung von 12,5 % auf 32,35 % bei einer Konkurswahrscheinlichkeit von 15 % reichlich heftig zu sein. Bedenken Sie aber, daß im Konkursfall das *gesamte* eingesetzte Kapital der Bank von 40 verloren ist, was den hohen vereinbarten Zins von 32,35 % erklärt. Der Rest des unteren Teils von Abb. 22.2 zeigt die Ergebnisse für die drei anderen Investitionsobjekte.

Der Vergleich der vier Investitionsobjekte bei Fremdfinanzierung zeigt, daß sich das Unternehmen erneut für IO_1^* entscheidet und einen erwarteten Gewinn von 20 macht. Der vereinbarte Fremdkapitalzinssatz ist dann $f = 25\,\%$. Dies ist genauso selbstverständlich wie bei Beteiligungsfinanzierung: da die Bank im *Erwartungswert* immer den gleichen Kapitalrückfluß von 45 erhält, wird im Kern wieder nur eine Konstante von den erwarteten Einzahlungen abgezogen. Das Zahlungsschema ist zwar vollkommen anders, aber im Erwartungswert ändert sich nichts. Genau dies ist das Irrelevanztheorem von Miller/Modigliani. Beide Finanzierungsformen führen für das Unternehmen zu gleichen erwarteten Gewinnen und zur Wahl des gleichen Investitionsobjekts IO_1^*.

---

41 Andernfalls erhält der Fremdfinancier zwar die Konkursmasse, aber diese ist in unserem vereinfachten Beispiel Null – für alle Einzahlungen ab 100 ist das Unternehmen zahlungsfähig; andernfalls ist die Konkursmasse Null.

22.5.4   Die Investitionsobjekte bei 50-prozentiger Beteiligungs- oder Fremdfinanzierung und unbeobachtbarem Verhalten

Wir haben nun endlich genug Vorarbeiten geleistet, um die Situation unter der Annahme betrachten zu können, daß die Investoren die Auswahl der Investitionsobjekte durch das Unternehmen nicht beobachten können. Etwas exakter formuliert betrachten wir also folgende *Spielform*:

- auf der ersten Stufe vereinbaren der Investor und das Unternehmen einen Beteiligungs- oder Fremdkapitalzinssatz. Dabei besteht vollständige Information über die Eigenschaften der Investitionsobjekte, d.h. die Investoren verfügen über alle in Abb. 22.1 dargestellten Informationen;

- anschließend entscheidet sich das Unternehmen auf Basis des vereinbarten Beteiligungs- oder Fremdkapitalzinssatzes für die Durchführung des Investitionsobjekts, das für das Unternehmen am günstigsten ist. Die Wahl des Investitionsobjekts ist unbeobachtbar;

- schließlich entscheidet der Zufall über die Höhe der Einzahlungen, und es kommt zum Vollzug des vereinbarten Kontraktes.

Wir betrachten zunächst die Beteiligungsfinanzierung und unterstellen einfach, daß es zum vereinbarten Satz von e = 37,5 % kommt. Dies ist deshalb eine zunächst naheliegende Unterstellung, weil bei Wahl des effizienten Investitionsobjekts IO_1^* genau der Satz von e = 0,375 erforderlich ist, damit der Beteiligungsfinancier auf die erwartete Kapitalverzinsung von 12,5 % bzw. einen erwarteten Rückfluß von 45 kommt. Wir unterstellen also *willkürlich*, daß sich auf der ersten Spielstufe bei der Beteiligungsfinanzierung e = 0,375 ergibt. Nun müssen wir aber prüfen, welches Investitionsobjekt vom Unternehmen auf der zweiten Stufe angesichts des Beteiligungssatzes von 37,5 % gewählt wird. Bedenken Sie, daß sich diese Frage bei beobachtbaren Investitionsobjekten gar nicht stellt, weil der Investor das Unternehmen bindend dazu verpflichten kann, das vereinbarte Investitionsobjekt IO_1^* durchzuführen und sich daher keine Anreizprobleme stellen.

Wir müssen also den erwarteten Gewinn $\overline{G}$ für e = 0,375 für die verschiedenen Investitionsobjekte berechnen, indem wir für jedes Investitionsobjekt

$$\overline{G} = \overline{E} - \frac{A}{2} - X - e \cdot \overline{E} = (1-e)\overline{E} - \frac{A}{2} - X \qquad (22.71)$$

bestimmen.

Abb. 22.3:   *Die Investitionsobjekte bei 50-prozentiger Beteiligungs- oder Fremdfinanzierung*
             (i = 12,5 %) und unbeobachtbaren Aktionen

	IO_1	IO_1^*	IO_2	IO_2^*
Beteiligungsfinanzierung				
$\overline{G}(e = 37,5\%)$	22,5	20	16,25	13,75
$\overline{B}(e = 37,5\%)$	37,5	45	33,75	41,25
$\overline{G}(e = 45\%)$	15	11	9,5	5,5
Fremdfinanzierung				
$\overline{G}(f = 25\%)$	17,5	20	27,5	30
$\overline{G}(f = 125\%)$	−16,5	−16	9,5	10

Dies führt zu einem verblüffenden Ergebnis – gegeben den Beteiligungssatz e = 0,375 ist für das Unternehmen gar nicht IO_1^*, sondern IO_1 am günstigsten, weil es zum höchsten erwarteten Gewinn von 22,5 führt (gegenüber 20 bei IO_1^*). Der Grund erschließt sich, wenn Sie die rechte Formulierung von Gleichung (22.71) betrachten. Diese zeigt, daß nur ein Anteil kleiner als Eins (nämlich 1 − e) der erwarteten Erträge tatsächlich beim Unternehmen verbleibt, weil dieses einen konstanten Prozentsatz e aller Einzahlungen an den Beteiligungsfinancier abführen muß. Dagegen muß das Unternehmen den ganzen *internen* Aufwand X selbst tragen, weil der Beteiligungsfinancier nur am Umsatz, aber nicht an den Kosten beteiligt ist.[42] Das Unternehmen kommt daher nicht in den ganzen Genuß des Effektes seiner Anstrengungen, muß die Anstrengung aber komplett selbst tragen. Die Anstrengung erzeugt also einen *positiven externen Effekt* für den Beteiligungsfinancier, den das Unternehmen nicht berücksichtigt. Das Unternehmen hat daher einen Anreiz zu einer zu geringen Anstrengung, und genau dieser Anreiz kommt im Übergang von IO_1^* zu IO_1 zum Ausdruck. Das Anreizproblem führt zur Wahl eines ineffizienten Investitionsobjekts.

Bisher haben wir einfach die Vereinbarung des Beteiligungssatzes von 37,5 % auf der ersten Stufe des Spiels angenommen. Ein Blick auf den oberen Teil von Abb. 22.3 zeigt aber, daß der Beteiligungsfinancier bei diesem Satz zwar für IO_1^* auf einen erwarteten Rückfluß von 45 kommt, bei IO_1 aber nur auf 37,5, d.h. er würde im Erwartungswert einen Verlust machen! In der Tat zeigt eine genauere Überlegung, daß die Vereinbarung eines Satzes von 37,5 % nicht *teilspielperfekt* ist, weil der Beteiligungsfinancier das Verhalten des Unternehmens *antizipieren* kann. Gemäß der üblichen Methode der Rückwärtsinduktion muß sich der Beteiligungsfinancier nämlich zunächst überlegen, welches Investitionsobjekt das Unternehmen bei jedem Beteiligungssatz auf der zweiten Stufe wählen wird. Dabei stellt der Beteiligungsfinancier fest, daß das Unternehmen für *jeden* Beteiligungssatz IO_1 wählt, weil dieses immer den höchsten

---

42 Eine Gewinnbeteiligung würde nur dann etwas ändern, wenn der Beteiligungsfinancier auch den internen Aufwand X beobachten kann – andernfalls kann er einen Gewinn, in dem X enthalten ist, ja nicht kontrollieren. Die Unbeobachtbarkeit der Anstrengung des Managements ist aber gerade das Herzstück des Principal-Agenten-Problems in der Investitions- und Finanzierungstheorie.

erwarteten Gewinn für das Unternehmen liefert (betrachten Sie Gleichung (22.71), um dies zu sehen). Wir wissen aber bereits aus

Abb. 22.2, daß der Beteiligungsfinancier bei Wahl von IO_1 einen Beteiligungssatz von 45 % benötigt, um auf seinen erwarteten Rückfluß von 45 Geldeinheiten zu kommen. *Das einzig teilspielperfekte Gleichgewicht besteht bei Beteiligungsfinanzierung daher in der Vereinbarung von e = 45 % und der Wahl von IO_1.* Bedenken Sie die Konsequenzen für das Unternehmen. Da der Beteiligungsfinancier durch Antizipation des Verhaltens des Unternehmens seinen erwarteten Rückfluß von 45 sichert, geht der ganze Effizienzverlust durch die Wahl des „falschen" Investitionsobjekts IO_1 statt IO_1^* zu Lasten des Unternehmens. Es macht bei IO_1 genau den (geringen) erwarteten Gewinn von 15, der schon in Abb. 22.2 notiert ist.

Lassen Sie uns dieses wichtige Resultat nochmals intuitiv erläutern. Da das Unternehmen an den Beteiligungsfinancier „nur" den erwarteten Rückfluß von 45 bezahlen muß (dies liegt daran, daß es annahmegemäß beliebig viele Investoren gibt, die zum Marktzinssatz investieren wollen), geht der ganze „restliche" Erwartungswert an das Unternehmen. Im ökonomischen Kern haben wir also ein take-it-or-leave-it-Angebot des Unternehmens an den Investor unterstellt, wie dies in der Principal-Agent-Theorie üblich ist. Wenn es dem Beteiligungsfinancier im teilspielperfekten Gleichgewicht gelingt, seinen erwarteten Kapitalrückfluß zu sichern, muß jede Verminderung der Effizienz (jeder „Wohlfahrtsverlust") zu Lasten des Unternehmens gehen. Das Unternehmen erzielt wegen des moral hazard-Problems also einen niedrigeren Gewinn, weil es keine Möglichkeit hat, dem Beteiligungsfinancier *glaubhaft* die Wahl von IO_1^* zu versichern. Daraus können wir das praktisch wichtige Ergebnis ableiten, daß es für Unternehmen nützlich ist, potentiellen Investoren ihre Informationen zu offenbaren, um die (von diesen antizipierten) Anreizprobleme zu verhindern. Dies gilt natürlich nur im teilspielperfekten Gleichgewicht. Antizipiert der Beteiligungsfinancier das Anreizproblem nicht bzw. gibt er sich mit dem Beteiligungssatz von 37,5 % zufrieden, so ist die Informationsasymmetrie für das Unternehmen günstig.

Kommen wir nun zur Fremdfinanzierung. Analog zur Beteiligungsfinanzierung nehmen wir zunächst an, daß der vereinbarte Fremdkapitalzinssatz f = 25 % beträgt. Dies ist der Fremdkapitalzinssatz, der sich bei vollständiger Information und Wahl des effizienten Investitionsobjekts IO_1^* ergeben würde. Erneut müssen wir aber prüfen, ob für das Unternehmen tatsächlich die Wahl von IO_1^* gewinnmaximal ist. Dazu bestimmen wir für die verschiedenen Investitionsobjekte den erwarteten Gewinn aus

$$\overline{G} = \overline{E} - \frac{A}{2} - X - \left(\pi(1+f)\cdot 40\right) \tag{22.72}$$

und stellen fest, daß wieder nicht IO_1^* den Gewinn des Unternehmens maximiert! Im Unterschied zur Beteiligungsfinanzierung ist nun aber nicht mehr IO_1, sondern IO_2^* die für das Unternehmen günstigste Alternative. Wir sehen, daß das Unternehmen bei IO_2^* und f = 0,25 einen ausgesprochen hohen erwarteten Gewinn, nämlich 30 macht. Was ist der Grund dafür, daß nun IO_2^* so reizvoll ist? Ein Anreiz zur Reduktion des internen Aufwands besteht nun nicht, weil das Unternehmen vollständig in den Genuß höherer Einzahlungen kommt. Dies liegt daran, daß die Abführung an den Fremdkapitalgeber konstant ist und bei höheren Einzahlungen daher nicht zunimmt.

Das Problem ist aber, daß das Unternehmen nun einen *starken Anreiz zur Erhöhung des Risikos hat*. Kommen die hohen Einzahlungen nämlich wirklich zustande, so gehen sie (abgesehen von der Konstanten) an das Unternehmen, so daß sich das Risiko lohnt. Kommt es dagegen zum Konkurs, so trägt die Bank 50 % (nämlich 40 Geldeinheiten) des Konkurses, so daß ein Teil des Risikos ein *negativer externer Effekt für die Bank* ist, der vom Unternehmen nicht beachtet wird. Diese Risikoexternalisierung bei Fremdfinanzierung ist ein Kernproblem der Investitions- und Finanzierungstheorie und führt ohne geschicktere Zusatzverträge dazu, daß Unternehmen zu hohe Risiken eingehen.

Analog zur Beteiligungsfinanzierung stellen wir nun aber erneut fest, daß die Vereinbarung von f = 25 % nicht teilspielperfekt ist. Denn bei f = 25 % und Wahl von IO_2^* beträgt der erwartete Rückfluß für den Fremdfinancier nur 25, d.h. er macht einen ganz erheblichen Verlust. Da die Bank – erneut analog zur Beteiligungsfinanzierung – durch keinen Fremdkapitalzinssatz die Wahl von IO_2^* verhindern kann, muß sie einen Fremdkapitalzinssatz vereinbaren, der ihr auch bei IO_2^* einen erwarteten Rückfluß von 45 garantiert – im einzigen teilspielperfekten Gleichgewicht kommt es daher zu einem Fremdkapitalzinssatz von 125 % und zur Wahl von IO_2^*. Wieder geht die gesamte Ineffizienz durch die Unbeobachtbarkeit des Verhaltens zu Lasten des Unternehmens, das nun nur noch einen erwarteten Gewinn von 10 macht. Erneut liegt dies daran, daß im Optimum der ganze „Vertragsgewinn" an das Unternehmen geht, so daß dieses auch den durch die Transaktionen entstehenden Wohlfahrtsverlust trägt.

Welche Schlußfolgerungen können wir aus diesem recht einfachen, aber wichtigen Beispiel ziehen? Erstens stellen wir fest, daß das Irrelevanztheorem von Miller/ Modigliani bei asymmetrischer Information nicht gilt. Die Finanzierungsform beeinflußt sowohl die Wahl des Investitionsobjekts, als auch den erwarteten Gewinn bzw. den Unternehmenswert. Zweitens sehen wir, daß die Anreizprobleme bei der Beteiligungs- und der Fremdfinanzierung ganz unterschiedlich sind. Bei der Beteiligungsfinanzierung gibt es einen Anreiz zum Verzicht auf effiziente Anstrengungen, weil ein Teil der Erträge externalisiert ist. Bei der Fremdfinanzierung gibt es dagegen einen Anreiz zur Risikoerhöhung, weil ein Teil der Risiken externalisiert ist. Welche Finanzierungsform ist vorzuziehen? Dies hängt von den gewählten Zahlen ab, d.h. davon, welche Anreizverzerrung stärker wirkt. In unserem Fall ist der Wohlfahrtsverlust durch die Risikoerhöhung größer als durch den reduzierten Arbeitsanreiz, so daß die Beteiligungsfinanzierung vorzuziehen ist. In jedem Fall geht der Wohlfahrtsverlust zu Lasten des Unternehmens, sofern wir teilspielperfekte Gleichgewichte betrachten. Der wichtigste Punkt aber ist, daß Informationsasymmetrien in der aktuellen theoretischen Literatur zur Unternehmensfinanzierung einen hervorragenden Ausgangspunkt zum Verständnis des tieferen Sinns komplexerer Finanzierungsmethoden liefern, weil diese genau dazu dienen, die bei der schlichten Fremd- oder Beteiligungsfinanzierung evidenten Anreizprobleme zu vermindern.

22.6 Zusammenfassende Schlußfolgerungen

Der Kern des moral hazard-Problems besteht darin, daß Agenten nicht vollständig mit den Konsequenzen ihres Handelns konfrontiert werden und daher auch nicht die wohlfahrtsmaximalen Aktionen wählen. Im Grunde handelt es sich somit schlicht um ein Problem externer Effekte, da die Anreizverzerrung mit der in Kapitel 19 untersuchten vollkommen identisch ist. Dabei stellt sich die Frage, warum den Agenten nicht das ganze Risiko aufgebürdet wird, was trotz der (bei moral hazard definitionsgemäß gegebenen) Unbeobachtbarkeit der Aktionen durchaus möglich ist. Wir mußten daher zunächst die Frage beantworten, warum es unter bestimmten Umständen nicht möglich (oder nicht wünschenswert) ist, Agenten die Folgen ihrer Aktionen vollständig zuzurechnen. Dazu haben wir drei zentrale Anwendungsgebiete diskutiert, deren Ergebnisse sich folgendermaßen zusammenfassen lassen:

1. Im ersten Beispiel, dem Principal-Agent-Problem bei unvollkommener Information, haben wir risikoaverse Agenten eingeführt. In diesem, vor allem für die Versicherungstheorie und -praxis relevanten Fall, würde ein first best erfordern, daß der (risikoneutrale) Principal das ganze Risiko übernimmt, was bei beobachtbaren Aktionen auch ohne weiteres möglich ist. Bei unbeobachtbaren Aktionen würde dies aber dazu führen, daß der Agent erstens keinerlei Risiko tragen muß und außerdem eine Abhängigkeit der Prämie von seinem Verhalten nicht möglich ist (denn man kann sein Verhalten nicht beobachten). Er hat dann keinerlei Anreiz mehr zu effizientem Verhalten, da das Risiko komplett *externalisiert* ist. Er muß daher einen Teil des Risikos übernehmen, so daß ein first best nicht erreichbar ist. Das Principal-Agent-Problem ist daher im Kern ein Zielkonflikt zwischen der effizienten Risikoallokation (diese würde erfordern, daß der Principal das ganze Risiko trägt) und effizienten Handlungsanreizen (diese würden erfordern, daß der Agent das ganze Risiko trägt, um das Problem externer Effekte auszuschließen).

2. Als zweiten Anwendungsfall haben wir das Teamproblem besprochen, bei dem mehrere Agenten *gemeinsam* einen (stochastischen) Output erzeugen, ohne daß die Leistungen der einzelnen Teammitglieder beobachtbar sind. Dabei besteht das Kernproblem darin, daß *jeder* Agent für den *ganzen* Output verantwortlich gemacht werden muß, weil sonst das Problem externer Effekte *zwischen* den einzelnen Agenten entsteht. Am Rande (weil hier nicht behandelt) sei hinzugefügt, daß sich das Problem entschärft, wenn der Principal aus Höhe oder Art des Outputs wenigstens *stochastische* Signale darüber erhält, welcher seiner Agenten vom effizienten Verhalten abgewichen ist.[43]

3. Bei unserem als Exkurs gekennzeichneten Beispiel aus der Investitions- und Finanzierungstheorie besteht die Schwierigkeit darin, daß das entscheidende Unternehmen nicht genügend Kapital aufbringen konnte, um ein Investitionsobjekt alleine zu finanzieren. Das Problem externer Effekte erklärt sich in diesem Beispiel also aus beschränkten Budgets, die es unmöglich machen, den Agenten komplett mit den Konsequenzen seiner Aktionen zu konfrontieren. Da *jede* Finanzierungs-

---

43   Vgl. hierzu Legros/Matsushima 1991; Feess/Hege 1996.

form mit externen Effekten behaftet ist, ergaben sich aus der moral hazard-Annahme Ineffizienzen, die je nach Finanzierungsform unterschiedlich groß sind. Moral hazard ist daher sehr wichtig zum Verständnis moderner Finanzierungsformen.

Kapitel 23

Unvollständige Information
(adverse selection)

23.1 Überblick

In Kapitel 21 hatten wir Spiele mit unvollständiger Information als Situationen definiert, in denen die Information über relevante Eigenschaften von Spielern asymmetrisch verteilt ist. Seit den Arbeiten von Harsanyi[1] werden solche Situationen dadurch modelliert, daß die entsprechenden Eigenschaften durch einen „Zug der Natur" festgelegt werden, das Ergebnis dieses Zuges aber nicht allen am Spiel Beteiligten bekannt wird. Diese ausgesprochen wichtige Methode zur Behandlung solcher Situationen mit unvollständiger Information erklären wir in Abschnitt 23.2 genauer, wenn wir uns dem Bayesianischen Gleichgewicht als entsprechendem spieltheoretischen Lösungskonzept für statische Spiele zuwenden.

Daran anschließend betrachten wir dynamische Spiele mit unvollständiger Information (Abschnitt 23.3). Nachdem wir zunächst beispielhaft demonstrieren, warum das teilspielperfekte Gleichgewicht zur Lösung solcher Spiele nicht mehr ausreicht, erläutern und diskutieren wir mit dem Perfekten Bayesianischen Gleichgewicht das am weitesten verbreiteste Lösungskonzept für dynamische Spiele mit unvollständiger Information, das für eine breite Palette von Spielen zu gleichen Ergebnissen führt wie das ebenfalls oft verwendete sequentielle Gleichgewicht.[2] Anschließend erläutern wir mit adverse selection (Abschnitt 23.4), Signalisierungsspielen (Abschnitt 23.5) und Screening-Spielen (Abschnitt 23.6) unterschiedliche Arten von Situationen mit unvollständiger Information.

23.2   Statische Spiele bei unvollständiger Information:
Das Bayesianische Gleichgewicht

23.2.1   Ein Beispiel aus der Oligopoltheorie

Wir wollen das Bayesianische Gleichgewicht als spieltheoretisches Lösungskonzept für statische Spiele bei unvollständiger Information zunächst an einem Beispiel einführen

---

1   Vgl. Harsanyi 1967, 1968.
2   Das sequentielle Gleichgewicht wurde von Kreps/Wilson 1982 eingeführt.

und anschließend (Abschnitt 23.2.2) verallgemeinern. Ausgangspunkt unseres Beispiels ist ein Duopol, in dem jedes Unternehmen zwar die Preis-Absatz-Funktion und
die eigene Kostenfunktion mit Sicherheit kennt, die Kostenfunktion des Konkurrenten aber nur schätzen kann. Dies ist für jedes der Unternehmen deshalb ein beklagenswerter Zustand, weil die gewinnmaximale eigene Menge auch von der des Konkurrenten abhängt, die man aber ohne Kenntnis von dessen Kostenfunktion nicht
genau vorhersagen kann.

Im einzelnen treffen wir folgende Annahmen:

1. Die den beiden Unternehmen bekannte Preis-Absatz-Funktion sei $p = 120-x_1-x_2$,
   wobei x_1 bzw. x_2 wieder die Mengen der Oligopolisten 1 und 2 sind.
2. Es gibt grundsätzlich für jedes Unternehmen zwei mögliche Kostenfunktionen,
   wobei jedes Unternehmen nur seine eigene Kostenfunktion kennt. Diese möglichen Kostenfunktionen sind

$$K_{iT} = 0 \qquad\qquad (23.1a)$$

und

$$K_{iH} = 20x_i \qquad\qquad (23.1b)$$

Die tiefgestellten Indizes T und H stehen dabei für „tiefe" bzw. „hohe" Kosten. Die
Wahrscheinlichkeitsverteilungen geben nun an, mit welchen Wahrscheinlichkeiten die
Unternehmen für ihren jeweiligen Konkurrenten hohe oder niedrige Kosten vermu-
ten:

$$p_1(K_{1T}) = 0,8; \qquad p_1(K_{1H}) = 0,2 \qquad\qquad (23.2a)$$

$$p_2(K_{2T}) = 0,6; \qquad p_2(K_{2H}) = 0,4 \qquad\qquad (23.2b)$$

(23.2a) bedeutet also beispielsweise, daß das Unternehmen 1 *nach Auffassung von Unternehmen 2* mit 80prozentiger Wahrscheinlichkeit niedrige und mit 20prozentiger Wahrscheinlichkeit hohe Kosten hat.

Um den konzeptionellen Grundgedanken Bayesianischer Gleichgewichte verständlich zu machen, müssen wir nun bedenken, daß beispielsweise die von Unternehmen 1 produzierte Menge von 4 Faktoren abhängt:

– selbstverständlich von der Preis-Absatz-Funktion, die beiden Unternehmen bekannt ist;

– zweitens von der *eigenen* Kostenfunktion, die das Unternehmen zum Zeitpunkt
  seiner Entscheidung kennt;

– drittens von den Wahrscheinlichkeiten, mit denen Unternehmen 1 für Unternehmen 2 hohe oder niedrige Kosten vermutet. Dies ist deshalb wichtig, weil Unternehmen 1 weiß, daß Unternehmen 2 ceteris paribus eine um so größere Menge
  produzieren wird, je geringer seine Kosten sind. Da die gewinnmaximale Produktionsmenge von Unternehmen 1 negativ auf die Menge von Unternehmen 2 rea-

giert,[3] produziert Unternehmen 1 um so weniger, je höher die Wahrscheinlichkeit für niedrige Kosten bei Unternehmen 2 ist;

– viertens aber auch von den Wahrscheinlichkeiten, mit denen *Unternehmen 2 vermutet, daß Unternehmen 1 niedrige Kosten hat.* Dies ist der interessanteste Aspekt, den wir im Bayesianischen Gleichgewicht berücksichtigen müssen. Spiegelbildlich zum gerade erläuterten Punkt wird Unternehmen 2 nämlich um so mehr produzieren, je höher die von ihm vermutete Wahrscheinlichkeit dafür ist, daß Unternehmen 1 hohe Kosten hat. Da dies Unternehmen 1 weiß, wird Unternehmen 1 im Gewinnmaximum ceteris paribus (d.h. bei gegebener *wirklicher*, dem Unternehmen 1 bekannter Kostenfunktion) um so weniger produzieren, je höher die von Unternehmen 2 vermutete Wahrscheinlichkeit ist, daß Unternehmen 1 hohe Kosten hat. Dies setzt selbstverständlich voraus, daß Unternehmen 1 die von Unternehmen 2 vermuteten Wahrscheinlichkeiten kennt.[4]

Die Notwendigkeit, daß jedes Unternehmen aus den gerade genannten Gründen auch die von anderen Unternehmen vermuteten Wahrscheinlichkeiten kennen muß, berücksichtigt man durch einen modelltheoretischen Trick. Dieser besteht darin, daß man bei unvollständiger Information im Anschluß an die bahnbrechenden Arbeiten von Harsanyi[5] *auch in einem „eigentlich" statischen Spiel zwei Zeitpunkte unterscheidet.* Zum Zeitpunkt Null geht man davon aus, daß *beide* Unternehmen für *beide* Kostenfunktionen nur die in den Gleichungen (23.2a) und (23.2b) angegebenen Wahrscheinlichkeiten kennen. Man unterstellt also gedanklich, daß im Zeitpunkt Null beispielsweise Unternehmen 1 auch seine eigene Kostenfunktion nicht kennt. Dies ist methodisch deshalb geschickt, weil damit gesichert ist, daß im Zeitpunkt Null eine symmetrische Informationsverteilung besteht, so daß jedes Unternehmen automatisch auch die Wahrscheinlichkeiten kennt, die beispielsweise das Unternehmen 2 für die Kostenfunktion von Unternehmen 1 bildet (und genau dies ist aus den genannten Gründen erforderlich). In der nächsten „Spielstufe" geht man davon aus, daß die „Natur" (also ein Zufallsgenerator) die *wirklichen* Kostenfunktionen für *beide* Spieler festlegt. Die von der „Natur" – dies ist der geläufige Begriff, obwohl Zufallsgenerator eigentlich intuitiver wäre – verwendeten Wahrscheinlichkeiten entsprechen dabei genau denjenigen, die in den Gleichungen (23.2a) und (23.2b) angegeben sind. Jedes Unternehmen erfährt das Ergebnis dieses Naturzuges aber nur für seine eigene Kostenfunktion, während es für die andere Kostenfunktion weiterhin nur die ursprünglichen Wahrscheinlichkeiten kennt. Die berühmte Methode der Integration eines Zuges der Natur (nature move) ist also nichts anderes als eine methodisch saubere und elegante Form, um die wechselseitige Kenntnis der Wahrscheinlichkeiten sicherzustellen. Man spricht auch davon, daß die Wahrscheinlichkeiten *common knowledge* sein müssen.

---

3   Dies folgt daraus, daß die Reaktionsfunktionen im Cournot-Wettbewerb bei vollständiger Information eine negative Steigung aufweisen.

4   Diese wechselseitige Abhängigkeit der eigenen Mengen von den vermuteten Wahrscheinlichkeiten der anderen Unternehmen über die eigene Kostenfunktion liefert einen starken Anreiz zur Signalisierung niedriger Kosten, sofern wir keine statischen, sondern dynamische Spiele betrachten.

5   Vgl. Harsanyi 1967, 1968.

Um die Konsequenzen der unvollständigen Information einschätzen zu können, berechnen wir nun zunächst die Cournot-Nash-Gleichgewichte, die sich bei vollständiger Information ergäben. Da für jedes Unternehmen zwei Kostenfunktionen in Frage kommen, gibt es insgesamt vier mögliche Konstellationen, für die wir Nash-Gleichgewichte in statischen Spielen bestimmen können (nämlich die Kombinationen $x_{1T}|x_{2T}$; $x_{1H}|x_{2H}$; $x_{1T}|x_{2H}$; $x_{1H}|x_{2T}$). Da Ihnen Oligopolgleichgewichte bei vollständiger Information mittlerweile gut vertraut sind, verzichten wir auf eine erneute Erläuterung und beschränken uns auf die Angabe der Mengen im Nash-Gleichgewicht. Es ergeben sich

$$x_{1T}|x_{2T}: \qquad x_1 = x_2 = 40 \qquad\qquad\qquad (23.3a)$$

$$x_{1H}|x_{2H}: \qquad x_1 = x_2 = 33{,}33 \qquad\qquad\qquad (23.3b)$$

$$x_{1T}|x_{2H}: \qquad x_1 = 46{,}67; x_2 = 26{,}67 \qquad\qquad (23.3c)$$

$$x_{1H}|x_{2T}: \qquad x_1 = 26{,}67; x_2 = 46{,}67 \qquad\qquad (23.3d)$$

Diese Ergebnisse sind nicht besonders überraschend und zeigen, daß die gewinnmaximale eigene Produktionsmenge bei vollständiger Information nicht nur von den eigenen Kosten, sondern auch von den Kosten des anderen Unternehmens abhängt (je niedriger dessen Kosten, desto weniger produziert man ceteris paribus selbst).

Kommen wir nun zum Bayesianischen Gleichgewicht. Zwar kennt beispielsweise Unternehmen 1 die gewinnmaximale Menge des Unternehmens 2 nicht; es weiß aber, daß diese gewinnmaximale Menge des 2 unterschiedlich ist, je nachdem, ob $K_{2T} = 0$ oder $K_{2H} = 20x_2$ gilt. Diesen Sachverhalt muß Unternehmen 1 bei der Erstellung seiner Gewinnfunktion berücksichtigen. Gleichzeitig ist seine Gewinnfunktion natürlich eine andere, je nachdem, ob es Kosten hat oder nicht. Nehmen wir zunächst an, daß Unternehmen 1 niedrige Kosten hat (was es nach dem Zug der Natur und demnach zum Zeitpunkt seiner Entscheidung weiß). Dann lautet sein *erwarteter* Gewinn

$$G_{1T}(K_{1T} = 0) = 0{,}6(120 - x_{1T} - x_{2T})x_{1T} + 0{,}4(120 - x_{1T} - x_{2H})x_{1T} \qquad (23.4)$$

Vom *erwarteten* Gewinn müssen wir sprechen, weil Unternehmen 1 die Kostenfunktion des 2 (damit dessen Mengen und damit den eigenen Gewinn) nur schätzen kann. Wenn wir von Risikoneutralität ausgehen, maximiert Unternehmen 1 seinen Erwartungswert. Betrachten wir die rechte Seite von Gleichung (23.4) nun etwas genauer: $(120 - x_{1T} - x_{2T})x_{1T}$ ist der Erlös von Unternehmen 1 (das annahmegemäß tiefe Kosten hat), sofern Unternehmen 2 ebenfalls tiefe Kosten hat und deshalb die Menge x_{2T} wählt. x_{2T} ist also die gewinnmaximale Menge von Unternehmen 2, sofern Unternehmen 2 tiefe Kosten hat.[6] Dieser Erlös stellt sich aber nur mit der Wahrscheinlichkeit von 60 % ein, weil Unternehmen 2 nur mit 60-prozentiger Wahrscheinlichkeit tiefe Kosten hat. Analog dazu ist der zweite Teil der rechten Seite von Gleichung (23.4) der mit 40 Prozent gewichtete Erlös von Unternehmen 1, wenn Unternehmen 2 *hohe* Kosten hat. Somit ist Gleichung (23.4) der erwartete Erlös von Unternehmen 1,

---

6   Präziser: die Menge von Unternehmen 2, die den *erwarteten* Gewinn von Unternehmen 2 maximiert, wenn es tiefe Kosten hat.

sofern es tiefe Kosten hat. Dieser Erlös entspricht dann dem Gewinn, weil tiefe Kosten Kosten von Null bedeuten.

Die folgenden Gleichungen (23.5) bis (23.7) sind völlig analog zu interpretieren, was wir daher Ihnen überlassen:

— (23.5) ist der erwartete Gewinn von Unternehmen 1, wenn es hohe Kosten hat;
— (23.6) der erwartete Gewinn von Unternehmen 2, wenn es tiefe Kosten hat und
— (23.7) der erwartete Gewinn von Unternehmen 2, wenn es hohe Kosten hat.

$$G_{1H}(K_{1H} = 20x_1) = 0{,}6(120 - x_{1H} - x_{2T})x_{1H}$$
$$+ 0{,}4(120 - x_{1H} - x_{2H})x_{1H} - 20x_{1H} \qquad (23.5)$$

$$G_{2T}(K_{2T} = 0) = 0{,}8(120 - x_{2T} - x_{1T})x_{2T}$$
$$+ 0{,}2(120 - x_{2T} - x_{1H})x_{2T} \qquad (23.6)$$

$$G_{2H}(K_{2H} = 20x_2) = 0{,}8(120 - x_{2H} - x_{1T})x_{2H}$$
$$+ 0{,}2(120 - x_{2H} - x_{1H})x_{2H} - 20x_{2H} \qquad (23.7)$$

Wir erhalten nun also nicht mehr zwei, sondern vier Gewinnfunktionen, weil jedes Unternehmen danach unterscheiden muß, ob es tiefe oder hohe Kosten hat. Der konzeptionell interessante Punkt ist dabei, daß beispielsweise für Unternehmen 1 die Situation mit hohen Kosten *selbst dann wichtig ist*, wenn es genau weiß, daß es niedrige Kosten hat. Dies liegt an dem bereits erläuterten Sachverhalt, daß Unternehmen 2 nicht weiß, welche Kosten Unternehmen 1 hat und die Situation, in der Unternehmen 1 hohe Kosten hat, über das Verhalten von Unternehmen 2 auch das Verhalten von Unternehmen 1 beeinflußt, wenn Unternehmen 1 niedrige Kosten hat. Aus den Gleichungen (23.5)–(23.7) erhalten wir die vier Reaktionsfunktionen:

$$x_{1T} = 60 - 0{,}3x_{2T} - 0{,}2x_{2H} \qquad (23.8)$$

$$x_{1H} = 50 - 0{,}3x_{2T} - 0{,}2x_{2H} \qquad (23.9)$$

$$x_{2T} = 60 - 0{,}4x_{1T} - 0{,}1x_{1H} \qquad (23.10)$$

$$x_{2H} = 50 - 0{,}4x_{1T} - 0{,}1x_{1H} \qquad (23.11)$$

Demnach verfügen wir über 4 Gleichungen mit 4 Unbekannten, die wir nach den vier möglichen Mengen x_{1T}, x_{1H}, x_{2T} und x_{2H} auflösen können. Wir erhalten

$$x_{1T} = 42 \qquad (23.12)$$

$$x_{1H} = 32 \qquad (23.13)$$

$$x_{2T} = 40 \qquad (23.14)$$

$$x_{2H} = 30 \qquad (23.15)$$

Betrachten wir diese Ergebnisse etwas genauer. Klar ist zunächst, daß jedes Unternehmen mehr produziert, sofern es selbst niedrige Kosten hat. Die Kosten des jeweils anderen Unternehmens spielen nun keine Rolle mehr, da diese zum Zeitpunkt der Entscheidung nicht bekannt sind. Die Resultate wären also *kein* Nash-Gleichgewicht bei vollständiger Information, denn dort hatten wir für den Fall mit jeweils hohen

Kostenfunktionen jeweils Produktionsmengen von 33,3 ermittelt. Jetzt produzieren beide Unternehmen weniger, weil sie befürchten, daß der Konkurrent niedrige Kosten hat. Sie werden sich also ärgern, wenn sie das Marktergebnis kennenlernen und denken, daß es doch (ex-post) besser gewesen wäre, mehr zu produzieren.[7]

Interessant ist schließlich, daß Unternehmen 1 ceteris paribus mehr produziert als Unternehmen 2 und deshalb auch höhere erwartete Gewinne macht. Dies liegt daran, daß Unternehmen 2 für Unternehmen 1 mit einer hohen (nämlich 80prozentigen) Wahrscheinlichkeit tiefe Kosten erwartet und deshalb selbst nur eine geringe Menge erzeugt. Diese geringe Produktionsmenge des 2 kommt Unternehmen 1 zugute.

23.2.2 Eine etwas allgemeinere Darstellung des Bayesianischen Gleichgewichts

Wir wollen die gerade beispielhaft durchgeführten Überlegungen zur Bestimmung eines Bayesianischen Gleichgewichts nun etwas allgemeiner darstellen. Lassen Sie uns hierzu den Begriff eines Nash-Gleichgewichts wiederholen und annehmen, daß es $i=1,..., n$ Spieler gibt. Im Nash-Gleichgewicht darf es für keinen Beteiligten eine Möglichkeit geben, seinen eigenen Nutzen durch eine andere Strategie zu erhöhen, sofern alle anderen bei ihren Strategien bleiben. Nennen wir erneut

- x_i^* eine Gleichgewichtsstrategie von Spieler i;
- $\mathbf{x}^*$ einen Gleichgewichtsvektor;
- $\mathbf{x}_{-i}^*$ einen $(n-1)$ dimensionalen Gleichgewichtsvektor;
- und $U_i(x_i, \mathbf{x}_{-i}^*)$ den Nutzen von Spieler i, wenn er x_i und die anderen Spieler den Gleichgewichtsvektor $\mathbf{x}_{-i}^*$ wählen.

Ein Nash-Gleichgewicht ist also durch die Bedingung

$$U_i(x_i^*,\mathbf{x}_{-i}^*) \geq U_i(x_i,\mathbf{x}_{-i}^*) \forall x_i, \forall i \tag{23.16}$$

gekennzeichnet. Ungleichungssystem (23.16) bringt zum Ausdruck, daß der Nutzen durch die Gleichgewichtsstrategie für jeden Spieler im Nash-Gleichgewicht mindestens gleich groß sein muß wie für alle anderen Strategien, sofern alle anderen Spieler bei ihrer Gleichgewichtsstrategie bleiben.

Das Bayesianische Gleichgewicht ist nun nichts anderes als eine Übertragung des Grundgedankens des Nash-Gleichgewichts auf eine Situation mit unvollständiger Information. Dazu betrachten wir ein allgemeineres Spiel mit n Spielern, von denen jeder eine endliche Menge von θ_i möglichen Typen hat. In unserem Oligopolfall hätten wir nun also n Unternehmen, von denen jedes eine Menge θ_i mögliche Kostenfunktionen hat. Eine Bayesianische Gleichgewichtsstrategie von Spieler i erfordert nun analog zum Nash-Gleichgewicht, daß es keine lohnende Abweichung geben darf, sofern die anderen Spieler bei ihren Gleichgewichtsstrategien bleiben. Der Unterschied ist

---

7   Dies heißt natürlich nicht, daß sie einen Fehler begangen haben, weil sie auf Grundlage der zum Zeitpunkt der Entscheidung verfügbaren Information ihren Erwartungsnutzen maximiert haben. Ein berechtigtes Kontra beim Skat wird nicht dadurch falsch, daß man das Spiel (überraschend) verliert.

nur, daß Spieler i nun vom Erwartungsnutzen ausgehen muß, da er nicht weiß, welche Typen (Kostenfunktionen) die anderen Spieler (Unternehmen) wirklich haben. Daher ist ein Bayesianisches Gleichgewicht durch die Gültigkeit von Ungleichungssystem (23.17) charakterisiert:

$$\sum_{\theta_{-i}=1} U_i\left(x_i^*(\theta_i), \mathbf{x}_{-i}^*(\theta_{-i}), \theta_i\right) p(\theta_{-i})$$

$$\geq \sum_{\theta_{-i}=1} U_i\left(x_i(\theta_i), \mathbf{x}_{-i}^*(\theta_{-i}), \theta_i\right) p(\theta_{-i}) \forall x_i, \forall i \qquad (23.17)$$

Betrachten wir zunächst die linke Seite von Gleichung (23.17) für einen beliebigen Spieler i. $U_i(x_i^*(\theta_i))$ ist der Nutzen von i, sofern er seine Gleichgewichtsstrategie x_i^* wählt, die von seinem Typ θ_i abhängig ist. Ferner muß der Nutzen auch *direkt* vom Typ θ_i abhängig gemacht werden, weil beispielsweise der Gewinn eines Oligopolisten für jede gewählte Menge auch von der eigenen Kostenfunktion abhängt. $\mathbf{x}_{-i}^*(\theta_{-i})$ ist ein Gleichgewichtsvektor für *alle anderen*, sofern deren Typenverteilung dem Vektor θ_{-i} entspricht (θ_{-i} ist wieder ein (n-1) dimensionaler Vektor). Also ist $U_i(x_i^*(\theta_i), \mathbf{x}_{-i}^*(\theta_{-i})$, $\theta_i)$ der Nutzen von i, wenn er x_i^* wählt, den Typ θ_i hat und die anderen ihre Gleichgewichtsstrategien spielen, die zum Vektor θ_{-i} gehören. Bedauerlich für i ist nur, daß er den Typenvektor der anderen (θ_{-i}) gar nicht kennt – sonst hätten wir ein Spiel unter vollständiger Information – und Gleichung (23.17) würde sich zu (23.16), also zur Bedingung im Nash-Gleichgewicht vereinfachen. Also muß i jede Situation mit ihrer Wahrscheinlichkeit gewichten. Die Wahrscheinlichkeit für einen bestimmten Typenvektor θ_{-i} nennen wir $p(\theta_{-i})$. Den Nutzen für alle möglichen Fälle, gewichtet mit der Wahrscheinlichkeit für die einzelnen Fälle, muß Spieler i aufaddieren, um zu seinem Erwartungsnutzen zu kommen, den er hat, sofern er seine Gleichgewichtsstrategie $x_i^*(\theta_i)$ spielt. Es gibt aber genau θ^{n-1} mögliche Typenvektoren, weil wir alle Typen aller anderen n − 1 Spieler miteinander kombinieren können. Also bildet Spieler i den Erwartungsnutzen über alle θ^{n-1} möglichen Typenvektoren.

Entsprechend steht auf der rechten Seite der Erwartungsnutzen von Spieler i, den er mit einer beliebigen anderen Strategie x_i erzielt. Sobald es irgendeine andere Strategie gibt, die ihm einen *höheren* Erwartungsnutzen liefert, sofern die anderen Spieler bei ihren Strategien bleiben, kann x_i^* kein Gleichgewicht mehr sein – also muß das Ungleichungssystem (23.17) für alle Strategien und alle Spieler erfüllt sein, damit ein Bayesianisches Gleichgewicht vorliegt.

23.3 Dynamische Spiele bei unvollständiger Information

23.3.1 Warum sind teilspielperfekte Gleichgewichte nicht hinreichend?

Die im vorhergehenden Abschnitt behandelten *statischen* Spiele bei unvollständiger Information hatten den großen Vorteil, daß wir uns keine Gedanken darüber machen mußten, welche Wahrscheinlichkeiten die beiden Unternehmen den verschiedenen Kostenfunktionen ihrer jeweiligen Konkurrenten zuordnen. Dies liegt daran, daß wir stets davon ausgehen, daß die Wahrscheinlichkeitsverteilung zu Beginn des Spiels als allgemein bekannt vorausgesetzt wird, und keine Möglichkeit besteht, diese Wahrscheinlichkeitsverteilung im Verlauf des Spiels zu verändern (es handelt sich ja um ein statisches Spiel, auch wenn ein Zug der Natur darüber entscheidet, welche Kostenfunktionen denn nun wirklich vorliegen). Die Wahrscheinlichkeitsverteilung über Typen, von denen andere Spieler zu jedem Zeitpunkt eines Spiels ausgehen, bezeichnet man auch als *beliefs*.

Diese Situation ändert sich grundsätzlich, wenn wir dynamische Spiele mit unvollständiger Information betrachten. Nehmen Sie beispielsweise an, daß Sie zu Beginn eines Tennisspiels mit 80-prozentiger Wahrscheinlichkeit davon ausgehen, daß Ihr Gegner seine Stärke auf der Vorhand hat. Wenn Sie im Verlauf des Spiels feststellen, daß der Gegner seine Vorhand umläuft und viele Bälle mit der Rückhand spielt, so werden Sie ihre beliefs (also ihre Wahrscheinlichkeitsverteilung darüber, was seine stärkere Seite ist), vermutlich ändern. Dabei müssen Sie allerdings auch berücksichtigen, daß Ihr Gegner (zumindest beim Einspielen) möglicherweise strategische Ziele verfolgt, d.h. versucht, Sie bewußt in die Irre zu führen, damit Sie ihm dann auf seine (vermeintlich schwächere) Vorhand spielen. Die zentrale Frage in dynamischen Spielen mit unvollständiger Information ist demnach, wie rationale Wirtschaftssubjekte ihre beliefs zu verschiedenen Zeitpunkten ausgehend von einer vorgegebenen Wahrscheinlichkeitsverteilung anpassen, wobei sie bei der Interpretation beobachteter Spielzüge strategische Ziele anderer Spieler berücksichtigen müssen.

Lassen Sie uns als Einstieg zunächst mit Hilfe eines einfachen und berühmten Beispiels erläutern, warum das teilspielperfekte Gleichgewicht zur Behandlung solcher Situationen nicht weiterhilft. Dabei betrachten wir zunächst die Situation mit vollständiger Information, um dann genauer begründen zu können, was sich durch die Einführung unvollständiger Information in dynamischen Spielen eigentlich genau ändert. Nehmen wir an, daß im Ausgangszustand ein Monopolist (der „Insasse" I) einen Markt beherrscht. I wird nun von einem potentiellen Eindringling E bedroht. Wenn E nicht in den Markt eintritt (Strategie P für „Passiv"), betragen die Gewinne annahmegemäß Null für E und Eins für I. Wenn E dagegen eintritt (Strategie A für „Aktiv"), hängen die Gewinne beider Unternehmen auch vom Verhalten des I ab. Dieser kann sich entweder friedlich verhalten (F) oder einen Preiskrieg starten (K für Krieg oder „Kämpfen"). Wenn er sich friedfertig verhält (also F wählt), ist annahmegemäß der Gewinn für E Eins und für I Null. Inszeniert er dagegen einen Preiskrieg, so machen beide Beteiligten einen Verlust von Eins (beispielsweise weil sie zu einem Preis anbieten, der den variablen Durchschnittskosten entspricht und die Fixkosten nicht gedeckt werden). In extensiver Form sieht das Spiel also folgendermaßen aus, wobei die erste Ziffer für den Gewinn von E und die zweite Ziffer für den Gewinn von I steht.

Abb. 23.1: *Extensive Form mit vollständiger Information*

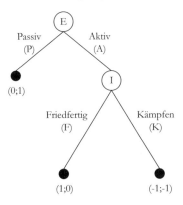

Die Darstellung des Spiels in Normalform zeigt, daß das Spiel über zwei Nash-Gleichgewichte verfügt.

Abb. 23.2: *Normalform*

	F	K
P	0|1	0|1
A	1|0	−1|−1

Das erste Nash-Gleichgewicht ist, daß E eintritt und sich I friedfertig verhält (dies führt zu Gewinnen von Eins und Null). Das zweite Nash-Gleichgewicht besteht darin, daß E nicht eintritt und I kämpft (dies führt zu den Gewinnen Null und Eins). Bedenken Sie, daß die Strategienkombination P/K in der Tat ein Nash-Gleichgewicht ist – denn *wenn* sich I für die Strategie K entscheidet, ist es für E das Beste, auf den Markteintritt zu verzichten, also P zu spielen. Das Spiel wird Sie (hoffentlich) sofort an den in Kapitel 17 dargestellten „Kampf der Geschlechter" erinnern, weil in direkter Analogie zu dem dort beschriebenen Spiel die Strategienkombination P/K zwar ein Nash-Gleichgewicht, aber *kein* teilspielperfektes Gleichgewicht ist. Dies liegt daran, daß die Strategie K für I eine unglaubwürdige Drohung darstellt – denn *wenn* E erst einmal in den Markt eingetreten ist, besteht die eindeutig beste Antwort für I darin, sich friedfertig zu verhalten, um wenigstens keinen Verlust zu machen. Dies zeigt die extensive Darstellung des Spiels sehr deutlich. Wenn wir annehmen, daß das Spiel endlich oft wiederholt wird,[8] so folgt aus dem ebenfalls in Kapitel 17 erläuterten Konzept der Rückwärtsinduktion unmittelbar, daß das einzig teilspielperfekte Gleichge-

---

8   Dies bedeutet hier, daß der Monopolist über verschiedene Filialen in verschiedenen Städten verfügt und der Eindringling in einer Region nach der anderen darüber entscheidet, ob er P oder A wählt.

wicht darin besteht, daß E in allen Märkten eintritt und I sich jeweils friedfertig verhält.[9]

Nun werden Sie sich möglicherweise fragen, warum wir dieses Spiel so ausführlich
beschrieben haben, obwohl Sie daraus gegenüber Kapitel 17 bisher nichts Neues lernen konnten. Der Grund ist, daß wir nochmals betonen wollten, wie unplausible
Gleichgewichte, die auf unglaubwürdigen Drohungen beruhen, durch das Konzept
der Teilspielperfektheit eliminiert werden können. Wir wollen nun zeigen, daß mit
dem Konzept teilspielperfekter Gleichgewichte bei unvollständiger Information nichts
mehr anzufangen ist. Dazu betrachten wir die grundsätzlich gleiche Spielstruktur unter
der Annahme, daß es *zwei mögliche Arten* potentieller Eindringlinge gibt, einen harmlosen Eindringling E^H und einen (brand)gefährlichen Eindringling E^G. Ferner nehmen
wir an, daß die Wahrscheinlichkeitsverteilung zu Beginn des Spiels darin besteht, daß
für beide Arten von Eindringlingen 50-prozentige Wahrscheinlichkeiten bestehen. Der
Unterschied beider Eindringlinge besteht darin, daß ein kämpfender Monopolist bei
einem harmlosen Eindringling nicht mehr den Gewinn −1 macht, sondern irgendeinen
höheren Gewinn x > −1. den genauen Wert für x werden wir in unterschiedlichen
Beispielen unterschiedlich festlegen, um verschiedene Varianten miteinander vergleichen zu können. Dadurch erhält das Spiel folgende extensive Form:

Abb. 23.3: *Extensive Form mit unvollständiger Information*

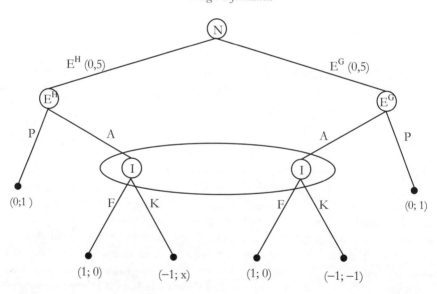

Im ersten Entscheidungsknoten (N) findet ein Zug der Natur statt, der mit jeweils 50-
prozentiger Wahrscheinlichkeit für E^H und E^G sorgt. Der potentielle Eindringling
erfährt dann seinen Typ, d.h. er weiß, ob es sich bei ihm um E^H oder um E^G handelt.[10]

---

9   Selten 1978 bezeichnete dies wegen der Unmöglichkeit des Monopolisten, sich durch aggressives
     Verhalten eine abschreckende Reputation aufzubauen, als „Handelskettenparadox".
10 Bedenken Sie bitte erneut, daß dies einfach die bereits mehrfach erläuterte Methode ist, um si-
     cherzustellen, daß der Eindringling die Wahrscheinlichkeitsverteilung kennt, die der Monopolist

Er kann dann sowohl als harmloser als auch als gefährlicher Typ die Spielzüge P (kein Markteintritt) oder A (Markteintritt) ausführen. Der entscheidende Punkt ist nun, daß der Monopolist I, wenn er einen Markeintritt beobachtet, nicht weiß, ob er sich am linken oder am rechten Entscheidungsknoten befindet (d.h. er weiß nicht, ob es sich um E^H oder E^G handelt). Sein Informationsbezirk besteht also lediglich darin, daß er einen aktiven Eindringling beobachtet, er aber nicht weiß, um welchen es sich handelt. Dies wird durch den ovalen Kreis um die beiden möglichen Fälle ausgedrückt. Wenn I über seine Strategie (F oder K) entscheidet, weiß er daher auch nicht, ob er im Falle von K einen Gewinn von −1 (wenn er auf den gefährlichen Eindringling E^G trifft) oder von x > −1 (wenn er auf den harmlosen Eindringling E^H trifft) macht. Der entscheidende Punkt ist nun, daß dieses Spiel nur ein einziges Teilspiel enthält, nämlich das Gesamtspiel.[11] Dies liegt daran, daß I nicht weiß, ob er sich E^G oder E^H gegenüber sieht, und deshalb an den durch E^H und E^G in Abbildung 23.3 gekennzeichneten Knoten auch kein abgrenzbares Teilspiel beginnen kann. Daraus folgt unmittelbar, daß durch die Verwendung teilspielperfekter Gleichgewichte die Menge der Nash-Gleichgewichte nicht reduziert werden kann – denn wenn das einzige Teilspiel das Gesamtspiel ist, dann sind die Menge teilspielperfekter Gleichgewichte und die Menge der Nash-Gleichgewichte selbstverständlich identisch. Dies hat äußerst unangenehme Konsequenzen: nehmen wir beispielsweise an, daß 0 > x > −1 gilt. In diesem Fall ist es für den Monopolisten immer besser, wenn er auf einen Eindringling trifft, sich friedfertig zu verhalten, weil er andernfalls immer einen Verlust machen würde. Das einzige „plausible" Gleichgewicht ist also, daß der Eindringling eintritt und sich der Monopolist friedfertig verhält. Wie im ursprünglichen Spiel bei vollständiger Information ist es aber auch ein Nash-Gleichgewicht, daß der Monopolist kämpft (K) und der Eindringling nicht eintritt, und die unglaubwürdige Drohung, auf der dieses Gleichgewicht beruht, kann nun nicht mehr durch das Konzept der Teilspielperfektheit eliminiert werden.

Lassen Sie uns nun als nächstes annehmen, daß der Insasse im Falle eines schwachen Eindringlings (E^H) einen positiven Gewinn macht, wenn er kämpft (x > 0). In diesem Fall hängt die Entscheidung von I, wenn er einen Markteintritt beobachtet, davon ab, mit welcher Wahrscheinlichkeit er davon ausgeht, daß es sich um E^H bzw. E^G handelt (welche *beliefs* er also hat, *nachdem* er einen Markteintritt beobachtet). Dies *können* die ursprünglichen Wahrscheinlichkeiten sein, doch ist dies keineswegs zwingend. Wenn beispielsweise ein starker Eindringling selbst bei einem kämpfenden Monopolisten einen positiven Gewinn machen würde, dann wäre für diesen Eindringling der Markteintritt eine dominante Strategie, so daß man die Wahrscheinlichkeit dafür, bei einem beobachteten Markteintritt einen starken Eindringling vor sich zu haben, möglicherweise auf über die ursprünglichen 50% erhöhen müßte. Die entscheidende Frage zur Bestimmung plausibler Gleichgewichte ist also, nach welchen Kriterien die Wahrscheinlichkeiten verändert werden, wenn bestimmte Spielzüge beobachtet wer-

---

über seine Typen zugrunde legt. Selbstverständlich kennt der potentielle Eindringling seinen Typ „in Wirklichkeit" schon zu Beginn des Spiels, und dieser wird nicht durch einen Zufallsgenerator („Zug der Natur") erzeugt.

11   Vgl. z.B. Rasmusen 1994, 144.

den. *Alle* Lösungskonzepte stimmen darin überein, daß die Anpassung der Wahrscheinlichkeiten *wenn möglich* mit Hilfe der *Bayesschen Regel* erfolgen sollte (wir werden später sehen, daß sich die Konzepte unterscheiden, wenn die Bayessche Regel nicht angewendet werden kann). Wir müssen Ihnen daher zunächst die Bayessche Regel in Erinnerung rufen, sofern diese Ihnen aus der Schule oder Statistik-Veranstaltungen nicht (mehr) bekannt ist.

23.3.2 Die Bayessche Regel

Lassen Sie uns die Bayessche Regel mit Hilfe eines einfachen Beispiels erläutern und versetzen Sie sich dazu in einen Fußballfan, der die a priori-Wahrscheinlichkeit dafür, daß Eintracht Frankfurt innerhalb eines Jahres von einer Spitzenmannschaft zur grauen Maus mutiert, auf 5 % schätzt.[12] Somit sind seine a priori-Wahrscheinlichkeiten mit p_s als Wahrscheinlichkeit für „Spitzenmannschaft" und p_g als Wahrscheinlichkeit für „graue Maus"

$$p_s = 0,95 \tag{23.18}$$

und

$$p_g = 0,05 \tag{23.19}$$

Ferner nehmen wir an, daß der Fan weit außerhalb des Einzugsbereiches europäischer (Sport)Zeitungen wohne und daher die Situation in Frankfurt und die Bundesligaergebnisse nicht nachvollziehen kann. Er weiß daher auch nicht, wie sich die Qualität von Eintracht Frankfurt wirklich entwickelt hat. Allerdings kann er (auf welche Art auch immer) in Erfahrung bringen, von wem der Verein trainiert wird. Die Wahrscheinlichkeit dafür, daß er bei einer Spitzenmannschaft das Signal „Jupp Heynckes" als Trainer empfängt, schätzt der Fan auf 0,7, während die Wahrscheinlichkeit bei einer grauen Maus bei 0,99 liegt. Zur Vermeidung (durchaus naheliegender) Mißverständnisse sei hervorgehoben, daß 0,99 also *nicht* die a priori-Wahrscheinlichkeit dafür ist, daß dem Trainer Heynckes innerhalb eines Jahres die Metamorphose von der Spitzenmannschaft in die graue Maus gelingt – dies wäre auch ganz unwahrscheinlich, weil dies keinem Trainer der Welt selbst dann innerhalb eines Jahres mit 99-prozentiger Wahrscheinlichkeit gelungen wäre, wenn dies sein Ziel gewesen wäre. Die 99 Prozent bedeuten vielmehr, daß genau dann, wenn die Mannschaft *tatsächlich* zur grauen Maus mutierte, dies mit extrem hoher Wahrscheinlichkeit nur durch die Verpflichtung von Jupp Heynckes gelingen konnte. Entsprechend bringt die Wahrscheinlichkeit von 0,7 zum Ausdruck, daß der Fan mit hoher Wahrscheinlichkeit davon ausgeht, daß der Frankfurter Vorstand (aus für den Verfasser des vorliegenden Lehrbuchs ungeklärten Gründen) Heynckes als Trainer verpflichtet hat. Wir bezeichnen daher $p_{H|s}$ und $p_{H|g}$ als Wahrscheinlichkeiten dafür, daß man das Signal „Heynckes" im Falle der Spitzenmannschaft bzw. im Falle der grauen Maus erhält:

---

12 Dieses Beispiel war zugegebenermaßen schon zum Zeitpunkt der Manuskripterstellung zur zweiten Auflage nicht mehr aktuell. Der Verfasser wird das Beispiel aber verwenden, bis seine Wut über bestimmte Personen verraucht ist, also etwa bis zum Jahr 2038.

$$p_H|_s = 0,7 \tag{23.20}$$

$$p_H|_g = 0,99 \tag{23.21}$$

Wir unterstellen nun, daß unser Fan mit anderen Interessierten, die über die wirkliche Verfassung der Mannschaft ebenfalls nicht informiert sind, eine Wette darüber abschließen möchte, ob Eintracht Frankfurt zur grauen Maus mutiert oder nicht. Um seinen Informationsstand zu verbessern, bringt er in Erfahrung, wer im entsprechenden Jahr Trainer war. Wir nehmen nun willkürlich an, daß er das Signal „Heynckes" empfängt, und fragen, in welcher Weise er deshalb seine a priori-Wahrscheinlichkeit über das Mutieren zur grauen Maus verändern („updaten") muß. Während $p_H|_g$ die Wahrscheinlichkeit für das Signal „Heynckes", *gegeben die „graue Maus"*, ist, fragen wir nun also nach der Wahrscheinlichkeit für „graue Maus", gegeben das Signal „Heynckes". Im Unterschied zu p_g und $p_H|_g$ nennen wir diese Wahrscheinlichkeit $p_{g|H}$. Diese Wahrscheinlichkeit ermittelt man nach der sog. *Bayesschen Regel* aus

$$p_{g|H} = \frac{P_g \cdot P_{H|g}}{P_g \cdot P_{H|g} + P_s \cdot P_{H|s}} = \frac{0,05 \cdot 0,99}{0,05 \cdot 0,99 + 0,95 \cdot 0,7} = 0,0693 \tag{23.22}$$

Die Bayessche Regel ist intuitiv einsichtig: im Zähler steht das Produkt aus der Wahrscheinlichkeit dafür, daß die Mannschaft zur grauen Maus mutiert ist und der Wahrscheinlichkeit, daß man in diesem Fall auch noch das Signal „Heynckes" erhält. Insgesamt steht also im Zähler die Wahrscheinlichkeit für das Ereignis „Eintracht Frankfurt ist eine graue Maus und wurde von Heynckes trainiert". Nun wissen wir aus Erhalt des Signals „Heynckes" aber bereits, daß Frankfurt von ihm trainiert wurde. Also müssen wir das im Zähler beschriebene Ereignis mit allen Möglichkeiten gewichten, in denen wir das Signal „Heynckes" erhalten. Obwohl der Fan mit $p_g = 0,05$ nur eine geringe a priori-Wahrscheinlichkeit für „graue Maus" hat und obwohl er selbst bei einer Spitzenmannschaft noch mit 70 % das Signal „Heynckes" erhält, beträgt seine a posteriori-Wahrscheinlichkeit (also die ex-post-Wahrscheinlichkeit) für „graue Maus" nach Erhalt des Signals „Heynckes" nach der Bayesschen Regel 6,9 % – dies liegt daran, daß die Wahrscheinlichkeit bei der „grauen Maus" *nicht* das Signal „Heynckes" zu erhalten nur $1 - p_H|_g = 0,01$ beträgt.

Wenn es i = 1 bis n Ereignisse (beispielsweise nicht nur „Spitzenmannschaft" und „graue Maus", sondern alle 18 Tabellenplätze) als Möglichkeiten gibt, so ist die Wahrscheinlichkeit für das bestimmte Ereignis j bei Eintritt des Ereignisses H nach der Bayesschen Regel allgemeiner also

$$p_{j|H} = \frac{P_j \cdot P_{H|j}}{\sum_{i=1}^{n} P_i \cdot P_{H|i}} \tag{23.23}$$

Es ist offensichtlich, daß eine sinnvolle Forderung an Rationalverhalten darin besteht, die Bayessche Regel anzuwenden, sofern dies möglich ist.

23.3.3 Das Perfekte Bayesianische Gleichgewicht

Der Unterschied von dynamischen Spielen mit unvollständiger Information zu dynamischen Spielen mit vollständiger Information ist ja, daß das optimale Verhalten aller Spieler auch von den beliefs über die Typen der anderen Spieler abhängt. Nachdem Sie sich die Bayessche Regel (sofern erforderlich) wieder in Erinnerung gerufen haben, können wir nun ein Perfektes Bayesianisches Gleichgewicht (PBG) definieren: Dieses besteht darin, daß

– die Strategien aller Spieler optimal sind, sofern die anderen Spieler bei ihren Strategien bleiben (also für gegebene Strategien der anderen Spieler),
– und an jedem Entscheidungsknoten die beliefs (d.h. die Wahrscheinlichkeitsverteilungen über Typen) nach der Bayesschen Regel gebildet werden, sofern dies möglich ist.

Etwas formaler möchten wir das PBG mit einem Beispiel darstellen, in dem es nur zwei Akteure gibt.[13] Auf der ersten Stufe führt der Spieler 1 eine beobachtbare Aktion x_1 aus. Der Typ des Spielers 1 ist nur diesem selbst bekannt und ist θ_1. Spieler 2 geht für θ_1 von der ex-ante Wahrscheinlichkeitsverteilung $p_1(\theta_1)$ aus. Hinsichtlich des Typs von Spieler 2 besteht vollständige Information. Ferner nehmen wir an, daß die Nutzen der beiden Spieler (also U_1 bzw. U_2) nicht nur von den Aktionen, sondern auch vom wirklichen Typ des Spielers 1 abhängen. Ein PBE ist nun eine Menge von Strategien und a posteriori-Wahrscheinlichkeiten π, die folgende Eigenschaften aufweist

$$\sum_{\theta_1} \pi_1(\theta_1 | x_1^*) U_2(x_2^*, x_1^*, \theta_1) \geq \sum_{\theta_1} \pi_1(\theta_1 | x_1^*) U_2(x_2, x_1^*, \theta_1) \quad \forall x_2$$

$$U_1(x_1^*, x_2^*(x_1^*), \theta_1) \geq U_1(x_1, x_2^*(x_1), \theta_1) \quad \forall x_1$$

– $\pi_1(\theta_1 | x_1^*)$ wird unter Verwendung der Bayesschen Regel aus der ex-ante-Wahrscheinlichkeitsverteilung $p_1(\theta_1)$ und x_1^* ermittelt.

Die erste Zeile drückt aus, daß x_2^* für den später ziehenden Spieler 2 genau dann eine Gleichgewichtsstrategie ist, wenn sie – gegeben seine a posteriori-Wahrscheinlichkeitsverteilung $\pi_1(\theta_1 | x_1^*)$ über den Typ von Spieler 1 – seinen Erwartungsnutzen maximiert. Denn $\pi_1(\theta_1 | x_1^*)$ ist die a posteriori-Wahrscheinlichkeit für den Typ θ_1, die Spieler 2 angesichts der beobachteten Gleichgewichtsaktion x_1^* zuordnet. Diese Wahrscheinlichkeit muß Spieler 2 mit seinem jeweiligen Nutzen multiplizieren und über alle Typen aufaddieren, um seinen Erwartungsnutzen zu erhalten. Somit steht auf der linken Seite der Erwartungsnutzen von Spieler 2 im Gleichgewicht und auf der rechten Seite sein Erwartungsnutzen für eine beliebige andere Aktion.

Die zweite Zeile gibt einfach an, daß Spieler 1 seinen Nutzen maximiert. Die Bildung von Erwartungswerten ist hier nicht erforderlich, weil wir vereinfachend unterstellt haben, daß Spieler 1 den Typ von Spieler 2 kennt. Der konzeptionell interessante Punkt ist in Zeile 2 daher „nur", daß Spieler 1 bei seiner Aktion berücksichtigen wird, daß Spieler 2 die beobachtete Aktion des Spielers 1 zum Updating seiner Wahrschein-

---

13   Für eine sehr eingängige Erläuterung vgl. Tirole 1994, 436-438.

lichkeitsverteilung benutzen wird. Die dritte Zeile besagt schließlich, daß Spieler 2 beim Updating seine ex-ante-Wahrscheinlichkeitsverteilung und die beobachtete Aktion unter Berücksichtigung des strategischen Verhaltens von Spieler 1 benutzt.

Nach dieser Darstellung möchten wir die Vor- und Nachteile des PBG im nachfolgenden Unterabschnitt etwas genauer diskutieren, weil diese vor allem zum Verständnis der wichtigen Signaling-Spiele zentral sind.

23.3.4　Das Problem der „out of equilibrium beliefs"

Wie im vorhergehenden Abschnitt gezeigt, kann die Bayessche Regel dazu verwendet werden, ausgehend von beobachteten Aktionen (bzw. allgemeiner: aus irgendwelchen „Signalen") eine ursprüngliche Wahrscheinlichkeitsverteilung (die ursprünglichen „beliefs") zu verändern. Dabei bleibt allerdings ein schwerwiegendes Problem bestehen: welche Wahrscheinlichkeiten sollen den einzelnen möglichen Typen nach Spielzügen zugeordnet werden, die im Gleichgewicht *nie* gespielt werden, die also im Gleichgewicht eine Wahrscheinlichkeit von Null haben?! Solche Spielzüge, die im Gleichgewicht nicht vorkommen, nennt man „out of equilibrium moves", und in der Realität beobachtet man solche „Spielzüge" selbstverständlich ständig. Die Frage lautet also, welche Schlüsse man innerhalb einer auf Rationalverhalten aufbauenden Theorie aus beobachteten Aktionen ziehen sollte, die man „eigentlich" (d.h. im Gleichgewicht) gar nicht beobachten könnte, weil sie nicht durchgeführt werden. Nun stellt sich dieses Problem grundsätzlich nicht nur bei unvollständiger, sondern auch schon bei vollständiger Information – so beobachtet man beispielsweise experimentell im endlich wiederholten Gefangenendilemma, daß die Spieler kooperieren, also *keine* teilspielperfekten Strategien anwenden. Die „Lösung" besteht in Spielen mit vollständiger Information einfach darin, den out of equilibrium moves einen Informationswert von Null zuzuordnen, d.h. anzunehmen, daß danach wieder teilspielperfekte Strategien eingesetzt werden. Man geht also einfach davon aus, daß der Spieler sich geirrt hat und sich danach wieder „normal" verhält. Diese Möglichkeit besteht zwar grundsätzlich auch bei Spielen mit unvollständiger Information, ist dort aber je nach Spiel unter Umständen noch unplausibler – denn es kann ja ohne weiteres sein, daß bestimmte out of equilibrium moves für manche Typen plausibler sind als für andere. Wie dem auch sei – klar ist, daß die Bayessche Regel zur Bestimmung der beliefs nach out of equilibrium moves *versagt*, weil bei der Bayesschen Regel im Nenner die Summe aller mit ihren Wahrscheinlichkeiten gewichteten Möglichkeiten steht. Diese Summe ist aber Null, wenn es sich um Züge handelt, die im Gleichgewicht gar nicht vorkommen können. Die Bayessche Regel versagt also, weil sie die (unzulässige) Division durch Null erfordern würde.

Nun stellt sich die Frage, warum die Bildung von beliefs für out of equilibrium moves eigentlich so wichtig ist, wenn diese Züge erstens im Gleichgewicht definitionsgemäß gar nicht vorkommen, und wir uns zweitens doch gerade für Gleichgewichte interessieren. Es scheint auf den ersten Blick also so zu sein, daß wir über einen Sachverhalt reden, der *für das Gleichgewicht* definitionsgemäß keine Rolle spielen kann. Dies ist aber nicht richtig, weil *die beliefs nach out of equilibrium moves mit darüber entscheiden, wie das Gleichgewicht eigentlich aussieht.*[14]

Lassen Sie uns zur Erläuterung erneut unser Markteintrittsspiel mit den beiden potentiellen Typen von Eindringlingen E^G und E^H sowie dem Monopolisten I betrachten und nun annehmen, daß x (also der Gewinn des Monopolisten, wenn er gegen einen Eindringling kämpft und es sich um den harmlosen Eindringling E^H handelt) 0,5 sei. In extensiver Form sieht das Spiel nun also folgendermaßen aus:

Abb. 23.4: *Extensive Form mit unvollständiger Information und x = 0,5*

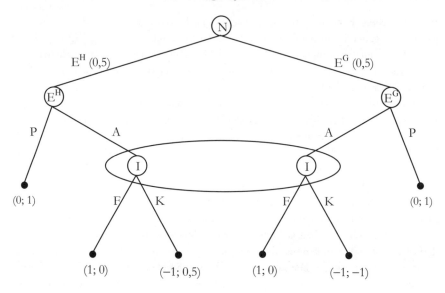

In diesem Fall wird die Entscheidung des I, ob er kämpfen soll (Strategie K) oder nicht (Strategie F) davon abhängen, welche Wahrscheinlichkeitsverteilung über E^H und E^G er verwendet, wenn er einen Markteintritt beobachtet. Wenn die Wahrscheinlichkeit dafür, daß es sich nach Markteintritt um E^H handelt, hoch genug ist, dann wird er kämpfen, andernfalls sich friedfertig verhalten. Die Frage ist also, wie I seine ursprünglichen beliefs (also seine Wahrscheinlichkeitsverteilung von 50:50 für E^H und E^G) verändern soll, wenn er einen Markteintritt beobachtet.[15]

Allgemein ist der Erwartungsnutzen des I bei einem beobachteten Markteintritt und der Strategie K

$$p(E^H|A)0,5 + p(E^G|A)(-1) = p(E^H|A)0,5 + \left[1 - p(E^H|A)\right](-1) \qquad (23.24)$$

Da sein Erwartungsnutzen bei friedfertigem Verhalten (Strategie F) unabhängig davon ist, auf welchen Eindringling er trifft, wird er sich also für K entscheiden, wenn sein durch Gleichung (23.24) gegebener Erwartungsnutzen bei der Strategie K positiv ist.

---

14   Dieser Aspekt ist für das Verständnis von Perfekten Bayesianischen Gleichgewichten so wichtig, daß man ruhig mal einen ganzen Halbsatz kursiv setzen kann.

15   Diese Veränderung der ursprünglichen Wahrscheinlichkeitsverteilung nennt man „updaten".

Dies ist dann der Fall, wenn die Wahrscheinlichkeit für einen schwachen Eindringling nach einem beobachteten Markteintritt $p(E^H|A)$ mindestens $2/3$ beträgt. Der Knackpunkt ist nun, daß *beide Typen* von Eindringlingen nach Eintritt einen positiven Gewinn erzielen, wenn der Monopolist die Strategie F wählt, und einen negativen Gewinn machen, wenn der Monopolist K spielt. Wenn sie mit F rechnen, treten sie in den Markt ein, sonst nicht. Dies bedeutet aber, daß es genau die beliefs des Monopolisten sind, die darüber entscheiden, welche Züge für E^H und E^G Gleichgewichtsstrategien sind – für $p(E^H|A) < 2/3$ treten beide Typen ein, für $p(E^H|A) \geq 2/3$ verzichten sie darauf. Es sind also gerade die beliefs des Monopolisten, die darüber entscheiden, welche Züge Gleichgewichtszüge und welche Züge out of equilibrium moves sind.

Im hier vorliegenden Fall scheint eine besonders plausible Lösung darin zu bestehen, daß der Monopolist nach einem beobachteten Markteintritt seine ursprüngliche Wahrscheinlichkeitsverteilung einfach beibehält (also $p(E^H|A) = p(E^H) = 0,5$), weil er eigentlich keine nützlichen Informationen erhält – die Auszahlungen sind für beide Typen identisch, weil sich die Eindringlinge E^G und E^H nicht in *ihren* Gewinnen, sondern lediglich in den Auswirkungen auf den Gewinn des Monopolisten bei Wahl seiner Strategie K unterscheiden. Man kann daher plausibel argumentieren, daß der Markteintritt für beide gleich sinnvoll ist, so daß der Insasse bei seinen ursprünglichen beliefs bleiben sollte. Wenn der Monopolist sich danach richtet, so ist $p(E^H|A) = 0,5 < 2/3$, so daß er sich bei einem beobachteten Markteintritt für ein friedfertiges Verhalten (F) entscheidet und es im Perfekten Bayesianischen Gleichgewicht (PBG) zum Markteintritt beider Typen von Eindringlingen kommt.

Widerspricht aber beispielsweise die auf den ersten Blick absurde Wahrscheinlichkeitsverteilung $p(E^H|A) = 0,9$ den Rationalitätsanforderungen, die vom PBG erhoben werden? Dies ist nicht der Fall, weil nämlich die Bayessche Regel nicht angewendet werden kann: Für $p(E^H|A) = 0,9$ ist das einzige PBG, daß beide Typen *nicht* eintreten, weil der I bei $p(E^H|A) = 0,9$ ja einen höheren Erwartungsnutzen hat, wenn er nach einem beobachteten Markteintritt (den er im Gleichgewicht gerade nicht be-obachtet) kämpft. Dies bedeutet, daß der Markteintritt bei $p(E^H|A) = 0,9$ ein out of equilibrium move wäre, so daß der Monopolist seine beliefs nach den Annahmen des Perfekten Bayesianischen Gleichgewichts *willkürlich* festsetzen darf. Dies kann durchaus zu absurden Ergebnissen führen, weil es gerade die willkürliche Festlegung von Wahrscheinlichkeiten über Typen nach out of equilibrium moves ist, die darüber entscheidet, was eigentlich ein out of equilibrium move ist und was nicht. Denn es ist gerade die Annahme $p(E^H|A) = 0,9$ nach einem Markteintritt, die den Markteintritt zu einem Spielzug macht, der im Gleichgewicht nicht vorkommen kann.

Weil die Offenheit bei der Bildung von beliefs zu unplausiblen Gleichgewichten führen kann, sind verschiedene Verfeinerungen entwickelt worden, bei denen strengere Anforderungen an die Zuordnung von Wahrscheinlichkeiten nach out of equilibrium moves erhoben werden. Eine wichtige Verfeinerung ist das Konzept der *Vorwärts*induktion[16], bei dem – vereinfacht formuliert – Typen eine Wahrscheinlichkeit von Null zugeordnet wird, wenn Züge beobachtet werden, die sich für diese im

---

16 Kohlberg/Mertens 1986. Dieses Konzept kann eingängig nachgelesen werden bei Mas-Colell/
    Whinston/Green 1995, Abschnitt 9D.

Gleichgewicht nicht lohnen. Dieses Konzept weist eine große Ähnlichkeit zu dem des sog. *intuitiven Kriteriums* auf, auf das wir innerhalb von Signaling-Spielen noch ausführlich zurückkommen.

23.3.5 Ein Perfektes Bayesianisches Gleichgewicht in gemischten Strategien

Wir möchten nun eine etwas andere Variante unseres Markteintrittspiels betrachten, um beispielhaft zu zeigen, wie sich Perfekte Bayesianische Gleichgewichte in *gemischten* Strategien bestimmen lassen. Dies ist deshalb wichtig, weil Gleichgewichte in reinen Strategien für dynamische Spiele mit unvollständiger Information häufig nicht existieren, so daß Gleichgewichte in gemischten Strategien gesucht werden (müssen).

Das nun betrachtete Spiel ist deshalb von dem oben betrachteten Markteintrittsspiel grundsätzlich verschieden, weil die asymmetrische Informationsverteilung nun nicht über den potentiellen Eindringling, sondern über den Insassen besteht.

Wie in der oben besprochenen Variante hat der Eindringling die Strategien „Passiv" (P) und „Aktiv" (A), während der Insasse friedlich oder kämpferisch sein kann. Zur Modellierung der unvollständigen Information unterscheiden wir nun zwischen einem *starken* und einem *schwachen* Monopolisten: während für den schwachen Monopolisten – gegeben den Markteintritt des Konkurrenten – die friedfertige Strategie am besten ist, lohnt sich für den starken Monopolisten der Kampf, was sich beispielsweise durch besonders geringe Produktionskosten begründen läßt. Die Ergebnismatrizen für den schwachen und den starken Monopolisten M_1 bzw. M_2 sind in Abb. 23.5 dargestellt.[17]

In der Ergebnismatrix gilt $0 < x < 1$, was sicherstellt, daß der Konkurrent im Falle friedfertigen Verhaltens des Monopolisten einen positiven und andernfalls einen negativen Gewinn macht, sofern er in den Markt eindringt. Interessant wird das Spiel, wenn wir davon ausgehen, daß der Monopolist über mehrere Teilmärkte (Filialen) verfügt, so daß das grundsätzlich gleiche Problem auf vielen Teilmärkten auftritt. Für den starken Monopolisten stellt sich kein Problem, denn er hat immer einen Anreiz zu kämpfen. Schwieriger ist die Situation für den schwachen Monopolisten: denn für diesen ist das *einmalige* Kämpfen nach einem Markteintritt zwar schädlich (er erzielt dann −1 statt Null), aber möglicherweise kann er sich ja einen *Reputationseffekt* aufbauen: Denn wenn er kämpft, obwohl für *seinen* Typ (also für den *schwachen*) die friedfertige Strategie besser ist, so wird der potentielle Eindringling möglicherweise seine Wahrscheinlichkeit (seinen belief) für einen starken Monopolisten erhöhen, und auf weitere Markteintritte verzichten. Der schwache Monopolist hat also einen Anreiz, den starken zu imitieren, um den Konkurrenten vom Markteintritt abzuhalten.

---

17 Vgl. für eine sehr eingängige Darstellung des Kreps-Wilson-Reputationsspiels auch Holler/Illing 1996, 163-173.

Wir nehmen zunächst an, daß es nur zwei potentielle Konkurrenten (n = 2) gibt. Sofern ein potentieller Konkurrent den Typ des Monopolisten kennt, ist die Angelegenheit analog zum ursprünglichen Handelskettenparadox trivial – bei einem schwachen Monopolisten lohnt sich der Markteintritt und bei einem starken nicht. Die Schwierigkeit für unsere Konkurrenten K_1 (möglicher Markteintritt in Periode 1) und K_2 (möglicher Markteintritt in Periode 2) liegt aber nun darin, daß sie den Typ des Monopolisten nur schätzen können. Die a priori-Wahrscheinlichkeit für einen starken Monopolisten M_2 schätzen beide Konkurrenten auf p. Ausgehend von dieser Situation suchen wir nun nach dem Perfekten Bayesianischen Gleichgewicht.

Abb. 23.5: *Markteintrittsspiel mit unvollständiger Information*

	Schwacher Monopolist M_1			Starker Monopolist M_2	
	F	K		F	K
P	0 | 2	0 | 2	P	0 | 2	0 | 2
A	x | 0	x−1 | −1	A	x | 0	x−1 | 0,5

Da es sich um ein *endliches* Spiel handelt, können wir dieses nach dem Prinzip der Rückwärtsinduktion lösen (dieses Prinzip wird durch die unvollständige Information ja nicht obsolet, sondern nur wesentlich komplizierter). Wir versetzen uns also zunächst in den Konkurrenten K_2 und nehmen willkürlich an, daß dessen a posteriori-Wahrscheinlichkeit für einen starken Monopolisten q_2 sei (die „2" drückt dabei aus, daß es sich um die Einschätzung durch den Konkurrenten in Periode 2 handelt). Wir machen uns also noch keine Gedanken darum, wie q_2 eigentlich zustande kommt und wie der Monopolist q_2 durch sein Verhalten in der ersten Periode möglicherweise beeinflussen kann. Der *erwartete* Gewinn von K_2 bei Eintritt in den Markt ist dann

$$G_2 = q_2(x - 1) + (1 - q_2)x \tag{23.25}$$

weil der Monopolist mit der Wahrscheinlichkeit q_2 kämpft und mit der Gegenwahrscheinlichkeit $1 - q_2$ nicht. Sofern G_2 positiv ist, tritt K_2 ein. Wir setzen also Gleichung (23.25) größer Null und erhalten aus einfachen Umformungen

$$x > q_2 \tag{23.26}$$

K_2 tritt also in den Markt ein, sofern x mindestens so groß ist wie seine a posteriori-Wahrscheinlichkeit dafür, daß er mit einem starken Monopolisten konfrontiert wird. Je größer diese Befürchtung (je größer q_2), desto eher verzichtet der Konkurrent K_2 auf einen Markteintritt.

Wir müssen nun zunächst danach unterscheiden, ob die a priori-Wahrscheinlichkeit für einen starken Monopolisten (p) größer oder kleiner als x ist. Nehmen wir als erstes an, daß p > x ist. Da der erste Konkurrent (K_1) keine Möglichkeit zum Updating hat, lohnt sich für ihn ein Markteintritt nicht, da sein erwarteter Gewinn negativ wäre. Dann hat aber auch Konkurrent K_2 keine Möglichkeit zum Updating, weil er ja nicht beobachten kann, ob der Monopolist in der ersten Periode kämpft oder nicht (er wird ja erst gar nicht herausgefordert). Somit entspricht seine a posteriori-Wahrscheinlichkeit q_2 der a priori-Wahrscheinlichkeit p und es kommt zu keinem

Markteintritt. Für p > x kommt es in beiden Perioden zu keinem Markteintritt, weil die Angst vor einem starken Monopolisten zu groß ist. Der relevante Fall ist demnach

$$x > p \tag{23.27}$$

Die entscheidende Frage ist nun, ob K_2 aus dem Verhalten des Monopolisten in der ersten Periode Informationen erhält, die zu einer Abweichung der a posteriori-Wahrscheinlichkeit q_2 von der a priori-Wahrscheinlichkeit p führen. Dies ist nur dann der Fall, wenn K_1 in den Markt eingetreten ist, so daß wir dies zunächst unterstellen.[18] *Wenn* K_1 eintritt, so wird der starke Monopolist mit der Wahrscheinlichkeit von Eins kämpfen, da sich dies für ihn lohnt (er macht dann den Gewinn 0,5). Sofern der schwache Monopolist in Periode 1 *nie* kämpft, kann K_2 seine Wahrscheinlichkeit *vollständig* updaten: er weiß dann in der Periode 2 mit Sicherheit, ob er einen starken oder einen schwachen Monopolisten vor sich hat: der starke Monopolist kämpft und der schwache nicht. Es kann aber auch für einen schwachen Monopolisten in der ersten Periode lohnend sein zu kämpfen und einen Verlust von 1 in Kauf zu nehmen, um dadurch K_2 in der zweiten Periode vom Markteintritt abzuhalten und einen Gewinn von 2 zu machen. Die im Moment zu beantwortende Frage lautet also, ob der schwache Monopolist in der ersten Periode kämpfen soll, sofern der erste Konkurrent in den Markt eintritt (erst anschließend können wir fragen, ob der erste Konkurrent eintreten soll, denn wir müssen dem Prinzip der Rückwärtsinduktion folgen).

Überlegen wir nun, ob es für einen schwachen Monopolisten in der ersten Periode lohnend sein kann, mit der Wahrscheinlichkeit von Eins zu kämpfen. Da der starke Monopolist ohnehin kämpft, hieße dies, daß in der ersten Periode beide Typen mit Sicherheit kämpfen. Dies impliziert, daß K_2 aus dem beobachteten Kampf in der ersten Periode keine Rückschlüsse ziehen kann – denn wenn beide Monopolisten auf jeden Fall kämpfen, so entspricht die a posteriori-Wahrscheinlichkeit q_2 der a priori-Wahrscheinlichkeit p, weil kein Updating möglich ist. Da aber annahmegemäß x > p gilt, kann der schwache Monopolist K_2 *nicht* vom Markteintritt abhalten, sofern er immer kämpft. Dies ist ein interessanter Punkt, weil man intuitiv denken könnte, daß der schwache Monopolist den zweiten Konkurrenten durch sein hartes Verhalten abhalten kann, was aber angesichts x > p und dem unmöglichen Updating zum Scheitern verurteilt sein muß.

Da der Monopolist den Konkurrenten K_2 aber auch nicht abhalten kann, wenn er nie kämpft – denn dann ist das Updating perfekt und er ist als Schwächling enttarnt – folgt daraus, daß der schwache Monopolist *randomisieren* muß, sofern er K_2 (möglicherweise) vom Markteintritt abhalten will. Es gibt also zwei mögliche Gleichgewichtsverhalten für den Monopolisten:

- im ersten Fall kämpfen der starke Monopolist immer und der schwache Monopolist nie. Dies führt dazu, daß K_2 genau dann in den Markt eintritt, wenn sich der schwache Monopolist auf der ersten Stufe durch sein friedfertiges Verhalten enttarnt;

---

18 Bedenken Sie bitte, daß x > p *nicht* sicherstellt, daß K_1 in den Markt eintritt. K_1 muß nämlich berücksichtigen, daß möglicherweise auch der schwache Monopolist in der ersten Periode kämpft, um K_2 vom Markteintritt abzuschrecken.

– im zweiten Fall kämpfen der starke Monopolist immer und der schlechte manchmal, so daß es zu einem Perfekten Bayesianischen Gleichgewicht in gemischten Strategien kommt.

Betrachten wir nun das Gleichgewicht in gemischten Strategien genauer und versetzen uns in den schwachen Monopolisten. Dieser hat folgendes Optimierungsproblem: wenn er mit einer hohen Wahrscheinlichkeit kämpft, so schließt K_2 aus dem Kampf keineswegs, daß es sich mit sehr hoher Wahrscheinlichkeit um einen starken Monopolisten handelt. Denn im Gleichgewicht in gemischten Strategien muß K_2 die Wahrscheinlichkeitszuordnungen durch den schwachen Monopolisten M_1 antizipieren, und wenn auch dieser meistens kämpft, ist das Updating von K_2 gering (denn warum soll K_2 auf einen starken Monopolisten schließen, wenn auch der schwache meistens kämpft?). Dies wird intuitiv am deutlichsten, wenn man annimmt, daß der schwache Monopolist immer kämpft – dann ist $q_2 = p$ und der Kampf mit dem Verlust von 1 hat gar nichts genützt.

Bezeichnen wir nun mit z die Wahrscheinlichkeit, mit der der schwache Monopolist in der ersten Periode kämpft. Sofern K_2 in der ersten Periode einen friedfertigen Monopolisten beobachtet, handelt es sich mit Sicherheit um einen schwachen und es gilt $q_2 = 0$. Wie hoch ist aber q_2, wenn K_2 einen kämpfenden Monopolisten beobachtet? Die Antwort liefert uns die zuvor mit Hilfe von Jupp Heynckes erläuterte Bayessche Regel, nach der wir

$$q_2 = \frac{p}{p + (1-p)z} \qquad (23.28)$$

ermitteln. q_2 ist die Wahrscheinlichkeit für einen starken Monopolisten, gegeben das Signal „Kampf" in der ersten Periode. Im Zähler steht die Wahrscheinlichkeit für das kombinierte Ereignis „starker Monopolist" und „kämpfender Monopolist". Da der starke Monopolist mit der Wahrscheinlichkeit von Eins kämpft, entspricht die Wahrscheinlichkeit für dieses Ereignis einfach p. Im Nenner stehen die aufaddierten Wahrscheinlichkeiten für alle möglichen Konstellationen, in denen man auf einen kämpfenden Monopolisten stoßen kann. Je geringer die Wahrscheinlichkeit z, mit der der schwache Monopolist kämpft, desto größer die a posteriori-Wahrscheinlichkeit q_2, mit der K_2 aus einem kämpfenden Monopolisten einen starken Monopolisten folgert. Anders formuliert: je seltener sich der schwache Monopolist verstellt, desto wirksamer ist sein Täuschungsmanöver.

Nun wissen wir aber bereits aus Ungleichung (23.26), daß sich für K_2 ein Markteintritt genau dann lohnt, wenn $q_2 < x$ gilt. Für

$$\frac{p}{p + (1-p)z} < x \qquad (23.29)$$

würde K_2 also mit Sicherheit in den Markt eintreten, so daß das Randomisieren dem schwachen Monopolisten keinen Nutzen bringen würde (er könnte mit seinem gewählten z Konkurrent K_2 niemals abschrecken). Umgekehrt würde K_2 für

$$\frac{p}{p + (1 - p)z} > x \tag{23.30}$$

niemals eintreten, so daß der schwache Monopolist K_2 immer abschrecken müßte und Randomisieren wieder keine Gleichgewichtsstrategie sein könnte. Daraus folgt, daß Randomisieren ausschließlich dann eine Gleichgewichtsstrategie sein kann, wenn K_2 zwischen Eintritt und Nicht-Eintritt genau indifferent ist. Dies ist genau die gleiche Überlegung, die wir schon in Kapitel 2 zur Logik gemischter Strategien angestellt haben: der schwache Monopolist muß seine Wahrscheinlichkeiten so festlegen, daß K_2 indifferent ist.[19]

Wir bestimmen nun also das z, bei dem K_2 indifferent zwischen Eintritt und Nicht-Eintritt ist. Damit K_2 indifferent ist, muß sein erwarteter Gewinn bei Eintritt ebenso wie bei Nicht-Eintritt gerade Null sein, d.h. es muß gelten:

$$(x - 1)q_2 + x(1 - q_2) = 0 \tag{23.31}$$

bzw. nach einfacher Umformung

$$x = q_2 \tag{23.32}$$

Da die a posteriori-Wahrscheinlichkeit q_2 von der Wahrscheinlichkeit z abhängt, mit der der schwache Monopolist kämpft, setzen wir für q_2 in (23.32) Gleichung (23.28) ein und erhalten als Indifferenzbedingung für K_2

$$x = \frac{p}{p + (1 - p)z} \tag{23.33}$$

Da uns die vom schwachen Monopolisten gewählte Wahrscheinlichkeit z interessiert, lösen wir Gleichung (23.33) nach z auf:

$$z = \frac{p - px}{x - px} = \frac{p(1 - x)}{x(1 - p)} \tag{23.34}$$

Gleichung (23.34) gibt uns also die Wahrscheinlichkeit an, mit der der schwache Monopolist kämpfen muß, damit der Konkurrent der zweiten Periode (K_2) nach Verwendung der Bayesschen Regel genau indifferent zwischen Eintritt und Nicht-Eintritt ist (sein erwarteter Gewinn ist in beiden Fällen Null).

Bisher haben wir lediglich die Wahrscheinlichkeit bestimmt, mit der M_1 randomisieren muß, damit K_2 indifferent ist. Umgekehrt müssen wir nun noch die Markteintrittswahrscheinlichkeit von K_2 bestimmen, damit M_1 in der *ersten Periode* indifferent zwischen Kampf und Nicht-Kampf ist. Denn würde K_2 immer (nie) eintreten, so wäre der Kampf für M_1 nie (immer) lohnend. Wenn der schwache Monopolist in der ersten Periode nicht kämpft, so tritt K_2 ein und M_1 macht in beiden Perioden zusammen einen Gewinn von Null.[20] Also muß sein erwarteter Gewinn ebenfalls Null sein, wenn er kämpft – andernfalls wäre er nicht indifferent. Wenn wir die Wahrscheinlichkeit,

---

19 Bedenken Sie, daß es dem Monopolisten selbst ja egal ist, welche Wahrscheinlichkeiten er zuordnet, da er ohnehin indifferent zwischen den beiden Aktionen sein muß, wenn er überhaupt randomisiert.

20 Wir gehen davon aus, daß die Werte der zweiten Periode schon diskontiert sind.

mit der K_2 eintritt, als y bezeichnen, so muß der erwartete Gewinn des schwachen Monopolisten, wenn er kämpft, also gleich Null sein:

$$G = -1 + y(-1) + (1 - y)2 = 0 \qquad (23.35)$$

Gleichung (23.35) kommt folgendermaßen zustande: -1 ist der Gewinn, den der kämpfende schwache Monopolist in der ersten Periode mit Sicherheit macht (sofern K_1 überhaupt eintritt). $y(-1)$ ist der Gewinn -1 in der zweiten Periode, multipliziert mit der Wahrscheinlichkeit y dafür, daß K_2 in der zweiten Periode eintritt. Und $(1 - y)2$ schließlich ist der erwartete Gewinn in der zweiten Periode, wenn K_2 nicht eintritt. Aus (23.35) folgt

$$y = \frac{1}{3} \qquad (23.36)$$

d.h. der schwache Monopolist ist genau dann indifferent zwischen Kämpfen und Nicht-Kämpfen, wenn K_2 in der zweiten Periode nach Beobachtung eines Kampfes mit der Wahrscheinlichkeit $1/3$ in den Markt eintritt. Dazu muß M_1 wiederum die Wahrscheinlichkeit z aus Gleichung (23.34) wählen, damit K_2 überhaupt indifferent ist.

Bisher sind wir davon ausgegangen, daß K_1 in den Markt eingetreten ist, weil andernfalls ein Updating für K_2 ja gar nicht möglich ist. Auf den ersten Blick scheint es im Rahmen unserer Annahmen selbstverständlich zu sein, daß K_1 eintritt, weil er angesichts seiner Wahrscheinlichkeit $p < x$ für einen starken Monopolisten einen positiven erwarteten Gewinn macht, sofern er damit rechnen kann, daß sich der schwache Monopolist friedfertig verhält. Genau dies ist aber nicht der Fall: wie gezeigt, wird auch der schwache Monopolist mit der durch Gleichung (23.34) gegebenen positiven Wahrscheinlichkeit z kämpfen, um K_2 in der zweiten Periode abzuschrecken. Die Wahrscheinlichkeit r, mit der der Monopolist in der ersten Periode kämpft, ist somit nicht p, sondern

$$r = p + (1 - p)z \qquad (23.37)$$

weil ja auch der mit der Wahrscheinlichkeit $1 - p$ anzutreffende schwache Monopolist mit der Wahrscheinlichkeit z kämpft. Dies bestätigt einmal mehr die Kraft und die Notwendigkeit der Rückwärtsinduktion (auch in komplexen Situationen unvollständiger Information): damit K_1 in der ersten Periode darüber entscheiden kann, ob er eintritt oder nicht, muß er die ganze komplexe Situation berücksichtigen, in der sich der Monopolist bezüglich K_2 befindet. Denn diese beeinflußt dessen Verhalten in Periode 1 und damit auch den erwarteten Gewinn von K_1. Setzen wir in Formel (23.37) den Ausdruck für z aus Formel (23.34) ein, so folgt

$$r = p + (1 - p)\frac{p(1 - x)}{x(1 - p)} = p + \frac{p(1 - x)}{x} = \frac{p \cdot x + p - p \cdot x}{x} = \frac{p}{x} \qquad (23.38)$$

K_1 geht also mit der Wahrscheinlichkeit $r = p/x$ davon aus, daß er auf einen kämpfenden Monopolisten trifft (ob dies der starke oder der schwache Monopolist ist, spielt für K_1 ja keine Rolle). Daraus ergibt sich der erwartete Gewinn von K_1 bei Markteintritt zu

$$G_1 = \frac{p}{x}(x-1) + \left(1 - \frac{p}{x}\right)x \tag{23.39}$$

bzw.

$$G_1 = \frac{x^2 - p}{x} \tag{23.40}$$

Da K_1 genau dann in den Markt eintritt, wenn sein erwarteter Gewinn positiv ist, tritt er ein für

$$G_1 = \frac{x^2 - p}{x} > 0 \tag{23.41}$$

bzw. für

$$x^2 > p \tag{23.42}$$

Damit haben wir die möglichen Gleichgewichte für das Markteintrittsspiel mit zwei Perioden und unvollständiger Information nun (endlich) vollständig charakterisiert:

- für $x^2 \le p$ lohnt sich der Markteintritt für den ersten Konkurrenten K_1 nicht, weil er mit einer zu hohen Wahrscheinlichkeit damit rechnen muß, auf einen kämpfenden Monopolisten zu treffen;
- in diesem Fall hat K_2 keine Möglichkeit, seine a priori-Wahrscheinlichkeit upzudaten, weil K_1 nicht eingetreten ist. Für $x > p$ wird der zweite Konkurrent K_2 dann eintreten, weil sein erwarteter Gewinn nicht negativ ist. Dies bedeutet, daß für $x^2 < p < x$ der erste Konkurrent K_1 nicht eintritt, der zweite Konkurrent aber eintritt. Der Grund für diese unterschiedlichen Verhaltensweisen trotz identischer a priori-Wahrscheinlichkeiten und der Unmöglichkeit zum Updating von Wahrscheinlichkeiten ist, daß K_1 damit rechnen muß, daß auch ein schwacher Monopolist mit einer positiven Wahrscheinlichkeit z kämpft, um K_2 abzuschrecken – K_2 dagegen muß mit solchen Reputationseffekten nicht rechnen, weil das Spiel annahmegemäß nach der zweiten Periode beendet ist;[21]
- für $x^2 > p$ tritt der erste Konkurrent in den Markt ein und der schwache Monopolist kämpft mit der durch Gleichung (23.34) gegebenen Wahrscheinlichkeit z. Der Konkurrent K_2 tritt mit der Wahrscheinlichkeit $y = 1/3$ in den Markt ein. Kommt es zum Markteintritt in der zweiten Periode, so kämpft der starke Monopolist, während sich der schwache friedfertig verhält.

Das Modell von Kreps/Wilson läßt sich auch auf n Perioden ausdehnen, wobei der Grundgedanke erhalten bleibt.[22] Selbst für kleine a priori-Wahrscheinlichkeiten p lohnt es sich für schwache Monopolisten mit einer positiven Wahrscheinlichkeit zu kämpfen, weil dadurch potentielle Konkurrenten abgeschreckt werden. Da der Reputationsgewinn (also der Gewinn aus der Abschreckung zukünftiger Konkurrenten) mit abnehmender Spieldauer immer kleiner wird, muß die Wahrscheinlichkeit, mit der ein

---

21 Für $x < p$ treten beide Konkurrenten nicht in den Markt ein, so daß das Spiel trivial ist.
22 Vgl. auch Holler/Illing 1996, 170ff.

schwacher Monopolist kämpft, ebenfalls immer kleiner werden. Das Gleichgewicht im n-Perioden-Spiel ist daher durch folgende Phasen charakterisiert:

- in einer ersten Periode, deren Länge von den Parametern abhängig ist, treten die Konkurrenten nicht in den Markt ein, weil die Wahrscheinlichkeit dafür, daß auch der schwache Monopolist kämpft, sehr hoch ist. Dies liegt daran, daß sich der Abschreckungseffekt lohnt;

- in einer zweiten Periode treten die Konkurrenten mit einer positiven Wahrscheinlichkeit ein und der schwache Monopolist kämpft mit einer Wahrscheinlichkeit, die den jeweils nächsten Konkurrenten indifferent zwischen Eintritt und Nichteintritt macht;

- sobald der schwache Monopolist gemäß seiner Randomisierungswahrscheinlichkeit einmal (zufällig) nicht kämpft, ist er enttarnt, so daß ab diesem Zeitpunkt alle Konkurrenten in den Markt eintreten und der Monopolist sich in allen folgenden Perioden friedfertig verhält (er kann keine neue Reputation aufbauen, weil der starke Monopolist *immer* kämpft und das einmalige Nicht-kämpfen ihn für immer verrät).

23.4 Adverse Selection

23.4.1 Grundgedanke

Unter dem Begriff *adverse selection* (negative Auslese) wird untersucht, welche Konsequenzen sich auf Märkten ergeben können, wenn unvollständige Information besteht. Die Spielformulierung besteht darin, daß die Natur zunächst den Typ eines Spielers festlegt (dieser Zug bleibt dann gemäß der Definition unvollständiger Information private Information), und anschließend zwischen dem gut und dem schlecht informierten Spieler ein Vertrag geschlossen wird (oder auch nicht). Den Begriff adverse selection kann man sich leicht mit dem mittlerweile klassischen Gebrauchtwagenmodell verdeutlichen, das von Akerlof entwickelt wurde.

Akerlof[23] stellte sich die Frage, warum auf Gebrauchtwagenmärkten häufig nur minderwertige Autos gehandelt werden und erklärte dies damit, daß die Verkäufer über die Qualität ihres Wagens besser informiert sind als die Käufer – eine durchaus plausible Vermutung. Wenn die Käufer die Qualität eines *bestimmten* Gebrauchtwagens nicht einschätzen können, so orientieren sie ihre Zahlungsbereitschaft an der Qualität eines *durchschnittlichen* Wagens. Dies wiederum führt dazu, daß Verkäufer mit überdurchschnittlichen Autos kein Interesse haben, diese am Gebrauchtwagenmarkt anzubieten, weil sie nur einen durchschnittlichen Preis für ihren überdurchschnittlichen Wagen erzielen könnten. Sie behalten also ihre Wagen, was zu einer Verminderung der durchschnittlichen Qualität der Autos führt, die noch angeboten werden. Dies senkt wiederum die Zahlungsbereitschaft der potentiellen Käufer, was zum Abzug von Wagen vom Markt führt, die zuvor durchschnittlich waren, jetzt aber überdurchschnittlich sind... Dieser Prozeß muß schließlich zum vollständigen Zusammenbruch

---

23   Vgl. Akerlof 1970.

des Gebrauchtwagenmarkts führen, sofern keine gegenläufigen Effekte bestehen. Genau diesen Effekt nennt man adverse selection, weil nur noch die schlechtesten Wagen verkauft werden.

Das gerade geschilderte Ergebnis eines völligen Marktzusammenbruchs ist allerdings extrem und beruht auf restriktiven Prämissen, die selbst dann nicht erfüllt sein müssen, wenn Möglichkeiten zur Verbesserung des Informationsstandes durch Signaling (Abschnitt 23.5) oder Screening (Abschnitt 23.6) ausgeschlossen werden. Lassen Sie uns zur Verdeutlichung der Annahmen, von denen die Ergebnisse abhängen, zwei Varianten des gleichen Beispiels betrachten. Dabei wird sich zeigen, daß es zwar zu Ineffizienzen, aber nicht notwendigerweise zum Marktzusammenbruch kommen muß.

23.4.2 Ein Beispiel mit Marktzusammenbruch

Wir nehmen an, daß die Qualität q von Gebrauchtwagen gleichverteilt sei zwischen den Werten von 2.000 und 6.000 pro Auto (jeder Wert zwischen 2.000 und 6.000 ist demnach gleich wahrscheinlich). Die Dichte ist also zwischen dem minimalen Wert von 2.000 und dem maximalen Wert von 6.000 überall gleich und beträgt $f(q) = 1/(6.000 - 2.000) = 1/4.000$.[24] Die durchschnittliche Qualität eines Wagens liegt bei 4.000. Ferner sei das Interesse von Käufern und Verkäufern an Gebrauchtwagen grundsätzlich identisch. In diesem Fall ist es offensichtlich, daß es zum völligen Zusammenbruch des Marktes kommen muß: Die Zahlungsbereitschaft der Käufer orientiert sich am Durchschnittswert von 4.000; zu diesem Preis würden aber nur die Wagen angeboten werden, die auf dem Intervall zwischen 2.000 und 4.000 liegen. Der Durchschnitt dieser Wagen liegt aber bei 3.000, so daß die Zahlungsbereitschaft der Käufer entsprechend sinken würde.... Es stellen sich also genau die von Akerlof angestellten Überlegungen ein. Der interessante Punkt ist allerdings, daß der Marktzusammenbruch in diesem Fall ökonomisch auch kein Problem darstellt; denn wenn Verkäufer und Käufer gleiche Präferenzen für Gebrauchtwagen haben, dann ist die Anzahl der verkauften Wagen unter wohlfahrtstheoretischen Gesichtspunkten unerheblich – ein Gewinn an Konsumenten- und Produzentenrente kann durch den Verkauf von Wagen nur entstehen, wenn die Zahlungsbereitschaft der Konsumenten über dem von den Besitzern geforderten Reservationspreis liegt.

23.4.3 Ein Beispiel ohne Marktzusammenbruch

Aus dem zuletzt genannten Grund betrachten wir als nächstes ein Beispiel, bei dem die Zahlungsbereitschaft eines potentiellen Käufers für ein Auto einer bestimmten Qualität bei *vollständiger* Information stets um das 1,2-fache über dem von den Besitzern geforderten Mindestpreis liegt. Mit q als Qualität und gefordertem Mindestpreis sowie z als Zahlungsbereitschaft gilt also $z = 1,2q$. Im Optimum müßten alle Wagen verkauft werden, weil der Nutzen der Konsumenten für jedes Auto größer ist als die

---

24   Wir folgen dem Beispiel in Rasmusen 1994, 224ff.

Opportunitätskosten (d.h. der geforderte Preis) der Besitzer. Es ist intuitiv einsichtig, daß es in dieser Situation zwar zu einer ineffizient niedrigen Menge, aber *nicht* zum völligen Marktzusammenbruch kommt, weil die Zahlungsbereitschaft der Konsumenten über der durchschnittlichen Qualität der verbleibenden Wagen liegt. Wie läßt sich das Gleichgewicht aus Angebot und Nachfrage in diesem Fall bestimmen? Die Nachfragefunktion lautet z = 1,2Q, wobei Q als *durchschnittliche* Qualität der angebotenen Wagen definiert ist. Die durchschnittliche Qualität von Wagen wiederum, die am Markt angeboten werden (also die Angebotsfunktion), hängt vom Preis ab - beträgt der Preis beispielsweise 3.000, so werden alle Wagen zwischen 2.000 und 3.000 angeboten, so daß die durchschnittliche Qualität bei 2.500 liegt. Allgemein berechnet sich die durchschnittliche Qualität aller angebotenen Waren somit aus Q = (2.000+z)/2, weil alle Wagen zwischen 2.000 und dem Preis z angeboten werden (und wir eine Gleichverteilung unterstellt haben). Gleichsetzen der Angebotsfunktion Q = (2.000+z)/2 und der Nachfragefunktion z = 1,2q liefert den Gleichgewichtspreis z* = 3.000 und die durchschnittliche Qualität Q* = 2.500. Dies ist auch intuitiv einsichtig. Bei einem Preis von 3.000 werden alle Wagen bis zur Qualität von 3.000 angeboten, so daß die durchschnittliche Qualität 2.500 beträgt. Bei einer durchschnittlichen Qualität von 2.500 sind die Konsumenten aber gerade bereit, 3.000 zu bezahlen, weil ihre Zahlungsbereitschaft ja um das 1,2-fache über der durchschnittlichen „Qualität" liegt.

Der interessante Punkt ist, daß in diesem Fall der Markt zwar nicht vollständig zusammenbricht, die Ergebnisse unter wohlfahrtstheoretischen Gesichtspunkten aber dennoch schlechter als im ersten Beispiel sind: denn während dort die gehandelte Anzahl an Autos wohlfahrtstheoretisch unerheblich ist, führt hier jedes nicht verkaufte Auto zu einem Wohlfahrtsverlust.

23.4.4 Andere mögliche Ergebnisse

Zur Vermeidung von Mißverständnissen sei hervorgehoben, daß es sehr zahlreiche Varianten von adverse selection-Modellen gibt, die auch zu sehr unterschiedlichen Ergebnissen bezüglich der Marktentwicklung und deren wohlfahrtstheoretischen Implikationen führen. Hierzu betrachten wir kurz ein weiteres Beispiel, auf das wir im Abschnitt über Signaling-Spiele noch ausführlich zurückkommen werden: Stellen Sie sich vor, daß es unterschiedlich produktive Arbeiter gibt, daß ein Unternehmen die Produktivität eines einzelnen Arbeiters aber nicht beobachten kann. Analog zum Gebrauchtwagenmarkt-Beispiel von Akerlof wird das Unternehmen seine Zahlungsbereitschaft (also den maximalen Lohn) dann an der durchschnittlichen Produktivität orientieren. Ferner nehmen wir an, daß die Bereitschaft eines potentiellen Arbeitnehmers, seine Arbeitskraft zur Verfügung zu stellen, sowohl vom Lohn als auch von seinen Opportunitätskosten (beispielsweise von seinen anderen Verdienstmöglichkeiten oder dem Grenznutzen der Freizeit) abhängt.[25] Unter wohlfahrtstheoretischen Gesichtspunkten sollten alle potentiellen Arbeitnehmer beschäftigt werden, deren Produktivität über ihren Opportunitätskosten liegt. Wenn alle Arbeitnehmer bei-

---

25   Vgl. Mas-Colell/Whinston/Green 1995, 440ff.

spielsweise die *gleichen* Opportunitätskosten von Eins haben, so sollten alle mit einer Produktivität über Eins beschäftigt werden. Da sich die Unternehmen bei ihrer Zahlungsbereitschaft am Durchschnitt orientieren und die Opportunitätskosten für alle Arbeitnehmer annahmegemäß identisch sind, werden entweder alle oder gar kein Arbeiter eingestellt. Wenn der Prozentsatz produktiver Arbeitnehmer niedrig ist, so ist die Durchschnittsproduktivität und die Zahlungsbereitschaft der Unternehmen ebenfalls niedrig. Liegt die Durchschnittsproduktivität unter Eins, so wird gar kein Arbeiter eingestellt, so daß es wie im Akerlof-Beispiel zum Marktzusammenbruch kommt. Dieser völlige Marktzusammenbruch ist ineffizient, weil es Arbeitnehmer gibt, deren Produktivität über ihren Opportunitätskosten von Eins liegt. Es kann aber auch das gegenteilige Ergebnis eintreten: wenn nämlich der Prozentsatz produktiver Arbeitnehmer hoch ist, so ist die Durchschnittsproduktivität und die Zahlungsbereitschaft der Unternehmen ebenfalls hoch – und liegt die Durchschnittsproduktivität über Eins, so werden alle Arbeitnehmer eingestellt, so daß das „Handelsvolumen" am Markt zu hoch ist! Man sollte adverse selection also nicht umstandslos mit einem ineffizient niedrigen Marktvolumen identifizieren, auch das Gegenteil ist ohne weiteres möglich.

23.5 Signaling

23.5.1 Grundgedanke

Obwohl auch adverse selection-Spiele ohne „Zusatzmöglichkeiten" interessant sind und sehr vielfältige Ergebnisse liefern, ist die Annahme, daß die Wirtschaftssubjekte die mit dem unterschiedlichen Informationsstand verbundenen Ineffizienzen einfach hinnehmen, zweifellos restriktiv. So werden sich die Anbieter guter Gebrauchtwagen nicht damit zufrieden geben, diese zum Durchschnittspreis aller noch angebotenen Wagen verkaufen zu können, sondern nach Möglichkeiten suchen, die überlegene Qualität ihres Autos zu signalisieren. Allerdings ist die pure Aussage, daß man über ein besonders gepflegtes Auto verfügt, nicht besonders überzeugend, weil jeder Marktteilnehmer den Anreiz hat, auf diese Art den Verkaufspreis in die Höhe zu treiben. Notwendig sind daher *glaubhafte* Signalisierungsstrategien, die sich nur für solche Marktteilnehmer *lohnen*, die *tatsächlich* über hochwertige Produkte verfügen. Solche glaubhaften Signalisierungsstrategien bestehen im Akerlof-Beispiel etwa darin, den Wagen von Werkstätten prüfen zu lassen, die entweder aus Angst vor Reputationsverlusten und/oder wegen Garantieerteilungen starke Anreize haben, die Wahrheit zu sagen. Obwohl solche Expertenchecks oft gar keinen „sachlichen" Nutzen haben (sie erhöhen die Qualität der Autos nicht, sofern keine Reparaturmaßnahmen durchgeführt werden), haben sie einen ökonomischen Nutzen für die Besitzer guter Wagen, weil sie den Informationsstand potentieller Käufer verbessern. Da Verkäufer im allgemeinen besser informiert sind als Käufer, sollte man Waren mit geringer Garantiezusicherung von vornherein skeptisch gegenüberstehen.

Bevor wir im folgenden nun ein einfaches Signaling-Spiel präsentieren möchten wir zur Vermeidung von Mißverständnissen hervorheben, daß die Eigenschaften der Gleichgewichte erstens stark von der jeweiligen Modellspezifikation, und zweitens vom verwendeten Gleichgewichtskonzept abhängen, so daß allgemein verbindliche Schlußfolgerungen kaum ableitbar sind. Ferner gibt es auch weiterführende Modelle, in denen beispielsweise angenommen wird, daß die Marktteilnehmer verschiedene Signale zur Verfügung haben und auch nur durch die Kombination von Signalen in die Lage versetzt werden, ihren Typ glaubhaft zum Ausdruck zu bringen.[26] Dennoch ist das folgende Modell nützlich, weil es neben dem Grundgedanken deutlich zum Ausdruck bringt, daß sog. Pooling-Lösungen (dazu unten mehr) zwar häufig Perfekte Bayesianische Gleichgewichte (PBG) sind, das Konzept des PBG aber seinerseits zur Ableitung plausibler Ergebnisse in Signaling-Spielen nicht hinreichend ist.

23.5.2 Darstellung des Modells

Ein schönes Beispiel zur Erläuterung des Signaling-Problems bei unbekannten Typen ist der Arbeitsmarkt-Fall von Spence,[27] auf den wir daher im folgenden zurückgreifen wollen. Dieses Beispiel bringt zum Ausdruck, daß bestimmte Anstrengungen einfach deshalb nützlich sind, weil sie unterschiedliche Typen signalisieren und daher die Informationsasymmetrien verringern. Ausgangspunkt des Modells ist, daß es zwei unterschiedliche Typen von Arbeitnehmern gibt – produktive und unproduktive. Die Produktivität des produktiveren Arbeiters (A_1) sei p_1 und die des unproduktiveren Arbeiters (A_2) p_2 (mit $p_1 > p_2$). Zur Vereinfachung unterstellen wir $p_1 = 200$ und $p_2 = 100$. In der Gesamtpopulation von Arbeitern sei der Anteil produktiver Arbeiter $\pi_1 = 0{,}5$ und der der unproduktiven Arbeiter $\pi_2 = 0{,}5$. Die Unternehmen produzieren unter der Marktform vollständiger Konkurrenz, so daß sie keine Gewinne machen.

Die Schwierigkeit für die produktiveren Arbeiter besteht nun annahmegemäß darin, daß die Unternehmen zum Zeitpunkt der Einstellung *ohne Signalisierung* durch die Arbeiter keine Möglichkeit haben, zwischen den beiden Typen zu unterscheiden. Diese Annahme ist wegen der Existenz von Probezeiten und Assessment-Centern zwar etwas überzogen, trifft aber sicherlich einen interessanten Punkt. Da sich die Unternehmen dann an der durchschnittlichen Produktivität orientieren müssen, erhalten beide Arbeiter ohne Signalisierung einen Gleichgewichtslohn von

$$w = 0{,}5 \cdot 200 + 0{,}5 \cdot 100 = 150 \tag{23.43}$$

Dieser Zustand ist für den unproduktiveren Typ erfreulich, weil er eine Entlohnung erhält, die über seiner wirklichen Produktivität liegt. Umgekehrt wird der produktivere Typ nach Möglichkeiten suchen, seine hohe Produktivität zu signalisieren, um auch einen höheren Lohn zu erhalten. Konkret unterstellen wir, daß ein Studienabschluß der Qualität q für produktive Arbeiter die Kosten q und für unproduktive Arbeiter die Kosten 2q hervorruft. Der Nutzen eines Arbeiters soll durch die Differenz von Lohn und Ausbildungskosten gegeben sein, d.h. der Nutzen der produktiven Arbeiter ist

$$U_1(q_1) = w - q$$

---

26 Gelungene Darstellungen von Signaling-Spielen finden sich beispielsweise in Mas-Colell/ Whinston/Green 1995, Abschnitt 13.C und Rasmusen 1994, Kapitel 10.

27 Vgl. Spence 1973.

und der des unproduktiven Arbeiters ist

$$U_2(q_2) = w - 2q$$

Der Grundgedanke ist nun einfach. Da die Ausbildung für produktive Arbeiter einen geringeren Aufwand darstellt, lohnt sie sich für diese Typen eher und kann daher möglicherweise ein Signaling herbeiführen (dies setzt selbstverständlich voraus, daß Studienabschlüsse beobachtbar sind, was der Fall ist).

Grundsätzlich können sich in Modellen wie dem hier betrachteten zwei unterschiedliche Ergebnisse einstellen, die man durch zwei unterschiedliche Arten von *Gleichgewichten* beschreibt:

– unter einem *Trennungsgleichgewicht* (separating equilibrium) versteht man, daß die unterschiedlichen Typen unterschiedliche Strategien wählen und die schlecht informierten Marktteilnehmer (in unserem Fall also die Unternehmen) daher zwischen den Typen unterscheiden können. Ein Trennungsgleichgewicht ist also genau die Situation, in der ein eindeutiges Signaling möglich ist;

– dagegen versteht man unter einem *Pooling-Gleichgewicht* (pooling equilibrium) die gegenteilige Situation, in der es sich für die guten Typen angesichts der unvollständigen Information seitens der Unternehmen nicht lohnt, sich für einen guten Studienabschluß einzusetzen (bedenken Sie, daß dieser annahmegemäß keinerlei Wert abgesehen von der Signalisierung hoher Produktivität hat). Etwas genauer formuliert ist ein *Pooling-Gleichgewicht* daher eine Situation, in der beide Typen den gleichen Abschluß wählen, den durchschnittlichen Lohn erhalten und es für keinen Typen eine lohnende Abweichung gibt.

Lassen Sie uns noch vor Beginn der Untersuchung graphisch deutlich machen, wodurch eigentlich Trennungsgleichgewichte ermöglicht werden. Dazu betrachten wir *Indifferenzkurven*, die für die beiden Typen von Arbeitern den gleichen Nutzen bei *unterschiedlichen Kombinationen von Ausbildungsniveau und Entlohnung darstellen*. Dabei unterstellen wir, daß der Grenznutzen aus einer Einheit Entlohnung für beide Typen gleich ist. Wenn wir nun bedenken, daß der Aufwand für die Ausbildung für den schlechten Typ definitionsgemäß höher ist, so ergeben sich für die beiden Typen verschiedene *Grenzraten der Substitution* zwischen Ausbildung und Lohnsatz. Genau diesen Sachverhalt bringt Abb. 23.6 zum Ausdruck.

Abb. 23.6:   *Grenzraten der Substitution zwischen Entlohnung und*
           Ausbildungsniveau für produktive und unproduktive Arbeiter[28]

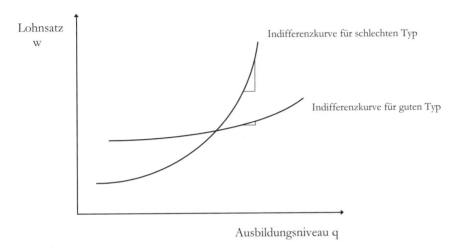

Abb. 23.6 zeigt, daß die Indifferenzkurve für Lohnsatz und Ausbildung des guten
Typs *flacher* verläuft als für den schlechten Typ. Dies liegt daran, daß man dem guten
Typ für eine Erhöhung des Ausbildungsniveaus einen geringeren Lohnzuwachs bieten
muß, damit er das gleiche Nutzenniveau erreicht. Denn der Nutzen aus einem Euro
ist annahmegemäß gleich, die Kosten (negative Nutzen) der Ausbildung sind aber für
intelligente Studenten geringer. Aus diesem Grund ist die Grenzrate der Substitution
zwischen Lohn und Ausbildung für gute Typen bei gleichem Ausbildungsniveau geringer als für schlechte Typen. Diese unterschiedlichen Grenzraten der Substitution
kann sich der gute Typ zunutze machen, um seinen Typ glaubhaft zu signalisieren –
denn er kann für einen hohen Lohn ein so hohes Ausbildungsniveau wählen, daß dieses für den schlechten Typ nicht mehr nachahmenswert ist, weil dessen Ausbildungskosten dann zu hoch wären. Auf diese Art kann er von einem potentiellen Arbeitgeber
eindeutig identifiziert werden. Die dazu erforderliche Annahme, daß sich die Indifferenzkurven beider Typen nur einmal schneiden, nennt man *single crossing property*.

     Zur exakten spieltheoretischen Formulierung des Modells nehmen wir an, daß es
einen Arbeiter und zwei Unternehmen gibt, die um den Arbeiter konkurrieren. Die
Existenz von zwei Unternehmen ist hinreichend, um in Analogie zum in Kapitel 17
behandelten Bertrand-Wettbewerb der Oligopoltheorie zu garantieren, daß im Gleichgewicht keines der beiden Unternehmen einen positiven Gewinn macht.

     Zu Beginn des Spiels entscheidet die Natur mit der Wahrscheinlichkeit von 0,5
darüber, ob es sich um einen guten oder einen schlechten Typ (produktiver oder un-
produktiver Arbeiter) handelt. Dieser Zug wird dem Arbeitnehmer, aber nicht den
Unternehmen bekannt. Beide Typen von Arbeitern entscheiden dann über ihr beob-
achtbares Ausbildungsniveau q. Dann schlagen die Unternehmen simultan Löhne in

---

28   Vgl. ähnlich z.B. Kreps 1990, 631. Dem aufmerksamen Leser wird aufgefallen sein, daß die Indif-
     ferenzkurven in unserem Beispiel Geraden sind.

Abhängigkeit vom beobachteten Ausbildungsniveau und ihren beliefs vor, die – wenn möglich – nach der Bayesschen Regel gebildet werden. Der Bertrand-Wettbewerb zwischen den Unternehmen sorgt dabei dafür, daß deren erwartete Gewinne Null sind. Auf der letzten Stufe schließlich entscheiden die Arbeiter darüber, welchen Kontrakt sie akzeptieren.

23.5.3   Perfekte Bayesianische Gleichgewichte

23.5.3.1 Pooling-Gleichgewichte

Da es sich um ein dynamisches Spiel bei unvollständiger Information handelt, hängt die Frage, ob bestimmte Strategienkombinationen Gleichgewichte sind, wesentlich davon ab, welche beliefs die schlecht informierten Spieler (in diesem Fall also die beiden Unternehmen) nach out of equilibrium moves bilden. Zur Erinnerung: unter beliefs nach out of equilibrium moves versteht man die Wahrscheinlichkeitsverteilung über die möglichen Typen nach Zügen, die im Gleichgewicht gar nicht vorkommen. Da wir als Lösungskonzept in diesem Abschnitt das Perfekte Bayesianische Gleichgewicht (PBG) verwenden möchten, sind nach out of equilibrium moves *alle* Wahrscheinlichkeitsverteilungen zulässig, während im Gleichgewicht selbst die Wahrscheinlichkeiten nach der Bayesschen Regel zugeordnet werden müssen.

In diesem Unterabschnitt fragen wir, ob in dem betrachteten Spiel sog. *Pooling-Gleichgewichte* existieren. Unter einem (vollständigen) Pooling-Gleichgewicht versteht man wie erwähnt, daß alle Typen (in unserem Fall also die guten bzw. produktiven und die schlechten bzw. unproduktiven Arbeiter) den gleichen Ausbildungsstand wählen und den gleichen Lohn erhalten, der E(p) entsprechen muß. Lassen Sie uns zur Überprüfung der Existenz von Pooling-Gleichgewichten zunächst hypothetisch annehmen, daß ein Gleichgewicht darin besteht, daß beide Typen einen Ausbildungsniveau von Null wählen und einen Lohn von 0,5 $(p_1 + p_2)$ erhalten. Dies ist stets die Methode, nach der man Gleichgewichte in solchen Spielen zu bestimmen versucht – man nimmt an, daß irgendeine Strategienkombination ein Gleichgewicht ist, und überprüft dann, ob die Hypothese falsifiziert werden kann. Einen rein rechnerischen Algorithmus zur Bestimmung von Gleichgewichten gibt es in solchen Spielen nicht. *Wenn* es sich um ein Perfektes Bayesianisches Gleichgewicht handelt, dann sind alle Ausbildungsniveaus außer Null out of equilibrium moves, so daß nach Ausbildungsniveaus ungleich Null beliebige beliefs mit dem Konzept Perfekter Bayesianischer Gleichgewichte vereinbar sind. Wir müssen also fragen, ob es beliefs nach out of equilibrium moves gibt, die dazu führen, daß der geschilderte Vorschlag ein Perfektes Bayesianisches Gleichgewicht ist. Dies ermöglicht bereits die einfache Annahme, daß die Unternehmen bei *jedem* positiven Ausbildungsniveau davon ausgehen, daß die Wahrscheinlichkeit für einen produktiven Typen der ursprünglichen Wahrscheinlichkeit von 50 Prozent entspricht. *Wenn* die Unternehmen diese beliefs bilden, dann hat der gute (produktive) Typ keine Möglichkeit, seinen Lohn durch ein positives Ausbildungsniveau über den Lohn im Pooling-Gleichgewicht von 0,5 $(p_1 + p_2)$ zu steigern. Es wäre also sinnlos, ein positives Ausbildungsniveau zu wählen, und der gute Typ hat angesichts der beliefs der Unternehmen keinen Anreiz, aus dem Pooling-Gleichgewicht abzuweichen. Damit ist gezeigt, daß die Wahl eines Ausbildungsniveaus von Null und der Lohnsatz 0,5 $(p_1 + p_2)$[29] in der Tat ein Pooling-Gleichgewicht ist, das durch die beliefs der Unternehmen, bei *jedem* Ausbildungsniveau die ursprüngliche Wahrscheinlichkeitsverteilung zugrunde zu legen, konstituiert wird. Und dieses Beharren auf der ursprünglichen Wahrscheinlichkeitsverteilung ist mit dem Perfekten Bayesianischen Gleichgewicht aus zwei Gründen vereinbar: erstens erweisen sich die beliefs *im* Gleichgewicht als richtig (die Zuschreibung 50-prozentiger Wahrscheinlichkeiten stimmt, weil im Pooling-Gleichgewicht definitionsgemäß beide Typen ein Ausbildungsniveau von Null wählen), und zweitens sind *außerhalb* des Gleichgewichts alle beliefs erlaubt.

Nun mag der eine oder andere geneigte Leser bereits dieses Resultat nicht besonders überzeugend finden – doch es kommt noch schlimmer! Es gibt nämlich nicht nur ein Pooling-Gleichgewicht, in dem beide Typen ein Ausbildungsniveau von Null wählen, sondern auch unendlich viele andere Pooling-Gleichgewichte, sofern das Ausbildungsniveau stetig variiert werden kann. Durch welche beliefs kann beispielsweise ein Pooling-Gleichgewicht etabliert werden, bei dem beide Typen ein Ausbildungsniveau von 10 wählen? Dazu müssen die Unternehmen nur mit der Wahrscheinlichkeit von 1,0 davon ausgehen, daß sie einen schlechten Typ vor sich haben, wenn sie irgendein Ausbildungsniveau ungleich 10 beobachten (bitte fragen Sie *noch nicht*, warum ein Unternehmen denn diese Annahme treffen sollte, dies wäre im Moment irreführend – gefragt werden sollte im Moment nur, ob diese Annahme im *Gleichgewicht korrekt* sein kann). *Wenn* die Unternehmen diese beliefs bilden, dann erzielt der schlechte Typ im Pooling-Gleichgewicht einen Nutzen von

$$U_2 = 0,5 \, (100 + 200) - 2 \cdot 10 = 130. \tag{23.44}$$

Sobald er ein anderes Ausbildungsniveau wählt, glauben die Unternehmen, daß es sich um einen schlechten Typ handelt und bezahlen nur noch 100 – so daß sein Nutzen bei einem Ausbildungsniveau von Null (andere Abweichungen kommen offensichtlich nicht in Frage) auch nur 100 wäre. Der schlechte Typ hat also keinen Anreiz, das Pooling-Gleichgewicht zu zerstören. Wie steht es mit dem produktiven Typ, der im Pooling-Gleichgewicht einen Nutzen von

$$U_1 = 0,5 \, (100 + 200) - 10 = 140 \tag{23.45}$$

hat? Er hat ja einen viel größeren Anreiz, das Pooling-Gleichgewicht zu zerstören, weil er gerne seine hohe Produktivität signalisieren würde, um den Lohn von 200 zu erhalten. Aber was soll er machen? *Wenn* die Unternehmen bei jedem anderen Ausbildungsniveau von einem *schlechten* Typ ausgehen, dann führt jedes andere Ausbildungsniveau nicht zu einer Erhöhung des Lohnes von 150 auf 200, sondern zu einer Verminderung des Lohnes auf 100, so daß der gute Typ keinen Anreiz hat, aus dem Pooling-Gleichgewicht abzuweichen.

---

29 Ein niedrigerer Lohnsatz wäre mit einem Pooling-Gleichgewicht nicht vereinbar, weil dann ein Unternehmen positive Gewinne machen würde, und das andere Unternehmen einen Anreiz zur Abweichung aus dem Gleichgewicht hätte.

Nun kommen wir zu der Frage, warum ein Unternehmen denn bei jedem Ausbildungsniveau außer 10 annehmen sollte, daß es sich mit der Wahrscheinlichkeit von Eins um einen schlechten Typ handelt. Dies ist in der Tat eine äußerst merkwürdige Annahme – vor allem dann, wenn es sich um hohe Ausbildungsniveaus handelt, die für den schlechten Typ doch doppelt so teuer sind wie für den guten Typ. Dennoch ist diese Wahrscheinlichkeitsverteilung mit dem Perfekten Bayesianischen Gleichgewicht vereinbar – denn *wenn* die Unternehmen diese Wahrscheinlichkeitsverteilung zugrunde legen, dann handelt es sich bei jedem Ausbildungsniveau außer 10 um einen out of equilibrium move, für den definitionsgemäß alle beliefs zulässig sind. Mit anderen Worten: die beliefs konstituieren das Gleichgewicht, und sie rechtfertigen sich dadurch, daß sie im Gleichgewicht korrekt sind (denn das Pooling-Gleichgewicht besteht ja in einem Ausbildungsniveau von 10, und bei diesem Ausbildungsniveau ist die Wahrscheinlichkeitsverteilung von 50-50 korrekt, weil dieses Ausbildungsniveau angesichts der beliefs nach out of equilibrium moves von beiden Typen gewählt wird). Wir können Sie aber beruhigen – wenn Ihnen dies nicht einleuchtet, so haben Sie vollkommen recht – so wie nicht alle Nash-Gleichgewichte in dynamischen Spielen plausibel sind und man deshalb das teilspielperfekte Gleichgewicht als Verfeinerungskonzept benötigt, sind auch nicht alle Perfekten Bayesianischen Gleichgewichte in Signaling-Spielen plausibel; und in Abschnitt 23.5.4 werden wir uns nach Verfeinerungen umsehen, die derart unplausible Perfekte Bayesianische Gleichgewichte eliminieren.

Lassen Sie uns in diesem Abschnitt aber weiterhin das Perfekte Bayesianische Gleichgewicht als Lösungskonzept verwenden und fragen, welche Pooling-Gleichgewichte es genau gibt. Da der gute Typ Pooling-Gleichgewichte angesichts der Annahmen über die beliefs der Unternehmen nach out of equilibrium moves nicht zerstören kann, können wir uns auf den schlechten Typ konzentrieren. Bei einem hinreichend hohen Ausbildungsniveau kann es sich für den schlechten Typ nämlich durchaus lohnen, statt des Lohnes im Pooling-Gleichgewicht (0,5 (100 + 200) = 150) den niedrigen Lohn von 100 zu akzeptieren, um seine Ausbildungskosten zu sparen. Das maximale Ausbildungsniveau, das mit einem Pooling-Gleichgewicht vereinbar ist, liegt demnach dort, wo

$$150 - 2q = 100 \tag{23.46}$$

ist, also bei q = 25. Es gibt also unendlich viele Perfekte Bayesianische Gleichgewichte (und zwar Pooling-Gleichgewichte), bei denen beide Typen ein Ausbildungsniveau zwischen Null und 25 wählen.

Offensichtlich können diese Gleichgewichte unter wohlfahrtstheoretischen Gesichtspunkten geordnet werden. Denn die Ausbildung ist ja annahmegemäß sinnlos bzw. hat nur den Zweck, die hohe Produktivität zu signalisieren, ohne die Produktivität zu beeinflussen. Da es sich aber ohnehin um Pooling-Gleichgewichte handelt, nimmt die Effizienz bei zunehmendem Ausbildungsniveau selbstverständlich stetig ab. Es gibt also im betrachteten Spiel Gleichgewichte, in denen die hohe Produktivität *nicht* signalisiert wird, sofern als Lösungskonzept „lediglich" das Perfekte Bayesianische Gleichgewicht verwendet wird.

23.5.3.2 Trennungsgleichgewichte (seperating equilibria)

Sofern wir das Perfekte Bayesianische Gleichgewicht als Lösungskonzept verwenden (und dies machen wir im Moment), existieren in unserem Spiel nicht nur unendlich viele Pooling-Gleichgewichte, sondern gleichzeitig auch unendlich viele Trennungsgleichgewichte. Unter einem (perfekten) *Trennungsgleichgewicht* versteht man, daß jeder Typ im Gleichgewicht *unterscheidbar* ist, so daß er in unserem Beispiel auch einen unterschiedlichen Gleichgewichtslohn erhält (der Gleichgewichtslohn entspricht wegen der Konkurrenz der beiden Unternehmen im Trennungsgleichgewicht immer der Produktivität des jeweiligen Typs).[30] Ein Trennungsgleichgewicht setzt natürlich voraus, daß die beiden Typen unterschiedliche Ausbildungsniveaus wählen, weil es ja gerade das Ausbildungsniveau ist, über das ein Signal gesetzt wird.

Lassen Sie uns nun beliefs suchen, die zu einem Trennungsgleichgewicht führen. Hierzu nehmen wir an, daß die Unternehmen für alle Ausbildungsniveaus außer 60 davon überzeugt sind, einen schlechten Typ vor sich zu haben. Bei dem Ausbildungsniveau von 60 dagegen nehmen die Unternehmen an, daß es sich mit der Wahrscheinlichkeit von Eins um einen guten Typ handelt (wir wollen wieder nicht fragen, *warum* die Unternehmen ausgerechnet diese beliefs haben sollten, sondern ob sich diese im Gleichgewicht als richtig erweisen könnten). *Gegeben* diese beliefs läßt sich leicht zeigen, daß das Trennungsgleichgewicht darin besteht, daß der gute Typ das Ausbildungsniveau $q_1 = 60$ und der schlechte Typ das Ausbildungsniveau $q_2 = 0$ wählt. Dies führt dann gemäß der Definition eines Trennungsgleichgewichts dazu, daß jeder Typ gemäß seiner Produktivität entlohnt wird, so daß der gute Typ einen Lohn von 200 und der schlechte Typ einen Lohn von 100 erhält.

Wie läßt sich das Trennungsgleichgewicht begründen? Die einzigen denkbaren, reizvollen Abweichungen aus diesem Trennungsgleichgewicht sind offensichtlich $q_1 = 0$ für den guten Typ und $q_2 = 60$ für den schlechten Typ. Es gelten aber

$$U_1 \, (q_1 = 60) = 200 - 60 = 140 > U_1 \, (q_1 = 0) = 100 \qquad (23.47)$$

und

$$U_2 \, (q_2 = 0) = 100 > U_2 \, (q_2 = 60) = 200 - 2 \cdot 60 = 80 \qquad (23.48)$$

Gegeben die (durchaus merkwürdigen) beliefs der Unternehmen ist es in der Tat für den guten Typ das beste, das Ausbildungsniveau $q_1 = 60$ und für den schlechten Typ das beste, $q_2 = 0$ zu wählen. Sind die beliefs der Unternehmen konsistent, d.h. erfüllen sie die Anforderungen, die von einem PBG gefordert werden? Dies ist in der Tat der Fall: denn *im* Gleichgewicht sind die beliefs der Unternehmen korrekt – sie nehmen an, daß der Typ mit dem Ausbildungsniveau $q = 60$ der gute Typ und der andere der schlechte Typ ist; beides erweist sich als richtig. Die (absurden) beliefs außerhalb des Gleichgewichts aber sind durchaus zulässig, weil die Wahl jedes anderen Ausbildungsniveaus ein out of equilibrium move wäre und dafür ja beliebige beliefs zulässig sind.

Man erkennt hier einen interessanten Sachverhalt – die Möglichkeit, sich durch die Wahl eines entsprechenden Ausbildungsniveaus vom schlechten Typ zu separie-

---

30 Bei mehr als zwei Typen sind auch gemischte Gleichgewichte möglich, in denen beispielsweise die Typen A und B zwar nicht untereinander, aber vom Typ C unterscheidbar sind.

ren, ist nicht nur unter wohlfahrtstheoretischen Gesichtspunkten schädlich (die Ausbildung erhöht ja annahmegemäß die Produktivität nicht), sie kann auch dem guten
Typ schaden! Denn ohne Signal hätte er ein Ausbildungsniveau von Null gewählt und
den durchschnittlichen Lohn von 150 erhalten, der dann auch sein Nettonutzen gewesen wäre. Dieser liegt über dem Nettonutzen von 140, den er im Signaling-Spiel erhält.
Dies ist verblüffend, weil er ja nicht zum Signalisieren gezwungen wird, und es selten
ist, daß die Existenz einer zusätzlichen Option, die *freiwillig* wahrgenommen wird, den
Nutzen vermindert. Der Grund ist, daß die Unternehmen ohne Existenz eines Signals
bei einem beobachteten Ausbildungsniveau von Null davon ausgehen würden, daß
beide Typen gleich wahrscheinlich sind, während sie nun (annahmegemäß) den belief
haben, daß es sich um einen schlechten Typ handelt. Der Grund für dieses überra-
schende Resultat ist also, daß die Unternehmen bei einem Ausbildungsniveau von
Null andere Wahrscheinlichkeitsverteilungen zugrunde legen und deshalb auch einen
anderen Lohn bezahlen, wenn ein Signal existiert.

Analog zu Pooling-Gleichgewichten gibt es aber nicht nur dieses Trennungsgleichgewicht, sondern zahlreiche, die durch unterschiedliche beliefs der Unternehmen
hervorgerufen werden. Auf die gleiche Art wie $q_1 = 60$ und $q_2 = 0$ lassen sich alle
Trennungsgleichgewichte begründen, bei denen es weder für den guten Typ lohnend
ist, ein Ausbildungsniveau von Null zu wählen (und den niedrigen Lohn zu akzeptieren), noch für den schlechten Typ besser ist, das Ausbildungsniveau zu wählen, bei
dem die Unternehmen von dem guten Typ ausgehen. Demnach lassen sich durch entsprechende beliefs der Unternehmen alle Trennungsgleichgewichte erreichen, die simultan die beiden Ungleichungen

$$U_1 (q_1^*) = 200 - q_1^* \geq U_1 (q_1 = 0) = 100 \tag{23.49}$$

und

$$U_2 (q_2 = 0) = 100 \geq U_2 (q_1^*) = 200 - 2q_1^* \tag{23.50}$$

erfüllen. Dies ist der Fall für

$$50 \leq q_1^* \leq 100, \tag{23.51}$$

so daß also alle Trennungsgleichgewichte, bei denen der gute Typ ein Ausbildungsniveau
zwischen 50 und 100 wählt, durch entsprechende beliefs erzeugt werden können.

Analog zu den Pooling-Gleichgewichten lassen sich auch diese wieder wohlfahrtstheoretisch ordnen: da das Ausbildungsniveau die Produktivität nicht erhöht, ist
die Effizienz in einem Trennungsgleichgewicht am höchsten, wenn das niedrigste
Ausbildungsniveau ($q_1^* = 50$) gewählt wird.

23.5.4 Das intuitive Kriterium

Die unendliche Anzahl von Pooling- und Trennungsgleichgewichten in dem betrachteten Spiel ist im wesentlichen darauf zurückzuführen, daß wir die beliefs der Unternehmen nach out of equilibrium moves keinerlei Beschränkungen unterworfen haben.
Zur Wiederholung: die beliefs (also die Zuordnung von Wahrscheinlichkeiten für die
unterschiedlichen Typen) nach out of equilibrium moves sind deshalb so wichtig, weil

sie darüber entscheiden, was eigentlich out of equilibrium moves sind und wie die Gleichgewichte beschaffen sind. Viele der von uns unterstellten beliefs sind zwar gemäß dem Perfekten Bayesianischen Gleichgewicht zulässig, gemäß des gesunden Menschenverstandes aber wenig überzeugend – warum sollte beispielsweise ein Unternehmen gerade bei einem Ausbildungsniveau von 84 mit der Wahrscheinlichkeit Eins von einem guten Typ und bei jedem anderen Ausbildungsniveau von einem schlechten Typ ausgehen?

In diesem Abschnitt werden wir mit dem *intuitiven Kriterium*[31] eine Methode vorstellen, um beliefs nach out of equilibrium moves, die nach dem PBG zulässig sind, dem gesunden Menschenverstand aber widersprechen, auszuschließen. Lassen Sie uns das intuitive Kriterium zunächst an einem Beispiel erläutern. Bei der Herleitung des Pooling-Gleichgewichts, in dem beide Typen ein Ausbildungsniveau von Null wählen, gingen wir davon aus, daß die Unternehmen bei *jedem* Ausbildungsniveau ihre ursprüngliche Wahrscheinlichkeitsverteilung beibehalten, d.h. mit jeweils 50-prozentiger Wahrscheinlichkeit von einem guten und einem schlechten Typ ausgehen. Diese Zuordnung ist im PBG zulässig, weil sie zu einem Ausbildungsniveau von Null beider Typen führt, so daß die beliefs im Gleichgewicht korrekt sind – und außerhalb des Gleichgewichts ist alles erlaubt. Doch ist diese von den Unternehmen außerhalb des Gleichgewichts zugeordnete Wahrscheinlichkeitsverteilung auch plausibel? Stellen Sie sich etwa vor, daß die Unternehmen ein Ausbildungsniveau von q = 70 beobachten. Einmal *angenommen*, die Unternehmen würden dann mit einer Wahrscheinlichkeit von Eins davon ausgehen, daß es sich um einen guten Typ handelt und entsprechend den hohen Lohn von 200 bezahlen. Würde es sich bei diesen, alternativen beliefs für den schlechten Typ lohnen, ein Ausbildungsniveau von 70 zu wählen? Dies ist nicht der Fall, weil der Nutzen des schlechten Typs dann trotz des hohen Lohns nur

$$U_2\,(q_2 = 70) = 200 - 2 \cdot 70 = 200 - 140 = 60 \tag{23.52}$$

wäre. Dies bedeutet aber, daß es nicht plausibel ist, bei einem Ausbildungsniveau von 70 mit jeweils 50-prozentiger Wahrscheinlichkeit von einem guten und einem schlechten Typ auszugehen. Denn warum sollte ein schlechter Typ ein Ausbildungsniveau von 70 wählen, *wenn dies selbst dann nicht lohnenswert wäre, wenn die Unternehmen die günstigste Annahme unterstellen, daß es sich mit der Wahrscheinlichkeit von Eins um einen guten Typ handelt?* Denn selbst, wenn der schlechte Typ den Lohn von 200 erhält, der nicht nur der durchschnittlichen, sondern sogar der hohen Produktivität entspricht, lohnt es sich nicht, dieses Ausbildungsniveau zu wählen. Vorausgesetzt, der schlechte Typ ist nicht ganz dumm (und dies soll in der auf Rationalverhalten aufbauenden Spieltheorie ja gerade ausgeschlossen werden), bedeutet dies, daß die Unternehmen, wenn sie ein Ausbildungsniveau von 70 beobachten, mit der Wahrscheinlichkeit von Eins von einem guten Typen ausgehen können. Genau dies ist aber die Forderung des intuitiven Kriteriums: *das intuitive Kriterium verlangt, daß einem Typ nach Zügen eine Wahrscheinlichkeit von Null zugeordnet wird, wenn sich der Zug für diesen Typ bei keinem belief der schlecht informier-*

---

31 Cho/Kreps 1987. Der Name ist berechtigt, das Kriterium ist in der Tat intuitiv einsichtig. Auf weitere Verfeinerungen, die wie das Kriterium der „universal divinity" auch auf mehr als zwei Typen anwendbar sind, gehen wir hier nicht ein.

ten Spieler lohnt. Genau dies ist hier der Fall: welche beliefs die Unternehmen nach einem Ausbildungsniveau von 70 auch zuordnen (d.h. selbst, wenn sie dann den hohen Lohn von 200 bezahlen), es ist für den schlechten Typ immer besser, das Ausbildungsniveau von Null zu wählen und den niedrigen Lohn von 100 zu akzeptieren. Meines Erachtens ist das intuitive Kriterium derart zwingend, daß die ausschließliche Verwendung des Perfekten Bayesianischen Gleichgewichts als Lösungskonzept für Signaling-Spiele schlicht nicht angemessen ist.

Lassen Sie uns nun überlegen, welche Trennungs- und Pooling-Gleichgewichte das intuitive Kriterium „überleben" und uns diesmal mit Trennungsgleichgewichten beginnen. Wann immer die Unternehmen ein Ausbildungsniveau über 50 beobachten, können sie sicher sein, daß es sich um einen guten Typ handelt. Denn selbst wenn sie bei einem Ausbildungsniveau über 50 den hohen Lohn von 200 bezahlen, lohnt es sich für einen schlechten Typ nicht, den guten Typ zu imitieren. So gilt beispielsweise bei einem Ausbildungsniveau von 51

$$U_2\,(q_2 = 51) = 200 - 2 \cdot 51 = 98 < 100, \tag{23.53}$$

so daß die Unternehmen ab einem Ausbildungsniveau von 50 bedenkenlos den hohen Lohn zahlen können.[32] Dies heißt aber, daß das *einzige* Trennungsgleichgewicht darin besteht, daß der gute Typ ein Ausbildungsniveau von 50, und der schlechte Typ ein Niveau von Null wählt – denn wenn der gute Typ bereits bei q = 50 sicher sein kann, den hohen Lohn zu erhalten, liefert jedes höhere Ausbildungsniveau für ihn einen Anreiz, auf q = 50 abzuweichen.

Was bedeutet dies für die Existenz möglicher Pooling-Gleichgewichte, d.h. hat der gute Typ die Möglichkeit und einen Anreiz, alle denkbaren Pooling-Gleichgewichte zu zerstören? Das am *schwersten* zu zerstörende *Pooling-Gleichgewicht* ist offensichtlich das, in dem beide Typen q = 0 wählen, denn hier hat der gute Typ von allen denkbaren Pooling-Gleichgewichten den höchsten Nutzen (er erhält ja in jedem *Pooling-Gleichgewicht* einen Lohn von 150 und hat hier die geringsten Kosten). Beliefs, die das intuitive Kriterium erfüllen, erfordern definitionsgemäß, daß die Unternehmen dem schlechten Typ bei allen Ausbildungsniveaus, die sich für ihn selbst bei einem Lohn von 200 nicht lohnen (also bei den beliefs, die für den schlechten Typ am günstigsten sind), eine Wahrscheinlichkeit von Null zuordnen. Im *Pooling-Gleichgewicht* mit q = 0 ist der Nutzen des schlechten Typs 150. Also ordnet das intuitive Kriterium dem schlechten Typ immer dann eine Wahrscheinlichkeit von Null zu, wenn

$$U_2\,(q) = 200 - 2q < 150 \;\Rightarrow q > 25. \tag{23.54}$$

Bei jedem Ausbildungsniveau über 25 können die Unternehmen sicher sein, daß es sich um einen guten Typ handelt. Wenn wir prüfen wollen, ob die Wahl von q = 0 für

---

32 Wenn die Unternehmen bei einem Ausbildungsniveau von exakt 50 bereits den hohen Lohn zahlen, ist der schlechte Typ indifferent, ob er den guten Typ imitiert oder lieber ein Niveau von Null wählt und den Lohn von 100 bekommt. Wirklich sicher sein können die Unternehmen also nur bei einem Ausbildungsniveau, das infinitesimal über 50 liegt. Dies ist aber erstens uninteressant (was würde dies schon ändern?) und zweitens besteht die Definition eines Gleichgewichts ja darin, daß keiner einen Grund zur *Abweichung* hat. Und aus einem Trennungsgleichgewicht mit $q_1 = 50$ und $q_2 = 0$ abzuweichen, erhöht den Nutzen des schlechten Typs nicht, so daß es sich in der Tat schon bei exakt 50 um ein Trennungsgleichgewicht handelt.

beide Typen ein *Pooling-Gleichgewicht* ist, müssen wir also testen, ob der gute Typ einen Anreiz hat, auf ein Ausbildungsniveau abzuweichen, das ihn nach dem intuitiven Kriterium eindeutig vom schlechten Typ separiert. Dazu muß er mindestens $q_1 = 25$ wählen. In der Tat ist sein Nutzen dann (er bekommt ja einen hohen Lohn, weil die Unternehmen mit der Wahrscheinlichkeit Eins davon ausgehen können, daß es sich um den guten Typ handelt) höher, so daß er einen Anreiz hat, das *Pooling-Gleichgewicht* zu zerstören:

$$U_1 (q = 25) = 200 - 25 = 175 > 150. \tag{23.55}$$

Da $q = 0$ das „gefährlichste" *Pooling-Gleichgewicht* war, bedeutet dies, daß der gute Typ in dem hier vorliegenden Fall *alle* denkbaren Pooling-Gleichgewichte zerstören kann. Als einziges Perfektes Bayesianisches Gleichgewicht, das dem intuitiven Kriterium genügt, bleibt daher das Trennungsgleichgewicht bestehen, bei dem das Ausbildungsniveau des guten Typs gerade hinreichend ist, um sich von dem schlechten Typen zu separieren. Dieses für unser Beispiel hergeleitete Resultat läßt sich geringfügig verallgemeinern: in jedem Spiel mit zwei Typen und einem stetigen Signal gibt es nur ein Gleichgewicht, das dem intuitiven Kriterium genügt, und dies ist das Trennungsgleichgewicht, das dem guten Typ das niedrigste mögliche Ausbildungsniveau und dem schlechten Typ ein Ausbildungsniveau von Null zuordnet.

23.5.5 Abschließende Überlegungen

Wie schon bei der beispielhaften Einführung des Perfekten Bayesianischen Gleichgewichts angedeutet, ist für die Bestimmung von Gleichgewichten entscheidend, welche beliefs nach out of equilibrium moves zugelassen werden. Wenn sämtliche beliefs zugelassen sind, führt dies in Signaling-Spielen zu unplausiblen Gleichgewichten; in unserem Beispiel zu unendlich vielen Pooling- und Trennungsgleichgewichten. In Spielen mit zwei Spielern und stetigen Signalen können die unplausiblen Gleichgewichte durch das intuitive Kriterium eliminiert werden, übrig bleibt lediglich das intuitiv einsichtige, für den guten Typen günstigste Trennungsgleichgewicht. Dies entspricht auch dem gesunden Menschenverstand.

Wenn das Ausbildungsniveau nicht stetig, sondern nur diskret variiert werden kann, ist es dagegen ohne weiteres möglich, daß Pooling-Gleichgewichte stabil bleiben, weil es für den guten Typ zu teuer ist, sich von dem schlechten Typen zu separieren. Kommt beispielsweise nur ein Ausbildungsniveau von 100 in Frage, so ist der Nutzen des guten Typs bei einer Zerstörung eines Pooling-Gleichgewichts mit einem Ausbildungsniveau von Null

$$U_1 (q_1 = 100) = 200 - 100 = 100, \tag{23.56}$$

während er im *Pooling-Gleichgewicht* den durchschnittlichen Lohn von 150 erhält. Er wird es dann vorziehen, im *Pooling-Gleichgewicht* zu verharren. Dies soll lediglich zeigen, daß auch in Signaling-Spielen das Ergebnis stark von den jeweiligen Prämissen, aber auch von den jeweils zulässigen beliefs nach out of equilibrium moves abhängt.

23.6 Screening (Principal-Agent-Theorie mit unvollständiger Information)

23.6.1 Grundgedanke

Im vergangenen Abschnitt haben wir erläutert, wie Wirtschaftssubjekte ihre Fähigkeiten (ihren Typ) glaubhaft signalisieren können, um die Informationsdefizite anderer im eigenen Interesse abzubauen. Die Spielanordnung bei solchen Signaling-Spielen besteht definitionsgemäß darin, daß die gut informierten Wirtschaftssubjekte zuerst ziehen und andere darauf reagieren. Im Unterschied dazu betrachten wir nun sog. *Screening*-Spiele, bei denen schlecht informierte Wirtschaftssubjekte durch geschickte Züge versuchen, gut informierte Spieler zur Preisgabe ihrer Informationen (ihres Typs) zu bewegen. Im Kern entwerfen die schlechter informierten Spieler *unterschiedliche Verträge*, die sie den gut informierten Spielern anbieten. Die Verträge müssen dabei so ausgestaltet sein, daß es für die verschiedenen Typen nutzenmaximal ist, jeweils unterschiedliche Verträge anzunehmen und dadurch ihren Typ preiszugeben. Genau diese dadurch mögliche Unterscheidung zwischen den verschiedenen Typen bezeichnet man als *screening*. Man spricht auch von *self selection*, weil sich die unterschiedlichen Typen durch die Entscheidung für verschiedene Verträge selbst „enttarnen".

Ein bereits erwähntes, klassisches Beispiel ist die Autoversicherung mit unterschiedlichen Selbstbeteiligungen: wenn die Versicherung einen Vertrag mit hohen Prämien und niedrigen Selbstbeteiligungen und einen zweiten Vertrag mit niedrigen Prämien und hohen Selbstbeteiligungen anbietet, so ist es im Eigeninteresse von Fahrern einer hohen (niedrigen) Risikoklasse den ersten (zweiten) Vertrag anzunehmen. Die Versicherungsgesellschaft unterscheidet durch ihre Vertragsangebote also zwischen verschiedenen Typen von Autofahrern und kann die jeweils erforderlichen Prämien dadurch besser kalkulieren.

Charakteristisch für das Screening ist wie erwähnt, daß die schlecht informierten Wirtschaftssubjekte (im gerade geschilderten Beispiel die Versicherungen) zuerst ziehen, indem sie Vertragsangebote unterbreiten. Genau dies entspricht auch der bereits in Kapitel 22 mit unbeobachtbaren Aktionen ausführlich erläuterten Grundstruktur der Principal-Agent-Theorie, bei der ein Principal einen oder mehrere Agenten dazu bewegen möchte, in seinem Interesse zu handeln. Der Unterschied zu dem in Kapitel 22 behandelten Modell ist allerdings, daß dort der Typ bekannt war, so daß es sich um ein Spiel mit unvollkommener, aber vollständiger Information handelte. Spieltheoretisch formuliert bestehen Screening-Spiele darin, daß

- zunächst die Natur den Typ festlegt,
- dann der schlecht informierte Spieler verschiedene Verträge (man spricht auch von einem „Vertragsmenu") anbietet
- die Typen Verträge annehmen (oder auch nicht)
- und schließlich eine beobachtbare Aktion auf Grundlage des Vertrags durchführen.

Selbstverständlich gibt es auch zu Screening-Modellen sehr zahlreiche Varianten, so daß es uns lediglich darum geht, die Grundproblematik auf möglichst einfache Weise deutlich zu machen. Der zentrale Punkt in solchen Modellen, auf den wir Ihre Aufmerksamkeit lenken möchten, betrifft den *Zielkonflikt zwischen den Informationskosten des Principal und einer effizienten Allokation der Ressourcen.*

23.6.2 Grundlagen des Modells[33]

Wir betrachten einen Principal, dessen Nutzen U eine eindeutige Funktion der Leistung x eines Agenten ist:

$$U = U(x) \tag{23.57}$$

Die Leistung x ist dabei beobachtbar, weil wir das Problem un*vollständiger*, und nicht das Problem un*vollkommener* Information behandeln wollen. Diese Leistung kann dabei beispielsweise der Arbeitseinsatz eines Mitarbeiters, die Sorgfalt eines Versicherten oder das Ausmaß eines externen Effektes sein. Wie gewohnt unterstellen wir für die Nutzenfunktion des Principal (bis zu einem Sättigungspunkt) positive und sinkende Grenznutzen. Zur graphischen Veranschaulichung verwenden wir eine linear sinkende Grenznutzenfunktion.

Die Variable x verursacht beim Agenten die Kosten K (beispielsweise als Arbeitsleid oder Kosten der Schadstoffreduktion im Falle externer Effekte):

$$K = K(x, \theta) \tag{23.58}$$

Wir unterstellen wieder progressiv steigende Kosten (positive erste und zweite Ableitungen nach x). Typisch für das Problem unvollständiger Information ist, daß der genaue Verlauf der Kostenfunktion auch vom Typ θ abhängt, der nur dem Agenten selbst bekannt ist. Wir nehmen an, daß es nur zwei mögliche Typen gibt, nämlich einen Typ mit hohen Kosten (genauer gesagt: einer steilen Kostenfunktion) und einen mit niedrigen Kosten (d.h. einer flachen Kostenfunktion). Die erste Kostenfunktion nennen wir K_H, die zweite K_T. Den Typ mit der steilen Kostenfunktion nennen wir auch den *schlechten* Typ, den anderen den *guten* Typ. Während der Agent seinen Typ kennt, kann der Principal nur die Wahrscheinlichkeiten p_H (schlechter Typ bzw. hohe Kosten) bzw. p_T (guter Typ bzw. tiefe Kosten) zuordnen. Die Informationsverteilung modellieren wir wieder auf die für unvollständige Information typische Art: zum Zeitpunkt Null ist sowohl dem Principal als auch dem Agenten nur die Wahrscheinlichkeitsverteilung über θ bekannt, was die wichtige Voraussetzung sicherstellt, daß der Agent die Wahrscheinlichkeitsverteilung kennt, die der Principal über θ hat (common knowledge). Anschließend findet ein „Zug der Natur" statt, der über die wirkliche Kostenfunktion des Agenten entscheidet und nur diesem bekannt wird.

Gegeben einen *wirklichen* Typ θ des Agenten, können wir die zugehörigen Wohlfahrtsfunktionen offenbar als

$$W_H(x) = U(x) - K_H(x) \tag{23.59}$$

bzw.

$$W_T(x) = U(x) - K_T(x) \tag{23.60}$$

---

33 Unsere Darstellung orientiert sich eng an Illing 1992, der dieses Modell zur Analyse des Coase-Theorems verwendet.

schreiben. Diese Wohlfahrtsfunktionen interessieren uns deshalb, weil wir auch überprüfen wollen, unter welchen Umständen Screening-Mechanismen zur paretoeffizienten Allokation der Ressourcen führen. Als Bedingungen erster Ordnung für ein Wohlfahrtsmaximum ergeben sich selbstverständlich in beiden Fällen, daß der Grenznutzen des Principal den Grenzkosten des Agenten entsprechen muß:

$$\frac{dW_H}{dx} = \frac{dU_H}{dx} - \frac{dK_H}{dx} \overset{!}{=} 0 \tag{23.61}$$

bzw.

$$\frac{dW_T}{dx} = \frac{dU_T}{dx} - \frac{dK_T}{dx} \overset{!}{=} 0 \tag{23.62}$$

Abb. 23.7 verdeutlicht, daß zu jedem unterschiedlichen Typ des Agenten auch ein unterschiedliches pareto-effizientes x^f gehört.

Abb. 23.7: *Pareto-effiziente Leistungen des Agenten in Abhängigkeit vom Typ*[34]

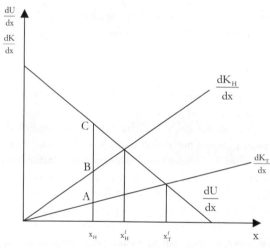

23.6.3 Vollständige Information

Um die Analyse bei unvollständiger Information vorzubereiten, nehmen wir zunächst an, daß der Principal vollständig über die Kostenfunktion des Agenten informiert ist. Unterstellen wir willkürlich, daß K_T gilt, so daß das Pareto-Optimum bei x_T^f liegt. Gemäß der einfachsten Formulierung der Principal-Agent-Theorie unterstellen wir wie in Kapitel 22, daß der Principal dem Agenten Vertragsangebote macht, die dieser entweder annehmen oder ablehnen kann (*take-it-or-leave-it-offer*).

Was folgt daraus für die Situation bei vollständiger Information? Der Principal weiß, daß der Agent für jedes von ihm vorgeschlagene Leistungsniveau x die Kosten

---

34 Abbildung 23.7 enthält auch einige Bezeichnungen, die wir erst später benötigen.

x_T hat. Damit der Vertrag wenigstens den Reservationsnutzen von Null erbringt, muß der Principal eine *Kompensationszahlung* in Höhe von $z(x_T)$ anbieten, die mindestens die Kosten deckt, d.h. im Grenzwert gilt

$$z(x_T) = K_T(x_T) \tag{23.63}$$

Der *Netto*nutzen des Principal – wir nennen ihn $V(x_T)$ – als Differenz aus dem Nutzen aus x_T und den Kosten durch die Kompensationszahlung ist dann

$$V(x_T) = U(x_T) - z(x_T) \tag{23.64}$$

Setzen wir (23.63) in (23.64) ein, so erhalten wir den Nettonutzen des Principal als eindeutige Funktion des angebotenen Leistungsniveaus x_T, weil er zu jedem x_T eine bestimmte Kompensationszahlung anbieten muß, damit der Agent den Vertrag gerade noch annimmt:

$$V(x_T) = U(x_T) - K_T(x_T) \tag{23.65}$$

Ein Vergleich zwischen der Zielfunktion (23.65) des Principal und der sozialen Wohlfahrtsfunktion (23.60) zeigt nun, daß beide Entscheidungskalküle identisch sind. Daraus folgt unmittelbar, daß der Principal, indem er seinen eigenen Nettonutzen maximiert, automatisch auch die soziale Wohlfahrtsfunktion maximiert. Woran liegt dies? Angesichts der take-it-or-leave-it-Struktur des Vertrags fließt der gesamte Verhandlungsnutzen an den Principal, weil es diesem gelingt, den Agenten auf dessen Reservationsnutzen zu halten. Es liegt daher im Eigeninteresse des Principal, die soziale Wohlfahrtsfunktion zu maximieren, sofern der gesamte Verhandlungsnutzen (und damit der gesamte Wohlfahrtsgewinn) an ihn geht.[35] Dies ist hier der Fall, weil der Principal erstens über vollständige Information verfügt und zweitens die Möglichkeit eines take-it-or-leave-it-offers hat. Wir halten also fest, daß es bei vollständiger Information

– je nach Typ zur pareto-effizienten Leistung x_T^f bzw. x_H^f kommt;
– und der gesamte Wohlfahrtsgewinn an den Principal geht.

Die Einhaltung des Vertrags ist dabei leicht durchsetzbar, weil die Leistung x annahmegemäß beobachtbar ist.

23.6.4 Unvollständige Information

Wir kommen nun zum eigentlich interessanten Fall, in dem der Principal nicht weiß, ob der Agent hohe oder tiefe Kosten hat. Der entscheidende Punkt ist, daß der Nettonutzen des Principal nun von *zwei* Einflußfaktoren bestimmt wird:

– erstens davon, wie groß der Verhandlungsgewinn *insgesamt* (also der Zuwachs an sozialer Wohlfahrt) ist;
– und zweitens davon, wieviel er von diesem Verhandlungsgewinn erhält. Wir werden feststellen, daß gerade der Sachverhalt, daß *nicht* der gesamte Wohlfahrtsgewinn an den Principal fließt, zu einer Abweichung vom Pareto-Optimum führt.

---

35 Wir betonen diesen Punkt, weil er zum Verständnis unvollständiger Information zentral ist.

Die Grundidee des Screening ist, daß der Principal durch verschiedene Vertragsangebote versuchen wird, zwischen den beiden Typen des Agenten zu unterscheiden, denn nur dann kann er Angebote machen, die nahe an x_H^f *und* an x_T^f liegen, weil diese unterschiedlich sind. Im Kern geht es darum, daß der Typ mit den tiefen Kosten eine hohe Zahlung und ein hohes x eher vorziehen wird als der schlechte Typ, für den die Leistung x ja definitionsgemäß hohe Kosten verursacht. Formal stellt sich das Maximierungsproblem für den Principal folgendermaßen dar:

$$V = p_T(U(x_T) - z(x_T)) + p_H(U(x_H) - z(x_H)) \tag{23.66}$$

Gleichung (23.66) drückt aus, daß der Principal für beide Fälle als Nettonutzen jeweils die Differenz aus dem Nutzen durch die jeweilige Leistung x_θ und der zugehörigen Kompensationszahlung erhält. Diese Nettonutzen muß er mit den zugehörigen Wahrscheinlichkeiten gewichten, um seinen Erwartungsnutzen V zu erhalten. Bedenken Sie nun den wichtigen Punkt, daß die Gewichtung mit den jeweiligen Wahrscheinlichkeiten bereits *unterstellt*, daß die jeweiligen Typen *tatsächlich* die Vertragsangebote x_T bzw. x_H wählen, die für sie „zugeschnitten" sind. Dies ist aber alles andere als selbstverständlich, weil es beispielsweise ohne weiteres sein kann, daß der Typ mit den niedrigen Kosten den Vertrag wählt, den „eigentlich" nur der Typ mit den hohen Kosten wählen soll. Anders formuliert wird in (23.66) also unterstellt, daß das beabsichtigte Screening des Principal wirklich gelingt. Wann aber gelingt dieses Screening? Genau dann, wenn es im Eigeninteresse der jeweiligen Typen des Agenten liegt, die für sie vorgesehenen Verträge auch anzunehmen. Dies drücken die folgenden Nebenbedingungen (23.67)-(23.70) aus:

$$z(x_T) \geq K_T(x_T) \tag{23.67}$$

$$z(x_H) \geq K_H(x_H) \tag{23.68}$$

$$z(x_T) - K_T(x_T) \geq z(x_H) - K_T(x_H) \tag{23.69}$$

$$z(x_H) - K_H(x_H) \geq z(x_T) - K_H(x_T) \tag{23.70}$$

Die ersten beiden Ungleichungen (23.67) und (23.68) bringen zum Ausdruck, daß beide Typen mindestens ihren Reservationsnutzen erhalten müssen, sofern sie die vorgesehenen Verträge annehmen sollen. Da die Typen die Verträge andernfalls ablehnen und in diesem Sinne gar nicht am Spiel teilnehmen, handelt es sich bei den Ungleichungen (23.67) und (23.68) um die *Teilnahmebedingungen*.[36]

Ungleichung (23.69) ist die *Anreizverträglichkeitsbedingung* für den Typ mit den niedrigen Kosten, denn auf der linken Seite steht sein Nettonutzen, wenn er die vom Principal vorgesehene Leistung x_T erbringt, während auf der rechten Seite sein Nettonutzen bei x_H steht. Ungleichung (23.70) stellt den entsprechenden Sachverhalt für den Typ mit den hohen Kosten dar. In Screening-Spielen nennt man diese Anreizverträglichkeitsbedingungen auch *self selection-Bedingungen*, weil sie ja gerade garantieren, daß die Typen sich durch die Annahme bestimmter Verträge „offenbaren". Vorausgesetzt, daß der Agent überhaupt *irgendeinen* Vertrag annimmt – dies stellen die Teilnahmebe

---

36　In der anglo-amerikanischen Literatur meist „*Individual Rationality Constraint* (IR-constraint)".

dingungen (23.67) und (23.68) sicher – garantieren die Anreizverträglichkeitsbedingungen, daß das Screening gelingt, weil jeder Typ aus dem für ihn vorgesehenen Vertrag mindestens den gleichen Nutzen zieht wie aus einem anderen Vertrag. Kein Typ hat demnach einen Grund, aus dem Screening-Vertrag abzuweichen, so daß es sich um ein Nash-Gleichgewicht handelt. Anreizverträglichkeitsbedingungen sind also lediglich ein Ausdruck dafür, daß die vom Principal „geplante" Allokation ein Nash-Gleichgewicht ist. Übertragen auf die Sprache aus Abschnitt 23.5 garantieren die Anreizverträglichkeitsbedingungen also die Existenz eines Trennungsgleichgewichts.

Ganz analog zum Principal-Agent-Problem mit unbeobachtbaren Aktionen aus Kapitel 22 besteht die Methode nun darin, den Nutzen des Principal unter Berücksichtigung der Anreizverträglichkeits- und Teilnahmebedingungen des Agenten zu maximieren.

Ein wichtiger Punkt in der Argumentation ist nun die Frage, welche der vier Ungleichungen (23.67) – (23.70) bindend, d.h. genau mit einem Gleichheitszeichen, erfüllt sein werden.[37] Betrachten wir zunächst die Teilnahmebedingungen (23.67) und (23.68) und nehmen wir an, daß diese für den Typ mit den hohen Kosten gerade erfüllt ist, so daß $z(x_H) = K_H(x_H)$ gilt. Wenn sich der Typ mit den niedrigen Kosten für das gleiche x (also für x_H) entscheidet, so bekommt er auch die gleiche Zahlung $z(x_H)$ wie der Typ mit den hohen Kosten. Dies liegt daran, daß der Principal zwar verschiedene Verträge anbieten, aber nicht hinzufügen kann „der mit den hohen Kosten kriegt das und der mit den niedrigen Kosten das" – er kennt die Typen ja nicht. Also hat der gute Typ immer die Möglichkeit, den für den schlechten Typen vorgesehenen Vertrag anzunehmen und die für diesen vorgesehene Kompensationszahlung zu kassieren. Da aber die Kosten des guten Typs definitionsgemäß geringer sind, gilt wegen $z(x_H) = K_H(x_H)$ und $K_T(x_H) < K_H(x_H)$ auch $K_T(x_H) < z(x_H)$. Wenn die Teilnahmebedingung für den Typ mit den hohen Kosten erfüllt sein soll, kann der Typ mit den niedrigen Kosten also immer einen positiven Nettonutzen dadurch erzielen, daß er sich verhält wie der Typ mit den hohen Kosten. Also muß der Principal dem Typ mit den niedrigen Kosten einen positiven Nettonutzen überlassen, den man als *Informationsrente* bezeichnet und der darin zum Ausdruck kommt, daß Ungleichung (23.67) im Unterschied zu Ungleichung (23.68) *nicht* bindend erfüllt ist. Diese Überlegung läßt sich verallgemeinern: bei unvollständiger Information muß der Principal dem guten Typ (in unserem Fall also dem Typen mit den niedrigeren Kosten) immer eine Informationsrente überlassen, sofern er den schlechten Typ überhaupt zur Teilnahme bewegen will.

Dieser Sachverhalt ist deshalb ausgesprochen wichtig, weil die Informationsrente impliziert, daß die soziale Wohlfahrtsfunktion und die Zielfunktion des Principal – und dieser macht ja das Vertragsangebot – nicht mehr miteinander übereinstimmen und er daher auch keinen Anlaß mehr zur Wahl der pareto-effizienten Allokation der Ressourcen hat.

Analoge Überlegungen können wir auch für die Anreizverträglichkeitsbedingungen anstellen. Versetzen wir uns in die Situation des Typs mit den hohen Kosten. Für ihn ist es nie lohnend, den für den guten Typ (niedrige Kosten) entworfenen Vertrag

---

37 Wir beantworten diese Frage durch Überlegung, um auf eine mathematische Lösung verzichten zu können.

zu wählen, weil bei niedrigen Kosten niedrigere Zahlungen erforderlich sind. Also ist Ungleichung (23.70) auch nicht bindend erfüllt, weil die Wahl des Paares $(z(x_H)/x_H)$ für den schlechten Typ deutlich günstiger ist.

Der gute Typ hat dagegen einen Anreiz, den schlechten Typ zu imitieren, um in den Genuß der hohen Kompensationszahlung zu kommen. Genau dies ist der Grund für das Problem der Informationsrente, das wir bezugnehmend auf die Teilnahmebedingung erläutert haben. Daher wird ein nutzenmaximierender Principal den Vertrag so ausgestalten, daß die Anreizverträglichkeitsbedingung für den guten Typ „gerade so", also bindend erfüllt ist.

Zusammenfassend ergibt dies, daß von den vier Ungleichungen lediglich die Teilnahmebedingung für den schlechten Typ (23.68) und die Anreizverträglichkeitsbedingung für den guten Typ (23.69) bindend erfüllt sind. Wenn wir in die Nutzenmaximierung des Principal (Gleichung (23.66)) für $z(x_H)$ Gleichung (23.68) und für $z(x_T)$ Gleichung (23.69) einsetzen, so erhalten wir nach einigen Umformungen

$$V = p_T \left(U(x_T) - K_T(x_T) \right) + p_H \left(U(x_H) - K_H(x_H) \right)$$
$$- p_T \left(K_H(x_H) - K_T(x_H) \right) \tag{23.71}$$

Die ersten beiden Klammern enthalten die mit den jeweiligen Wahrscheinlichkeiten gewichteten Nutzen des Principal für die Fälle niedriger und hoher Kosten. Die ersten beiden Klammern entsprechen damit gleichzeitig der erwarteten sozialen Wohlfahrt, weil es sich einfach um die Differenz aus Nutzen und Kosten handelt. Daß die gesamte Zielfunktion des Principal wegen der Asymmetrie der Informationsverteilung *aber nun nicht mehr mit der sozialen Wohlfahrtsfunktion identisch ist*, wird durch den dritten Klammerausdruck deutlich. In der dritten Klammer steht genau die Informationsrente, die der Principal dem guten Typ überlassen muß. Diese Informationsrente ist die Differenz aus den Kosten des schlechten Typs bei x_H und den Kosten des guten Typs bei x_H. Denn der gute Typ kann sich stets (wie der schlechte Typ) für x_H entscheiden, wobei er dann wegen seiner flacher verlaufenden Kostenfunktion niedrigere Kosten hat. Damit er sich dennoch für den anderen Vertrag (also für die höhere Leistung x_T) entscheidet, muß ihm exakt dieser Nutzenzuwachs als Informationsrente zugestanden werden, um die Abweichung nach x_H zu vermeiden. Die marginale Informationsrente, die dem guten Typ zugestanden werden muß, entspricht genau der Strecke $\overline{AB}$ in Abb. 23.7, da diese genau die Kostendifferenz bei niedriger Leistung x_H ist, die sich für die beiden Kostenfunktionen ergibt.

In Abb. 23.7 sind wir – noch ohne Begründung – davon ausgegangen, daß sich der Principal beim schlechten Typ für ein Vertragsangebot x_H entscheidet, das unter dem pareto-effizienten Angebot x_H^f liegt (andernfalls hätten wir die marginale Informationsrente bezüglich x_H^f und nicht bezüglich x_H einzeichnen müssen). Wir werden die Begründung dafür später nachreichen und genau erläutern.

Bestimmen wir nun die gewinnmaximalen Angebote des *Principal*, indem wir Gleichung (23.71) partiell nach x_H und x_T ableiten. Als Bedingungen erster Ordnung erhalten wir

$$\frac{\partial V}{\partial x_T} = p_T \left(\frac{dU}{dx_T} - \frac{dK_T}{dx_T} \right) = 0 \quad \Rightarrow \tag{23.72}$$

$$\frac{dU}{dx_T} = \frac{dK_T}{dx_T} \tag{23.72a}$$

$$\frac{\partial V}{\partial x_H} = p_H \left(\frac{dU}{dx_H} - \frac{dK_H}{dx_H} \right) - p_T \left(\frac{dK_H}{dx_H} - \frac{dK_T}{dx_H} \right) \quad \Rightarrow \tag{23.73}$$

$$p_H \left(\frac{dU}{dx_H} - \frac{dK_H}{dx_H} \right) = p_T \left(\frac{dK_H}{dx_H} - \frac{dK_T}{dx_H} \right) \tag{23.73a}$$

Für den Fall niedriger Kosten (guter Typ) erhalten wir aus Gleichung (23.72a) genau die gleiche Bedingung wie bei der Maximierung der sozialen Wohlfahrtsfunktion – der Grenznutzen der Leistung entspricht den Grenzkosten. *Für den guten Typ ergibt sich also trotz der Informationsasymmetrie die pareto-effiziente Allokation* x_T^f. Dies liegt daran, daß der Principal nicht befürchten muß, daß der schlechte Typ den guten Typ imitiert und er diese potentielle Imitation daher auch nicht durch ein über x_T^f liegendes Angebot verhindern muß.

Für den schlechten Typ (hohe Kosten) zeigt Gleichung (23.73a) aber, daß die Bedingung erster Ordnung *nicht* mit der Maximierung der sozialen Wohlfahrtsfunktion übereinstimmt. Da der Ausdruck auf der rechten Seite gemäß der Definition hoher und niedriger Kosten positiv ist, muß auch der Abstand zwischen den Grenznutzen und den Grenzkosten auf der linken Seite positiv sein. Beim schlechten Typ kommt es demnach nicht zum pareto-effizienten Schnittpunkt zwischen Grenznutzen und Grenzkosten, sondern zu einem darunter liegenden Leistungsniveau $x_H < x_H^f$ (denn nur dann liegen die Grenznutzen dU/dx über den Grenzkosten). Der dadurch entstehende marginale Wohlfahrtsverlust entspricht der Strecke $\overline{BC}$ in Abb. 23.7.

Wie kommt es nun aber, daß der Principal diesen Wohlfahrtsverlust in Kauf nimmt, obwohl die Teilnahmebedingung für den schlechten Typ bindend erfüllt ist und damit der gesamte Wohlfahrtsverlust in diesem Fall an den Principal geht? Der Grund dafür ist, daß der Principal dem *guten* Typ eine Informationsrente zugestehen muß, weil dieser die Möglichkeit hat, den schlechten Typ zu imitieren. Je geringer aber x_H (und damit natürlich auch $z(x_H)$), desto geringer ist der Imitationsanreiz für den Typ mit den niedrigen Kosten und damit auch die Informationsrente. Vom Standpunkt des Principal aus ist auch die Informationsrente eine „Ineffizienz", weil sie seinen Nutzen reduziert. Er gleicht daher die marginale Informationsrente dem marginalen Verlust durch die Differenz von x_H und x_H^f, gewichtet mit den Wahrscheinlichkeiten für den guten und den schlechten Typ, aus. Genau diesen Sachverhalt bringt Gleichung (23.73a) zum Ausdruck.

Graphisch wird dieser Abwägungsprozeß deutlich, wenn wir (willkürlich) $p_H = p_T = 0{,}5$ setzen. Die Strecke $\overline{AB}$ in Abb. 23.7 ist dann der marginale Nutzenverlust des Principal, der durch die Informationsrente entsteht, die er dem guten Typ überlassen muß (nämlich die Differenz aus K_H und K_T bei x_H). $\overline{BC}$ ist dagegen der voll zu Lasten des Principal gehende marginale Wohlfahrtsverlust beim schlechten Typ, der durch die Abweichung von x_H von x_H^f entsteht. Bei gleichen Wahrscheinlichkeiten für den guten und den schlechten Typ sind diese Strecken genau gleich groß.

Lassen Sie uns diesen wichtigen Punkt noch etwas anders formulieren: der interessante Aspekt ist, daß die Informationsrente für den *guten* Typ zu einem pareto-ineffizienten Vertragsangebot an den *schlechten* Typ führt, weil die Informationsrente durch die Imitation des schlechten Typs zustandekommt. Durch eine Abweichung des Vertrags für den guten Typ vom Pareto-Optimum kann dessen Informationsrente dagegen nicht vermindert werden, so daß es beim guten Typ zum Pareto-Optimum kommt. Dem Principal gelingt also das Screening zwischen den beiden Typen, aber da er dem einen Typ eine Informationsrente überlassen muß und sein Nettonutzen daher nicht mit der sozialen Wohlfahrtsfunktion übereinstimmt, kommt es auch nicht zum Pareto-Optimum. Wir können demnach folgendes festhalten:[38]

- die Methode zur Lösung von Principal-Agent-Problemen besteht darin, den Nutzen des Principal unter Beachtung der Anreizverträglichkeits- und Teilnahmebedingungen der unterschiedlichen Typen des Agenten zu maximieren;[39]
- für den guten Typ kommt es zur pareto-effizienten Allokation der Ressourcen und einer gegenüber der Situation mit vollständiger Information geänderten Verteilung, weil der gute Typ (niedrige Kostenfunktion) eine Informationsrente erzielt;
- für den schlechten Typ geht zwar der gesamte Wohlfahrtsgewinn aus dem Vertrag an den Principal, aber es kommt nicht zur pareto-effizienten Allokation der Ressourcen;
- der Nutzen des Principal ist daher in beiden Fällen geringer als er bei vollständiger Information wäre (einmal durch den höheren Nutzen des guten Agenten, einmal durch die nicht pareto-effiziente Allokation der Ressourcen). Dies liegt daran, daß er die beiden Probleme, die durch die nicht-bindende Teilnahmebedingung des guten Typs und die nicht-bindende Anreizverträglichkeitsbedingung des schlechten Typs entstehen, gegeneinander abwägt.

23.7 Zusammenfassung

In diesem Kapitel haben wir unterschiedliche Modelle dargestellt, mit denen die Mikroökonomie das Problem unvollständiger Information modelliert. Unter unvollständiger Information werden dabei Situationen verstanden, in denen bestimmte Eigenschaften von Spielern wie ihre Kosten- oder Nutzenfunktionen für andere Spieler nicht beobachtbar sind. Man spricht dann von unbekannten Typen.

---

38 Wie erwähnt beruht unsere Darstellung auf einem Modell von Illing 1992 zum Coase-Theorem, das allerdings noch weitere Modellvarianten enthält. Für eine stetige Modellierung des gleichen Modells vgl. Demougin/Illing 1993.

39 Diese Methode geht wesentlich auf Arbeiten von Mirrlees zurück (vgl. z.B. Mirrlees 1976), der dafür 1996 den Nobelpreis erhielt.

In Abschnitt 23.2 haben wir *statische* Spiele mit unvollständiger Information behandelt, für die das Lösungskonzept Bayesianischer Gleichgewichte verwendet wird. Der interessante Punkt bei der Bestimmung Bayesianischer Gleichgewichte ist, daß das von A zu antizipierende Verhalten der unterschiedlichen Typen des B auch davon abhängt, welche Einschätzung B über A hat. Die Ermittlung eines Bayesianischen Gleichgewichts setzt deshalb voraus, daß jeder Spieler eine subjektive Wahrscheinlichkeitsverteilung darüber bildet, welche Wahrscheinlichkeitsverteilung jeder andere Spieler über jeden anderen Spieler bildet. Die Rationalitätsanforderungen sind daher sehr streng.

In Abschnitt 23.3 haben wir die Überlegungen auf die komplexere Situation *dynamischer* Spiele mit unvollständiger Information ausgedehnt. Dabei haben wir mit dem Perfekten Bayesianischen Gleichgewicht (PBG) ausführlich eines der am weitesten verbreiteten spieltheoretischen Lösungskonzepte dargestellt. Der Kern des Problems ist die Frage, welche Wahrscheinlichkeitsverteilungen (beliefs) schlecht informierte Spieler den Typen gut informierter Spieler zuordnen sollen, wenn sie bestimmte Aktionen beobachten. Das PBG verlangt die Verwendung der Bayesschen Regel, sofern dies möglich ist, was aber nicht das Problem der Bildung von beliefs nach out of equilibrium moves löst. Das PBG stellt hier keinerlei Anforderungen, und es wurde gezeigt, daß dies zu außerordentlich unplausiblen Gleichgewichten führen kann. Dies wurde im Anschluß an adverse selection-Spiele in Abschnitt 23.4 vor allem in Abschnitt 23.5 deutlich, wenn die Möglichkeit berücksichtigt wurde, daß gut informierte Spieler ihren (guten) Typ glaubhaft durch Aktionen signalisieren. Das meines Erachtens in der Tat zwingende intuitive Kriterium verlangt hier, Typen eine Wahrscheinlichkeit von Null zuzuordnen, wenn Aktionen beobachtet werden, die sich für diese (schlechten) Typen selbst dann nicht lohnen würden, wenn der schlecht Informierte sie fälschlicherweise für gute Typen halten würde. Das intuitive Kriterium erhöht die Signalisierungschancen erheblich.

In Abschnitt 23.6 schließlich haben wir ein Principal-Agent-Problem vorgestellt, in dem der Principal die Arbeitsleidfunktion (den Typ) eines potentiellen Mitarbeiters nicht genau kennt, den er zu einer spezifischen Leistung bewegen möchte. Da in diesem Fall der schlechter Informierte (d.h. der Principal) zuerst zieht und dadurch versucht, den Typ herauszufinden, spricht man im Unterschied zum *Signaling* von Screening. Der interessante und für viele Fragestellungen relevante Punkt ist dabei, daß der Principal dem *schlechten* Typ ein unter Wohlfahrtsgesichtspunkten ineffizientes Angebot macht, weil er dadurch die Informationsrente für den *guten* Typ reduzieren kann. Von besonderer Bedeutung ist die dabei eingeführte Methode zur Lösung von Principal-Agent-Problemen, die darin besteht, den Nutzen des Principal unter Beachtung der Anreizverträglichkeits- und Teilnahmebedingung der unterschiedlichen Typen des Agenten zu maximieren.

Kapitel 24

Verhandlungstheorie

24.1 Fragestellung und Überblick

24.1.1 Fragestellung

Innerhalb des vorliegenden Buches haben wir Verhandlungen bisher an zwei Stellen angesprochen: bei der Darstellung der Edgeworth-Box im 11. Kapitel haben wir gezeigt, daß der unbeschränkte Tausch zweier Wirtschaftssubjekte zu einer pareto-effizienten Allokation der Ressourcen führen kann, bei der die Grenzraten der Substitution beider Haushalte identisch sind. Ferner haben wir in Abschnitt 19.4 recht ausführlich den Vorschlag von Ronald Coase zur Internalisierung externer Effekte diskutiert. Coase argumentiert, daß rationale Wirtschaftssubjekte so lange über die Höhe von externen Effekten verhandeln werden, wie sich beide noch verbessern können. Er kommt daher zu dem Resultat, daß öffentliche Eingriffe zur Internalisierung externer Effekte überflüssig oder gar schädlich sind, sofern die Eigentumsrechte klar festgelegt und die Transaktionskosten gering sind. Da man Eigentumsrechte analog zu Gütern als nutzenstiftende Erstausstattungen interpretieren kann, ist das Coase-Theorem letztlich nichts anderes als eine geringfügige Modifikation der alten Überlegungen von Edgeworth.

Sowohl bei der Darstellung der Edgeworth-Box als auch bei der des Coase-Theorems haben wir aber bereits darauf hingewiesen, daß die dort verwendeten Argumentationsmuster aus methodischen Gründen nicht überzeugend sind. In beiden Fällen wird *vorausgesetzt*, daß Verhandlungen erst zum Stillstand kommen, wenn es nicht mehr möglich ist, den Nutzen beider Verhandlungspartner zu steigern. Da dies exakt der Definition eines *Pareto-Optimum*s entspricht, wird die *Pareto*-Effizienz von Verhandlungen axiomatisch unterstellt. Implizit liegen der Edgeworth-Box und dem Coase-Theorem daher die kooperative Spieltheorie zugrunde, die definitionsgemäß nur pareto-effiziente Lösungen betrachtet und sich für die Aufteilung der dabei entstehenden Verhandlungsgewinne interessiert. Daraus ergibt sich zwangsläufig, daß die Edgeworth-Box, das Coase-Theorem und die kooperative Spieltheorie nichts zur Klärung der Frage beitragen können, unter welchen Nebenbedingungen eigentlich damit gerechnet werden kann, daß rationale Verhandlungen wirklich zum *Pareto-Optimum* führen – denn dieses wird vorausgesetzt.

Aus diesem Grund müssen Verhandlungen innerhalb der nicht-kooperativen, also der „gewöhnlichen" Spieltheorie analysiert werden, wenn Aussagen über deren Effizienzeigenschaften getroffen werden sollen. Genau dies ist die Aufgabe der mikroökonomischen (*spieltheoretischen*) Verhandlungstheorie, die mittlerweile zu einem eigenständigen, facettenreichen Forschungsgebiet geworden ist.[1] Jedes spieltheoretische Verhandlungsmodell beruht dabei auf vier Nebenbedingungen, die über die Effizienz von Verhandlungen und die Aufteilung der Verhandlungsgewinne bei rationalem Verhalten aller Beteiligten entscheiden:

– erstens der *Anzahl* der Verhandlungspartner;

– zweitens den *Reservationsnutzen* der Beteiligten, worunter verstanden wird, welchen Nutzen die Verhandlungspartner haben, wenn die Verhandlungen scheitern. Der Reservationsnutzen kann dabei in enger Beziehung zur Anzahl (möglicher) Verhandlungspartner stehen, denn wenn zahlreiche Verhandlungspartner zur Verfügung stehen, so sind die Konsequenzen beim Abbruch der Verhandlungen mit einem *bestimmten* Partner vielleicht nicht so drastisch;

– drittens die Spezifikation des Verhandlungs*prozesses*, d.h. die Frage, nach welchen *Regeln* die Beteiligten verhandeln;

– und schließlich die *Informationsverteilung*, d.h. beispielsweise die Frage ob der Verkäufer die maximale Zahlungsbereitschaft des Käufers für seine Ware kennt oder nicht.

Obwohl die spieltheoretische Behandlung von Verhandlungen mittlerweile ein beeindruckendes Niveau erreicht hat, muß zugegeben werden, daß sie zum *alleinigen* Verständnis von Verhandlungen selbst dann nicht ausreicht, wenn sich alle Beteiligten rational im Sinne der strikten Durchsetzung der eigenen Präferenzen verhalten. Dies liegt daran, daß selbst alltägliche Situationen wie Gehaltsverhandlungen außerordentlich komplex sind. Die erste Schwierigkeit ist, daß diese in aller Regel durch ein hohes Maß wechselseitiger asymmetrischer Information gekennzeichnet sind – beispielsweise kennt der Chef den Reservationsnutzen seines Mitarbeiters beim Verlassen der Firma ebensowenig, wie der Mitarbeiter die Einschätzung seines Chefs bezüglich seines Wertes für die Firma exakt beurteilen kann. In dynamischen Spielen mit asymmetrischer Information ergeben sich aber oft nur (Perfekte Bayesianische) Gleichgewichte in gemischten Strategien, so daß die Prognosekraft selbst bei rationalen Wirtschaftssubjekten schon deshalb eingeschränkt ist, weil Gleichgewichte in gemischten Strategien meines Erachtens mit Vorsicht zu genießen sind. Die unter Praxisgesichtspunkten größte Schwierigkeit ist aber, daß die Spieltheorie gehaltvolle Aussagen nur treffen kann, wenn das Verhandlungsspiel klar spezifiziert ist. Unter einer klaren Spezifikation des Verhandlungsspiels wird beispielsweise verstanden, daß der Chef und der Mitarbeiter sich wechselseitig eine bestimmte Anzahl von Angeboten über die Höhe des zukünftigen Gehalts machen; d.h. beide „bieten" so lange, bis einer akzeptiert oder die Verhandlungen abgebrochen werden und der Mitarbeiter kündigt (oder das Ausgangsgehalt weiterhin akzeptiert). Bedauerlicherweise sind die Verhandlungsprozesse in der Realität nur selten so exakt spezifiziert, wie unser Beispiel von Gehaltsverhandlungen zeigt. Beide Seiten werden „nebenbei" über alles mögliche reden, es werden zusätzli-

---

1   Einen relativ kurzen (gut 20-seitigen) Überblick gibt Güth 1994, Kapitel 7. Den Stand der Forschung bis 1990 reflektiert das allerdings nicht leicht zu lesende Buch von Osborne/Rubinstein 1990. Eine Übersicht über empirische Ergebnisse zu Verhandlungen findet sich bei Kagel/Roth 1995, 255-274.

che Variablen wie z.B. die (zukünftigen) Aufgaben und Kompetenzen des Mitarbeiters „ins Spiel gebracht". Da die Ableitung von Rationalverhalten in nicht sauber spezifizierten Verhandlungsspielen kaum möglich ist, werden die Spieltheorie und die Psychologie beim wirklichen Verständnis von Verhandlungen immer ineinander greifen müssen.

Trotz dieser einschränkenden Vorbemerkungen kann es keinen Zweifel daran geben, daß die Spieltheorie auch zum praktischen Verständnis realer Verhandlungs*prozesse* unersetzlich ist. Ein erster wichtiger Schritt besteht in der Prognose der Ergebnisse (wenn auch recht einfach spezifizierter) dynamischer Verhandlungen, deren Durchführung Geld kostet. Die Annahme, daß Verhandlungen Geld kosten, ist selbstverständlich – erstens werden im Rahmen der Verhandlungen zahlreiche Erdbeerkuchen, Forellenfilets und Rehkeulen vernichtet, und zweitens läßt sich der Treibhauseffekt um so schwerer vermeiden, je später man damit beginnt. Die Prognose von Resultaten kann hier erheblich dabei helfen, den Verhandlungsprozeß abzukürzen. Zweitens erklärt die Spieltheorie aber auch, warum Verhandlungen oft selbst dann lange Zeit in Anspruch nehmen, wenn alle Verhandlungspartner rational im Sinne der individuellen Nutzenmaximierung sind. Dies liegt daran, daß die Verhandlungspartner in aller Regel nur unvollständig über die Präferenzen der anderen informiert sind (asymmetrische Informationsverteilung) und daher versuchen werden, ihren Informationsstand im Zuge der Verhandlungen zu verbessern. Wenn Verhandlungen Geld kosten, so geht dies letztendlich zu Lasten aller Beteiligten, so daß die Gleichgewichte nicht pareto-effizient sind. Gerade die Spieltheorie verdeutlicht daher eindrucksvoll die Notwendigkeit kooperativer Lösungen, in die Coase (implizit) so große Hoffnung setzte.

24.1.2 Überblick und Prämissen

Nach diesen gleichermaßen einschränkenden und ermutigenden Bemerkungen können wir nun die Struktur des vorliegenden Kapitels erläutern. Wir betrachten ausschließlich Verhandlungsspiele mit nur zwei Beteiligten, da sich andernfalls (formale) Komplikationen einstellen, für die wir geneigte Leser/innen auf die Spezialliteratur verweisen müssen.[2] Dabei gehen wir meist von *Verkaufs*verhandlungen aus, in denen der Verkäufer V und der Käufer K über den Preis für eine Einheit einer unteilbaren Ware verhandeln. Die Reservationsnutzen der beiden Beteiligten, die beispielsweise von anderen Kauf- und Verkaufsmöglichkeiten abhängen, normieren wir dabei zu Null. Ferner gehen wir davon aus, daß der Nutzen des Verkäufers aus der Ware Null (also gleich seinem Reservationsnutzen[3]) und der des Käufers strikt größer als Null ist. Dies bedeutet, daß der Verkauf der Ware in allen behandelten Fällen pareto-effizient ist.

---

2 Osborne/Rubinstein 1990 zeigen sehr klar, daß sich letztlich alle Märkte als Verhandlungsspiele mit vielen Beteiligten interpretieren und modellieren lassen.

3 Dies ist zwingend, weil der Reservationsnutzen von V (also sein Nutzen beim Abbruch der Verhandlungen) gerade seinem Nutzen aus der Ware entsprechen muß.

Angesichts dieser Grundstruktur fast aller behandelten Spiele bestehen die Variationen „lediglich" in der Spezifikation des Verhandlungsprozesses und der Informationsstruktur. Wir beginnen in Abschnitt 24.2 mit einem extrem einfachen Spiel, in dem der Verkäufer V und der Käufer K bei vollständiger Information wechselseitig Angebote über den Preis machen. Die Anzahl der Perioden unterstellen wir dabei als endlich und bekannt. Da der Verhandlungsprozeß annahmegemäß kein Geld kostet, wird sich die Lösung dieses Spiels als trivial erweisen. In Abschnitt 24.3 kosten die Verhandlungen Geld, wobei wir auch den Fall untersuchen, in dem die beiden Verhandlungspartner unterschiedlich geduldig sind (beispielsweise mag der Käufer die Ware besonders dringend benötigen, um ein zugesichertes Projekt fertigzustellen). Anschließend (Abschnitt 24.4) betrachten wir die gleiche Situation unter der realistischeren Annahme, daß es *keinen* exogen festgelegten Abbruchzeitpunkt gibt, so daß wir in spieltheoretischer Terminologie Spiele mit unendlichem Zeithorizont untersuchen müssen.

In Abschnitt 24.5 verlassen wir unser Verkaufsverhandlungsspiel und betrachten wegen der Relevanz dieser Art von Verhandlungen ein Spiel, in dem Arbeitgeber und Gewerkschaften über Lohnerhöhungen verhandeln. Es handelt sich dabei um ein dynamisches Verhandlungsspiel bei vollständiger Information, das wir aus einer Fallstudie der Harvard Business School übernehmen.

In Abschnitt 24.6 kommen wir auf das einleitend angesprochene Coase-Theorem zurück und verdeutlichen, daß die (damals sehr wichtige) Idee von Coase vom heutigen Standpunkt aus lediglich ein recht unbedeutender und sehr einfacher Spezialfall der allgemeinen Verhandlungstheorie ist. Wir demonstrieren, daß das Coase-Theorem bei vollständiger Information und dem Fehlen von Transaktionskosten auch innerhalb der nicht-kooperativen Spieltheorie Gültigkeit beanspruchen kann. In Abschnitt 24.7 modifizieren wir unser Ausgangsspiel über Verkaufsverhandlungen, indem wir annehmen, daß der Verkäufer über die Zahlungsbereitschaft (den Typ) des Käufers nur unvollständig informiert ist. Wir knüpfen damit an das in Abschnitt 22.5 diskutierte Markteintrittsspiel bei unvollständiger Information an, so daß wir das dort erläuterte Lösungskonzept des Perfekten Bayesianischen Gleichgewichts benötigen. Wir beenden das Kapitel in Abschnitt 24.8 mit einigen Hinweisen über Ergebnisse zu Verhandlungen in der experimentellen Wirtschaftsforschung.

24.2 Ultimative Verhandlungen ohne Diskontierung

In unserer einfachsten Modellvariante unterstellen wir kostenlose Verhandlungen, bei denen sich der Verkäufer V und der Käufer K alternierend Angebote über den Verkaufspreis p machen. Es besteht vollständige Information über die Reservationsnutzen $U_V^R = 0$ und $U_K^R = 0$ sowie die durch die Ware gestifteten Nutzen $U_V = 0$ und $U_K = 1$ von Verkäufer und Käufer. Wir unterstellen, daß in der Periode Null sowie in jeder anderen geraden Periode V und in Periode 1 sowie in jeder anderen ungeraden Periode K ein Angebot macht. Ferner nehmen wir in dieser Modellvariante an, daß die maximale Anzahl der Perioden bekannt ist[4] *und die letzte Periode gerade ist.*

Unter Verwendung des Prinzips der Rückwärtsinduktion erweist sich dieses Spiel als offensichtlich trivial: in der letzten Periode weiß K, daß er unwiderruflich nur seinen Reservationsnutzen $U_K^R = 0$ erhält, sofern er dem Angebot des V nicht zustimmt. Wenn er rational im Sinne der Maximierung des eigenen Nutzens (und im Sinne der Abwesenheit von Neid)[5] ist, wird er demnach jedes Angebot des V akzeptieren, das ihn infinitesimal besser stellt als $U_K^R = 0$. Da sein Nutzen aus der Ware $U_K = 1$ ist, gilt dies für jeden Preis $1-\varepsilon$, da dann sein Nettonutzen ε beträgt.

Wenn wir Geld als unendlich teilbar unterstellen[6], so können wir ε gegen Null gehen lassen und erhalten im Grenzwert als einzig teilspielperfektes Gleichgewicht, daß V alle Angebote bis zur letzten Periode ablehnt, dort einen Preis $p = 1$ vorschlägt und K diesen akzeptiert. Jedes andere Nash-Gleichgewicht ist nicht teilspielperfekt, weil es auf der „leeren Drohung" des K beruht, in der letzten Periode das Angebot des V von $p = 1$ (bzw. $p = 1-\varepsilon$) abzulehnen, was der individuellen Nutzenmaximierung widersprechen würde. Zwar wäre es für K vorteilhaft, wenn er seine Ablehnung relativ ungünstiger Angebote in der letzten Periode glaubhaft signalisieren könnte, weil V dann einen Grund hätte, einen niedrigeren Preis vorzuschlagen. Sofern V die Präferenzen des K und dessen Rationalität kennt, hat K aber keine Möglichkeit, eine Ablehnung von $1-\varepsilon$ in der letzten Periode glaubhaft zu machen. Zu diesem ersten und einfachen Spiel können wir daher festhalten,

– daß das einzige teilspielperfekte Gleichgewicht pareto-effizient ist, weil es mit der Wahrscheinlichkeit von Eins zum Verkauf der Ware kommt;
– und der ganze Verhandlungsgewinn an denjenigen geht, der zuletzt ein Angebot abgeben darf. In unserem Beispiel ist daher der Nutzen des Verkäufers $U_V=1$, während der des Käufers seinem Reservationsnutzen $U_K^R = 0$ entspricht.[7]

24.3 Ultimative Verhandlungen mit Diskontierung[8]

24.3.1 Identische Diskontierungsfaktoren

Wir betrachten nun grundsätzlich die gleiche Spielanordnung, gehen aber im Unterschied zum vorhergehenden Abschnitt davon aus, daß Verhandlungen Geld kosten.

---

4 Dies ist der Grund für die Bezeichnung „Ultimative Verhandlungen".
5 Wir werden die Vor- und Nachteile dieser Annahme im Rahmen unserer Skizze empirischer Ergebnisse in Abschnitt 24.8 noch diskutieren.
6 Diese Annahme ist innerhalb etwas komplexerer Spiele wichtig zur Herleitung eindeutiger Gleichgewichte.
7 Selbstverständlich wäre das Ergebnis genau umgekehrt, wenn K zuletzt ein Angebot machen könnte.
8 Vgl. hierzu schon Stähl 1972 und Rubinstein 1982 sowie für eine Lehrbuchdarstellung Fudenberg/Tirole 1991, 113ff.

Konkret unterstellen wir, daß der mögliche Verhandlungsgewinn von Periode zu Periode schrumpft. Dazu führen wir einen Diskontierungsfaktor i<1 ein, mit dem sowohl der Nutzen des Käufers aus dem Konsum der Ware als auch die Bewertung der Zahlung durch den Verkäufer und den Käufer in jeder Periode multipliziert werden.[9] Erneut unterstellen wir als (undiskontierte) Werte $U_V = 0$ und $U_K = 1$. Die erste Periode bezeichnen wir als Periode Null; es folgen die Perioden Eins, Zwei usw. Wenn also beispielsweise $i = 0,8$ ist und die Ware in Periode Eins zu einem Preis $p = 0,7$ verkauft wird, so ist der Nutzen des Verkäufers $U_V = 0,7 \cdot 0,8 = 0,56$ und der des Käufers $U_K = 0,8(1-0,7) = 0,24$ (der Gesamtnutzen muß wegen der Diskontierung 0,8 betragen). Eine notwendige und hinreichende Bedingung für eine pareto-effiziente Allokation der Ressourcen ist also, daß die Ware in der Periode Null verkauft wird. Zusätzlich zu den bisherigen Notationen bezeichnen wir

- $p(t)$ als (vorgeschlagenen) Preis der Periode t;
- $u_V(t)$ bzw. $u_K(t)$ als die *un*diskontierten Nutzen von V und K in der Periode t beim Preis $p(t)$, d.h. als die Nutzen *ohne* Berücksichtigung des Diskontierungsfaktors i;
- und $U_V(t)$ bzw. $U_K(t)$ als die *diskontierten* Nutzen von V und K in der Periode t beim Preis $p(t)$, d.h. als die Nutzen *mit* Berücksichtigung des Diskontierungsfaktors i.

Obwohl wir wieder annehmen, daß in der letzten Periode V ein Angebot machen darf und daher der Nutzen von K bei Ablehnung dieses Angebots definitiv wieder nur seinem Reservationsnutzen $U_K^R = 0$ entspricht, hat sich die Situation durch die Einführung eines Diskontierungsfaktors $i < 1$ dramatisch geändert. Dies liegt daran, daß der diskontierte Nutzen aus einem Verkaufspreis $p = 1$ für V in der Periode t nur $U_V = i^t$ beträgt und somit für t gegen unendlich seinerseits gegen Null geht. V hat deshalb ein Interesse an einer frühen Einigung, was seine aus der Möglichkeit eines letzten Angebots resultierende „Verhandlungsmacht" erheblich einschränkt.

Da wir weiterhin von einem endlichen und feststehenden Zeithorizont ausgehen, müssen wir erneut das Prinzip der Rückwärtsinduktion anwenden. Wir betrachten ausführlich ein Beispiel mit fünf Perioden (also mit den Perioden Null bis Vier), das wir dann leicht auf n Perioden verallgemeinern können. Da der Verkäufer annahmegemäß in allen geraden Perioden ein Angebot unterbreitet, gilt dies für die Perioden Null, Zwei und Vier. Wir wissen, daß V in der Periode Vier den Preis $p(4)=1$ durchsetzen kann und somit den *undiskontierten* Nutzen

$$u_V(4) = 1 \tag{24.1}$$

erhält. Sein diskontierter Nutzen ist dann aber nur

$$U_V(4) = i^4 \tag{24.2}$$

---

9   Die Einführung eines Diskontierungsfaktors i ist einfach eine effiziente Schreibweise der gewöhnlichen Diskontierung zukünftiger Ergebnisse mit einem Zinssatz r, d.h. zwischen dem Diskontierungsfaktor i und dem Zinssatz r besteht die Beziehung i=1/(1+r). Ist der Zinssatz beispielsweise 100 %, so ist der Diskontierungsfaktor 0,5. Geht der Zinssatz gegen unendlich, so konvergiert der Diskontierungsfaktor gegen Null; bei einem Zinssatz von Null ist der Diskontierungsfaktor Eins.

Da damit alles über die (mögliche) vierte Periode gesagt ist, können wir uns der dritten zuwenden, in der K ein Angebot macht. K weiß, daß er bei Ablehnung seines Angebots auf seinen Reservationsnutzen fällt. Also muß er dafür sorgen, daß V in der dritten Periode annimmt. Da V in der vierten Periode aber einen diskontierten Nutzen von i^4 erhalten kann, muß K ihm mindestens diesen Nutzen bieten. Dabei macht sich K die Tatsache zunutze, daß V wegen der Diskontierung ein Interesse an einer frühen Einigung hat. Wenn K dem V einen Preis $p(3) = i$ bietet, so ist der *un*diskontierte Nutzen des V

$$u_V(3) = i \qquad (24.3)$$

Dessen *diskontierter* Nutzen (da es die dritte Periode ist)

$$U_V(3) = i^3 \cdot i = i^4 \qquad (24.4)$$

entspricht dann genau dem diskontierten Nutzen der vierten Periode. Wenn wir unterstellen, daß V bei Indifferenz annimmt,[10] so bietet K in der dritten Periode also $p(3)=i$ und erhält dadurch selbst den diskontierten Nutzen

$$U_K(3) = i^3(1 - i) = i^3 - i^4 \qquad (24.5)$$

Einige Leser/innen werden schon jetzt die Logik hinter der Argumentation erkennen, mit der sich der Rest unserer Rückwärtsinduktion vollzieht: in jeder Periode macht ein Spieler ein Angebot, das seinem Gegenüber gerade den Nutzen liefert, den dieser auch bei Ablehnung des Angebots erreichen kann. Für die Periode 2 müssen wir uns also wieder in den Verkäufer versetzen. Dieser weiß nun, daß der Käufer den durch Gleichung (24.5) gegebenen diskontierten Nutzen erzielen kann und seinem Angebot nur zustimmt, wenn es für ihn (den K) den gleichen diskontierten Nutzen stiftet. Demnach muß V dem K den *un*diskontierten Nutzen

$$u_K(2) = i - i^2 \qquad (24.6)$$

bieten, da dies einem *diskontierten* Nutzen von

$$U_K(2) = i^2 \cdot (i - i^2) = i^3 - i^4 \qquad (24.7)$$

entspricht.[11] Für V bleibt als *un*diskontierter Nutzen

$$u_V(2) = 1 - u_K(2) = 1 - (i - i^2) = 1 - i + i^2 \qquad (24.8)$$

und somit der diskontierte Nutzen

$$U_V(2) = i^2(1 - i + i^2) = i^2 - i^3 + i^4 \qquad (24.9)$$

Lassen Sie uns die Überlegungen zu Ende führen, obwohl diese nun selbstverständlich sind. In Periode Eins muß K dem V den diskontierten Nutzen aus Gleichung (24.9) und damit den *un*diskontierten Nutzen

---

10 Andernfalls müßten wir wieder ε's (mit ε gegen Null) einfügen, damit sich V infinitesimal besser stellt.

11 Man erhält das jeweilige Angebot, indem man den Nutzen des anderen aus der nächsten Periode (in diesem Fall also i^3-i^4) durch i^t (in diesem Fall also i^2) dividiert.

$$u_V(1) = \frac{i^2 - i^3 + i^4}{i^1} = i - i^2 + i^3 \tag{24.10}$$

bieten. Für ihn (also K) bleibt als undiskontierter Nutzen

$$u_K(1) = 1 - (i - i^2 + i^3) = 1 - i + i^2 - i^3 \tag{24.11}$$

und demnach als diskontierter Nutzen

$$U_K(1) = i(1 - i + i^2 - i^3) = i - i^2 + i^3 - i^4 \tag{24.12}$$

Demnach bietet der Verkäufer in der Periode Null dem K den Nutzen von $i - i^2 + i^3 - i^4$, was einem Preis von

$$p(0) = 1 - (i - i^2 + i^3 - i^4) \tag{24.13}$$

entspricht (denn der Nutzen des K ist $1-p(t)$. Da der (undiskontierte) Nutzen des V mit dem Preis identisch ist, ist dieser

$$u_V(0) = p(0) = 1 - (i - i^2 + i^3 - i^4) = 1 - i + i^2 - i^3 + i^4 \tag{24.14}$$

Die entscheidende Erkenntnis aus unserem Beispiel ist, daß das einzige teilspielperfekte Gleichgewicht unabhängig von der Anzahl der Perioden in einer direkten Einigung in der Periode Null besteht. Dies bedeutet, daß die Allokation der Ressourcen erneut pareto-effizient ist, weil die Nutzensumme der Beteiligten (die diskontierte soziale Wohlfahrt W)

$$W = U_V(0) + U_K(0) = 1 - i + i^2 - i^3 + i^4 + i - i^2 + i^3 - i^4 = 1 \tag{24.15}$$

ist. Weil jeder Zeitverlust zu Lasten beider geht und rationale Beteiligte über die Methode der Rückwärtsinduktion die für sie möglichen Ergebnisse genau kalkulieren können, einigen sie sich sofort – was unabhängig von der Höhe des Preises eine notwendige und hinreichende Bedingung für ein Pareto-Optimum ist. Dieses Resultat läßt sich verallgemeinern: sofern vollständige Information besteht, führt *jedes* (klar spezifizierte) Verhandlungsspiel zu einer pareto-effizienten Allokation der Ressourcen, was bei positiven Diskontierungsfaktoren mit einer Einigung in Periode Null identisch ist.

Lassen Sie uns abschließend zu diesem Unterabschnitt überlegen, welches Ergebnis sich einstellt, wenn wir die Anzahl der Perioden erhöhen, aber immer noch ein endliches Spiel betrachten. Wenn wir den Nutzen des zuerst bietenden Verkäufers V aus Gleichung (24.14) betrachten, so sehen wir, daß dieser einer offenkundigen Regelmäßigkeit unterliegt. Alle Summanden, in denen die Hochzahl bei den Diskontierungsfaktoren i gerade (ungerade) ist, gehen mit positivem (negativem) Vorzeichen in seinen Nutzen ein. Für n Perioden (mit n als gerader Zahl, was für das Ergebnis belanglos ist) gilt demnach

$$U_V(0) = 1 - i + i^2 - i^3 + i^4 \ldots - i^{n-1} + i^n \tag{24.16}$$

was für große n gegen

$$U_V(0) = \frac{1}{1+i} \tag{24.17}$$

konvergiert. Analog konvergiert der Nutzen des Käufers K gegen

$$U_K(0) = \frac{i}{1+i} \qquad (24.18)$$

was in der Summe natürlich Eins ergibt. Daraus ergeben sich einige interessante Schlußfolgerungen:

- wenn der Diskontierungsfaktor extrem gering ist (d.h. wenn der Zinssatz, mit dem zukünftige Einigungen abgezinst werden, sehr hoch ist), konvergiert der Nutzen des V gegen Eins und der des K gegen Null. Dies liegt daran, daß der V zuerst ein Angebot unterbreitet und bei einem Diskontierungsfaktor von i=0 spätere Einigungen für keinen Beteiligten mehr einen Nutzen stiften. Wir haben dann von der ökonomischen Logik her ein gewöhnliches „take-it-or-leave-it-offer“,[12] bei dem V dem K ein einmaliges Angebot macht, das dieser annehmen oder aber ablehnen kann – was angesichts des Diskontierungsfaktors von Null einem Abbruch der Verhandlungen entspricht;
- daraus folgt, daß es im Unterschied zu Spielen *ohne* Diskontierung nun nicht mehr darauf ankommt, *zuletzt*, sondern *zuerst* ein Angebot machen zu können. Denn in der Periode Null ist der gemeinsame Kuchen am größten, und wer anbietet, ist in der besseren Position;
- wenn Verhandlungen *sehr wenig Geld kosten* (wenn also der Diskontierungsfaktor i gegen Eins konvergiert), so zeigen die Gleichungen (24.17) und (24.18), daß der Verhandlungsgewinn im Verhältnis 50:50 aufgeteilt wird (d.h. der Preis ist 0,5), weil sich der in der Periode Eins anbietende K praktisch in der gleichen Situation befindet wie der in Periode Null anbietende V. Der Gewinn an Verhandlungs-macht durch die Möglichkeit des ersten Angebots ist daher verschwindend gering. Dies ist interessant, weil sich die nach Auffassung der meisten Menschen wohl „faire“ Lösung einer gleichmäßigen Aufteilung des Verhandlungsgewinns damit auch als einzig teilspielperfektes Gleichgewicht eines Verhandlungsspiels mit alter-nierenden Angeboten und einem sehr geringen Diskontierungsfaktor ergibt.

Bedenken Sie bitte, daß es in Spielen mit einer endlichen Anzahl von Perioden ein ganz entscheidender Unterschied ist, ob der Diskontierungsfaktor nahe bei Eins liegt oder exakt Eins beträgt. Liegt er nahe bei Eins, so kommt es zu einer Einigung in der Periode Null und der Verhandlungsgewinn wird 50:50 aufgeteilt. Ist der Diskontie-rungsfaktor dagegen Eins, so kommt es erst in der letzten Periode zur Einigung, und der gesamte Verhandlungsgewinn geht an denjenigen, der zuletzt ein Angebot formu-lieren darf.

24.3.2 Unterschiedliche Diskontierungsfaktoren

Bisher gingen wir davon aus, daß beide Verhandlungspartner ein gleich großes Inte-resse an einer frühzeitigen Einigung bzw. den gleichen Diskontierungsfaktor haben.

---

12 Frei übersetzt „friß oder stirb“. Dies ist genau die Modellstruktur, die wir schon im Screening-Modell der Principal-Agent-Theorie in Abschnitt 22.4 unterstellten.

Dies ist aber keineswegs zwingend – so mag es dem potentiellen Käufer eines Hauses in Südspanien relativ egal sein, wann er dieses erwirbt, weil er ohnehin erst in 8 Monaten seinen ersten Sommerurlaub dort verbringen kann. Der Verkäufer dagegen will vielleicht möglichst schnell zurück nach England, so daß sein Diskontierungsfaktor klein ist. Wir betrachten daher das gleiche Spiel mit unterschiedlichen Diskontierungsfaktoren, die wir mit i für den Verkäufer und r für den Käufer bezeichnen.

Wir gehen erneut von einem Spiel mit den Perioden Null bis Vier aus, so daß die Argumentationslogik identisch bleibt und wir uns relativ kurz fassen können. Wir stellen daher die ersten Perioden in der Rückwärtsinduktion dar und überlassen die weiteren bis zur Periode Null unseren Leser/innen. In der vierten Periode erhält V den Gesamtnutzen, d.h. er kann einen Preis von p(4)=1 durchsetzen. Sein diskontierter Nutzen ist demnach wieder

$$U_V(4) = i^4 \qquad (24.19)$$

Demnach muß K in der dritten Periode V den *un*diskontierten Nutzen

$$u_V(3) = i \qquad (24.20)$$

bieten, da $i^3 \cdot i$ wieder i^4 ergibt. Die Änderung gegenüber dem vorhergehenden Abschnitt ist, daß der diskontierte Nutzen des K aus Periode Drei nun

$$U_K(3) = r^3(1 - i) = r^3 - r^3 i \qquad (24.21)$$

ist. Genau diesen diskontierten Nutzen für K muß das Angebot des V in der zweiten Periode garantieren, so daß K den *un*diskontierten Nutzen von

$$u_K(2) = \frac{r^3 - r^3 \cdot i}{r^2} = r - ri \qquad (24.22)$$

erhält und für V als diskontierter Nutzen nun

$$U_V(2) = i^2 (1 - (r - ri)) = i^2 - ri^2 + ri^3 \qquad (24.23)$$

gilt.

Wir brechen die doch etwas langatmigen Überlegungen an dieser Stelle ab und bitten Sie, selbst zu überprüfen, daß sich als Nutzen der Periode Null

$$U_V(0) = 1 - r + ri - r^2 i + r^2 i^2 \qquad (24.24)$$

bzw.

$$U_K(0) = r - ri + r^2 i - r^2 i^2 \qquad (24.25)$$

ergeben. Auch hier erkennen wir wieder eine Regelmäßigkeit, so daß beispielsweise der Nutzen des Verkäufers (der Nutzen des Käufers ist immer die Restgröße zum Gesamtnutzen von 1) bei einer Erhöhung der Periodenzahl

$$U_V(0) = 1 - r + ri - r^2 i + r^2 i^2 - r^3 i^2 + r^3 i^3 \ldots - \ldots r^{\frac{n}{2}} \cdot i^{\frac{n}{2}-1} + r^{\frac{n}{2}} \cdot i^{\frac{n}{2}} \qquad (24.26)$$

ist. Für sehr hohe Periodenzahlen n konvergieren die Nutzen der Verhandlungspartner gegen

$$U_V(0) = \frac{1-r}{1-ir} \qquad (24.27)$$

bzw.

$$U_K(0) = \frac{r-ir}{1-ir} \qquad (24.28)$$

Man sieht leicht, daß sich der Fall im Unterabschnitt zuvor als Spezialfall dieser etwas allgemeineren Überlegungen darstellen läßt, indem man i=r setzt.[13] Analog lassen sich wieder einige interessante Schlußfolgerungen ziehen:

– wenn ein Diskontierungsfaktor Eins ist und einer unter Eins liegt, so geht der gesamte Nutzen aus den Verhandlungen an den „geduldigeren" Spieler (setzen Sie beispielsweise in Gleichung (24.27) für r 0,99 und für i Eins ein, um dies zu sehen). Der Grund dafür ist intuitiv nachvollziehbar: wenn einem Spieler der Einigungszeitpunkt bzw. die Anzahl der Verhandlungsperioden vollständig gleichgültig ist, so kann er beliebig lange warten – so lange, bis der diskontierte Nutzen selbst für einen Verhandlungspartner mit dem recht großen Diskontierungsfaktor 0,99 praktisch Null ist. Um dies zu verhindern, muß der ungeduldigere Verhandlungspartner jedes Angebot annehmen, daß ihm einen geringfügig positiven Nutzen bzw. (im Grenzwert) einen Nutzen von Null stiftet;

– allgemein gilt, daß der Nutzen eines Spielers um so größer ist, je höher der eigene und je niedriger der Diskontierungsfaktor des anderen Spielers ist. Auch dies ist einsichtig, weil ein niedriger Diskontierungsfaktor des Verhandlungspartners die eigene Position stärkt.

Bedenken Sie schließlich, daß es aus den genannten Gründen auch hier für alle denkbaren Konstellationen von Diskontierungsfaktoren zu einer pareto-effizienten Allokation der Ressourcen, d.h. zu einer Einigung in der Periode Null, kommt.

24.4 Verhandlungen mit unendlichem Zeithorizont

Wir geben nun die Annahme einer feststehenden Anzahl von Perioden auf und unterstellen, daß die Beteiligten grundsätzlich bis zum St. Nimmerleinstag verhandeln können. Unabhängig von den jeweiligen Diskontierungsfaktoren stellt sich dabei das Resultat ein, daß die in Abschnitt 24.3 für endliche Spiele mit hoher Periodenanzahl abgeleiteten Ergebnisse auch die einzigen teilspielperfekten Gleichgewichte für Spiele mit unendlichem Zeithorizont sind. Dies läßt sich am einfachsten folgendermaßen

---

13 Mit r=i lautet $U_v(0) = \frac{1-i}{1-i^2}$ und $U_k(0) = \frac{i-i^2}{1-i^2}$. Beide Nenner können mit der 3. Binomischen Formel zu $(1+i)(1-i)$ umgeformt werden. Damit ergibt sich $U_v(0) = \frac{1-i}{(1+i)(1-i)} = \frac{1}{1+i}$ und $U_k(0) = \frac{(1-i)i}{(1+i)(1-i)} = \frac{i}{1+i}$.

begründen: Betrachten sie eine beliebige Periode T, in der der Verkäufer V ein Angebot macht. Nehmen Sie ferner (grundlos) an, daß in dieser Periode der Preis p(T) von
V *und* von K akzeptiert wird. Versetzen Sie sich nun analog zu unserer bisherigen Argumentation in den Verkäufer V. V erhält in der Periode den Preis p(T), so daß sein
diskontierter Nutzen

$$U_V(T) = i^T \cdot p(T) \qquad (24.29)$$

ist. Wenn V ein Angebot des K in der Periode t=T–1 akzeptieren soll, muß dessen
diskontierter Wert Gleichung (24.29) erfüllen, so daß sein *un*diskontierter Wert

$$u_V(t = T - 1) = i^T \cdot \frac{p(T)}{i^{T-1}} = ip(T) \qquad (24.30)$$

sein muß. Wenn wir ohne Beschränkung der Allgemeinheit für K den gleichen Diskontierungsfaktor unterstellen, so bleibt für ihn als diskontierter Nutzen

$$U_K(t=T-1) = i^{T-1}(1-ip(T)) = i^{T-1}-i^T p(T) \qquad (24.31)$$

Da K demnach in der Periode t=T–2 einen *un*diskontierten Nutzen von

$$u_K(t = T - 2) = \frac{i^{T-1}}{i^{T-2}} - i^T \cdot \frac{p(T)}{i^{T-2}} = i - i^2 p(T) \qquad (24.32)$$

bekommen muß, folgt gemäß unserer üblichen Vorgehensweise als *un*diskontierter
Nutzen für den Verkäufer in der Periode t=T–2

$$u_V(t=T-2) = 1-(i-i^2 p(T)) = 1-i+i^2 p(T) \qquad (24.33)$$

Der entscheidende Punkt der Argumentation ist nun, daß sich V (für K gilt das gleiche) in der Periode T und der Periode T–2 abgesehen von der Diskontierung *in der
exakt gleichen Situation befindet*: denn in beiden Perioden macht er ein Angebot und in
beiden Perioden gibt es noch unendlich viele mögliche Verhandlungsangebote danach.
Wenn er sich aber in der gleichen Situation befindet, dann erfordert Rationalverhalten
(sofern es ein eindeutiges Gleichgewicht gibt) auch die gleiche Strategie. Dies bedeutet, daß die jeweils *un*diskontierten Nutzen bzw. seine angebotenen Preise in den Perioden T und T–2 identisch sein müssen. Denn wenn er sich in der gleichen Situation
befindet, dann wäre es irrational, verschiedene Preise anzubieten. Also gilt p(t=T) =
p(t=T–2) bzw.

$$p(T) = 1-i+i^2 p(T)^{14} \qquad (24.34)$$

Gleichung (24.34) aufgelöst nach p(T) ergibt aber genau

$$p(T) = \frac{1}{1 + i} \qquad (24.35)$$

Das einzige teilspielperfekte Gleichgewicht besteht also darin, daß der Verkäufer V in
jeder Periode den durch (24.35) gegebenen Preis bietet – woraus unmittelbar folgt, daß
der Käufer diesen gleich in der Periode Null akzeptieren sollte. Da dann auch der *un*dis-

---

14 Bedenken Sie, daß der *un*diskontierte Nutzen und der Preis für V identisch sind, so daß wir als
   Preis der Periode T–2 den Nutzen aus Gleichung (24.33) einsetzen können.

kontierte Nutzen für V dem Preis entspricht, ergibt sich das gleiche Ergebnis wie in Abschnitt 24.3.[15]

24.5 Ein dynamisches Lohnverhandlungsspiel[16]

24.5.1 Ausgangssituation

Im folgenden Verhandlungsspiel nehmen wir an, daß eine Gewerkschaft und ein Arbeitgeber über eine dauerhafte Gehaltserhöhung verhandeln. Der Zeithorizont der Verhandlungen sei bekannt und auf 3 Perioden t = 1 bis 3 beschränkt. Für die 3. Periode nehmen wir (willkürlich) an, daß die Gewerkschaft ein Angebot der Arbeitgeber auf Beibehaltung des alten Lohnes akzeptieren muß, weil die Streikkasse leer ist. Dies ist keine besonders plausible Annahme, sie soll aber auch lediglich dazu dienen, die Konsequenzen dieses drastischen Ergebnisses aus der 3. Periode zu verdeutlichen.

Unser Verkaufsverhandlungsspiel war (abgesehen von der Diskontierung) ein Nullsummenspiel, weil eine Erhöhung des Verkaufspreises um eine Geldeinheit für den Käufer Kosten und für den Verkäufer Nutzen in genau dieser Höhe stiftete (dies folgte aus der implizit getroffenen Annahme von Risiko-Neutralität). Diese Unterstellung eines Nullsummenspiels geben wir nun auf, indem wir annehmen, daß die Kosten einer Gehaltserhöhung für die Arbeitgeber (beispielsweise wegen der damit ebenfalls ansteigenden Arbeitgeberbeiträge) größer sind als die Nutzen für die Arbeitnehmer. Außerdem unterstellen wir, daß die Parteien unterschiedliche Verhandlungskosten haben, d.h. sie sind unterschiedlich „geduldig". Diesen Sachverhalt modellieren wir allerdings nicht über (unterschiedliche) Diskontierungsfaktoren, sondern wir gehen direkt von periodenabhängigen Nutzen- und Kostenfunktionen aus. Mit w als Lohnerhöhung und t als Periodenbezeichnung unterstellen wir als Kosten der Arbeitgeber und Nutzen der Gewerkschaft

$$K = 50w+5t+3t^2 \qquad (24.36)$$

$$N = 40w-2t-2t^2 \qquad (24.37)$$

Die Gleichungen (24.36) und (24.37) bringen erstens zum Ausdruck, daß die Kosten der Arbeitgeber bei steigender Lohnerhöhung w schneller zunehmen als der Nutzen der Gewerkschaft. Ferner erhöhen sich die Kosten (vermindern sich die Nutzen) progressiv, wenn die Anzahl der Verhandlungsperioden zunimmt.

24.5.2 Das Problem gleichzeitiger Gebote

In unserem Verkaufsverhandlungsspiel gingen wir davon aus, daß die beiden Parteien *abwechselnd* Gebote abgeben. Im Unterschied dazu unterstellen wir, daß in jeder Periode jeweils *beide* Parteien verdeckte Angebote abgeben, die dann von einem Schiedsrichter

---

15 Vgl. für eine formal exaktere Darstellung z.B. Tirole 1994, 430f.
16 Die Grundstruktur des folgenden Verhandlungsspiels wurde dem Fall 9-186-141 (Leckenby Company) der Harvard Business School entnommen.

miteinander verglichen werden. Sofern die Forderungen der Gewerkschaft in irgendeiner Periode nicht über dem Angebot der Arbeitgeber liegen, implementiert der Schiedsrichter ein Ergebnis, in dem die Differenz gleichmäßig aufgeteilt wird (fordert also die
Gewerkschaft beispielsweise 10 € und bieten die Arbeitgeber 12 €, so kommt es zu einer
Lohnerhöhung von 11 €). Fordert die Gewerkschaft mehr als die Arbeitgeber bieten, so
kommt es zu neuen Geboten in der nächsten Periode.

Der Übergang von alternierenden zu simultanen Geboten führt zu einer theoreti-
schen Komplikation, die sofort einsichtig wird, wenn wir uns wieder in unsere Käufer-
Verkäufer-Situation versetzen und annehmen, daß es nur *eine* Periode gibt. Sofern der
Verkäufer dann einen Preis vorschlägt, ist dieser Eins und der Käufer landet auf seinem
Reservationsnutzen von Null. Bei alternierenden Geboten ist das einzige Nash-
Gleichgewicht also wie gezeigt, daß der Anbieter den gesamten Verhandlungsnutzen
bekommt. Bei simultanen Geboten sind dagegen alle miteinander vereinbaren Preise
Nash-Gleichgewichte – denn wenn der Verkäufer 80 Cent verlangt und der Käufer 80
Cent bietet, so kann sich ebenso keiner durch abweichendes Verhalten verbessern, wie
wenn der Verkäufer nur 20 Cent verlangt und der Käufer 20 Cent bietet. Weicht nämlich der Verkäufer im letzten Fall beispielsweise auf 25 Cent ab, so sind die Gebote nicht
kompatibel und beide erhalten nur den Reservationsnutzen von Null. Also gibt es bei
einem stetig teilbaren Euro unendlich viele Nash-Gleichgewichte, nämlich alle kompati-
blen Vorschläge. Die Lösung ist bei simultanen Geboten also schon im einmaligen Spiel
„eigentlich" unterbestimmt. Die Spieltheorie hilft sich in diesem Fall mit der *Vermutung,
daß in symmetrischen Situationen von allen möglichen Nash-Gleichgewichten das zustande kommen
wird, in dem der Nutzenzuwachs gleichmäßig aufgeteilt wird.* Man nennt dies einen *focal point*, was
etwa bedeuten soll, daß es sich um ein psychologisch besonders einsichtiges und daher
auch besonders wahrscheinliches Nash-Gleichgewicht handelt. Mit dem gleichen (ad
hoc) Argument nehmen wir für unser Verhandlungsspiel an, daß der Nutzen*zuwachs* aus
den Verhandlungen 50:50 aufgeteilt wird, um mit dem Problem gleichzeitiger Gebote
umgehen zu können.

24.5.3 Lösung durch Rückwärtsinduktion

Mit dieser Unterstellung können wir das Spiel nun wieder durch die gewöhnliche Methode der Rückwärtsinduktion lösen. Dazu bedenken wir zunächst, daß die Gewerkschaft in der Periode t=3 eine Lohnerhöhung von Null akzeptieren muß. Damit
sind die Nutzen und Kosten für t=3 eindeutig definiert. Wenn wir w=0 und t=3 in
(24.36) und (24.37) einsetzen, so erhalten wir

$$K_3 = 5\cdot3+3\cdot3^2 = 42 \tag{24.38}$$

$$N_3 = -2\cdot3 - 2\cdot3^2 = -24 \tag{24.39}$$

Diese Werte sind nun gleichzeitig die *Reservationsnutzen* für die 2. Periode, weil sie angeben, welchen Nutzen die beiden Seiten beim Scheitern der Verhandlungen erhalten.
Da sie dies in t = 2 antizipieren, bestimmen die Reservationsnutzen das Verhalten in
dieser Periode. Nun können wir die Nutzenzuwächse definieren als Differenz der Nutzen in der 2. Periode und der Reservationsnutzen (in der 3. Periode). Diese sind

$$K_3-K_2 = 42 - (50w+5\cdot2+3\cdot2^2) = 20 - 50w \qquad (24.40)$$

$$N_2-N_3 = 40w - 2\cdot2 - 2\cdot2^2- (-24) = 40w+12 \qquad (24.41)$$

Bedenken Sie bitte, daß wir bei den Arbeitgebern K_3-K_2 und bei den Gewerkschaften N_2-N_3 (also vertauschte Periodenindizes) schreiben müssen, weil es einmal Kosten und einmal Nutzen sind. Die Idee des focal point ist wie erläutert, daß die Nutzenzuwächse identisch sein müssen. Wir setzen somit die Gleichungen (24.40) und (24.41) gleich und erhalten eine Lohnerhöhung von

$$w_2 = 0,0889 \qquad (24.42)$$

Die Gewerkschaft kann in der 2. Periode also schon einen kleinen Lohnzuwachs durchsetzen, weil das Unternehmen auch einen Anreiz zu einer Einigung vor $t=3$ hat. Der Lohnzuwachs ist aber noch klein, weil er in der 3. Periode Null ist. Aus $w=0,0889$ ergeben sich als Kosten und Nutzen in der 2. Periode

$$K_2 = 50\cdot0,0889+5\cdot2+3\cdot2^2 = 26,445 \qquad (24.43)$$

$$N_2 = 40\cdot0,0889 - 2\cdot2 - 2\cdot2^2 = -8,444 \qquad (24.44)$$

Der Vergleich mit den Reservationsnutzen aus Periode $t = 3$ zeigt nun in der Tat, daß der Nutzenzuwachs für beide gleich ist.

Dieses Prinzip läßt sich grundsätzlich auf beliebig viele Perioden anwenden, wodurch es analog zum Verkaufsverhandlungsspiel in der ersten Periode zu einer *sofortigen* Einigung kommt. Für die Periode $t = 1$ erhalten wir als Nutzenzuwächse

$$K_2 - K_1 = 26,445 - (50w+5+3) = 18,445 - 50w \qquad (24.45)$$

$$N_1 - N_2 = 40w - 2 - 2+8,444 = 40w+4,444 \qquad (24.46)$$

Die Gleichsetzung der beiden Nutzenzuwächse führt zu einem Lohnzuwachs von

$$w_1 = 0,1556 \qquad (24.47)$$

und zu zugehörigen Kosten und Nutzen von

$$K_1 = 15,78 \quad \text{und} \quad N_1 = 2,224 \qquad (24.48)$$

Im Kern haben wir also auf unser Lohnverhandlungsspiel das gleiche Prinzip angewendet wie auf das zuvor besprochene Verkaufsverhandlungsspiel. Ein wichtiger Unterschied ist allerdings, daß es aufgrund der simultanen Gebote für einzelne Perioden unendlich viele Nash-Gleichgewichte gibt, so daß wir auf die Hilfskonstruktion des focal points zurückgreifen mußten, um ein uns plausibel erscheinendes Gleichgewicht skizzieren zu können.

24.6 Das Coase-Theorem im Rahmen der (nicht-kooperativen) Spieltheorie

24.6.1 Überblick

Nach den bisherigen Überlegungen können wir nun leicht auch das Coase-Theorem im Rahmen der nicht-kooperativen Verhandlungstheorie analysieren. Dabei wollen wir überprüfen, unter welchen Bedingungen über den Verhandlungsprozeß und die Informationsstruktur die Coasesche Hypothese von der effizienten Internalisierung externer Effekte zutrifft. Wir unterscheiden zwischen Situationen mit vollständiger (Abschnitt 24.6.2) und asymmetrischer Information (Abschnitt 24.6.3).

24.6.2 Vollständige Information

In Anlehnung an die Darstellung des Coase-Theorems in Abschnitt 19.4 verwenden wir folgende Definitionen und Modellannahmen:

- $U(x)$ ist der Nutzen des Viehzüchters; $\partial U/\partial x$ der zugehörige positive und abnehmende Grenznutzen. x^{max} ist die maximale Freßmenge, bei der der Grenznutzen Null ist. $U(x^{max})$ ist der zugehörige Nutzen des Viehzüchters;
- $K(x)$ ist der Schaden des Getreidebauern; $\partial K/\partial x$ wieder der zugehörige (positive und steigende) Grenzschaden;
- und die soziale Wohlfahrt als Nutzensumme beider ist entsprechend $W(x) = U(x)-K(x)$.

Wir nehmen willkürlich an, daß die Eigentumsrechte beim Viehzüchter liegen, so daß die Tiere beim Scheitern der Verhandlungen bis x^{max} fressen. Dies bedeutet, daß die jeweiligen Reservationsnutzen durch $K(x^{max})$ bzw. $U(x^{max})$ gegeben sind. Wir unterstellen wieder einen denkbar einfachen Verhandlungsprozeß, bei dem der Getreidebauer dem Viehzüchter ein „take-it-or-leave-it"-Angebot über Kompensationszahlungen macht.

Ganz analog zu unseren bisherigen Überlegungen weiß der Getreidebauer, daß der Viehzüchter jedes Angebot akzeptieren wird, das ihm mindestens den gleichen Nutzen garantiert wie der Abbruch der Verhandlungen. Das Spiel unterscheidet sich demnach kaum von der einfachsten Variante ultimativer Verhandlungen, weil es von der ökonomischen Logik her ganz gleichgültig ist, ob über den Preis für eine Ware oder die Höhe des externen Effekts verhandelt wird. Der einzige Unterschied ist, daß die „Ware" (der externe Effekt) nun teilbar ist.

Da die Eigentumsrechte beim Viehzüchter liegen, ist dessen Reservationsnutzen $U(x^{max})$. Diesen Reservationsnutzen muß der Getreidebauer G berücksichtigen, damit der Viehzüchter V akzeptiert. G bietet V nun eine Kompensationszahlung $z(x^a)$ an, die der Viehzüchter genau dann erhält, wenn die Tiere maximal x^a abfressen.

Damit der Viehzüchter das Angebot annimmt, muß

$$U(x^a)+z(x^a) \geq U(x^{max}) \tag{24.49}$$

bzw. – im Grenzfall –

$$U(x^a)+z(x^a) = U(x^{max}) \tag{24.50}$$

gelten. Gleichung (24.50) drückt den verbal bereits erläuterten Sachverhalt aus, daß der Viehzüchter ein Angebot dann akzeptieren wird, wenn er gerade noch seinen Reservationsnutzen erhält.

Wenn der Viehzüchter das Angebot annimmt, sind die Gesamtkosten (K_G) des Getreidebauern als Summe aus Schaden und Kompensationszahlungen

$$K_G = K(x^a)+z(x^a) \tag{24.51}$$

Nimmt der Viehzüchter nicht an, so entsprechen die Gesamtkosten des Getreidebauern dem Schaden (bzw. seinem Reservationsnutzen) und sind

$$K_G = K(x^{max}) \qquad (24.51a)$$

weil der Viehzüchter seine Tiere dann rücksichtslos bis x^{max} fressen lassen wird.

Aus dem Entscheidungskalkül des Viehzüchters in Gleichung (24.50) weiß der Getreidebauer, daß die erforderliche Kompensationszahlung

$$z(x^a) = U(x^{max}) - U(x^a) \qquad (24.50a)$$

ist.

Gleichung (24.50a) ist auch intuitiv einsichtig: der Getreidebauer muß dem Viehzüchter eine Kompensationszahlung anbieten, die mindestens der Nutzendifferenz aus der maximalen Freßmenge und der Freßmenge entspricht, bei der die Kompensationszahlung gerade noch entrichtet wird.

Setzen wir (24.50a) in (24.51) ein, dann ergeben sich als Gesamtkosten des Getreidebauern

$$K_G = K(x^a) + U(x^{max}) - U(x^a) \qquad (24.51b)$$

Wir behaupten zunächst einmal unbewiesen, daß es ein x^a gibt, für das

$$K(x^a) + U(x^{max}) - U(x^a) < K(x^{max}) \qquad (24.52)$$

gilt. Wenn (24.52) gilt, dann ist es für den Getreidebauern wünschenswert, daß der Viehzüchter den Vertrag annimmt. Wir unterstellen also, daß der Getreidebauer die Annahme durch den Viehzüchter wünscht und fragen danach, für welches x^a sich der Getreidebauer dann entscheidet. Bedenken Sie zunächst, daß $U(x^{max})$ eine *Konstante* ist, die der Getreidebauer mit seinem Vertragsangebot daher auch nicht beeinflussen kann. Er kann zwar beeinflussen, ob x^{max} gewählt wird, aber die Höhe von $U(x^{max})$ ist gegeben. Als variabler Teil in (24.52) bleibt demnach nur $K(x^a) - U(x^a)$. Die Zielsetzung des Getreidebauern ist es also, mit der genauen Form seines Angebots $K(x^a) - U(x^a)$ zu minimieren, weil er $U(x^{max})$ nicht verändern kann.

Die *Minimierung* von $K(x^a) - U(x^a)$ ist aber identisch mit der *Maximierung* von $U(x^a) - K(x^a)$. Diese Überführung der Minimierung von $K(x^a) - U(x^a)$ in die Maximierung von $U(x^a) - K(x^a)$ ist deshalb nützlich, weil $U(x^a) - K(x^a)$ genau die soziale Wohlfahrt bei x^a ist. Wir haben daher hergeleitet, daß das Entscheidungskalkül des Getreidebauern bei der Wahl seines Vertragsangebots genau mit dem Entscheidungskalkül des fiktiven „sozialen Planers" bei der Maximierung der sozialen Wohlfahrtsfunktion übereinstimmt. Diese Übereinstimmung der beiden Zielfunktionen ist aber ein hinreichender Beweis dafür, daß sich der Getreidebauer genau für das x entscheidet, das die soziale Wohlfahrt maximiert, denn wenn zwei Zielfunktionen identisch sind, so werden sie auch durch die gleiche Größe maximiert. Also wählt der Getreidebauer x^f.

Damit ist gezeigt, daß die Verhandlung zum pareto-effizienten x^f führt, sofern der Getreidebauer möchte, daß der Viehzüchter das Angebot annimmt. Dies haben wir bisher aber noch nicht bewiesen, sondern vorausgesetzt. Damit sich die Annahme durch den Viehzüchter für den Getreidebauern lohnt, müssen seine Gesamtkosten aus

Schäden und Kompensationszahlungen geringer sein als ohne Verhandlungsergebnis. Formal heißt dies, daß

$$K(x^f)+U(x^{max}) - U(x^f) < K(x^{max}) \qquad (24.52a)$$

gelten muß, da er sich für x^f entscheidet. Wenn wir $U(x^{max})$ auf die rechte Seite schreiben, so ergibt sich

$$K(x^f)-U(x^f) < K(x^{max}) - U(x^{max}) \qquad (24.52b)$$

Vertauschen wir gemeinsam die Vorzeichen und das Ungleichheitszeichen, so folgt

$$U(x^f)-K(x^f) > U(x^{max}) - K(x^{max}) \qquad (24.52c)$$

(24.52c) drückt aber nichts anderes als die Bedingung aus, daß die Wohlfahrt im Pareto-Optimum größer ist als bei der maximalen Freßmenge – was selbstverständlich aus der Definition eines Pareto-Optimums folgt.

Lassen Sie uns nochmals die Analogie zur „gewöhnlichen" Verhandlungstheorie aus den Abschnitten zuvor betonen. Dort haben wir schon erwähnt, daß bei vollständiger Information *alle* klar spezifizierten Verhandlungsprozesse zum Pareto-Optimum führen – also muß dies auch für das „take-it-or-leave-it"-Angebot des Getreidebauern gelten. Unter Verteilungsgesichtspunkten führen ultimative Verhandlungen ohne Diskontierung stets zu dem extremen Resultat, daß derjenige, der zuletzt ein Angebot empfängt, auf seinen Reservationsnutzen gedrückt wird, während der gesamte Verhandlungsgewinn an den Kontrahenten geht. Hätte der Viehzüchter das Angebot machen können, so wäre die Verteilung des Verhandlungsgewinns genau umgekehrt gewesen; bei einem Verhandlungsspiel ohne festgelegte letzte Periode mit identischen Diskontfaktoren wäre der Gewinn wieder im Verhältnis 50:50 zwischen den beiden Parteien aufgeteilt worden. Das Coase-Theorem ist also in der Tat lediglich ein einfacher Spezialfall der allgemeinen spieltheoretischen Analyse von Verhandlungen.

24.6.3 Unvollständige Information

Die Situation wird komplizierter, wenn wir annehmen, daß einer der Beteiligten lediglich seine eigene Nutzenfunktion, aber nicht die Nutzen- bzw. Schadensfunktion des anderen kennt. Dabei lassen sich grundsätzlich drei Fälle unterscheiden: entweder kennt der Geschädigte die Nutzenfunktion des Schädigers nicht, oder der Schädiger kennt die Kostenfunktion des Geschädigten nicht, oder beide haben unvollständige Information über den anderen. Wir nehmen zunächst an, daß der Getreidebauer – allgemein formuliert der Geschädigte – vollständige Information hat, während der Viehzüchter – allgemein der Schädiger – lediglich seine Nutzenfunktion, aber nicht die Schadensfunktion des Geschädigten kennt.

Eine einfache Überlegung zeigt, daß es dann immer noch zur pareto-effizienten Freßmenge x^f kommt: da der Getreidebauer die Nutzenfunktion des Viehzüchters kennt, wird er diese bei der Festlegung von z akkurat berücksichtigen. Er wird also genau das gleiche Angebot machen wie zuvor, weil er weiterhin daran interessiert ist, daß der Viehzüchter seine Freßmenge reduziert. Die Unkenntnis des Viehzüchters über K(x) spielt aber gar keine Rolle, weil diese den Viehzüchter ohnehin nicht interessiert. Für sein Verhalten sind nur U(x) sowie die Höhe der Kompensationszahlung z entscheidend. Bei dieser Informationsverteilung führt daher genau das gleiche Vertragsangebot wie bei vollständiger Information zum Optimum.

Interessanterweise ändert sich das Ergebnis *drastisch*, wenn wir nun umgekehrt annehmen, daß zwar der Viehzüchter K(x) kennt, aber der Getreidebauer keine vollständige Information über U(x) hat. Die allgemeine Analyse von Verhandlungen im Rahmen der Spieltheorie hat gezeigt, daß es unter diesen Umständen *keine* Verhandlungen – und seien diese auch noch so kompliziert – gibt, die mit Sicherheit zum Optimum führen. Da der formale Nachweis kompliziert ist, möchten wir Sie lediglich bitten, die Intuition nachzuvollziehen:[17]

– wenn weiterhin der Getreidebauer das Angebot unterbreitet, kann es zu keiner effizienten Lösung kommen, weil der Getreidebauer nicht weiß, welches z er anbieten muß, damit der Viehzüchter den Vertrag annimmt. Einerseits möchte er ein niedriges z festlegen, weil dies seine Gesamtkosten $K_G = K(x^a) + z(x^a)$ reduziert, sofern der Viehzüchter den Vertrag annimmt. Andererseits erhöht ein niedriges z aber die Gefahr, daß der Vertrag nicht zustande kommt. Vor allem kommt ein Vertragsangebot des Getreidebauern für eine effiziente Lösung aber schon deshalb nicht in Frage, weil dieser das Optimum nicht kennt, denn das Optimum hängt auch von U(x) ab;

– weniger einsichtig ist, warum ein Optimum selbst dann nicht zustande kommt, wenn der Viehzüchter ein Angebot macht. Da dieser über U(x) *und* K(x) informiert ist, kennt er das Pareto-Optimum. Man sollte daher annehmen, daß er das Pareto-Optimum durch ein entsprechend geschicktes Angebot implementieren kann. Das Problem ist aber, daß der Getreidebauer mißtrauisch ist. Er weiß nämlich, daß der Viehzüchter versuchen wird, seinen Informationsvorsprung auszunutzen, um dadurch einen möglichst großen Teil des Verhandlungsgewinns einzustreichen. Konkret weiß der Getreidebauer, daß der Viehzüchter versuchen wird, möglichst hohe Kompensationszahlungen zu erhalten. Dies versucht der Viehzüchter zu erreichen, indem er in seinem Angebot zum Ausdruck bringt, daß $U(x^{max})$ sehr hoch ist, so daß sein Reservationsnutzen sehr hoch ist (denn $U(x^{max})$ kann er stets erreichen). Ein hohes $U(x^{max})$ bedeutet demnach, daß der Viehzüchter hohe Kompensationszahlungen benötigt, damit überhaupt ein Vertrag zustande kommt. Um dieser strategischen Fehlinformation des Viehzüchters nicht hoffnungslos ausgeliefert zu sein, darf der Getreidebauer nicht jeden beliebigen Vertrag annehmen. Er wird daher einige Verträge ablehnen. Da er aber den wirklichen Nutzen des Viehzüchters nicht kennt, kann es ohne weiteres passieren, daß er dabei auch effiziente Vertragsangebote ablehnt – denn er weiß nicht, wo das Pareto-Optimum liegt. Dagegen könnten Sie einwenden, daß der Getreidebauer doch – wenn er rational ist – jeden Vertrag annehmen muß, der ihn besser stellt als die Kosten $K(x^{max})$ bei Abbruch der Verhandlungen. Dies ist zwar grundsätzlich richtig, doch besteht das Problem gerade darin, daß der Getreidebauer x^{max} – und damit auch $K(x^{max})$ – nicht kennt. Daher weiß er auch nicht, ob ihn die Annahme

---

17 Der Nachweis stammt von Myerson 1979; Dasgupta/Hammond/Maskin 1979. Ein Beweis findet sich z.B. bei Fudenberg/Tirole 1991, 255ff.

oder die Ablehnung des Vertrags besser stellt und wird möglicherweise Fehlentscheidungen treffen.

Die spieltheoretische Analyse von Verhandlungsprozessen hat nun wie erwähnt
gezeigt, daß auch kompliziertere Verträge das Problem nicht lösen können.[18]
Demnach können wir folgendes festhalten:

– die Coasesche Behauptung, daß Verhandlungen zum Optimum führen *können*,
  bestätigt sich innerhalb der (nicht-kooperativen) Spieltheorie, sofern vollständige
  Information besteht;

– bei unvollständiger Information hängt die Möglichkeit zur Erreichung eines Opti-
  mums davon ab, ob der Geschädigte oder der Schädiger vollständig informiert ist.
  Im ersten Fall prognostiziert die Spieltheorie ein effizientes Ergebnis, im zweiten
  Fall nicht. Dieses Ergebnis der Ineffizienz erstreckt sich auf alle Typen möglicher
  Verhandlungsprozesse, sofern diese im Rahmen der nicht-kooperativen Spiltheo-
  rie untersucht werden.

24.7 Verkaufsverhandlungen bei unvollständiger Information[*]

24.7.1 Grundlagen

Wir wollen nun wieder zu unserem Verkaufsverhandlungsspiel aus den Abschnitten
24.2 bis 24.4 zurückkehren, die Annahme vollständiger Information aber aufgeben.

Die unvollständige Information besteht darin, daß zwar der Käufer die Präferenzen des Verkäufers, der Verkäufer aber nicht die des Käufers kennt. Da es sich um ein
dynamisches (nämlich zweistufiges) Modell bei asymmetrischer Information handelt,
müssen wir analog zu Abschnitt 22.5 über den Markteintritt bei unvollständiger Information das Lösungskonzept des Perfekten Bayesianischen Gleichgewichts verwenden.

Über die Wertschätzungen der Beteiligten für das betrachtete Gut gelten folgende
Annahmen:

– den Nutzen des Verkäufers V normieren wir zu Null, um die Analyse möglichst
  einfach zu halten;

– der Nutzen des Käufers K ist entweder k_1 oder k_2,[19] wobei $0 < k_1 < k_2$ gilt. Dies
  garantiert, daß der Verkauf der Ware auf jeden Fall pareto-effizient ist;

– V ordnet den Wertschätzungen k_1 und k_2 zu Beginn des Spiels die Wahrscheinlichkeiten p_1 und $p_2 = 1 - p_1$ zu. K wiederum ist über diese Wahrscheinlichkeitszuordnungen durch V informiert;[20]

– beide haben einen gemeinsamen Diskontierungsfaktor $i < 1$.

Das Verhandlungsspiel ist folgendermaßen spezifiziert:

---

18 Das gleiche gilt selbstverständlich bei beidseitig unvollständiger Information.

19 Für eine schöne Darstellung der Problematik vgl. auch Rasmusen 1994, 285ff. Für die Ausdeh-
    nung des Problems auf stetige Präferenzen des Käufers vgl. z.B. Fudenberg/Tirole 1991, 405ff.

20 Dies entspricht der Annahme von common knowledge, die wir in Abschnitt 22.2 bei der Einfüh-
    rung des Bayesianischen Gleichgewichts ausführlich erläutert haben.

– es gibt zwei Perioden, Periode Null und Periode Eins. In Periode Null macht V dem K ein Angebot in Höhe des Preises m_0. Wenn K akzeptiert, sind die Nutzen gemäß den oben getroffenen Annahmen $U_V = m_0$ und $U_K = k_i - m_0$, wobei k_i entweder k_1 oder k_2 sein kann;

– wenn K in der Periode Null ablehnt, so verlangt V in Periode Eins den Preis m_1. Lehnt K ab, so ist der Nutzen beider Null. Akzeptiert K, so sind die Nutzen $U_V = i(m_1)$ und $U_K = i(k_i - m_1)$, wobei k_i wieder k_1 oder k_2 sein kann.

Bedenken Sie, daß der Verkäufer im Idealfall versuchen möchte, jedem der beiden Käufertypen einen Preis in Höhe derer maximalen Zahlungsbereitschaft abzunehmen, um so einen maximalen Nutzen zu erzielen. Er kann also versuchen, zwischen den unterschiedlichen Käufertypen zu *screenen*, so daß wir an die in Abschnitt 23.4 durchgeführten Überlegungen anknüpfen.

24.7.2 Pessimistische Erwartungen

Da es sich um ein *endliches* dynamisches Spiel handelt, können wir dieses mit Rückwärtsinduktion lösen. Versetzen wir uns dazu zunächst in den Verkäufer V in Periode Eins. V weiß, daß Typ k_1 jeden Preis $m_1 = k_1$ gerade noch akzeptiert, während k_2 für $m_1 = k_2$ noch zugreift. Daraus folgt unmittelbar, daß in Periode Eins als Angebote nur noch k_1 und k_2 in Frage kommen. Denn jeder Preis dazwischen wird auch nicht öfter angenommen als k_2, stiftet für V aber einen geringeren Nutzen.

Wir nehmen nun zunächst willkürlich an, daß der Käufer K in der Periode Null ein bestimmtes Angebot m_0 *mit Sicherheit ablehnt*. *Wenn* der Käufer K in Periode Null mit Sicherheit ablehnt, dann hat der Verkäufer V keinerlei Möglichkeit, seine Wahrscheinlichkeitsverteilung über k_1 und k_2 zu ändern, da er keine neuen Informationen erhält. Es gibt also dann kein Bayesianisches updating, die ex-post Wahrscheinlichkeitsverteilung entspricht der ex-ante Wahrscheinlichkeitsverteilung. Unter diesen Umständen wird der Verkäufer V *in Periode Eins* genau dann den niedrigen Preis k_1 verlangen, wenn

$$i \cdot k_1 > i(p_2 \cdot k_2) \tag{24.53}$$

bzw.

$$k_1 > p_2 \cdot k_2 \tag{24.54}$$

gilt. Nimmt er nämlich den hohen Preis, so erzielt er mit der Wahrscheinlichkeit p_2 den Gewinn k_2 und mit der Wahrscheinlichkeit $1 - p_2$ den Gewinn Null (weil Typ k_1 ablehnt), so daß sein erwarteter Gewinn $p_2 \, k_2$ ist. Verlangt er dagegen nur k_1, so nehmen beide Typen an. Wenn Ungleichung (24.54) erfüllt ist, so spricht man auch von *pessimistischen* Erwartungen, weil V so pessimistisch ist, daß er in Periode Eins den niedrigen Preis verlangt. V weiß also, daß er mit Sicherheit den Nutzen $U_V = i \cdot k_1$ erzielt, sofern er pessimistische Erwartungen hat und beide k-Typen sein Angebot in der Periode Null ablehnen. Denn dann ist die *ex-ante* Wahrscheinlichkeit p_2 für Käufertyp Zwei relevant, weil hier kein updating möglich ist.

Versetzen wir uns nun in den Käufer. Wenn der Verkäufer in der Periode Null den Preis k_1 verlangt, so greifen beide Käufertypen zu, weil V niemals darunter gehen wird und es wegen des Diskontfaktors i besser ist, möglichst früh zu kaufen. Interessant sind also Preise $m_0 > k_1$. Alle m_0 über k_1 muß der Typ k_1 aber ablehnen, weil sein Nutzen sonst negativ wäre. Die interessante Frage ist also, ob auch k_2 ablehnt. *Wenn* Typ 2 einen Preis m_0 mit Sicherheit ablehnt, dann bleibt der Verkäufer bei seinen pessimistischen Erwartungen, weil dann *beide* Typen ablehnen und kein updating möglich ist. Der Käufertyp k_2 erhält in Periode Eins dann mit Sicherheit den Nutzen

$$U_K = i\,(k_2 - k_1) \tag{24.55}$$

Da er andernfalls den Nutzen

$$U_K = k_2 - m_0 \tag{24.56}$$

erhält, lehnt der Käufertyp k_2 also ab für

$$i(k_2 - k_1) > k_2 - m_0 \tag{24.57}$$

bzw.

$$m_0 > k_2 - ik_2 + ik_1 \tag{24.58}$$

Was heißt dies für den Verkäufer V? Offensichtlich kommen Preise, die der Ungleichung (24.58) genügen, *nicht* in Frage. Denn dann lehnen beide k-Typen mit Sicherheit ab, und der Erwartungsnutzen des Verkäufers V ist wegen seiner pessimistischen Erwartungen nur $i \cdot k_1$. Wählt er dagegen gleich $m_0 = k_1$, so greifen beide zu und sein Erwartungsnutzen ist k_1. Er hat also zunächst zwei mögliche Preise in Periode Null zur Auswahl (in Periode Eins nimmt er sowieso k_1, weil er pessimistische Erwartungen hat):

- entweder er wählt gleich $m_0 = k_1$ und erzielt einen Erwartungsnutzen von k_1, weil beide annehmen;
- oder er wählt $m_0 = k_2 - ik_2 + ik_1$, weil dann der Typ k_2 gerade noch annimmt (Ungleichung (24.58) ist verletzt), während der Typ k_1 ablehnt.

Im zweiten Fall (also für $m_0 = k_2 - ik_2 + ik_1$) ist der Erwartungsnutzen für V

$$U_V = p_2 \cdot m_0 + p_1(i \cdot k_1) \tag{24.59}$$

bzw. (mit Einsetzen der durch Ungleichung (24.58) gegebenen Grenze für m_0 und $p_1 = 1 - p_2$)

$$U_V = p_2\,(k_2 - ik_2 + ik_1) + (1 - p_2) \cdot (i \cdot k_1) = p_2 k_2 (1 - i) + ik_1 \tag{24.60}$$

Der erste Summand ergibt sich für den Fall, daß er auf Typ k_2 trifft (gewichtet mit der Wahrscheinlichkeit p_2). Trifft er auf Typ 1, so lehnt dieser ab und V verlangt in der Periode Eins k_1, wobei er seinen Nutzen mit i diskontiert. Bei pessimistischen Erwartungen verlangt V also den maximalen Preis $m_0 > k_1$, der Ungleichung (24.58) verletzt, wenn sein durch Ungleichung (24.60) gegebener Nutzen größer als k_1 ist, d.h. wenn

$$p_2 k_2 (1 - i) + ik_1 > k_1 \tag{24.61}$$

gilt. Umformen von (24.61) führt aber zu

$$p_2 k_2 > k_1 \qquad (24.62)$$

was im Widerspruch zur Ungleichung

$$k_1 > p_2 \cdot k_2 \qquad (24.63)$$

steht, die ja der Definition pessimistischer Erwartungen in (24.54) entspricht. *Daraus folgt unmittelbar, daß bei pessimistischen Erwartungen das einzige Gleichgewicht darin besteht, daß V in der Periode Null bereits den niedrigen Preis $m_0 = k_1$ verlangt und beide Käufertypen akzeptieren.* Pessimistische Erwartungen garantieren demnach eine pareto-effiziente Allokation – beide Typen kaufen sofort, so daß der Tausch immer zum richtigen Zeitpunkt zustande kommt. Wie läßt es sich erklären, daß der Verkäufer V bei pessimistischen Erwartungen keinerlei Möglichkeit hat, dem Käufertyp k_2 einen Teil seiner hohen Zahlungsbereitschaft abzunehmen? Vereinfacht formuliert liegt dies daran, daß der Verkäufer angesichts seines geringen p_2 (er hat pessimistische Erwartungen) einen geringen Erwartungsnutzen aus m_0 hat – zumal m_0 niedrig sein muß, weil k_2 angesichts seiner Kenntnis, daß V pessimistische Erwartungen hat, gefahrlos ablehnen kann. Der exaktere Grund ist, daß der Verkäufer dem guten Typ in *beiden Situationen* (also wenn dieser m_0 annimmt bzw. ablehnt) den gleichen Erwartungsnutzen bieten muß. Dies liegt daran, daß der gute Typ seinen Nutzen bei Ablehnung von m_0 genau kennt, weil er annahmegemäß weiß, daß V pessimistische Erwartungen hat. Da der Erwartungsnutzen von K demnach konstant ist, erhält V einfach die Differenz aus dem Gesamtnutzen und einer Konstanten (nämlich dem Erwartungsnutzen von K). Die Nutzenmaximierung von V unterscheidet sich von der sozialen Wohlfahrtsfunktion also nur durch eine Konstante, so daß sich V aus Eigeninteresse für das *Pareto-Optimum* entscheidet – und dies setzt voraus, daß der Tausch in der Periode Null zustande kommt. Zur Vermeidung überzogener Schlußfolgerungen muß allerdings hinzugefügt werden, daß sich dieses Ergebnis schon dann nicht mehr einstellen muß, wenn der Verkäufer und der Käufer unterschiedliche Diskontraten haben.[21] Es ist dann ohne weiteres möglich, daß der Verkäufer seinen Erwartungsnutzen maximiert, indem er den durch die Verletzung von Ungleichung (24.58) definierten, maximalen Preis

$$m_0 = k_2 - i k_2 + i k_1 \qquad (24.64)$$

nimmt, bei dem der gute Typ in Periode Null gerade noch zugreift.

24.7.3 Optimistische Erwartungen

Wir kommen nun zu dem Fall, in dem der Verkäufer optimistische Erwartungen hat. Erinnern Sie sich dazu zunächst an unsere Definition pessimistischer Erwartungen: unter pessimistischen Erwartungen haben wir verstanden, daß der Verkäufer in der Periode Eins den niedrigen Preis k_1 verlangt, sofern in der Periode Null beide Typen ablehnen (dies entspricht der in Ungleichung (24.54) formulierten Annahme). Wenn Ungleichung (24.54) dagegen nicht erfüllt ist, so ist der Erwartungsnutzen des Verkäu-

---

21 Vgl. für eine Darstellung dieser Situation z.B. Tirole 1994, 440f.

fers in Periode Eins, gegeben die ex-ante Wahrscheinlichkeit p_2 für den guten Typ k_2, größer, wenn er den hohen Preis k_2 nimmt.

Aus dieser Überlegung folgt unmittelbar, daß der gute Typ in Periode Null einen Preis m_0 mit $k_2 \geq m_0 > k_1$ *nicht* mit Sicherheit ablehnen kann: denn dann lehnen beide Typen ab, der Verkäufer bleibt bei seiner Wahrscheinlichkeitsverteilung über die Typen, wählt angesichts seiner optimistischen Erwartungen in Periode Eins k_2 und der gute Typ hat einen Nutzen von Null. Wenn er ein Angebot $m_0 > k_1$ mit Sicherheit annehmen würde, so würde der Verkäufer im Fall einer Ablehnung in Periode Eins mit Sicherheit k_1 wählen, weil er definitiv den schlechten Typ vor sich hätte. Also würde der gute Typ nur dann mit Sicherheit annehmen, wenn

$$i(k_2 - k_1) \leq (k_2 - m) \tag{24.65}$$

bzw.

$$m \leq k_2 - i(k_2 - k_1) \tag{24.66}$$

gilt. Eine Möglichkeit besteht also darin, daß der Verkäufer

$$m = k_2 - i(k_2 - k_1) \tag{24.67}$$

nimmt und der Käufer zugreift. Sobald der Verkäufer einen höheren Preis nimmt, kann der Käufer nicht mehr mit Sicherheit annehmen, weil dann Ungleichung (24.66) verletzt wäre. In diesem Fall randomisiert der Käufer, so daß sich die Wahrscheinlichkeit dafür, daß es sich um einen guten Typ handelt, ändert. Im Unterschied zur *ex-ante* Wahrscheinlichkeit für den Typ k_2 nennen wir die *ex-post* Wahrscheinlichkeit q_2. Ferner bezeichnen wir die Wahrscheinlichkeit dafür, daß der gute Typ ein Angebot m_0 in der Periode Null ablehnt, mit z. Dann ergibt sich q_2 für den Fall einer Ablehnung gemäß der Bayesschen Regel aus

$$q_2 = \frac{p_2 \cdot z}{p_2 \cdot z + p_1} \tag{24.68}$$

Im Zähler von (24.68) steht die ex-ante Wahrscheinlichkeit für den guten Typ (p_2), multipliziert mit der Wahrscheinlichkeit dafür, daß dieser das Angebot ablehnt (z). Insgesamt steht im Zähler also die Wahrscheinlichkeit dafür, daß ein guter Typ das Angebot ablehnt. Diese Wahrscheinlichkeit wird durch die gesamte Wahrscheinlichkeit dafür dividiert, daß das Angebot abgelehnt wird (da der schlechte Typ mit Sicherheit ablehnt, ist der zweite Summand im Nenner schlicht p_1).

Der entscheidende Punkt ist nun der folgende: wenn Ungleichung (24.66) verletzt ist (also wenn der Käufer randomisiert), so muß er definitionsgemäß indifferent zwischen Annahme und Ablehnung sein. Also muß sein Erwartungsnutzen in beiden Perioden gleich sein. Einen positiven Erwartungsnutzen in Periode Eins kann er nur erzielen, wenn der Verkäufer mit einer bestimmten Wahrscheinlichkeit in Periode Eins den niedrigen Preis k_1 nimmt. Dies setzt voraus, daß die Erwartungsnutzen des Verkäufers bei k_1 und k_2 in Periode Eins identisch sind, d.h. daß

$$q_2 \cdot k_2 = k_1 \tag{24.69}$$

Wenn wir dies in die nach z aufgelöste Gleichung (24.68) einsetzen, erhalten wir eine eindeutige Ablehnungswahrscheinlichkeit z für die Periode Eins für den Fall, daß der Verkäufer indifferent zwischen k_1 und k_2 in Periode Eins sein soll:

$$z = \frac{p_1 \dfrac{k_1}{k_2}}{p_2 - p_2 \dfrac{k_1}{k_2}} \qquad (24.70)$$

Überlegen wir nun, ob die Situation, in der der Verkäufer indifferent zwischen k_1 und k_2 in Periode Eins ist, tatsächlich ein Gleichgewicht sein kann. Daß dies nicht der Fall ist, folgt daraus, daß z unabhängig von m_0 ist, sofern $m_0 > k_2 - i(k_2 - k_1)$ gilt. Anders formuliert: die Wahrscheinlichkeit, mit der der Käufer in Periode Null zugreifen muß, um den Verkäufer indifferent zu machen, ist unabhängig von der Höhe des Preises! Daraus folgt unmittelbar, daß der Verkäufer in Periode Null k_2 nimmt, denn bei gegebener Annahmewahrscheinlichkeit maximiert dies eindeutig seinen Erwartungsnutzen. k_2 nimmt der Käufer aber nur dann mit einer positiven Wahrscheinlichkeit an, wenn sein Erwartungsnutzen auch in Periode Eins Null ist, denn sonst wäre er nicht indifferent zwischen Annahme und Ablehnung. Also muß der Verkäufer auch in Periode Eins den hohen Preis nehmen, so daß der Erwartungsnutzen des Käufers in beiden Perioden Null ist. Im Gleichgewicht muß z also nicht über die Indifferenzbedingung, sondern so gewählt werden, daß der Verkäufer bei seinen optimistischen Erwartungen bleibt. Es gibt also bei optimistischen Erwartungen eine Vielzahl von Gleichgewichten, in denen der Preis über beide Perioden hinweg bei k_2 bleibt, und die sich nur durch die Wahrscheinlichkeit unterscheiden, mit der der gute Typ diesen hohen Preis bereits in Periode Null akzeptiert. In allen diesen Gleichgewichten ist der Erwartungsnutzen des Käufers Null, weil der Verkäufer den Preis nicht reduziert, lediglich der Erwartungsnutzen des Verkäufers ist um so höher, je höher die Wahrscheinlichkeit ist, mit der der gute Käufer in Periode Null akzeptiert. Ob sich der Verkäufer in Periode Null für den maximalen Preis entscheidet, den beide Käufertypen annehmen, oder ob er den hohen Preis k_2 mit dem Gleichgewicht in gemischten Strategien bevorzugt, hängt von zwei Faktoren ab: erstens von der Höhe des Diskontfaktors, weil ein niedriger Diskontfaktor dafür spricht, eine frühzeitige Annahme zu garantieren (der diskontierte Nutzen eines Verkaufs in Periode Eins sinkt). Und zweitens davon, welche Wahrscheinlichkeit der gute Käufertyp der Annahme des Angebots k_2 in Periode Null zuordnet, da dies den (diskontierten) Erwartungsnutzen des Verkäufers bestimmt.

24.8 Einige Bemerkungen zu den Ergebnissen der experimentellen Wirtschaftsforschung[E]

Im Unterschied zur empirischen versteht man unter der experimentellen Wirtschaftsforschung, daß ökonomisch relevante Situationen in künstlichen Versuchen nachgestellt werden. Die Versuche sollen dabei möglichst realitätsgerecht sein, um aus dem beobachteten Verhalten Rückschlüsse auf praxisrelevante Situationen ziehen zu können. Wegen der relativen Einfachheit der Anordnungen sind Verhandlungen verständlicherweise ein bevorzugtes Forschungsgebiet der experimentellen Wirtschaftsforschung.

Innerhalb der experimentellen Wirtschaftsforschung zu Verhandlungen wurden wiederum ultimative Verhandlungen mit alternierenden Geboten besonders häufig getestet. Die wichtigsten Ergebnisse lassen sich leicht vereinfacht folgendermaßen zusammenfassen:[22]

- die Spieltheorie prognostiziert für ultimative Verhandlungen mit endlichem Zeithorizont wie ausführlich erläutert, daß der gesamte Verhandlungsgewinn an denjenigen geht, der zuletzt ein Angebot abgeben kann. Dieses extreme Resultat wird in den Versuchen ausgesprochen *selten* beobachtet. Die Verhandlungsergebnisse liegen sehr viel näher an einer egalitären Lösung;
- extreme Aufteilungen (wie etwa 90:10) werden von dem Spieler ohne Verhandlungsmacht häufig abgelehnt, obwohl dies zum Abbruch der Verhandlungen und damit dazu führt, daß beide Spieler leer ausgehen;
- in einigen Versuchen wurde die Verhandlungsmacht nicht exogen festgelegt, sondern (etwa durch vorhergehende Denksportaufgaben) endogen ausgespielt. In diesen Fällen stellten sich im anschließenden Verhandlungsspiel extremere (also weniger egalitäre) Ergebnisse ein, weil der Spieler mit der Verhandlungsmacht nun offenbar eher das Gefühl hat, daß ihm ein größerer Betrag zustehe;
- in Übereinstimmung mit der Spieltheorie stellt sich das Ergebnis einer gleichmäßigen Aufteilung des Verhandlungsgewinns in Spielen mit unendlichem Zeithorizont (Superspielen) fast immer ein.[23] Es wäre unseres Erachtens allerdings verwegen, dies darauf zurückzuführen, daß es sich um das einzig teilspielperfekte Gleichgewicht handelt; wahrscheinlicher scheint eher, daß das (möglicherweise diffuse) Gerechtigkeitsempfinden der Beteiligten hier mehr oder weniger zufällig mit dem teilspielperfekten Gleichgewicht zusammenfällt.

Insgesamt läßt sich feststellen, daß selbst in einfachen Spielen eine große Abweichung zwischen spieltheoretischen Prognosen und den Ergebnissen der experimentellen Wirtschaftsforschung zu beobachten ist. Unserer Meinung nach wäre es aber voreilig, die Spieltheorie deswegen als ungeeignet zur Analyse von Verhandlungen zu betrachten. Der Kernpunkt scheint zu sein, daß die Nutzenfunktionen der Beteiligten komplexer sind, als dies in der üblichen Modellierung von Verhandlungsspielen unterstellt wird: offensichtlich spielt nicht nur der absolute, sondern auch der *relative* Verhandlungsgewinn eine Rolle in den Nutzenfunktionen, was das Gerechtigkeitsempfinden der Beteiligten zum Ausdruck bringt.[24] Wenn auch der Anteil eine Rolle spielt, so ist es durchaus rational, die Verhandlungen zum Zusammenbruch zu treiben, anstatt – wie von der Spieltheorie prognostiziert – jeden noch so kleinen positiven Verhandlungsgewinn zu akzeptieren. Die experimentelle Wirtschaftsforschung kann damit sehr

---

22 Vgl. zum folgenden Kagel/Roth 1994, 255-274, die einen ausführlichen Überblick über den Stand der Forschung geben sowie z.B. Güth/Ockenfels/Tietz 1990; Bolton 1991; Forsythe/Horrowitz/Savin/Sefton 1994; Güth 1994.
23 Vgl. Mc Millan 1992, 52.
24 Vgl. z.B. Kagel/Roth 1994, 270.

wichtige Hinweise darauf geben, daß die spieltheoretische Modellierung von Verhandlungen durch komplexere Nutzenfunktionen ergänzt werden muß, sie sollte aber nicht gegen die Spieltheorie ausgespielt werden.

Diese auch von anderen Autoren[25] vertretene Auffassung wird verschiedentlich scharf kritisiert, weil vermutet wird, daß sich die Spieltheorie damit gegen eine empirische oder experimentelle Überprüfung immunisiere. So kritisiert Güth[26], daß man „damit das zu erklärende Phänomen auf eine andere Ebene verlagert (statt das Verhalten direkt zu erklären, muß man nun erklären, warum der „Nutzen" von der Gerechtigkeit der Geldaufteilung abhängen soll)." Dieser Hinweis ist zwar im Prinzip richtig, dennoch ist es wichtig, die Ebenen der Erklärung von Verhalten bei *gegebenen* Präferenzen und die *Entstehung* von Präferenzen methodisch präzise zu unterscheiden. Der Hinweis von Güth zielt auf die Erklärung von Präferenzen, zu der die ökonomische Theorie als Disziplin insgesamt nicht besonders viel beisteuern kann. Dagegen ist die Ökonomie (insbesondere die Spieltheorie) sicherlich die Disziplin, die Rationalverhalten bei gegebenen Präferenzen am exaktesten definieren und in ihren Konsequenzen beschreiben kann. Da Sozialwissenschaften unter Opferung des Rationalitätsprinzips der Beliebigkeit preisgegeben sind, ist es unseres Erachtens außerordentlich wichtig, daß die Ergebnisse der experimentellen Wirtschaftsforschung soweit wie irgend möglich mit Rationalverhalten in Einklang gebracht werden. Die Berücksichtigung verteilungsabhängiger Präferenzen, die es nach den Ergebnissen der experimentellen Wirtschaftsforschung (und auch nach dem gesunden Menschenverstand) ganz offensichtlich gibt, innerhalb spieltheoretischer Modelle ist daher keine Immunisierung, sondern ein Weg zur Verbindung von Theorie und Realität. Daß damit nichts zur *Erklärung* dieser Präferenzen beigesteuert wird, ist selbstverständlich – aber auch nicht die primäre Aufgabe der Spieltheorie.

24.9 Zusammenfassung

In diesem Kapitel haben wir einige der Basismodelle dargestellt, mit denen sich die Spieltheorie strategischen Verhandlungssituationen nähert. Die wichtigste Botschaft der Verhandlungsspiele mit *alternierenden* Angeboten bei vollständiger Information (Abschnitte 24.2 bis 24.4) ist, daß sich rationale Individuen immer auf eine Einigung in der ersten Periode verständigen werden, weil sie den für sie möglichen Teil des Verhandlungsgewinns eindeutig bestimmen können. Allerdings setzt dies neben vollständiger Information klar spezifizierte Verhandlungsregeln voraus, von denen die Regel alternierender Angebote am einfachsten zu handhaben ist.

In Abschnitt 24.5 haben wir eine etwas andere Variante von Verhandlungsspielen bei vollständiger Information behandelt, in der die Beteiligten (in unserem Beispiel waren es Gewerkschaften und Arbeitgeber) in jeder Periode *simultan* Angebote abgeben. Das sich stellende Problem ist, daß dann in einzelnen Perioden *jede* Einigung ein Nash-Gleichgewicht ist, so daß eindeutige Aussagen ohne Zusatzannahmen nicht

25 Vgl. z.B. Ochs/Roth 1989.
26 Vgl. ausführlich Güth 1993.

möglich sind. Die plausibelste Zusatzannahme ist, daß der Verhandlungsgewinn gleichmäßig aufgeteilt wird. Durch diese Annahme konnten wir schließlich auch dieses Spiel gemäß des Prinzips der Rückwärtsinduktion eindeutig lösen.

In Abschnitt 24.6 haben wir demonstriert, daß das Coase-Theorem über die Effizienz von Eigentumsrechten als ein einfacher Spezialfall des grundlegenden Verhandlungsspiels mit alternierenden Angeboten aufgefaßt werden kann. Sofern vollständige Information besteht, kann eine effiziente Internalisierung externer Effekte daher in der Tat durch Verhandlungen erfolgen; bei asymmetrischer Information ist eine effiziente Lösung allerdings alles andere als zwingend.

Während wir innerhalb der Interpretation des Coase-Theorems auf asymmetrische Information nur verbal eingingen, haben wir diese in einem zweiperiodigen Verkaufsverhandlungsspiel anschließend explizit erörtert. Es zeigte sich, daß das Ergebnis wesentlich davon abhängt, ob der schlechter Informierte ex-ante optimistische oder pessimistische Erwartungen hat. Das zentrale Resultat ist aber unseres Erachtens, daß Verhandlungsmodelle mit asymmetrischer Information schnell sehr komplex werden, so daß allgemeine und praxisrelevante Aussagen noch kaum möglich scheinen. Dies muß allerdings nicht als Nachteil der Spieltheorie aufgefaßt werden, sondern hilft dabei zu erklären, warum es in Situationen mit stark asymmetrisch verteilter Information zum Zusammenbruch der Verhandlungen kommen kann.[27] In Abschnitt 24.8 haben wir schließlich einige Anmerkungen zur Konfrontation spieltheoretischer Ergebnisse mit der experimentellen Wirtschaftsforschung gemacht.

---

27   Vgl. für Beispiele dazu z.B. Mc Millan 1992, 65-67.

Kapitel 25

Auktionstheorie[1]

25.1 Fragestellung und Überblick

In diesem Kapitel erläutern wir die elementaren Grundlagen der Auktionstheorie. Auktionen bzw. Versteigerungen weisen eine große Nähe zu Verhandlungen auf, unterscheiden sich jedoch vor allem in zwei wichtigen Punkten:

– erstens gibt es bei Versteigerungen üblicherweise *einen* Anbieter und zahlreiche Nachfrager, so daß Auktionen in dieser Hinsicht eine gewisse Nähe zur Monopolsituation aufweisen;

– und zweitens gibt es einen eindeutig spezifizierten Auktionsmechanismus, der vom Besitzer der zu versteigernden Ware festgelegt wird.[2] Dies führt dazu, daß die Praxisrelevanz der spieltheoretischen Behandlung von Auktionen vermutlich größer ist als die der Verhandlungstheorie, weil Verhandlungsspiele in der Realität häufig so komplex sind, daß sie einer spieltheoretischen Analyse nur in stark stilisierter Form zugänglich sind. Demgegenüber sind Auktionen eindeutig und oft recht einfach spezifiziert.

Die Relevanz der spieltheoretischen Analyse von Auktionen zeigt sich auch darin, daß in komplexen Situationen Auktionsverfahren unter explizitem Rückgriff auf spieltheoretische Überlegungen ausgestaltet werden. Das berühmteste Beispiel dafür ist eine Versteigerung von Lizenzen für Frequenzen für Kommunikationsdienste (Funktelefone, tragbare Faxgeräte und drahtlose Computernetzwerke), die 1993 in den USA vorgenommen wurde.[3] Eine Schwierigkeit bestand darin, daß einerseits unterschiedliche Gebiete getrennt ausgegeben werden sollten, während andererseits der Wert eines Gebiets auch von der Kompatibilität mit anderen Gebieten abhängt. Unter intensiver Beratung durch Spieltheoretiker einigte man sich schließlich auf einen recht komplexen Auktionsmechanismus, der grob durch folgende Eigenschaften beschrieben werden kann:

– die Auktion bestand aus mehreren (grundsätzlich beliebig vielen) Runden. In jeder Runde konnten die Bieter Gebote für jedes einzelne Gebiet abgeben. Die Ergeb-

---

1   Einen guten Überblick über Auktionen gibt beispielsweise der Aufsatz von Milgrom 1987. Weiterführende Fragen werden an verschiedenen Stellen in Fudenberg/Tirole 1991 diskutiert.

2   Wir beschränken uns auf Auktionen, bei denen *eine* unteilbare Ware versteigert wird. Für den komplexeren Fall mit n Einheiten vgl. z.B. Fudenberg/Tirole 1991, 284ff.

3   Vgl. hierzu McMillan 1992.

nisse wurden nach jeder Runde veröffentlicht. Dies diente dazu, den Informationsstand der Beteiligten über den wirklichen Wert der Lizenzen zu verbessern;[4]
- es gab keinen exogen festgelegten Abbruchzeitpunkt, d.h. grundsätzlich konnte
  beliebig viele Runden geboten werden. In jeder Runde konnte jeder Bieter ein Gebot für jede Lizenz abgeben. Die Auktion wurde als beendet betrachtet, sofern für
  keine Region mehr ein höheres Angebot als in einer vorhergehenden Runde abgegeben wurde;
- ohne Zusatzregelung hätte dieses Verfahren für jeden Bieter einen Anreiz geboten,
  über viele Runden hinweg ohne eigenes Gebot die Gebote der anderen Bieter zu
  beobachten, um so Informationen zu bekommen, ohne die eigenen Informationen
  preiszugeben. Um dies zu verhindern, wurde jeder Bieter aus der weiteren Auktion
  ausgeschlossen, der in einer Runde keine (höheren) Gebote abgab. Ebenfalls zur
  Vermeidung strategischer Anreize wurden für den Rückzug von Geboten Strafzahlungen verhängt.[5]

Während die Analyse derartig komplexer Auktionen verständlicherweise sehr schwierig ist,[6] werden wir im gesamten Kapitel lediglich zwei Arten von Auktionsverfahren
betrachten, die man als *first price auction* und *second price auction* bezeichnet. Bei beiden
Auktionsverfahren geben die Bieter *verdeckt* ihre Gebote ab und der Bieter mit dem
höchsten Gebot erhält den Zuschlag. Der Unterschied ist, daß der Verkaufspreis bei
der first price auction dem höchsten und bei der second price auction dem zweithöchsten Gebot entspricht.

Grundsätzlich lassen sich beim „Design" einer Versteigerung zwei Zielsetzungen
unterscheiden: die Zielsetzung des Besitzers besteht verständlicherweise darin, den
Verkaufserlös zu maximieren. Aus volkswirtschaftlicher Sicht ist die Zielsetzung einer
Auktion dagegen, daß der Nachfrager mit der höchsten Nutzenbewertung den Zuschlag erhält. Sofern ein Auktionsverfahren zu diesem Ergebnis führt, nennen wir es
effizient. Wir beschränken unsere Darstellung auf diesen Sachverhalt und gehen auf die
Zielsetzung des Verkäufers (Erlösmaximierung) nur am Rande ein.[7]

Aus methodischen Gründen beginnen wir in Abschnitt 25.2 zunächst mit der weniger gebräuchlichen second price auction, ehe wir in Abschnitt 25.3 die Eigenschaften der first price auction untersuchen. Dabei werden wir jeweils zwei Informations-
stände unterscheiden: im einfachsten Fall gehen wir davon aus, daß alle Beteiligten
vollständig über ihre wechselseitigen Präferenzen informiert sind. Es zeigt sich schnell,
daß unter diesen Umständen beide Auktionsverfahren effizient sind. Da die Annahme
vollständiger Information unrealistisch ist, betrachten wir für beide Auktionsverfahren
auch die Situation, in der jeder Beteiligte die „Typen" der anderen nicht kennt (unvollständige Information). Während die second price auction dennoch effizient ist, hängt

---

4   Vgl. hierzu das Problem des „Fluch des Gewinners" (winner's curse) in Abschnitt 25.5.
5   Es wäre zu radikal gewesen, den Rückzug von Geboten einfach zu verbieten, weil der Nutzen der
     eigenen Lizenz wegen der Netzwerkproblematik auch davon abhängt, welche Gesellschaft andere
     Gebiete erwirbt. Der Rückzug muß daher nicht notwendigerweise auf strategische Verhaltensan-
     reize zurückgeführt werden, sondern kann auch aus der neuen, verbesserten Informationslage fol-
     gen.
6   McMillan 1992, Kapitel 12 analysiert die Gebote für die Ausrichtung der Olympischen Spiele.
7   Interessierte Leser/innen seien z.B. auf Güth 1994, Abschnitt 6.3 verwiesen.

dies bei der first price auction von der Wahrscheinlichkeitsverteilung über die jeweiligen Typen ab. Da die second price auction der first price auction demnach überlegen zu sein scheint, müssen wir in Abschnitt 25.4 darauf aufmerksam machen, daß diese einen höheren Anreiz zur Koalitionsbildung zwischen den Bietern liefern kann, was ihre positiven Eigenschaften vermindert. Erwähnt sei schließlich noch, daß wir bei unserer Analyse der first und second price auction auch auf die *holländischen* und *englischen* Auktionsverfahren eingehen, bei denen die Gebote *offen* (und nicht wie bei den von uns untersuchten Verfahren verdeckt) abgegeben werden. Dabei wird sich zeigen, daß diese Verfahren mit der first und second price auction logisch äquivalent sind, so daß wir uns kurz fassen können. Dabei gehen wir in den einzelnen Abschnitten auch auf einige Resultate der empirischen Wirtschaftsforschung zu Auktionen ein.

Ein interessantes, praktisch relevantes und als „Fluch des Siegers" (winner's curse) bezeichnetes Ergebnis stellt sich ein, wenn wir annehmen, daß die Bieter die Eigenschaften des zu ersteigernden Gutes nicht perfekt kennen. Dies ist beispielsweise dann eine realitätsgerechte Annahme, wenn es sich um die Errichtung eines noch nie gebauten Bauwerks, den Kauf eines Ölfelds oder die Ausrichtung der Olympischen Spiele handelt (Abschnitt 25.5). Im Unterschied zu den sog. private value auctions der vorhergehenden Abschnitte, in denen jeder seine *eigene* Bewertung mit Sicherheit kennt, spricht man dann von der *common value auction*. Der Grundgedanke ist, daß beispielsweise das Ölfeld in Wirklichkeit für alle Bieter annähernd den gleichen Wert hat, dieser aber ex-ante unterschiedlich eingeschätzt wird.

25.2 Second price auction

25.2.1 Unvollständige Information

Leser/innen werden sich darüber wundern, daß wir mit der Situation unvollständiger Information beginnen, die normalerweise schwerer zu handhaben ist. Sie werden aber in Kürze feststellen, daß dies hier nützlich ist.

Die second price auction besteht darin, daß der Bieter mit dem höchsten Gebot den Zuschlag erhält und den Preis des zweithöchsten Gebots bezahlt. Die *wirkliche* Zahlungsbereitschaft eines Bieters i nennen wir θ_i, das Gebot θ_i' und die zu leistende Zahlung z_i. Das höchste Gebot aller anderen Bieter *außer* i (also das Maximum von θ_j für $j \neq i$) bezeichnen wir als θ_j^{max}. Den Nettonutzen von i als Differenz aus θ_i und z_i nennen wir U_i. Bedenken Sie, daß die Zahlung eines Bieters i, der den Zuschlag erhält, stets θ_j^{max} beträgt. Sofern ein Bieter den Zuschlag nicht erhält, ist sein Nettonutzen Null. Die Nutzenfunktion eines beliebigen Bieters i lautet bei der second price auction demnach[8]

---

8 Ohne Beschränkung der Allgemeinheit unterstellen wir, daß nur Bieter i bei gleichen Geboten den Zuschlag erhält.

$$U_i = \begin{cases} \theta_i - z_i & \text{für } \theta_i' \geq \theta_j'^{\max} \\ 0 & \text{für } \theta_i' < \theta_j'^{\max} \end{cases} \tag{25.1}$$

Da der Bieter im Falle des Zuschlags $\theta_j'^{\max}$ bezahlen muß, folgt

$$U_i = \begin{cases} \theta_i - \theta_j'^{\max} & \text{für } \theta_i' \geq \theta_j'^{\max} \\ 0 & \text{für } \theta_i' < \theta_j'^{\max} \end{cases} \tag{25.2}$$

Überlegen wir nun, ob die durch (25.2) gegebene Zielfunktion für jeden beliebigen Bieter i einen Anreiz zur Offenbarung seiner wirklichen Präferenzen bietet. Dazu müssen wir zwei Fälle unterscheiden: im ersten Fall ist die *wirkliche* Zahlungsbereitschaft mindestens gleich groß wie die maximal *geäußerte* Zahlungsbereitschaft der anderen ($\theta_i \geq \theta_j'^{\max}$). Im zweiten Fall gilt das Gegenteil.

Fall 1: $\theta_i \geq \theta_j'^{\max}$

Wenn unser beliebiger Bieter i die Wahrheit sagt, so gilt $\theta_i = \theta_i' \geq \theta_j^{\max}$, so daß er den Zuschlag erhält. Sein Nutzen ist dann

$$U_i = \theta_i - \theta_j'^{\max} \geq 0 \tag{25.3}$$

Daß sein Nettonutzen positiv ist, folgt aus der Definition des gerade betrachteten Falls 1. Überlegen wir nun, ob unser Bieter i durch Über- oder Unterbieten seiner wirklichen Präferenzen seinen Nutzen im Fall 1 möglicherweise erhöhen kann. Wenn er überbietet, so gilt immer noch $\theta_i' \geq \theta_j^{\max}$, er erhält immer noch den Zuschlag und bezahlt immer noch $\theta_j^{\max}$. Es ändert sich also nichts.

Wenn er unterbietet, so ändert sich solange nichts, wie $\theta_i > \theta_i' \geq \theta_j^{\max}$ gilt. In diesem Fall schadet Unterbieten nichts, es nützt aber auch nichts. Unterbietet er jedoch so stark, daß $\theta_i' < \theta_j^{\max}$ gilt, so erhält er den Zuschlag nicht, und sein Nettonutzen sinkt auf Null. Wir stellen demnach fest, daß im Fall 1 Überbieten weder schadet noch nützt, während Unterbieten schaden kann.

Fall 2: $\theta_i < \theta_j'^{\max}$

Wenn unser Bieter die Wahrheit sagt, so ist sein Nettonutzen Null, weil er das Gut nicht erhält. Unterbietet er, so erhält er das Gut „erst recht" nicht – sein Nettonutzen ist weiterhin Null. Überbieten ändert nichts, solange $\theta_i < \theta_j^{\max}$ gilt. Sein Nettonutzen ist dann weiterhin Null. Überbietet er dagegen so stark, daß $\theta_i \geq \theta_j^{\max}$ gilt, so erhält er den Zuschlag und sein Nettonutzen ist

$$U_i = \theta_i - \theta_j'^{\max} \tag{25.4}$$

was wegen der Definition von Fall 2 negativ ist.

Demnach stellen wir fest, daß es keinen Fall gibt, in dem sich irgendein Bieter durch Über- oder Unterbieten verbessern kann. Es gibt aber sowohl für Über- als auch für Unterbieten Situationen, in denen dies schadet. Die Offenbarung der Wahrheit ist daher eine dominante Strategie, so daß die second price auction unser Effizienzkriterium – die Ware geht an den Bieter mit der höchsten Zahlungsbereitschaft – eindeutig erfüllt. Da jeder Bieter unter der in diesem Abschnitt behandelten Annahme unvollständiger Information die Präferenzen der anderen (und damit auch ihre Gleichgewichtsgebote) nicht kennt, ist die Offenbarung der wahren Präferenzen das einzige Gleichgewicht.

Leser/innen werden möglicherweise bemerkt haben, daß die second price auction genau auf der gleichen Idee wie der in Abschnitt 19.5 erläuterte Groves-Mechanismus basiert. Der Kern ist, daß die *wirkliche* Zahlung eines Bieters i, sofern er den Zuschlag erhält, völlig unabhängig von der Höhe seines Gebots ist. Diese Unabhängigkeit liefert auch *keinen* Anreiz zum Überbieten (wie man vielleicht denken könnte), weil dies lediglich die Gefahr birgt, einen Zuschlag zu erhalten, wenn der eigene Nutzen kleiner ist als das zweithöchste Gebot, so daß der Nettonutzen dadurch möglicherweise negativ werden würde.

25.2.2 Vollständige Information

Im vorhergehenden Abschnitt haben wir gezeigt, daß das Bieten der wirklichen Zahlungsbereitschaft eine *dominante* Strategie ist, so daß das Bieten der Wahrheit in diesem Sinne – völlig *unabhängig* vom Verhalten aller anderen – die „beste" Strategie ist. Doch während dieses Gleichgewicht in dominanten Strategien bei unvollständiger Information das *einzige* Nash-Gleichgewicht ist, gibt es bei vollständiger Information noch andere (die wir allerdings als unplausibel ausschließen werden).

Zur Demonstration weiterer Nash-Gleichgewichte bezeichnen wir die höchste *wirkliche* Zahlungsbereitschaft als θ_k und die zweithöchste als θ_h. Nehmen Sie nun an, daß h unter Kenntnis von θ_k beispielsweise mit ε gegen Null $\theta'_h = \theta_k - 2\varepsilon > \theta_h$ bietet. Bieter h überbietet also annahmegemäß seine wirkliche Zahlungsbereitschaft. Sofern k dieses Verhalten von h gemäß der Definition eines Nash-Gleichgewichts korrekt antizipiert, besteht eine Gleichgewichtsstrategie darin $\theta_k = \theta_k - \varepsilon > \theta'_h = \theta_k - 2\varepsilon$ zu bieten,[9] um weiterhin den Zuschlag zu erhalten. Der einzige Unterschied gegenüber dem Gleichgewicht in dominanten Strategien (wahrheitsgemäße Äußerung der Präferenzen) ist, daß k nun einen höheren Preis bezahlen muß (nämlich $\theta_k - 2\varepsilon$ statt θ_h). Für diese Strategie könnte sich h entscheiden, sofern er k ärgern möchte.

Allerdings ist das beschriebene Nash-Gleichgewicht keine überzeugende Prognose, weil das Gebot $\theta'_h = \theta_k - 2\varepsilon$ aus der Sicht von h vom Gebot $\theta'_h = \theta_h$ *schwach dominiert* wird – es gibt keine denkbare Situation, in der $\theta'_h = \theta_k - 2\varepsilon$ für h zu einem höheren Nutzen führt als $\theta'_h = \theta_h$, während das Gegenteil möglich ist (sofern k weniger als θ_k bietet, wofür es allerdings keine plausible Begründung gibt). Unter einer schwach *dominierten* Strategie versteht man (umgekehrt wie bei einer schwach *dominanten* Strategie) eine Strategie, die manchmal gleich gut und manchmal schlechter ist als eine andere Strategie.

Der Grund für die zusätzlichen Gleichgewichte ist genau, daß die Offenbarung der wirklichen Zahlungsbereitschaft keine strikt dominante, sondern nur eine schwach

---

9 Selbstverständlich kann er auch weiterhin entsprechend seiner wahren Wertschätzung bieten.

dominante Strategie ist. Denn bei vollständiger Information ist überbieten der Wahrheit nicht immer, sondern nur manchmal schlechter als die Offenbarung der wahren Präferenzen und daher in vielen Fällen ebenfalls eine Gleichgewichtsstrategie. Deshalb gibt es mehrere Nash-Gleichgewichte. Bei unvollständiger Information benötigen wir dagegen das Konzept Bayesianischer Gleichgewichte, weil wir nicht antizipieren können, was die anderen genau sagen.[10] Daher ist die Verwendung der dominanten Strategie die einzige Strategie, die den Erwartungsnutzen maximiert und daher das einzige Bayesianische Gleichgewicht. Wir können demnach festhalten, daß

– bei der second price auction unter unvollständiger Information das *einzige* (Bayesianische) Gleichgewicht in dominanten Strategien darin besteht, daß der Bieter mit der höchsten Zahlungsbereitschaft den Zuschlag erhält und einen Preis in Höhe von θ_h bezahlt;

– bei vollständiger Information der Beteiligte mit der höchsten wirklichen Zahlungsbereitschaft in *allen* Nash-Gleichgewichten den Zuschlag erhält, während der zu zahlende Preis in den verschiedenen Nash-Gleichgewichten unterschiedlich ist. Er ist allerdings eindeutig, sofern man Gleichgewichte in dominierten Strategien ausschließt. Im einzig plausiblen Gleichgewicht in dominanten Strategien stellt sich unabhängig vom Informationsstand immer das gleiche Resultat ein;

– der Verkäufer den Preis θ_h erhält und der Nettonutzen des Bieters k mit der höchsten wirklichen Zahlungsbereitschaft dann $U_k = \theta_k - \theta_h$ beträgt.

25.2.3 Second price auction und englische Versteigerung

Hinzugefügt sei schließlich noch, daß die sog. englische Versteigerung mit der second price auction äquivalent ist. Die englische Versteigerung ist ein *offenes* Auktionsverfahren, bei dem mit niedrigen Summen begonnen wird und der Bieter den Zuschlag erhält, der zuletzt die höchste Summe äußert. Dabei ist es für jeden Beteiligten i rational, die gebotene Summe noch zu überbieten, sofern die wirkliche Zahlungsbereitschaft θ_i über der zuletzt gebotenen Summe liegt. Nennen wir erneut die höchste wirkliche Zahlungsbereitschaft θ_k und die zweithöchste θ_h. Der Bieter h wird dann bei θ_h aussteigen, so daß der Bieter k den Zuschlag erhält, wenn er $\theta_h + \varepsilon$ bietet, wobei ε gegen Null geht. Im Grenzwert erhält k den Zuschlag und zahlt θ_h. Also ist der Nettonutzen des Bieters k, der annahmegemäß die höchste wirkliche Zahlungsbereitschaft hat,

$$U_k = \theta_k - \theta_h \qquad (25.5)$$

so daß die offene englische Versteigerung und die second price auction sowohl unter Effizienz- als auch unter Verteilungsgesichtspunkten identisch sind – in beiden Fällen erhält der Bieter mit der höchsten Zahlungsbereitschaft den Zuschlag und bezahlt einen Preis in Höhe der zweithöchsten wirklichen Zahlungsbereitschaft. Ein Vorteil der second price auction gegenüber der offenen, englischen Versteigerung kann mög-

---

10 Allerdings sind (Bayesianische) Gleichgewichte in dominanten Strategien natürlich besonders triviale Gleichgewichte, weil wir die Kalkulation über die unterschiedlichen Typen der anderen letztlich gar nicht benötigen.

licherweise darin gesehen werden, daß die Bieter ihre wirkliche Zahlungsbereitschaft nicht öffentlich äußern müssen, sondern lediglich dem Auktionator „mitteilen".

Empirische Analysen zeigen überraschenderweise, daß die second price auction und das englische Versteigerungsverfahren trotz ihrer logischen Äquivalenz in der Realität häufig zu *verschiedenen* Ergebnissen führen. Beim englischen Versteigerungsverfahren liegen die Ergebnisse sehr eng an denen der Theorie, was daran liegt, daß es für jeden Bieter offensichtlich ist, daß er seinen Nutzen noch erhöhen kann, wenn er ein Angebot, das unter seiner wirklichen Zahlungsbereitschaft liegt, überbietet. Bei der second price auction werden dagegen Angebote beobachtet, die über der wirklichen Zahlungsbereitschaft liegen. Dies scheint daran zu liegen, daß die Bieter das Vorliegen von dominanten Strategien nicht begreifen und stattdessen zuviel bieten, weil sie „ohnehin nur den zweithöchsten Preis bezahlen müssen".[11]

25.3 First price auction

Bei der first price auction erhält zwar ebenfalls der Bieter mit dem höchsten Gebot den Zuschlag, bezahlt aber auch diesen Preis. Dies bedeutet, daß ein Gebot in Höhe der wirklichen Zahlungsbereitschaft nun keine dominante Strategie mehr sein kann – liegt beispielsweise das zweithöchste Gebot bei 10 und ist die eigene Präferenz 15, so wäre ein Gebot in Höhe von 15 offensichtlich ein Fehler. Denn auch für 10+ε erhält man den Zuschlag, muß aber weniger bezahlen. Das optimale eigene Gebot wird nun also auch von anderen Geboten beeinflußt. Wir beginnen diesmal mit vollständiger Information.

25.3.1 Vollständige Information

Zur Vereinfachung der Schreibweise nennen wir erneut die höchste *wirkliche* Zahlungsbereitschaft θ_k und die zweithöchste θ_h. Eine einfache Überlegung zeigt, daß bei vollständiger Information über die wirklichen Zahlungsbereitschaften der anderen ein Nash-Gleichgewicht darin besteht, daß alle Bieter außer k ihre wirklichen Zahlungsbereitschaften bieten und k die Präferenz $\theta'_k = \theta_h + \varepsilon$ (mit ε gegen Null) äußert. Es handelt sich allerdings um kein Nash-Gleichgewicht in dominanten Strategien.

Versetzen wir uns zunächst in einen beliebigen Bieter, der *nicht* die höchste Zahlungsbereitschaft hat. Wenn er $\theta'_k = \theta_h + \varepsilon$ überbietet, so erhält er den Zuschlag und demnach als Nettonutzen

$$U_i = \theta_i - (\theta_h + \varepsilon) < 0 \tag{25.6}$$

Daß der Ausdruck kleiner Null ist, folgt daraus, daß $\theta_i < \theta_h$ für alle $i \neq h, k$ gilt. Auch k hat keinen Grund, von seiner Strategie abzuweichen: äußert er mehr als $\theta_h + \varepsilon$, so erhält er weiterhin den Zuschlag, muß aber mehr bezahlen. Unterbietet er $\theta_h + \varepsilon$, so geht die Ware an h und der Nettonutzen von k reduziert sich von

11 Kagel/Roth 1995, 513.

$$U_k = \theta_k - (\theta_h + \varepsilon) > 0 \qquad (25.7)$$

auf Null. Also besteht ein Nash-Gleichgewicht bei der first price auction unter vollständiger Information darin, daß der Bieter mit der höchsten wirklichen Zahlungsbereitschaft den Zuschlag erhält und den Preis des Bieters mit der zweithöchsten Zahlungsbereitschaft entrichtet. Bei vollständiger Information sind die first und die second price auction daher sowohl hinsichtlich der Effizienz als auch hinsichtlich des Preises (und damit auch aus der Sicht des Verkäufers) *gleichwertig*.

Analog zur second price auction gibt es bei vollständiger Information allerdings auch wieder andere Nash-Gleichgewichte in schwach dominierten Strategien. Nehmen sie beispielsweise an, daß $\theta_k = 20$ und $\theta_h = 15$ sei und alle anderen wirklichen Zahlungsbereitschaften darunter liegen. Dann besteht ein Nash-Gleichgewicht beispielsweise darin, daß alle außer k und h ihre wirkliche Zahlungsbereitschaft bieten, während h $\theta_h^{'} = 18$ und k $\theta_k^{'} = 18 + \varepsilon$ äußert. Diese Situation, in der h seine wirkliche Zahlungsbereitschaft *überbietet*, ist in der Tat ein Nash-Gleichgewicht. Für h ist es gleichgültig, ob er überbietet oder nicht, weil er den Zuschlag in beiden Fällen nicht erhält (k überbietet ihn). Für k ist $\theta_k^{'} = 18 + \varepsilon$ die einzige Gleichgewichtsstrategie, sofern h wirklich 18 bietet. Also handelt es sich um ein Nash-Gleichgewicht.

Allerdings ist dieses Nash-Gleichgewicht erneut nicht plausibel, weil die betrachtete Strategie des h vom Äußern der Wahrheit schwach dominiert wird. Denn durch Überbieten seiner wirklichen Zahlungsbereitschaft kann sich h niemals verbessern – sofern er unter $\theta_k^{'}$ bleibt, wird er den Zuschlag nicht erhalten und bleibt bei seinem Nutzen von Null; Gebote über $\theta_k^{'}$ sind aber keine Nash-Gleichgewichte mehr, weil sein Nettonutzen negativ wird. In den einzig plausiblen Nash-Gleichgewichten sind die first und die second price auction bei vollständiger Information daher äquivalent.

25.3.2   Unvollständige Information

25.3.2.1   Fragestellung und Lösungskonzept

Da die Überlegungen über alternative Nash-Gleichgewichte wegen der Dominiertheit der Strategien nicht besonders wichtig sind, können wir sagen, daß die first und die second price auction bei vollständiger Information beide effizient sind und zu einem Preis in Höhe der zweithöchsten wirklichen Präferenz führen. Bei der first price auction ist die Analyse der unvollständigen Information aber etwas schwieriger, weil keine dominanten Strategien existieren.

Im Rahmen der gewöhnlichen Behandlung von Problemen mit unvollständiger Information können wir die Auktion durch folgendes Spiel beschreiben:

– zum Zeitpunkt Null gibt es eine allgemein bekannte *Wahrscheinlichkeitsverteilung* (common knowledge) über den Typenvektor $\boldsymbol{\theta}$, die für jeden Bieter eine individuelle Wahrscheinlichkeitsverteilung über θ_i enthält.

– zum Zeitpunkt Eins findet ein „Zug der Natur" statt, der den Bietern ihre eigenen, wirklichen Zahlungsbereitschaften θ_i offenbart. Dies ist wieder nichts anderes als die spieltheoretische Methode, mit der ausgedrückt wird, daß jeder die wechselseitig gebildeten Wahrscheinlichkeitsverteilungen kennt. Anschließend bieten die einzelnen Beteiligten unter der Zielsetzung der Maximierung des Erwartungsnutzens.

Da wir es mit unvollständiger Information zu tun haben und alle Bieter nur *einmal* bieten (somit ist kein „Bayesianisches updating" möglich), müssen wir das Lösungskonzept des Bayesianischen Gleichgewichts anwenden. Weil sich die Ergebnisse zwischen sog. symmetrischen und asymmetrischen Situationen erheblich unterscheiden, betrachten wir diese beiden Fälle getrennt.

25.3.2.2 Symmetrische Situationen

Wir beginnen mit symmetrischen Situationen, worunter verstanden wird, daß die *ex-ante* Wahrscheinlichkeitsverteilungen für alle Typen θ_i gleich sind. Daraus folgt, daß beispielsweise die ex-ante Wahrscheinlichkeiten dafür, daß zwei beliebige Bieter k und h in Wahrheit die höchste Zahlungsbereitschaft haben, gleich groß sind.

Wir betrachten den denkbar einfachsten Fall, in dem die Zahlungsbereitschaften θ_i nur Werte zwischen Null und Eins annehmen können und gleichverteilt sind ($\theta_i \in$ (0,1) $\forall$ i). Dies bedeutet, daß wir die Dichtefunktion $f(\theta_i)$ und die Verteilungsfunktion $F(\theta_i)$ für alle i durch Abbildung 1 darstellen können.

Abb. 25.1: *Dichte- und Verteilungsfunktion über θ_i $\forall i$*

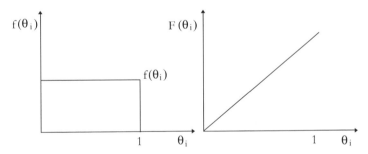

Die Gleichverteilung der Wahrscheinlichkeiten und die Beschränkung von θ_i durch Null und Eins (siehe die Dichtefunktion in Abb. 25.1) garantiert, daß die Wahrscheinlichkeit π_i dafür, daß θ_i *maximal* einen bestimmten Wert θ_i^a erreicht, genau θ_i^a entspricht:

$$\pi_i(\theta_i \leq \theta_i^a) = \theta_i^a \qquad (25.8)$$

Dies folgt unmittelbar aus der Gleichverteilung von θ_i und der Normierung zwischen Null und Eins, weil die Verteilungsfunktion (vgl. den rechten Teil von Abb. 25.1) dann einfach die 45°-Linie ist.

Unter diesen Umständen können wir das Bayesianische Gleichgewicht recht einfach bestimmen.[12] Angesichts der Linearität der Verteilungsfunktion können wir davon ausgehen, daß jeder Beteiligte i einen konstanten Teil α_i seiner wirklichen Zah-

---

12   Vgl. ähnlich McMillan 1992, 208f.

lungsbereitschaft θ_i bietet, die er zum Zeitpunkt seines Gebots kennt.[13] Je höher α_i, desto höher ist einerseits die Wahrscheinlichkeit dafür, die Auktion zu gewinnen, desto höher ist andererseits aber auch der zu zahlende Preis, der bei der first price auction einfach dem eigenen Gebot entspricht.

Lassen Sie uns zunächst den einfachsten Fall mit nur zwei Bietern betrachten. Wenn wir die Wahrscheinlichkeit dafür, daß ein Bieter i die Auktion gewinnt mit p_i bezeichnen, so ist der Erwartungsnutzen eines Bieters i offensichtlich

$$U_i = p_i(\theta_i - \alpha_i \cdot \theta_i) \tag{25.9}$$

denn der Nettonutzen ist die Differenz aus der wirklichen Zahlungsbereitschaft θ_i und dem Preis (bzw. dem Gebot) $\alpha_i \cdot \theta_i$. Überlegen wir nun, wie hoch die *ex-ante* Siegwahrscheinlichkeit p_i unter der Annahme ist, daß der andere Bieter einen konstanten Anteil α_j seiner wirklichen Zahlungsbereitschaft θ_j bietet. Bedenken Sie dazu, daß unser Bieter i bei nur zwei Beteiligten die Auktion genau dann gewinnt, wenn

$$\alpha_i \cdot \theta_i \geq \alpha_j \cdot \theta_j {}^{14} \tag{25.10}$$

Wie groß ist nun die Wahrscheinlichkeit dafür, daß $\alpha_j \cdot \theta_j$ einen bestimmten Wert $\alpha_i \cdot \theta_i$ unterschreitet? Die Wahrscheinlichkeit π_j, daß θ_j einen bestimmten Wert unterschreitet, ist gemäß Gleichung (25.8)

$$\pi_j(\theta_j \leq \theta_j^a) = \theta_j^a \tag{25.8a}$$

Wenn wir (25.8a) in (25.10) einsetzen, so folgt

$$\alpha_i \cdot \theta_i \geq \alpha_j \cdot \pi_j \tag{25.11}$$

Da der Spieler i die Auktion gewinnt, wenn (25.11) gerade noch erfüllt ist, gilt

$$\alpha_i \cdot \theta_i = \alpha_j \cdot \pi_j \tag{25.11a}$$

bzw.

$$\pi_j = \frac{\alpha_i \cdot \theta_i}{\alpha_j} \tag{25.12}$$

Dieses π_j in Gleichung (25.12) gibt uns also die Wahrscheinlichkeit dafür an, daß $\alpha_j \cdot \theta_j$ unter $\alpha_i \cdot \theta_i$ bleibt bzw. Bieter i die Auktion gewinnt. Es gilt somit $p_i = \pi_j$. Dies ist auch nicht weiter überraschend: denn $p_i = \pi_j = (\alpha_i \cdot \theta_i)/\alpha_j$ ist die mit dem Verhältnis der Anteile der Gebote an den wirklichen Zahlungsbereitschaften (α_i/α_j) gewichtete Wahrscheinlichkeit dafür, daß θ_i mindestens so groß ist wie θ_j. Wenn wir Gleichung (25.12) für die Siegwahrscheinlichkeit p_i in die Zielfunktion (25.9) einsetzen, so erhalten wir

$$U_i = \frac{\alpha_i \cdot \theta_i}{\alpha_j} \cdot (\theta_i - \alpha_i \cdot \theta_i) = \frac{\alpha_i \cdot \theta_i^2}{\alpha_j} - \frac{\alpha_i^2 \cdot \theta_i^2}{\alpha_j} \tag{25.13}$$

---

13 Vgl. für eine allgemeine Darstellung z.B. Fudenberg/Tirole 1991, 223ff.
14 Die Annahme, daß unser Bieter i bei gleichen Geboten gewinnt („$\geq$"), ist ebenso willkürlich wie bedeutungslos, weil die Wahrscheinlichkeit für gleiche Gebote bei stetigen Typenfunktionen Null beträgt.

Diese Funktion müssen wir über α_i maximieren, weil α_i die Entscheidungsvariable von i ist. Wir erhalten

$$\frac{\partial U_i}{\partial \alpha_i} = \frac{\theta_i^2}{\alpha_j} - \frac{2\alpha_i \cdot \theta_i^2}{\alpha_j} = 0 \tag{25.14}$$

bzw.

$$\theta_i^2 \left(\frac{1}{\alpha_j} - \frac{2\alpha_i}{\alpha_j} \right) = 0 \tag{25.15}$$

Gleichung (25.15) ist genau dann erfüllt, wenn entweder θ_i^2 und/oder der Ausdruck in der Klammer Null ist. Da der erste Fall zu der trivialen Lösung

$$\theta_i = 0 \tag{25.16a}$$

führt, ist nur der zweite Fall interessant. Auflösen der Klammer ergibt

$$\alpha_i = \frac{1}{2} \tag{25.16b}$$

Dieses Ergebnis besagt, daß im einzigen Bayesianischen Gleichgewicht bei ex-ante gleichverteilten Wahrscheinlichkeiten und zwei Bietern beide Bieter[15] jeweils die *Hälfte ihrer wirklichen Zahlungsbereitschaft bieten*. Dies liegt daran, daß der Anstieg der Siegwahrscheinlichkeit bei einer Erhöhung des Gebots (also einer Erhöhung von α_i) genau gleich groß ist wie die Abnahme des Nettonutzens durch die Preiserhöhung, sofern θ_i gleichverteilt ist. Beachten Sie, daß in α_i die Höhe des Gebots des anderen Bieters (also $\alpha_j \cdot \theta_j$) gar nicht auftaucht. Dies liegt daran, daß *zu jedem beliebigen* α_j eine Erhöhung von α_i die Siegwahrscheinlichkeit für i im gleichen Ausmaß erhöht, wie sie den Gewinn (Nettonutzen) reduziert.[16]

Lassen Sie uns diese Überlegung nun von zwei auf n Bieter verallgemeinern. Wenn wir weiterhin davon ausgehen, daß alle n Bieter einen bestimmten Bruchteil α_i ihrer wirklichen Zahlungsbereitschaft bieten, dann gewinnt ein bestimmter Bieter i die Auktion nur noch, sofern

$$\alpha_i \cdot \theta_i \geq \alpha_j \cdot \theta_j \ \forall j \tag{25.17}$$

gilt. Da die Wahrscheinlichkeit, gegen *einen* bestimmten Bieter j zu gewinnen, oben als $p_i = \pi_j = (\alpha_i \cdot \theta_i)/\alpha_j$ ermittelt wurde[17], ist die Wahrscheinlichkeit gegen *alle* anderen n-1 Bieter zu gewinnen

$$p_i = \pi_j^{n-1} = \left(\frac{\alpha_i \cdot \theta_i}{\alpha_j} \right)^{n-1} \ {}^{18} \tag{25.18}$$

---

15 Die formale Argumentation für j ist natürlich äquivalent.

16 Leser/innen könnten vermuten, daß es bei einem sehr kleinen θ_i rational sei, einen hohen Anteil zu bieten (also fast das wirkliche θ_i), weil die Siegwahrscheinlichkeit doch ohnehin schon gering sei. Es geht aber (wie immer) nicht um die *absolute* Siegwahrscheinlichkeit, sondern um deren (marginale) Verminderung bei Senkung des Gebots von θ_i auf $\alpha_i \cdot \theta_i$, und diese ist eben unabhängig von θ_i.

17 Vgl. Gleichung (25.12).

Damit ergibt sich als Zielfunktion eines beliebigen Bieters i[19]

$$U_i = \left(\frac{\alpha_i \cdot \theta_i}{\alpha_j}\right)^{n-1} \cdot (\theta_i - \alpha_i \cdot \theta_i) = \frac{\alpha_i^{n-1} \cdot \theta_i^n}{\alpha_j^{n-1}} - \frac{\alpha_i^n \cdot \theta_i^n}{\alpha_j^{n-1}} \tag{25.19}$$

Als Bedingung erster Ordnung folgt

$$\frac{\partial U_i}{\partial \alpha_i} = \frac{(n-1)\alpha_i^{n-2} \cdot \theta_i^n}{\alpha_j^{n-1}} - \frac{n \cdot \alpha_i^{n-1} \cdot \theta_i^n}{\alpha_j^{n-1}} = 0 \tag{25.20}$$

bzw.

$$\theta_i^n \left(\frac{(n-1)\alpha_i^{n-2}}{\alpha_j^{n-1}} - \frac{n \cdot \alpha_i^{n-1}}{\alpha_j^{n-1}}\right) = 0 \tag{25.21}$$

Da $\theta_i^n = 0$ wieder uninteressant ist, betrachten wir die Klammer, die genau dann Null ist, wenn

$$(n-1)\alpha_i^{n-2} = n \cdot \alpha_i^{n-1} \tag{25.22}$$

gilt. Daraus folgt

$$\frac{\alpha_i^{n-1}}{\alpha_i^{n-2}} = \frac{n-1}{n} \tag{25.23}$$

und schließlich

$$\alpha_i = \frac{n-1}{n} \tag{25.24}$$

Gleichung (25.24) drückt aus, daß im (einzigen) Bayesianischen Gleichgewicht[20] jeder Beteiligte den Teil $(n-1)/n$ seiner *wirklichen* Zahlungsbereitschaft θ_i bietet. Unser Ergebnis von 1/2 bei zwei Beteiligten läßt sich damit als Spezialfall dieses allgemeineren Resultats auffassen. Gleichung (25.24) zeigt den intuitiv einsichtigen Sachverhalt, daß das erwartungsnutzenmaximale Gebot um so größer (und der Erwartungsnutzen damit um so kleiner) wird, je mehr Konkurrenten vorhanden sind. Dies liegt daran, daß die Wahrscheinlichkeit, mit einem niedrigen Gebot zu gewinnen, mit zunehmender Bieterzahl immer kleiner wird. Wenn die Anzahl der Bieter gegen unendlich geht, so konvergiert $(n-1)/n$ gegen Eins und jeder Beteiligte offenbart seine Präferenzen wahrheitsgemäß.

Wir müssen uns nun unserem Effizienzkriterium zuwenden, da wir mit diesem die Vor- und Nachteile verschiedener Auktionsverfahren beurteilen wollen. Da im Bayesianischen Gleichgewicht jeder Bieter den gleichen *Anteil* $(n-1)/n$ seiner *wirklichen*

---

18 Die Schreibweise ist etwas vereinfacht, weil wir implizit davon ausgehen, daß α_j für alle Bieter gleich ist. Dies ist wegen der Symmetrie der Situation aber zulässig.

19 Vgl. die Zielfunktion für zwei Bieter in Gleichung (25.13).

20 Daß wir tatsächlich ein *Bayesianisches* Gleichgewicht ermittelt haben, folgt daraus, daß wir bei der Maximierung des Erwartungsnutzens von i ja die Siegwahrscheinlichkeit als Funktion der Wahrscheinlichkeitsverteilung über θ_{-i} berechnet haben.

Zahlungsbereitschaft bietet, sind die abgegebenen Gebote eine eindeutig *steigende* Funktion der wirklichen Typen θ_i. Da somit ein Gebot eindeutig im Typ ansteigt, erhält schließlich auch der Bieter mit der höchsten wirklichen Zahlungsbereitschaft den Zuschlag. Sofern wir symmetrische Situationen betrachten, in denen alle θ_i ex-ante gleich verteilt sind, erfüllt also auch die first price auction unser Effizienzkriterium: der Bieter mit der höchsten Zahlungsbereitschaft erhält den Zuschlag. Allerdings sagt er *nicht* die Wahrheit, sondern bietet nur $(n-1)/n$ seiner wirklichen Zahlungsbereitschaft. Obwohl der Preis bei der first price auction im Unterschied zur second price auction nicht dem zweithöchsten, sondern dem höchsten Gebot entspricht, ist bei unvollständiger Information demnach keineswegs gesagt, daß die first price auction wirklich einen höheren Preis bringt als die second price auction. Denn bei der second price auction ist es für jeden eine dominante Strategie, die Wahrheit zu sagen, während bei der first price auction jeder nur $(n-1)/n$ bietet. Es ist aber ohne weiteres möglich, daß die zweithöchste wirkliche Zahlungsbereitschaft größer ist als $((n-1)/n)\cdot\theta_i$ des Bieters mit der höchsten wirklichen Zahlungsbereitschaft.[21]

Es läßt sich sogar zeigen, daß die first und die second price auction im hier betrachteten Fall für den Verkäufer in dem Sinne gleichwertig sind, daß sie beide den gleichen *erwarteten* Preis liefern.[22] Dies gilt immer dann, wenn die Wahrscheinlichkeitsverteilungen über θ_i wie im hier betrachteten Fall alle stetig, identisch und voneinander unabhängig sind.[23] Unter diesen Umständen sind die first und die second price auction nicht nur volkswirtschaftlich, sondern auch vom Standpunkt des Besitzers der Ware effizient: es gibt kein anderes Auktionsverfahren, das zu einem höheren *erwarteten* Preis führt als die first bzw. die second price auction. Es wäre also ein Irrtum, die second price auction mit dem Hinweis zu kritisieren, daß sie für den Besitzer der Ware ungünstiger sei. Dieser Sachverhalt ist besonders dann wichtig, wenn man second price auctions für Güter vorschlägt, die im Besitz der öffentlichen Hand sind.

25.3.2.3 Asymmetrische Situationen

Die gerade hergeleiteten Resultate könnten den Eindruck erwecken, daß die first price auction auch bei unvollständiger Information effizient ist und die etwas kompliziertere, von Ökonomen oft favorisierte second price auction daher überflüssig sei. Es muß daher hervorgehoben werden, daß die dargestellte Effizienz der first price auction ein *Spezialfall* ist, der aus der Identität der ex-ante Wahrscheinlichkeitsverteilungen hervorgeht und nur unter den gerade zusammengefaßten, restriktiven Bedingungen gilt. Wenn wir diese, durchaus unrealistische, Symmetrieannahme aufgeben, erweist sich die first price auction als *im allgemeinen ineffizient*. Diese Ineffizienz ist intuitiv gut nachvollziehbar und folgt aus dem Anreiz, seine wirkliche Zahlungsbereitschaft zu *untertreiben*, um dadurch einen niedrigeren Preis bezahlen zu müssen.

---

21 Für eine allgemeinere Analyse vgl. z.B. Güth 1994, Abschnitt 6.3.
22 Vgl. hierzu bahnbrechend schon Vickrey 1961, sowie Myerson 1981.
23 Vgl. für eine formale Herleitung z.B. Fudenberg/Tirole 1991, 223ff; 284ff. Für (kritische) Spezialisten sei hinzugefügt, daß dies nur dann gilt, sofern die Wahrscheinlichkeitsverteilung über θ_i der monotone hazard rate genügt.

Dieser Anreiz zur Untertreibung gilt zwar auch in der symmetrischen Situation, er bewirkte dort aber keine ineffiziente Allokation der Ressourcen. Dies lag daran, daß der Anreiz zur Untertreibung für alle wirklichen Typen θ_i gleich groß ist und daher letztlich doch der Bieter mit der höchsten wirklichen Zahlungsbereitschaft den Zuschlag erhält (α_i war unabhängig vom wirklichen Typ, so daß $\alpha_i\theta_i$ stetig in θ_i steigt). Wir wollen nun mit Hilfe eines sehr einfachen Beispiels zeigen, daß die first price auction im allgemeinen, asymmetrischen Fall ineffizient ist.[24]

Wir betrachten wieder eine Situation mit nur zwei Bietern und nehmen diesmal an, daß die wirkliche Zahlungsbereitschaft des Bieters i von Anfang an *beiden* Beteiligten bekannt und $\theta_i = \theta_i^a$ sei. Die Zahlungsbereitschaft des zweiten Bieters j sei wieder gleichverteilt in einem Intervall zwischen 0 und 1 ($\theta_j \in (0,1)$. Der einzige, allerdings wichtige Unterschied zum vorher betrachteten Spiel ist also, daß die Zahlungsbereitschaft von i vor Abgabe der Gebote dem j bekannt ist.

Da j die Zahlungsbereitschaft von i und dessen Kalkül über die Wahrscheinlichkeitsverteilung des j kennt, kann er die Gleichgewichtsstrategie des i perfekt antizipieren. Daraus folgt, daß j für das ermittelbare Angebot $\alpha_i \cdot \theta_i^a$ des i überlegen kann, ob sich überbieten lohnt oder nicht. Überbieten lohnt sich offensichtlich, sofern die wirkliche Zahlungsbereitschaft des j über dem Angebot des i liegt, wenn also $\theta_j > \alpha_i \cdot \theta_i^a$. Denn dann ist der Nettonutzen des j als Differenz aus wirklicher Zahlungsbereitschaft und Preis noch positiv. Versetzen wir uns nun wieder in den i. Gegeben dieses „Überbietungsverhalten" des j weiß i, daß er mit einem Gebot $\alpha_i \cdot \theta_i^a$ genau dann den Zuschlag erhält, wenn $\alpha_i \cdot \theta_i^a > \theta_j$. Wegen der Gleichverteilung von θ_j zwischen Null und Eins ist die Wahrscheinlichkeit dafür aber genau θ_j. Somit ist der Erwartungsnutzen des i in Analogie zu Gleichung (25.13)

$$U_i = \theta_j(\theta_i^a - \alpha_i \cdot \theta_i^a) \quad \text{bzw.} \tag{25.25}$$

$$U_i = \alpha_i\theta_i^a(\theta_i^a - \alpha_i\theta_i^a) \tag{25.25a}$$

Als Bedingung erster Ordnung folgt

$$\frac{\partial U_i}{\partial \alpha_i} = (\theta_i^a)^2 - 2\alpha_i(\theta_i^a)^2 = 0 \tag{25.26}$$

und somit wieder

$$\alpha_i = \frac{1}{2} \tag{25.27}$$

Dieses Ergebnis überrascht uns nicht, weil wir bereits vorher gezeigt haben, daß α_i unabhängig von α_j ist. α_j ist jetzt allerdings nicht mehr konstant, weil der Typ θ_j das Gebot $\alpha_i \cdot \theta_i^a$ marginal überbieten wird (d.h. er bietet $\alpha_i \cdot \theta_i^a + \varepsilon$), sofern θ_j größer als $\alpha_i \cdot \theta_i^a$ ist. Dies bedeutet, daß die first price auction in unserem Beispiel genau dann ineffizient ist, wenn

---

24   Für eine allgemeinere Darstellung vgl. z.B. Milgrom 1989.

$$\frac{1}{2}\theta_i < \theta_j < \theta_i \qquad\qquad (25.28)$$

gilt. Denn dann erhält der Typ j den Zuschlag, obwohl der wirkliche Nutzen von i aus dem Konsum der Ware größer ist als bei j. Beträgt also beispielsweise $\theta_i = 0{,}6$, so bietet der Typ i einen Preis von 0,3. Da j dies perfekt antizipieren kann, bietet er für $\theta_j \le$ 0,3 einen Preis von Null (oder 0,3 − ε, da er den Zuschlag ohnehin nicht erhält) und für $\theta_j > 0{,}3$ einen Preis von 0,3+ε, was ihm einen Nettonutzen von $\theta_j - 0{,}3 - \varepsilon$ stiftet. Sofern θ_j zwischen 0,3 und 0,6 liegt, führt die first price auction also zu einer ineffizienten Allokation der Ressource. Dies liegt daran, daß der Typ i weiß, daß er den selbst genannten Preis bezahlen muß, wenn er die Auktion gewinnt. Er *muß* daher untertreiben, sofern er eine Chance haben will, einen positiven Nettonutzen aus der Auktion zu ziehen. Genau dieses nutzenmaximale Ausmaß der Untertreibung haben wir berechnet.

Leser/innen mögen einwenden, daß die Situation, in der i 0,3 und j 0,3+ε biete, kein Nash-Gleichgewicht sein könne, weil i – gegeben die Strategie des j – seinen Nettonutzen doch durch Überbieten erhöhen könne. Dies ist zwar richtig, aber eine unzulässige ex-post-Betrachtung. Denn i kennt das Gebot des j nicht und muß deshalb eine *Bayesianische* Gleichgewichtsstrategie bestimmen – und sein *Erwartungs*nutzen ist in diesem Beispiel eben maximal, wenn er die Hälfte seiner wirklichen Zahlungsbereitschaft bietet. Klar ist allerdings, daß er sich ärgern wird, sofern er hinterher erfährt, daß die wirkliche Zahlungsbereitschaft des j bei 0,4 liegt. Der Informationsvorsprung des j wirkt sich also günstig für diesen aus, weil er (im Unterschied zu i) selbst dann noch einen positiven Nettonutzen erzielt, wenn seine wirkliche Zahlungsbereitschaft nur halb so groß ist wie die des i.

25.3.3 First price auction und holländische Versteigerung

Analog zur Identität der second price auction mit der englischen Versteigerung (vgl. oben, Abschnitt 25.2.3) läßt sich zeigen, daß die first price auction mit der sog. *holländischen Versteigerung* logisch äquivalent ist. Bei der holländischen Versteigerung wird im Unterschied zum englischen Verfahren nicht von „unten nach oben", sondern „von oben nach unten" geboten, d.h. der Auktionator beginnt mit einem hohen Preis und vermindert diesen solange, bis jemand den vorgeschlagenen Preis akzeptiert. Wie bei der first price auction stellt sich für Bieter dann das Problem, ob sie beispielsweise schon „zuschlagen" sollen, wenn der ausgerufene Preis knapp unter der eigenen Zahlungsbereitschaft liegt, oder ob sie noch in der Hoffnung warten sollen, den Zuschlag auch bei einem niedrigeren Preis noch zu erhalten.

Trotz der logischen Äquivalenz zwischen der first price auction und dem holländischen Versteigerungsverfahren läßt sich auch hier (wie bei der second price auction und dem englischen Verfahren) beobachten, daß die empirischen Ergebnisse divergieren. Studien zeigen, daß die Gebote bei der holländischen Versteigerung tendenziell *niedriger* liegen als bei der first price auction.[25] Dabei scheinen drei psychologische Er-klärungsansätze plausibel, die durchaus ergänzend herangezogen werden können:

– erstens sind die Bieter der Meinung, daß es eher unwahrscheinlich sei, daß andere Bieter „gerade jetzt" zuschlagen;
– zweitens führt Warten zu einer als positiv empfundenen Spannung;
– und drittens werden die Wertschätzungen nach unten korrigiert, wenn man sieht, daß kein anderer Bieter eine hohe Zahlungsbereitschaft äußert.

25.4 Die Koalitionsstabilität der beiden Auktionsverfahren

Unsere Überlegungen haben gezeigt, daß die second price auction *immer* zu einer effi-zienten Allokation der Ressourcen führt, weil die Offenbarung der wirklichen Präfe-renzen eine dominante Strategie ist. Dementgegen kann die first price auction ineffi-zent sein, sofern unvollständige Information besteht und die ex-ante Wahrscheinlich-keitsverteilungen über die Typen nicht identisch sind. Beobachtungen in der Realität erhärten allerdings den Verdacht, daß Auktionsverfahren häufig durch *Koalitionsbildun-gen* zwischen den einzelnen Bietern gekennzeichnet sind.[26] Wir müssen daher kurz der Frage nachgehen, welches der beiden Auktionsverfahren gegen derartige Koalitions-bildungen robuster ist.[27]

Wir betrachten eine denkbar einfache Situation, in der sich die Bieter vor der Auktion treffen, ihre Zahlungsbereitschaften wahrheitsgemäß äußern und sich darauf einigen, daß die Ware an den Bieter k geht, weil dieser die höchste wirkliche Zah-lungsbereitschaft (θ_k) hat. Ferner einigt man sich darauf, dem Bieter k einen Nettonut-zen in Höhe von U_k^a zu gewähren. Wir nennen ein Auktionsverfahren nun einfach um so *koalitionsstabiler*, je geringer der maximale Nettonutzen ist, den ein beliebiger Bieter i ≠ k aus dem Bruch der Absprache ziehen kann.[28]

25.4.1 Second price auction

Bei der second price auction bedeutet die Einigung, daß das zweithöchste Gebot θ_h' genau $\theta_k - U_k^a$ betragen darf, denn der Nettonutzen des Bieters k ist bei der second price auction

$$U_k^a = \theta_k - \theta_h' \tag{25.29}$$

woraus unmittelbar

---

25 Vgl. z.B. Kagel/Roth 1995, 507.
26 Vgl. z.B. Jacquemin/Slade 1989, 453; McMillan 1992, 145ff.
27 Vgl. zum folgenden ausführlicher z.B. Güth 1994, Abschnitt 6.3.
28 Wir könnten beispielsweise annehmen, daß die Beteiligten i ≠ k vor der Auktion Seitenzahlungen erhalten, die hinterher nicht mehr rückgängig gemacht werden können. Allerdings ist der von uns betrachtete Fall letztlich zu einfach, weil nicht recht einzusehen ist, warum die Beteiligten im Zeit-punkt Null ihre wirklichen Zahlungsbereitschaften eigentlich wahrheitsgemäß offenbaren sollten.

$$\theta'_h = \theta_k - U^a_k \tag{25.30}$$

folgt. Alle Bieter außer k haben bei Einhaltung der Koalition einen Nettonutzen von Null, weil sie den Zuschlag nicht erhalten. Wenn wir annehmen, daß k seine wirkliche Zahlungsbereitschaft bietet, dann erhalten andere Bieter den Zuschlag nur, wenn sie $\theta'_k = \theta_k$ überbieten. Da aber für alle Beteiligten $\theta_j < \theta_k$ gilt, wäre der Nettonutzen für jeden potentiellen Überbieter negativ. Die second price auction ist also in dem Sinne eher koalitionsstabil, so daß kein Bieter durch einen Bruch der Koalition einen positiven Nettonutzen erzielen kann.

25.4.2 First price auction

Bei der first price auction muß der Bieter k den Preis bezahlen, den er bietet. Es gilt also

$$U^a_k = \theta_k - \theta'_k \tag{25.31}$$

Wenn er seinen abgesprochenen Nettonutzen von U^a_k erhalten soll, darf er also nur

$$\theta'_k = \theta_k - U^a_k \tag{25.32}$$

bieten. Dies bedeutet, daß jeder Bieter j, für den

$$\theta_k - U^a_k < \theta_j < \theta_k \tag{25.33}$$

gilt, durch das Gebot

$$\theta'_j = \theta_k - U^a_k + \varepsilon \tag{25.34}$$

den Nettonutzen

$$U_j = \theta_j - (\theta_k - U^a_k + \varepsilon) = \theta_j - \theta_k + U^a_k - \varepsilon \tag{25.35}$$

erreichen kann. Je höher der vereinbarte Nettonutzen U^a_k, desto größer ist bei der first price auction daher der Anreiz, aus der gebildeten Koalition auszubrechen. Unter diesem Gesichtspunkt kann die first price auction daher (zumindest für den Verkäufer) vorteilhaft sein.

25.5 Common value auction

Bisher gingen wir davon aus, daß jeder Bieter den Nutzen der Ware für sich selbst beurteilen kann. Dies gilt beispielsweise bei Gegenständen, über die man hinreichende Informationen hat und die man zum (dauerhaften) Konsum nutzen möchte. Die Situation ändert sich, wenn wir beispielsweise öffentliche Ausschreibungen von ungewöhnlichen Bauvorhaben oder den Verkauf von Ölfeldern betrachten. In diesen Fällen modelliert man das Problem vereinfachend in der Weise, daß der *wirkliche* Nutzen (bzw. bei Bauvorhaben: die wirklichen Kosten) für alle Bieter gleich ist, diese aber unterschiedliche *private* Informationen über den Wert des Gutes haben. Dabei gehen wir davon aus, daß die privaten Informationen der Bieter nicht korreliert, also unabhängig sind.[29]

Eine einfache, informelle Beschreibung des Problems ermöglicht das folgende Beispiel, auf dessen Analyse wir uns hier beschränken wollen:[30] in einer Fernsehshow sollen fünf Teilnehmer aus ihren (hinreichend großen) Gewinnen für einen Koffer bieten, dessen Inhalt sie nicht kennen. Da der Koffer Geld enthält, ist der wirkliche Wert für alle gleich groß.[31] Jeder der Beteiligten erhält ein stochastisches Signal, das die enthaltene Summe unpräzise angibt. Mit θ als wirklicher Summe wissen die Beteiligten, daß als Signale nur die Werte $\theta-2$, $\theta-1$, θ, $\theta+1$ und $\theta+2$ in Frage kommen. Der Erwartungswert eines Signals entspricht also genau dem wirklichen θ. Um eindeutige Ergebnisse herleiten zu können, müssen wir ferner annehmen, daß als Gebote nur ganze Zahlen (also z.B. $\theta+1$, aber nicht $\theta+0,5$) zugelassen werden.

Versetzen Sie sich nun in einen beliebigen Teilnehmer i, der das Signal θ_i erhält. Der Teilnehmer weiß, daß θ_i ein erwartungstreuer Schätzwert für θ ist. Der beste Schätzwert für das wirkliche θ ist also θ_i. Eine auf den ersten Blick naheliegende Strategie scheint daher darin zu bestehen, knapp unter θ_i zu bieten, weil der Erwartungswert von θ dann über der Zahlung liegt und i somit einen positiven erwarteten Nettonutzen zu haben scheint. Als Gebot scheint sich also θ_i-1 anzubieten, da ja nur ganzzahlige Gebote zugelassen werden. Sollte sich i tatsächlich an diese Überlegung halten, so würde er ein Opfer des so bezeichneten *Fluch des Gewinners* (*winner's curse*). Darunter versteht man, daß Gewinner von common value auctions systematisch enttäuscht werden, sofern sie sich an die gerade beschriebene, naive Strategie der Maximierung des Erwartungsnutzens halten. Der Fehler in der beschriebenen Überlegung ist, daß es sich um kein entscheidungstheoretisches, sondern um ein spieltheoretisches Problem handelt. Spieler i muß also auch die Strategien der anderen Spieler berücksichtigen. Wenn sich aber jeder so verhält wie er, so gewinnt er die Auktion dann und nur dann, wenn er das höchste Signal von allen, also das Signal $\theta_i = \theta+2$ empfangen hat. Denn andernfalls liegt das Gebot von mindestens einem anderen Spieler über seinem, und er geht ohnehin leer aus (was in dieser Situation ein Glücksfall für ihn wäre). Wenn er aber das höchste Signal empfangen hat, so ist sein Gebot z_i

$$z_i = \theta_i - 1 = \theta+2 - 1 = \theta+1 \tag{25.36}$$

so daß sein Nettonutzen

$$U_i = \theta - z_i = \theta - (\theta_i - 1) = \theta - (\theta+2 - 1) = -1 \tag{25.37}$$

negativ ist. Der Grund für den Fluch des Gewinners ist also, daß man – gegeben die geschilderte Strategie – eine common value auction genau dann gewinnt, wenn man ein Signal erhält, daß deutlich *über* dem wirklichen Wert liegt und man sich an diesem Signal orientiert. Das Problem ist also, daß die Bedeutung der eigenen Informationen überschätzt wird. Welche Bedeutung der Fluch des Gewinners in der Realität hat, ist schwer zu sagen.[32] Die Tatsache aber, daß sich beispielsweise die Kosten für öffentlich

---

29   Vgl. für eine formalere Darstellung z.B. Myerson 1991, 132ff.
30   Das Beispiel wurde aus McMillan 1992, 139ff. übernommen.
31   Das Problem der interpersonellen Vergleichbarkeit der Nutzen ignorieren wir.
32   Vgl. McMillan 1992, 141.

ausgeschriebene Bauprojekte im nachhinein systematisch als höher wie erwartet erweisen, mag zumindest teilweise darauf zurückzuführen sein, daß sich nicht alle Bieter darüber bewußt sind, daß sie dann und nur dann eine Ausschreibung gewinnen, wenn ihre eigenen Informationen (erhalten etwa durch Vergangenheitswerte und Plankostenrechnungen) die wirklichen Kosten unterschätzen.

Nun ist das oben beschriebene Gebot selbstverständlich keine (Bayesianische) Gleichgewichtsstrategie, weil die strategische Interdependenz der Auktion einfach ignoriert wird. Im Gleichgewicht muß ein Bieter i den Fluch des Gewinners einkalkulieren und berücksichtigen, daß er die Auktion nur gewinnt, wenn er das höchste Signal erhält.[33] *Er geht daher davon aus, daß im Falle seines Sieges* (andere Fälle sind ohnehin uninteressant) $\theta = \theta_i - 2$ gilt. Sein Erwartungsnutzen ist also genau dann Null, wenn er $z_i = \theta_i - 2$ bietet. Da er seinen Erwartungsnutzen maximieren möchte, bietet er

$$z_i = \theta_i - 3 = \theta - 1 \tag{25.38}$$

weil er damit das nächstbessere Signal gerade noch überbieten kann. Somit realisiert er (sofern er gewinnt) einen Nettonutzen von

$$U_i = \theta - (\theta_i - 3) = \theta - (\theta + 2 - 3) = 1 \tag{25.39}$$

da $\theta_i = \theta + 2$ gilt. Sofern sich alle Spieler so verhalten, ist der Erwartungsnutzen jedes Spielers i mit dieser Strategie

$$E(U_i) = \frac{1}{5} \cdot 1 = \frac{1}{5} \tag{25.40}$$

da man nur gewinnt, wenn man das höchste Signal erhält. Überlegen wir, ob es irgendeine andere Strategie gibt, bei der man – gegeben die beschriebenen Strategien der anderen Spieler – einen höheren Erwartungsnutzen erzielen kann (prüfen wir also, ob die beschriebenen Strategien Gleichgewichtsstrategien sind). Eine Möglichkeit ist, sich mit einem geringen negativen Gewinn für den Fall des höchsten Signals zufrieden zu geben, damit man auch dann gewinnt, wenn man das zweithöchste Signal erhält und in diesem Fall dann einen hohen Gewinn macht. Ein Sieg mit dem zweithöchsten Signal[34] setzt allerdings voraus, daß man beim zweithöchsten Signal

$$z_h = \theta_h^{zH} - 2 = \theta + 1 - 2 = \theta - 1 \tag{25.41}$$

bietet, weil für das zweithöchste Signal $\theta_h^{zH} = \theta + 1$ gilt und man dann das gleiche Gebot abgibt wie der Spieler i in unserer Gleichgewichtsstrategie. Da man dann gleich viel bietet wie der Bieter mit dem höchsten Gebot, nehmen wir an, daß dann jeder der Beiden den halben Kofferinhalt erhält. Sofern sich der Spieler an diese alternative Strategie hält, ist sein Nettonutzen *für den Fall, daß er tatsächlich das zweithöchste Signal* θ_h^{zH} *hat somit*

$$U_h(\theta_h^{zH}) = \frac{1}{2} (\theta - (\theta - 1)) = \frac{1}{2} \tag{25.42}$$

---

33 Dies liegt daran, daß das erwartungsnutzenmaximale Gebot auch im Bayesianischen Gleichgewicht eine eindeutig steigende Funktion in θ_i ist.

34 Das zweithöchste Signal des Spielers h definieren wir als θ_h^{zH}.

Hat er aber das höchste Signal (bei dem er sich gleich verhalten muß, weil er nicht weiß, welches Signal er hat), so ist seine Zahlung

$$z_h = \theta_h^H - 2 = \theta + 2 - 2 = \theta \qquad (25.43)$$

weil für das höchste Signal $\theta_h^H = \theta + 2$ gilt

Sein Nettonutzen ist dann

$$U_h(\theta_h^H) = \theta - \theta = 0 \qquad (25.44)$$

Da er nicht weiß, welches Signal er hat, ist sein Erwartungsnutzen bei dieser Strategie

$$E(U_h) = \frac{1}{2} \cdot \frac{1}{5} = \frac{1}{10} \qquad (25.45)$$

und somit eindeutig geringer als bei der anderen Strategie. Da er weniger aber nicht bieten kann, sofern er auch mit dem zweithöchsten Signal noch gewinnen will, besteht das einzige Bayesianische Gleichgewicht in diesem Spiel in der Tat darin, daß jeder Spieler

$$z_i = \theta_i - 3 \qquad (25.46)$$

bietet.[35] Jeder Spieler muß bei seiner Einschätzung von θ also davon ausgehen, daß er das höchste Signal erhalten hat und korrigiert seine Einschätzung nach unten. Zwar weiß er, daß dies meist nicht stimmt – warum sollte er ausgerechnet das höchste Signal empfangen haben? – doch handelt es sich dann um Fälle, in denen er ohnehin nicht gewinnt und die daher irrelevant sind. Im Gleichgewicht gibt es daher natürlich keinen „Fluch des Gewinners".

Empirische Untersuchungen haben gezeigt, daß unerfahrene Bieter in der Tat häufig zu hohe Gebote abgeben und der Fluch des Gewinners daher eine wichtige Rolle zu spielen scheint.[36] Dieser Effekt wird bei einer zunehmenden Gruppengröße noch verstärkt, weil die Bieter offenbar befürchten, daß ihre Chance, den Zuschlag zu erhalten, ohnehin sehr gering ist. Allerdings ist bei der Interpretation des Begriffs „zu hoch" zu berücksichtigen, daß Bieter nur mit ihrer Konkursmasse haften, so daß es durchaus rational sein kann, hohe Gebote abzugeben.[37]

25.6 Zusammenfassung

In diesem Kapitel haben wir uns mit der spieltheoretischen Untersuchung von Versteigerungen beschäftigt. Im Mittelpunkt stand dabei die Unterscheidung zwischen der first price auction und der second price auction. Beides sind verdeckte Auktionsformen, bei denen der Bieter mit dem höchsten Gebot den Zuschlag erhält. Der Unterschied ist, daß der Bieter bei der first price auction den gebotenen Preis und bei der second price auction nur den zweithöchsten gebotenen Preis bezahlt. Es zeigte sich,

---

35 Es muß allerdings hinzugefügt werden, daß sich dieses einfache Ergebnis nur einstellt, wenn die Gebote auf ganzzahlige Summen beschränkt sind. Ferner gibt es ein zweites Gleichgewicht, bei dem alle $\theta - 4$ bieten. Diesen Hinweis verdanke ich Christine Blaurock.

36 Vgl. Kagel/Roth 1995, 536ff.

37 Vgl. z.B. Hansen/Lott 1991.

daß die second price auction unter Effizienzgesichtspunkten überlegen ist, weil der Bieter mit der höchsten wirklichen Zahlungsbereitschaft im Falle rationalen Verhaltens auch dann den Zuschlag erhält, wenn unvollständige Information bezüglich der Präferenzen der Mitbieter besteht. Dies gilt bei der first price auction nicht notwendigerweise (Abschnitte 25.3.1 und 25.3.2).

Empirische Analysen führen zu dem interessanten Ergebnis, daß das englische bzw. das holländische Verfahren trotz ihrer logischen Äquivalenz mit der second price auction bzw. der first price auction *nicht* zu gleichen Ergebnissen führen wie diese. Dies liegt offensichtlich daran, daß die Bieter insbesondere bei der second price auction nicht durchschauen, daß die Äußerung der wahren Präferenzen eine dominante Strategie ist.

Die Überlegenheit der second price auction gegenüber der first price auction gilt nur dann, wenn man davon ausgeht, daß die Bieter wirklich in Konkurrenz zueinander stehen. Versteigerungen liefern aber immer einen Anreiz zu kollusivem Verhalten, um auf diese Weise geringe Preise bezahlen zu müssen und den Koalitionsgewinn untereinander aufzuteilen. In Abschnitt 25.4 mußten wir feststellen, daß der Anreiz zur Koalitionsbildung bei der second price auction größer ist als bei der first price auction, wodurch sich die Überlegenheit der second price auction relativiert. Sofern es wenige Bieter gibt und deshalb mit Koalitionen gerechnet werden muß, kann daher die Wahl der first price auction auch unter Wohlfahrtsgesichtspunkten vernünftig sein.

Abschließend haben wir uns in Abschnitt 25.5 mit Auktionen beschäftigt, bei denen Bieter den Wert der Auktionsware für sich selbst gar nicht perfekt kennen. Typisch dafür sind Schürfrechte oder andere öffentliche Ausschreibungen für Aufträge, die unbekannte Kosten oder Nutzen verursachen. Ein empirisch beobachtetes Phänomen ist, daß häufig Bieter den Zuschlag erhalten, die den Wert der Ware überschätzen und deshalb zuviel bieten – andernfalls wäre ihr Gebot nicht das höchste und die Ware ginge an andere Bieter. Diesen Sachverhalt nennt man den „Fluch des Gewinners". Wir haben zwar gezeigt, daß ein solches Bietverhalten kein Gleichgewicht sein kann, weil rationale Bieter den Fluch des Gewinners antizipieren und daher weniger bieten. Die sich dabei ergebenden gleichgewichtigen Bietverhalten sind aber kompliziert, so daß es nicht verwundert, wenn sie in der Realität von unerfahrenen Bietern nicht gewählt werden. Empirisch wurde das Phänomen des Überbietens beispielsweise für die Versteigerung von Schürfrechten für Öl in den USA für die Jahre 1954-1969 nachgewiesen.[38]

---

38 Vgl. Hendricks/Porter/Boudreau 1987.

Literatur

Abreu, D./Pearce, D./Stacchetti, E. (1986): Optimal cartel equilibria with imperfect monitoring, in: Journal of Economic Theory 39, S. 251-269.

Akerlof, G.A. (1970): The market for „lemons": qualitative uncertainty and the market mechanism, in: Quarterly Journal of Economics 84, S. 488-500.

Amoroso, L. (1965): Die statische Angebotskurve, in: Ott, A.E. (Hrsg.), Preistheorie, Köln/Berlin, S. 165-194.

Averch, H./Johnson, L. (1962): Behavior of the firm under regulatory constraint, in: American Economic Review 52, S. 1053-1069.

Axelrod, R (2000): Die Evolution der Kooperation, 4. Aufl, München, Wien.

Bailey, E./Graham, D./Kaplan, D. (1989): Deregulation of the Airlines, Cambridge, Mass.

Bain, J. S.(1956): Barriers to New Competition, Cambridge, Mass.

Baron, D. (1989): Design of Regulatory Mechanisms and Institutions, in: Schmalensee, R./Willig, R.D. (Hrsg.): Handbook of Industrial Organization, Bd. 2, Kapitel 24, S.1347-1448.

Baron, D./Myerson, R. (1982): Regulating a monopolist with unknown costs, in: Econometrica 50, S. 911-930.

Bartling, H. (1980): Leitbilder der Wettbewerbspolitik, München.

Baum, H. (1990): Aufbereitung von Preiselastizitäten der Nachfrage im Güterverkehr für Modal Split-Prognosen, Essen.

Baumol, W./Panzar, J./Willig, R. (1982): Constable markets and the theory of industry structure, New York.

Baumol, W./Panzar, J./Willig, R. (1986): On the Theory of Perfectly Contestable Markets, in: Stiglitz, J./Mathewson, F. (Hrsg.): New Developments in the Analysis of Market Structure, Cambridge, Mass.

Benkert, W./Bunde, J./Hansjürgens, B. (1990): Umweltpolitik mit Öko-Steuern? Ökologische und finanzpolitische Bedingungen für neue Umweltabgaben, Marburg.

Berg, H. (1999): Wettbewerbspolitik, in: Vahlens Kompendium der Wirtschaftstheorie und Wirtschaftspolitik, Band 2, 7. Auflage, S. 239-300, München.

Blazejczak, J./Edler, D. (Hrsg), (1993): Beschäftigungswirkungen des Umweltschutzes – Abschätzung und Prognose bis 2000 – Einzelanalysen, Texte des UBA Nr. 42/93, Berlin.

Bolton, G. (1991): A comparative model of bargaining: Theory and evidence. American Economic Review 81, S. 1069-1136.

Bortz, J. (1999): Statistik für Sozialwissenschaftler, 5. vollst. überarb. Auflage, Berlin, u.a.

Böhringer, Christoph (2001): Industry-level emission trading between power producers in the EU, in: Applied Economics 34 (4), S. 523-533.

Braeutigam, R. (1989): Optimal Policies for Natural Monopolies, in: Schmalensee, R./Willig, R.D. (Hrsg.): Handbook of Industrial Organization, Bd. 2, Kapitel 23, S. 1289-1346.

Bresnahan, T. (1989): Empirical Studies of Industries with Market Power, in Schmalensee, R./Willig, R.D. (Hrsg.): Handbook of Industrial Organization, Bd. 2, Kapitel 17, S. 1011-1058.

Brinkmann, G. (1997): Analytische Wissenschaftstheorie. Einführung sowie Anwendung auf einige Stücke der Volkswirtschaftslehre, 3. Auflage, München/Wien.

Brüggemeier, G. (1989): Umwelthaftungsrecht – Ein Beitrag zum Recht der „Risikogesellschaft"?, in: Kritische Justiz 1, S. 209-230.

Brüne, G./Hamann, P./Kleinaltenkamp, M. (1987): Der relevante Markt der Wochenzeitung „Die Zeit". Eine empirische Untersuchung als Grundlage für die wettbewerbsrechtliche Beurteilung der Beteiligung von Gruner&Jahr am Zeitverlag, Arbeitspapiere zum Marketing Nr. 21 der Ruhr-Universität Bochum.

Bulow, J./Genakopolos, J./Klemperer, P. (1985): Multimarket oligopoly: Strategic substitutes and complements, in: Journal of Political Economy 93, S. 488-511.

Cho, I.-K./Kreps, D. (1987): Signaling Games and Stable Equilibria, in: Quarterly Journal of Economics, May 1987, 102, S. 179-221/158n, 253.

Coase, R.H. (1960). The Problem of Social Cost, in: The Journal of Law and Economics, Vol. III, October 1960, S. 1-44.

Coase, R.H.(1972): Durability and monopoly. Journal of Law and Economics 15, S. 143-149.

Cobb, C.W./Douglas, P.H. (1928): A theory of production, in: American Economic Review, Papers and Proceedings 18, S. 139-165.

Cohen, W.M./Levin, R.C. (1989): Empirical Studies of Innovation and Market Structure, in: Schmalensee, R./Willing, R.D. (Hrsg.): Handbook of Industrial Organization, Bd. 2, Kapitel 18, S. 1059-1108.

Commission of the European Communities (2003): Extended Impact Assessement on the Directive of the European Parliament and of the Council, Brüssel.

Cypionka, B. (1985): Deliktsrechtliche Haftung trotz ungeklärter Schadensverursachung: Zu den Grundlagen und Voraussetzungen des § 830 Abs. 1 Satz 2 BGB, Dissertation, Münster.

Dales, J. H. (1968): Pollution, Property, and Prices. Toronto.

Dasgupta, P/Hammond, P./Maskin, E. (1979): The Implementation of Social Choice Rules: Some General Results on Incentive Compatibility, in: Review of Economic Studies 46, S. 185-216.

Davidson, C./Deneckere, R. (1985): Incentives to form coalitions with Bertrand competition, in: Rand Journal of Economics, 16, 473-486.

Debreu, G. (1976): Werttheorie. Eine axiomatische Analyse des allgemeinen Gleichgewichtes, Heidelberg.

Demougin, D./Illing, G. (1993): Property rights and regulation of environmental quality unter asymmetric information, in: Jahrbücher für Nationalökonomie und Statistik, Band 211, Heft 5/6, S. 385-402.

Demsetz, H. (1968): „Why regulate utilities?", in: Journal of Law and Economics 11, S. 55-65.

Deregulierungskommission (Hrsg.), (1991): Marktöffnung und Wettbewerb – Deregulierung als Programm ?, Stuttgart.

Dicke, H./Glisman, H./Horn, E.J. (1995): Zur Reform des Postwesens in Deutschland, in: Kieler Arbeitspapiere Nr. 688, Mai 1995.

Dixit, A./Nalebuff, B. (1997): Spieltheorie für Einsteiger, 2. Auflage, Stuttgart.

Drukarczyk, J. (1993): Theorie und Politik der Finanzierung, 2., völlig neu gestaltete Aufl., München.

Edgeworth, F.Y. (1881): Mathematical Psychics, London.

Endres, A. (1977): „Die Coase-Kontroverse" in: Zeitschrift für die gesamte Staatswissenschaft, 133/4, S. 637-651.

Endres, A. (2000): Umweltökonomie. Eine Einführung, 2. Auflage, Darmstadt.

Endres, A. (1991): Ökonomische Grundlagen des Haftungsrechts, Heidelberg.

Endres, A./Querner, I.(2000): Die Ökonomie natürlicher Ressourcen, 2. Auflage, Darmstadt.

Feess, E. (1995):Haftungsregeln für multikausale Umweltschäden: eine ökonomische Analyse des Umwelthaftungsgesetzes unter besonderer Berücksichtigung multikausaler Schadensverursachung, Marburg.

Feess, E. (1998): Umweltökonomie und Umweltpolitik, 2. Auflage, München.

Feess, E. (2000): Grundzüge der neoricardianischen Preis- und Verteilungstheorie, Marburg

Feess, E./Hege, U. (1996): Apportioning damages for multi-party accidents with unobservable avoidance costs, HEC working paper, CR 573/1996, Paris.

Feess-Dörr, E. (1989): Die Redundanz der Mehrwerttheorie, Marburg.

Finsinger, J./Pauly, M.V. (1990): The double liability rule, in: The Geneva Papers on Risk and Insurance Theory, Vol. 15, No. 2, S. 159-169.

Fleissner, P. u.a. (1993): Input-Output-Analyse, Wien/New York.

Forrester, J. (1971): World Dynamics, Cambridge.

Forsythe, R./Horrowitz, L./Savin, N./Sefton, M. (1994): Fairness in simple bargaining experiments, in: Games and economic behaviour 6, S. 347-369.

Franz, W. (1999): Arbeitsmarktökonomie, 4. Auflage, Berlin.

Friedman, J.W. (1971): A noncooperative equilibrium for supergames, in: Review of Economic Studies 38, S.1-12.

Friedman, M. (1969): Monetarist economics, Oxford.

Fudenberg, D./Tirole, J. (1984): The Fat Cat Effect, the Puppy Dog Ploy and the Lean and Hungry Look, in: American Economic Review, Papers and Proceedings 74, S. 361-368.

Fudenberg, D./Tirole, J. (1991): Game Theory, Cambridge.

Garegnani, P. (1989): Kapital, Einkommensverteilung und effektive Nachfrage. Beiträge zur Renaissance des klassischen Ansatzes in der Politischen Ökonomie, Marburg.

Gawel, E./Ewringmann, D. (1994): Die Kompensationsregel der TA Luft – Erfahrungen aus dem Modellvorhaben „Kannebäckerland" –, in: Natur und Recht 3/1994, S. 120-125.

Green, E./Porter, R. (1984): Non-cooperative Collusion under Imperfect Price Information, Econometrica, 52, S. 87-100.

Grossmann, S. J./ Hart, O.D. (1983): An analysis of the principal-agent problem, Econometrica 51, S. 7-45/176, 189n, 190n..

Güth, W. (1999): Spieltheorie und ökonomische (Bei)Spiele, 2. Auflage, Berlin.

Güth, W. (1993): On Ultimatum Bargaining Experiments – a Personal Review –, Discussion paper series, No. 9317, CentER, Tilburg.

Güth, W. (1994): Markt- und Preistheorie, Berlin.

Güth, W./ Tietz, R. (1985): Strategic Power Versus Distributive Justice – An Experimental Analysis of Ultimatum Bargaining –, in: Frankfurter Arbeiten zur experimentellen Wirtschaftsforschung, A 19.

Güth, W./Ockenfels, P/Tietz, R. (1990): Distributive justice versus bargaining power: some experimental results, Frankfurt am Main.

Hampicke, K. (1992): Ökologische Ökonomie, Opladen.

Hansen, R./Lott, J. (1991): The winner's curse and public information in common value auctions: Comment. American Economic review 81, S. 447-361.

Hansmeyer, K.-H-/Gawel, E. (1993): Schleichende Erosion der Abwasserabgabe, in: Wirtschaftsdienst 6/93, S. 325-331.

Harsanyi, J.C. (1967.1968): Games with incomplete information played by Bayesian players, Parts I, II, and III, in: Management Science 14, S. 159-182, 320-334, 486-502.

Hart, O. (1995): Firms, Contracts and Financial Structure, Oxford.

Hartmann, M./Hoffmann, M./Schmitz, P.M. (1994): Allokations- und Verteilungswirkungen der EG-Agrarreform, in: Landwirtschaftliche Rentenbank (Hrsg.): Verteilungswirkungen der künftigen EG-Agrarpolitik nach der Agrarreform, Frankfurt, S. 257-318.

Hauptgutachten der Monopolkomission 1984/85, Baden-Baden.

Hausman, D. (1981): Capital, Profits and Prices, New York.

Hay, D.A./Morris, D.J. (1991): Industrial Economics and Organization, 2. Auflage, Oxford.

Hendricks, K./Porter, R./Boudreau, B. (1987): Information, returns, and bidding behavior in OCS auctions: 1954-1969. Journal of Industrial Economics 35, S. 517-542.

Holler, M./Illing, G. (2003): Einführung in die Spieltheorie, 5. Auflage, Berlin.

Holmström, B. (1982): Moral Hazard in Teams, in: Bell Journal of Economics, 13, S. 324-340.

Hoppe, W./Beckmann, M. (2000): Umweltrecht. Juristisches Kurzlehrbuch für Studium und Praxis, 2. Auflage, München.

Hoppmann, E. (1966): Das Konzept der optimalen Wettbewerbsintensität, in: Jahrbücher für Nationalökonomie und Statistik, Band 179, S. 386ff., Stuttgart.

Hotelling, H. (1931): The economics of exhaustable resources, in: Journal of Political Economy 39, S. 137-175.

Illing, G. (1992): Private Information as Transaction Costs: The Coase Theorem Revisited, in: Journal of Institutional and Theoretical Economics 148, S. 558-576.

Jacquemin, A./Slade, M. (1989): Cartels, Collusion, and Horizontal Merger, in Schmalensee, R./Willig, R.D. (Hrsg.): Handbook of Industrial Organization, Bd. 1, Kapitel 7, S. 415-474.

Jensen, M./Meckling, W. (1976): Theory of the Firm: Managerial Behavior, Agency Costs and Ownership Structure, in: Journal of Financial Economics, 3, S. 305–360.

Jevons, W.S. (1970): The Theory of Political Economy, Harmondsworth.

Kagel, J.H./Roth, A.E. (Hrsg.): Handbook of Experimental Economics, Princeton, 1995.

Kantzenbach, E. (1967): Die Funktionsfähigkeit des Wettbewerbs, 2., durchgesehene Auflage, Göttingen.

Kantzenbach, E./Mayer, O. G. (Hrsg.), (1996): Von der internationalen Handels- zur Wettbewerbsordnung, Baden-Baden.

Kemper, M (1993): Das Umweltproblem in der Marktwirtschaft. Wirtschaftstheoretische Grundlagen und vergleichende Analyse umweltpolitischer Instrumente in der Luftreinhalte- und Gewässerschutzpolitik, 2. unveränderte Auflage, Berlin.

Kloepfer, M. (1990): Rechtsstaatliche Probleme ökonomischer Instrumente im Umweltschutz, in: Wagner, G.-R. (Hrsg.): Unternehmung und ökologische Umwelt, München S. 241-261.

Koboldt, C. (1991): Kommentar zu Schanze, E.: Stellvertetung und ökonomische Agentur-Theorie – Probleme und Wechselbezüge, in: Ott, C./Schäfer, H.-B. (Hrsg.): Ökonomische Probleme des Zivilrechts, Berlin/Heidelberg, S. 76-86.

Kohlberg, E./Mertens, J.-F. (1986): On the Strategic Stability of Equilibria, Econometrica, September 1986, 54, 1003-7, 88n, 158.

Kornhauser, L.A./Revesz, R.L. (1994): Multidefendant Settlements: The Impact of Joint and Several Liability, in: Journal of Legal Studies, Vol.XXIII, Januar 1994, S. 41-76.

Krelle, W. (1969): Produktionstheorie, 2. Auflage, Tübingen.

Kreps, D. (1990): A Course in Microeconomic Theory, New York u.a.

Kreps, D./Scheinkman, J. (1983): Quantity pre-commitment and Bertrand competition yield Cournot outcomes, in: Bell Journal of Economics, 14, S. 326-337.

Kreps, D./Wilson, R. (1982): Reputation and imperfect information, in: Journal of Economic Theory 27, S. 253-279.

Kruse, J. (1989): Ordnungspolitische Grundlagen der Regulierung, in: Aschinger, G. (Hrsg.): Deregulierung – eine Herausforderung an die Wirtschafts- und Sozialpolitik in der Marktwirtschaft, Schriften des Vereins für Sozialpolitik, Band 184, S. 9-53.

Laffont, J./Tirole, J. (1993): A Theory of Incentives in Procurement and Regulation, Cambridge, u.a.

Landes, W./Posner, R. (1987): The Economic Structure of Tort Law, Cambridge.

Lang, G. (1995): Price-Cap-Regulierung: Ein Fortschritt in der Tarifpolitik?, in: Wirtschaftsdienst 1995/V, S.273-277.

Laux, H. (2002): Entscheidungstheorie II, 5. Auflage, Berlin.

Legros, P./Matsushima, H. (1991): Efficiency and Stability in Partnerships, in: Journal of Economic Theory.

Lerner, A.P. (1965): Der Begriff des Monopols und die Bestimmung der Monopolmacht, in: Ott, A.E. (Hrsg.), Preistheorie, Köln/Berlin, S. 225-248.

Little, I.M.D. (1949): A reformulation of the theory of consumer's behavior, in: Oxford Economic Papers 1, S. 90-99.

Littlechild, S. (1970): Peak-load-pricing of telephone calls, in: Bell Journal of Economics and Management Science 1, S. 191-200.

Loury, G.C. (1979): Market Structure and innovation, in: Quarterly Journal of Economics 93, S. 395-410.

Mariotti, A. (1992): Unused Innovations, in: Economic Letters 38, S. 367-371.

Marshall, (1982): Principals of Economics, 8. Auflage, London.

Martin, S. (2002): Advanced industrial economics, 2. Auflage, Oxford, u.a..

Mas-Colell, A./Whinston, M.D./Green, J.R. (1995): Microeconomic Theory, New York/Oxford.

McMillan, J. (1992): Games, strategies and managers, Oxford, u.a.

Meadows, D. u.a., (1972): The Limits of Growth, Washington.

Meffert, H. (1990): Strategisches Marketing und Umweltschutz – Bericht aus einem Forschungsprojekt, in: Wagner, R. (Hrsg.): Unternehmung und ökologische Umwelt, München.

Messner, (1993): Kontinuität und Wandel in der Umweltpolitik der USA am Beispiel der Gesetzgebung zur Luftreinhaltung, in: Zeitschrift für angewandte Umweltforschung, S. 67-80.

Milgrom (1987): Auction Theory, in: Bewley, T. (Hrsg.): Advances in Economic Theory, Fifth World Congress, Cambridge, 304-342.

Miller, M.H./Modigliani, F. (1958): The Cost of Capital, Corporation Finance, and the Theory of Investment, in: American Economic Review 48, S. 261-297.

Mirrless, J. (1974): Notes on Welfare Economics, Information and Uncertainty, in: Essays on Economic Behavior under Uncertainty, edited by M. Balch, D. McFaddden, S.-J. Wu, Amsterdam, S. 190n, 245n.

Moritz, K.H. (1993): Mikroökonomische Theorie des Haushalts, München/Wien.

Moritz, K.H. (1994): Mikroökonomische Theorie des Unternehmens, München/Wien.

Moritz, K.H./Rester, M. (1996): Preisbildung und Kartelle auf dem Zementmarkt, in: WISU, Heft 10, S. 852-856.

Moro, A. (1993): A Survey on R&D and technological Innovation: Firms' Behavior, Regulation and Pollution Control.

Myerson, R.B. (1979): Incentive Compatibility and the Bargaining Problem, in: Econometrica 47, S. 61-74.

Myerson, R.B. (1981): Optimal Auction Design, in: Mathematics of Operations Research, 6, S. 58-73.

Myerson; R.B. (1991): Game Theory, Cambridge/London.

Nicolaides, P. (1988): Limits to the expansion of neoclassical economics, in: Cambridge Journal of Economics 12, S. 313-328.

Ochs, J./Roth, A. (1989): An experimental study of sequential bargaining, in: American Economic Review 79, S. 355-384.

Ohse, D. (2002): Mathematik für Wirtschaftswissenschaftler I, 5. verbesserte Auflage, München.

Ohse, D. (2000): Mathematik für Wirtschaftswissenschaftler II, 4. verbesserte und erweiterte Auflage, München.

Osborne, M./Rubinstein, A.(1990): Bargaining and Markets, San Diego, u.a.

Ott, A.E. (1959): Marktform und Verhaltensweise, Stuttgart.

Ott, C. (1989): Allokationseffizienz, Rechtsdogmatik und Rechtssprechung – die immanente ökonomische Rationalität des Zivilrechts, in: Ott, C./Schäfer, H.-B. (Hrsg.): Allokationseffizienz in der Rechtsordnung. Beiträge zur ökonomischen Analyse des Zivilrechts, Berlin/Heidelberg, S. 25-44.

Panther, S. (1992): Haftung als Instrument einer präventiven Umweltpolitik, Frankfurt/Main.

Panzar, J.C. (1989): Technological Determinants of Firm and Industry Structure, in: Schmalensee, R./Willig, R.D. (Hrsg.): Handbook of Industrial Organization, Bd. 1, Kapitel 1, S.3-60.

Pigou, A.C. (1979): The Economics of Welfare, London.

Popper, K. (1994): Logik der Forschung, 10. Auflage, Tübingen.

Porter, R. (1983): Optimal cartel trigger-price strategies, in: Journal of Economic Theory 29, S. 313-338.

Puritz, Ernst W. (1990): Fortschritt und Wettbewerb in der westdeutschen Zementindustrie unter dem Einfluß der sich wandelnden Nachfrage, Aachen.

Rasmusen, E. (1994): Games and Information, 2. Auflage, Cambridge/Oxford.

Robinson, J. (1972): Doktrinen der Wirtschaftswissenschaften, 3. Auflage, Frankfurt.

Robinson, J. (1974): Ökonomische Theorie als Ideologie. Über einige altmodische Fragen der Wirtschaftstheorie, Frankfurt.

Rubinstein, A. (1982): Perfect Equilibrium in a Bargaining Model, in: Econometrica, 50, S. 97-109.

Samuelson, P. (1938): A note on the pure theory of consumer's behavior, in: Economica 5, S. 61-71.

Schefold, B. (1976): Nachworte, in: Sraffa, P.: Warenproduktion mittels Waren, Frankfurt.

Schefold, B. (1987): Über Änderungen in der Zusammensetzung der Nachfrage, in: Postkeynesianismus. Ökonomische Theorie in der Tradition von Keynes, Kalecki und Sraffa, Marburg 1987, S. 119-164.

Scherer, F. M. (1994): Competition Policies for an Integrated World Economy, Washington D. C.

Scherer, F. M./Ross, D. (1990): Industrial Market Structure and Economic Performance, 3. Auflage, Dallas/Princeton u.a.

Schmalensee, R. (1989): Inter-Industry Studies of Structure and Performance, in: Schmalensee, R./Willig, R.D. (Hrsg.): Handbook of Industrial Organization, Bd. 2, Kapitel 16, S. 951-1010.

Schmalensee, R./Willig, R.D. (Hrsg.): Handbook of Industrial Organization, Bd. 1 + 2.

Schmidt, R./Terberger, E. (1999): Grundzüge der Investitions- und Finanzierungstheorie, 4. vollst. neu bearb. und wesentlich erw. Auflage, Wiesbaden.

Schumann, J. (1999): Grundzüge der mikroökonomischen Theorie, 7. überarbeitete und erweiterte Auflage, Heidelberg.

Schumpeter, J.A. (1942): Capitalism, socialism and democracy, New York.

Schwarze, R. (1996): Präventionsdefizite der Umwelthaftung und Lösungen aus ökonomischer Sicht, Bonn.

Selten, R. (1965): Spieltheoretische Behandlung eines Oligopolmodells mit Nachfrageträgheit, Zeitschrift für die gesamte Staatswirtschaft, Oktober 1965, 121, S. 301-324, 667-689, 115n.

Selten, R. (1978): The Chain-Store Paradox, in: Theory and Decision, 9, 127-159.

Shapiro, A.C. (1989): Theories of Oligopoly Behavior, in Schmalensee, R./Willig, R.D. (Hrsg.): Handbook of Industrial Organization, Bd. 1, Kapitel 6, S. 329-414.

Shavell, S. (1987): Economic Analysis of Accident Law, Cambridge/Massachusetts.

Siebert, H. (1983): Ökonomische Theorie natürlicher Ressourcen, Tübingen.

Simon, H.A. (1955): A behavioural model of rational choice, in: Quarterly Journal of Economics 69, S. 99-118.

Simon, H.A. (1986). The Failure of Armchair Economics, in: Challenge, 1986, 11/12, S. 18-25.

Slutsky, E. (1965): Zur Theorie des Verbraucherbudgets, in: Ott, A.E. (Hrsg.): Preistheorie, Köln/Berlin, S. 87-116.

Spelthahn, S. (1994): Privatisierung natürlicher Monopole: Theorie und internationale Praxis am Beispiel Wasser und Abwasser, Wiesbaden.

Spence, M. (1973): Job Market Signaling, in: Quarterly Journal of Economics 87, S. 355-374.

Sraffa, P. (1960): Production of commodities by means of commodities, Cambridge.

Stackelberg, H.v. (1934): Marktform und Gleichgewicht, Berlin.

Stackelberg, H.v. (1951): Grundlagen der theoretischen Volkswirtschaftslehre, Tübingen.

Ståhl, I. (1972): Bargaining Theory, Stockholm.

Staudinger, J. von (2000): Kommentar zum Bürgerlichen Gesetzbuch mit Einführungsgesetz und Nebengesetzen, 14., neubearbeitete Auflage, Berlin.

Steiner, P. (1957): Peak loads and efficient pricing, in: Quarterly Journal of Economics 71, S. 565-610.

Ströbele, W. (1987): Rohstoffökonomik – Theorie natürlicher Ressourcen mit Anwendungsbeispielen Öl, Kupfer und Fischerei, München.

Ströbele, W. (1992): Externe Effekte als Begründung von Umweltökonomie und -politik, in: Beckenbach, F. (Hrsg.): Die ökologische Herausforderung für die ökonomische Theorie, Marburg, S. 111-120.

Tetens, G./Voß. A. (1995): Der neue Ordnungsrahmen für die Telekommunikation, in: Wirtschaftsdienst 1995/VIII, S. 443-450.

Tirole, J.(1994): The theory of industrial organization, 4. Auflage, Cambridge, u.a.

Varian, H. (1989): Price Discrimination, in: Schmalensee, R./Willig, R.D. (Hrsg.): Handbook of Industrial Organization, Bd. 1, Kapitel 10, S. 597-654.

Varian, H. (1992): Microeconomic analysis, 3. Auflage, New York.

Vickrey(1961): Counterspeculation, Auctions, and Competitive Seales Tenders, in: Journal of Finance 16, S. 8-37.

Walras, L. (1977): Elements of Pure Economics, New York.

Weckerle, T. (1974): Die deliktische Verantwortung mehrerer, Karlsruhe.

Weimann, J. (1995): Umweltökonomie, 3. Auflage, Berlin u.a.

Wenger/Terberger, E. (1988): Die Beziehung zwischen Agent und Prinzipal als Baustein einer ökonomischen Theorie der Organisation, in: WiSt, Heft 10, S. 506-514.

Wicke, L. (1993): Umweltökonomie: eine praxisorientierte Einfürung, 4. überarbeitete und aktualisierte Auflage, München.

Williamson, O. (1985): The economic institutions of capitalism, New York.

Williamson, O. (1989): Transaction Cost Economics, in Schmalensee, R./Willig, R.D. (Hrsg.): Handbook of Industrial Organization, Bd. 1, Kapitel 3, S.135-182.

Woll, A. (2000): Allgemeine Volkswirtschaftslehre, 13., überarbeitete und ergänzte Auflage, München.

Abbildungsverzeichnis

Glossar/Register

Abbaupfad, optimaler: Begriff aus der Ressourcenökonomie, der den pareto-effizienten Abbau natürlicher (regenerierbarer oder nicht-regenerierbarer) Ressourcen zum Ausdruck bringt. Gemäß der Hotelling-Regel muß der diskontierte Grenznutzen in allen Perioden gleich sein. [*278f*]

Adding-up-Theorem: siehe Produktausschöpfungstheorem.

Adverse selection (negative Auslese): Situation asymmetrischer Informationsverteilung, bei der einige Wirtschaftssubjekte (Spieler) über bestimmte Eigenschaften (beispielsweise die Qualität eines Gebrauchtwagens oder ihre eigenen Arbeitsfähigkeiten) besser informiert sind als andere. Man spricht auch von unvollständiger Information oder unbekannten Typen. Der Begriff adverse selection erklärt sich daraus, daß unter bestimmten Annahmen nur noch die Marktteilnehmer oder Güter mit den schlechtesten Eigenschaften am Markt verbleiben. [*564,631ff*]

Aktivitätsniveau: Das Aktivitätsniveau gibt die Skala der Produktion unter der Nebenbedingung eines konstanten Verhältnisses der Einsatzmengen der Produktionsfaktoren (totale Faktorvariation) an. [*108ff*]

Allgemeine Gleichgewichtstheorie: Oberbegriff für neoklassische Modelle, in denen ein simultanes Gleichgewicht auf allen Märkten berechnet und auf seine Eigenschaften (Stabilität und Eindeutigkeit) untersucht wird. Ursprünglich gehen die Modelle auf Walras (1874) zurück, ihre intertemporale Formulierung gelang Arrow und Debreu in den fünfziger Jahren des 20. Jahrhunderts. Manchmal wird die Bezeichnung Allgemeine Gleichgewichtstheorie auch für das Modell von Arrow und Debreu reserviert. Exogene Variable des Modells sind die Präferenzen der Wirtschaftssubjekte, ihre Erstausstattungen (Bestände) und die technischen Möglichkeiten (Produktionsfunktionen). Auf dieser Grundlage und einigen restriktiven Prämissen (z.B. vollständige Konkurrenz, keine externen Effekte und die Axiome der Präferenztheorie) können die (intertemporalen) Gleichgewichtspreise und -mengen gemeinsam bestimmt werden. [*287ff*]

Allokation der Ressourcen: Aufteilung gegebener Bestände einer Volkswirtschaft auf unterschiedliche Verwendungsmöglichkeiten unter der Nebenbedingung ebenfalls gegebener produktiver Möglichkeiten. Unter einer optimalen Allokation der Ressourcen wird ein Zustand verstanden, in dem der Nutzenindex keines Wirtschaftssubjektes ohne Nutzeneinbuße eines anderen Wirtschaftssubjektes erhöht werden kann (Pareto-Effizienz). [*269,297ff*]

Allokationseffizienz, dynamische: Darunter versteht man die optimale Allokation der Ressourcen unter Berücksichtigung des technischen Fortschritts, der das dynamische Element der Betrachtung ausdrückt. Im Kern geht es mit dem Begriff um die Frage, welche Marktform für effiziente Anreize für technischen Fortschritt sorgt. [*431*]

Allokationseffizienz, statische: Optimale Allokation der Ressourcen bei gegebenen technischen Möglichkeiten. Statische Allokationseffizienz ist erfüllt, wenn die Grenzrate der Transformation in der Produktion für alle Güter der Grenzrate der Substitution im Konsum entspricht. Im Kern drückt dies lediglich die allgemeine Effizienzbedingung des Ausgleiches von Grenzkosten und Grenznutzen aus.   [*431*]

Amoroso-Robinson-Formel: Darstellung des Grenzerlöses als Funktion des Preises und der Preiselastizität der Nachfrage: $dE/dY = p(1+1/\varepsilon)$.   [*319*]

Angebotsfunktion, aggregierte: Eine aggregierte Angebotsfunktion ordnet unter der Bedingung vollständiger Konkurrenz alternativen Marktpreisen, die vom einzelnen Unternehmen nicht beeinflußt werden können, die gewinnmaximalen Angebotsmengen aller Unternehmen zu. Eine aggregierte Angebotsfunktion ergibt sich aus der Addition der Angebotsmengen aller Unternehmen und graphisch somit aus der horizontalen Addition der Mengen bei gegebenen Preisen.   [*156ff*]

Angebotsfunktion, eines Unternehmens: Eine Angebotsfunktion ordnet unter der Bedingung vollständiger Konkurrenz alternativen Marktpreisen, die vom einzelnen Unternehmen nicht beeinflußt werden können, die gewinnmaximalen Angebotsmengen eines Unternehmens zu. Unterschieden wird zwischen der kurzfristigen (partielle Faktorvariation) und der langfristigen Angebotsfunktion (totale Faktorvariation).   [*153ff*]

Anreizverträglichkeitsbedingung: Begriff aus der spieltheoretischen Behandlung des Problems einer asymmetrischen Informationsverteilung. Unter der Anreizverträglichkeitsbedingung wird verstanden, daß schlechter informierte Wirtschaftssubjekte bei der Gestaltung von Vertragsangeboten stets berücksichtigen müssen, daß sich die besser Informierten für den Vertrag entscheiden, der ihren eigenen Nutzen maximiert.   [*574*]

Arbeitsangebotsfunktion eines Haushaltes: Eine Arbeitsangebotsfunktion ordnet unter der Bedingung vollständiger Konkurrenz alternativen (Real-)löhnen, die von den Wirtschaftssubjekten nicht beeinflußt werden können, die jeweils nutzenmaximalen Arbeitsangebote der Haushalte zu. Jeder Punkt auf der Arbeitsangebotsfunktion stellt ein Dispositionsgleichgewicht des Haushaltes dar. Alle Größen außer dem Reallohn werden dabei gemäß der ceteris-paribus-Methode konstant gesetzt.   [*227ff,233ff*]

Arbeitsangebotsfunktion, aggregierte: Eine aggregierte Arbeitsangebotsfunktion ordnet unter der Bedingung vollständiger Konkurrenz alternativen (Real-)löhnen, die von den Wirtschaftssubjekten nicht beeinflußt werden können, die nutzenmaximalen Arbeitsangebote aller Haushalte zu. Eine aggregierte Arbeitsangebotsfunktion ergibt sich aus der Addition der Angebotsmengen aller Haushalte und graphisch somit aus der horizontalen Addition der Mengen bei gegebenen Preisen.   [*297f*]

Arbeitsnachfragefunktion eines Unternehmens: Eine Arbeitsnachfragefunktion ordnet unter der Bedingung vollständiger Konkurrenz alternativen (Real-)löhnen, die von den einzelnen Unternehmen nicht beeinflußt werden können, die jeweils gewinnmaximale Arbeitsnachfrage eines Unternehmens zu. Jeder Punkt auf der Arbeitsnachfragefunktion stellt ein Dispositionsgleichgewicht des Unternehmens dar. Alle Größen außer dem (Real-) lohn werden dabei gemäß der ceteris-paribus-Methode konstant gesetzt.   [*169ff*]

Arbeitsnachfragefunktion, aggregierte: Eine aggregierte Arbeitsnachfragefunktion ordnet unter der Bedingung vollständiger Konkurrenz alternativen (Real-)löhnen, die von den einzelnen Unternehmen nicht beeinflußt werden können, die gewinnmaximale Arbeitsnachfrage aller Unternehmen zu. Eine aggregierte Arbeitsnachfragefunktion ergibt sich aus der Addition der Nachfragemengen aller Unternehmen und graphisch somit aus der horizontalen Addition der Mengen bei gegebenen Preisen.   [*169ff*]

Arrow-Debreu-Modell: siehe Allgemeine Gleichgewichtstheorie.

Auction, first price: siehe first price auction.

Auction, second price: siehe second price auction.

Auktionator: Ein dem Auktionator bei Versteigerungen nachempfundener Mythos, den Walras (1874) erstmals verwendete, um den Preisbildungsprozeß einer Marktwirtschaft bei vollständiger Konkurrenz zu modellieren. Mit Hilfe des Auktionators soll erklärt werden, warum den Gleichgewichtspreisen in den Modellen der partiellen und allgemeinen Gleichgewichtsanalyse besondere Bedeutung zukommt. Die Handlungsanweisung des Auktionators besteht darin, bei einem Angebotsüberschuß die Preise zu senken und bei einem Nachfrageüberschuß die Preise zu erhöhen. Unter den üblichen Annahmen über das Angebots- und Nachfrageverhalten der Wirtschaftssubjekte führt dieser Prozeß schließlich zum Gleichgewicht. Entscheidend für die Wirksamkeit dieses als Tâtonnement bezeichneten Prozesses ist, daß Käufe und Verkäufe erst durchgeführt werden, wenn die Gleichgewichtspreise und -mengen gefunden sind, weil jeder Tausch im Ungleichgewicht die Rahmendaten (Erstausstattungen) und damit auch die Gleichgewichtslösung selbst verändert. Unter methodologischen sowie inhaltlichen Gesichtspunkten ist der Mythos des Auktionators nicht überzeugend. Daher war der Nachweis wichtig, daß sich eine pareto-effiziente Allokation der Ressourcen bei vollständiger Konkurrenz überzeugend dadurch nachweise läßt, daß diese das einzige Nash-Gleichgewicht im Oligopol ist, wenn die Anzahl der Unternehmen erhöht wird.   [*260f,295*]

Auktionstheorie: Spieltheoretische Behandlung von Auktionen, bei der das Auktionsergebnis als Nash-Gleichgewicht oder Bayesianisches Gleichgewicht begründet wird.   [*685ff*]

Auktionsverfahren, englisches: Offenes Auktionsverfahren, bei dem der Preis sukzessive erhöht wird. Der Bieter mit dem höchsten Gebot erhält den Zuschlag und bezahlt den gebotenen Preis. Theoretisch entspricht das englische Auktionsverfahren der second price auction, allerdings sind die empirisch beobachteten Ergebnisse oft unterschiedlich.   [*690f*]

Auktionsverfahren, holländisches: Offenes Auktionsverfahren, bei dem der Preis sukzessive vermindert wird. Der Bieter mit dem höchsten Gebot erhält den Zuschlag und bezahlt den gebotenen Preis. Theoretisch entspricht das englische Auktionsverfahren der first price auction, allerdings sind die empirisch beobachteten Ergebnisse oft unterschiedlich.   [*699f*]

Ausschlußprinzip: siehe Rivalität im Konsum.

Averch-Johnson-Effekt: Bei der Kapitalrendistenregulierung natürlicher Monopole wird den Monopolisten ein bestimmter Gewinn zugestanden, der als prozentualer Aufschlag auf die Kapitalkosten bestimmt wird. Dies liefert einen Anreiz zur Wahl eines gemessen am Optimum zu hohen Kapitalstocks. Dieser Effekt wird Averch-Johnson-Effekt genannt. [*345ff*]

Backwards induction: siehe Rückwärtsinduktion.

Bayesian Perfect Equilibrium: siehe Gleichgewicht, Perfektes Bayesianisches.

Bayesianisches Gleichgewicht: siehe Gleichgewicht, Bayesianisches.

Bayessche Regel: Methode zur Bestimmung bedingter Wahrscheinlichkeiten (ex-post-Wahrscheinlichkeiten) dafür, daß ein bestimmtes, definitiv eingetretenes Ereignis von einer bestimmten Ursache hervorgerufen wurde. Dabei wird die ex-ante Wahrscheinlichkeit, daß das Ereignis genau von der betrachteten Ursache erzeugt wird, durch die Summe der Wahrscheinlichkeiten für alle möglichen Ursachen dividiert.   *[618f]*

Bernoulli-Kriterium: Kriterium, das unter Unsicherheit die Maximierung des Erwartungsnutzens verlangt. Bei Risiko-Neutralität entspricht die Maximierung des Erwartungsnutzens der Maximierung des Erwartungswerts. Außerhalb von Risiko-Neutralität müssen den einzelnen Ergebnissen Nutzenindices zugeordnet werden. Die Maximierung des Erwartungswerts der Nutzenindices entspricht der Maximierung des Erwartungsnutzens bzw. dem Bernoulli-Kriterium.   *[43]*

Bertrand-Lösung: Nash-Gleichgewicht für oligopolistische Preiswettbewerbe mit homogenen Gütern. Bei konstanten Grenzkosten ergeben sich eindeutige Nash-Gleichgewichte, andernfalls nur (konzeptionell komplizierte) Gleichgewichte in gemischten Strategien.   *[401ff]*

Betriebsgröße, optimale: Der Begriff der optimalen Betriebsgröße bezieht sich auf die lange Periode, in der alle Faktoren variabel sind. Die optimale Betriebsgröße ist erreicht, wenn im Minimum der gesamten Durchschnittskosten produziert wird (optimale Faktorkombination).   *[134ff, 147ff]*

Budgetrestriktion: Gibt die Mengenkombinationen der Waren i an, die ein Haushalt mit einem bestimmten Einkommen und gegebenen Preisen nachfragen kann.   *[201ff]*

CES-Funktion: 1961 von Arrow, Chenery, Minhas und Solow entwickelte substitutionale Produktionsfunktion, die sich durch eine konstante Substitutionselastizität auszeichnet. Die CES-Funktion enthält die Cobb-Douglas-Funktion mit einer Substitutionselastizität von Eins und die limitationale Produktionsfunktion mit einer Substitutionselastizität von Null als Spezialfälle.   *[116ff]*

Ceteris-Paribus-Methode: (lat.: unter sonst gleichen Umständen). In der Modelltheorie unumgängliche Methode, mit der die Reaktion von Modellen auf Änderungen bestimmter Daten unter der Prämisse untersucht werden, daß sich andere Daten dadurch nicht ändern.   *[117]*

Chicago-School: Sammelbegriff für Ökonomen von der Universität in Chicago, die ein großes Vertrauen in die Selbstheilungskräfte des Marktes setzen. Innerhalb der Wettbewerbspolitik plädieren die Vertreter der Chicago-School für eine größtmögliche Deregulierung und Privatisierung.   *[454ff]*

Coase-conjecture (Coase-Vermutung): Hypothese des Nobelpreisträgers Ronald Coase, daß es unter bestimmten Umständen bei der intertemporalen Monopolpreisbildung zu einer pareto-effizienten Allokation der Ressourcen kommt, weil sich der intertemporale Monopolist selbst Konkurrenz macht. Die Idee ist, daß der Monopolist den Preis immer weiter reduzieren wird, bis er bei Preis=Grenzkosten schließlich alle Konsumenten beliefert hat, deren Zahlungsbereitschaft mindestens den Grenzkosten entspricht. Wenn dies die Konsumenten antizipieren, bezahlt keiner einen Preis, der über den Grenzkosten liegt.   *[330ff]*

Coase-Theorem: Von Ronald Coase (1960) entwickeltes Modell, das die theoretische Möglichkeit einer pareto-effizienten Internalisierung externer Effekte durch Verhandlungen der Betroffenen nachweist. Dies erfordert die Zuweisung entsprechender Eigentumsrechte, wobei die effiziente Zuweisung unter anderem von den Transaktionskosten abhängt. Unter Vernachlässigung der Transaktionskosten ist es unter Pareto-Gesichtspunkten irrelevant, ob der Schädiger (physischer Verursacher des externen Effektes) oder der Geschädigte die Eigentumsrechte zugesprochen bekommt. Da die Allokation von den Erstausstattungen beeinflußt wird und Eigentumsrechte als Erstausstattungen interpretiert werden können, führt jede Zuweisung der Eigentumsrechte zu unterschiedlichen Allokationen (incl. unterschiedlicher Verteilungen). Innerhalb der modernen Mikroökonomie ist das Coase-Theorem lediglich ein einfacher Spezialfall der spieltheoretischen Behandlung von Verhandlungen. *[522ff,671ff]*

Coase-Vermutung: siehe Coase-conjecture.

Cobb-Douglas-Funktion (CD-Funktion): Spezialfall einer substitutionalen Produktionsfunktion, bei der die Substitutionselastizität Eins beträgt. Die wichtigste Eigenschaften der Cobb-Douglas-Funktion sind sinkende partielle Grenzerträge, sowie konstante Produktionselastizitäten, die den Hochzahlen der Produktionsfunktion entsprechen. Die Cobb-Douglas-Funktion ist mit konstanten, steigenden oder sinkenden Skalenerträgen vereinbar. *[85ff]*

Common knowledge: Begriff aus der Spieltheorie, der ausdrückt, daß alle Spieler über die Eigenschaften des Spiels informiert sind. Dies ermöglicht die Formulierung von Gleichgewichten, in denen das Verhalten der anderen Spieler (als Funktion ihrer Typen) antizipiert wird. *[609]*

Common value auction: Auktionsform, in der der Wert der versteigerten Ware für alle Bieter gleich groß, aber unbekannt ist. Ein Beispiel dafür ist eine Ölquelle, die unabhängig vom ersteigernden Unternehmen einen bestimmten Ertrag abwirft, der zum Zeitpunkt der Versteigerung aber nur geschätzt werden kann. Dabei stellt sich das Problem des „Fluch des Gewinners" (winner´s curse). *[687,701ff]*

Contestable markets: Märkte ohne Marktzutrittsschranken werden als contestable markets (bestreitbare Märkte) bezeichnet. Sofern es keine Marktzutrittsschranken gibt, können die am Markt tätigen Unternehmen unabhängig von ihrer Anzahl keine Gewinne machen, weil es sonst zum Eintritt neuer Unternehmen kommt. Mit dieser Überlegung betonten Baumol und andere Anfang der achtziger Jahre die Bedeutung der potentiellen Konkurrenz für den Preisbildungsprozeß. *[453ff]*

Cost-plus regulation: Methode zur Regulierung natürlicher Monopole, bei der ein prozentualer Aufschlag auf die Kosten genehmigt wird. Problematisch sind dabei erstens die Bestimmung der Kosten und zweitens der geringe Anreiz zur Kostenverminderung. Eine Unterform ist die Kapitalrenditenregulierung, die zum Averch-Johnson-Effekt führt. *[344f]*

Cournot-Lösung, im Monopol: Gewinnmaximale Preis-Mengen-Kombination des Angebotsmonopolisten bei gegebener Preis-Absatz-Funktion und Kostenfunktion. Die Menge ergibt sich aus dem Schnittpunkt von Grenzerlös und Grenzkosten, der zugehörige Preis aus der Preis-Absatz-Funktion. Dieser Punkt auf der Preis-Absatz-Funktion wird auch als Cournot-Punkt bezeichnet. Charakteristisch für die Cournot-Lösung ist, daß im Vergleich zur vollständigen Konkurrenz die Angebotsmenge geringer, der Preis höher, die Konsumentenrente niedriger, die Produzentenrente höher und die Summe aus Konsumenten- und Produzentenrente geringer ist. [*315ff*]

Cournot-Nash-Gleichgewicht: Nash-Gleichgewicht für simultane Oligopolspiele mit Mengenwettbewerb. Der Begriff erklärt sich daraus, daß das entsprechende Ergebnis (selbstverständlich ohne die Verwendung spieltheoretischer Überlegungen) schon 1838 von Auguste Cournot (1838) hergeleitet wurde. [*385ff*]

Cournot-Preis: siehe Cournot-Lösung.

Cournot-Wettbewerb: Mengenwettbewerb im Oligopol, bei dem alle beteiligten Unternehmen simultan über ihre Angebotsmengen entscheiden (siehe Cournot-Nash-Gleichgewicht). [*382ff*]

Deckungsbeitrag: Differenz aus Erlös und variablen Kosten. [*154*]

Drohung, unglaubwürdige: Als unglaubwürdige Drohungen werden Strategien bezeichnet, deren Glaubwürdigkeit zwar den Nutzen erhöhen würde, die aber nicht teilspielperfekt und daher zum Zeitpunkt ihrer Durchführung nicht rational sind. [*615ff*]

Durchschnittsertrag, partieller: Quotient aus preisbewertetem Output und der Menge eines Produktionsfaktors unter Konstanz aller anderen Produktionsfaktoren. Bezieht sich auf partielle Faktorvariation. [*55*]

Durchschnittsertrag, totaler: Quotient aus preisbewertetem Output und einem Index aus allen Produktionsfaktoren. Dies setzt voraus, daß die Mengen der Produktionsfaktoren gleichmäßig erhöht werden. Bezieht sich daher auf totale Faktorvariation. [*55*]

Durchschnittskosten, fixe: Die auf die Gesamtproduktion verteilten Kosten, die unabhängig von der Höhe der Produktion entstehen und in diesem Sinne als fix bezeichnet werden. Ob Kosten als fix oder variabel bezeichnet werden, hängt in erster Linie vom unterstellten Zeithorizont und der Zielsetzung der Überlegungen ab. Kurz- bis mittelfristig sind Mietzinsen für Gebäude typische Fixkosten. [*131ff*]

Durchschnittskosten, totale (partielle Faktorvariation): Die durch die Produktion durchschnittlich hervorgerufenen Gesamtkosten unter der Nebenbedingung, daß nur ein Faktor variabel ist (partielle Faktorvariation). [*131ff*]

Durchschnittskosten, variable (partielle Faktorvariation): Die durch die Produktion durchschnittlich hervorgerufenen variablen Kosten unter der Nebenbedingung, daß nur ein Faktor variabel ist (partielle Faktorvariation). [*132*]

Durchschnittsprodukt, partielles: Quotient aus Output und der Menge eines Produktionsfaktors unter Konstanz aller anderen Produktionsfaktoren. Bezieht sich auf partielle Faktorvariation. [*68*]

Durchschnittsprodukt, totales: Quotient aus Output und einem Index aus allen Produktionsfaktoren. Dies setzt voraus, daß die Mengen der Produktionsfaktoren gleichmäßig erhöht werden. Bezieht aich daher auf totale Faktorvariation. [*67*]

Edgeworth-Box: Graphische Darstellung zur Bestimmung des Tauschgleichgewichtes mit zwei Haushalten, indem die Indifferenzkurven der Haushalte bei gegebener Gesamtgütermenge übereinander gelegt werden. Die Begrenzungen der Box stellen die insgesamt verfügbaren Gütermengen dar. Dabei kommt es zu einer pareto-effizienten Allokation der Ressourcen, weil implizit von der kooperativen Spieltheorie ausgegangen wird.   [*239ff*]

Effizienz, ökonomische: Der Begriff ökonomische Effizienz wird unterschiedlich konkretisiert. Allgemein wird ökonomische Effizienz synonym mit „ökonomischem Prinzip" verwendet und verlangt einen minimalen Aufwand bei gegebenem Ertrag bzw. einen maximalen Ertrag bei gegebenem Aufwand (Zweck-Mittel-Relation). Unter Verwendung von Preisgrößen entspricht dies der Minimalkosten- bzw. der Maximalertragskombination (Gewinnmaximierung).   [*68f*]

Effizienz, Pareto-: siehe Pareto-Effizienz.

Effizienz, technische: Technische Effizienz erfordert, daß kein Produktionsfaktor eingesetzt wird, ohne den physischen Produktionsertrag zu erhöhen. Technische Effizienz ist eine notwendige (nicht hinreichende) Voraussetzung für ökonomische Effizienz und Pareto-Effizienz.   [*68*]

Eigenzins: Mengenmäßige Überschußrate physisch identischer Güter beim intertemporalen Tausch. In allgemeinen Gleichgewichtsmodellen ist der Eigenzins einer Ware positiv, sofern ein physisch produktives System und/oder eine Präferenz für Gegenwartskonsum besteht. Die Eigenzinsen unterschiedlicher Waren sind im allgemeinen nicht identisch. [*300ff*]

Einkommenseffekt: Die Preisänderung einer Ware beeinflußt die Nachfrage nicht nur auf Grund der Veränderung der relativen Preise, sondern auch wegen der Veränderung des Realeinkommens. Der Einkommenseffekt mißt gemäß der Slutsky-Zerlegung den Teil der Nachfrageänderung, der auf die Änderung des Realeinkommens zurückgeführt wird. [*210ff*]

Einkommenselastizität der Nachfrage: Prozentuale Veränderung der Nachfrage nach einem Gut im Verhältnis zur prozentualen Einkommensänderung.   [*206f*]

Einkommens-Konsum-Kurve: graphische Darstellung des Konsums zweier Güter bei Variation des Einkommens.   [*205*]

Einkommensverteilung, funktionale: Allgemein mißt die funktionale Einkommensverteilung die Aufteilung des Sozialproduktes auf verschiedene Funktionsträger; im engeren Sinne wird unter der funktionalen Einkommensverteilung die Aufteilung des Sozialproduktes auf Löhne und Gewinne verstanden. Ergibt sich in der Theorie auf Grundlage der aggregierten Grenzproduktivitätstheorie der Verteilung.   [*165f*]

Elastizität: Prozentuale Änderung einer als abhängig unterstellten Größe im Verhältnis zur prozentualen Änderung einer als unabhängig unterstellten Größe. Entspricht dem Quotienten aus marginaler und durchschnittlicher Veränderung der als abhängig unterstellten Größe.   [*88ff, 206ff*]

Emissionen: Am Ort des Ausstoßes gemessene Schadstoffmengen.   [*497*]

Endowments: siehe Erstausstattungen.

Entscheidungssituation bei Unsicherheit: Entscheidungssituation, bei der die Wirtschaftssubjekte bestimmte exogen gegebene Nebenbedingungen, die für die gewählten Strategien ihren Nutzen beeinflussen, nicht vollständig kennen. Die Zuordnung subjektiver Wahrscheinlichkeiten führt in Entscheidungssituationen unter Unsicherheit zur Maximierung des Erwartungsnutzens.   [*40ff*]

Entscheidungssituation, bei vollständiger Information: einfachste Entscheidungssituation, bei der die Wirtschaftssubjekte vollständig über alle relevanten Nebenbedingungen informiert sind. Beispiele dafür sind das Haushalts- und das Unternehmensgleichgewicht.   *[38f]*

Entscheidungssituation, strategische: spieltheoretische Entscheidungssituationen, in denen der Nutzen bei den verschiedenen Strategien auch vom Verhalten anderer Wirtschaftssubjekte abhängt, das wiederum nicht unabhängig vom eigenen Verhalten ist. *[44ff]*

Erstausstattungen: Ausgangspunkt der allgemeinen Gleichgewichtstheorie ist die Annahme, daß sich Güter (Konsumgüter und produzierbare Produktionsfaktoren) und Faktoren (nicht-produzierbare Produktionsfaktoren) im Besitz der einzelnen Wirtschaftssubjekte befinden; diese Bestände werden als Erstausstattungen bezeichnet und bestimmen gemeinsam mit den Präferenzen und Produktionsfunktionen die Konsummöglichkeiten der Wirtschaftssubjekte im Gleichgewicht. Auf eine Begründung der Erstausstattungen wird im Sinne einer interdisziplinären Arbeitsteilung verzichtet.   *[228ff]*

Ertrag, durchschnittlicher partieller: siehe Durchschnittsertrag, partieller.

Ertrag, durchschnittlicher totaler: siehe Durchschnittsertrag, totaler.

Ertrag, gesamter partieller: siehe Gesamtertrag, partieller.

Ertrag, gesamter totaler: siehe Gesamtertrag, totaler.

Ertragsgesetz: siehe Produktionsfunktion, ertragsgesetzliche.

Eulersches Theorem: siehe Produktausschöpfungstheorem.

Externe Effekte, bilaterale: externe Effekte, bei denen gleichzeitig das Verhalten von i in den Nutzenindex von j und das Verhalten von j in den Nutzenindex von i eingeht, ohne daß diese Beeinflussungen über Marktpreise geregelt sind.   *[487ff]*

Externe Effekte, Internalisierung: Eine pareto-effiziente Internalisierung externer Effekte erfordert, daß die Preisverhältnisse aller Waren ihren gesamtwirtschaftlichen Grenznutzen- bzw. Grenzkostenverhältnissen entsprechen. Der klassische Lösungsvorschlag besteht in der Erhebung von Pigou-Steuern; unter restriktiven Prämissen führen Zertifikate sowie vollständig differenzierte Auflagen zu gleichen Ergebnissen wie Pigou-Steuern.   *[495ff]*

Externe Effekte, unilaterale: externe Effekte, bei denen ausschließlich das Verhalten eines Wirtschaftssubjekts den Nutzenindex anderer Wirtschaftssubjekte beeinflußt (beispielsweise den Schadenserwartungswert eines Unfalls) (vgl. auch externe Effekte, bilaterale, sowie Multikausalität).   *[486f]*

Externe Effekte: Von externen Effekten spricht man, sofern in die Nutzen- oder Produktionsfunktionen der Wirtschaftssubjekte i Variable x_j eingehen, die von anderen Wirtschaftssubjekten j gewählt werden, ohne die Auswirkungen auf i zu beachten und ohne die Existenz marktlicher oder sonstiger Vertragsbeziehungen zwischen i und j. Die Beeinflussung von Nutzenfunktionen bezeichnet man als Konsum- und die Beeinflussung von Produktionsfunktionen als Produktionsexternalitäten. Von positiven (negativen) externen Effekten wird gesprochen, sofern die Auswirkungen ökonomischer Aktivitäten das Nutzenniveau anderer Wirtschaftssubjekte erhöhen (reduzieren). Ein typisches Beispiel für positive externe Effekte ist der durch Forschungsanstrengungen eines Unternehmens hervorgerufene technische Fortschritt, der beim Fehlen von Patentrechten oder nach deren zeitlichem Ablauf von anderen Unternehmen kostenlos genutzt werden kann. Die relevanteste Form negativer externer Effekte betrifft die Umweltverschmutzung.   *[479ff]*

Faktorangebotsfunktion, eines Haushaltes: Eine Faktorangebotsfunktion ordnet unter der Bedingung vollständiger Konkurrenz alternativen Faktorpreisen, die vom Haushalt nicht beeinflußt werden können, die jeweils nutzenmaximalen Faktorangebote zu. Jeder Punkt auf der Faktorangebotsfunktion stellt ein Dispositionsgleichgewicht des Haushaltes dar. Alle anderen Einflußfaktoren des Faktorangebotes außer dem Faktorpreis werden gemäß der ceteris-paribus-Methode konstant gesetzt. [227ff]

Faktoren: siehe Produktionsfaktoren.

Faktornachfragefunktion, aggregierte: Eine aggregierte Faktornachfragefunktion ordnet unter der Bedingung vollständiger Konkurrenz alternativen Faktorpreisen, die von den Unternehmen nicht beeinflußt werden können, die gewinnmaximalen Faktornachfragen aller Unternehmen zu. Die aggregierte Faktornachfragefunktion ergibt sich aus den Nachfragemengen der einzelnen Unternehmen und graphisch demnach aus der Addition der Mengen bei alternativen Preisen. [153ff]

Faktornachfragefunktion, eines Unternehmens: Eine Faktornachfragefunktion ordnet unter der Bedingung vollständiger Konkurrenz alternativen Faktorpreisen, die vom Unternehmen nicht beeinflußt werden können, die jeweils gewinnmaximalen Faktornachfragen zu. Jeder Punkt auf der Faktornachfragefunktion stellt ein Dispositionsgleichgewicht des Unternehmens dar. Alle anderen Einflußfaktoren der Faktornachfrage außer dem Faktorpreis werden gemäß der ceteris-paribus-Methode konstant gesetzt. [153ff]

Faktorvariation, isoquante: Änderung des Faktoreinsatverhältnisses bei gleichbleibendem Output. Wird graphisch durch Isoquanten beschrieben. [65]

Faktorvariation, partielle: Von partieller Faktorvariation spricht man, sofern die Faktoreinsatzmenge eines oder mehrerer Produktionsfaktoren unter Konstanz anderer Faktoren verändert wird. Da die Annahme ökonomisch plausibel ist, daß kurzfristig nicht der Einsatz aller Faktoren ausgedehnt werden kann, wird partielle Faktorvariation mit der kurzen Periode in Verbindung gebracht. [65, 128ff]

Faktorvariation, totale: Von totaler Faktorvariation spricht man, wenn der Einsatz aller Produktionsfaktoren gleichmäßig verändert wird. Das Faktoreinsatzverhältnis der Produktionsfaktoren bleibt dann konstant, lediglich das Aktivitätsniveau (die Skala) der Produktion ändert sich. [133f]

First best Lösung: pareto-effiziente Allokation der Ressourcen. [339f]

First price auction: verdecktes Auktionsverfahren, bei dem der Bieter mit dem höchsten Gebot den Zuschlag erhält und den von ihm selbst gebotenen Preis bezahlen muß. [686,691ff]

Fixkosten: Kosten, die unabhängig von der Höhe der Produktion entstehen und in diesem Sinne als fix bezeichnet werden. Ob Kosten als fix oder variabel bezeichnet werden, hängt in erster Linie vom unterstellten Zeithorizont und der Zielsetzung der Überlegungen ab. Kurz- bis mittelfristig sind Mietzinsen typische Fixkosten. [127]

Fluch des Gewinners: Bei common value auctions wird die Auktion im Gleichgewicht von dem Bieter gewonnen, der den Wert der Ware am weitesten nach oben überschätzt. Wenn diese strategische Interdependenz von den Bietern nicht durchschaut wird, bietet der Gewinner einer Auktion mehr als den wirklichen Warenwert. Dies bezeichnet man als Fluch des Gewinners. [702ff]

Focal point: in Spielen mit mehreren Gleichgewichten versteht man unter einem focal point ein Gleichgewicht, das nach Auffassung der Beteiligten aus intuitiven Gründen besonders plausibel ist.   *[670f]*

Folk-Theorem: Nachweis, daß es in unendlich oft wiederholten Spielen bei niedrigen Diskontfaktoren zahlreiche Gleichgewichte gibt. Dieser Sachverhalt war schon lange bekannt, ohne einem bestimmten Autor zugeschrieben werden zu können. Deshalb wird es als Folk (Volks)-Theorem bezeichnet.   *[423]*

Form, extensive: siehe Spielform, extensive.

Freifahrerverhalten: bei öffentlichen Gütern und public bads hat jeder einen Anreiz, die Bezahlung der Qualitätsverbesserung anderen zu überlassen (Problem ineffizienter Nash-Gleichgewichte). Dieses Problem nennt man Freifahrerverhalten.   *[530f]*

Gefährdungshaftung: Haftungsregel, bei der der physische Schädiger auch dann für den Gesamtschaden aufkommt, sofern weder er noch der Geschädigte den Schaden verschuldet haben.   *[541f]*

Gefangenendilemma: Klassische Situation der Spieltheorie, bei der es zu einem eindeutigen, pareto-ineffizienten Gleichgewicht in dominanten Strategien kommt. Im ursprünglichen Gefangenendilemma ist das einzige Gleichgewicht sogar die einzige Strategienkombination, die nicht pareto-effizient ist.   *[45ff]*

Gesamtertrag (partielle Faktorvariation): (Monetär bewerteter) Output unter der Annahme, daß nicht alle Produktionsfaktoren variabel sind.   *[60ff]*

Gesamtertrag (totale Faktorvariation): (Monetär bewerteter) Output unter der Annahme, daß alle Produktionsfaktoren variabel sind.   *[60ff]*

Gesamtkosten (partielle Faktorvariation): Die bei der Produktion entstehenden Gesamtkosten als Summe aus fixen und variablen Kosten unter der Annahme, daß nicht alle Produktionsfaktoren variabel sind.   *[128f]*

Gesamtkosten: (totale Faktorvariation): Die bei der Produktion entstehenden Gesamtkosten unter der Nebenbedingung, daß alle Faktoren variabel sind.   *[133f]*

Giffen-Gut: Zeichnet sich durch eine negative Preiselastizität der Nachfrage aus, die dadurch zustande kommt, daß der normale Substitutionseffekt einer Preisveränderung von einem paradoxen Einkommenseffekt der Preisveränderung überkompensiert wird. Notwendige, aber nicht hinreichende Voraussetzung für Giffen-Güter sind inferiore Güter, die auf unterschiedlichen relativen Präferenzen bei unterschiedlichen Einkommensniveaus beruhen.*[214ff]*

Giffen-Paradox: siehe Giffen-Gut.

Gleichgewicht, Bayesianisches: spieltheoretisches Lösungskonzept für statische Spiele bei asymmetrischer Informationsverteilung. Dabei maximieren alle Spieler ihren Erwartungsnutzen als Funktion der Wahrscheinlichkeitsverteilung über die Typen der anderen und deren zugehörigen Strategien im Bayesianischen Gleichgewicht.   *[607ff]*

Gleichgewicht, Nash-: siehe Nash-Gleichgewicht.

Gleichgewicht, Perfektes Bayesianisches: spieltheoretisches Lösungskonzept für dynamische Spiele bei asymmetrischer Informationsverteilung. Dabei maximieren alle Spieler ihren Erwartungsnutzen als Funktion der Wahrscheinlichkeitsverteilung über die Typen der anderen und der vorhergehenden Spielzüge. Die Spielzüge der einzelnen Stufen werden dabei dazu verwendet, um die Wahrscheinlichkeitsverteilung über den Typenvektor der anderen Spieler aufzubessern („updating"). *[620ff]*

Gleichgewicht, Pooling-: siehe Poolinggleichgewicht.

Gleichgewicht, seperating-: siehe Poolinggleichgewicht.

Gleichgewicht, teilspielperfektes: spieltheoretisches Lösungskonzept für dynamische Spiele bei vollständiger Information. Ein Nash-Gleichgewicht ist ein teilspielperfektes Gleichgewicht, sofern es ein Nash-Gleichgewicht für alle Teilspiele eines dynamischen Spiels ist. Für endliche Spiele bzw. Spiele mit feststehendem Zeithorizont können teilspielperfekte Gleichgewichte durch Rückwärtsinduktion bestimmt werden. *[376f]*

Gleichgewicht, totales mikroökonomisches: Simultanes Gleichgewicht auf allen Güter- und Faktormärkten im Rahmen der Modelle der allgemeinen Gleichgewichtstheorie. Charakteristisch für ein totales mikroökonomisches Gleichgewicht ist, daß sich alle Wirtschaftssubjekte in ihren Dispositionsgleichgewichten befinden. Exogene Variable der Modelle sind die Präferenzen, Erstausstattungen und produktiven Möglichkeiten der Ökonomie. Die so ermittelten Gleichgewichte weisen die Eigenschaft der Pareto-Effizienz auf. *[296ff]*

Gleichgewicht, Trennungs-: siehe Trennungsgleichgewicht.

Gleichgewichtsbegriff, methodischer: Im Rahmen des methodischen Gleichgewichtsbegriffes wird unter Gleichgewicht ein Zustand verstanden, in dem kein Wirtschaftssubjekt unter gegebenen Randbedingungen seinen Nutzenindex durch eine Verhaltensänderung erhöhen kann. Dieser Gleichgewichtsbegriff hat den Vorteil, daß er auf unterschiedliche Marktformen und unterschiedliche Theorien (allgemeine Gleichgewichtstheorie, Spieltheorie) angewendet werden kann. *[247ff]*

Gossensches Gesetz, Erstes: Auf H.H. Gossen (1853) zurückgehende Annahme eines sinkenden Grenznutzens bei steigender Konsummenge. Gossen war der Auffassung, daß der Nutzen grundsätzlich kardinal meßbar und interpersonell vergleichbar sei. *[186]*

Gossensches Gesetz, Zweites: Auf H.H. Gossen (1853) zurückgehende spezielle Formulierung des Haushaltsgleichgewichtes. Das Haushaltsgleichgewicht ist erreicht, wenn die letzte Geldeinheit in allen Verwendungsarten den gleichen Nutzen stiftet (das Verhältnis aus Grenznutzen und Preis der Ware ist im Haushaltsgleichgewicht für alle Waren identisch). *[187]*

Grenzerlös: Die von einer infinitesimalen Produktions- und Absatzänderung hervorgerufene Erlösänderung. Bei vollständiger Konkurrenz entspricht der Grenzerlös dem Preis, da der Verkaufspreis unabhängig von der Menge ist. Bei unvollständiger Konkurrenz ist der Grenzerlös bei jeder Produktions- und Absatzerhöhung kleiner als der Preis, weil eine Mengenerhöhung unter den üblichen Annahmen zu einer Preissenkung führt. *[294f,316f,346f]*

Grenzertrag, (bei partieller Faktorvariation): Die von einer infinitesimalen Ausdehnung eines Produktionsfaktors hervorgerufene Erlösänderung. Im Unterschied zum Grenzerlös ist beim Grenzertrag nicht die Produktionsmenge, sondern die Faktormenge die unabhängige Variable; Grenzertrag und Grenzerlös sind durch die Produktionsfunktion miteinander verknüpft. *[66]*

Grenzertrag, (bei totaler Faktorvariation): Die von einer infinitesimalen, gleichmäßigen Ausdehnung aller Produktionsfaktoren hervorgerufene Erlösänderung.   [*66*]

Grenzkosten, bei partieller Faktorvariation: Die durch eine infinitesimale Produktionssteigerung zusätzlich entstehenden Kosten für den Fall, daß nicht alle Produktionsfaktoren variabel sind.   [*130f*]

Grenzkosten, bei totaler Faktorvariation: Die durch eine infinitesimale Produktionssteigerung zusätzlich entstehenden Kosten für den Fall, daß alle Produktionsfaktoren gleichmäßig variiert werden.   [*133f*]

Grenznutzen: Der von einer infinitesimalen Erhöhung eines Gutes hervorgerufene Nutzenzuwachs. Im Rahmen der kardinalen Nutzentheorie wurde von der Meßbarkeit und interpersonellen Vergleichbarkeit des Grenznutzens ausgegangen; im Rahmen der ordinalen Nutzentheorie und der (neoklassischen) Präferenztheorie ist der Grenznutzen eine aus der Grenzrate der Substitution abgeleitete Größe, die nur beim Vergleich mehrerer Güter interpretierbar ist.   [*186f*]

Grenzproduktivität, partielle: Die physische Produktionssteigerung, die durch den infinitesimalen Mehreinsatz eines Faktors unter Konstanz aller anderen Faktoren hervorgerufen wird; synonym wird der Begriff physischer Grenzertrag verwendet.   [*66*]

Grenzproduktivität, totale: Die physische Produktionssteigerung, die durch den infinitesimalen und gleichmäßigen Mehreinsatz aller Produktionsfaktoren hervorgerufen wird; synonym wird der Begriff totaler physischer Grenzertrag verwendet.   [*66*]

Grenzproduktivitätstheorie der Verteilung, aggregierte: Ein im 19. Jahrhundert von verschiedenen Autoren entwickeltes Modell zur Erklärung der funktionalen Einkommensverteilung. Ausgangspunkt ist eine substitutionale Produktionsfunktion mit den beiden Produktionsfaktoren Kapital und Arbeit; bei Rationalverhalten und unter der Bedingung vollständiger Konkurrenz kann dann partialanalytisch gezeigt werden, daß im Gleichgewicht das Grenzprodukt der Arbeit dem Lohnsatz und das Grenzprodukt des Kapitals dem Zinssatz entspricht. Das Verhältnis aus Löhnen und Gewinnen entspricht den vorausgesetzten Produktionselastizitäten von Arbeit und Kapital.   [*165ff*]

Grenzproduktivitätstheorie der Verteilung, disaggregierte: Die disaggregierte Grenzproduktivitätstheorie der Verteilung ist der Kern der neoklassischen Verteilungstheorie und Teil der allgemeinen Gleichgewichtstheorie. Die Preise der Produktionsfaktoren ergeben sich in der allgemeinen Gleichgewichtstheorie wie alle anderen Preise auf Grundlage gegebener Präferenzen, Erstausstattungen und Produktionsfunktionen. Bei vollständiger Konkurrenz und unter den üblichen Annahmen der allgemeinen Gleichgewichtstheorie entsprechen die Grenzproduktivitäten der Produktionsfaktoren ihren Preisen. Eine genaue Überprüfung der disaggregierten Grenzproduktivitätstheorie der Verteilung zeigt, daß sie lediglich Effizienzeigenschaften formuliert. Sie gestattet keine Aussage über die Gerechtigkeit, auch nicht über die Leistungs-Gerechtigkeit einer an den Grenzproduktivitäten orientierten Einkommensverteilung.   [*165ff*]

Grenzrate der Substitution (in der Haushaltstheorie): Die Grenzrate der Substitution entspricht der Steigung der Indifferenzkurve und gibt an, wieviel Einheiten einer Ware i mit einer Einheit einer Ware j ersetzt werden können, damit der Haushalt auf dem gleichen Nutzenniveau (der gleichen Indifferenzkurve) bleibt. Unter den üblichen Annahmen über Präferenzordnungen sinkt die Grenzrate der Substitution von Gut i durch Gut j mit steigendem Mengenverhältnis von j zu i.   [*93ff*]

Grenzrate der technischen Substitution: Die Grenzrate der technischen Substitution entspricht der Steigung der Isoquanten und gibt an, wieviel Einheiten eines Produktionsfaktors i mit einer Einheit eines Produktionsfaktors j ersetzt werden können, um auf dem gleichen Produktionsniveau zu bleiben. Unter den üblichen Annahmen an Produktionsfunktionen (z.B. Cobb-Douglas-Funktion) sinkt die Grenzrate der Substitution des Produktionsfaktors i durch den Produktionsfaktor j mit steigendem Mengenverhältnis von j zu i. [95]

Grenzrate der Transformation: Die Grenzrate der Transformation entspricht der Steigung der Transformationskurve und gibt an, wieviel Einheiten einer Ware i produziert werden können, wenn auf eine Einheit einer Ware j verzichtet wird. Unter den üblichen Annahmen an Produktionsfunktionen (z.B. Cobb-Douglas-Funktion) steigt die Grenzrate der Transformation von Gut i durch Gut j, wenn das Mengenverhältnis von j zu i steigt. Im totalen mikroökonomischen Gleichgewicht entspricht die Grenzrate der Transformation der Grenzrate der Substitution der Haushalte. [305]

Groves-Mechanismus: Methode zur Ermittlung der Präferenzen bei unvollständiger Information, bei der das Äußern der wirklichen Präferenzen für alle Beteiligten eine dominate Strategie ist. Die Schwäche des Groves-Mechanismus ist, daß dieser im allgemeinen kein ausgeglichenes Budget ermöglicht. [531ff]

Gummibär: Schmackhaftes und entsprechend beliebtes Kleintier, kaum substituierbar. [191]

Gut, absolut inferiores: Zeichnet sich durch eine negative Einkommenselastizität der Nachfrage aus. Die ökonomische Ursache dafür ist, daß die relative Präferenz für diese Güter mit steigendem Nutzenindex stark sinkt. [205]

Gut, absolut superiores: Zeichnet sich durch eine Einkommenselastizität der Nachfrage zwischen Null und Eins aus. Die relative Präferenz für absolut superiore Güter sinkt mit steigendem Nutzenindex. Synonym für relativ inferiore Güter. [205]

Gut, relativ inferiores: siehe Gut, absolut superiores.

Gut, relativ superiores: Zeichnet sich durch eine Einkommenselastizität der Nachfrage größer Eins aus. Die relative Präferenz für relativ superiore Güter steigt mit steigendem Nutzenindex. [205]

Güter, komplementäre: Zwei Güter i und j werden als komplementär bezeichnet, sofern die Kreuzpreiselastizitäten der Nachfrage negativ sind; steigt der Preis der Ware j, so sinkt die Nachfrage nach der Ware i und umgekehrt. Die Ursache kann darin gesehen werden, daß sich die Güter im Konsum ergänzen. Typische Beispiele für komplementäre Güter sind Autos und Benzin oder Schweinshaxen und Obstler auf Skihütten. [219]

Güter, öffentliche: öffentliche Güter wie Rüstung, Straßenbeleuchtung und Rundfunk werden über das Nicht-Ausschlußprinzip (die Güter werden vollständig von n Wirtschaftssubjekten konsumiert) und die Nicht-Rivalität im Konsum (die Anzahl der Konsumenten hat keinen Einfluß auf das Konsumniveau der einzelnen Wirtschaftssubjekte) definiert. Eine pareto-effiziente Allokation öffentlicher Güter verlangt, daß die Summe der Grenzraten der Substitution der Grenzrate der Transformation entspricht. Öffentliche Güter können problemlos als Spezialfall der allgemeinen Theorie externer Effekte interpretiert werden, so daß ihnen keine eigenständige Bedeutung zukommt. [481]

Güter, private: Bei der Produktion und dem Konsum privater Güter werden direkt lediglich die Nutzenindexfunktionen der betreffenden Käufer und Verkäufer beeinflußt. Dies bedeutet, daß sämtliche Kosten und Nutzen internalisiert sind, bzw. keine externen Effekte existieren. Private Güter sind eine der Voraussetzungen dafür, daß eine Marktallokation bei vollständiger Konkurrenz ohne Eingriffe öffentlicher Institutionen pareto-effizient ist. [481]

Güter, substitutionale: Zwei Güter i und j werden als substitutional bezeichnet, sofern die Kreuzpreiselastizitäten der Nachfrage positiv sind; steigt der Preis der Ware j, so steigt die Nachfrage nach der Ware i und umgekehrt. Die ökonomische Ursache besteht darin, daß sich die Güter im Konsum ersetzen. Ein typisches, wenn auch volkswirtschaftlich wohl nicht übermäßig wichtiges, Beispiel für substitutionale Güter sind Stachelbeer- und Brombeermarmelade. [219]

Güterkombination, optimale: siehe Haushaltsgleichgewicht.

Haftungsrecht, ökonomische Theorie des: Teilbereich der allgemeinen Mikroökonomie, der die allokative Effizienz von Haftungsregeln zur Internalisierung externer Effekte untersucht. [539ff]

Handelskettenparadox: Modell von Reinhard Selten, mit dem gezeigt wird, daß das einzige teilspielperfekte Gleichgewicht bei dynamischen Spielen mit vollständiger Information und endlichem Zeithorizont das Nash-Gleichgewicht des Basisspiels ist. Da dies zu kontraintuitiven Ergebnissen führen kann, spricht man auch von paradoxen Situationen. [616]

Handelspolitik, strategische: Relative neuer Zweig der Außenhandelstheorie, bei dem die Konsequenzen handelspolitischer Maßnahmen auf der Grundlage unvollständiger Konkurrenz und/oder steigender Skalenerträge untersucht werden. [426ff]

Harvard-Schule: Wettbewerbstheoretische und -politische Position von Vertretern der Harvard-Universität, die den Möglichkeiten einer aktiven Wettbewerbspolitik recht optimistisch gegenübersteht. Vertreter des SVE (Struktur/Verhalten/Ergebnis)-Paradigmas der Wettbewerbstheorie. [433ff]

Haushaltsgleichgewicht: Nutzenmaximale Güterkombination eines Haushaltes unter gegebenen Randbedingungen. Im Haushaltsgleichgewicht entspricht das Verhältnis der Grenznutzen den Preisverhältnissen und der umgekehrten Grenzrate der Substitution. [202f]

Hidden action: Situation einer asymmetrischen Informationsverteilung, bei der die Aktionen einzelner Spieler für andere Spieler nicht beobachtbar sind. Synonym werden die Begriffe unbeobachtbare Aktionen, unvollkommene Information und moral hazard für diese Situation verwendet. [564f]

Homogenitätsbedingungen: Ein Markt wird als vollkommen bezeichnet, wenn für die am Markt gehandelten Güter auf Seiten der Konsumenten weder räumliche, noch sachliche noch persönliche Präferenzen existieren und die Marktteilnehmer über vollkommene Information verfügen. Diese Voraussetzungen werden als Homogenitätsbedingungen bezeichnet. [250]

Homogenitätsgrad: Der Homogenitätsgrad h einer Produktionsfunktion gibt die Reaktion der Produktion auf eine Erhöhung des Aktivitätsniveaus (totale Faktorvariation) an. Produktionsfunktionen mit steigenden Skalenerträgen weisen einen Homogenitätsgrad größer Eins und Produktionsfunktionen mit sinkenden Skalenerträgen einen Homogenitätsgrad kleiner Eins auf. [109]

Hotelling-Regel: von Hotelling in den dreißiger Jahren erstmals formulierte Bedingung für die pareto-effiziente Allokation erschöpfbarer Ressourcen, gemäß der der diskontierte Grenznutzen in allen Perioden gleich sein muß. Anwendung des gewöhnlichen Opportunitätskostenprinzips auf erschöpfbare Ressourcen. [*277ff*]

Immissionen: Schadstoffbelastung an bestimmten Orten. [*497f*]

Incentive compatability constraint: siehe Anreizverträglichkeitsbedingung.

Incredible threat: siehe Drohung, unglaubwürdige.

Indifferenzkurve: Geometrischer Ort aller Güterkombinationen, mit denen ein Haushalt den gleichen Nutzenindex erreicht. Die Steigung der Indifferenzkurve ist die Grenzrate der Substitution. [*191f*]

Individual rationality constraint: siehe Teilnahmebedingung.

Information, imperfect: siehe Information, unvollkommene.

Information, incomplete: siehe Information, unvollständige.

Information, unvollkommene: Situation asymmetrischer Informationsverteilung, bei der bestimmte Aktionen einzelner Spieler von anderen Spielern nicht beobachtet werden können. Synonym werden auch die Begriffe hidden action, imperfect information und moral hazard verwendet. [*568ff*]

Information, unvollständige: Situation asymmetrischer Informationsverteilung, bei der bestimmte Eigenschaften von Spielern (beispielsweise ihre Präferenzordnung oder ihre Produktionstechnologie) anderen Spielern nicht bekannt sind. Synonym werden auch die Begriffe unbekannte Typen, incomplete information und adverse selection verwendet. [*373,568ff*]

Information, vollkommene: Situation, in der alle Beteiligten über alle relevanten Nebenbedingungen eines Spiels (einer Entscheidungssituation) gleich gut informiert sind. [*67*]

Informationsbezirk: Zustand mit einer bestimmten Informationsverteilung. Man spricht davon, daß Spieler im gleichen Informationsbezirk agieren, sofern ihre Informationen über alle relevanten Nebenbedingungen zum Zeitpunkt der Aktion gleich sind. [*372f*]

Informationsrente: in vielen spieltheoretischen Entscheidungssituationen erhalten besser informierte Spieler einen höheren Nutzen als bei symmetrischer Informationsverteilung. Diesen zusätzlichen Nutzen nennt man Informationsrente, weil er (ohne eigenes Dazutun) durch die asymmetrische Informationsverteilung entsteht. [*651*]

Informationsverteilung, asymmetrische: Situation, in der einige Spieler über relevante Nebenbedingungen des Spiels besser informiert sind als andere. Dabei wird zwischen unvollständiger und unvollkommener Information unterschieden. [*374f*]

Innovationen, drastische: Prozeßinnovationen, bei denen der Monopolpreis nach Durchführung der Innovation unter dem Gleichgewichtspreis bei vollständiger Konkurrenz vor der Innovation liegt. Drastische Innovationen ermöglichen daher eine Monopolisierung des Marktes. [*443*]

Innovationen, nicht-drastische: Prozeßinnovationen, bei denen der Monopolpreis nach Durchführung der Innovation nicht unter dem Gleichgewichtspreis bei vollständiger Konkurrenz vor der Innovation liegt. Drastische Innovationen ermöglichen daher keine Monopolisierung des Marktes. [*443*]

Innovationsanreiz, strategischer: In Märkten mit unvollständiger Konkurrenz hängt der Innovationsanreiz auch davon ab, wie andere Unternehmen auf die eigene Innovation reagieren. Die dadurch entstehenden Innovationsanreize nennt man strategisch. Von besonderer Bedeutung ist dabei die Unterscheidung zwischen strategischen Substituten und strategischen Komplementen.   [*444ff*]

Input-Output-Modell: Von Leontief entwickeltes Modell zur Darstellung der intersektoralen Verflechtungsstruktur einer Ökonomie. Input-Output-Modelle werden unter anderem verwendet, um die Auswirkungen der Mengenänderungen eines Sektors auf die Mengen aller anderen Sektoren unter der Annahme einer konstanten Technik zu untersuchen. [*76ff*]

Instrumente der Umweltpolitik, marktorientierte: Unter marktorientierten Instrumenten der Umweltpolitik werden Regelungen verstanden, die auf dem Preis-Mengen-Mechanismus der Marktwirtschaft aufbauen und es den Unternehmen im Unterschied zu Auflagen ermöglichen, bei der Schadstoffvermeidung ihre jeweiligen Grenzvermeidungskosten zu berücksichtigen. Als wichtigste marktorientierte Instrumente werden Abgaben und Steuern sowie Zertifikate diskutiert.   [*495ff*]

Internalisierung externer Effekte: siehe Externe Effekte, Internalisierung.

Inverse elasticity rule: Diese Regel zeigt, daß der durch Preisaufschläge auf die Grenzkosten entstehende Wohlfahrtsverlust umso geringer ist, je geringer die Preiselastizität der Nachfrage ist. Dies liegt daran, daß bei einer geringen Preiselastizität der Nachfrage die Veränderung der Nachfrage bei einer Preiserhöhung klein ist.   [*319f*]

Isoquante: Geometrischer Ort aller Faktorkombinationen, mit denen ein bestimmter Output erzeugt werden kann. Der genaue Verlauf der Isoquanten hängt von den Produktionselastizitäten der Produktionsfunktion ab.   [*69*]

Kantzenbach, Modell von: Modell von Kantzenbach, mit dem gezeigt werden soll, daß die dynamischen Wettbewerbsfunktionen am besten im weiten Oligopol mit mäßiger Produktdifferenzierung erfüllt werden.   [*435ff*]

Kapitalangebotsfunktion eines Haushaltes: Eine Kapitalangebotsfunktion ordnet unter der Bedingung vollständiger Konkurrenz alternativen Marktpreisen für Kapital (Zinssätzen), die vom einzelnen Haushalt nicht beeinflußt werden können, die jeweils nutzenmaximalen Kapitalangebotsmengen zu. Jeder Punkt auf der Kapitalangebotsfunktion stellt ein Dispositionsgleichgewicht des Haushaltes dar. Alle Größen außer dem Zinssatz werden dabei gemäß der ceteris-paribus-Methode konstant gesetzt. Der Verlauf der Kapitalangebotsfunktion hängt ebenso wie bei der Arbeitsangebotsfunktion von den Präferenzen ab.   [*235ff*]

Kapitalangebotsfunktion, aggregierte: Eine aggregierte Kapitalangebotsfunktion ordnet unter der Bedingung vollständiger Konkurrenz alternativen Marktpreisen für Kapital (Zinssätze), die vom einzelnen Haushalt nicht beeinflußt werden können, die nutzenmaximalen Kapitalangebotsmengen aller Haushalte zu. Eine aggregierte Kapitalangebotsfunktion ergibt sich aus der Addition der Mengen aller Haushalte und graphisch somit aus der waagerechten Addition der Mengen bei alternativen Preisen.   [*236*]

Kapitalrenditenregulierung: Methode zur Regulierung natürlicher Monopole, bei der ein prozentualer Gewinnaufschlag auf die Kapitalkosten zugelassen wird. Problematisch ist erstens die Ermittlung der Kapitalkosten und zweitens der durch die Orientierung des Gewinns an den Kapitalkosten entstehende Anreiz zur Überkapitalisierung.   [*344ff*]

Kausalität, alternative: Kausalitätsform, bei der ein eingetretener Schaden mit Sicherheit nur von einer einzigen Ursache erzeugt wurde, diese aber nicht eindeutig identifizierbar ist. [*556ff*]

Kausalität, Mono-: siehe Monokausalität.

Kausalität, Multi-: siehe Multikausalität.

Kern: In der Edgeworth-Box entspricht der Kern der Verbindung aller Tangentialpunkte zweier Indifferenzkurven innerhalb der Linse. Allgemein gibt der Kern alle Lösungen an, die erstens für keinen Verhandlungspartner eine Verschlechterung gegenüber dem Ausgangszustand bedeuten und zweitens keine Verbesserung für alle Beteiligten ermöglichen (Pareto-Effizienz). [*242f*]

Kollusionslösung: Situation in spieltheoretischen Entscheidungssituationen, in denen die Entscheidungsträger ihren gemeinsamen Nutzen maximieren und somit (zumindest vom Ergebnis her) kooperativ spielen. [*370ff*]

Komplemente, strategische: Entscheidungsvariable nennt man strategische Komplemente, wenn eine aggressive Entscheidung über diese Variable durch das Wirtschaftssubjekt i zu einer ebenfalls aggressiveren Entscheidung von j führt, die sich negativ auf i auswirkt. Dies mindert den Anreiz zu aggressivem Verhalten für i. Ein besonders wichtiges Beispiel sind die Preise als strategische Entscheidungsvariable im oligopolistischen Preiswettbewerb.[*445*]

Konkurrenz, monopolistische: siehe Polypol, heterogenes.

Konkurrenz, polypolistische: Marktform mit vielen kleinen Anbietern und Nachfragern. Marktverhalten und Marktergebnis hängen davon ab, ob es sich um homogene oder um heterogene Produkte handelt (siehe Polypol, homogenes; Polypol, heterogenes). [*248f*]

Konkurrenz, unvollständige: Oberbegriff für alle Marktformen, in denen keine vollständige Konkurrenz herrscht. Dies kann auf die Anzahl der Anbieter und Nachfrager oder auf die fehlende Homogenität der am Markt gehandelten Produkte zurückzuführen sein. [*248f*]

Konkurrenz, vollständige: siehe Polypol, homogenes.

Konsumentenrente: Unter der Konsumentenrente eines Haushaltes wird die Differenz seiner aufsummierten Zahlungsbereitschaften und den beim Marktpreis entstehenden Kosten verstanden. Beim üblichen Verlauf der Nachfragefunktion ist die Konsumentenrente positiv, weil es Haushalte gibt, die einen über dem Marktpreis liegenden Preis zu zahlen bereit wären. Das auf Dupuit (1844) zurückgehende und schon von Marshall (1880) ausformulierte Konzept der Konsumentenrente wird verwendet, um den Wohlfahrtsgewinn der Konsumenten durch den Kauf der betreffenden Ware auszudrücken. Formal entspricht die Konsumentenrente der Differenz zwischen dem Integral unter der Nachfragefunktion und den Zahlungen der Haushalte als Produkt aus Gleichgewichtspreis und Menge. [*261ff*]

Kosten, durchschnittliche: siehe Durchschnittskosten.

Kosten, fixe: siehe Fixkosten.

Kosten, variable (partielle Faktorvariation): Die bei der Produktion entstehenden variablen Kosten unter der Annahme, daß nicht alle Faktoren variabel ist. [*126*]

Kosteneffizienz: Minimierung der Kosten zur Produktion einer bestimmten Menge bei gegebenen Preisen der Produktionsfaktoren. [*496*]

Kostenfunktion: Darstellung der Kosten als Funktion der Produktionsmenge. [*126*]

738 Glossar/Register

Kostengerade: Auflösung der Kostengleichung im Falle mit zwei Produktionsfaktoren nach der Menge eines beliebigen Produktionsfaktors, um die Kostengleichung graphisch darstellen zu können. [*102*]

Kostengleichung: Darstellung der Kosten als Summe der Produkte von Faktormengen und Faktorpreisen. Reine Definitionsgleichung der Kosten. [*129*]

Kreps/Scheinkman-Modell: Modell aus der Oligopoltheorie, in dem die Oligopolisten zunächst simultan über ihre Kapazitäten und anschließend simultan über ihre Mengen entscheiden. [*413ff,417*]

Kreuzpreiselastizität der Nachfrage: Prozentuale Veränderung der Nachfrage nach einem Gut i im Verhältnis zur prozentualen Preisänderung eines anderen Gutes j. Bei komplementären Gütern ist die Kreuzpreiselastizität der Nachfrage negativ, bei substitutionalen Gütern positiv. Die Kreuzpreiselastizität der Nachfrage wird auch zur Marktabgrenzung herangezogen, indem Güter mit hohen Kreuzpreiselastizitäten (enge Substitute) zu einem Markt zusammengefaßt werden. [*218*]

Kuppelproduktion: Produktionsprozesse, bei denen gemeinsam mehrere Produkte entstehen, werden als Kuppelproduktionsprozesse bezeichnet. Typische Beispiele sind Schafswolle und -fleisch sowie die Entstehung von Schadstoffen in der Produktion. [*67*]

Laffer-Kurve: von Laffer formulierter Zusammenhang zwischen dem Steuersatz und dem Steueraufkommen. Zu Zeiten der Reagan-Regierung wurde aufbauend auf der Laffer-Kurve (fälschlicherweise) vermutet, daß eine Verringerung des Steuersatzes das Steueraufkommen erhöhen würde. [*227,234f*]

Launhardt-Hotelling-Modell: Von Launhardt (1885) und Hotelling (1929) entwickeltes Modell zur Analyse des simultanen Preiswettbewerbs im heterogenen Oligopol. Übertragen in die moderne Sprache handelt es sich um das Nash-Gleichgewicht für den Preiswettbewerb im heterogenen Oligopol. [*408ff*]

Lerner-Index: Bestimmung des Konzentrationsgrades einer Industrie über die prozentuale Differenz zwischen Preis und Grenzkosten. [*457ff*]

Lohnpolitik, kostenniveauneutrale: Vom Sachverständigenrat verwendetes Konzept zur Beurteilung der Lohnabschlüsse in der Bundesrepublik Deutschland. Eine Lohnpolitik heißt kostenniveauneutral, wenn die Lohnsteigerung pro Stück der Steigerung der gesamten Stückkosten (incl. der Steigerung der Kapitalkosten und der Änderung der terms of trade) entspricht. [*171f*]

Lohnpolitik, produktivitätsorientierte: Vom Sachverständigenrat früher verwendetes Konzept zur Beurteilung der Lohnabschlüsse in der Bundesrepublik Deutschland. Eine Lohnpolitik heißt produktivitätsorientiert, wenn die Lohnsteigerung der Produktivitätssteigerung entspricht. [*169f*]

Markt, unvollkommener: Oberbegriff für Märkte, auf denen eine der Homogenitätsanforderungen an vollkommene Märkte verletzt ist. [*250f*]

Markt, vollkommener: Auf Jevons (1871) zurückgehende Bezeichnung für Märkte, auf denen sachlich gleichartige Güter gehandelt werden, ohne daß auf Seiten der Konsumenten bestimmte persönliche, zeitliche oder räumliche Präferenzen bestehen. Manchmal wird auch vollständige Markttransparenz als Voraussetzung für das Vorliegen vollkommener Märkte genannt. [*250f*]

Marktformenschema, morphologisches: Im morphologischem Marktformenschema werden die Marktformen entsprechend der Anzahl der Marktteilnehmer und ihren Marktanteilen unterschieden (v. Stackelberg 1934). Dabei beschränkt man sich auf Begriffe wie „viele" und „wenige", weil eine exakte quantitative Zuordnung nicht möglich ist (Marktformen mit 50 oder 51 Anbietern können je nach genauer Marktlage besser durch polypolistische oder oligopolistische Modelle untersucht werden). Das morphologische Marktformenschema bietet einen intuitiven Zugang zur Abgrenzung verschiedener Marktformen und kann daher (trotz fehlender Trennschärfe) in Verbindung mit anderen Konzepten (Elastizitäten) gute Dienste leisten.   [*247*]

Maximalertragskombination: Gewinnmaximale Faktorkombination eines Unternehmens bei gegebener Technologie, gegebenen Kosten und ebenfalls gegebenen Faktorpreisen. Der Begriff Maximalertragskombination besagt, daß bei gegebenen Kosten die Produktionsmenge und damit bei gegebenen Preisen der Produktionsfaktoren und des Outputs auch der Ertrag maximiert wird.   [*99f*]

Mengenwettbewerb, dynamischer: Wettbewerbsform im Oligopol, in der die Unternehmen ihre Angebotsmengen als Entscheidungsvariable verwenden und mindestens zwei Unternehmen nicht gleichzeitig (bzw. in unterschiedlichen Informationsbezirken) entscheiden.   [*402*]

Mengenwettbewerb, statischer: Wettbewerbsform im Oligopol, in der die Unternehmen ihre Angebotsmengen als Entscheidungsvariable verwenden und alle Unternehmen gleichzeitig (bzw. im gleichen Informationsbezirk) entscheiden   [*382ff,395ff*]

Mengenwettbewerb: Wettbewerbsform im Oligopol, in der die Unternehmen ihre Angebotsmengen als Entscheidungsvariable verwenden.   [*369*]

Minimalkostenkombination: Gewinnmaximale Faktorkombination eines Unternehmens bei gegebener Technologie, gegebener Produktionsmenge und ebenfalls gegebenen Faktorpreisen. Der Begriff Minimalkostenkombination besagt, daß bei gegebener Produktionsmenge die Kosten minimiert werden.   [*99f*]

Mitläufer-Effekt: Der einem Gut zugemessene Nutzen steigt, wenn der Gesamtabsatz des Gutes steigt (Interdependenz der Konsumentenentscheidungen). Mitläufer-Effekte führen zu einer höheren Gesamtnachfrage nach dem entsprechenden Gut.   [*216f*]

Monokausalität: Kausalitätsform, bei der ein Schaden nur von einer Ursache hervorgerufen wurde und diese nach Schadenseintritt eindeutig identifizierbar ist.   [*545*]

Monopol (Angebots-): Marktform mit nur einem Anbieter und vielen kleinen Nachfragern. Da es definitionsgemäß keine Konkurrenten gibt, die das gleiche oder ein in den Augen der Konsumenten ähnliches Produkt anbieten, gehen die Preiselastizität und die Kreuzpreiselastizität der Nachfrage nicht gegen unendlich. Die Preiselastizität der Nachfrage kann als Indikator für die Substitutionsbereitschaft der Nachfrager aufgefaßt werden, so daß sich der Monopolgrad reziprok zur Preiselastizität der Nachfrage verhält. Gemäß der Cournot-Lösung wird die gewinnmaximale Angebotsmenge des Monopolisten beim Ausgleich von Grenzerlös und Grenzkosten erreicht; der zugehörige Preis wird von der Preis-Absatz-Funktion angegeben. Die so bestimmte Angebotsmenge liegt unterhalb der Menge bei vollständiger Konkurrenz und der Preis darüber. Die Summe aus Konsumenten- und Produzentenrente ist im Monopol kleiner als im homogenen Polypol und die Marktform des Angebotsmonopols daher in statisch-wohlfahrtstheoretischer Sicht suboptimal.   [*248,313ff*]

Monopol, natürliches: Sinken die durchschnittlichen Gesamtkosten im relevanten Bereich, so spricht man von einem natürlichen Monopol. Beim natürlichen Monopol sind die Produktionskosten eines Unternehmens kleiner als die Kosten der Marktversorgung durch mehrere Unternehmen, so daß die Überlegenheit der vollständigen Konkurrenz gegenüber dem Monopol unter statischen Allokationsgesichtspunkten (Pareto-Kriterium) für das natürliche Monopol nicht gilt.   [*335ff*]

Monopolgrad, Lernerscher: Im Gegensatz zur vollständigen Konkurrenz ist die Preiselastizität der Nachfrage beim Monopol nicht unendlich, weil es definitionsgemäß keine Konkurrenten gibt, die das gleiche oder ein in den Augen der Konsumenten ähnliches Produkt anbieten. Es ist daher naheliegend, den Monopolgrad über die Preiselastizität der Nachfrage zu messen: Je geringer die Preiselastizität der Nachfrage (d.h. je geringer die Reaktion der Konsumenten auf Preisänderungen), desto höher der Lernersche Monopolgrad (Lerner 1933).   [*314*]

Monotone-likelihood-ratio property (MLRP): Die MLRP besagt, daß für zwei Aktivitätsniveaus (beispielsweise Arbeitseinsätze) a_1 und a_2 ($a_1 < a_2$) und zwei Ergebnisse x_1 und x_2 ($x_1 < x_2$) das Verhältnis der Wahrscheinlichkeiten für das gute und das schlechte Ergebnis (p_2/p_1) beim hohen Aktivitätsniveau mindestens so groß ist, wie beim niedrigen Aktivitätsniveau. Dies gilt für beliebige Aktivitäts- und Ergebnisniveaus, also

$$\frac{p_2(a_2)}{p_1(a_2)} \geq \frac{p_2(a_1)}{p_1(a_1)}$$ [*583*]

moral hazard: Begriff aus der Theorie asymmetrischer Informationsverteilung, der Situationen mit unbeobachtbaren Aktionen (unvollkommene Information) beschreibt. Der Begriff moral hazard (moralische Wagnisse) stammt ursprünglich aus der Versicherungstheorie und beruht darauf, daß die Unbeobachtbarkeit von Aktionen bei abgeschlossenen Versicherungsverträgen einen Anreiz zu riskanten Aktivitäten liefert.   [*33,564ff*]

Multikausalität: Kausalitätsform, bei der der Schadenserwartungswert von mehreren Faktoren gemeinsam beeinflußt wird, die nicht separiert werden können (positive Kreuzableitungen in stetigen Modellen).   [*550*]

Nachfragefunktion, aggregierte: Eine aggregierte Nachfragefunktion ordnet unter der Bedingung vollständiger Konkurrenz alternativen Güterpreisen, die von den einzelnen Haushalten nicht beeinflußt werden können, die nutzenmaximale Güternachfrage aller Haushalte zu. Eine aggregierte Nachfragefunktion ergibt sich aus der Addition der Nachfragemengen aller Haushalte und graphisch somit aus der horizontalen Addition der Mengen bei gegebenen Preisen.   [*217f*]

Nachfragefunktion, eines Haushaltes: Eine Nachfragefunktion ordnet unter der Bedingung vollständiger Konkurrenz alternativen Güterpreisen, die von den einzelnen Haushalten nicht beeinflußt werden können, die jeweils nutzenmaximale Güternachfrage eines Haushaltes zu. Jeder Punkt auf der Nachfragefunktion stellt ein Dispositionsgleichgewicht des Haushaltes dar. Alle Größen außer dem Güterpreis werden dabei gemäß der ceteris-paribus-Methode konstant gesetzt.   [*207ff*]

Nash-Gleichgewicht: spieltheoretisches Gleichgewichtskonzept. Eine Situation wird als Nash-Gleichgewicht bezeichnet, sofern kein Spieler seinen Nutzen durch abweichendes Verhalten erhöhen kann, sofern alle anderen Spieler bei ihren Strategien bleiben. [*48ff, 374ff*]

Nicht-Ausschlußprinzip: Begriff aus der Theorie öffentlicher Güter. Das Nicht-Ausschluß-prinzip besagt, daß öffentliche Güter wie Rüstung und Straßenbeleuchtung im Idealfall vollständig von n Wirtschaftssubjekten konsumiert werden. Die wesentlichen Effizienz-bedingungen bei Gütern, die dem Nicht-Ausschlußprinzip unterliegen, bleiben erhalten, so-fern die betroffenen Wirtschaftssubjekte nur einen Bruchteil der Güter konsumieren. [*481f*]

Nicht-Rivalität: Begriff aus der Theorie öffentlicher Güter. Nicht-Rivalität im Konsum be-sagt, daß die Anzahl der Konsumenten eines öffentlichen Gutes (beispielsweise Straßen-beleuchtung) keinen Einfluß auf das Konsumniveau der einzelnen Wirtschaftssubjekte hat. [*481f*]

Niveaugrenzproduktivität: Die von einer infinitesimalen Ausdehnung aller Produktions-faktoren hervorgerufene Produktionsänderung (totale Faktorvariation). Im Unterschied zum Grenzerlös ist beim Grenzertrag nicht die Produktionsmenge, sondern das Aktivi-tätsniveau die unabhängige Variable; Niveaugrenzproduktivität und Grenzerlös sind durch die Produktionsfunktion und die Preisreaktion auf Mengenänderungen miteinander ver-knüpft. [*65*]

Niveauvariation: siehe Skalenvariation.

Non-Affektationsprinzip: finanzwissenschaftlicher Grundsatz, der besagt, daß das Steuer-aufkommen der Finanzierung des Staatshaushaltes dient und nicht zweckgebunden ver-wendet werden darf. [*504*]

Normalform: Darstellung eines Spiels in Tabellenform. [*379*]

Nutzen: Begriff der neoklassischen Theorie, mit dem die relative Wertschätzung der Güter ausgedrückt wird. Der Nutzenbegriff hat sich seit der Entstehung der Neoklassik im 19. Jahrhundert erheblich verändert. Ursprünglich wurde von der Meßbarkeit und interperso-nellen Vergleichbarkeit des Nutzens ausgegangen (kardinale Nutzentheorie); heute löst sich der Nutzenbegriff vollständig in einer Wahlhandlungstheorie auf, die auf den Rationali-tätsaxiomen der Präferenztheorie aufbaut. [*185ff*]

Nutzenfunktion: Konzept der kardinalen Nutzentheorie, bei dem der Nutzen als Funktion der Gütermenge abgebildet wird. Häufig wird der Begriff Nutzenfunktion auch im Sinne der Nutzenindexfunktion verwendet und bezieht sich damit auf die ordinale Nutzentheo-rie. [*208ff*]

Nutzenindexfunktion: Eine Nutzenindexfunktion bildet im Rahmen der ordinalen Nut-zentheorie die Präferenzordnungen der Wirtschaftssubjekte auf einem Zahlenstrahl ab. Je-de höhere Zahl repräsentiert ein höheres Nutzenniveau. [*193ff*]

Nutzentheorie, kardinale: Auf Gossen (1853) zurückgehende Vorstellung, daß der aus dem Konsum eines Gutes gezogene Nutzen metrisch meßbar und interpersonell vergleichbar sei. Charakteristische Annahmen der kardinalen Nutzentheorie sind ein steigender Ge-samt- und ein sinkender Grenznutzen bei zunehmendem Konsum. Die kardinale Nut-zentheorie wurde weitgehend durch eine Theorie rationaler Wahlhandlungen (ordinale Nutzentheorie) verdrängt, liegt aber auch heute noch häufig verwendeten wohlfahrtstheo-retischen Konzepten (Konsumenten- und Produzentenrente) implizit zugrunde. [*185ff*]

Nutzentheorie, ordinale: Auf Pareto (1906) aufbauende Ersetzung der kardinalen Nut-zentheorie, bei der von der metrischen Meßbarkeit und interpersonellen Vergleichbarkeit des Nutzens Abstand genommen wird. Charakteristisch für die ordinale Nutzentheorie ist die Annahme einer sinkenden Grenzrate der Substitution. [*188ff*]

Öko-Steuern: Steuern auf Umwelt-Schadstoffe, die im Unterschied zu Abgaben dem Non-Affektationsprinzip unterliegen.   [*504*]

Oligopol, heterogenes: Marktform mit wenigen einflußreichen Anbietern, die ein in den Augen zahlreicher Konsumenten unterschiedliches Produkt anbieten. Auf Grund der Produktdifferenzierung geht die Preiselastizität der Nachfrage nicht gegen unendlich.   [*370ff*]

Oligopol, homogenes: Marktform mit wenigen einflußreichen Anbietern, die ein in den Augen zahlreicher Konsumenten identisches Produkt anbieten. Da es sich um ein homogenes Produkt handelt, gehen die Preiselastizität und die Kreuzpreiselastizität der Nachfrage gegen unendlich.   [*369ff*]

Oligopol: Marktform mit einer beschränkten Anzahl einflußreicher Anbieter, die ihre Strategien wechselseitig zur Kenntnis nehmen.   [*248ff*]

Opportunitätskosten: Nutzenentgang durch die Wahl einer Handlungsalternative. Opportunitätskosten werden durch den Nutzen der nächstbesten Handlungsalternative angegeben, da diese gewählt worden wäre, wenn auf die tatsächlich gewählte Alternative verzichtet worden wäre.   [*491*]

Own rate of interest: siehe Eigenzins.

Pareto-Effizienz: Eine Allokation wird als pareto-effizient bezeichnet, sofern kein Marktteilnehmer einen höheren Nutzenindex erreichen kann, ohne den Nutzenindex mindestens eines anderen Wirtschaftssubjektes zu reduzieren.   [*55ff*]

Partialanalyse: ökonomische Modelle, bei denen Rückkoppelungen des betrachteten Marktes auf andere Märkte unberücksichtigt bleiben, werden als partialanalytisch bezeichnet.   [*259ff*]

Patentrennen: wettbewerbstheoretische Modelle, in denen verschiedene Unternehmen um eine Innovation konkurrieren, die nur vom ersten Innovator genutzt werden kann, werden als Patentrennen bezeichnet.   [*446f*]

Peak-load-Pricing: Preissetzungsstrategie im natürlichen Monopol, bei der die fixen Kosten lediglich auf die Preise überwälzt werden, wenn die Nachfrage besonders hoch ist.   [*353*]

Periode, kurze: Darunter wird häufig der Zeitraum verstanden, in dem die Unternehmen eine Outputveränderung nur durch partielle Faktorvariation vornehmen können.   [*107*]

Periode, lange: Darunter wird häufig der langen Periode der Zeitraum verstanden, in dem alle Produktionsfaktoren variabel sind und die Unternehmen eine Outputveränderung demnach durch totale Faktorvariation vornehmen können. Die zur Verfügung stehende Produktionstechnologie wird dabei als konstant betrachtet.   [*107*]

Polypol, heterogenes (monopolistische Konkurrenz): Marktform mit vielen kleinen Anbietern und vielen kleinen Nachfragern, die sich vom homogenen Polypol dadurch unterscheidet, daß die angebotenen Produkte nach Auffassung der Konsumenten nicht identisch sind (Chamberlain 1933; Robinson 1933). Diese Produktdifferenzierung verschafft den einzelnen Anbietern Preisspielräume, so daß die Preiselastizität der Nachfrage nicht gegen unendlich geht. Die Kreuzpreiselastizität der Nachfrage ist auf Grund der Ähnlichkeit der Produkte tendenziell groß.   [*439*]

Polypol, homogenes (Vollständige Konkurrenz): Spezialfall der polypolistischen Konkurrenz, bei der von vielen kleinen Anbietern ein in den Augen ebenfalls vieler kleiner Nachfrager identisches Produkt angeboten wird. Die Rationalitätsaxiome der Präferenztheorie verlangen unter diesen Umständen, daß das betreffende Produkt nur beim billigsten Anbieter nachgefragt wird; der Preis ist für die einzelnen Anbieter daher ein Datum und die Preiselastizität der Nachfrage unendlich. Aus den gleichen Gründen ist die Kreuzpreiselastizität der Nachfrage unendlich. Die Unternehmen müssen sich als Mengenanpasser verhalten. Die Idealisierung vollständiger Konkurrenz liegt dem Grundmodell der neoklassischen Theorie (Arrow-Debreu-Modell) zugrunde. Vollständige Konkurrenz ist eine der Voraussetzungen dafür, daß eine auf der Nutzenmaximierung der Haushalte und Gewinnmaximierung der Unternehmen beruhende Marktallokation pareto-effizient ist. Das Ergebnis Preis=Grenzkosten läßt sich als einziges Nash-Gleichgewicht für den Mengenwettbewerb im homogen Oligopol begründen, wen die Anzahl der Unternehmen gegen unendlich geht. *[250]*

Poolinggleichgewicht: Situation bei asymmetrischer Informationsverteilung, indem alle unterschiedlichen Typen die gleichen Strategien wählen und daher für schlechter informierte Wirtschaftssubjekte nicht unterscheidbar sind. Gemäß der Definition eines Gleichgewichts darf kein Spieler einen Anreiz haben, seine Strategie zu ändern. *[638ff]*

Präferenzermittlung: Bei öffentlichen Gütern und externen Effekten können die Präferenzen der Wirtschaftssubjekte nicht den Marktpreisen entnommen werden; bei der Beseitigung der Ineffizienzen stellt sich daher das Problem der Präferenzermittlung. Bei den Verfahren der *indirekten* Präferenzermittlung wird versucht, diese den Marktpreisen zu entnehmen (beispielsweise den unterschiedlichen Mieten in Gebieten mit unterschiedlichen Lärmbelastungen). Bei den Verfahren der *direkten* Präferenzermittlung wird versucht, die Präferenzen durch Befragungen zu ermitteln. Ein anreizverträglicher Mechanismus der direkten Befragung ist beispielsweise der Groves-Mechanismus. *[529ff]*

Präferenzordnung, lexikographische: In einer lexikographischen Präferenzordnung wird jede Ware einer anderen eindeutig vorgezogen, so daß keine Substitutionalität zwischen den Gütern besteht. Eine jeweils untergeordnete Ware entscheidet nur dann über die Beurteilung unterschiedlicher Güterbündel, wenn die Mengen aller bevorzugten Waren genau identisch sind. Rangiert beispielsweise eine Fahrerin eines weißen Golfs mit negativem Restbuchwert ganz oben in der lexikographischen Präferenzordnung eines Haushaltes, so wird ein Güterbündel mit dieser Fahrerin allen Güterbündeln ohne sie unabhängig davon vorgezogen, welche Gütermengen diese Bündel sonst enthalten. Lexikographische Präferenzordnungen widersprechen dem Konvexitätsaxiom neoklassischer Präferenzordnungen. *[188ff]*

Präferenzordnung, neoklassische (substitutionale): Rangordnung aller denkbaren Güterkombinationen nach dem Kriterium, ob ein Haushalt sie vorzieht oder ihnen indifferent gegenübersteht. Anforderungen an neoklassische Präferenzordnung sind Vollständigkeit, Transitivität, Reflexivität, Nicht-Sättigung und Konvexität. *[188ff]*

Preis-Absatz-Funktion, geknickte: Die geknickte Preis-Absatz-Funktion ist bei Preiserhöhungen flach und bei Preissenkungen steil. Der Grund ist die Annahme, daß Preiserhöhungen von Konkurrenten ignoriert werden, während Preissenkungen aus Angst vor dem Verlust von Marktanteilen (teilweise) mitvollzogen werden. Daher ist die Preiselastizität der Nachfrage im ersten Fall hoch und im zweiten Fall gering. *[416ff]*

Preis-Absatz-Funktion: Nachfragefunktion nach den Produkten eines Unternehmens. Unter den üblichen Annahmen verläuft die Preis-Absatz-Funktion im homogenen Polypol waagerecht; in anderen Marktformen weist sie eine negative Steigung auf. *[318]*

Preisdifferenzierung: Wahl unterschiedlicher Verkaufspreise durch Unternehmen für unterschiedliche Konsumentengruppen. Ansatzpunkte sind beispielsweise die zeitliche oder die örtliche Preisdifferenzierung sowie die Wahl unterschiedlicher Verpackungen. [*322ff,331ff*]

Preiselastizität der Nachfrage: Prozentuale Veränderung der Nachfrage nach einem Gut im Verhältnis zur prozentualen Preisänderung des gleichen Gutes. Das Konzept der Preiselastizität der Nachfrage wird sowohl auf einzelne Unternehmen (Preis-Absatz-Funktionen) als auch auf einzelne Märkte (aggregierte Nachfragefunktionen) angewendet. [*206ff*]

Preislösungen: Überbegriff für Steuern und Abgaben bei der Internalisierung externer Effekte. [*504*]

Preisverhältniselastizität: prozentuale Änderungen des Nachfrageverhältnisses nach zwei Gütern im Verhältnis zur prozentualen Änderung ihres Preisverhältnisses. [*221*]

Preiswettbewerb: spieltheoretisches Modell zur Analyse von Oligopolen, bei denen der Preis die Entscheidungsvariable der Unternehmen ist. [*401ff*]

Price caps: Methode zur Regulierung natürlicher Monopole, bei der dem Monopolisten ein Höchstpreis vorgegeben, ansonsten aber die Entscheidungsfreiheit gelassen wird. Die Veränderung des Höchstpreises im Zeitablauf wird von der allgemeinen Inflationsrate und vom erwarteten Produktivitätsfortschritt bei der Erstellung der entsprechenden Leistung bestimmt. [*348ff*]

Principal-Agent-Theorie: Besimmte Modellstruktur innerhalb der Spieltheorie, bei der ein (meist) schlecht informierte Principal Verträge für (meist) vollständig informierte Agenten so entwirft, daß sein eigener Nutzen maximiert wird. Dabei sind seitens des Agenten die Teilnahmebedingung und die Anreizverträglichkeitsbedingung zu beachten. [*571ff*]

Private value auctions: Auktionen, bei denen jeder Bieter seinen eigenen Nutzen aus der versteigerten Ware perfekt einschätzen kann. [*687*]

Produktausschöpfungstheorem: Das Produktausschöpfungstheorem besagt, daß bei Produktionsfunktionen mit konstanten Skalenerträgen wie der Cobb-Douglas-Funktion eine Faktorentlohnung gemäß den Grenzproduktivitäten zur Aufteilung des Gesamtproduktes führt (Eulersches Theorem; adding-up-Theorem). Das Produktausschöpfungstheorem ist bei Funktionen mit zunächst steigenden und dann sinkenden Erträgen (S-förmige Produktions- und Kostenfunktionen) erfüllt, sofern im Minimum der Durchschnittskosten produziert wird. [*167f*]

Produktionselastizität: Prozentuale Änderung der Produktion im Verhältnis zur ebenfalls prozentualen Änderung eines Produktionsfaktors (partielle Faktorvariation). [*90ff*]

Produktionsfaktoren, fixe: Inputs, deren Mengen im betrachteten Zeitraum nicht veränderbar sind. [*64*]

Produktionsfaktoren, variable: Inputs, deren Mengen im betrachteten Zeitraum veränderbar sind. [*64*]

Produktionsfaktoren: Produktionsfaktoren sind Güter, die als Inputs im Produktionsprozeß eingesetzt werden. Reproduzierbare Produktionsfaktoren wie Computer und Schmierstoffe können langfristig vermehrt werden, während der Bestand an nicht-reproduzierbaren Produktionsfaktoren (Primärfaktoren) auch langfristig den Produktionsprozeß limitiert. Die Preise reproduzierbarer Produktionsfaktoren entsprechen bei vollständiger Konkurrenz ihren Produktionspreisen; nicht-reproduzierbare Produktionsfaktoren erzielen Knappheitsrenten. [*64*]

Produktionsfunktion, ertragsgesetzliche: Auf Turgot (1776) zurückgehende und ursprünglich auf die Landwirtschaft bezogene Produktionsfunktion bei partieller Faktorvariation. Der Ertrag steigt zunächst progressiv und dann degressiv. Das Ertragsgesetz ist aus logischen Gründen an die Unteilbarkeit der fixen Faktoren gebunden.　　　　[*114ff*]

Produktionsfunktion, homogene: Eine Produktionsfunktionen, deren Skalenelastizität sich bei unterschiedlichen Produktionsmengen nicht ändert, wird homogen genannt.　　　[*110ff*]

Produktionsfunktion, inhomogene: Eine Produktionsfunktionen, deren Skalenelastizität sich bei unterschiedlichen Produktionsmengen ändert, wird inhomogen genannt.　　[*110ff*]

Produktionsfunktion, limitationale: Bei limitationalen Produktionsfunktionen führt die alleinige Erhöhung eines Produktionsfaktors zu keiner Produktionssteigerung, so daß nur eine technisch effiziente Faktorkombination existiert. Ob Produktionsfunktionen als limitational oder substitutional betrachtet werden, hängt in erster Linie von der Definition der Produktionsfaktoren und dem jeweiligen Erkenntnisinteresse ab.　　　　[*69*]

Produktionsfunktion, linear-limitationale: Produktionsfunktionen, bei denen es nur eine technisch effiziente Faktorkombination gibt und das Verhältnis von Output und Input unabhängig von der Produktionsmenge ist, werden linear-limitational genannt.　　　[70]

Produktionsfunktion, peripher-substitutionale: Bei peripher-substitutionalen Produktionsfunktionen kann jeder Produktionsfaktor nur teilweise von anderen Produktionsfaktoren ersetzt werden. Beispiel: Cobb-Douglas-Funktion.　　　　[*87*]

Produktionsfunktion, S-förmige: weisen zunächst steigende und anschließend sinkende Grenzerträge auf und werden bei partieller Faktorvariation als ertragsgesetzliche Produktionsfunktionen bezeichnet. Häufig werden auch S-förmige Produktionsfunktionen für die lange Periode (totale Faktorvariation) zugrunde gelegt.　　　　[*114ff*]

Produktionsfunktion, substitutionale: Bei substitutionalen Produktionsfunktionen kann jeder Produktionsfaktor zumindest teilweise von anderen Produktionsfaktoren ersetzt werden, so daß zahlreiche technisch effiziente Faktorkombinationen existieren. Beispiel: Cobb-Douglas-Funktion.　　　　[68,87*ff*]

Produktionsfunktion: Eine Produktionsfunktion beschreibt den funktionalen Zusammenhang zwischen dem (minimalen) Faktoreinsatz und der Produktionsmenge.　　　[*65*]

Produktionspotential: maximale Produktion einer Volkswirtschaft auf der Grundlage gegebener Faktorausstattungen und gegebener Produktivitäten.　　　　[*121*]

Produzentenrente: Der Nutzenzuwachs, den Unternehmen dadurch erzielen, daß sie bereit wären, alle intramarginalen Einheiten zu einem Preis unterhalb des Gleichgewichtspreises zu verkaufen. Graphisch entspricht die Produzentenrente der Fläche unter der Angebotsfunktion. Bei steigenden Grenzkosten- und Angebotsfunktionen ist die Produzentenrente positiv, weil die Grenzkosten aller produzierten Einheiten außer der letzten unter dem Gleichgewichtspreis liegen. In partialanalytischen Modellen wird das auf Dupuit (1844) zurückgehende und von Marshall (1880) ausformulierte Konzept der Produzentenrente verwendet, um den Wohlfahrtsgewinn der Produzenten durch den Verkauf der betreffenden Ware auszudrücken. Formal ist die Produzentenrente die Differenz aus dem Erlös (Preis mal Menge) und dem Integral unter der Grenzkostenfunktion.　　　　[*263*]

Prohibitivpreis: Angebotspreis, bei dem die Nachfrage genau Null beträgt.　　　[*266*]

Ramsey-Pricing: Preisstrategie im natürlichen Monopol, bei der die Preisaufschläge auf die Grenzkosten umgekehrt proportional zur Preiselastizität der Nachfrage sind.　　　[*354*]

Rate of return: Kapitalverzinsung.   [*345*]

Rate of return-regulation: Methode zur Regulierung natürlicher Monopole, bei der die Kapitalverzinsung administriert wird.   [*345ff*]

Rationalität, ökonomische: Der Rationalitätsbegriff der ökonomischen Theorie geht inzwischen vollständig in den Axiomen der Präferenztheorie auf und impliziert die Maximierung des Nutzenindexes unter gegebenen Nebenbedingungen. Diese Nebenbedingungen werden dabei durch die Präferenzordnung, die Erstausstattungen und die Marktbedingungen konkretisiert. Keinerlei Aussagen werden über die Inhalte von Präferenzordnungen getroffen, so daß auch Wünsche, die im Rahmen anderer Theorien als irrational betrachtet werden, als rational gelten können (sofern sie die Bedingungen der Transitivität, Reflexivität, Nicht-Sättigung, Vollständigkeit und Konvexität erfüllen). Der Rationalitätsbegriff bezieht sich demnach weitgehend nicht auf inhaltlich bestimmte Ziele, sondern auf Zweck-Mittel-Relationen. Die Anforderungen an Präferenzordnungen sind allerdings nicht rein formaler Natur (beispielsweise das Nicht-Sättigungsaxiom).   [*195ff*]

Reaktionsfunktion: Begriff aus der Spieltheorie. Eine Reaktionsfunktion stellt die Gleichgewichtsstrategien eines Spielers als Funktion der möglichen Strategien eines anderen Spielers dar. Der Begriff Reaktionsfunktion ist etwas unglücklich gewählt, weil die Spieler nicht wirklich „reagieren" (andernfalls müßten kompliziertere, dynamische Spiele betrachtet werden). Es handelt sich also lediglich um Gleichgewichtskurven.   [*385ff*]

Rent-shifting: Wenn Gewinne von anderen Marktteilnehmer durch strategisches Verhalten abgezogen werden, spricht man von rent-shifting. Typisch dafür sind beispielsweise handelspolitische Maßnahmen (strategische Handelspolitik) in unvollkommenen Märkten. [*420ff*]

Reservationsnutzen: Der Nutzen, den Spieler in spieltheoretischen Entscheidungssituationen erhalten, wenn sie nicht an dem betrachteten Spiel teilnehmen (also alle Verträge ablehnen). Die Teilnahmebedingung besagt, daß der Erwartungsnutzen aus der Teilnahme aus einem Spiel mindestens dem Reservationsnutzen entsprechen muß.   [*573*]

Ressourcenökonomie: Ökonomische Theorie zur Analyse pareto-effizienter Abbaupfade natürlicher Ressourcen. Das einfachste Ergebnis der Ressourcenökonomie ist die Hotelling-Regel.   [*277ff*]

Risiko-Aversion: Präferenzordnung, bei der Strategien gegenüber anderen bei gleichem Erwartungswert vorgezogen werden, wenn die Unsicherheit abnimmt. Letztlich beruht Risiko-Aversion auf dem sinkenden Grenznutzen des Einkommens. An die Stelle der Maximierung des Erwartungswerts tritt das (allgemeinere) Konzept der Maximierung des Erwartungsnutzens.   [*41*]

Risiko-Neutralität: Präferenzordnung, bei der die Beurteilung von Strategien ausschließlich vom Erwartungswert abhängt und die Unsicherheit keine Rolle spielt.   [*41*]

Risikonutzenfunktionen (v.Neumann-Morgenstern-Nutzenfunktionen): in Form von Nutzenfunktionen dargestellte Präferenzordnungen, bei denen auch die Risiko-Einstellung berücksichtigt wird.   [*43*]

Rivalität im Konsum (Ausschlußprinzip): Private Güter unterliegen der Rivalität im Konsum. Darunter wird verstanden, daß der Konsum einer Ware durch den Konsumenten A den Konsum durch andere Konsumenten ausschließt. Externe Effekte liegen nicht vor.   [*481f*]

Rückwärtsinduktion: Methode zur Bestimmung teilspielperfekter Gleichgewichte bei endlichen dynamischen Spielen, indem von der letzten Periode nach vorne gegangen wird. [*376ff*]

Schäden, bilaterale: innerhalb der ökonomischen Theorie des Haftungsrechts werden Schäden, deren Schadenserwartungswert vom Verhalten zweier Beteiligten bestimmt wird, als bilaterale Schäden bezeichnet. [*542f*]

Schattenpreis: anderes Wort für Opportunitätskosten.

Screening: Begriff aus der Theorie asymmetrischer Informationsverteilung. Unter Screening versteht man, daß sich unterschiedliche Typen unterschiedlich verhalten, so daß diese auch für schlecht informierte Wirtschaftssubjekte (Situation unvollständiger Information) unterscheidbar sind (Trennungsgleichgewicht). Beim Screening geht man davon aus, daß zunächst schlecht Informierte ziehen. [*646*]

Second best-Lösung: bestmögliche Allokation der Ressourcen unter der Nebenbedingung, daß die pareto-effiziente Allokation der Ressourcen wegen einer asymmetrischen Informationsverteilung oder wegen anderer Restriktionen (beispielsweise die verlustfreie Produktion im natürlichen Monopol) nicht erreichbar ist. [*339ff*]

Second price auction: verdecktes Auktionsverfahren, bei dem der Bieter mit dem höchsten Gebot den Zuschlag erhält, aber nur den Preis des zweithöchsten Gebotes bezahlt. [*687ff*]

Seperating equlibrium: siehe Trennungsgleichgewicht.

Signaling: Begriff aus der Theorie asymmetrischer Informationsverteilung. Unter Signaling versteht man, daß gute Typen ihren Typ signalisieren, um sich von schlechten Typen zu unterscheiden (Trennungsgleichgewicht). Beim Signaling geht man davon aus, daß zunächst gut Informierte ziehen. [*634ff*]

Skalenelastizität: Prozentuale Produktionssteigerung im Verhältnis zur prozentualen, gleichmäßigen Steigerung *aller* Inputs. [*107ff*]

Skalenertrag: Die durch den infinitesimalen Mehreinsatz aller Faktoren hervorgerufene Produktionssteigerung. Skalenerträge können durch die Niveaugrenzproduktivität oder die Skalenelastizität gemessen werden. Steigt die Niveaugrenzproduktivität bei steigender Produktion, so spricht man von steigenden, andernfalls von konstanten oder sinkenden Skalenerträgen. Eine steigende Niveaugrenzproduktivität impliziert eine Skalenelastizität größer Eins. [*112ff*]

Skalenvariation: Veränderung der Produktion durch totale Faktorvariation (Synonym: Niveauvariation). [*65*]

Slutsky-Zerlegung: Eine Veränderung des Preises einer Ware bewirkt eine Nachfrageänderung auf Grund einer Änderung der relativen Preise (Substitutionseffekt) und auf Grund der Veränderung der Kaufkraft des Nominaleinkommens (Einkommenseffekt). Im Rahmen der Slutsky-Zerlegung werden Substitutions- und Einkommenseffekt analytisch getrennt, indem die betroffenen Haushalte durch eine Änderung des Nominaleinkommens für die Preisänderung kompensiert werden. Kompensationskriterium ist das vorher erreichbare Nutzenniveau. [*210f*]

Snob-Effekt: Der einem Gut zugemessene Nutzen sinkt, wenn der Gesamtabsatz des Gutes steigt (Interdependenz der Konsumentenentscheidungen). Snob-Effekte führen zu einer *geringeren* Gesamtnachfrage nach dem entsprechenden Gut. Eine negative Preiselastizität der Nachfrage durch Snob-Effekte ist nicht möglich. [*216f*]

Spiel, Basis-: Jedes Einzel- oder Stufenspiel eines wiederholten Spiels wird manchmal auch Basisspiel genannt. [55]

Spiel, dynamisches: Spiel, in dem mindestens zwei Beteiligte in unterschiedlichen Informationsbezirken ziehen. [372]

Spiel, statisches: Spiel, in dem alle Beteiligten nur einmal und im gleichen Informationsbezirk ziehen. [378ff]

Spiel, Stufen-: Einzelspiel eines wiederholten Spiels. [55]

Spiel, Super-: unendlich oft wiederholtes Spiel bzw. Spiel mit nicht feststehendem Zeithorizont. [420]

Spiel, wiederholtes: dynamisches Spiel, bei dem ein gleichbleibendes Einzelspiel mehrfach gespielt wird. [420]

Spieltheorie (nicht-kooperative): Auf von Neumann/Morgenstern (1928; 1944) zurückgehende Theorie, in der interdependente Entscheidungssituationen auf Grundlage der neoklassischen Rationalitätsaxiome behandelt werden. Die überragende Bedeutung der Spieltheorie erklärt sich daraus, daß relevante ökonomische Entscheidungssituationen fast immer interdependent sind und in diesem Sinne strategischen Charakter haben. [677ff]

Spieltheorie, kooperative: Variante der Spieltheorie, in der von pareto-effizienten Ergebnissen ausgegangen wird und lediglich die Aufteilung der insgesamt möglichen Verhandlungsgewinne auf die Spieler im Rahmen der nicht-kooperativen Spieltheorie untersucht wird. [678ff]

Spillovereffekte: Auswirkungen der Aktivitäten von Wirtschaftssubjekten auf die Nutzen- oder Produktionsfunktionen anderer Wirtschaftssubjekte. Im vorliegenden Buch werden Spillovereffekte bei Innovationsspielen betrachtet. [446]

Stackelberg-Gleichgewicht: Teilspielperfektes Gleichgewicht für dynamische Oligopolspiele mit Mengenwettbewerb werden zu Ehren von Stackelberg, der solche Spiele (allerdings ohne Verwendung spieltheoretischen Instrumetariums) schon früh betrachtete, als Stakkelberg-Gleichgewicht bezeichnet. [398ff]

Stage game: siehe Spiel, Stufen-.

Strategie, dominante: eine Strategie, die bei allen möglichen Strategienkombinationen der anderen Spieler mindestens zum gleichen und bei mindestens einer Strategienkombination der anderen Spieler zu einem besseren Ergebnis führt, heißt dominante Strategie. [45ff]

Strategie: Begriff der Spieltheorie, mit dem die Handlungsalternativen der Spieler unter Berücksichtigung der Wechselwirkungen der Entscheidungen der Betroffenen beschrieben werden. [44ff]

Strategien, gemischte: von gemischten Strategien spricht man, wenn ein Spieler mehreren Strategien positive Wahrscheinlichkeiten zuordnet. Das Konzept gemischter Strategien wird in der Spieltheorie benötigt, weil es für viele Spiele keine Gleichgewichte in reinen Strategien gibt. [51]

Strategien, reine: von reinen Strategien spricht man, wenn ein Spieler eine ganz bestimmte Strategie mit der Wahrscheinlichkeit von Eins wählt. Dies setzt voraus, daß diese Strategie eine Gleichgewichtsstrategie ist. [49]

Subadditivität von Kostenfunktionen: eine Kostenfunktion heißt subadditiv in einem Bereich, wenn die Kosten zur Produktion der Mengen in diesem Bereich zunehmen, wenn mehr als ein Unternehmen produziert. *[337ff]*

Substitute, strategische: Entscheidungsvariable nennt man strategische Substitut, wenn eine aggressive Entscheidung über diese Variable durch das Wirtschaftssubjekt i zu einer weniger aggressiven Entscheidung von j führt, die sich positiv auf i auswirkt. Dies erhöht den Anreiz zu aggressivem Verhalten für i. Ein besonders wichtiges Beispiel sind die Mengen als strategische Entscheidungsvariable im oligopolistischen Mengenwettbewerb. *[444]*

Substitutionseffekt: Der Substitutionseffekt beschreibt im Rahmen der Slutsky-Zerlegung den Teil der Nachfrageveränderung bei Preisänderungen, der auf die Änderung der relativen Preise zurückzuführen ist. *[210]*

Substitutionselastizität: prozentuale Änderung des Faktormengenverhältnisses im Verhältnis zur ebenfalls prozentualen Änderung des Faktorpreisverhältnisses. Mißt beispielsweise, wie stark die Unternehmen bei gegebenem Zinssatz und steigenden Löhnen Arbeit durch Kapital substituieren. *[105f]*

Sunk costs: Kosten, die auch durch Einstellung des Produktionsprozesses nicht rückgängig gemacht werden können. Typisch dafür sind Investitionen in Humankapital. Sunk costs sind wichtige Markteintrittsbarrieren. *[345f]*

Super games: siehe Spiele, Super-.

SVE-Paradigma: Wettbewerbspolitische Richtung der Harvard-Schule, die der Überzeugung war, daß sich die Marktergebnisse halbwegs zufriedenstellend aus dem von der Marktstruktur bestimmten Marktverhalten erklären lassen. *[433ff]*

Take-it-or-leave-it-offer: einfachstes Verhandlungsspiel, bei dem ein Spieler ein einmaliges Angebot macht. Lehnt der andere Spieler ab, so kommt es zum Zusammenbruch des Spieles und beide Spieler erhalten lediglich ihren Reservationsnutzen. Bei Rationalverhalten geht der gesamte Verhandlungsgewinn an den Spieler, der das take-it-or-leave-it-offer machen kann. *[567]*

Tangentenlösung von Chamberlin: von Chamberlin entwickeltes Modell zur Behandlung des heterogenen Polypols, in dem die Preis-Absatz-Funktion durch den Markteintritt neuer Unternehmen schließlich zur Tangente an die Durchschnittskosten wird. Da die Preis-Absatz-Funktion nicht waagrecht verläuft, liegt die Produktion links vom Minimum der Durchschnittskosten. *[449f]*

Teamproblem: Begriff aus der Spieltheorie und Principal-Agent-Theorie. Unter Teamproduktion versteht man, daß mehrere Wirtschaftssubjekte gemeinsam einen Output produzieren, ohne daß die einzelnen Beiträge trennbar sind (positive Kreuzableitungen bei stetigen Modellen). Zum Teamproblem wird die Teamproduktion, wenn die Aktivitäten der einzelnen Wirtschaftssubjekte nicht beobachtbar sind (moral hazard). *[588ff]*

Teilnahmebedingung: Teilnahmebedingungen besagen, daß Wirtschaftssubjekte an Spielen nur teilnehmen, wenn sie mindestens ihren Reservationsnutzen (den Nutzen bei Nicht-Teilnahme) erhalten. *[581]*

Teilspiel: Jeder Teil eines Gesamtspiels, der an einem Entscheidungsknoten beginnt, wird als Teilspiel bezeichnet (siehe auch Gleichgewicht, teilspielperfektes). *[381ff]*

Totalanalyse: Modelle, bei denen alle Märkte gemeinsam untersucht werden, werden als totalanalytisch bezeichnet. Das Grundmodell der neoklassischen Totalanalyse ist das Arrow-Debreu-Modell.   [*277*]

Transaktionskosten: Unter Transaktionskosten werden im Anschluß an Arrow (1969) alle Kosten verstanden, die im Zusammenhang mit Vertragsabschlüssen (beispielsweise Suche der Vertragspartner, Konkretisierung der Verträge und Überwachung ihrer Einhaltung) entstehen. Transaktionskosten spielen eine wichtige Rolle bei der Beurteilung der Effizienz unterschiedlicher Organisationsformen (beispielsweise Plan- und Marktwirtschaft), bei der Beurteilung der optimalen Unternehmensgröße und bei der Analyse der Strategien zur Internalisierung externer Effekte.   [*573*]

Transformationskurve: Geometrischer Ort aller Kombinationen zweier Gütermengen, die mit einer gegebenen Ausstattung produziert werden können.   [*179ff*]

Treffsicherheit, ökologische: Das Ausmaß, in dem sich die gewünschte Umweltqualität durch umweltpolitische Instrumente unter verschiedenen Nebenbedingungen erreichen läßt, nennt man ökologische Treffsicherheit eines Instrumentes.   [*506, 511, 528*]

Trennungsgleichgewicht: spieltheoretisches Lösungskonzept für Situationen mit unvollständiger Information, in denen sich alle Typen unterschiedlich verhalten. Dadurch sind sie auch für schlecht Informierte eindeutig unterscheidbar („trennbar").   [*640*]

Triggerstrategie: Unter Triggerstrategien versteht man Strategien für dynamische Spiele, bei denen ein Abweichen von der Kooperativ-Lösung automatisch Bestrafungen auslöst. [*422*]

Trittbrettfahrerproblem: Bei öffentlichen Gütern und positiven externen Effekten erhöht sich der Nutzenindex von n Wirtschaftssubjekten, sofern andere Wirtschaftssubjekte die betreffenden Güter produzieren. Es ist daher naheliegend (im Sinne von nutzenmaximal unter gegebenen Nebenbedingungen), die Bereitstellung öffentlicher Güter anderen zu überlassen und die positiven externen Effekte zu konsumieren, ohne sich selbst an den Produktionskosten zu beteiligen. Dieses Trittbrettfahrerverhalten führt zu einem Trittbrettfahrerproblem, weil die Produktion öffentlicher Güter und Güter mit positiven externen Effekten unter Pareto-Gesichtspunkten zu niedrig ist (Freifahrerproblem).   [*531*]

Typen, unbekannte: Unter Typen versteht man bestimmte Eigenschaften von Wirtschaftssubjekten wie Präferenzen oder Produktionstechnologien, die für deren Verhalten – und daher in spieltheoretischen Entscheidungssituationen auch für andere Wirtschaftssubjekte – von Bedeutung sind. Von unbekannten Typen spricht man, wenn diese Eigenschaften nicht allen Spielern bekannt sind (unvollständige Information).   [*567ff*]

Umweltabgaben: Abgabe auf Umwelt-Schadstoffe, die im Idealfall eine pareto-effiziente Allokation der Ressourcen (Pigou-Steuer) ermöglicht. Da der Nutzen der Umweltqualität in der Realität nicht bekannt ist, wird bei der Erhebung von Umweltabgaben sequentiell vorgegangen: Im ersten Schritt wird der angestrebte Umweltentlastungseffekt (beispielsweise die erwünschte Schadstoffreduktion) festgelegt und im zweiten Schritt der dazu erforderliche Abgabensatz aus den Grenzvermeidungskostenfunktionen der betroffenen Unternehmen bestimmt. Wenn die Schadstoffbesteuerung zu kompliziert ist, muß auf eine Produktbesteuerung (z.B. Einwegflaschen) ausgewichen werden. Im Unterschied zu Steuern müssen Abgaben zweckgebunden zur Verminderung der Umweltschäden eingesetzt werden.   [*504ff*]

Umweltzustände: Begriff aus der Entscheidungstheorie, mit dem die möglichen Randbedingungen in Entscheidungssituationen unter Unsicherheit beschrieben werden.   [*40f*]

Unternehmensgleichgewicht: Gewinnmaximale Produktionspläne für Unternehmen unter gegebenen Randbedingungen (häufig dargestellt als optimale Faktorkombination bei gegebener Produktionsmenge entsprechend der Minimalkostenkombination). [*103ff*]

Updating: Darunter versteht man, daß Wirtschaftssubjekte ihre Wahrscheinlichkeitsverteilung über die Typen anderer Wirtschaftssubjekte neu formulieren, wenn sie neue Informationen erhalten. [*607ff*]

Variable Kosten: siehe Kosten, variable.

Veblen-Effekt: Der einem Gut zugemessene Nutzen steigt, wenn der von anderen vermutete Preis des Gutes steigt (Interdependenz der Konsumentenentscheidungen). Veblen-Effekte können (müssen aber nicht) zu einer negativen Preiselastizität der Nachfrage führen. [*217f*]

Verhandlungen, ultimative: einfache Form von Verhandlungen, bei denen ein bestimmter Spieler das letzte Angebot machen darf. Lehnt der andere Spieler dieses Angebot ab, erhalten beide ihren Reservationsnutzen. [*660ff*]

Verschuldenshaftung: zivilrechtliche Haftungsregel, bei der ein physischer Schädiger den nachweislich verursachten Schaden nur bezahlen muß, wenn er bestimmte Sorgfaltsstandards fahrlässig oder schuldhaft vernachlässigt hat. [*545ff*]

Wettbewerb, funktionsfähiger: Begriff aus dem SVE-Paradigma. Darunter wird eine Markt- und Wettbewerbsform verstanden, die zwar nicht pareto-effizient ist, aber sowohl die statischen als auch die dynamischen Wettbewerbsfunktionen „halbwegs" erfüllt. [*433f*]

Winner's curse: siehe Fluch des Gewinners.

Workable competition: siehe Wettbewerb, funktionsfähiger.

Zertifikate: Der auf die Arbeiten von Crocker (1960) und Dales (1968) aufbauende Grundgedanke von Zertifikaten (auch als Lizenzen bezeichnet) zur Internalisierung externer Effekte durch Umweltbelastungen besteht darin, die insgesamt zulässige Umweltbelastung zu fixieren und diese auf Zertifikate aufzuteilen, die von den Unternehmen gehandelt werden können. Die Orientierung des Angebots- und Nachfrageverhalten der Unternehmen an ihren Grenzvermeidungskosten ermöglicht im Idealfall eine pareto-effiziente Internalisierung externer Effekte, bei der der Zertifikate-Preis der Pigou-Steuer entspricht. [*513f*]